PROPYLÄEN WELTGESCHICHTE

EINE UNIVERSALGESCHICHTE

Herausgegeben von Golo Mann

Neunter Band

IM PROPYLÄEN VERLAG

BERLIN · FRANKFURT AM MAIN

Der Text dieser Sonderausgabe ist identisch mit der 1960 bis 1964 in zehn Bänden erschienenen, von Golo Mann, Alfred Heuß und August Nitschke herausgegebenen
PROPYLÄEN WELTGESCHICHTE

Einband: Theodor Bayer-Eynck
unter Verwendung von:
Mahatma Gandhi. Gemälde im Raighat in Neu-Delhi. Foto: dpa (Rohwedder)

Druck und Bindung: Franz Spiegel Buch GmbH, Ulm

Printed in Germany 1986
ISBN für das Gesamtwerk: 3 549 05731 8

BAND I
Vorgeschichte · Frühe Hochkulturen

BAND II
Hochkulturen des mittleren und östlichen Asiens

BAND III
Griechenland · Die hellenistische Welt

BAND IV
Rom · Die römische Welt

BAND V
Islam · Die Entstehung Europas

BAND VI
Weltkulturen · Renaissance in Europa

BAND VII
Von der Reformation zur Revolution

BAND VIII
Das neunzehnte Jahrhundert

BAND IX
Das zwanzigste Jahrhundert

BAND X
Die Welt von heute

NEUNTER BAND

DAS ZWANZIGSTE JAHRHUNDERT

Die Mitarbeiter

GOLO MANN
Dr. phil., Professor für Politik und Geschichte
an der Technischen Hochschule Stuttgart und am Claremont Men's College

HENRY CORD MEYER
Ph. D., Professor für Geschichte am Pomona College und Claremont College

HANS HERZFELD
Dr. phil., Professor für Geschichte an der Freien Universität Berlin

VALENTIN GITERMANN
Dr. phil., Professor, Nationalrat, Zürich

PAUL F. LANGER
Professor für Geschichte und Ostasienkunde an der University of Southern California

RALPH H. GABRIEL
Ph. D., Litt. D., em. Professor der Geschichte an der Yale University,
Professor für American Civilisation, School of International Service,
American University

HANS W. GATZKE
Ph. D., Professor für Geschichte an der Johns Hopkins University

ROBERT NÖLL VON DER NAHMER
Dr. rer. pol., Dr. jur., Professor für Volkswirtschaftslehre
und Finanzwissenschaft an der Universität Mainz

Karl Dietrich Bracher
Dr. phil., Professor für Politische Wissenschaft an der Universität Bonn

Walther Gerlach
Dr. rer. nat., em. Professor für Experimentalphysik
an der Universität München

Hans Kienle
Dr. phil., Professor für Astronomie an der Universität Heidelberg
Direktor der Landessternwarte Heidelberg-Königstuhl

Wolfgang Bargmann
Dr. med., Professor der Anatomie an der Universität Köln

Adolf Portmann
Dr. phil., Professor der Zoologie an der Universität Basel

Alfred Weber †
Dr. phil., em. Professor der Volkswirtschaftslehre, Soziologie und Allgemeinen
Staatslehre an der Universität Heidelberg

INHALTSVERZEICHNIS

Textredaktion: *Dr. Heinz Klüter, Dr. Ernst Wilhelm Graf Lynar*

Bildredaktion: *Dr. Karl Danz, Wolfram Mitte*

Das Datengerüst »Naturwissenschaft im 20. Jahrhundert« hat *Dr. Werner Stein,* Berlin, die »Daten der Soziologie« hat *Prof. Dr. Max Gustav Lange,* Berlin, zusammengestellt. Die Beiträge von *Henry Cord Meyer, Paul F. Langer* und *Ralph H. Gabriel* sind von *Dr. A. R. L. Gurland,* Berlin, in die deutsche Sprache übertragen worden.

Golo Mann

EINLEITUNG

Der neunte Band der Propyläen-Weltgeschichte handelt von der ersten Hälfte des 20. Jahrhunderts. Der Anfang ist zeitlich ungenau bestimmt und muß es sein; wer über Imperialismus vor 1914 berichtet, kann das Erbe der neunziger Jahre nicht außer acht lassen. Das Ende ist eindeutig. Mit dem Frühling, dem Sommer 1945 beginnt eine neue Epoche der Menschheitsgeschichte; und während weite Regionen dessen, was vor dem zweiten Weltkrieg geschah, archivalischem Studium offen liegen, ist dies für die späteren vierziger und die fünfziger Jahre noch nicht der Fall. Erforschbarkeit und, mit ihr verbunden, der zeitliche Abstand, die Möglichkeit leidenschaftslosen Urteils haben von jeher eine Grenze ausgemacht zwischen dem Land, welches dem Historiker gehört, und jenem, in dem wir uns noch selber tuend, leidend und unwissend bewegen.

Jedoch ist es besser, wir lassen uns auf die alte Fangfrage, wo »Geschichte« aufhöre und »Gegenwart« beginne, nicht zu tief ein. Daß auch mit dem Ende von Hitlers Krieg nichts rein Neues beginnt, daß »Nachkrieg« schon im Krieg begann, in ihm angelegt, durch ihn vielfach vorbestimmt war, bedarf keines Beweises. Kontinuität, dichtes Gewebe des Schicksals, spätes Zahlen für Sünden der Väter, ist immer; Neuschöpfung, Entscheidung, Freiheit, Schuld der Lebenden ist auch immer. Daher ein jeder Markstein in der Geschichte ein solcher nur vergleichsweise, nie im absoluten Sinn sein kann. In unserem Band ist gelegentlich von dem Jahre 1917 als einem Markstein, ja als dem eigentlichen Beginn unserer Zeit die Rede. Die Entartung des Krieges zum »totalen«, der Triumph des Bolschewismus, die Landung der amerikanischen Truppen in Europa – mit alledem begann etwas, was bis heute zu beginnen nicht aufhörte. Aber Ludendorff wie Lenin wie Wilson wurzelten mit ihrer Bildung tief im 19. Jahrhundert. Und sehen wir uns die Photographien der Unterhändler von Brest-Litowsk an, die Bolschewisten der ersten Generation, so bemerken wir staunend, wie tief das Antlitz Rußlands sich seither gewandelt hat, wie »historisch« jene geworden sind. Beim Lesen der hier versammelten Darstellungen werden wir oft den Eindruck einer anderen, einer pittoresken und fremden Welt haben; und auch, und selbst gleichzeitig, den Eindruck des Modernen, Aktuellen. Europas Könige und Kaiser, auf ihren Schlössern sich über ein Teilungs-Arrangement in Afrika unterhaltend, das waffenlose, isolierte Amerika der zwanziger Jahre – was für eine versunkene Welt. Aber der indische Revolutionär, der

Schöpfer einer Massenproduktion von Automobilen, der Wiener Arzt, der die Geheimnisse des menschlichen Unterbewußtseins ergründet – sie haben nachwirkende Kraft, sie haben Gegenwart.

Von Anfang an auch und immer gegenwärtig sind die Entwicklungstendenzen, Bestrebungen und Mächte, die mit den vertrauten, abgegriffenen Hauptworten bezeichnet werden: Nationalismus, Demokratie, Sozialismus. Sie sind älter als die hier dargestellte Epoche, sind schon anderswo eingeführt worden; sie wirken über 1945 hinaus. Was auffallen muß, ist, daß sie sich in einer Krise zu befinden scheinen, kaum daß sie in unserem Band zuerst erwähnt werden. Es ist von einer Krise der Demokratie schon vor 1914 die Rede; von Wandlungen, Enttäuschungen, dem feindlichen Auseinanderklaffen der sozialistischen Bewegung; von der Verwirklichung des europäischen Nationalstaatsprinzips in einem Moment, in dem es dafür schon zu spät ist. Befänden Gedanken, Hoffnung und Traum des Menschen sich immer in einer Krise angesichts der sich wandelnden Wirklichkeit, von der sie hergenommen sind und die sie beherrschen sollen, aber nicht können; gäbe es für ihre Verwirklichung den rechten Ort und die rechte Zeit nie? »Geschichte« und »Krise« – das ist das gleiche.

Was der Inhalt des Bandes, im Gegensatz zu seinem äußeren Aufbau, mit frappierender Deutlichkeit zutage treten läßt, ist der große Zusammenhang von allem mit allem, die Einheit des Menschenschicksals. Unsere Einteilung hat von allen Ordnung gebenden Kriterien Gebrauch machen müssen: von dem chronologischen – die Geschichte der russischen Revolution wird von der Abdankung des Zaren bis zur Alleinherrschaft Stalins Jahr um Jahr erzählt; von dem regionalen – für die Periode »zwischen den Kriegen« wird Europa getrennt von Amerika, werden Rußland und der Ferne Osten getrennt von Europa betrachtet; von dem gegenständlich abstrahierenden: es wird eine Geschichte der Weltwirtschaft, eine Geschichte der Biologie geboten. So unvermeidlich eine solche Einteilung in Kapitel war, so spricht doch die eine Wirklichkeit ihr immer wieder Hohn und muß ein Gelehrter übergreifen in das Gebiet des anderen. Ereignisse an der New Yorker Börse wirken um den Erdball, in einem Augenblick, in dem die Vereinigten Staaten, angeblich, »isoliert« sind. Derselbe oder doch mit dem gleichen Wort zu benennende kollektive Wille regt sich auf der Balkanhalbinsel und in Ostasien. Politische Katastrophen werden zum grundstürzenden Faktor wirtschaftlicher Gestaltung, wirtschaftlichen Denkens. Ausdrücke wie »Massengesellschaft«, »industrielles Zeitalter«, »Angst« werden von den verschiedensten Autoren gebraucht, ohne daß eine Verabredung zwischen ihnen stattgefunden hätte. Es ist von der Entstehung einer »Weltpolitik« die Rede, auch von der Entstehung einer »Weltmedizin«. Die Erzählung bricht ab in dem Moment, in dem eine Leistung der physikalischen Wissenschaft zur furchtbar-dringendsten Aufgabe der Politik wurde, die es je gab. So ist denn der Blick dieses Bandes unserer Universalgeschichte nicht auf irgendeine Landschaft im besonderen gerichtet, nicht auf Amerika, Rußland, Europa, sondern auf das menschliche Universum.

Jedoch hat Europa bei der Bildung oder Verdeutlichung dieses Universums auf dem späten Höhepunkt und im rasch nachfolgenden Verfall seiner Macht noch einmal die Initiative gehabt. Es waren die letzten Jahrzehnte einer sich selbst zerstörenden, einer sich mißverstehenden und auch von der weiten Welt noch mißverstandenen Europazentrik. Die beiden großen Neuerungen des Jahres 1917, das Eingreifen der Amerikaner, die Revolution der Russen, wurden damals nicht als das erkannt, als was sie sich später herausstellten; auch von jenen nicht, welche sie ins Werk setzten. Die Amerikaner sahen in ihrer Intervention einen Irrtum, eine folgenlose, niemals zu wiederholende Episode, nicht den Beginn eines Zusammenfließens europäischen und amerikanischen Schicksals zum atlantischen, unter amerikanischer Führung. Die Russen sahen in ihrer Revolution den Beginn der Weltrevolution, besonders und zunächst der westeuropäischen, keineswegs die Isolierung Rußlands, keineswegs den Beginn seines Aufstiegs zu neuer imperialer Weltmacht. Darum hat auch Europa seine Weltstellung und Aufgabe noch einmal mißverstehen müssen zur Zeit des Völkerbundes wie in den dreißiger Jahren, und darum ist, in den Worten Karl Dietrich Brachers, die Politik Hitlers »die letzte Übersteigerung europazentrischer Weltpolitik« gewesen. Das Ende kam unmittelbar danach. Wie eine Figur plötzlich enthüllt wird, so erschien 1945 mit einem Schag eine längst vorbereitete, nur scheinbar von Grund auf neue, planetarische Mächtekonstellation. Die Geschichte des 20. Jahrhunderts ist zu einem guten Stück die Geschichte von Europas Beinahe-Allmacht, seiner Scheinmacht, seiner Ohnmacht; von ihr wurde noch die Art bestimmt, in der ehedem europäisch beherrschte oder kontrollierte Erdregionen sich in selbständige Machtzentren verwandelten.

Das ist, unvermeidlich, eine Geschichte äußerer Verhältnisse, äußerer Politik. Wir geben ihr kein grundsätzliches oder wünschbares Primat; aber nur philosophische Künstelei hätte sich über die Tatsache hinwegsetzen können, daß des Menschen Kollektivschicksale auch in dieser Zeit von dem Miteinander, dem feindlichen Gegeneinander der Staaten und Volksgruppen ihre großen Anstöße erhielten. Wie eh und je; stärker als je, weil alle Verhältnisse dichter, gedrängter, explosiver wurden. Unserer Natur nach sind wir uns vergleichende, streitsüchtige Wesen; so auch die großen Gemeinschaften, die wir bilden und denen wir untertan sind. Nicht unsere schöpferischen Leistungen liegen hier, wohl aber der Gebrauch, der von ihnen gemacht, der Dienst und Rahmen, in den sie gezwungen werden. Im 20. Jahrhundert ist dann etwas erschienen, was es wohl schon früher manchmal gab, aber nicht in vergleichbaren Dimensionen, mit vergleichbarer Konsequenz: die völlige Ineinssetzung von Innen und Außen, die Unterwerfung des ganzen innerpolitischen Apparates, des bürgerlichen Lebens, des Glaubens selbst, welcher nun den häßlichen Namen einer »Ideologie« erhielt, unter die Ziele aggressiver Außenpolitik. Die imperialen Abenteuer Japans und des nationalsozialistischen Deutschlands geben für dies Phänomen das schlagendste Beispiel ab. Es sind Abenteuer, die nur als in ihrem innersten Kern gegen außen gerichtete, unter dem Gesetz äußerer Politik stehende, dargestellt werden konnten. Zwei Ausnahmen von diesem Gesetz schien es zu geben: das isolierte Amerika der zwanziger Jahre und das Rußland, welches nichts anderem als dem »Aufbau des Sozialismus« sich widmen wollte. In Rußland stellte jedoch, unter dem Vorwand, man müßte sich gegen eine Welt kapitalistischer Feinde verteidigen, die alte Wendung gegen außen sich nur zu bald wieder her und beherrschte nun das innere Leben der Nation stärker als in der Zeit der Zaren. Das Amerika Henry Fords und des Präsidenten Coolidge sah in der Tat einer freien bürgerlichen Gesellschaft ähnlicher als einem bewaffneten Staat unter anderen bewaffneten Staaten. Aber der Akzent lag hier auf dem Wort »Ausnahme«, auf dem Wort »Isolierung«, das an sich schon eine verneinende

Sonderheit bezeichnet. Wir wissen heute, wie kurzlebig diese Sonderheit war; wie man an ihre Geltung noch glauben wollte, als sie schon nicht mehr galt; und wie plötzlich sie endete.

Alle wurden in dasselbe Kraftfeld gezwungen, alle seinen schlimmen Regeln untertan. Das Wort Napoleons »Die Politik – nämlich die Außenpolitik – ist das Schicksal« gewann unumschränkte Wahrheit. Daß diese wildeste, alle in seinen Wirbel reißende Vollführung eines uralten Tanzes zugleich auch seine letzte sei, das war mehrfach die Hoffnung, und darüber mag man spekulieren.

Jedenfalls geht es mit rechten Dingen zu, wenn unser Band mit dem Zustande Europas vor 1914 beginnt und von da überleitet zum vierjährigen Krieg, der Mutterkatastrophe des Jahrhunderts.

Henry Meyer hat die Vereinigten Staaten und Japan in seine Betrachtung miteinbezogen, weil auch sie schon und nur sie damals sich als aktive, ebenbürtige Partner des europäischen Großmachtspieles erwiesen und im Banne der gleichen oder vergleichbarer imperialistischer Modetheorien standen. Es geht aber auch um die Gesellschaft, nicht bloß um den Staat, das Innen, nicht bloß das Außen, um die Wechselwirkung zwischen beiden. Was England, Deutschland, Rußland nach außen tun, kann nicht begriffen werden, wenn man die Machtträger nicht kennt, nicht die ungelösten inneren Spannungen, aus denen heraus gehandelt wird. Ein Höhepunkt der westlichen Gesellschaft war es, diese Zeit vor 1914, Höhepunkt der Wohlhabenheit, der Weltwirkung, der Gesittung, der Hoffnung. Die Paradoxie liegt in den gleichzeitig schon wirkenden Gegenkräften, des Pessimismus, des Macht- und Kriegskultes, der Revolution, und dem dialektischen Zusammenhang zwischen dem einen und anderen.

Daraus die Katastrophe des Juli 1914. War in den vorhergehenden Kapiteln von breiten Entwicklungstendenzen die Rede, von Jahrzehnten, vom Einzelnen als Beispiel für das Allgemeine, Typische, so muß nun die Darstellung bloßer vier Jahre, arger, tat- und leiderfüllter, einen breiten Raum einnehmen. Hans Herzfeld, der Berliner Historiker, will ein so getreuer Chronist, ein so interesseloser, gerechter Betrachter sein wie sein kalifornischer Vorgänger. Die Zeit, meint er, hat uns von den Leidenschaften befreit, die ehedem die Geschichte vom Ausbruch, vom Wachsen und Entarten des ersten Weltkrieges verdunkelten; die damals dabei waren als junge Soldaten sind heute alt, und lange tot die Hauptakteure. So weit der zeitliche Abstand, so dicht gewebt und unheimlich nahe die Wirkungen. Eine »Ursache« wie einen »Modellfall« nennt Herzfeld den ersten Weltkrieg in bezug auf den zweiten; Modellfall in dem Sinn, daß man in den dreißiger und vierziger Jahren wie behext war von dem Wunsch, die wirklichen oder vermeintlichen Irrtümer von 1914 und 1918 zu vermeiden, und eben aus solchem Trachten neue Entscheidungen hervorgingen, die meist sich als neue Irrtümer herausstellten. Dafür, daß mit dem Jahre 1945 eine neue Epoche beginnt, gibt es kein sprechenderes Zeichen als dies: mit einem Schlag verlor nun der erste Weltkrieg die Kraft des Orakels, die man ihm bis dahin zugetraut hatte ... Nahe bleibt er uns nicht bloß kraft seiner Wirkung, auch kraft seines Wesens. Durch die Art, in welcher er jene beherrschte, die ihn zu beherrschen geglaubt hatten, und zwar schon mit seiner Anfangs-Maschinerie, dem Gesetz der »Mobilmachungen«, welches den guten schwachen Willen der Politiker brach; durch seine alle Kräfte der Nationen absorbierende, die Wissenschaft in seinen Dienst zwingende, humane Tradition, Vernunft, Völkerrecht, zermalmende Totalmacht;

durch sein Ende auch, den mißglückten Friedensschluß, der des Krieges würdig war. Es ist jedoch hier, daß Hans Herzfeld einige gerechte Neubewertungen vorschlägt. War der Friedensvertrag von Versailles nicht so gut, wie amerikanische Idealisten erhofften, so war er auch nicht so schlecht, wie er den Deutschen erschien, nicht, zumal, in seinen territorialen Bestimmungen. Dem Andenken Woodrow Wilsons wird hier späte Gerechtigkeit erwiesen; eine um so höhere, weil sie aus dem freien Urteilsentschluß eines deutschen Historikers stammt.

Die Geschichte der russischen Revolution fällt der Zeit und der Ursache nach mit dem Krieg in seinem Endstadium zusammen, um dann weit über ihn hinaus in mannigfaltigen Formen zu dauern. Valentin Gitermann erzählt sie bis zur Vollendung von Stalins Alleinherrschaft, bis zu deren Bewährung in den ersten Fünfjahrplänen und zu ihrer schauerlichen Festigung durch die Prozesse der späten dreißiger Jahre. Der Schweizer Geschichtsschreiber und Politiker zeigt dabei für Geist und Unternehmen Lenins wohl nicht ganz jene Antipathie, die der Herausgeber, damit er es nur gesteht, gern als mitschwingend gespürt hätte und die Gitermann der Person und der Regierungsweise Stalins vorbehält. Die uralte Frage, inwieweit der Historiker »Zorn und Eifer« fühlen dürfe, ist für den Darsteller einer großen, blutigen, schließlich siegreichen, schließlich Gewaltiges aufbauenden Revolution am schwierigsten zu lösen. Sie wird mit einer zweiten zusammenhängen: waren andere Entwicklungen möglich und wurden sie gewaltsam erstickt, war im Gegenteil erkennbare Notwendigkeit aufseiten der siegreichen Partei? Indem Gitermann nicht nur den Zarismus an seinem unvermeidlichen Ende sieht, sondern auch der liberalen Demokratie, auch einer freieren Spielart von Sozialismus in Rußland keine geschichtliche Chance zuerkennt, erhält Lenin das einzig übrigbleibende historische Recht; wobei es dann natürlich ist, daß seine Gegenspieler, zum Beispiel Kerenskij, ein wenig ironisiert werden. Der Schluß wird *ex eventu* gemacht: weil es so leicht war, die konstituierende Versammlung, hinter der gleichwohl die Mehrheit des Volkes stand, durch Waffengewalt auseinanderzujagen, so war es auch das einzig Mögliche. Wenn wir nicht umhinkönnen, einer solchen Geschichtsphilosophie gegenüber unseren Vorbehalt anzumelden, so weisen wir um so lieber auf den Reichtum der Darstellung hin. Sie begnügt sich nicht mit der Dürre des Politischen, sondern bietet vom wirtschaftlichen, vom kulturellen und literarischen Leben Rußlands ein breites Gemälde durch zwei Jahrzehnte.

Drei weitere Kapitel folgen, die sich mit zu Zwecken der Darstellung isolierten Regionen befassen und ihre Schicksale bis tief in die dreißiger Jahre, in einem Fall sogar bis zum Dezember 1941, verfolgen.

Es ist der Fall Japans. Auf ihn hat Paul Langer seinen Beitrag konzentriert, weil die geschichtliche Initiative in jenen Jahren bei Japan lag, das Inselreich recht eigentlich Geschichte gemacht hat. Wir fügen hinzu, daß die innere Geschichte Chinas – wie auch Indiens – im zehnten Band unserer Weltgeschichte ihren Platz finden wird.

Japan war »anders«; dieser Eindruck wird dem Leser sich stark mitteilen. Anders sein Nationalismus, konservativ, reaktionär, getragen, nicht wie in Europa und Amerika, von den neuen Massenparteien, sondern von der alten Herrenschicht, und von vornherein imperialistisch und missionarisierend, nicht eine, hier längst gewonnene, innere Einheit und äußere Freiheit erstrebend; anders seine Demokratie, nämlich höchst unfertig, in den zwanziger Jahren durch Gewährung des allgemeinen Wahlrechts mit einem Schlage etabliert, gleichzeitig aber verleugnet durch angemaßte Rechte der kaiserlichen Regierung, Notverordnungen, eine Art von Belagerungszustand, und wie paralysiert durch die Furcht, welche das »Volk«, die Linke, die Arbeiterschaft der alten Oligarchie einflößten. Anders auch durch die immer wachsende politische Rolle der Armee. Aber diese starke Sonderexistenz wird doch modifiziert dadurch, daß auch Japan teil hat an dem Geschehen in der weiten Welt. Gleich eingangs betont Langer die epochale Bedeutung, die der erste Weltkrieg für ganz Asien und gerade für Japan gehabt hat; dieser europäische Bürgerkrieg, der in seinen Folgen eben doch schon Weltkrieg war. Nicht weniger tief wirkt auf Japan der Aufstieg des europäischen Faschismus, die Weltwirtschaftskrise, der Zusammenbruch der Ordnung von Versailles. Wirkt, nicht im Sinn eines Hervorrufens unvermeidlicher, passiver Reaktionen, sondern so, daß Japan den von Europa gegebenen Beispielen sich anpaßt, aus Europas Wirren seine Vorteile schlägt. Eine Zeitlang – so unseres Historikers ausgesprochene Ansicht – war das Schicksal unentschieden. Es gab guten Willen in Japan, Verhandlungs- und Verständigungswillen; Fortschritte in Richtung auf einen inneren Ausgleich, eine Modernisierung von Staat und Gesellschaft hin. Aber die allgemeinen Zeitläufte waren ungünstig, die imperialen Versuchungen stark; die Haltung der Partner im Weltmachtspiel – hier vor allem der Amerikaner – nicht immer geschickt und weise; die Gegenkräfte triumphierten noch einmal. – Es meldet sich hier etwas an wie eine heimliche Verwandtschaft zwischen dem Schicksal der ersten deutschen Republik und dem der ersten japanischen – wenn man die Partei-Regierungen Japans in den zwanziger Jahren so nennen darf.

Ralph H. Gabriel, Autor eines klassischen Werkes über die »Entwicklung demokratischen Denkens in Amerika«, war wie wenige geeignet, Leben und Treiben in den Vereinigten Staaten während der »Brausenden Zwanziger Jahre« zu rekapitulieren. Die Amerikaner blicken auf sie als auf die letzten Jahre verlorener Unschuld mit einer gewissen Wehmut zurück. Es war eine Epoche des Optimismus; das freie Unternehmertum stark, schöpferisch, unkontrolliert, politisch herrschend; der Glaube an die »Ausgenommenheit« der Nation um so lauter, als es der Glaube der Nachdenklichen im Lande seit 1917 schon nicht mehr war. Bei seiner Wiederherstellung nach dem Kriege ging es nicht ab ohne Hysterie, ohne Intoleranz gegenüber Andersdenkenden; wie denn eine gewisse Brutalität, eine Neigung auszuschweifen sich mit der Erinnerung an die »Roaring Twenties« verbindet. Das bittere Ende, die finanzielle Katastrophe von 1929 und der folgenden Jahre, ist dann im Rückblick wohl auch als etwas wie die Rache des herausgeforderten Schicksals erschienen. Sie gab jenen recht, die während der zwanziger Jahre in Protest gelebt hatten, den Sozialkritikern, den Schriftstellern höheren Ehrgeizes. Professor Gabriel tat gut daran, die neue, steil ansteigende Literatur der Amerikaner in seine Darstellung hineinzunehmen. Durch sie hat damals Amerika auf Europa zu wirken angefangen, sosehr wie durch seine Industrien und Techniken, wie durch seine verhängnisvollen Kreditgewährungen. Ja, sie wurde manchmal in Europa früher angenommen als im Lande selber. Dort hat erst der große Rückschlag von links, im Zeichen der Wirtschaftskrise, sie hoffähig gemacht; als ein Präsident im Weißen Haus einzog, experimentierfreudig wie keiner zuvor, und auf den Rat der Theoretiker, der

Professoren und Poeten hörend. Mit Franklin Roosevelts »New Deal«, jener Kette großartig-pragmatischer, mitunter einander widersprechender Versuche, das amerikanische Wirtschaftsleben wieder aufzurichten, schließt das Kapitel.

Amerika glaubte sich einsam, abgeriegelt gegen das Toben der weiten Welt. Aber es war nicht einmal dort isoliert, wo das Schwergewicht des Isolationismus lag, im Politischen; viel weniger im Wirtschaftlichen; viel weniger im Kulturellen. Europa hielt sich ein letztes Mal für die Mitte der Welt, ein Anspruch, der ihm durch Sitz und Verfassung des Völkerbundes bestätigt wurde. Aber dieser war weder ein echter Bund noch ein Bund aller großen Völker. Und Europas innerem Wettbewerb eignete die ausstrahlende Kraft nicht mehr, die es ehedem befähigt hatte, die Erde zu »europäisieren«. Hans W. Gatzke, amerikanischer Historiker deutscher Herkunft, ist seit langem mit dem Studium der Akten zur Geschichte der Weimarer Republik beschäftigt, die nach dem letzten Krieg nach Washington geschafft wurden. Ihre Kenntnis hat sein Urteil im einzelnen neuartig nuanciert; etwa in bezug auf die deutsche Rußlandpolitik und das Wollen und Wirken des Außenministers Stresemann. Düster, zwielichtig ist im Vergleich mit dem vorwärtsdrängenden Optimismus Amerikas allerdings die europäische Szene. Die Kräfte, welche wühlen gegen Frieden- und Fortschrittsideen, gegen die liberale Demokratie, sind jetzt nicht schwächer als vor 1914; sie sind stärker. Dennoch haben sie das Spiel nicht von Anfang an gewonnen. Der gute Wille zur Wiederherstellung oder zu neuen Lösungen, die Rückgewinnung einer mäßigen Prosperität, die erstaunliche Fruchtbarkeit des geistigen Lebens in Deutschland wie in Frankreich – solche in den nachfolgenden Wirren versunkenen Charakterzüge der Briand-Stresemann-Zeit werden von Gatzke in ein gerechtes Licht gerückt; der Gang der Dinge war, in Europa wie in Japan, unentschieden bis zum Beginn der großen Wirtschaftskrise.

Von ihr hatte schon mehrfach die Rede sein müssen; jedes der regionalen Kapitel, das japanische, das amerikanische, das europäische – bloß das russische nicht – führte den Leser zu ihr hin. In dem Moment jedoch, in dem, ausnahmsweise, die Wirtschaft »das Schicksal« wurde, schien es ratsam, ihr ein gesondertes, ein wenig Theorie nicht scheuendes Kapitel zu widmen. Professor Nöll von der Nahmer, der deutsche Nationalökonom, zeigt uns zuerst, was die Weltwirtschaft vor 1914 war, unter welchen technischen, politischen, moralischen Bedingungen sie ehedem funktionierte. Nun sehen wir, wie ein wirtschaftsfremdes Element, der Krieg, den nur Aberglaube sich noch aus »Wirtschaftsgründen« erklärt, zum beherrschenden, Begriff und Realität der Wirtschaft revolutionär umgestaltenden wird. Diese Verkoppelung ist immer da, einen politikfreien Wirtschaftsraum gab es nie; nie aber auch war sie so stark und verhängnisvoll wie seit 1914. So daß der Spezialist notwendig auch zum allgemeinen Historiker wird, sein spezieller Gegenstand ihm in die Dialektik des Allgemeinen entgleitet. Die Plan- und Notwirtschaft im Kriege, der Verschleiß und Ruin, die neuen politischen Grenzen dann, die »Reparationen«, die Rache, die Lust am Schaden des anderen, die Weltinflation und neue Besitzes-Konzentration – das sind wirtschaftliche, soziale, politische Abenteuer in einem; Abenteuer von radikaler Tragweite; die große Krise selber, aus einer einzigen nicht, sondern aus einem ganzen Nest ökonomiko-politischer Ursachen hervorgehend, wird ihrerseits zur nicht wegzudenkenden Bedingung so einschneidender politischer Ereignisse wie Hitlers Machtergreifung oder der Wahl Roosevelts zum Präsidenten.

Die Geschichte der zwölf Hitlerjahre, diese schneller und schneller, wilder und wilder ihrem makabren Ende zustrebende Geschichte, sollte in einem Zug erzählt werden, von der Machtergreifung bis zur Bombe von Hiroshima. Es ist wie eine Rückkehr zu den Themen der ersten Kapitel: Imperialismus, Vorkriegszeit und Krieg. Wiederholung und vergeblicher Versuch, ihr zu entgehen, Fortsetzung, Steigerung, schaurige Parodierung des schon Dagewesenen, vermischen sich mit dem radikal anderen, das erst am Ende voll deutlich wird. Der unglaublich anachronistische Versuch, einem europäischen Volk auf Kosten anderer europäischer Völker »Lebensraum« zu erobern, durch Hitler von Anfang an unbeirrbar verfolgt, aber geschickt verheimlicht, bis die Zeit zu seiner vollen Entfaltung reif scheint, wird von den Westmächten sechs Jahre lang ignoriert, mißverstanden, durch gute Worte und Einräumungen beschworen, schließlich beantwortet mit dem ähnlich anachronistischen Versuch, durch Koalitionen und Drohungen das europäische Gleichgewicht aufrechtzuerhalten, das verloren ist und verloren zu sein verdient. Daraus geht der Krieg hervor, unvermeidlich nicht an sich, sondern durch eines Einzigen irrsinniges Wollen. Noch einmal, ein letztes Mal, wird ein europäischer Krieg zum Weltkrieg; oder wird es zum erstenmal, denn erst mit Pearl Harbour ist ein Weltkrieg im vollen Sinn des Wortes gegeben und erst 1945 eine eigentlich weltpolitische Situation.

Karl Dietrich Bracher, Professor der Politischen Wissenschaft in Bonn, hat, glauben wir, die von ihm übernommene Aufgabe recht gelöst und so dem unlängst durch sein Werk über »Die Auflösung der Weimarer Republik« gewonnenen Ruhm ein neues Blatt hinzugefügt. Eine schwierige Aufgabe war es: hier die kühle Sachlichkeit des Historikers zu wahren, hier nicht den Erzählermut zu verlieren angesichts der trostlosen Monotonie schwarzer Tage; und manchmal mag der Autor sich selber den Einwand gemacht haben, den Wallenstein gegen den höflichen Chronisten aus Wien erhebt:

> Ersparen Sie's, uns aus dem Zeitungsblatt
> zu melden, was wir schaudernd selbst erlebt.

Bracher gibt dem Krieg den einen Sinn, den die bedeutendsten Führer der anderen Seite, Churchill und Roosevelt, ihm zu geben versuchten: »Es war«, schreibt er, »in der Tat ein Kreuzzug zur Erhaltung der menschlichen Substanz und der Freiheit der Person, der dem Rest der Welt aufgegeben war.« Aber dieser Sinn war selber ein dürftiger, nur negativer; er stammte nicht aus der schöpferischen Güte des Restes der Welt, nur aus den unerträglichen Zumutungen, die Hitler ihm stellte; er wurde verkrüppelt durch das Bündnis zwischen Angelsachsen und Kreml, die Illusionen der einen, die brutale Ausnutzung der Sieges-Situation durch den anderen. Irrig der Glaube, es könnte aus dem Zusammenbruch eines einzigen verruchten Eroberungs-Unternehmens auch schon eine geläuterte Menschheit hervorgehen. Sie ist nicht weiser, als sie vorher war; sie kommt nicht zur Ruhe. Dort, wo unser Buch endet, zeichnen neue Irrtümer und Ausschweifungen, neue Konflikte und revolutionäre Veränderungen sich am Horizont ab.

Statistische Bestandaufnehmer eines gewissen modernen Typs sagen uns: Ein Unternehmen, welches mehr Menschen ernährt als je zuvor, sie besser ernährt als je zuvor, stärkere Energien bildet, in weitere Räume ausgreift als je zuvor, das Unternehmen »Menschheit«

mit einem Wort, sei nicht eben bankrott zu nennen; die Zahl von sechs Millionen Ermordeter wiege nicht viel verglichen mit den siebenundzwanzig, um die die Erdbevölkerung sich jährlich vermehrt; die Großkriege des Jahrhunderts seien nichts anderes als notwendige »Arbeitsgänge« eines gewaltigen Prozesses konstruktiver Umgestaltungen, oder umgekehrt bloße Betriebsunfälle, oder welches Bild man vorzieht. Wir überlassen eine solche Interpretation neidlos jenen, die sich damit zufriedengeben. Die banale Wahrheit jedoch enthält sie, daß in einem Zeitalter ungeheuer vermehrter Energien auch der Krieg, wenn er schon sein sollte, energischer werden mußte. Die Frage, ob er hätte sein sollen, ob er fürderhin sein soll, oder was an seine Stelle treten soll, rührt an Fragen der Sinngebung, welche im Rahmen positiven Wissens nicht zu beantworten sind. Auf diesen mußte unser Werk sich beschränken.

Wenigstens aber hat es das fortschreitende Wissen des Menschen von der Natur und von sich selbst in sich aufgenommen. Von ihm handelt das große Kapitel »Neue Wissenschaft«. Es hat seinen Platz außerhalb der politischen Geschichte, wie unermeßlich stark auch der Einfluß, stetig und in plötzlichen Schüben, vom Wissen und Können her in das politische Geschehen wirkt. Es hat eine andere Chronologik, zumal in den Wissensgebieten, die im vorhergehenden Band nicht behandelt wurden, für die also tief ins 19. Jahrhundert zurückgegriffen werden mußte. Über die Grenze des Jahres 1945 setzt es sich als eine in dieser Sphäre überhaupt nicht existierende hinweg. Und kaum brauchen wir zu sagen, daß nicht eine Enzyklopädie des Wissens hat gegeben werden sollen; nur eine Gesamtansicht jener Seite des menschlichen Abenteuers, die auch in unserer Zeit überwältigend erfolgreich war.

Ist es ein Zufall, daß die Gelehrten, die sich hier zu einem vorwiegend naturwissenschaftlichen Symposion vereinigt haben, das Problem des Humanen mit klarer zutage tretender Sorge angehen als die Historiker? Allzu lange hat man diese gelehrt, ihre persönlichen Ansichten zu trennen von den sachlichen; nur zu erforschen, »wie es eigentlich gewesen ist«; nur zu verstehen, nicht zu werten, nicht zu verurteilen. Selten findet man bei ihnen so eindeutige Bejahungen oder Verdammungsurteile, wie der Mediziner, Wolfgang Bargmann, sie vollzieht, kraft der ethischen Grundsätze seiner Wissenschaft oder jeder Wissenschaft oder jenseits von jeder Wissenschaft. Die großen Entdeckungen auf dem Gebiet der Medizin können zum Heil wie zum Unheil gebraucht werden; selbst die beste Sozialhygiene bietet noch ungewollte oder gewollte Möglichkeiten, eine ins Ungeheure steigende Bevölkerungsvermehrung in imperialistische Machtpolitik umzusetzen. Ähnliche Beobachtungen über die zweischneidigen Folgen, die Hilfe und die Gefahren, die uns aus der Biochemie kommen können, macht Adolf Portmann. Beide Gelehrte zeigen uns die dichten Zusammenhänge zwischen dem Fortschreiten ihrer Wissenschaften und dem Treiben der Gesellschaft; die Anregungen und Forderungen, die von dieser kommen, den Zwang zur Spezialisierung, den Druck wirtschaftlicher Interessen, die neuen Krankheiten und Nöte. Von beiden auch lernen wir, daß die Grenzen zwischen Natur- und Geisteswissenschaft nicht mehr so fest sind, wie sie vor einem halben Jahrhundert zu Forschungszwecken gezogen wurden. Das hat nichts zu tun mit einem Zurück zur alten »Naturphilosophie«, von deren schädlicher historischer Wirkung Bargmann mit fast den gleichen Worten spricht, die Walther Gerlach in einem früheren Beitrag gebrauchte. Es geht um Grenzgebiete wie die Psychologie. Es geht um die

»Einheit des Humanen«, die Portmann als einen wissenschaftlichen Grundsatz proklamiert, und zu dessen Begreifen biologische, ethnologische, prähistorische und philosophische Forschungen sich vereinigen. Zu ihr, sagt Portmann, gehört für eine von der Biologie her informierte Wissenschaft vom Menschen auch wieder das religiöse Erleben als eine »Grundkraft des Humanen«. Gern hätten wir diesen Satz als Motto über unsere Universalgeschichte gestellt.

Auch die unmenschlichste aller Wissenschaften, die Astronomie, durfte in unserem Überblick nicht fehlen; die unmenschlichste, weil sie die menschliche Existenz in Zeit und Raum zum beinahe-Nichts reduziert. Der Astronom mag antworten, daß es immer der Mensch sei, der diese Reduktion vollzieht, und in ihr zugleich sein höchster Triumph liege. Nur auf ein paar der am stärksten frappierenden Informationen in dem reichen Bericht Hans Kienles sei dem Laien-Leser hinzuweisen erlaubt. Nach der gegenständlichen Seite: Auf das immer schärfere Begreifen der Welt als eines Werdeprozesses, in dem Schöpfung zu geschehen nie aufgehört hat. Nach der methodischen, historischen Seite: die Entdeckungen der Kernphysik haben unser Wissen vom Leben und Tod der Sterne so umgestaltet, wie sie die Ökonomie des Menschen umzugestalten im Begriff sind. In diesem Sinn mag es mehr als bloße Koinzidenz sein, daß auch während des letzten Krieges und kurz danach die Astronomie in gewaltiger Bewegung gewesen ist.

Walther Gerlachs Übersicht der Tendenzen und Leistungen der Physik im 20. Jahrhundert weiß von derselben Wechselwirkung zwischen Wissenschaft und Gesellschaft, demselben tiefen Eingebettetsein der einen in die andere, vergleichbaren geschichtsmächtigen Wirkungen, vergleichbaren Gefahren. Der Physiker als der eigentliche Weltveränderer, der Herr über Krieg und Frieden und subtilste Denker in einem – diesen heutzutage vertrauten Begriff wird der Leser des großzügigen Resumés häufig bestätigt finden; auch dort und gerade dort, wo ungeheuer breite, verästelte Wirkungen aus einer auf den ersten Blick eng und speziell scheinenden Ur-Entdeckung fließen. Freilich zeigt Gerlach auch, wie unsicher es mit der Herrschaft des Gelehrten bestellt ist, wie weit wir von einer Erdregierung durch Forscher und Techniker noch entfernt sind. Neue Träger und Agenturen der Forschung entstehen, wo die Industrie sie benötigt. Der Staat, längst der gewaltigste Förderer der Wissenschaft, wird im Krieg oder unter kriegsähnlichen Bedingungen zu ihrem Zwingherrn. Mit der weltverbindenden Tendenz der Wissenschaft, wie sie auf internationalen Kongressen zum Ausdruck kommt, streitet eine andere, im Sinne des Wettkampfes der Großmächte auf Geheimhaltung dringende. Unbeantwortet bleibt die Frage, die Gerlach anklingen läßt: ob überhaupt und in welchem Sinn und wo und von wem dem fortschreitenden Wissen und Können ein Ziel, eine Grenze gesetzt werden sollen?

Es ist eine Frage, deren Beantwortung man von der Wissenschaft nicht erwarten darf. Sie hat alte philosophische Einheit, alte Autorität aufgelöst, aber sie kann, als Wissenschaft, keine neue geben; alles; nur dies nicht.

Das Kapitel schließt mit der Wissenschaft von der Gesellschaft, der Soziologie. Diese Abhandlung zu schreiben, hatte noch der im Frühjahr 1958, neunzigjährig, verstorbene Alfred Weber übernommen. Sie ist sein letztes Wort. Gleich eingangs betont Weber, daß es sich bei seiner Wissenschaft in der Tat um eine neue handelt; neu nicht im 20., aber doch im 19. Jahrhundert, in dem das Wort selber geprägt wurde. Ebenso: daß sie aus einem Bewußtsein von Krise, von Umbruch heraus entstand, und zuerst eben die Zeit, in der sie entstand, die Gegenwart des 19. Jahrhunderts, als geschichtliche zu bestimmen versuchte. Weber nennt hier Karl Marx als einen ihrer Gründer und erweist dem Schöpfer des Historischen Materialismus hohe Ehre; nicht seinen Antworten, die auch er für wissenschaftlich abgetan hält, sondern seinen Fragestellungen. Was Weber von der Geschichtsphilosophie des 19. Jahrhunderts, von Marx, von Comte und Spencer übernimmt, ist die Frage nach der historischen Gesamtsituation, das, was er »Konstellations-Soziologie« nennt und was den vielerlei soziologischen Spezialforschungen nicht widerspricht, wohl aber ihnen den Rahmen und weiteren Sinn geben soll. Was ihn vor allem von Marx unterscheidet, ist, daß er zwar von »eigenevolutiven« Mächten weiß, im Gebiet des Zivilisatorischen, Wissenschaft, Technik, Wirtschaft; daß er ihnen gegenüber jedoch die menschliche Spontaneität als etwas anerkennt, dessen Verhalten man nicht vorhersagen kann. Eben darum verwirft er jedes behauptete Totalwissen. Soziologie, meint Weber, soll keine Prognosen geben, obgleich sie Gefahren erkennen und Wege zu ihrer Überwindung vorschlagen soll. Dies wieder kann sie nicht, wenn sie nicht selber gewisse Werte bejaht, nicht, mit einem Ausdruck Webers, »wertungsgefüllt bis zum Rande« ist. Kräftig verwirft Weber jene »wertfreie«, nur Tatsachen sammelnde, nur Gesetze suchende Soziologie, wie sie dem Positivismus um die Jahrhundertwende als Ziel vorschwebte. Sowenig die Medizin ohne die Begriffe von Gesundheit und Krankheit, sowenig kommt die Soziologie aus ohne einen Begriff vom Menschen, wie er sein und leben sollte. Wenn dann Weber im folgenden die Gefahren analysiert, welche diesem Begriff und Wert im 20. Jahrhundert drohen, wenn er uralte Fragen, wie die nach dem Verhältnis zwischen Einzelnem und Gesamtheit, Masse und Elite erörtert, so nennt er wohl verschiedene, hier aufgetretene Doktrinen; überwiegend jedoch gibt er uns seine eigene, die aus seiner eigenen Methode fließenden Erkenntnisse. – Es war eben in dieser Erwartung, daß wir uns, an einem Sommertag des Jahres 1957, an den greisen Gelehrten wandten. Soziologie, diese Grenzsphäre zwischen gegenständlichem Forschen und philosophischem Denken wird, wie Karl Jaspers gezeigt hat, in ihren höchsten Verwirklichungen immer von der Persönlichkeit abhängen. Es sollte darum hier einer zu Worte kommen, der nicht bloß kühl resümierte, was andere lehrten, sondern selber eine Persönlichkeit war.

Schon in der Einleitung zum achten Band wurde bemerkt, daß der philosophische Gedanke eines großen Sammelwerkes, wie des unseren, nur ein sehr allgemein bestimmter sein kann, daß unsere Aufgabe ist, Wissen zu vermitteln, nicht Spekulation. Weder geben die Kapitel, die hier einzuführen waren, uns ihre eigene ausgeprägte Philosophie; noch auch beschäftigen sie sich ausführlich mit jenen Interpretationen des Menschenschicksals, der Vergangenheit und Zukunft, an denen unsere Zeit so fruchtbar gewesen ist. Sie erzählen nur, wie es gekommen ist. So mögen denn Alfred Webers Gedanken eine Art von Vertretung üben für das geistige Wollen, aus dem heraus unser Werk entsteht, das aber in dem Übermaß der Ereignisse und Fakten nicht immer deutlich erscheinen kann.

Henry Cord Meyer

DAS ZEITALTER DES IMPERIALISMUS

Kontrapunktthemen der Vorkriegsgeschichte

Langsam, aber beständig verändert sich unser Bild von der geschichtlichen Entwicklung. Neue Tatsachen und der zeitliche Abstand verschieben die Perspektive und vermitteln neue Einsichten – auch im Hinblick auf Situationen, die hinlänglich bekannt schienen. Jahrzehntelang wurden viele Aspekte der imperialistischen Zeit von Historikern und Geschichtsinterpreten ausschließlich durch die Brille der Ereignisse von 1870/71 gesehen. In dieser Betrachtungsweise erschien die gesamte Periode bis zum Ausbruch des ersten Weltkriegs als die logische Vollendung, gleichsam die Endverwirklichung der entscheidenden geschichtlichen Kräfte, die die deutsche und die italienische Einheit geschmiedet und ein neues internationales Gleichgewicht in Europa hergestellt hatten. Obgleich der Krieg die diplomatische Gleichgewichtslage umgeworfen hatte, wurde an der Vorstellung festgehalten, daß sich die westliche Gesellschaft auch weiterhin im Sinne der liberalen Nationalidee entwickle und entfalte. Den zweiten Weltkrieg sahen diese Geschichtsbetrachter ideologisch als einen demokratischen, mittelständlerischen, nationalstaatlichen Verteidigungskrieg gegen den Einbruch des Totalitarismus. Vielen westlichen Autoren stellte sich die Geschichte ihrer Länder – und die Weltgeschichte – als bloße Abfolge der staatlichen Politik und der nationalen Entwicklung des In- und Auslands dar.

Seit einiger Zeit legt indes eine nicht unbedeutende Minderheit unter den Historikern größeren Nachdruck auf andere Faktoren: den gesellschaftlichen Wandel, die geistige Entwicklung, das kulturelle Zusammenspiel, veränderliche soziale Konstellationen, sozialpsychische Einflüsse. Allerdings macht die Lesermasse noch nicht allgemein mit; häufig hängt sie noch an älteren, simpleren Ansichten über die neuere Geschichte, in deren Mittelpunkt staatlich-politische Kämpfe und nationale Spannungen des europäischen Raumes stehen.

Aus der heutigen Sicht läßt sich verfolgen, wie diese Haltung entstanden ist. In weiten Teilen Europas begrüßten Liberale und Anhänger des nationalen Gedankens mit großer Begeisterung die Verwirklichung der nationalen Einheit Deutschlands und Italiens. (Wenn hier von Liberalen die Rede ist, ist Liberalismus im Sinne der bürgerlichen Freiheitsideen des 19. Jahrhunderts gemeint.) Offensichtlich waren die konservativen Gegner von 1815 und 1849 geschlagen. Nun sollte die große Konsolidierung des Sieges folgen; man überließ es Historikern, zum höheren Ruhm der europäischen Kultur den weiteren staatlichen und nationalen Fortschritt zu registrieren. Der Optimismus dieser Prägung nahm so gut wie keine Notiz von entscheidenden Elementen gesellschaftlicher Widerstände, politischer Kompromisse und fortbestehender regionaler Spannungen in Deutschland, Österreich-Ungarn, Italien und im fernen Osteuropa. Darüber hinaus traten, als das letzte Viertel des 19. Jahrhunderts heraufzog, überall in Europa Probleme anderer Art in den Vordergrund; doch wurden sie im selben staatlich-nationalen Zusammenhang behandelt oder durch ihn verzerrt und verdunkelt. Wer zu Beginn des 20. Jahrhunderts die Lage zu durchleuchten und zu deuten suchte, schrieb zumeist noch erwartungsvoll von der großen liberalen und nationalen Vollendung des Werkes, die da kommen sollte, während doch die historische Flut, die diese Momente emporgetragen hatte, bereits im Abebben war.

Wie sah denn in diesen strahlenden Spätnachmittagsstunden des 19. Jahrhunderts die so überaus zuversichtliche bürgerlich-europäische Vorstellung von den treibenden Kräften der Geschichte aus? Der Liberalismus der Mittelschichten, der geistig in der Aufklärungsepoche wurzelte und auf die Perfektibilität des vernunftbegabten menschlichen Wesens vertraute, sah allüberall dem Kommen der freiheitlichen, rechtsstaatlich organisierten Gesellschaft mit vollendetem Repräsentativsystem entgegen. Die Fehlschläge von 1848/49 schienen diese Optimisten vergessen zu haben – oder sie waren der Meinung, daß ihre Niederlagen durch erfolgreiche verfassungsmäßige Beschränkungen der konservativen Kräfte wettgemacht worden waren. Es galt als ausgemacht, daß die Menschheit am besten fahren mußte, wenn sie sich im Rahmen einer nach innen und außen ständig expandierenden freien Marktwirtschaft auf verständige Weise des Mechanismus der uneingeschränkten Konkurrenz bediente. Allmählich wich der Widerstand der Bourgeoisie gegen die Forderungen der aufsteigenden Arbeiterbewegung einer Politik zögernder Kompromisse, so etwa in Bismarcks oder Disraelis konservativ-patriarchalischer Fürsorge für die Arbeiter. Die immer schneller aufeinanderfolgenden Fortschritte der Naturwissenschaft, der Technik und der Medizin schienen erneut zu beweisen, daß der Mensch ein rationales Wesen und weiterer Vervollkommnung fähig sei. Der bürgerliche Stil, in dem die Schwere und Sentimentalität der Romantik mit der Detailpräzision des Realismus verschmolz, setzte sich um in materiellen Luxus und die temperierte Genreeigenart der akademischen Kunst. Es wurde unterstellt, daß all diese Kräfte unausweichlich und mit Gottes Segen daran arbeiteten, die Worte, Leistungen und Zielsetzungen des weißen christlichen Europas für die ganze Welt wirksam werden zu lassen.

Dieser Optimismus übersah – oder bewertete nicht realistisch genug – das Weiterbestehen und die Macht konservativer Kräfte in einem beträchtlichen Teil Europas. Am stärksten entwickelt und von inneren Konflikten am ehesten verschont war der nationale Liberalismus im Nordwesten Europas, wo Nationalitätengegensätze am wenigsten ausgeprägt waren (der Ausnahmefall Irland wurde passenderweise ignoriert) und wo das Bürgertum fest im Sattel saß. Erheblicher Einfluß kam dagegen der wirtschaftlichen und politischen Macht des Konservativismus auch weiterhin in den Mittelmeerländern und in Mittel- und Osteuropa zu, um so mehr, je größer die räumliche Entfernung vom nordwesteuropäischen Zentrum. In ganz Europa suchten die Träger und die Organisationen des national orientierten Liberalismus ihre Vorbilder und ihre Ideen bei den Ländern des Nordwestens, denen sie bewußt nacheiferten. Aber das nationale und gesellschaftliche Dasein in diesen kulturell abgelegenen Gefilden war oft so grundlegend anders gestaltet, daß das liberal-nationale Gewächs dort nur merkwürdige Bastardfrüchte trug. Wie verschiedenartig waren etwa die Wirkungen des rationalistisch gefärbten Nationalismus Westeuropas auf die einzelnen Bestandteile des mitteleuropäischen Völkermosaiks, die zugleich den tiefgehenden emotionalen Einflüssen der französischen und deutschen Romantik ausgesetzt waren.

Obgleich Mitteleuropa – von Berlin bis Rom und weiter bis in den Balkan hinein – mehrere Revolutionswellen durchgemacht hatte und den starken Einfluß des Liberalismus durchaus verspürte, hatten hier die konservativen Kräfte schwer zu handhabende Kompromißlösungen erzwungen, während sie in Rußland und Spanien die volle Kommandogewalt behielten. Die konstitutionelle Monarchie war die vorherrschende Form der staatlichen und gesellschaftlichen Ordnung, und bis 1914 war es ihr sogar gelungen, die Unterstützung der chauvinistischsten Nationalisten zu gewinnen. Rückblickend sieht man, daß die liberal-nationalen Bewegungen in der Zeit von 1871 bis 1914 in großen Teilen Europas bestenfalls nur vorübergehend im Vordergrund einer Bühne gestanden haben, von der die konservativen Kräfte nicht abzutreten gedachten und auf der die nachrückenden Arbeitermassen ihrerseits eine gewichtige Rolle zu spielen wünschten.

Auch wenn der Liberalismus in der europäischen Vorkriegsgesellschaft – sei es als realer Faktor, sei es als Idealbild – zu dominieren schien, wurde er in Wirklichkeit von diesen Kräften von rechts und links sogar im nordwesteuropäischen Zentrum in zunehmendem Maße bedrängt. Der ältere Nationalismus des 19. Jahrhunderts hatte zwar auch blutige Konflikte hervorgebracht und mit opportunistischen Mitteln nach der Macht gegriffen, immerhin sprach er aber im Ideologischen guten Gewissens eine demokratische, egalitäre und humanitäre Sprache. Als die letzte Vorkriegsgeneration antrat, machten sich nun aber mit lästiger Beharrlichkeit zwei neue Faktoren bemerkbar: ein mit Totalitätsansprüchen auftretender Nationalismus der Rechten und der antibürgerliche Internationalismus der Linken. Noch beruhten die wirtschaftlichen Ideale und die politischen Rechtfertigungstheorien der Gesellschaft auf den alten *laisser-faire*-Vorstellungen; die Tatsachen hatten unterdes eine andere Entwicklung genommen: die Sphäre des Staatseingriffs weitete sich aus, der freie Wettbewerb und die offenen Märkte schrumpften, und der zwischenstaatliche Warenaustausch begegnete immer größeren Hindernissen. Auch die erfolgreichsten liberalnationalen Staaten wurden nach der radikalen Ausweitung des Wahlrechts mit dem Druck der neuen Wählermassen nicht ohne weiteres fertig und sahen sich voller Unbehagen einem neuartigen Ansturm gegenüber, der Walther Rathenau sogar als »vertikaler Einbruch der Barbaren« erschien.

Die ideologischen Positionen des bürgerlichen Weltbildes wurden von verschiedenartigen geistigen Kräften berannt, die einander in der Wirkung ergänzten. Der Rationalismus hatte selbst sein ureigenstes inneres Dilemma geboren: er hatte eine biologische Wissenschaft hervorgebracht, die den unablässigen Kampf ums Dasein und das Überleben der Passendsten in den Mittelpunkt des Naturgeschehens stellte, und er hatte Belege für ein neues Menschenbild zusammengetragen: das Bild des sowohl individuell als auch in der Masse irrationalen Menschen. Zwei andere Aspekte des Rationalismus kamen hinzu: einmal fortschreitende Spezialisierung des Wissens mit der unendlichen Häufung von Wissensdetails bei zunehmender, beängstigender Ungewißheit, zum andern Vervollkommnung der Technik mit ihren Folgeerscheinungen: Geschwindigkeit, Lärm, Daseinsbequemlichkeit, mechanischer Komplizierung des Lebens. Diese neuen Momente trugen nicht wenig zur Entstehung einer Gegenkraft in der Neuromantik bei, die jedes rationale Vorgehen zugunsten einer »menschlicheren«, »natürlicheren«, intuitiven Schau verwirft. Die institutionalisierte Offenbarungsreligion, die das kritische Kreuzfeuer des Liberalismus und der Wissenschaft heftig getroffen hatte, schöpfte neue Kräfte im antirationalen Widerhall mystischer Wahrheiten und der Berufung auf höhere Autorität. Dem politischen Liberalismus wurde vorgeworfen, daß er mit seinem Appell an Gleichheit, Quantität und nivellierenden Mehrheitsbeschluß die menschlichen Werte herabwürdige und zunichte mache. Zu alledem gesellte sich eine äußerst buntscheckige ideologische und ästhetische Offensive gegen die Philisterhaftigkeit des bürgerlichen Daseins: der Angriff galt sowohl der überheblichen moralischen Selbstgefälligkeit und der triefenden Sentimentalität als auch den materiellen Errungenschaften und dem Festhalten am Geordneten und Geregelten.

Wie aber war es möglich, daß die westliche Welt am Ausgang des 19. Jahrhunderts alle diese Elemente in sich barg, ohne durch Bürgerkriege und internationale Konflikte in die Luft gesprengt zu werden? Daß sich Explosionen der einen wie der anderen Art seit 1914 fast gleichzeitig ereignen, wissen wir nur zu gut. Aber beinahe ein halbes Jahrhundert lang wurden sie immer wieder hinausgezögert oder unterbunden. Die Erklärung scheint in einer einzigartigen Verkettung von Umständen zu liegen. Fieberhaft betätigte sich die ungeheure Verstandes- und Produktionsenergie der westlichen Menschen, in Breiten- und Tiefenwirkung stetig sich steigernd. In nationalen Grenzen ermöglichten die gigantische Mobilisierung geistiger Leistung und die Ausnutzung neuer Produktionsverfahren eine phänomenale Hebung des westlichen Lebenshaltungsniveaus. Im Weltmaßstab verstärkten diese Faktoren die militärische und politische Macht des Westens. Die Völker und das Können des Westens ergossen sich in den leeren Erdteil Amerika und legten sich wie eine Deckschicht über die zahlenmäßig viel stärkeren, aber in der Passivität verharrenden Völker Asiens und Afrikas. Die nichteuropäische Welt brachte den Europäern geistige Anregung und unübersehbare materielle Schätze; beides erhöhte die Prosperität und die Differenziertheit des westlichen Daseins. Vermehrte Anstrengungen und internationale Expansion trugen die Minderheit von vierhundert Millionen weißen Europäern zu den Höhen der Weltbeherrschung empor.

Hier bot sich das ungewöhnliche Schauspiel einer offenen Gesellschaft in voller Entfaltung in einem enormen geographischen Raum. Kaum je zuvor war der menschliche Geist zu so hohen Leistungen angespornt worden, frei zu entdecken, was er entdecken wollte, frei von der Furcht religiöser oder politischer Repressalien. In einem Ausmaß, das seit der *Pax Romana* nicht mehr erlebt worden war, konnten Menschen von einer Gesellschaftsklasse zur anderen hinüberwechseln. Sie durften nach Belieben – im Inland wie im Ausland – reisen, wohin sie wollten. Mit der Beseitigung gesellschaftlicher Schranken, mit den Verlockungen des wirtschaftlichen Wagnisses öffnete sich den Begabten eine Vielzahl verschiedenartiger Berufswege. Wenn es auch gewichtige Ausnahmen gab, stumpfte die Ausbreitung des Wohlstands in ganz Europa die Schärfe des gesellschaftlichen Konflikts ab; sie reduzierte ihn zum größeren Teil auf die Sphäre des Ideologischen. Aufstiegsmöglichkeiten, soziale und geographische Freizügigkeit und geistige Freiheit wirkten sich dahin aus, daß unzählige Unterschiede, Spannungen und Konflikte auf allen Gebieten schöpferischer Tätigkeit nebeneinander bestehen und sich geltend machen konnten, ohne das Grundgefüge und die Stabilität der westlichen Gesellschaft zu gefährden. Da große Kriege nicht geführt wurden, konnte destruktive Vergeudung ebenso vermieden werden wie fatale Verschärfung von Gegensätzen. Einer ansehnlichen Bevölkerungsmehrheit der westlichen Länder ging es während einer märchenhaften, wenn auch kurzen Zeit ständig besser und besser; über die verschiedensten Gedanken und Ziele wurde diskutiert; man sprach eine gemeinsame Sprache, und man blieb im Gespräch: Theodore Roosevelt und Wladimir Iljitsch Lenin; Max Planck und Sigmund Freud; Vilfredo Pareto, Georges Sorel und Gabriele d'Annunzio; »L'Humanité« und die »Alldeutschen Blätter«; Ford, Zeppelin und Marconi; Pablo Picasso und James Joyce; Bertha von Suttner und Emmeline Pankhurst. Die westliche Gesellschaft schöpfte einen großen Teil ihrer gesteigerten Lebenskraft aus dem pulsierenden Rhythmus und den Strahlungen der vielen Persönlichkeiten und Strömungen, die mit den Grundthesen des bürgerlichen, liberal-nationalen Denkens und Handelns prinzipiell im Streit lagen. In der Vorkriegsgeschichte des Westens im Zeitalter des Imperialismus bilden diese gegensätzlichen Momente die Kontrapunktthemen des Finales.

Eigenarten des Imperialismus

Das letzte Jahrzehnt des 19. Jahrhunderts bezeichnet die rapide Bewegung der westlichen Gesellschaft auf die kurze Kulminationsphase ihrer Weltherrschaft zu. Symptomatische Ereignisse auf dem Parkett der internationalen Diplomatie zeigen die dramatischen Veränderungen an. Um das Jahr 1894 war Großbritannien noch in schwerer Sorge wegen der Folgen des neuen russisch-französischen Bündnisses und eifrig bemüht, seinen möglichen Auswirkungen im Mittelmeerbecken einen Riegel vorzuschieben. Da zog plötzlich der Ferne Osten die Blicke Europas auf sich. Gerade erst aus langer feudaler Erstarrung erwacht, setzte Japan moderne Waffen und moderne Diplomatie in Bewegung, um einen schnellen Sieg über China zu erringen. Verspätet reagierten die überraschten Europäer mit französisch-russisch-deutschem Druck auf Japan; Tôkyô wurde gezwungen, einen Teil der Beute herauszugeben, behielt aber immerhin Formosa und eine Operationsbasis auf Korea. Geschlagen und gedemütigt, suchten die Chinesen ihr Heil in beschleunigtem Anschluß an den Westen. In wüstem Geraufe stritten sich nun die Westmächte um die Rolle des Geldgebers, um Konzessionen und territoriale Besitzungen. Jeder größere europäische Staat erweiterte sein Imperium; zum erstenmal wurde Deutschland zu einem wichtigen Faktor in der fernöstlichen Machtpolitik. Tatkräftig setzten sich die Vereinigten Staaten für die Politik der »Offenen Tür« ein: das chinesische Staatsgebiet sollte intakt und China formal unabhängig bleiben, aber die Erschließung der Naturschätze und Märkte des Himmlischen Reiches durch den Westen sollten dennoch möglich sein.

Ebenso eilig stürzten sich die Großmächte in die endgültige Aufteilung des Schwarzen Erdteils und die Abgrenzung der Einflußsphären im Mittelosten. Auf den von Cecil Rhodes inspirierten Einfall des Dr. Jameson in das Hoheitsgebiet der Burenrepublik folgte Wilhelms II. berühmte Beistandsdepesche an den Burenpräsidenten Paulus Krüger: der erste ernste Zwischenfall in der Vorgeschichte des englisch-deutschen Gegensatzes, der für die gesamte europäische Vorkriegsszenerie den Hintergrund abgeben sollte. Das benachteiligte Italien, das auf dem Berliner Kongreß übersehen worden und im Geraufe um China leer ausgegangen war, begann 1896 seinen ruhmsüchtigen Feldzug gegen Abessinien und wurde bei Adua aufs Haupt geschlagen.

Das übrige Europa sonnte sich in seinen Triumphen. General Kitchener und Hauptmann Marchand durchquerten die Wüsten des Sudans und der östlichen Sahara und standen 1898 einsatzbereit bei Faschoda; unterdes bemühten sich die Diplomaten, Großbritanniens und Frankreichs widerstreitende Ansprüche auf die Herrschaft über das Herzstück Afrikas miteinander zu versöhnen. Deutscher Druck auf England führte zu einem Geheimabkommen über die Aufteilung der portugiesischen Kolonien: die Schatten deutscher »Mittelafrika«-Träume vorauswerfend. Von Alexandrien bis Kabul wurden den sterbenskranken mohammedanischen Staaten europäische Waffen und europäische Methoden aufgedrängt; als erklärter Schutzherr des Islams zog Wilhelm II. 1899 im Triumph in Jerusalem ein. Zur selben Zeit waren die Überreste des spanischen Imperiums im Fernen Osten durch Annexion oder Kauf in die Hände Washingtons und Berlins übergegangen. Die westliche Umzingelung der Welt war abgeschlossen.

Die zuversichtliche Haltung des Imperialismus drückte sich in mancherlei kulturellen Bekundungen aus. Seine großartige, massive Technik war bereits in dem 1889 erbauten Eiffel-Turm sichtbar. In der ganzen Welt hinterließen Dampf und Stahl aus dem Westen ihre Spuren auf jungfräulichem Land: vom Kap bis nach Kairo, im Dschungel Panamas, an den Küsten des Baikalsees, quer über die Ebene Anatoliens in südwestlicher Richtung auf Bagdad zu. Überlandtelegraphenlinien und Unterwasserkabel führten vom Khaiberpaß, von Hongkong, Leopoldville und Buenos Aires direkt in die Außenministerien der westlichen Großmächte. Das junge Amerika lieferte seinen einzigartigen Beitrag in Gestalt des himmelstürmenden Wolkenkratzers, Sinnbild der Konzentration und Intensität. In den Gewässern des Nordatlantiks gipfelte die internationale Konkurrenz der Technik in einem hektischen Wettlauf der Schiffahrtslinien um Geschwindigkeits- und Größenrekorde, bis mit der Titanic-Katastrophe 1912 die Ernüchterung kam. Im Kampf um den »Platz an der Sonne« spannten die Großmächte robust und selbstsicher, im Bewußtsein, die Sache der Zivilisation voranzubringen, das Netz ihrer materiellen und wissenschaftlichen Errungenschaften über die ganze Welt.

Der ökonomische Lebensausdruck der Epoche war ebenso erstaunlich wie hoffnungsfreudig. Eindrucksvoll türmte der Westen im letzten Vorkriegsjahrzehnt Erfolg auf Erfolg.

Der Eiffel-Turm mit den Bauten der Pariser Weltausstellung, 1900

Autosalon »Smith & Mabley« auf dem Broadway in New York, 1905

Das beeinflußte den Lebensstandard im gesamten industrialisierten Europa und weckte Wirtschaftsgelüste in entlegeneren ländlichen Gegenden. Internationale Investitionen, Welthandel und Weltschiffahrt demonstrierten weithin sichtbar die Blütezeit des Imperialismus. England und Frankreich mit ihrer stabilen Bevölkerung und ihrem erworbenen Reichtum waren die Zitadellen der Weltfinanz. Auf den weniger wohlhabenden und ihre Bevölkerung rascher vermehrenden mitteleuropäischen Monarchien lastete – nach der gestrengen Formel des deutschen Reichskanzlers Caprivi – der Zwang, entweder Waren oder Menschen zu exportieren, und beides nahm am Vorabend des Krieges beträchtlich zu: Waren im Norden, Menschen im Süden. Nicht minder eigenartige negative Ergebnisse erwuchsen aus verschärftem Konkurrenzgeist. Die Aufteilung der kolonialen Gebiete schien den rapiden Zerfall der Welt in einige wenige große Wirtschaftsblöcke – je eine Großmacht mit mehreren Vasallen – anzuzeigen. Aus der Angst vor der übergroßen landwirtschaftlichen Produktion Amerikas und Rußlands entstanden hier und da Vorstellungen von einem wirtschaftlich geeinten »Mitteleuropa«. Schutzzölle waren zur Tagesparole geworden. Nur England hielt noch am Freihandel fest, aber auch auf den britischen Inseln gewannen protektionistische Argumente immer mehr an Durchschlagskraft.

Der imperialistische Druck und die Gewinne, die die imperialistische Expansion abwarf, bedingten Veränderungen in der Struktur und im Ablauf der Wirtschaftsprozesse in der industriellen Gesellschaft. Im Eiltempo wuchsen in den letzten Vorkriegsjahrzehnten Kartelle und Monopole: horizontal durch Zusammenfassung gleichartiger miteinander konkurrierender Firmen, vertikal durch die Ineinanderschachtelung ganzer Unternehmensgruppen von der Rohstoffbeschaffung bis zur Endprodukterzeugung. Unzertrennlich verflochten sich miteinander die Funktionen des Kredits, der industriellen Produktion und des Warenverkaufs. Von der Tempobeschleunigung des Imperialismus wurden fast notwendigerweise auch die Arbeitermassen erfaßt, ideologisch und wirtschaftlich. Arbeiterchauvinismus steifte im Burenkrieg der englischen Politik den Rücken; die französischen Arbeiter standen kolonialen Eroberungen phlegmatischer gegenüber, taten aber auch nicht viel, um den Kurs zu ändern; der deutsche »Sozialimperialismus« mobilisierte proletarische Energien für die Exportproduktion und verhieß als Belohnung größere soziale Sicherheit im Inland; italienische Arbeiter fanden den Tripolis-Krieg von 1911 gerechtfertigt, da er ihnen, den Erben Roms, lange vorenthaltene Früchte der Imperiumstradition bringen sollte. Zwar setzten sich die Führer des europäischen Sozialismus für die internationale Solidarität der Arbeiterklasse ein und waren im Prinzip für Frieden und gegen imperialistischen Krieg. Von einer einheitlichen Zustimmung zur Kolonialpolitik war nicht die Rede. Als aber die Probe aufs Exempel kam, zeigte sich, daß der Nationalismus die Arbeitermassen mehr beeindruckte als der Pazifismus; ebenso war bis auf einzelne Streiks und Kundgebungen wirksamer Protest gegen die imperialistische Kolonialpolitik äußerst selten.

Ob es sich in der Wahrnehmung der Interessen der amerikanischen Wirtschaft im spanisch-amerikanischen Krieg oder einige Jahre später in der sozialdemokratischen Reichstagsanfrage über den Hereroaufstand dokumentierte: die neuen Wirtschaftsstrukturen und die neuen wirtschaftlichen Kräfte hatten mittlerweile die politischen Entscheidungen im westlichen Staatensystem zu beeinflussen begonnen. Die Tage der Kabinettsdiplomatie mit der fast ausschließlichen Berücksichtigung der Staatsräson waren vorüber. Bismarck hat den Wandel noch erlebt: bei einem Besuch in Hamburg Anfang der neunziger Jahre von der fieberhaften Betriebsamkeit in Hafenanlagen und Industriewerken tief beeindruckt, soll er bemerkt haben, er verstehe die Welt nicht mehr.

Ideologische Vitalität strömte dem Imperialismus aus den von Selbstsicherheit strotzenden Lehren des ins Soziale übertragenen Darwinismus zu. Weit ausholende Schlußfolgerungen aus entwicklungsgeschichtlichen Studien hatten sich gegen Ende des Jahrhunderts der Phantasie der Gesellschaftstheoretiker bemächtigt und fanden in manchen Politikern und Rassenfanatikern ein wirksames Sprachrohr. In der Sprache der Naturwissenschaft nahmen die Tatsachen der Weltpolitik einen neuen, erregenden Klang an. Da schrieb der russische Soziologe J. Nowikow: »Da die Gesellschaften Organismen sind, kann man *a priori* folgern, daß sie alle Gesetze der Biologie befolgen werden... Die Natur ist der große Schauplatz der Lebensvernichtung. Zwischen Lebewesen finden jede Sekunde, jede Minute Kämpfe statt, ohne Waffenstillstand und ohne Atempause... Die internationale Politik ist die Kunst der gesellschaftlichen Organismen, den Kampf ums Dasein auszutragen.« Da äußerte staunenswert apodiktisch der englische Mathematiker Karl Pearson: »Die Geschichte zeigt mir den Weg, den einzigen Weg, auf dem zivilisierte Zustände erreicht werden konnten: das ist der Weg des Kampfes von Rasse gegen Rasse und des Überlebens der physisch und geistig bestangepaßten Rasse.«

Solche Auffassungen bestärkten die größeren Mächte in ihrem angriffslustigen Gehabe. In Washington erklärte der amerikanische Senator Beveridge: »Im Rahmen der Sendung unserer Rasse als Gottes Treuhänderin für die Weltzivilisation werden wir nicht darauf verzichten, unseren Beitrag zu leisten.« In Petersburg stellte der russische Orientforscher und offiziöse Publizist Fürst E. E. Uchtomskij nach einer großen Asienreise fest: »Außer dem schrankenlosen Meer, das sich an den asiatischen Gestaden bricht, außer diesem Ozean, der ebenso frei von Fesseln ist wie der Geist des russischen Volkes, kennen wir in Asien keine Grenzen und können wir keine kennen.« Der Mensch des Abendlandes war durchaus rassebewußt, mochte sich das nun in Wilhelms II. theatralischen Warnungen vor der »gelben Gefahr« äußern oder in der in Amerika in aller Stille gefällten höchstrichterlichen Entscheidung, die die Neger auf »abgesonderte, aber gleiche Einrichtungen« verwies, oder schließlich in den Konsequenzen der Verantwortung, die Kiplings »Bürde des weißen Mannes« dem Westen auferlegte. Sogar der christliche Missionar, den die Sturmflut des Imperialismus in die weite Welt hinaustrug, ließ die Note der Überlegenheit anklingen; dafür war er auch für Nichteuropäer oft genug nichts anderes als eine Abart des imperialistischen Agenten, dem die Aufgabe zufällt, die Methoden des Westens anderen Völkern aufzuzwingen.

Im Rahmen dieser Vorstellungen vom Daseinskampf und von der Expansionsberechtigung der »Bestangepaßten« gedieh auch eine Einstellung zum Krieg, die sich am besten mit den Worten Ernest Renans wiedergeben läßt: »Der Krieg ist in gewissem Sinne eine der Bedingungen des Fortschritts, der Peitschenhieb, der ein Land am Einschlafen hindert, indem er sogar die satte Mittelmäßigkeit zwingt, ihre Apathie aufzugeben.« Natürlich gab es auch Gegenströmungen: Berta von Suttners Appell »Die Waffen nieder!«, den

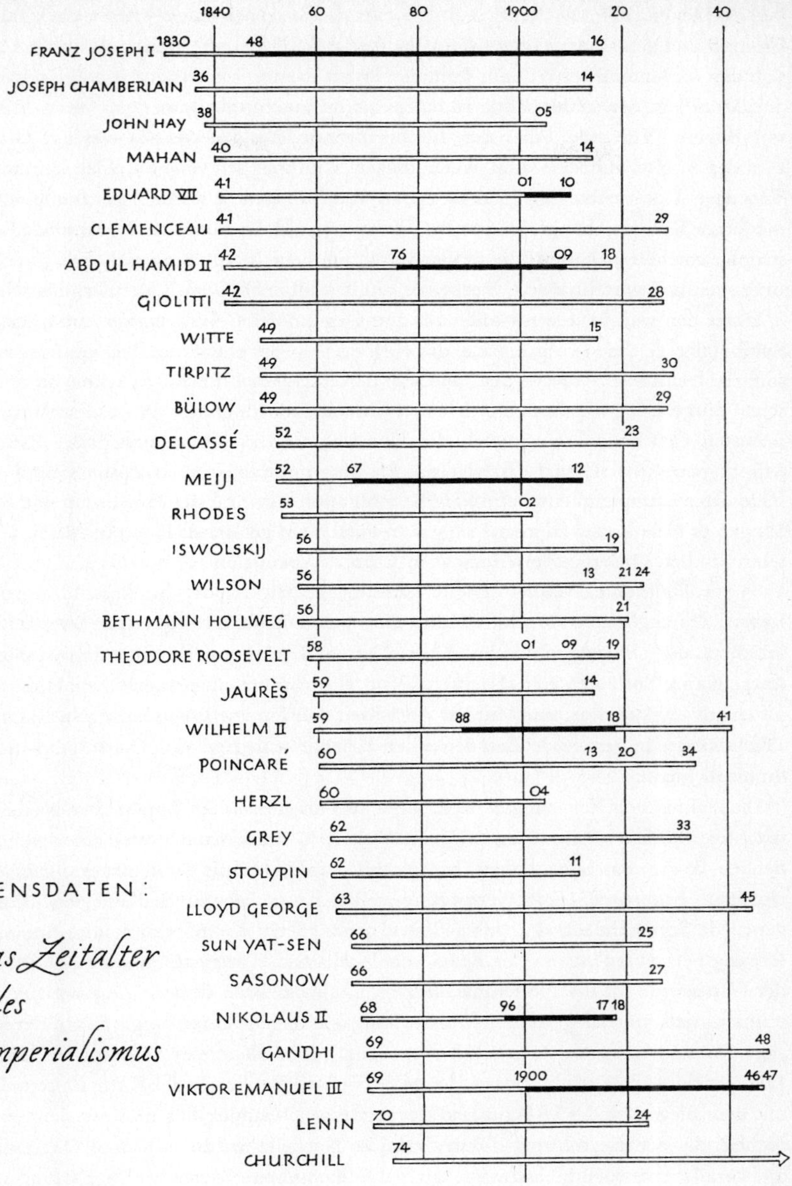

LEBENSDATEN:

Das Zeitalter des Imperialismus

Nobel-Friedenspreis, die Carnegie-Stiftung für den internationalen Frieden, die Haager Konferenzen und den Haager Internationalen Gerichtshof. In den Vereinigten Staaten bemühte sich der Außenminister William Jennings Bryan darum, ein System von Schiedsverträgen zur Grundlage der Außenpolitik zu machen, und brachte ein bemerkenswertes Abkommen mit England zustande. Aber der durchdringende Ton des Westens war auf Gewalt gestimmt; »Leise auftreten und einen dicken Knüppel schwingen«, hieß der Ratschlag Theodore Roosevelts. Obgleich es einige Vorahnungen von den Zerstörungswirkungen moderner Kriege gab, hat sich vor 1914 kaum jemand die Ausmaße der kommenden Katastrophe vorstellen können; die größeren Mächte behielten sich als politisch gerechtfertigt und potentiell vorteilhaft das Recht vor, im Notfall auch Gewalt anzuwenden.

Unter den verschiedenen Waffen aus dem Arsenal der Gewalt wurde zum dramatischen Symbol der Zeit die Kriegsmarine, die auch der Ära des entfalteten Imperialismus ihre besondere technische Note verlieh. Die schmucken Segelschiffe waren schon im amerikanischen Bürgerkrieg von dampfgetriebenen Kanonenbooten verdrängt worden. Im Laufe der nächsten Generation schwankten die Konstrukteure zwischen mancherlei Kriegsschiff-Mischtypen; was sie suchten, war die für eine gutausgewogene Zusammenfügung verschiedener Kampfeinheiten optimale Kombination von Antrieb, Panzerung und Rüstung. Da gab es viele Rätsel zu lösen. Sie waren noch nicht gelöst, als Kapitän Alfred T. Mahan seine Studien über die Flottenmacht in Europas kolonialen Kämpfen zwischen 1660 und 1783 veröffentlichte. Mahan erzielte sensationelle Wirkungen. Im Anschluß an ähnliche Lehren des englischen Admirals Philip Howard Colomb brachte er die Seemacht in Zusammenhang mit geographischer Lage, Nationalcharakter und Kolonialwirtschaft; eine starke Kampfflotte stellte er als entscheidend, die traditionellen Angriffe auf Handelsschiffe als relativ wirkungslos hin. Mahans Ansichten wurden zur Offenbarung in England, zur Pflichtlektüre in der werdenden deutschen Kriegsmarine und zum Gegenstand stillen Studiums in Japan.

Die technischen Neuerungen im Kriegsschiffbau gaben dem Imperialismus einen neuen mächtigen Auftrieb. Angesichts der neuen Weltreiche mußten die Flotten einen weltumspannenden Bewegungsradius haben. Kriegsschiffe aber, die mit Kohlenfeuerung angetrieben wurden, brauchten Kohleversorgungsstationen in genau kalkulierten Entfernungen; jede Seemacht sah sich infolgedessen genötigt, ein weltumspannendes Brennstoffversorgungsnetz aufzubauen. Der Besitz von Inseln und Küstenstützpunkten in allen Teilen der Welt wurde für die Flottenmächte zum unabweisbaren Gebot. Die Konstrukteure bemühten sich unterdes weiter, Geschwindigkeit gegen Panzerung, Geschützreichweite gegen Geschwindigkeit, überhaupt Neuerung gegen Neuerung auszuspielen. Im letzten Jahrzehnt des 19. Jahrhunderts verdoppelten sich die Baukosten der Kampfflotten. Danach, mit dem Siegeszug des U-Boots und des modernen Kampfschiffs und mit den ersten Versuchen, die Seekriegführung durch drahtlose Nachrichtenübermittlung, Ölfeuerung und die gerade entstehende Luftwaffe zu vervollkommnen, wuchsen die Flottenkosten ins Astronomische. Das im Frieden blendendweiße Kriegsschiff wurde zum Prestigesymbol des Imperialismus. Da war endlich das Wunderwerk der Technik: der potenzierte Ausdruck kombinierter Höchstwirkung, sofort einsatzbereit und offenbar imstande, in wenigen

Stunden epochemachende Entscheidungen herbeizuführen. Über den Schlachtflottenbau, für den die neugegründeten Flottenvereine eine wirksame Propaganda betrieben und den die Schwerindustrie nicht minder wirksam förderte, geriet das Publikum in Verzückung. Auf dem Weg zu internationaler Verständigung oder zu internationalen Krisen wurden Flottenbesuche und Flottendemonstrationen zu wichtigen Meilensteinen.

Manche Probleme schienen mit der neuen Ära des Flottenbaus gelöst; in Wirklichkeit beschwor sie mindestens ebensoviel neue Probleme herauf, die nach einer Lösung verlangten. Wenn sich die Flotten in immer größerer Entfernung voneinander zu halten hatten, wie war es dann um die Blockade als Kriegswaffe bestellt? Was würde in einem Krieg von großen Ausmaßen mit dem Unterseeboot, diesem hypersensiblen Instrument von massiver Zerstörungswirkung und äußerster Verwundbarkeit, wirklich geschehen? Und was würden die neuen Waffen den völkerrechtlich festgelegten und anerkannten Rechten der Neutralen antun? Gerade diese Probleme sollten im Weltkrieg zu entscheidenden Streitpunkten werden und ungeahnte wirtschaftliche und politische Folgewirkungen auslösen. Tatsächlich sind die Großkampfflotten, die sich im Kriegsroman vor 1914 so phantastisch aktiv darstellten, bis auf die Kriegshandlungen bei Jütland und in den Dardanellen während des ganzen Krieges schweigsam und hartnäckig in der Reserve geblieben. Mit dem Kriegsende war auch das Zeitalter des entfalteten Imperialismus vorbei. Eine neue Generation schaute erwartungsvoll in die Lüfte. Die allgemeine Begeisterung für den Schlachtflottenbau verblaßte.

Imperialistische Kraftentfaltung und internationale Diplomatie

Für die ganze Periode bis zum Kriegsausbruch sind die Hauptlinien der internationalen Beziehungen durch die Ereignisse des Jahres 1898 vorgezeichnet oder besiegelt worden. Joseph Chamberlain, der Hohepriester des englischen Imperialismus, plädierte für eine radikale Umkehr in der englischen Außenpolitik: an die Stelle der *splendid isolation* der voraufgehenden Jahrzehnte sollte ein enges Einvernehmen mit Petersburg, Washington oder Berlin treten. Er predigte tauben Ohren. Zum Teil hatte sein Vorstoß mit dem zu tun, was an englisch-französischen Spannungen sichtbar hervortrat und was dann in der Faschoda-Krise zum Durchbruch kommen sollte. Als die Krise kam, traf der französische Außenminister Théophile Delcassé die für Frankreich opfervolle Entscheidung, auf den Sudan zu verzichten, und ebnete damit den Weg zur englisch-französischen Entente von 1904. Im übrigen versuchte Großbritannien, den russischen Einfluß im Fernen Osten zu neutralisieren; dort sollte in Bälde Graf Wittes gemessenes Expansionstempo von den gewagtesten Militär- und Wirtschaftsabenteuern eines ungezügelten russischen Expansionismus abgelöst werden. Festen Schrittes betrat Deutschland die internationale Bühne mit neuen Kolonialeroberungen, vermehrtem Außenhandel und Tirpitz' erstem Flottenbauprogramm. Italien beendete seinen verhängnisvollen Zollkrieg mit Frankreich und nahm die charakteristische Position ein, die es bis zum Krieg beibehalten sollte: Pendellage zwischen den beiden Mächtegruppierungen. Während Amerika Aufstände auf den Philippinen niederschlug, bereitete Außenminister John Hay die offizielle Verkündung des Prinzips der Offenen Tür in China vor. Japan verfolgte geruhsam aus der Kulisse die Anstrengungen der Westmächte und rüstete zu baldigem entscheidendem Eingriff. Die Flammen des Balkankonflikts erloschen einstweilen im österreichisch-russischen Übereinkommen, die Aktionsfelder im Nahen Osten auseinanderzurücken. Das Augenmerk der Europäer richtete sich auf den äußersten Rand der westlichen Welt.

Friedensvorschläge und Kriegshandlungen folgten einander in buntem Wechsel. Die erste Haager Konferenz von 1899, zu der Rußlands Erschöpfung im Wettrüsten und sentimentale Anwandlungen des Zaren den Anlaß gegeben hatten, schockierte die chauvinistischen Nationalisten und erheiterte die neunmalweisen Staatsmänner. Die teilnehmenden Mächte genehmigten am Ende eine revidierte Liste von Kriegführungsregeln und versuchten sich in weiteren Friedensprojekten, zu denen unter anderem die Errichtung eines ständigen internationalen Schiedsgerichts gehörte. Im Herbst kam der Burenkrieg, ein Exempel streitbaren Sozialdarwinismus, von zwei weißen Völkern ausgefochten, mit unerwarteten militärischen Rückschlägen für die Briten. Mit Gewalt und Kauf schob sich Deutschland nach dem Südpazifik vor; Rußland drückte auf Persien und Afghanistan; Frankreich streckte seine Hände nach Marokko aus.

Bis an den Rand der Verzweiflung getrieben, versuchten die Chinesen im Boxeraufstand von 1900, das westliche Fangnetz abzuwerfen, und wurden, da der Versuch mißlang, neuen Demütigungen unterworfen: Rußland besetzte die Manchurei, und Wilhelm II. prahlte mit der Hunnenrache, aber die Amerikaner legten ihren Anteil an den chinesischen Wiedergutmachungszahlungen wohlüberlegt in Stipendienfonds an und zementierten damit die Fundamente einer chinesisch-amerikanischen Freundschaft, die eine Generation überdauern sollte.

Verstärkter russischer Druck auf China und die Zuspitzung der englisch-deutschen Flottenrivalität führten 1902 zum Abschluß des englisch-japanischen Bündnisses. Der Bündnisvertrag garantierte die Unabhängigkeit Chinas und bekräftigte die Anerkennung der Sonderinteressen Japans in Korea durch England; darüber hinaus sicherten die Partner einander – je nach den Umständen – gegenseitige Neutralität oder sogar militärische Unterstützung zu. Die beiden Mächte stützten somit ihre fernöstlichen Interessen gegenseitig ab; nunmehr konnte Großbritannien seiner Flotte in verstärktem Maße die Aufgabe zuweisen, die deutsche Entwicklung mit der größten Wachsamkeit zu verfolgen. Am 31. Mai 1902 beendete London den unglückseligen Krieg mit den Buren. Nicht ohne Erfolg hatten die Liberalen auf einen Verständigungsfrieden gedrängt: der Friede von Vereeniging spiegelte die Ernüchterung wider, die in England unter dem Eindruck der schweren Kriegsverluste eingezogen war. Mit diesen Ereignissen hatte der britische Imperialismus den Höchststand der zukunftsfreudigen Machtentfaltung hinter sich gelassen; auf dem europäischen Kontinent blieben allerdings noch weitere Gipfel der Aggressionspolitik zu erklimmen.

Im Rückblick erscheinen die Jahre von 1898 bis 1902 als die Zeit der besten, unwiederbringlichen Gelegenheiten für die deutsche Diplomatie. Das Reich war noch jung und kräftig, und England sondierte unter mehreren Rivalen nach Möglichkeiten freundschaftlicher Unterstützung. Aber im Gegensatz zu Delcassé weigerte sich Wilhelm II., auch nur ein einziges Prestigesymbol des Imperialismus zu opfern. Friedrich von Holstein, die graue Eminenz des Auswärtigen Amts in Berlin, hielt einen Krieg zwischen Großbritannien und Rußland für unvermeidlich und meinte, daß dann die höchsten Preise für Deutschlands Freundschaft geboten werden würden; Tirpitz bemühte sich um eine Flotte, die so stark wäre, daß England es nicht wagen könnte, sie anzugreifen, und erreichte damit, daß England fortan auf jede Veränderung des deutschen Flottenstandes besonders empfindlich reagierte und fast nur noch die deutsche Flottenmacht im Auge behielt.

Aber unterstellen wir einmal, die deutsche Diplomatie wäre einsichtiger gewesen. Hätte die deutsche öffentliche Meinung eine freundlichere Tonart London gegenüber gutgeheißen? Womit in Deutschland gerechnet wurde, war eine Zeit des Wagnisses und verschärften Wettstreits, die erregende Perspektive eines – nach Delbrück – »trockenen Krieges« mit den englischen Vettern, von denen man glaubte, sie seien bereits etwas außer Atem geraten. Gewiß hatte Deutschland gewichtige Erfolge im Osmanenreich zu verzeichnen. Während eines Jahrzehnts war mit deutschen Investitionen und deutscher Arbeit eine Eisenbahnlinie bis in die mittelanatolische Steppe erbaut worden. Nunmehr lockte der Ausblick nach dem Persischen Meerbusen, und das Bagdadbahnprojekt wurde geboren. Französische, russische und englische Einwände konnten fürs erste aus dem Weg geräumt werden; im Strahlenglanz der neuen Freundschaft zwischen dem Kaiser und dem Sultan gingen die Deutschen ihren Plänen nach. Aber bald war das in der Hauptsache wirtschaftliche Vorhaben in das Gewirr internationaler Spannungen hineingezogen: je mehr sich die deutsche Öffentlichkeit für die direkte Bahnverbindung »von Berlin nach Bagdad« begeisterte, um so stürmischer läuteten die aufgebrachten Konkurrenten die politische Alarmglocke. Auf die Dauer sollte sich der Anfangserfolg als eine Quelle vermehrter Ungelegenheiten für die deutsche Diplomatie erweisen.

Im Jahre 1901 starb Königin Viktoria. Ihr Nachfolger, der präsentable und umgängliche Eduard VII., gab der englischen Politik eine neue Note. Viel mehr als zu den Deutschen, für die sein lauter und unbezähmbarer Neffe sprach, zog es ihn – aus Neigung und persönlichen Bindungen – zu den Franzosen. Aus Staatsbesuchen zwischen London und Paris entstand 1904 die englisch-französische Entente. Für Delcassé war das ein nicht geringer Erfolg. Eine lange Geschichte von Konflikten und Reibungen hatte ihren Abschluß gefunden: Während England freie Hand in Ägypten erhielt, wurde Marokko Frankreich belassen; territoriale Verschiebungen in Afrika erleichterten die Regelung von Fischereizwistigkeiten in den Gewässern von Neufundland; englisch-französische Schwierigkeiten konnten beigelegt werden: in Siam, auf Madagaskar und auf den Neuen Hebriden. Es dauerte nicht lange, bis das neue Bündnis seine erste Probe zu bestehen hatte. Als die russische Ostseeflotte auf der Fahrt nach Tsushima englische Fischerboote in der Nordsee beschoß (Doggerbankaffäre, Oktober 1904), wäre es beinahe zum Krieg gekommen. Delcassé vermittelte und stiftete Frieden.

Dann aber ging Delcassé daran, Marokko für Frankreich zu sichern. Deutschland zeigte er dabei mit Berechnung die kalte Schulter, kümmerte sich aber angelegentlich um die Interessen anderer Mächte. Sofort reagierte Berlin. Holstein und Reichskanzler Bülow, die sich schon einmal vergeblich bemüht hatten, Rußland und Frankreich auseinanderzubringen, versuchten nun erst recht, Paris eine Schlappe beizubringen. Um dem Sultan von Marokko unter die Arme zu greifen, machte der Kaiser einen demonstrativen Besuch in Tanger, und das Berliner Auswärtige Amt verlangte den Rücktritt Delcassés. Es roch nach Pulver. Aber Frankreich war sich der Unterstützung Englands noch nicht sicher, wußte dagegen mit Sicherheit, daß Rußland nicht helfen konnte. Delcassé mußte gehen. Der nächste Schritt war der Vertrag von Björkö, mit dem der Zar auf einen deutschfreundlichen Kurs festgelegt werden sollte. Doch weigerte sich Rußland, seine Bindung an Frankreich zu lockern. Dann traten die Mächte Anfang 1906 in Algeciras zu einer Konferenz zusammen, um die Marokko-Krise aus der Welt zu schaffen. Hier erlitt Deutschland eine empfindliche Niederlage. Mit allseitiger Zustimmung setzte Frankreich seine Marokko-Wünsche durch, während Deutschland, nur von Österreich unterstützt, sich nicht durchsetzen konnte. Angesichts der deutschen Kombination von militärischer und wirtschaftlicher Übermacht und diplomatischer Unfähigkeit, die ziemlich überall gespannte, sorgenvolle Aufmerksamkeit auf sich lenkte, erwies sich die junge englisch-französische Entente als ebenso wetterfest wie das russisch-französische Bündnis.

Eine wahre Katastrophe hatte Rußland unterdes im Fernen Osten ereilt. Ohne auf Japans Interessen oder Warnungen auch nur im geringsten zu achten, hatten die Militaristen und Abenteurer, die Witte gefolgt waren, nach den Schätzen Koreas gegriffen. Überraschend schlug Tôkyô Anfang 1904 zurück. Es erfocht einen Sieg nach dem anderen: bei Dairen (Dalnij), Port Arthur, Mukden. Erschöpft war die russische Ostseeflotte vor Tsushima angelangt; sie wurde auf der Stelle vernichtet. In Portsmouth (New Hampshire) kam am 5. September 1905 dank den Schlichtungsbemühungen des Präsidenten Roosevelt der Friedensschluß zustande. Rußland verzichtete zugunsten Japans auf Korea, die Liao tung-Halbinsel und die südliche Hälfte Sachalins und mußte sich dazu bequemen, die Mandschurei zu räumen, die wieder an China fiel. Roosevelt gelang es gerade noch, das Prestige des Zarenreichs etwas aufzupolieren. Dennoch war am Sinngehalt des russischen Debakels nicht zu zweifeln: Da hatte eine ostasiatische Macht einen der arrogantesten imperialistischen Staaten des weißen Abendlandes aufs Haupt geschlagen und eine politische und soziale Revolution im Innern dieses Staates ins Rollen gebracht. Künftighin gab Rußlands Schwäche und Unsicherheit seiner Europa-Politik einen zunehmend gefährlichen und abenteuerlichen Anstrich.

Die neuen Freundschaften und Feindschaften unter den führenden imperialistischen Mächten fanden ihren Widerhall in der Außenpolitik der Vereinigten Staaten, die aber auch ihrerseits zur Verschärfung der Reibungen und Spannungen beitrug. Um die Jahrhundertwende legten Washington und London den Grund zu dem engen Einvernehmen, das seit dieser Zeit ihre Beziehungen kennzeichnet. Im spanisch-amerikanischen Krieg waren die britischen Sympathien (im Gegensatz zu denen der kontinentaleuropäischen Mächte) auf seiten der Vereinigten Staaten; dadurch verloren die althergebrachten Gegensätze der beiden Mächte an Schärfe und Bedeutung. Diese Wendung war insofern entscheidend, als sie dem massiven amerikanischen Flottenausbau, der Auseinandersetzung um die Alaska-Grenze und der Entscheidung Washingtons, in Mittelamerika einen rein amerikanischen Kanal zu bauen, unmittelbar voraufging. Als europäische Mächte 1902/03

Der Untergang der russischen Flotte in der Seeschlacht vor Tsushima am 27. Mai 1905
Aus einem japanischen Bilderbogen

Die Unterzeichner des russisch-japanischen Friedensschlusses in Portsmouth / New Hampshire am 5. September 1905
Ministerpräsident Witte, Botschafter Rosen, Graf Komura und Botschafter Takahira; in der Mitte: Präsident Roosevelt

Das erste Großkampfschiff, das englische Linienschiff »Dreadnought«, nach seinem Stapellauf, 1906

Venezuela mit Flottendemonstrationen und Blockade unter Druck setzten, erließ Roosevelt seine Ergänzungserklärung zur Monroe-Doktrin, die für künftige Interventionen der Vereinigten Staaten in Mittel- und Südamerika eine juristische Rechtfertigung lieferte, vorgeblich zu dem Zweck, gefährlicheren Konsequenzen europäischer Einmischung vorzubeugen.

Ohne das neue englisch-amerikanische Verhältnis wären die Erfolge der amerikanischen Politik nicht so leicht zu erreichen gewesen. Die neue Freundschaft gab auch den weltpolitischen Rahmen ab für die Politik der Offenen Tür in China, für die Konferenzen von Portsmouth und Algeciras und für die Haager Friedensversuche. Die guten Beziehungen zwischen London und Tôkyô ermöglichten eine Entspannung im japanisch-amerikanischen Streit um die Einwanderung nach dem Westen der Vereinigten Staaten. Das Ergebnis war das Root-Takahira-Abkommen von 1908, das die beiderseitigen Ansprüche in China für die Zukunft festzulegen und mit Gegenseitigkeitsgarantien zu versehen suchte, aber eigentlich im wesentlichen den japanischen China-Aspirationen zugute kam. In all diesen Auseinandersetzungen brachte die temperamentvoll-unruhige, energiegeladene Persönlichkeit Theodore Roosevelts, nur durch das umsichtige diplomatische Auftreten der Außenminister John Hay und Elihu Root gedämpft, die neue Weltmachtrolle der amerikanischen Republik zum Ausdruck.

Unerfüllte Erwartungen, Ängste und technische Neuerungen waren die Antriebe, die von 1906 an den Militarismus der Westmächte immer heftiger anspornten. Das deutsche Säbelrasseln während der Marokko-Krise, das von den westeuropäischen Mächten schon deswegen als unheilverkündend empfunden wurde, weil ihnen der geheimgehaltene Schlieffen-Plan bekannt war, führte zu der ersten militärischen Fühlungnahme zwischen England und Frankreich, in die bald auch Belgien einbezogen wurde. Der englische Außenminister Sir Edward Grey, standfest und hellhörig, bemühte sich redlich, auch dem deutschen Standpunkt Rechnung zu tragen; indes gab ihm die deutsche Haltung genug Grund zu Befürchtungen, und sofern er sie zurückstellen zu können glaubte, wurden sie mit Nachdruck von seinem einflußreichen Stellvertreter Eyre Crow hervorgekehrt, der überzeugt war, daß die wirklichen außenpolitischen Absichten des kaiserlichen Deutschlands am getreuesten von der rabiat alldeutschen Presse kundgetan wurden. Großbritannien ließ den *Dreadnought*, Vorläufer der gleichnamigen Schiffsklasse, vom Stapel laufen, gab damit das Signal zur weiteren Beschleunigung des Flottenwettrüstens und gebärdete sich in den Äußerungen des Ersten Seelords Sir John Fisher nicht minder kriegslüstern als der streitbarste deutsche Flottenpropagandist.

Rußland leckte unterdes seine Wunden, leitete den Wiederaufbau seiner zerrütteten Streitkräfte in die Wege und konzentrierte sein außenpolitisches Interesse von neuem auf den Balkan. Ein Jahrzehnt lang hatte Europa den Nationalitätenstreit in der österreichisch-ungarischen Monarchie beobachtet und ironisch glossiert. Jetzt machte Wien eine neue Kraftanstrengung und ließ die Welt mit der Ankündigung einer aktiven Außenpolitik wissen, daß es auf die Großmachtposition nicht zu verzichten gedenke. In Erwiderung darauf unternahm Petersburg Schritte zur Bereinigung schwebender Differenzen mit London; zugleich tat der russische Außenminister Aleksandr Iswolskij sein möglichstes, um

Deutschland bei guter Laune zu halten. Als aber 1907 ein englisch-russisches Übereinkommen zustande kam, das Persien in drei Zonen (eine nördliche unter russischem, eine südliche unter englischem Einfluß und eine mittlere neutrale) aufteilte, Afghanistan und Tibet auf Eis legte und Rußland einige Hoffnung auf eine Neuregelung der Dardanellen-Durchfahrt machte, erblickten Wilhelm II. und manche deutschen Kreise in diesen Vereinbarungen, die viel weniger weitgehend waren als die englisch-französische Entente, den Ausdruck einer planvollen englischen Einkreisungspolitik. Das war bereits Zündstoff für den großen Brand von 1914.

Anfang 1908 fand das Jahrzehnt relativer Ruhe auf dem Balkan und im Nahen Osten ein jähes Ende. Mit dem Plan einer Bahnverbindung zwischen Bosnien und Saloniki (»Sandschak-Bahn«) ließ Österreichs Außenminister Aloys von Ährenthal erkennen, daß die Donaumonarchie nach wie vor Saloniki haben wollte; er provozierte damit erst recht verschärfte Auswirkungen des österreichisch-serbischen Handelskrieges (1906–1911) und gab Iswolskij Veranlassung, für den Gegenplan einer Donau-Adria-Bahn zu werben. Mittlerweile förderte Rußland politische Umwälzungen in Persien. Die Revolution der Jungtürken im Juli leitete zwar eine Erneuerung des nationalen und politischen Lebens ein, schwächte aber zugleich die außenpolitische Position der Türkei und dürfte damit den Boden für den Ausbruch der Bosnien-Krise geebnet haben. Iswolskij und Ährenthal glaubten sich über ein koordiniertes Vorgehen in zwei Punkten geeinigt zu haben: Wiederaufnahme der Dardanellendiskussion durch Rußland und Annexion Bosniens und der Herzegowina (seit 1878 von österreichischen Truppen besetzt) durch Österreich. Während nun Iswolskij gemächlich umherreiste, um diplomatische Unterstützung für sein Vorhaben zu gewinnen (die Regelung beider Fragen setzte eine Neufassung des Berliner Vertrages von 1878 voraus, die wohl nur auf einer neuen internationalen Konferenz erfolgen konnte), proklamierte Ährenthal Anfang Oktober auf eigene Faust seine Annexion. Um dieselbe Zeit gab Bulgarien die Eingliederung Ostrumeliens und die Herstellung der vollen Unabhängigkeit des geeinten bulgarischen Staates bekannt; Kreta proklamierte den Anschluß an Griechenland; Serbien rüstete zum Krieg. Selten sind aus der ehrgeizigen Ränkeschmiederei zweier Einzelpersonen so gravierende internationale Konsequenzen erwachsen. Die russische Regierung zwang Iswolskij, dem österreichischen Annexionsakt entgegenzutreten, und machte so sein Dardanellenprojekt zunichte. Deutschland hatte zwar keine vorherige Kenntnis vom Annexionsplan erhalten, sah sich aber dennoch genötigt, sich hinter Ährenthal zu stellen. Umgekehrt schlugen sich Großbritannien und Frankreich, obgleich durch Iswolskijs Intrige verärgert, auf die Seite Rußlands.

Die Krise schwelte bis zum Frühjahr 1909. Zwischen Wien und Belgrad wurde schon beinahe Krieg geführt. Im März drückte Deutschland energisch auf Rußland, um eine russische Absage an die Serben zu erreichen. Die Russen gaben schließlich nach, und die Serben nahmen zähneknirschend die Demobilmachung vor. Nach diesem Zwischenspiel wurden die Beziehungen unter den Großmächten immer wieder und in zunehmendem Maße durch die schwächeren östlichen Partner der beiden Bündnissysteme gefährdet; diese Kleinstaaten traten immer aggressiver auf und waren stets auf dem Sprung, ihre mit emotionalem Sprengstoff geladenen nationalen und innenpolitischen Probleme zur Probe oder zur Rechtfertigung auf die internationale diplomatische Bühne zu werfen. Heftige imperialistische Weltrivalität lähmte indes die Bemühungen der nordwestlichen Großmächte, den risikofreudigen Abenteuern ihrer Ostverbündeten eine Schranke zu setzen. Spannungen im Weltmaßstab und räumlich begrenzte Balkanzwistigkeiten verflochten sich auf diese Weise innerhalb der Bündnissysteme. Überdies verdunkelten Prestigegesichtspunkte, Überheblichkeit und Angst den Blick für echte nationale Interessen und für die Gefahren des fieberhaften Wettrüstens.

Fast noch zwei Jahre machte die Bosnien-Krise den Großmächten zu schaffen: ihre Früchte mußten verdaut, die durch sie geweckten Befürchtungen beschwichtigt werden. Allmählich traten andere Dinge in den Vordergrund. Reichskanzler Bülow mußte, wenn auch verspätet, einen Fehltritt seines kaiserlichen Herrn mit dem Rücktritt büßen. (In einem berühmt gewordenen Interview mit dem *Daily Telegraph* vom 28. Oktober 1908 hatte Wilhelm II. den Engländern Dank für seine Haltung im Burenkrieg abverlangt.) Zu Nachfolgern Bernhard von Bülows wurden Theobald von Bethmann Hollweg als Reichskanzler und Alfred von Kiderlen-Waechter als Staatssekretär des Äußern. In Rußland hatte Iswolskij einem neuen Mann, S. D. Sasonow, Platz machen müssen; der entlassene Minister ging als Botschafter nach Paris, wo er die bittere Erinnerung an seinen Mißerfolg hegte und pflegte. Aus Angst vor neuen peinlichen Zwischenfällen auf dem Balkan versuchten die Russen, den Status quo durch ein Abkommen mit Italien und Österreich zu festigen. Ende 1910 machte Zar Nikolaus II. einen Besuch in Potsdam; er stimmte den deutschen Ausbauplänen für die Bagdadbahn zu, wofür ihm der Kaiser freie Hand in Nordpersien zusagte. Die deutsch-englischen Gespräche über Flottenbau, Kolonien und türkische Probleme wurden weitergeführt, führten aber zu keinem schlüssigen Ergebnis. Den Mächten gelang wohl die Regelung zweitrangiger Details, doch die großen Fragenkomplexe: die englisch-deutsche Rivalität in Flotten- und Kolonialfragen, der scharfe deutsch-französische Gegensatz und der Schwebezustand auf dem Balkan, blieben bestehen. Das zittrige österreichisch-russische Balkan-Gleichgewicht, dessen tragende Elemente Besorgnis, Schwäche und Vabanquespiel waren, verschärfte die Unruhe.

Die letzten Vorkriegsjahre waren ein verwirrendes Durcheinander von Kolonialkonflikten, Kleinkriegen und wenigen ernsthaften Bemühungen, die Spannungen zwischen den Großmächten zu mildern. Das alles berührte die unter der Oberfläche schwelenden entscheidenden Gegensätze, trug aber nur wenig zu ihrer Überwindung bei. Die zweite Marokko-Krise von 1911, deren Hauptereignisse das Auftauchen eines deutschen Kanonenboots vor Agadir und eine Drohrede Lloyd Georges waren, betraf keine entscheidenden nationalen oder strategischen Interessen; sie zeigte indes anschaulich, wie empfindlich die Diplomaten und die Völker Europas auf Prestigeangelegenheiten und Rüstungsgleichgewicht reagierten. Der Ausgang der Krise war: Frankreich ganz fest im Sattel in Marokko, Deutschland von Paris mit einem mageren Kolonialtrinkgeld abgefunden, das englisch-deutsche Verhältnis aufs äußerste gereizt und gespannt. Nach der Meinung der Marokkaner fragte keiner.

Gefragt wurden auch die Libyer nicht, um derentwillen Italien den Tripolis-Krieg von 1911 vom Zaun gebrochen haben wollte. Wenig besser erging es den Persern mit ihren unter der Leitung des Amerikaners Morgan Shuster unternommenen ehrlichen Bemühungen um eine Finanzreform: Rußland fiel in Persien ein, zettelte einen reaktionären Staatsstreich an und jagte die Reformer von dannen. Die Schwächung der Türkei kam den russischen Balkanbundplänen zustatten, die sowohl gegen Wien als auch gegen Konstantinopel nützlich zu werden versprachen, und animierte die kleineren Staaten, alte Rechnungen mit den Türken zu begleichen.

Die Ergebnislosigkeit der weiteren Bemühungen um deutsch-englische Flottenabrüstungsvereinbarungen ließ die Entente enger zusammenrücken: einerseits schlossen Rußland und Frankreich einen Flottenvertrag ab, anderseits brauchte Frankreich keine Kriegsschiffe mehr im Ärmelkanal (Grey-Cambon-Abmachung 1912), die nun der wachsenden österreichischen Marine entgegengestellt werden konnten. Der erste Balkankrieg von 1912/13 schlug die Türkei zu Boden, schob Bulgarien bis an die Dardanellen vor, verdoppelte das serbische Staatsgebiet und brachte, als Belgrad über Albanien bis zum Adriatischen Meer vorzustoßen versuchte, einen ernsten Konflikt zwischen Serbien und Österreich zum Durchbruch. Der zweite Balkankrieg, der 1913 folgte, entfesselte interne Balkanzerwürfnisse. Das Ergebnis war eine schwere Niederlage der Bulgaren; Rumänien und Griechenland fielen reiche Siegesfrüchte in den Schoß, während Serbien, das im Westen immer noch auf die unverrückbare österreichische Mauer stieß, von neuem enttäuscht wurde.

Wien machte heftige Anstrengungen, den Aufstieg des slawischen Nationalismus einzudämmen; Petersburg sah jetzt eine Chance, aus den labilen Zuständen auf dem Balkan Gewinn zu ziehen. Keineswegs erfreut war Rußland dagegen über Verschiebungen im Nahen Osten, die Deutschland zugute kamen; völlig hysterisch reagierte es im Spätsommer 1913 auf die Entsendung des preußischen Generals Otto Liman von Sanders als Chef der deutschen Militärmission nach Konstantinopel mit dem Auftrag, im Zuge der europäischen Bemühungen um die Modernisierung des sterbensschwachen Osmanenreichs die türkische Armee neu aufzubauen. Auch diese Krise wurde mit Gesten beigelegt, die halbwegs noch das Gesicht der Beteiligten wahrten, aber nunmehr war offenkundig geworden, daß die Beziehungen der europäischen Staaten das Stadium einer pathologischen Überreizung erreicht hatten.

Die Gewichte des internationalen Wirtschaftsimperialismus lasteten immer noch auf den europäischen Ereignissen, doch bestimmten sie offenbar weniger die Motive der Handelnden. In immer höherem Maße waren es die vielfältigen Komponenten des Nationalismus – Angst, Überheblichkeit, Prestige, skrupellose Selbstbehauptung –, die zunehmende Spannung und waghalsige diplomatische Kurzschlußhandlungen der Großmächte hervorbrachten. So gebannt blickten diese Mächte auf das wankende Gleichgewicht des europäischen Staatensystems, daß sie von manchen Entwicklungen in der weiten Welt, in die sie in früheren Zeiten bestimmt – und sei es auch nur mit einer offiziellen Stellungnahme – eingegriffen hätten, kaum Notiz nahmen. Der Annexion Koreas durch Japan (1910), der chinesischen Revolution (1911), den diversen militärischen Abenteuern der Vereinigten Staaten im Karibischen Meer (1911 – 1914) wurde kaum Beachtung geschenkt.

Knapp vor Ausbruch des Krieges hatten sich Berlin und London endlich auf akzeptable Kompromisse in bezug auf die Bagdadbahn und Kolonialfragen geeinigt. Das war in ruhigen sachlichen Gesprächen von Geschäftsleuten und Sachverständigen erreicht worden, nicht auf offener diplomatischer Bühne, die, wie es schien, von den Akteuren Lautstärke und steife Prestige- und Machtposen verlangte. Es hatten sich übrigens auf dieser Bühne als Sprecher der abendländischen Mächte neue Männer eingefunden: der launenhafte W.A. Suchomlinow als russischer Kriegsminister; in Österreich Außenminister Graf Leopold von Berchtold und Generalstabschef Freiherr Franz Conrad von Hötzendorf, beide starrsinnig, beide unbedeutend; in Deutschland Erich Ludendorff, noch unauffällig im Hintergrund, aber unter der Militärbürokratie bereits ein einflußreicher Mann; in Frankreich Raymond Poincaré, ein Politiker von großer Begabung und mächtigem Ehrgeiz; der temperamentvolle Kampfhahn Winston Churchill in der britischen Admiralität; im Weißen Haus der eifernde Idealist Woodrow Wilson. Nur wenige der europäischen Führer, ob alt, ob jung, hatten das Zeug, den Teufelskreis von Mißgriffen, Großsprecherei und Mißtrauen zu durchbrechen.

Österreich war entschlossen, sein prekäres inneres Gleichgewicht durch keinerlei neue Ausbrüche des slawischen Nationalismus gefährden zu lassen. Berlin unterstützte unnachgiebig die Wiener Abwehrkonzeption, die sich gegen die »zersetzenden Kräfte des Panslawismus« richtete. Die Russen und die übrigen Slawen meinten, ihre Lebensinteressen seien durch eine Haltung bedroht, in der sie den alldeutschen »Drang nach Osten« mit dem Ziel der Unterjochung ganz Mitteleuropas und des Nahen Ostens sahen. Die Deutschen erregten sich in erheblicher Übertreibung über die vermeintliche Einkreisung durch die Entente und den Druck der britischen Flottenkonkurrenz. Frankreich hielt sich loyal an seine Bündnisverpflichtungen, ohne je zu vergessen, daß der eigentliche Feind mit dem einen Bein diesseits, mit dem anderen jenseits der Vogesen stand. Die Engländer riskierten keine Atempause im Flottenbau und stellten in düsterer Vorahnung Vermutungen an über die alldeutschen Pläne für den europäischen Kontinent und die übrige Welt.

In diesem Knäuel von Wunschzielen und Rivalitäten zog eine Macht mehr als alle anderen die Aufmerksamkeit der westlichen Welt auf sich: Deutschland. Deutschlands Lage in der Mitte Europas ging unmittelbar die militärische Strategie aller anderen europäischen Staaten an; sein verlängerter Arm, die Kriegsmarine, betraf auch die der Vereinigten Staaten und Japans. Die Deutschen hatten ihr Land zum Industrie- und Handelszentrum ganz Europas gemacht. Das große Geschick, mit dem sie Naturwissenschaft und Technik der Industrieproduktion dienstbar machten, hatte ihren Weltruf begründet. Aber dies nämliche Deutschland war ein Neuling in der europäischen Großmachtfamilie, ein Störenfried, der verbriefte Interessen und wohlbegründete staatliche Hoheitsrechte in Frage stellte.

Bismarck hatte im großen und ganzen Deutschlands erste Großmachtschritte gut zu lenken verstanden; ja, er machte seine Sache so gut, daß nur wenige Deutsche sich die Kenntnisse und Fertigkeiten aneigneten, die ihnen geholfen hätten, nach seinem Abgang weiterzumachen. Dann kam Wilhelm II.: die triumphale Macht Preußens, ungeheuer gesteigert durch Wissenschaft und Industrie, ergoß sich weiter in neue Armaden zur See und bald auch in der Luft. Eine gewaltige Aufgabe war hier deutschem Verantwortungsbewußtsein und deutschem diplomatischem Können gestellt: alles kam darauf an, wie der technisch so leistungsfähige Nachzügler das Staatskleid der wirtschaftlichen und militärischen

Übermacht würde zu tragen wissen. Deutschlands große Chance wurde zu seinem großen Fiasko. Gewiß hat es auch unter den anderen Großmächten an Taktlosigkeit, Ehrgeiz, Säbelrasseln und diplomatischer Ungeschlachtheit nicht gefehlt; doch mußten sich diese Gebrechen in Deutschland wegen der großen Machtfülle, über die das Land verfügte, doppelt gefährlich auswirken. Je näher das Jahr 1914 heranrückte, um so mehr verwandelte sich die Deutschland gezollte Achtung in Angst; die meisten Staaten hielten sich besorgt in sicherem Abstand und dachten angestrengt darüber nach, wie mit dem unberechenbaren übermächtigen Emporkömmling umzugehen sei.

Nicht zufällig schrieb Oberst Edward M. House, Wilsons persönlicher Beauftragter, im Mai 1914 aus der amerikanischen Botschaft in Berlin an seinen Chef:

> Die Situation ist außergewöhnlich. Das ist ein Militarismus, der wahnsinnig geworden ist. Wenn nicht jemand in Ihrem Auftrag erreichen kann, daß sich andere Einsichten durchsetzen, wird es eines Tages eine furchtbare Weltkatastrophe geben. Niemand in Europa kann es schaffen. Dafür gibt es zuviel Haß, zuviel Mißgunst ... Das Problem ist überwältigend und von unabsehbaren Konsequenzen. Ich wünschte nur, es könnte gelöst werden und so gelöst werden, daß die Lösung Ihrer Regierungsführung und unserer amerikanischen Zivilisation zum ewigen Ruhm gereicht.

Das Problem wurde nicht gelöst. Bald sollten Amerika und Europa auf Kriegs- und Friedenswegen unzertrennlich miteinander verknüpft sein, und der amerikanische Präsident würde in der Tat nach dem Sieg neue Einsichten suchen. Aber auch dann sollten die neuen Bemühungen hauptsächlich im engen Rahmen der westlichen Großmachtbeziehungen unternommen werden. Die ominösen Vorzeichen des asiatischen Aufbruchs und der Gärung in Rußland wurden kaum verstanden und so gut wie gar nicht beachtet.

Innere Schicksale der Länder und Völker

Zwei entscheidende Entwicklungsmomente waren den meisten Ländern der westlichen Welt am Ausgang des 19. Jahrhunderts gemeinsam: das rasche Wachstum der Bevölkerung und das Aufblühen einer Reichtum spendenden Wirtschaft. In diesem Rahmen freilich hatte jedes Land seine eigenen Probleme, mit denen es sich auf seine Art auseinandersetzte. Amerikaner und Japaner, Engländer und Türken standen verschiedenen Situationen gegenüber und bewältigten sie nach Maßgabe ihrer besonderen nationalen Überlieferungen, Möglichkeiten und Antriebe – oder sie scheiterten am Mißverhältnis zwischen der spezifischen Aufgabe und den national verfügbaren Mitteln zu ihrer Bewältigung. Bei all unseren verallgemeinernden Aussagen über den »Westen im Zeitalter des Imperialismus« können wir nicht umhin, den einzigartigen Habitus, die spezifischen Eigenschaften, die überdurchschnittlichen Persönlichkeiten und die außergewöhnlichen Umstände festzustellen, die etwa einem Land wie Deutschland seine wilhelminische Prägung gegeben oder in einem Land wie Rußland die tragische Unzulänglichkeit aller Reformversuche verursacht haben. Das Weltgeschichtliche darf das Einmalige der Menschen und Völker, das dem historischen Bericht allein den Atem des gelebten Lebens eingibt, nicht in den Schatten stellen.

Bei England haben wir es mit einer Entwicklungsphase zu tun, der die Gestalt Eduards VII. Namen und Charakter gibt: mit einer Gesellschaft, die in einem explosiven Ausbruch politischer, gesellschaftlicher und geistiger Lebenskraft die Zwänge und die Enge des viktorianischen Zeitalters durchbricht. So ganz waren die englischen Menschen nicht mehr im Banne der imperialistischen Begeisterung eines Joseph Chamberlain. Die unbequemen, irritierenden psychologischen Schwierigkeiten des Burenkrieges hatten den draufgängerischen Militarismus der neunziger Jahre ernüchtert. Nicht zuletzt hat bei diesem Wandel das Wirken der Liberalen Partei, die in ihrem Appell Kopf und Gewissen vereinte, den Ausschlag gegeben. Sie kam dann auch 1905 an die Macht und behielt sie bis 1914.

Mit den Liberalen rückte ins Rampenlicht die Avantgarde der Arbeiterpartei (Labour Party), die durch eine Praxis der Kompromisse von der unfruchtbaren Haltung eines dogmatischen Sozialismus abgerückt war. Schon 1902 hatten die Liberalen bei schweren Arbeitskonflikten, in denen die Gewerkschaften erbittert mit den Unternehmern kämpften, den Arbeiterparteilern ihre Unterstützung geliehen. Von 1906 an gelang es David Lloyd George, dem feurigen Waliser, die Liberalen für eine umfassende Sozialgesetzgebung zu begeistern, deren Kosten durch hohe Besteuerung aufgebracht werden sollten. Unter der Parole »Krieg gegen die Armut« (und im Zeichen des Kampfes um die schweren Lasten des Flottenbaus) fand die letzte große Auseinandersetzung zwischen Unterhaus und Oberhaus statt; sie kam zum Abschluß mit der »Parlamentsakte« von 1911, mit der die Aristokratie um die letzten Reste ihrer politischen Macht gebracht wurde. In diesen Kämpfen büßte der englische Liberalismus seinerseits viel von der Eindeutigkeit seines politischen Gepräges ein; er legte so den Weg frei, auf dem an seiner Stelle die Arbeiterpartei zur Position der zweiten großen englischen Partei (als Gegenpol zu den Konservativen) gelangt ist.

Tiefgehende soziale und nationale Gegensätze untermalten diesen eigenartigen Abgang des englischen Liberalismus. Während sich das gesetzte Bürgertum, durch Alarmvorstellungen von einer deutschen militärischen Invasion verängstigt, zurückhielt, kam es zu wilden Zusammenstößen zwischen Arbeitern und Suffragetten auf der einen, der Polizei auf der anderen Seite. Vordem durch Englands kategorische Weigerung, den Iren Selbstverwaltung (*Home Rule*) einzuräumen, gekennzeichnet, trat jetzt der Kampf um die irische Autonomie in ein neues Stadium. Eine Parlamentsmehrheit aus Liberalen, Iren und Arbeiterparteilern gewährte Irland endlich die ersehnten Rechte. Aber nun wollten die irischen Protestanten in Ulster die Loslösung von England nicht akzeptieren, und die irischen Katholiken in Dublin fanden unter dem Eindruck der gälischen kulturellen Erneuerungsbewegung den Mut zur radikalen Intransigenz. Der *Home-Rule*-Gesetzentwurf erlangte Gesetzeskraft im Jahre 1914, seine Durchführung aber wurde für die Dauer des Krieges ausgesetzt; ein wütender Kampf schien noch bevorzustehen.

Inzwischen hatte sich die imperialistische britische Weltreichspolitik gemausert und war zum Teil schon den ersten Ansätzen einer föderativen Commonwealth-Verfassung gewichen: schon im letzten Vorkriegsjahrzehnt wurde auf amtlichen »Kolonialkonferenzen« und »Imperiumskonferenzen« über die gegenseitige wirtschaftliche Vorzugsbehandlung der Empire-Länder, föderativen Aufbau und gemeinsame Verteidigung beraten. Diese geräuschlose weltumspannende Festigung der Bindungen unter den angelsächsischen Ländern bildete einen charakteristischen Kontrast zur Verschärfung der sozialen und nationalen Gegensätze auf den britischen Inseln. Der schrille Mißklang radikaler Ausbrüche der verschiedensten Richtungen und Weltanschauungen übertönte immer häufiger die traditionelle harmonische Tonart politischen Anstands und selbstverständlicher Anerkennung verbindlicher Spielregeln *(fair play)*. Aus der fröhlichen, optimistischen Atmosphäre der Eduard-Zeit glitt England allmählich in eine Verkettung innerer Wirren, dann mit einem jähen Ruck in die völlig neuartige Kriegssituation hinein.

Drei Hauptthemen umschreiben in dieser Periode den Inhalt der französischen Entwicklung: die Niederlage und Machterhaltung des Monarchismus und Klerikalismus, das ideologische und politische Dilemma der Arbeiterbewegung und die Intensität des außenpolitischen Interesses. Die tiefe Erregung, die die Dreyfus-Affäre ausgelöst hatte, loderte 1898 in hellen Flammen auf. Émile Zola rief sein *J'accuse* und konkretisierte die Anklage: Fälschung, betrügerische Irreführung, Komplott gegen die Republik. Zum Jahresende kristallisierten sich definitiv die Fronten der politischen Leidenschaften heraus: hie Verteidiger der Republik und der staatsbürgerlichen Freiheiten, hie konservative Stützen der Armee, der Kirche und der Monarchie. Zwischen 1899 und 1906 gab es einen zweiten Dreyfus-Prozeß, eine erneute Verurteilung und schließlich doch die Rehabilitierung: dem zweimal Verurteilten wurde bescheinigt, er sei das Opfer einer Rechtsbeugung und eines Fehlurteils gewesen. Während der kritischen Jahre hatte der in der Kammer neugebildete republikanische Block (den die Linke energisch unterstützte) auf die vollständige Trennung von Staat und Kirche gedrängt. Das Vereinsgesetz von 1901 legte kirchlichen Organisationen schwere Beschränkungen auf und bannte ihre Betätigung in Schule und Erziehung in enge, scharf umrissene Grenzen. Frankreichs Beziehungen zum Vatikan verschlechterten sich zusehends nach dem Scheitern aller Versuche, auf der Grundlage des Konkordats von 1901 zu einem Ausgleich zu gelangen. Unter maßgebender Mitwirkung Aristide Briands, der damals als gemäßigter Sozialist auftrat, kam 1905 die endgültige Kirchengesetzgebung zustande; von nun an waren die Religionseinrichtungen aller Bekenntnisse – Katholiken, Protestanten, Juden – verwaltungsmäßig und auch in Schulfragen restlos vom französischen Staat getrennt. Der parlamentarisch-republikanische Staat hatte den Angriff überstanden und erfolgreich den Gegenschlag geführt.

Aber der Sieg der Republik brachte neue Konfliktstoffe hervor. Die Verteidigung im Grunde nicht mehr aktueller Positionen des 19. Jahrhunderts (Antiklerikalismus und Antikonservativismus) hatte so viel Energie verbraucht, daß der geistige Elan der Republikaner für eine verständige, kühne und umsichtige Behandlung der akuten sozialen und ökonomischen Problemstellungen des neuen Jahrhunderts nicht ausreichte. Verwirrung und ohnmächtige Enttäuschung machten sich immer mehr am politischen und sozialen Horizont bemerkbar. Ideologisch stammten die französischen Sozialisten von einer verwirrenden Vielzahl von Ahnen; im 1895 gegründeten Gewerkschaftsbund *(Confédération Générale du Travail)* lose zusammengefaßt, stellten sie ihre Differenzen zunächst zurück, als es um die

Eduard VII.

Theodore Roosevelt

Raymond Poincaré in Petersburg, Juli 1914

Wilhelm II. und Georg V. in Berlin,
Mai 1913

gemeinsame Verteidigung der Republik ging, und nach 1900 übten Jean Jaurès und Briand einen erheblichen Einfluß im mäßigenden Sinn aus. Aber wenn die republikanische Sammlung auf diese Weise in der politischen Abwehr zusammenhielt, mußte sie auseinanderbrechen, als die sozialen und wirtschaftlichen Probleme auf die Tagesordnung kamen. Viele Republikaner, die sich für die politischen Forderungen der Arbeiter einsetzten, lehnten die logische Ergänzung dieser Forderungen in der geplanten Sozialgesetzgebung rundweg ab. Epidemisch breiteten sich Proteststreiks aus; als lebenswichtige Staatsinteressen von ihnen betroffen wurden, antworteten sowohl Clemenceau als auch Briand mit militärischer Gewalt. Am Vorabend des Krieges war die Arbeiterschaft politisch desillusioniert und von neuem durch schwere ideologische Zerwürfnisse auseinandergerissen.

Die volle Tragweite dieser Krisen des Gesellschaftskörpers entzog sich den Blicken sowohl der Franzosen als auch des Auslands, weil sich Frankreich immer wieder in das Kräftespiel der Großmächte verwickeln ließ und die außenpolitischen Entscheidungen mit Intensität und Leidenschaft diskutiert wurden. Behutsam hatte sich Delcassé im kritischen Jahr 1898 gegen die von der Admiralität und der Kolonialbürokratie ausgelösten Gefühlsausbrüche zu wehren versucht, in denen die Republik, weil sie den Sudan preisgegeben hatte, der Schwäche und Nachgiebigkeit gegenüber der Machtentfaltung Englands beschuldigt wurde. Der französische Monarchismus und verwandte politische Strömungen, die solche Anlässe auszuschlachten wußten, trugen nicht wenig zum Wiederaufleben eines konservativen Ultranationalismus bei; die nationalistische Renaissance fand ihren Ausdruck vor allem in der politischen Tätigkeit von Charles Maurras und Léon Daudet und in der Propaganda, die sie in der *Action Française* entfalteten. Die Verschlechterung des Verhältnisses zu Deutschland im letzten Vorkriegsjahrzehnt war für diesen allumfassenden Nationalismus ein günstiger Nährboden; immer lauter rief er nach aggressiver französischer Macht- und Prestigeentfaltung nach innen und außen. Im Gefolge der Marokko- und Balkan-Krisen entzündete sich die Diskussion um die Einführung der dreijährigen Dienstzeit; dann kamen die entsprechenden Gesetzesvorlagen, die von der Arbeiterschaft wütend bekämpft wurden. Die Kluft zwischen der republikanischen Regierungskoalition und der Linken wurde immer tiefer. Ab 1913 amtierte als Präsident der Republik Raymond Poincaré, kein militanter Republikaner, sondern ein in erster Linie außenpolitisch interessierter Patriot, fanatisch, aber auch taktisch gewitzt, zugleich die stärkste Persönlichkeit an der Spitze des Staates, die Frankreich bis zu den Tagen Charles de Gaulles erleben sollte. Die »Befriedung« Marokkos durch General Lyautey ließ die Wogen nationaler Selbstzufriedenheit und nationalistischer Begeisterung hochgehen. In dieser Atmosphäre, die die Sarajewo-Krise mit neuem Zündstoff füllte, wurde am Vorabend des Krieges Jean Jaurès inmitten einer leidenschaftlichen Kampagne für Frieden und internationale Arbeitersolidarität von einem russischen Agenten ermordet.

Ständige Kämpfe um innere Probleme, die seit dem Anfang des 19. Jahrhunderts ungelöst geblieben waren, und Rückwirkungen der Tageskonflikte der imperialistischen Großmächte hielten die Völker der Pyrenäenhalbinsel in ihren Bann. Die Niederlage von 1898 im Krieg gegen Amerika hatte Spanien bis in die Grundfesten erschüttert und einen geistigen Aufschwung hervorgebracht, höchstens der spanischen Renaissance im 17. Jahrhundert vergleichbar. Die Spanier hatten zwar die äußere Hülle eines parlamentarischen Systems, aber keine stabilen Mittelschichten, auf die es sich hätte stützen können. Fest verwurzelte Traditionen und Sonderanliegen der einzelnen Provinzen vermengten sich mit verschiedenartigen Parteienbestrebungen in einem Kampfgewühl von eigener spanischer Art und Intensität. In der Vorkriegsperiode der Regierungszeit Alfons' XIII. wetteiferten baskische und asturische Autonomieforderungen mit dem Separatismus der Katalanen; beides stieß mit Restaurationsansprüchen der Karlisten, mit klerikalem Konservativismus, mit liberalen, sozialistischen und anarchistischen Strömungen zusammen. Militärische Aktionen in Marokko, gegen das Eindringen Frankreichs gerichtet, hätten Spanien 1909 um ein Haar in eine Revolution gestürzt: heftige antiklerikale Ausbrüche, Streiks und brutale Repressalien folgten einander. Der König suchte die Situation zu stabilisieren, indem er sich zunächst an die Liberalen, dann an die Konservativen anlehnte. Die Kernprobleme blieben ungelöst; nur die materiellen Vorteile, die Spanien aus seiner Neutralität im Krieg von 1914 zuflossen, drängten sie vorübergehend in den Hintergrund.

Portugal hatte zwei Jahrzehnte unter einem sterilen pseudoparlamentarischen Regime vegetiert, dem die sprichwörtlichen Extravaganzen Karls I. eine besondere Note verliehen. Seine Ermordung im Jahre 1908 war das Vorspiel zur Revolution von 1910, aus der ein konsequent antikonservatives, antiklerikales Regime hervorging. Auch hier fehlte für das liberale Staatsgebilde die solide bürgerliche Basis. Das neue Regime wurde fortgesetzt von rechts und links angegriffen. Die Glorie des überseeischen Imperiums war für beide iberischen Reiche vorbei. Bis auf einige afrikanische Enklaven hatte nun Spanien seine letzten Kolonien verloren. Dafür blühten jetzt die Ideale und romantischen Gefühle der *Hispanidad*, transatlantische Lebensäußerungen kultureller Erneuerung. Portugal hatte noch bedeutende, kaum ausgebeutete Besitzungen in Afrika, die von Lissabon aus mit drakonischen Maßnahmen verwaltet wurden; eben diese Besitzungen waren Gegenstand des bereits erwähnten geheimen englisch-deutschen Teilungsabkommens. Alles in allem waren die Staaten der Pyrenäenhalbinsel zur Zeit des Kriegsausbruchs durch die schweren Folgen einer langen Periode innerer Wirren erschöpft und niedergedrückt; die Erinnerung an die verblichene Größe der kolonialen Imperien war ein magerer Trost.

Im Schatten der Großmächte leisteten die kleineren Länder des europäischen Nordwestens mit ihrer intensiven Wirtschaft und ihrem hohen Bildungsniveau recht Beträchtliches. In der Schweiz und den skandinavischen Ländern hatten sich differenzierte Wirtschaftsstrukturen mit umfassenden sozialpolitischen Einrichtungen entwickelt. In weitestem Maß wurde die persönliche Teilnahme der Staatsbürger am politischen Geschehen gefördert. Jeglicher Nationalismus wurde durch kluge Mäßigung in Schranken gehalten. Charakteristisch dafür war die ruhig-würdevolle Durchführung der staatlichen Loslösung Norwegens von Schweden (1905), nicht minder als die anhaltende fruchtbare Zusammenarbeit der drei Nationalitäten der Schweizerischen Eidgenossenschaft. Das alles stand in wohltuendem Gegensatz zu der unter den Großmachtnationen nicht seltenen nationalistischen Engstirnigkeit und affektbetonten Arroganz.

Kompliziertere Probleme des Industrieaufbaus, des sozialen und politischen Ausgleichs und der imperialistischen Verflechtung waren in Belgien und Holland zu bewältigen. Hier gab es in genügender Breite tragfähige bürgerliche Fundamente des liberalen Regierungssystems, aber schwerwiegende Differenzen in bezug auf das Verhältnis von Kirche und Schule ebenso wie in Fragen des Arbeiterschutzes und der Sozialpolitik (in Belgien besonders verschärft einerseits durch anarchosyndikalistische Stimmungen, anderseits durch erbitterte Wahlrechtskämpfe) führten verschiedentlich dazu, daß mit militärischen Mitteln regiert wurde, was die politische Stabilität nicht erhöhte. Kolonialpolitische Schwierigkeiten lagen offen zutage. Die Holländer litten noch unter den Folgen der ostindischen Aufstände von 1894/96; die Mißwirtschaft im Kongo wurde zum Gegenstand einer Untersuchung, die zum Ergebnis hatte, daß die leidgeprüfte Kolonie dem persönlichen Regiment Leopolds II. entzogen, aber dafür der direkten Ausbeutung durch den belgischen Staat überlassen wurde. Die Auswirkungen des kontinentalen Militarismus belasteten den Staatshaushalt der beiden Länder mit erheblichen Ausgaben; allerdings wurde nur Belgien in den Strudel der militärischen Absprachen – und am Ende auch in den Krieg – hineingezogen.

Oberflächlich gesehen, brachten die Vorkriegsjahre Deutschland eine Fülle von nationalen Erfolgen und materiellen Leistungen, die durchaus zur Zufriedenheit berechtigten. »Ich führe euch herrlichen Zeiten entgegen«, hatte der Kaiser 1900 angekündigt, und im Jahre 1913 feierte das Land ein Vierteljahrhundert des Friedens und Wohlstands unter seiner Herrschaft. Indes ging das stürmische Tempo des wirtschaftlichen, technischen und militärischen Aufstiegs Hand in Hand mit dem Anwachsen des deutschen Chauvinismus und mit der zunehmenden Labilität der politischen Führung. Das Ineinandergreifen dieser Entwicklungslinien stiftete wachsendes Unbehagen und geistige Unrast und Unbeständigkeit im Innern und erweckte Besorgnisse im Ausland.

Sicherlich hatte der 1891 gegründete, 1894 reorganisierte Alldeutsche Verband nicht ganz die Bedeutung, die ihm vor dem Krieg in Paris und London beigemessen wurde. Aber so unscheinbar der Verband in seiner organisatorischen Wirksamkeit war, so besteht doch kein Zweifel, daß sein virulenter Nationalismus, seine verzerrte und entstellende politische und Geschichtspropaganda und seine antisemitischen Untertöne in gefährlicher Weise in die bürgerliche Presse und in die Schule eingesickert waren. Der 1894 für die Grenzprovinzen ins Leben gerufene Verein zur Förderung des Deutschtums in den Ostmarken (»Ostmarkenverein«, »Hakatisten«) hatte sich zu einer wirkungsvollen Parallelorganisation zum Alldeutschen Verband ausgewachsen: in dem vergeblichen Bemühen, den deutschen Charakter der städtischen Zentren trotz der großen Binnenwanderung, die sowohl Deutsche als auch Polen vom flachen Land in die Städte führte, zu erhalten und zu festigen, betrieb er eine giftsprühende wirtschaftliche, politische und konfessionelle Hetzkampagne gegen Preußens polnische Bevölkerung.

Auch andere Grenzlandfragen wurden von den Alldeutschen ausgeschlachtet. Ständige Reibereien gab es mit den Dänen in Schleswig, und die Schwierigkeiten in Elsaß-Lothringen schienen auch dann noch nicht nachlassen zu wollen, als ihm 1911 größere Selbständigkeit eingeräumt wurde. Einen nur geringen Widerhall in der Bevölkerung fand freilich der Sektor der alldeutschen Propaganda, der sich mit den Volksdeutschen in Mitteleuropa befaßte; vorwiegend interessierten sich vor 1914 sowohl der Alldeutsche Verband selbst als auch die weitere Öffentlichkeit für überseeische imperialistische Expansion und für die deutsche

Weltsendung. Auf eigenartige Weise verschmolzen hier soziale und imperialistische Tendenzen: zu einem Teil wurde der finanzielle Ertrag der umfangreichen deutschen Exportindustrien auf dem Weg über die Steuern in ein stetig ausgeweitetes Programm von Sozialleistungen für die arbeitenden Massen hineingepumpt.

Etwas gründlicher kümmerten sich die Deutschen in dem Jahrzehnt, das dem Ausbruch des Krieges voraufging, um ihr Kolonialreich. Das rückständige System, bei dem die Kolonien dem Militär und den an ihrer Ausbeutung unmittelbar interessierten Industrie- und Handelsfirmen unterstanden, wurde durch eine verantwortliche Kolonialverwaltung ersetzt, die es nach den damaligen westlichen Maßstäben mit den Höchstleistungen der anderen Länder aufnehmen konnte, so mangelhaft diese Leistungen vom Standpunkt der Eingeborenen auch sein mochten. Angesichts der weitgehenden Abhängigkeit der Industriearbeiter von der Rohstoffzufuhr aus den Kolonien empfanden sogar manche Sozialisten ihre orthodoxe Kritik an der Kolonialpolitik als unzulänglich; sie stellten sich geistig auf die Perspektive einer zukünftigen deutschen Weltwirtschaft ein, in der Kolonien eine bedeutende Rolle spielen würden.

Unter der Oberfläche, an der sich all diese sichtbaren Zeichen des Fortschritts, des Vorurteils und des Paradoxen zeigten, schwelte das Feuer einer zentralen Konfliktsfrage, die sich 1914 offen und böse darbot. Das Deutsche Reich stand einer sozialen und politischen Krise gegenüber, die seine Fundamente antastete, und konnte ihr nicht mehr aus dem Wege gehen. Mit Bismarcks Kompromiß von 1871, der Macht und Regierungsfunktionen auf die festetablierte Aristokratie des Grundbesitzes und das aufsteigende städtische Bürgertum aufgeteilt hatte, ging es nicht mehr so recht voran. Die Haltung des Bundes der Landwirte zum Zolltarif von 1902 war eine deutliche Warnung: Industrialisierung und Flottenbau würde es in Zukunft nur noch bei voller Sicherung der konservativen Interessen geben, und dazu gehörten auch die sozialen und politischen Vorrechte des Großgrundbesitzes. Daneben hatte aber das phantastische Wachstum von Industrie und Bevölkerung auch das wesentlichste, wenn auch unerwünschte Erzeugnis des Zeitalters ungeheuer vermehrt: die artikuliert sprechenden Arbeitermassen. Im ersten Reichstag von 1871 waren sie durch zwei, im Reichstag von 1912 bereits durch hundertzehn Abgeordnete, die stärkste Fraktion des Hauses, vertreten.

Noch funktionierte das Bismarcksche Verfassungsgetriebe. In einem System, das vom König von Preußen und dem reaktionären preußischen Dreiklassenwahlrecht beherrscht wurde, waren Parlament und Parteien faktisch machtlos. Die Parteien schwelgten in politischen Theorien, die selten in die Praxis umgesetzt werden konnten, weil es eine parlamentarisch verantwortliche Regierung nicht gab. Am besten illustrierten dies Regierungssystem zwei peinliche Zwischenfälle: der Fauxpas des Kaisers mit dem *Daily-Telegraph*-Interview von 1908 und die Zabernaffäre von 1913, bei der das preußische Militär die Rechte der kommunalen Selbstverwaltung mit Füßen trat. In beiden Fällen wurde vom Reichstag ein Mißtrauensvotum beschlossen; in beiden Fällen blieb die Regierung unbehelligt im Amt. Verantwortungsbewußte Menschen in Deutschland (eine Minderheit zwar, aber eine an Zahl und Gewicht zunehmende Minderheit) waren entsetzt über die Verantwortungslosigkeit, mit der innen- und außenpolitische Entscheidungen getroffen wurden. Patriotischen Gemütern mag die Militärvorlage von 1913 ein Labsal gewesen sein, sie war aber bestimmt kein Mittel, die Besorgnisse und Befürchtungen der politisch Denkenden zu beschwichtigen. Mit der Abdrosselung des gesamten Wirtschaftsverkehrs von der Außenwelt, dem neuen Auftrieb für den alldeutschen Chauvinismus und der äußersten Zuspitzung der sozialen und politischen Krise sollte der Krieg all diese Probleme nur noch weiter verschärfen.

In Österreich-Ungarn bestand schon seit 1898 ein akutes Verfassungsproblem. Die Kräfte, die den österreichisch-ungarischen Ausgleich von 1867 zustande gebracht hatten, hatte der Liberalismus nie binden können. Nach einer kurzen Blütezeit verwelkte er in den Stürmen der wiederauflebenden nationalistischen Agitation der Vorkriegsjahre. Deutsche und Tschechen hatten im Zusammenhang mit den Bemühungen des Ministerpräsidenten Badeni um die Gleichstellung beider Sprachen in Böhmen wütende Kämpfe miteinander ausgefochten; seit Badeni 1897 gegangen war, lösten sie einander mit politischen Vorstößen ab, die das parlamentarische Regierungssystem in Österreich völlig lähmten. Auch in Ungarn spitzten sich die Dinge auf einen dramatischen Ausbruch zu: die extremen Forderungen der Ungarn nach einer praktisch völlig selbständigen ungarischen Armee lösten erbitterte Kämpfe aus, die von 1903 bis 1906 anhielten. Weithin hörbar war der Widerhall anderer Konflikte in Triest, Slowenien, Kroatien und Siebenbürgen. In ganz Europa flüsterte man sich um 1905 zu, die Donaumonarchie sei am Auseinanderbrechen; Rußland sondierte sogar vorsorglich in Berlin, ob sich nicht Vorvereinbarungen über die Teilung der Beute treffen ließen.

Die Forderungen der Ungarn beantwortete Kaiser Franz Joseph mit der Drohung, für den gesamten Bereich der Doppelmonarchie das allgemeine Wahlrecht einzuführen: die ungarischen Wähler wären damit für immer und ewig zur Minderheit geworden. In Ungarn versuchte Graf Stephan Tisza, die politischen Kreise für die Krone zu gewinnen; in Österreich bemühten sich Ährenthal und Conrad von Hötzendorf, die Außen- und Militärpolitik der Monarchie mit neuer Kraft und Energie zu beleben – mit zweifelhaftem Ergebnis. Unter dem Eindruck der russischen Revolution von 1905 erhoffte Franz Joseph eine Stabilisierung der Lage von einer Verbreiterung des Wahlrechts: für Österreich wurde 1907 das allgemeine Wahlrecht tatsächlich eingeführt. Bis zum Krieg focht das Parlament weiter unzählige Parteienschlachten aus, und die Kabinette regierten mit Hilfe außerparlamentarischer Erlasse in der sonderbaren Wiener Luft, der Prosperität, christlich-sozialer Antisemitismus, kulturelle Vitalität und nationalistische Raufereien eine besondere Würze gaben.

Die Führung der Monarchie hatte sich in einem unlösbaren Dilemma verfangen: sie bestand darauf, für Österreich-Ungarn die Position einer Großmacht zu fordern, war aber nicht imstande, das Staatsgebilde so zu reorganisieren, daß es dem erstarkenden Selbstbehauptungswillen der Nationalitäten und ihrer immer aktiveren Agitation hätte mit Erfolg begegnen können. Wie sehr die Doppelmonarchie von ihrer wirtschaftlichen Einheit profitierte, wurde vom Bürgertum der einzelnen Nationalitäten, das aus dem einheitlichen großen Markt den größten Vorteil zog, geflissentlich übersehen oder als selbstverständlich hingenommen. Die Politik der Monarchie pendelte infolgedessen zwischen der allgemeinen Starre festgefrorener innenpolitischer Fronten und heftigen Gewaltreaktionen auf nationalistische Vorstöße unentschlossen hin und her, bis die Sarajewo-Schüsse Gavrilo Princips eine Kettenreaktion auslösten, die den endgültigen Zerfall herbeiführte.

Am Ausgang der neunziger Jahre erlebte Italien ruckweise wirtschaftliche Teilfortschritte, hatte aber zugleich schwer daran zu tragen, daß ihm die Erfüllung mancher sozialen und nationalen Hoffnungen und Aspirationen versagt blieb. Die Niederlage in Abessinien zerstörte den imperialistischen Machttraum und verletzte empfindlich den ererbten Römerstolz. Agrarunruhen und Industriestreiks erschütterten das Land von Sizilien bis Mailand immer von neuem. Monat für Monat wanderten Tausende von Italienern aus, um ihr Glück in dem einen oder anderen Teil des amerikanischen Kontinents zu versuchen. Anders als die deutschen Monarchien hatte das politische System Italiens nur wenig Konstruktionsfehler; das Problem war, ob es auch richtig funktionierte. Zu einem erheblichen Teil hatten die Schwierigkeiten damit zu tun, daß das Land faktisch in zwei Teile zerfiel: den aufblühenden, wohlhabenden industriellen Norden und den stagnierenden, verelendeten agrarischen Süden. Zur Bewältigung der politischen Probleme hatten Politiker einer früheren Generation eine raffinierte Technik, *trasformismo* genannt, erfunden, in der Idealismus, politische Manövrierkunst, skrupelloses Manipulieren, Korruption und sogar Terror (je nach lokalen und Zeitumständen) so ineinandergriffen, daß dem italienischen Volk eine Mischung aus Regierungstätigkeit und Ausbeutung geboten wurde. Im letzten Vorkriegsjahrzehnt baute Giovanni Giolitti den *trasformismo* zu einem ausbalancierten Gleichgewichtssystem aus, in dem Interessengruppierungen und politische Einflüsse einander die Waage hielten; mit Hilfe dieses Systems bescherte er Italien eine bessere Regierung und Verwaltung, als es sie je gekannt hatte.

Dennoch gab es Beschwerden, Klagen und immer wieder enttäuschte Hoffnungen in Hülle und Fülle: ein wahrer Krebsschaden, der sich in den Staatskörper einfraß. Schon vor dem Kriege war das liberale parlamentarische System in den Augen der Bevölkerung weitgehend in Mißkredit geraten. Um zur Stabilisierung der politischen Verhältnisse beizutragen. erlaubte der konservative Papst Pius X. den Katholiken nach 1903 aktivere Teilnahme an der Politik, und dennoch hielten gesellschaftliche Funktionsstörungen weiter an. Der grelle, prunkhaft-heroische Nationalismus, den des Poeten d'Annunzio jugendliche Gefolgschaft zur Schau trug, war ein Protest gegen das Berechnende, Bürgerlich-Pedantische in der Politik, zugleich aber auch ein psychologisches Gegengewicht gegen die deprimierende Wirkung, die von der Bedeutungslosigkeit Italiens auf der internationalen Bühne und dem Scheitern seiner imperialistischen Versuche ausging. Zu guter Letzt verschaffte aber der Tripolis-Krieg von 1911 dem nationalen Ehrgeiz eine gewisse Genugtuung, ohne freilich die sozialen Spannungen im Lande zu lösen. Dann entschloß sich die Regierung 1912 zur Einführung des allgemeinen Wahlrechts – genau in dem Jahr, in dem die Sozialisten dem liberalen politischen System ihre grundsätzliche Opposition ansagten. Von neuem flammten Streiks und Unruhen auf, diesmal geschürt von Benito Mussolini, Chefredakteur der sozialistischen Zeitung *Avanti*. Trotz diesen schweren Belastungsproben hielt die italienische Gesellschaft noch zusammen, ja, sie brachte sogar einen mächtigen kulturellen Aufschwung hervor. Als Europa in den Krieg zog, standen die Italiener – zynisch, uneinig und bei alledem innerlich aufgewühlt – beiseite und versuchten, sich den Kurs auszurechnen, den ihnen die Rücksicht auf den eigenen Vorteil für die Zukunft vorzeichnen könnte.

Unaufhörlich gärte es im Leben der Balkanvölker. Ihre politischen Führer mußten sich zwischen den Klippen der Großmächterivalität hindurchwinden. Stärke und Elan schöpften diese Nationen aus den Kräften ihrer Kultur und Geschichte, die, durch die ottomanische Unterdrückung verkrüppelt, von den Geistlichen der griechisch-orthodoxen Kirche lebendig erhalten worden waren und nun vom Nationalismus des Westens neue Impulse empfingen. Die große Mehrheit der Bevölkerung steckte noch in der Landwirtschaft, war gerade einen Schritt über die Feudalzeit hinaus, ließ sich durch Stammesbräuche und Sippenhaltungen lenken. Unter einheimischen oder aus Deutschland importierten Fürstenhäusern spielte eine militärische Oberschicht die führende politische Rolle. Handelsleute, Geldverleiher und Angehörige der freien Berufe stellten die ersten Kontingente einer bürgerlichen Mittelschicht. Es gab auch Intellektuelle, die die Stammes- und Sippengefühle des Volkes in moderne nationalistische Formen gossen und sie in dieser abgewandelten Gestalt durch das Medium von Religion, Erziehung und Propaganda auf die kulturell rückständige Masse zurückprojizierten. Ansätze westlicher Technik und Verwaltungspraxis bildeten einen Überbau, der diesen Staaten den Anschein von Modernität gab; mit Waffen, die europäische Mächte abgelegt hatten, führten sie ihre lokalen Kriege, die dann größere europäische Krisen auslösten.

Für einige Balkanvölker war staatliche Unabhängigkeit noch ein wichtiges, erkämpfenswertes Ziel: Bulgarien wurde erst 1908 ganz unabhängig, Albanien 1913; Kretas Vereinigung mit Griechenland erfolgte unmittelbar vor dem Ausbruch des Weltkriegs. Der Drang nach Unabhängigkeit ließ sich aber auch als imperialistisches Werkzeug gebrauchen. Die Konkurrenz der Großmächte um die Rohstoffe, Märkte und strategischen Positionen der Balkanhalbinsel verschärfte die lokalen politischen Gleichgewichtsstörungen – von den Aufständen auf Kreta und in Mazedonien (1896 – 1903) über die Bosnien-Krise (1908) bis zu den beiden Balkankriegen (1912/13). Solche Ereignisse weckten übertriebene Hoffnungen und verursachten sinnlose Entbehrungen und viel Leid, verschafften aber weder den Völkern noch ihren Herrschern nennenswerte Errungenschaften von Bestand und Dauer.

Der Balkan war auch der eigentliche Brennpunkt des Zerfalls und der versuchten Erneuerung der Türkei. Seit 1896 bemühte sich ein Kreis türkischer Emigranten und Studenten in Westeuropa, der als jungtürkische Bewegung auftrat, die Welle türkischer Niederlagen auf dem Balkan einzudämmen und Reformen in der Heimat zu fördern. Die Jungtürken machten Anstalten zur Zusammenarbeit mit den revolutionären Bewegungen der Mazedonier, der Armenier und anderer Ostvölker; Uneinigkeit in den eigenen Reihen und brutale Unterdrückungsmaßnahmen des Sultanats ließen sie kaum zum Zug kommen. Trotz allem gelang schließlich einem Komitee für Einheit und Fortschritt im Jahre 1908 eine umfassende Revolte; nach dem Sieg setzten die Revolutionäre die Verfassung von 1876, die damals fast im Keim erstickt war, wieder in Kraft. Ein Jahr später stürzten sie den verrufenen Sultan Abdul Hamid II.

Bald behauptete sich aber auch in der Türkei das für den Westen so bezeichnende zwiespältige Gespann von Liberalismus und Nationalismus. Eine türkische Mehrheit im Komitee für Einheit und Fortschritt bestand auf Zentralisation und türkischer Vorherrschaft; antitürkischer Widerstand flammte auf und zog weite Kreise: von Albanien bis Arabien. Im

Gefolge der Kriege in Nordafrika und auf dem Balkan verwandelten sich die hoffnungsvollen Ansätze eines innenpolitischen Liberalismus in ein Terrorregime der von Enver Pascha geführten Jungtürken. Am Vorabend des Weltkrieges erlebte die Türkei bereits einen inneren Zerfall. Er wurde vertieft durch die zwei militärischen Niederlagen in Europa, durch die mit dem Vordringen weltlicher Kräfte einsetzende Krise des Kalifats (das allerdings noch in dem riesigen Gebiet von Gibraltar bis zum Indus seine Autoritätsansprüche geltend machte) und durch die Aufsässigkeit künftiger Führer arabischer Eigenstaatlichkeitsbestrebungen wie Hussein und Ibn Saud.

Daß Rußland in alle Wirren auf dem Balkan und im Nahen Osten eingriff, sollte am Ende der Ruin des Zarismus sein. Innerrussische Entwicklungen während der Regierungszeit Nikolaus' II. drängten aber nicht notwendigerweise auf diesen Schlußakt hin. Tiefgehende wirtschaftliche und gesellschaftliche Veränderungen, verfassungspolitische Neuordnung, Wandel im Verhältnis der einzelnen Nationalitäten zum Zarenstaat: darin offenbarten sich in dramatischer Zuspitzung sowohl die Daseinsenergie und Entwicklungsfähigkeit des Landes als auch das schimpfliche Versagen seiner Führung. Der letzte Zar, ein erklärter Gegner jeder konstitutionellen Entwicklung und überzeugter Anhänger der Russifizierung, war 1894 auf den Thron gekommen. Im ersten Jahrzehnt seiner Regierungszeit steigerte sich sprunghaft, unregelmäßig das Tempo der russischen Wirtschaftsentwicklung. Der täuschende Anblick wirtschaftlicher Ausgeglichenheit wurde dem Land von Graf Witte 1897 mit der Einführung der Goldwährung gegeben.

Um diese Zeit machte sich auch die erste artikulierte politische Betätigung der unzufriedenen Arbeitermassen bemerkbar. Im Exil hatte Plechanow die Lehren des Marxismus für die besonderen russischen Verhältnisse formuliert. Um 1898 war Lenin bereits eine Macht in der Führung der um die städtische Arbeiterschaft werbenden Organisationen, auch wenn ihn sein erzwungenes Emigrantendasein daran hinderte, an der organisatorischen Gründung der Sozialdemokratischen Arbeiterpartei Rußlands direkt teilzunehmen. Drei Jahre später entstand aus dem Zusammenwachsen der älteren Tradition der Narodniki (»Volkstümler«), der Anarchisten und anderer revolutionärer Strömungen, die sich vornehmlich für die Notlage der Bauern interessierten, die Partei der Sozialrevolutionäre (SR). Scharfe ideologische und persönliche Gegensätze hielten die beiden sozialistischen Strömungen in ständiger Unruhe. Der berühmteste und folgenschwerste dieser Gegensätze gipfelte in der Spaltung der Sozialdemokraten in die Richtungen der Menschewiki und Bolschewiki, die Lenin zu einer unendlich gesteigerten geistigen und organisatorischen Aktivität – zumeist vom Ausland aus – bis zu seinem großen Sieg im Jahre 1917 antrieb. Keine dieser größeren sozialistischen Organisationen hatte die Möglichkeit, Probleme der politischen Gestaltung direkt anzupacken; sie hatten nur die Wahl zwischen Agitation, Propaganda und politischen Terrorakten. Im bürgerlichen Lager begann die für das letzte Vorkriegsjahrzehnt charakteristische liberale Sammlung im Jahre 1903 mit der Gründung des »Befreiungsbundes« *(Sojus Oswobotschdenija)*. Hier fanden sich gemäßigte Intellektuelle, Angehörige freier Berufe und zahlreiche Praktiker der kommunalen Selbstverwaltung zusammen.

Die Katastrophe des russisch-japanischen Krieges brachte eine politische und nationale Krise von gewaltigen Ausmaßen zum Durchbruch. Von der großen Tagung der ländlichen

Selbstverwaltungsorgane Ende 1904 über den »Blutigen Sonntag« (22. Januar 1905) bis zu einer Welle von Judenmassakern gab es kaum ein Ereignis, das das Zarenregime nicht geschwächt hätte. Im Sommer und Herbst 1905 ergoß sich über das Land eine Flut von Streiks, Aufständen und Truppenmeutereien. Aus Finnland, aus dem Baltikum, aus der Ukraine, aus dem Kaukasus tönte das Echo der Selbstbehauptung der unterdrückten nationalen Minderheiten. Der Zar kapitulierte mit dem Oktobermanifest von 1905: dem Lande wurde eine Verfassung, ein Parlament (Duma) mit echten politischen Befugnissen, ein großzügiges Wahlrecht und staatsbürgerliche Freiheiten versprochen.

Das Versprechen der grundlegenden politischen Umgestaltung wurde nicht erfüllt. Bevor die erste Duma zusammengetreten war, wurden ihre Vollmachten beschnitten: der Zar beanspruchte von neuem die traditionelle autokratische Macht der Romanow-Dynastie. Die liberale erste Duma wurde aufgelöst, den Abgeordneten wegen Aufforderung zur Steuerverweigerung die Wählbarkeit aberkannt. Die politische und nationale Opposition wurde in Stadt und Land brutal niedergeschlagen. Die Wahlen zur zweiten Duma erbrachten eine noch weniger gefügige Mehrheit. Darauf wurde auch das zweite Parlament binnen wenigen Monaten aufgelöst und das Wahlrecht auf dem Verordnungsweg radikal geändert. Erst die 1907 gewählte dritte Duma durfte am Leben bleiben: diesmal hatte das umgebaute Wahlsystem eine konservative Mehrheit zustande gebracht, die der Regierung bei der weiteren Zerschlagung der politischen Freiheiten keine Hindernisse in den Weg legte. Seit 1907 waren die sozialistischen Parteien in der Duma kaum vertreten; dennoch ging ihre Arbeit weiter, und ihr Einfluß auf die Arbeiter wuchs. Bürgerliche Liberale wie Miljukow wurden in der Duma von der künstlich geschaffenen konservativen Mehrheit in den Hintergrund gedrängt. Trotz alledem hatte Rußland, wenn man die nachrevolutionäre Situation etwa mit den Verhältnissen von 1903 vergleicht, einen bedeutenden Schritt auf dem Weg zum parlamentarischen System zurückgelegt.

Trotz der seit 1907 überwiegenden konservativen Tonart gab es in der Folgezeit mancherlei Fortschritte. Die Agrarreformen des Ministerpräsidenten Stolypin waren darauf angelegt, ein wirtschaftlich selbständiges Besitzbauerntum zu schaffen, das sich politisch als konservativer Faktor bewähren sollte. Verbreiterte Basis der lokalen Selbstverwaltung, erhebliche Kreditausweitung für bäuerlichen Bodenerwerb und Bauernsiedlung in unerschlossenen Gegenden Sibiriens waren die tragenden Säulen der Strategie, mit der Stolypin die Bauern gegen die städtischen Massen zu mobilisieren hoffte. Einiges wurde den städtischen Arbeitern mit den – allerdings unzulänglichen – Anfängen einer Sozialversicherung geboten. Eine Offensive gegen Unbildung erzielte mit dem Ausbau der Grundschule einen gewissen Rückgang des Analphabetentums. Viel weiter stürmte der wirtschaftliche Aufschwung voraus. Am Vorabend des Weltkrieges stand Rußland am Anfang eines Weges, der zur ökonomischen Reife hätte führen müssen. Das Land war beim Ausbau seiner Industrie nicht mehr in erster Linie auf ausländisches Kapital angewiesen, das Netz der Verkehrsverbindungen war in den Grundzügen aufgebaut worden, gelernte Arbeitskräfte waren verfügbar, die landwirtschaftliche Erzeugung war im Ansteigen. Sieht man von den politischen Gebrechen des russischen Staates ab, so kann man sagen, daß sich das russische Volk um 1914 eines Wohlstands zu erfreuen begann, den es so bald nicht wiedersehen sollte.

Mit den konservativen Tendenzen erstarkte in den Vorkriegsjahren auch der russische Nationalismus. Besonders reges Interesse brachte das offizielle Rußland nach 1905 den Angelegenheiten Südosteuropas entgegen; damit waren auch gemeinsame slawische Bestrebungen innerhalb und außerhalb Rußlands aufgelebt, jetzt in Gestalt einer »neuslawischen« Bewegung. Die russischen Ideologen dieser Bewegung fanden sich nun endlich bereit, auch die Polen als gleichberechtigte Mitglieder der gesamtslawischen Familie zu akzeptieren. Freilich legte die Regierungspolitik auch weiterhin keine große Liebe für die slawischen Brüder an den Tag: Polen und Ukrainer bekamen nach wie vor Benachteiligung und Rechtlosigkeit unverändert zu spüren. Den auf die Deutschen in den Ostseeprovinzen ausgeübten Druck schwächte Petersburg allerdings ab, da man ihnen politisch und sozial glaubte weitgehend trauen zu dürfen. Dagegen wurde den Finnen ihre Autonomie 1910 zum großen Teil genommen; die Juden, die baltischen Völker und die vielen nationalen Minderheiten in Asien schmachteten weiter unter der Anmaßung und Überheblichkeit der großrussischen Herrschaft.

Von den wirtschaftlichen und psychologischen Nachwehen des russisch-japanischen Krieges hatte sich Rußland um 1914 im wesentlichen erholt. Aber wenn sich auch in gewissem Umfang politischer und sozialer Fortschritt durchsetzte, blieben doch ernste Spannungen und Probleme bestehen. Und nun machte sich auch noch am kaiserlichen Hof der böse Geist Rasputins geltend. Wäre der Friede erhalten geblieben, so hätte Rußland einer baldigen Auseinandersetzung mit der wachsenden Unzufriedenheit der unterdrückten Massen und nationalen Minderheiten und dem Verlangen nach einer brauchbaren politischen Verfassung an Stelle der bis zum Absurden antiquierten Praktiken und Methoden der zaristischen Herrschaft nicht ausweichen können. Doch sollte der Krieg die Schraube so anziehen, daß aus einer schwierigen eine hoffnungslose und revolutionsträchtige Lage wurde.

Vor der Wende des Jahrhunderts wurde Rußland von Engländern gelegentlich als eine permanente Gefahr für Indien, das eigentliche Herzstück des britischen Weltreichsystems, gesehen. Es gab gewiß Grund zu Besorgnissen. Systematisch hatte London zweihundertfünfzig Millionen Indern seine Vorstellungen von der Gestaltung von Politik und Wirtschaft aufgezwungen. Die Schätze des Subkontinents wurden von fremden Herren gehoben, wenn auch nicht ohne gewisse Vorteile für die Einheimischen. Ein gutes Verkehrsnetz, ein verzweigtes System miteinander verbundener Kanäle, planmäßige Ausnutzung der wichtigsten wirtschaftlichen Kräfte: das waren immerhin Leistungen, die das Gespenst des Massenhungers gebannt und den Anstoß zur rapiden Vermehrung der Bevölkerung im 20. Jahrhundert gegeben hatten. Großbritanniens größter Beitrag zur Schaffung eines modernen Indiens war in diesen Vorkriegsjahrzehnten der Ausbau der nach englischem Muster organisierten indischen Verwaltung, der auch mehrere neue, spezialisierte Dienstzweige hinzugefügt wurden. Anders als in den meisten Kolonien mit aufgepfropften fremden bürokratischen Apparaten entwickelte sich hier eine englisch-indische Verwaltungselite mit tiefen Wurzeln im indischen Boden, in der auch schon die Entfaltungsmöglichkeiten einer künftigen unabhängigen Verwaltung angelegt waren. Bei all ihrer Anglisierung vermittelten die großen indischen Universitäten einer ganzen Generation von Studenten nicht nur Wissen, sondern auch geistige Anregung und Energie; es ist kein Zufall, daß aus dieser Studentengeneration viele der Führer hervorgegangen sind, die die großen Entscheidungen des 20. Jahrhunderts erkämpft haben.

Das Leben der Massen verlief in traditionellen Bahnen, denen die vom Imperialismus verursachten Veränderungen kaum anzumerken waren. Aber die indischen Patrioten – sowohl die der überlieferten Religion ergebenen Konservativen als auch die Intellektuellen moderner Prägung – fanden den europäischen Einbruch empörend und lehnten sich gegen die vielen den Europäern eingeräumten Vorrechte energisch auf. Die moderne Unabhängigkeitsbewegung begann mit dem ersten Nationalkongreß von 1895 und wuchs ständig unter dem Einfluß der Agitation verschiedener indischer Vereine und der Propaganda, die unter der Führung von Männern wie Gokhale und Tilak betrieben wurde. Indische Sympathiebekundungen für Asien während des russisch-japanischen Krieges und die Teilung Bengalens im Jahre 1905 (die die Mohammedaner zu begünstigen schien) lösten eine Kette von Gewalttätigkeiten und wirtschaftlichen Boykottmaßnahmen aus, die der englischen Verwaltung den Anlaß gaben, die Presse- und Versammlungsfreiheit weitgehend zu beschneiden. Die nationale Bewegung spaltete sich in Extremisten unter Tilaks Führung, die volle Unabhängigkeit verlangten, und Gemäßigte, die für friedliche Evolution auf parlamentarischem Wege eintraten. Den Gemäßigten kam der Vizekönig Lord Minto mit dem Indian Councils Act von 1909 entgegen: dies Reformgesetz räumte der einheimischen Bevölkerung größere Mitwirkung an der Gesetzgebung ein und schuf getrennte Wahlkörper für die mohammedanische Minderheit.

Trotzdem blieb der Ruf nach Unabhängigkeit und voller Eigenregierung unwiderstehlich und logisch zwingend. Der junge Nehru fand die Politik der Mäßigung bedrückend und untragbar. Angriffe auf das an Leibeigenschaft grenzende System der Dienstverpflichtungen für indische Arbeiter auf den Fidschi-Inseln und lebhafte Sympathie für die Protestbewegung der Inder in Südafrika gaben der wachsenden Freiheitsagitation neuen Auftrieb, mobilisierten den Widerstand und riefen englische Repressalien hervor. Demonstrative Gesten, wie die Krönung Georgs V. in der altehrwürdigen Hauptstadt Delhi oder die Rückgängigmachung der Teilung Bengalens, konnten die Nationalisten nicht mehr zufriedenstellen. Der Ausbruch des Krieges förderte nur lauwarme Freundschaftsgefühle für England zutage, führte aber andrerseits dazu, daß der Bevölkerung die Fesseln eines besonderen »Verteidigungsgesetzes für Indien« angelegt wurden. Gegen Ende 1914 kehrte Mohandas K. Gandhi, beredter Anwalt der Inder Südafrikas, nach Indien zurück. Mit ihm nahm die Unabhängigkeitsbewegung eine neue Wendung.

Geduckt lebte Vorkriegschina unter dem Joch von sieben imperialistischen Mächten (darunter auch Japan). In Chinas Reaktionen und Bekundungen fanden die Lasten und Bedrückungen ihren Widerhall, die der Zerfall des Manchu-Staates dem Land auferlegte: Allgegenwart der Korruption und der bürokratischen Willkürherrschaft; lokales Banditentum und terroristisches Bandenunwesen in größerem Umkreis; dazu die Auswirkungen der Kampfhandlungen der aktiven Patrioten und der zahlreichen Geheimbünde. Wiederholt waren diese Kräfte, in widersinnigen, unberechenbaren Verbindungen miteinander verzahnt, zur Explosion gekommen: gegen die Manchus, gegen die Ausländer oder auch gegen beide Feinde zusammen. Auf den unheilvollen Verlauf des chinesich-japanischen Krieges (1894/95) und die ihm folgende Katzbalgerei der Westmächte um weitere Stücke chinesischen Staatsgebietes und weitere China-Konzessionen reagierten die Chinesen mit verzweifelten Modernisierungsversuchen. Mit revolutionären Geheimbünden in Südchina, auf Hawaii und in Amerika begann Sun Yat-sen sein Emanzipationswerk. Sogar die kaiserliche Regierung entschloß sich 1898 zu ihren »Hundert Tagen der Reform«; aber da dieser Verwestlichungsversuch viele bürokratische Sinekuren und lebenswichtige Interessen der Manchus antastete, folgte sehr bald eine entscheidende reaktionäre Wendung. Es fiel den Manchus nicht schwer, Klagen über ihre Mißbräuche in andere Kanäle zu lenken, die bedrückten Menschen zu Empörungsausbrüchen gegen imperialistische Ausbeutung zu treiben. So kam es zum Boxeraufstand von 1900/01, der China nur noch mehr Erniedrigung und Plünderung eintrug.

Nun waren auch die Manchus bereit, eine Modernisierung in bescheidenem Rahmen zuzulassen: sie duldeten verschiedene Reformen, erlaubten Mischehen zwischen Manchus und Chinesen und nahmen eine Umgestaltung des chinesischen Rechts vor. Allerdings sicherte ihnen ein Verwaltungsumbau in Verbindung mit mancherlei administrativen Manövern die weitere Beherrschung des Staatsapparats, obwohl eine provisorische Verfassung verkündet wurde und in den Jahren 1909 und 1910 Provinzial- und Landesvertretungen zusammentraten. Reformanhänger in den Reihen der Bürokratie und manchufeindliche Oppositionsgruppen in den einzelnen Provinzen fanden sich dann in der Revolution von 1911 zum erfolgreichen Angriff auf den Manchu-Staat zusammen.

Sofort entstanden neue Konflikte. Der Kampf zwischen den reformfreundlichen Bürokraten unter Yüan Shih-k'ai und Manchu-Gegnern in den Provinzen unter Sun Yat-sen war zugleich ein Kampf zwischen Norden und Süden, zwischen bürokratischem Zentralismus und demokratischem Föderalismus. Eine Zeitlang waren Yüan und Sun die Häupter zweier Konkurrenzregierungen in Peking und Nanking. Ein notdürftiger Waffenstillstand zwischen Bürokratie und Parlamentarismus kam für die Dauer der Beratung einer republikanischen Verfassung zustande. Aber als Yüan 1913 erneut Anleihen bei den Großmächten aufnahm, brach im Süden eine »Zweite Revolution« aus, diesmal erfolglos. Yüan wurde zum Präsidenten der Chinesischen Republik gewählt, wonach er die Annahme der Verfassung verhinderte und das Parlament »säuberte«; bald löste er es ganz auf. Kurz vor Ausbruch des Weltkrieges bewilligte er sich halbdiktatorische Vollmachten gegen die aufbegehrenden Provinzen. Die Manchu-Herrscher waren die Chinesen zwar los, aber nun waren sie im Streit um den richtigen Weg der politischen Umgestaltung innerlich zerrissen. Gespalten und von der Technik des Westens fast unbeleckt, standen sie um 1914 den sie schwer bedrängenden imperialistischen Mächten – vor allem Japan – gegenüber. Die Zukunft sah düster aus.

Im krassen Gegensatz zum Niedergang Chinas durchlebte Japan die erfolgreichen, fast triumphalen letzten Jahre der Meiji-Epoche. Das war die Glanzzeit der erstaunlichen Erneuerung Japans und seiner beschleunigten Umstellung auf europäische Technik und europäische Organisationsmethoden, der in hohem Maße das Einströmen ausländischen Kapitals zugute kam. Wissenschaft, Maschinen, Rüstungen, politische Methoden und Verwaltungstechniken des Westens gingen eine bemerkenswerte Symbiose ein mit Japans halbmittelalterlichen Traditionen und Verhaltenswesen. Die neuen Institutionen waren nach europäischen Vorbildern aufgebaut worden, hatten aber einen eigenen Geist und eine eigene Funktionsweise entwickelt. In den zwei Jahrzehnten von Tôkyôs Sieg über Peking bis zum Ausbruch des Weltkrieges war Japan zur ersten echten imperialistischen Macht Asiens geworden. Es wollte nicht nur die Westmächte von jedem Gedanken an einen möglichen Anschlag auf die Inseln des Kaiserreichs abbringen, sondern zugleich auch für sich selbst einen gehörigen Anteil an der Beherrschung Chinas herausholen. Den russischen Anspruch auf Korea schaffte Japan mit seinem Bündnis mit England, dem militärischen Sieg über Rußland und weiterem Raub an China endgültig aus der Welt. Korea wurde aus einer Interessensphäre zunächst zum Protektoratgebiet und dann – 1910 – zum Bestandteil des japanischen Kaiserreiches.

Andere Fragen waren schwieriger. Im Mittelpunkt der Reibereien mit den Vereinigten Staaten, Japans Nachbar im Pazifik, stand die heikle Frage der Gleichberechtigung der Rassen: im japanisch-amerikanischen *gentlemen's agreement* von 1910 hatte sich Japan bereit gefunden, die Auswanderung japanischer Arbeiter nach Amerika von sich aus zu beschränken. Aber dann kamen trotzdem japanerfeindliche Gesetze in Kalifornien, und der Konflikt brach von neuem aus. Das japanische Kabinett schien außenpolitisch weniger erfolgreich zu sein als die Armee und die Marine. Die Erfolge der Militärs schwächten die Autorität der Zivilregierung. Obgleich der Kaiser das oberste Organ der Staatsgewalt war, stand er kraft göttlicher Abstammung über der Verfassung und außerhalb des politischen Getriebes; jetzt benutzten die ihm unmittelbar unterstellten Männer des Kriegshandwerks seinen Namen, um in die Obliegenheiten der Zivilregierung einzugreifen und ihre Tätigkeit zu konterkarieren. Mittlerweile hatten sich die großen japanischen Industriekonzerne des Außenhandels und der Schiffahrt bemächtigt, und ihre Beherrscher sicherten sich einen warmen Platz in der nächsten Nähe der Militaristen. Als der Krieg in Europa ausbrach, benutzte Japan sogleich die Gelegenheit, den Deutschen Kiaochou abzunehmen. Die Ära direkter japanischer Eingriffe in China hatte begonnen.

Die Vorkriegsepoche war die Zeit, in der die Vereinigten Staaten ihre besondere jugendlich-enthusiastische Variante des Imperialismus betätigten; es war aber auch die Zeit, in der andere entscheidende Kräfte dem »Land der unbegrenzten Möglichkeiten« ihren Stempel aufdrückten. Eine Hochflut der Einwanderung aus Europa hatte die Bevölkerung des Landes auf fast hundert Millionen anschwellen lassen. Im Innern wurden Hunderttausende von Menschen von übervölkerten Städten oder von menschenleeren Gebieten angezogen, in denen die Nöte und Erschwerungen des Grenzraumdaseins gerade erst im Abklingen waren. Nach einem Menschenalter von Krisen war die Landwirtschaft dank wachsendem Inlandsverbrauch und neuen Ausfuhrmärkten zu stabilen Verhältnissen gelangt. In den Jahren der Hochkonjunktur hatten die Industrietrusts und die gigantischen Finanzmächte dem Wirtschaftsleben ihren besonderen Charakter aufgeprägt. Zum erstenmal nahm der amerikanische Waren- und Kapitalexport erhebliche Proportionen an.

Die Lage der Arbeitnehmer war stabil, verbesserte sich aber nur langsam. Das Interesse der Öffentlichkeit an einer Hebung der sozialen Lage war im Anwachsen begriffen; gesetzgeberische Maßnahmen zur Beseitigung schreiender Mißstände setzten sich jedoch nur langsam durch und zeigten von Staat zu Staat erhebliche Unterschiede. Die Neger Amerikas, die vor gar nicht langer Zeit aus der Sklaverei befreit worden waren, vegetierten unwissend in der ewigen Schuldknechtschaft des Peonendaseins im Süden oder begannen gerade den Weg zu entdecken, der in die Städte des Nordens führte. Die organisierte Arbeiterbewegung gewann an Zahl und Stärke, vermochte aber nicht ein eigenes politisches Sprachrohr von Bedeutung zu schaffen; auf dem Gipfelpunkt ihrer Wahlerfolge (1912) vereinigte die Sozialistische Partei noch nicht eine Million Stimmen auf sich. Ihre eigentliche Macht entfaltete die Arbeiterbewegung in den Gewerkschaften. Sie hatten, wie die Arbeiter im Bergbau und in den Eisenhütten und Stahlwerken am eigenen Leib erfahren sollten, nicht durchgängig Erfolg; aber die vielen in den Verbänden der American Federation of Labor und den unabhängigen Eisenbahnergewerkschaften zusammengefaßten Berufssparten waren um 1914 gut organisiert und zählten eine Gesamtmitgliedschaft von fast drei Millionen.

Teils förderten die verschiedenen skizzierten Tendenzen der gesellschaftlichen Entwicklung den amerikanischen Imperialismus, teils entzogen sie ihm das Interesse und die Begeisterung der Massen. Der bedeutendste Rivale des Imperialismus im Kampf um das Interesse der Öffentlichkeit war die »progressive« Bewegung, eine komplexe Vielzahl von Richtungen und Organisationen, die sich für sozialpolitische Gesetzgebung, politische Reformen und Unterbindung der Herrschaft der Monopole in Industrie und Handel einsetzten. Die Romanschriftsteller Theodore Dreiser und Upton Sinclair und andere »Enthüller« mit ihnen klagten in dramatischer Steigerung die Gebrechen der amerikanischen Gesellschaft an und propagierten Reformen, mit denen sich dann in der Tat die Bundesregierung, die Bundesgerichte und die Regierungen der einzelnen Bundesstaaten haben ernsthaft befassen müssen.

Das Amt des Präsidenten genießt in den Vereinigten Staaten als faktische Spitze der Bundesregierung erhebliches Prestige, das mit weitreichenden Einflußmöglichkeiten einhergeht. In der imperialistischen Ära haben vier Präsidenten von sehr verschiedener Statur die Entwicklungsrichtung des Landes bestimmt. Unter William McKinley schlug Amerika den Kurs auf das Weltreich ein; dabei protestierten manche Amerikaner gegen Annexionen, Weltreichsverpflichtungen und mögliche Weltreichsverwicklungen, während sich die große Masse über die Verantwortung, die sich aus der neuen vom amerikanischen Staat übernommenen Aufgabe notwendigerweise ergeben mußte, keinerlei Gedanken machte. In der Praxis wechselten optimistische Gemeinplätze über die Freiheit der Kubaner und Filipinos mit direkten Interventionen (bis zu militärischer Besetzung) in Havana und einem regelrechten Krieg gegen Aquinaldos Unabhängigkeitsbewegung auf den Philippinen. Mit der Zurschaustellung der amerikanischen Flottenmacht, der Inbesitznahme der Kanalzone, energischem Durchgreifen in Mittelamerika (Ergänzungserklärung zur Monroe-Doktrin) und seiner Tätigkeit als Friedensstifter in Portsmouth sprach der dynamische Theodore Roosevelt mit Nachdruck die Sprache der Epoche. Als er 1909 das Weiße Haus verließ, gab es kaum noch einen Zweifel an Amerikas veränderter Position in der Weltpolitik. Nach ihm versuchte der bedächtigere William Howard Taft, den amerikanischen Einfluß hauptsächlich mit finanziellen Mitteln zur Geltung zu bringen; daher die vielgelästerte »Dollardiplomatie«, die sich als unwirksam erwies und Amerikas Beziehungen zu Japan und zu den zentral- und südamerikanischen Staaten vergiftete.

Energische Unterstützung durch die »progressive« Bewegung hatte Woodrow Wilson zur Macht emporgetragen. Das hinterließ deutliche Spuren in seinem Programm der »Neuen Freiheit«, und diese idealistische Haltung bestimmte den Grundzug seiner Außenpolitik: er kämpfte für eine Diplomatie, die auf das Wohl der Menschheit ausgerichtet sein sollte statt auf eigennützige nationale Interessen. Sein Außenminister William Jennings Bryan betrieb den Abschluß von Schlichtungs- und Schiedsverträgen mit dreißig Staaten, großen wie kleinen. Es schien, als sei in den Beziehungen der Staaten das Zeitalter der Vernunft gekommen, und dennoch stand der Weltkrieg unmittelbar bevor. Wilson holte Amerika aus dem Spiel der »Dollardiplomatie« im Fernen Osten heraus und beeilte sich, die neugeborene Chinesische Republik anzuerkennen. Er brachte einen Wiedergutmachungsvertrag mit Kolumbien zustande, wobei er frühere Zwischenfälle »aufrichtig bedauerte« und Bogota für den Verlust Panamas entschädigte. Aber das doppelgleisige Bedürfnis, einerseits den Zugang zum Panamakanal unter scharfer Kontrolle zu halten, anderseits den Völkern der Antillen und Zentralamerikas zu Freiheit ohne Diktaturexzesse zu verhelfen, brachte Amerika dazu, in diesem Teil der Welt immer energischer zu intervenieren und schließlich 1916 mit einem regelrechten Feldzug in Mexiko einzufallen.

Ganz gleich, was die jeweiligen Motive sein mochten, betrieben die Vereinigten Staaten auf diese Weise – von McKinley bis Wilson – ihre Expansion in Zentral- und Südamerika und im Pazifik. Derweilen brachte das amerikanische Volk sehr verschiedene, häufig einander widersprechende Ansichten über Amerikas Rolle in der Weltpolitik nachdrücklich zum Ausdruck. Bald sollte die internationale Entwicklung Amerikas eindeutige Entscheidung in Europa erzwingen; aber die gegensätzlichen Meinungen der Amerikaner über die weltpolitische Rolle der Vereinigten Staaten sollten auch künftighin, laut und deutlich bekundet, eine ständige Erscheinung der inneramerikanischen Entwicklung bleiben und auf die Außenpolitik Washingtons im Verlauf der nächsten Jahrzehnte immer wieder eine lähmende Wirkung ausüben.

Den Weg zum politischen Erwachsensein legten die zentral- und südamerikanischen Länder unter den widerstreitenden Einflüssen europäischer Kulturtraditionen und militärischer und wirtschaftlicher Einbrüche der Vereinigten Staaten zurück. Von Mexico City bis Buenos Aires schöpften diese Länder geistige Antriebe im gemeinsamen iberischen Erbe; nur in Mexiko hatte sich die einheimische indianische Kultur noch so weit erhalten, daß sie mit den importierten Elementen der spanischen Gesellschaft verwachsen konnte. Der Widerhall der sozialen und politischen Zwistigkeiten Europas war überall in den Kämpfen zwischen Kirche und Staat, zwischen Konservativen und Liberalen vernehmbar. Häufig verflochten sich solche Konfliktfragen auf mannigfache Weise mit überragenden Machtansprüchen und diktatorischer Gewalt einzelner Personen oder Gruppen. Kleine Kriege, Grenzstreitigkeiten und die isolierte geographische Lage verstärkten die Unterschiede zwischen den einzelnen Staaten und vereitelten dauerhafte politische Bindungen und Blockbildung von internationaler Tragweite.

Im spanisch-amerikanischen Krieg von 1898 sympathisierten viele Lateinamerikaner mit Spanien. Besonders stark waren diese Stimmungen in Argentinien, das unter den Ländern Süd- und Zentralamerikas die höchste Entwicklungsstufe erklommen hatte und sich als Vorkämpfer lateinamerikanischer Selbstbehauptung gegen den Imperialismus der »Yankees« hervortat. Brasilien war gerade bis an die Schwelle großer künftiger Entfaltung herangekommen. Die Rohstoffe und potentiellen Märkte all dieser Länder hatten bereits beträchtliche europäische und amerikanische Wirtschaftsinteressen angezogen, wenn auch das Tempo des imperialistischen Einbruchs hier im Vergleich zu dem, was sich in Afrika und Asien abspielte, noch relativ bescheiden war. Die politische und militärische Ohnmacht der meisten süd- und zentralamerikanischen Länder machte sie den Großmächten gegenüber besonders empfindlich und mißtrauisch; sie witterten stets und überall Angriffe auf ihre Selbständigkeit. Isolationismus und scharfe USA-Gegnerschaft blieben die Hauptkennzeichen ihrer Politik bis zu dem Zeitpunkt, da der europäische Krieg auf die westliche Erdhalbkugel übergriff.

In Afrika hatte der Vorkriegsimperialismus seine charakteristischste Entfaltung gefunden. Vom Kap der Guten Hoffnung bis zum Niger und zum Nil bestanden nebeneinander auf einer Stufenleiter, die von primitiven Steinzeitkulturen bis zu differenzierter staatlicher Organisation reichte, Hunderte von einheimischen Gesellschaftsgebilden. Aber in der Periode, von der hier die Rede ist, hatte ihre Geschichte überall nur einen Inhalt: Unterjochung durch die eine oder andere von sechs europäischen Großmächten. Nur Abessinien und Liberia waren, weil sie Widerstand geleistet oder wenig an Naturschätzen zu bieten hatten, unabhängige Staaten geblieben. Südlich der Sahara öffnete sich Europa ein Riesenlager an Rohstoffen und Tropenerzeugnissen, zusammengetragen von afrikanischen oder importierten indischen Arbeitskräften, denen der Einbruch der westlichen Zivilisation gelegentlich bescheidene materielle Vorteile verschaffte. Missionare verschiedener christlicher Bekenntnisse brachten, auch wenn sie miteinander konkurrierten, einen gemeinsamen Fundus an neuen Lebensformen und Kulturhaltungen; dagegen zeigten die Methoden der Eingeborenenbehandlung der verschiedenen europäischen Mächte recht erhebliche Abweichungen.

Großbritannien, die »Mutter der Parlamente«, baute seine Kolonialorganisation auf der Erwartung auf, daß die einheimischen Gesellschaftsgebilde allmählich einen Reifezustand erreichen würden, der die Einführung freiheitlicher politischer Institutionen ermöglichen würde; die britische Praxis der »indirekten Herrschaft« gestattete daher wenigstens die Erhaltung einiger afrikanischer Institutionen, so daß die Eingeborenen die Möglichkeit hatten, an ältere Traditionen ihrer eigenen Kulturen anzuknüpfen. Das französische Assimilationssystem ging von den lebenskräftigen Pariser Traditionen der zentralisierten Verwaltung und der kombinierten militärisch-zivilen Eingliederung der Kolonien aus: in der Theorie wurden die Eingeborenen als künftige Träger der französischen *mission civilisatrice* betrachtet; in der Praxis zerrüttete dies System die einheimische Gesellschaft, deren Angehörige es kulturell entwurzelte und damit heimat- und schutzlos machte. Als Spätkolonisatoren waren die Deutschen im Nachteil: sie mußten ihre vielen Fehler vor aller Augen machen und die Kritik ihrer europäischen Rivalen in Kauf nehmen; ihr wissenschaftlichmethodisches Vorgehen war dem der anderen überlegen, aber preußisch-deutsche Militär- und Verwaltungssitten ließen sich nicht so leicht auf den Schwarzen Kontinent verpflanzen; zum Schluß hieß die Parole der deutschen Eingeborenenpolitik »Strenge mit Gerechtigkeit«, doch blieb das deutsche Kolonialreich nicht lange genug bestehen, um den Beweis für die Güte des Rezepts zu erbringen. Die Ausbeutungspraxis der Belgier und Portugiesen zerstörte die einheimische Gesellschaft, ohne den Eingeborenen etwas anderes zu bieten als fast völlige Versklavung. Die italienische Kolonialpolitik, die über keine ausreichende wirtschaftliche Grundlage im Mutterlande verfügte, litt bis zur Eroberung von Tripolis am traumatischen Schock der Niederlage von Adua.

An der Peripherie eines von hundertzwanzig Millionen Afrikanern bewohnten Kontinents lebten vier Millionen Weiße, die von ihrem kulturellen Erbe nur bemerkenswert wenig auf die Araber, Berber oder Neger übertrugen. Algier und Kapstadt blieben die einzigen größeren Zentren, von denen aus das Kulturwerk der europäischen Gesellschaft ins Eingeborenendasein hineinstrahlte. Unter den französischen Siedlern (*colons*) gedieh Algerien als integrierender Bestandteil Frankreichs; die Araber fristeten ihr Dasein als Diener und Fremde im eigenen Haus. Buren und Engländer führten einen langwierigen politischen Stellungskrieg in Südafrika, in dem die große Mehrzahl der Eingeborenen und ein beträchtlicher Teil der Inder nur Schachfiguren waren. Die Gründung der Südafrikanischen Union (1910) erfolgte, was das Verhältnis von Buren und Engländern betraf, auf paritätischer Grundlage. Differenzen in der Frage der Behandlung der Eingeborenen spielten keine große Rolle, da der Kampf der (von Gandhi geführten) Inder gegen Diskriminierung im Vordergrund stand. Als der Krieg in Europa heraufzog, war die Südafrikanische Union gerade dabei, den Besorgnissen der Inder Rechnung zu tragen. Aber nun wurden Alarmzeichen sichtbar, die eine extrem eingeborenenfeindliche und überdies separatistische Haltung der Buren vorausahnen ließen. Im Jahre 1914 ließen die Mächte ihre afrikanischen Eingeborenentruppen aufeinander losschlagen oder holten sie zum Kriegsdienst nach Europa. Unterdes versank das Zeitalter des Imperialismus ins Nichts – in einem Krieg, den die imperialistischen Mächte selbst untereinander ausfochten.

*

Aus dem Überblick über ihre inneren Schicksale haben sich die besonderen Entwicklungsfaktoren und Erlebniseigenarten der einzelnen Länder und Völker herausschälen lassen. Im Gesamtrahmen der imperialistischen Entwicklung haben die europäischen Länder in Wachstumsdynamik und Strukturmerkmalen ausgeprägte individuelle Züge offenbart. Den nichteuropäischen Ländern war es dagegen kaum vergönnt, ihre Individualität mit scharfen, klaren Unterscheidungsmerkmalen zu entwickeln. Sie brauchten oder erstrebten die Methoden und die Technik des modernen Westens, aber sie wehrten sich dagegen, in ihrem gesellschaftlichen Erwachen von den Staaten, von denen sie diese Errungenschaften übernehmen konnten, bevormundet, gegängelt oder unterdrückt zu werden. Modernisierung und Widerstand gegen den Westen gingen unter den höherentwickelten nichteuropäischen Völkern Hand in Hand. Heute können sich Araber, Inder und

Chinesen auf so profilierte Ahnen berufen wie Hussein, Gandhi oder Sun Yat-sen. Aber zu ihren Lebzeiten wurden Führer von solchem Format vom imperialistischen Westen nur in zwei Alternativrubriken gesehen: als Kollaborateure oder als Rebellen. So gab es auch für die Völker der Welt nur zwei Wege: sie schritten aus eigenem energisch voran oder sie wurden von der wirtschaftlichen, politischen und psychologischen Dynamik des Imperialismus ohne Rücksicht auf ihre eigenen Bedürfnisse getrieben.

So bedrückend dies System für die nichteuropäische Gesellschaft war, so bezeichnete es doch zugleich auch die Höchstphase eines Prozesses der Integration der Welt, wie ihn die Geschichte nur selten erlebt hat; der weißen abendländischen Minderheit der Menschheit verschaffte dieser Prozeß einen gewaltigen Zuwachs an Wohlstand, Freizügigkeit und internationaler Ordnung. Zweimal in einer nahen Zukunft sollte dies System durch interne Kriege zerschlagen werden; den Nichteuropäern sollten sich manche, mitunter seltsam verwobene Gelegenheiten bieten, die Vorteile der westlichen Errungenschaften zu behalten, aber die Fesseln wirtschaftlicher Ausbeutung und politischer Unterjochung dennoch abzuwerfen.

Wandel und Widerspruch der westlichen Gesellschaft

Die höchste Entfaltung der für das 19. Jahrhundert charakteristischen westlichen Tendenzen im Zeitalter des Imperialismus brachte mehr als die erwartete Verwirklichung großer Entwicklungsmöglichkeiten; sie offenbarte zugleich in manchen gesellschaftlichen Bereichen wesentliche Veränderungen, die gerade auf dem Höhepunkt der Vorkriegsentwicklung erstaunlich widerspruchsvolle Verknotungen in ihrem spezifischen Situationsgewebe verursachten. Manche dieser Veränderungen erwuchsen aus der rapiden Vermehrung der Bevölkerung und ihrer zunehmenden Freizügigkeit und sozialen Fluktuation. Andere ergaben sich aus neuem Wissen, neuen Einsichten und neuen geistigen Positionen, die wiederum zu veränderten Vorstellungen vom menschlichen Leben und zu neuen Haltungen führten. Wieder andere Veränderungen entstanden dadurch, daß sich schon bekannte Faktoren unter veränderten Umständen in einem neuen Zusammenhang darboten. Von all diesem Wandel wurde einiges schon in der imperialistischen Ära von den Völkern und ihren Führern klar erkannt. Andere Dinge waren, während sich die Menschen bereits mit ihren Wirkungen und Folgen auseinandersetzten, nur teilweise zu sehen. Manche der neuen Erscheinungen wurden, als sie zuerst auftraten, überhaupt nur von einer Handvoll Klarsichtiger begriffen; sie sollten ihre Geheimnisse erst im Laufe der Zeit – gegen die Mitte unseres Jahrhunderts – enthüllen. Aus der heutigen Sicht, die das damalige Geschehen klarer und sicherer erkennen läßt, sind auch wichtige Beispiele solcher Veränderungen und Widersprüche der zergliedernden Betrachtung eher zugänglich.

Der Nationalismus mit seiner Verheißung kultureller Befreiung und neuer Gemeinschaftsbindungen war überall am Werk: von Irland bis zur Türkei, von der Verwirklichung nationaler Aspirationen in Norwegen bis zu ihren ersten Ansätzen in Algerien. Fast jedes Land hatte eine Irredenta, aber wenige Staaten ließen die Beherrschten so leicht ziehen, wie es Schweden tat, als es 1905 auf die Beherrschung Norwegens verzichtete. Im allgemeinen widersetzte sich die alte Ordnung jeder nationalen Veränderung; neu war in ihrem großen Gewicht die gegenseitige Unduldsamkeit und aufgepeitschte Überheblichkeit im Verhältnis zwischen bereits befreiten und noch um ihre Befreiung kämpfenden Nationen. Ulster- und Dublin-Anhänger in Irland, Tschechen und Deutsche in Böhmen, das Knäuel gegnerischer Gruppen in Mazedonien: hier wurde nicht allein um Freiheit gekämpft, sondern auch – ideologisch und politisch – um die Macht, die anderen zu beherrschen und Vergeltung zu üben. Im Handgemenge der verschiedenen Gruppen des österreichischen Parlaments konnte auch ein Verfassungssystem, das sich am konservativsten an Rechtsgrundsätze hielt, nicht wirksam funktionieren. Alldeutsche und Anhänger des Panslawismus schöpften zusätzliche Kraft daraus, daß sie einander immer heftiger befehdeten und in übersteigertem Nationalstolz und hochnäsiger Verachtung für alle anderen einherstolzierten. Die Slawen Mitteleuropas lebten unter dem Druck politischer und gesellschaftlicher Diskriminierung von verschiedenen Stärkegraden; ihr Nationalismus war ein natürlicher Ausdruck der Selbstbehauptung. Umgekehrt lebten Millionen von Deutschen in relativer Sicherheit unter den Monarchien der Habsburger und der Romanows und wahrten ihnen im allgemeinen die Treue, bis diese Staatsgebilde in Krieg und Revolution zusammenbrachen. Es gab sogar eine internationale nationalistische Bewegung: die Anfänge des Zionismus, den die Geißel des Antisemitismus vom Frankreich der Dreyfus-Affäre über Stoeckers Berlin und Luegers Wien bis zu den Pogromen des heiligen Rußlands gezeugt hatte. Nebeneinander erhielten sich Freiheit und Unterdrückung, nationalistische Selbstgefälligkeit und nationales Schattendasein, Pläne für die organische Entwicklung eines freien nationalen Gemeinwesens und gebrauchsfertige Sofort-Verfahren nationaler Machtergreifung.

Politisch schien das imperialistische Zeitalter die reifen Früchte liberaler Verfassungsreformen zu tragen. Ein reaktionärer Staat nach dem anderen beschritt den Weg des parlamentarischen Regierungssystems – ob mit monarchischem, ob mit republikanischem Vorzeichen. Sogar Rußland und die Türkei errichteten das vorläufige Gerüst eines parlamentarischen Staatsbaus. Der starke Zug zum allgemeinen Wahlrecht setzte sich weiter durch: 1898 in Norwegen, 1907 in Österreich, 1910 in Portugal, 1912 in Italien. Finnland und Norwegen führten auch schon das Frauenwahlrecht ein. Im Nordwesten Europas ruhten die staatsbürgerlichen Freiheiten auf einem sicheren Fundament. Sie wurden zusehends schwächer, je weiter man in östlicher oder südöstlicher Richtung blickte; aber auch dort verlief der Weg in der Richtung demokratischer Regierungsformen, die im ersten Nachkriegsjahrzehnt – wenn auch unsicher und mit Rückschlägen – eingeführt werden sollten. Im Lichte des stürmischen Anwachsens der Bevölkerung und des weitreichenden Einflusses einer sensationslüsternen Revolverpresse nahmen diese günstigen Anzeichen allerdings eine wesentlich düstere Färbung an. Würde es möglich sein, die neuen Wählermassen so schnell und gründlich zu erziehen, daß sie einem geordneten Staatswesen als tragfähige Grundlage dienen könnten?

Voller Optimismus glaubten sozialdemokratische Revisionisten, daß die überwiegende Mehrheit der neuen Wähler ihre Sozialisierungsprogramme im Rahmen einer parlamentarischen Ordnung unterstützen würde, und sie förderten eifrig die Ausweitung des Wahlrechts. Dagegen verschärften radikalere Führer des linken Flügels ihren Widerstand gegen das bürgerlich-demokratische System, propagierten seinen baldigen Sturz und griffen die revisionistischen Sozialisten heftig an, weil sie Regierungsämter und politische Verantwortung übernahmen. Die Konservativen fürchteten sich vor der Macht einer in »Reform«-versprechungen schwelgenden skrupellosen Demagogie, die die Monarchie, die Kirche und die bestehende Ordnung – ob aristokratisch, ob bürgerlich – zu untergraben drohte. Eine kleine Avantgarde von Neokonservativen schritt sogar zur Offensive gegen die weltanschaulichen Grundvoraussetzungen des Liberalismus. In dieser oder jener Form wurden Gleichheit, Demokratie und Mehrheitsherrschaft von Nietzsche, Langbehn, Barrès, Pareto, d'Annunzio und anderen radikal verworfen. Sie bemühten sich um den Nachweis, daß diese liberalen Prinzipien der menschlichen Natur und aller Erfahrung zuwiderliefen, die Persönlichkeit erdrückten und zur Verkennung von Leistung und Verdienst dort, wo ihnen die höchste Anerkennung gebühre, führen müßten. Vor allem Pareto entwickelte eine neue Lehre von der Struktur und vom Funktionieren der Gesellschaft, deren Bestimmungsgründe er vornehmlich in zahlreichen Ungleichheiten und im irrationalen Verhalten der Menschen zu erkennen glaubte. Georges Sorel betonte die Funktion des Mythos im gesellschaftlichen Dasein, der ihm das menschliche Verhalten besser zu erklären schien als die logischen Abstraktionen der vorherrschenden fortschrittsgläubigen politischen Theorien. Eliten, Mythen und irrationale politische Systeme sollten die Welt nach 1918 noch zur Genüge plagen. Aber schon vor dem Kriege überlagerten die theoretischen Rohentwürfe dieser politischen Zerrbilder die Gedankengebilde des hoffnungsfreudigen Liberalismus.

Die Praxis der internationalen Beziehungen zeigte sich unter den Zeiterscheinungen als wenig wandlungsfähig. Das diplomatische Personal, aristokratisch in Herkunft und Denkweise und sorgfältig geschult, bildete eine eigene Internationale mit Ausschließlichkeitsansprüchen; nur in Amerika wurden diplomatische Posten als Belohnung für treue Parteidienste vergeben. Sehr verspätet wirkten sich in der Praxis der auswärtigen Beziehungen gewisse Momente des nationalgefärbten Liberalismus aus. So gehört es zu den Voraussetzungen des parlamentarischen Regierungssystems, daß die Öffentlichkeit erschöpfend unterrichtet wird und daß die öffentliche Meinung über ausreichende Ausdrucksmittel verfügt. Sogar Bismarck, der die deutsche Presse fast nach Belieben manipulierte, verfolgte mit der größten Aufmerksamkeit die französischen und russischen Zeitungen, um rechtzeitig jeden Stimmungswechsel zu erspähen, der seiner diplomatischen Taktik gefährlich werden könnte.

Aber um 1914 funktionierten solche Barometer der liberalen Epoche nicht mehr zuverlässig genug, und die Diplomaten konnten nicht nach gewöhnlicher Art unbehindert und sicher manövrieren. Die Macht der Sensationspresse trieb sie häufig in Richtungen, die ihnen unerwünscht waren, und von der Presse ausgelöste Sturzwellen nationalistischer Gefühlsausbrüche machten diskrete und vernünftige diplomatische Entscheidungen schwieriger denn je zuvor. Die großen wirtschaftlichen Unternehmungen – ob Eigentum großer Industrieherren, ob anonyme Aktiengesellschaften und Konzerne – brachten in die Diplomatie wirtschaftliche Sonderinteressen hinein, machten so die Gewässer der Machtpolitik vollends undurchsichtig und schädigten gelegentlich sogar konkrete wirtschaftliche Vorhaben, indem sie sie mit Gesichtspunkten des nationalen Prestiges verknüpften; so erging es zum Beispiel dem Bagdadbahnprojekt. Auf der anderen Seite wurde das ältere diplomatische Instrumentarium – Geheimdiplomatie, Mächtegleichgewicht und Staatsräson – von Demokraten bekämpft, die sich begeistert für die Öffentlichkeit diplomatischer Beratungen, ständige Verhandlungskörperschaften und rechtliche Regelung von Konflikten durch internationale Schiedsgerichtsbarkeit einsetzten. Diese Vernunftgläubigen waren zwar eine Minderheit, aber ihre Stimmen sollten in der Kriegszeit immer lauter widerhallen, als sich die allgemeine Mißstimmung gegen die Diplomaten kehrte, denen vorgeworfen wurde, den Krieg durch geheime Intrigen herbeigeführt oder die entsetzlichen Ausmaße der Katastrophe nicht vorausgesehen zu haben.

Allgemein herrschten noch die wirtschaftlichen Leitsätze der *laisser-faire*-Haltung vor. Freihandel, freie Unternehmenswirtschaft und die Anbetung des individuellen Erfolgs galten noch als Axiome. Aber in der Praxis wurde zunehmende Konkurrenzbeschränkung durch Zusammenschlüsse sowohl der Wirtschaft als auch der Arbeitnehmerschaft zum charakteristischen Kennzeichen der imperialistischen Ära. Die Verbindung des wachsenden Protektionismus mit der Autarkiepolitik militärischer Kreise stellte die wirtschaftlichen Vorteile des Freihandels in den Schatten. Erwähnt wurde bereits die fortschreitende Einschränkung der Freiheit der wirtschaftlichen Entscheidung und wirtschaftlichen Handelns durch Konzentration und Kartellierung einerseits, durch das organische Wachstum oder die Zusammenschlüsse der Gewerkschaften anderseits. Diese Bindungen griffen mit Hilfe internationaler Kartelle und internationaler Zusammenfassungen der Arbeiterorganisationen weit über die staatlichen Grenzen hinaus, wobei es sich allerdings im Arbeiterlager mehr um Ideologie als um wirtschaftliche Kampfmaßnahmen handelte.

Im hochentwickelten Nordwesten Europas griff der Staat verhältnismäßig wenig in wirtschaftliche Angelegenheiten ein, aber in Mitteleuropa und Rußland verband sich eine patriarchalische Staatsfürsorgetradition mit dem Ehrgeiz, viel schneller zu industrialisieren und zu Wohlstand zu kommen, als England oder Frankreich es hatten schaffen können. Vom Staat gefördert, verflochten deutsche Kartelle und Großbanken ihre Industrieförderungsvorhaben, um die Rüstungsproduktion voranzutreiben oder größere Sozialleistungen für die arbeitenden Massen zu ermöglichen. In Italien waren in der Zeit Giolittis die *laisser-faire*-Lehren der Risorgimento-Periode durch Staatssubventionen, Zölle und andere Förderungs- oder Absperrungsmaßnahmen zugunsten der Produktion oder des Außenhandels völlig in Verruf geraten. Im Grunde war es diese durch Korruption noch besonders verschärfte Wirtschaftsatmosphäre, die Paretos liberales Manchestertum versauern ließ und ihn dazu trieb, nach einer wirklichkeitsnäheren Erklärung wirtschaftlichen Verhaltens zu suchen. Graf Wittes energische staatliche Maßnahmen zur Kapitalbeschaffung und Industrieförderung hatten zur Beschleunigung des wirtschaftlichen Wachstumstempos Rußlands entscheidend beigetragen. Paradoxerweise erhielt sich in den Vereinigten Staaten in fast idealer Form die Wirtschaft der freien Konkurrenz und der freien Unternehmerentscheidung; als die Monopoldrohung auch in Amerika ernst wurde, griff der Staat mit den Sherman- und Clayton-Antitrustgesetzen ein, um die Voraussetzungen einer *laisser-faire*-Wirtschaft zu erhalten. Die unersättlichen wirtschaftlichen Ansprüche der Kriegführung sollten in ganz Europa die Mechanismen der freien Wirtschaft zerschlagen; im Treibhaus des westlichen Bruderkrieges sollte auch die moderne totalitäre Wirtschaft ihre erste Blütezeit erleben.

Der Widerstreit zwischen akzeptierten Ideen und Methoden und neuartigen gesellschaftlichen Kräften und Situationen kam in einem entscheidenden Sektor des europäischen Wirtschaftsgeschehens besonders folgenschwer zum Durchbruch. Die bürgerlichen Liberalen, die so sehr bestrebt waren, den Wirkungsbereich der politischen Rechte auszudehnen, scheuten davor zurück, diesen Rechten einen sinnvollen wirtschaftlichen Inhalt zu geben. Die Konservativen versuchten, die neue Industriewirtschaft auf ihre ältere Gesellschaftsordnung aufzupfropfen. Die gemäßigten Sozialisten hofften, im Rahmen der bestehenden staatlichen Ordnung wirtschaftliche Rechte für die Arbeitermassen zu erkämpfen. Alle drei Richtungen konnten sich auf ein Programm der Sozialpolitik einigen, das den Staat zur zentralen Vermittlungsinstanz mit der Aufgabe machte, den mit Wahlrecht versehenen, aber ökonomisch machtlosen Massen bestimmte materielle Vorteile und Ansprüche zu garantieren. Indes brachte dies System manche unvorhergesehenen Ergebnisse hervor.

In England kam mit der Wendung zur Sozialpolitik der Zusammenbruch der Liberalen Partei, denn mit der verstärkten Kraft, die ihm die Fabier verliehen hatten, konnte der englische Sozialismus ein gemäßigtes bürgerliches Programm jederzeit ausstechen. In Deutschland waren durch die Sozialversicherung vierzehneinhalb Millionen Menschen geschützt; dennoch wandten sich immer größere Kreise von den konservativen Kräften ab, weil auf dem Hintergrund sozialer Sicherheit das Fehlen wirklicher politischer Freiheit erst recht spürbar wurde. In anderen Ländern machten revisionistische Sozialisten, die sich an der Regierungsverantwortung beteiligten, die Erfahrung, daß sie mit Mitteln der Staatsgewalt gegen ihre Anhänger einschreiten mußten, wenn Arbeiterstreiks die öffentliche Ordnung oder andere Staatsinteressen gefährdeten. In den Reihen der Konservativen verbreiteten sich Angst und Unruhe ob des Undanks und der Verantwortungslosigkeit der Arbeiter. Radikale Sozialisten, wie Lenin, Guesde, Liebknecht, befürworteten den Generalangriff auf den bürgerlichen Staat und begannen mit der Aushöhlung demokratischer Verfahren innerhalb der Arbeiterbewegung; das war bereits eine Vorwegnahme des heutigen Kommunismus mit seinem Verlangen nach sozialer Gleichstellung der Massen und seiner Absage an persönliche Freiheit.

Ungelöst blieb auch für spätere Zeiten die Frage, wie es der Einzelne in einer Welt der rasch wachsenden und immer komplizierteren Technik und der massiven Zusammenballung politischer und wirtschaftlicher Kräfte fertigbringen soll, seine Unabhängigkeit und Menschenwürde zu behaupten. Vertreter religiöser Anschauungen versuchten, eine Antwort zu geben. Papst Leo XIII. wies der Kirche in der Enzyklika *Rerum novarum* (1891) die Aufgabe zu, die Konflikte der Gesellschaftsklassen zu versöhnen, nach sozialer Gerechtigkeit zu streben und in allen Christen die Verpflichtung lebendig zu erhalten, Gott durch Achtung vor den Rechten des Mitmenschen zu dienen. Charles Péguy verband das Bekenntnis zu den mystischen Werten der Französischen Republik mit dem Gebot der christlichen Nächstenliebe: von dieser Einheit aus sollten sich Staat und Kirche in gemeinsamer Sorge um die Nöte der Menschen finden, die keine Privilegien genießen. Und in Deutschland predigte und lebte Friedrich Naumann ein soziales Evangelium vor, das in christlicher Hingabe an Gott und den Menschen die einzige Möglichkeit sah, das menschliche Individuum vor der Entwürdigung durch den Materialismus und dem zermalmenden Druck der sozialen und wirtschaftlichen Massenorganisation zu bewahren.

Wer aber war dies menschliche Individuum, dem politische Theoretiker und besorgte Beobachter Schutz vor Mechanisierung und Vermassung angedeihen lassen wollten? Als Axiom galt noch die Vorstellung des 19. Jahrhunderts, der Mensch sei ein rationales Wesen, vernunftbegabt, vervollkommnungsfähig, mit Hilfe seiner höheren geistigen Fähigkeiten imstande, aus Beobachtung und Experiment Erkenntnisse zu schöpfen, seine Umgebung umzugestalten, um besser leben zu können, und auf gesellschaftliche Ziele hinzuarbeiten, die Nützliches versprechen. Hier spielte das öffentliche Erziehungswesen seine für entscheidend gehaltene Rolle: die Menschen von Aberglauben oder Religion zu befreien, sie auf verständige Beteiligung am politischen Geschehen vorzubereiten und sie in Wissenschaft und Technik, die allgemein als Symbole des Fortschritts erschienen, auszubilden.

Aber in den Tiefen der zukunftsfrohen imperialistischen Gesellschaft, die den Kraftwagen, das Flugzeug, die drahtlose Nachrichtenübermittlung staunend und freudig begrüßte, keimte jetzt langsam als ausgleichende Gerechtigkeit die Strafe für das allzu vollkommene Wissen von Mensch und Materie. Sigmund Freud enthüllte jenseits der wirksamen Kontrolle der Ratio unvermutete Triebfedern des Handelns. Iwan Petrowitsch Pawlow hellte durch äußere Einflüsse bedingte Anpassungsvorgänge auf, die dem denkenden Bewußtsein in den Rücken fallen. Manche behavioristischen Psychologen entdeckten, wie schnell der Mensch in der Menge die Fähigkeit einbüßt, selbständige, rationale Entscheidungen zu treffen. Die Erfolge der Sensationspresse und demagogischer Wahlbeeinflussung hatten bis 1914 nicht wenig Anschauungsmaterial erbracht, das diese beunruhigenden Entdeckungen reichlich bestätigte. Wo gab es da noch Gewißheit?

An diesem bedeutsamen Wendepunkt wartete aber auch noch die Naturwissenschaft mit Überraschungen auf, die Bestürzung hervorriefen. Trotz dem Milieupessimismus der Darwinschen Lehre hatte die auf Darwin fußende entwicklungsgeschichtliche Theorie immer noch angenommen, daß die Menschen ihre günstigsten oder nützlichsten erworbenen Eigenschaften künftigen Generationen vererben, und auf diese Annahme gründete sich die Überzeugung, daß es auf lange Sicht trotz allem so etwas wie Fortschritt geben müsse. Aber nun kamen August Weismann und Hugo de Vries und zeigten, daß erworbene Eigenschaften die Fortpflanzungsgene der Säugetiere nicht beeinflussen und daß Veränderungen im Entwicklungsgeschehen sprunghaft in großen Mutationen zustande kommen, die in ihrem Ursprung mit der Aneignung von Erkenntnissen oder gesellschaftlich erzeugten Gewohnheiten nichts zu tun haben. Die Wissenschaft schien unwiderleglich zu beweisen, daß der Mensch physisch das Opfer niederer Instinkte und unkontrollierbarer Naturkräfte ist. Darüber hinaus mußte die letzte Vorkriegsgeneration erleben, daß sogar das Gefüge der Physik, das seit der Renaissance so sorgfältig und systematisch aufgebaut worden war, schwere Erschütterungen erlitt. Von der Newtonschen Mathematik und Mechanik ausgehend, hatte der moderne Mensch in der Physik des 19. Jahrhunderts mehr grundlegende Gewißheit gefunden als in irgendeiner anderen wissenschaftlichen Disziplin. Wie beunruhigend mußte es sein, mit Röntgen, Planck und Rutherford zu entdecken, daß sich alle Materie stets in veränderlichen Stadien der Formung oder des Zerfalls befindet. Den Untergang der klassischen Physik besiegelte Einstein mit seiner Relativitätstheorie; er fügte zu den drei Raumdimensionen als vierte Dimension die Zeit hinzu, veranschaulichte damit die Relativität der Materie und stellte mathematisch den endlichen Charakter des Weltenraums dar. Die volle Tragweite all dieser neuen Einsichten wurde vor 1914 kaum erahnt; sie ließen aber wenigstens die geistig Führenden erkennen, daß die so sehr vertrauenerweckenden und tröstlichen Gedankengebilde der vergangenen Periode nicht mehr als Wahrheit gelten konnten.

Das quälende Gefühl geistiger Ungewißheit, das diese wissenschaftlichen Entdeckungen heraufbeschworen, wurde noch vertieft durch die weit um sich greifende Ablehnung des Positivismus in der Philosophie. Der neue Idealismus eines Denkers wie Benedetto Croce verwarf den utilitaristischen Materialismus und wandte sich zarteren, intuitiveren Kräften zu. Von Schopenhauer und Nietzsche kamen, spät wirksam werdend, stark irrationale Einflüsse, die dem strebenden Willen und dem Machttrieb in manchen Kreisen Ehrerbietung verschafften. William James und Henri Bergson entwarfen philosophische Systeme, die über die reine Vernunft hinausgriffen: Erfahrung, Intuition und Verstehen schienen jetzt hinzutreten zu müssen, um wissenschaftliche Beobachtung und Logik zu berichtigen und zu ergänzen. Gerade zu der Stunde, da sich der Mensch anschickte, mit Hilfe wissenschaftlicher Erkenntnis die gesamte Natur und alle Materie zu beherrschen, begann ihm die trostreiche Gewißheit zu entgleiten, daß er die letzten Geheimnisse seines eigenen Wesens und des Alls bereits enträtselt habe oder werde enträtseln können.

Im allgemeinen lebten die Menschen der westlichen bürgerlichen Welt immer noch gesichert im Vertrauen auf die Vernunft und im Glauben an technischen Fortschritt. Die beunruhigenden Konsequenzen des neuen Denkens und der neuen Wissenschaft berührten sie kaum – außer etwa in Gestalt häßlicher Entstellungen der Freudschen Untersuchungen über Traum und Sexualität, wie sie insgeheim hinter den Vorhängen viktorianischer Wohlanständigkeit ausgebrütet wurden. Kunst und Literatur, die die bürgerliche Mehrheit repräsentierten und auch ihr Wohlgefallen fanden, waren moralinsauer und sentimental. H. G. Wells und A. Conan Doyle erfreuten sich großer Wertschätzung, weil sie wissenschaftlichen Optimismus mit guter Erzählerkunst phantasievoll zu verschmelzen wußten. Anspruchsvollere Leser konnten immer noch auf den reichhaltiger ausgestatteten viktorianischen Roman einer etwas früheren Periode zurückgreifen. Die offizielle Kunst – die Kunstwerke, die von den anerkannten würdevoll-akademischen Kritikern gelobt und amtlich mit Preisen bedacht wurden – war eine stark dekorative, aber nachahmend sujetgebundene Mischung von minuziös ausgearbeitetem Detail und überladenen klassizistischen Akzenten, überbetont durch prunkhafte Größe oder prätentiöses Schaugepränge. Das war die banale, verständige, bourgeoise Welt, gegen die in der imperialistischen Ära Schriftsteller und Künstler der verschiedensten Länder und Lebenskreise so heftig rebellierten. Schon Ibsen hatte der bürgerlichen Respektabilität die Maske vom Gesicht reißen wollen; jetzt gingen – subtiler, aber auch eindrucksvoller – Shaw, Hauptmann, Pirandello und Tschechow daran, Scheinheiligkeit und Prätentiosität zu geißeln, die psychischen und sozialen Zwänge, in denen die Menschen lebten, bloßzulegen. In der epischen Prosa legten James Joyce, Marcel Proust,

Flugvorführungen des Amerikaners Orville Wright auf dem Tempelhofer Feld bei Berlin, 1909. Das Starrluftschiff »LZ 3« über dem Bodensee, 1908. Das Pralluftschiff »Parseval« bei der Landung in München, 1909

Vampir
Lithographie von Edvard Munch, 1900

Thomas Mann und Franz Kafka die Grundsteine des modernen Romans mit seinen eigenartigen Durchblicken, seiner überraschenden Sicht und seiner Schilderung des in einer doch augenscheinlich geordneten Welt vereinsamten und verlorenen Menschen.

In seiner Freizeit entfloh der westliche Mensch der Industriewelt der Stadt und suchte Erholung und geistige Sammlung auf dem Lande. Ähnlich flüchteten Schriftsteller und Künstler aus der Welt des Geordneten und Verstandesmäßigen, um die tieferen, intuitiven menschlichen Kräfte aus der durch Mechanisierung und Vermassung noch nicht verdorbenen Natur zu schöpfen. Da waren die irischen Dichter und Dramatiker, da waren die Künstlerkolonien der verschiedenen Länder, die vielfältigen Bemühungen, Kunst, Literatur, Gemeinschaftsbräuche zu erneuern. Am sichtbarsten war der Protest der Maler und Graphiker. Sie schienen alle »Regeln« der Kunst und der Gesellschaft zu durchbrechen, anstößig zu leben und nur empörende, unschickliche Werke zu schaffen. Die geordnete Welt hatte die wunderbare Wärme und Ungezwungenheit der impressionistischen Malerei kaum zu schätzen begonnen, als sie mit französischem Fauvismus und Kubismus, deutschem Expressionismus und italienischem Futurismus bombardiert wurde. Die »nicht naturgetreue« Formenordnung Cézannes und Picassos, die verschwimmenden Konturen eines Munch, die eindringlichen, grell wirkenden Farben Noldes und Marcs: alles Experimente auf der Suche nach neuen Mitteln, neue Wahrheiten zu entdecken. Von den traditionellen symphonischen Themen und Formen führte der Weg der Musik über die Übertreibungen Wagners zu den ruhigen Klangübergängen Débussys oder den atonalen Themen Bartóks und Schönbergs. Auf verschiedene Art sagten alle diese schöpferischen Persönlichkeiten dasselbe: »In der hergebrachten Sprache künstlerischer Gestaltung können wir uns nicht mehr sinngerecht ausdrücken. Wir haben die großen Themen des Lebens und des Menschlichen mit neuem Verstehen wahrgenommen. Das aber verlangt nach einer neuen Unmittelbarkeit und Frische der Mitteilung. Habt Geduld, laßt uns zu euch sprechen und versucht, statt auf die übliche verstandesmäßige Weise zu begreifen, mit den Sinnen und den Herzen zu verstehen.« Indes rückten in der letzten Vorkriegsperiode der Künstler und sein Publikum nur noch weiter auseinander. Während der Künstler das Leben um sich herum bereits in Fetzen und Bruchstücken sah und sich bemühte, diesen Fragmenten eine Sinndeutung zu geben, blieb der gewöhnliche Sterbliche bei dem Glauben, daß das menschliche Streben ein geordnetes Gefüge habe und sich mit Notwendigkeit auf rationale Enthüllung und Erfüllung richte. Um diese Illusion sollte der Weltkrieg Millionen von Europäern ärmer machen.

Blicken die Bewohner unserer Welt des 20. Jahrhunderts auf das Zeitalter des Imperialismus zurück, so sehen sie es mit der unauslöschlichen Schuld beladen, das große Schlachtopfer des Krieges verursacht oder in verantwortungsloser Weise nicht verhindert zu haben. Die damals nicht zufällig populäre materialistische Geschichtsauffassung legte großes Gewicht auf die wirtschaftliche Determiniertheit des Geschehens. Ihre Vertreter bezogen sich auf John A. Hobson, der 1902 seine recht beachtliche Analyse des Imperialismus veröffentlicht hatte, in der er dem modernen Kapitalismus unvermeidliche Kreislaufstockung aus Überfülle und unausweichliche Konflikte prophezeite. Hobsons Thesen wurden von manchen Sozialisten übernommen; namentlich in Lenins Imperialismus-Buch vom Jahre 1915 wurde auseinandergesetzt, wie der Imperialismus den Krieg notwendigerweise hervorgerufen habe.

Doch sind solche Formeln und Deutungen zu einfach: sie lassen Tatsachen außer acht, die sich nicht ohne weiteres in plausible und dramatisch zugespitzte Hypothesen fügen. In Wirklichkeit waren vor 1914 bedeutende Wirtschaftskräfte am Werk, die den Krieg nicht wollten und die von ihm auch nicht profitiert haben. Wer also war der Schuldige?

Politische Idealisten ebenso wie die leidenden Massen wußten einen anderen Sündenbock zu nennen: die imperialistische Geheimdiplomatie, vorgeblich von einem Häuflein bedenkenlos grausamer und zynischer Aristokraten gehandhabt. Aber seitdem ist einwandfrei geklärt worden, daß es, was immer die Sünden und Unterlassungen Einzelner gewesen sein mögen, keinerlei grandiose Verschwörung der Diplomatie gegeben hat. Wie zu allen Zeiten vor und nach der imperialistischen Ära hat auch damals das geballte Zusammentreffen menschlicher Leidenschaften, ehrgeiziger Ziele und nicht weniger Mißverständnisse zum Erstarren der Bündnissysteme geführt und die internationalen Spannungen in lauten Massenreaktionen widerhallen lassen. Noch waren viele davon überzeugt, daß Kriege nützliche politische und soziale Ergebnisse erbringen könnten, und in Sachen des nationalen Prestiges und der nationalen Ehre galt auch für internationale Beziehungen noch der Ehrenkodex des Duells. Die Anwendung der großartigen Errungenschaften der Wissenschaft auf das Kriegswesen verstärkte den Glauben daran, daß sich mit den Waffen ein wirklicher Endsieg erringen lasse. Soldaten und Politiker waren nicht die einzigen, die bereit waren, »um der guten Sache willen« Blut zu vergießen. Bedenken- und verantwortungslos sprachen radikale Wortführer der Rechten und der Linken von der Notwendigkeit des Blutvergießens im Klassenkampf. Deutsche, Slawen und Angehörige anderer Völker schlugen einander schon in Friedenszeiten die Köpfe ein, um die angeborene Überlegenheit ihrer nationalen Kulturen zu beweisen, und sehnten hin und wieder auch einen internationalen Krieg herbei, damit der Beweis nun wirklich geführt werden könne.

Das Zeitalter des Imperialismus war der erste Abschnitt einer Epoche, in der der Fortschritt der Wissenschaft und Technik dem sozialen und politischen Reiferwerden der Menschheit weit vorauseilt. Das bis dahin feste Vertrauen der Menschen in die politische Vernunft wurde gerade in der Zeit untergraben, in der sich ihre Selbstvernichtungsfähigkeiten in Riesensprüngen entfalteten. So ist das zentrale Problem unserer Gegenwart zum erstenmal schon vor einem halben Jahrhundert in aller dramatischen Schärfe aufgeworfen worden. Aber wenn die Superwaffen des Abendlandes uns heute bei der Gestaltung der Großmächtebeziehungen aufhorchen lassen und zum Nachdenken zwingen, so war es 1914 noch nicht soweit, denn damals hatten die Menschen die Lektion noch nicht erteilt bekommen, die wir Heutigen in banger Hoffnung gelernt haben.

Hans Herzfeld

ERSTER WELTKRIEG
UND FRIEDE VON VERSAILLES

Kriegsausbruch und Bewegungskrieg 1914 bis 1915

Die Ereignisse des ersten Weltkrieges liegen ein halbes Jahrhundert zurück. Nur die heute über Sechzigjährigen haben im Alter von zwanzig Jahren noch handelnd an ihm teilgenommen. Für die Fünfzigjährigen bedeutet er wenigstens noch den düsteren Hintergrund ihrer Kindheit. Allen Jüngeren ist er nicht mehr unmittelbar in das eigene Erlebnis aufgenommene Gegenwart, sondern Vergangenheit, Geschichte im eigentlichen und üblichen Sinne des Wortes.

Es ist kein Zufall, daß die heutige Geschichtsforschung das Kriegsjahr 1917 mit der Intervention der Vereinigten Staaten und der russischen Revolution als Grenzscheide zwischen Geschichte und Zeitgeschichte anzusehen pflegt. Mit diesen beiden Ereignissen beginnt die Welt unserer Tage, in der sich, vollends seit 1945, die beiden kontinentgroßen Giganten als politisch alles beherrschend etabliert haben. Wenn aber die Geschichtswissenschaft so den Beginn unserer Epoche mitten in die Kämpfe des ersten Weltkrieges verlegt, stellt sie die eigentlich unzumutbare Forderung, das militärische, politische, wirtschaftliche und ideelle Ringen der Jahre vor und nach 1917 zu trennen, obwohl sie doch unlösbar miteinander verflochten sind.

Dieses Paradox spiegelt die Bedeutung der Katastrophe von 1914 für unsere eigene Zeit wider. Der erste Weltkrieg hat das Schicksal der heute lebenden Menschheit bestimmt, weil sein Ergebnis weithin Ursache, sein Verlauf Modellfall des zweiten Weltkrieges gewesen ist. Die Führer des zweiten Krieges haben versucht, die Erfahrung des ersten Weltkrieges zu nutzen: Hitler, als er den Pakt mit Stalin schloß, um den Zweifrontenkrieg zu vermeiden, Stalin, indem er eine sofortige Verstrickung Rußlands in den neuen Weltbrand durch eine Politik der Hinterhand hinauszuschieben suchte, Churchill, der die Entscheidung des Krieges wieder in einem Eingreifen Amerikas suchte, Roosevelt, in der Konzeption der Vereinten Nationen wie in seinem Werben um Zusammenarbeit mit Rußland über das Kriegsende hinaus.

Die Verstrickung einer Generation in eine neue Katastrophe nach kaum zwanzig Jahren scheint den Versuch, aus der Geschichte zu lernen, zu widerlegen. Trotzdem besteht bis in die Einzelheiten des Kriegsausbruchs von 1939 hinein – gleichmäßig für Hitlers Versuch, einen nochmaligen Zweifrontenkrieg zu vermeiden, wie für Chamberlains Streben, das

»appeasement« des Gegenspielers mit einer letzten Warnung vor dem Abgrund zu beenden – die Verbindung, daß den Menschen in der ersten Hälfte des 20. Jahrhunderts durch die Erfahrungen von 1914 bis 1920 eine geschichtliche Erlebnisdimension gegeben war, die es scheinbar ermöglichte, zunächst die Wiederholung der Katastrophe zu vermeiden und nach ihrem Eintreten besser Herr über ihren Verlauf zu werden, als es das erstemal möglich gewesen war.

Auf jeden Fall sind beide Dramen so eng miteinander verkettet, daß sie spätere Generationen mit großer Wahrscheinlichkeit zu einem einheitlichen Prozeß im 20. Jahrhundert zusammenfassen werden, während heute der Abstand zu ihnen doch noch nicht groß genug ist, um bei aller Verbindung und Verwandtschaft nicht auch die Unterschiede in der jeweils umwälzenden Neuverteilung von Macht und Geltung erkennen zu lassen.

Der Kriegsbeginn im Jahre 1914 ist nicht erst nachträglich als Konsequenz weltpolitischer und europäischer Gegensätze seit der Jahrhundertwende wie als plötzlicher Ausbruch überraschender und vergewaltigender Kräfte empfunden worden. Die Schüsse südslawischer Attentäter, die den österreichischen Thronfolger Franz Ferdinand und seine Gemahlin am 28. Juni 1914 in Sarajewo niederstreckten, haben die Julikrise ausgelöst. Mit der fortschreitenden Ausbildung einer Gruppe selbständiger Nationalstaaten auf dem Balkan, die mit der historischen Tatsache des habsburgischen Vielvölkerstaates im Donauraum unvereinbar war, entstand eine Hochspannung, in der eine friedliche Lösung des Konfliktes nicht mehr möglich schien. Österreich mußte sich wehren und war auch nach dem bestehenden Völkerrecht dazu berechtigt; aber das Empfinden, daß Österreich durch seine in der nationalstaatlichen Welt des 19. Jahrhunderts unzeitgemäße Struktur dieser Aufgabe hilflos gegenüberstand, sprach sich doch in der Abneigung der Ungarn gegen die Angliederung neuer südslawischer Bevölkerungsteile mit großer Schärfe aus. Nicht aus Angriffslust, die höchstens bei dem Generalstabschef Conrad von Hötzendorf mit seinem Drängen auf den rechtzeitigen Präventivkrieg zur Rettung der Monarchie vorwaltete, sondern ganz überwiegend im Gefühl der Ausweglosigkeit der eigenen Lage entschloß sich Wien, den Handschuh aufzunehmen. Trotz lückenhafter Nachweise über die Verbindung der serbischen Regierung mit dem Attentat wollte man den vitalen Gegner in die Schranken zurückweisen und nach Möglichkeit seine Gefährlichkeit nachhaltig brechen.

Indem die österreichisch-ungarische Monarchie diesen Entschluß nur mit der Rückendeckung ihres deutschen Verbündeten zu fassen wagte, setzte sie den Mechanismus von Allianzen ins Spiel, die, seit 1879 und 1894 aus Sicherheitsgründen geschlossen, Europa ähnlich wie den Globus unserer Gegenwart in zwei große Mächteblöcke gespalten hatten. Die theoretische Souveränität der einzelnen Staaten, obwohl im Gefecht der Diplomatie eifersüchtig gewahrt, war bereits zur Fiktion und so das Gleichgewicht der Mächte statt zum Friedensinstrument zur dauernden Gefährdung des Friedens in Europa geworden.

Nachdem die deutsche Regierung für das österreichische Vorhaben (5. Juli) einen Blankoscheck ausgestellt hatte, zeigte sich rasch, daß das Nachlassen der imperialistischen Spannungen außerhalb Europas (so die deutsch-englische Verständigung über die Bagdadbahn und die Aufteilung Zentralafrikas) gegenüber der innereuropäischen Hochspannung zwischen Zweibund–Dreibund auf der einen und der Entente auf der anderen Seite kaum ins Gewicht fiel. Die Krisen des letzten Jahrzehnts waren zwar immer wieder von der vielgescholtenen »alten Diplomatie« überwunden worden, die auch jetzt, vornehmlich von England, ins Spiel gebracht wurde; sie hatten aber das Gefühl hinterlassen, daß die Fatalität des Machtkampfes eines Tages doch noch zum Durchbruch kommen werde.

Im Juli 1914 fanden daher Vermittlungsschritte und Ausgleichvorschläge auf allen Seiten kein rechtes Zutrauen. Rußland wollte den serbischen Schützling nicht um den Preis einer erneuten Balkanniederlage im Stich lassen, Frankreich wollte den Zweibund mit dem Zaren erhalten, Deutschland konnte angesichts der Zweideutigkeit des Bündnisses mit Italien das verbündete Österreich nicht im Stich lassen. Selbst bei dem englischen Vermittler bestand noch im Hintergrund der geheime, besorgte Vorbehalt, daß man sich eine Gefährdung der Entente von 1904 und vor allem von 1907 nicht leisten könne, weil ein russischer Sieg ohne englische Kriegsteilnahme in Asien, Indien, Afghanistan und Persien fast ebenso bedrohlich erschien wie eine deutsche Hegemonie auf dem Kontinent Europas. Gewiß ist die englische Öffentlichkeit erst durch den deutschen Einmarsch in Belgien für den Entschluß zum Kriegseintritt reif geworden. Daß der Vermittlungswille durch die innere Zwangsläufigkeit des Bündnissystems gebrochen oder zumindest geschwächt worden ist, hat aber doch auch die englische Politik spürbar beeinflußt.

Als weitere verhängnisvolle Hypothek hat der moderne militärische Massenapparat mit seiner Eigengesetzlichkeit bei Mobilmachung und Aufmarsch am stärksten in Deutschland und Rußland, aber auch in Frankreich gewirkt. Dagegen hat die Unzulänglichkeit der militärischen Vorbereitung Österreichs für den Zweifrontenkrieg gegen Serbien und Rußland paradox genug nur beschleunigend zu der überstürzten Kriegserklärung an Serbien am 28. Juli getrieben, obwohl man dann außerstande war, selbst gegen diesen Gegner sofort zu marschieren.

Mit dieser Kriegserklärung an Serbien war aber auch Rußland herausgefordert. Noch am Abend des gleichen Tages wurde dort die Mobilmachung gegen die Donaumonarchie verkündet, und am 29. schwankte man zwischen dieser Teil- und einer Gesamtmobilmachung, weil durch die erste Maßnahme der ganze Apparat von Mobilmachung und Aufmarsch gestört zu werden drohte. Der endgültige Befehl zur Gesamtmobilmachung, der dem schwachen Zaren am späten Nachmittag des 30. Juli abgerungen wurde, machte die allgemeine Katastrophe praktisch unvermeidlich, mochte auch der russische Außenminister seine Bereitschaft betonen, bis zum letzten Augenblick weiterzuverhandeln.

Die geographische Mittellage Deutschlands und der Stand der militärischen Kräftereserven bei einem überlegenen russischen Bevölkerungspotential von hundertvierundsechzig Millionen (gegenüber hundertundsechzehn Millionen in Deutschland und Österreich zusammen) erforderten ein schnelles militärisches Handeln vor der vollen Entwicklung der gegnerischen Kräfte. Die umstrittene Überstürzung der nun folgenden deutschen Schritte, Ultimatum an Rußland und an Frankreich am 31. Juli, Kriegserklärung an Rußland, Mobilmachung am 1. August, Ultimatum an Belgien am Abend des 2. August, Kriegserklärung an Frankreich am 3. August zeigen, wie sich die deutsche Diplomatie in der tödlichen Konsequenz ihres Anfangsfehlers, der unbedingten Solidarität mit Österreich, gefangen hatte. Der ehrlich verzweifelte Bethmann-Hollweg fand keinen anderen Ausweg, als vor der Zwangsläufigkeit der militärischen Forderung zu kapitulieren. Innerlich widerstrebend mußte er der verhängnisvollen Verletzung der Neutralität Belgiens zustimmen. Aber auch Sir Edward Grey stand unter ähnlichem Druck, wenn jetzt England durch die politischen und militärischen Eventualzusagen für den Fall eines allgemeinen Konfliktes und durch den deutschen Einmarsch in Belgien am 3. und 4. August an die Seite der Zweibundmächte geführt wurde. Schon nach dem ersten Kriegsmonat war England mit dem Londoner Vertrag vom 5. September 1914 durch ein festes Bündnis für Kriegführung und Friedensschluß mit den übrigen Ententemächten verbunden.

Gegen diese Verkettung erwies sich auch der Sozialismus der Zweiten Internationale als hilflos. Schon die Beschlüsse zur Kriegsfrage auf den Kongressen des letzten Jahrzehnts hatten ein unsicheres Schwanken zwischen dem Gebot der Landesverteidigung und der internationalen kriegsgegnerischen Solidarität des Proletariats verraten. Die Front der Zweiten Internationale zersplitterte hilflos, als Jaurès ermordet wurde und ihre stärkste Einzelpartei, die deutsche Sozialdemokratie, Kriegskredite bewilligte, weil sie wie alle ihre Bruderparteien von dem Verteidigungscharakter des Krieges – vor allem gegen Rußland – ehrlich überzeugt war. Die Formulierung von Lloyd George, daß alle Beteiligten in den Krieg nur hineingestolpert seien, mag das Ausmaß des doch noch berechnenden Handelns verringern und dadurch die Verantwortung der Beteiligten allzusehr entlasten. Daß aber die aus der Tiefe wirkenden universalen Kräfte stärker als die Fähigkeit waren, sie zu meistern und zu beherrschen, hat den Charakter der Julikrise und der Katastrophe der ersten Augustwoche des Jahres 1914 geprägt. Der Ausbruch des Krieges ist nicht nur durch die unzulänglichen Handlungen oder Unterlassungen Einzelner bewirkt worden, sondern ist darauf zurückzuführen, daß die Generation des beginnenden 20. Jahrhunderts die durch ihr eigenes Tun angesammelten Kräfte in der Krise nicht mehr zu beherrschen vermochte. Ebenso aber ist das in Europa beginnende, sich zum ersten Weltkrieg erweiternde Ringen dadurch bestimmt worden, daß die Anspannung aller Kräfte über die Grenzen des bisher für möglich Gehaltenen hinausdrängte. Die Spannkraft der aus einer Friedensepoche heraustretenden Völkerwelt erwies sich als ungeahnt groß.

Nach den Erfahrungen der Vergangenheit mußte dieser Krieg von Anfang an für die beiden Mittelmächte als verloren gelten. Ihrer Volkszahl von hundertundsechzehn Millionen standen die Mächte der Entente, von denen England allein ein Drittel des Erdballs beherrschte, allein in Europa mit zweihundertachtunddreißig Millionen Seelen gegenüber. Die Entente besaß zur See eine so erdrückende Überlegenheit, daß im Grunde eine Aussicht auf Erschütterung dieses Übergewichts überhaupt nicht bestand. Wenn auch die Heeresstärken sicherlich das Kräfteverhältnis nicht eindeutig wiedergeben, bleibt doch die nicht fortzudeutende Tatsache, daß nach den Mobilmachungsstärken der Heere im August 1914 den drei Millionen achthunderttausend Mann der Mittelmächte fünf Millionen achthunderttausend Mann des Dreiverbandes gegenüberstanden, mochte man auch bei den großen Anfangsschlachten wegen der Langsamkeit der russischen – und englischen – Kraftentfaltung auf ein günstigeres Verhältnis von einhundertfünfzig gegen einhundertsiebzig Divisionen gelangen.

Die Überlegenheit der Entente und die geographisch den Gegner völlig umspannende Lage ließen den Mittelmächten nur die einzige Hoffnung, den Ring durch äußerste und beschleunigte Anspannung aller militärischen Kräfte so schnell wie möglich zu sprengen. Die Gegenseite hoffte nicht nur, den Feind militärisch mit ihren Reserven zu erdrücken, sondern auch auf die Dauer politisch-diplomatisch und vor allem auch wirtschaftlich das eigene Übergewicht entscheidend zu steigern. Der Schatten des Vorgefühls einer kommenden Niederlage lastete auf der Entente niemals mit der Stärke wie auf dem zur Beschleunigung eines rettenden Durchbruchs gezwungenen Gegner.

Die erste Phase des Krieges von 1914 bis 1915 steht so im Zeichen eines Bewegungskrieges, bestimmt von der Offensivstrategie Deutschlands, einer vermeintlichen wie wirklichen Erbschaft Moltkes und Bismarcks. Wenn dabei die Entente ihre diplomatisch-politische Überlegenheit nie verlor, so fügte doch auch sie – ganz Frankreich, überwiegend Rußland, in England eigentlich nur die Armee – sich der vorherrschenden Spielregel dieser Phase; auch sie haben ohne die gleiche zwingende Notwendigkeit ungeheure, blutige Opfer gebracht, um eine beschleunigte Niederwerfung des Gegners mit den gleichen Mitteln der militärischen Offensive zu erzwingen, deren sich die deutsche Oberste Heeresleitung mit anfänglich blendenden Erfolgen bediente. Der Bewegungsfeldzug der ersten Kriegsmonate, August und September 1914, wurde zu einer dramatischen, fast romantisch an die Vergangenheit erinnernden und sie scheinbar übertrumpfenden Phase, welche die idealistische Bereitschaft der Völker, dem Kampf um Sein oder Nichtsein unermeßliche Opfer zu bringen, fast ins Rauschhafte gesteigert hat. Hinter den glänzenden Ereignissen übersah man, am stärksten in Deutschland, die begrenzte Bedeutung der Ergebnisse. Die besorgte Rücksicht der Regierung auf die Volksstimmung verführte zu einer nur sehr ungenügenden Unterrichtung der Öffentlichkeit über die Tragweite der nach außen glänzenden Erfolge.

Die Problematik des Schlieffenplanes, nach dem durch eine große Umgehungsbewegung durch Belgien das nahezu gleich starke französische Heer umfaßt und binnen wenigen Wochen wenn nicht vernichtet, so doch dauernd außer Gefecht gesetzt werden sollte, ist nach dem Kriege nur erst sehr allmählich, eigentlich erst in unseren Tagen deutlich geworden. Man begann, ihn bei einem praktischen Gleichgewicht der Kräfte auszuführen. Aber nur bei einer genial überlegenen Führung, nicht unter der unsicheren und wiederholt zwischen Optimismus und Pessimismus schwankenden Leitung durch den jüngeren Moltke, hätte er vielleicht zu dem erhofften militärischen Siege, zu der erstrebten Ausschaltung Frankreichs oder gar zum Siege über England führen können. Gewiß bewirkten zunächst die Grenzschlachten in Lothringen, Belgien und dem Norden Frankreichs, daß die französischen Armeen Verluste von dreihunderttausend Mann, ein Viertel ihres Gesamtbestandes, erlitten; alle Hoffnung auf eigene Offensive wurde durch den erzwungenen Rückzug bis zur Seine und Marne zur Deckung von Paris vernichtet. Da aber Joffre in seiner größten Stunde Zähigkeit und Kaltblütigkeit bewahrte, vermochte er bis zum Beginn der Marneschlacht am 6. September seinen rechten Flügel in überlegener Stärke (vier zu drei) wiederaufzubauen und auch die vorübergehend bedrohte Mitwirkung des englischen Expeditionskorps unter French für die Entscheidungsschlacht zu sichern.

Bei allem ungebrochenen Angriffswillen traten doch die deutschen Armeen, zahlenmäßig geschwächt, durch die Länge ihrer Nachschublinien belastet und relativ erschöpft, in die entscheidende Schlacht ein. In den von beiden Seiten mit äußerster Zähigkeit geführten Kämpfen vom 6. bis 9. September hoben sich schließlich Erfolg und Mißerfolg so weitgehend auf, daß beide Seiten lange Zeit den Anspruch vertreten haben, eine letzte Anstrengung würde sicherlich den vollen Sieg an die eigene Fahne geheftet haben. Das kann freilich für die deutsche Seite nicht bedeuten, daß ein mühsam errungener Schlachtensieg im Sinne des als Siegesrezept mißverstandenen Schlieffenplanes die Ausschaltung Frankreichs aus dem großen Kriege gebracht haben würde.

Ein Appell an die Kriegsgeschichte ist aber überflüssig, weil die deutsche Führung und der von ihr mit überschwerer Verantwortung belastete Oberst Hentsch, der zu den in kritischer Lage befindlichen Armeen des deutschen rechten Flügels entsandt worden war und die entscheidende Anordnung zum Rückzug auslöste, offensichtlich versagt haben. Durch die Zweideutigkeit des Vorganges ist die Tatsache, daß der alle Erwartungen beherrschende deutsche Operationsplan gescheitert war, milde verschleiert und das Verhängnis durch Illusionen eher verstärkt als geschwächt worden. Der nun sich anschließende Wettlauf der Armeen von Reims und dem Chemin des Dames bis zur Kanalküste (September bis Oktober 1914) hat auf beiden Seiten nur die Täuschung wachgehalten, daß die schon nachlassende Angriffskraft der Frontarmeen noch einmal mobilisiert werden könne, damit der sich von Woche zu Woche stärker abzeichnende Übergang vom Bewegungs- zum Stellungskrieg noch verhindert werde.

Auch die stillschweigende Entfernung Moltkes aus der Obersten Heeresleitung, seine Ersetzung durch Falkenhayn hat die deutsche Strategie nicht etwa grundsätzlich gewandelt. Falkenhayn hat allerdings bis zum Jahresende immer mehr eingesehen, daß er mit der Begrenzung der deutschen Kräftereserven rechnen müsse. Aber auch er hat doch mit einer oft unterschätzten Zähigkeit an den Grundelementen der offensiven deutschen Strategie, dem Glauben an die Unentbehrlichkeit der Schlachtentscheidung und ihre Überlegenheit über die bloße Defensive festgehalten. Ebenso bezeichnend ist es, daß er bis zum Ende seiner Laufbahn als Chef der Obersten Heeresleitung (1916) auch niemals in der Überzeugung wankend geworden ist, daß die Hauptgegner Deutschlands: England und Frankreich, im Westen stünden und hier die militärische Entscheidung gesucht werden müsse. Auch wenn er sehr bald von der Reichsregierung diplomatische Schützenhilfe durch die Einleitung von Friedensverhandlungen, besonders im Osten, dringend forderte, bleibt bei ihm das militärische Denken beherrschender, als oft gemeint worden ist. Schon die Hartnäckigkeit, mit der er die blutigen Opfer der Ypernschlacht vom 19. Oktober bis 17. November brachte, sollte davor warnen, ihn allzusehr aus der 1914 vorherrschenden Tradition der preußischen und deutschen Heeresgeschichte herauszulösen.

Noch stärker als das Ergebnis des Westfeldzuges mit der Erstarrung der Fronten in seinem ganzen Ernst verkannt wurde, sind die Ereignisse des Bewegungskrieges im Osten in ihrer Tragweite hoffnungsfreudig überschätzt worden. Hier war der achten Armee in Ostpreußen unter der neuen Führung Hindenburgs und Ludendorffs bei Tannenberg nach vorbereitender Stabsarbeit, vor allem durch Oberstleutnant Hoffmann, ein Umfassungssieg geglückt,

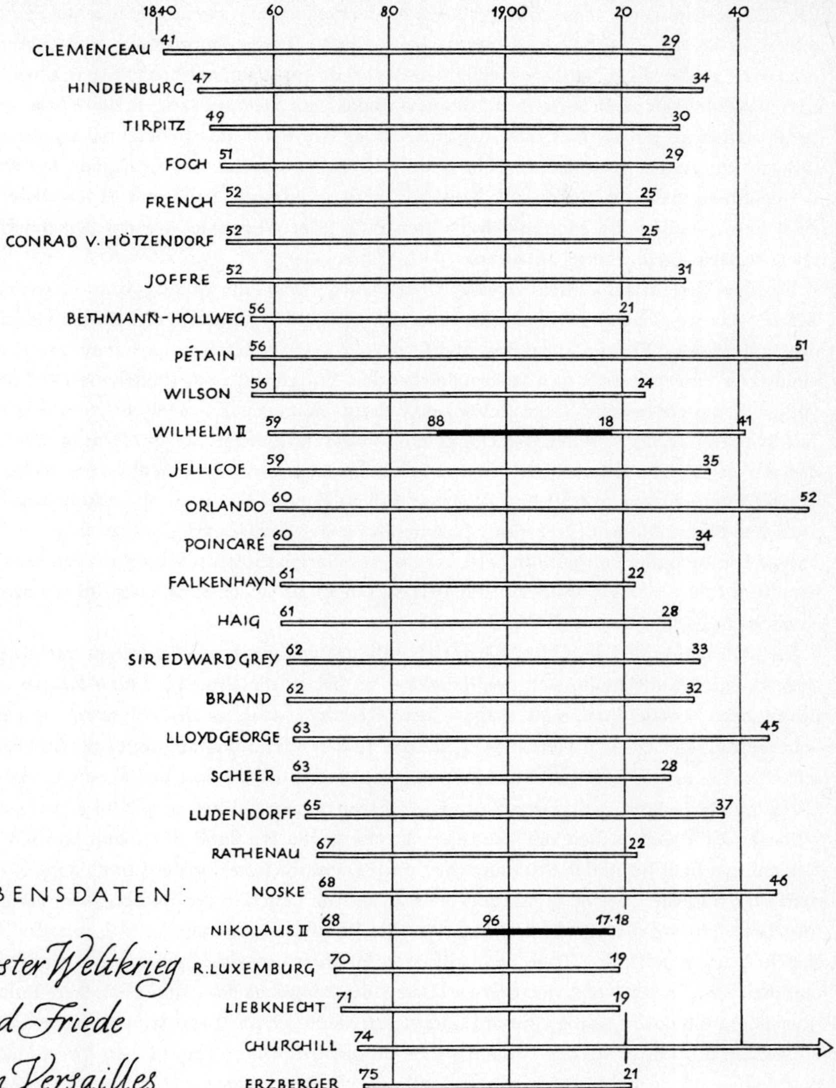

LEBENSDATEN:

Erster Weltkrieg und Friede von Versailles

der durch eine noch wesentlich größere Gefangenenzahl (zweiundneunzigtausend) als selbst bei Sedan als ein Cannae ausgewiesen wurde. Tannenberg schien sich ebenbürtig neben die großen Entscheidungsschlachten der Weltgeschichte stellen zu dürfen, obwohl die harte Wirklichkeit zu dem Schluß drängt, daß das dem Siegerpaar verliehene Prestige fast bedeutsamer als die konkreten Auswirkungen des Sieges auf dem Schlachtfeld gewesen ist. Obwohl die Armee Rennenkampf hinter die Grenze Ostpreußens zurückgedrängt wurde, vermochte man doch nicht einmal diese Provinz dauernd gegen teilweise russische Besetzung zu sichern. Dafür hatte Moltke dem rechten Flügel der Westarmee vor der Marneschlacht vorzeitig zwei Armeekorps entzogen.

Für den Verlauf des Ostfeldzuges von 1914 wurde weiterhin wichtig, daß die wegen des Marnefeldzuges verzögerte deutsche Verstärkung für den Osten den Anfangsniederlagen des von seinem Führer ehrgeizig überforderten österreichisch-ungarischen Heeres den Charakter einer niemals ganz auszugleichenden Endgültigkeit verliehen hat. Schon das völlige Scheitern zweier österreichischer Offensiven gegen Serbien vor dem Ende des Jahres 1914 hat das Ansehen der Doppelmonarchie stark angeschlagen. Ernster war noch, daß der gegen eine Übermacht von vier russischen Armeen zusammenbrechende Feldzug in Galizien nicht nur zum Verlust dieser wichtigen Provinz bis zur Sanlinie führte, sondern auch zur Kapitulation der Festung Przemysl mit einer armeestarken Besatzung (22. März 1915). Die besonders empfindliche Armee dieses Nationalitätenstaates erlitt schwere Verluste und fühlte sich gegenüber der massiven, scheinbar unerschöpflichen Übermacht des russischen Gegners fortan dauernd unterlegen.

Sie blieb schon seit dem Herbst 1914 ständig auf den stärkeren deutschen Verbündeten angewiesen. Damit stellte sich der deutschen Führung die Frage, ob eine Entscheidung durch den Einsatz ihrer neu aufgestellten Reserven doch noch im Osten erzwungen werden konnte. Seit dem Herbst 1914 hat das zu gereizter, auch auf politische Stellen und selbst auf eine breitere Öffentlichkeit übergreifender Diskussion zwischen der zweiten Obersten Heeresleitung und den Siegern von Tannenberg geführt, denen im November als »Oberost« die Gesamtheit der deutschen Kräfte gegen Rußland unterstellt worden war. Falkenhayn hielt bis in das Frühjahr 1915 und erneut im Jahr der Verdunschlacht 1916 an dem Plan fest, die Entscheidung im Westen zu suchen. Auch in der Zwischenzeit vertrat er mit Rücksicht auf den steigenden Druck an der Westfront und angesichts der unabsehbare Kräfte beanspruchenden Tiefe des russischen Raumes den Standpunkt, daß eine kriegsentscheidende Kräftekonzentration im Osten die Möglichkeiten der deutschen Führung übersteige, eine Auffassung, die zumindest durch die ernste Lage während der Herbstschlachten des Jahres 1915 in Frankreich bestätigt wird. Oberost und Conrad von Hötzendorf haben dagegen immer wieder gehofft, durch eine gigantische Zangenoffensive von Norden und Süden die ganze russische Front zerbrechen zu können. Sie beriefen sich darauf, daß Falkenhayn die Verstärkungen für den Osten stets nur paketweise und zeitlich begrenzt zur Verfügung gestellt habe. Die Größe der trotzdem errungenen Erfolge schien ihnen zu beweisen, daß ein gesammelter großzügiger Einsatz den Zusammenbruch des bis Ende 1915 ohnehin materialmäßig erschöpften Zarenreiches beschleunigen werde. Wie alle hypothetischen Fragen an die Geschichte wird sich auch diese niemals endgültig entscheiden lassen, obwohl die Zähigkeit des russischen Widerstandes eher Falkenhayn recht zu geben scheint.

So standen Hindenburg und Ludendorff und ihrer neunten Armee nur begrenzte Kräfte zur Verfügung, als sie Ende September neben den Österreichern von Schlesien aus gegen den Weichselbogen von Warschau vorstießen. Der Rückzug, den sie wegen der Gefahr einer Überflügelung von Norden her am 19. Oktober antraten, schien nun doch noch der russischen »Dampfwalze« auf Schlesien und Posen eine Bahn zu öffnen. Da brachen sie durch eines ihrer überlegensten Manöver am 11. November von Thorn aus in die rechte Flanke des russischen Vormarsches ein. Wieder reichten aber die etappenweise eintreffenden Reserven nur zu schweren Schlägen hin; sie konnten nicht verhindern, daß das Ringen um Lodz schnell zu einer schweren Krise führte. Als sie überwunden war, kam der Vormarsch vor Warschau und der Weichsellinie zum Stehen.

Damit begann auch die russische Front von der Ostsee bis zu den Karpaten zu erstarren. Trotz erneuter Verstärkung brachte die Winterschlacht an den Masurischen Seen in den Stürmen des Februar 1915 nur die endgültige Befreiung Ostpreußens, nicht die Bezwingung der Narewlinie. Der Einsatz deutscher Truppen an der österreichischen Karpatenfront konnte nicht verhindern, daß die russische Überzahl unerbittlich den ganzen Winter über weiter vorwärts drängte und daß zu Beginn des Frühjahrs 1915 die Gefahr eines Einbruches in die ungarische Tiefebene über die schon erreichten Paßhöhen drohend bevorstand. Die Lage war wegen der beginnenden Schlacht an den Dardanellen (März 1915) und wegen des bevorstehenden Kriegseintritts Italiens für die Mittelmächte so gefahrvoll – konnte doch der Verlust des Balkans dann kaum mehr fraglich sein –, daß nun auch Falkenhayn auf einen Angriff im Westen verzichtete und die verfügbaren Kräfte für eine Entlastungsoffensive zur Rettung des Bundesgenossen an die Ostfront warf.

Die neugebildete deutsche elfte Armee unter Mackensen mit Seeckt als Stabschef erzwang am 2. Mai 1915 am Nordhang der Karpaten bei Gorlice-Tarnów zum erstenmal in diesem Krieg einen erfolgreichen Durchbruch durch Verteidigungsstellungen. Sie waren freilich im Osten mit der Stärke der Weststellungen nicht vergleichbar. Dazu kam für die Russen Material- und Munitionsmangel, hoffnungslose artilleristische Unterlegenheit, was selbst für die Zähigkeit des russischen Soldaten in der Verteidigung zuviel wurde. So konnte sich in Galizien und Polen vom Mai bis zum Oktober 1915 jener deutsche Heerzug nach Osten entwickeln, dessen großartige Dimensionen die offensive Leistungsfähigkeit Deutschlands noch einmal in glänzendem Lichte erscheinen ließen. Er hat dem russischen Gegner nahezu die Hälfte seiner Kräfte (einhunderteinundfünfzigtausend Tote, sechshundertdreiundachtzigtausend Verwundete und achthundertfünfundneunzigtausend Gefangene) genommen; als er 1916 zahlenmäßig wiederhergestellt und materialmäßig durch die Hilfe der Verbündeten sehr viel besser als 1915 ausgerüstet war, hatte er die Niederlage innerlich doch nicht überwunden. Aber Falkenhayn ist auch in diesen Monaten überzeugt geblieben, daß die verfügbaren Kräfte nicht gestatteten, den Sieg von einer Schwächung zu einer endgültigen Niederwerfung auszuweiten, zumal sich im Westen seit der Konferenz von Chantilly (24. Juni) eine Offensive mit der Übermacht von eintausendsiebenhundert gegen eintausendeinhundertachtundzwanzig deutsche Bataillone vorbereitete. Die von Oberost vorgeschlagene weite Umfassung über Kowno und Wilna wurde daher von Falkenhayn erst so spät, Mitte September, und widerstrebend zugelassen, daß der bedeutende russische Führer, Großfürst Nikolai Nikolajewitsch, das umfaßte Polen rechtzeitig räumen konnte. Die Front im Osten erstarrte von neuem auf einer jetzt noch immer etwas über zwölfhundert Kilometer langen Linie.

Eine weitere Rücksicht, die Falkenhayn zur Begrenzung des Feldzuges gegen Rußland gezwungen hatte, war die Notwendigkeit, die Türkei durch eine direkte Verbindungslinie zu entlasten, was trotz der erfolgreichen Verteidigung der Meerengen dringend erforderlich war. Der Abschluß des Bündnisses mit Bulgarien und die Rettung des österreichischen Ansehens auf dem Balkan verlangten ebenfalls den Einsatz deutscher Kräfte noch im Verlauf des Herbstes 1915. Der mit dem Donauübergang Mackensens (6. Oktober) und dem Fall Belgrads einsetzende Feldzug gegen Serbien ließ durch den konzentrischen Druck von Österreichern, Deutschen und Bulgaren diesen Gegner bis zum November zusammenbrechen; nur Trümmer der Armee konnten sich in verlustreichem Wintermarsch über die Berge Albaniens nach Korfu retten und später zu der französisch-englischen, in Saloniki gelandeten Balkanarmee stoßen. Falkenhayn verzichtete Ende November auf den wegen der langen Nachschublinien schwer durchführbaren Plan, diesen neuen Gefahrenherd durch die Einnahme Salonikis sofort völlig auszuschalten. Damit reihte sich auch der Balkan, zunächst fast nur von den Bulgaren umstritten, zu West-, Ost- und Italienischer Front in die Reihe der Dauerfronten ein, wenn auch zunächst nur mit untergeordneter Bedeutung. Falkenhayn ging jetzt daran, den offensiven Krieg wieder auf dem Boden Frankreichs, Conrad von Hötzendorf gegen den italienischen Gegner in Gang zu bringen, ohne daß sich beide Feldherren bei der sich lockernden Abhängigkeit der Donaumonarchie auch nur über eine gemeinsame Operation hätten einigen können. Die Anstrengungen Deutschlands und Österreich-Ungarns hatten trotz aller glänzenden Einzelerfolge in den beiden ersten Kriegsjahren nicht ausgereicht, um eine militärische, geschweige denn politisch abschließende Entscheidung zu erzwingen.

Der Stellungskrieg von 1914 bis 1916

Der Bewegungskrieg von 1914 bis 1915 hat bei sehr respektabler Leistung des deutschen Generalstabes den Kräftevorsprung der Entente nicht zu beseitigen vermocht. Trotz aller Verluste Rußlands und trotz der knappen französischen Menschenreserven wurde der Vorsprung mit dem Aufbau eines improvisierten englischen Millionenheeres und durch den Kriegseintritt Italiens 1915 und Rumäniens 1916 immer wieder mehr als behauptet. Aber auch die Entente hat im Stellungskrieg bis 1917 die (alle Heeresleitungen gleichermaßen überraschende) defensive Kraft der modernen technischen Kampfmittel nicht überwinden können.

Obwohl es schon parallele Offensiven im Jahre 1915 gab, konnten die schwerfälligen interalliierten Militärkonferenzen erst im Sommer 1916 eine Generaloffensive, zugleich an der Somme, in Italien, in Rußland und verspätet auch auf dem Balkan, an der rumänischen und Salonikifront, bewirken. Gleiche Koalitionsschwierigkeiten haben wegen der Empfindlichkeit und dem Selbstbewußtsein der Donaumonarchie selbst in der Bedrängnis des Jahres 1916 nur zu einem scheinbaren, keineswegs faktischen gemeinsamen Oberbefehle der Mittelmächte geführt. Bei der Entente gab es nicht vor dem Spätherbst 1917, eigentlich sogar erst im Frühjahr 1918 eine gemeinsame Lenkung.

Noch immer galt in den Reihen der Verbündeten das französische Heer als das Rückgrat der Ententefronten. So unentbehrlich schon 1915 die englische Verstärkung in dem nicht sehr ausgedehnten, aber strategisch wichtigen und daher besonders stark besetzten Nordteil der Westfront wurde, hat das englische Heer erst in der Sommeschlacht 1916 eine dem französischen Heer gleiche Bedeutung erlangt; und erst im Sommer und Herbst 1917 hat es mit Flandernschlacht und Schlacht bei Cambrai den erheblich schwereren Teil des Kampfes im Westen auf sich nehmen können. French und Haig haben eifersüchtig die Selbständigkeit ihrer Führung als unmittelbar der englischen Regierung gegenüber verantwortlich gewahrt. Lloyd George ist allerdings bei der Frühjahrsoffensive von 1917, indem er Haig an die Weisungen des französischen Oberbefehls band, dem Verbündeten sehr viel weiter entgegengekommen, als dies Haig zuzugestehen bereit war; der Mißerfolg dieses Experimentes hat dann den Übergang zum wirklich gemeinsamen Oberbefehl Ende 1917 und Frühjahr 1918 erheblich erschwert. Denn es war bei berechtigtem englischem Selbstbewußtsein zwar nicht zu verkennen, daß ein Heer, das 1915 nacheinander sechsundzwanzig neue Divisionen an die Westfront und elf Divisionen nach Gallipoli entsandte und 1916 mit vierundzwanzig Divisionen und vierhunderttausend Mann die Hauptlast der Sommeschlacht tragen mußte, stolze Leistungen vollbrachte; aber die Schwäche dieser gigantischen Improvisation und mangelnde Führungserfahrung konnten doch nur allmählich überwunden werden. Der Vorrang der französischen Heeresleitung behauptete sich daher durch den ganzen Krieg; er schien zwar im Frühjahr 1918 bedenklich gefährdet, stellte sich aber durch die Erfolge Fochs schnell wieder her. Der französische Generalstab blieb der vornehmste Gegenspieler seines deutschen Rivalen und sah sich daher auch mit dem Schwergewicht der Verantwortung belastet. Der lähmende Stellungskrieg mußte so bald wie möglich beendet werden, da gerade Frankreich wegen seines knappen Bevölkerungspotentials und wegen der deutschen Besetzung landwirtschaftlich wie industriell wesentlicher Gebiete an einer baldigen Entscheidung des Krieges dringend interessiert war.

Joffre (bis zum Fehlschlag der Sommeschlacht im Herbst 1916) und sein Nachfolger Nivelle haben daher die Offensive an der Westfront gefordert, die strategisch übrigens (Brechung der feindlichen Heeresmacht, wo sie am stärksten war) den herrschenden Ideen aller kontinentalen Stäbe entsprach. England dagegen, das Napoleon durch ein System von Angriffen an den Außenfronten – Abukir, Trafalgar, spanischer Feldzug Wellingtons – besiegt hatte, wollte seine meerbeherrschende Flotte ausnutzen und empfindliche Außenpositionen des Gegners angreifen. Die bedeutendste Einzelaktion dieser Art ist der von Churchill durchgesetzte Meerengenangriff von 1915 gewesen. Bei rechtzeitiger Zusammenarbeit von Flotte und Heer wäre ein Erfolg und damit ein wesentlich anderer Verlauf des Krieges durchaus denkbar gewesen. Auch in Frankreich ist diese These vertreten worden, vor allem von Briand, während der General Sarrail doch zu sehr durch persönliche und politische Interessen an sie gebunden war, um mehr als ein Einzelgänger in der französischen Generalität zu sein.

Im ganzen hatten jedoch die Kriegsschauplätze in der Türkei und auf dem Balkan nur begrenzte Bedeutung. England hat in Mesopotamien und Palästina nur sehr zögernd seine Kräfte entfaltet, nachdem es anfangs erhebliches Lehr- und Reugeld gezahlt hatte. Das gleiche gilt für den Salonikifeldzug, der von 1916 bis 1918 ein Stiefkind in der Kriegführung der Entente blieb, stets mit dem Zweifel behaftet, ob der Einsatz stärkerer Kräfte in diesem schwierigen Operationsgebiet den bedenklichen Aufwand des U-Boot-gefährdeten Nachschubs über See eigentlich lohnte. Erst die Erfolge von 1917, der Fall von Bagdad und Jerusalem, haben daher zu den Anstrengungen von 1918 ermutigt, die auf beiden Kriegsschauplätzen als Signal für den Anfang des Kriegsendes eine so große Rolle gespielt haben. Im ganzen aber ist es im ersten Weltkrieg viel weniger als im zweiten dazu gekommen, daß England seine Überlegenheit zur See strategisch gegen die empfindlichen Außenbastionen der Mittelmächte ausgenutzt hätte. Deren langgestreckte Landverbindungen waren jedoch (auf dem Balkan Orientbahn und Donau, in Kleinasien die unfertige Bagdadbahn) anfällig und den Seeverbindungen der Entente, trotz U-Boot-Krieg im Mittelmeer, nicht gewachsen. Die vom Landheer beeinflußte englische Kriegführung hat gegen politischen Einspruch (vor allem Lloyd George) genau wie der französische Generalstab mit eiserner Zähigkeit an dem Prinzip festgehalten, die stärkste Landmacht der Epoche, Deutschland, militärisch mit ihren eigenen Waffen und nach der auch von ihr vertretenen militärischen Konzeption niederzuzwingen.

Das Ergebnis sind jene unermeßlich blutigen und im Grunde doch stagnierenden Jahre des Stellungskrieges im Westen von 1914 bis 1917 gewesen, die von keiner einzigen militärisch wirklich neuen Idee belebt worden sind. Gewiß standen der französische und englische Generalstab vor einer schwierigen Aufgabe. In das seit Napoleon kaum erneuerte militärische Denken war plötzlich die revolutionäre Macht der Technik eingebrochen und hatte eine völlig neue Lage geschaffen. Der von Jahr zu Jahr sich verfeinernde Ausbau eines in die Tiefe gegliederten Stellungssystems: Schützengräben und Stützpunkte, Drahtverhau und Unterstand, verteidigt durch Handgranate, Gewehrgranate, Maschinengewehr, Minenwerfer und eine gigantisch anschwellende Artillerie mit immer größeren Reichweiten und Kalibern, der Ausbau großer Luftflotten für die Beobachtung des Gegners und zum Bombenwerfen – dies alles entwertete schon 1915 alle taktischen Begriffe der Zeit.

Es ist sehr bezeichnend, in welchem Umfang die neuen Kampfmittel selbst oder ihre Anwendung auf die erfinderische Phantasie von Nichtmilitärs zurückgehen. Das Giftgas, zuerst abgeblasen aus Flaschen, dann bedeutsamer als zusätzliches Mittel der Artillerie, wurde von der chemischen Wissenschaft entwickelt, aber von militärischer (deutscher) Seite bei Ypern (22. April 1915) im Rahmen eines so begrenzten Versuches verwendet und vom Gegner dann so schnell übernommen, daß es keinen bedeutenden Einfluß auf den Gang des Krieges zu erlangen vermochte. Die vor allem durch Ernest D. Swinton entwickelte Tankwaffe ist im letzten Kriegsjahr dagegen wichtiger geworden. Aber sie hat das Stadium der ersten Experimente nur dadurch überlebt, daß Winston Churchill für die Entwicklung

Tank an der Westfront

Einsatz von Giftgas an der Westfront

dieser »Landschiffe« Mittel der Marine zur Verfügung stellte. Das Große Hauptquartier hat sich im Januar 1916 mit der Bestellung von vierzig Maschinen begnügt. Die vorzeitige Lüftung des Geheimnisses in der Sommeschlacht hätte als verfrühte Warnung des deutschen Gegners sehr ernste Folgen haben können, aber erst der sensationelle Erfolg der Tankschlacht bei Cambrai (November 1917) hat die Skepsis der Routiniers in beiden Lagern zum Schweigen gebracht. Die Entente hatte Glück, daß die deutsche dritte Oberste Heeresleitung gegen die technischen Neuerungen ebenso zurückhaltend war wie sie selbst. Zudem hätte das spärliche deutsche Rüstungspotential keinen ebenbürtigen Ausbau der neuen Waffe zugelassen. Ähnlich verhielt es sich übrigens mit den scheinbar triftigen Entscheidungen der englischen Admiralität, die sich lange Zeit gegen das Geleitschutzsystem als Schutz gegen die U-Boot-Waffe gesträubt hat; die Empfehlung jüngerer Offiziere hat sich wieder nur durch nichtmilitärische Unterstützung durchsetzen können, durch Lloyd George, diesen in Recht und Unrecht grundsätzlichen Ketzer in Fragen des berufsmilitärischen Dogmas.

Die gigantische Apparatur der modernen Millionenheere war so sehr auf Übung und Gewöhnung angewiesen, wenn sie artikuliert dem Willen ihrer Führer dienen sollte, daß ein gut Teil jener konservativen Bedenklichkeit, mit der sich die Stäbe gegen die schnelle Entwicklung neuer Kampfformen sträubten, verständlich ist. Dennoch bleibt Joffres Beharrlichkeit erstaunlich, mit der er – obwohl im Bewegungskrieg der Marnekrise als elastischer Stratege ausgewiesen – bis Ende 1916 an dem Versuch festgehalten hat, die deutsche Front durch immer stärkere Massierung von Artillerie zu durchbrechen. Das hat dem französischen Heer die blutigen Opfer des Jahres 1915 gekostet, vierhunderttausend Mann in den Schlachten des Frühjahrs, zweihundertfünfzigtausend Mann bei den Herbstschlachten im Artois und in der Champagne. Sehr spät hat man in Frankreich gefolgert, daß der Zermürbungskrieg (Guerre d'usure) sich auf diese Weise gegen seinen Urheber zu wenden drohe. So konnten diese Stellungsschlachten, die niemals einen Durchbruch durch Hauptstellungen, Reserven und Artillerie des Gegners brachten, erst 1916 einen Höhepunkt in der bisher wohl stärksten Verdichtung des Schreckens im modernen Krieg erreichen. Sie haben sich der Erinnerung der Armeen und Völker so unvergeßlich eingeprägt, daß die Furcht vor einer Wiederholung dieses Grauens, mit wenigen Ausnahmen wie Stalingrad, im zweiten Weltkrieg zu einem dauernden, psychologisch höchst wirksamen Motiv der Kriegführung geworden ist.

Die deutsche Führung, die bisher im Westen auf eine ebenfalls schwierige, aber doch nicht so opfervolle Abwehr beschränkt geblieben war, sollte nun 1916 dem Dilemma mit der Verdunschlacht durch Falkenhayn ihren Tribut zollen. Mit der Absicht, das französische Heer zum Verbluten zu bringen, wollte er es zwingen, sich an einem prestigeempfindlichen Punkt zum Kampf zu stellen; sein Plan rechnete weniger mit dem Fall der Festung Verdun als mit der Gewißheit, entweder dem Gegner empfindliche Verluste zuzufügen oder, im schlimmsten Fall, das Ringen abbrechen zu können. Nachdem der Angriff mit überlegener Artillerie, aber sehr begrenzten Infanteriekräften auf einem schmalen Sektor des östlichen Maasufers (21. März) ohne gleichzeitigen Stoß von Norden her eröffnet war, stellte sich trotz glänzender Anfangserfolge heraus, daß beide Rechnungen nicht aufgingen. Im Zwiespalt zwischen dem Drängen des deutschen Kronprinzen und dem Einspruch seines Stabschefs, General von Knobelsdorff, vermochte Falkenhayn den bitteren Entschluß zum rechtzeitigen Verzicht nicht zu fassen. Die Unerbittlichkeit, mit der Joffre seine Reserven für den großen Sommeangriff der Franzosen und Engländer schonte, die zähe Ausdauer, mit der Pétain die Verteidigung organisierte, führten dazu, daß am Ende der Schlacht französische Verluste von zweihundertsiebzigtausend Mann gegen fast ebenso schwere deutsche von zweihundertvierzigtausend Mann standen.

Bedeutete Verdun für Frankreich den moralischen Gewinn eines Abwehrsieges, so brachte dank der nun fraglos werdenden Materialüberlegenheit von Artillerie und Luftwaffe das furchtbar erbitterte Dauerringen der Sommeschlacht von Anfang Juli bis Mitte September, präludiert und begleitet durch die Brussilowoffensive (4. Juni) und das Eingreifen Rumäniens (28. August) im Osten, den Augenblick, in dem die Überspannung der vielgeprüften Kräfte des deutschen Heeres unverkennbar wurde. Wohl glückte es der neu ernannten dritten Obersten Heeresleitung (Hindenburg–Ludendorff), mit Anspannung aller Kräfte die Krise im Osten zu beschwören, und es gelang auch, die Schlacht im Westen, nicht ohne Hilfe des hereinbrechenden Herbstes, zum Stehen zu bringen. Aber die über neunzig deutschen Divisionen, die zum großen Teil zweimal in diese Materialschlacht geworfen worden waren, hatten erneut Verluste von sechstausend Offizieren und zweihundertsiebenundsechzigtausend Mann erlitten. Nach englischer Berechnung stehen im Jahr der Verdun- und Sommeschlacht französische und englische Gesamtverluste in Höhe von sechshundertvierzehntausend Mann deutschen Verlusten von sechshundertfünfzigtausend gegenüber. Jedenfalls war dieser furchtbare Aderlaß auf die Dauer für die deutsche Seite schwerer zu ertragen, um so mehr, als im Osten die Brussilowoffensive dem österreichischen Verbündeten fast vierhunderttausend Gefangene gekostet hatte.

So verlustreich der Stellungskrieg für beide Seiten gewesen ist, blieb doch als Ergebnis ein erdrückendes Übergewicht der Entente mit kampffähiger Koalition zwischen England, Frankreich, Italien und Rußland. Wohl bestand die Gefahr, daß beide Seiten bei dieser stagnierenden militärischen Lage verbluteten. Lord Lansdowne hat in England diese Frage schon im November 1916 mit großem Ernst gestellt. Auch ist Joffre dieser Gefahr geopfert worden, denn nun war selbst der Ruhm des Marnesieges verbraucht. Man zog es vor, dem nur durch blendende Teilerfolge vor Verdun ausgewiesenen Nivelle das Schicksal des für 1917 geplanten Angriffes gegen die deutsche Festung anzuvertrauen, weil er zuversichtlich behauptete, ein sicheres Rezept zur Beschleunigung des Sieges anbieten zu können.

Aber der lähmende Stellungskampf hatte das Wesen des Krieges bereits gewandelt. Mehr und mehr wurde deutlich, daß er nicht auf den Schlachtfeldern Frankreichs und Rußlands, sondern von der Frage entschieden würde, welche der beiden Mächtegruppen stärkere außen- und innenpolitische sowie wirtschaftliche Kräfte mobilisieren konnte. Dieser Krieg, der schon für Aufstellung, Ausrüstung und Unterhalt seiner Riesenheere alle Kräfte der Nationen weit über jedes Vorbild der Vergangenheit in Anspruch nahm, wurde langsam total. Seine unerbittliche Härte steigerte Leidenschaft und Haß der Völker zu ungeahntem Ausmaß. Die scheinbare Unmöglichkeit, ihm Ziel und Maß zu setzen, konnte einen rational denkenden Einzelnen wie Lansdowne zu der Frage führen, ob es nicht höchste Zeit sei, ihn abzubrechen, ehe Europa zerstört war.

Der politische Krieg: Diplomatie und Bündniswerbung Das Problem des Friedensschlusses

Ausdehnung und Intensität des ersten Weltkrieges haben die Regulative, durch die noch das 19. Jahrhundert den Kampf der Staaten begrenzt hatte, hinfällig werden lassen. Der Krieg weitete sich über den Erdball aus und bezog fernstehende Mächte ein, weil mögliche Verschiebungen in Europa direkt oder indirekt überallhin wirken konnten, so daß jetzt etwa für Japan und die Vereinigten Staaten ein Fernbleiben vom Kampf keineswegs mehr eine uninteressierte Neutralität bedeutete.

Das Schwergewicht Rußlands, das im Verlauf des Krieges rund neunzehn Millionen Soldaten mobil machte, beruhte auf den Reserven seines riesigen Besitzes in Asien. Und wenn die beiden großen Kolonialimperien des europäischen Westens trotz wesentlich geringerer Bevölkerungszahl des Heimatlandes (Großbritannien mit neun Millionen fünfhunderttausend, Frankreich mit acht Millionen zweihunderttausend) nicht allzu weit hinter der deutschen Mobilisierungsleistung (zwölf Millionen zweihunderttausend) zurückblieben, so nur deshalb, weil England die Kräfte Indiens heranziehen und sich auf die freiwilligen Leistungen seiner Dominien stützen konnte und Frankreich die farbige Bevölkerung seiner Kolonien heranzog. Von Anfang an, also schon vor 1917, war dieser Krieg übereuropäisch.

Das aber wandelte nicht nur die bisherige äußere Struktur des europäischen Staatensystems, sondern ließ auch nahezu alle Schranken des Völkerrechts fallen, welche die Schrecken des Krieges eindämmen sollten. Schon der Auftakt des Krieges führte in Belgien dazu, daß die Zivilbevölkerung tragisch in die Schrecken des Krieges verwickelt wurde: Nicht etwa, weil die strenge Disziplin des deutschen Soldaten atavistischer Barbarei Platz gemacht hätte, wie sofort in einer maßlosen Propaganda behauptet wurde, sondern weil der moderne Krieg auch Soldatennerven belastet und – besonders im Übergang vom Frieden zum Krieg – zu Kurzschlußhandlungen führt.

Die Jagd nach der den Gegner überraschenden Vernichtungswaffe führte zum Gebrauch so abschreckender Mittel wie des Flammenwerfers (durch die französische erste Armee in den Argonnen, Herbst 1914) und des Giftgases (durch die Deutschen bei Ypern, 22. April 1915), die auf jeden Fall in unversöhnlichem Widerspruch zur völkerrechtlichen Tendenz standen, den Schrecken des Kampfes von Mensch gegen Mensch in Schranken zu halten.

Bedeutsamer für den Bankrott des Völkerrechts wurde es aber, daß der moderne Krieg auf die Anstrengung der ganzen Bevölkerung angewiesen war und damit die erst neuzeitliche Scheidung von Militär und Zivil hinfällig machte. Der Krieg der Volksheere mit technischen Mitteln beruhte auf der Wirtschaft, so daß der Gegner nur in dieser entscheidend getroffen werden konnte. Die Blockade der Seemächte gegen die kontinentalen Mittelmächte, der Unterseebootkrieg, die zwangsweise Mobilisierung von Arbeitskräften in den besetzten Ländern, die mit Zeppelinangriffen auf London beginnende, später auf Flugzeuge übergehende Einbeziehung des feindlichen Hinterlandes in den Kampf sind Glieder dieser verhängnisvollen Entwicklung. Sie erreichten bereits beträchtliche Dimensionen mit den deutschen Luftangriffen auf London, der Beschießung von Paris durch Ferngeschütze, aber auch umgekehrt durch die schnelle Steigerung der Luftangriffe der

Entente auf westdeutsche Städte. Sie sollten 1919 zu einem wirklichen Vernichtungsangriff werden, der bereits die Schrecken des zweiten Weltkrieges vorweggenommen hätte.

So ist es verständlich, daß sich – anknüpfend an die Friedensbewegung des 19. Jahrhunderts – die Forderung nach neuen Garantien erhob, die auf überstaatlicher Grundlage die Schwäche des historischen Völkerrechts überwinden sollten. Bereits im Verlauf des Krieges wurden derartige Ideen mit zunehmender Stärke laut; sie fanden schließlich in Woodrow Wilsons Völkerbundsidee ihren klassischen Ausdruck. Aber der Krieg selbst blieb doch unerbittlich dadurch geprägt, daß, bei Freund und Feind gleichmäßig, die Härte des Daseinskampfes nackter Macht- und Interessenpolitik die Oberhand ließ.

Im politisch-diplomatischen Krieg opferten beide Lager ethische und rechtliche Bedenken wie spezielle eigene Interessen, nur um eines endgültigen Erfolges willen. Sie hatten sich vor 1914 schon unabhängig von ideologischen und verfassungspolitischen Prinzipien gebildet; die Autokratie der Romanows war mit den beiden großen parlamentarischen Demokratien Westeuropas verbündet, obwohl der Kontrast bis zur Revolution von 1917 durch reaktionäre Verhärtung in Rußland verschärft wurde. Wohl setzte bei Kriegsbeginn sofort ein Propagandafeldzug gegen die Monarchien der Mittelmächte ein; sie hätten, vom Volkswillen unabhängig, die Katastrophe verursacht und sich die Zerstörung der demokratischen Freiheit als Kriegsziel gesetzt. Unter dem Druck der Kriegslage aber sahen sich beide Seiten gezwungen, um Bündniserweiterungen mit den Mitteln der überlieferten Diplomatie zu werben. Der Historiker kann die Unvermeidlichkeit dieses Vorgangs anerkennen, darf aber damit nicht den auf beiden Seiten vorhandenen Zwiespalt zwischen Propaganda und tatsächlicher Kriegführung verschleiern.

Der Kriegspolitik der Mittelmächte ist im eigenen Lager immer wieder vorgeworfen worden, ihre Diplomatie sei unfähig gewesen, die Erfolge der Heere auf außenpolitischem Felde auszuwerten. Vor allem in Deutschland hat die nicht etwa neue Anklage, daß die Feder des Diplomaten stets die Leistung des Schwertes verderbe, eine geradezu verhängnisvolle Rolle gespielt. Auch wer nicht an eine Apologie des Auswärtigen Amtes im Weltkrieg denkt, muß doch berücksichtigen, daß die deutsche Bündniswerbung durch den Stand der Kräfteverhältnisse und das nüchterne Diktat der Kriegslage begrenzt war. Mochten bis zur Marneschlacht auch im Ausland noch Unklarheiten über die Bedrängnis der deutschen Lage möglich sein, so konnte doch seit dem September 1914 kein Zweifel mehr über ihren Ernst bestehen. Selbst die Propaganda konnte im Grunde nur wirksam werden, wo sie gegebene Tatsachen benutzte, nicht, wo sie gezwungen war, sich über sie hinwegzusetzen.

So sind die beiden Staaten, die den Abschluß eines Bündnisses mit den Mittelmächten wagten, 1914 die Türkei und 1915 Bulgarien, nur dadurch zu diesem Entschluß getrieben worden, daß die Türkei auf die Dauer von der Entente keine zuverlässige Garantie ihrer Existenz zu erhoffen wagte, Bulgarien aber von der mit Serbien verbündeten, um Rumänien und Griechenland werbenden Entente trotz aller englischen Versuche, einen Ausweg des Kompromisses zu finden, nicht auf die Erfüllung seiner Gebietswünsche rechnen durfte, die nur von den Mittelmächten bewilligt werden konnten. Gewiß hat die Türkei nach dem Vertrag des 2. August 1914 noch monatelang geschwankt, ehe sie sich von dem ehrgeizigen Vertreter der jungtürkischen Gruppe, Enver Pascha, durch den Flottenangriff am 29. Oktober in den Krieg hineinreißen ließ. Die bis zuletzt dauernden Hoffnungen der Entente, sie doch noch in der Neutralität erhalten zu können, sind aber nicht so sehr an den Unstimmigkeiten in den Reihen ihrer Diplomatie als an der grundlegenden Tatsache gescheitert, daß die Türkei von Rußland keinen dauernden, ehrlichen Verzicht auf sein Drängen zu den Meerengen erwarten konnte. Außerdem legte die Gärung in ihren arabischen Gebieten von der Halbinsel selbst bis nach Mesopotamien der englischen Politik nahe, diese Lage auszunutzen.

Die Kräfte des türkischen Einundzwanzigmillionenreiches haben dann gerade hingereicht, eine sofortige Katastrophe durch die vom März bis zum Dezember 1915 dauernde Schlacht um die Meerengen abzuwehren, obwohl der Gegner nach dem schnellen Steckenbleiben des isolierten Flottenangriffes (18. März) seine Kräfte schließlich auf über einhundertsechzigtausend Mann steigerte; die ganze Expedition hat der Entente nacheinander vierhundertfünfzigtausend Ausfälle durch Krankheit und einhundertfünfundvierzigtausend Tote und Verwundete gekostet. Aber mit dieser Anstrengung ist die Leistungsfähigkeit des weiten und losen Reiches im Grunde bereits erschöpft gewesen. Die aus Envers panturanischen Träumen entspringenden Angriffe auf das Kaukasusgebiet haben 1914/15, 1916 und 1918 nur zu katastrophalen Verlusten und ergebnisloser Schwächung seiner Armeen geführt.

Die Proklamation des Heiligen Krieges fand nur in Tripolis bei dem Orden der Senussi ein episodisches Echo, konnte dagegen nicht die Mobilisierung Indiens durch England verhindern. Auf den Kriegsschauplätzen von Mesopotamien bis zum Suezkanal hat auch deutsche Führung und begrenzte Material- sowie noch begrenztere Truppenhilfe nicht viel gegen das weit überlegene Aufgebot Englands ausrichten können. Schon 1917 ist die Türkei ebenso eine Belastung wie eine Stütze der deutschen Kriegführung gewesen, während sie der deutschen Diplomatie im Kaukasus und durch gespannte Beziehungen zu Bulgarien auf dem Balkan erhebliche Schwierigkeiten bereitete. Wohl hat sie starke Streitkräfte der Entente gebunden, aber nur um den Preis ihrer über die Grenzen des türkischen Volkstums hinausgreifenden Herrschaft über Vorderasien. Bei Kriegsende stand selbst ihre Existenz auf dem Spiel, die nur durch eine schwere Revolution gerettet worden ist. So ist es verständlich, daß sie es im zweiten Weltkrieg, wenn auch ihre Nordprovinzen und die Meerengen durch Rußland bedroht waren, vorgezogen hat, in der jetzt freilich durch England gedeckten Neutralität zu bleiben.

Bulgarien hat den Anschluß an Deutschland durch das Bündnis vom 6. September 1915 unter dem Eindruck der deutschen Erfolge gegen Rußland vollzogen. Es konnte nach dem schnellen Sieg über Serbien und der Besetzung der begehrten mazedonischen Gebiete glauben, das Ziel seiner Wünsche im wesentlichen erreicht zu haben. Der deutsche Verzicht auf die Salonikioffensive beruhte sekundär auch auf der Erwägung, daß man diesen Verbündeten nur so lange im eigenen Lager werde festhalten können, wie seine im Grunde kriegsmüde und schlecht versorgte Armee durch das Ententeheer bei Saloniki gebunden bleibe. Seine Unlust zeigte sich, als es nicht in den Krieg gegen die Vereinigten Staaten eintreten wollte. Kriegsmüdigkeit und Kriegsverdrossenheit sind auch für die Schnelligkeit des Zusammenbruches im Herbst 1918 verantwortlich. Wie die Türkei hat Bulgarien zeitweise den Mittelmächten durch Bindung feindlicher Kräfte wertvolle Dienste geleistet, aber wie die Türkei niemals eine Verstärkung bedeutet, die den Verlauf des Krieges im großen ernsthaft hätte beeinflussen können.

Dagegen hat die Ententepolitik schon vor Ende 1916 zweimal geglaubt, das militärische Gleichgewicht durch den Gewinn eines neuen Bundesgenossen ernsthaft verändern zu können. Bei Kriegsausbruch war ihr, von Rußland gewünscht, von England im Grunde kaum gewollt, das Bündnis mit Japan zugefallen, das schon mit der Kapitulation von Tsingtao (7. November 1914) sein unmittelbares Ziel, die Besetzung des deutschen Pachtgebietes von Kiaochou, erreichte. Es stellte sich dann freilich heraus, daß Japan jede ernsthafte Verstrickung in den europäischen Krieg, auch die von Frankreich zeitweise befürwortete Entsendung von Streitkräften an die russische Front, unbedingt ablehnte. Es ließ sich nur dazu bewegen, einige Zerstörer gegen die deutschen U-Boote im Mittelmeer zu entsenden. Mit dem Ultimatum der einundzwanzig Punkte vom Januar und Mai 1915 schickte es sich an, ein politisches und wirtschaftliches Übergewicht in Nord- und Mittelchina zu begründen, und enthüllte so gegen wenig wirksamen amerikanischen Protest das eigentliche Ziel seiner Politik: die Ausnützung des europäischen Krieges zur Begründung einer Vormachtstellung im Fernen Osten. Im Juli 1916 schloß es sogar mit dem in Europa völlig gefesselten Rußland einen Geheimvertrag zur Wahrung gemeinsamer Interessen in China und in der Manchurei gegen dritte Mächte. Wenn aber daran die Hypothese geknüpft worden ist, daß im Falle eines Sonderfriedens zwischen Deutschland und Rußland damals die Möglichkeit eines Blocks dieser drei Staaten gegen die angelsächsischen Mächte, eine Vorwegnahme der Träume einer Ost-West-Achse im Sinne der ersten Jahre des zweiten Weltkrieges, vorhanden gewesen sei, so unterschätzt man doch den Realismus der damaligen japanischen Politik, welche die Stärke der großen Seemächte besser im Bewußtsein hatte als die Desperadopolitiker nach 1932. Ohne ihre Differenzen über die Zukunft Chinas jemals überwinden zu können, haben Tôkyô und Washington doch im Lansing-Ishii-Vertrag vom 2. November 1917 einen vorläufigen Ausweg gefunden, der Japan den Erwerb der deutschen Inseln im westlichen Teil des Stillen Ozeans in Aussicht stellte; die Vereinigten Staaten hielten zwar an der Integrität Chinas fest, mußten aber spezielle japanische Interessen, besonders in China, mit einer elastischen und bedenklichen Formel zugestehen. Effektiv bestanden Japans Kriegsbemühungen aus einem Eindringen in das europäische Machtvakuum im Fernen Osten, das durch die Konzentration aller Kräfte auf Europa entstanden war; sie waren keineswegs kriegsentscheidend.

Dagegen war für die augenblickliche Kriegslage der welthistorisch längst nicht so folgenreiche Kriegseintritt Italiens ein dramatisches Ereignis. Italiens Intervention auf der Seite der Entente hat wie die rumänische einen Bündniswechsel vorausgesetzt. Bei Kriegsausbruch hatte man die Feinheiten des Dreibundvertrages zur Begründung seiner Neutralität benutzt und schon im August 1914 in London und St. Petersburg den Preis eines Anschlusses an die Entente zu sondieren versucht. Vom Januar bis März 1915 verhandelte man vergeblich mit Wien, das die verlangte Kompensation, die Abtretung des Trentino, trotz deutschem Druck verweigerte, weil eine Abtretung auf Grund des Nationalitätenprinzips den Vielvölkerstaat stark gefährdet hätte. Vom 4. März bis zum Abschluß des Londoner

Geheimvertrages vom 26. April 1915 hat Italien dann nach beiden Seiten operiert, was der Ministerpräsident Salandra offen mit dem Interessenprinzip des »sacro egoismo« verteidigt hat. Die Öffentlichkeit und die Mehrheit beider Kammern des Parlamentes hätten die Neutralität dem Wagnis des Krieges vorgezogen. Aber es gab eine Agitation der Straße für den Kriegseintritt, in der sich Mussolini nach seinem Abfall von der Sozialistischen Partei zuerst einen Namen gemacht hatte. Trotz aller Aspirationen auf französischen Besitz, Nizza, Korsika und Tunis, waren in Italien die romanischen Sympathien natürlich stärker als die für die deutschen Mächte. Die wirtschaftlichen Verbindungen zu England und Frankreich waren umfangreicher als zu Deutschland. Das nationale Gefühl für italienische Volksteile unter österreichischer Herrschaft und der Wunsch, zur führenden Stellung im Mittelmeer aufzusteigen, konnten besser auf seiten der Entente befriedigt werden. Zusagen wie im Londoner Vertrag, Brennergrenze, Trient und Triest, Istrien und Dalmatien mit den vorliegenden Inseln, Protektorat über Albanien mit Valona, Aussicht auf Abrundung der Kolonialgebiete in Afrika und Hoffnung auf Zulassung bei der Aufteilung der Türkei, konnten die Mittelmächte niemals machen.

Die letzten Hemmungen Italiens sind beim Beginn der Dardanellenschlacht (Ende April 1915) beseitigt worden. Es schien Zeit zu sein, sich in die Entscheidung über die Türkei und den Balkan einzuschalten. Freilich hatte sich im Augenblick des Kriegseintritts gegen Österreich (nicht auch sogleich gegen Deutschland) am 20. Mai 1915 schon die Lage an der Ostfront mit dem Durchbruch von Gorlice (1.–3. Mai 1915) gewandelt. Die Entente hoffte die Zusicherungen an Italien damit zu rechtfertigen, daß das frische Heer von nahezu einer Million Mann (im Verlaufe des Krieges auf fünf Millionen sechshunderttausend gesteigert) schlagartig die Kriegslage ändere. Das erwies sich bei zähem Widerstand der Österreicher im Hochgebirgskrieg als völlige Illusion. Italien erlitt in den elf Isonzoschlachten von 1915 bis 1917 schwere Verluste. Der Krieg, der seinen Großmachtanspruch rechtfertigen sollte, enthüllte eher die Grenzen seiner militärischen und wirtschaftlichen Leistungsfähigkeit und belastete sein Verhältnis zu den Verbündeten.

Die gleiche Enttäuschung wiederholte sich für die Entente beim Kriegseintritt Rumäniens 1916. Rumänien hat, immer wieder durch russische Niederlagen gewarnt, auch gehemmt durch die Zurückhaltung Rußlands gegen die rumänischen Banat-Wünsche, bis zur Brussilowoffensive im Sommer 1916 gewartet, ehe es zum Wagnis des Krieges entschlossen war. Vor allem der französische Generalstab hat für eine Bewilligung der hochgespannten Bukarester Ansprüche auf Siebenbürgen, die Bukowina und den Banat plädiert, weil er von dem Eingreifen einer neuen Armee von immerhin fünfhundertsechzigtausend Kombattanten einen Ausschlag in der mehr denn je gespannten Kriegslage erhoffte. Freilich setzte Rumänien nun seine Hauptkräfte, vierhunderttausend Mann, für die sofortige Eroberung des fast ungeschützten Siebenbürgen ein. Es behandelte die von Paris verlangte Kooperation des eigenen Angriffs mit der ihm zugesagten Offensive der Salonikiarmee als nebensächlich, obwohl es selbst russische Truppen zum Schutz gegen die Bulgaren gefordert hatte. Nicht nur die Unterlegenheit der rumänischen Führung und Armee, sondern auch diese typischen Reibungen des Koalitionskrieges haben den schnellen Zusammenbruch herbeigeführt. Die von Mackensen geleitete Eroberung der Dobrudscha bis zur Donaulinie und der Ende

September beginnende Gegenstoß Falkenhayns in Siebenbürgen und den Karpaten, der nach dem Donauübergang Mackensens schon am 6. Dezember zum Fall von Bukarest führte, brachten den kriegswirtschaftlich so wichtigen Reichtum Rumäniens an Öl und Getreide in die Hand der Mittelmächte. Ohne diesen Zuwachs hätten sie den Krieg, vor allem den Luft- und U-Boot-Krieg, nicht bis zum Spätherbst 1918 fortsetzen können. Vollkommen war der neue Gegner aber nicht ausgeschaltet. Die rumänische Armee gliederte sich Anfang 1917 an der Serethlinie der russischen Front als südliche Verlängerung an und hatte, selbst nach der russischen Revolution und dem Frieden von Brest-Litowsk, noch eine gewisse Bedeutung.

So hat die von beiden Seiten mit allen Mitteln der Diplomatie betriebene Ausweitung des Krieges in Europa bis Ende 1916 keine Entscheidung herbeigeführt. Sie hat nur die Erbitterung des Kampfes und der Kämpfenden gesteigert und dadurch ein Abbrechen des Krieges erschwert. Daß Bündnisgewinn einer Kapitulation der werbenden Macht vor der umworbenen gleichkomme, hat die deutsche Politik beim Vertrag mit Bulgarien, die Entente zuerst beim Londoner Vertrag mit Italien zu spüren bekommen. Das klassische Beispiel für den Zwang, die Sonderinteressen der Bundesgenossen berücksichtigen zu müssen, sind jedoch die Teilungsverträge der Entente über die Türkei gewesen. Die Beherrschung der Meerengen war das verlockendste Kriegsziel Rußlands, obwohl der russische Generalstab außer der Behauptung der Kaukasusfront niemals nennenswerte Kräfte zur Erreichung dieses Zieles zur Verfügung stellen konnte; auch die russische Schwarzmeerflotte vermochte nicht einmal während der Dardanellenschlacht die Operation der Verbündeten zu entlasten. Die Befürchtung, es könne wegen seiner Schwäche zum Abschluß eines Sonderfriedens gezwungen werden, ließ Rußland zu Beginn der Meerengenoperation nochmals drohende Forderungen erheben; die Westmächte konnten nicht länger ausweichen. England leidlich elastisch, Frankreich mit erheblichem Widerstreben sagten Rußland im März und April 1915 für den Fall des siegreichen Kriegsausganges den Besitz von Konstantinopel und die Beherrschung beider Meerengenufer an Bosporus, Marmarameer und Dardanellen zu. Damit waren sie gezwungen, ihre eigenen Interessen an der Aufteilung der asiatischen Türkei nicht zu kurz kommen zu lassen. Während Rußland auch hier Ansprüche im Norden auf Armenien und Kurdistan erhob, sicherte sich England 1916 den vorherrschenden Einfluß in Arabien und Mesopotamien, Frankreich Syrien mit den Provinzen Adana und Kilikien, während Italien 1917 die Zusage einer Interessensphäre mit Adalia und um Smyrna erzwang. Palästina mit seinen heiligen Stätten sollte unter internationale Verwaltung gestellt werden. In der Balfour-Deklaration vom 2. Nov. 1917 wurde es auch noch als künftige »Heimstätte« jüdischer Siedlung in Aussicht genommen, obwohl dies den inoffiziellen Zusagen des Obersten Lawrence bei seiner Werbung um die Hilfe der Araber widersprach. In der Hoffnung auf ein einheitliches Reich einschließlich Palästina und Syrien bis Mesopotamien hatten die Araber eine militärisch nicht belanglose Hilfstruppe gegen die Türkei mobil gemacht. Diese Verstrickungen der Kriegspolitik und auch die Versprechungen an Italien lasteten bereits bei der Zusammenarbeit mit den Vereinigten Staaten während des Krieges, noch mehr aber beim Friedensschluß und in der Nachkriegszeit als schwere Hypothek auf den Staaten der Entente.

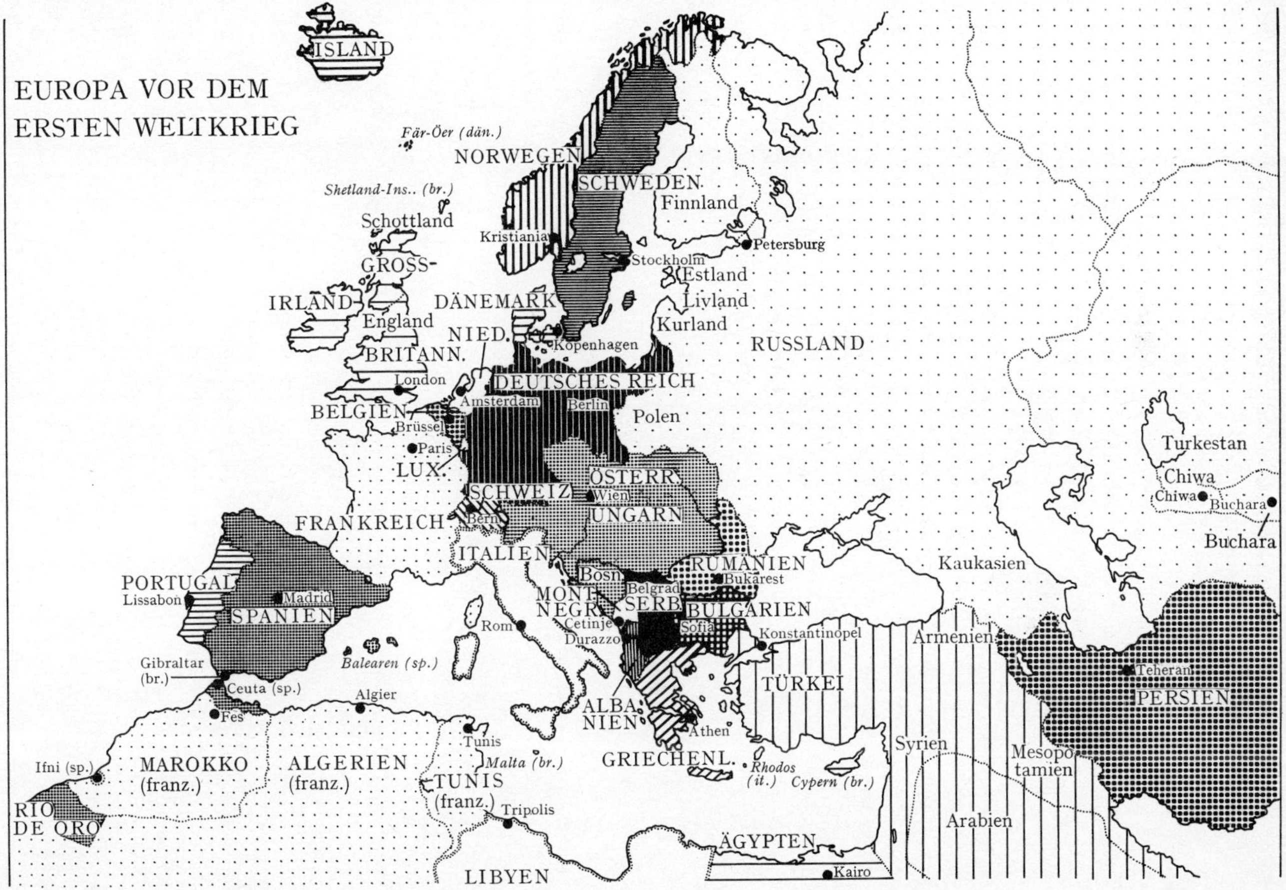
EUROPA VOR DEM
ERSTEN WELTKRIEG
ISLAND
Fär-Öer (dän.)
NORWEGEN
Shetland-Ins.. (br.)
Schottland
SCHWEDEN
Finnland
Kristiania
Stockholm
Petersburg
GROSS-
BRITANN.
IRLAND
England
DÄNEMARK
Estland
Livland
Kurland
NIED.
Kopenhagen
RUSSLAND
London
DEUTSCHES REICH
Amsterdam
Berlin
Polen
BELGIEN
Brüssel
Paris
LUX.
Turkestan
ÖSTERR.
Wien
SCHWEIZ
Bern
UNGARN
Chiwa
Chiwa
Buchara
Buchara
FRANKREICH
ITALIEN
RUMÄNIEN
Bukarest
Kaukasien
Bosn.
Belgrad
SERB.
PORTUGAL
Lissabon
Madrid
SPANIEN
MONT.
NEGRO
BULGARIEN
Sofia
Cetinje
Durazzo
Rom
Konstantinopel
Armenien
Teheran
PERSIEN
Balearen (sp.)
Gibraltar
(br.)
Ceuta (sp.)
Algier
TÜRKEI
ALBA-
NIEN
Athen
Fes
Tunis
Syrien
Mesopo-
tamien
Ifni (sp.)
MAROKKO
(franz.)
ALGERIEN
(franz.)
Malta (br.)
GRIECHENL.
Rhodos
(it.)
Cypern (br.)
TUNIS
(franz.)
Tripolis
Arabien
RIO
DE ORO
ÄGYPTEN
LIBYEN
Kairo

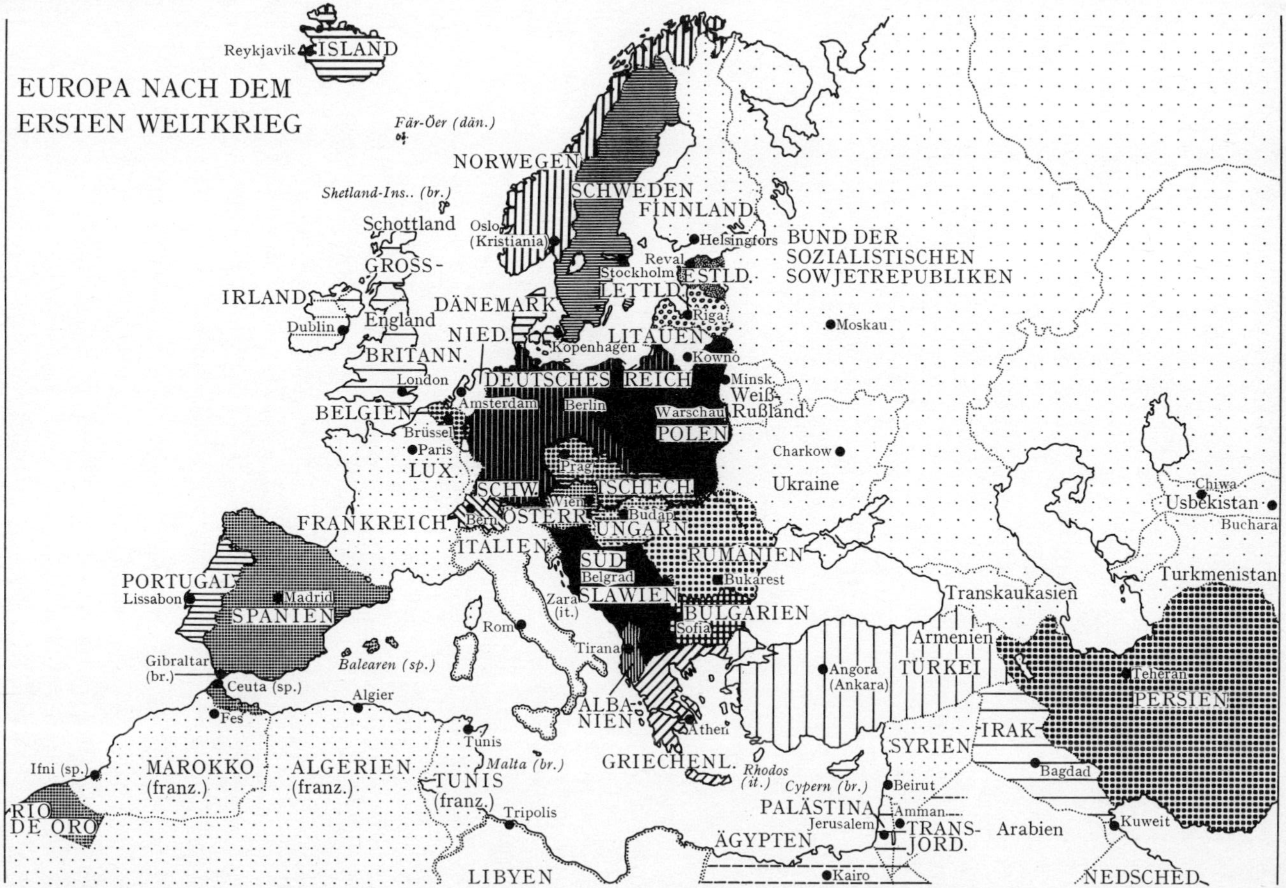

EUROPA NACH DEM
ERSTEN WELTKRIEG
Reykjavik
ISLAND
Fär-Öer (dän.)
NORWEGEN
SCHWEDEN
FINNLAND
Shetland-Ins.. (br.)
Schottland
Oslo
(Kristiania)
Helsingfors
BUND DER
SOZIALISTISCHEN
SOWJETREPUBLIKEN
GROSS-
Reval
Stockholm
ESTLD.
LETTLD.
IRLAND
DÄNEMARK
Riga
Moskau
England
Dublin
NIED.
LITAUEN
Kopenhagen
Kowno
BRITANN.
London
DEUTSCHES REICH
Minsk
Weiß-
Rußland
BELGIEN
Amsterdam
Berlin
Warschau
POLEN
Brüssel
Paris
Charkow
LUX.
Prag
SCHW.
TSCHECH.
Ukraine
Wien
Budap.
Chiwa
Usbekistan
Buchara
FRANKREICH
Bern
ÖSTERR.
UNGARN
ITALIEN
RUMÄNIEN
SÜD
Belgrad
SLAWIEN
Turkmenistan
PORTUGAL
Lissabon
Madrid
SPANIEN
Zara
(it.)
Bukarest
Transkaukasien
Rom
BULGARIEN
Sofia
Armenien
Tirana
Gibraltar
(br.)
Balearen (sp.)
Angora
(Ankara)
TÜRKEI
Teheran
PERSIEN
Ceuta (sp.)
Algier
ALBA-
NIEN
Athen
Fes
Tunis
IRAK
SYRIEN
Ifni (sp.)
MAROKKO
(franz.)
ALGERIEN
(franz.)
Malta (br.)
TUNIS
(franz.)
GRIECHENL.
Rhodos
(it.)
Cypern (br.)
Beirut
Bagdad
RIO
DE ORO
Tripolis
PALÄSTINA
Amman
Jerusalem
TRANS-
JORD.
Arabien
Kuweit
ÄGYPTEN
LIBYEN
Kairo
NEDSCHED

Die 1916 abgeschlossene Eroberung der deutschen Kolonien (mit Ausnahme von Deutsch-Ostafrika), an der in Togo und Kamerun auch Frankreich und Belgien beteiligt waren, während in Südwest- und Ostafrika das Dominion von Südafrika, in der Südsee Australien und Neuseeland die Hauptlast trugen, legte die Westmächte ebenso über das Kriegsende hinaus politisch fest. Edward Grey hat schon 1915 dem Oberst House dargelegt, daß an eine Rückgabe der deutschen Kolonien nicht zu denken sei, während man in Deutschland, selbst in gemäßigten Kreisen, noch bis 1918 davon träumte, ein in Europa unentschiedener Krieg werde sich durch den Gewinn weiter zentralafrikanischer Gebiete kompensieren lassen. Man rechnete mit einer Erneuerung der vor 1914 bestehenden englischen Bereitschaft zu kolonialen Zugeständnissen, übersah aber völlig den im Krieg erstarkten Willen der Dominien, erkämpfte Gewinne zu behaupten.

Die Härte des Krieges förderte keineswegs die Aussicht auf einen Status quo ante, weder im Bereich der Kolonien noch in Europa. Das gilt ebenso für die geheimen russisch-französischen Kriegszielabmachungen wie für den Annexionismus im deutschen Lager.

England hat bis 1917 in Europa nur die Wiederherstellung der kleinen Verbündeten, in erster Linie Belgiens und Serbiens, gefordert. Wie Frankreich hat es die polnische Frage aus Rücksicht auf Rußland mit äußerster Zurückhaltung behandelt und sich wenigstens nicht endgültig für den Rückfall Elsaß-Lothringens an Frankreich verpflichtet. Daß Frankreich und Rußland, Delcassé und Sasanow, schon im Herbst 1914, wiederholt noch in dem St. Petersburger Geheimvertrag vom 11. März 1917, sich Vollmachten über den Siegespreis an der West- und Ostgrenze Deutschlands ausstellten, konnte England nicht verhindern. Selbst Briand hat sich damals, am Vorabend der Märzrevolution, aus Sorge vor einem Abfall Rußlands schweren Herzens entschlossen, für Frankreich nicht nur das durch das Saargebiet erweiterte Elsaß-Lothringen, sondern auch die Organisation des linken Rheinufers in einem vom Reich getrennten und neutralisierten Staat zu beanspruchen. Rußland erhielt freie Hand für seine Westgrenze, was es nicht nur zum Herrn über Polen gemacht haben würde, sondern – im günstigsten Falle – auch über Ostpreußen und Galizien. Außerdem hätte sich Rußland einen entscheidenden Einfluß auf die Zukunft der slawischen Bevölkerungen Österreich-Ungarns gesichert. Freilich ist das Unabhängigkeitsstreben von Tschechen und Südslawen, vertreten durch so bedeutende Köpfe wie Masaryk und Beneš, schon in den ersten Kriegsjahren in England und Frankreich beachtet worden; aber beide Staaten haben sich zur Politik einer Zertrümmerung der Doppelmonarchie erst entschlossen, als mit einem Hineinwachsen Rußlands nach Mitteleuropa (Frühsommer 1918) nicht mehr zu rechnen war, mochten sie auch die »Befreiung« der unterdrückten Nationalitäten schon in der Note an Wilson vom 10. Januar 1917 in sehr elastischer und vieldeutiger Formulierung auf die Tagesordnung gesetzt haben.

Die Kriegszielpolitik der Entente hatte vornehmlich zwei Motive: einmal den festen Willen, jede mögliche Verstärkung der eigenen Sache wahrzunehmen, weil der am schärfsten geführte, nach Möglichkeit abgekürzte Krieg im Grunde auch der humanste Krieg sei, und zum anderen die Illusion, daß die radikale Entscheidung des Ringens durch die Niederwerfung des Gegners der einzig sichere Weg sei, die Wiederholung einer solchen Katastrophe zu verhindern. Erst 1916 sind im Lager der Entente bald wieder zum Schweigen gebrachte

Stimmen laut geworden, daß diese Motive eine Zertrümmerung Europas in seiner historischen Gestalt und seinem historischen Rang bedeuteten.

Das gleiche Dilemma auf der deutschen Seite: Auch hier wurde der Krieg mit der Überzeugung begonnen, man müsse sich gegen einen angreifenden Gegner verteidigen. Nur die Mehrheit der Sozialdemokratie hat ganz konsequent an diesem Standpunkt festgehalten. Auch haben verantwortliche Köpfe trotz der militärischen Anfangssiege die Einsicht vertreten oder doch bald zu ihr zurückgefunden, daß das Reich im besten Falle auf einen Hubertusburger Frieden des Vorkriegsstandes rechnen könne. Während der ersten Kriegsjahre war aber die öffentliche Meinung in Deutschland im ganzen annexionistisch gesonnen. Man erörterte Gebietserwerbungen im Westen auf Kosten Frankreichs und Belgiens und im Osten auf Kosten weiter Randgebiete Rußlands. Selbst ein so schwerblütig gewissenhafter Reichskanzler wie Bethmann Hollweg hat dieser Strömung immer wieder zweideutige Zugeständnisse machen müssen und es nicht gewagt, sie offen zu bekämpfen. Nur ein Diplomat auf Außenposten, wie der Botschafter in Washington, Graf Bernstorff, hat sich ständig im Gegensatz zu dieser Strömung zu behaupten versucht. Als man 1916 durch die Kriegslage ernüchtert wurde, zeigte es sich, daß recht handfeste Interessen an diese Illusionen geknüpft waren: industrielle an die Erwerbspläne im Westen, agrarische an die Forderung des Erwerbs von Siedlungsgebiet im Osten. Das politisch völlig irreführende Gefühl, Volk ohne Raum unter den Großmächten zu sein, war so stark, daß daneben auch noch Überseeinteressenten an dem Programm eines geschlossenen, lebensfähig großen Kolonialreiches festhielten. Alle diese Ansprüche aber waren verhängnisvoll durch das militärische Denken sanktioniert, das sich den Ausgang des Krieges nur in der schroffen Alternative von vollem Sieg oder voller Niederlage vorstellen konnte. Der Gegensatz zwischen dem Traum einer durch militärisch glänzende Leistungen scheinbar erreichbaren Größe und der harten Tatsache der Einkreisung des Reiches hätte nicht krasser sein können. Obwohl der Reichskanzler einen inneren Burgfrieden durch die Kriegszensur und das Verbot der Kriegszielerörterung anstrebte, prallten die Meinungen jetzt immer härter aufeinander.

Friedrich Naumanns vielgelesenes Mitteleuropa-Buch versuchte im Oktober 1915, im Ausklang der Erfolge gegen Rußland, ein neues Kriegsziel zu formulieren, das aus der blinden Gegnerschaft von Annexionisten und Befürwortern von Verständigungsfrieden herausführen sollte. Auch dieses Kriegsziel, ein auf Bündnisse mit der Türkei und Bulgarien beruhender Ausbau der deutschen Vormachtstellung im Raum von Hamburg bis Bagdad, hätte freilich einen entscheidenden militärischen Sieg der Mittelmächte vorausgesetzt. Naumann wollte nicht eine imperialistische Beherrschung der beteiligten Völker durch das Reich, sondern er schlug eine föderalistische Bindung durch politische und militärische, vor allem wirtschaftliche Zusammenarbeit vor. Obwohl das Buch zustimmend und sogar begeistert aufgenommen wurde, stieß es doch in Österreich auf ein empfindliches Selbstbewußtsein. Die kriegsbedingte Abhängigkeit von Deutschland wollte man unter keinen Umständen auf die Friedenszeit ausdehnen. So konnte sich die offizielle deutsche Politik Naumanns Programm nur mit Vorsicht aneignen. Selbst in Deutschland blieben norddeutsch-protestantische Kreise zurückhaltend, und auch die an Welthandel und Überseeinteressen beteiligten Wirtschaftskreise glaubten nicht, daß es zweckmäßig sei, nach dem

Kriege den Weltrang der deutschen Wirtschaft wieder zu erobern. In den beiden letzten Kriegsjahren ist das Buch daher weniger beachtet worden. Durch seinen Appell an das Zusammengehörigkeitsbewußtsein der Deutschen im Reich und in Österreich hat es gefühlsmäßig sehr stark gewirkt, auch über das Kriegsende hinaus; das hat vielfach dazu geführt, die Bedeutung seiner Mitteleuropaidee in der deutschen Geschichte zu überschätzen.

So haben die Jahre des Stellungskrieges die kämpfenden Fronten hoffnungslos verhärtet. Über die Möglichkeit eines Verhandlungsfriedens läßt sich nur geschichtlich-nachträglich spekulieren; in den Tatsachen der politischen Kriegführung findet solche Möglichkeit kaum eine Bestätigung. Die Entente hat den ernsthaftesten Vermittlungsversuch, das von Wilson autorisierte, aber keineswegs in allen Einzelheiten gedeckte Angebot des Oberst House im Frühjahr 1916 beiseite geschoben, obwohl House ohne Vorbehalt, Wilson nur »wahrscheinlich« das bewaffnete Eingreifen der Vereinigten Staaten zugesichert haben, falls Deutschland die vorgeschlagenen Bedingungen: Wiederherstellung Belgiens und Serbiens, Elsaß-Lothringen für Frankreich, Konstantinopel für Rußland und die Errichtung eines unabhängigen Polens, abschlagen würde. England und Frankreich rechneten auf jeden Fall mit einer Intervention der Vereinigten Staaten und wollten sich vor der erhofften militärischen Entscheidung der Sommeschlacht offensichtlich die Hände nicht binden. Auch wäre der Unterschied zu den Gegenbedingungen der Mittelmächte im Frühjahr ebenso hoffnungslos gewesen wie am Ende des Jahres 1916, als Deutschland ein Friedensangebot machte.

Die Mittelmächte haben zu keinem Zeitpunkt hoffen können, daß Friedensverhandlungen mit ihren Ansprüchen den geringsten Erfolg haben würden. Hat doch selbst Österreich-Ungarn trotz aller Schwäche bis zuletzt wechselnden Hoffnungen auf Gebietserwerb durch Verfügung über das Königreich Polen sowie Abtretungen Rumäniens und Serbiens nachgejagt, während die deutsche Politik niemals die Forderungen auf das Erzbecken von Briey zu Lasten Frankreichs aufgegeben oder auf Verfügung über Belgien verzichtet hat, mit dem Besitz von Kanalküste, Maaslinie mit Lüttich oder zum mindesten wirtschaftlicher Verbindung mit dem Reich, Sonderung von Wallonen und Flamen, so daß Belgiens Souveränität aufgehoben gewesen wäre. Dazu beanspruchte man im Osten die Baltikumsländer und Polen. Die deutsche Politik hat daher zunächst nur versuchen können, die Schlachtenerfolge zur Anbahnung eines die feindliche Koalition sprengenden Sonderfriedens auszuwerten. Es stellte sich aber heraus, daß England dafür nicht zu haben war und Frankreich verschlossen blieb, weil man auf deutscher Seite nicht ernsthaft an einen Verzicht auf das Reichsland dachte und denken konnte, sondern bestenfalls das Angebot belangloser Grenzberichtigungen in den Vogesen erwog, für die womöglich noch das ungleich wertvollere Erzbecken von Briey eingehandelt werden sollte. Damit blieb als einzige Möglichkeit der von der zweiten Obersten Heeresleitung sofort nach der Marneschlacht verlangte Versuch einer Sonderfriedenssondierung in Rußland übrig. Man erwartete, daß das Zarentum bereit sein werde, seine gefährdete Existenz durch reuige Rückkehr in die nach 1890 verlassene konservative Allianz mit den konstitutionellen Monarchien Mitteleuropas zu retten. Dieser Versuch ist über verschiedene unterirdische Kanäle zum Zarenhof schon 1915 gemacht und 1916 durch Fühlungnahme mit den letzten reaktionären Ratgebern Nikolaus' II. fortgesetzt worden. Obwohl diese Versuche der Entente sorgenvolle Stunden bereitet haben, hat eine wirkliche Aussicht auf Erfolg doch kaum bestanden. Die unerschütterliche Loyalität von Zar und Zarin, die mit der englischen und dänischen Königsfamilie verwandt waren, hatte das Argument der Freundschaft zwischen Romanows und Hohenzollern jeden Wertes beraubt. Der letzte ernsthafte Kritiker des Anschlusses an die Entente, der ehemalige Wirtschaftsminister Witte, starb bereits im März 1915. Die blassen Gestalten der Reaktion, wie der Ministerpräsident von 1916, Stürmer, und der noch unfähigere Innenminister Protopopow, handelten in begreiflicher Panik vor der drohenden Revolution. Im Grunde vermochte die deutsche Politik Rußland auch nicht mehr anzubieten als die Rettung der bloßen Existenz. Wohl erneuerte sie 1915, vage genug, die Bereitschaft Bismarcks, Rußlands Meerengenpolitik nicht zu behindern, aber sie selbst war mit der Türkei verbündet, und die Entente hatte St. Petersburg diesen Preis vertraglich zugesichert. Auch die These, daß sich die drei klassischen Teilungsmächte Rußland, Preußen und Österreich in einem Sonderfrieden geeinigt haben würden, wenn die Mittelmächte sich nicht am 5. November 1916 auf die Errichtung eines Königreiches Polen festgelegt hätten, steht auf sehr schwachen Füßen. Ein Abfall von der Entente würde für den Zaren eine nicht wiedergutzumachende Demütigung, für Rußland die Vergeblichkeit der im Krieg gebrachten furchtbaren Opfer bedeutet haben, so daß die Revolution, die dadurch vermieden werden sollte, noch unvermeidlicher geworden wäre. Die Hoffnung auf Sonderfrieden mit Rußland war für die Mittelmächte ein verlockender Traum; Aussicht auf Erfolg hatte er aber nicht.

Seekrieg und Wirtschaftskrieg
Die innere Lage der Staatenwelt

Das politische und militärische Gleichgewicht der Kräfte ist erst im Jahre 1916 zugunsten der Entente gestört worden. Jetzt begann sich allmählich die durch die Herrschaft über die Weltmeere ermöglichte Blockade auszuwirken, so daß dieser Teil der Kriegführung die Entscheidung herbeizuführen versprach.

Auch der Seekrieg verlief nicht mehr nach den aus dem 19. Jahrhundert überlieferten strategischen Regeln. Jene mächtigen Dreadnoughtgeschwader, die nach der Lehre Mahans und der Erwartung Lord Fishers durch die Seeschlacht über die Beherrschung der Ozeane entscheiden sollten, haben nur an dem einen Tag der Skagerrakschlacht für wenige Stunden in unentschiedenem Zusammenprall miteinander gefochten. Kostbarkeit und Unentbehrlichkeit dieses Rückgrates der Seemacht veranlaßten eine englische Fernblockade gegen die in der Nordseebucht eingeschlossene deutsche Risikoflotte Tirpitzscher Schöpfung und damit fast zwei Jahre lang das Ausbleiben der erwarteten Seeschlacht. Die Überlegenheit der englischen Flotte war so groß, daß die wenigen deutschen Kreuzer bis zum Herbst 1915 von den Meeren weggefegt werden konnten. Auch der Sieg des deutschen Südseegeschwaders unter Admiral Graf Spee bei Coronel am 1. November 1914 wurde nach einer schnellen, wenn auch nicht ganz risikofreien Konzentration weit überlegener Kräfte durch seine Vernichtung bei den Falklandinseln (8. Dezember) wiedergutgemacht. Die Hoffnung des deutschen Operationsplanes, durch Teilschläge die Ungunst der Kräfteverhältnisse verbessern zu können, erfüllte sich nicht. Die ersten Kreuzerzusammenstöße in der Nordsee, bei Helgoland am 28. August 1914 und an der Doggerbank im Januar 1915, verliefen so wenig glücklich, daß der deutschen Hochseeflotte trotz schärfster Proteste ihres Schöpfers bis 1916 strengste Zurückhaltung auferlegt wurde; zwei Flottenchefs, die Admirale von Ingenohl und Pohl, sind über diesem glanzlosen Auftakt des Seekrieges verbraucht worden.

Erst ihr Nachfolger im Januar 1916, Scheer, setzte es durch, daß ihm endlich größere Entschlußfreiheit gelassen wurde, um – in Zusammenarbeit mit den zur Zeit stillgelegten U-Booten – den Versuch zu erneuern, durch beweglichen und aktiven Einsatz der Hochseeflotte das Ziel allmählicher Schwächung des Gegners doch noch zu erreichen. Aus dieser Lage entstand, von beiden Seiten nicht vorausgesehen und so nicht gewollt, die Skagerrakschlacht des 31. Mai 1916, die von der zufälligen Begegnung der aufklärenden Kreuzergeschwader zu einem doppelten Zusammenstoß der beiden Flotten führte. Die zugreifende, doch wohl der bedächtigen Umsicht Jellicoes überlegene Führung Scheers, der sich zweimal sehr ernsten Lagen durch entschlossenes Abbrechen des Kampfes zu entziehen wußte, technische Widerstandsfähigkeit der deutschen Schiffe und ausgezeichnete artilleristische Leistung führten dazu, daß die englischen Verluste sehr viel größer waren, wozu freilich vor allem der für sie unglückliche Verlauf des die Schlacht einleitenden Kreuzergefechtes beigetragen hatte. Die Skagerrakschlacht ist daher in Deutschland mit nicht unberechtigtem Stolz als Sieg gefeiert worden, obwohl sich Scheer gehütet hatte, sie weiterzuführen, sondern es vorzog, bei Einbruch der Nacht zum Hafen durchzubrechen, anstatt einen neuen Zusammenstoß zu suchen. Sein offener und sachlicher Bericht an den Kaiser kam selbst zu dem Schluß, daß die deutsche Kriegsflotte England nicht zum Frieden zwingen, sondern nur die Erdrosselung der englischen Wirtschaft durch Wiederaufnahme des unbeschränkten U-Boot-Krieges zu diesem Ziele führen könne. Wie die englische, wurde nun auch die deutsche Schlachtflotte zur fleet in being, die sich in glanzlosem, aber erschöpfendem Dienst damit begnügte, Rückhalt für den Ausbruch der U-Boote aus der immer dichter belagerten Nordsee zu sein. Der Tirpitzsche Traum einer zur Schlachtentscheidung zwischen Elbe und Themse befähigten Risikoflotte und der Ehrgeiz, die militärisch stärkste Landmacht der Epoche gleichzeitig zur zweiten Seemacht zu erheben, waren damit zusammengebrochen.

Die Flottenführung konnte fortan die Existenz der Marine nur durch den Einsatz der Unterseeboote gegen die gegnerische Handelsflotte rechtfertigen. Sie erkannte damit die Tatsache an, daß die wirtschaftlichen Waffen der Gegenseite zu einer tödlichen Gefahr für Deutschland geworden waren.

Kaum ein anderes Kapitel der Geschichte des ersten Weltkrieges hat so tiefe und lange nachwirkende Verbitterung ausgelöst wie der Versuch, den militärisch nicht zu bewältigenden Widerstand um den Preis schwerer Leiden der Zivilbevölkerung durch wirtschaftlichen Druck zu brechen. Die Erinnerung an die englische Blockade ist durch die Opfer belastet, die Unterernährung und Krankheit durch Hunger in Deutschland und Österreich gefordert haben. Kaum etwas anderes hat im Lager der Entente so erbitterten Haß erzeugt wie die warnungslose, völkerrechtswidrige Versenkung von anfangs unbewaffneten Handelsschiffen durch deutsche Unterseeboote.

Bei der erbitterten Debatte über Verantwortung und Schuld hat man übersehen, daß beide Erscheinungen auf jenes Gesetz des modernen Krieges zurückgehen, nach dem die Scheidung von Militär und Zivil ihren eigentlichen Sinn zu verlieren begann. Es entsprach der englischen Tradition und es wurde von England als Selbstverständlichkeit betrachtet, den stärksten Teil seiner Rüstung, die Flotte, als Waffe zur Einschnürung der Wirtschaft des Gegners zu verwenden. Nur hatte man sich im modernen Krieg von der effektiven (Nah-)Blockade vor den feindlichen Häfen auf ein System der Kontrolle des Seeverkehrs umzustellen. Dies System hat je länger, je mehr auch die Neutralen gezwungen, sich seinen Forderungen anzupassen, ja selbst an ihm mitzuwirken. Die englische Diplomatie, an diesem Punkte durch Grey mit größter Umsicht geleitet, hat ein Höchstmaß an Blockade zu sichern versucht, gleichzeitig aber eine Brüskierung der Vereinigten Staaten vermieden. Als die USA dann in den Krieg eingetreten waren, konnte man auf Rücksichten auf die neutralen Staaten verzichten.

Die zweite völkerrechtliche Grenzüberschreitung Englands bestand in der Beseitigung der konventionellen Unterschiede zwischen absoluter, dem Kriegsbedarf des Gegners dienender, und bedingter Konterbande. Unter den Voraussetzungen des modernen Krieges war es schwer tragbar, daß Flugzeuge als relative Konterbande nur dann beschlagnahmt werden konnten, wenn sie nachweislich für die feindliche Regierung und deren Streitkräfte bestimmt waren. Rohstoffe, wie Öl, Kupfer, Gummi und Baumwolle, durften passieren. Nur aus Rücksicht auf die Vereinigten Staaten hat England ein Jahr lang diesen Zustand für Baumwolle hingenommen. Erst 1915 hat es gewagt, Lebensmittel zu beschlagnahmen, die bis zum Beginn des warnungslosen U-Boot-Krieges durch Deutschland (Februar 1915) noch freien Zugang zu den neutralen Häfen, damit aber indirekt auch nach dem Reich, hatten. Damit erst hat die eigentliche »Hungerblockade« begonnen, die allerdings bis Ende 1916 noch nicht verhindern konnte, daß zunächst über Italien, länger noch über Holland und die skandinavischen Staaten, ganz erhebliche Zufuhren, selbst englische, in die belagerte Festung der Mittelmächte gelangten. Auf die Dauer aber wurde doch eine Abschließung erreicht.

Dagegen hat Deutschland versucht, Unterseeboote, deren Eigenart allerdings mit der völkerrechtlichen Vorschrift, Handelsschiffe zu warnen und eine Frist zur Rettung der Menschenleben zu gewähren, nicht in Einklang zu bringen war, als tödliche Waffe gegen die englische Handelsschiffahrt und damit gegen die Existenz des Gegners zu verwenden, der auf die Einfuhr von Industriestoffen und bis zur Hälfte seiner Lebensmittel angewiesen war. Das war im Frieden nicht vorgesehen und drängte sich erst auf, als Anfangserfolge der U-Boote gegen feindliche Kriegsschiffe einen Ausbau dieser Waffe als lohnend erscheinen ließen. Die Empfindlichkeit der relativ langsamen U-Boote gegen feindliche Waffen zwang dazu, durch warnungslosen Torpedoschuß äußersten Gebrauch von den Möglichkeiten der neuen Waffe zu machen und sich mit dem Hinweis auf die Gefährdung der U-Boot-Besatzungen und auf die Usancen der englischen Blockade über die entrüsteten Proteste von Feindstaaten und Neutralen hinwegzusetzen. Als der Gegner zum täuschenden Gebrauch fremder Flaggen griff, zeigte sich, daß die neue Waffe der Anforderung, feindliche und neutrale Schiffe beim Tauchangriff zu scheiden, nicht gewachsen war. Deutschland zog sich nicht nur den Haß aller Neutralen zu, sondern beschwor auch sofort die Gefahr eines Bruches mit der stärksten neutralen Macht, den Vereinigten Staaten, herauf.

Angesichts dieser Gefahren bleibt es fast unverständlich, daß sich Kaiser und Kanzler schon am 4. Februar 1915 dazu hinreißen ließen, eine »Blockade« über die gesamten Britischen Inseln zu verhängen und auch die neutrale Schiffahrt vor jeder Berührung dieser Kriegszone zu warnen, obwohl nur vierundzwanzig U-Boote, also nur sechs bis sieben zu gleichzeitigem Einsatz, zur Verfügung standen. Schon am 7. Mai beschwor die Versenkung der »Lusitania« mit eintausendzweihundert Opfern, darunter einhundertachtzehn amerikanischen Passagieren, die ernste Gefahr eines nur durch den Widerstand von Bryan und die Abneigung Wilsons gegen den Krieg verhüteten sofortigen Zusammenstoßes mit den Vereinigten Staaten herauf. Der bis zum September dauernde gereizte Notenwechsel zwang zu dem Versprechen, Passagierdampfer zu schonen, und führte praktisch zur Beschränkung des U-Boot-Krieges auf das Mittelmeer. 1916 wiederholte sich der gleiche Vorgang, als Wilson nach der Versenkung der »Sussex« im Kanal durch ein schroffes Ultimatum mit dem Abbruch der diplomatischen Beziehungen drohte. Gegen den Widerstand des nun zum Abschied gezwungenen Großadmirals von Tirpitz machte Bethmann Hollweg das Zugeständnis, Handelsschiffe sollten nicht mehr ohne Warnung versenkt werden, so daß die Marine die U-Boot-Tätigkeit wieder auf das Mittelmeer beschränkte, da sie den Kampf nach den Regeln des Kreuzerkrieges als unfruchtbar und nicht zu verantworten ansah.

Der mit schwersten politischen Folgen belastete zweimalige vergebliche Ansatz war mit ungenügenden Mitteln unternommen worden, obwohl die Marine schon 1916 versichert hatte, England binnen sechs bis acht Monaten zum Frieden zwingen zu können. Nur der richtigere Instinkt des leitenden Staatsmannes gegen die nahezu geschlossene Front von Marine- und Heeresleitung setzte mühsam den Entschluß zum erneuten Abbrechen durch; hatte doch Falkenhayn Ende April sogar mit der Einstellung des Angriffes auf Verdun gedroht und war erst vor der Gegenfrage des Kanzlers zurückgewichen, ob er im anderen Falle für den Sieg in dieser Schlacht garantieren könne. Dabei hat auch der U-Boot-Krieg nach Kreuzerregeln im Jahre 1916 immerhin ansehnliche Ergebnisse erzielt; nach der Feststellung Jellicoes sind tatsächlich 1915 nur einundzwanzig und 1916 nur neunundzwanzig Prozent aller Versenkungen warnungslos vollzogen worden, so daß die These der Marine von der Unzulänglichkeit dieser Kampfform heute als höchst zweifelhaft, zumindest als stark übertrieben erscheint. Durch die 1916 erzielten Versenkungen von durchschnittlich einhundertsiebentausend Tonnen englischen Schiffsraumes im Monat wäre gewiß nicht der endgültige Sieg, aber doch eine nachhaltige Belastung der englischen Kriegführung erreicht worden, ohne ein amerikanisches Eingreifen zu provozieren. Die Starrheit des militärischen »Alles-oder-Nichts-Denkens« wirkt im Rückblick noch unzulänglicher, als sie damals schon ihren politischen Kritikern erschien. Aber auch 1916 war für diese, Bethmann, Helfferich und Bernstorff, das Zugeständnis an den Vorbehalt gebunden worden, daß sich Deutschland freie Hand für seine Entschlüsse vorbehalte, wenn es Wilson nicht gelinge, alle Nationen zu einer Kriegführung nach den Gesetzen der

Menschlichkeit, das heißt die Gegner zum Verzicht auf die Blockade zu bringen. Der Präsident hielt dagegen unbeugsam an dem Standpunkt der unmittelbaren, nicht abzuschiebenden Verantwortung des Reiches für das Verhalten seiner Streitkräfte fest. Es war Ende 1916 so fragwürdig wie jemals, ob das U-Boot fähig sei, den Krieg zu entscheiden; dagegen mußte der Kriegseintritt der Vereinigten Staaten bei einer dritten Erneuerung des warnungslosen U-Boot-Krieges mit Sicherheit erfolgen. Wenn sich in dieser Situation die Forderung von Marine und Heer – und zwar mit Zustimmung der öffentlichen Meinung und der Mehrheit des Reichstages – gegen die politische Führung durchsetzte, so ist das nur als ein Sich-Aufbäumen gegen die sonst unvermeidliche Niederlage zu erklären.

Die Zerstörung aller eng verflochtenen Fäden der Weltwirtschaft durch den Krieg hat nicht, wie man 1914 allgemein annahm, eine lange Dauer des Ringens unmöglich gemacht. In England und Frankreich mußten die Regierungen auf einzelnen Gebieten sofort in das Wirtschaftsleben eingreifen. Im Herbst 1914 drängte die überall auftretende Munitionskrise zu einer straffen staatlichen Kontrolle. Selbst in England mußte man die Illusion aufgeben, daß sich das Wirtschaftsleben weitgehend unberührt vom Krieg weiter vollziehen könne. Aber mit der Beherrschung der Weltmeere blieb die Möglichkeit, bis an die Grenzen der eigenen Zahlungs- und Kreditfähigkeit die Zufuhren der ganzen Erde, vornehmlich die agrarischen und industriellen Lieferungen der Vereinigten Staaten, heranzuziehen. Frankreich konnte während der ganzen Dauer des Krieges den für die Stimmung der Massen so wichtigen Ernährungsmarkt verhältnismäßig liberal behandeln. England hat sich aus finanziellen Gründen lange Zeit gehütet, seine Ausfuhr allzu streng zu kontrollieren, selbst wenn sie auf dem Umweg über neutrale Länder zum Teil dem Gegner zugute kam. Lediglich Rüstungsindustrie und Schiffbau verlangten allmählich ein immer schärferes staatliches Eingreifen. Aber in einer Hinsicht drohte die Lage 1916 unhaltbar zu werden: die Finanzkräfte der Westmächte wurden durch ihren immer größeren Bedarf an Zufuhren so stark beansprucht, daß sie trotz zunehmender privater Anleihen in den Vereinigten Staaten bald erschöpft sein mußten.

Das erst spät und noch unvollkommen industrialisierte Rußland wurde dagegen von Anfang an schwer betroffen. Seine Rüstungsindustrie war den Aufgaben des Krieges in keiner Weise gewachsen; sein ebenfalls schwach entwickeltes Verkehrsnetz versagte. Die Versorgung der großen Städte war ein kaum lösbares Problem. Korruption und Unfähigkeit der Verwaltung, die der Kritik eines freien politischen Lebens nicht unterworfen war, verschärften noch alle Schwierigkeiten. Schon 1916 mußten die Industriearbeiter in diesem ganz agrarischen Lande ernste Entbehrungen auf sich nehmen. Das waren Erscheinungen, die in allen agrarischen Ländern des europäischen Ostens und des Balkans, in Polen, Serbien, Rumänien und Bulgarien, ebenfalls auftreten sollten und überall wie in Rußland den Boden für eine agrarrevolutionäre Strömung vorbereiteten und Kriegsbereitschaft und Fähigkeit zur Fortsetzung des Krieges untergruben.

Die verschieden, aber doch sehr viel stärker industrialisierten Staaten der europäischen Mitte haben in der Wirtschaftskrise des Weltkrieges einen außerordentlichen Grad der Anpassungsfähigkeit bewiesen. Ihre Leistungsfähigkeit wurde aber so stark belastet, daß Italien nur durch immer stärkere Hilfe seiner Verbündeten bestehen konnte, während

Deutschland und Österreich schließlich unter dem Druck der Blockade erlagen. Die überall, selbst in England und den Vereinigten Staaten, für den Krieg bezeichnende Machtausdehnung des Staates auf dem Gebiet der Wirtschaft ist als Staatssozialismus empfunden worden und hat auch die Nachkriegsentwicklung stark beeinflußt. Dabei handelt es sich nicht nur um die Einschränkung der freien Vorkriegswirtschaft und damit die Umstrukturierung des Bürgertums und um die Entwicklung der Arbeiterparteien. Auch in England hat der Krieg den Zusammenbruch der Liberalen Partei eingeleitet und die Labour Party begünstigt. Während aber bei den Westmächten die Widerstandskraft der kapitalistischen Wirtschaft und des Bürgertums groß genug blieb, um bei Kriegsende sehr energisch auf die Rückkehr zur Vergangenheit drängen zu können, wurde in Deutschland die Übermacht des Staates so groß, daß sich beim Zusammenbruch der Sozialismus in Staat und Wirtschaft zunächst durchzusetzen schien; er ist vielleicht nur durch das größere Gespenst des Bolschewismus zurückgedrängt worden.

Die Rohstofflage des Reiches war bei Kriegsbeginn sofort bedrohlich. Walther Rathenau wies schon am 9. August 1914 das Preußische Kriegsministerium auf die Notwendigkeit hin, eine kontrollierte Bewirtschaftung aller kriegswichtigen Rohstoffe zu organisieren. Am Jahresende wurde dann die Schwäche der Ernährungswirtschaft deutlich, und man begann im November Kartoffeln und Getreide zu bewirtschaften. Wohl wurde bis in das Jahr 1915 ein eigentlicher Mangel noch nicht empfunden, aber 1916 mußten alle wichtigeren Lebensmittel rationiert werden, weil eine Katastrophe sonst unvermeidlich gewesen wäre. Zugleich war nicht zu verkennen, daß auch das beste System staatlicher Kriegswirtschaft in Deutschland, und erst recht in Österreich, den Niedergang der Widerstandskraft nicht aufhalten konnte.

Das Jahr 1917: Krise und Wendepunkt des Weltkrieges

Als die Kräfte der Mittelmächte zu versagen drohten und als sich Kriegsmüdigkeit und Friedenssehnsucht unter den Völkern der Entente ausbreiteten, wurde der erste Weltkrieg durch zwei Ereignisse entschieden: die Februar-Revolution in Rußland und das Eingreifen der Vereinigten Staaten von Amerika. Die Revolution zwang Rußland zum Ausscheiden, hat aber die ganze weitere Entwicklung des 20. Jahrhunderts ebenso stark bestimmt wie das Ende der Isolierung Amerikas. Das erste Ereignis schien den Mittelmächten zunächst einen rettenden Ausweg zu bieten, ohne daß ihre Politik diese Aussicht auch nur mit dem denkbaren Nachdruck ergriffen hätte; das zweite Ereignis besiegelte ihre Niederlage.

Der Wunsch, dem Krieg fernzubleiben, hat ursprünglich die Mehrheit der amerikanischen Nation erfüllt. Man stand europäischen Fragen eigentlich recht fern. Präsident Wilson strebte ein Verbleiben in der Neutralität nicht zuletzt deswegen an, weil jede Intervention bei einzelnen Einwanderergruppen auf Widerstand stoßen mußte. Außer den Reibungen zwischen Angelsachsen, Deutschen und Iren begann sich schon jener Einfluß der jüngeren Einwanderungsschicht, Polen, Tschechen und Slowaken, Südslawen, geltend zu machen, die für die Unabhängigkeit ihrer Brüder in Europa lebhaft agitierte. Die Vereinigten Staaten, bei Kriegsbeginn noch Schuldnerland Europas, wurden erst während des Krieges zum größten Gläubigerland der modernen Geschichte. Ihre Wirtschaft, die auf Ausfuhr angewiesene Landwirtschaft noch stärker als die so schnell groß gewordene Industrie, war unbedingt auf die Fortsetzung des Exports angewiesen, sollte das Land nicht in schwerste wirtschaftliche Krisen stürzen.

Der demokratische Kandidat Woodrow Wilson war als Träger innerer Reformideen 1913 zum Präsidenten gewählt worden. Nur unter dem Zwang der Tatsachen hat er sich in immer stärkerem Maße der Außenpolitik gewidmet. Trotz der zähen und gewandten Sicherheit, mit der er das Spiel der Parteipolitik zu betreiben verstand, war dieser Idealist, Sproß einer Puritanerfamilie, ganz von dem Glauben an eine humane und demokratische Mission seiner Nation erfüllt. Eine weitere Absonderung von der Weltpolitik erschien ihm aus realen Interessen wie idealen Motiven gleich unmöglich. Charakter und Interessen der Nation zeichneten ihm aber 1914 gebieterisch eine konsequente Neutralitätspolitik, möglichst auch eine moralische Neutralität, zwischen den Streitenden vor, welche die letzte neutrale Großmacht in der Hoffnung aus dem Kampfe heraushalten wollte, daß sie dadurch als Vermittler und Schiedsrichter die abgekämpften Gegner zum Frieden werde führen können.

Es ist gewiß richtig, daß diese ehrlich gemeinte Neutralitätspolitik Wilsons sich der Färbung durch Sympathien und Interessen niemals hat entziehen können und – dazu war er realistisch genug – auch nicht entziehen wollte. Die ihm vorgeworfene Abhängigkeit von der Wirtschaft und Großfinanz, deren Auswüchse er hart bekämpfte, hat gewiß nicht bestanden. Aber Wilson konnte sich so wenig wie die Wirtschaft der Tatsache entziehen, daß der Handelsweg zu den Ententeländern offenstand, zu den Mittelmächten dagegen verschlossen war. Die interessenpolitische, auch ideologisch zugespitzte Denkweise einflußreicher Männer in seiner Umgebung, des Londoner Botschafters Page, seines langjährigen vertrauten persönlichen Mitarbeiters, des Oberst House, auch von Bryans Nachfolger als Staatssekretär, dem Juristen Lansing, hat er sicher nicht geteilt. Diese waren sehr zeitig bereit, die eigene Kriegsteilnahme der Gefahr einer Niederlage der Entente vorzuziehen, weil ihnen der Sieg der europäischen Monarchien und eine deutsche Hegemonie in Europa als untragbare Bedrohung Amerikas erschien. Der in angelsächsischen Ideen groß gewordene Präsident stand dieser Auffassung nicht fern, ist aber objektiv genug gewesen, die europäischen Mächte in der Frage der Kriegsentstehung wie der Kriegsziele nicht einfach nach schwarz und weiß, Mächten des Lichts und der Finsternis, zu scheiden. Aber seine persönlichen Neigungen konnten ihn im Fall einer Entscheidung nur an die Seite Edward Greys, nicht an die Wilhelms II. führen. Er hat auch zweifellos deutsche Herausforderungen, die belgische Frage und den Unterseebootkrieg, strenger beurteilt als etwa die englische Blockade, der er 1916, im Gegensatz zu einer sehr starken Strömung der öffentlichen Meinung wie des Kongresses, doch stets nur so weit entgegengetreten ist, daß die politische Verbindung zum alten Mutterland nicht allzusehr strapaziert wurde.

Ähnliche Hemmungen haben Deutschland gegenüber nicht bestanden. Wilson hatte sich schon 1915 in der U-Boot-Frage auf eine strenge Rechenschaftsforderung an das Reich festgelegt, wobei er auf den Unterschied zwischen den Verlusten von Menschenleben beim U-Boot-Krieg und den Verlusten von materiellen Werten durch die Blockade hinweisen konnte. Daß die völkerrechtlichen Bestimmungen dem modernen Kriege kaum mehr adäquat waren, hat er nicht übersehen, aber es war seine feste Überzeugung, daß bestehendes Völkerrecht im Kriege nicht einseitig geändert werden dürfe. Er hat sich allen deutschen Bemühungen strikt entzogen, ihm an diesem Punkt Zugeständnisse abzuringen, so daß seine Reaktion eigentlich schon festgelegt war, als am 9. Januar 1917 in Pless der verhängnisvolle Entschluß der Erneuerung des warnungslosen U-Boot-Krieges gefaßt wurde. Bethmann-Hollweg und Helfferich vermochten (wenig mehr als einen Monat vor Ausbruch der russischen Revolution) der festen Überzeugung von Marine- und Heeresleitung, durch die Versenkung von mindestens sechshunderttausend Tonnen monatlich England binnen fünf Monaten zum Frieden zu zwingen, weder eine politische noch eine militärische Alternative entgegenzusetzen.

Wilson hatte nach seiner Wiederwahl (November 1916) nach einem mit illusorischen Stärken operierenden Friedensangebot der Mittelmächte vom 12. Dezember 1916 versucht, in letzter Stunde (12. Januar 1917) doch noch die von ihm lange geplante Vermittlung durchzuführen, indem er die kriegführenden Mächte zur Mitteilung ihrer Bedingungen aufforderte. Der Abstand zwischen der Ententeantwort und der nach langem Zögern vertraulich erfolgenden Mitteilung der deutschen Bedingungen war hoffnungslos. Auf die Mitteilung von der bevorstehenden Erneuerung des U-Boot-Krieges am 1. Februar 1917 hat er dennoch nur die diplomatischen Beziehungen abgebrochen und bis zuletzt verzweifelt gehofft, das Letzte noch vermeiden zu können. Nach den ersten unvermeidlichen Versenkungen amerikanischer Schiffe mußte er sich aber am 6. April zur Eröffnung des Krieges entschließen, zumal die Mitteilung des englischen Geheimdienstes über ein deutsches Bündnisangebot an Mexiko die letzten Hemmungen der amerikanischen öffentlichen Meinung weggeschwemmt hatte.

Amerika begann diesen Krieg als Kreuzzug im Namen von Demokratie und Humanität gegen die Mächte mittelalterlicher Reaktion in Europa. Es zog die meisten Staaten Mittel- und Südamerikas und China nach sich. Seine Intervention verstärkte den Druck auf die neutralen Staaten so sehr, daß sie – so Holland und Norwegen – ihre Handelsflotten weitgehend zur Verfügung stellten. Die finanzielle Krise der Entente war behoben. Innerhalb eines Jahres haben die Vereinheitlichung von Finanzierung, Rüstungsproduktion, Schiffbau und Schiffsraumausnutzung (auch die noch im Ausland liegenden deutschen Handelsschiffe wurden herangezogen) das Gesicht des See- und Wirtschaftskrieges völlig verändert. Die Erfolge der jetzt etwa einhundertdreißig deutschen U-Boote haben in den nächsten Monaten die Versprechungen der Marine nicht nur erreicht, sondern vor allem im April mit fast neunhunderttausend Tonnen sogar übertroffen. Die Widerstandskraft Englands drohte spätestens im November zusammenzubrechen, wie Admiral Jellicoe dem bestürzten Admiral Sims in London enthüllte. Aber schon im Hochsommer haben verstärkte Abwehrmaßnahmen, Einführung des Konvoisystems und beschleunigte Schiffsneubauten eine Wende eingeleitet. Von den über sechzehntausend Schiffen, die von da an bis zum Kriegsende im Geleitzug nach England fuhren, sind im ganzen weniger als ein Prozent versenkt worden. Die nur mit bestehenden Größen rechnende Voraussage der deutschen Marine wurde schnell widerlegt; das Fiasko begann sich selbst für deutsche Beobachter schon im Juli 1917 entmutigend abzuzeichnen.

Die Erwartung der Ententenationen, amerikanische Truppen würden ihren Kampf in Europa erleichtern, konnte freilich nicht so schnell in Erfüllung gehen, da die Vereinigten Staaten erst jetzt – wenn auch wesentlich rascher als England 1914 – ein Heer mit allgemeiner Wehrpflicht aufstellten. Der Transport amerikanischer Truppen nach Europa begann als Mut einflößende Demonstration zwar schon im Jahre 1917; es dauerte aber bis zum Juni 1918, ehe einzelne Divisionen wirklich in den Kampf eingreifen konnten, und bis zum Juli, ehe knapp anderthalb Millionen Mann in Frankreich gelandet waren, siebenundzwanzig Divisionen, von denen erst neunzehn frontfertig ausgebildet waren. Schon vorher ist aber wichtig, daß die amerikanische Hilfe die Zuversicht der Ententevölker stärkte und ihnen schon moralisch durch das kritische Jahr 1917 hindurch half.

Mit den in Geheimverträgen niedergelegten Kriegszielen der europäischen Ententeregierungen konnte sich Wilson bei aller Intensität seiner Hilfeleistungen freilich nicht identifizieren. Vielmehr hat er sich geweigert, sie zur Kenntnis zu nehmen, und zuversichtlich geglaubt, das Gewicht der Vereinigten Staaten werde im Augenblick des Friedens schon seinen Willen durchsetzen. So hat Amerika nur als »assoziierte«, nicht alliierte, durch Bündnis in der Art des Londoner Vertrages vom September 1917 gebundene Macht am Krieg teilgenommen. Nicht zuletzt wegen seines Mißtrauens gegen die imperialistische Interessenpolitik des alten Europa hat Wilson das moralische und ideelle Programm der Kriegführung und der Friedensziele immer wieder hervorgehoben. Im Munde eines Mannes, der das Wort geprägt hatte, man könne zu stolz sein, um Krieg zu führen, der bereits 1916 den Gedanken einer überstaatlichen Ordnung zur dauernden Sicherung des Friedens, den Keim seiner Völkerbundkonzeption, aufgegriffen hatte, klang es glaubhaft, wenn er im Kampf für Demokratie gegen Autokratie den letzten aller Kriege sah. In Deutschland anfangs verspottet, der Heuchelei bezichtigt und abgelehnt, wirkte schließlich doch Wilsons immer wiederholte These, sein Kampf sei gegen jede willkürliche Gewalt gerichtet, welche die Ruhe der Welt störe, und er kämpfe für einen auf dem Selbstbestimmungsrecht der Völker beruhenden Frieden, der nicht in geheimer Diplomatie, sondern in einer von den Völkern kontrollierten öffentlichen Verhandlung geschlossen werden müsse. Er hat noch im Verlauf des Jahres 1917 Vorschläge, die unter dieser Grenze zu bleiben schienen, so die Friedensnote des Papstes, schroff abgelehnt. Das hat den Kriegswillen der Ententevölker gestärkt und ihnen nicht zuletzt über die Enttäuschungen des dritten Kriegsjahres hinweggeholfen.

Nach der Sommeschlacht hatten Frankreich und England noch einmal geglaubt, durch einen Doppelangriff im Gebiet der Somme und in der Champagne die deutsche Front durchbrechen und zum Einsturz bringen zu können. Das Siegesrezept Nivelles hatte das Trommelfeuer der Vorjahre durch eine massive Feuerwalze ersetzt, hinter welcher der Infanterie eigentlich nur die Aufgabe zufallen sollte, das von der Artillerie eroberte Gelände zu besetzen und dann den Durchbruch zu erzwingen. Diese Konzeption wurde von der dritten Obersten Heeresleitung durchkreuzt, noch ehe der bis zum Schlachtbeginn dauernde Streit zwischen Anhängern des Generals und den Skeptikern beendet war. Mit seiner ganzen Organisationskraft und Energie hatte Ludendorff nach den Erfahrungen des Jahres 1916 die Taktik des Infanteriekampfes aufgelockert. Er zuerst wagte den Entschluß, den feindlichen Plan durch einen geplanten Rückzug in die Siegfriedstellung zu durchkreuzen. Der trotz aller Bedenken am 16. April beginnende große französische Angriff brach nach kleineren Geländegewinnen unter blutigen Verlusten zusammen. Nivelle wurde abgesetzt (15. Mai). Die nun folgende tiefe moralische Krise im französischen Heer, mehr Streik gegen unfähige Führung als Meuterei, wurde von seinem Nachfolger Pétain durch eine überlegene Mischung von Festigkeit, Verständnis für den Soldaten und Abstellen seiner berechtigten Beschwerden überwunden. Die deutsche Oberste Heeresleitung erfuhr zu spät, daß vorübergehend nur Teile der Truppen in der Front noch fest in der Hand der französischen Führung gewesen waren.

Bis zum Jahresende beschränkte sich das französische Heer auf wenige, sorgfältig geplante und sehr begrenzte Angriffe. Die Last des Kampfes ging auf die englische Armee über, die von Haig und dem Generalstabschef Robertson trotz Skepsis und Protest der politischen Leitung nach dem geglückten Minenangriff auf die Höhen von Messines (7. Juni) in jene vom Juli bis zum November dauernde Flandernschlacht geführt wurde, deren Ziel die Befreiung der Kanalhäfen und damit ein Schlag gegen wichtige deutsche U-Boot-Basen sein sollte. Die Verluste von dreihunderttausend Mann blieben zwar hinter den Verlusten an der Somme zurück; aber die Schlacht, die auch den deutschen Gegner wieder bis zur Grenze des Erträglichen anspannte, nach den Erinnerungen der Teilnehmer wohl der Höhepunkt der Schrecken des Stellungskrieges, erstickte während der regnerischen Herbstmonate förmlich im Sumpf- und Trichtergelände der flandrischen Tiefebene. Die im November sorgfältig vorbereitete, erfolgreiche Probeschlacht der Panzerwaffe bei Cambrai war kein Ausgleich für den strategischen Mißerfolg. Sie lehrte zwar eine neue Angriffstaktik für das Jahr 1918; aber nur zehn Tage später eroberte ein deutscher Gegenangriff das verlorene Gelände zurück und glich auch die Bilanz der Verluste und der Gefangenen nahezu aus.

Mit der gleichen Spannkraft hat es die dritte Oberste Heeresleitung verstanden, auch die letzte durch Kerenskij erzwungene und wieder von Brussilow geführte russische Offensive (24. Juni) schon Mitte Juli durch einen Gegenstoß aufzufangen und im September durch die Einnahme von Riga die deutsche Stellung im Baltikum auszubauen. Als nach der elften Isonzoschlacht die Widerstandskraft des österreichischen Heeres fühlbar erlahmte, gelang an der italienischen Front mit dem bescheidenen Beitrag von sieben deutschen Divisionen der Durchbruch von Tolmein-Caporetto. Der ebenfalls kriegsmüde Gegner wurde über Isonzo und Tagliamento auf die Piavelinie zurückgeworfen und verlor bei dem überstürzten Rückzug fast dreitausend Geschütze und zweihundertdreiundneunzigtausend Gefangene. Der über dieser Niederlage stürzende Cadorna konnte noch die Auffangstellung am Piave organisieren, in der sich das italienische Heer wieder sammelte, ehe die erbetene und schleunigst bewilligte Hilfe englischer und französischer Divisionen eintraf. Wieder reichten die Kräfte der Mittelmächte nicht zu dem ehrgeizigen Versuch aus, Italien auszuschalten oder wenigstens Norditalien zu überrennen. Aber die Zuversicht Deutschlands und selbst Österreichs auf die Leistungsfähigkeit ihrer Heere war am Ende dieses Feldzuges doch gewachsen. Die Leistung der dritten Obersten Heeresleitung hatte das fast mythische Ansehen des Paares Hindenburg-Ludendorff neu bestätigt.

Das war freilich nötig, weil die Unruhe der Völker, *le malaise des peuples*, bei den Mittelmächten sehr viel stärker war als bei den nach Amerika blickenden Völkern der Entente. Im Sommer 1917 war es allerdings auch im Westen zu einer ernsten moralischen Krise gekommen. Aber die parlamentarische Demokratie der Westmächte hat die Belastung des Krieges elastischer überstanden als die bürokratisch-militärisch geleitete konstitutionelle Monarchie.

In England war unter dem Druck von Munitionskrise und Meerengenschlacht schon im Mai 1915 der liberalen Regierung Asquith eine Koalitionsregierung der beiden großen Parteien gefolgt. Als auch dadurch eine energisch durchgreifende Kriegsleitung nicht gewährleistet war, zwangen konservative Parteiführer mit dem immer stärker in den Vordergrund tretenden Lloyd George (damals Kriegsminister) den Premierminister mit einem Ultimatum, das ihn durch die Bildung eines engeren Kriegskabinettes zu einer Schattenrolle verurteilen wollte, zum Rücktritt. Lloyd George bildete um den Preis der Spaltung seiner eigenen liberalen Partei eine Regierung, die unter dem Impuls seiner stürmischen, bis zum Opportunismus wandlungsreichen Persönlichkeit einer Kriegsdiktatur so nahe kam, wie es nach der englischen Verfassung möglich war. Er verkündete, daß er den Krieg bis zur letzten Entscheidung, dem *knock-out blow*, führen wolle. Er war es auch, der die Entwicklung vom Empire zum Commonwealth einleitete, indem er die Premierminister der großen Dominien auf den Reichskonferenzen von 1917 und 1918 als gleichberechtigte Mitarbeiter behandelte und sogar einige von ihnen, vor allem den Burengeneral Smuts, in den engsten Kreis des jetzt alle wichtigen Fragen entscheidenden War Cabinet zog. Um so bezeichnender ist es, daß er beim Konflikt mit den Gewerkschaften über Fragen der allgemeinen Wehrpflicht, der Befreiung von Industriearbeitern vom Heeresdienst und der Ausbreitung ungelernter Arbeit (vor allem der Frauen) in der Kriegsindustrie mit größter Umsicht und Schonung vorging. Die Streikbewegung im Mai 1917 wurde durch ein Kompromiß überwunden und die vom Heer verlangte Masseneinziehung zurückgestellter Industriearbeiter bis zu den Niederlagen im Frühjahr 1918 vertagt.

Ungeduld und Kritik der Volksvertreter, Spannungen im Verhältnis zwischen Oberkommando und Regierung und Schwäche der Kabinette sind in Frankreich sehr viel bedeutsamer als in England gewesen. Es nahm die ganze Wendigkeit eines Briand in Anspruch, um sich vom Oktober 1915 bis zum März 1917 am Ruder zu behaupten. Noch schwächer wurde dann bis zum November die Stellung seiner beiden Nachfolger Ribot und Painlevé, denen die wachsende Abneigung der Sozialisten gegen weitere Beteiligung an der Regierung die Arbeit in diesem Jahr der Enttäuschungen immer mehr erschwert hat. Die Krise der Armee im Mai 1915 war auch in Frankreich von einer gefährlichen Streikbewegung begleitet, deren Zuspitzung aber der Innenminister Malvy durch konziliante Vorsicht auffing. Dafür kam dann im November mit Clemenceau die Verkörperung des Kriegswillens ans Ruder. Er verfolgte sofort alle schwankenden und kompromißlerischen Persönlichkeiten, von den Führern der Linken, wie Caillaux und Malvy, bis zu den verdächtigen Nutznießern der bisherigen Schwäche, Bolo Pascha und Almereyda. Auch er blieb auf die Zustimmung der Mehrheit des Parlamentes angewiesen und hat kritische Stunden überstehen müssen. Willensstark und mutig hat er sich aber auch in den schweren Stunden des Jahres 1918 eine so gut wie diktatoriale Gewalt erzwungen und erreicht, daß sich die Fronten in Frankreich fester schlossen als je.

Wie in England und Frankreich hat auch in Deutschland zu Beginn des Krieges ein die Parteigegensätze überbrückender Burgfrieden geherrscht. Aber er ist bald bedroht gewesen, nicht allein durch die Spannungen innerhalb der Sozialdemokratischen Partei. In ihren Reihen setzte sich eine Opposition gegen die Bewilligung der Kriegskredite immer stärker mit dem Argument durch, Deutschland führe in Wirklichkeit einen Eroberungskrieg. Auch gab es noch radikalere Kreise, wie die des späteren Spartakus-Bundes um Karl Liebknecht und Rosa Luxemburg, für die (wie für Lenin) der Krieg die Revolution des vom Staate gelösten Proletariats ermöglichte. Nicht nur Dauer und Schwere des Krieges haben es der Parteiführung so schwer gemacht, mit diesen Oppositionsherden fertig zu werden. Entscheidend wurde die Belastung der innerdeutschen Lage durch den Annexionismus, der, von den Rechtsparteien vertreten, besonders von der unter Tirpitz 1917 gegründeten Vaterlandspartei, erbitterten Hader auslöste und zu radikaler Antwort herausforderte. Dazu kam, daß das Drängen der Sozialdemokratie nach durchgreifenden inneren Reformen, vor allem der Beseitigung des Dreiklassenwahlrechtes in Preußen, bis Ende 1916 keinerlei konkrete Fortschritte erreichte.

Durch das von der Obersten Heeresleitung erzwungene Gesetz über den Vaterländischen Hilfsdienst war die Bevölkerung im Dienste der Rüstung und Kriegführung vielleicht schon über ein ertragbares Maß hinaus angespannt. Der Kohlrübenwinter des Jahres 1916/17 brachte weitere Härten und Entbehrungen, so daß die Radikalisierung der Massen unaufhaltsam fortschritt. Nach der russischen Frühjahrsrevolution und nach einer weiteren Herabsetzung der Lebensmittelrationen im Frühjahr 1917 streikten die Munitionsarbeiter. Nur die Androhung einer Militarisierung der Betriebe konnte sie wieder zur Arbeit zwingen. Aber die Forderung nach inneren Reformen und baldigem Kriegsende konnte seitdem nicht mehr übergangen werden.

Bethmann Hollweg versuchte zu retten, was zu retten war; er kündigte in der Osterbotschaft des Kaisers vom 7. April 1917 eine Reform des preußischen Wahlrechts an mit direkter und geheimer, aber auch jetzt noch nicht gleicher Wahl. Rechtskreise, die um das preußische Wahlrecht, zuletzt im Herrenhaus, bis tief in den Herbst 1918 gekämpft haben, und die Oberste Heeresleitung fanden sich gegen ihn zusammen, während Bethmann, der schon in der U-Boot-Krise des Januar nicht den Mut zur Abschiedsdrohung gefunden hatte, sondern aus Gewissenhaftigkeit im Amt geblieben war, jetzt allmählich auch bei Zentrum, Nationalliberalen und Freisinnigen jeden Rückhalt verlor. Der Kanzler stürzte schließlich, am 12. Juli 1917, während des Kampfes um die Friedensresolution des Reichstages, die nach dem berühmten Vorstoß Erzbergers in der Frage des U-Boot-Krieges (6. Juli) von den Parteien der späteren Weimarer Koalition, Sozialdemokratie, Zentrum und Freisinn, vertreten wurde, durch den Druck von Heeresleitung und Kronprinz. In den nun bis zur Annahme der Friedensresolution (19. Juli) folgenden verworrenen Auseinandersetzungen zeigte sich die Reichstagsmehrheit außerstande, einen Nachfolger zu bestimmen. Der für die Koordination der Gewalten verantwortliche Kaiser war jetzt wie immer im Kriege nur der Spielball der von allen Seiten auf ihn eindringenden Einflüsse. So war es wieder die Oberste Heeresleitung, die widerwillig genug die Annahme der Friedensresolution zuließ, sie aber sofort entwertete, indem sie als Kanzler den dieser Aufgabe in keiner Weise gewachsenen Bürokraten Michaelis durchsetzte, der die Friedensresolution sofort mit dem Vorbehalt, »wie ich sie auslege«, kommentierte. Aber schon im Oktober stürzte der hilflose Michaelis nach stürmischer Reichstagsdebatte, und die Parteien und Länderregierungen meldeten ihre Ansprüche diesmal sehr viel stärker an. Das Drängen auf Parlamentarisierung des Reiches wurde aber mit der Ernennung des konservativen, greisen bayerischen Zentrumsführers, des Grafen Hertling, ebensowenig gefördert wie die Reform des preußischen Wahlrechts. Die Krise des Jahres 1917 endete mit einer durch die Oktoberrevolution in Rußland noch verstärkten Vorherrschaft der Obersten Heeresleitung. Die reinigende Wirkung innerer Krisen in England und Frankreich war in Deutschland völlig ausgeblieben.

Dazu kam, daß die Verbündeten sichtlich erschöpft waren. Mit dem Jahre 1917, dem Fall von Bagdad und Jerusalem, wurde der Niedergang der Türkei unaufhaltsam; die Kriegsmüdigkeit war in Bulgarien gewachsen. In Österreich zeigte sich, daß die Kraft des wohlmeinenden jungen Kaisers Karl (Thronbesteigung 22. November 1916) und seiner Gemahlin Zita von Parma nicht ausreichte, die auch sachlich wahrscheinlich unlösbare Aufgabe einer grundlegenden Reform des Nationalitätenstaates unter dem Druck des Krieges ernsthaft anzugreifen. Er wagte nicht, durch Verweigerung des Krönungseides in Ungarn den starren Widerstand der Magyaren gegen jede Reform zugunsten der nationalen Minderheiten zu brechen. Auch war er außerstande, den anschwellenden nationalen Widerstand von Tschechen und Südslawen einzudämmen, während die Wirtschaftskrise, verschärft durch egoistische Absperrung Ungarns gegen die zisleithanische Reichshälfte, im Laufe des Jahres 1917 die Reichshauptstadt Wien mit Hungersnot bedrohte. Schon seit dem Frühjahr 1917 vertraten daher Kaiser Karl und sein Außenminister Graf Czernin bei dem deutschen Bundesgenossen mit wachsender Dringlichkeit den Standpunkt, daß die Kriegsteilnahme Österreichs nicht mehr lange dauern könne.

Auf diese Notlage Österreichs sind in erster Linie die in ihrer Tragweite oft überschätzten Friedenssondierungen des Jahres 1917 zurückzuführen. Aber nur eine ganz radikale Politik des Verzichtes auf jeden Gewinn, die unbedingte Rückkehr zum Status quo ante, hätte den Mittelmächten jetzt noch einige Aussicht gegeben, erfolgreich an die Kriegsmüdigkeit der gegnerischen Völker gegen den zähen Willen ihrer Regierungen zu appellieren. Selbst das Angebot eines Hubertusburger Friedens würde kaum das Eis gebrochen haben, wenn er nicht von einer großartigen Offensive auf die öffentliche Meinung der Entente-Länder begleitet gewesen wäre.

Dafür sind weder Kaiser Karl oder Czernin noch Bethmann Hollweg oder Richard von Kühlmann im geringsten geeignet gewesen. Die österreichische Politik schwankte zwischen Niedergeschlagenheit und wechselnden Erwerbswünschen im Osten und Süden. In Deutsch-

Russische Gefangene, 1917

Unabhängiger Ausschuß für einen Deutschen Frieden, Ortsgruppe

Wie gestaltet sich unser Friede?

„Der Scheidemannsche Friede" will:

daß bei Friedensschluß alles bleibt, wie es war, und jeder seine Lasten trägt.

Das würde der Untergang Deutschlands sein. Denn während der Zehnverband mit seinem Ueberschuß an Land und Stützpunkten zur See leicht auf Ausdehnung und Grenzverbesserung verzichten kann, bedeutet es für uns einen faulen Frieden, der mit sich bringt:

daß Belgien das Einfallstor für England und Frankreich bleibt;

daß Deutschland nur mit Englands Erlaubnis das Meer befahren darf und jederzeit von seinen Rohstoff liefernden Kolonien abgeschnitten werden kann;

Handelsflotten bei einem faulen Frieden:

der Mittelmächte: 5,4 Mill. Tonnen

des Zehnverbandes: 23,2 Mill. Tonnen

daß Frankreich feste Einfallspunkte an unserer Grenze behält, unter deren Kanonen ein großer Teil unserer Stahl- und Roheisenerzeugung liegt;

Eisenerzvorräte der Mittelmächte vor dem Kriege: 3892 Mill. Tonnen

daß Rußland jederzeit die ungeschützten deutschen Ostmarken verwüsten kann, daß 2 Millionen Deutsche in Rußland erbarmungslos vernichtet werden und andere Millionen Deutsche, für die das Mutterland keinen Platz hat, im Auslande zu Kulturdünger werden;

In einem Jahrzehnt beschaffbare deutsche Siedlerfamilien aus dem Reich, Rußland, sonstigem Europa und Ueberse e
466 000

38 680

Bei einem faulen Frieden:
gibt es für diese nur Siedlerland im alten Reichsgebiet
471 500 ha = 38 680 Siedlerstellen

Deutschlands Erdöl-Bedarf: 1 360 000 Tonnen

Bei einem faulen Frieden:
Deutschlands Erdöl-Erzeugung 140 000 Tonnen

daß Deutschland mit einer Kriegslast von weit mehr als 100 Milliarden und vervielfachten Steuern aus diesem Kriege herausgeht und dadurch vollständig verarmt, arbeitslos und wirtschaftlich vernichtet wird.

Bei einem faulen Frieden: 170 Milliarden Schulden

= 2537 Mark auf den Kopf der Bevölkerung

172 Mark Reichssteuern auf den Kopf der Bevölkerung

Volksvermögen = 200 Milliarden Mark

Bei einem faulen Frieden ein Lohnsklave Englands mit 170 Milliarden Schulden

„Der Deutsche Friede" will:

nach den ungeheuren Opfern an Blut und Gut das Mindestmaß fordern, das zu Deutschlands Bestehen und Entwickelung nötig ist,

daß Belgien, insbesondere die Flandrische Küste mit Antwerpen, in Deutschlands militärischer, wirtschaftlicher und politischer Abhängigkeit bleibt;

daß wirkliche Seefreiheit für alle Völker geschaffen wird, und daß wir unsere Kolonien und Flottenstützpunkte in vergrößertem Maßstabe wiederbekommen;

Handelsflotten bei einem Deutschen Frieden:

der Mittelmächte: 17,8 Mill. Tonnen

des Zehnverbandes: 10,9 Mill. Tonnen

das Erzbecken von Briey und Longwy, das Frankreich seine Angriffswaffen lieferte, und Grenzverbesserungen, besonders in den Vogesen, je nach militärischer Lage und Beurteilung;

Eisenerzvorräte der Mittelmächte bei einem Deutschen Frieden: mindestens 6954 Mill. Tonnen

eine leicht zu verteidigende Grenze, will die alten deutschen Ostseeprovinzen und reichen Boden als neues Getreideland für deutsche Bauernansiedelung, um das Reich vor künftiger Aushungerungsgefahr zu schützen; (Einfuhr 1912/13 für 3 Milliarden Nahrungsmittel, 1/4 Milliarde Vieh usw.).

In einem Jahrzehnt beschaffbare deutsche Siedlerfamilien aus dem Reich, Rußland, sonstigem Europa und Uebersee
466 000

520 300 Siedlerstellen

Bei einem Deutschen Frieden gibt es 7 270 000 ha = 520 300 Siedlerstellen, neues Ansiedelungsland: Kurland, Litauen, russ. Grenzstreifen, Livland, Estland

Deutschlands Erdöl-Bedarf: 1 360 000 Tonnen

Bei einem Deutschen Frieden:
1 800 000 Tonnen rumänische Erdöl-Erzeugung zur Verfügung

daß die Feinde, die das friedliche Deutschland überfielen, die Lasten des Krieges in Rohstoffen, Schiffen, bar und durch Landabtretung bezahlen.

Bei einem Deutschen Frieden:

5 Milliarden Schulden vor wie nach dem Kriege

=

75 Mark auf den Kopf der Bevölkerung

36 Mark Reichssteuern auf den Kopf der Bevölkerung

Volksvermögen = 400 Milliarden Mark

Bei einem Deutschen Frieden ein freies Volk mit nur 5 Milliarden Schulden

Ein fauler Friede, auch wenn er sofort geschlossen würde, bringt uns kein Pfund Brot mehr und schließt jegliche Zufuhr fremden Getreides für lange Zeit aus. Nur bei einem Deutschen Frieden können wir die rumänischen Ernten, die England bereits bezahlt hat, hereinschaffen. Der Sieger ißt zuerst.
Hindenburg und Ludendorff und unsere braven Unterseeboote geben uns die Sicherheit, daß wir die Sieger sein werden.

*** Jeder Deutsche, der einen Deutschen Frieden will, trete uns bei ***

und helfe damit beweisen, daß nicht „9/10 aller Deutschen" einen Scheidemannschen Frieden wünschen.

Das Zahlenwerk ist der vorzüglichen Flugschrift „Deutschlands Zukunft bei einem guten und bei einem schlechten Frieden", J. F. Lehmanns Verlag, München (Einzelpreis 1 Mark, in Partien billiger) entnommen. Anschaffung dringend empfohlen!

Ortsgruppe:
Geschäftsstelle:

Anmeldungen, Werbeschriften daselbst. Kein Beitragszwang.

Dieses Aufklärungs- und Werbe-Blatt ist durch die nebenstehende Geschäftsstelle jederzeit zu beziehen.

Um Weiterverbreitung dieses Blattes wird dringend gebeten. Gegebenenfalls sichtbar aufhängen.

land haben die Vertreter eines rationalen Friedenswunsches in der Regierung niemals den Einfluß und die brutale Energie besessen, die sich allein gegen die Anhänger eines »starken Friedens«, voran die Oberste Heeresleitung, hätte durchsetzen können. Die Mehrheitsparteien des Reichstages haben auch nach der Friedensresolution nur höchst unsichere außenpolitische Wünsche gehegt; das zeigten sowohl die Auseinandersetzungen über die Beantwortung der päpstlichen Friedensnote wie über den Frieden von Brest-Litowsk. Daß die im kritischen Augenblick isolierte Persönlichkeit Briands durch ein direktes deutsch-französisches Gespräch zwischen ihm und Lancken ernsthafte Aussichten eröffnet hätte, kann man kaum annehmen. Selbst wenn die Reise Briands in die Schweiz nicht am Einspruch Ribots gescheitert wäre, hätte zumindest die Reichslandfrage die diametralen Gegensätze aufgezeigt. Auch die Aussichten der Friedensnote Papst Benedikts XV. vom 9. September 1917 sind in der deutschen Literatur meist überschätzt worden, obwohl das Drängen der Kurie auf eine vorbehaltlose Freigabe Belgiens durch Deutschland vielleicht noch am ehesten einen Weg gewiesen hätte, auf dem sich das Abreißen der Friedensgespräche hätte vermeiden lassen. Weder Frankreich noch selbst England, am wenigsten Wilson, waren aber bereit, der belgischen Frage die von der Kurie angenommene Bedeutung zuzusprechen.

Der Beginn des Jahres 1917 war bestimmt durch den Kriegseintritt der Vereinigten Staaten; sein Ende wurde überschattet von der russischen Oktoberrevolution. Ihre umfassende weltgeschichtliche Bedeutung kann an dieser Stelle nur nach ihrer Verflechtung mit den Ereignissen des ersten Weltkrieges behandelt werden. Die mit Lebensmittelunruhen in St. Petersburg am 8. März einsetzende Frühjahrsrevolution ist vornehmlich von Arbeitern, Bauern und meuternden Soldaten bis zur Abdankung des hilflos zwischen Hauptquartier und Hauptstadt umherirrenden Nikolaus' II. am 15. März siegreich durchgefochten worden, weil das alte System im Krieg versagt hatte und ihm auch die bürgerlichen Parteien der Duma jede Unterstützung versagten. Die Revolution offenbarte sofort den Gegensatz: auf der einen Seite die Koalitionsregierung, mit nur einem Sozialisten (Kerenskij) und mit bürgerlicher Mehrheit, die den Krieg fortführen wollte, auf der anderen der Sowjet der Arbeiter und Soldaten in St. Petersburg, getragen von der Friedenssehnsucht der breiten Massen, die Formel des Kriegsendes ohne Annexionen und Kontributionen vertretend. Die Armee löste sich auf, die Soldaten strebten nach Hause, um bei der bevorstehenden Landaufteilung zur Stelle zu sein. Kerenskij, der Schicksalsmann der Frühjahrsrevolution, vermochte die Entwicklung wohl zu verzögern, aber nicht aufzuhalten, da er seinen Einfluß auf die Massen schnell verbrauchte und seit dem Zusammenbruch der Juli-Offensive auch gegen die bis zur offenen Auflehnung Kornilows im September gehende Feindschaft der Offiziere zu kämpfen hatte.

Jetzt taucht Lenin in St. Petersburg auf. Im kontrollierten Zug, den ihm die deutsche Regierung zur Verfügung gestellt hatte, war er aus der Schweiz zurückgekehrt. Die Heeresleitung hatte nach dem anfänglichen Verzicht auf einen die Schwäche des Gegners ausnützenden

---

»Verständigungsfriede« – »Deutscher Friede«
Flugblatt, 1917
Koblenz, Bundesarchiv

Angriff den Plan gebilligt, die radikal-revolutionären Tendenzen in Rußland zum Zwecke einer völligen Lähmung zu stützen, ohne daß die weltgeschichtliche Tragweite im geringsten erkannt wurde, wohl auch erkannt werden konnte. Denn damit kehrte nicht nur der konsequenteste Verfechter eines ganz spezifisch russisch gefärbten, unbedingt revolutionären Marxismus in die Heimat zurück, sondern auch der Kopf, der die revolutionären Möglichkeiten des wirtschaftlich und sozial rückständigen Riesenreiches, das Bündnis zwischen Soldat, Arbeiter und Bauer gegen eine in der Auflösung begriffene Apparatur von Regierung, Verwaltung und Heer und eine zahlenmäßig verschwindend geringe Bourgeoisie theoretisch vorausgesehen hatte und zu nutzen verstand. Trotz aller Reibungen in der eigenen Partei war er überlegen genug, sich aus ihr eine ganz in der Hand ihrer Führung liegende, auf Handeln und Herrschaft gestellte Elite des Sozialismus zu formen. Durch einen verunglückten ersten Vorstoß vorübergehend ins Exil nach Finnland getrieben, kehrte er in der Stunde der Entscheidung zurück und zwang am 23. Oktober gegen starke Widerstände dem Zentralkomitee der bolschewistischen Partei den Beschluß zur gewaltsamen Erhebung auf. Sie wurde neben ihm vor allem von Trotzkij, dem Vertreter der Theorie von der »Permanenten Revolution«, so wirksam organisiert, daß die morsch gewordene Regierung Kerenskij in St. Petersburg fast kampflos vom 6. (25. Oktober nach russischem Kalender) bis 9. November unterlag. Damit hatte freilich erst eine sehr geringe Minderheit die Macht ergriffen. Das bewies der Sieg der rivalisierenden Sozialrevolutionäre bei der noch von Kerenskij angesetzten Wahl zur Konstituierenden Nationalversammlung.

Aber Lenin jagte nicht nur diese Versammlung auseinander, sondern vermochte auch nach einem an alle kriegführenden Mächte gerichteten Friedensappell durch Waffenstillstand und Sonderfrieden mit den Mittelmächten die siegreiche, aber noch schwer bedrohte Revolution zu konsolidieren. Sehr bald stellte sich heraus, daß er dabei eine tiefe Demütigung des eigenen Landes auf sich nehmen mußte. Aber in der festen Überzeugung, daß – wahrscheinlich zuerst im Lager der Mittelmächte – die Weltrevolution ihm in absehbarer Zeit zu Hilfe kommen werde, hat er auch ein russisches Jena auf sich genommen, um die Revolution in Rußland zu retten.

Nach kurzem Schwanken, ob man »mit diesen Leuten« verhandeln könne, hat sich die deutsche Oberste Heeresleitung zu dem Waffenstillstand entschlossen, der am 15. Dezember in Kraft trat und die sofortige Einleitung von Friedensverhandlungen am 20. Dezember festsetzte. Die Mittelmächte schienen damit ihre Lage entlasten zu können, wenn und soweit auf einen Vertrag angesichts der revolutionären Verhältnisse Verlaß war, eine Frage, die auch von der Entente sehr verschieden beantwortet wurde. Clemenceau hatte sich schon am 25. November geweigert, die neue Regierung der Volkskommissare anzuerkennen. Frankreich, England und die Vereinigten Staaten haben noch bis zur Ratifikation des Friedens mit Deutschland immer wieder versucht, die bolschewistische Regierung zur Wiederaufrichtung einer Front gegen Deutschland zu bewegen. Woodrow Wilson hat abweichend von seinen Verbündeten grundsätzlich den Standpunkt vertreten, daß man sich nicht auf eine Gegnerschaft gegen die Revolution festlegen, sondern dem russischen Volke die Freiheit zum inneren Ausbau von Staat und Gesellschaft nach eigenem Wunsche nicht verwehren sollte.

Die Unsicherheit der Mittelmächte über den verwirrenden Charakter ihres Verhandlungsgegners in den Friedensverhandlungen von Brest-Litowsk (Dezember 1917 bis März 1918) ist begreiflich. Dem Meinungsstreit im Lager der Entente steht bei ihnen ein eher noch größeres Maß von Divergenzen gegenüber. Die Türkei und Bulgarien wollten ihre Interessen im Kaukasus und in der Dobrudscha durchsetzen. Die Politik des Grafen Czernin wurde von der hoffnungslosen Ernährungslage Österreichs diktiert. Er wollte Frieden um jeden Preis und nahm schließlich das Abenteuer des sogenannten Brotfriedens mit der fragwürdigen Republik der Ukraine auf sich. In Deutschland hatte die Friedenssehnsucht der Massen durch die Friedensparole der russischen Revolution starke Nahrung erhalten. So mußte sich die deutsche Regierung im Januar 1918 gegen fünfhunderttausend streikende Arbeiter durchsetzen. Dennoch wurden aber öffentliche Meinung, Parteien und Reichstagsmehrheit vom Sieg im Osten so mitgerissen, daß man die Politik der Friedensresolution von 1917 – mit Ausnahme der Sozialdemokratie – noch einmal verließ.

Inzwischen stießen in Brest-Litowsk Sieger und Revolutionäre unversöhnlich zusammen: Die Revolution hatte zwar sofort (15. November) das Selbstbestimmungsrecht der Fremdvölker bis zur Trennung unabhängiger Staaten von Rußland anerkannt, aber doch nur mit dem Vorbehalt und Willen, sie so für die Revolution zu gewinnen. Als die Ukraine und Finnland an deutsche Hilfe appellierten, zeigte sich, daß der Bolschewismus schon jetzt bereit war, seine Argumente mit Waffengewalt durchzusetzen. Die von den Mittelmächten zugestandene Volksabstimmung sollte im Baltikum und in Polen unter dem Schutz der Besatzungsmacht erfolgen und damit ihre Anlehnung an und ihre Beherrschung durch die Sieger sicherstellen. Auch die aus dem Konferenzsaal an die Völker gerichtete Agitation Trotzkijs vermochte diesen Standpunkt nicht zu erschüttern, so daß er auf die Nachricht von dem Separatfrieden der Mittelmächte mit der Ukrainischen Rada (9. Februar), die schon Kiew nicht mehr besaß, die Verhandlungen mit der Erklärung abbrach, Rußland werde auch ohne Friedensschluß den Krieg nicht mehr fortsetzen und demobilisieren.

Damit trieb er die Gegensätze im Lager der deutschen Politik auf ihren Höhepunkt. Der Staatssekretär von Kühlmann ist sich darüber klar gewesen, daß die Ausnutzung des russischen Schwächezustandes, vor allem die Schließung des von Peter dem Großen eroberten baltischen Fensters zur Ostsee, einen zweiten deutsch-russischen Krieg in der gleichen Generation heraufbeschwören müsse. Er ist allerdings keineswegs die Persönlichkeit gewesen, die sich gegen die massive Energie Ludendorffs und das seit 1916 bestehende Übergewicht der Militärs durchsetzen konnte, zumal Wilhelm II. nur klagte, alles Unheil komme daher, daß der Kaiser von keiner Seite mehr beachtet werde. Wenn in der Frage des Brotfriedens mit der Ukraine schließlich alle deutschen und österreichischen Stellen notgedrungen übereinstimmten, hat Ludendorff doch ein Maß von polnischen Gebietsabtretungen verlangt, das er zwar nicht ungeschmälert durchsetzen konnte, das aber die Beschränktheit seiner politischen Einsicht beleuchtet. Im Homburger Kronrat vom 13. Februar setzte er gegen Kühlmanns Bedenken die Wiederaufnahme eines deutschen Vormarsches durch. Livland und Estland wurden ohne Kampf überrannt, und der Bolschewismus wurde zunächst zur Räumung der Ukraine gezwungen. Mit der Friedensunterzeichnung am 13. März mußte Rußland auf seine Randgebiete Estland, Livland, Kurland,

Litauen und Polen verzichten, den Frieden mit der Ukraine anerkennen sowie langjährige wirtschaftliche Verpflichtungen auf sich nehmen.

Der Bukarester Friede vom 7. Mai 1918, von ähnlichen Reibungen zwischen Wien und Berlin, aber auch zwischen deutscher Politik und Heeresleitung begleitet, bereitete Rumänien ein ähnliches Schicksal, obwohl der Sturz der Dynastie durch das Eingreifen Kaiser Karls vermieden wurde. Entscheidend war hier vor allem die langfristige Verfügung des Siegers über die wirtschaftlichen Schätze des Landes. Beide Verträge waren zweifellose Diktate, die nach 1919 immer wieder den deutschen Beschwerden über den Frieden von Versailles entgegengehalten werden konnten.

Die Oberste Heeresleitung hatte seit November 1917 immer wieder ihre Forderungen mit der Notwendigkeit gerechtfertigt, die Kräfte des deutschen Ostheeres für die 1918 im Westen vor dem Eintreffen der Amerikaner herbeizuführenden Entscheidungen frei machen zu müssen. Sie hat jedoch mit der Intervention in Finnland, mit der zwanzig Divisionen bindenden Besetzung der Ukraine, mit der Umwandlung der Ostseeländer in Satellitenstaaten Deutschlands und mit einer ungeschickten Hand in Polen das Beste getan, eine Herabsetzung der militärischen Kräfte im Osten zu erschweren. Obwohl sich die Heeresleitung nicht stark genug fühlte, das unsichere Verhältnis zur bolschewistischen Regierung durch einen Vormarsch auf Moskau zu beenden, wie es ihr wiederholt vorgeschlagen wurde, mußte sie doch rund eine Million Mann im Osten belassen, allerdings nur begrenzt felddienstfähige Truppen, die sehr allmählich auf die Hälfte vermindert wurden. Daß aber die an Hitler erinnernde Ostpolitik Ludendorffs im Jahre 1918, die bereits von einer Umsiedlung der Rußlanddeutschen träumte, die Ukraine dauernd in Abhängigkeit halten und die Krim direkt beherrschen wollte, seiner eigenen Absicht widersprach, beschleunigt die militärische Entscheidung im Westen zu erzwingen, ist unbestreitbar. Die Hybris einer militärischen Politik in der deutschen Geschichte des 20. Jahrhunderts hat hier einen ersten Höhepunkt erreicht.

1918: Der Ausgang des Krieges

In den ersten Monaten des Jahres 1918 verwarf Ludendorff alle Anregungen Hermann Stegemanns, des Prinzen Max von Baden und seines eigenen Mitarbeiters von Haeften, vor dem Wagnis der Schlachtentscheidung noch einmal, die relative Stärke ausnutzend, zu verhandeln. Nation und Regierung gaben ihm teils ohne Widerstand, teils mit vollem Vertrauen recht. Auf der Gegenseite hatte Wilson in Abwehr der russischen Revolutionspropaganda am 8. Januar das Programm der vierzehn Punkte veröffentlicht, das, in territorialen Einzelheiten sehr vorsichtig und elastisch, seine tiefe Wirkung vor allem durch die Zusammenfassung grundlegender Ideale erhielt. Seine Forderungen nach Abschaffung der Geheimdiplomatie und Öffentlichkeit der Friedensverhandlungen, Freiheit der Meere und Beseitigung der wirtschaftlichen Schranken zwischen den Völkern, Beschränkung der Rüstungen, Neuverteilung des Kolonialbesitzes und Errichtung eines Völkerbundes freier

Deutsches Ferngeschütz in Stellung

Das Trichterfeld am Kemmel in Flandern, April 1918

Nationen als Friedensbollwerk, das sich auf das Recht der Selbstbestimmung gründete, entsprangen gewiß einer sehr amerikanischen und einer noch mehr persönlichen Gedankenwelt. Aber auf diese Ideen ist man in der modernen Geschichte immer wieder zurückgekommen; sie entsprachen so sehr dem Gefühl der schwergeprüften Völker, daß es nicht so ganz unbegreiflich ist, wenn Wilson glaubte, sie im Augenblick des Kriegsendes gegen die Vorbehalte der verbündeten Regierungen durchsetzen zu können. So eindrucksvoll der Nibelungentrotz ist, mit dem Deutschland sein Schicksal auf die Spitze des Schwertes setzen zu müssen glaubte, so überlegen waren doch die Ideen Wilsons, für die sich die Nationen des Westens zur letzten Entscheidung sammelten.

Für den entscheidenden Angriff an der Westfront, die Offensive von St. Quentin, hat Ludendorff doch nur eine so knappe örtliche Überlegenheit schaffen können, daß er selbst mit der Möglichkeit rechnen mußte, nicht mit einem Schlage, sondern nur durch eine Kette von Angriffen die Entscheidung erzwingen zu können. Wohl war der Stand der Reserven des englischen Heeres kritisch und Pétain sogar gezwungen, Zahl und Stärke der Divisionen herabzusetzen, während die Entlastung im Osten erlaubt hatte, die Zahl der Divisionen des deutschen Westheeres von einhundertvierundzwanzig auf einhundertvierundneunzig zu erhöhen. Aber England konnte in der Heimat immer noch auf erhebliche Reserven zurückgreifen, und der Strom der amerikanischen Transporte nach Europa wurde unter dem Eindruck der ersten Niederlage auf zweihundertfünfzigtausend Mann monatlich erhöht. Um so ernster war, daß durch die Verstärkung der Artillerie das deutsche Heer unbeweglicher geworden war. Es fehlte an Pferden, und die Industrie konnte nicht neben U-Boot-, Flugzeug- und Waffenbau die nötige Motorisierung des Heeres oder gar die Neuentwicklung einer größeren Panzerwaffe bewältigen. Die Erkenntnis dieser Schwierigkeiten mag Ludendorff zu dem Satz veranlaßt haben, daß die Taktik über die reine Strategie zu stellen sei. Obwohl sein Angriff darauf zielte, Engländer und Franzosen zu trennen und das englische Heer nach Norden gegen die Kanalküste zu werfen, hat er doch den südlichen Teil seiner Angriffsfront, die der Heeresgruppe des Kronprinzen angehörige 18. Armee, auffallend stark gemacht. Nach dem Auftakt am 21. März entschloß er sich schon am 23. März, den Schwerpunkt ganz auf diesen erfolgreichen linken Flügel zu legen. Die Operation drohte dadurch freilich fächerartig in drei Stoßrichtungen auseinanderzustreben.

Der Erfolg, ein Geländegewinn von sechzig Kilometer Tiefe und neunzigtausend Gefangene, übertraf bei weitem alles, was seit 1914 an der Westfront erreicht worden war, hatte allerdings auch den Einsatz von vierundachtzig Divisionen, den besten Teil der deutschen Kräfte, gekostet. Als Ludendorff am 5. April die vergeblichen Angriffe auf das nahezu erreichte Amiens einstellen mußte, war aber strategisch nichts Entscheidendes bewirkt, die Verbindung zwischen Engländern und Franzosen nicht gerissen, der deutsche Angreifer gezwungen, sich in einem weit vorgewölbten Stellungsbogen mit langen gefährdeten Flanken zu behaupten. Wenige Tage hatte es den Anschein gehabt (vom 24. bis 26. März), als ob die ungenügende Koordination der Ententeheere dazu führen würde, daß sich die Franzosen auf Paris, die Engländer auf die Kanalküste zurückzogen, weil ihre Führer, Pétain und Haig, die Erhaltung der eigenen Armee im Auge hatten. Das sofortige Eingreifen von Militärs und Politikern, dem englischen Stabschef Henry Wilson, Lord Milner, Poincaré und Clemenceau, führte auf der Höhe der Krise am 26. März dazu, daß der auch jetzt zuversichtliche Foch – *il faut vaincre devant Amiens, il faut vaincre où nous sommes* – mit der Koordination der Westfront beauftragt wurde, die schon am 3. April auf die strategische Leitung der Operation ausgedehnt wurde. Damit erhielt er als »général en chef des armées alliées« die Rechte eines wirklichen Oberbefehlshabers. Er hat weder im April noch im Mai neue Rückschläge verhindern können, aber, durch Clemenceau gegen vorzeitige Kritik gedeckt, mit unerschütterlicher Zähigkeit und Energie die Wendung des Sommers wesentlich vorbereitet, indem er seine Reserven unerbittlich sparte, um so bald wie möglich den Gegenangriff einleiten zu können. Er hat ihn gewiß früher erwartet, dafür aber am 18. Juli und 9. August seine Stunde energisch genutzt.

Ludendorff hat noch zweimal, mit dem Angriff zwischen Armentières und La Bassée (9. bis 25. April), der auf seinem Höhepunkt den heißumkämpften Kemmel erreichte, und mit der Offensive am 27. Mai gegen den Chemin des Dames, deren Erfolg gegen abgekämpfte englische und schlecht geführte französische Divisionen den Sieger selbst überraschte, große strategische Leistungen vollbracht. Die Mai-Offensive überschritt den Höhenzug des Chemin des Dames, die Aisne und Vesle und erreichte im Süden die Marne und den Wald von Villers-Cotterêts. Sie brachte noch einmal fünfzigtausend Gefangene und sechshundert Geschütze, aber auch einen neuen Stellungsbogen, der noch gefährdeter war als das Ergebnis der März-Offensive. Man hat diese Kette von Angriffen als »Büffelstrategie« verurteilt. Tatsächlich waren sie durch unzureichende Kräfte bedingt. Eine Kette von Ablenkungsangriffen sollte den Gegner schwächen und einen abschließenden Stoß ermöglichen, um im Norden das englische Heer endgültig gegen die Kanalküste zu werfen und auszuschalten. Diese Zielsetzung behauptete Ludendorff auch gegen die Warnungen aus den Reihen der eigenen Generalität, daß ein militärischer Sieg seit dem Steckenbleiben der größten deutschen Anstrengung im März nicht mehr denkbar sei.

Wohl fing selbst Ludendorff an, die ihm gesetzten Grenzen zu spüren; er hat nicht sofort widersprochen, als ihn eine Denkschrift des Obersten von Haeften mahnte, daß ein Kriegsende nur mit den Waffen, ohne politische Auswertung der Siege nicht zu erreichen sei. Als aber Kühlmann am 24. Juni diese Tatsache fast mit den gleichen Worten im Reichstag aussprach, verdrängten ihn Heeresleitung und Konservative mit dem Vorwurf, die Moral der Nation gefährdet zu haben, aus dem Amt. Am 2. Juli wurde die Regierung noch einmal darauf festgelegt, daß Belgien unter deutschem Einfluß bleiben, Flandern und Wallonen zu trennen seien und die deutsche Besatzung so lange dauern solle, bis sich das Königreich mit dem Reiche freiwillig eng zusammenschließen werde. Die Heeresleitung trägt so wesentlich die Verantwortung dafür, daß auch nicht einmal versucht wurde, die Zeit der Erfolge im Westen realistisch auszunutzen (wenn dies überhaupt möglich gewesen wäre). Es sind die gleichen Monate, in denen sich die Gegenseite entschloß, die Donaumonarchie zu zertrümmern und trotz italienischer Bedenken sich endgültig zugunsten der polnischen, tschechischen und südslawischen Unabhängigkeitsbewegung festzulegen.

Als Ludendorff endlich am 15. Juli beiderseits von Reims in der Champagne und über die Marne hinweg zum letzten Angriff gegen das französische Heer ansetzte, scheiterte dies

Unternehmen schon am ersten Tag, weil jetzt der Gegner die Wirkung der bisher überlegenen deutschen Angriffstaktik durch elastische Preisgabe seiner vordersten Stellung auffing. Der Gegenstoß Mangins aus dem Wald von Villers-Cotterêts am 18. Juli eroberte in erbitterten Kämpfen den Geländegewinn der deutschen Mai-Offensive bis zur Linie der Vesle von Soissons bis Reims zurück. Die Verbündeten, ohne die Amerikaner einhundertvierundneunzig gegen zweihundertundfünf erschöpfte und schwächere deutsche Divisionen, hatten fortan nicht nur ein stets wachsendes Übergewicht an Menschen, sondern auch eine erdrückende Materialüberlegenheit an Artillerie, Kampfwagen und Luftwaffe zu ihrer Verfügung. Foch konnte zusammen mit Haig, Pétain und Pershing, der jetzt als Führer einer selbständigen Armee zu diesen beiden trat, am 19. Juli eine Gegenoffensive an verschiedenen Frontabschnitten anlaufen lassen, die zunächst die wichtigsten Bahnlinien frei machen und im Herbst einen Generalangriff ermöglichen sollte. Noch wagte man freilich nicht, mit einem Kriegsende bis zum Winter zu rechnen, sondern erwartete, daß erst das Jahr 1919 die Entscheidung bringen würde.

Schon der große Tankangriff vor Amiens im Morgennebel des 8. August enthüllte dann aber, daß die Widerstandskraft des deutschen Gegners erschöpft war. Dieser »schwarze Tag« des deutschen Heeres zwang auch Ludendorff zu dem Eingeständnis, daß der Krieg militärisch nicht mehr gewonnen werden könne. Der Kronrat in Spa (13./14. August) mit dem Kaiser, Hertling und Kühlmanns Nachfolger von Hintze begnügte sich aber mit dem halben Entschluß, das diplomatische Gelände »abzutasten«, da Hindenburg noch immer in Aussicht stellte, es werde möglich sein, den Kampfwillen der Gegner durch zähe Verteidigung zu lähmen. So lehnte die Oberste Heeresleitung einen beschleunigten Rückzug über die Hindenburg-Linie des Jahres 1916 hinaus ab; sie befürchtete, daß ohne ausgebaute Reservestellungen unersetzliche Verluste an Material eintreten würden. Bis zum Waffenstillstand wurde zäh und verbittert gerungen, die deutsche Front Schritt für Schritt zurückgedrängt, ohne daß der Gegenseite bis Anfang November ein strategisch entscheidender Durchbruch glückte. Ob die von Foch geplante Offensive in Lothringen dieses Ziel erreicht haben würde und er dem deutschen Heer in Frankreich eine endgültige Katastrophe hätte bereiten können, ist eine Frage, die sich kaum beantworten läßt. Das deutsche Waffenstillstandsangebot, das Ludendorff am 29. September von der Regierung kategorisch verlangte, hat das Ringen schnell beendet.

Trotzdem besteht kein Zweifel, daß das Reich am Ende des Herbstfeldzuges besiegt war und sich in einer auch militärisch hoffnungslosen Lage befand. Der Druck der alliierten Armeen wurde schon im September so übermächtig, daß Ludendorff schließlich jeden Tag den Eintritt einer Katastrophe befürchtete. Obwohl er dies abstritt, als die Folgen des Waffenstillstandsangebotes deutlich wurden, hat auch sein Nachfolger seit dem 26. Oktober, der aus der Ukraine herbeigerufene General Groener, nicht mehr sagen können, ob die Front nicht binnen wenigen Tagen zur Kapitulation im offenen Felde gezwungen sein würde (6. November).

Selbst wenn die Entente-Armeen das im Westen nicht erreicht hätten, war der Krieg für Deutschland schon dadurch verloren, daß seine Verbündeten seit dem September in schneller Folge zusammengebrochen waren: Bulgarien durch eine Offensive der Saloniki-

Armee (26. September), die es binnen drei Tagen, am 29. September, zu einem Waffenstillstand zwang, der den Siegern den Weg nach Ungarn öffnete, Rumänien wieder in den Krieg eintreten ließ und Konstantinopel vom Balkan her bedrohte; die Türkei seit dem 19. September durch Allenbys Siegeszug durch Palästina und Syrien bis Damaskus (1. Oktober), der alle arabischen Gebiete befreite und dazu führte, daß die Türkei in Mudros Waffenstillstand und Kapitulation (30. Oktober) anbot. Österreich schließlich hatte im Juni mit einem Offensivversuch am Piave seine letzten Kräfte erschöpft. Schon seit der ersten Oktoberwoche befand es sich von innen her in voller Auflösung, die weder Kaiser Karls sofort abgelehntes Friedensangebot an Wilson noch sein Manifest vom 18. Oktober aufhalten konnte, das den Völkern der Doppelmonarchie verspätet die Umwandlung des Reiches in einen Bundesstaat auf ethnischer Grundlage anbot. Die Proklamation nationaler Staaten durch Polen, Tschechoslowaken und Südslawen war nicht mehr aufzuhalten. Ungarn trennte sich von Wien. Selbst die Deutsch-Österreicher begannen, im Anschluß an das Reich den einzigen Ausweg zu suchen. Der Staat der Habsburger endete nicht eigentlich durch die Waffen der Entente – wenn auch unter dem Druck der durch sie hoffnungslos gewordenen Lage –, sondern er löste sich durch die Absage seiner Völker in seine Bestandteile auf. Die trotz des Drängens der Entente erst am 24. Oktober einsetzende letzte italienische Offensive bedeutete nur einen Gnadenstoß, der freilich eine Beute von sechstausend Geschützen und fünfhunderttausend Gefangenen einbrachte. Sie zwang Kaiser Karl zum Waffenstillstand vom 3. November, der den Siegern Räumung der besetzten Gebiete, Besetzung der von Italien beanspruchten Landesteile, vor allem aber ein Durchmarschrecht durch Tirol gegen die bayerische Südgrenze des Reiches gewährte und damit die Lage Deutschlands bei einer Fortsetzung des Kampfes hoffnungslos gemacht hätte.

Um diese Katastrophen zu vervollkommnen, hätte es nicht der apodiktischen Antworten Wilsons vom 8., 14. und 23. Oktober auf das deutsche Waffenstillstandsgesuch bedurft. Sie verlangten die sofortige Einstellung des U-Boot-Krieges, die Räumung aller besetzten Gebiete und die Sicherheit, daß eine Aufnahme der Feindseligkeiten durch das deutsche Heer unmöglich sei. Vor allem betonte er, nur mit demokratischen Vertretern der deutschen Nation, nicht mit den von ihm als »willkürliche Gewalten« bezeichneten bisherigen Trägern der deutschen Regierung verhandeln zu wollen. Diese Haltung des Präsidenten hat alle Absichten vereitelt, das deutsche Volk noch einmal zu letztem verzweifeltem Widerstand aufzurufen. Ludendorff stürzte (26. Oktober), als er sich noch einmal gegen die zweifellos realistischere Lageauffassung der Politiker auflehnte. Sie trieb Regierung und Reichstag zur Reform, die als Revolution von oben der Bismarckschen Verfassung schon vor dem Ausbruch der Revolution von unten ein Ende bereitete: jetzt endlich wurde das Reich parlamentarisiert und das allgemeine, gleiche und geheime Wahlrecht in Preußen eingeführt. Bis zuletzt aber blieb unklar, ob Wilsons Verlangen nach der Beseitigung jeder willkürlichen und militärischen Gewalt in Deutschland nicht auch die Ablehnung aller Friedensverhandlungen mit der Monarchie, vor allem ihrem persönlichen Träger, bedeutete. Der Kanzler, Prinz Max von Baden, die Regierung, der preußische Innenminister Drews, haben sich bemüht, Wilhelm II. rechtzeitig zur Abdankung, den Kronprinzen zum Thronverzicht zu bewegen, um dadurch die Staatsform und die politische Kontinuität in

Deutschland zu retten. Auch die Mehrheitssozialdemokratie, voran Friedrich Ebert, hat diese Lösung bis zuletzt aufrichtig gewünscht. Sie scheiterte, weil das nach seiner Erziehung und Gesinnung monarchische Offizierkorps an einer solchen Lösung nicht mitwirken wollte; selbst ein Süddeutscher wie Groener gab trotz klarer Einsicht in die Ausweglosigkeit der Lage in dieser Frage nicht nach.

Da regte sich die Friedenssehnsucht der Massen. Die Revolution begann mit der Meuterei der Marine, die sich nicht in letzter Stunde zu einem Entlastungsvorstoß für das Heer einsetzen lassen wollte, den die Matrosen als »Todesfahrt« ansahen. In Kiel durch die Entsendung Gustav Noskes noch einmal notdürftig aufgefangen, sprang sie doch wie ein Wildfeuer von Ort zu Ort, von Land zu Land weiter und beherrschte seit der Nacht vom 7. zum 8. November bereits die Rheinlinie, so daß die Versorgung des Feldheeres bedroht war, und München, wo die alte Dynastie der Wittelsbacher den Platz kampflos räumte. Das zwang die Mehrheitssozialdemokratie, der die Massen völlig zu entgleiten drohten, am 7. und noch einmal am 8. November zu einem Ultimatum: sie sehe sich gezwungen, aus der Regierung auszuscheiden und ihre Anhänger auf die Straße zu rufen, wenn der Kaiser nicht sofort abdanke. Am 9. November 1918 fand das alte System keine Verteidiger mehr, und Prinz Max von Baden sah sich gezwungen, in Berlin vorgreifend die Abdankung des Kaisers bekanntzugeben und Ebert seine Nachfolge als Reichskanzler anzutragen, während Scheidemann um die Mittagsstunde bereits vom Balkon des Reichstages aus eigenmächtig die Republik ausrief. In qualvollen Erörterungen in Spa am gleichen Tag stellten Groener und die Mehrzahl der zusammengerufenen Frontoffiziere fest, daß das Heer nicht mehr bereit sei, unter dem Kaiser gegen die Revolution in der Heimat zu marschieren. Es hat nicht an Widerspruch gegen diese Feststellung gefehlt, aber überzeugend ist sie doch niemals widerlegt worden. Der Vorschlag, Wilhelm II. solle nur im Reich, nicht in Preußen abdanken, zeigt, wie hoffnungslos und verworren die Lage den letzten Verteidigern erschien. Die Flucht des Kaisers nach Holland war die unvermeidliche Folge seiner verzögerten Abdankung.

So war das Reich in eine Lage versetzt, die es zwang, widerstandslos die Waffenstillstandsbedingungen zu unterzeichnen, die der von dem Zivilisten Erzberger geführten Delegation im Walde von Compiègne vorgelegt wurden. Eine letzte Note des amerikanischen Außenministers Lansing vom 5. November hatte noch einmal die vierzehn Punkte Wilsons als Basis von Waffenstillstand und Frieden bezeichnet. England und Frankreich hatten sich, einige Vorbehalte äußernd, damit einverstanden erklärt. Trotz der Bedenken, die Haig wegen der Erschöpfung der eigenen Armeen hatte, überzeugten Foch und Pershing die anfänglich zögernden Wilson und Lloyd George doch von der Notwendigkeit harter militärischer Bedingungen. Dagegen hat niemand die Fortsetzung des Kampfes bis zur Besetzung Berlins verlangt. Auch Foch lehnte eine Verlängerung des Blutvergießens ab. (Das Bevölkerungsdefizit des ersten Weltkrieges einschließlich der kriegsbedingten Geburtenverminderung beziffert sich für Europa ohne Rußland auf zweiundzwanzig Millionen, für Rußland allein auf sechsundzwanzig Millionen; die Heere und Flotten der kriegführenden Staaten hatten Verluste von zwölf bis dreizehn Millionen.) Die Bestimmungen des Waffenstillstandes lauteten: Internierung der deutschen Flotte und Auslieferung aller Unterseeboote, Räumung von Belgien und Frankreich mit Elsaß-Lothringen, beschleunigter Rückzug der Armee hinter den Rhein, Besetzung seines linken Ufers und Einrichtung von Brückenköpfen auf dem rechten Ufer durch den Sieger, dazu die Auslieferung von schwerem Rüstungsmaterial. Abgesehen von seiner hoffnungslosen strategischen Lage und den Wirren der Revolution, konnte Deutschland nicht mehr ernsthaft an eine Wiederaufnahme des Kampfes denken. Der erste totale Krieg hatte mit einem so gut wie totalen, jedenfalls nach allen geschichtlichen Maßstäben vollständigen Sieg der Entente geendet.

Pariser Friedenskonferenzen und Friedensschlüsse 1919/20

Erst heute, im Abstand von fünf Jahrzehnten, ist es ganz deutlich geworden, welchen Schwierigkeiten die Generation von 1919 bei dem Versuch begegnete, eine aus den Fugen geratene Welt zu ordnen. Sie stand nach vier Kriegsjahren einer Flut von nationalen Leidenschaften gegenüber. Der Präsident der USA, deren Armeen nur wenig über einhunderttausend Mann verloren hatten, war zum Teil dem Vorwurf allzu milder Behandlung des besiegten Gegners ausgesetzt. Lloyd George hingegen, der bei den Khakiwahlen von 1919 den Kaiser hängen lassen und volle Wiedergutmachung von Deutschland erzwingen wollte, hat sich bald mit dieser Agitation ernste Schwierigkeiten bereitet. Clemenceau ist gewiß ein unbedingter Verfechter des ebenso begreiflichen wie verhängnisvollen französischen Sicherheitsbedürfnisses gewesen. Aber auch er hat im letzten Abschnitt der Debatten über den deutschen Friedensvertrag erklärt, daß er Zugeständnisse gemacht habe: Verzicht auf Trennung des linken Rheinufers vom Reich und Annahme jener Garantieangebote von England und von den Vereinigten Staaten, die niemals Tatsache werden sollten.

Die Großen Vier der Friedenskonferenz, Wilson, Lloyd George, Clemenceau und der Italiener Orlando, hatten aber auch mit den nationalen Leidenschaften in anderen Staaten zu rechnen, besonders in den Neugründungen aus der Erbschaft Rußlands und der Donaumonarchie. Bei der Bemessung der Grenzen dieser Staaten, aber auch bei der Erörterung, ob ihnen eine Rüstungsbeschränkung aufzuerlegen sei, stießen sie auf derart massive nationale Leidenschaften, daß schon vor der Friedensunterzeichnung die Sorge allgemein war, daß man hier einen Herd fast unvermeidlicher neuer Kriege geschaffen habe.

Jetzt rächte sich auch, daß außereuropäische Nationen am Krieg teilgenommen hatten. Verhängnisvolle Auseinandersetzungen in Paris hatten zur Folge, daß Japan und China tief enttäuscht wurden. Der Nahe Osten begann zu gären, nachdem arabisches Gebiet in englische und französische Mandate aufgeteilt worden war. Italien und Griechenland gelüstete es nach türkischer Beute, und langsam zeigte sich auch ein Widerstand in den türkischen Kerngebieten. Selbst zwischen England und Frankreich drohte zeitweise ein Bruch durch Rivalität um den Besitz Syriens.

Zudem hat das Gespenst der russischen Revolution die Pariser Beratungen drohend überschattet. Während die Verbündeten zwischen Intervention, einem Cordon sanitaire und Zurückhaltung unsicher schwankten, sprang der Funke der »permanenten Welt-

Politische Veränderungen nach dem Ersten Weltkrieg

revolution« auf Budapest und München über, bedrohte Berlin, führte zur Gärung bei der Demobilisierung des englischen Heeres und zu Meutereien bei den im Schwarzen Meer eingesetzten französischen Truppen. Die Befürchtung, daß Deutschland die Unterschrift des Vertrages verweigern werde, und die Sorge, daß der besiegte Gegner sich verzweifelt in die Arme der Revolution werfen werde, waren nicht so leicht durch das Bewußtsein fragloser militärischer Überlegenheit auszugleichen.

Wie wenig die Väter der Friedensverträge an die Dauerhaftigkeit ihres Werkes glaubten, wird vielleicht dadurch deutlich, daß Wilson in Übereinstimmung mit seinen Sachverständigen noch zuletzt in Paris die Reparationsregelung als utopisch beurteilt hat und ihren Zusammenbruch voraussagte. So sind die Friedensverträge sehr viel mehr ein Ergebnis der Not, in begrenzter Frist eine Regelung drängender Fragen zu schaffen, als der Ausdruck ungetrübten Siegesbewußtseins. Das geschichtliche Urteil wird gut tun, ihre Bedeutung wie die Rolle ihrer Urheber unter dieser Voraussetzung zu prüfen.

Freilich fordert das Vierzehn-Punkte-Programm als das von Wilson gewünschte Vorzeichen für den Friedensschluß eine Beurteilung nach dem Abstand von Ideal und Wirklichkeit heraus. Wilson hatte dieses Programm am Vorabend des Waffenstillstandes seinen Verbündeten für einen flüchtigen Augenblick aufzwingen können, mußte aber bald den Widerspruch nationaler Interessen in Kauf nehmen. Lloyd George widersetzte sich ihm in der Kolonialfrage, Clemenceau in der Frage des österreichischen Anschlusses, der Rheinlandregelung und beide in der Reparationsfrage; Italien schließlich bestand auf Erfüllung des von England und Frankreich trotz aller beschwörenden Proteste des amerikanischen Präsidenten anerkannten Londoner Vertrages. Wilson, von der Zeit gedrängt und unsicher über den Rückhalt der eigenen Nation bei ausbrechender Rebellion im Senat, hat sich nie entschließen können, eine auf letzte Entscheidung gehende Krise zu wagen. So wurden die Friedensschlüsse Kompromisse, deren Haltbarkeit nicht nur den Besiegten fragwürdig erschien.

Wilson hat das Wiederaufleben der alten Diplomatie nicht verhindern können; schon die Konferenz spielte sich nicht vor der Öffentlichkeit, sondern im exklusiven Rat der zehn Außenminister und der Großen Vier ab. Vollends das neue französische Bündnissystem bedeutete die »eindeutige und einfache Rückkehr zu den von ihm verdammten Methoden der alten Diplomatie« (Mario Toscano). Es gelang ihm auch nicht, eine allgemeine Abrüstung durchzusetzen. England blieb führende Seemacht und gestand nur notgedrungen den Vereinigten Staaten Parität zu. Frankreich wurde erste Militärmacht Europas. In Rußland leitete Trotzkij soeben den beschleunigten Aufbau der Roten Armee ein. Die Regelung der kolonialen Fragen verschleierte nur notdürftig, daß das Mandatssystem unter der Aufsicht des Völkerbundes im Grunde die Beute den Siegern auslieferte. In der Reparationsfrage mußte er schließlich eine unmögliche, wirtschaftlich widersinnige Lösung zulassen, die dadurch nicht besser wurde, daß man sich weder über die Höhe der Deutschland aufzuerlegenden Zahlungen noch über die Quote der Aufteilung unter den Siegern einigte.

So ist es fast erstaunlich, daß Wilson dennoch, von Clemenceau wegen utopischer Neigungen verspottet, die Errichtung des Völkerbundes und die Aufnahme der Völkerbundsakte in die Friedensverträge erzwang. Daß diese Genfer Organisation keine handlungsfähige Exeku-

Der Kriegerfriedhof »La Maison Blanche« in Neuville Saint Vaast

Empfang heimkehrender Soldaten durch Reichspräsident Ebert am Brandenburger Tor in Berlin, 1918

tivkraft besaß, ist bemängelt worden. Durch die Forderung der Einstimmigkeit bei allen wesentlichen Beschlüssen hat man sie ebenso belastet wie ihre Nachfolgerin, die Vereinten Nationen, durch das Vetorecht der großen Weltmächte im Sicherheitsrat. Immerhin hat sie auf der Höhe ihrer Wirksamkeit als Clearing House der Nationen eine so bedeutsame Rolle gespielt, daß ihr Zusammenbruch weniger den organisatorischen Mängeln zuzurechnen ist als der Tatsache, daß die dem Völkerbund zugedachte Universalität durch den Ausschluß Deutschlands bis 1926, das Fernbleiben Rußlands bis 1934, vor allem aber durch die von Wilson verzweifelt, aber vergeblich bekämpfte Absage der Vereinigten Staaten niemals erreicht wurde. Die Folge war, daß England und Frankreich die bestimmende Rolle spielten. Der Völkerbund wurde so zum Instrument der Sieger, die es verhinderten, daß die nach seiner Satzung mögliche Revision der Friedensverträge rechtzeitig durchgeführt wurde. Eine überstaatliche Friedensorganisation ist, wie die Geschichte des 20. Jahrhunderts gelehrt hat, unentbehrlich. Daher ist die Bedeutung der Wilsonschen Idee heute unbestritten, aber die Unzulänglichkeit des Erreichten kann freilich nicht geleugnet werden.

Der in Versailles am 28. Juni von Deutschland unterzeichnete Vertrag beruhte mit Ausnahme von nicht unerheblichen, aber doch begrenzten Milderungen, die durch Verhandlung erreicht wurden, auf Diktat und Ultimatum der Sieger. Er ist in Deutschland stets einmütig abgelehnt und immer wieder als genügende Ursache und Rechtfertigung auch der gewaltsamen Auflehnung betrachtet worden. Man hat in der gewiß ehrlichen Überzeugung gelebt, daß das Reich ohne Ostgebiete, unter dem Zwang einseitiger Abrüstung, unter dem Alpdruck unbestimmter Reparationen nicht mehr lebensfähig sei. Die Nation fühlte sich in ihrem Ehrgefühl getroffen durch die Kriegsschuldanklage des Artikels 231, der lediglich die Haftbarkeit für angerichtete Schäden juristisch untermauern sollte. Daß die ganze neuere Entwicklung Deutschlands der Fluch der europäischen Geschichte gewesen sei, löste ebensolche Erbitterung aus wie die Forderung, den Kaiser und die bisherigen Führer auszuliefern. Von den beabsichtigten Kriegsverbrecherprozessen haben die Sieger selbst bald Abstand genommen.

Über dieser Erregung ging unter, daß die vorgesehenen Volksabstimmungen in Schleswig, Ostpreußen und Oberschlesien, Rheinlandregelung und Einschränkung des französischen Anspruchs auf das Saargebiet den ursprünglichen Text nicht unwesentlich milderten und die Hoffnung ließen, daß auch dieser Vertrag nicht das letzte Wort der Geschichte sei. Wie aber der Weltkrieg unter der Voraussetzung ausgefochten war, daß sein Ende eine bündige Entscheidung der Geschichte sein müsse, so betrachteten jetzt vor allem Frankreich und Deutschland, im Grunde gleichmäßig, die Lösung des Friedensvertrages als endgültig. Als die Weimarer Nationalversammlung sich nach schwersten inneren Kämpfen unter dem unerbittlichen Druck eines Ultimatums zu seiner Unterzeichnung entschloß, geschah das in dem Bewußtsein, daß Deutschland, räumlich geschmälert und wirtschaftlich bedroht, langsam die Grundlagen seines Daseins verlieren werde. In dieser verzweifelten Stimmung übersah man völlig den Charakter der Zwischenlösung und so bedeutsame Vorteile wie das Aufhören der bedrohlichen Nachbarschaft Rußlands. Jedenfalls hat die Geschichte den Vertrag nur in bestimmten Teilen, so der Rückkehr Elsaß-Lothringens zu Frankreich, ratifiziert.

Die Auflösung der Habsburger Monarchie war dagegen ein Ereignis, das nicht wieder rückgängig zu machen war. Ob die Anwendung des Wilsonschen Selbstbestimmungsprinzips im Raum der russischen Randstaaten und der Nachfolgestaaten Österreich-Ungarn klug war, ist freilich bezweifelt worden. Alle diese neuen Gebilde waren durch die Mischung verschiedener Völker Nationalitätenstaaten. Die führenden Nationen – so in Polen, der Tschechoslowakei und im erweiterten Rumänien – ließen sich aber auch durch das vom Völkerbund kontrollierte Minderheitenrecht nicht hindern, Nationalstaaten zu etablieren, in denen die Minderheiten zu kurz kamen. So wurde, wie schon in Paris vorausgesehen, dieses Gebiet zu einem gefährlichen Unruheherd. Die Staatsmänner in Paris, Wilson vor allem, waren aber dennoch überzeugt, mehr befreit zu haben, als sie (ihrer Ansicht nach notgedrungen) Minderheiten unter die Autorität eines neuen Staates zwangen. Immerhin urteilten auch neutrale Beobachter, daß die »Güte des Prinzips« der Befreiung bisher unterdrückter Völker, besonders im Falle Polens und der Tschechoslowakei, bis zur Unkenntlichkeit verfälscht und dem Zweck der Einkreisung Deutschlands dienstbar gemacht worden sei. So büßte Ungarn im Frieden von Trianon zwei Drittel seines Gebietes mit drei Millionen Magyaren ein; mit dieser Regelung hat es sich niemals abfinden wollen. Ähnlich Österreich: Der Vertrag von St. Germain versagte gegen den Willen der Mehrheit seiner Bevölkerung die Vereinigung mit dem Reich. So begreiflich auch die französische Überlegung erscheint, daß ein Block von siebzig Millionen Deutschen auf die Dauer zur stärksten Macht in der Mitte Europas werden würde, bleibt die eindeutige Verletzung des Selbstbestimmungsgedankens unbestreitbar.

Woodrow Wilson, der im Falle der Republik Österreich und mit dem Zugeständnis der Brennergrenze seine Grundsätze weitgehend eingeschränkt hatte, versuchte hartnäckig, das italienische Erwerbsprogramm des Londoner Vertrages wenigstens in der Fiume-Frage zu beschneiden. Hier wie in der Debatte mit Japan über Kiaochou und China kämpfte er aber vergeblich für sein gutes Gewissen, wenn er auch alles aufbot, Clemenceau und Lloyd George für seinen Standpunkt zu gewinnen. Beide weigerten sich hartnäckig, den Londoner Vertrag anzutasten, obwohl Wilson mit seiner Abreise aus Paris und dem Appell an die öffentliche Meinung Amerikas drohte und die Gefahr beschwor, daß sich die Vereinigten Staaten ganz aus dem von seiner Wirtschaftshilfe abhängigen Europa zurückziehen würden. Schließlich war es doch Wilson, der sich zu einem sehr vergänglichen Kompromiß bereit finden mußte, nachdem sein Appell an das italienische Volk gegen die italienische Regierung keine Resonanz gefunden hatte. Die italienischen Vertreter verließen sogar zeitweise die Konferenz und kehrten dann gerade noch rechtzeitig vor der Unterzeichnung des Vertrages mit Deutschland zurück, um nicht völlig aus dem Rat der Großmächte verdrängt zu werden. Nicht nur die Fiume-Frage, sondern auch die enttäuschten italienischen Hoffnungen bei der Verteilung des deutschen Kolonialbesitzes ließen trotz reichlichen territorialen Gewinns das Gefühl in Italien, zu den »Besiegten« des ersten Weltkrieges zu gehören, zurück. »Das friedlose Europa« schien das Ergebnis des Friedenkongresses zu sein. Italien hat die Pariser Verträge so wenig anerkannt wie Bulgarien und die Türkei, die 1920 im Frieden von Sèvres ihr eigenes Todesurteil unterzeichnen sollte.

Der Historiker sollte vielleicht nichts anderes als Unvollkommenheiten erwarten angesichts der Tatsache, daß die Katastrophe der Jahre 1914 bis 1920 eine jener Krisen in der Weltgeschichte gewesen ist, in denen das Hervorbrechen unbekannter neuer Kräfte den Staaten und Völkern Aufgaben stellt, vor denen überlieferte Maßstäbe und Mittel versagen. Erst nach dem Ausgang des zweiten Weltkrieges wurde an mehr als einem Problem deutlich, daß Gegensätze auf Grund der inzwischen angesammelten Erfahrungen auch verblassen können. Das warnende Beispiel der Reparationen bewirkte, daß sie niemals im gleichen Umfange wiederaufgenommen wurden und viel schneller als nach 1919 aufhörten. Die anscheinend unlösbare Frage einer deutsch-französischen Verständigung konnte unter völlig verwandelten Voraussetzungen erfolgreich in Angriff genommen werden. Erst jetzt war deutlich geworden, daß die so selbstverständliche Vorherrschaft Europas bereits durch den ersten Weltkrieg zur Vergangenheit geworden war. Eine neue Einheit des Geschehens auf dem ganzen Erdball war entstanden.

Valentin Gitermann

DIE RUSSISCHE REVOLUTION

Der Zusammenbruch des Zarismus im ersten Weltkrieg

Nikolaus II. wurde von russischen Revolutionären schon Ende des 19. Jahrhunderts mit Vorliebe als »Nikolaus der Letzte« bezeichnet; denn es stand für sie fest, daß die gewaltsame Beseitigung der autokratischen Staatsform noch unter seiner Regierung erfolgen werde.

Aber auch der offiziellen Würdenträger des »Ancien régime« bemächtigte sich zu Beginn des 20. Jahrhunderts allmählich die bedrückende Ahnung, daß ein radikaler Umsturz unter gewissen Bedingungen unvermeidlich sei. Graf Witte sagte 1905, nach Beendigung des russisch-japanischen Krieges, mit aller Bestimmtheit voraus, daß Rußland einer Revolution nur entgehen werde, wenn es sich nicht abermals in militärische Konflikte verwickeln lasse. Der Innenminister Durnowo stellte Mitte Februar 1914 in einer an den Zaren gerichteten Denkschrift folgende Prognose auf: Geht der nächste Krieg für Rußland siegreich aus, so »wird die Zähmung der sozialistischen Bewegung ohne Mühe erreicht werden können«. Im Falle der Niederlage jedoch »wird die soziale Revolution mit ihren extremsten Aspekten bei uns nicht zu verhindern sein«. Zunächst wird man für alle Mißerfolge die Regierung verantwortlich machen, dann durch sozialistische Parolen, »die ja allein große Massen der Bevölkerung zu erfassen vermögen«, eine neue, illegale Verteilung des Bodens und schließlich auch anderer Arten des Privateigentums fordern. Die besiegte und demoralisierte Armee, des zuverlässigsten Kaders beraubt, wird nichts aufhalten können, und auch den Zivilbehörden wird es nicht möglich sein, Rußland vor den »unvorstellbaren Folgen« einer trostlosen Anarchie zu bewahren.

Was Durnowo befürchtete, sehnte Lenin herbei.

Am 1. August 1914 brach der erste Weltkrieg aus, und schon zwei Jahre später begann, mit fataler Zwangsläufigkeit, die innere Krise und Desorganisation des russischen Staates.

Von den einhundertsiebzig Millionen Untertanen des Zarenreiches waren dreizehneinhalb Millionen mobilisiert worden. Die Zahl der Gefallenen überstieg 1916 bereits zwei Millionen, während die der Verwundeten viereinhalb Millionen erreichte. Weitere zwei Millionen befanden sich in deutscher Gefangenschaft. Überall wimmelte es von Flüchtlingen aus den von Deutschland besetzten Gebieten.

Die Versorgung des Landes mit industriellen Erzeugnissen ging unaufhaltsam zurück. Die Fabriken Russisch-Polens und Litauens waren in feindlicher Hand. Der Import westeuropäischer Produkte hatte fast ganz aufgehört. Für Schiffe aus Frankreich, England und den USA waren die Ostsee und das Schwarze Meer gesperrt. Die Häfen von Archangelsk und Murmansk besaßen eine sehr geringe Kapazität, da sie während acht bis neun Monaten des Jahres vereist waren. Die Zahl der in der Kriegsindustrie beschäftigten Arbeiter war, gegenüber 1913, fast auf das Doppelte gestiegen, aber die Produktivität der Arbeit nahm ab. In vielen Hochöfen ging das Feuer aus, weil die Belieferung mit Kohle ins Stocken geraten war. Obwohl die Kriegsindustrie einen gewaltigen Teil der Rohstoffe, der Arbeitskräfte und der Geldmittel in Anspruch nahm, konnte sie die Aufträge der Armee doch nur etwa zur Hälfte bewältigen. Auf die Bedürfnisse der Zivilbevölkerung wurde kaum noch Rücksicht genommen; die Nachfrage der Bauern nach landwirtschaftlichen Geräten ließ sich nur noch in der Höhe von neun Prozent des Vorkriegsabsatzes befriedigen.

Die Anforderungen, die an das Eisenbahnwesen gestellt wurden, wuchsen ungeheuer an. Im Jahre 1913 wurden pro Tag achtundfünfzigtausend Waggons beladen, 1916 waren es einundneunzigtausendfünfhundert. Diese Waggons durchliefen im Jahre 1913 fast zwei Milliarden Werst, 1916 aber schon mehr als drei Milliarden. Die Leistung der Eisenbahnen stieg somit, obwohl ein großer Teil des Rollmaterials in die Hände der Deutschen geraten war, um fünfzig Prozent. Das reichte jedoch bei weitem nicht aus, um Truppen und Flüchtlinge zu transportieren, Artillerie und Munition zu befördern, Armee und Städte mit Lebensmitteln zu versorgen. Mit der Zeit versagte der Bahnbetrieb infolge dauernder Überlastung. Die Waggon- und Lokomotivfabriken, durch Rohstoffmangel behindert oder durch Kriegsaufträge bahnfremder Art in Anspruch genommen, reduzierten ihre Produktion immer mehr. Die Werkstätten waren von defekten Lokomotiven überfüllt, längs der Bahndämme lagen zerbrochene Waggons, in den Knotenpunkten stauten sich unausgeladene Güterzüge, und im allgemeinen Wirrwarr fand sich niemand mehr zurecht. Im Winter wurde der Lebensmitteltransport, wie in alten Zeiten, zum Teil wieder auf Schlitten ausgeführt.

Die Ernährungslage verschlechterte sich 1916 beträchtlich. Die Heeresverwaltung kaufte die Lebensmittel für die Armee in den westlichen Provinzen auf, die von der Front nicht allzu weit entfernt waren, und überließ es dann den Gouverneuren, den Stadtverwaltungen und den Semstwos, für die Zivilbevölkerung Ersatz heranzuschaffen. Da nun alle diese Instanzen, im Wettbewerb mit den militärischen, den privaten Getreidehandel mit ihrer Nachfrage bestürmten, boten sie ihm Gelegenheit, in den zuschußbedürftigen Gebieten Preissteigerungen zu erzwingen. Eine einheitliche Preiskontrolle gab es nicht, und so erreichte die Teuerung in der einen Gegend zwanzig Prozent, in der anderen fünfzig oder gar siebzig Prozent. Manche Gouverneure schlossen ihren Verwaltungsbereich gegen die Nachbargebiete ab, damit das vorhandene Getreide nicht »ausgeführt« werden konnte. Die daraus sich ergebenden Mißstände nötigten die Regierung, die Getreidebeschaffung für die Städte und die zuschußbedürftigen Provinzen unter Ausschaltung des Privathandels dem Landwirtschaftsministerium und den Semstwo-Behörden zu übertragen. Obwohl die Semstwo-Vertreter sich dieser Aufgabe mit Eifer widmeten (eifriger, als der Regierung mit Hinblick auf ihre absolutistischen Prärogativen genehm war), machte die Desorganisation der Brot-

Nikolaus II. und Zarin Alexandra Fjodorowna im Krönungsornat

Nikolaus II. bei einer Truppenbesichtigung

versorgung weitere Fortschritte. Viele Landwirte reduzierten den Anbau, weil die nun amtlich vorgeschriebenen Höchstpreise sie nicht befriedigten. Etwa zwei Fünftel aller Bauernhöfe hatten keine männlichen Arbeitskräfte mehr. Die Großgrundbesitzer fanden fast keine Taglöhner. Auch die Zahl der tierischen Arbeitskräfte verminderte sich, denn die Armee mußte nach und nach fünf Millionen Pferde und zwanzig Millionen Stück Vieh requirieren. Die Düngung wurde immer spärlicher. Die Getreideernte von 1916 machte drei Viertel derjenigen von 1914 aus; im Herbst 1916 mußte die Bevölkerung der Städte vor den Bäckereien schon Schlange stehen.

Rasch zerfielen, infolge der Beanspruchung durch den Krieg, die russische Währung und das Finanzwesen. Rücksichtslos drosselte die Staatsbank die Krediterteilung an die nichtmilitärischen Sektoren der Wirtschaft. Im Jahre 1916 verschlang der Krieg bereits neunundvierzig Prozent des gesamten russischen Volkseinkommens. Die Kosten des Krieges wurden durch Anleihen und durch Vermehrung des Papiergeldumlaufes (Inflation) aufgebracht. 1917 stieg der Index der Warenpreise schon rascher als die Zunahme der Notenzirkulation.

Manche bürgerliche Gruppen erkannten, daß der Krieg an die russische Volkswirtschaft unvergleichlich viel höhere Anforderungen stellte, als man anfänglich angenommen hatte. Sie vertraten nun den Standpunkt, daß die Leitung der Wirtschaftspolitik nicht der Regierung und ihrer Bürokratie überlassen werden dürfe, sondern von Selbstverwaltungsorganisationen des Unternehmertums, der Städte, der Semstwos zu übernehmen sei. Die Gesellschaft drängte der Regierung ihre Mitarbeit geradezu auf, in der Absicht, dadurch nicht nur das Kriegspotential des Landes zu steigern, sondern auch die Liquidation der »Selbstherrschaft« des Zaren vorzubereiten und den Übergang vom Scheinkonstitutionalismus zum wirklichen Parlamentarismus zu erzwingen. Doch war das russische Bürgertum numerisch zu schwach und historisch zu »jung«, als daß es bedeutende Verwaltungsaufgaben hätte bewältigen können. Es besaß keine Tradition politischer Aktivität, keine Erfahrung, und es hatte nur wenige mit Initiative begabte Persönlichkeiten von staatsmännischem Format aufzuweisen. Der Zarismus seinerseits sträubte sich dagegen, wichtige Befugnisse – und damit einen Teil seiner Macht – aus der Hand zu geben; er legte den Organen bürgerlicher Selbstverwaltung möglichst große Hindernisse in den Weg. Freilich konnte er dabei auf die ungeheure Korruption hinweisen, deren sich ein Teil des Bürgertums im Zusammenhang mit den Heereslieferungen für den russisch-japanischen Krieg schuldig gemacht hatte.

Nikolaus II. hatte keinen eigenen Willen. Seine Gattin Alexandra Fjodorowna (Alix von Hessen) übte auf ihn nicht nur in privaten Angelegenheiten, sondern auch in allen politischen Fragen einen dominierenden Einfluß aus, während sie selbst sich von einem lasterhaften Scharlatan, der ihre nach Wundern lechzende Gläubigkeit auszubeuten verstand, von Rasputin, leiten ließ. Ohne davon eine Ahnung zu haben, wie sehr er den Fortbestand der Monarchie gefährdete, ohne den kritischen Stimmen liberaler Duma-Abgeordneter – Schidlowskijs, Miljukows und anderer – auch nur die geringste Beachtung zu schenken, umgab sich der Zar, den verhängnisvollen Ratschlägen seiner Frau gehorchend, mit Ministern, die einen stur reaktionären innenpolitischen Kurs verfolgten.

Seit dem Frühjahr 1915 wurde die Arbeiterschaft von immer stärkeren Streikwellen ergriffen. Anfänglich wurde nur Teuerungsausgleich gefordert; nach und nach aber traten politische Losungen in den Vordergrund. Die Arbeitsniederlegung in den Putilowschen Werken, einem der größten Rüstungsbetriebe, richtete sich gegen die Fortsetzung des Krieges. Während der Streiks fanden auch schon Demonstrationen mit roten Fahnen statt, und es kam zu blutigen Aktionen der Polizei und der Ordnungstruppen. Im Oktober 1916 konnte man aus den Reihen der Arbeiter Rufe vernehmen: »Nieder mit dem Krieg! Nieder mit der Selbstherrschaft!« Ende November, als die Mehrheit der Duma die Regierung heftig angriff, erschien beim Duma-Präsidenten Rodsjanko eine von zehntausend Putilow-Arbeitern abgeordnete Delegation, um ihm für den Kampf gegen das Regime bewaffnete Unterstützung anzubieten; die Belegschaften anderer Betriebe gaben ähnliche Erklärungen ab. Von der Front trafen Nachrichten über defaitistische Stimmungen unter den Bauernsöhnen ein. Bereits kamen Fälle vor, wo ganze Regimenter sich weigerten, Sturmangriffe zu unternehmen. »Wofür auch kämpfen«, hieß es, »wenn uns diese Regierung doch nie Land geben wird.«

Trotz diesen unverkennbaren Symptomen eines immer näher rückenden Umsturzes gab der Zar nicht nach. Vom Volk isoliert, nahm er nichts wahr und vertagte die Duma.

Um den konservativen Kurs der Regierung zu brechen und das Ventil einer gemäßigt-liberalen Entwicklung zu öffnen, bevor eine Arbeiter- und Bauernrevolution in Gang kam, beschlossen Fürst Jussupow und Purischkjewitsch mit einigen Freunden die Ermordung Rasputins. Die britische Botschaft war in den Plan eingeweiht. Die Mörder gingen straflos aus. Jussupow wurde lediglich auf sein in der Nähe von Moskau gelegenes Gut verbannt. Man überschüttete ihn mit Gratulationen. Schon zirkulierten Gerüchte über einen bevorstehenden Staatsstreich, durch den man den Zaren zur Abdankung zwingen werde; hohe Offiziere konspirierten in diesem Sinn mit dem Präsidenten des Kriegsindustrie-Komitees, dem Bankier Gutschkow.

Auf die Beseitigung Rasputins reagierte Nikolaus II. mit einer noch schärferen Schwenkung nach rechts. Die Regierung wurde abermals umgebildet; extrem konservative Politiker – Protopopow, Fürst Golizyn – übernahmen die Führung der Geschäfte.

In der Arbeiterschaft gärte und brodelte es. Am 9. (22.) Januar 1917, am Jahrestag des »blutigen Sonntags« (1905), fanden in mehreren Städten große, gegen den Krieg gerichtete Demonstrationen statt. Berittene Polizei griff ein; es gab Todesopfer und Verletzte.

Der Geruch der Revolution lag in der Luft.

Da unternahm die britische Regierung durch Lord Miller einen Versuch, den Zaren umzustimmen. Sie wies auf das Interesse der Entente am Erfolg der gemeinsamen Kriegführung hin und unterstrich die Notwendigkeit, den Forderungen der russischen Gesellschaft entgegenzukommen, um die Revolution zu vermeiden und die Kräfte aller Bevölkerungsschichten einmütig für die Steigerung des Kriegspotentials einzusetzen. Nikolaus II. und seine Gattin ließen sich nicht belehren.

Am 14. (27.) Februar 1917 wurde die Duma wiedereröffnet. Sie erneuerte ihre Angriffe auf die Regierung mit nie dagewesener Schärfe.

Mittlerweile waren in der Lebensmittelversorgung der Städte schwere Stockungen eingetreten. Die Teuerung nahm einen katastrophalen Charakter an. Hungernde und erregte Menschen füllten die Straßen. Da und dort begann man Läden zu plündern. Die Polizei brachte auf geeigneten Dächern Maschinengewehre in Stellung.

LEBENSDATEN:

Russische Revolution

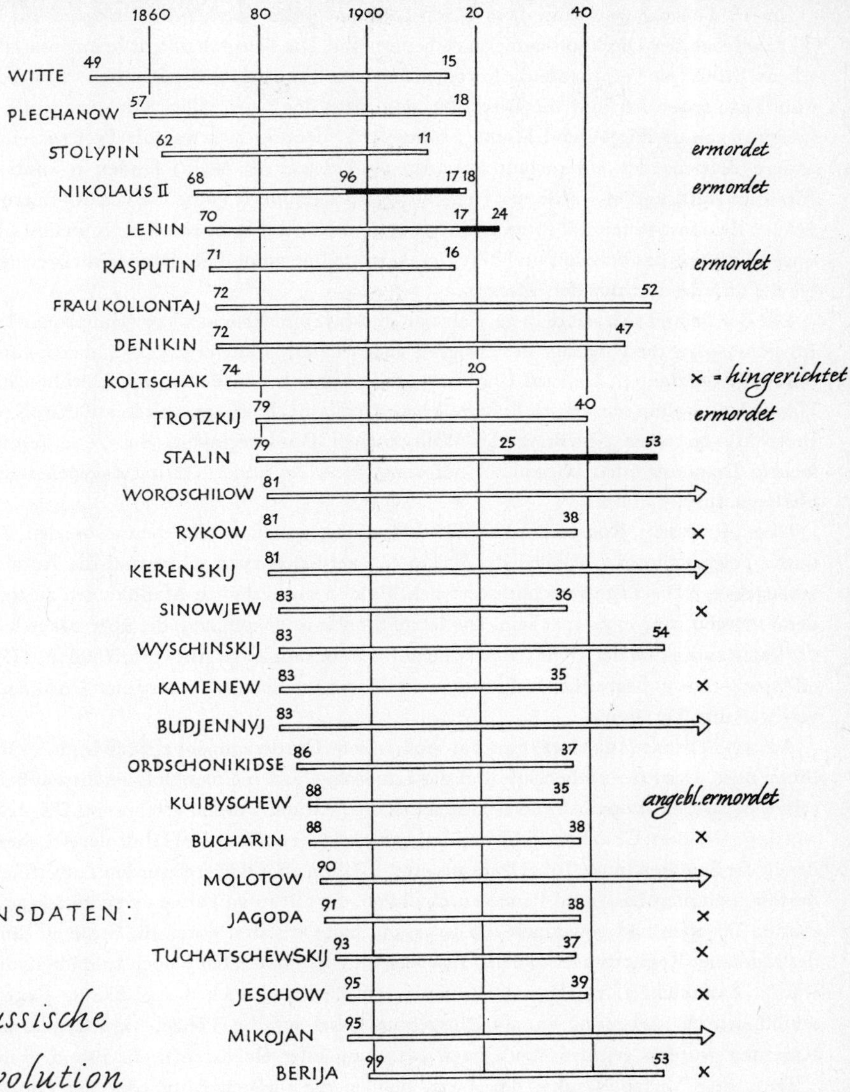

Am 18. Februar (3. März) 1917 brach bei den Putilow-Werken in Petrograd ein Konflikt zwischen der Direktion und den Arbeitern aus. Die Belegschaft trat in einen »italienischen« Streik: sie verbrachte die vorgeschriebenen Stunden im Betrieb, ohne zu arbeiten. Fünf Tage später verfügte die Direktion, den Ernst der Lage völlig verkennend, die Aussperrung von dreißigtausend Mann. Lawinenartig dehnten sich nun die Proteststreiks auf andere Betriebe der Hauptstadt aus. Am 23. Februar (8. März) fanden revolutionäre Meetings statt, und es wurde der Generalstreik proklamiert. Tausende von Männern und Frauen demonstrierten mit roten Fahnen auf dem Newskij Prospekt. Revolutionäre Lieder singend, flutete das Volk hin und her. Kosakenabteilungen und Soldaten verbrüderten sich bereits da und dort mit den Massen.

Der Zar befand sich seit dem 22. Februar (6. März) in der »Stawka« (Hauptquartier) in Mogilew. Über die Vorgänge in Petrograd unterrichtet, sandte er (am 25., abends) an den Stadtkommandanten, General Chabalow, telegraphisch den Befehl, die Unruhen in der Hauptstadt »schon morgen zu liquidieren«. Am 26., nachmittags, wurde auf dem Newskij Prospekt von einer Abteilung des Wolhynischen Garderegiments das Feuer eröffnet; sechzig Demonstranten blieben tot auf dem Platz. An andern Orten dagegen schossen Soldaten auf die Polizei.

Duma-Präsident Rodsjanko, der die Monarchie retten wollte, beschwor den Zaren durch Telegramm, dem Willen des Volkes Konzessionen zu machen und die Autokratie aufzugeben. »Die Lage verschlimmert sich. Es sind unverzüglich Maßnahmen zu treffen, denn morgen wird es zu spät sein. Die letzte Stunde ist gekommen, die über das Schicksal des Vaterlandes und der Dynastie entscheidet.« Er bekam keine Antwort. Nikolaus II. hielt offenbar – ein unbegreiflicher Irrtum – die Duma für den Hauptherd der Unruhen und verfügte ihre Vertagung.

Am 27. Februar (12. März) ging das Wolhynische Garderegiment auf die Seite der Revolution über. Das Preobrashenskij- und das Litowskij-Garderegiment folgten diesem Beispiel sofort. Mehrere Kompanie- und Bataillonskommandanten wurden erschossen. Das Arsenal wurde geplündert, Gewehre und Munition kamen dabei auch in die Hände der Arbeiter, mit denen die Soldaten unter Jubel fraternisierten. Polizisten, Offiziere wurden entwaffnet. In beschlagnahmten Last- und Panzerautomobilen, die mit roten Fahnen geschmückt waren, sausten Truppen und bewaffnete Zivilisten mit Siegesgeschrei durch die Straßen. Ein Teil des Moskauer Regiments leistete den Insurgenten Widerstand, der jedoch bald überwunden wurde. Zahlreiche Offiziere wurden niedergemacht, und auch das Moskauer Regiment schloß sich der Erhebung an. Gerichtsgebäude, Gefängnisse, Polizei- und Gendarmerie-Kasernen wurden erstürmt und, nach Befreiung aller Gefangenen, in Brand gesteckt.

Trotz dem Vertagungsukas des Zaren blieben die meisten Mitglieder der Duma im Taurischen Palast. Der bürgerliche Duma-Block war bestrebt, die Revolution zu zügeln, damit die Macht nicht in die Hände der sozialistischen Linken gerate. Man erwog sogar die Einsetzung einer Militärdiktatur zwecks Niederwerfung des Aufstandes, doch wurde dieser Gedanke fallengelassen, weil keine zuverlässigen Truppen mehr vorhanden waren; an der Front hätte man solche vielleicht noch finden können; es war aber unmöglich, sie vom Kriegsschauplatz abzuziehen, und in Petrograd wären wohl auch sie dem Einfluß der

Revolutionäre erlegen. So begnügte man sich damit, ein Duma-Komitee zu schaffen, das die Bildung einer neuen Regierung und die Wiederherstellung der Ordnung vorbereiten sollte. Diesem Duma-Komitee gehörten, unter anderen, Rodsjanko, Miljukow und Kerenskij an. Letzterer war als Redner, dem oft hinreißende Effekte gelangen, bei Soldaten und Arbeitern sehr populär. Er gehörte der Partei der Sozialrevolutionäre an. Ihm war die Aufgabe zugedacht, die Arbeitermassen zur Anerkennung des kommenden, überwiegend bürgerlichen Ministerkabinetts zu bewegen.

Am Nachmittag des 27. Februar (12. März) wurde das Gebäude der Duma von bewaffneten Soldaten und Arbeitern besetzt. Das Duma-Komitee wurde indessen nicht gehindert, telegraphisch mit dem Hauptquartier und mit dem Zaren zu verhandeln.

Am Abend versammelte sich im Sitzungssaal der Duma der erste Arbeiter- und Soldaten-Sowjet. Seine Mehrheit bestand aus Sozialrevolutionären, Sozialdemokraten und Parteilosen. Die am Aufruhr beteiligten Soldaten hatten je einen Deputierten je Kompanie bestellt; die Belegschaften der Fabriken waren mit je einem Deputierten je tausend Arbeiter vertreten. Insgesamt zählte der Sowjet mehr als tausend Mitglieder. Eine Prüfung der Mandate wurde nicht durchgeführt; es gab Leute, die einfach von Bekannten »eingeladen« worden waren, in den Sowjet einzutreten.

Der Arbeiter- und Soldatenrat versuchte, dem Duma-Komitee die Macht zu entreißen, was ihm jedoch nicht gelang. Immerhin erließ er an die Bevölkerung Petrograds und ganz Rußlands einen Aufruf, in dem es hieß, daß das Volk, um die politische Freiheit und die Demokratie endgültig zu sichern, »seine eigene Machtorganisation« schaffen müsse. Die Entscheidung über die künftige Staatsform Rußlands wurde einer demokratisch zu wählenden konstituierenden Nationalversammlung vorbehalten. Von einer Diktatur des Proletariates war im Aufruf keine Rede. Der Sowjet beschränkte sich darauf, die Interessen der Soldaten und Arbeiter wahrzunehmen; er dachte noch nicht daran, die Führung der Revolution und die ganze politische Macht an sich zu reißen. Lenin und weitere prominente Mitglieder der bolschewistischen Partei befanden sich noch im Ausland oder in sibirischer Verbannung.

Die formell immer noch amtierende Regierung des Zaren beschloß, über Petrograd den Belagerungszustand zu verhängen. An einigen Orten wurde das Volk mit Maschinengewehren beschossen. Aber schon begannen revolutionäre Soldaten die Würdenträger des zaristischen Regimes zu verhaften und an den Arbeiter- und Soldatenrat auszuliefern.

Im Hauptquartier ernannte Nikolaus II. den General Iwanow zum Militärdiktator und befahl ihm, sich »zwecks Unterdrückung der Unruhen« in die Hauptstadt zu begeben. Auf Grund alarmierender Telegramme seiner Gattin beschloß der Monarch, zu seiner Familie nach Zarskoje Sjelo zu fahren. Nachdem die Kaiserin festgestellt hatte, daß »viel Militär auf die Seite der Revolution übergegangen« sei und daß »Konzessionen unumgänglich« seien, rang sich der Zar zum Entschluß durch, seinem Volk eine »Verfassung« zu gewähren. daß der Moment dazu längst verpaßt war, kam ihm nicht zum Bewußtsein. Gleichzeitig erteilte er den Befehl, »zuverlässige Truppen« von der Front abzuziehen und sowohl nach Petrograd als auch nach Zarskoje Sjelo zu dirigieren; immer noch gab er sich der Illusion hin, der Lage Herr werden zu können.

Am 28. Februar (13. März) brach ein großer Aufstand in Moskau aus. Er nahm einen ähnlichen Verlauf wie in Petrograd.

Zur selben Zeit bemächtigen sich die Revolutionäre in Petrograd aller Bahnhöfe, des Telefonamtes, der Peter-Pauls-Festung und der Admiralität. Zarskoje Sjelo wurde von Aufständischen besetzt, die Kaiserin fortan bewacht. Der Zug des Zaren wurde nach Pskow umgeleitet, wo ihn aber General Russkij, der bei den neuen Machthabern »persona grata« werden wollte, aufhalten ließ. In der Nacht vom 1./2. (14./15.) März unterzeichnete der Zar in seinem Salonwagen ein Manifest, das die Berufung eines dem Parlament verantwortlichen Ministerkabinetts verhieß. Duma-Präsident Rodsjanko wurde telefonisch davon in Kenntnis gesetzt, antwortete aber, dieses Zugeständnis komme viel zu spät, erforderlich sei nunmehr die Abdankung des Zaren.

In Petrograd unterdrückte der Arbeiter- und Soldatenrat die gegenrevolutionäre Presse und begann, ein eigenes Nachrichtenblatt, die »Iswestija«, herauszugeben. Er publizierte darin den »Befehl Nr. 1«, worin angeordnet wurde, daß in allen Truppeneinheiten Komitees von und aus der Mannschaft zu wählen seien; daß den Befehlen der militärischen Kommission der Duma nur zu gehorchen sei, sofern sie zu den Befehlen und Beschlüssen des Arbeiter- und Soldatenrates nicht in Widerspruch stehen; daß den Offizieren die Verfügung über die Waffen zu entziehen sei; daß den Soldaten außerhalb des Dienstes alle Rechte zustehen sollten, welche die übrigen Bürger genießen; daß der militärische Gruß außerhalb des Dienstes abzuschaffen sei; daß den Offizieren fortan verboten sei, die Soldaten zu duzen.

Am 2. (15.) März wurde zwischen dem Arbeiter- und Soldatenrat einerseits und dem Duma-Komitee anderseits vereinbart, daß der Zar abgesetzt, eine provisorische Regierung gebildet und die Einberufung einer konstituierenden Nationalversammlung in Aussicht genommen werden solle.

Am selben Tag, um 15 Uhr, wurde im Taurischen Palast durch Miljukow die Liste der neuen Minister bekanntgegeben. An ihrer Spitze stand als Ministerpräsident und Innenminister Fürst Lwow, ein liberaler Großgrundbesitzer. Chef des Außenministeriums wurde Professor Paul Miljukow, ein hervorragender Kultur- und Wirtschaftshistoriker, führendes Mitglied der konstitutionell-demokratischen Partei (»Kadett«) und leidenschaftlicher Verfechter der Eroberung Konstantinopels. Das Handels- und Industrieministerium wurde dem Industriellen Konowalow anvertraut. Als Finanzminister war der Zuckerfabrikant Tereschtschenko vorgesehen. Das Amt des Kriegs- und Marineministers trat der Bankier Gutschkow an. Repräsentanten des Großgrundbesitzes und des Kapitals beherrschten also das Kabinett. Die Linke war in dieser Regierung einzig durch Aleksandr Kerenskij vertreten, einen Sozialrevolutionär, der dem Justizministerium vorstand. Die Führer des liberalen Bürgertums hatten ihn aus guten Gründen eingeladen, im Kabinett ein Portefeuille zu übernehmen. Da er bei den Arbeitern und Soldaten sehr beliebt war, konnte man sich seiner bedienen, um die moralische Basis des neuen Regimes nach links zu erweitern. Der Vorsitzende des Arbeiter- und Soldatenrates, Tschchéidse, hatte es als Sozialdemokrat abgelehnt, in die bürgerliche Exekutive einzutreten, weil er der Meinung war, daß das Proletariat dieser Regierung gegenüber eine oppositionelle Haltung einzunehmen habe.

Kerenskij dagegen zog den Standpunkt patriotischer Überparteilichkeit vor. Dem Arbeiter- und Soldatenrat setzte er auseinander, wie wichtig es sei, die bürgerliche Regierung durch einen Vertreter des werktätigen Volkes kontrollieren zu lassen und gerade das Justizministerium, welches mit den verantwortlichen Männern des gestürzten Zarismus werde abzurechnen haben, einem Politiker der Linken anzuvertrauen. Der Arbeiter- und Soldatenrat stimmte dieser Auffassung mit stürmischem Beifall zu und ermächtigte Kerenskij ausdrücklich, den ihm angebotenen Ministerposten anzunehmen. So kam es, daß Kerenskij als Mitglied des Sowjets *und* der Regierung von Anfang an in eine gefährliche Doppelrolle geriet: er überwachte die Regierung als Beauftragter des Sowjets, und er verfocht vor dem Sowjet die Politik der Regierung. Zunächst überwog die erste, dann aber mehr und mehr die zweite Funktion.

Auf Kerenskijs Befehl wurden die von Soldaten verhafteten Minister des Zaren aus dem Taurischen Palast in die Peter-Pauls-Festung übergeführt, in der seit dem Aufstandsversuch der Dekabristen (1825) so viele Revolutionäre geschmachtet oder den Tod erlitten hatten und über der nun die rote Fahne wehte.

Als Miljukow die Zusammensetzung der Provisorischen Regierung bekanntgab, wurde er durch Zwischenrufe gefragt, welches Schicksal der Dynastie Romanow zugedacht sei. Er antwortete, die Krone werde auf den Thronfolger Alexej übergehen, und rief dadurch stürmischen, minutenlang anhaltenden Widerspruch hervor. Miljukow fügte hinzu, daß das Volk, sobald »die Gefahr der Anarchie« vorüber sei, eine Konstituante werde wählen können, der die endgültige Entscheidung über die Staatsform zustehe. Auf die Nachricht, daß beabsichtigt sei, die Monarchie beizubehalten, reagierte die Bevölkerung Petrograds mit gewaltigen Kundgebungen, die die Ausrufung der Republik forderten. Die Wogen der revolutionären Erregung gingen so hoch, daß man eine Massakrierung der Monarchisten befürchten mußte. Miljukow sah sich schon nach wenigen Stunden gezwungen, die Erklärung abzugeben, daß er hinsichtlich der Staatsform nur seine persönliche Auffassung, nicht die der Provisorischen Regierung, geäußert habe.

Mittlerweile waren zwei Abgesandte des Duma-Komitees, Gutschkow und Schulgin, in Pskow angekommen. Sie verlangten vom Zaren, daß er zugunsten seines Sohnes Alexej abdanke. Nikolaus nahm, in seltsamer Apathie, vor einer Ikone die Mütze ab, bekreuzigte sich und sagte: »Es ist Gottes Wille, ich hätte es schon längst tun sollen.« Auf die Frage, ob man ihm erlauben werde, auf der Halbinsel Krim zu wohnen, entgegnete Gutschkow, dies sei unmöglich, der Monarch werde sich unverzüglich »ins Ausland« begeben müssen. Um nicht genötigt zu sein, sich von seinem Sohn zu trennen, vollzog der Zar die Abdankung zugunsten seines Bruders, des Großfürsten Michail. (Die Abdikationsurkunde war ungesetzlich: Nikolaus hatte das Recht, dem Thron nur in seinem eigenen, nicht aber auch im Namen seines Sohnes zu entsagen.) Am 3. (16.) März reiste der Ex-Zar in seinem Sonderzug nach Mogilew ab, wo er sich bis zum 8. mit seiner aus Kiew herbeigeeilten Mutter aufhielt. Er erließ noch eine Proklamation an die Armee, die er ermahnte, den Krieg »bis zum nahen Sieg« fortzusetzen und der neuen Regierung pflichtgemäß zu gehorchen. Dann verabschiedete sich Nikolaus von den Offizieren des Generalstabes; er brach diese Zeremonie jedoch vorzeitig ab, da manche der Herren weinten, einige sogar ohnmächtig wurden. Der

Zug, den der Ex-Zar darauf bestieg, brachte ihn nach Zarskoje Sjelo, wo er mit Frau und Kindern scharf bewacht wurde. Die Erlaubnis, nach England auszureisen, hatte Kerenskij im Namen des Arbeiter- und Soldaten-Sowjets annullieren lassen.

Als Gutschkow in Petrograd einer Versammlung von Eisenbahnarbeitern die Abdankung Nikolaus' II. verkündete und mit einem Hochruf auf den neuen Zaren Michail schloß, wurde er von den empörten Zuhörern festgenommen und mit Erschießung bedroht; es kostete Mühe, ihn zu befreien. Kerenskij forderte nun im Namen der Arbeiter und Soldaten die Abschaffung der Monarchie, sonst werde die Provisorische Regierung gestürzt. Am 3. (16.) März unterzeichnete auch Großfürst Michail seine Abdankung.

Der Zarismus war nun abgeschafft. Rußland nahm die Form einer bürgerlich-demokratischen Republik an. Binnen weniger Tage wurde das neue Regime von Amerika, Frankreich, England, Italien, Belgien und einigen andern Staaten anerkannt.

Während der Umwälzung, die im Februar (März) 1917 das »Ancien régime« hinweggefegt hat, wurden in Petrograd 1443 Personen (darunter 809 Soldaten und 60 Offiziere) getötet oder verwundet. Moskau und die Provinz hatten bedeutend weniger Opfer zu beklagen. Im Verhältnis zur Gesamtbevölkerung Rußlands waren diese Zahlen gering, und man sprach mit Begeisterung von einer »unblutigen, strahlenden Revolution«. Man berauschte sich an den Freiheitsrechten, in deren Genuß das russische Volk nun gelangen werde.

Der Staatsordnung, die aus der Februar-Revolution hervorgegangen ist, war allerdings nur kurze Dauer beschieden. Schon im Oktober (November) desselben Jahres ist sie wie ein Kartenhaus zusammengestürzt. Daß sich die bürgerliche Demokratie in Rußland so bald nach ihrer Geburt als lebensunfähig erwies, läßt sich nicht etwa durch »taktische Fehler« erklären, die Miljukow, Kerenskij oder andere Politiker begangen hätten. Die Machtergreifung des Bolschewismus resultierte vielmehr, wie man noch sehen wird, aus den gegebenen Verhältnissen mit unabwendbarer Zwangsläufigkeit.

Die Anfänge des Marxismus in Rußland

»Als Kuriosität möchte ich Ihnen doch mitteilen, daß ein Professor an der Universität Moskau während des letzten Winters über den ersten Teil meines Buches ›Zur Kritik der politischen Ökonomie‹ eine Vorlesung gehalten hat.« Diese Mitteilung, die Karl Marx 1860 in einem Privatbrief gemacht hat, ist wohl der älteste Hinweis auf das Eindringen des Marxismus in Rußland.

In den Kreisen der russischen Intellektuellen wurde das Interesse für die Theorien des Marxismus dadurch geweckt und gesteigert, daß sie in ihrem Lande eine unverkennbare Ausbreitung kapitalistischer Produktionsverhältnisse konstatieren mußten. Denkende Menschen begannen schon in den sechziger Jahren zu ahnen, daß auch Rußland vom kapitalistischen System ergriffen und auf denselben Weg sozialer Entwicklung gedrängt werden könnte, auf dem sich – mit beträchtlichem Vorsprung – Westeuropa befand. War dies wirklich der Fall, so gewannen Marxens Untersuchungen und Prognosen über Wesen und Zukunft des Kapitalismus auch für Rußland eine eminente Bedeutung.

Der erste russische Sozialist, der die Methoden marxistischer Analyse in umfassender Weise auf russische Verhältnisse anzuwenden versuchte, war Georg Plechanow. Als Sohn eines Gutsbesitzers 1856 geboren, schloß er sich im Alter von achtzehn Jahren der revolutionären Bewegung an. Um den Verfolgungen der zaristischen Polizei zu entgehen, emigrierte er 1880 nach Westeuropa. Auf philosophischem, kulturhistorischem, soziologischem und nationalökonomischem Gebiet erwarb er sich ein phänomenales Wissen, so daß er mit Recht als einer der gebildetsten Europäer seiner Zeit galt. Er war ein kultivierter Grandseigneur von aristokratischen Umgangsformen. Seine Reden waren glanzvoll und gewährten intellektuellen Zuhörern einen hohen Genuß. Die Gabe freilich, mit Arbeitern in unmittelbaren Kontakt zu kommen, ging ihm ab. Jene Qualitäten, die einen Agitator, einen Parteiführer, einen Staatsmann ausmachen, besaß er nicht.

Plechanow sagte voraus, daß in Rußland Bourgeoisie und Arbeiterklasse mit derselben Zwangsläufigkeit sich entwickeln werden wie der Kapitalismus selbst. Die Bauern hielt er für eine dumpf konservative, den Zarismus stützende Schicht, die teils vom Proletariat, teils vom Bürgertum aufgesogen werden müsse. Plechanow vertrat die Auffassung, daß Rußland vom Sozialismus viel weiter entfernt sei als der Westen, weil dieser bereits dem Ende des kapitalistischen Zeitalters entgegengehe, während das russische Volk eben erst den Aufstieg des Kapitalismus erlebe. Plechanow war davon überzeugt, daß im Westen »schon die proletarische«, in Rußland dagegen »erst die bürgerliche« Revolution fällig sei. Konsequenterweise bekannte sich Plechanow zu folgenden Thesen: Die Entfaltung des kapitalistischen Wirtschaftssystems wird in Rußland zum Sturze des Absolutismus und zur Aufrichtung einer bürgerlichen Demokratie führen, sei es in konstitutionell-monarchischer, sei es in republikanischer Form. Das russische Proletariat soll die in Rußland demnächst zu erwartende bürgerlich-liberale Revolution unterstützen, weil die Bourgeoisie, einmal im Besitze der Macht, ein immer zahlreicheres Proletariat und somit, ohne es zu wollen, ihren eigenen Totengräber erzeugen wird. Erst nach dem Sturze des Absolutismus wird die Arbeiterklasse ihren selbständigen Kampf gegen die Bourgeoisie beginnen. Die geringe Kapazität des russischen Innenmarktes wird das russische Unternehmertum frühzeitig nötigen, sich nach auswärtigen Absatzgebieten umzusehen. Die Außenpolitik Rußlands wird infolgedessen in wachsendem Maße imperialistischen Charakter annehmen. Russische Warenangebote werden in den Weltmarkt einströmen und den Export der kapitalistischen Länder des Westens immer stärker beeinträchtigen. Auf diese Weise wird der russische Kapitalismus die Absatzkrisen des westlichen Kapitalismus verschärfen, seinen unvermeidlichen Zusammenbruch beschleunigen helfen und die westlichen Nationen auf dem Wege zur proletarischen Revolution vorwärtsdrängen. Die russischen – wie auch die westlichen – Sozialisten haben deshalb jeden Fortschritt des russischen Kapitalismus und Imperialismus zu begrüßen, weil dieser Fortschritt letzten Endes den Interessen des Weltproletariates dient. Die Initiative und die Führung im Zeitalter der proletarischen Revolution wird der Arbeiterklasse des Westens zufallen. In Rußland darf der Versuch, eine sozialistische Gesellschaftsordnung aufzurichten, nicht vorzeitig und nicht auf eigene Faust unternommen werden. Die Aufgabe der russischen Sozialisten besteht darin, das russische Arbeitervolk auf jenen Augenblick vorzubereiten, da in Westeuropa die Arbeiterklasse an die Macht kommen wird.

Zu einer wesentlich anderen Beurteilung der Verhältnisse gelangte Wladimir Iljitsch Uljanow, der unter dem Namen Lenin in die Geschichte eingehen sollte.

Er ist als Sohn eines fortschrittlich gesinnten Pädagogen am 10. (22.) April 1870 in Simbirsk an der Wolga (heute: Uljanowsk) zur Welt gekommen. Vater Uljanow war Schulinspektor und reiste viel, um Schulen zu organisieren und zu beaufsichtigen. Aus eigener Anschauung kannte er die in Rußland herrschenden Mißstände genau. Alle Kinder dieses Mannes, der 1886 starb, sind Revolutionäre geworden. Aleksandr Uljanow beteiligte sich als Student an der Vorbereitung eines Attentates auf Alexander III. und wurde dafür am 8. (20.) Mai 1887 durch den Strang hingerichtet. Aus dem tragischen Ende seines Bruders zog Wladimir Uljanow schon damals den Schluß, daß der Zarismus nicht durch terroristische Einzelaktionen, sondern nur durch gemeinsamen Aufstand aller unterdrückten und ausgebeuteten Schichten des Volkes gestürzt werden könne. Im Sommer 1887 legte Wladimir Uljanow die Maturitätsprüfung ab; obwohl er einer in politischer Hinsicht höchst kompromittierten Familie angehörte, wurden seine Leistungen durch Verleihung der Goldenen Medaille anerkannt. In Kasan immatrikulierte sich Uljanow an der juristischen Fakultät. Wegen Teilnahme an studentischen Demonstrationen wurde er verhaftet und erhielt Zwangsaufenthalt in einem nahe gelegenen Dorf. Ein volles Jahr beobachtete er das Leben der Bauern. Dann gestattete man ihm, nach Kasan zurückzukehren, doch verweigerte ihm die Universität eine Erneuerung seiner Immatrikulation. Er setzte das Studium auf eigene Faust fort und siedelte 1889 nach Samara über (heute: Kuibyschew). Schon als achtzehnjähriger Jüngling hatte Uljanow begonnen, Werke von Marx und Engels zu lesen. Im Alter von einundzwanzig Jahren beherrschte er die ganze damals vorhandene marxistische Literatur. Unter ihrem Einfluß gelangte er früh zur Überzeugung, daß die Geschichte eines Volkes nicht willkürlich gestaltet werden könne, daß ihr Verlauf vielmehr durch die Entwicklung der Produktionsverhältnisse und der sozialen Struktur sowie durch das Kräfteverhältnis der verschiedenen Klassen bedingt sei. 1891 legte Uljanow mit Auszeichnung das Anwaltsexamen ab; als Advokat ist er vor Gericht indessen nur kurze Zeit aufgetreten. In seinem Vorsatz, sich der Sache der Revolution zu widmen, dürfte ihn die Hungerkatastrophe des Jahres 1891 noch bestärkt haben.

In Samara beteiligte sich Uljanow an der Gründung eines marxistischen Zirkels, unter dessen Mitgliedern eine von ihm angefertigte Übersetzung des Kommunistischen Manifestes von Hand zu Hand ging. Schon damals fiel in den Diskussionen Uljanows Scharfsinn und seine Neigung zu sarkastischer Behandlung des Gegners auf. Emsig gesammelte statistische Daten sowie eigene Beobachtungen ausnützend, schrieb Uljanow seine erste Arbeit über die Lage der Bauern in Rußland. Er wies nach, wie stark der zersetzende Einfluß des Kapitalismus sich auf dem Lande bemerkbar machte und wie unaufhaltsam die Verarmung des Dorfes fortschritt.

1893 siedelte Uljanow nach Petersburg über. Etwa um diese Zeit soll er das Pseudonym »Lenin« angenommen haben, das bereits sein hingerichteter Bruder geführt hatte.

In einer gegen die »Narodniki« gerichteten polemischen Schrift (»Was sind die Freunde des Volkes?«) sprach Lenin zum erstenmal den Gedanken aus, daß in Rußland die Arbeiter und die Bauern – anders als in Westeuropa – eine Möglichkeit haben werden, sich zu verbünden, um durch gemeinsame revolutionäre Aktion dem Zarismus, den Gutsbesitzern *und* der Bourgeoisie die Staatsgewalt zu entreißen. Nach Beseitigung des Absolutismus werde das russische Proletariat, Schulter an Schulter mit dem Proletariat der ganzen Welt, auf dem direkten Weg des offenen politischen Kampfes siegreich den kommunistischen Umsturz vollenden. Während also Plechanow die Bauern als konservatives, reaktionäres Element charakterisiert hatte und für revolutionäre Kombinationen nur die liberale Bourgeoisie sowie das Proletariat in Betracht zog, schätzte Lenin die große Mehrheit der Bauern, mit Hinblick auf ihre rasche Pauperisierung, als eine Schicht ein, die sich unter Führung der Arbeiterschaft an der kommenden Revolution beteiligen werde. Dementsprechend nahm Lenin an, daß der Zeitpunkt des Ausbruchs einer sozialistischen Revolution schon nahe sei, während Plechanow geneigt war, sich auf eine noch lange »Wartezeit« einzustellen.

Im Frühjahr 1895 unternahm Lenin seine erste Reise ins Ausland. Er besuchte einige Versammlungen der deutschen Sozialdemokratie und eilte dann nach Genf, um Plechanow kennenzulernen. Im Herbst kehrte er nach Petersburg zurück, wo er eine illegale Zeitung herauszugeben begann. Am 9. (21.) Dezember wurde er verhaftet. Vierzehn Monate brachte er in Untersuchungshaft zu und wurde dann durch Verfügung des Polizeidepartementes nach einem ostsibirischen Dorf am Jenissej verbannt. Schon im Gefängnis begann er an einem großen Werk über »Die Entwicklung des Kapitalismus in Rußland« zu arbeiten. Gleichzeitig bekämpfte er in der illegalen Presse den in Deutschland aufkommenden »Revisionismus« Bernsteins, der lehrte, daß der Arbeiterklasse auch unter kapitalistischen Verhältnissen ein menschenwürdiges Dasein gesichert werden könne. Lenin vertrat die Auffassung, daß die russischen Sozialisten »eine selbständige Weiterentwicklung der Marxschen Lehre« anstreben sollten. In Rußland gehörten Ende des 19. Jahrhunderts noch mehr als achtzig Prozent der Bevölkerung dem Bauernstande an. In den hochkapitalistischen Ländern des Westens war die Quote des Bauerntums viel geringer: England – dreiundzwanzig Prozent, Deutschland fünfundvierzig Prozent. Der Sektor des industriellen Kapitalismus war in Rußland also noch relativ schmal, der landwirtschaftliche Sektor besaß ein erdrückendes Übergewicht. Durch eingehende Analyse demonstrierte Lenin den fortschreitenden Zerfall der Landbevölkerung in »Dorfarmut« und »Kulakentum«. Aus der russischen Bevölkerungsstatistik errechnete er nachstehende soziale Struktur:

Großgrundbesitzer, Großbourgeoisie, höhere Beamte	3,3 Mill.
Wohlhabende Bauern und Gewerbetreibende	23,1 Mill.
Arme Bauern und Gewerbetreibende	35,8 Mill.
Halbproletarier	41,7 Mill.
Proletarier	22,0 Mill.

Außer der revolutionären Stoßkraft des in wenigen Industriezentren massierten Fabrikproletariates setzte Lenin in seine politische Kalkulation auch die Umsturzbereitschaft des verelendeten russischen Bauerntums ein. Während Plechanow warten wollte, bis die besitzlose, entwurzelte Schicht der Landbevölkerung »im Fabrikkessel ausgekocht«, also in die

Schicht der Fabrikarbeiter eingegliedert werde, erkannte Lenin die Möglichkeit, Proletariat und Bauerntum gleichzeitig in eine gemeinsame Revolution gegen Zarismus und Bourgeoisie hineinzuführen. Diese Erkenntnis wurde zur Grundlage des ganzen Aktionsplanes, den Lenin entwickelte:

Die russischen Sozialisten haben nicht die Hände in den Schoß zu legen, bis das liberale Bürgertum den Zarismus stürze, den Kapitalismus zu voller Entfaltung bringe und das Heer der Fabrikarbeiter vermehre. Sie haben die führende Rolle bei der Umgestaltung des russischen Staates nicht dem Bürgertum zu überlassen, sondern selbst möglichst bald eine Revolution zu entfesseln. Die russischen Sozialisten dürfen nicht warten, bis die Arbeiterschaft unter dem Drucke der Not selbständig zu politischem Klassenbewußtsein gelangen kann; sie haben vielmehr, als führende Intellektuelle, dem Arbeiter das nötige Klassenbewußtsein »von außen her« beizubringen, um das Tempo der Entwicklung zu beschleunigen. Sie haben deshalb eine Partei von geschulten, disziplinierten Berufsrevolutionären zu schaffen, denen die Leitung der Revolution wie einem Generalstab anvertraut werden könnte. Die Partei soll als dirigierender Kader, Proletariat und Bauerntum sollen als kämpfende Armee und als Massenbasis in den Dienst der Revolution gestellt werden. Unter dem Kommando der russischen Revolutionäre sollen die Arbeiter gegen die kapitalistischen Unternehmer, die Bauern gegen Großgrundbesitzer und Großbauern sowie sonstige Ausbeuter der Dorfarmut in den Kampf ziehen, alle durch gemeinsame Aktion den zaristischen Staatsapparat erobern.

1899 gelang es Lenin, seine mehr als fünfhundert Seiten starke Untersuchung über »Die Entwicklung des Kapitalismus in Rußland« unter dem Pseudonym »W. Iljin« legal zu publizieren.

Nach Ablauf seiner Verbannungsfrist kehrte Lenin nach dem europäischen Rußland zurück. Um die Partei, die er brauchte, gründen und ideologisch formen zu können, bedurfte er einer von der zaristischen Zensur unabhängigen Zeitung. Da es unmöglich war, sie in Rußland herauszugeben, entschloß sich Lenin, nach dem Westen zu emigrieren. Im Juli 1900 verließ er sein Vaterland, das er erst fünfeinhalb Jahre später wiedersehen sollte. Er schlug seinen Wohnsitz in München auf und gab – zunächst gemeinsam mit Plechanow, Martow und andern – die Zeitung »Iskra« (Der Funke) heraus. In kleiner Schrift auf dünnem Papier gedruckt, wurde sie nach Rußland geschmuggelt und dort durch ein Netz von Agenten vertrieben. Die Organisation der Iskra-Anhänger in Zellen kam später der Konstituierung der bolschewistischen Partei sehr zustatten. Durch Artikel der »Iskra« hämmerte Lenin der russischen Arbeiterklasse unermüdlich ein, daß sie in der kommenden Revolution kompromißlos vorzugehen und die Diktatur des Proletariates zu errichten habe. Seine Thesen verfocht Lenin mit größter Unduldsamkeit; wer seine revolutionäre »Linie« nicht ohne Vorbehalt anerkannte, sollte sich »in den Sumpf des Opportunismus« begeben.

Neben der »Iskra« gab Lenin auch eine Zeitschrift heraus: »Sarjà« (Die Morgenröte). Im Frühjahr 1902 faßte er seine Anschauungen in einem Buch zusammen unter dem Titel: »Was tun?« Im wesentlichen enthielt es jene Doktrin, die bald darauf als Bolschewismus bezeichnet werden sollte.

Nur ein Teil der russischen Sozialisten billigte die von Lenin verfochtenen Grundsätze. Viele distanzierten sich von ihnen und befürworteten eine enge Anlehnung an das Vorbild der westeuropäischen Sozialdemokratie.

Als die russischen Sozialisten im Juli/August 1903 in London einen Parteitag durchführten, um ihr Parteiprogramm und die Parteistatuten festzulegen, traten unter den dreiundvierzig Delegierten unüberbrückbare Gegensätze zutage. Ein Maximalprogramm bezeichnete als Ziel der Partei die sozialistische Revolution durch Beseitigung des Kapitalismus und Errichtung der Diktatur des Proletariats. Demgegenüber wollten sich die Anhänger des Minimalprogramms mit der Errichtung einer demokratischen Republik, mit der Verwirklichung staatsbürgerlicher Freiheitsrechte, mit der Einführung des Achtstundentages für die Arbeiter und ähnlichen Forderungen begnügen. Nach leidenschaftlichen Debatten zerfiel der Parteitag in zwei Gruppen: die »Bolschewiki« (Mehrheitler) und die »Menschewiki« (Minderheitler). Unter der Leitung von Plechanow, Martow und Akselrod entwickelten sich die Menschewiki zu einer sozialdemokratischen Partei, während die Bolschewiki, Lenin folgend, jenen Weg einschlugen, der letzten Endes zur Errichtung des Sowjetregimes, der »Dritten Internationale« und der osteuropäischen »Volksdemokratien« führen sollte. Der Personenkreis, in welchem die menschewistisch-bolschewistischen Meinungsverschiedenheiten ausgetragen wurden, war 1903 noch sehr klein. Es unterliegt jedoch keinem Zweifel, daß sich in jenen Diskussionen Gegensätze manifestierten, die seither weltgeschichtliche Bedeutung erlangt haben.

Während der Revolution des Jahres 1905 ereigneten sich in den russischen Städten große Arbeiterstreiks; auf dem Land aber fanden Bauernunruhen statt, in deren Verlauf adelige Gutsbesitzer vorübergehend expropriiert wurden. Lenin und seine Anhänger zogen daraus den Schluß, daß es im Bereich der Möglichkeit liege, Arbeiter und Bauern als Koalition revolutionärer Klassen zu gemeinsamem bewaffnetem Aufstand zu bewegen. Wie das Proletariat, so war auch die Bauernschaft daran interessiert, daß die Revolution »zu Ende geführt« werde; denn nur bei vollständigem Sieg der Revolution konnte die Übereignung des Grund und Bodens an die Bauern ohne Entschädigung der bisherigen Besitzer dekretiert werden. Aus dem Kampfbündnis des Proletariates und der Bauern mußte in Rußland eine Macht entstehen, die – richtig gehandhabt – ein sofortiges »Hinüberwachsen« der bürgerlich-liberalen in die sozialistische Revolution würde bewirken können. War man erst einmal so weit, so bestand – nach Lenins These – Aussicht darauf, auch das übrige, kapitalistisch »reife« Europa »in Flammen zu setzen«, die sozialistische Revolution auch im Westen Europas zu entfesseln. Im Sinne dieser Konzeption wurden die Entschließungen des »Dritten Parteitages« formuliert. Die russischen Sozialdemokraten (Menschewiki) dagegen gingen von der Annahme aus, daß Rußland erst eine bürgerlich-demokratische Revolution (nach dem Muster früherer Revolutionen Westeuropas) zu absolvieren habe und daß von einer sozialistischen Umwälzung noch keine Rede sein könne. Lenin bezeichnete die Menschewiki als »Agenten der Bourgeoisie«, deren Ziel es sei, die Revolution auf halbem Wege zum Stillstand zu bringen. Theoretische oder taktische Anschauungen, die er als falsch und schädlich betrachtete, setzte er mit vorsätzlichem Verrat an der Arbeiterschaft gleich, ohne die Möglichkeit einer *bona fide* entstandenen Meinungsverschiedenheit gelten zu lassen.

Im Oktober 1905 wurde nahezu die gesamte russische Volkswirtschaft durch allgemeinen Landesstreik lahmgelegt. In Petersburg erweiterte sich das Streikkomitee der Typographen zu einem umfassenden »Sowjet der Arbeiterdeputierten«, als dessen mutiger Präsident sich bald der revolutionäre Publizist Trotzkij auszeichnen sollte; ähnliche Sowjets wurden in Moskau, Kiew, Odessa und andern Städten organisiert. Am 17. (30.) Oktober erließ der Zar ein Manifest, worin er dem Volk allgemeines Wahlrecht versprach und den Grundsatz festlegte, daß in Zukunft kein Gesetz ohne Genehmigung der Reichs-Duma in Kraft treten werde. Die Bauern nahmen von diesem Oktober-Manifest kaum Notiz; denn über die Agrarfrage, die für sie ausschließlich von Bedeutung war, stand nichts darin. Die Menschewiki begrüßten die kommenden bürgerlichen und parlamentarischen Freiheitsrechte und bereiteten sich darauf vor, von ihnen im Rahmen der Legalität Gebrauch zu machen. Lenin jedoch, der sich immer noch in Genf befand, erteilte von dort aus die Weisung, den bewaffneten Kampf fortzusetzen: »Wir müssen nicht die Demütigung der Zarenmacht anstreben, nicht die Anerkennung der Rechte des Volkes durch sie, sondern die Vernichtung dieser Macht.«

Mittlerweile wurde auf dem Lande die Bevölkerung aufs neue von heftigen Bauernaufständen ergriffen; in kurzer Zeit wurden mehr als zweitausend Gutshöfe niedergebrannt. In Kronstadt kam es zu einem Aufruhr der Matrosen, in Sewastopol zur Meuterei des Panzerkreuzers »Potemkin«, in Moskau zu einem elftägigen bewaffneten Aufstandsversuch des Proletariates sowie zu ähnlichen Aktionen in einigen anderen Städten des Zarenreiches. Dann aber, Ende Dezember 1905 (Anfang Januar 1906) erloschen alle diese Insurrektionen. Überall fiel der Sieg dem Zarismus zu, und auf den Sieg der Ordnungstruppen folgten standrechtliche Massenhinrichtungen, Verhaftungen und Deportationen. Ganze Divisionen ließen ihren grausamsten Instinkten freien Lauf. Es wurde gehängt, erschossen und gemordet; Kollektivstrafen wurden angeordnet, ganze Dörfer dem Erdboden gleichgemacht. Die Reaktion hatte wieder die Oberhand und fühlte sich stark genug, maßlose Rache zu nehmen. Adel und Bourgeoisie, die durch die Erhebungen der Bauern und der Arbeiter so sehr erschreckt worden waren, stellten sich nun eindeutig auf die Seite des Zarismus und bejahten die Notwendigkeit auch der härtesten Repressalien.

Lenin, der im November 1905 aus der Emigration nach Petersburg zurückgekehrt war, besuchte Sitzungen des Petersburger Arbeiter-Sowjets, um diese neue revolutionäre Organisationsform, die sich ohne sein Zutun gebildet hatte, zu studieren. Er kam zum Schluß, daß die Sowjets als Vorbereitungszentren des bewaffneten Aufstandes und, nach erfolgreichem Umsturz, als »erste Organe« der zu errichtenden Macht zu benützen seien. Obwohl die Niederlage der Revolution bewiesen hatte, daß das »Bewußtsein« der unterdrückten Bevölkerungsschichten für die Idee eines Bündnisses zwischen Arbeiter und Bauern noch keineswegs »reif« war, ließ sich Lenin in seinen Auffassungen durchaus nicht beirren. Er wartete auf die »nächste Gelegenheit«, die kapitalistische Gesellschaftsordnung in Rußland aus den Angeln zu heben. Nach wie vor bekämpfte er die vorwiegend von Intellektuellen vertretene Richtung der Menschewiki, die er des Verrats an der Arbeiterklasse bezichtigte. Durch sein Auftreten am Internationalen Sozialistenkongreß in Stuttgart (Herbst 1907) bereitete er auch in Westeuropa die Spaltung der Sozialisten in Sozialdemokraten und Kommunisten vor.

Im Dezember 1907 emigrierte Lenin zum zweitenmal, um einem Haftbefehl der zaristischen Polizei zu entgehen. Mehr als neun Jahre brachte er im Ausland zu, vorwiegend in Genf, Bern und Zürich.

Der bedeutendste Gegenspieler Lenins war Ministerpräsident Stolypin. Im Herbst 1906 setzte er außerordentliche Feldkriegsgerichte ein, die binnen weniger Monate mehr als tausend Revolutionäre zum Tode verurteilten. Die ordentlichen Gerichte schickten (bis 1911) weitere dreitausendfünfhundert Opfer aufs Schafott. Der Strick des Henkers wurde in Rußland »Stolypinsche Krawatte« genannt. Stolypin war jedoch klug genug, zu begreifen, daß er mit brutaler Gewalt allein die Revolution nicht werde ersticken können. Wohl die größte Gefahr bildete für das zaristische Regime die chronische Notlage und Unzufriedenheit der Bauern. In dieser Frage waren Lenin und Stolypin derselben Meinung. Um wenigstens einen Teil der Dorfbevölkerung zu befriedigen und an der Erhaltung des Zarismus zu interessieren, entschloß sich Stolypin, eine großzügige Bodenreform einzuleiten, deren Verwirklichung allerdings, wie er wohl wußte, sich über ein Menschenalter erstrecken würde. Im ganzen Zarenreich sollte das Kollektiveigentum der Mir-Gemeinden an Grund und Boden allmählich aufgelöst werden. In Gemeinden, die ihren Boden seit mindestens vierundzwanzig Jahren nicht mehr umgeteilt hatten, sollte jeder Bauer zum Privateigentümer des in seiner Nutzung befindlichen Landes erklärt werden. Wo der Brauch periodischer Umteilung noch bestand, sollte jedem einzelnen Bauern gestattet werden, seinen Austritt aus der Mir-Gemeinschaft zu erklären und die Überführung seines Landanteils in individuelles Privateigentum zu verlangen. Durch Mehrheitsbeschluß konnte die Mir-Versammlung die Auflösung des Kollektiveigentums für das ganze Dorf anordnen. Für zersplitterte Streulage der Bodenanteile war eine rationelle Flurbereinigung vorgesehen. Eine Enteignung der Grundbesitzer zugunsten der Bauern sollte nicht stattfinden. Dagegen bestand die Absicht, ihnen Land aus Domänen und Apanagegütern zu verkaufen. Vor allem aber wurde die Bauernbank beauftragt, den von den Gutsbesitzern angebotenen Boden zu erwerben und parzellenweise, unter Gewährung von Hypothekarkrediten, an Bauern weiterzuveräußern. Auf diese Weise sollte der Landhunger eines Teiles der Dorfbevölkerung nach und nach überwunden werden. Den Rest der Bauern wollte Stolypin rücksichtslos proletarisieren. Er strebte die Zerstörung des Kollektiveigentums der Mir-Gemeinde aus politischen Gründen an. Solange die Einrichtung des dörflichen Kollektiveigentums fortbestand, kehrten die Fabrikarbeiter, so oft sie arbeitslos wurden, in ihre Heimatgemeinde zurück, wo sie ein Ackerlos zur Nutzung beanspruchten. Solche »ökonomische Amphibien«, die zwischen Stadt und Land hin und her pendelten, unterhielten eine für die Vorbereitung der bolschewistischen Revolution sehr wichtige Querverbindung zwischen dem Proletariat und den Bauern. Stolypin durfte hoffen, durch die Auflösung des Mir-Eigentums dieses Rückfluten der Arbeiter von der Maschine zum Pflug einzudämmen und so die Ausbreitung revolutionärer Ideen auf dem Lande zu erschweren. Ihm kam es darauf an, die von Lenin erstrebte »Koalition revolutionärer Klassen« zu verhindern.

Etwa sechzig Prozent der aus dem Mir-Verband ausgeschiedenen Landwirte sahen sich bald gezwungen, ihre Miniaturäcker zu verkaufen. Das entsprach den Absichten Stolypins durchaus. Die so von der Scholle endgültig losgelöste und binnen kurzem völlig verarmte

Kategorie der Dorfbevölkerung sollte verwendet werden: für Landarbeit gegen niedrigen Taglohn und für die Vergrößerung des Fabrikproletariats. Die auf der Scholle verbleibenden Bauern sollten ihren Besitz vergrößern, ihn – nach Vornahme der Flurbereinigung – rationeller bewirtschaften, wohlhabend werden und als »staatserhaltendes Element« den Zarismus in seinem Kampf gegen die drohende Revolution unterstützen. Die durch die Agrarreform zu bildende Klasse der Großbauern sollte sich mit den adeligen Großgrundbesitzern zu einer gemeinsamen konservativen Politik zusammenfinden. Es ist Stolypin wirklich gelungen, die bäuerliche Bevölkerung Rußlands sozial zu spalten. Im Dezember 1909 äußerte Lenin darüber eine gewisse Beunruhigung.

Mit eiserner Energie trieb Stolypin alle Beteiligten an, die Durchführung der Bodenreform zu beschleunigen. Solange sie im Gang war, durfte sich Rußland nicht in Kriege verwickeln lassen, denn es konnte den bäuerlichen Elementen der Armee (mehr als achtzig Prozent aller Soldaten) nicht zugemutet werden, an die Front zu gehen, während in den Dörfern eine für sie so lebenswichtige, radikale Umgestaltung des Grundbesitzes vollzogen wurde. 1914 war aber kaum ein Fünftel der Bauern aus dem Mir ausgetreten und zum Privateigentum übergegangen. Man hätte mit der Stolypinschen Bodenreform offenbar schon etwa 1875 beginnen sollen, um sie vor Beginn des ersten Weltkrieges zum Abschluß zu bringen. Sie kam zu spät. Solange sie sich erst im Anfangsstadium befand, verbesserte sie wohl die ökonomische Situation einer Minderheit der Bauern, aber desto mehr verschärfte sie das Elend ihrer überwiegenden Mehrheit. Sie ließ den Kontrast zwischen den »Kulaken« und der »Dorfarmut« immer deutlicher hervortreten und erhöhte damit die Brauchbarkeit des Dorfproletariats für ein Bündnis mit dem Industrieproletariat – im Sinne der Leninschen Revolutionsstrategie.

Nicht nur beim Dorfproletariat weckte Stolypins Politik unversöhnlichen Haß, sondern auch bei den nationalen Minderheiten. Die Verfassung Finnlands wurde mit Füßen getreten, die Unterdrückung der Polen, der Ukrainer, der Kaukasier wurde verstärkt, gegen die Juden eine der schlimmsten Hetzkampagnen inszeniert. Von Zeit zu Zeit führten revolutionäre Terroristen auf Stolypin, um seinen grausamen Regierungsmethoden ein Ende zu machen, Anschläge aus. Beim siebenten Attentat wurde er – am 1. (14.) September 1911 – ermordet. 1912 setzten im russischen Proletariat wieder große Streikbewegungen ein. Im Juni 1914 betrug die Zahl der Streikenden schon anderthalb Millionen. Da und dort fanden Barrikadenkämpfe statt, sechs Wochen vor Ausbruch des ersten Weltkrieges. Vielleicht stand Rußland am Vorabend einer Umwälzung, die durch das Dekret über die allgemeine Mobilmachung noch einmal vertagt wurde.

Die Menschewiki setzten sich, wie in Deutschland die Sozialdemokraten, für die Landesverteidigung ein. Unter den Arbeitern besaßen sie jedoch nur eine geringe Anhängerschaft. Lenin und seine Partei dagegen erklärten von vornherein, daß der Krieg ein »Kampf imperialistischer Räuber« sei und daß die Aufgabe der Arbeiterklasse darin bestehe, den Krieg in eine Revolution und letzten Endes in den Sturz des Kapitalismus ausmünden zu lassen. Die aus fünf Mitgliedern bestehende Fraktion der Bolschewiki stimmte in der vierten Duma geschlossen gegen die Kriegskredite. Sie propagierte die These, daß nicht der Sieg, sondern die Niederlage des Zarismus erstrebt werden müsse, weil dank dieser Niederlage das Proletariat in Rußland die Macht werde erobern können. In der Schweiz hat Lenin die Stunde abgewartet, die dem bolschewistischen Revolutionsprogramm auf russischem Boden eine Chance der Verwirklichung bot.

Als der Zarismus im Frühjahr 1917 zusammenbrach, beschloß Lenin, so rasch wie möglich in die Heimat zurückzukehren. Frankreich und England verweigerten ihm das Durchreisevisum, weil sie wußten, daß er alles daransetzen werde, Rußland zum Abfall von der Entente und zum sofortigen Abschluß eines Separatfriedens mit Deutschland zu bewegen. Aus demselben Grunde war aber Deutschland daran interessiert, Lenin die Rückkehr nach Rußland zu ermöglichen. Gemäß einem mit Ludendorff getroffenen Abkommen verpflichtete sich die deutsche Regierung, Lenin und weiteren dreißig Emigranten die Durchreise nach Schweden zu gestatten und in ihrem Waggon weder eine Paß- noch eine Gepäckkontrolle vorzunehmen, wogegen die Rückwanderer sich der Bedingung unterwarfen, auf deutschem Gebiet mit niemandem in Kontakt zu treten. Diese Vereinbarung wurde von beiden Seiten strikt eingehalten. Lenin war sich darüber natürlich im klaren, daß er Gefahr lief, vor der russischen Öffentlichkeit des »Einvernehmens mit dem Feinde« beschuldigt und als »bezahlter deutscher Agent« diffamiert zu werden; er nahm jedoch diesen Nachteil in Kauf, weil es für ihn keine andere Möglichkeit gab, nach Rußland zu gelangen.

Am Abend des 3. (16.) April 1917 kam Lenin in Petrograd auf dem Finnischen Bahnhof an. In einem Prunkzimmer, das ehemals für Angehörige der Zarenfamilie reserviert gewesen war, begrüßte ihn der Sozialdemokrat (Menschewik) Tschchéidse im Namen des Petrograder Sowjets und ermahnte ihn, »gemeinsam mit uns die revolutionäre Demokratie zu verteidigen«. Lenin behandelte den Redner wie Luft. Er wandte sich brüsk von ihm ab und richtete an die Anwesenden folgende Worte: »Genossen! Soldaten, Matrosen und Arbeiter! Ich bin glücklich, in euch die siegreiche russische Revolution, die Avantgarde der proletarischen Weltarmee zu begrüßen... Die Stunde ist nicht fern, in der auf den Ruf unseres Genossen Karl Liebknecht die Völker die Waffen gegen ihre Ausbeuter, die Kapitalisten, richten werden... Die russische Revolution, von euch vollbracht, hat eine neue Epoche eingeleitet. Es lebe die sozialistische Weltrevolution!« Dann verließ er den Saal. Vor dem Bahnhof, im Lichte der Scheinwerfer und Fackeln, drängte sich eine gewaltige Menschenmenge. Lenin wurde auf einen Panzerwagen gehoben und hielt seine erste, mit Ovationen aufgenommene Rede vor dem Petrograder Proletariat.

Schon am folgenden Tag setzte Lenin der bolschewistischen Parteikonferenz seine »Thesen vom 4. April« auseinander. Er verlangte, daß das Proletariat die Provisorische Regierung stürzen, alle Macht in die Hände der Sowjets legen und den Übergang von der bürgerlichen zur sozialistischen Revolution wagen solle. Die Bauern forderte er auf, sich den Großgrundbesitz auf illegalem Wege, durch Gewalt, anzueignen. Er schlug auch vor, die Partei der Bolschewiki fortan nicht mehr als sozialdemokratische Gruppe, sondern als Kommunistische Partei zu bezeichnen, um die endgültige Trennung von der Zweiten Internationale, welche die Vaterlandsverteidigung und den »inneren Burgfrieden« bejahte, deutlich zum Ausdruck zu bringen.

Die Menschewiki nahmen Lenin nicht ernst. Sie warfen ihm vor, daß er »wie ein Irrsinniger im Fieberwahn« rede und infolge fast zehnjähriger Landesabwesenheit den

DATENGERÜST

Russische Revolution

1878 Erste Attentate der Sozialrevolutionären Partei

1895 »Kampfbund für die Befreiung der Arbeiterklasse« gegründet.

1897 Südrussischer Arbeiterverein gegründet.

1898 Erster Kongreß der Sozialdemokratischen Partei in Minsk (März).

1902 Sozialrevolutionäre Partei neu gegründet.

1903 Zweiter Kongreß der Sozialdemokratischen Partei in London, Spaltung in Bolschewisten und Menschewisten.

1904 Beginn des Russisch-Japanischen Kriegs.

1905 Der »Rote Sonntag« (9. [22.] 1.). Dritter Kongreß der Bolschewisten in London, der Menschewisten in Genf. Erster Sowjet in Petersburg (Mai). Oktober-Manifest des Zaren (17. [30.] 10.). Petersburger Sowjet verhaftet (20. 11. [3. 12.]). Aufstand in Moskau (26. 11. [9. 12.]). Letzter Widerstand in den Arbeitervierteln erlischt (7. [20.] 12.).

1906 Erste Reichsduma eröffnet (27.4. [10.5.]). Duma wegen ihrer radikalen Tendenzen aufgelöst (8. [21.] 7.). Vierter Parteikongreß erbringt Wiedervereinigung von Bolschewisten und Menschewisten in Stockholm; »Unifizierungskongreß« (April).

1907 Zweite Reichsduma eröffnet (20.2. [5.3.]), aufgelöst (3. [16.] 6.). Dritte Reichsduma eröffnet (1. [14.] 11.). Fünfter Parteikongreß in London.

1912 Erneute große Streikbewegungen (Frühjahr). Erstes Exemplar der »Prawda« erscheint in Petersburg (22.4. [5.5.]). Bolschewisten erheben in Prag den Anspruch, die echten Vertreter der Sozialdemokratischen Partei zu sein.

1914 Deutsches Reich erklärt Rußland den Krieg (1.8.).

1916 *Brussilow*-Offensive (Sommer). *Rasputin* ermordet (30. 12. [12. 1.]).

1917 Februar-Revolution (27.2. [12.3.]). Abdankung des Zaren *Nikolaus II.* (1. [14.] 3.). »Order Nummer 1« (1. [14.] 3.). *Lenins* Rückkehr nach Petrograd (3. [16.] 4.). Rede *Lenins* über die Aufgaben des Proletariats in der gegenwärtigen Revolution; »Aprilthesen« (4. [17.] 4.). Erster Allrussischer Sowjet-Kongreß (3. [16.] 6.). *Kerenskij*-Offensive (Juli). Soldatendelegation in Petrograd verlangt bolschewistische Revolution, »Juli-Putsch« (2. [15.] 7.). Bolschewistische Parteiführung billigt den Aufstand nicht, nimmt aber daran teil (4. [17.] 7.). Militär greift in die Unruhen ein (7. [20.] 7.). *Lenin* flieht nach Finnland (11. [24.] 7.). *Kerenskij* Ministerpräsident (21.7. [3.8.]). Sechster Kongreß der Bolschewistischen Partei (Ende Juli). »Nationale Politische Konferenz« in Moskau (25.8. [6.9.]). *Kornilow*-Revolte (September). Gründung des »Polit-Büros« der Bolschewistischen Partei mit *Lenin, Trotzkij, Stalin* und anderen (10. [23.] 10.). Zweiter Allrussischer Sowjet-Kongreß (26. 10. [8. 11.]). Oktober-Revolution (25. 10. [7. 11.]), Dekret über Nationalisierung des Landes. Güter der Kirchen und Klöster enteignet (26. 10. [8. 11.]). Friedensdeklaration (26. 10. [8. 11.]). Wahlen zur Konstituierenden Versammlung (12. [25.] 11.). Partei der Konstitutionellen Demokraten (Kadetten) verboten (28. 11. [11. 12.]). Waffenstillstand (2. [15.] 12.).

1918 Konstituierende Versammlung tritt zusammen (5. [18.] 1.), Rat der Volkskommissare löst sie auf (6. [19.] 1.). Unabhängigkeitserklärung der Ukrainischen Rada (9. [22.] 1.). »Brotfrieden« der Mittelmächte mit der Ukraine (27. 1. [9.2.]). Schulden des Zarenregimes werden annulliert (28. 1. [10. 2.]). Einführung des Gregorianischen Kalenders (1. [14.] 2.). Ultimatum der Mittelmächte (9.2.). *Trotzkij:* »Weder Krieg noch Frieden« (10.2.). Wiederaufnahme der Offensive der Mittelmächte (18.2.). Telegraphische Annahme der deutschen Bedingungen (24.2.). Friedensvertrag von Brest-Litowsk (3.3.). Regierung verlegt ihren Sitz nach Moskau (März). Englische Truppen landen in Murmansk und Wladiwostok (März). Siebenter Parteikongreß (6.3.). *Tschitscherin* nach *Trotzkijs* Rücktritt Außenminister (9.3.). Sowjetkongreß ratifiziert den Vertrag von Brest-Litowsk (15.3.). *Trotzkij* Volkskommissar für Verteidigung (8.4.). Deutsch-ukrainischer Wirtschaftsvertrag (23. 4.). *Mannerheim* zieht in Helsinki ein (16.5.). Tschechische Legion in Sibirien verweigert die Entwaffnung und erhebt sich gegen die Bolschewisten (26.5.). Verordnung des Allrussischen Zentralen Exekutivkomitees schließt rechte Sozialrevolutionäre und Menschewisten aus (14.6.). Belagerungszustand in Moskau (1.7.). Der deutsche Botschafter *Graf Mirbach* ermordet (6.7.). Sozialrevolutionäre Revolte (6.7.). Fünfter Allrussischer Sowjetkongreß (10.7.). Zarenfamilie in Jekaterinburg ermordet (17.7.). Verfassung der Russischen Sozialistischen Föderativen Sowjetrepublik (RSFSR) (19.7.). Zusatzvertrag von Brest-Litowsk (27.8.). Sozialrevolutionärin *Dora Kaplan* verübt Anschlag auf *Lenin* (30.8.). Amerikanische Truppen landen auf russischem Boden (3.9.). Abgrenzung der englischen und französischen Interessensphären in Rußland (13. 11.). Staatsstreich *Koltschaks* in Omsk (18. 11.). Englische und französische Truppen landen an der Schwarzmeerküste (Dezember).

1919 *Wilson* macht Vermittlungsvorschlag für eine Konferenz aller russischen Parteien (21.1.). Kiew von Roter Armee besetzt (3.2.). Sowjetregierung nimmt *Wilson*-Vorschlag an (4.2.), die weißen Regierungen lehnen ihn ab (16.2.). Erster Kongreß der dritten Internationale – Büro der Kommunistischen Internationale (»Komintern«) gegründet (2.3.). Oberster Rat der Alliierten lehnt *Fochs* Kreuzzugsplan ab (27.3.). Ukraine wird Sowjet-Republik (8.4.). Alliierte Truppen ziehen sich aus Rußland zurück (April). Riga von der Roten Armee befreit (22.5.).

1920 Rote Armee besetzt Rostow (8.1.). Oberster Rat der Alliierten beschließt die Aufhebung der Wirtschaftsblockade (16.1.). Frieden mit Estland in Dorpat (2.2.). *Koltschak* erschossen (7.2.). *Wrangell* übernimmt Oberbefehl über die letzten antibolschewistischen Truppen auf der Krim (April). *Pilsudski* erobert Kiew (7.5.). *Wrangells* Agrargesetz auf der Krim (7.6.). Frieden mit Litauen in Moskau (12.6.). Zweiter Kongreß der Komintern (Juni). Frieden mit Lettland in Riga (11.8.). Letzter Parteitag der Menschewisten in Moskau (August). »Das Wunder an der Weichsel« (19.8.). Polnisch-russischer Waffenstillstand (12.10.). Frieden mit Finnland in Dorpat (14.10.). Durchbruch der Roten Armee am Perekop (7./8.11.).

1921 Ende der Georgischen Unabhängigkeit (21.2.). Staatliche Plankommission (»Gosplan«) (22.2.). Erster außenpolitischer Vertrag mit Persien (26.2.). NEP-Periode (März 1921 bis 1927). Aufstand in Kronstadt (1.3.). Zehnter Parteikongreß billigt neue Wirtschaftspolitik, *Lenin* setzt Resolution »über die Einheit der Partei« durch (8.3.). Sturmangriff *Tuchatschewskijs* auf Kronstadt (16.3.). Friedens- und Freundschaftsabkommen mit der Türkei (16.3.). Englisch-russischer Handelsvertrag (16.3.). Internationale Hilfsorganisation *Herbert Hoovers* und Sammlungen Fridtjof Nansens für hungernde russische Bevölkerung (August).

1922 Tscheka durch GPU ersetzt (Februar). Elfter Parteikongreß (März). *Stalin* Generalsekretär der Partei (3.4.). Deutsch-russischer Freundschaftspakt in Rapallo (16.4.). Prozeß gegen Sozialrevolutionäre (Sommer). Vierter Kongreß der Komintern (November). Zehnter Sowjet-Kongreß wird erster Unions-Kongreß (Dezember). Gründung der Union der Sozialistischen Sowjet-Republiken (UdSSR) (27.12.).

1923 Erste Verfassung der Sowjetunion tritt in Kraft (6.7.). *Lenins* geheimes Testament: *Stalin* sei als Generalsekretär der Partei untragbar (16.12.).

1924 *Lenin* gestorben (21.1.). Sowjetunion von England (1.2.), von Italien (8.2.) und von Frankreich (Oktober) de jure anerkannt.

1925 Gründung des »Bundes der Gottlosen«. *Eisensteins* Film: »Panzerkreuzer Potemkin.« *Trotzkij* muß als Volkskommissar für Kriegswesen zurücktreten (Januar). *Stalins* These vom »Sozialismus in *einem* Lande« durch den vierzehnten Parteikongreß genehmigt (18. bis 31.12.).

1927 Bau des Dnjeprostroj begonnen. *Trotzkij* aus der Partei ausgeschlossen (November) und nach Alma-Ata deportiert.

1928 Erster Fünfjahresplan tritt in Kraft (1.10.).

1929 *Trotzkij* in die Türkei ausgewiesen (Januar).

1930 *Stalins* Zeitungsartikel: »Schwindelanfälle vor lauter Erfolg« (2.3.). Bildung neuer Kolchosen verlangsamt.

1931 Beginn des Baues der Untergrundbahn in Moskau. Rede *Stalins:* »Die Technik entscheidet.«

1932 Abschluß von Nichtangriffspakten mit Finnland, Polen, Lettland, Estland und Frankreich.

1933 Der zweite Fünfjahresplan tritt in Kraft (1.1.). Sowjetunion von den USA (Präsident Roosevelt) de jure anerkannt (16. November).

1934 GPU wird durch NKWD (Volkskommissariat für innere Angelegenheiten) ersetzt (Juli). Aufnahme der Sowjetunion in den Völkerbund (18.9.). *Kirow*, Parteisekretär von Leningrad, ermordet (1.12.).

1935 Französisch-sowjetischer Beistandspakt (2.5.). Tschechoslowakisch-sowjetischer Beistandspakt (16.5.). *Stalins* Rede: »Die Kader entscheiden alles« (Mai). »Kontrollkommission für Vernichtung aller Volksfeinde« (Mai). Beginn der *Stachanow*-Bewegung (31.8.). Neues Organisationsstatut für die Kolchosen.

1936 »Prawda« veröffentlicht Entwurf einer neuen Verfassung (12.6.). Prozeß der Sechzehn (19.–24.8.). *Sinowjew*, *Kamenew* und andere hingerichtet. *Jeschow* an der Spitze des NKWD (September).

1937 Prozeß der Siebzehn (23.–30.1.). *Pjatakow* und andere hingerichtet. *Tuchatschewskij* und zahlreiche Generäle der Roten Armee hingerichtet (12.6.).

1938 Prozeß der Einundzwanzig (2.–13.3.). *Bucharin*, *Rykow*, *Jagoda* und andere hingerichtet. *Berija* wird Amtsnachfolger *Jeschows* (Dezember).

Kontakt mit dem russischen Volk, das Verständnis für die in Rußland tatsächlich herrschenden Verhältnisse verloren habe. Lenin ließ sich dadurch nicht beeindrucken. Er war fest davon überzeugt, daß die Fortsetzung des Krieges die Massen in jene psychische Verfassung bringen werde, die für die Verwirklichung seines Programms erforderlich war.

Der Todeskampf der bürgerlichen Demokratie

Zwei Wochen vor der Ankunft Lenins in Petrograd hatte der Außenminister Miljukow über die von der Provisorischen Regierung verfolgten Kriegsziele eine Rede gehalten und sie dabei in geradezu aufreizend »imperialistischem« Ausmaß abgesteckt: er sprach nicht nur von der Eroberung Konstantinopels, Armeniens und Nordpersiens, sondern auch von einer Aufteilung Österreichs und der Türkei. Es war offensichtlich, daß dieses Programm mit den noch vorhandenen Kräften von Rußland nicht realisiert werden konnte und den Krieg unabsehbar zu verlängern drohte.

Soldaten und Arbeiter wollten den Frieden und empörten sich daher über die Annexionspläne Miljukows. Diese Empörung wurde durch die Menschewiki zum Ausdruck gebracht, die erklärten, nur einen Verteidigungs-, keinesfalls aber einen Eroberungskrieg unterstützen zu können. Auch Kerenskij distanzierte sich in dieser Frage von Miljukow. Die Provisorische Regierung gab dem Druck widerwillig nach und versicherte, daß Rußland weder die Herrschaft über andere Völker noch die Eroberung fremder Territorien erstrebe, daß es aber die vom Zarismus den Alliierten gegenüber eingegangenen Verpflichtungen auch unter dem neuen Regime restlos einhalten werde. Eine entsprechende Note ging an die Regierungen der Ententemächte ab.

Daß die Provisorische Regierung, die aus Vertretern des Großgrundbesitzes und des Großkapitals und nur einem Vertreter der Linken bestand, den bisherigen Bundesgenossen Rußlands im Kriege die Treue unbedingt wahren wollte, ist verständlich. Schon um der nationalen Ehre willen schreckte sie davor zurück, das gegebene Wort zu brechen. Außerdem war sie der Meinung, daß die Niederlage Deutschlands nicht mehr lange auf sich werde warten lassen, daß es also sehr unklug wäre, die Sache der Entente so kurz vor ihrem wahrscheinlichen Sieg zu verraten. Wichtiger noch war die Erwägung, daß Rußland nach Kriegsende, beim Wiederaufbau seiner Volkswirtschaft, auf großzügige Hilfe des westeuropäischen Kapitals, bei dem es schon in Friedenszeiten Milliarden-Anleihen gemacht hatte, dringend angewiesen sein werde.

Kundgebungen des nationalgesinnten Bürgertums für die Weiterführung des Krieges fielen unvergleichlich viel schwächer aus als die Demonstrationen der Soldaten und Arbeiter gegen den Krieg. Das von Fürst Lwow präsidierte Kabinett der Gutsbesitzer und Kapitalmagnaten sah ein, daß es sich, um die Macht nicht ganz an die Linke zu verlieren, zur Bildung einer Koalitionsregierung entschließen mußte. Dazu rieten auch die aus Westeuropa soeben eingetroffenen Sozialdemokraten Albert Thomas (Frankreich) und Emile Vandervelde (Belgien), die im Interesse der Entente dem in Rußland rasch zunehmenden Friedenswillen entgegentreten und die Fortsetzung des Krieges »bis zur endgültigen Nieder-

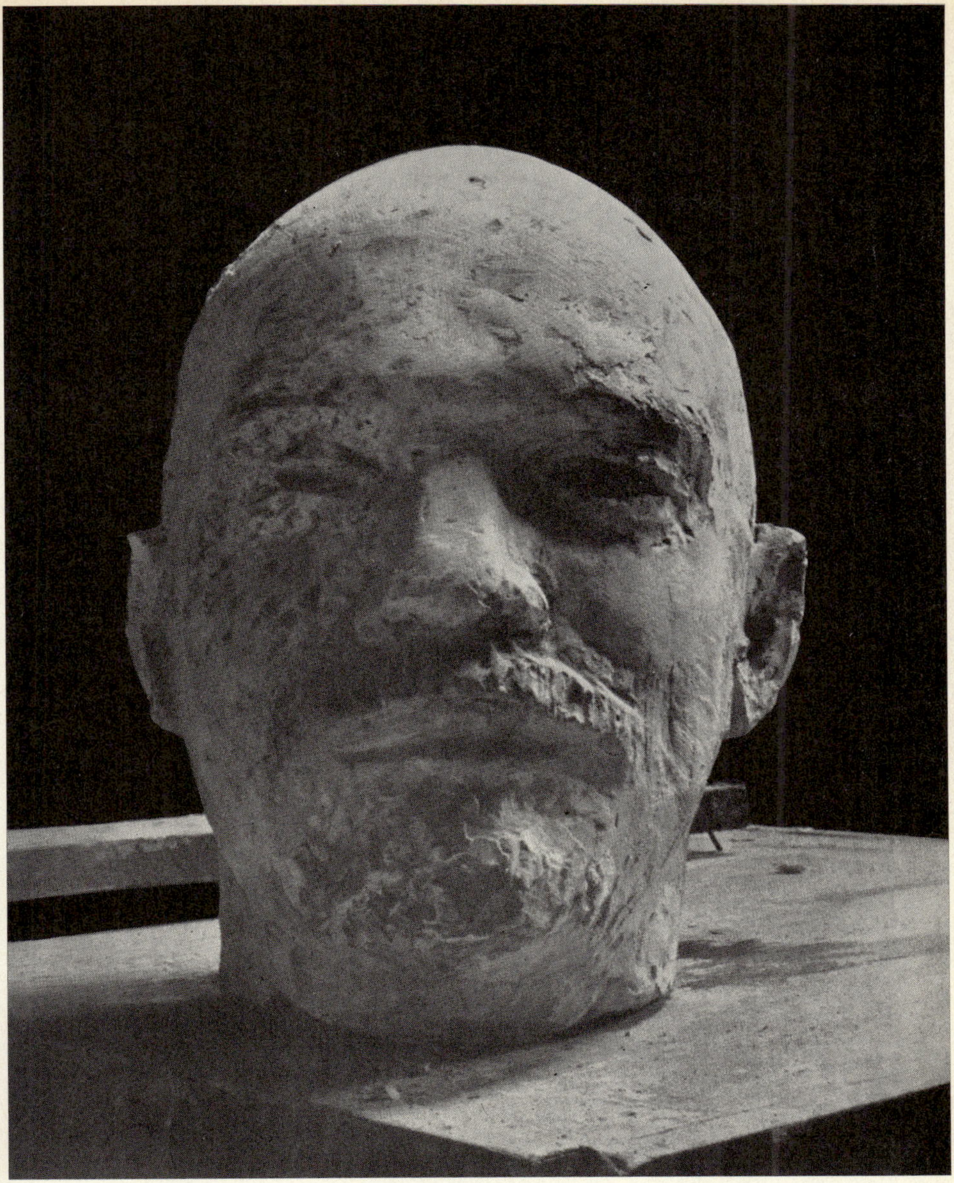

Wladimir Iljitsch Lenin
Bildniskopf von Karl Geiser, vor 1927

Arbeiterdemonstration während des Juli-Putsches in Petrograd, 1917

lage der letzten Vertreter der Autokratie in Europa« namentlich bei den Sozialisten befürworten sollten. Nach langen Verhandlungen traten Außenminister Miljukow und Kriegsminister Gutschkow zurück. Die Regierung wurde umgebildet, aber immer noch blieben neun von fünfzehn Ministerien in bürgerlichen Händen.

Das Kriegsministerium wurde nun Kerenskij anvertraut. Obwohl gerade er im Februar 1917 – unter tumultuarischen Protesten der Duma – sich für sofortigen Separatfrieden mit Deutschland ausgesprochen hatte, übernahm er jetzt die Aufgabe, die Arbeiter- und Soldatenräte davon zu überzeugen, daß es notwendig sei, den Krieg um jeden Preis weiterzuführen und der Entente die Treue zu wahren. In völliger Verkennung der Situation versicherte er den westlichen Diplomaten, Buchanan (England) und Paléologue (Frankreich), daß die Provisorische Regierung sich konsolidieren, der Arbeiter- und Soldatenrat dagegen bald »sterben« und daß die russische Armee demnächst Wunder der Tapferkeit verrichten werde. Er reiste an die Front, um dort von seiner demosthenischen Beredsamkeit und seinen schauspielerischen Gaben Gebrauch zu machen. An unzähligen Orten zwischen Helsingfors und Sewastopol hielt er flammende Ansprachen. »Die Welle des Enthusiasmus in der Armee wächst und verbreitert sich«, berichtete er nach Petrograd. Die Begeisterung, die er weckte, hielt indessen nicht lange an.

Gleichzeitig beging die Provisorische Regierung noch einen andern schwerwiegenden Fehler: sie weigerte sich beharrlich, auch die geringsten Ansätze zu einer Agrarreform zu bewilligen. Mit der Expropriation von Grund und Boden wollte man gar nicht erst anfangen, weil man befürchtete, daß dann auch anderes Eigentum, so vor allem jenes der Fabrikanten, der Enteignungstendenz nicht standhalten werde. Landwirtschaftsminister Tschernow mußte auf Weisung des Ministerpräsidenten Lwow, eines Großgrundbesitzers, den Kampf gegen die Bauern, wo immer sie an gutsherrschaftlichem Eigentum sich vergriffen, energisch fortsetzen, obwohl er zur Partei der Sozialrevolutionäre gehörte, die immer für die Expropriation des Großgrundbesitzes zugunsten der Bauern eingetreten war. Arbeitsminister Skobelew, ein reformistischer Menschewik, ermahnte die Arbeiter, trotz der Teuerung keine Lohnforderungen zu stellen, um die Kosten der Kriegführung nicht zu verteuern und die Inflation nicht zu fördern. Auch gegen die privatwirtschaftliche Güterspekulation, die sich in rücksichtslosesten Formen erging, wurden keinerlei Maßnahmen getroffen. Das Koalitionskabinett diskreditierte sich rasch. Desto mehr Wasser floß auf die Mühle der Bolschewiki. Der Gedanke, die gesamte Volkswirtschaft staatlicher Leitung zu unterwerfen, gewann eine immer stärkere Anhängerschaft.

Auf den 18. Juni (1. Juli) 1917 war eine große Vertrauenskundgebung zugunsten der Koalitionsregierung angesetzt worden. Am Umzug nahmen (es war Sonntag) vierhunderttausend Personen teil, aber keine einzige Fabrikbelegschaft, kein einziges Regiment marschierte unter der offiziell empfohlenen Vertrauensparole. Auf Weisung der Bolschewiki wurde diese Demonstration unter regierungsfeindlichen Losungen durchgeführt. Hunderte von Transparenten trugen bolschewistische Postulate: »Alle Macht den Sowjets!« – »Schluß mit dem Krieg!« – »Brot, Frieden, Freiheit!« – »Nieder mit den zehn kapitalistischen Ministern!« (Es gab nur neun Bürgerliche im Kabinett; mit dem »zehnten« war Kerenskij gemeint.)

Am selben Tag hatte an der Front die Offensive gegen die Deutschen begonnen. Militärisch war sie von vornherein zum Scheitern verurteilt. Die rhetorischen Pfeile Kerenskijs konnten fehlende Munition nicht ersetzen. Nach einigen Anfangserfolgen, für die mehr als sechzigtausend Mann ihr Leben lassen mußten, erschöpfte sich der von Kerenskij hervorgezauberte Elan überall. Vor einer Gegenoffensive des Feindes wichen die Russen zurück, und in der Stimmung der russischen Soldaten vollzog sich ein schroffer Umschwung. Heftiger Haß gegen Kerenskij flammte auf, während anderseits die Sympathien für die Bolschewiki, die den Frieden verhießen, wuchs. Die Disziplin an der Front und in der Etappe zerfiel. Da und dort wurden Offiziere, die den Gehorsam erzwingen wollten, von den eigenen Mannschaften bedroht oder sogar erschossen. Alle diese Symptome zeigten deutlich genug, daß die Stunde Lenins immer näher rückte.

Auf dem Lande ereigneten sich immer häufiger illegale Aktionen der Bauern. Waren im März »nur« zwölf, im April hundertdreiundsechzig »Güterenteignungen« vorgekommen, so verzeichnete man während des Monats Juni schon achthundertfünfundsechzig ungesetzliche Expropriationen. Im Juli 1917 waren nicht weniger als dreiundvierzig Gouvernements von ernsten Agrarunruhen erfaßt. Mancherorts, vor allem in Sibirien, vergriffen sich die Bauern auch am Eigentum der Klöster.

Die Desorganisation der Wirtschaft machte sich mit besonderer Beschleunigung in den Städten bemerkbar. Die Kriegskosten erreichten vierzig Millionen Rubel je Tag. Der Notenumlauf nahm rasch zu; die Preise stiegen unaufhaltsam. Viele Betriebe wurden geschlossen, da die Zufuhr der Rohstoffe sehr unregelmäßig erfolgte. Während die Arbeitslosigkeit wuchs, erschienen in der Presse Statistiken über unerhörte Kriegsgewinne der Industriellen und der Heereslieferanten. Diese Berichte steigerten die Erbitterung der Massen.

Durch die allgemeine revolutionäre Erregung fühlte sich die Provisorische Regierung bedroht. Sie faßte den Beschluß, die in der Hauptstadt befindlichen unzuverlässigen Truppen nach und nach an die Front abzuschieben, und sie plante auch die allmähliche Entwaffnung der Arbeiterschaft – als vorbereitende Maßnahme für die Auflösung der Arbeiter- und Soldatenräte.

Es blieb den in Petrograd stationierten Truppen nicht verborgen, daß man sie in den Krieg schicken wollte, um in ihrer Abwesenheit eine schroffe politische Schwenkung nach rechts zu vollziehen. Sie lehnten sich gegen die Regierung auf, alarmierten die Arbeiter der größten Betriebe, verschafften sich Lastautos und statteten sie mit Maschinengewehren aus. Tausende von Proletariern, darunter viele Bewaffnete, schlossen sich ihnen an. Am Nachmittag des 3. (16.) Juli begaben sich die Demonstranten zum Sitz der Bolschewistischen Partei (der sich in der Villa einer ehemaligen Favoritin Nikolaus' II., der Tänzerin Kschessinskaja, befand) und verlangten, daß die Provisorische Regierung abgesetzt und die ganze politische Macht den Arbeiter- und Soldatenräten übertragen werde. Das Zentralkomitee der Bolschewistischen Partei hielt eine solche Aktion für verfrüht, da die Bolschewiki noch in keinem einzigen Sowjet auch nur annähernd über eine Mehrheit verfügten. Dem Drang der Massen – vor allem jener Soldaten, welche den Befehl erhalten hatten, unverzüglich an die Front zu gehen – konnte sich die Parteileitung aber nicht widersetzen, und unter Führung Trotzkijs, der eine Rote Garde organisiert hatte, erfolgte ein von Schießereien begleiteter Aufstandsversuch, mit dem Ziel, eine Diktatur der Arbeiter- und Soldatenräte aufzurichten. Am 4. (17.) Juli wurde die mehr als dreißigtausendköpfige Menge noch durch etwa zehntausend Matrosen und Arbeiter aus Kronstadt verstärkt. Truppen und Volk belagerten den Taurischen Palast, in dessen prunkvollem Saal der Arbeiter- und Soldatensowjet von Petrograd endlos über die Frage debattierte, ob er »die ganze Macht« übernehmen wolle oder nicht. Mit großem Mehr sprach er sich dagegen aus, und dadurch wurde der Elan des Volkes gelähmt. Man kann die Macht nicht mit Gewalt einer Körperschaft aufzwingen, die sie ablehnt. Am Abend begannen die Massen sich zu zerstreuen. Am folgenden Morgen trafen regierungstreue Gardesoldaten ein, und die Gegner der Bolschewiki atmeten erleichtert auf. Im Taurischen Palast wurde die glücklich gelungene Unterdrückung der Meuterei gefeiert und in energischen Voten eine Abrechnung mit der bolschewistischen Bewegung verlangt. Zwar hatte sie den Juli-Aufstand nicht hervorgerufen, aber, nachdem er ins Rollen gekommen war, doch daran teilgenommen.

Ein Stimmungsumschwung zugunsten der Rechten war nun deutlich zu spüren. Ministerpräsident Lwow veranlaßte Haftbefehle gegen prominente Führer der Bolschewistischen Partei. Das Parteibüro in der Villa Kschessinskaja wurde militärisch besetzt. Regierungstreue Offiziersaspiranten verwüsteten Redaktion und Druckerei der bolschewistischen »Prawda«. Lenin entkam, als Arbeiter maskiert, von Sinowjew begleitet, nach Finnland. Wochenlang hauste er in einer primitiven Hütte aus dürren Zweigen und Heu. Erst Anfang Oktober kehrte er heimlich nach Petrograd zurück.

Der Mißerfolg des Juli-Aufstandes bedeutete einen schweren Schlag für die bolschewistische Bewegung. Es gab viele bürgerliche Politiker, die sie nun für erledigt hielten. Tatsächlich aber war der Nährboden des Bolschewismus immer noch da, denn die Provisorische Regierung vermochte weder die Friedenssehnsucht der Soldaten und des Volkes zu stillen noch das Verlangen der Bauern nach Land zu befriedigen noch die Leistungsfähigkeit der Industrie zu verbessern. Die Gehorsamsverweigerungen an der vor den Deutschen zurückweichenden Front dauerten an, und aufständische Bauern setzten auf den Gütern der Großgrundbesitzer Plünderungen und Brandstiftungen fort.

Die Weigerung des Arbeiter- und Soldatensowjets, die »zehn kapitalistischen Minister« (inklusive Kerenskij) zu stürzen und die ganze Macht in eigene Hände zu nehmen, hatte sein Ansehen beträchtlich geschädigt. Die Massen des Volkes waren enttäuscht, und auf dem Waagebalken der Doppelherrschaft verschob sich der Schwerpunkt der Macht zugunsten der Provisorischen Regierung. Es gelang ihr allerdings nicht, aus diesem vorübergehenden Prestigezuwachs auch Nutzen zu ziehen. Es fehlte ihr eine leitende Idee, für die sich große Teile der Bevölkerung hätten gewinnen lassen. Was sie tun wollte, widersprach dem Willen der Massen, und was dem Willen der Massen entsprochen hätte, wollte sie nicht tun.

Die Niederschlagung des bolschewistischen Aufstandes verleitete die Regierung, ihren Triumph in Formen auszukosten, die auf weite Schichten des Volkes verletzend wirken mußten. Für die während der Juli-Unruhen gefallenen Kosaken wurde ein Staatsbegräbnis veranstaltet, während die auf seiten der Insurgenten gefallenen Soldaten und Arbeiter (wie

1905 die Toten des »blutigen Sonntags«) in aller Stille verscharrt werden mußten. Sodann wurden fünf Regimenter, die sich an den Juli-Demonstrationen besonders aktiv beteiligt hatten, auf demütigende Weise öffentlich entwaffnet und in kleinen Gruppen an die Front geschickt, wo man sie zur Auffüllung verschiedener Einheiten verwendete. Durch dieses Vorgehen wurde die Zahl der für die Parolen des Bolschewismus agitierenden Wehrmänner auf dem ganzen Kriegsschauplatz um mehr als dreißigtausend erhöht – zur größten Bestürzung regierungstreuer Kommandanten.

Vor allem aber erhob Ministerpräsident Fürst Lwow die Forderung, daß die Regierung nun auch die Unruhen der Bauern auf dem Lande unterdrücke. Die Notwendigkeit einer Agrarreform erkannte er immer noch nicht. Er verlangte kategorisch den Rücktritt des Landwirtschaftsministers Tschernow, der als Sozialrevolutionär den illegalen Expropriationen und Plünderungen nicht tatkräftig genug entgegentrete, ja die Bauern sogar ermutige, die Bodenfrage »von unten her« zu lösen, ohne einen Entscheid der künftigen Konstituante abzuwarten. Da die übrigen Kabinettsmitglieder zögerten, Tschernow zur Demission zu zwingen, erklärte Fürst Lwow demonstrativ seinen Austritt aus der Provisorischen Regierung. Den Vorsitz im Ministerrat übernahm Kerenskij. Um die Disziplin in der Armee wiederherzustellen und die bolschewistische Propaganda zu unterdrücken, ließ er sich weitgehende Vollmachten erteilen und dekretierte die Wiedereinführung der Todesstrafe an der Front. Mit einem großen Aufwand an theatralischen Gesten und martialischen Exklamationen trat er scheinbar als Vertrauensmann der Linken auf, um in Wirklichkeit jedoch die Politik der Rechten zu besorgen. Doch just in diesen Tagen schwand das Prestige, welches Kerenskij am Anfang der Revolution noch besessen hatte, unwiederbringlich dahin. Von der Front trafen katastrophale Nachrichten ein. Überall befanden sich die Russen im Rückzug. Weder für die offiziellen russischen Kriegsziele noch für die Kriegsziele der westlichen Alliierten wollten die Soldaten sich opfern. Der Zerfall der Disziplin, den Kerenskij durch seine pathetische Beredsamkeit hatte überwinden wollen, machte raschere Fortschritte als je zuvor. Fortan war Kerenskij für die Bourgeoisie als sozialistisches »Aushängeschild« nicht mehr brauchbar. Beim Volk erregte Kerenskij Anstoß auch dadurch, daß er sich einer an die Zeiten der Monarchie gemahnenden Repräsentation nicht zu enthalten vermochte: er wohnte bald im Winterpalais, bald in Zarskoje Sjelo und benützte im Theater die ehemalige Zarenloge. In den Kreisen der Rechtsparteien sprach man jetzt immer häufiger von der Notwendigkeit einer Militärdiktatur und schob die Generäle Kornilow, Aleksejew und Kaledin allmählich in den Vordergrund der politischen Bühne.

In der Hoffnung, seine Position durch »psychologische Beeinflussung der öffentlichen Meinung« zu festigen, ließ Kerenskij am 12. (25.) August 1917 im Großen Theater zu Moskau unter dem nichtssagenden Namen »Staatsberatung« eine Art Notabelnversammlung zusammentreten, die aus mehr als zweitausend Personen bestand. Mit Ausnahme der Bolschewiki waren darin alle politischen Parteien vertreten, ferner die Armee und die Marine, die lokalen Sowjets des ganzen Landes, Unternehmerverbände, Gewerkschaften, Vereine und Genossenschaften; auch Mitglieder der Ersten Duma wurden herangezogen. Etwa die Hälfte der Versammlung bestand aus Gutsbesitzern, Industriellen, Großkaufleuten und Bankiers. Während vier Tagen hörte die Versammlung Reden von Ministern,

Parteiführern und Generälen an. Es fanden weder Diskussionen noch Abstimmungen statt. Mit wachsender Beklommenheit im Herzen wurde sich Kerenskij dessen bewußt, daß er die Staatsgewalt nur noch wie ein Theaterschwert in der Hand hielt. In seiner Eröffnungsansprache vermied er, aus Rücksicht auf die zahlreichen Monarchisten, das Wort »Republik« und gebrauchte nur die Bezeichnung »Russisches Land« oder »Russischer Staat«. Immer wieder hob er hervor, daß *er* der Träger des obersten Staatswillens sei und daß er jeden Versuch, »die Macht anzutasten« – von welcher Seite auch immer er unternommen werden sollte –, »mit Blut und Eisen« ersticken werde. Er stimmte Klagen darüber an, daß der »Triumph der Revolution« noch nicht mit einem »Triumph an der Front« habe verbunden werden können, und beteuerte, daß er, Kerenskij, »bis zum Siege weiterkämpfen« werde. Es folgten farblose Deklarationen der Minister, von denen einer (unter Beifall der Linken) die Unternehmer ermahnte, sich mit bescheideneren Gewinnen zufriedenzugeben, während ein anderer (unter Beifall der Rechten) eine Reduktion der direkten und eine gleichzeitige Erhöhung der indirekten Steuern in Aussicht stellte. Der Landwirtschaftsminister Tschernow enthielt sich jeder Äußerung, da das brennendste Problem der Innenpolitik, die Frage der Bodenreform, überhaupt nicht berührt werden durfte. Als Vertreter der Kirche sprach ein Erzbischof, der die Rettung Rußlands durch ein Wunder Gottes verhieß. Der Menschewik Tschchéidse betonte die Notwendigkeit sozialer Reformen, die aber ausschließlich auf legalem Wege zu verwirklichen seien. Miljukow und Gutschkow forderten eine Regierung, die imstande sei, die Sicherheit der Person und des Privateigentums zu garantieren und das Bürgertum von der Angst, die es empfinde, zu befreien. General Aleksejew plädierte für die Wiederherstellung der eisernen Disziplin in der Armee. Der sozialdemokratische Theoretiker Plechanow, freilich nur noch ein Schatten seiner selbst, befürwortete eine »Annäherung« der Unternehmer und der Arbeiter im Interesse einer erfolgreichen Kriegführung gegen Deutschland. Die Ergreifung der totalen Macht durch das Proletariat, wie »Lenin traurigen Angedenkens« sie empfohlen habe, würde für die russische Arbeiterklasse das größte Unglück bedeuten, da sie die erforderliche politische Reife noch nicht besitze; Rußland stehe zunächst noch eine längere kapitalistische Entwicklungsphase bevor.

Einen Höhepunkt der Tagung bildete das Auftreten des Generals Kornilow, den Kerenskij auf Verlangen der westlichen Alliierten kurz vorher, an Stelle Brussilows, zum obersten Befehlshaber ernannt hatte. Der neue Generalissimus ergriff bei der »Staatsberatung« das Wort, obwohl er von Kerenskij gebeten worden war, darauf zu verzichten, da er, Kerenskij, auch bezüglich der Armee alles Nötige schon sagen werde. Kornilow berichtete über bestialische Ermordungen kommandierender Offiziere durch meuternde Soldaten und wies auf die wachsende Zahl der Deserteure hin. Er machte für die moralische Zersetzung der Truppen die Revolution verantwortlich und deutete an, daß er bald gezwungen sein werde, Riga den Deutschen zu überlassen, selbst auf die Gefahr hin, ihnen dadurch den Weg nach Petrograd freizugeben. Der Provisorischen Regierung machte Kornilow direkt den Vorwurf, daß sie die Verpflegung der Armee sowie ihre Belieferung mit Kriegsmaterial vernachlässige und jene drakonischen Maßnahmen nicht zu ergreifen wage, welche notwendig seien, um das Sinken der Produktivität der Rüstungsbetriebe aufzuhalten. Selbstverständlich wollte der Generalissimus durch den Hinweis auf die äußerst ernste militärische Lage die Versammlung schon darauf vorbereiten, daß er sehr weitgehende diktatorische Vollmachten in Anspruch zu nehmen gedenke.

In seiner Schlußansprache verlor Kerenskij die Selbstbeherrschung und stieß – »vom hysterischen Schrei bis zum tragischen Flüstern« alle Register ziehend – dunkle Drohungen aus, die aber doch nur den Eindruck faktischer Machtlosigkeit hinterließen. Kerenskij fürchtete Kornilow, den die Rechtsparteien als den kommenden »Retter des Vaterlandes« feierten; aber er konnte ihn doch nicht entbehren. Als Staatsoberhaupt sah sich Kerenskij gleichzeitig von drei Gefahren bedroht: erstens von den immer näher rückenden deutschen Truppen; zweitens von der bolschewistischen Bewegung, die trotz ihrer Juli-Niederlage schon wieder erstarkte, und drittens von Kornilows Aspiration auf die Stellung eines Diktators. Das Prestige Kerenskijs war im August 1917 restlos abgenützt. Weder vermochte er die Armee zum Kampf gegen die Deutschen anzufeuern noch die Arbeitermassen vom Anschluß an den Bolschewismus zurückzuhalten. Ungewiß war für ihn, was zuerst kommen werde: ein Aufstand Lenins von links oder ein Staatsstreich Kornilows von rechts.

Schon am 26. Juli (8. August), also siebzehn Tage vor dem Zusammentritt der »Staatsberatung«, hatten die Bolschewiki, ungeachtet der erlittenen Schlappe, in einem Arbeiterviertel Petrograds ihren VI. Parteitag eröffnet. Die Polizei bemühte sich ohne Erfolg, den Ort der illegalen Tagung zu entdecken. Lenin, der hatte fliehen müssen, wohnte dem Parteitag nicht bei. Auf schriftlichem Wege empfahl er, die Losung »Alle Macht den Sowjets!« aus der Agitation vorübergehend zurückzuziehen, da in den Sowjets die Sozialrevolutionäre und die Menschewiki immer noch die Mehrheit besaßen. Eine Machtübernahme auf friedlichem Weg mußte Lenin – nach allem, was im Juli sich abgespielt hatte – als undenkbar bezeichnen. Er war der Überzeugung, daß dem russischen Volk entweder ein Sieg der Gegenrevolution oder ein Sieg des Bolschewismus bevorstand. Ein Drittes gab es nicht. Er beantragte deshalb, den »Sturz der konterrevolutionären Diktatur der Bourgeoisie« und ihre Ersetzung durch die »Diktatur des Proletariates und der Dorfarmut« zu propagieren. Der Parteitag beschloß in diesem Sinn. Das Referat über die politische Lage wurde von Stalin gehalten. Es gipfelte in der Feststellung, daß die russische Revolution im Begriff stehe, sich aus einer bürgerlichen in eine sozialistisch-proletarische Umwälzung zu verwandeln, und daß deshalb energisch und unverzüglich der bewaffnete Aufstand vorzubereiten sei. Entsprechende Direktiven wurden an die Mitglieder der bolschewistischen Partei erlassen, deren es damals etwa zweihundertvierzigtausend gegeben haben soll. Als Ziel der Machtübernahme wurde festgelegt, »das Land zum Frieden und zum Sozialismus zu führen«. Ein offenbar von Trotzkij inspirierter Antrag, den Weg zum Sozialismus in Rußland nur dann einzuschlagen, wenn eine proletarische Revolution auch in Westeuropa stattfinde, wurde verworfen. Stalin erklärte ausdrücklich, es sei durchaus möglich, daß gerade Rußland das Land sein werde, welches den Weg zum Sozialismus bahne. Die Basis der russischen Revolution sei breiter als in Westeuropa, weil in Rußland die Arbeiter auf Unterstützung der armen Dorfbevölkerung rechnen könnten. Auch sei der Machtapparat der russischen Bourgeoisie viel schwächer als etwa derjenige des deutschen Bürgertums. Man müsse die überlebte Vorstellung fallenlassen, daß nur der europäische

Westen die Rolle eines Pioniers der Revolution zu spielen vermöge. Es gebe einen »dogmatischen« und einen »schöpferischen« Marxismus; er, Stalin, stehe auf dem Boden des letzteren. (Dies ist wohl die älteste verbürgte Äußerung Stalins, in der seine These von der Möglichkeit des »Sozialismus in *einem* Lande« angedeutet wird, im Gegensatz zur These Trotzkijs, wonach der Sozialismus nur durch internationale, »permanente« Revolution zum Erfolg kommen könne.)

Der Parteitag faßte eine Resolution, die für den Fall der Machtergreifung die sofortige Konfiskation des Gutsherrenlandes, die Nationalisierung der Banken und der Produktion und Warenverteilung durch die Arbeiter vorsah.

Er genehmigte ferner die Aufnahme der sogenannten »Zwischengruppe« in die bolschewistische Partei. Trotzkij, Lunatscharskij, Urizkij, Joffe, Karachan und andere wurden damit offiziell als Mitglieder anerkannt. Die Zwischengruppe (»meshrajònzy«) hatte sich 1913 aus nach »links« tendierenden Menschewiki und nach »rechts« tendierenden Bolschewiki gebildet und während des ersten Weltkrieges sowohl an den Menschewiki als auch an den Bolschewiki Kritik geübt. Im Juli 1917 bewarb sie sich um die Parteimitgliedschaft.

Gegen das Auftreten Kornilows an der von Kerenskij einberufenen »Staatsberatung« lösten die Bolschewiki in Moskau einen Proteststreik aus, an dem sich vierhunderttausend Menschen beteiligten, so daß sich die »Staatsberatung« an ihrem ersten Verhandlungstag ohne elektrisches Licht, ohne Straßenbahn und ohne Restaurants behelfen mußte. Diese Demonstration beeindruckte Kerenskij; vor dem Großen Theater wurde zum Schutze der »Staatsberatung« Artillerie aufgefahren.

Hatten bürgerliche Zeitungen nach dem Zusammenbruch des Juli-Aufstandes leichtfertig behauptet, daß der Bolschewismus sich lediglich als ein »mit deutschem Geld aufgezogener Bluff« erwiesen habe und nun endgültig abgetan sei, so brachten sie im August, aufs höchste beunruhigt, Gerüchte über einen neuen, nahe bevorstehenden bolschewistischen Aufstand zum Abdruck. Die antibolschewistischen Koalitionsparteien erkannten immer deutlicher, wie ihr Einfluß auf die Massen des Volkes sank. Das Volk verlangte Frieden und Land, und diesem Verlangen kamen nur die Parolen des Bolschewismus entgegen. Alle andern Parteien setzten sich für die Weiterführung des Krieges und für die Vertagung der Agrarreform ein; sie kämpften also mit Losungen, die dem Willen der Volksmehrheit widersprachen. Daraus erklärt sich, daß die Parteien der Regierungskoalition von der Befürchtung gequält wurden, durch eine bolschewistische Erhebung hinweggefegt zu werden. Ein Interesse, das Schreckgespenst des Bolschewismus propagandistisch auszuwerten, hatte vor allem die äußerste Rechte, welche die Sowjets auflösen, Kerenskij absetzen und Kornilow zum Diktator erheben wollte. Kerenskij war nicht der Mann, offen jenen brutal reaktionären Kurs einzuschlagen, den die meisten Gutsbesitzer und Industriellen sich wünschten. Von Kornilow war viel eher zu erwarten, daß er nicht nur einem Aufstand der Leninschen Partei zuvorkommen, sondern die Glut der Revolution überhaupt austreten werde. Die besitzenden Klassen, die um ihr Eigentum und ihre herrschende Stellung zitterten, hatten vor den Fabrikarbeitern und dem Dorfproletariat viel größere Angst als vor den Deutschen. An der Sicherung der bürgerlichen Rechtsordnung war ihnen viel mehr gelegen als an der Abwehr der feindlichen Invasion. Kornilow hat dementsprechend gehandelt.

Am 19. August (1. September) 1917 gab er Riga den Deutschen preis. Er öffnete ihnen dadurch auch den Weg nach Petrograd, um erklären zu können, daß das Vaterland in höchster Gefahr sei. Dann zog er erhebliche Streitkräfte von der Front ab und machte sie zum Einsatz gegen die Hauptstadt bereit, wo er die Staatsgewalt an sich reißen wollte. Kornilow verlangte von Kerenskij die Ausrufung des Belagerungszustandes in Petrograd. Er hoffte, die Bolschewiki dadurch zum Widerstand zu provozieren und »auf die schonungsloseste Weise zu vernichten«, zugleich aber auch »mit dem Sowjet der Arbeiter- und Soldaten-Deputierten ein Ende zu machen«. Im Hauptquartier sprach er offen davon, daß er das Kommando über die nach Petrograd zu führenden Truppen General Krymow anvertrauen wolle, der als Draufgänger nicht zögern werde, »die nötigen Hinrichtungen – vielleicht auch zwanzig bis dreißig überflüssige – vollziehen zu lassen«. In Petrograd wurden die Pläne Kornilows, denen der britische Botschafter Buchanan übrigens beifällige Anerkennung zollte, vorzeitig bekannt und riefen in der Arbeiterschaft ungeheure Erregung hervor. Kerenskij hatte Kornilow unterstützt, solange er glaubte, daß dieser sich lediglich anschicke, der Provisorischen Regierung gegen die Gefahr des Bolschewismus beizustehen. Als er aber begriff, daß auch er selbst von Kornilow nichts Gutes zu erwarten habe, änderte er seine Taktik. Im Glauben, die verlorenen Sympathien der Massen zurückzugewinnen, spielte er sich als Verteidiger der Revolution und der Demokratie gegen die drohende Militärdiktatur auf. Er entlockte Kornilow, der »zwar das Herz eines Löwen, aber das Hirn eines Kaninchens« besaß, kompromittierende Äußerungen und enthob ihn telegrapischh seines Kommandos. Da Kornilow sich weigerte, die Befehlsgewalt niederzulegen, wurden er und seine Anhänger von Kerenskij zu Hochverrätern erklärt. Nun setzte sich General Krymow an der Spitze eines Kavalleriekorps gegen Petrograd in Bewegung. In der Hauptstadt selbst hatten sich unter dem Vorwand der Beurlaubung mehrere hundert Offiziere Kornilows eingefunden, um sich an der »Zermalmung des Bolschewismus« zu beteiligen.

Während Kerenskij, als die Insurgenten nahten, den Kopf verlor, handelte die bolschewistische Partei sicher und zielbewußt. Sie setzte zur Verteidigung Petrograds einen Kriegsrat ein. Sie organisierte aus fünfundzwanzigtausend Arbeitern eine »Rote Garde«. Die Gewerkschaften boten ihre Mitglieder auf und verschafften ihnen Gewehre. Die Belegschaft der Putilowschen Rüstungsbetriebe erhöhte die Arbeitsdauer auf sechzehn Stunden und montierte binnen zwei Tagen fast zweihundert neue Geschütze. Revolutionär gesinnte Truppen, die sich noch in Petrograd befanden, machten sich kampfbereit. Einige tausend Matrosen eilten aus Kronstadt herbei. Rings um Petrograd wurden Schützengräben ausgehoben. Eisenbahner dirigierten die Züge, in denen Krymows Kavallerie befördert wurde, nach falschen Stationen oder auf Stumpengleise, so daß schon bei ihrem Aufmarsch eine heillose Verwirrung entstand. Lokomotiven wurden unbrauchbar gemacht, wichtige Strecken unterbrochen. Gleichzeitig reisten bolschewistische Agitatoren zu den Krymowschen Truppen, um sie über die reaktionären Zwecke aufzuklären, für die sie mißbraucht werden sollten; mehrere Einheiten weigerten sich daraufhin, an Kornilows Aktion mitzuwirken. So endete der Kornilowsche Staatsstreich schon nach zwei Tagen mit einem klaren Mißerfolg. General Krymow ergab sich Kerenskij und wurde von diesem so erniedrigend behandelt, daß er sich erschoß. Kornilow, Denikin, Lukomskij und andere Heerführer wurden auf Kerenskijs Befehl im Hauptquartier verhaftet. (Zu einem Prozeß, der wohl auch für Kerenskij wegen seines zweideutigen Verhaltens peinlich geworden wäre, kam es nicht. Kornilow und seine Komplicen erlangten die Freiheit, bevor sie in die Hände der Bolschewiki gerieten. Sie begaben sich zu den Donkosaken, um von Südrußland aus das Sowjetregime zu bekämpfen.) Den Rang eines Generalissimus der russischen Streitkräfte verlieh Kerenskij sich selbst.

Kornilow, der mit seinem abenteuerlichen Aufstandsversuch die Vernichtung des Bolschewismus und die Niederwerfung der Arbeiterklasse hatte erreichen wollen, leistete in Wirklichkeit Lenin und seiner Partei die wertvollsten Dienste. Denn die Massen des Volkes überzeugten sich nun davon, daß Kerenskij nicht imstande war, einen Anschlag der Reaktion abzuwehren, und daß die tatsächliche revolutionäre Macht in den Händen der bolschewistischen Führung lag. Kornilow enthüllte die Schwäche Kerenskijs, und die Früchte dieser Enthüllung erntete Lenin. Nach der Niederlage Kornilows trat in den Ergebnissen der Ersatz- und Neuwahlen deutlich zutage, daß eine rapide Bolschewisierung aller Schichten der Bevölkerung im Gange war. Auch auf dem Lande nahm die Zahl eigenmächtiger Güterenteignungen durch aufständische Bauern wieder zu.

Völlig machtlos war die Regierung Kerenskijs auch dem Zerfall der Volkswirtschaft gegenüber. Die Lebensmittelkrise verschärfte sich; die durch Rohstoffmangel und Aussperrungen verursachte Arbeitslosigkeit nahm erschreckende Ausmaße an; in proletarischen Vierteln der Städte wurde buchstäblich gehungert.

Es entging Kerenskij nicht, daß der entscheidende Kampf immer näher rückte. Er begann, rings um Petrograd und um Moskau Truppen zu konzentrieren, auf die er sich glaubte verlassen zu dürfen. Während aber die Flut des Bolschewismus stieg, schwamm er gleichsam auf einer Eisscholle, die von Tag zu Tag kleiner wurde.

Am 15. (28.) September 1917 erhielt das Zentralkomitee der bolschewistischen Partei von Lenin, der sich immer noch in Helsingfors aufhielt, zwei Briefe, worin er schrieb, daß die Voraussetzungen für die Machtergreifung gegeben seien und daß es ein nicht wieder gutzumachender Fehler wäre, den günstigsten Augenblick zu versäumen. Am 10. (23.) Oktober begründete Lenin, der heimlich nach Petrograd gekommen war, in eingehendem Referat vor dem Zentralkomitee seine These, daß der bewaffnete Aufstand unverzüglich ausgelöst werden müsse. Sinowjew und Kamenew, denen das Unternehmen noch zu gewagt erschien, opponierten und empfahlen, die auf den 28. November (11. Dezember) angesetzte Eröffnung der Konstituierenden Versammlung abzuwarten. Lenin drohte ihnen mit dem Ausschluß aus der Partei. Sie blieben in Minderheit, und der Aufstand wurde beschlossen.

Schon am 12. (25.) Oktober wurde ein »Militärisch-Revolutionäres Komitee« geschaffen, das den leitenden Stab der Aktion bilden sollte. Es wurde im »Smolnyj«-Institut, dem Sitz der bolschewistischen Parteileitung, untergebracht, in welchem bis zum Frühjahr 1917 die Töchter des hohen Adels erzogen worden waren. Den Vorsitz im Komitee führte Trotzkij. Mitglieder waren Swerdlow, Dserschinskij, Stalin, Urizkij und andere; es wirkten auch Ordschonikidse, Molotow und Kalinin mit. Dem Komitee standen zwölftausend Rotgardisten und etwa dreißigtausend Soldaten zur Verfügung. Die Belegschaften der Rüstungsbetriebe lieferten Kriegsmaterial. Zur Verstärkung wurden die Kriegsschiffe der Ostsee-Flotte herangezogen, deren Matrosen durchweg für den Bolschewismus gewonnen worden waren. Die Truppen der Provisorischen Regierung bestanden aus siebenhundert Offiziersaspiranten und einem aus Bauernmädchen gebildeten »Amazonenbataillon«. Es gab nicht den leisesten Ansatz einer antibolschewistischen Bürgerwehr.

Am 24. Oktober (6. November) begab sich Lenin, durch Verkleidung und Perücke unkenntlich gemacht, in den Smolny. Am Abend wurde der für die Machtergreifung vorbereitete Apparat in Bewegung gesetzt. Ohne auf Widerstand zu stoßen, besetzten Rotgardisten und Soldaten im Laufe der Nacht die wichtigsten Punkte der Hauptstadt: Telefonzentrale, Ministerien, Staatsbank und Bahnhöfe. Kerenskij floh aus Petrograd, da die Situation aussichtslos war. Die übrigen Minister blieben im Winterpalais und warteten mit banger Ungeduld auf das Eingreifen regierungstreuer Truppen, die jedoch nicht erschienen. Nach und nach wurde das Winterpalais von den Aufständischen eingeschlossen. Der belagerten Regierung wurde mitgeteilt, daß sie sich binnen einer halben Stunde ergeben müsse, ansonst die Kanonen der Peter-Pauls-Festung und der Kriegsschiffe das Feuer eröffnen würden. Das Ultimatum blieb unbeantwortet, aber erst am späten Abend begannen die Artilleristen zu schießen. Dann drangen bolschewistische Streitkräfte in das Palais ein. Da und dort wurden Gruppen von Offiziersaspiranten entwaffnet und nach Ablegung eines ehrenwörtlichen Versprechens, gegen die Sowjetmacht nichts zu unternehmen, in Freiheit gesetzt. Am 26. Oktober (8. November), morgens kurz nach zwei Uhr, wurden die Minister verhaftet und in die Peter-Pauls-Festung übergeführt. Einige Stunden zuvor hatte sich der Zweite Allrussische Sowjetkongreß, der von sechshundertfünfzig Delegierten beschickt war, im Smolny versammelt. Der Vorsitzende, Kamenew, gab um halb drei Uhr früh offiziell bekannt, daß das Winterpalais genommen und die Regierung mit Ausnahme Kerenskijs hinter Schloß und Riegel sei. Tosenden Beifall erregte auch die bald darauf eintreffende Nachricht, daß mehrere Einheiten der Armee, die Kerenskij für den Kampf gegen die Bolschewiki verwenden wollte, sich mit dem soeben vollzogenen Umsturz solidarisch erklärt hätten. Um fünf Uhr früh wurde die Übernahme der Macht durch die Sowjets dekretiert. An die Arbeiter, Soldaten und Bauern des ganzen Landes wurde ein Aufruf erlassen: die in Bildung begriffene Sowjetregierung werde den Deutschen einen sofortigen Friedensschluß anbieten und das Land der Gutsherren den Bauern übergeben.

Am Abend desselben Tages, gegen neun Uhr, wurde die zweite Sitzung des Allrussischen Sowjetkongresses eröffnet. Die meisten Sozialrevolutionäre und Menschewiki hatten ihn, zum Protest gegen den Aufstand, bereits verlassen. Am Rednerpult erschien Lenin. Nachdem der Sturm der Ovationen sich gelegt hatte, sagte er: »Wir beginnen jetzt mit dem Aufbau der sozialistischen Ordnung.« Er sprach die zuversichtliche Hoffnung aus, daß eine »sozialistische Weltrevolution« folgen werde, deren Entwicklung sich in Deutschland, Italien und andern europäischen Ländern schon abzeichne. Von ekstatischer Begeisterung überwältigt, stimmte die Versammlung in die Klänge der »Internationale« ein. Zum Andenken an die gefallenen Kämpfer der Revolution wurde der Trauermarsch gespielt: »Unsterbliche Opfer, ihr sanket dahin.« Dann verlas und erläuterte Lenin das Dekret über die Enteignung des Bodens. Der konfiszierte Landbesitz (einschließlich der Kron- und Klosterländereien etwa hundertsechzig Millionen Hektar) wurde als Volksvermögen erklärt. Der Besitz jener Bauern, die ihren Boden selbst bebauten, wurde von der Konfiskation nicht betroffen. (Von der Schaffung landwirtschaftlicher Kollektivbetriebe war im Dekret nicht die Rede: die kollektivistische Organisation der Landwirtschaft sollte einer späteren Phase der Revolution vorbehalten bleiben.) Die Bauern wurden von den Pachtzinsen befreit, die sie bis dahin im Betrage von fünfhundert Millionen Goldrubel jährlich hatten entrichten müssen. Alle Bodenschätze (Erdöl, Kohle, Erze), alle Waldungen und Gewässer sollten ebenfalls in das Eigentum des Volkes übergehen. Der Kongreß stimmte zu und nahm außerdem noch eine Resolution an, die es als Ehrenpflicht aller Sowjets proklamierte, keinerlei Pogrome zu dulden.

Inzwischen hatte Kerenskij etwa zwanzigtausend Kosaken von der Front herangeholt und unter dem Kommando des Generals Krasnow in den Kampf gegen die bolschewistische Regierung geschickt. Ein Teil dieser Truppen wurde durch bolschewistische Propaganda zersetzt, der Rest durch Rotgardisten bei Pulkowo und Gatschina geschlagen. Kerenskij entfloh nach England.

In Moskau vollzog sich die bolschewistische Machtergreifung weniger leicht als in Petrograd. Der Kommandant der Garnison, Oberst Rjabzew, konnte zwar nicht verhindern, daß sein Infanterieregiment auf die Seite der neuen Regierung überging. Er faßte jedoch in der Militärakademie etwa fünftausend Offiziere, Aspiranten und Studenten zusammen, besetzte unter großem Blutvergießen den Kreml und bemächtigte sich des Stadtzentrums. Die Zivilbevölkerung unterstützte ihn nicht im geringsten. Durch Arbeiter, Soldaten und Eisenbahner wurde er bald von jeglicher Zufuhr abgeschnitten. Die bolschewistischen Streitkräfte erhielten Verstärkungen aus Petrograd, Tula und andern Orten. Am 2. (15.) November mußte sich Rjabzew ergeben, und auf dem Kreml wurde die rote Fahne gehißt. Unter ähnlichen Umständen erlangten die revolutionären Streitkräfte Lenins auch in weiteren russischen Städten die Macht.

Um die Verwaltung des neuen Regimes zu lähmen, traten Beamte der Staatsbank und der Ministerien, die Direktoren und Angestellten der Privatbanken und andere in den Streik, doch brach er schon nach wenigen Tagen zusammen. Viele Gegner des Bolschewismus verwandelten sich in »Radieschen«: sie blieben zwar innen »weiß«, färbten sich aber außen »rot« und stellten sich den neuen Machthabern zur Verfügung.

Das Privatkapital merkte erstaunlich lange nicht, daß seine Stunde geschlagen hatte. Es gab Bankiers, die die Kontrollmaßnahmen der Sowjetregierung glaubten durch »Kreditverweigerung« sabotieren zu können. Es gab Fabrikanten und Fabrikdirektoren, die sich demonstrativ aus ihren leitenden Positionen zurückzogen, um die Marxisten von der Unentbehrlichkeit der Privatinitiative zu überzeugen. Mancherorten wurde die Verstaatlichung der Unternehmungen der neuen Verwaltung geradezu aufgedrängt. Anderseits besetzten die Arbeiter viele Betriebe in spontaner Aktion, noch ehe der Staat die Nationalisierung befahl.

Die Errichtung und militärische Konsolidierung der bolschewistischen Diktatur

Fast als ob nichts geschehen wäre, kamen am 26. Oktober (9. November), am Morgen nach dem Umsturz in Petrograd, auch bürgerliche Zeitungen heraus. Sie schienen der Übernahme der Macht durch die Sowjets höchstens die Bedeutung eines »Experimentes« beizumessen, das schon binnen kürzester Frist zusammenbrechen müsse. Eines der Blätter charakterisierte die Bolschewiki als »eine bloße Handvoll armseliger, von Lenin und Trotzkij irregeführter Narren«, deren Aufrufe und Dekrete bald »ein Museum für historische Kuriositäten füllen« würden. Zweifel am dauernden Bestand des neuen Regimes wurden auch im rechten Flügel der bolschewistischen Partei selbst geäußert.

Die Aufgabe, vor die sich Lenin und seine Anhänger gestellt sahen, war gewaltig. Sie umfaßte eine tiefgreifende Reorganisation des Staatsapparates und der zerrütteten Volkswirtschaft, die Herbeiführung des Friedens mit den Deutschen und die Unterdrückung des innerpolitischen Widerstandes.

Für die neue Regierung wurde die Bezeichnung »Sowjet der Volkskommissare« gewählt. Den Vorsitz übernahm Lenin. Kommissar des Auswärtigen wurde Trotzkij. Rykow erhielt das Kommissariat des Innern, Lomow die Justiz, Nogin Handel und Industrie, Miljutin die Landwirtschaft, Lunatscharskij das Erziehungswesen. Stalin mußte sich mit dem Präsidium der Kommission für Nationalitätenfragen begnügen.

Daß die andern Linksparteien (Sozialrevolutionäre, Menschewiki) sich *gegen* die Machtübernahme ausgesprochen hatten, paßte den Bolschewiki gut ins Konzept. Sie übernahmen, obwohl der Regierung am 2. (15.) November noch einige Sozialrevolutionäre beitraten, faktisch die Macht allein, »gestützt auf die Stimme des Landes und in Erwartung der freundschaftlichen Hilfe des europäischen Proletariats«. Sie waren weit davon entfernt, die Mehrheit des ganzen Volkes zu besitzen, und rechtfertigten sich damit, die Diktatur des Proletariats so gebrauchen zu wollen, daß sie »letzten Endes die Sympathie aller Werktätigen für sich gewinnen« werde. Von Demokratie in westeuropäischem Sinne des Wortes war also von vornherein nicht die Rede.

Die Sowjetregierung liquidierte zunächst die Institutionen des alten Staates. Die bisherige Justiz wurde nach und nach durch sogenannte Volksgerichte ersetzt. An Stelle der Polizei trat eine vorwiegend aus Arbeitern rekrutierte Miliz. Die Kirche wurde vom Staat und die Schule von der Kirche getrennt; fortan war der Unterhalt der Popen Privatsache der Bürger. Die Zivilehe wurde eingeführt und die Frau rechtlich in jeder Hinsicht dem Manne gleichgestellt. Der Achtstundentag wurde dekretiert, die Verwaltung der Betriebe einer Kontrolle der Arbeiter unterstellt oder ganz von den Arbeitern übernommen. Das Eisenbahnwesen und die Handelsflotte wurden verstaatlicht. Das Sowjetregime führte das Monopol des Außenhandels ein. Es annullierte die sowohl unter dem Zaren als auch die unter der Provisorischen Regierung abgeschlossenen Auslandsanleihen, zum Nachteil des westeuropäischen Kapitals. Sämtliche Privatbanken wurden nationalisiert und mit der Staatsbank vereinigt. Einschneidende Beschränkungen erfuhr die Freiheit der Presse; nach kurzer Übergangszeit durften nur noch bolschewistische Zeitungen erscheinen.

Volksgericht in Petrograd. Zeichnung von I. Wladimiroff, 1918

Unterzeichnung des Friedensvertrages mit der Ukraine in Brest-Litowsk am 9. Februar 1918

Zum Schutz der »Diktatur des Proletariats« wurde eine »Außerordentliche Kommission« (Tscheka) geschaffen, die im ganzen Machtbereich der Sowjets den »Kampf gegen konterrevolutionäre Umtriebe, Sabotageakte und Dienstvergehen« zu führen hatte. Unter der Leitung von Felix Dserschinskij, der viele Jahre in sibirischer Verbannung und im Zuchthaus verbracht hatte und nun das »Interesse der Revolution« als einzige Richtschnur der Moral anerkannte, entwickelte sich die Tscheka zu einem Instrument des roten Terrors. Sie erstrebte die physische Vernichtung aller »Feinde der Arbeiterklasse«. Im Verfahren vor der Tscheka waren alle Rechtsgarantien faktisch aufgehoben. Ihre Opfer, die nach Tausenden zählten, rekrutierten sich nicht nur aus den ehemals herrschenden, sondern bald auch aus andern Schichten der Bevölkerung, namentlich aus Intellektuellen.

Angesichts der äußerst knappen Versorgung und der immerfort steigenden Preise wurde eine Rationierung der Lebensmittel eingeführt, welche die Arbeiter, Sowjetbeamten und Funktionäre privilegierte. Da sich viele Bauern der Ablieferungspflicht widersetzten und ihre Vorräte versteckten, wurden zwecks Erhaltung der Städte Abteilungen der Tscheka und besondere Arbeiterbataillone mit gewaltsamen Requisitionen beauftragt. Auch die Dorfarmut wurde in den Kampf gegen renitente Großbauern hineingezogen.

Die Sowjetregierung anerkannte am 5. (18.) Dezember 1917 die Unabhängigkeit Finnlands und veröffentlichte eine Deklaration der Rechte, die den nationalen Minderheiten zustehen sollten: Gleichberechtigung aller Völker; Selbstbestimmung – einschließlich des Rechtes, sich von Rußland zu trennen und unabhängige Staaten zu gründen; Anspruch auf freie (folkloristische) Entwicklung aller nationalen Minderheiten und ethnischen Gruppen Rußlands. Die Absicht dieser prinzipiellen Erklärung, die die Unterschriften Lenins und Stalins trug, ging dahin, die bisher unterdrückten Minderheiten desto stärker an ihrem Verbleiben im russischen Staatsverband zu interessieren. Schon zu Beginn des Jahres 1918 war es jedoch klar, daß die Sowjets nicht die Lostrennung aller kleinen Nationen dulden würden.

Ein Dekret über die Vereinfachung der russischen Orthographie erleichterte die Bekämpfung des sehr verbreiteten Analphabetismus.

Am 1. (14.) Februar 1918 wurde die Zeitrechnung alten Stiles abgeschafft und, wie in allen europäischen Ländern, der Gregorianische Kalender eingeführt.

Nach mehrmaliger Verschiebung trat am 5. (18.) Januar 1918 die Konstituierende Nationalversammlung endlich zusammen. Die Listen der Kandidaten waren allerdings vor der Machtergreifung Lenins aufgestellt worden, nach einem Gesetz, das noch Kerenskij erlassen hatte. Bei den Wahlen erzielten die Bolschewiki nur neun, andere Parteien dagegen einundzwanzig Millionen Stimmen. Von den siebenhundertfünfzehn Sitzen entfielen vierhundertzwölf auf die Sozialrevolutionäre und nur hundertdreiundachtzig auf die bolschewistische Fraktion. Es entstand nun für die neue Regierung die Gefahr, daß sie von den Volksvertretern desavouiert und abgesetzt werden könnte. Die Gegner des bolschewistischen Regimes agitierten denn auch für die Parole, es sei der kommunistischen Diktatur ein Ende zu bereiten und alle Macht der Konstituierenden Nationalversammlung zu übertragen. Schon am 29. November (12. Dezember) hatte die Sowjetregierung Abgeordnete der bürgerlichen Parteien als »Feinde des Volkes« verhaften lassen, so daß die Plätze der

Rechten vakant blieben. Als die Konstituierende Nationalversammlung sich weigerte, die revolutionären Maßnahmen der Sowjetregierung zu bestätigen, verließen die Bolschewiki demonstrativ den Saal, mit der Begründung, daß die Mehrheit der Abgeordneten die Vergangenheit repräsentiere. Nachträglich beschloß die Versammlung noch die Abschaffung des Privatbesitzes an Grund und Boden, doch kam diese Maßnahme viel zu spät und wirkte nur wie eine Bestätigung dessen, was die bolschewistische Partei längst vorgeschlagen hatte. Am folgenden Tag war der Sitzungssaal geschlossen und der Taurische Palast militärisch bewacht. Ohne die geringsten Schwierigkeiten wurde die Konstituante aufgelöst. Sie besaß nicht die Möglichkeit, auch nur einen kleinen Teil des Volkes zu ihrer Verteidigung aufzurufen. So schwach waren in Rußland die Ansätze der bürgerlichen Demokratie, daß es wenig mehr als einen Federstrich kostete, sie mit Stumpf und Stiel auszurotten.

Um die junge, bei weitem noch nicht konsolidierte Sowjetrepublik vor dem Untergang zu bewahren, mußte die bolschewistische Regierung möglichst rasch einen Frieden mit den Deutschen herbeiführen. Schon am 26. Oktober (8. November) 1917 wurde durch Radio eine Kundgebung an alle Völker gerichtet, die zum Abschluß eines Waffenstillstandes ohne Annexionen und Kontributionen aufforderte. Eine Note desselben Inhaltes richtete Trotzkij als Kommissar des Auswärtigen an die alliierten Gesandten in Petrograd. General Duchonin, der sich weigerte, den Zentralmächten die Einstellung der Feindseligkeiten vorzuschlagen, wurde von Soldaten ermordet. Am 14. (27.) November erklärte die deutsche Regierung, sie sei zu Verhandlungen bereit. Nun fragte Lenin die Alliierten, ob sie sich an den Friedensverhandlungen nicht beteiligen würden, und als keine Antwort erfolgte, ging Rußland allein vor. Die russische Delegation wurde von Joffe geführt, die deutsche von General Hoffmann.

Bereits im Juli 1917 hatte die Provisorische Regierung Kerenskijs der Ukraine im Rahmen des russischen Reiches eine Autonomie zugesichert. Der Historiker Hruschewskij vertrat die These, daß das kulturbegabte ukrainische Volk seinerzeit von barbarischen Moskowitern unterworfen worden sei, weshalb es nun auf Unabhängigkeit Anspruch erheben dürfe. Diese Ideologie des an sich nur schwachen ukrainischen Separatismus erhielt einigen Auftrieb, als sie den wohlhabenden Schichten der Ukraine Aussicht zu bieten schien, dem bolschewistischen Umschwung Rußlands zu entgehen. Zu den Friedensverhandlungen in Brest-Litowsk erschien, an der Seite der deutschen, auch eine ukrainische Delegation. Von Deutschland und Österreich unterstützt, proklamierte die Ukrainische Rada am 9. (22.) Januar 1918 die Souveränität des ukrainischen Staates.

Das Deutsche Reich war darauf bedacht, sich eine erweiterte Ernährungsbasis zu sichern. General Hoffmann lehnte es daher ab, die besetzten russischen Territorien zu räumen. Die russische Delegation wollte aber die Ukraine, Polen, Litauen, Lettland und Teile von Weißrußland nicht abtreten; sie legte gegen die Forderungen des deutschen Imperialismus Protest ein, unterbrach die Verhandlungen für eine Woche und kehrte nach Petrograd zurück. Hier bemühte sich Lenin, seine Kollegen – angesichts der hoffnungslosen militärischen Lage – zur Annahme der von den Deutschen diktierten Friedensbedingungen zu bewegen. Bucharin, Kamenew und Sinowjew sprachen sich für »Fortsetzung des revolutionären Krieges um jeden Preis« aus, da sonst der Kaiser für die Bekämpfung der eben beginnenden deutschen Revolution freie Hand bekommen werde. Trotzkij gelang es jedoch, die Mehrheit des Zentralkomitees (gegen den Willen Lenins und Stalins) für die Formel »Weder Krieg noch Frieden« zu gewinnen. Er reiste nach Brest-Litowsk, versuchte die Verhandlungen durch Propagandareden möglichst in die Länge zu ziehen, lehnte die deutschen Forderungen ab, erklärte den Kriegszustand für beendet und verließ die Konferenz. Seine Voraussetzung, daß die Deutschen eine neue Offensive »nicht wagen« würden, erwies sich als falsch. Ihre Truppen rückten vor, bis sie am 23. Februar 1918 (neuen Stiles) durch die eben in Entstehung begriffene Rote Armee aufgehalten wurden. Schließlich setzte Lenin, nach stürmischen Auseinandersetzungen, seinen Standpunkt durch, und am 3. März unterzeichnete Sokolnikow, der an Stelle Trotzkijs die Führung der russischen Delegation übernommen hatte, den Friedensvertrag von Brest-Litowsk. Die Sozialrevolutionäre wollten sich mit den katastrophalen Konsequenzen dieses Schrittes nicht abfinden und traten aus der Regierung endgültig aus. Rußland verlor ein Viertel seines Territoriums, ein (besonders fruchtbares) Viertel des anbaufähigen Bodens, ein Viertel des Eisenbahnnetzes, ein Drittel der Textilindustrie, drei Viertel der Eisenerz- und Kohlenbergwerke. Trotz dem Frieden okkupierten die Deutschen weitere Gebiete und bemächtigten sich der Erdölquellen des Nordkaukasus.

Während der nun folgenden Monate war die Existenz der Sowjetrepublik aufs äußerste bedroht. In der Ukraine wurde unter deutschem Protektorat die Regierung des Hetmans Skoropadskyj konstituiert. Die deutsche Besatzungsmacht kaufte oder requirierte, ohne Rücksicht auf die Not der Bevölkerung, Lebensmittel und Fabrikausrüstungen zugunsten des Reiches. Da die Deutschen für viele Waren in Papiergeld gute Preise zahlten, entwickelte sich eine Scheinblüte des Handels, der Spekulation und des Schiebertums. Die Gutsbesitzer, die aus Angst vor dem Bolschewismus geflohen waren, kehrten wieder zurück, wurden in ihre früheren Rechte eingesetzt und terrorisierten die Landbevölkerung derart, daß einem großen Teil derselben nichts anderes übrigblieb, als auf einen Sieg der Roten zu hoffen. Aus Arbeitern und Bauern des Dongebietes bildeten sich, unter dem Kommando Woroschilows, bolschewistische Bataillone, deren Mannschaftsbestände rasch zunahmen. Gleichzeitig schuf der ehemalige Kosak Budjonnyj eine bolschewistische Kavalleriedivision.

Am Don sammelten sich viele Angehörige des Adels, des Offizierskorps und des Bürgertums, denen es gelungen war, aus Petrograd und Moskau zu entkommen. Der antibolschewistische Widerstand wurde hier von den Generälen Aleksejew und Kornilow sowie vom Kosakenhetman Kaledin organisiert. Da sie aber bei der Bevölkerung nur geringe Unterstützung fanden, mußten sie sich gegen den Nordkaukasus zurückziehen. Kaledin verübte Selbstmord und wurde durch Krasnow ersetzt. Kornilow fiel in den Kämpfen bei Jekaterinodar. Sein Nachfolger wurde Denikin. Er vertrieb, gemeinsam mit Krasnow, die bolschewistischen Streitkräfte aus dem Don- und Kubangebiet. Woroschilow und Budjonnyj schlugen sich mit ihren Truppen nach Zarizyn an der Wolga durch.

Um die Sowjetregierung von der Lebensmittel- und Erdölversorgung des Kaukasus abzuschneiden, besetzte Krasnow die Eisenbahnlinie Zarizyn–Moskau. Er brachte die Sowjetregierung damit in eine äußerst kritische Lage. Bei der Verteidigung von Zarizyn, das um jeden Preis gehalten werden mußte, spielte Stalin eine bedeutende Rolle. Es gelang ihm, Krasnow zurückzuwerfen und die Verbindung nach Moskau im Juli 1918 wiederherzustellen.

Ein zweites Zentrum des Widerstandes gegen die Sowjetregierung entstand in Sibirien. Die tschechoslowakischen Legionen, die sich aus österreichischen Kriegsgefangenen und Überläufern gebildet hatten und nach Wladiwostok unterwegs waren, um als Mitkämpfer der Alliierten an die deutsche Westfront gebracht zu werden, setzten sich zur Wehr, als Kriegskommissar Trotzkij im Frühjahr 1918 ihre sofortige Entwaffnung verlangte. Sie machten kehrt und begannen gegen die Sowjetregierung, die ihren Sitz schon von Petrograd nach Moskau verlegt hatte, Krieg zu führen. Sie bemächtigten sich der sibirischen Eisenbahn und überstiegen, von Osten nach Westen vordringend, den Ural. Ihre erfolgreichen Operationen lösten zwischen Ural und Wolga eine antibolschewistische Bewegung aus, die teils von sozialrevolutionären, teils von konservativen Schichten getragen wurde und in Samara, später in Ufa ihren Mittelpunkt hatte. Alle Dekrete der bolschewistischen Regierung wurden in Sibirien annulliert, die »Roten« verfolgt und zum Teil ausgerottet. Die Leitung des gegen das rote Moskau gerichteten Feldzuges übernahm der ehemalige Befehlshaber der Schwarzmeerflotte, Admiral Koltschak. Die meisten seiner Anhänger waren Monarchisten. Um ihrer Agitation den Boden zu entziehen, ließen die Bolschewiki beim Herannahen der Tschechen den gefangenen Zaren und seine Familie am 16. Juli 1918 in Jekaterinburg ermorden.

Im März/April 1918 landeten englische Truppen in Murmansk und Wladiwostok, später auch in Archangelsk. Ihnen schlossen sich japanische, amerikanische und italienische Kontingente an. Die Gefahr, die der Sowjetregierung von dieser Seite her drohte, wurde von ihr überschätzt. Später stellte sich heraus, daß die Zahl der Japaner rund siebzigtausend, die der Engländer nicht mehr als fünfzehntausend und die der Amerikaner etwa fünftausend betrug. Mit Sehnsucht erwartete Koltschak stärkere Unterstützung durch die Alliierten, die ihm zu seiner Enttäuschung jedoch nicht zuteil wurde.

Um den Frieden von Brest-Litowsk zu sabotieren und die Bolschewiki aufs neue in einen Konflikt mit den Deutschen zu verwickeln, ließen sich die Sozialrevolutionäre zu einer Reihe von Attentaten hinreißen, welche die Nervosität der Sowjetregierung erheblich steigerten. Am 6. Juli 1918 wurde der deutsche Botschafter in Moskau, Graf Mirbach, ermordet. Gleichzeitig brachen in Moskau und dreiundzwanzig weiteren Städten, unter Führung des Terroristen Sawinkow, Aufstände der Sozialrevolutionäre aus, die jedoch rasch unterdrückt werden konnten. Am 30. Juli fiel Generaloberst Eichhorn, Oberbefehlshaber in der Ukraine, einem Anschlag zum Opfer. Nach längeren Verhandlungen sah sich Rußland gezwungen, dem Deutschen Reich große Erdöllieferungen zu gewähren und sechs Milliarden Goldmark zu bezahlen, damit die Deutschen auf Unterstützung der russischen Monarchisten verzichteten. Am 30. August wurden Urizkij, Chef der Tscheka in Petrograd, sowie Wolodarskij durch Anschläge beseitigt, und am selben Tag gab die Sozialrevolutionärin Dora Kaplan Schüsse auf Lenin ab, die ihn nicht ungefährlich verwundeten. Die bolschewistischen Machthaber antworteten mit der »Organisation des offenen und systematischen Massenterrors gegen die Bourgeoisie und ihre Agenten«. Da England und Frankreich (im Zusammenhang mit der militärischen Intervention) an der Vorbereitung des sozialrevolutionären Umsturzversuches nicht unbeteiligt gewesen waren, wurde das britische Gesandtschaftsgebäude in Petrograd unter Gewaltanwendung besetzt, wobei ein Marineattaché das Leben verlor. Es folgte der Abbruch der diplomatischen Beziehungen zu allen westlichen Mächten.

Die Lage des Sowjetstaates verschärfte sich zusehends. Im Osten operierten die tschechoslowakischen Legionen und die weißgardistischen Truppen des Admirals Koltschak. Vom Süden her rückte Krasnow abermals gegen Zarizyn vor. Die Ukraine befand sich in deutschem Besitz. In Archangelsk hatten die Engländer Fuß gefaßt. Es drohte ein konzentrischer Angriff all dieser Feinde.

In dieser Situation bewährte sich (wenn man es im heutigen Sowjetrußland auch nicht mehr wahrhaben will) das militärisch-politische Organisationstalent Trotzkijs, der Anfang April das Volkskommissariat für Landesverteidigung übernommen hatte. Da ein ausreichendes proletarisches Offizierskorps noch nicht vorhanden war, ließ er Tausende von zaristischen Offizieren in die Rote Armee eintreten, um ihr eine fachmännische Führung zu sichern. Sodann schaffte er, um die Disziplin zu verbessern, die Soldatenräte ab und setzte politisch geschulte bolschewistische »Kommissare« ein, denen es oblag, die revolutionäre Mentalität der Truppe aufrechtzuerhalten. Es kam zwar vor, daß zaristische Offiziere zu den Weißen überliefen; im großen und ganzen erwiesen sich die Maßnahmen Trotzkijs jedoch als zweckmäßig, und Lenin hat sie, nach einigem Zögern, gebilligt. Die russischen Soldaten, die Bauernsöhne vor allem, kämpften mutig und ausdauernd, weil sie die Wiederherstellung des Großgrundbesitzes und die Rache des Klassenfeindes fürchteten.

Nach der Reorganisation der Roten Armee begab sich Trotzkij an die Wolgafront, in einem Panzerzug, der bald legendäre Berühmtheit erlangte. Die bolschewistischen Streitkräfte entrissen den Weißen Kasan, Simbirsk und Samara.

Im Oktober 1918 wurde, dank umfassenden Verteidigungsdispositionen Stalins und dank dem Elan der von Budjonnyj kommandierten Kavalleriedivision, auch Zarizyn endgültig von der Belagerung der Weißgardisten befreit. (Später wurde Zarizyn in Stalingrad umbenannt.)

Im November verbesserte sich die Lage Sowjetrußlands auch insofern, als das deutsche Kaiserreich endlich zusammenbrach. Die besetzten Gebiete, namentlich die baltischen Randstaaten, wurden unter dem Druck der Roten Armee von den Deutschen geräumt. Die bewaffnete Macht des Bolschewismus erreichte die Grenze Ostpreußens. In nord- und mitteldeutschen Städten, in Bayern und im Ruhrgebiet brachen kommunistische Aufstände aus. Karl Liebknecht und Rosa Luxemburg unterstützten mit ihrer Propaganda den Spartakusbund, der am 30. November 1918 in die Kommunistische Partei Deutschlands umgewandelt wurde und sich die Errichtung eines Sowjetregimes in ganz Deutschland zum Ziel setzte. Auch Karl Radek, ein aus Lemberg stammender bolschewistischer Agitator, der gemeinsam mit Lenin aus der Schweiz nach Rußland zurückgekehrt war, forderte die deutschen Arbeiter auf, mit Gewalt den Kapitalismus zu stürzen und auf die bürgerliche Revolution die Diktatur des Proletariats unmittelbar folgen zu lassen.

Am 13. November annullierte Moskau den Friedensvertrag von Brest-Litowsk. Mit dem Umsturz in Deutschland schien die internationale kommunistische Revolution zu beginnen.

Es ereigneten sich indessen unerwartete Rückschläge. Die kommunistische Bewegung in Deutschland war zum Scheitern verurteilt. Im Baltikum organisierten sich antibolschewistische Freiwilligenverbände, denen General von der Goltz mit einer Division zu Hilfe eilte.

Eine Ausbreitung des bolschewistischen Einflusses in Europa war den Westmächten natürlich unerwünscht. Da ihre Truppen nun nicht mehr gegen die Deutschen zu kämpfen brauchten, waren die alliierten Regierungen in der Lage, ihre Interventionen in Rußland zu verstärken. England beschloß, General Denikin mit Waffensendungen zu unterstützen. Englische Streitkräfte bemächtigten sich der Stadt Baku, französische gingen in Odessa an Land. Beim Rückzug der Deutschen aus der Ukraine war Hetman Skoropadskij gestürzt und zur Flucht genötigt worden. Der Pseudosozialist Petljura ergriff die Macht und begann, mit Hilfe französischen Kriegsmaterials, französischer, griechischer und polnischer Divisionen gegen die Rote Armee zu kämpfen. Da die fremden Soldaten jedoch für diese Aufgabe keine Begeisterung fühlten, weigerten sie sich bald, den Feldzug fortzusetzen, und verlangten, nach Hause zurückzukehren. Bolschewistische Flugblätter trugen nicht wenig dazu bei, ihre Moral zu untergraben. Es kam sogar zu Meutereien in der französischen Flotte. Im April 1919 sahen sich die Franzosen gezwungen, die Ukraine und die Krim zu verlassen.

Die Engländer, denen Winston Churchill Verstärkungen zukommen ließ, beherrschten Murmansk und Archangelsk. Der weißgardistische russische General Miller stand an der Spitze einer Militärdiktatur, die viele Anhänger der Sowjetregierung nach entfernten Inseln deportierte. Von Norden her stießen die Briten Richtung Wjatka vor. Sie hofften, sich dort mit den Streitkräften Admiral Koltschaks und mit den tschechoslowakischen Legionen zu vereinigen. Das Vorhaben wurde jedoch durch die Rote Armee vereitelt.

Im Frühjahr 1919 verfügte Koltschak in Sibirien über rund dreihunderttausend Mann. Seiner Armee folgten englische, französische, amerikanische und japanische Einheiten. Mit seinen Operationen wurden diejenigen der tschechoslowakischen Legionen koordiniert. Für die Sowjetregierung bedeutete seine Offensive eine große Gefahr. Eine wichtige Schwäche Koltschaks lag aber darin, daß er ausschließlich die Interessen der Großgrundbesitzer und der Großbauern vertrat, während seine bolschewistischen Gegner die Nöte des Dorfproletariats und sogar der Mittelbauern auszunutzen verstanden. Auf Veranlassung Stalins wurden die Reihen der Roten Armee an der gegen Koltschak kämpfenden Ostfront in vermehrtem Maße mit Soldaten proletarischer Herkunft durchsetzt. Der Oberbefehl über diese Truppen wurde Frunse und Kujbyschew anvertraut; als Kommandant einer erfolgreichen Division zeichnete sich auch Tschapajew, der Sohn eines armen Bauern, aus. Koltschak wurde geschlagen und zog sich zunächst nach Ufa, dann hinter den Ural zurück. Die Rote Armee folgte ihm und eroberte im November 1919 die Stadt Omsk, den Sitz der weißen Regierung.

Mittlerweile, im Sommer 1919, war die bolschewistische Herrschaft im Baltikum zusammengebrochen. Russische Weißgardisten sammelten sich in Estland und eröffneten unter General Judenitsch eine Offensive in Richtung auf Petrograd. Die Artillerie von Kronstadt brachte ihnen aber schwere Verluste bei. In der Hoffnung, durch englische Kriegsschiffe unterstützt zu werden, setzte Judenitsch im Oktober zu neuen Angriffen an. Er erreichte Zarskoje Sjelo und Gatschina, doch wagte die britische Marine keine ernsthafte

Operation zu seinen Gunsten. Inzwischen mobilisierte Trotzkij starke Abwehrkräfte, und Judenitsch wurde endgültig nach Estland zurückgedrängt, wo seine Verbände sich auflösten.

Seit Anfang Juli 1919 machte der Sowjetregierung wieder Denikin zu schaffen. Er rückte vom Dongebiet her bis Orel vor und schickte sich an, über Tula nach Moskau zu marschieren. In allen Teilen Rußlands, die er unterwarf, setzte er, unter blutigem Terror, die Gutsherren wieder in ihre Eigentumsrechte ein. Begreiflicherweise flackerten Bauernaufstände auf, vor allem in der Ukraine. Als die Rote Armee die Gegenoffensive ergriff, fluteten die Truppen Denikins, denen vor allem das Kavalleriekorps Budjonnyjs zusetzte, unaufhaltsam zurück. Kiew und Charkow gerieten in bolschewistische Hand. Roter Terror löste den weißen Terror ab; sadistische Ausschreitungen kamen auf beiden Seiten massenhaft vor. Am 8. Januar 1920 mußte Denikin Rostow preisgeben, am 27. März auch Noworossijsk, seinen letzten Stützpunkt am Schwarzen Meer. Auf Schiffen flüchtete der Rest seiner Armee nach der Krim, wo an Stelle Denikins der baltische General Baron von Wrangel das Kommando übernahm. Er verschanzte sich im Norden und Nordosten der Halbinsel.

Im Sommer 1920 ließ Wrangel ein Agrargesetz ausarbeiten, das den Bauern Landanweisungen in Aussicht stellte. Doch vermochte dieser Entwurf, der der Verzweiflung entsprang und viel zu spät kam, die Sympathien der bäuerlichen Bevölkerung dem Bolschewismus nicht mehr abspenstig zu machen. Ein Versuch des »grünen« Bandenführers Machno, die Unabhängigkeit der Ukraine sowohl gegenüber den Weißen als auch gegenüber den Roten zu behaupten, erwies sich als wirkungslos. Die Unterstützung Englands wurde Wrangel entzogen, weil man in London die Hoffnung schon aufgegeben hatte, dem Sowjetregime mit Waffengewalt beizukommen.

Eine unerwartete Chance bot sich Wrangel dar, als Polens Armee im April 1920 ohne Kriegserklärung in die Ukraine eindrang. Da Polen die damalige Ostgrenze (die vom Obersten Rat der Alliierten festgesetzte Curzon-Linie) nicht anerkannte, hatte es Wilna, einen Teil Weißrußlands, Wolhynien sowie Podolien besetzt und strebte nun die Errichtung eines Groß-Polen an, welches (wie im 17. Jahrhundert) von der Ostsee bis zum Schwarzen Meer sich erstrecken sollte. Am 7. Mai 1920 wurde Kiew von Pilsudski erobert. Während die Rote Armee der polnischen Invasion entgegentrat, versuchte Wrangel, ins Dongebiet vorzustoßen. Mitte August erkannte ihn Frankreich als Machthaber Südrußlands an und belieferte ihn mit Waffen.

Der polnische Überfall erregte in der Ukraine und in Sowjetrußland eine solche Welle des Patriotismus, daß sogar Brussilow, der letzte Oberbefehlshaber Nikolaus' II., alle zaristischen Offiziere beschwor, sich der Roten Armee, ungeachtet aller politischen Gegensätze, zur Verfügung zu stellen.

Für Lenin handelte es sich nicht nur darum, Rußland vor dem Verlust der ukrainischen Getreidefelder und der Kohle des Donezbeckens zu bewahren. Er begnügte sich nicht damit, daß Budjonnyj die polnischen Streitkräfte am 12. Juni zur Räumung von Kiew zwang und Tuchatschewskij am 11. Juli Minsk zurückeroberte. Lenin hoffte vielmehr, durch eine rasch vorgetragene Offensive in Polen einen kommunistischen Umsturz hervorzurufen, der möglicherweise sich auch nach Deutschland fortpflanzen würde.

Dieser Plan, eine »Weltrevolution« einzuleiten, mißlang. Tuchatschewskij erreichte zwar die östlichen Vororte Warschaus; hier wurde er jedoch, während Budjonnyj in Galizien operierte, von den Polen mit Hilfe französischen Kriegsmaterials und unter Führung des herbeigeeilten französischen Generals Weygand am 19. August in die Flucht geschlagen. Man sprach von einem »Wunder an der Weichsel«.

Angesichts der Erschöpfung ihres Landes schloß die polnische Regierung am 12. Oktober einen Waffenstillstand ab, dem am 18. März 1921 der Friede von Riga folgte. Als Grenze wurde im wesentlichen wieder die Curzon-Linie anerkannt; westliche Teile Weißrußlands und der Ukraine blieben in polnischem Besitz.

Die Einstellung der russisch-polnischen Feindseligkeiten ermöglichte es der Roten Armee, nunmehr gegen Wrangel zu einem vernichtenden Schlag auszuholen. Unter äußerst schwierigen Bedingungen erstürmte sie, von Frunse befehligt, Wrangels Befestigungen an der Landenge Perekop, und am 16. November 1920 zog sie in Kertsch ein. Überreste von Wrangels Armee schifften sich nach Konstantinopel ein und nahmen das Schicksal der Emigration auf sich.

Einen viel schlimmeren Leidensweg hatte die besiegte Armee des Admirals Koltschak durchzumachen. Der sibirischen Eisenbahnlinie entlang schlug sie sich – von der Roten Armee und von Partisanen verfolgt, durch Hunger, Kälte und Epidemien dezimiert – nach Irkutsk durch, wo ein Volksaufstand sie überraschte. Koltschak wurde einem Standgericht ausgeliefert und am 7. Februar 1920 durch Erschießen hingerichtet. Sowjettruppen besetzten Irkutsk. Die flüchtenden Reste der Koltschak-Armee wurden von der östlich des Baikal-Sees 1920 gegründeten Fernöstlichen Republik aufgenommen, auf deren Territorium sich auch andere weiße militärische Kräfte sammelten. Diese Republik wurde von Moskau zunächst als Pufferstaat gegen die Japaner ausgenutzt, im Oktober 1922 jedoch dem Sowjetgebiet einverleibt. Einen Monat später gelang es der Roten Armee, die Japaner aus Wladiwostok zu vertreiben. Damit war ganz Sibirien von Feinden gesäubert.

Im Laufe des Jahres 1920 siegte die Rote Armee über die von den Engländern unterstützten Weißgardisten in Turkmenien und Buchara. Auch in Georgien, wo eine menschewistische Regierung mit englischer Hilfe Fuß gefaßt hatte, gewann das Sowjetregime, von Volksaufständen begünstigt, unter Führung von Ordschonikidse die Oberhand. In Armenien und Aserbaidschan vermochten sich die Weißen ebensowenig zu halten.

Schon im November 1920 feierte das rote Moskau seinen Sieg über alle weißgardistischen Generäle. Trotzkij und Stalin erhielten den Orden der Roten Fahne. Errichtung und Konsolidierung der bolschewistischen Diktatur waren gelungen.

Der Mißerfolg ihrer Gegner läßt sich unschwer verstehen. In der Ideologie einer überlebten Vergangenheit befangen, waren sie unfähig, die treibenden Kräfte der Revolution, die dringendsten Bedürfnisse und die sozialen Hoffnungen des Volkes auch nur zu erkennen. Sie propagierten die Restauration des Zarismus und jener Gesellschaftsordnung, die in ihm ihren Ausdruck gefunden hatte. Sie begriffen nicht, daß es längst an der Zeit war, auch die letzten Reste feudaler Institutionen zu liquidieren. Sie setzten sich stur für die Wiederherstellung des Großgrundbesitzes ein und wurden deshalb, nach Hegels Ausdruck, »auf den Kehrichthaufen der Weltgeschichte« geworfen.

Lebensmittelablieferung
Auffahrt der Bauern vor dem Regierungsgebäude in Kuma / Nordkaukasus

Proletarische Jugend bei der Maifeier in Moskau, 1924

»*Kriegskommunismus*« *und* »*Neue Ökonomische Politik*«

Schon der erste Weltkrieg hatte die russische Volkswirtschaft aufs schwerste geschädigt. Durch den anschließenden Bürgerkrieg und durch den Kampf gegen ausländische Interventionen ist ihre Produktivität noch viel tiefer gesunken. Die Landwirtschaft vermochte bloß einen Bruchteil des normalen Nahrungsmittelbedarfs der Bevölkerung zu decken. Viele Bauern zogen es vor, nur noch für den Selbstverbrauch anzupflanzen, nachdem ihre Saat durch militärische Aktionen, bald der Weißen, bald der Roten, allzuoft auf dem Acker vernichtet worden war. Die Anbauflächen wurden auch deshalb verringert, weil Ernteüberschüsse vor staatlichen Requisitionen nicht sicher waren. Im Sommer 1920 wurde die Ernährungslage durch eine Mißernte noch besonders verschärft, so daß in gewissen Gegenden Sowjetrußlands furchtbare Hungersnot ausbrach. Die feindliche Blockade machte die Zufuhr nicht nur von Lebensmitteln, sondern auch von Rohstoffen und Heizmaterial unmöglich. Die industrielle Produktion des Jahres 1919 erreichte kaum ein Viertel derjenigen des letzten Friedensjahres. In den Fabriken herrschte Mangel an Personal: viele Arbeiter waren mobilisiert, und andere flüchteten aufs Land, wo sie eher Nahrung zu finden hofften.

Unter diesen Umständen kostete es gewaltige Anstrengungen, die Rote Armee zu verpflegen, sie mit Waffen und Munition, mit Schuhwerk und Uniformen zu versehen. Vor den Bedürfnissen des Militärs trat die Versorgung der Zivilbevölkerung in den Hintergrund. Die Sowjetregierung bemühte sich unablässig, den »Schwarzhandel« mit Lebensmitteln zu unterdrücken, die Bauern (gegen Zahlung sehr knapp bemessener Preise) zur Ablieferung ihrer gesamten Ernteüberschüsse an den Staat zu nötigen und gleichzeitig eine rigorose Rationierung durchzuführen. (Die Ration, auf die der Einzelne Anspruch hatte, hieß »pajòk«.) Die Angehörigen der »nicht werktätigen Bourgeoisie« bekamen viermal kleinere Rationen als die Arbeiter, nach dem Grundsatz: »Wer nicht arbeitet, soll nicht essen.« In der Folge wurde für alle Klassen der Gesellschaft die Arbeitspflicht dekretiert. An die Spitze der Gewerkschaften (wie auch anderer Organisationen) traten, statt gewählter Funktionäre, mit außerordentlichen Vollmachten ausgestattete »Kommissare«, deren Anordnungen mit eiserner Disziplin durchgeführt werden mußten. In der Nähe der Fronten, namentlich in den von den weißgardistischen Truppen geräumten Gebieten, übten »revolutionäre Komitees« ihre diktatorische Herrschaft aus. Hunger und Kälte, Epidemien und erbitterter Klassenkampf rafften ungezählte Tausende dahin.

Das ganze System von Maßnahmen, das teils durch die Situation des Bürgerkrieges bedingt war, teils aber auch schon die Nivellierung aller Unterschiede des Lebensstandards und die Errichtung einer »klassenlosen Gesellschaftsordnung« erstrebte, wurde »Kriegskommunismus« genannt. Es vollzog sich ein radikaler Umbruch, eine »Bolschewisierung« aller sozialen Verhältnisse. In den Städten fand, nach Enteignung der Hausbesitzer, eine Umsiedlung des Proletariats in die Wohnungen der Bourgeoisie statt. Der proletarischen Jugend wurde durch Gewährung von Stipendien der prüfungsfreie Zutritt zum Mittel- und Hochschulstudium geöffnet; das Sowjetregime rief zahlreiche »Arbeiterfakultäten« ins Leben. Die ärztliche Hilfe wurde verstaatlicht. Von 1920 an war der Privathandel verboten.

Die Bevölkerung wurde zu obligatorischen Dienstleistungen (beim Transport von Heizmaterial) befohlen und an Samstagen zu »freiwilliger Aufbauarbeit« aufgerufen. Es wurde mit dem Bau einiger Elektrizitätswerke (etwa am Wolchow) begonnen; in weiteren großzügigen Projekten zeichneten sich bereits die Umrisse einer künftigen Planwirtschaft ab. In der Landwirtschaft entstanden rund neunhundert staatliche und fast sechstausend genossenschaftliche Gutsbetriebe (Sowchosen und Kolchosen). Die überwältigende Mehrheit der Bauern wurde von den kollektiven Eigentumsformen jedoch nicht erfaßt.

Alle Sozialisierungsexperimente erfolgten unkoordiniert und überstürzt. Es fehlte an Spezialisten, die sie sachgemäß hätten leiten können; es fehlte an geschulten Arbeitskräften, an den primitivsten Einrichtungsgegenständen und an Rohmaterial. Die wachsende Bürokratie erwies sich als unfähig, ihre neuartigen Aufgaben zu bewältigen. Angesichts der verzweifelten Lage der Volkswirtschaft sah sich der Staat gezwungen, auf die Arbeiter einen immer stärkeren Druck auszuüben. Er beraubte sie in vielen Fällen sogar des Rechtes, den Arbeitsplatz nach freiem Belieben zu wechseln. Er baute die Selbstverwaltungskompetenzen der Betriebsräte ab und übertrug die verantwortliche Leitung industrieller Unternehmungen einzelnen, von oben ernannten staatlichen Direktoren.

Nachdem sie jahrelang unermeßliche Leiden und Entbehrungen hatten ertragen müssen, wurden viele Arbeiter von einem Gefühl tiefer Enttäuschung erfaßt. Ihre Hoffnungen waren durch die Revolution nicht erfüllt worden. Die Verstaatlichung der Produktionsmittel hatte wohl die Ausbeutung durch das private Unternehmertum beseitigt, dafür aber den Staat mit um so größeren Machtmitteln gegenüber dem Individuum ausgestattet. Der Staat zwang auch den Gewerkschaften seinen Willen auf. Im Februar 1921 kam es zu Streiks und Demonstrationen, vorwiegend in den Industrievierteln von Petrograd, wo die Rote Armee, auf Sinowjews Befehl, das Standrecht ausrufen mußte. Oppositionelle Parteien – Sozialrevolutionäre und Menschewiki – benutzten die Unzufriedenheit als geeigneten Nährboden für sowjetfeindliche Propaganda. Anfang März 1921 brach in Kronstadt ein Aufstand aus. Unter den zehntausend Matrosen der Garnison befanden sich zahlreiche Bauernsöhne. Die Parolen der Insurgenten richteten sich gegen die Grausamkeit der bolschewistischen Diktatur; sie verlangten freie Wahlen, Versammlungs- und Agitationsfreiheit, Rede- und Pressefreiheit, Gleichheit des »pajòk« für alle Schichten der Bevölkerung, Handels- und Gewerbefreiheit. Ein Versuch Kalinins, die Aufständischen zu beschwichtigen, schlug fehl. Auch ein Tagesbefehl Trotzkijs, sich zu ergeben, hatte keinen Erfolg. Am 7. März setzte Tuchatschewskij schwere Artillerie gegen Kronstadt ein. Dann begann die Rote Armee ihren Sturmangriff über das Eis. Am Morgen des 18. März brach der Aufstand der Matrosen zusammen, mit ihm die letzte Hoffnung, in Rußland die bolschewistische Diktatur abzuschaffen. Wer von den Rebellen noch am Leben war, wurde erschossen oder deportiert. Auf dem Festland war den Kämpfern von Kronstadt nur die bedeutungslose Unterstützung einiger in Oranienbaum stationierter Regimenter zuteil geworden.

Mittlerweile machte der katastrophale Zerfall der russischen Volkswirtschaft weitere Fortschritte. Die Gußeisenproduktion sank auf drei Prozent dessen, was 1913 erzeugt worden war. Auf dem Eisenbahnnetz zirkulierte nur noch ein Drittel der Lokomotiven und des Rollmaterials. In den Städten gab es weder Gas noch Elektrizität, weder Kohle noch

Brennholz; Straßenbeleuchtung und Heizung mußten eingestellt werden. Die Getreideablieferungen der Bauern gerieten ins Stocken. Etwa zwanzig Millionen Hektar Ackerland waren nicht mehr angebaut worden. Die Werktätigen der Industriebetriebe erhielten eine tägliche Brotration von knapp hundert Gramm; bei Mehrverbrauch hatten sie die hohen Preise des Schwarzhandels zu zahlen. Erschreckend nahm, infolge der allgemeinen Unterernährung, die Sterblichkeit der Bevölkerung zu.

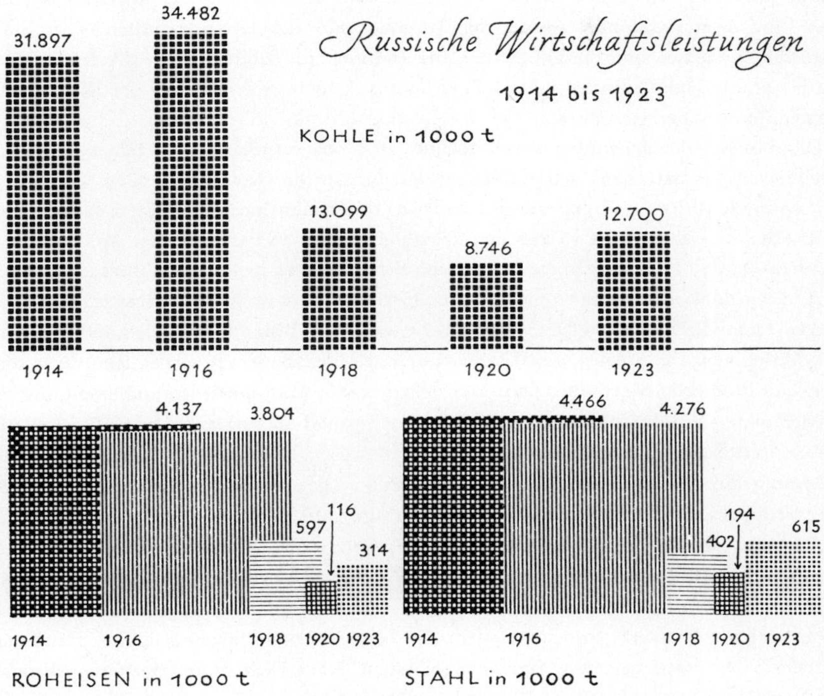

Solange Sowjetrußland gegen Weißgardisten und ausländische Interventionsarmeen hatte verteidigt werden müssen, und solange Aussicht zu bestehen schien, von Rußland aus eine kommunistische Weltrevolution zu entfesseln, glaubte Lenin, seinen Anhängern ein großes Maß von Entbehrungen zumuten zu können. Seit jedoch der Bürgerkrieg zu Ende gegangen, zugleich aber auch die Unmöglichkeit zutage getreten war, Europa, das sich durch einen »cordon sanitaire« vom Herd des sozialen Umsturzes isoliert hatte, in Flammen zu setzen, ließen sich die Opfer, welche dem russischen Proletariat auferlegt wurden, selbst vom bolschewistischen Standpunkt aus nicht mehr rechtfertigen. Es galt, das Land vor dem drohenden Chaos zu retten und seiner Bevölkerung nach den erschöpfenden Anstrengungen des »Kriegskommunismus« eine Atempause zu verschaffen.

Schon Ende 1920 hatten innerhalb der Partei heftige Auseinandersetzungen über den hierfür einzuschlagenden Weg begonnen. Trotzkij, der die Hauptursache aller ökonomischen Schwierigkeiten des Regimes in der Vorherrschaft der Sowjetbürokratie erblickte, empfahl, die Gewerkschaften, welche damals sechs Millionen Mitglieder zählten, in Organe des Staates umzuwandeln und mit der Verwaltung der industriellen Betriebe zu beauftragen. Den privat wirtschaftenden Bauern im Sektor der Landwirtschaft irgendwelche Konzessionen zu machen, hielt Trotzkij für gefährlich, da sich daraus ein Erstarken kapitalistischer Elemente ergeben müsse. Der ehemalige Volkskommissar für Arbeit, Schljapnikow, und Frau Kollontaj waren der Ansicht, daß die Gewerkschaften vom Staat unabhängig bleiben und die Verwaltung der Industrie im Rahmen einer »Arbeiterdemokratie« an die Hand nehmen sollten. Beide beabsichtigten, einen Abbau der Diktatur des Parteiapparates herbeizuführen.

Lenin erhob demgegenüber den Einwand, daß Sowjetrußland kein reiner Arbeiter-, sondern ein Arbeiter- und Bauernstaat sei. Wenn man die Großgrundbesitzer und Kapitalisten auch verjagt und expropriiert habe, so dürfe man mit den kleinen Produzenten nicht ebenso verfahren. Es sei zur Zeit dringend nötig, den Bauern einen Anreiz zu vermehrtem Anbau und zu besserer Belieferung der Städte zu bieten, da ohne Lebensmittel auch die sozialisierte Industrie nicht gesunden könne. Erst wenn die Industrie sich erholt und eine hohe Leistungsfähigkeit erreicht habe, werde sie imstande sein, die Landwirtschaft mit Maschinen auszurüsten, und dann erst werde der Bauer zu kollektiven, zu sozialistischen Produktionsverhältnissen sich erziehen lassen. Man müsse imstande sein, auf gewisse Punkte des Revolutionsprogramms vorübergehend zu verzichten, um nachher sein Ziel desto sicherer zu erreichen.

Lenin gelang es, die Partei für seine Auffassung zu gewinnen. Für die Zukunft wurden alle Gruppen- und Fraktionsbildungen untersagt. Mitte März 1921 genehmigte der X. Parteitag der KP Sowjetrußlands auf Lenins Antrag die Grundzüge einer neuen Wirtschaftspolitik, die unter der Bezeichnung »NEP« (Nòwaja Ekonomìtscheskaja Polìtika) in die Geschichte eingegangen ist.

Wesentlich erleichtert wurde vor allem die Lage der bäuerlichen Betriebe. Der Staat reduzierte ihre Steuerbelastung um vierzig Prozent. Nach Entrichtung der vorgeschriebenen Naturalsteuer brauchten die Bauern keine Requisitionen mehr zu befürchten. Es stand ihnen fortan das Recht zu, Getreide und Kartoffeln sowie sonstige Ernteüberschüsse auf dem Markt zu freien Preisen zu verkaufen. Dank dieser Maßnahme sollte die landwirtschaftliche Produktion angespornt und in den Städten die Gefahr einer weiteren Verschärfung des Ernährungsproblems beseitigt werden.

Nicht nur in bezug auf Lebensmittel, sondern auch hinsichtlich anderer Güter wurde der Handel freigegeben. Handwerker und Kaufleute durften wieder ihre Waren feilbieten. Angehörige der einstigen Bourgeoisie oder gar solche des Adels konnten auf offener Straße versilbern, was sie an Habseligkeiten aus besseren Zeiten gerettet hatten. Ärzte und Advokaten nahmen ihre Berufstätigkeit auf privatwirtschaftlicher Grundlage wieder auf. Stillgelegte, schadhaft gewordene Fabrikbetriebe der Leichtindustrie wurden an manchen Orten den früheren Besitzern zurückgegeben mit der Auflage freilich, die Unternehmungen baldmöglichst zu renovieren und in Gang zu bringen. Im Rahmen der NEP gab der Staat auch einen Teil der Häuser den ehemaligen Eigentümern zurück, wobei er sie verpflichtete, alle seit der Revolution eingetretenen Schäden auf private Kosten reparieren zu lassen. Ausländische Kapitalisten wurden, unter Erteilung verlockender Konzessionen, mit dem Bau industrieller Werke beauftragt. Man stellte ihnen für zehn oder fünfzehn Jahre eine beträchtliche Rendite in Aussicht. Sie hatten modernste Produktionsmittel zu importieren, die aber nach Ablauf der Konzessionsfrist in das Eigentum der Sowjetregierung übergehen sollten. Im April 1923 lagen etwa vierhundert ausländische Konzessionsbewerbungen vor, darunter sechsundfünfzig amerikanische, fünfundfünfzig englische und fünfzig französische. Die erste russische Traktorenfabrik ist auf Grund einer solchen Konzession in der Nähe der Stadt Charkow von Henry Ford errichtet worden.

So bewirkte die NEP in der russischen Volkswirtschaft die Bildung einer privatwirtschaftlichen Sphäre.

Alle bedeutenden Wirtschaftszweige, namentlich die Bergwerke und Hochöfen, die Maschinenfabriken und sonstige Betriebe der Schwerindustrie, blieben jedoch nach wie vor im Besitz und in der Verwaltung des Staates. Auch am Außenhandelsmonopol der Regierung wurde strikt festgehalten. Zahlreiche Trusts wurden in öffentlicher Regie weitergeführt.

Allein auch der nicht reprivatisierte Sektor der Wirtschaft erfuhr doch unter dem Einfluß der NEP eine tiefgreifende Umgestaltung. Die Staatsbetriebe bemühten sich, nach kaufmännischen Prinzipien zu verfahren und größtmögliche Profite zu erzielen. Diese Profite sollten für die Reparatur und Modernisierung bereits vorhandener sowie für die Anlage neuer Betriebe verwendet werden. Die Staatsbetriebe begannen, technische und kommerzielle Rationalisierungsmethoden anzuwenden, welche äußerlich analogen Maßnahmen kapitalistischer Unternehmungen durchaus ähnlich sahen. Man strebte nach exakter Kalkulation, nach Senkung der Produktionskosten, nach Verschärfung der Arbeitsdisziplin, nach Heranziehung qualifizierter Spezialisten (mochten sie auch der ehemaligen »Bourgeoisie« angehören), und man differenzierte die Löhne der Werktätigen je nach ihrer Leistung und Verantwortung im Betrieb. Das nivellierende Versorgungssystem des »Kriegskommunismus« verschwand. Der einheitliche »pajòk« wurde abgeschafft. Wer mehr verdiente, konnte auch mehr konsumieren, so daß fortan wieder ein individueller Anreiz zur Vermehrung der Produktion bestand. Im Großen Theater von Moskau konnte beobachtet werden, daß ein Teil des Publikums, statt in proletarischer Kleidung, wieder in eleganter Abendtoilette erschien.

Es zeigte sich nach und nach, daß dank der NEP eine Belebung der Industrie und des Handels gelungen war. In der Landwirtschaft konnte sich eine Besserung der Lage 1921 naturgemäß noch nicht bemerkbar machen. Die im Wolgagebiet, im südlichen Ural und sogar in einigen Gegenden der Ukraine grassierende Hungersnot raffte annähernd fünf Millionen Menschen dahin, obwohl internationale Hilfsaktionen sie zu lindern suchten. (Die Quäker sammelten Lebensmittelspenden in Amerika, Fridtjof Nansen in Westeuropa.) Aber von 1922 an ging es auch mit der Landwirtschaft aufwärts. Warenaustausch und Verkehr normalisierten sich. Die Belieferung der Bevölkerung mit Nahrungsmitteln, mit Kleidern, Schuhen, Seife, Papier und Heizmaterial verbesserte sich zusehends. Die Geldwährung wurde stabilisiert. Mit auswärtigen Staaten (Polen, England, Türkei) kamen Handelsverträge zustande. Die Zeiten der allerschlimmsten Not waren überwunden.

Um dieses Resultat zu erreichen, hatte sich Lenin zur Preisgabe des »Kriegskommunismus« entschlossen, und er nahm es dabei in Kauf, daß kapitalistische Verhältnisse in Rußland wieder Wurzel zu fassen begannen. Vieler Kommunisten bemächtigte sich tiefe Niedergeschlagenheit, da sie befürchteten, daß sich die vollkommene Wiederherstellung der bürgerlichen Wirtschaftsordnung nicht mehr werde aufhalten lassen. Anderseits frohlockten viele Gegner des Bolschewismus, weil er schon endgültig zu kapitulieren schien. Einige weißgardistische Emigranten erklärten sogar, die Sowjetregierung fortan unterstützen zu wollen, weil sie die Machtergreifung des Bürgertums vorbereite.

Weder die Befürchtungen der einen noch die Hoffnungen der andern sind jedoch durch den weiteren Gang der Entwicklung bestätigt worden.

Am 20. November 1922 verkündete Lenin in einer vor dem Moskauer Sowjet gehaltenen Rede, daß es an der Zeit sei, den aus realpolitischen Gründen unternommenen taktischen Rückzug abzubrechen und die Bemühungen um den Aufbau des Sozialismus zu erneuern. »Gewiß sind wir einige Schritte zurückgewichen«, sagte er, »aber doch nur, um Anlauf für einen besseren Sprung nach vorn zu gewinnen.« Die Staatsgewalt befinde sich fest in der Hand des Proletariats, dessen Stellung durch Schulterschluß mit der Bauernschaft noch verstärkt werde. Die wirtschaftliche Tätigkeit der Kapitalisten müsse streng überwacht und nur so weit zugelassen werden, wie sie der Sache der bolschewistischen Revolution nützlich sei. »Wir müssen es so einzurichten wissen, daß sie mit ihren Händen unsere Pläne verwirklichen helfen.« Für die Mitglieder der bolschewistischen Partei sei es ein Gebot der Stunde, den Bürokratismus zu beseitigen und alle Gepflogenheiten des Handels zu erlernen, um sich im Verkehr mit den Kapitalisten des In- und Auslandes nicht über den Löffel balbieren zu lassen. Der Bolschewismus müsse sich in erster Linie bemühen, den staatlichen Sektor der Industrie möglichst zu erweitern. Alle in Rußland vorhandenen Bodenschätze und Naturkräfte müssen erschlossen und nutzbar gemacht werden. In beschleunigtem Tempo habe Rußland nachzuholen, was es jahrhundertelang versäumte. Mag das Volkseinkommen vorerst auch noch so gering sein – die Akkumulation solle dennoch forciert werden, zwecks Ausstattung des Landes mit einem gewaltigen und vielseitigen Produktionsapparat. Das russische Volk werde sich die größten Entbehrungen und Anstrengungen auferlegen, um in Zukunft als sozialistische Gemeinschaft reich und unabhängig zu sein. Modernste Maschinen sollen zunächst aus dem Ausland bezogen, möglichst bald aber im Inland fabriziert werden. Insbesondere sei durch Errichtung gigantischer Kraftwerke eine Elektrifizierung aller hierfür geeigneten Wirtschaftszweige einzuleiten. Durch fortgesetzte Steigerung ihrer Produktivkräfte werde es den Staatsbetrieben gelingen, die aus der Zeit der NEP stammende Privatindustrie zu überflügeln und an die Wand zu drücken. Ist dies erreicht, so solle eine umfassende Industrialisierung der landwirtschaftlichen Produktionsmethoden durchgeführt werden. (Im »Kommunistischen Manifest« hatte Marx bereits eine »Vereinigung des Betriebes von Ackerbau und Industrie« vorgesehen.) Vorderhand – und wohl noch in den nächsten zehn oder fünfzehn Jahren – werde es nicht möglich sein, die Bauern von den Lockungen der individualistischen Privatwirtschaft zu befreien. Mit der Zeit aber werde man ihnen die Überlegenheit des auf kollektivistischer Basis organisierten landwirtschaftlichen Großbetriebes vor Augen führen. Staatliche Mustergüter, Genossenschaftsgüter (Sowchosen und Kolchosen) werden mit Traktoren, Dreschmaschinen und Elektromotoren ausgerüstet sein, und die Bauern werden dann einsehen, wie vorteilhaft es für sie wäre, sich allgemein zu Kollektivwirtschaften zusammenzutun. Auf diese Weise werden sozialistische Produktionsverhältnisse auch auf dem flachen Lande die Vorherrschaft erlangen, und die private Bewirtschaftung der Güter wird allmählich verschwinden. Die vergesellschaftete Industrie wird mit der ebenfalls vergesellschafteten Landwirtschaft eine Symbiose eingehen, und damit wird das russische Volk den Sozialismus verwirklicht haben.

Solche Perspektiven skizzierte Lenin noch in mehreren Artikeln und Briefen, die er in den letzten Monaten vor seinem Tod, gleichsam als Vermächtnis an seine Partei, verfaßte. Mit Schärfe und Unduldsamkeit wandte er sich gegen jeden Versuch, eine andere als die von ihm vorgeschlagene Politik zu befolgen. Andersdenkenden drohte er an, man werde sie »an die Wand stellen lassen«.

Die Gründung der Sowjetunion

Im Winter 1921/22 zeigten sich bei Lenin die ersten Symptome einer Arteriosklerose. Im März 1922 konnte er deswegen an der Plenartagung des Zentralkomitees der Partei nicht teilnehmen. Am 26. Mai erlitt er einen Schlaganfall, der mit Sprachstörungen und Lähmung der rechten Extremitäten verbunden war. Auf Anraten der Ärzte wurde er von Moskau nach Gorki übergeführt. Im Oktober trat eine Besserung seines Zustandes ein, so daß er in den Kreml zurückkehren und seine Arbeit wiederaufnehmen konnte. Am 20. November hielt er die erwähnte Rede vor dem Moskauer Sowjet. Am 16. Dezember wurde Lenin durch einen zweiten Schlaganfall niedergeworfen. Anfang 1923 erholte er sich einigermaßen und diktierte seiner Frau, Nadjeschda Krupskaja, mehrere Aufsätze (wovon ein Teil unvollendet geblieben ist). Am 9. März erlitt Lenin den dritten Schlaganfall; abermals wurde er nach Gorki gebracht. Mit Energie um seine Genesung ringend, war er im Oktober wieder imstande, an einem Stock zu gehen, Sprechübungen zu machen, Zeitungen zu lesen und sich im Automobil ausfahren zu lassen. Er besuchte noch einmal sein Arbeitszimmer im Kreml. Am 21. Januar 1924 erfolgte der vierte Schlaganfall, dem Lenin innerhalb einer Stunde erlag. Aus dieser Geschichte seiner Krankheit ergibt sich, daß er in den letzten zwei Jahren seines Lebens an der Leitung des russischen Staates immer weniger und zuletzt gar nicht mehr teilnehmen konnte.

Unter den Problemen, die mittlerweile nach einer Lösung verlangten, stand die Frage der föderativen Zusammenfassung der Sowjetrepubliken im Vordergrund.

Als der Bürgerkrieg beendet war, existierten auf dem Territorium des ehemaligen Zarenreiches »autonome sozialistische Sowjetrepubliken« und »autonome nationale Gebiete«. Die Russische Sozialistische Föderative Sowjetrepublik (RSFSR) war die wichtigste. Sie bedeckte eine Fläche von zwanzig Millionen Quadratkilometer, und ihre Bevölkerung zählte gegen hundert Millionen Menschen. Die eigentlichen Russen machten etwa siebzig Prozent dieser Einwohner aus. Der Rest entfiel auf andere Nationalitäten, darunter auch solche, die in äußerst primitiven sozialen Verhältnissen lebten: sibirische Samojeden, Tschuwaschen, Tscheremissen, Mordwinen, Merjanen zwischen Wolga und Ural, Kalmücken an der unteren Wolga, Baschkiren an der Ufa, Tataren auf der Krim, mohammedanische Stämme im Nordkaukasus usw. Die bolschewistische Revolution brachte diesen Völkern wirtschaftliche und technische Hilfe; sie ermöglichte ihnen den Zugang zu elementarer und höherer Bildung und allmählich auch die Pflege einer eigenen Literatur und Folklore. Sowjetrußland trat ihnen deshalb als Pionier des Fortschritts und als Träger der Kultur gegenüber.

Die zweitgrößte Sowjetrepublik war die Ukraine (vierhundertsechzigtausend Quadratkilometer, sechsundzwanzig Millionen Einwohner), die drittgrößte – Weißrußland (zweiundfünfzigtausend Quadratkilometer, anderthalb Millionen Einwohner). Dazu kamen noch Georgien, Armenien und Aserbeidshan (mit dem Industriezentrum Baku), die im März 1922 als Transkaukasische Föderation Sozialistischer Sowjetrepubliken konstituiert wurden.

Während des Bürgerkrieges hatten die obersten Organe Sowjetrußlands für alle Republiken das Oberkommando der Streitkräfte, die Leitung der Schwerindustrie, der Finanzen, des Transportwesens, der Post und des Telegraphs, für die Ukraine und Weißrußland auch die Leitung des Außenhandels übernommen. Anfang 1922 wurden Außenpolitik und Diplomatie auf ähnliche Weise vereinheitlicht. Allen Sowjetrepubliken wurden in den dirigierenden Organen der RSFSR Vertretungen eingeräumt.

Nach dem Sieg über die Weißgardisten und die ausländische Intervention zeigte sich jedoch bei einigen Sowjetrepubliken die Tendenz, ihre Unterordnung unter Sowjetrußland wieder aufzulockern. Autonomistische Neigungen regten sich namentlich in der Ukraine und in Georgien. Lenin wollte eine brutale Unterdrückung der nichtrussischen Nationalitäten vermeiden. Ende September 1922 sagte er deshalb dem »großrussischen Chauvinismus einen Kampf auf Leben und Tod« an. Es galt, bei den nichtrussischen Minderheiten den Eindruck zu erwecken, daß sie nun, anders als zur Zeit des Zarismus, frei und selbständig seien, ja sogar die Möglichkeit besäßen, sich in Ausübung ihres nationalen Selbstbestimmungsrechts von Sowjetrußland gänzlich zu trennen. Anderseits verkannte Lenin nicht, daß eine Organisationsform gefunden werden müsse, die dem Kreml gestattete, in allen Sowjetrepubliken eine planmäßig koordinierte Entwicklung der gesamten Volkswirtschaft sowie eine gemeinsame Gestaltung des Budgets, des Außenhandels und der Außenpolitik durchzusetzen. Er schlug daher vor, die nichtrussischen Sowjetrepubliken aus ihrer Verbindung mit der dominierenden RSFSR zu lösen, gleichzeitig aber einen Bundesstaat zu gründen, dem alle Sowjetrepubliken als gleichberechtigte Mitglieder angehören sollten. Am 6. Oktober 1922 faßte das Zentralkomitee der Kommunistischen Partei Rußlands, dem Stalin (in Abwesenheit Lenins) Bericht erstattete, einen Beschluß in diesem Sinn. In den folgenden Monaten entfaltete man in der Ukraine, in Weißrußland, im Transkaukasus eine groß aufgezogene Propaganda für die Bildung einer »Union der Sozialistischen Sowjetrepubliken« (UdSSR). Am 27. Dezember wurde dieses Projekt vom

X. Allrussischen Sowjetkongreß angenommen. Dieser Kongreß wurde sofort durch Heranziehung von Delegationen nichtrussischer Nationalitäten zum I. Kongreß der gesamten Sowjetunion erweitert, der am 30. Dezember dem endgültigen Gründungsbeschluß zustimmte. Am 6. Juli 1923 trat die erste Verfassung der Sowjetunion in Kraft.

Die Zusammensetzung der Sowjetunion hat nachträglich noch Veränderungen erfahren. Die ehemaligen Khanate Chiwa und Buchara, welche dem Zarenreich als Protektorate und der RSFSR als Republiken angehört hatten, wurden 1924 unter dem Namen der Usbekischen und der Turkmenischen Republik als selbständige Glieder der Union anerkannt. 1929 erhielt die Tadschikische Republik (nördlich von Afghanistan gelegen) denselben Status. 1936 kamen aus dem Bestande der RSFSR zwei weitere Sowjetrepubliken hinzu: die Kasachische und die Kirgisische. Innerhalb der Sowjetrepubliken wurden einzelne kleinere Völkerschaften (Tataren, Baschkiren, Wolgadeutsche usw.) als »autonome Gebiete« erklärt.

Die Bundesverfassung der Sowjetunion beruht auf einer Teilung der Kompetenzen zwischen der Bundesgewalt und den einzelnen Gliedstaaten. Außenpolitik, Außenhandel, Planung der Wirtschaft, Landesverteidigung, Justiz, Volkserziehung und Gesundheitsfürsorge gehören zu den Befugnissen der Union. Den einzelnen Sowjetrepubliken bleibt vorbehalten, auf dem Gebiete der Innenpolitik, der Gerichtsverfassung, des Schulwesens, der Landwirtschaft, der Gesundheitsfürsorge und einigen anderen beliebige Gesetze zu erlassen, die mit den besonderen Gewohnheiten, der Sprache und Folklore der betreffenden Nationalitäten in Zusammenhang stehen und der Bundesverfassung nicht widersprechen. Jeder Bürger eines Gliedstaates besitzt zugleich das Bürgerrecht der Sowjetunion. Männer und Frauen, die ihren Lebensunterhalt durch eigene produktive Arbeit verdienen, kommen mit achtzehn Jahren in den Genuß des aktiven, mit dreiundzwanzig Jahren in den Genuß auch des passiven Wahlrechts. Die oberste Staatsgewalt der Sowjetunion wird durch ihren Gesamtkongreß repräsentiert, der alljährlich vom Zentralen Exekutivkomitee der Sowjets einzuberufen ist. Er besteht aus zwei Kammern: dem Rat der Union und dem Rat der Nationalitäten. (In den letzteren ordnete jede Republik fünf und jedes autonome Gebiet einen Vertreter ab.) Nur die kommunalen Sowjets (Dorf, Stadt) werden direkt vom Volke gewählt; alle höheren Sowjets (Bezirk, Kreis, Republik, Bund) werden aus Vertretern der nächstniedrigeren Sowjets gebildet. Aus der Mitte des Gesamtkongresses der Union wird das Exekutivkomitee, der Rat der Volkskommissare gewählt. Das Prinzip der Gewaltentrennung, wie es von der westeuropäischen Staatslehre seit Montesquieu entwickelt worden, ist der Verfassung der Sowjetunion vollkommen fremd. Die eigentlichen politischen Direktiven empfängt der Staatsapparat von den obersten Instanzen der Kommunistischen Partei – vom Zentralkomitee, vom Politbüro und vom Generalsekretariat; der Selbständigkeit der Gliedstaaten wurden infolgedessen von vornherein sehr enge Grenzen gezogen.

Mit dem Inkrafttreten der neuen Verfassung wurde das Volkskommissariat für Nationalitäten, dem Stalin vorstand, aufgehoben. Die Union garantierte das Gebiet jedes Gliedstaates; ohne seine Zustimmung durfte sein territorialer Besitzstand nicht geändert werden.

Bolschewistische Kulturpolitik

Ähnlich wie die Französische Revolution das Christentum und den christlichen Gottesdienst abschaffte und durch den »Kultus der Vernunft« (später durch den »Kultus des Höchsten Wesens«) ersetzte, so hat auch die bolschewistische Umwälzung der Religion und der Kirche als »ideologischen Überbleibseln« des zaristischen Regimes den Kampf angesagt. Der »Altar« war die Stütze des »Thrones« gewesen. Religion galt den Revolutionären als »Opium für das Volk«, als ein Mittel, die ausgebeuteten Werktätigen über ihre auf Erden erduldete Not mit der Aussicht auf Seligkeit im Jenseits hinwegzutrösten.

Bei der Machtergreifung Lenins versuchte die russische Kirche, der atheistischen Weltanschauung des Bolschewismus Widerstand zu leisten. Sie griff die neue Regierung scharf an und exkommunizierte ihre Anhänger. Am 8. November 1917 erklärte der Staat die Güter der Kirchen und Klöster für beschlagnahmt. Am 23. Januar 1918 wurde die vollkommene Trennung von Kirche und Staat dekretiert. Die Geistlichen gingen ihrer staatsbürgerlichen Rechte verlustig. In den Lehrbüchern und Lehrplänen der Schulen trat die religionsfeindliche Haltung des Staates immer deutlicher zutage. 1921 wurde die Erteilung von Religionsunterricht an Jugendliche verboten. Untersagt wurde auch die Drucklegung religiöser Literatur. Klöster und Priesterseminarien wurden, von wenigen Ausnahmen abgesehen, geschlossen. Die seit Jahrhunderten gesammelten Kirchenschätze (Kultgeräte, Ornate, Ikonen, Edelsteine) verfielen dem Staate. Zahlreiche Kirchen wurden in Museen verwandelt. In Ausstellungen mit atheistischer Tendenz klärte man das Volk über Mechanismen auf, die im verborgenen dazu gedient haben sollten, den Gläubigen Wunder vorzutäuschen. Der im Jahre 1925 gegründete »Bund der Gottlosen« bemühte sich, durch seine Propaganda die Religion als »Volksbetrug« zu entlarven. Sehr viele Mönche und Geistliche wurden verfolgt und starben in den Gefängnissen.

Im Jahre 1917, als Kerenskijs Regierung ihrem Ende entgegenging, war in Rußland das Patriarchat, das Peter der Große unterdrückt hatte, wiederhergestellt worden. Eine Kirchensynode übertrug das Amt des Patriarchen dem Metropoliten Tichon, der dem bolschewistischen Staat gegenüber eine sehr unnachgiebige Haltung einnahm. Innerhalb des Klerus zeichnete sich jedoch eine immer größere Bereitschaft ab, mit der Obrigkeit Kompromisse einzugehen. Die »Lebendige Kirche« erblickte in den Verfolgungen der neuen Machthaber eine »gerechte Strafe Gottes« für das frühere Verhalten der Geistlichkeit, die der zaristischen Regierung bei der Unterdrückung der unteren Volksschichten schmähliche Handlangerdienste geleistet hatte. Nun wollte man Buße tun. Gemäß dem Worte des Paulus: »Es gibt keine Obrigkeit, außer von Gott«, war man willens, auch dem bolschewistischen Regime sich zu fügen, alle Beziehungen zu reaktionären Kreisen abzubrechen und nach einer »Erneuerung« der Kirche zu streben, der Tatsache gedenkend, daß dem Urchristentum der Kommunismus nicht fremd gewesen war. Daraufhin hat der Staat die Abhaltung von Gottesdiensten in eng limitiertem Umfange wieder gestattet und der »Lebendigen Kirche« einige Freiheiten eingeräumt. Dies geschah freilich auch mit Hinblick auf die Wiederaufnahme diplomatischer und kommerzieller Beziehungen zum Ausland, bei dem Sowjetrußland durch seine Religionsverfolgungen in allzu schlechten Ruf geraten war. 1925 starb Tichon, und der Verweser des Patriarchats machte einen weiteren versöhnlichen Schritt. Er empfahl den Gläubigen nicht nur, dem neuen Staate gegenüber alle Pflichten zu erfüllen, sondern er ordnete auch an, daß im Kirchengebet der neuen Regierung, wie einst des Zaren, gedacht werde.

Vom Bolschewismus halbwegs geduldet, führte die Kirche, nur auf Beiträge der Gläubigen angewiesen, ein kümmerliches Dasein. Ihren Gottesdiensten wohnten überwiegend ältere Menschen bei. Von Mitgliedern der Kommunistischen Partei wurde nach wie vor eine atheistische Gesinnung erwartet. Der »Bund der Gottlosen« setzte seine Tätigkeit fort.

Auf dem Gebiete des Familienrechts galt seit Ende 1917 nur die Zivilehe als gültige Form. Die Eheschließung wurde durch einfache Eintragung ins standesamtliche Register vollzogen. Ein Aufgebot war nicht notwendig. Die Sowjetehe beruht auf der vollständigen Gleichstellung beider Ehegatten und hat demgemäß keine güterrechtliche Wirkung. Die Frau ist in vermögensrechtlicher Hinsicht völlig selbständig. Sie ist nicht verpflichtet, dem Manne nach einem andern Wohnort zu folgen. Die Ehegatten führen einen gemeinschaftlichen Namen: den Namen des Mannes oder den Namen der Frau oder den vereinigten Namen beider. Die Unterhaltspflicht besteht für beide Ehegatten gegenseitig. Wird ein Ehegatte arbeitsunfähig oder verdient er weniger als das Existenzminimum, so ist der andere verpflichtet, ihm den Lebensunterhalt zu gewähren, falls er nicht selbst bedürftig ist. Eltern üben die Elternrechte gemeinsam aus. Die Elternrechte erlöschen bei Knaben mit achtzehn, bei Mädchen mit sechzehn Jahren, das heißt mit der Heiratsfähigkeit. Die Eltern sind verpflichtet, minderjährigen arbeitsunfähigen Kindern Nahrung und Unterhalt zu gewähren, sofern der Unterhalt der Kinder nicht vom Staat oder von der Gemeinde bestritten wird. Die Kinder sind verpflichtet, ihren arbeitsunfähigen oder bedürftigen Eltern Unterhalt zu gewähren, sofern nicht der Staat im Rahmen seiner Sozialversicherung oder Fürsorge eine Rente zahlt. Uneheliche Kinder sind ehelichen völlig gleichgestellt. Der Einwand, daß »noch andere Personen« zur Zeit der Empfängnis Beziehungen zur Mutter gehabt haben, hat zur Folge, daß auch diese andern Personen zum Unterhalt des Kindes zu gleichen Teilen herangezogen werden. Kirchliche Bestimmungen, welche die Ehescheidung untersagen, haben keine Rechtskraft. Die Ehescheidung erfolgt gerichtlich oder, wenn beide Parteien einverstanden sind, durch das Zivilstandesamt, welches die Urkunde über die betreffende Eheschließung aufbewahrt. Der Antrag einer Partei, die Ehe zu scheiden, ist auch gegen den Willen der andern Partei für die Scheidung ausreichend. Der Nachweis eines Verschuldens ist nicht erforderlich. (Erst in den dreißiger Jahren wurde die Ehescheidung bedeutend erschwert.) Der Anspruch des bedürftigen und arbeitsunfähigen Ehegatten auf Unterhalt seitens des andern Ehegatten bleibt auch nach der Scheidung bestehen (wobei Männer, die mindestens fünfundfünfzig, und Frauen, die mindestens fünfzig Jahre alt sind, ohne weiteres als erwerbsunfähig gelten).

1920 wurde die mit Zustimmung der Schwangeren vorgenommene Fruchtabtreibung ohne Einschränkung für straflos erklärt. (Erst 1927 sprach sich ein sowjetischer Gynäkologenkongreß dagegen aus, und seinen Bedenken wurde von der Gesetzgebung 1936 Rechnung getragen.) Während der ersten Jahre der Revolution zeichnete sich Aleksandra Kollontaj als Gegnerin der bürgerlichen Ehe und als Propagandistin der »freien Liebe« aus.

Im Zuge der radikalen Umwälzung aller gesellschaftlichen Beziehungen wurden die Familienbande fühlbar gelockert. Die kommunistische Jugendorganisation »Komsomol« beeinflußte die Heranwachsenden im Sinne der bolschewistischen Ideologie und stürzte sie in Konflikte mit der älteren Generation. Während der chaotischen Vorgänge des Bürgerkrieges und der unmittelbar darauf folgenden Hungerjahre wurden Eltern und Kinder oft auseinandergerissen, und zu Tausenden fielen die obdachlosen Jugendlichen einer beispiellosen Verwahrlosung zum Opfer. Sie taten sich zu Banden zusammen und fristeten ihr Dasein notgedrungen durch Diebstahl und Raub. Das Treiben dieser »Unbeaufsichtigten« (russisch: Besprisornyje) stellte den Staat vor eine äußerst schwierige Aufgabe. Die Miliz (Volkspolizei) war ihnen gegenüber oft machtlos; in vereinzelten Fällen ist gegen sie sogar Militär aufgeboten worden. Erst als man dazu überging, die Verwilderten einzufangen und in besonderen Heimen zu nützlichen Mitgliedern der Gesellschaft zu erziehen, gelang es, des Übels nach und nach Herr zu werden. (Die pädagogischen Methoden, deren man sich dabei bediente, schildert der 1931 gedrehte Film von N. Ekk: »Der Weg ins Leben«.)

Was die Bildungs- und Schulpolitik der bolschewistischen Revolution betrifft, so hatte sie von der Tatsache auszugehen, daß im russischen Volk und insbesondere bei den nichtrussischen Völkerschaften der Sowjetunion der Analphabetismus erschreckend stark verbreitet war. Im Jahre 1923 wurden siebenundzwanzig Millionen Menschen im Alter von elf bis vierzig Jahren gezählt, die weder schreiben noch lesen konnten. Der bolschewistische Staat war dringend daran interessiert, den Analphabetismus der Bevölkerung zu überwinden, nicht nur, weil er dadurch eine Möglichkeit propagandistischer Beeinflussung breiter Massen erhielt, sondern vor allem, weil nur durch Schulung des Volkes eine Hebung des Niveaus seiner technologischen Leistungsfähigkeit erreicht werden konnte. Unter intensiver Mitwirkung der Gewerkschaften, der Roten Armee und anderer Organisationen richtete man zahlreiche Kurse ein, in denen Arbeiter und Bauern in die elementare Kenntnis des Lesens und Schreibens eingeführt wurden. Die Teilnehmer solcher Kurse bekamen an Tagen, an denen sie unterrichtet wurden, während der Arbeitszeit zwei Stunden bezahlten Urlaub. 1924/25 wurden Fibeln in dreiundzwanzig Sprachen gedruckt. In Städten und Dörfern wurden (primitive) Leseräume, Bibliotheken und mobile Leihbüchereien geschaffen. Zur Zeit der NEP verlangsamte sich die Ausbreitung dieser Institutionen vorübergehend, aber qualitativ wurden sie eher verbessert.

Anfang der zwanziger Jahre erfuhr das Schulwesen der Sowjetunion eine radikale Veränderung. Lehrpläne und Lehrbücher wurden wiederholt umgestaltet. Ein pädagogisches Experiment jagte das andere. Moderne Unterrichtsmethoden (oder was man dafür hielt) wurden eingeführt, antike Sprachen aus dem Programm gestrichen und abermals zugelassen, die Naturwissenschaften den praktischen Bedürfnissen der Volkswirtschaft untergeordnet, Geschichte und Literaturgeschichte nach marxistischen Grundsätzen als Manifestationen des Klassenkampfes interpretiert, das Recht als »Überbau« einer zugehörigen »ökonomischen Basis« erklärt. In obligatorischen Kursen wurde eine vom kommunistischen Standpunkt aus konzipierte »Staatsbürgerkunde« vorgetragen. Es gelang vorerst aber nicht, die Herrschaft der »materialistischen Geschichtsauffassung« in den Schulen konsequent durchzusetzen, weil an den Gymnasien nur ein Bruchteil des Lehrkörpers (zweieinhalb Prozent) der Kommunistischen Partei angehörte, die überwiegende Mehrheit jedoch liberalen oder sogar konservativen Anschauungen huldigte. Auf fachlich bewährte Lehrkräfte, die noch in der bürgerlichen Ära angestellt worden waren, konnte man nicht ganz verzichten. In jenen siebenhundertfünfzig Gymnasien, die sich aus der Zeit des Zarismus bis 1925 noch erhalten hatten, wurde den revolutionären Schulreformen oft passiver Widerstand geleistet. Die Schülerschaft, zu einem erheblichen und stets wachsenden Teil in der bolschewistischen Jugendorganisation »Komsomol« zusammengefaßt, drängte nach »Selbstregierung«, nach Beseitigung aller Autoritäten, nach autonomer Auswahl des zu behandelnden Lehrstoffes und nach eigener, durch »Schulparlamente« auszuübender Disziplinargewalt. Es zeigte sich aber bald, daß man das solide, systematische Erarbeiten grundlegender Tatsachen nicht einem oberflächlichen Philosophieren zuliebe vernachlässigen und auch die »Demokratisierung« der Schule nicht übertreiben durfte. Das Experimentieren in den Schulen wurde eingeschränkt, die Wissensanforderungen in den Sekundar- und Mittelschulen wurden erhöht. In späteren Jahren, namentlich unter Stalins Regime, wurde in den russischen Lehranstalten eine sehr strenge Disziplin wiederhergestellt, was in der Uniformierung der Gymnasiasten auch äußerlich zum Ausdruck kam. Die Herrschaft des Proletariats über die Schule wurde dadurch konsolidiert, daß man die bürgerlichen Elemente aus den Lehrkörpern allmählich entfernte und durch rasch ausgebildeten Nachwuchs aus der Arbeiterschaft sowie aus bäuerlichen Schichten ersetzte. Bei der Zulassung zum höheren Studium wurden Arbeiter- und Bauernkinder bevorzugt, Kinder aus den Kreisen der ehemaligen Bourgeoisie dagegen hintangesetzt oder ganz davon ausgeschlossen. An den Hochschulen wurden »Arbeiterfakultäten« geschaffen, die in Schnell- und Abendkursen zur Reifeprüfung führten. 1924 gab es schon hundertdreizehn Arbeiterfakultäten mit dreiundvierzigtausend Studenten. In den Städten wurden zahlreiche Techniken, auf dem Lande Schulen für Agronomie und Viehzucht (»Zootechnik«) gegründet. Notgedrungen nahm man ein Absinken des geistigen Niveaus der Universitäten in Kauf; unter Heranziehung neuer sozialer Schichten sollte sich später ein Wiederaufstieg vollziehen. In Moskau und Petrograd wurden »rote Professuren« für die Heranbildung marxistischer Dozenten ins Leben gerufen. Gelehrte, die der bürgerlichen Oberschicht angehörten und zum Teil auch politisch tätig gewesen waren, fielen der Revolution zum Opfer, starben in den Gefängnissen oder gingen an Hunger und anderen Entbehrungen zugrunde. Manche von ihnen emigrierten ins Ausland, so der Historiker Rostowzew, der Philosoph und Theologe Berdjajew. Nur wenigen dieser Professoren gelang es, sich an den russischen Hochschulen zu behaupten. Die Wissenschaft, namentlich die Sozialwissenschaft, hatte sich mehr und mehr nach der offiziellen, von der Partei vorgeschriebenen Version des Marxismus zu richten. Zur Pflege der marxistischen Tradition wurde 1920 unter Leitung Rjasanows das Marx-Engels-Institut in Moskau geschaffen. (1931 wurde Rjasanow, wegen »ideologischer Abweichungen von der Parteilinie«, als Trotzkist aus der Kommunistischen Partei ausgeschlossen und eingekerkert.) 1923 folgte die Gründung des Lenin-Instituts, das die Gesamtausgaben von Lenins Werken besorgte und allein in den Jahren 1924/25 mehr als zwanzig Millionen Exemplare seiner Bücher und Broschüren drucken ließ. Beim Staatsverlag erschienen Neuauflagen klassischer Arbeiten linksbürgerlicher Historiker (etwa Kljutschewskij, Platonow). Auch die Werke von Hegel, Feuerbach, Darwin und Plechanow wurden verbreitet. Die Akademie der Wissenschaften wurde um zahlreiche neue Forschungslaboratorien erweitert.

Einen Aufschwung nahm zu Beginn der zwanziger Jahre die periodische Presse. Dank der Abnahme des Analphabetentums gelang es, vierundsiebzigtausend Korrespondenten aus der Arbeiterschaft und hundertsechzehntausend aus bäuerlichen Kreisen anzuwerben; man wollte dadurch einen intensiven Kontakt zwischen der Bevölkerung und den Zeitungen herstellen. Grundsätzliche Kritik am System des Kommunismus wurde zwar nicht gestattet, wohl aber Kritik an unzulänglicher Verwirklichung kommunistischer Maßnahmen. Außer der »Prawda« (seit 1912) und der »Iswestija« (seit 1917) erschienen die »Arbeiter-Zeitung« (seit 1922), die »Bauern-Zeitung« (seit 1923), die zentrale Zeitung der Armee »Roter Stern« (seit 1924) und viele andere. Auch neue Zeitschriften kamen heraus: »Die Proletarische Revolution« (seit 1921), »Unter dem Banner des Marxismus« (seit 1922), »Der Bolschewik« (seit 1924), die der Erörterung theoretischer Fragen gewidmet waren. 1925 wurden in der Sowjetunion 1749 Zeitschriften gedruckt (gegenüber nur 1331 im Jahre 1913) und 1120 Zeitungen mit einer Gesamtauflage von acht Millionen Exemplaren (oder dreimal mehr als im Jahre 1913). Außerdem wurden in Betrieben und Schulen »Wandzeitungen« eingeführt. In qualitativer Hinsicht allerdings reichte keines der sowjetischen Blätter an die besten Periodika der Vorkriegszeit heran. Das durchschnittliche Bildungsniveau der Mitarbeiter ließ viel zu wünschen übrig, die Pflege der Sprache wurde vernachlässigt, und infolge des Druckes einer strengen Zensur konnte der Inhalt nicht anders als monoton sein.

Zur Zeit der NEP war eine ziemlich große Zahl privater Verlage gegründet worden, die den Büchermarkt mit »schlechter« und »weltanschaulich fremdartiger« Literatur überschwemmten. Im Juni 1922 übertrug die herrschende Partei die Leitung der Literatur und des Verlagswesens einem besonderen Ausschuß, dem »Glawlit«.

In der schönen Literatur erblickte die herrschende Partei das wirksamste Mittel für die ideologische Beeinflussung der Massen. Sie versuchte deshalb schon bald, sie zu ihrem gefügigen Werkzeug zu machen, und forderte von ihr die Produktion einer antikapitalistisch-bolschewistischen Tendenzpoesie. Während der Jahre der NEP lebten in der russischen Literatur einige bürgerliche Tendenzen auf, denen gegenüber die Kommunistische Partei um so energischer ihre dirigierende Rolle betonte. Viele russische Schriftsteller, für die solcher Zwang das Ende jeder schöpferischen Tätigkeit bedeutete, emigrierten. Diejenigen, die im Lande blieben, sahen sich meist nach einiger Zeit zum Schweigen verurteilt. Zugleich aber bemächtigte sich manch anderer Dichter während der ersten Jahre der Revolution das berauschende Gefühl, aller bürgerlichen Vorurteile und sonstiger Fesseln ledig zu sein. Es entfalteten sich expressionistische, symbolistische, imaginistische, futuristische, avantgardistische Richtungen in bunter Mannigfaltigkeit. Wenn sie sich auch zum Teil als späte Ausläufer eines dekadenten, snobistischen Bürgertums erwiesen, so befanden sich unter ihnen dennoch echte Talente, die berufen waren, eine neue Epoche der russischen Literatur zu inaugurieren. Die zarte Lyrik Sergej Jessenins vermochte jedoch auf dem mit Leichen gedüngten Boden der russischen Wirklichkeit nicht zu gedeihen; der Dichter endete 1925 durch Selbstmord. Wladimir Majakowskij, der sich in gallig-witzigen Satiren Luft machte, wählte 1930 ebenfalls den Freitod, nachdem er versucht hatte, nicht nur das Spießertum kapitalistischer Länder, sondern auch die erstickende Kulturlosigkeit der eigenen Heimat zu geißeln.

Die Versuche, eine »proletarische« Dichtung und Kultur zu schaffen, sind alle gescheitert. Aus den Seminarien der »Proletkult«-Organisation gingen fast nur Halb-Intellektuelle hervor, die sich mit Pathos als Proletarier gebärdeten. Erst allmählich dämmerte den russischen Revolutionären die Erkenntnis auf, daß eine »proletarische« Kultur nur so lange denkbar war, als dem Proletariat ein »Bürgertum« gegenüberstand, und daß sie in einer »klassenlosen Gesellschaft« jeglichen Sinn verlor.

Boris Pilnjak schilderte die Wildheit, die Anarchie und das grauenvolle Elend zur Zeit des Bürgerkrieges, vornehmlich in der Provinz (»Das nackte Jahr«). Ähnliche Erlebnisse während des Kampfes gegen die Truppen Koltschaks in Sibirien lagen den Erzählungen von Wsewolod Iwanow zugrunde. Fjodor Gladkow verherrlichte in seinem Roman »Zement« den Wiederaufbau der Industrie. Michail Scholochow wußte eine realistische Darstellung aller Schrecken des Bürgerkrieges mit Sympathie für die grandiose Umwälzung zu vereinigen (»Der stille Don«). Boris Pasternak, ein vom politischen Geschehen unberührter Ästhet, veröffentlichte lyrische Gedichte von weltfremder, zarter Empfindsamkeit.

Aleksej Tolstoj, schon vor dem ersten Weltkrieg durch packende Beschreibung des Zerfalls adeliger Gutsherrschaften bekannt geworden, wurde zunächst durch bolschewistischen Terror zur Auswanderung gezwungen, hielt es jedoch in der Fremde nicht lange aus, weil er mit Landschaft und Menschen des Wolgagebietes zu sehr verwachsen war. Nach Rußland zurückgekehrt, stellte er in einer phantastischen Erzählung »Aëlita« eine Revolution auf dem Mars dar, in die ein ehemaliger russischer Soldat, Teilnehmer einer Fahrt in den Weltraum, verwickelt wird. Der Russischen Revolution widmete er eine spannende Trilogie, die vor allem das Schicksal der russischen Intelligenz zu erfassen versuchte (»Die Schwestern«, »Das Jahr 1918«, »Der trübe Morgen«). Später wandte er sich dem historischen Roman zu (»Peter der Große«, »Iwan der Schreckliche«). Die nationale, patriotische Tendenz dieser Werke fand sich durch die in den dreißiger Jahren unter Stalin aufkommende Stimmung bestätigt.

Maksim Gorkij, der zu Beginn dieses Jahrhunderts als einer der ersten das Lumpenproletariat in die Literatur eingeführt und sich zum Marxismus bekannt hat (»Die Mutter«), nahm der Revolution gegenüber eine zwiespältige Haltung ein. Er begrüßte sie zwar mit lebhafter Freude, wandte sich dann aber so heftig gegen den mit ihr verbundenen Terror, daß man ihn als einen »Verräter am Proletariat« bezeichnete. Da er mit Lenin befreundet war, konnte er eine Zeitlang mit Erfolg für gefährdete Schriftsteller und Gelehrte intervenieren. 1921 zog sich Gorkij für mehrere Jahre (bis 1928) nach Capri zurück, wo er schon vor dem ersten Weltkrieg gelebt hatte. In seinen Werken blieb er der Sache des Bolschewismus unbedingt treu. Der unvollendete Roman »Das Leben des Klim Samgin« stellt dar, wie die marxistische Bewegung etwa seit 1880 in Rußland immer tiefere Wurzeln faßte, bis sie schließlich die Macht eroberte. Das Verhältnis Gorkijs zur bürgerlichen Gesellschaftsordnung war ausgesprochen negativ. Er haßte Amerika (»Die Stadt des gelben Teufels«). Auch in seinen autobiographischen Werken (»Kindheit«, »Unter fremden Leuten«, »Meine Hochschuljahre«) geißelte er die kapitalistische Ausbeutung und die durch sie bewirkte Entwürdigung des Menschen. Er umschrieb das Wesen des »sozialistischen Realismus« dahin, daß er »nicht nur das Vergangene in der Gegenwart kritisch darzustellen«, sondern auch »das durch die Revolution Erreichte zu festigen und die Ziele der sozialistischen Zukunft aufzuzeigen« habe. Den optimistischen Glauben an diese Zukunft bewahrte er.

Das russische Theater hat während der bolschewistischen Umwälzung einerseits die Tradition des zaristischen Theaters weitergepflegt, anderseits neue Ideen zu verwirklichen gesucht. In Stanislawskijs und Wachtangows weltberühmtem »Künstlerischen Theater« in Moskau war der spezifisch russische Bühnenstil – lebensechte, bis zur Vollkommenheit psychologisch verfeinerte Darstellung – längst geschaffen; er beherrschte auch andere Bühnen, so das Kleine Theater in Moskau, das Staatstheater in Leningrad und manche Bühnen in der Provinz. Das höchste Prinzip bestand in der Arbeitsdisziplin der Truppe. Der letzte Chargenschauspieler gab sich seiner Aufgabe mit ebensolcher Sorgfalt hin wie der Inhaber der Titelrolle. Das individuelle Talent hatte sich dem Gemeinschaftsgefühl des Kollektivs absolut einzuordnen. An diesem Grundsatz, der übrigens auch den großartigen Leistungen des ehemals Kaiserlichen Balletts zugrunde lag, brauchte der Bolschewismus nichts zu ändern. Die Theaterbegeisterung des Publikums, das nunmehr vorwiegend aus Arbeitern bestand, war gewaltig. Man spielte nach wie vor Aleksej Tolstojs historische Dramen, Ostrowskijs Stücke aus dem Kaufmannsleben des 19. Jahrhunderts, Turgenews »Ein Monat auf dem Lande«, Tschechows »Kirschgarten« und »Onkel Wanja«, Leo Tolstojs »Lebenden Leichnam«, Gorkijs »Nachtasyl«. Man inszenierte auch Shakespeare, Schiller, Racine und Molière. Mit gleicher Treue hielt man am alten Repertoire auch in der Oper fest: immer wieder wurden Werke von Glinka, Glasunow, Mussorgskij, Verdi, Bizet, Gounod und anderen aufgeführt.

Die neuen, vom Bolschewismus ausgehenden Impulse tendierten dahin, die suggestive Wirkung der Bühne in den Dienst einer die Massen mitreißenden politischen Agitation zu stellen. Man bevorzugte Stücke, in denen sich den Regisseuren Gelegenheit bot, soziale Klassengegensätze herauszuarbeiten. Man brachte das Theater an Massen heran, die noch nie eine Aufführung gesehen hatten. Meyerhold unternahm mit seinem Ensemble Gastspielreisen zu zahlreichen Einheiten der Roten Armee. Er spielte auch vor Arbeitern in industriellen Betrieben, deren technische Einrichtungen mit revolutionärer Kühnheit als Kulissen verwendet wurden. Man dramatisierte Klassenkämpfe vergangener Jahrhunderte, so die Bauernaufstände unter Stenka Rasin und Jemeljan Pugatschow. Stücke tauchten auf, in denen Erlebnisse der bolschewistischen Revolution mit Pathos nachgestaltet wurden. Man ging so weit, den Sturm auf das Winterpalais (1917) auf dem wirklichen Schauplatz des historischen Geschehens 1920 vor sechzigtausend Zuschauern zu wiederholen. Im Gegensatz zu diesen Schauspielen für das Volk standen die Inszenierungen Tairows, deren höchst avantgardistischer Stil den Bedürfnissen der Intellektuellen (auch in Westeuropa) entgegenkam.

Bahnbrechende Leistungen vollbrachte damals der russische Film. Unter Eisensteins Regie entstand 1925 »Panzerkreuzer Potemkin«, der die Meuterei eines Teiles der Schwarzmeerflotte (1905) mit völlig neuartigen optischen und künstlerischen Mitteln verherrlichte. Pudowkin verfilmte 1926 Gorkijs Roman »Die Mutter«.

Dank großzügiger staatlicher Förderung wurden 1925 nicht weniger als hundertfünfzig Filme produziert. Je stärker in ihnen jedoch die parteiamtlich vorgeschriebene Absicht politischer Agitation hervortrat, desto tiefer sank ihr künstlerisches Niveau.

Durch Beschluß vom 18. Juni 1925 nahm das Zentralkomitee der Partei das Recht für sich in Anspruch, alle Schriftsteller und Künstler der Sowjetunion für den Kampf gegen die dem Kommunismus feindlichen Ideologien zu mobilisieren.

Die völkerrechtliche Anerkennung der Sowjetunion

Nach der Machtergreifung des Bolschewismus sah sich Rußland völkerrechtlich zunächst vollkommen isoliert. Als die Regierung Lenins sich aller Verpflichtungen und Verträge entledigte, die der Zarismus eingegangen war, und als sie den kapitalistischen Ländern eine »Weltrevolution« in Aussicht stellte, nahm sie den Abbruch sämtlicher diplomatischer Beziehungen in Kauf, sowohl mit den Alliierten des ersten Weltkrieges als auch – nach der Kündigung des Friedens von Brest-Litowsk – mit Deutschland.

In der Hoffnung, der Herrschaft des Kapitalismus in der ganzen Welt ein Ende zu bereiten, schlug Lenin im Frühjahr 1919 die Schaffung der »Dritten Internationale« vor. Er griff damit auf Anregungen zurück, die er schon im Herbst 1914 und im April 1917 geäußert hatte. Die »Zweite Internationale« hatte ihn tief enttäuscht, weil sie beim Ausbruch des ersten Weltkrieges versagte und – in feindliche Lager aufgespalten – hüben und drüben den Losungen des Patriotismus Folge leistete.

In einem offenen Brief an die Werktätigen Europas und Amerikas forderte Lenin zur Gründung einer neuen, der Dritten Internationale auf, die den endgültigen Sieg des Proletariats in allen Ländern gewährleisten sollte. Trotzkij verfaßte ein Manifest, das die Arbeiter aller Nationen zum revolutionären Kampf um die Macht und um die Diktatur des Proletariats aufrief.

Am 2. März 1919 traten im Kreml Delegierte aus zahlreichen Ländern zum konstituierenden Kongreß zusammen. Unter großer Begeisterung wurde der Opportunismus, Sozialpatriotismus und Chauvinismus der gemäßigten Sozialdemokraten als Verrat an der Sache des Proletariats gebrandmarkt. Das Präsidium der Dritten kommunistischen Internationale (Komintern) wurde Sinowjew übertragen.

Zum zweiten Kongreß der Komintern (Juli 1920) erschienen Delegierte aus siebenunddreißig Ländern. In einundzwanzig Punkten wurden die Bedingungen festgelegt, denen sich jede kommunistische Partei bei ihrem Eintritt in die Dritte Internationale fügen sollte. Es wurde eine straffe Koordination der auf Umsturz gerichteten Parteitätigkeit in den einzelnen Ländern vorgesehen. Die Weisungen der Internationale hinsichtlich der jeweils einzuschlagenden Taktik waren mit eiserner Disziplin zu befolgen. Den Kommunisten aller Länder wurde aufgetragen, in den Gewerkschaften nach maßgebendem Einfluß zu streben (vor allem auf Kosten der Sozialdemokraten) und auch in den Armeen durch Zellenbildung revolutionäre Gesinnung zu propagieren. (Es erwies sich mit der Zeit, daß die politischen Kampfbedingungen von Land zu Land sehr verschieden waren; der Versuch, dennoch eine einheitliche Taktik des Klassenkampfes durchzusetzen, trug der Internationale oft Niederlagen und Rückschläge ein.) Durch die Aufforderung, der Dritten Internationale beizutreten, ist in den Arbeiterparteien aller Länder eine tiefe Spaltung bewirkt worden.

Im Frühjahr 1921 wurde offenkundig, daß mit einem Sieg der Weltrevolution in nächster Zeit nicht gerechnet werden konnte. Gleichzeitig mit der Einführung der NEP entschloß sich Lenin, auch die sowjetische Außenpolitik nach neuen Grundsätzen zu orientieren. Nachdem er darauf hatte verzichten müssen, die Regierungen der kapitalistischen Staaten gewaltsam zu stürzen, blieb nichts anderes übrig, als die Wiederherstellung normaler Beziehungen mit ihnen ins Auge zu fassen.

Im Februar 1921 gelang der Abschluß von Verträgen mit Persien und Afghanistan. Sowjetrußland gewann die Kontrolle über die Fischerei im Kaspischen Meer und sicherte sich das Recht, in Persien einzumarschieren, falls die persischen Streitkräfte sich als zu schwach erweisen sollten, den Einmarsch einer dritten Macht (Englands) zu verhindern. Dafür verzichtete Sowjetrußland auf alle Rechte, die sich seinerzeit der Zarismus hinsichtlich der Konzessionen, Eisenbahnen und Banken in Persien ausbedungen hatte. Der russisch-persische Warenaustausch nahm, im Wettbewerb mit England, einen bedeutenden Umfang an. Afghanistan hatte sich 1919 von der Herrschaft Großbritanniens befreit. Moskau beeilte sich, die Unabhängigkeit des neuen Staates anzuerkennen, worauf auch London genötigt war, dasselbe zu tun. Hier zeigte sich schon die Tendenz der sowjetrussischen Politik, koloniale und halbkoloniale Völker in ihrem Kampf um Emanzipation gegen imperialistische Großmächte zu unterstützen.

Denselben Charakter wies der am 16. März 1921 abgeschlossene Friedens- und Freundschaftspakt mit der Türkei auf. »In Anbetracht der Ähnlichkeit«, hieß es im Vertragstext, »die zwischen dem nationalen Freiheitskampf der Völker des Orients und dem Kampf der russischen Arbeiter um eine neue Gesellschaftsordnung besteht«, verzichtete die Sowjetregierung auf alle Rechte, die von der Türkei der zaristischen Regierung zugestanden worden waren, insbesondere auch auf alle Schulden.

Die Mongolei, auf deren Gebiet der weißgardistische Kavalleriegeneral Ungern-Sternberg von der Roten Armee besiegt und erschossen worden war, schloß am 5. November 1921 mit Sowjetrußland einen Vertrag, worin sich beide Staaten hinsichtlich ihrer Handelsbeziehungen die Meistbegünstigungsklausel konzedierten.

1922 anerkannte Japan die sowjetische Regierung, und China, dem Sowjetrußland schon 1920 eine Verständigung angeboten hatte, leistete nun, wenn auch zögernd, der Einladung Folge. Durch Vertrag vom 31. Mai 1924 verzichtete die Sowjetunion, zugunsten eines Fonds für chinesische Volksbildung, auf Entschädigungsansprüche, die der Regierung des Zaren nach dem Boxeraufstand (1900) zugestanden worden waren.

Am 16. März 1921 wurde zwischen England und Sowjetrußland ein Handelsvertrag abgeschlossen. Er wurde als de facto-Anerkennung des Sowjetregimes ausgelegt. Einer weitergehenden Anerkennung leistete der britische Außenminister, Lord Curzon, ein notorischer Feind des Bolschewismus, hartnäckigen Widerstand, weil Rußland sich weigerte, die Schulden der zaristischen Regierung zu bezahlen, während die englischen Finanzkreise hofften, ihr in Rußland investiertes Kapital zurückzubekommen.

Anfang September 1921 erfolgte die Unterzeichnung eines Handelsvertrages mit Norwegen, im Dezember mit Österreich und Italien.

Auch Deutschland war nicht in der Lage, die Existenz Sowjetrußlands zu ignorieren. Ein Vertrag über die gegenseitige Freilassung von Kriegsgefangenen und Zivilinternierten drängte sich auf (19. April 1920). Ihm folgte ein deutsch-russisches Handelsabkommen (6. Mai 1921).

An der internationalen Wirtschaftskonferenz von Genua nahmen neunundzwanzig Staaten teil, darunter Deutschland und Rußland. Lloyd George verlangte, daß die Sowjetregierung die Schulden des zaristischen Regimes sowie die von Ausländern in Rußland während der Revolution erlittenen Vermögensverluste anerkenne. Als Gegenleistung stellte er die allgemeine de jure-Anerkennung der bolschewistischen Regierung und die Bewilligung einer erheblichen Anleihe in Aussicht. Tschitscherin, der an der Spitze der sowjetischen Delegation stand, erwiderte, daß sein Land infolge der militärischen Intervention des Auslandes während des Bürgerkrieges Schäden im Betrage von dreißig Milliarden Goldrubel erlitten habe. Die Verhandlungen gerieten ins Stocken und wurden unterbrochen. In der Nacht vom 15. auf den 16. April 1922 verabredete Tschitscherin telefonisch eine Zusammenkunft mit Rathenau, dem Führer der deutschen Delegation. Beide trafen sich am folgenden Tag in Rapallo und überraschten die Öffentlichkeit durch den Abschluß eines deutsch-russischen Freundschaftspaktes, in dem beide Parteien auf Kriegsentschädigungen völlig verzichteten und die Wiederaufnahme diplomatischer Beziehungen sowie die gegenseitige Meistbegünstigungsklausel im Handelsverkehr vereinbarten. Gestrichen wurde auch Deutschlands Anspruch auf Vergütung des in Rußland während der Revolution expropriierten Privateigentums, unter der Bedingung, daß auch an Kapitalisten anderer Nationalität keine analoge Entschädigung entrichtet werde. Durch diesen Vertrag befreiten sich sowohl Deutschland als auch Sowjetrußland vom Druck der völkerrechtlichen Isolierung. Das erste Auftreten der Russen an einer internationalen Konferenz brachte ihnen einen eklatanten Erfolg. Bei den Westmächten entstand großes Unbehagen. Lloyd George mußte, gleichsam zur Sühne für das nun endgültig verlorene englische Kapital, demissionieren. – Erst viel später erfuhr man, daß damals zugleich geheime militärische Verhandlungen geführt worden waren. Die Führung der deutschen Reichswehr (von Seeckt) war nicht abgeneigt, mit Rußland zusammenzuarbeiten, um auf sowjetischem Territorium, entgegen den Abrüstungsbestimmungen des Vertrages von Versailles, deutsche Offiziere der Luft- und Panzerwaffe auszubilden, während Kreise der sowjetischen Armee ihrerseits deutsche Spezialisten beim Ausbau der Rüstungsindustrie verwenden wollten.

Obwohl die Wiederherstellung normaler Beziehungen zu Sowjetrußland im Interesse des europäischen Handels geboten war, hielten mehrere Staaten am Boykott der bolschewistischen Regierung fest. Dazu gehörten: Finnland, die Tschechoslowakei, Jugoslawien und Rumänien. Auch Polen und die baltischen Randstaaten wahrten Zurückhaltung gegenüber allen Annäherungsversuchen der sowjetrussischen Diplomatie. Sehr gespannt waren die Beziehungen zwischen Sowjetrußland und der Schweiz. Im November 1918 wurde der Vertreter Sowjetrußlands, Bersin, unter der Anschuldigung bolschewistischer Propaganda, aus der Eidgenossenschaft ausgewiesen. Als bald darauf die schweizerische Gesandtschaft in Petersburg, bei der viele Schweizer ihre zum Teil in die Millionen gehenden Vermögen deponiert hatten, geplündert wurde, erfolgte der Abbruch aller offiziellen Beziehungen. 1923 ermordete ein durch die Revolution aus Rußland vertriebener Schweizer, Conradi, den in Italien akkreditierten sowjetrussischen Diplomaten Worowskij, der als Beobachter an der griechisch-türkischen Konferenz in Lausanne teilnahm. Vor ein waadtländisches Schwurgericht gestellt, wurde der Täter mit 5:4 Stimmen zwar schuldig gesprochen, jedoch sofort freigelassen, weil Bestrafung, sobald mehr als drei Geschworene zugunsten des Angeklagten sich äußerten, laut Gesetz ausgeschlossen war. In Rußland rief dieser Freispruch größte Empörung hervor. Die Sowjetregierung boykottierte die Schweiz. Von 1927 an wurden, in beschränktem Umfang, kommerzielle Beziehungen toleriert. Als 1934 der Antrag gestellt wurde, die Sowjetunion in den Völkerbund aufzunehmen, plädierte Bundesrat Motta (ohne Erfolg) für Abweisung des Gesuches. Die Wiederaufnahme normaler Beziehungen zwischen der Schweiz und Sowjetrußland wurde erst 1946 herbeigeführt.

Am 8. Februar 1924 wurde die Sowjetunion von Mussolini de jure anerkannt. Er begründete diesen Schritt mit Vorteilen des zu erwartenden Güteraustausches. Dem Beispiel Italiens folgten Norwegen, Österreich, Griechenland und Schweden, Mitte Juni auch Dänemark und im August Mexiko. Von besonderer Bedeutung war die de jure-Anerkennung durch England (1. Februar) und durch Frankreich (im Oktober 1924), weil beide Mächte auf Rückerstattung ihrer aus der Zarenzeit datierenden Guthaben endgültig verzichteten.

Im Herbst 1924 wurden die britisch-russischen Beziehungen allerdings durch einen peinlichen Vorfall auf die Probe gestellt. Auf Grund von Dokumenten zweifelhafter Herkunft, aus denen unter anderem auch die Existenz sowjetrussischer Spionage-Organisationen auf britischem Boden hervorzugehen schien, wurde die Komintern beschuldigt, sich durch finanzielle Unterstützung von Streiks in die englische Innenpolitik einzumischen. Russischerseits wurden diese sogenannten »Sinowjew-Briefe« als Fälschungen bezeichnet; die englische Öffentlichkeit hielt sie für echt. Obwohl Premierminister MacDonald gegen die Sowjetregierung heftige Anklagen richtete, wurde er – hauptsächlich wegen der »Sinowjew-Briefe« – am 8. Oktober 1924 gestürzt, und die neue Regierung Baldwin/Austen Chamberlain erklärte am 27. Mai 1927 den Abbruch der diplomatischen Beziehungen zu Moskau, nachdem die Polizei in den Räumen der englisch-sowjetischen Aktiengesellschaft »Arcos« kompromittierende Dokumente beschlagnahmt hatte. 1929 kam MacDonald wieder an die Macht und stellte die normalen Beziehungen wieder her.

Durch die Vereinigten Staaten von Nordamerika wurde die de jure-Anerkennung der Sowjetunion 1933, unter der Präsidentschaft Roosevelts, ausgesprochen.

Der Kampf um die Führung nach Lenins Tod

Nachdem Lenin am 21. Januar 1924 in Gorki gestorben war, wurde sein Körper einbalsamiert. Am 23. Januar traf der Trauerzug mit dem Sarg in Moskau ein. Im Kolumnensaal des Gewerkschaftshauses, des ehemaligen Adelsklubs, wurde Lenin öffentlich aufgebahrt. Trotz der herrschenden Kälte (fünfunddreißig Grad unter Null) schritten fünf Tage lang, Tag und Nacht, Hunderttausende am offenen Sarg vorbei, um Abschied zu nehmen vom Führer der Revolution. In China wurde auf Anregung von Sun Yat-sen dreitägige Landestrauer angeordnet. Am 26. Januar fand im Großen Theater die Abdankungsfeier statt, an der – unter anderen – Kalinin, Nadjeschda Krupskaja (Lenins Witwe), Stalin, Klara Zetkin sowie mehrere Vertreter der Intelligenz, der Arbeiter und Bauern das Wort ergriffen. Gleichsam als Testamentsvollstrecker Lenins auftretend, beteuerte Stalin in feierlichem Schwur, daß die bolschewistische Partei das politische Vermächtnis des Verstorbenen erfüllen werde. Trotzkij, dessen Einfluß damals schon im Sinken begriffen war, fehlte. Er befand sich auf einer Reise nach Suchumi am Schwarzen Meer, wo er eine hartnäckige Erkältung loszuwerden hoffte, die er sich im Oktober auf der Entenjagd zugezogen hatte. Die Nachricht von Lenins Tod erreichte ihn auf dem Bahnhof in Tiflis. Er ließ sich mit dem Kreml telefonisch verbinden und erhielt die Auskunft, daß das Begräbnis auf Samstag, den 26. Januar, angesetzt sei. Im Glauben, daß er zur Bestattung nicht mehr rechtzeitig eintreffen könne, verzichtete er auf die Rückreise nach Moskau und setzte die Fahrt nach Suchumi fort.

Das Begräbnis fand am Sonntag, dem 27. Januar, statt. Die Zeremonie begann um neun Uhr. Eine ungeheure Menschenmenge defilierte stundenlang über den Roten Platz. Um vier Uhr nachmittags wurde der Sarg in einem provisorisch aus Holz gezimmerten, später aus Marmor und Granit errichteten Mausoleum beigesetzt. Für fünf Minuten wurde in der ganzen Sowjetunion die Arbeit eingestellt. Artilleriesalven erschütterten die Luft. Die Sirenen aller Fabriken, Lokomotiven und Schiffe heulten auf.

Lenins Grab ist zu einer Wallfahrtsstätte, später vielleicht für viele zu einer bloßen »Sehenswürdigkeit« der Stadt Moskau geworden.

Zu seinem Andenken wurde seine Geburtsstadt Simbirsk in Uljanowsk, Petrograd (Petersburg) in Leningrad umbenannt. Ein Lenin-Institut wurde gegründet, das alle Schriften und Andenken an den Führer der russischen Revolution sammeln sollte. Unter den ersten Objekten, die ihm zu Forschungszwecken überwiesen wurden, befand sich Lenins Gehirn. Das Institut, das später mit dem Marx-Engels-Institut vereinigt wurde, hat Lenins sämtliche Werke herausgegeben; die in den Jahren 1954 bis 1958 erschienene vierte Auflage umfaßt achtunddreißig Text- und zwei Registerbände. (Die während der Herrschaft Stalins gedruckten Auflagen sind von Stellen, die dem Diktator unerwünscht erschienen, »gesäubert« worden.)

Das überwältigende Gepränge bei Lenins Bestattung war von Stalin nicht ohne Hintergedanken arrangiert worden. Als ehemaliger Zögling des Priesterseminars von Tiflis wußte er, wie sehr die Masse des Volkes, namentlich der Bauernstand, durch Nachahmung urtümlich religiöser Riten sich beeindrucken ließ. Gegen die Einbalsamierung Lenins und den übrigen, seinem Wesen durchaus nicht entsprechenden Pomp hatte Lenins Witwe

Protest eingelegt. Stalin setzte sich jedoch darüber hinweg. Er war entschlossen, aus Lenins Mausoleum ein Mekka, aus seiner Gestalt einen Mythos zu machen und beides für den eigenen Aufstieg zur Macht auszunützen.

Jossif Wissarionowitsch Dschugaschwili, in intimeren Kreisen »Sosso« oder »Koba« genannt, der sich später das Pseudonym »Stalin« (der Stählerne) beilegte, hat am 21. Dezember 1878 in Gori (Kaukasus) als Sohn eines armen Schuhmachers und einer Wäscherin das Licht der Welt erblickt. Von seinem Vater, den er als Elfjähriger verlor, soll er oft unverdienterweise hart gezüchtigt worden sein, was ihn mißtrauisch, listig und verschlagen werden ließ. Fünf Jahre lang besuchte »Sosso« eine Bezirksschule, wo er sich durch so gute Leistungen auszeichnete, daß der Rektor für ihn ein Stipendium erwirkte, welches den Aufenthalt im erwähnten Priesterseminar, und zwar von 1894 bis 1899, ermöglichte.

Die ersten Keime einer revolutionären Bewegung im Kaukasus hat die zaristische Regierung im 19. Jahrhundert selbst gepflanzt, indem sie unbotmäßige Dichter (Puschkin, Lermontow), Offiziere, Polen und schließlich auch Arbeiter (Kalinin) dorthin verbannte. Die revolutionäre Bewegung fand in Georgien einen günstigen Nährboden, weil sich hier fühlbare Reste der Leibeigenschaft bis ins 20. Jahrhundert hinein erhalten haben.

Unter diesen Umständen ist es verständlich, daß die Zöglinge des Priesterseminars in Tiflis sehr aufsässig waren. Sie organisierten Schulstreiks, und viele von ihnen lasen verbotene Bücher, wie Werke von Darwin, Buckle, John Stuart Mill, Renan und Victor Hugo. Auch einzelne Lehrer unterrichteten in liberalem Geist.

1895 veröffentlichte »Sosso« in einer georgischen Zeitschrift sein erstes sozialistisch angehauchtes Gedicht. Heimlich erfreute er sich an großen satirischen Dichtern Rußlands, wie Gogol, Tschechow oder Saltykow-Schtschedrin, und er dürfte auch schon Schriften von Marx gelesen haben, deren Übersetzung unter den Seminaristen in handschriftlichen Exemplaren zirkulierte. Bei verbotener Lektüre wurde er durch die Schulbehörden immer wieder ertappt und bestraft, schließlich sogar relegiert.

Da es im Kaukasus damals schon viele Arbeiter gab – in den Petrolfeldern von Baku und Batum, in den Mangangruben von Tschiaturi, ferner Tabakarbeiter, Weber und Eisenbahner –, so widmete sich Stalin, von brennendem Haß gegen die besitzenden Klassen erfüllt, mit Eifer der politischen Agitation. Seine erste öffentliche Rede hielt er, unter roten Fahnen und Bildern von Marx und Engels, an einer Maifeier des Jahres 1900. Bald darauf sah er sich, da die Polizei ihn suchte, gezwungen, mit Hilfe falscher Namen und falscher Pässe »unterzutauchen«. Er beteiligte sich an revolutionärer Propaganda unter den Arbeitern in Batum und wurde 1902 erstmals verhaftet. Anderthalb Jahre später verbannte man ihn, ohne Gerichtsverfahren, lediglich durch »administrative Verfügung«, nach Ostsibirien. Im Januar 1904 entfloh er und nahm seine illegale Tätigkeit im Kaukasusgebiet wieder auf. Mittlerweile hatte sich in London (1903) die Spaltung der russischen Sozialisten in »Harte« und »Weiche«, in Bolschewiki und Menschewiki vollzogen. Stalin schloß sich, nach kurzem Zögern, der bolschewistischen Richtung Lenins an. Im Dezember 1905 lernte er, auf einer Parteikonferenz in Tammerfors (Finnland), Lenin persönlich kennen. 1906 vertrat er Lenins Gruppe als einziger Bolschewik bei einer Parteikonferenz in Stockholm. 1907 reiste er zu einem Parteikongreß nach London, wo er zum erstenmal Trotzkij begegnete.

Während Lenin und andere Führer des Bolschewismus, nachdem die Revolution von 1905 mißlungen war, sich wieder nach Westeuropa begaben, blieb Stalin in Rußland, wo er der illegalen Bewegung diente. Im mohammedanischen Viertel von Baku, inmitten einer orientalischen Umwelt, stand ihm eine bolschewistische Geheimdruckerei zur Verfügung. Mit fanatischer Hingabe leitete Stalin, durch Organisation von Streiks und gewerkschaftlichem Widerstand gegen die Unternehmungen der Erdölindustrie, die letzten Rückzugsgefechte des Proletariats gegen die erstarkende Reaktion. Auch an der Vorbereitung eines erfolgreichen Überfalls auf den Geldtransport einer Bank nahm er teil.

Im Frühjahr 1908 wurde Stalin von der Ochrana verhaftet und im November nach Solwytschegodsk (Nordrußland, Gouvernement Wologda) deportiert. Unterwegs erkrankte er an Typhus. Im Juni 1909 entfloh er und erschien, selbstverständlich unter anderem Namen, wieder in Baku. Im März 1910 wurde er von der Polizei identifiziert. Er mußte in Solwytschegodsk den Rest seiner Verbannungszeit absitzen und durfte nachher fünf Jahre lang nicht in den Kaukasus zurückkehren. Am 27. Juni aus der Verbannung befreit, geriet er in St. Petersburg bald darauf erneut in die Hände der zaristischen Sicherheitsorgane, kam für mehrere Monate ins Gefängnis und wurde abermals nach Nordrußland verschickt. Man konnte jedoch nicht verhindern, daß er im September 1912 in St. Petersburg auftauchte, um inkognito an der Begründung und Redaktion der »Prawda« teilzunehmen. Im November reiste er nach Krakau, wo er mit Lenin zusammentraf. Auf dessen Anregung hin verfaßte er in Wien eine Schrift: »Der Marxismus und die nationale Frage«, durch die er sich erstmals als »sozialistischer Theoretiker« auswies. In Wien begegnete ihm, außer Leo Trotzkij, der damals erst fünfundzwanzigjährige Bucharin, der später als Verfasser einer gemeinverständlichen marxistischen Soziologie bekannt werden sollte. Der europäischen Kultur blieb Stalin trotz gelegentlicher Auslandsaufenthalte innerlich fern.

Am 23. Februar 1913 wurde Stalin in St. Petersburg zum letztenmal verhaftet. Ein *agent provocateur*, Malinowski, der es unbegreiflicherweise verstanden hatte, Lenins und seiner Freunde unbeschränktes Vertrauen zu erschleichen, verriet ihn der Polizei. Diesmal wies ihm die Justizverwaltung einen Zwangsaufenthalt in Kureika, einem winzigen Dorf in der Tundra Mittelsibiriens, am Polarkreis in der Nähe von Turuchansk an. Aus dieser letzten Verbannung wurde er erst bei Ausbruch der bürgerlich-demokratischen Revolution im Frühjahr 1917 entlassen.

Stalin hatte sich eine asketische Lebensweise und durch wiederholte Gefängnis- und Sibirienaufenthalte eine erstaunliche Abhärtung erworben. In geistiger Beziehung zeichnete er sich dadurch aus, daß er die Instinkte und Bedürfnisse des einfachen Volkes viel besser verstand als jene Mitglieder seiner Partei, die aus intellektuellen und vermögenden Kreisen hervorgegangen waren. Auch lag seine Stärke darin, daß er als Parteifunktionär die unvermeidliche organisatorische Kleinarbeit sehr gründlich zu verrichten gewohnt war. Weder als Redner noch als Schriftsteller schien er bemerkenswert. Allerdings verlieh ihm seine Karriere – mit ihrem bunten Wechsel von illegaler Aktivität, Verhaftung, Verbannung und Flucht – den Nimbus einer um die Sache der Revolution sehr verdienten Kämpfernatur.

Im März 1917, kurz nach der Abdankung des Zaren, trafen Stalin und Kamenew aus Sibirien in Petrograd ein. Solange Lenin und andere prominente Politiker der äußersten

Linken als Emigranten noch in Westeuropa weilten, fiel die Führung der bolschewistischen Partei einer zur Hauptsache aus Kalinin, Kamenew, Molotow und Stalin bestehenden Gruppe zu. Kamenew und Kalinin befürworteten eine Annäherung an die gemäßigte menschewistische Richtung. Molotow war radikaler: Er verlangte den Rücktritt der provisorischen Regierung des Fürsten Lwow und die Übertragung der ganzen Staatsgewalt auf die (damals mehrheitlich noch nicht bolschewistischen) Arbeiter-, Bauern- und Soldatenräte. Stalin vermied, schlau und vorsichtig lavierend, eine klare Stellungnahme. Hierin zeigte sich seine im Grunde noch subalterne Haltung. Erst Lenin, der am 16. April 1917 russischen Boden betrat, verstand es, der Partei eine eindeutig maximalistische Linie aufzuprägen, und Stalin fügte sich ihm sofort.

Nach dem bolschewistischen Aufstandsversuch im Juli 1917, der mißlang, brachten sich Lenin und Sinowjew in Sicherheit. Trotzkij, Kamenew, Lunatscharskij und andere wurden verhaftet. Provisorisch übernahm Stalin die Führung der Partei, die schon Ende Juli unter seinem Vorsitz einen geheimen Kongreß abhalten konnte. Im Verlauf der Debatten brachte Stalin auch diesmal keine originellen Ideen vor. Seine Bedeutung lag darin, daß er sich durch die Niederlage der Partei nicht erschüttern ließ, sondern Festigkeit und Zuverlässigkeit an den Tag legte. Der Antrieb, zwecks Eroberung der Macht einen neuen Aufstand zu wagen, ging von Lenin aus. Kamenew und Sinowjew schreckten davor zurück, »die ganze Zukunft der Arbeiterklasse auf eine Karte zu setzen«. Die übrigen zehn Mitglieder des Zentralkomitees der Partei, darunter Stalin, sprachen sich für den Aufstand aus. An der tatsächlichen Eroberung der Macht scheint Stalin keinen hervorragenden Anteil genommen zu haben, obwohl er dem Militärischen Revolutionskomitee angehörte. Er selbst schrieb damals (in einem Artikel der »Prawda«), »die gesamte praktische Arbeit, die mit der Organisation der Erhebung zusammenhing«, der »direkten Leitung des Genossen Trotzkij« zu. Sogar die amtliche sowjetische Geschichtsschreibung, die später alle Taten und Worte Trotzkijs aus der Überlieferung ausmerzte, hat es nicht gewagt, in der Schilderung des Aufstandes seinen Namen durch denjenigen Stalins zu ersetzen.

Am Tag nach der Machtergreifung Lenins und seiner Partei wurde die Zusammensetzung der neuen Regierung bekanntgegeben. An letzter Stelle figurierte als »Volkskommissar für Nationalitätenfragen« J. W. Dschugaschwili-Stalin.

Er handelte auch hier nach Lenins Direktiven. Am 15. November 1917 diktierte ihm Lenin eine »Erklärung der Rechte der Völker Rußlands«, worin ihnen Gleichheit, volle Souveränität und Selbstbestimmungsrecht verliehen wurden, einschließlich des Rechtes, sich von Rußland zu trennen und unabhängige Staaten zu bilden. Vierzehn Tage darauf überbrachte Stalin dem Kongreß der Sozialdemokraten in Helsinki ein Gesetz über die Anerkennung der Unabhängigkeit Finnlands.

Mit Hinblick auf die Ukraine, wo sich revolutionäre Sowjets gebildet hatten, modifizierte Stalin allerdings sein Nationalitätenprinzip schon bald, indem er erklärte, das Selbstbestimmungsrecht sei nicht der Bourgeoisie, sondern nur den arbeitenden Massen der Nationen gewährt worden.

Als einige bolschewistische Parteiführer – Rykow, Kamenew, Lunatscharskij und andere – eine Regierungskoalition mit den Sozialdemokraten und Sozialrevolutionären verlangten und Lenin diese Forderung bekämpfte, konnte er sich darauf verlassen, daß Stalin seinen Standpunkt unbedingt teilen werde.

Nachdem am 30. August 1918 von Sozialrevolutionären auf Lenin, Urizkij und Wolodarskij Attentate verübt worden waren, nahm Stalin, der damals in Zarizyn weilte, am Vergeltungsterror, mit dem die bolschewistische Partei diese Anschläge beantwortete, einen besonders eifrigen Anteil.

Während des Bürgerkrieges wurde er nach Zarizyn entsandt, um die wichtige Eisenbahnverbindung zwischen Moskau und dem Nordkaukasus zu sichern. Der administrative Auftrag führte aber dazu, daß er Mißbräuche in der Roten Armee aufdeckte, gegen die er mit äußerster Rücksichtslosigkeit vorging. »Unsere Hand wird nicht zittern«, schrieb er an Lenin nach Moskau. Schließlich mischte er sich auch in die strategische Leitung der Operationen ein. Seine Rivalität gegenüber Trotzkij, der damals dem Militärwesen vorstand, wurde nun, nachdem sie schon früher da und dort in Erscheinung getreten war, außerordentlich verschärft.

1919 wurde Stalin zum Vorsitzenden der »Arbeiter- und Bauern-Inspektion« ernannt, einer Behörde, die die überall herrschende »Unfähigkeit und Korruption ausrotten« sollte und deshalb mit gewaltiger Macht gegenüber dem staatlichen Verwaltungsapparat ausgestattet wurde.

1921 übernahm er das Präsidium der »Zentralkontrollkommission«, die damit beauftragt wurde, »Säuberungen« in der Partei zu vollziehen. Anfang April 1922 bekam Stalin ein neues Amt: das Generalsekretariat des Zentralkomitees der Partei. Seine Kompetenzen wurden immer umfassender. Es stand ihm insbesondere das Recht zu, alle zu ernennenden Parteifunktionäre vorzuschlagen. »Dieser Koch«, sagte Lenin damals, »wird uns nur gepfefferte Speisen anrichten.« In der Tat hatte Stalin im Laufe der Zeit Tausende von Dossiers angelegt, aus denen er – sooft es galt, einen ihm mißliebigen Genossen unmöglich zu machen – »belastende Feststellungen« hervorziehen konnte. Die Sammlung seiner Geheimakten sollte ihm bald ähnliche Dienste leisten wie ein Giftschrank manchen Fürsten der Renaissance.

Kurz vor Lenins Tod wurde Stalin allerdings in einen Konflikt verwickelt, der ihn beinahe seine mühsam aufgebaute Karriere gekostet hätte.

1921 hatte Stalin als Kommissar für Nationalitätenfragen Befehl gegeben, die menschewistische Regierung Georgiens zu vertreiben und das Land durch Einheiten der Roten Armee zu besetzen. Dagegen protestierten manche Georgier, obwohl sie der bolschewistischen Partei angehörten. Stalin beschuldigte sie kleinbürgerlicher Gesinnung und erklärte, im Interesse der Revolution müsse man »der Hydra des lokalen Patriotismus die Köpfe abhacken«. Lenin, der damals (Spätsommer 1922) im Begriff war, sich von seinem ersten Schlaganfall zu erholen, versuchte, die Georgier gegen Stalins Zentralismus zu schützen. Im November 1922 ließ er sich über die in Georgien herrschenden Zustände (brutale Mißbräuche der Amtsgewalt) ausführlich unterrichten und entdeckte dabei, daß manche seiner Weisungen nicht befolgt worden, vielmehr in Stalins Generalsekretariat liegengeblieben waren.

Nach dem zweiten Schlaganfall (16. Dezember) diktierte Lenin eine Art Testament, worin er die Frage erörterte, wer nach seinem Tode die Führung der Partei übernehmen solle. Er bezeichnete Stalin und Trotzkij als »die zwei fähigsten« Mitglieder des Zentralkomitees, deutete an, daß Trotzkij »unzweifelhaft der fähigste Kopf« sei, daß er aber eine individualistische Neigung habe, sich den Beschlüssen des Zentralkomitees zu widersetzen, und fuhr dann fort: »Seit Genosse Stalin Generalsekretär geworden ist, vereinigt er in seiner Hand eine ungeheure Macht, und ich bin nicht davon überzeugt, daß er sie stets mit der gebotenen Vorsicht wird zu nützen wissen.« Sowohl gegen Stalin als auch gegen Trotzkij machte Lenin also Vorbehalte. Er beschränkte sich darauf, eine Erhöhung der Mitgliederzahl des Zentralkomitees (auf fünfzig oder hundert) zu empfehlen. Dann diktierte Lenin Notizen über den Konflikt in Georgien, worin er Stalin vorwarf, »eine verhängnisvolle Rolle« gespielt zu haben. Den Nationalismus eines Volkes, das unterdrückt worden sei, müsse man nachsichtiger behandeln als den Nationalismus eines Volkes, das andere unterdrückt habe. »Stalin ist zu schroff, und dieser Fehler ist im Amt eines Generalsekretärs untragbar. Deshalb schlage ich den Genossen vor, einen Weg zu suchen, auf dem Stalin von diesem Posten entfernt werden könnte.«

Diese Verfügung Lenins von Todes wegen blieb zunächst geheim; nur Lenins Frau und einige im Hause Lenins arbeitende Sekretäre waren eingeweiht. Dagegen wurde in der »Prawda« vom 4. März 1923 ein Aufsatz Lenins veröffentlicht, der das von Stalin geleitete Kommissariat für Arbeiter- und Bauern-Inspektion einer scharfen Kritik unterzog. Am folgenden Tag fand zwischen Lenin und Stalin eine offenbar sehr heftige persönliche Auseinandersetzung statt, und Lenin teilte darauf Stalin schriftlich mit, daß er alle Beziehungen mit ihm abbreche. Den bolschewistischen Georgiern telegraphierte er, er sei mit ganzem Herzen bei ihnen und außer sich über das Vorgehen Stalins und Dserschinskijs (des Chefs der Tscheka). Er setzte Trotzkij und Kamenew von der Zuspitzung des Konfliktes mit Stalin in Kenntnis. Bevor er aber weitere Schritte unternehmen konnte, wurde Lenin zum drittenmal von einem Schlaganfall niedergeworfen und der Fähigkeit beraubt, die schon begonnene Aktion gegen Stalin erfolgreich zu Ende zu führen. In der Hoffnung, daß Lenin vielleicht bald wieder arbeitsfähig sein werde, unterließ es Trotzkij jedoch, an seiner Stelle sofort zu handeln. Stalin benützte dieses Zögern seines Rivalen, um sich mit Kamenew und Sinowjew zu verbünden. Kamenew stand, als Stellvertreter Lenins, an der Spitze des Moskauer Sowjets. Sinowjew war Vorsitzender des Sowjets von Petrograd sowie Präsident der Kommunistischen Internationale. Stalin verfügte über das Personalamt mit seinen geheimen Dossiers. Alle drei waren einig darin, daß Trotzkij, der allgemein als der präsumptive Nachfolger Lenins betrachtet wurde, verhindert werden müsse, die Führung der Partei zu übernehmen.

Das Triumvirat setzte es zunächst durch, daß die Erledigung der georgischen Frage »bis zu Lenins Genesung« verschoben wurde. Da und dort aufkommende kritische Stimmen wurden von Stalin mit Bemerkungen zum Schweigen gebracht, wie etwa: Rußland sei »von den Wölfen des Imperialismus umgeben«, und es könne deshalb nicht geduldet werden, daß die Partei sich wie ein »Debattierklub« benehme. Die Befugnisse der Tscheka wurden erweitert: Es wurde ihr erlaubt, auch gegen jedes Mitglied der bolschewistischen Partei vorzugehen, das sich weigerte, ihre Nachforschungen zu unterstützen. Stalin verteidigte diesen despotischen Ausbau der Parteiherrschaft und der polizeilichen Bürokratie mit der

These, daß man davon »noch sehr weit entfernt« sei, das Ideal der Demokratie verwirklichen zu können, solange Rußland kein höheres Niveau der Zivilisation erreicht habe und infolge der Bedrohung durch eine feindliche Umwelt zum Unterhalt einer großen stehenden Armee gezwungen sei.

Als Trotzkij in einer Zeitungspolemik die Freiheit der politischen Meinungsäußerung zum mindesten innerhalb gewisser Grenzen verlangte, erwiderte Stalin in einer Parteikonferenz mit drohendem Unterton, daß er, Trotzkij, noch vor wenigen Jahren Menschewik gewesen sei und nun schon wieder als Sprecher der kleinbürgerlichen Intellektuellen auftrete. Eine monolithische Partei dürfe keine Spaltungen dulden. In Zukunft – Lenin selbst habe dies früher beantragt – müsse dem Zentralkomitee die Befugnis eingeräumt werden, sogar seine eigenen Mitglieder für parteischädigende Tätigkeit aus der Partei auszuschließen. Um die Partei vor jedem Rückfall in kleinbürgerliche Ideologien zu bewahren und um ihren proletarischen Charakter zu stärken, müsse man zweihunderttausend Arbeiter neu als Mitglieder aufnehmen. Beide Anregungen wurden zum Beschluß erhoben, und damit hatte Stalin seinen Gegner bereits überspielt.

Bei Lenins Begräbnis begründete Stalin den Lenin-Kult. Stillschweigend ernannte er sich selbst zum authentischen Interpreten des Leninismus und popularisierte ihn fortan in vereinfachter, dem geistigen Fassungsvermögen primitiver Menschen entsprechender Form.

Vier Monate nach Lenins Tod wurde in einer Sitzung des Zentralkomitees jene Stelle aus Lenins Testament vorgelesen, die den Vorschlag enthielt, Stalin vom Posten des Generalsekretärs zu entfernen. Es war Sinowjew, der in diesem gefährlichen Augenblick Stalin zu Hilfe kam, indem er erklärte, daß Lenins Befürchtungen hinsichtlich Stalins sich glücklicherweise als unbegründet erwiesen hätten. Er stellte den Antrag, Stalin in seinem Amt zu belassen und das Testament nicht zu veröffentlichen. Mit 40 : 10 Stimmen wurde in diesem Sinne beschlossen. Trotzkij nahm an jener Sitzung auch teil; er schwieg. (Später wurde das Testament von Trotzkijs Freunden in der »New York Times« veröffentlicht; offiziell wurde es von der Sowjetregierung erst nach dem Tode Stalins als echt anerkannt.)

Im Mai 1924, auf dem dreizehnten Parteitag, wurde Trotzkij aufgefordert, seine oppositionelle Haltung aufzugeben. Sinowjew verlangte sogar, daß er seine Irrtümer einsehen und abschwören solle. Die Erklärung Trotzkijs war ausweichend. Die Partei, sagte er zwar, habe »letzten Endes immer recht«, denn sie sei das einzige historische Instrument des Proletariats; seine Kritik als Irrtum zu kennzeichnen, sei ihm jedoch unmöglich. Bei den Massen der Partei verlor er an Ansehen. Viele Parteigenossen hatten schon vor dem Tode Lenins begonnen, sich von Trotzkij zurückzuziehen. So wurde er immer einsamer. Stalin, der ihm als Taktiker hoch überlegen war, erreichte es mühelos, daß der fünfte Kongreß der Kommunistischen Internationale die trotzkistische Opposition verurteilte. Jede Äußerung, die Trotzkij je gegen Lenin gerichtet hatte, wurde für seine Diffamierung ausgebeutet.

In einer Broschüre »Die Lehren des Oktober« verlangte Trotzkij noch einmal Diskussionsfreiheit innerhalb der Partei. Er griff Sinowjew und Kamenew wegen ihrer Unentschlossenheit im Oktober 1917 an. Im Verlauf der anschließenden Polemik attestierte Stalin beiden, daß sie stets gute Leninisten gewesen seien; er nötigte sogar Lenins Witwe, zugunsten der Angegriffenen öffentlich aufzutreten. Gleichzeitig stellte Stalin die Behauptung auf, daß

Trotzkij 1917, als die Partei die Macht erkämpfte, dem wirklich leitenden Komitee gar nicht angehört habe. Damit begann er an der Geschichte der bolschewistischen Revolution »Retouchen« vorzunehmen, die nach und nach zu einer systematischen, grotesken Geschichtsfälschung führten.

Im Januar 1925 wurde Trotzkij von Stalin veranlaßt, als Kriegskommissar von seinem Posten zurückzutreten. Er leistete keinen Widerstand. Im Privatgespräch nannte er Stalin geringschätzig »die hervorragendste Mittelmäßigkeit der Partei«, den Exponenten und Wortführer »all der Würmer, die über den von der Revolution aufgepflügten Boden kriechen«. Vielleicht wollte er warten, bis sich die Politik Stalins durch offenkundige Fehler kompromittiere, um alsdann den Georgier zu stürzen.

Im Mittelpunkt der Kontroverse zwischen Stalin und der trotzkistischen Opposition stand seit 1925 die Frage, ob man den Weg der »permanenten Revolution« zu beschreiten oder den »Sozialismus in *einem* Lande« verwirklichen solle.

Trotzkij vertrat die These, daß Rußland allein nicht imstande sein werde, die sozialistische Wirtschafts- und Gesellschaftsordnung zu realisieren, wenn sich ihm nicht andere Staaten, namentlich solche des europäischen Westens, anschließen. Voraussetzung für das Gelingen der sozialistischen Revolution sei, daß sie sich durch »permanente Revolution« über alle nationalen Grenzen hinweg zur Weltrevolution zu erweitern vermöge. Schon Marx hatte 1858 in einem an Engels gerichteten Brief die Befürchtung geäußert, eine proletarische Revolution Europas könne »erdrückt« werden, da auf dem viel größeren Terrain der übrigen Kontinente die Bewegung der bürgerlichen Gesellschaft noch im Aufstieg begriffen sei. Für ein isoliertes sozialistisches Rußland würde Marx diese Gefahr, erdrückt zu werden, um so höher veranschlagt haben, da das moderne Bürgertum dazu überging, seine Machtpositionen durch die rücksichtslosen Methoden des Faschismus zu verstärken. Rußland, meinte Trotzkij, sei als rückständiges Agrarland außerstande, das technische Niveau der fortgeschrittensten kapitalistischen Länder einzuholen oder gar zu überflügeln. Auf eigene, isolierte Experimente sozialistischen Aufbaus dürfe sich Rußland nicht einlassen. Die Arbeiterklasse der Sowjetunion dürfe nicht dulden, daß der Bauernstand die Sphäre des freien Handels zu erweitern trachte, um aus dem Verkauf der Agrarprodukte Gewinn herauszuschlagen, da sich daraus die Wiederherstellung des Kapitalismus ergeben werde. Das russische Proletariat müsse den ursprünglichen Elan des Umsturzes wachhalten, bis das Weltproletariat in Aktion trete und das Werk des sozialistischen Aufbaus in gewaltigem, internationalem Maßstab beginne.

Wie aber, replizierte Stalin, wenn die internationale Revolution zu spät kommt? Dann bietet Trotzkijs Theorie »überhaupt keinen Lichtblick«, dann erweist sich seine »permanente Revolution« als unfruchtbares Marschieren am Ort. Eine zielbewußte bolschewistische Realpolitik habe von der Tatsache auszugehen, daß das Proletariat der hochkapitalistischen Länder auf Jahre hinaus nicht in der Lage sei, Rußlands revolutionärem Beispiel Folge zu leisten. Inzwischen liege der Sowjetunion die Pflicht ob, auf ihrem Territorium für die Sache des Proletariats ein geistiges und materielles Bollwerk zu schaffen, nach Lenins letztem Programm. Die Konstruktion der sozialistischen Gesellschaftsordnung brauche die Kräfte der Sowjetunion durchaus nicht zu übersteigen, sofern sie sich nur an den von Lenin vorgezeichneten Weg halte. Die Erschließung der Bodenschätze und die Neugestaltung der Industrie haben voranzugehen, während die Sozialisierung der Landwirtschaft erst später einsetzen solle. »Laßt mir den Bauern in Ruh!« hatte Lenin gemahnt, und er meinte damit: bis die Entwicklung der Industrie genügend fortgeschritten sei, um die Landwirtschaft mit modernsten Produktionsmitteln auszustatten. Trotzkijs Befürchtung, daß der Bauernstand inzwischen zum Träger privatkapitalistischer, also konterrevolutionärer Tendenzen werden könne, entbehre jeder Begründung. Gewiß werde man zunächst ein gewisses Erstarken des Kulakentums tolerieren müssen, um die Belieferung des Marktes mit Getreide sicherzustellen, aber zu gegebener Zeit werde man das Kulakentum wieder zu liquidieren wissen, zumal es ja auch ökonomisch der vorgesehenen Industrialisierung der Landwirtschaft nicht würde standhalten können.

Der von Stalin verfochtene Kurs war demjenigen Trotzkijs in psychologisch-propagandistischer Hinsicht durchaus überlegen. Trotzkijs Programm eignete sich nicht für eine aktive Politik. Es forderte eine abwartende Haltung mit Hinblick auf die Weltrevolution, die nicht kommen wollte. Es erweckte deshalb in den Massen des russischen Proletariats die lähmende Vorstellung, daß der Bolschewismus in eine Sackgasse geraten sei, aus der ihn nur ausländische Hilfe befreien könne, deren Eintreffen zudem sehr fraglich erschien. Trotzkij schob das Ende der Revolution sowie den Genuß ihrer Errungenschaften in unabsehbare Ferne hinaus, und die Massen entglitten deshalb seinem Einfluß.

Eine stimulierende Kraft ging dagegen von Stalins Programm aus: Wir bauen den Sozialismus in unserem Land allein, auch wenn das Proletariat aller anderen Länder in seiner Passivität verharren sollte. Wir haben die Macht erobert, wir werden sie auch zu gebrauchen wissen. Unsere Kraft reicht aus, die größte organisatorische Leistung der Weltgeschichte durch erstmalige Verwirklichung sozialistischer Planwirtschaft zu vollbringen. Mit jedem Tag nähern wir uns dem Abschluß der aufbauenden Phase unserer Revolution. An Stelle der vagen Hoffnung auf eine internationale proletarische Erhebung setzen wir die Gewißheit einer autarken Verwirklichung des Sozialismus auf russischem Boden.

Trotzkijs Theorie war kompliziert und verlor sich in Abstraktionen. Stalin dagegen argumentierte einfach und stellte konkrete Erfolge in Aussicht. Welch gewaltige Opfer an Menschen die Durchführung seines Programms noch kosten werde, war damals wohl auch ihm selbst noch nicht ganz klar. Jedenfalls gab es seinem Selbstbewußtsein einen fühlbaren Auftrieb, daß er, der bloß als Praktiker und Administrator anerkannt war, nun als Verkünder einer eigenen Interpretation des Leninismus auftreten konnte.

Erstmals verteidigte Stalin seine These vom »Sozialismus in *einem* Lande« vor einer Parteikonferenz im Frühjahr 1925. Im Dezember 1925 sorgte er dafür, daß das (aus Sinowjew, Kamenew, Trotzkij, Stalin, Bucharin, Rykow und Tomskij bestehende) Politbüro um drei neue Mitglieder erweitert wurde: Molotow, Woroschilow und Kalinin, was eine Verstärkung der Stalinschen Richtung bedeutete.

Auf dem vierzehnten Parteikongreß (18. bis 31. Dezember 1925) fanden die entscheidenden Auseinandersetzungen statt. Stalins Referat war auf dem Gedanken aufgebaut, daß die Verwirklichung des »Sozialismus in *einem* Lande« mit der beschleunigten, vom Staat zu vollziehenden Industrialisierung der Sowjetunion zu beginnen habe. Bucharin unterstützte diese Konzeption. Nach langen, erregenden Debatten stimmte der Parteitag (mit 459 Ja gegen 65 Nein, bei 41 Enthaltungen) zu.

Nach und nach wurden nun die Führer der Opposition aus ihren Stellungen entfernt. 1926 verlor Sinowjew die Sympathien der Arbeiter von Leningrad und wurde dort als Parteisekretär durch Kirow ersetzt. Er schied auch aus dem Politbüro aus. Kamenew trat den Posten des Volkskommissars für Außenhandel an Mikojan ab.

In die Enge getrieben, unterzeichneten Trotzkij, Sinowjew, Kamenew und andere ein »Schuldbekenntnis« und versprachen, sich nicht mehr durch Fraktionsbildung gegen die Einheit der Partei zu vergehen. Dennoch begannen sie aber bald darauf, an zahlreichen illegalen Arbeiterversammlungen in Moskau und Leningrad oppositionelle Reden zu halten. Infolgedessen wurde Trotzkij seiner Mitgliedschaft im Politbüro verlustig erklärt und Sinowjew vom Präsidium der Kommunistischen Internationale entfernt.

Im Sommer 1927 benützte Trotzkij einen Rückschlag der Kommunisten in China, um an der Außenpolitik der Sowjetunion heftige Kritik zu üben. Er beschuldigte Stalin, Woroschilow und Bucharin mangelnder Voraussicht; ihnen sei es zu verdanken, daß die Lage Rußlands sich im Sinne wachsender Kriegsgefahr dauernd verschlechtere. Trotzkij drohte sogar, daß er die Regierung stürzen werde, um das ganze Volk gegen einen auswärtigen Angriff zu einigen. Daraufhin wurden Trotzkij und Sinowjew aus dem Zentralkomitee der Partei ausgeschlossen.

Am zehnten Jahrestag der bolschewistischen Machtergreifung fanden in Moskau und Leningrad Umzüge statt. Trotzkij, Sinowjew und ihre Anhänger beteiligten sich daran mit eigenen Plakaten. Eine Woche später wurden Trotzkij und Sinowjew aus der Partei ausgestoßen.

Auf dem fünfzehnten Parteikongreß, der Mitte Dezember tagte, versuchten Redner der Opposition, die Freiheit der politischen Meinungsäußerung zu verteidigen, doch wurden sie niedergeschrien. Der Forderung, ihre Ansichten zu widerrufen, beugten sie sich nicht. Über fünfundsiebzig Mitglieder der Opposition wurde der Ausschluß aus der Partei verhängt. Trotzkij wurde nach Alma-Ata (Kasachstan) deportiert. Er zwang die Polizeibeamten zur Anwendung von Gewalt. Sie mußten die Tür seines Zimmers aufbrechen und ihn auf den Armen ins Auto hinuntertragen.

Auch in der Verbannung, zweitausend Kilometer östlich des Kaspischen Meeres, verzichtete Trotzkij nicht auf oppositionelle Aktivität. Wie er in seiner Autobiographie berichtet, hat er in den Monaten April bis Oktober 1928 mehr als achthundert politische Briefe und fünfhundert Telegramme abgesandt, mehr als tausend politische Briefe und siebenhundert Telegramme empfangen und außerdem mit Moskau in jeder Richtung acht bis neun geheime Kuriere getauscht. Im Januar 1929 verfügte Stalin deshalb seine Ausweisung in die Türkei. Nach langen Bemühungen erlangte Trotzkij ein Einreisevisum der Regierung von Mexiko. Er gründete die »Vierte Internationale« und publizierte einige gegen Stalins Regime gerichtete Bücher. Am 21. August 1940 wurde er von seinem Privatsekretär ermordet.

Anfänge der Planwirtschaft

Die ersten Ansätze zu einer staatlich gelenkten Planwirtschaft sind noch zu Lebzeiten Lenins skizziert worden. Nach seinem Tod wurde versuchsweise ein Fünfjahresplan entworfen, der für die Periode 1925 bis 1930 hätte maßgebend sein sollen, jedoch über eine papierne Konzeption nicht hinauskam.

Dagegen fehlte es seit 1925 nicht an Planungsmaßnahmen, welche die Sozialisierung, den Aufbau oder die staatliche Lenkung einzelner Wirtschaftszweige betrafen. Als Grundlage der künftigen gemeinwirtschaftlichen Ordnung wurde die Schaffung einer leistungsfähigen Schwerindustrie angesehen, da nur sie imstande war, die Landwirtschaft durch Ausstattung mit modernen Maschinen auf eine höhere Entwicklungsstufe emporzuheben. Die primäre Akkumulation des hierfür notwendigen Kapitals war durch Enteignung des Adels und der Bourgeoisie sowie durch Streichung der zaristischen Schulden gegenüber dem Ausland erfolgt. Sie sollte fortgesetzt werden durch Gewinne des staatlichen Außenhandelsmonopols, durch Gewinne des in den Händen des Staates zentralisierten Kreditwesens und durch Erträgnisse der industriellen und kommerziellen Betriebe des Staates. Als Präsident des obersten Sowjets für Volkswirtschaft schrieb Felix Dserschinskij allen Verwaltungsorganen strengstens äußerste Sparsamkeit vor; nach seinem Tod (1926) wirkte Kuibyschew in gleichem Sinn. Um die Kapitalakkumulation zu fördern, wurden auch die Arbeitslöhne niedrig gehalten; das ganze Volk sollte den Gürtel enger schnallen, auf die Produktion von Konsumgütern weitgehend verzichten, um die Ausrüstung des Landes mit Produktionsmitteln zu beschleunigen. Die »Generallinie« der Partei sah vor, daß der noch sehr umfangreiche Sektor der bäuerlichen Privatwirtschaft vorerst in Ruhe gelassen werde; dagegen sollten die Industrie- und Handelsunternehmungen, soweit sie sich in privatem Besitz befanden, allmählich gedrosselt werden.

Das wichtigste Hindernis, das die Sowjetunion während der Industrialisierungsepoche zu überwinden hatte, bestand im Mangel an qualifizierten Arbeitern, Technikern, Ingenieuren und Direktoren. Solange es nicht gelang, aus dem Proletariat und dem Bauernstand eine ausreichende Schicht von Spezialisten heranzubilden, war man in erheblichem Maß auf die Mitarbeit politisch neutraler oder auch bürgerlicher Elemente angewiesen. Nach und nach ersetzte man sie, wenn möglich, durch Kommunisten, denen die Grundbegriffe eines stalinistisch vereinfachten Marxismus in Volksschulen und Arbeiterfakultäten beigebracht worden waren. Dabei wurde die alte bolschewistische Elite, die vorwiegend aus Intellektuellen bestand, in den Hintergrund geschoben. Sie hatte wohl ihre Eignung zu revolutionärer Agitation bewiesen, besaß aber jene praktischen Fähigkeiten nicht, die von Ingenieuren und Betriebsleitern nun verlangt werden mußte. Diese Umschichtung der Kader trug dazu bei, die Entmachtung der Trotzkisten zu beschleunigen.

Die politische Erziehung der Arbeiter wurde mehr und mehr den Gewerkschaften übertragen. Die Zahl ihrer Mitglieder wuchs im Jahre 1926 von 6,9 auf 8,7 Millionen an. Sie bemühten sich, die Produktivität der Arbeit zu erhöhen, undiszipliniertes Verhalten in den Fabriken und vor allem das (auch in Westeuropa aus der Zeit des Frühkapitalismus bekannte) Fernbleiben von der Arbeit zu bekämpfen. In den nationalisierten Betrieben hatten sie viel eher die Interessen des Staates als diejenigen der Arbeitnehmer zu vertreten. In ähnlichem Sinn wirkten die Angehörigen des Verbandes der Kommunistischen Jugend (Komsomol). Vereinzelt bildeten sich 1926/27 die ersten »Stoßbrigaden«, Arbeitergruppen, die durch zweckmäßige Anordnung der Produktionsvorgänge die Leistung zu steigern suchten. Für Erfindungen und technische oder administrative Verbesserungsvorschläge wurden den Arbeitern besondere Prämien verliehen.

Die größte Aufmerksamkeit schenkte die Regierung der Sowjetunion der Elektrifizierung des Landes. 1926 wurde das Elektrizitätswerk am Wolchow eröffnet, 1927 mit dem Bau des gewaltigen Staudammes Dnjeprostroj begonnen, der die Energieversorgung der Ukraine übernehmen sollte. Gleichzeitig wurde der Dnjepr in seiner ganzen Ausdehnung durch Schleusen schiffbar gemacht.

Im Jahre 1927 begann man mit dem Bau einer Bahnlinie von Turkestan nach Westsibirien, um die Baumwollgebiete Mittelasiens mit sibririschem Getreide und Holz versehen zu können.

Auf dem Gebiet der Schwerindustrie wurde die Produktion landwirtschaftlicher Maschinen gefördert. In der Erkenntnis, daß die Sozialisierung der Landwirtschaft Hunderttausende von Traktoren benötigen werde, ließ die Sowjetregierung 1927 die Fundamente für das Traktorenwerk Stalingrad legen, dessen jährliche Kapazität sich anfänglich auf zehntausend, später auf vierzigtausend Stück bezifferte.

Für die Gußeisen- und Stahlproduktion wurden gigantische Werke in Kusnezk (Sibirien), in Magnitogorsk (Ural) und in Kriwoj Rog (Ukraine) in Angriff genommen. Magnitogorsk wurde von vornherein, unter Mitwirkung prominenter deutscher Architekten, als Stadt für achthunderttausend Einwohner geplant. Zur selben Zeit wurden Maschinen-, Lokomotiven- und Waggonfabriken gegründet sowie die Anlagen für Petrolgewinnung vermehrt.

Alle diese Maßnahmen erforderten sehr große Investitionen, deren Erträgnisse jedoch erst in späteren Jahren sichtbar werden konnten. Um die Finanzierung zu sichern, wurden alle Werktätigen aufgefordert, Anleihen für die Industrialisierung zu zeichnen, was vorübergehend eine Verminderung der auf Verbrauch gerichteten Kaufkraft zur Folge hatte.

Die Industrialisierungspolitik der Jahre 1926 bis 1928 berücksichtigte in erster Linie Rußland und die Ukraine. Die übrigen Republiken der Sowjetunion wurden einer energischen Förderung noch nicht teilhaftig. Relativ am raschesten entwickelte sich die Leichtindustrie und die Versorgung mit elektrischem Strom im Gebiet des Kaukasus. Im mittleren Asien dagegen (in Kasachstan, Usbekien und Kirgisien) war man noch damit beschäftigt, in den Formen eines heftigen Klassenkampfes den Großgrundbesitz sowie das Kulakentum zu expropriieren und eine systematische Bewässerung des Landes einzurichten.

Im April 1927 proklamierte Moskau die Devise, daß die Sowjetunion die fortgeschrittensten Länder Europas und Amerikas »einholen und überholen« müsse. Die Schwerindustrie, deren Entwicklung einige vielversprechende Ansätze schon erkennen ließ, bot zu keinen Bedenken Anlaß. Anders die Landwirtschaft, deren Produktivität den Stand von 1913 zwar erreicht hatte, jedoch für den Markt nur halb soviel erzeugte wie im letzten Friedensjahr. Im Januar 1928 stellte es sich heraus, daß für eine ausreichende Ernährung der Städte rund zwei Millionen Tonnen Getreide fehlten. Man sprach von der Gefahr einer neuen Hungersnot, und gegen die Bauern wurde die Anschuldigung erhoben, daß sie den Markt nur in ungenügender Weise belieferten. Der Getreidemangel in den Städten erklärte sich hauptsächlich dadurch, daß sich der Grundbesitz der Kulaken, die viel Getreide auf den Markt schicken konnten, im Laufe der Revolution um neunzig Prozent vermindert hatte, während derjenige der »Dorfarmut« und der Kleinbauern um hundertfünfundzwanzig Prozent angewachsen war. Infolgedessen verbrauchte die Dorfbevölkerung nun für sich selbst eine größere Quote der Ernte als früher. Die Kleinbauern wirtschafteten nach primitiven Methoden: Sie benützten zum Teil noch hölzerne Hakenpflüge, dreiviertel aller Aussaaten führten sie von Hand aus, nahezu die Hälfte der Ernte wurde mit Sicheln oder Sensen geschnitten und mit Flegeln gedroschen. Für die Einführung einer höheren Technik fehlte den Kleinwirten das erforderliche Kapital, und der Anwendung moderner landwirtschaftlicher Maschinen stand oft auch die Parzellierung des Bodens im Wege. Der Kleinbetrieb war unfähig, seine Dürftigkeit aus eigener Kraft zu überwinden. So mußte man sich zu beschleunigter Vermehrung der Sowchosen und Kolchosen entschließen. Dies um so mehr, als die Sowjetunion, trotz knapper Ernte, fortfuhr, Getreide zu exportieren, um in den Besitz jener Devisen zu gelangen, die sie für den Import von Maschinen und für die Honorierung ausländischer Spezialisten benötigte.

Verschärft wurde der Brotmangel in den Städten allerdings auch durch die Haltung vieler Großbauern, die sich weigerten, dem Staat einen vorgeschriebenen Teil der Ernte zu den amtlich fixierten Preisen zu überlassen, in der Hoffnung, eine Erhöhung dieser Preise zu erzwingen. Solchen spekulativen Manövern des Kulakentums trat die Sowjetregierung mit schärfsten strafrechtlichen Maßnahmen entgegen. Sie beschlagnahmte das hinterzogene Getreide. Sie zog gegenüber den Kulaken auch die Steuerschraube stark an, während die Kleinwirte gleichzeitig entlastet wurden. Die Zahl der Kolchosen wurde vom Juli 1927 bis zum Juli 1928 mehr als verdoppelt: Sie stieg von fünfzehntausend auf fünfunddreißigtausend an. Ebenso wurden die Kredite für die Schaffung staatlicher Mustergüter (Sowchosen) während derselben Zeit mehr als verdreifacht. Die Sowchose »Gigant« in der Nähe von Rostow umfaßte ein Areal von hundertsiebenundzwanzigtausend Hektar. Die Sowchosen stellten ihre Traktoren samt dem zugehörigen Personal auch den Privatbauern zur Verfügung, sofern diese ihren individuellen Kleinbesitz zu Kolchosen zusammenlegten. Daraus entwickelte sich später das System der staatlichen Maschinen- und Traktoren-Stationen, die der Landwirtschaft zu einem höheren Niveau der Produktionstechnik verhalfen, zugleich aber die Bauern vom Staat abhängig machten, da die Maschinen- und Traktoren-Stationen im Eigentum und Besitz des Staates verblieben.

Beim rechten Flügel der bolschewistischen Partei stieß diese kulakenfeindliche Agrarpolitik auf einigen Widerstand. Bucharin, Rykow, Tomskij und andere vertraten die Ansicht, daß dem Getreidemangel nicht durch Unterdrückung, sondern durch Förderung der individuell wirtschaftenden Bauernbetriebe abgeholfen werden sollte. Eine reichlichere Belieferung der städtischen Märkte versprachen sie sich insbesondere von der Einführung vollkommener Freiheit der Preise: Die Aussicht auf Gewinn werde den Lieferungsstreik der Dorfbevölkerung brechen. Bucharin ging so weit, die Kulaken mit der Parole: »Bereichert euch!« zu ermuntern. Er sprach sich auch gegen die Beschleunigung der Industrialisierung aus, unter Hinweis auf den Mangel an Baumaterial. Die Politik der von Bucharin angeführten Gruppe hätte wohl vorübergehend ein »Erlöschen des Klassenkampfes« auf dem Land zur Folge gehabt; andererseits wäre jedoch ein Erstarken der zur kapitalistischen Profitwirtschaft tendierenden Kräfte nicht zu vermeiden gewesen. Stalins Antrag, die »Rechtsabweichung von der Generallinie« als eine Gefahr für die Verwirklichung des Sozialismus zu verurteilen, setzte sich in der Partei mit Leichtigkeit durch. Bucharin, Rykow und Tomskij gingen ihrer Ämter verlustig; Bucharin wurde überdies aus dem Politbüro ausgeschlossen. Die »Rechtsopposition« war zusammengebrochen. Bucharin, Rykow und Tomskij mußten ihre Irrtümer »widerrufen« und wurden in die Provinz verbannt. Den Vorsitz im Rat der Volkskommissare hat 1930, als Nachfolger Rykows, Molotow übernommen.

Im Dezember 1927 hatte der fünfzehnte Parteitag Richtlinien für den Entwurf des ersten Fünfjahresplanes genehmigt. In den folgenden Monaten wurde er ausgearbeitet und am 1. Oktober 1928 in Kraft gesetzt.

Der erste Fünfjahresplan

Die staatliche Planwirtschaftskommission bestand aus einigen Hundert Wissenschaftlern und Praktikern. Ihr Präsidium, »gosplan« genannt, setzte sich aus sechzehn hervorragenden Nationalökonomen, Agronomen und Technologen zusammen. Zunächst nahm die Kommission ein Inventar aller in der Sowjetunion vorhandenen Produktionsmittel und ihrer jährlichen Leistungen auf: Anbauflächen und Erträgnisse der Landwirtschaft; Bergwerke und deren Erz- oder Kohlenausbeute; Industrieanlagen und deren Ausstoß; Verkehrsanlagen und deren Transportvolumen. Sodann wurden für jeden Volkswirtschaftszweig die vermutlichen Erweiterungsmöglichkeiten untersucht (etwa die noch zu erschließenden Bodenschätze, die nutzbaren Wasserkräfte) und auch neue, das heißt in der Sowjetunion bisher noch nicht betriebene Produktionsarten in Aussicht genommen (zum Beispiel Kautschukerzeugung). Schließlich wurde jedem Volkswirtschaftszweig – sehr detailliert – für das folgende Jahrfünft vorgeschrieben, um wieviel er seine Produktion (durch Betriebsverbesserungen, Neuinvestitionen) von Jahr zu Jahr zu steigern habe.

Nie zuvor in der Geschichte war der Versuch gewagt worden, die wirtschaftliche Tätigkeit einer Bevölkerung von mehr als hundertfünfzig Millionen im voraus programmatisch festzulegen. Das Experiment imponierte durch seine Kühnheit selbst den Amerikanern, die seine einzelnen Phasen bald mit Skepsis, bald mit staunender Bewunderung verfolgten. Ein großer Teil der Sowjetbürger wurde von echter Begeisterung ergriffen.

Unter den Zaren hatte das russische Volk Jahrhunderte verstreichen lassen, ohne eine intensive Ausnützung aller Reichtümer seines Bodens zu organisieren. Der erste Fünfjahresplan unternahm es, das Versäumte mit nie zuvor gesehener Energie nachzuholen. Er setzte sich das Ziel, das gesamte Grundkapital der Sowjetunion (in stabilen Preisen berechnet) von 70,2 auf 127,8 Milliarden Rubel, also um 82,1 Prozent, zu erhöhen. Das reale Volkseinkommen sollte zu Ende des Jahrfünfts die doppelte Höhe erreichen. (Unter Berücksichtigung der voraussichtlichen Bevölkerungszunahme reduzierte sich die Steigerung des Volkseinkommens je Einwohner auf rund 80 Prozent.) Etwa 12 Prozent des gesamten Volkseinkommens sollten für den Ersatz abgenutzter Produktionsmittel (für Amortisationszwecke) verwendet werden, weitere 31 Prozent für die Erweiterung des Produktionsapparates (für neue Investitionen). Bei der Verteilung der Neuinvestitionen wurde eine Bevorzugung der Staats- und Genossenschaftsbetriebe gegenüber der Privatwirtschaft vorgesehen: Der Anteil der letzteren sollte im Laufe des Planjahrfünfts von 43,3 auf 21,4 Prozent herabgesetzt werden. Der vergesellschaftete Sektor der Volkswirtschaft sollte also erweitert, der privatwirtschaftliche dagegen relativ eingeschränkt werden. Die Produktion von Produktionsmitteln sollte gegenüber der Herstellung von Konsumgütern und Wohnungen entschieden den Vorrang haben. Für die Befriedigung der elementarsten Bedürfnisse wurden sehr unzureichende Verbrauchsnormen eingesetzt. Der Getreideverbrauch sollte mit rund 259 Kilogramm je Jahr und Kopf der Bevölkerung stabil bleiben. Der Fleischverbrauch sollte in den Städten von 49,1 auf 62,7 Kilogramm, in den Dörfern von 22,6 auf 26,4 Kilogramm anwachsen. Die Verbrauchsnorm für Eier sollte in den Städten von 90 auf 155 Stück, in den Dörfern von 50 auf 72 Stück steigen. Der Stadtbevölkerung wurde somit eine reichlichere Verbrauchsquote zugestanden als den Bauern. Bei der Lösung des Ernährungsproblems wurde also eine »proletarische Klassenlinie« eingehalten und die Akkumulation der volkswirtschaftlichen Substanz eher auf Kosten der Bauern als der Arbeiter vollzogen. Der jährliche Verbrauch an Schuhen sollte je Kopf der Bevölkerung von 0,4 auf 0,74 Paar erhöht werden. Nichts illustriert die Armut, in der Rußland damals lebte, drastischer als diese Zahl. Sie läßt auch die Härte des ersten Fünfjahresplanes gegenüber dem akuten Warenhunger der Bevölkerung erkennen.

Demgegenüber sollte die Maschinenausrüstung der Fabriken eine auf 243 Prozent gesteigerte Leistungsfähigkeit erhalten, Maschinenfabriken sollten geschaffen werden mit einer Produktionskapazität von 3 Milliarden Rubel im Jahr. Die Gesamtproduktion elektrischer Energie sollte von 5,1 auf 22 Milliarden Kilowattstunden erhöht werden. Die Heizmittelproduktion (nach Kalorien berechnet) mußte auf 183 Prozent des Ausgangsniveaus gebracht werden. Die Eisengewinnung sollte von 3,3 auf 10 Millionen Tonnen anwachsen. Eine chemische Industrie sollte entstehen, mit einer Produktionskapazität von 8 Millionen Tonnen Kunstdünger. Im Bauprogramm des Verkehrswesens figurierten neue Eisenbahnlinien mit einer Streckenlänge von 22600 Kilometer, neue Autostraßen in einer Länge von 60000 Kilometer. Für die Verbesserung der Binnenschiffahrt sollten 600 Millionen Rubel aufgewendet werden.

Die Drosselung des Konsums verfolgte übrigens auch das Ziel, eine Steigerung des Exports zu ermöglichen. Die Getreideausfuhr sollte am Ende des Planjahrfünfts 8 Millionen Tonnen erreichen. Der Erlös an Devisen war dazu bestimmt, die Einfuhr kostspieliger Maschinen aus den Ländern des Hochkapitalismus zu ermöglichen, solange die eigene Maschinenfabrikation nicht ausgebaut war. Beispielsweise wurden in den Jahren 1929 bis 1931 50300 Traktoren im Inland hergestellt, aber 59600 Traktoren im Ausland, hauptsächlich in Deutschland, eingekauft.

Selbstverständlich war im Fünfjahresplan auch die Ausbildung eigener Spezialistenkader vorgesehen. In Deutschland gab es 1925 auf 100 Industriearbeiter 1,06 Diplomingenieure und 1,14 Techniker. In Rußland beliefen sich die entsprechenden Zahlen 1928 nur auf 0,67 und 0,69. Im ersten Fünfjahresplan nahm man sich vor, sie auf 1,5 und 2,28 zu erhöhen. Die Zahl der Architekten und Baumeister sollte von 2000 auf 20000 anwachsen, die der Agronomen von 11000 auf 30000. Um die Verwirklichung dieser Normen sicherzustellen, wurde für den Ausbau der Bildungsanstalten aller Kategorien ein entsprechendes Programm ausgearbeitet (Volks-, Betriebs-, Gewerbe-, Arbeiterhochschulen, Abendkurse, Polytechniken, Universitäten, Forschungsinstitute). Die Produktion von Papier, Büchern und Zeitungen sollte verdoppelt werden.

Mit steigender Qualifikation der Werktätigen sollte eine fühlbare Verkürzung der Arbeitszeit Hand in Hand gehen. Im Jahre 1913 hatte der russische Arbeiter durchschnittlich eine tägliche Arbeitsdauer von 9 Stunden 42 Minuten zu absolvieren. Im Revolutionsjahr 1917 trat eine Verkürzung auf 8 Stunden 45 Minuten ein. Zu Beginn des ersten Fünfjahresplans betrug der durchschnittliche Arbeitstag 7 Stunden 42 Minuten. Bis zum Ende des Planjahrfünfts sollte er auf 6 Stunden 48 Minuten reduziert werden.

Gleichzeitig mit der Herabsetzung des täglichen Arbeitspensums sollten die Reallöhne laut Plan um etwa 70 Prozent erhöht werden. Unter der Voraussetzung, daß die Arbeitsproduktivität um 100 Prozent zunehmen werde, stellte die Plankommission eine Steigerung der Nominallöhne um etwa 50 Prozent sowie eine Verbilligung der Lebenshaltung um etwa 14 Prozent in Aussicht. Die Lohnzulagen sollten nicht für alle Erwerbstätigen gleich hoch bemessen werden: Die Transportarbeiter hatten 30 Prozent, die Staatsangestellten 35 Prozent, die Kulturarbeiter (Wissenschaftler, Schriftsteller, Künstler) 70 Prozent zu bekommen. Stalin bekämpfte energisch die schematische Gleichheit der Löhne, weil er darauf bedacht war, die Leistung des Einzelnen möglichst zu steigern.

Die Differenzierung der Löhne führte allmählich zur Bildung einer neuen privilegierten Schicht. Sie stützte sich auf die von Marx angenommene Unterscheidung zweier Phasen der kommunistischen Gesellschaft. Die erste, »sozialistische« Phase ist für ihn dadurch gekennzeichnet, daß jeder nach seinen Fähigkeiten leiste und nach seinen Leistungen bezahlt werde. In einer zweiten, »höheren« Phase des Kommunismus, »wenn die Produktivkräfte gewachsen sind und alle Springquellen des genossenschaftlichen Reichtums voller fließen«, werde es möglich sein, jeden Werktätigen »nach seinen Bedürfnissen«, das heißt beliebig konsumieren zu lassen.

Die Planwirtschaftskommission war sich darüber vollkommen klar, daß das vermehrte Lohneinkommen der Werktätigen keineswegs restlos in vermehrte Warenkäufe werde umgesetzt werden können. Infolge der starken Drosselung der Konsumgütererzeugung mußte auf dem Warenmarkt das Angebot weit hinter der Nachfrage zurückbleiben. Es wurde deshalb die Möglichkeit geboten, den nicht sofort realisierbaren Kaufkraftüberschuß in staatlichen Sparkassen zinsbringend anzulegen. In der Zeit vom 1. Oktober 1928 bis zum 1. Januar 1931 stieg die Zahl der Sparkassen von 16438 auf 58755 und die Gesamtsumme der Einlagen von 0,336 auf 1,420 Milliarden Rubel.

Die Ausführung des ersten Fünfjahresplans stieß auf große Schwierigkeiten.

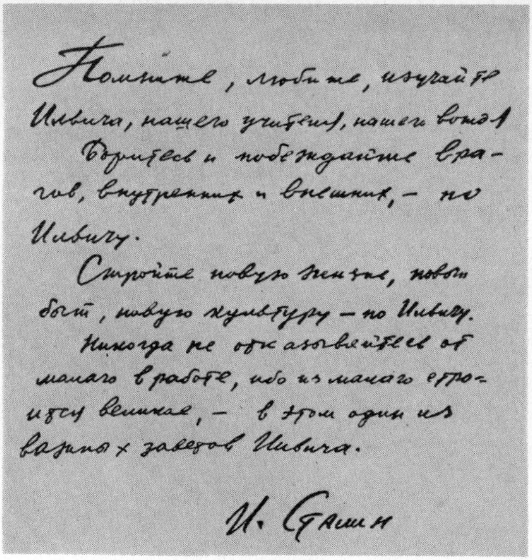

Помните, любите, изучайте Ильича, нашего учителя, нашего вождя.

Боритесь и побеждайте врагов, внутренних и внешних, — по Ильичу.

Стройте новую жизнь, новый быт, новую культуру — по Ильичу.

Никогда не отказывайтесь от малого в работе, ибо из малого строится великое, — в этом один из важных заветов Ильича.

И. Сталин

Lenin als Lehrer und Führer des russischen Volkes
Aufruf Stalins, 1925

Stalin im Gespräch mit Maxim Gorki vor dem Lenin-Mausoleum in Moskau, 1931

»Helden der Arbeit«

Plakatreihe auf einer Baustelle. Prämienverteilung an eine Arbeiterstoßbrigade

Bei der Kollektivierung der Landwirtschaft ging man anfänglich sehr behutsam vor. Man ermöglichte es den Bauern, zunächst nur ihre Äcker zusammenzulegen, das Vieh jedoch und die Geräte in individuellem Besitz zu behalten. Durch diese Übergangsform wurde der spätere Eintritt in die umfassendere Gütergemeinschaft der Kolchosen vorbereitet und erleichtert. Bald aber setzte man alles daran, das Tempo der Kollektivisierung durch Ausübung eines moralischen Druckes oder durch Zwangsmaßnahmen zu beschleunigen, und nun machte sich überall der Widerstand vieler Großbauern und Kulaken bemerkbar, die nicht gewillt waren, auf ihre Privatbetriebe zu verzichten. Sie schädigten die Kolchosen durch Brandstiftungen, durch Zerstörung landwirtschaftlicher Maschinen und durch sonstige Sabotageakte. Wenn sie sahen, daß die Eingliederung in eine Kolchose nicht mehr zu vermeiden war, dann schlachteten sie ihr Vieh und verzehrten es, nur um es nicht an das verhaßte Kollektiv abliefern zu müssen. Der Viehbestand Sowjetrußlands ging damals um etwa 30 Millionen Stück Großvieh zurück, so daß der Verlust erst nach einem Jahrzehnt wieder eingeholt werden konnte.

Ende 1929 beschloß die bolschewistische Partei auf Stalins Antrag die rücksichtslose »Entkulakisierung des Dorfes«, die »Liquidierung der Kulaken als Klasse«. Das Dorfproletariat wurde zum Kampf gegen die Kulaken aufgerufen, Polizei und Militär wurden eingesetzt. Die Häuser der Kulaken wurden als Lesestuben, Klubs oder Schulen eingerichtet. Ihr Hab und Gut diente der Gründung neuer oder der besseren Ausstattung schon bestehender Kolchosen. Etwa anderthalb bis zwei Millionen Kulaken wurden samt ihren Familien deportiert, in entlegenen Gegenden zu Zwangsarbeiten verwendet, namentlich für Kanalbauten eingesetzt. Die »zweite Agrarrevolution« von 1930 war noch größer als jene von 1917, die die Expropriation des Großgrundbesitzes der Adligen bezweckt hatte. Die radikale Enteignung der Kulaken wurde von der Sowjetregierung für absolut notwendig gehalten, um die landwirtschaftlichen Zielsetzungen des ersten Fünfjahresplans innerhalb kürzester Frist zu verwirklichen.

Im Anschluß an die »Entkulakisierung« des Dorfes entsandte die Partei Tausende von qualifizierten Arbeitern und Organisatoren (vorwiegend Kommunisten) aufs Land, die den unerfahrenen Bauern bei der Einrichtung der Kolchosen und bei der Instandsetzung der Maschinen behilflich sein sollten. Im Frühjahr 1930 stellten sich den Kolchosen auch viele Agronomen, »Zootechniker« (Viehzüchter), Veterinäre und Studenten zur Verfügung. Unter den Kolchosen wurden anspornende Leistungswettbewerbe veranstaltet.

Man war bestrebt, das Kolchosensystem möglichst rasch auf das ganze Land auszudehnen. Die meisten Provinzen meldeten erstaunliche Resultate. So berichtete der Kreis Moskau, daß der Prozentsatz der kollektivisierten Güter binnen weniger Monate (Oktober 1929 bis März 1930) von 3,3 auf 73 hinaufgetrieben worden war. Die Regierung begriff, daß solche statistischen Angaben nur scheinbar der Wirklichkeit entsprechen konnten. Viele der neuen Kolchosen existierten nur auf dem Papier. Den Bauern gegenüber wurde unerträglicher Zwang angewendet. Wehrten sie sich, so trat Militär in Aktion. In gewissen Gegenden wurden Mittelbauern wie Kulaken behandelt: Man erklärte sie aller Habe und des Wahlrechts verlustig und deportierte viele von ihnen in Zwangsarbeitslager. Die Maßnahmen erfolgten planlos und überstürzt. Da und dort waren für das den Kulaken weggenommene Vieh keine Ställe errichtet worden. Die Unzufriedenheit unter den Bauern nahm zu, und der Kreml mußte sich entschließen, dieser Tatsache Rechnung zu tragen. Am 2. März 1930 veröffentlichte Stalin einen Artikel, betitelt: »Schwindelanfälle vor lauter Erfolg«. Er erteilte darin die Weisung, auf die Mittelbauern größere Rücksicht zu nehmen, damit diese noch schwankenden Elemente nicht in Versuchung kommen, die Partei der Kulaken zu ergreifen. Zahlreiche Kolchosen, die durch brutalen Zwang geschaffen worden waren, wurden wieder aufgelöst. Der Prozentsatz der kollektivisierten Güter sank ganz erheblich (im Kreis Moskau innerhalb der Monate März/April 1930 von 73 auf 7,5). Zugunsten der Kolchosbauern wurde eine partielle Schuldenabschüttelung durchgeführt und für zwei Jahre die Befreiung von sämtlichen Steuern dekretiert. Die Bildung neuer Kolchosen sollte fortan in verlangsamtem Tempo weitergehen. So gelang es, die in der Landwirtschaft ausgebrochene Krise abzuschwächen und allmählich zu überwinden. Am Ende des ersten Fünfjahresplans umfaßten die Kolchosen etwa ein Drittel der ehemals individuellen Betriebe, aber zwei Drittel der angebauten Ackerfläche. 1930 hatten die Privatbauern 125 Millionen Zentner Getreide an den Markt abgegeben; 1933 waren es nur noch 21 Millionen. Die Kolchosen dagegen konnten ihre Lieferungen im gleichen Zeitraum von 19 auf 160 Millionen Zentner vermehren.

Um sich als höhere Organisationsform durchzusetzen, bedurften die Kolchosen einer leistungsfähigen Industrie. Von den 34 Millionen Pferden, über die die Sowjetunion im Jahre 1929 verfügt hatte, blieben 1933 nur noch knapp 17 Millionen. Es war daher dringend notwendig, die Produktion von Traktoren möglichst rasch voranzutreiben. Standen den Kolchosen vor Beginn des ersten Fünfjahresplans nur 6000 Traktoren zur Verfügung, so waren es am Ende des Planjahrfünfts schon fast 150000. Nach und nach kam auch die Fabrikation von Sä- und Erntemaschinen in Gang. Für die Errichtung von Traktoren- und Maschinenfabriken wurden immer größere Kredite bewilligt. Von 1300 Millionen Rubel im Jahre 1928 stiegen sie im folgenden Jahr auf 3400 Millionen. Auch im Ural und in Sibirien wurden schon große Projekte industrieller Betriebe in Angriff genommen. Dank seiner technischen Überlegenheit hat das Kolchosensystem somit ein sehr deutliches Übergewicht erlangt.

Im Sommer 1930 gab Stalin die Parole aus, daß der Fünfjahresplan in vier Jahren, von gewissen Industriezweigen sogar in nur drei Jahren erfüllt werden sollte. Alle propagandistischen Mittel wurden eingesetzt, um in der Arbeiterschaft Begeisterung und Stolz auf die gegenüber dem Plan vorzeitig vollbrachten Leistungen zu wecken. In seiner Rede vom 4. Februar 1931 über »Die Aufgaben der Wissenschaftler« erklärte Stalin, an patriotische Gefühle seiner Zuhörer appellierend, bisher sei »Mütterchen Rußland« nur wegen seiner Rückständigkeit immer wieder geschlagen worden. »Nun aber, wo wir den Kapitalismus gestürzt haben und bei uns die Macht den Arbeitern gehört«, lohne es sich, die Unabhängigkeit des Vaterlandes zu verteidigen. »Wir sind hinter den fortgeschrittensten Ländern um fünfzig bis hundert Jahre zurückgeblieben. Wir müssen diesen Vorsprung in zehn Jahren einholen. Entweder bringen wir dies zustande, oder wir werden zermalmt.«

Die Industrie wurde nun durch alle möglichen Mittel angespornt und vorwärtsgepeitscht. Die Zahl der Stoßarbeiter belief sich im Sommer 1930 schon auf mehr als eine Million,

Anfang 1932 aber bereits auf mehr als dreieinhalb Millionen. Die Rekordleistungen Einzelner wurden durch Verleihung von Prämien und Orden (»Held der Arbeit«) ausgezeichnet. Der Leistungswettbewerb unter den Belegschaften ganzer Betriebe, die sich durch vorzeitige Erfüllung des Plansolls gegenseitig den Rang abzulaufen suchten, erhielt durch die Presse der Sowjetunion eine ungeheure Publizität. Erfolgreiche Unternehmungen bekamen den »Lenin-Orden«. Andererseits mußten es sich Fabriken, die die vorgeschriebene Norm nicht erfüllten, gefallen lassen, daß über ihrem Hauptportal ein beschämendes Symbol der Trägheit, etwa eine Schildkröte, angebracht wurde.

Mancherorten ereigneten sich in der Industrie Sabotageakte, deren Urheber man in jenen Bevölkerungsschichten suchte, die eine Restauration des Kapitalismus erstrebten. Mit rücksichtsloser Härte griff hier der Staat ein, dessen immer größer werdende Macht oft auch Unschuldige ins Verderben stürzte.

Mit rasanter Geschwindigkeit – allerdings auch unter großen Opfern und Leiden – verwandelte sich die Sowjetunion in ein Land, dessen industrielle Produktion wertmäßig die des Agrarsektors übertraf: 1930 stellte die Industrie 53, die Landwirtschaft nur noch 47 Prozent des gesamten Sozialproduktes her, und bis 1932 wuchs die industrielle Quote auf 70,7 Prozent an. Gleichzeitig wurde in der Schwerindustrie eine nahezu vollständige Verstaatlichung erreicht: 1930 befanden sich nur noch 0,7 Prozent ihrer Betriebe in privatem Besitz.

Während die westliche Welt 1929 von einer unaufhaltsam zunehmenden Wirtschaftskrise erfaßt wurde, Amerika es 1932 auf 16 und Deutschland auf 6 ½ Millionen Arbeitslose brachte, konnte in der Sowjetunion die Nachfrage nach Arbeitskräften nicht befriedigt werden. In Europa (ohne Rußland) sank der Index der industriellen Produktion von 1928 bis 1932 um 27,6 Prozent, in der Sowjetunion dagegen stieg er, wie das Deutsche Institut für Konjunkturforschung konstatierte, um 98 Prozent. Jene Arbeitskräfte, die in den Kolchosen dank der sich allmählich durchsetzenden Mechanisierung eingespart wurden, wanderten in die Städte, in die Fabriken ab. Ihre Umschulung wurde in technischen Schulen durchgeführt, die meist großen Betrieben angegliedert waren; 1931 nahmen im Werk »Sichel und Hammer« etwa siebzig Prozent der Belegschaft an Mechaniker-Kursen teil. Die Ausbildung wurde durch Prüfungen und mit der Verleihung von Diplomen abgeschlossen. So wurde die Arbeiterschaft in die Lage versetzt, sich trotz ihrer bäuerlichen Herkunft rasch der modernen Technik zu bemächtigen. Der Anteil der Arbeiterschaft an der Gesamtbevölkerung stieg in den Jahren 1928 bis 1933 von 17,6 auf 29 Prozent.

Ende 1932 wurde offiziell verkündet, daß die Ziele des ersten Fünfjahresplanes, dank der Anspannung aller Kräfte des Landes, in nur vier Jahren erreicht worden seien, und mit dem 1. Januar 1933 trat bereits der zweite Fünfjahresplan in Kraft, der bis zum 31. Dezember 1937 realisiert werden sollte.

Die Behauptung von der »vorzeitigen« Erfüllung des ersten Fünfjahresplanes entsprach den Tatsachen nicht ganz. Einige Wirtschaftszweige hatten zwar das aufgegebene Pensum erreicht oder sogar wesentlich überschritten, so die Naphtha- und Erdgaserzeugung, die Produktion elektrischen Stromes, der Dieselmotoren- und Turbinenbau. Dagegen waren andere Sektoren der Industrie hinter dem Plansoll nicht unerheblich zurückgeblieben, so die Steinkohlenförderung um sechzehn, die Roheisenproduktion um sechsundzwanzig, die Kunstdüngerproduktion um sechsundachtzig, der Gütertransport der Eisenbahnen um dreiundfünfzig Prozent. Nachträglich hat die Sowjetregierung selbst zugegeben, daß sie gewissen Wirtschaftszweigen zu große Leistungssteigerungen zugemutet hatte und daß mehreren unter ihnen deshalb im zweiten Fünfjahresplan viel bescheidenere Ziele vorgeschrieben werden mußten.

Welche Motive mögen nun die Sowjetregierung bewogen haben, die Ausführung des ersten Fünfjahresplanes schon ein Jahr vor Ablauf der ursprünglich vorgesehenen Frist für abgeschlossen zu erklären? Die propagandistische Überlegung, daß Arbeitselan und Selbstvertrauen des Volkes gesteigert würden, wenn man ihm attestierte, es habe in vier Jahren geleistet, was auf fünf Jahre berechnet war, kann allein nicht ausschlaggebend gewesen sein. Folgende Umstände spielten eine größere Rolle: Bei der Aufstellung des ersten Fünfjahresplanes waren die Produktionsmengen der verschiedenen Wirtschaftszweige aufeinander abgestimmt worden. Da die im Plan vorgeschriebenen Pensen nicht gleichmäßig eingehalten worden waren, mußte eine immer unangenehmer sich auswirkende Störung des ökonomischen Kreislaufes eintreten. Was nützte beispielsweise die »Über-Erfüllung« des Plans in den Turbinen- und Dieselmotorfabriken, wenn die fertiggestellten Maschinen monatelang liegenblieben, weil die Eisenbahnen außerstande waren, die planmäßig kalkulierten Transportaufgaben zu bewältigen? Was nützte die über Erwarten zunehmende Leistungsfähigkeit der Buchdruckereien, wenn andererseits die Papierfabriken mit ihren Materiallieferungen mehr und mehr in Rückstand gerieten? Die dem Plan »vorauseilenden« Werke wurden durch die »nachhinkenden« oft behindert, ja geradezu lahmgelegt, da das Auseinanderklaffen zwischen »prompter« und »verspäteter« Planerfüllung sich mit jedem Quartal vergrößerte. So entstand das dringende Bedürfnis, möglichst rasch eine neue »Synchronisierung« der verschiedenen Teile des ökonomischen Prozesses vorzunehmen. Außerdem mutete der erste Fünfjahresplan der Bevölkerung zu, eine sehr rigorose Drosselung des Konsums zu ertragen. Nun hatte sich das Maß der Entbehrungen über Erwarten gesteigert. Während des Planjahrfünfts blieb die Lebensmittelrationierung in Kraft. Die durchschnittlichen Nominallöhne stiegen zwar um einundsiebzig Prozent; in Schwarzbrot oder Rindfleisch umgerechnet, sanken sie jedoch um elf und zwölf Prozent. Infolgedessen warteten die Volksmassen mit Sehnsucht auf die Beendigung des ersten Fünfjahresplanes, und die vorzeitige Inkraftsetzung des zweiten, der den Verbrauch zu erhöhen versprach, war geeignet, bei den Konsumenten ein Gefühl der Erleichterung auszulösen. Schließlich machte sich in Europa 1932, am Vorabend der Machtergreifung der deutschen Nationalsozialisten, eine Tendenz zur Aufrüstung bemerkbar. In Moskau rechnete man mit dem baldigen Ausbruch »imperialistischer Kriege«. Unter dem Druck dieser Entwicklung sah sich die Sowjetunion veranlaßt, ihre eigene Aufrüstung zu beschleunigen. Die Vordatierung des zweiten Fünfjahresplanes bot Gelegenheit, ohne Zeitverlust in der Schwerindustrie zweckentsprechende Dispositionen zugunsten des Wehrwesens zu treffen.

Erfolgreich war der erste Fünfjahresplan auf dem Gebiet des Handels. Im Jahre 1928 wurden noch 23,6 Prozent aller Umsätze von Privaten getätigt. Schon 1930 sank ihr Anteil auf 5,6 Prozent, und in den folgenden Jahren wurde der Privathandel fast völlig verdrängt.

Ein besonders schwieriges Problem stellte – vor allem in den Städten – die Wohnungsfrage dar. 1928 gab es je Kopf der städtischen Bevölkerung nur 5,7 Quadratmeter Wohnfläche. Trotz intensiver Bautätigkeit sank diese Zahl 1932 auf 4,66. Infolge der Industrialisierung siedelten immer mehr Menschen vom Dorf in die Stadt über. Eine leichte Besserung der Verhältnisse trat erst im Laufe des zweiten Fünfjahresplanes ein, namentlich für privilegierte Schichten der Bevölkerung, wie Stoßarbeiter, technische Spezialisten, Wissenschaftler und Künstler.

Großzügig angelegte Bebauungspläne veränderten das Antlitz der wichtigsten Städte. In Moskau wurde 1931 mit den Erdarbeiten für eine Untergrundbahn (Métro) begonnen.

In den Gesamtergebnissen des ersten Fünfjahresplanes erblickte Stalin eine Bestätigung seiner These von der Möglichkeit des »Sozialismus in *einem* Lande«.

Die Entwicklung der Planwirtschaft bis zum Ausbruch des zweiten Weltkrieges

Der »Sieg« des Sozialismus war freilich durch den ersten Fünfjahresplan bei weitem nicht erreicht. Der zweite Fünfjahresplan setzte sich daher das Ziel, auch die letzten Reste der kapitalistischen Klassenstruktur zu beseitigen und damit »die Ausbeutung des Menschen durch den Menschen« völlig zum Verschwinden zu bringen.

Zunächst mußte die »Rekonstruktion der Volkswirtschaft« noch »vervollständigt« werden. Man rechnete damit, daß die Bevölkerungszahl der Sowjetunion während der Laufzeit des zweiten Fünfjahresplanes von 165 auf 180 Millionen zunehmen werde. Die Herstellung von Produktionsmitteln sollte um 97, diejenige der Konsumtionsgüter um 134 Prozent anwachsen. Das Volkseinkommen sollte von 45 auf 100 Milliarden Rubel gesteigert, also mehr als verdoppelt werden. Die Akkumulationsrate wurde gegenüber 1932 von 24 auf 19 Prozent herabgesetzt, die Konsumtionsrate von 73 auf 79 Prozent verbessert. Es war beabsichtigt, das Maß der Entbehrungen, welches der Sowjetbevölkerung zugemutet wurde, zu lindern. Die Wollstoffwebereien erhielten die Weisung, ihre Leistung um 140, die Leinenfabriken um 362 und die Schuhfabriken um 120 Prozent zu erhöhen. Auf den Äckern der Sowjetunion sollte um 50 Prozent mehr Getreide geerntet werden. Für die Fleischproduktion wurde eine Zunahme um 176 Prozent in Aussicht gestellt. Eine befriedigende Lösung des Ernährungsproblems konnte man sich aber immer noch nicht versprechen.

Die Elektrifizierung des Landes sollte fortgesetzt werden; man hoffte, durch den Bau neuer Kraftwerke eine Vermehrung der Stromerzeugung um 184 Prozent zu erzielen. Das Plansoll der Steinkohlenförderung wurde für das Jahr 1937 auf 153 Millionen Tonnen angesetzt (Zunahme: 137 Prozent). Von besonderer Bedeutung war die Roheisen- und Stahlproduktion, da sie nicht nur der Herstellung von Traktoren, Werkzeugmaschinen, Lokomotiven und Automobilen, sondern auch den Bedürfnissen der militärischen Rüstung zu dienen hatte. Für Roheisen schrieb der zweite Fünfjahresplan eine Produktionserhöhung um 160, für Stahl eine solche von 189 Prozent vor. Der Traktorenpark sollte bis 1937 um 268 Prozent vermehrt werden.

Die Leichtindustrie wurde verpflichtet, ihre Produktivität um 52 Prozent zu erhöhen, die Eisenbahn um 43 Prozent.

Vorgesehen wurde auch eine Rationalisierung der Arbeitsmethoden. Beim Roheisenguß sollte die durchschnittliche Leistung je Mann und Jahr von 255 auf 710 Tonnen gebracht werden. Nahezu eine Verdoppelung der individuellen Leistung hatten die Arbeiter in der Steinkohlenförderung zustande zu bringen.

Ein wichtiger Leitgedanke des zweiten Fünfjahresplanes ging dahin, die Produktivkräfte der östlichen Gegenden der Sowjetunion zu verstärken (Ural, Sibirien, Transkaukasien). Namentlich für die Errichtung schwerindustrieller Kombinate wurden große Kapitalaufwendungen bewilligt. Die Eisenhütten und Kohlenbergwerke des Ostens sollten prozentual einen höheren Anteil an der Roheisen-, Walzgut- und Kohlenproduktion erhalten, als ihnen 1932 zukam. Dieser Förderung der Industrie in den östlichen Teilen der Sowjetunion kam nicht nur volkswirtschaftliche, sondern auch außerordentlich große strategische Bedeutung zu. Die Gründung einer Rüstungsindustrie in Sibirien erleichterte die Verteidigung gegen Japan, Manchukuo und China. Im Fall einer feindlichen Invasion von Westen her konnte eine Besetzung des Donezbeckens oder sogar des Moskauer Reviers die russische Volkswirtschaft nicht lähmen, solange die asiatischen Gebiete der UdSSR eine ausreichende Produktion aufrechtzuerhalten vermochten. Den deutschen Armeen wäre die Sowjetunion 1941 bis 1945 ohne Zweifel erlegen gewesen, wenn sie nicht durch Schaffung einer sibirischen Rohstoff- und Industriebasis vorgesorgt hätte.

Obwohl die Durchführung auch des zweiten Fünfjahresplanes mit großen Schwierigkeiten verbunden war, ließen sich manche »Kinderkrankheiten« der Planwirtschaft doch schon vermeiden. 1937 erlangte die neue Sozialstruktur der UdSSR ein beachtliches Maß von Festigkeit.

Große Erfolge hatte die Elektrizitätswirtschaft aufzuweisen. Die Gesamtleistung der Kraftwerke war, das Plansoll wesentlich überschreitend, von 13,5 auf 36,2 Milliarden Kilowattstunden angewachsen.

In die Kolchosen sowie in die Maschinen- und Traktorenstationen ordnete die bolschewistische Partei eine Armee von politischen Funktionären ab, die es durch »Aufklärung« und schärfere Kontrolle zustande brachten, die Produktivität der Landwirtschaft zu erhöhen, so daß 1935 im Lebensmittelhandel das Rationierungssystem abgeschafft und das Preisniveau merklich gesenkt werden konnte. Während der Jahre 1933 bis 1937 wurden der sozialisierten Landwirtschaft mehr als 500000 Traktoren, 123500 Mähdrescher und 145000 Lastautomobile zur Verfügung gestellt. Für die Bedienung dieser Maschinen wurden mehr als eine Million Traktoristen ausgebildet. Das Dorf begann, sich in eine »Getreidefabrik« zu verwandeln. Die Einnahmen der Kolchosen bezifferten sich auf 14,2 Milliarden Rubel gegenüber 4,6 Milliarden im Jahre 1932. Die Kolchosbauern machten 58, die Einzelbauern nur noch 6 Prozent der Bevölkerung aus. Den Kollektivbetrieben gehörten demnach fast 90 Prozent aller Landwirte an.

1935 wurde für die Kolchosen ein neues Organisationsstatut in Kraft gesetzt. Danach wurde das Land, Eigentum des Volkes, den Kolchosen zu ewiger Nutzung überlassen. Es durfte weder verkauft noch verpachtet werden. Die Rechte der Kolchosen wurden in besonderen Urkunden verbrieft. Ein Teil der landwirtschaftlichen Staatsbetriebe (Sowchosen) wurde aufgelöst und schon bestehenden oder neu zu gründenden Kolchosen zugesprochen. Jeder Bauernhof erhielt ein bescheidenes Grundstück zu individueller Nutzung. Ehemalige Kulaken durften in die Kolchosen als Mitglieder erst aufgenommen werden, nachdem sie »drei Jahre lang loyal gearbeitet und die Politik der Sowjetregierung unterstützt« hatten.

Der Anteil jedes einzelnen Kolchosmitgliedes am Ertrag richtete sich nach der Arbeitsleistung. Für jede Arbeitsart wurde eine »Tagesnorm« festgesetzt; wer sie überbot, hatte Anspruch auf entsprechenden Zuschlag. Qualifizierten Arbeitern (Melkern, Käsern, Maschinisten, Agronomen, Veterinären, dem Vorsitzenden des Kollektivs) wurde das Doppelte oder Dreifache des Grundlohnes gutgeschrieben.

Auf die Produktivität der Arbeit wirkte sich der »sozialistische Wettbewerb«, der immer größere Massen der Werktätigen erfaßte, sehr anspornend aus. Am 31. August 1935 gelang es Stachanow, einem Bergarbeiter, während einer Schicht 102 Tonnen Kohle zu gewinnen. Am 8. September stellte er mit 175 Tonnen einen neuen Rekord auf. Bald danach wurde er von Isotow, der 240 Tonnen förderte, in den Schatten gestellt. Seither griff die »Stachanow-Bewegung« auch in anderen Industriezweigen mit erstaunlicher Geschwindigkeit um sich. Dank einer rationelleren Arbeitsteilung und dank der Einführung moderner Maschinen gelang es, den Ausstoß vieler Betriebe noch wesentlich stärker zu erhöhen, als der Plan vorschrieb. Unter den Leistungen der Stachanow-Arbeiter gab es bisweilen auch solche, die nicht höher waren als die in Westeuropa üblichen Normen; doch stellten auch sie im Rahmen russischer Verhältnisse bemerkenswerte Fortschritte dar.

Nach Beendigung des zweiten Fünfjahresplanes war die Sowjetunion in der Lage, auf den Import ausländischer Maschinen und weitgehend auch auf die Mitarbeit westlicher Spezialisten zu verzichten, was große Ersparnisse an Devisen ermöglichte. Für die Leitung aller technischen Betriebe wurden nur noch eigene Ingenieure verwendet. Die von den Lehranstalten ausgebildete neue »Intelligenz«, eine aus der Arbeiter- und der Bauernklasse hervorgegangene Elite, zählte 1937 mehr als neun Millionen Menschen.

Diese »neue« Intelligenz bestand aus lauter Spezialisten, die außerhalb ihres engsten Fachgebietes nur geringe Kenntnisse besaßen. Die Bildung war vorwiegend auf praktische Ziele gerichtet und durch den Kult der Technik bedingt. Es fehlte der jungen »technokratischen« Generation noch jede verfeinernde geistesgeschichtliche Überlieferung. Metaphysische, ethische, ästhetische Probleme wurden als Reste einer überwundenen »bürgerlichen« Weltanschauung aufgefaßt und ignoriert.

Bedeutende Erfolge waren dem zweiten Fünfjahresplan auf dem Gebiet der ärztlichen Hilfe beschieden. Die Zahl der Ambulatorien, Kliniken, Spitäler, Sanatorien und Erholungsheime wurde stark vermehrt, Forschungsinstitute und medizinische Zeitschriften wurden gegründet, Tausende neuausgebildeter Ärzte in den Dienst der unentgeltlichen Volksgesundheitspflege gestellt.

Dennoch sind wichtige Ziele des zweiten Fünfjahresplanes nach eigenen Angaben der Sowjetregierung nicht erreicht worden. Die Erdölproduktion betrug 1937 nur 31,5 statt 46,8 Millionen Tonnen, die Roheisenerzeugung nur 14,6 statt 16 Millionen Tonnen. Nach Mitteilungen des Volkskommissars für Leichtindustrie, Schestakow, ist das Programm für

1937 »nur zu 92,1 Prozent« realisiert worden. Bezeichnenderweise mußten die Planziffern für 1938 in nicht wenigen Branchen erheblich bescheidener angesetzt werden als für 1937, so etwa Steinkohle nur 139 Millionen Tonnen (gegenüber 159,25), Erdöl 33,5 (46,8), Stahl 15,6 (17,0), Zement 6,3 (7,5), Schuhe 150 Millionen Paar (180). Die Sowjetregierung sah sich also gezwungen, im dritten Fünfjahresplan gewisse überspannte Anforderungen hinsichtlich der Arbeitsintensität fallenzulassen. Die Schuld am Versagen der hinter dem Plansoll zurückbleibenden Produktionszweige schob die russische Presse fahrlässigen Arbeitern oder den Urhebern böswilliger Sabotageakte zu. Die Bevölkerung der Sowjetunion wurde von einer Psychose gegenseitigen Mißtrauens erfaßt, was eine Flut von Denunziationen und eine Vergiftung der Lebensatmosphäre nach sich zog. Auch Furcht vor fremden Spionen und Agenten griff um sich. Sowjetbürger, die mit Ausländern irgendwelche – und sei es auch nur oberflächlichste – Beziehungen unterhielten, machten sich besonders verdächtig. Tausende von Funktionären wurden verhaftet, administrativ bestraft oder durch eine Justiz abgeurteilt, die vom Prinzip ausging, daß *in dubio contra reum* zu entscheiden sei, weil die Sicherheit des Vaterlandes nur gewährleistet werden könne, wenn man alle auch nur möglicherweise schuldigen Personen unschädlich mache.

Das Aufbauwerk der bolschewistischen Fünfjahrespläne hat eine äußerst strenge Disziplinierung der Nation unvermeidlich gemacht und infolgedessen auch intensivste Formen der Diktatur erzeugt. Einer Armee vergleichbar, die in den Krieg zieht, ist das Sowjetvolk an der »Wirtschaftsfront« rigorosester Kommandogewalt unterstellt worden. Alle ohne Ausnahme hatten sich der »Generallinie« zu fügen und immer aufs neue zu fügen, sooft sie aus taktischen Erwägungen revidiert werden mochte. Jede Nachlässigkeit, jede »Abweichung« nach »rechts« oder nach »links« wurden mit drakonischer Strenge verfolgt. So gelangte der Bolschewismus dazu, einerseits die Freiheit des Volkes als sein »Endziel« zu proklamieren, anderseits aber für den Weg dorthin den Verzicht auf die Freiheit vom Volk zu fordern.

Goethe hat im zweiten Teil des »Faust« die naheliegende Möglichkeit eines derartigen Widerspruches vorausgesehen. Faust faßt den Entschluß, einen großen Plan zu verwirklichen: dem Meer einen Streifen fruchtbaren Landes abzuringen, um darauf »viele Millionen« als »tätig-freie« Menschen anzusiedeln. Letzten Endes möchte er »auf freiem Grund mit freiem Volke« stehen. Während der Bauarbeiten jedoch behandelt er die ihm dienenden Massen als stumpfsinnige Untertanen. Er weiht sie nicht einmal in seine Absichten ein: »Daß sich das größte Werk vollende, genügt ein Geist für tausend Hände.« Dem Befehlenden »ist die Brust von hohem Willen voll, doch was er will, es darf's kein Mensch ergründen«. Seinen Sklaven ruft er zu: »Vom Lager auf, ihr Knechte, Mann für Mann!« Mit Zucker und Peitsche sollen sie zu Höchstleistungen angetrieben werden. Mephistopheles, dem Aufseher, gebietet Faust: »Wie es auch möglich sei, Arbeiter schaffe Meng' auf Menge, Ermuntre durch Genuß und Strenge, Bezahle, locke, presse bei! Mit jedem Tage will ich Nachricht haben, wie sich verlängt der unternommene Graben.« Dem Geklirr der Spaten lauschend, sagt Faust von den Werktätigen: »Es ist die Menge, die mir frönet.« Die Freiheit des Volkes wird somit auch im »Faust« erst für die Zukunft postuliert. Die Ausführung des Bauwerkes, das die künftige Gemeinschaft ermöglichen soll, erfolgt zunächst durch frönende Knechte, die erst später tätig-freie Persönlichkeiten werden dürfen.

Während der Ausführung des zweiten Fünfjahresplanes erwarb sich Stalin als Führer der Partei und des Staates in den Augen des Volkes eine ungeheure Autorität, ja den Nimbus absoluter Unfehlbarkeit. Ein wahrer Stalin-Kult ergriff mit unwiderstehlicher Penetranz die gesamte Sowjetunion. An allen Ecken und Enden tauchten gigantische Bilder und Büsten Stalins auf. In den Hütten der Kolchosbauern nahm sein Porträt die Stelle der ehemaligen Ikonen ein. In Reden und Vorträgen, in Artikeln und Büchern – nicht nur über politische, sondern auch über wissenschaftliche und künstlerische Themen – wurde die Anführung von Stalin-Zitaten obligatorisch. Die Verherrlichung und Vergötzung des Mannes nahm ungeheuerliche Formen an. Zum großen Teil mag zwar die Äußerung solch überschwenglicher Verehrung echt gewesen sein. Das Volk mußte jemanden haben, dem es für die allmähliche Verbesserung seiner Lebensverhältnisse Dank sagen konnte. Die Funktion des Stalin-Kultes beschränkte sich aber keineswegs darauf, den Völkern der Sowjetunion einen »Dankbarkeits-Altar« zur Verfügung zu stellen. Der Stalin-Kult war vielmehr ein in den Gesetzen der Massenpsychologie tief verankertes Mittel, die Lenkbarkeit, Opferbereitschaft und Leistungsfreudigkeit der Menschen zu steigern. Er diente dazu, kritische und oppositionelle Tendenzen durch einen mächtigen Affekt vertrauensvoller Hingabe zu dämpfen, Energien aus der Schicht patriarchalischen Unterbewußtseins für den Dienst am planwirtschaftlichen Aufbauwerk zu mobilisieren. »Um Stalins willen« erschienen auch härteste Strapazen erträglich. In Stalins »väterliche Hand« legten Stachanow-Arbeiter das Versprechen ab, neue Produktivitätsrekorde aufzustellen, und wenn sie ihr »dem teuren Genossen Stalin gegebenes Wort« gehalten hatten, wurden sie in den Betriebsversammlungen und in der Presse zum Gegenstand begeisterter Ovationen.

Andererseits hat der Stalin-Kult ein Maß von Servilismus und Gleichschaltung erzeugt, das dem Geistesleben der Sowjetunion unermeßlichen Schaden zufügen mußte. Der Stalin-Kult erstickte die Freiheit der geistigen Produktion. Er forderte blindes Vertrauen in den Enderfolg der kommunistischen Bewegung, wie Moses blindes Vertrauen gefordert hatte in den Enderfolg der den Juden zugemuteten Wüstenwanderung. Die Schriftsteller wurden verpflichtet, ihren Lesern »standardisierten Optimismus« einzuflößen. Abweichungen von der »Generallinie« lagen schon vor, wenn etwa ein Lyriker Gedichte »von herbstlicher, melancholischer, jedenfalls nicht heroisch optimistischer Grundstimmung« verfaßte, oder wenn ein Novellist von einem sowjetischen Flieger erzählte, der einen Höhenrekord erreicht, dann jedoch abstürzt, weshalb die Novelle als »zu pessimistisch« aus den gesammelten Werken des Autors entfernt werden mußte. Die Kontrollstellen der Partei mischten sich in die Arbeit der geistig Schaffenden ein und bogen ihre Werke auf Kosten der künstlerischen Qualität nach politischen Zwecken zurecht, oder sie forderten im Sinne des »sozialistischen Realismus« eine Anpassung an den Geschmack der großen Masse. Diese »Gängelei und Bevormundung« der Künstler, an der sich Stalin mit dem ganzen Gewicht seiner Autorität auch persönlich beteiligte, wurde dadurch gerechtfertigt, daß man das Volk mit Begeisterung für die Aufgaben des zweiten Fünfjahresplanes habe erfüllen müssen und daß es wegen der Möglichkeit eines »Angriffskrieges imperialistischer Mächte« notwendig gewesen sei, ihm moralische Kraft, Selbstvertrauen und Zuversicht einzuflößen.

Die Verfassung der Sowjetunion von 1936

Während Stalins Macht, gestützt auf die Schicht ihrer Nutznießer, immer deutlicher totalitären Charakter annahm, wurde den Bürgern der Sowjetunion eine Vermehrung und Erweiterung ihrer persönlichen und politischen Freiheitsrechte durch den Entwurf einer neuen Verfassung vorgetäuscht, der am 12. Juni 1936 in der »Prawda« erschien. »Ein neuer Krieg«, schrieb das Blatt, »schwebt als tödliche Gefahr über der Welt, als ungeheures Verbrechen der Bourgeoisie, die bis an die Ohren im Sumpf ihrer bankrotten Wirtschaft steckt. Im Sowjetland entwickelt sich die sozialistische Wirtschaft, wächst die wirtschaftliche Sicherheit der gesamten Bevölkerung, gibt es keine Arbeitslosigkeit, gibt es keine Kriegsbrandstifter und Kriegsprovokateure. In dieser historischen Situation wird die neue Verfassung geboren.« An der Ausarbeitung ihres Textes hatten Bucharin und Radek einen bedeutenden Anteil. Das ganze Volk wurde aufgefordert, die Vorlage in Betriebs- und Parteiversammlungen zu diskutieren und durch Verbesserungsanträge zu bereichern. Man hoffte, dadurch »eine neue Welle des Enthusiasmus« hervorzurufen und die politische Aktivität der breitesten Massen zu erhöhen.

An einer lebendigen Demokratie war Stalin gar nichts gelegen. Er benützte die »Selbstherrschaft des Volkes« als propagandistische Fiktion. Von den unzähligen Anregungen verfassungsrechtlichen Inhalts, die aus der Mitte des souveränen Volkes hervorgegangen sein sollen, wurde fast nichts berücksichtigt.

Die leitende Idee der neuen Verfassung war dem »Kommunistischen Manifest« von 1848 entnommen. Der erste Schritt in der Arbeiter-Revolution, heißt es dort, wird in der Erhebung des Proletariats zur herrschenden Klasse bestehen. Das Proletariat wird seine politische Herrschaft dazu benutzen, der Bourgeoisie nach und nach alles Kapital zu entreißen, alle Produktionsinstrumente in den Händen des Staates, das heißt des als herrschende Klasse organisierten Proletariats zu zentralisieren und die Masse der Produktionskräfte möglichst rasch zu vermehren. Es kann dies natürlich nur geschehen durch despotische Eingriffe in das Eigentumsrecht und in die bürgerlichen Produktionsverhältnisse.

Sind im Laufe der Entwicklung die Klassenunterschiede verschwunden, und ist alle Produktion in den Händen der assoziierten Individuen konzentriert, so verliert die öffentliche Gewalt ihren politischen Charakter, das heißt, sie hört auf, als organisierte Gewalt einer Klasse zur Unterdrückung einer anderen Klasse zu dienen. Nach vollzogener Aufhebung der Klassen überhaupt hebt das Proletariat auch seine eigene Herrschaft als Klasse auf. Dann hat die Diktatur des Proletariats ihre Aufgabe erfüllt, und sie weicht allmählich einer Assoziation, worin die freie Entwicklung eines jeden die Bedingung für die freie Entwicklung aller ist.

Durch die Verfassung von 1936 wollte Stalin, in Anlehnung an diese Stellen des »Kommunistischen Manifestes«, das Ende der ersten und den Anfang der zweiten Revolutionsetappe feierlich ankündigen.

In der neuen Konstitution wird die UdSSR als »sozialistischer Staat der Arbeiter und Bauern« definiert. Die gesamte Macht gehört den Werktätigen in Stadt und Land. Die ökonomische Grundlage der UdSSR bilden das sozialistische Wirtschaftssystem und das sozialistische Eigentum an den Produktionsmitteln. Die kapitalistische Wirtschaftsordnung ist liquidiert, die Ausbeutung des Menschen durch den Menschen aufgehoben. Der staatliche Volkswirtschaftsplan dient der Vermehrung des gesellschaftlichen Reichtums, der Hebung des materiellen und kulturellen Niveaus der Werktätigen, der Festigung der Unabhängigkeit der UdSSR und der Stärkung ihrer Wehrfähigkeit. Indirekt wird damit ausgesprochen, daß der unmittelbar ausbezahlte Lohn kein volles Äquivalent für die geleistete Arbeit darstellen kann: Ein Teil des Arbeitsertrages soll akkumuliert werden, freilich nicht zugunsten einer herrschenden Klasse, sondern zur Hebung des gesellschaftlichen Reichtums sowie für die Zwecke der Landesverteidigung. Neben dem Staatseigentum existiert das Eigentum der Kollektivwirtschaften und Genossenschaften, welchen der nötige Boden »zu unbefristeter Nutzung« zugeteilt wird. Das tote und lebende Inventar der Kolchosen ist deren »gesellschaftliches sozialistisches Eigentum«. Darüber hinaus aber hat jeder Hof eines Kolchosenbauern zu persönlicher Nutzung ein bescheidenes Grundstück (in der Regel einen halben bis einen Hektar) und im persönlichen Besitz eine zusätzliche Wirtschaft auf dem Hof- und Gartenland, ein Wohnhaus, Zugvieh, Geflügel und landwirtschaftliches Kleininventar. Denn neben dem sozialistischen Wirtschaftssystem, das in der UdSSR die herrschende Wirtschaftsform bildet, ist die private Kleinwirtschaft der Einzelbauern und Gewerbetreibenden gesetzlich zugelassen, sofern sie auf persönlicher Arbeit beruht und die Ausbeutung fremder Arbeit ausschließt. Das persönliche Eigentum der Staatsbürger an ihrem Arbeitseinkommen und ihren Ersparnissen, an ihrem Wohnhaus und ihrer zusätzlichen Kleinwirtschaft, an Haushaltungsgegenständen wie auch an den Gegenständen des persönlichen Gebrauchs und Komforts wird gesetzlich geschützt. Dieses persönliche Eigentum darf sogar vererbt oder testamentarisch vermacht werden. Es ist somit nicht jegliches Eigentum überhaupt abgeschafft, sondern nur das der Ausbeutung dienende Kapital. Die Arbeit ist in der UdSSR Pflicht eines jeden arbeitsfähigen Staatsbürgers, nach dem Grundsatz: »Wer nicht arbeitet, soll auch nicht essen.« (Es entbehrt nicht einer gewissen Pikanterie, daß dieser Satz dem Neuen Testament – Thessalon., 3, 10 – entnommen ist.) Jeder soll arbeiten nach seinen Fähigkeiten und bezahlt werden nach der geleisteten Arbeit. Die Staatsbürger der UdSSR haben ein Recht auf Arbeit, das heißt Anspruch auf gesicherte Arbeit mit Entlohnung gemäß ihrer Qualität und Quantität. Das Recht auf Arbeit wird gesichert durch die unaufhörliche Entwicklung der Produktivkräfte, durch das Nichtbestehen von Wirtschaftskrisen und durch Beseitigung jeglicher Arbeitslosigkeit. Dagegen ist die Freiheit der Berufswahl und die freie Wahl des Arbeitsplatzes nicht garantiert. Die Staatsbürger der UdSSR haben ferner ein Recht auf Erholung, das gesichert wird durch Kürzung der Arbeitszeit bis auf sieben Stunden, durch Festlegung eines alljährlichen, vollbezahlten Urlaubs für alle Werktätigen und durch ein dichtes Netz von Erholungsheimen. Garantiert wird auch die Fürsorge im Krankheitsfall und eine Rente im Alter sowie bei Invalidität. Dieses Recht wird verbürgt durch eine vom Staat finanzierte Sozialversicherung, durch unentgeltliche medizinische Hilfe, durch ein dichtes Netz von Kliniken, Spitälern, Sanatorien und Kurorten. Den Staatsbürgern wird auch ein Recht auf Bildung gewährleistet, einschließlich unentgeltlicher Hochschulbildung. (Später hat das Prinzip der Unentgeltlichkeit des Mittel- und Hochschulunterrichtes Einschränkungen erfahren.) Den

Frauen werden in der Sowjetunion grundsätzlich die gleichen Rechte gewährt wie den Männern. Überdies genießen die Frauen bezahlten Schwangerschaftsurlaub sowie die unentgeltliche Benützung von Entbindungsheimen und der Kinderkrippen und Kindergärten für ihre Kinder. Die Gleichberechtigung aller Staatsbürger ist unumstößliches Gesetz. Jede Propaganda der Diskriminierung einzelner Bevölkerungsgruppen, namentlich von Rassen und Nationalitäten, ist verboten; Äußerungen von Rassen- und Nationalitätenhaß werden bestraft. Die Gewissensfreiheit der Staatsbürger ist gewährleistet. Die Kirche ist vom Staat, und die Schule ist von der Kirche getrennt. Die Freiheit der Ausübung religiöser Kulte, aber auch die Freiheit antireligiöser Propaganda ist allen Staatsbürgern zuerkannt. Garantiert wird auch die Freiheit des Wortes, die Freiheit der Presse, die Freiheit der Versammlungen und Meetings, die Freiheit der Straßenumzüge und Kundgebungen, jedoch nur »entsprechend den Interessen der Werktätigen und zwecks Festigung des sozialistischen Systems«. Jeder Staatsbürger ist verpflichtet, die Verfassung der UdSSR und ihre Gesetze zu befolgen, die gesellschaftlichen Pflichten ehrlich zu erfüllen, insbesondere auch die Arbeitsdisziplin zu beobachten und sich der allgemeinen Wehrpflicht, die als heilige Ehrenpflicht qualifiziert wird, zu unterziehen. Personen, die sich am gesellschaftlichen sozialistischen Eigentum vergreifen, sind als Feinde des Volkes zu behandeln.

Der Schutz des Staatsbürgers vor behördlicher, namentlich vor polizeilicher Willkür ist ganz ungenügend. Wohl sichert die Verfassung jedermann die Unantastbarkeit der Person, der Wohnung und des Briefgeheimnisses zu. Niemand darf ohne Gerichtsverfügung und ohne Zustimmung eines Staatsanwaltes verhaftet werden. Doch sind die Staatsanwälte einzig dem Generalstaatsanwalt der UdSSR untergeordnet und allen anderen Behörden gegenüber unabhängig. Für die oberste Aufsicht über die genaue Befolgung der Gesetze durch sämtliche Volkskommissariate ist einzig der Generalstaatsanwalt zuständig. Eine Bestimmung, durch die jedem Angeschuldigten ein Anspruch auf Erledigung seines Falles durch ein ordentliches Gericht zugesichert würde, findet sich in der Verfassung nicht. Bei Strafprozessen darf der Angeklagte einen Verteidiger beiziehen; doch sind dessen Befugnisse so eng begrenzt, daß er die Interessen seines Klienten nicht wahrzunehmen vermag. Die Einsetzung von Sondergerichten ist zulässig; ihre Kompetenzen werden durch keine verfassungsrechtliche Bestimmung eingeschränkt. Weder Verfassungs- noch Verwaltungsgerichtshöfe werden erwähnt.

Für alle Wahlen von Volksvertretern ist das allgemeine, gleiche, direkte und geheime Wahlverfahren obligatorisch. Aktives und passives Wahlrecht steht allen Staatsbürgern beider Geschlechter zu, die im Wahljahr das 18. Lebensjahr vollenden. Die Ausübung des Wahlrechtes steht allen zu, »unabhängig von Rasse und nationaler Zugehörigkeit, von Glaubensbekenntnis, Bildungsgrad, Ansässigkeit, sozialer Herkunft, Vermögenslage und früherer Tätigkeit«. Demnach werden Angehörige oder Nachkommen der früheren Bourgeoisie, des Adels und des Priesterstandes in ihren politischen Rechten nicht mehr eingeschränkt.

Das Recht, Kandidaten aufzustellen, steht den kommunistischen Parteiorganisationen, den Gewerkschaften, Genossenschaften, Jugendorganisationen und kulturellen Gesellschaften zu. Die Kandidaten werden nach Wahlkreisen aufgestellt. Proporzverfahren ist nicht vorgesehen. In der Sowjetunion ist nur eine Partei zugelassen: die kommunistische. Jeder Abgeordnete ist verpflichtet, seinen Wählern über seine Arbeit und über die Arbeit des Rates Rechenschaft abzulegen, und er kann jederzeit durch Mehrheitsbeschluß der Wählerversammlung abberufen werden.

Eine Revision der Verfassung der UdSSR wird nur auf Beschluß des Obersten Rates vorgenommen; sie bedarf einer zustimmenden Zweidrittelmehrheit in jeder seiner beiden Kammern (Rat der Union und Rat der Nationalitäten). Volksabstimmungen sind für Verfassungsänderungen nicht erforderlich. Das Volk hat weder Referendum noch Initiativrecht. Das Präsidium des Obersten Rates kann jedoch – aus eigenem Antrieb oder auf Verlangen eines Gliedstaates – eine unverbindliche »Volksbefragung« anordnen.

Über die behördliche Organisation des sowjetischen Bundesstaates hat die Verfassung von 1936 nichts wesentlich Neues gebracht.

Wenn sich auch nicht bestreiten läßt, daß den verfassungsrechtlichen Bestimmungen über die sozialistische Wirtschaft, über das Recht auf Arbeit, auf Erholung, auf Bildung, auf unentgeltliche ärztliche Hilfe und auf Altersversorgung große Bedeutung zukommt, so fällt doch andererseits entscheidend ins Gewicht, daß dem Staatsbürger durch diese Verfassung nicht die geringste Möglichkeit gegeben wird, Rechte, die ihm verweigert oder nur teilweise gewährt werden, in vollem Umfang tatsächlich auch durchzusetzen. Durch eine Reihe von Schauprozessen wurde deutlich genug bewiesen, wie weit die Sowjetunion nach wie vor davon entfernt war, ein wirklicher Rechtsstaat zu sein.

Parteisäuberungen und Schauprozesse

Zu keiner Zeit ist die absolute Grausamkeit des Stalinschen Regimes so deutlich zutage getreten wie in den Jahren 1934 bis 1938. Der kalt und rücksichtslos gehandhabte Terror äußerte sich schon im Juni 1934, als ein Dekret herauskam, das die Kollektivhaftung der Familie für jede staatsgefährdende Handlung ihrer Mitglieder einführte. Wer es unterließ, einen »unzuverlässigen« Verwandten der Polizei anzuzeigen, sollte von nun an schwerer Strafe verfallen.

Einen Monat später folgte zwar eine auf Milderung der despotischen Herrschaft gerichtete Maßnahme: die GPU (»politische Staatsverwaltung«), seit 1922 als Nachfolgerin der Tscheka berüchtigt, wurde aufgelöst und durch das NKWD (Volkskommissariat für innere Angelegenheiten) ersetzt. Die Macht der politischen Polizei wurde eingeschränkt, und es wurde der Eindruck erweckt, daß die neue Behörde den Kampf gegen oppositionelle Elemente nur in legalen Formen fortsetzen und dabei alle Rechtsgarantien des ordentlichen Gerichtsverfahrens streng einhalten werde. Die Überwachung der Presse wurde gelockert.

Da fiel am 1. Dezember 1934 der Parteisekretär von Leningrad, Sergej Mironowitsch Kirow, einem Attentat zum Opfer. Er hatte den Schutz der Polizei abgelehnt und wurde in seinem Büro von einem Studenten namens Leonid Nikolajew getötet. Ob das Attentat durch eine ausländische terroristische Organisation, durch oppositionell gesinnte junge

Kommunisten, durch Anhänger Sinowjews oder gar durch den Chef des NKWD, Jagoda, der damit die Unentbehrlichkeit einer allmächtigen politischen Polizei beweisen wollte, provoziert worden ist, muß dahingestellt bleiben. Die von Stalin persönlich geführte Untersuchung ergab, daß weitere Anschläge gegen prominente Führer der bolschewistischen Partei hatten folgen sollen. Der Prozeß gegen die Mörder Kirows wurde unter Ausschluß der Öffentlichkeit durchgeführt. Die Angeklagten durften keine Verteidiger beiziehen. Sie wurden zum Tode verurteilt und hingerichtet.

Die Regierung mußte jedoch mit der Möglichkeit rechnen, daß die geheime Verschwörung, als deren Exponent Nikolajew gehandelt hatte, noch viel mehr Anhänger besaß. Das NKWD wurde von Stalin beauftragt, ihnen allen auf die Spur zu kommen. Mit der Verantwortung für die Ermordung Kirows wurden zunächst Sinowjew und Kamenew belastet. Beide bestritten, Nikolajew, den sie gar nicht kannten, direkt angestiftet zu haben, gestanden aber, daß ihre Politik »indirekte Veranlassung« zu terroristischen Akten gegeben haben möge. Sinowjew wurde mit zehn, Kamenew mit fünf Jahren Zwangsarbeit bestraft. Im Frühjahr 1935 wurden etwa weitere vierzig Männer aus der nächsten Umgebung Stalins hinter verschlossenen Türen abgeurteilt; zwei von ihnen wurden hingerichtet, während die übrigen mit Gefängnisstrafen davonkamen.

Darauf setzte in Kreisen der Partei und der Kommunistischen Jugend eine beispiellose Jagd nach angeblichen Terroristen und sonstigen Verdächtigen ein. Stalin scheint sich vorgenommen zu haben, die ganze Umgebung auszubrennen, in der die Verschwörer aufgewachsen waren. Andrej Schdanow wurde, als Nachfolger Kirows, mit der Aufgabe betraut, Leningrad von unzuverlässigen Elementen zu säubern. Zehntausende wurden, samt ihren Familien, nach Nordsibirien deportiert. Große Massen von sogenannten »Kirowmördern« wurden auch aus andern Städten in Gefängnisse und Konzentrationslager eingeliefert.

Im Mai 1935 holte Stalin, durch Einsetzung einer besonderen Zentralkontrollkommission, zu umfassender »Vernichtung aller Volksfeinde« aus. Als sämtliche Instanzen der Partei zur »Überprüfung« aller Mitglieder und zu »Kritik und Selbstkritik« aufgefordert wurden, ging eine Welle hemmungsloser Denunziationen durch die ganze Sowjetunion, und Hunderttausende wurden verhaftet, oft nur, weil sie aus dem kapitalistischen Ausland Post erhalten hatten. Gleichzeitig änderte sich das Regime, dem die »Politischen« in der Untersuchungshaft, in der Verbannung oder während des Strafvollzugs unterworfen waren. Alle Privilegien, deren sie bisher im Vergleich zu gemeinen Verbrechern teilhaftig gewesen, verschwanden. Jede politische Lektüre und Diskussion wurde verboten, aber auch faktisch unmöglich gemacht. Unterernährung und erschöpfende Zwangsarbeit nötigten die Gefangenen meist zu einer so elenden Existenz, daß ihr Widerstand gebrochen wurde und die wenigsten die Fähigkeit behielten, politisch zu denken und politische Willensregungen zu äußern.

Unzählige wurden ohne Gerichtsverfahren, auf administrative Verfügung des NKWD, in den Tod oder in Zwangsarbeitslager geschickt. Am Anfang der Revolution, während des Bürgerkrieges, war es noch vorgekommen, daß Tschekisten hingerichtet wurden, weil sie Gefangene oder zum Tode Verurteilte in sadistischer Weise gequält hatten. Jetzt aber griff

Stalin nie zugunsten der Opfer des amtlichen Terrors ein. Hauptsache war ihm, daß der Terror seiner Schergen »in der gewünschten Richtung« ging. Befragt, wie lange er noch fortfahren wolle, Menschen erschießen zu lassen, antwortete er kalt: »Solange es notwendig sein wird.« Raffinierte Foltermethoden – tagelang, ja wochenlang ohne Unterbrechung andauernde Verhöre bei grellstem Scheinwerferlicht – wurden angewendet, um Geständnisse zu erzwingen.

Es wäre jedoch nicht richtig, wollte man annehmen, daß das umfangreiche belastende Material, welches im NKWD protokolliert wurde, den Tatsachen in gar nichts entsprochen hätte. Neben sehr vielen Unschuldigen sind auch Schuldige in den Netzen der Untersuchungsrichter hängengeblieben. Außer erfundenen und konstruierten Verschwörungen wurden wirkliche konspirative Umtriebe aufgedeckt. Zur Zeit des ersten Fünfjahresplanes hatten sich drei oppositionelle Gruppen gebildet: die radikale Gruppe unter Trotzkij, die »Linksabweichung« unter Sinowjew und die »Rechtsabweichung« unter Bucharin. Aus ihren Anhängern ging letzten Endes der »Rechts-Links-Block« hervor, der, um die Russische Revolution vor der Einmann-Diktatur zu retten, Stalin stürzen und die »Parteidemokratie« (mit einem gewissen Recht auf freie Diskussion, wie es unter Lenin gegolten hatte) wieder einführen wollte. Unter dem Despotismus des russischen Polizeistaates blieb der Bewegung dann allerdings nichts anderes übrig, als zur Methode terroristischer Attentate ihre Zuflucht zu nehmen.

Vom 19. bis 24. August 1936 spielte sich in Moskau, vor aller Öffentlichkeit und in Anwesenheit ausländischer (darunter amerikanischer) Diplomaten, der Prozeß gegen sechzehn Mitglieder des »trotzkistisch-sinowjewistischen terroristischen Zentrums« ab. Die Anklage vertrat Andrej Wyschinskij, ehemaliger Menschewik, Mitglied der bolschewistischen Partei seit 1920, Professor für Strafrecht an der Universität Moskau, Generalstaatsanwalt der Sowjetunion seit 1935. Sinowjew, Kamenew und Genossen wurden beschuldigt, Beziehungen zu Trotzkij unterhalten und mit der deutschen Gestapo zusammengearbeitet zu haben; sie wurden ferner beschuldigt, Kirow ermordet sowie Attentate gegen Stalin, Woroschilow und Kaganowitsch vorbereitet zu haben. Während der Einvernahme bestätigten sie ihre in der Voruntersuchung gemachten Aussagen, gaben auch einige Lügen zu und erklärten sich im Sinne der Anklageschrift schuldig. Sie bekundeten tiefe Reue über den an der Revolution begangenen Verrat, über ihr Absinken auf das Niveau sowjetfeindlicher Agenten und Spione. »Mein defekter Bolschewismus«, sagte Sinowjew, »hat sich in Antibolschewismus verwandelt, und über den Trotzkismus bin ich zum Faschismus gelangt.« In grenzenloser Selbsterniedrigung verleugneten sie alle Ideen, die sie früher vertreten hatten, und schienen bereit, noch größere Schuld auf sich zu nehmen, als der Generalstaatsanwalt ihnen zugeschrieben hatte. Kamenew belastete würdelos nicht nur sich selbst, sondern auch andere Personen. Von einer rhetorischen Schlußfloskel abgesehen (»Ich fordere, daß diese tollgewordenen Hunde allesamt erschossen werden«), vertrat Wyschinskij die Anklage in ruhigem Ton. Am Prozeß nahmen keine Verteidiger teil. Vom Obersten Militärgericht der Sowjetunion wurden sämtliche Angeklagten zum »höchsten Strafmaß«, zur Erschießung, verurteilt und am 25. August 1936 hingerichtet. In der Sowjetunion und im Ausland erregte dieser erste große Schauprozeß gewaltiges Aufsehen. Die russische Öffentlichkeit sah die

Schuld der Verurteilten als erwiesen an. In Westeuropa dagegen hegte man die größten Zweifel an der Gerechtigkeit der Sowjetjustiz, obwohl von Moskau aus stenographische Prozeßberichte in Übersetzungen verbreitet wurden. Man fand die vorbehaltlosen Selbstbezichtigungen der Verurteilten ganz unverständlich.

Mit der Vernichtung Sinowjews und Kamenews gab sich Stalin keineswegs zufrieden. Während der Bevölkerung des Sowjetstaates durch die neue Verfassung von 1936 Rechtssicherheit vorgespiegelt wurde, setzte er die Serie der Prozesse gegen trotzkistische Schädlinge unter schauerlichen Begleiterscheinungen fort.

Ende September 1936 wurde Jagoda seines Amtes als Leiter des NKWD enthoben. Er wurde durch Nikolaj Iwanowitsch Jeschow ersetzt, einen Arbeiter, der sich als Mitglied der Zentralkontrollkommission insbesondere bei Untersuchungen gegen Intellektuelle ausgezeichnet hatte. Unter Jeschow erreichte die Kampagne der Säuberungs-, Inquisitions- und Gerichtsverfahren ihren Kulminationspunkt. Die Jahre 1936 bis 1938 gingen als Epoche der »Jeschowschtschina« in die Geschichte ein.

In fieberhafter Arbeit wurde im NKWD neues Belastungsmaterial gegen trotzkistische Verschwörer beigebracht. Es sollte bewiesen werden, daß in der Sowjetunion »auf Grund der Anweisungen des Volksfeindes L. Trotzkij« ein weiteres »trotzkistisches Parallelzentrum« organisiert worden sei, welches sich »den Sturz des Sowjetregimes, die Wiederherstellung des Kapitalismus und der Herrschaft des Bürgertums« zur Hauptaufgabe gemacht und eine »Schädlings-, Diversions-, Spionage- und terroristische Tätigkeit« zu entwickeln versucht habe, »um die wirtschaftliche und militärische Macht der Sowjetunion zu untergraben, ausländische Aggressoren zu unterstützen und die Niederlage der Sowjetunion herbeizuführen«.

Vom 23. bis 30. Januar 1937 fand in Moskau vor dem Obersten Militärgericht öffentlich der »Prozeß der Siebzehn« statt. Auf der Anklagebank saßen ehemals bedeutende Mitglieder der bolschewistischen Partei: Pjatakow, Radek, Sokolnikow, Muralow, Serebrjakow und andere. An den Verhandlungen nahmen drei Verteidiger und drei Sachverständige teil; letztere hatten sich vom technischen Standpunkt aus über Sabotageakte zu äußern. Sämtliche Angeklagte erklärten sich schuldig. Sie gestanden, seit Jahren Anhänger Trotzkijs gewesen zu sein und – in der Meinung, daß Stalins planwirtschaftliche Experimente zu einer Katastrophe führen müßten – die Beseitigung Stalins, den Verzicht auf die Industrialisierung, die Auflösung der Kolchosen sowie die Machtergreifung des Trotzkismus mit allen, selbst mit verbrecherischen Mitteln angestrebt zu haben. In Voraussicht einer unvermeidlichen Niederlage der Sowjetunion im Zweifrontenkrieg gegen Deutschland und Japan hätten sie einige Errungenschaften der Revolution wenigstens für einen Teil des russischen Gebietes retten wollen und seien so dazu gekommen, deutschen und japanischen Agenten – zwecks Verhütung schlimmerer Verluste – im voraus territoriale Konzessionen zu offerieren. Als aber die Politik der Fünfjahrespläne sich als erfolgreich erwies, hätten sie mit Bestürzung eingesehen, in welchen Sumpf sie durch den Bankrott des Trotzkismus geraten seien. »Der Trotzkismus«, sagte Radek in seinem letzten Wort, »ist zum Mittelpunkt aller konterrevolutionären Kräfte und eine Waffe der Kriegsbrandstifter geworden. Wir haben restlos begriffen, welchen historischen Kräften wir als Werkzeug gedient haben.«

Jossif Wissarionowitsch Stalin

Aufnahme in die Partei auf einer Kolchose. Aus einem Gemälde von W. K. Netschitailo

Und Pjatakow (ehemals stellvertretender Volkskommissar für Schwerindustrie) beteuerte, daß das einzige Motiv, welches ihn bewogen habe, die Wahrheit zu gestehen, der Wunsch gewesen sei, wenigstens jetzt, wenn auch spät, seine »abscheuliche trotzkistische Vergangenheit loszuwerden«.

Außer den Geständnissen der Angeklagten wurden vor Gericht keinerlei Beweise produziert. Dagegen konnten die Behörden des Flugplatzes Kjeller bei Oslo, wo Pjatakow, um Trotzkij zu treffen, in einem deutschen Flugzeug gelandet zu sein behauptete, nachweisen, daß dort mehrere Monate vor und nach der angegebenen Zeit überhaupt kein ausländisches Flugzeug angekommen war.

Obwohl mehrere Angeklagte unaufgefordert bezeugten, während der Untersuchungshaft korrekt behandelt und durch keinerlei Pressionsmittel beeinflußt worden zu sein, sind sie zum mindesten seelisch stark unter Druck gesetzt worden: jederzeit konnte die Polizei ihre Eltern, ihre Brüder und Schwestern, ihre Frauen und Kinder als Geiseln benützen. Die Häftlinge mögen auch gehofft haben, eine Milderung der Strafe zu erreichen, falls sie gestanden, was man von ihnen verlangte.

Am 30. Januar 1937 wurden Pjatakow und zwölf weitere Angeklagte zur Erschießung, Radek und drei weitere Angeklagte zu zehn Jahren Gefängnis verurteilt. Die Hinrichtungen erfolgten am Tag nach der Urteilsverkündung.

Den nächsten fürchterlichen Aderlaß erlitt die Rote Armee. Generalstabs-Chef Marschall Tuchatschewskij erfreute sich nicht nur bei den Soldaten, sondern bei der ganzen Bevölkerung der Sowjetunion einer großen Popularität. Er hatte erfolgreich am Bürgerkrieg teilgenommen, eine glänzende Karriere gemacht und in den Jahren 1934 bis 1936 die Schlagkraft der Armee, mit Hinblick auf die Wiederaufrüstung Deutschlands, durch eine Reihe von Reformen bedeutend erhöht. Auf ihn ging die Motorisierung der Truppen und die Bildung besonderer Fallschirm-Divisionen zurück.

Tuchatschewskij und andere hohe Offiziere waren durch die zunehmende Macht des NKWD, durch die Verhaftungen und Prozesse aufs tiefste beunruhigt. Gestützt auf das Militär, namentlich auf die Moskauer Garnison, verfügten sie anscheinend über ausreichende Mittel, dem wachsenden Terror Stalins entgegenzutreten. Wenn sie den Gedanken eines Staatsstreiches erwogen, was nicht feststeht, so hätten sie zupacken müssen, ohne zu zögern. Sie ließen aber kostbare Zeit verstreichen, und der schlaue Georgier kam ihnen zuvor.

Wann und wodurch bei ihm ein Verdacht gegen den Generalstab erweckt wurde, läßt sich nicht sagen. Das erste Indiz dafür, daß seine Stellung erschüttert war, muß Tuchatschewskij im April 1937 bemerkt haben, als zu den Krönungsfeierlichkeiten Georgs VI. nicht er, wie ursprünglich vorgesehen, sondern Admiral Orlow delegiert wurde. Am 1. Mai erschien Tuchatschewskij, wie jedes Jahr, zur großen Parade; er stand in der Nähe Stalins, auf der Tribüne der Prominenz, soll aber beunruhigt gewesen und von allen gemieden worden sein. Am 11. Mai verlor er das Amt eines stellvertretenden Volkskommissars für Verteidigung und wurde zum kommandierenden General des Wolgagebietes degradiert. Am 17. Mai wurden bei den Truppenteilen der Armee die Politischen Kommissare wieder eingeführt, die man 1925 abgeschafft hatte; es war daran zu erkennen, daß die Zivilgewalt sich des Militärs zu versichern suchte. Am 11. Juni verhaftete man Tuchatschewskij, und gleichzeitig wurden zahlreiche weitere Generäle der Roten Armee festgenommen. Bei seiner Verhaftung, die während einer Reise, nachts, im Salonwagen des Marschalls erfolgte, leistete Tuchatschewskij Widerstand und wurde verwundet. Auf einer Tragbahre brachte man ihn in den Kreml, wo er mit Stalin einen langen, heftigen Wortwechsel hatte.

Der Prozeß gegen Tuchatschewskij und Konsorten fand unter Wahrung des tiefsten Geheimnisses statt. Die Angeklagten wurden der Spionage zugunsten Deutschlands und Japans beschuldigt; ferner sollten sie Vorbereitungen für einen bewaffneten Aufstand getroffen haben. Schon am 12. Juni 1937 wurden sie hingerichtet. Ihr Todesurteil war von vier Marschällen unterzeichnet: Woroschilow, Budjonnyj, Blücher und Jegorow. Die beiden letzteren wurden bald darauf selber »liquidiert«.

Ob und inwieweit Tuchatschewskij schuldig gewesen ist, wird sich mit Sicherheit wohl nie eruieren lassen. 1936, bei den Bestattungsfeierlichkeiten Georgs V., war er in London und soll dort unvorsichtig mit ausländischen Politikern in Kontakt getreten sein. Jedenfalls hielt sich Beneš, als Präsident der Tschechoslowakischen Republik, für verpflichtet, Stalin vor Tuchatschewskij zu warnen. Wie sich später herausgestellt hat, wurden die für Tuchatschewskij kompromittierenden Dokumente von Gestapo- und SS-Leuten in Berlin fabriziert und auf raffinierte Weise über Prag dem Kreml zugespielt. Während des Krieges rühmte sich Hitler in vertrautem Kreise, die rote Generalität diskreditiert, sie Stalin ans Messer geliefert und so die Kriegstauglichkeit der Roten Armee beträchtlich vermindert zu haben. In der Tat wurden über die Rote Armee katastrophale Säuberungsmaßnahmen verhängt. Etwa zwanzigtausend Offiziere (ein Viertel des gesamten Offizierskorps) wurden verhaftet, einige Tausend erschossen, darunter anderthalbtausend höheren Ranges (vom Oberst an aufwärts), die übrigen deportiert. In der Folge hat Berija, der an Stelle Jeschows zum Chef des NKWD aufrückte, etwa dreitausend höhere Offiziere, die das Glück gehabt hatten, der Hinrichtung zu entgehen, für unschuldig erklärt und rehabilitiert. Unter ihnen befanden sich Rokossowskij, Tolbuchin und Jakowlew, die sich als Schlachtenlenker des zweiten Weltkrieges im Kampf gegen Hitlers Armeen bewährt haben.

Während des Strafgerichtes über die Rote Armee, das in der ganzen Sowjetunion lähmenden Schrecken verbreitete, wurde vom NKWD der größte aller politischen Schauprozesse, »die Strafsache des antisowjetischen Blocks der Rechten und Trotzkisten« präpariert. Das Verfahren ist auch als »Prozeß der Einundzwanzig« oder »Dritter Trotzkistenprozeß« bekannt. Die Verhandlungen fanden öffentlich vom 2. bis 13. März 1938 statt, in einer Atmosphäre hochpolitischer Spannung, just als Hitler den »Anschluß« Österreichs vollzog.

Auf der Anklagebank saßen: Bucharin, kommunistischer Parteitheoretiker und Chefredakteur der »Iswestija«; Rykow, ehemals Vorsitzender des Rates der Volkskommissare; Jagoda, ehemals Volkskommissar des NKWD; Krestinskij, stellvertretender Volkskommissar des Auswärtigen; Rakowskij, Diplomat; Rosengolz, Diplomat; Tschernow, ehemals Volkskommissar für Handel in der Ukraine; Lewin, ehemaliger Hausarzt des Dichters Maxim Gorkij, und andere. Als Vertreter der Anklage amtierte wieder Wyschinskij.

Das Gericht hielt, als man am Schluß der Verhandlungen angelangt war, für erwiesen, daß die Angeklagten, deren Tätigkeit bis in die Jahre des ersten Weltkrieges zurückverfolgt wurde, im Auftrage auswärtiger Spionagedienste eine Verschwörergruppe organisiert hatten, die sich im wesentlichen ähnliche Ziele setzte und ähnliche Methoden anwandte wie die vorher abgeurteilten trotzkistischen Organisationen: Sturz des sozialistischen Systems, Wiederherstellung des Kapitalismus und der Herrschaft der Bourgeoisie, Untergrabung der Landesverteidigung, Begünstigung ausländischer Aggressoren bei der Herbeiführung der Niederlage und bei der Zerstückelung der Sowjetunion. Seit Jahren, zum Teil seit Jahrzehnten seien die Angeklagten als deutsche, englische, französische, polnische, japanische Spione tätig gewesen. Sie hätten sich bemüht, Eisenbahnkatastrophen zu provozieren, den Pferde- und Rindviehbestand – namentlich durch künstliche Verbreitung der Maul- und Klauenseuche – zu vermindern, das Finanzwesen in Unordnung zu bringen, die Auszahlung der Löhne an die Arbeiter zu verzögern, die Versorgung mit Nahrungsmitteln zu sabotieren – alles, um in der Bevölkerung Unzufriedenheit mit der bolschewistischen Gesellschaftsordnung hervorzurufen.

Die Angeklagten, hieß es im Urteil weiter, hätten die Beseitigung prominenter Parteiführer – Lenin, Stalin, Swerdlow, Molotow, Kaganowitsch und Woroschilow – vorbereitet. Bucharin wurde schon für das am 30. August 1918 von Dora Kaplan auf Lenin unternommene Attentat und für die im Jahre 1930 erfolgte Ermordung Wolodarskijs verantwortlich gemacht. Jagoda habe die Ermordung Kirows ermöglicht, Jeschow durch Gift zu töten versucht und dem Arzt Lewin die Ermordung Gorkijs sowie seines Sohnes befohlen, indem er, als allmächtiger Leiter des NKWD, ihn und seine Familie mit Vernichtung bedrohte.

Für diese und andere Verbrechen wurden achtzehn Angeklagte zum Tode durch Erschießen, drei Angeklagte zu Gefängnisstrafen von 15, 20 und 25 Jahren verurteilt. Die Todesurteile wurden am 15. März vollstreckt.

Über den Verlauf der Voruntersuchung gestattet das stenographische Protokoll – ein Band von 872 Seiten – aufschlußreiche Rückschlüsse. Alle Angeklagten hatten vor Beginn des Prozesses selbstverständlich umfassende Geständnisse abgelegt. In der persönlichen Einvernahme durch den Vorsitzenden des Gerichts hat Krestinskij jedoch versucht, sein Geständnis zu widerrufen: »Ich bekenne mich nicht schuldig«, erklärte er. »Ich bin kein Trotzkist. Ich war nie Teilnehmer des Blocks der Rechten und Trotzkisten, von dessen Bestehen ich nichts wußte. Ich habe auch kein einziges der Verbrechen begangen, welche mir persönlich zur Last gelegt werden; insbesondere bekenne ich mich nicht schuldig der Verbindung mit dem deutschen Spionagedienst.« Präsident: »Bestätigen Sie Ihr in der Voruntersuchung gemachtes Geständnis?« Krestinskij: »Ja, in der Voruntersuchung habe ich ein Geständnis abgelegt, aber ich war nie Trotzkist.« Der Generalstaatsanwalt, Wyschinskij, empfand diesen Widerruf als höchst unangenehm und kam später darauf zurück: »Aber Sie haben doch das Protokoll unterzeichnet?« Krestinskij: »Ich habe es unterzeichnet.« Wyschinskij: »Sie erinnern sich doch, daß ich Ihnen direkt die Frage stellte, ob Sie nicht irgendeine Erklärung abzugeben wünschen oder eine Beschwerde gegen die Untersuchung haben. War es nicht so?« Krestinskij: »Ja, es war so.« Wyschinskij: »Wenn Sie gefragt wurden, ob Sie Beschwerden haben, so hätten Sie sagen müssen, daß Sie welche haben.« Krestinskij: »Ich hatte welche, in dem Sinn, daß ich nicht freiwillig gesprochen habe«. Hier hätte der Präsident eingreifen und fragen müssen, welcher Art Zwang denn ausgeübt worden sei. Er rührte sich aber nicht, die beiden Verteidiger schwiegen ebenfalls, und der Generalstaatsanwalt verlas die seinerzeit von Krestinskij unterschriebene Erklärung, daß er keinerlei Beschwerden gegen die Untersuchung gehabt habe.

Auch der Angeklagte Jagoda erklärte: »Was ich in der Voruntersuchung gesagt habe, ist falsch.« Als der Generalstaatsanwalt wissen wollte, warum sich Jagoda selbst belastet habe, wenn es doch nicht der Wahrheit entsprach, antwortete der Angeklagte: »Gestatten Sie, auf diese Frage nicht zu antworten.«

Erst im weiteren Verlauf des Prozesses konnten Krestinskij und Jagoda bewogen werden, ihre in der Voruntersuchung gemachten Aussagen »vollständig« zu bestätigen.

Wiederum, wie in den früheren Prozessen, begnügte sich der Generalstaatsanwalt mit der Selbstbezichtigung der Angeklagten. Die wenigen Zeugen, die er auftreten ließ, sagten nichts Konkretes aus und waren nicht in der Lage, die verbrecherischen Handlungen der Angeklagten aus eigener Wahrnehmung zu bestätigen. (Einzig hinsichtlich des Arztes, der beschuldigt wurde, Gorkij zu Tode kuriert zu haben, wurde ein Zeuge einvernommen, der die inkriminierte Behandlung zum Teil mit angesehen haben wollte.) Daher wirkten viele vom Generalstaatsanwalt behauptete Tatsachen irreal und schemenhaft. Auch für ihn selbst hatten sie etwas Unwirkliches. Als einer der Angeklagten berichtete, daß eine Person, die im Begriffe stand, die Verschwörung anzuzeigen, »aus dem Wege geschafft« worden sei, interessierte sich Wyschinskij weder für den Namen des Opfers noch für diejenigen der unmittelbaren Täter, noch für die Art der Beseitigung; er ging vielmehr über den Mord, ohne die Bedeutung dieses Wortes zu realisieren, wie über eine Bagatelle hinweg.

Der dritte Trotzkistenprozeß scheint Stalin gezeigt zu haben, daß man sich auf vorbereitende »Regie« nicht absolut verlassen konnte, weil die Gefahr unvorhergesehener Wortgefechte und verräterischer Zwischenfälle trotz allen Pressionsmitteln nicht ausgeschlossen werden konnte. Vielleicht sind eben deshalb auch keine weiteren großen Schauprozesse mehr inszeniert worden.

Während der geschilderten Säuberungen und nachher wurden unzählige Bürger der Sowjetunion in die Untersuchungsgefängnisse eingeliefert: alle, die auch nur im geringsten oppositioneller Gesinnung oder irgendwelcher Beziehungen mit dem Ausland verdächtig erschienen. Für die Jahre 1936 bis 1938 wurde die Zahl solcher Verhafteten auf sechs bis sieben Millionen geschätzt. Außer den offiziell Angeklagten fanden noch viele prominente Kommunisten den Tod. Manche verübten Selbstmord, so Gamarnik, Mitglied des Zentralkomitees der Partei, nachdem er sich vergeblich gegen die Verurteilung Tuchatschewskijs ausgesprochen hatte. Nur ein geringer Prozentsatz der Untersuchungsgefangenen wurde durch ordentliche Gerichte abgeurteilt; die meisten wurden durch administrative Kommissionen in die Straflager Nordrußlands und Sibiriens verbannt. Dasselbe Schicksal (oder Zwangsaufenthalt in der Nähe der Straflager) war auch den Verwandten der Opfer beschieden. Die in den Straflagern herrschende hohe Sterblichkeit leistete dem Regime oft denselben Dienst wie die Exekutionspelotons.

Die Vernichtung ungeheurer Menschenmassen in summarischem Verfahren hatte offenbar das Ziel, ausnahmslos alle Elemente zu treffen, die im Falle einer politischen Krise, insbesondere aber im Falle eines Krieges, fähig gewesen wären, Stalins Politik zu stören oder ihn zu stürzen und eine neue Regierung zu bilden. Von der Unabwendbarkeit des Krieges war Stalin fest überzeugt. In Voraussicht höchst bedrohlicher Situationen, in denen die Existenz der Sowjetunion auf dem Spiele stehen würde, entschloß er sich, die inneren Gefahren durch barbarische Beseitigung sämtlicher, selbst der nur potentiellen Gegner auszuschalten.

Im Dezember 1938 wurde Jeschow als Volkskommissar des NKWD abgesetzt. An seine Stelle trat der bisherige Machthaber der Staatspolizei in Transkaukasien, Lawrentij Pawlowitsch Berija. Er setzte die Säuberungen unentwegt fort, allerdings ohne zum Mittel sensationeller Schauprozesse zu greifen. Um den Eindruck zu erwecken, daß die Regierung den »Übereifer« der bisherigen Säuberungspraxis mißbillige, ließ er zahlreiche Beamte des NKWD verhaften. Ehemalige Untersuchungsrichter trafen nun im Gefängnis mit Leuten zusammen, die sie noch vor kurzem selber verhört und gequält hatten. Auch veranlaßte Berija, wie erwähnt, daß ein Teil der früher Verurteilten rehabilitiert wurde und die unterbrochene Karriere wieder fortsetzen konnte.

Dennoch mußte die rücksichtlose Anwendung eines allmächtigen Polizeiapparates vor dem Parteivolk ideologisch gerechtfertigt werden. Stalin ließ daher durch eine Gruppe linientreuer Historiker unter Schdanows Redaktion eine »Geschichte der Kommunistischen Partei der Sowjetunion« ausarbeiten. Sie entsprach offenbar den Intentionen Stalins so sehr, daß sie in seinen Gesammelten Werken Platz fand. In Wirklichkeit entstammen nur zweiunddreißig Seiten (ein oberflächlich popularisierender Abschnitt »Über dialektischen und historischen Materialismus«) seiner eigenen Feder. Das Buch enthält, namentlich auf den letzten zweihundert Seiten, eine Abrechnung mit allen Schattierungen der menschewistischen und trotzkistischen Opposition, ferner die Begründung der Theorie von der »Möglichkeit des Sozialismus in *einem* Lande« und die Schilderung des Triumphes der Fünfjahrespläne. Stalin erscheint hier als der engste Freund Lenins und der treueste Fortsetzer seines Lebenswerkes, während Trotzkij, Sinowjew, Kamenew, Bucharin und andere als Verräter an der Russischen Revolution gebrandmarkt werden. Es wird bewiesen, daß die Sowjetunion vor die Hunde gegangen wäre, hätte nicht Stalin den Trotzkismus mit Stumpf und Stiel ausgerottet. Das Buch wurde zur dogmatisch unfehlbaren Bibel der Partei erklärt. Alle früheren Darstellungen der Parteigeschichte wurden als Fälschungen des historischen Sachverhaltes diskreditiert und, soweit es möglich war, eingezogen. Auch die übrige Historiographie wurde gemäß den neuen Richtlinien umgestaltet.

Die Epoche der Prozesse und Säuberungen hinterließ im äußeren Bild der Sowjetunion erstaunlicherweise fast keine sichtbaren Spuren. Stalin verstand es, die Sowjetgesellschaft für die Ziele und Erfolge des wirtschaftlichen Aufbaus so sehr zu interessieren, daß alle Grausamkeiten seines Regimes darüber bald vergessen wurden. Im Gegensatz zum international eingestellten Trotzkismus, der stur darauf eingeschworen war, daß sozialistische Experimente ohne gleichzeitige »Weltrevolution« zum Scheitern verurteilt seien, betonte Stalin die Idee des »großen sozialistischen Vaterlandes«, das den Mut gehabt habe, die Fesseln des Kapitalismus zu zerbrechen und Pionierdienste für die ganze Menschheit auf sich zu nehmen. Ein neuer, sowjetischer Patriotismus breitete sich aus, nicht frei von naiver Überheblichkeit gegenüber dem Westen. Es kam dem Stalinismus zustatten, daß viele, namentlich junge Sowjetbürger vom hochgemuten Bewußtsein getragen wurden, als Angehörige der »fortschrittlichsten Nation der Welt« die Gesellschaftsordnung der Zukunft zu errichten. Die Gewaltmethoden des Stalinschen Regimes hatten die alte Garde des Bolschewismus verschlungen. Die Jugend fragte nicht mehr nach ihr. Die Probleme, mit denen die Alten gerungen hatten, waren abgetan und erledigt. Mochten die Säuberungen Millionen von Menschen betroffen haben – die Wunden vernarbten rasch. Nutznießer des Untergangs der Alten waren die neuen Manager des bolschewistischen Staates, die Angehörigen der neu aufsteigenden Bildungsschicht, die Mitglieder der »Kommunistischen Jugend«.

1939 wurde nach fünfjähriger Pause zum erstenmal wieder ein Parteikongreß einberufen. »Wir können mit Sicherheit davon ausgehen«, sagte Stalin, »daß wir in Zukunft keine Massensäuberungen mehr brauchen werden.«

Am Vorabend des zweiten Weltkrieges konnte Stalin für sich in Anspruch nehmen, daß die Partei unter seiner Führung zu einem Block von monolithischer Geschlossenheit geworden sei.

Paul F. Langer

JAPAN ZWISCHEN DEN KRIEGEN

Wie für einen beträchtlichen Teil der westlichen Welt bedeutete der erste Weltkrieg auch für Ostasien einen wesentlichen Einschnitt. Mit dem Aufeinanderprallen der europäischen Großmächte in Europa im Sommer 1914 begann ihr Einfluß außerhalb Europas zu schrumpfen.

Besonders traf das in China zu. Der Zerfall des chinesischen Reiches hatte seit der Mitte des 19. Jahrhunderts ein Vakuum geschaffen, das andere Staaten nur zu gern füllen wollten. Das Territorium Chinas wurde zu einem der klassischen Schlachtfelder für die miteinander streitenden imperialistischen Mächte. Die Lage wurde auch nicht besser, als die Revolution von 1911 die Manchu-Dynastie der Ch'ing endlich gestürzt und eine Republik errichtet hatte. Von Bürgerkriegen heimgesucht, blieb China schwach, eine Beute des Imperialismus.

Inzwischen waren als aktive Kräfte im Fernen Osten nur zwei Mächte übriggeblieben: die Vereinigten Staaten, weitab, aber sichtbar im Begriff, zu einer Supermacht mit weltumspannenden Interessen zu werden, und das aggressive, expansionslüsterne Japan, durch die geographische Nähe begünstigt und dazu das erste nationale Gebilde Asiens, das imstande war, westliche Methoden und westliche Technik gegen den Westen zu kehren.

Japans Versuch, von der Gelegenheit Gebrauch zu machen, die sich ihm in China bot, war in der Zeit zwischen den Weltkriegen nicht das einzige richtunggebende Ereignis im Fernen Osten. Rapid sich vollziehende gesellschaftliche Wandlungen schufen Verwirrung und Unruhe und machten die Völker Ostasiens in zunehmendem Maße aufnahmefähig für neue, vielfach revolutionäre Ideologien. Die dynamischste dieser Ideologien kam aus Rußland: das dumpfe Grollen der bolschewistischen Revolution und Lenins Versprechungen und Appelle hallten durch ganz Asien. Sowohl in China als auch in Japan schwoll der Nationalismus in explosiven Ausbrüchen an, die zuzeiten jedes rationale Denken auslöschten. Zu derselben Zeit, da das Gewebe der traditionellen ostasiatischen Gesellschaft den jähen Anprall der modernen Welt zu spüren bekam, setzte die Ära blinden Tastens nach neuen sozialen, wirtschaftlichen und politischen Lösungen ein.

Wenn es eine einzelne Macht gegeben hat, die in diesen Jahren den Lauf der Ereignisse in Ostasien bestimmte, so war es Japan. Seine Entwicklung war einzigartig in ihrer Zielstrebigkeit und ihrem dramatischen Gehalt. In dieser Geschichte eines Staates, dessen

Wesen das Streben nach Macht war, sind die zwei Jahrzehnte zwischen den Weltkriegen der letzte Akt, der der tragischen Entwirrung eines großen Abenteuers unmittelbar voraufgeht. Dies Abenteuer hat den Fernen Osten zutiefst aufgewühlt. Seine Wirkung ist heute noch zu spüren. Deswegen scheint es angebracht, bei der Schilderung und Durchleuchtung der Entwicklungszusammenhänge in Ostasien zwischen den Weltkriegen Japan in den Mittelpunkt zu stellen.

Erster Weltkrieg: Japans Chance

Als Meilensteine auf Japans Weg zur Großmacht zeichnen sich mehrere Ereignisse ab. Ein leicht gewonnener Krieg gegen die kraftlose Manchu-Dynastie hatte 1895 die Insel Formosa (T'ai-wan) unter japanische Herrschaft gebracht. Die bogenförmige Inselreihe des Kaiserreichs Japan beherrschte nun fast die ganze chinesische Küste. Ein zehn Jahre später erfochtener zweiter Sieg – diesmal gegen das übergroße, in seiner gewaltigen Ausdehnung ungelenke zaristische Rußland – hatte die Drohung vom Norden beseitigt. Anschließend sicherte sich Japan mit der Besetzung der Halbinsel Korea den ersten Stützpunkt auf dem Festland. Ebenso verdrängten japanische Militärstützpunkte auf der Liao-tung-Halbinsel am südlichen Zipfel der Manchurei die russischen Stützpunkte und den russischen Einfluß. Wenige Jahre später (1910) wurde das ungebärdige Korea von Japan annektiert. Gleichzeitig begannen die japanischen Wirtschaftsinteressen von Liao-tung aus einen energischen Vorstoß nördlich in die geräumige und an Naturschätzen reiche, aber noch unentwickelte Manchurei. Ein neues von Tôkyô regiertes Imperium, aus chinesischen Landen zusammengestückelt, begann feste Konturen anzunehmen.

Obgleich Japan an den Streitfragen, die 1914 zum Krieg in Europa geführt hatten, kein übergroßes Interesse nahm, zögerte es als Verbündeter Englands nicht, sich der praktisch ungeschützten deutschen Kolonien in Ostasien zu bemächtigen. Tsingtao und die angrenzenden von Deutschland kontrollierten Bezirke auf Chinas strategisch wichtiger Halbinsel Shantung wurden unter japanisches Regiment gestellt. Dasselbe Schicksal widerfuhr den deutschen Besitzungen im nördlichen Pazifik: den Marianen, Karolinen und Marshall-Inseln.

Diese billigen Eroberungen waren jedoch nur Sprungbretter im großen Plan der japanischen Führer, ihre Nation zur dominierenden Großmacht in Ostasien zu machen. Die Erreichung dieses Zieles setzte aber voraus, daß man über die wirtschaftlichen und politischen Geschicke Chinas sicherer verfügen konnte. Daß die führenden Weltmächte mit den blutigen Kämpfen in Europa beschäftigt waren, war für Japan die lange erwartete Gelegenheit. Anfang 1915 wurden der jungen und schwachen republikanischen Regierung Chinas eine Reihe japanischer Forderungen präsentiert, sehr sinnreich auf Papier, das als Wasserzeichen Maschinengewehre trug. Wäre dies Ultimatum, die sogenannten »Einundzwanzig Forderungen«, als Ganzes angenommen worden, so wäre China auf das Niveau eines Satellitenstaates Japans gesunken.

Die einzige Waffe, die dem wehrlosen China verblieb, war, das geheime japanische Ultimatum zu veröffentlichen und die Weltmächte um Schutz gegen den asiatischen Nachbarn anzurufen. Nach langwierigen Verhandlungen, bei denen die Vereinigten Staaten und Großbritannien China nur in begrenztem Umfang, wenn auch nicht unwirksam, zur Hilfe kamen, erreichte Japan jedoch, daß seine Sonderstellung in China wenigstens teilweise anerkannt wurde, und es erhielt überdies wichtige wirtschaftliche Konzessionen in den Schlüsselgebieten Manchurei und Shantung.

Einen vollen Erfolg hat Japan nicht davongetragen. Das lag weniger am Widerstand Chinas als an der Strategie der Westmächte, die darauf bedacht waren, ihre damaligen und etwaigen künftigen Interessen in China durch zähes Festhalten am Status quo zu schützen. Infolgedessen beeilte sich Japan, seine Kriegsgewinne gegen Friedensrisiko zu versichern.

In den Jahren 1916 und 1917, als der Krieg in Europa im entscheidenden Stadium war, unternahm die Tôkyôter Regierung einige Demarchen bei ihren Verbündeten in der Frage der Anerkennung der japanischen Sonderinteressen in China. Das geschah zu einer Zeit, zu der der japanische Wirtschafts- und Operationsbeitrag zur Kriegführung in Europa wichtig schien und die um ihre Existenz ringenden Alliierten für Kompromisse in der weniger wichtigen fernöstlichen Ebene eher zu haben waren. Eine nach der anderen trafen die Regierungen des zaristischen Rußlands, Großbritanniens, Frankreichs und Italiens geheime Abkommen mit Japan: sie sicherten Japan ihre Unterstützung bei späteren Friedensverhandlungen zu, bei denen die japanischen Ansprüche rechtliche Anerkennung finden sollten. Nur die Zusage der Vereinigten Staaten ließ auf sich warten.

Die Vereinigten Staaten waren auf das Wohlwollen und die Hilfe Japans weniger angewiesen als ihre europäischen Verbündeten. Außerdem standen japanische und amerikanische Wirtschaftsinteressen in China häufig in offenem Gegensatz zueinander. Nur Japan bedrohte die traditionelle amerikanische China-Politik der »Offenen Tür«, die gleiche Chancen für alle fremden Mächte erstrebte. Die japanisch-amerikanischen Verhandlungen gestalteten sich infolgedessen äußerst schwierig. Um schließlich dem Kriegsgebot der Einigkeit Rechnung zu tragen, konzedierten die Vereinigten Staaten widerwillig, daß aus »territorialer Nähe« besondere zwischenstaatliche Beziehungen erwüchsen und daß Japan aus diesem Grunde Sonderinteressen in China wahrzunehmen habe. Doch wurde diese vage Anerkennung des japanischen Anspruchs auf eine Vorzugsposition durch die beiderseitige Verpflichtung aufgewogen, die Schwäche Chinas nicht dazu zu benutzen, zum Schaden anderer Staaten Vorrechte in China zu erlangen.

Eine recht unerwartete Gelegenheit, Japans Imperium auf dem asiatischen Festland zu vergrößern, ergab sich am Ausgang des Krieges. Im Jahre 1918 hatten sich die Alliierten entschlossen, Truppen nach dem sibirischen Hafen Wladiwostok zu entsenden, um ihre großen Kriegsmateriallager zu schützen, andere alliierte Interessen in dieser Region zu verteidigen und Sibirien vor den Bolschewiki zu bewahren. Es dauerte nicht lange, bis japanische Truppen, die zahlenmäßig stärker waren als die der anderen Alliierten, die strategischen Punkte auf der ganzen Strecke von Wladiwostok bis Tschita und dem Baikal-See besetzt hatten. Es sah so aus, als sollte Ostsibirien unter japanische Herrschaft kommen.

Als im November 1918 der Krieg in Europa zu Ende war, schien die japanische Position im Fernen Osten uneinnehmbar geworden zu sein: wirtschaftlich und militärisch hatte sich Japan in Nord- und Mittelchina fest eingegraben, seine Truppen waren über Ostsibirien verteilt, und es beherrschte eine dreitausend Kilometer lange Kette strategisch wichtiger Inseln im Nordpazifik. Darüber hinaus hatte das Land gewaltige Schritte auf dem Wege technischer Modernisierung zurückgelegt und seine Auslandsschulden getilgt; es erfreute sich eines Wohlstands, wie es ihn bis dahin noch nie erlebt hatte.

Nach alledem ist es nicht verwunderlich, daß weder die unfreundliche Reaktion der amerikanischen öffentlichen Meinung noch der heftige Protest der chinesischen Regierung und des chinesischen Volkes Japan daran zu hindern vermochte, seine Kriegsgewinne einzuheimsen. Bei der Unterzeichnung des Versailler Vertrages im Juni 1919 wurden die wirtschaftlichen Vorzugsrechte in Shantung, die Japan 1915 China abgepreßt hatte, bestätigt und japanische Truppen in diesem strategisch wichtigen Abschnitt chinesischen Bodens belassen. Weder heftige antijapanische Demonstrationen in China noch die Weigerung der chinesischen Regierung, den Friedensvertrag zu unterzeichnen, konnten die Sachlage ändern. Japan war in der Tat zu einer Weltmacht mit etablierten, anerkannten und verbrieften Rechten in China geworden.

In einer anderen Frage hatte indes amerikanischer Druck Japan gezwungen, seine Forderungen zurückzuschrauben. Die ehemals deutschen Inseln im nördlichen Pazifik wurden zwar, wie es die Alliierten versprochen hatten, Japan überlassen, aber es mußte sich verpflichten, die Inseln als Völkerbundsmandat zu verwalten und sie nicht zu befestigen. Auf diese Weise sollte eine radikale Verschiebung des Kräftegleichgewichts im pazifischen Raum verhindert und die Sicherheit der amerikanischen Verbindungslinien verbürgt werden.

Eine komplette Niederlage erlitt Japan nur in einer Frage. Japanische Bemühungen, den Grundsatz der Gleichheit aller Rassen in die Völkerbundssatzung einzufügen, setzten sich in Versailles nicht durch; sie scheiterten vor allem an der Unnachgiebigkeit einiger Mitgliedsstaaten des britischen Commonwealth. Das hatte zwar keinen Einfluß auf die militärische und wirtschaftliche Machtverteilung, brachte aber den japanischen Nationalismus in Wallung und vergiftete die Atmosphäre. Beeinträchtigt wurden dadurch Japans Beziehungen zum Westen, besonders sein Verhältnis zu den Vereinigten Staaten, wo alteingesessene Japaner und japanische Neueinwanderer ohnehin von einer zunehmend diskriminierenden Gesetzgebung betroffen wurden.

Japan im Übergang

In der Meiji-Ära (1868–1912) hatte Japan unter der Führung einer kleinen Gruppe unbeugsamer Männer vorwiegend aus Samurai-Geschlechtern gestanden. Ihr Hauptziel war, auf dem schnellsten Wege einen starken Staat zu schaffen, der sich in einer Welt des Imperialismus und westlicher Machtpolitik würde behaupten können. Das Japan der modernen Technik, das diese Oligarchen mit ihrem Experiment der »kontrollierten Revolution« zu

DATENGERÜST

Japan zwischen den Kriegen

1890 Erstes Parlament eröffnet (25. 11.).
1894 Vertrag mit Großbritannien (Exterritorialitätsrechte sind bis 1899 aufzuheben). Beginn des chinesisch-japanischen Krieges (25. 7.).
1895 Friedensvertrag von Shimonoseki. Rußland, Frankreich und Deutschland zwingen Japan, die Liao-tung-Halbinsel zurückzugeben.
1897 Japan führt den Goldstandard ein.
1898 Rußland besetzt die Liao-tung-Halbinsel. *Rosen-Nishi*-Abkommen.
1899 Politik der »Offenen Tür« in China. Exterritorialitätsrechte in Japan aufgehoben.
1900 Seiyû-Kai Partei von Fürst *Itô* gegründet. Boxer-Aufstand in China.
1902 Britisch-japanisches Bündnis (30. 1.).
1904 Russisch-japanischer Krieg bricht aus (9. 2.).
1905 *Taft-Katsura*-Abkommen. Britisch-japanisches Bündnis erneuert und verstärkt (Juli). Friedensvertrag von Portsmouth (USA): Japan wird als ostasiatische Großmacht anerkannt (5. 9.). Fürst *Itô* Gouverneur von Korea (Nov.).
1906 Südmanchurische Eisenbahn als Instrument der japanischen Kontinentalpolitik gegründet.
1908 *Gentleman's Agreement* zwischen Japan und den Vereinigten Staaten betreffend japanische Einwanderung (Februar). *Root-Takahira*-Abkommen (November).
1909 *Itô* in Charbin ermordet (Oktober).
1910 Abkommen mit Rußland über Einflußsphären in der Manchurei (Juli). Japan annektiert Korea (22. 8.).
1912 Tod des Kaisers *Meiji* (30. 7.) und Thronbesteigung des Kaisers *Taishô*.
1914 *Ôkuma* Ministerpräsident (April). Japan erklärt Deutschland den Krieg (23. 8.) und besetzt die deutschen Pachtgebiete in China.
1915 Japan übergibt China 21 Forderungen (15. 1.), die China widerstrebend teilweise annimmt.
1916 General *Terauchi* Ministerpräsident (Oktober).
1917 Geheimverträge mit den Alliierten über Shantung und die Pazifik-Inseln.
1918 Sibirische Expedition (bis 1922). Erstes Parteienkabinett unter *Hara* (September).
1919 Aufstand in Korea (April). Pariser Friedenskonferenz und Friedensvertrag (Juni).
1921 Kronprinz *Hirohito* besichtigt Europa (März—September). Abrüstungskonferenz in Washington. *Hara* ermordet (4. 11.).
1922 Tod der Genrô *Ôkuma* und *Yamagata*. Japanische Truppen ziehen von Wladiwostok ab.
1923 Erdbeben zerstört Yokohama und große Teile von Tôkyô (1. 9.).
1924 Einwanderungsgesetz in USA gegen Japaner.
1925 Sowjetisch-japanischer Vertrag in Peking unterzeichnet (21. 1.). *Shideharas* friedliche Kontinentalpolitik. Allgemeines Wahlrecht für Männer. Gesetz zur Wahrung des Friedens (März).
1926 Tod des Kaisers *Taishô* (25. 12.) und Thronbesteigung des Kaisers *Hirohito* (Anfang der Showa-Jahre).
1927 Bankkrise und wirtschaftliche Depression. General *Tanaka* Ministerpräsident: Intervention in Shantung.
1928 Erste Wahl unter dem allgemeinen Wahlrecht (20. 2.). Massenverhaftungen von Kommunisten (15. 3.). Gesetz zur Wahrung des Friedens verstärkt. Ermordung *Chang Tso-lins* in der Manchurei (Juni).
1930 Londoner Flottenabkommen. Attentat auf Ministerpräsident *Hamaguchi* (November), der im August 1931 stirbt.
1931 Der »Manchurische Zwischenfall« (18. 9.)
1932 Gründung des Staates Manchukuo (Februar). Ministerpräsident *Inukai* ermordet.
1933 Besetzung der Inneren Mongolei. Waffenstillstand von Tangku.
1934 Kündigung des Washingtoner Flottenabkommens gibt Japan freie Hand.
1935 Sowjetunion sieht sich gezwungen, die strategische Ostchinesische Eisenbahn an Manchukuo (Japan) zu verkaufen.
1936 Putsch junger Armeeoffiziere nach einem Wahlsieg der Liberalen (26. 2.) und Ermordung führender Regierungsmitglieder. Antikominternpakt mit Deutschland (25. 11.).
1937 Erstes Kabinett des Fürsten *Konoe* (Juni). Zwischenfall an der Marco-Polo-Brücke (7. 7.). Ausbruch des Krieges mit China. Bombardierung des US-Kanonenboots Panay auf dem Yangtse (12. 12.). Nanking von japanischen Truppen besetzt (13. 12.).
1938 Kampf mit Sowjet-Truppen bei Chang-kufeng (Juli—August). Besetzung von Kanton und Hankou. Erlaß des Mobilisierungsgesetzes mit weitgehenden Vollmachten für die Regierung im Kriegsfall. Programm der »Neuen Ordnung« in Ostasien durch Bildung eines großostasiatischen Wirtschaftsraums.
1939 Schwere Gefechte mit Sowjet-Truppen an der Grenze der Manchurei und der Äußeren Mongolei (April bis Juli). Vereinigte Staaten kündigen den Handelsvertrag von 1911.
1940 Gründung des Strohmännerregimes *Wang Ching-wei* in Nanking (Januar), Auflösung der politischen Parteien (Juli–August). Japanische Truppen besetzen Indochina (September). Drei-Mächte-Pakt Deutschland — Italien — Japan (27. 9.). Der liberale Fürst *Saionji*, der letzte Genrô, stirbt (24. 11.).
1941 Besprechungen zwischen Staatssekretär *Hull* und Botschafter *Nomura* (März). Japanisch-sowjetischer Neutralitätsvertrag (13. 4.). Japan errichtet Protektorat über Indochina (25. 7.); USA beschlagnahmen japanisches Eigentum (26. 7.). General *Tôjô* Ministerpräsident (Oktober). Angriff auf die USA-Flotte in Pearl Harbour (7. 12.).

Beginn des 20. Jahrhunderts hervorgebracht hatten, zeigte deutlich die Spuren seiner zielbewußten und autoritären, modernen und doch noch im Feudalismus wurzelnden Schöpfer.

Indem diese Gestalter des modernen Japans, die *Genrô* oder »älteren Staatsmänner«, die Nation nach ihrem Ebenbild formten, brachten sie einen sozialen und wirtschaftlichen Umwälzungsprozeß in Gang, der schließlich ihr eigenes Werk gründlich umwandeln sollte. Indes waren die Macht und das Prestige der Oligarchen so groß und die ihnen entgegenwirkenden Kräfte so schwach, daß es im Verlauf von Jahren an politischem Widerspruch nichts mehr gab als gelegentliches Geplätscher.

Neue Männer machten sich erst bemerkbar, nachdem hohes Alter oder Tod die *Genrô* von der politischen Bühne abtreten ließ. Die neuen Führer waren aber nicht mehr alle aus einem Guß, und sie waren auch nicht mehr wie die älteren Oligarchen einer einheitlichen politischen und sozialen Philosophie verhaftet. Es fehlten ihnen auch das Prestige und die unumstrittene Autorität der Vorgänger. Japans wirtschaftliche und politische Struktur wurde komplizierter, und die Macht mußte nun auf eine viel subtilere Art als in den Tagen der *Genrô* aufgeteilt, dazu auch ein Gleichgewicht unter den einzelnen Machtträgern hergestellt werden.

Dieser Übergang zu einer neuen Führungschicht vollzog sich um die Zeit des ersten Weltkriegs. Im Jahre 1909 wurde Fürst Itô Hirobumi, der Schöpfer der Meiji-Verfassung, von einem koreanischen Nationalisten ermordet. Drei Jahre später starb Kaiser Meiji, einer der Erschaffer des modernen Japans. Damit endete eine Epoche, in der der Wille des Kaisers wenigstens von Zeit zu Zeit zu den politisch bestimmenden Faktoren gehörte. Meijis Nachfolger, Kaiser Taishô (1912–1926), war geistig und körperlich zu schwach, als daß er an der Bestimmung des politischen Kurses hätte teilnehmen können. Sein Sohn Hirohito, der jetzige Kaiser, wurde 1921 zum Regenten und 1926, nach dem Tode Taishôs, zu seinem Nachfolger. Auch damals beschränkte sich die Rolle des Kaisers vorwiegend auf die Erfüllung zeremonieller Gebräuche. In den zwanziger und dreißiger Jahren starben einer nach dem anderen die bedeutenden Führer aus der Meiji-Ära. Spürbar war vor allem der Tod des Feldmarschalls Yamagata Aritomo (1922), der Japans Armee geschaffen hatte und nach dem Tode Itôs zum eigentlichen Diktator des Landes geworden war. Mit dem Fürsten Matsukata Masayoshi hatte der Tod (1924) im Grunde den letzten der großen Oligarchen von der politischen Bühne entfernt. Fürst Saionji Kimmochi, der einzige »ältere Staatsmann«, der noch am Leben blieb, ein liebenswürdiger, liberal gesinnter Repräsentant des Hofadels, war kein typischer Vertreter der Oligarchie und eher darauf bedacht, ihre Herrschaft zu beenden.

In den zwanziger Jahren wurde die Geschlossenheit der oligarchischen Herrschaft von einer Vielfalt von Gruppen abgelöst, die die Regierung beeinflußten, aber sie nie völlig zu beherrschen vermochten. Keine von ihnen kam von derselben gesellschaftlichen Konstellation her wie die alten Führer, keine teilte vorbehaltlos deren Denkweise. Ja, einige von ihnen entwickelten sogar Ansichten, die den Grundkonzeptionen des bis dahin geltenden politischen Systems zuwiderliefen.

Den Vorgängern nach Herkunft und Weltanschauung am ähnlichsten war noch das Militär. Seine Führer, die zahlreichen Generale und Admirale der riesigen Streitkräfte

Japans, stammten wie die alten Oligarchen zumeist aus Samuraifamilien. Im Gegensatz zu den Meiji-Staatsmännern hatten sie jedoch keine tiefen Bindungen an das Japan der Feudalzeit. Sie waren in einer modernen Armee und Marine zu ihren hohen Posten emporgestiegen, und viele von ihnen hatten Erfahrungen im Ausland gesammelt. Überdies war ihr Glaube an die gewaltige Überlegenheit des Bismarckschen Deutschlands, das in gewissem Sinne dem Meiji-Staat als Vorbild gedient hatte, durch den Sieg der verbündeten demokratischen Kräfte im ersten Weltkrieg schwer erschüttert worden. Sogar die Militärs legten infolgedessen eine weniger feudale, etwas modernere Gesamthaltung an den Tag.

Zum Teil gilt das auch für die Spitzen der Bürokratie. Die Verschiedenheit ihrer Herkunft und die Eigenart ihres Ausbildungsganges führten dazu, daß die hohen Beamten eine wachsende Vielfalt von Standorten und Standpunkten repräsentierten; diese Tendenz setzte sich um so mehr durch, je mehr qualifizierte Ausbildung und spezialisiertes Fachwissen verlangt wurden. Allgemein nahm nach dem Krieg der Einfluß der hohen Zivilbeamten in dem Maße zu, wie der Einfluß der militärischen Führung abnahm.

Die auffallendste Neuerscheinung unter denen, die die japanische Nachkriegspolitik bestimmten, war indes der Geschäftsmann. Nicht daß die Wirtschaft in der Meiji-Zeit einflußlos gewesen wäre. Damals unterstand sie aber weitgehend dem Staat, das heißt den älteren Staatsmännern selbst, und wurde von ihm gelenkt und subventioniert. Im übrigen war Japan zu jener Zeit ein noch verhältnismäßig unentwickeltes Land, in dem wirtschaftliche Interessen eine mehr oder minder untergeordnete Rolle spielten. Von Jahr zu Jahr jedoch verstärkte das rapide Wachstum von Industrie und Handel mit der zunehmenden internationalen Verflechtung der japanischen Wirtschaft das Gewicht wirtschaftlicher Faktoren, und diese Entwicklung wurde durch den gewaltigen industriellen Aufschwung in den Kriegsjahren wesentlich beschleunigt. Das Tempo der Entwicklung läßt sich an einigen Zahlen ablesen: zwischen 1913 und 1920 stieg die Kohlenförderung von 21,3 auf 29,2 Millionen Tonnen, die Walzstahlerzeugung von 255000 auf 533000 Tonnen, die Zementerzeugung von 645000 auf 1300053 Tonnen, die installierte elektrische Kraft um mehr als das Doppelte, von 504000 auf 1200014 Kilowatt.

Wichtig in diesem Zusammenhang ist der wachsende politische Einfluß der *Zaibatsu*, der für Japan charakteristischen konzernartigen Wirtschaftsgebilde von gewaltiger Ausdehnung und einzigartiger Branchenverflochtenheit. Die vier führenden *Zaibatsu* – Mitsui, Mitsubishi Sumitomo und Yasuda –, einst eng mit den *Genrô* liiert, hatten geraume Zeit im Vordergrund der wirtschaftlichen Entwicklung Japans gestanden. In der letzten Phase der Meiji-Periode und während der ganzen Regierungszeit Taishôs dehnten sich diese Gebilde immer weiter aus und sogen immer mehr Unternehmen der verschiedensten Art auf, mit dem Ergebnis, daß sie in den zwanziger Jahren die Herrschaft über große Teile der Schwer- und Leichtindustrie, des Außenhandels und der Schiffahrt und die meisten Großbanken erlangten. Eine so starke Zusammenballung wirtschaftlicher Macht konnte sich ohne ein Mindestmaß an politischem Einfluß nicht behaupten. Die *Zaibatsu* wurden infolgedessen zu einem immer einflußreicheren Faktor beim Zustandekommen politischer Entscheidungen. Ihren Einfluß machten sie zu einem erheblichen Teil über die Parteien, die sie mit großen Beträgen subventionierten, bisweilen aber auch über bestimmte Sektoren der Bürokratie geltend.

Wie auch die übrige japanische Geschäftswelt lagen die *Zaibatsu* sehr oft im Streit mit dem Militär. Im Mittelpunkt standen die mit den Militärausgaben zusammenhängenden Steuergesetze. In den zwanziger Jahren wurden die *Zaibatsu* zur mächtigsten Pressionsgruppe, die den Militärapparat zu verkleinern und kostspielige kriegerische Abenteuer zu verhindern suchte. Eine Zeitlang sah es so aus, als könnte es den Geschäftsleuten im Bunde mit den Berufspolitikern gelingen, die Militärs an der Spitze der Staatsgeschäfte abzulösen.

Die Machtkämpfe zwischen Militär- und Zivilbürokratie und Wirtschaftskreisen – eben den Gruppen, die die Nachfolge der wenigen Meiji-Machthaber angetreten hatten – wurden immer mehr im Parlament ausgetragen. Mit der Zeit wurden die Parteien und die Berufspolitiker, einst nur Marionetten in den Händen der Oligarchen, zu Machtfaktoren, mit denen gerechnet werden mußte. Deutlich sichtbar wurde das im September 1918: zum erstenmal wurde ein Berufspolitiker, Hara Kei, zum Ministerpräsidenten ernannt. In den zwanziger Jahren wurde die Kammer aus einem bloßen Forum für die Verkündung der Regierungspolitik mehr und mehr zu einer politisch bestimmenden Körperschaft.

Der schwindende Einfluß der Oligarchen und ihrer bürokratischen Nachfolger, der Aufstieg einer machtvollen Mittelklasse, die Verbreitung der Hochschulbildung und westlicher Gedanken und eine erstarkende Wahlrechtsbewegung führten schrittweise zur Ausdehnung des Wahlrechts auf größere Bevölkerungsschichten. Die Vergrößerung der Wählerschaft ließ neue Klassen und gesellschaftlich bedeutende Gruppen zu Wort kommen. Das Ergebnis war ein zunehmend vielschichtiger, aber auch in höherem Maße demokratischer Willensbildungsprozeß. Und einige der neuen politischen Kräfte waren nicht mehr gewillt, im Rahmen des von den alten Oligarchen übernommenen Systems zu agieren. Sie verlangten eine grundlegende Reform der politischen und sozialen Zustände; manche Gruppen forderten sogar völlige Neugestaltung auf revolutionärem Wege.

Solche rebellischen Elemente fanden sich unter Intellektuellen und in den Reihen des wachsenden Heeres der politisch denkenden Industriearbeiter, die ihrerseits der Führung radikaler Intellektueller folgten. Bisweilen konnten sie sich auf Protestregungen unter den Millionen benachteiligter landwirtschaftlicher Pächter stützen; im allgemeinen jedoch verblieb das flache Land in der Zeit zwischen den Kriegen im politischen Winterschlaf, ein Bollwerk des Konservativismus und des Widerstands gegen Veränderungen.

Recht bedeutsam war dagegen die Rolle des japanischen Intellektuellen. Die Meiji-Führer waren sich sowohl über die Bedeutung als auch über die potentielle Gefahr der Massenbildung völlig im klaren. In allem, was sie taten, gründlich und systematisch, hatten sie ein funktionierendes Schulsystem für jedermann aufgebaut. In der Zeitspanne einer Generation hatten sie die Anfangsgründe des Lesens und Schreibens bis in die entlegensten Dörfer getragen und die Fundamente für höhere Bildung und technisches Wissen gelegt. Um auf der anderen Seite die ihrem autoritären Regime von der westlich orientierten Erziehung drohenden Gefahren zu reduzieren, hatten sie die strengste Überwachung des Inhalts des Bildungsstoffes organisiert und jedem Schüler durch kaiserliches Edikt das ganze Lehrgebäude der offiziellen Mythologie mit den Lehrsätzen vom göttlichen Ursprung des Kaisers, von der Unverletzlichkeit des japanischen Bodens und von den höheren Wesensqualitäten des japanischen Volkes aufgedrängt. Die jungen Japaner sollten mit westlichem Wissen gut vertraut, aber auch gefügige und brauchbare Werkzeuge im Dienst der herrschenden Elite sein.

Indes war von Anfang an zu sehen, daß die Entwicklung nicht unbedingt der vorgezeichneten Bahn folgen würde. Die wachsende Schicht der Gebildeten eignete sich nicht nur modernes technisches Wissen und Können an, sondern auch dessen philosophische Voraussetzungen. Es gab kaum etwas im Bereich der westlichen Literatur, der sozialen, ökonomischen und politischen Theorien des Westens, was nicht gierig gelesen und studiert wurde, und vieles davon erweckte bei den jungen Japanern ein zustimmendes Echo.

Persönliche und geistige Berührungen zwischen Japan und der Außenwelt hatten in der Meiji-Zeit beachtlich zugenommen. Eine wahre Lawine von Übersetzungen, die von Adam Smith bis Marx, von Goethe bis Shakespeare, von Tolstoj bis Walt Whitman reichten, ergoß sich über Japan. Immer mehr japanische Studenten und Künstler gingen ins Ausland, um sich auf ihren Gebieten zu vervollkommnen. Viele brachten nicht nur Spezialkenntnisse nach Hause, sondern auch die keimende Saat geistiger Rebellion gegen ein politisches und soziales System, das bei all seinen modernen Aspekten doch noch in der Gedankenwelt des Feudalismus fest verwurzelt war. Zunächst bedrohten diese »gefährlichen Ideen«, wie man sie nach dem ersten Weltkrieg nannte, kaum noch den Seelenfrieden der Oligarchen. Intellektuelle, die es wagten, dem mächtigen Staatsapparat ihre Ideen entgegenzuhalten, fanden beim Volk nur geringen Widerhall.

Eine für ketzerische Gedanken günstigere Atmosphäre stellte sich mit dem Ende der Meiji-Periode ein. Die Verwestlichung der Daseinsbedingungen schritt immer schneller vorwärts; zu Hunderten entstanden Universitäten und Colleges, die Hochschulbildung im Lande verbreiteten; Industrialisierung und Verstädterung beeinflußten die Denkweise von Millionen; eine Mittelklasse, die zu einem erheblichen Teil immer noch kein Stimmrecht hatte, begann sich zu recken und zu strecken. Schließlich schuf der erste Weltkrieg eine Situation, in der das Verlangen nach politischer Umgestaltung auf fruchtbaren Boden fiel.

Während des Krieges hatten enorme Preissteigerungen zu einer Gärung in weiten Kreisen geführt. »Reisunruhen« verbreiteten sich 1918 wie ein Waldbrand übers ganze Land. Städtische Arbeiter, die an Zahl rasch zunahmen, griffen zu Streiks. Als die Hochkonjunktur der Kriegszeit 1920 plötzlich zusammenbrach, geriet die Wirtschaft ernsthaft aus den Fugen, und es entstanden brennende soziale Probleme.

An dieser Wegscheide, in der Atmosphäre der allgemeinen, in der ganzen Welt akuten Suche nach neuartigen politischen und sozialen Lösungen und unter dem unmittelbaren Anprall der bolschewistischen Revolution strömten fremde Ideen mit erneuter Kraft nach Japan hinein. Begriffe wie »Demokratie«, »Liberalismus«, »gleiches Recht für alle« und »soziale Gerechtigkeit« ebenso wie »Sozialismus«, »Kommunismus« und »Pazifismus« wurden jetzt vielen Japanern geläufig.

Unter dem Ansturm der neuen Ideen geriet in den zwanziger Jahren das von den *Genrô* errichtete starre politische Gebilde ins Wanken; in diesem Wirbelwind schien sich Japan von seiner traditionellen inneren und äußeren Politik abwenden zu wollen. Es sah so aus, als sollte die autoritäre Herrschaftsordnung demokratischen Verfahren und die aggressive Militärpolitik einer friedlichen wirtschaftlichen Expansion den Platz räumen.

Außenpolitik friedlicher Verhandlungen

Mehrere japanische Kabinette nacheinander versuchten in den zwanziger Jahren, auch wenn ihnen das Militär häufig Hindernisse in den Weg legte, auf eine friedliche Bereinigung des Verhältnisses zu China und den Westmächten hinzuarbeiten. Offenbar glaubten die eher zum Nachdenken neigenden Staatsmänner, daß eine Strategie wirtschaftlicher Durchdringung in der neuen Nachkriegsära eher zum Ziel führen könnte als eine Politik der Gewalt.

Bald nach Kriegsende hatte diese Auffassung eine entscheidende Bewährungsprobe zu bestehen. Als die Mächte von den Versailler Verhandlungen heimkehrten, stand bereits fest, daß es ihnen nicht gelungen war, eine ganze Anzahl internationaler Probleme zu lösen. Das galt für Europa ebenso wie für den Fernen Osten. Gerade im Fernen Osten blieben wichtige Streitfragen ungeregelt; gefährliche Reibungsflächen waren entstanden. Zu einem erheblichen Teil gingen die Spannungen auf das unerfreuliche amerikanisch-japanische Verhältnis zurück.

Schon seit langem waren amerikanische und japanische Interessen in China zusammengestoßen; der Konflikt wurde verschärft mit der praktischen Durchsetzung eines Teils der »Einundzwanzig Forderungen«, der Anwesenheit japanischer Streitkräfte auf chinesischem Boden und der Aufrechterhaltung der japanischen Besetzung großer Teile Ostsibiriens. Mit den Gewinnen, die es im Krieg gemacht hatte, schien Japan in China darauf aus zu sein, immer weiter im trüben zu fischen. Die Beziehungen zwischen Washington und Tôkyô waren durch die Atmosphäre gegenseitigen Mißtrauens gekennzeichnet. Hinzu kam der Dreierwettlauf im Flottenrüsten, den sich weder Japan noch Großbritannien finanziell leisten konnte und den der amerikanische Kongreß nur höchst widerwillig mitmachte.

Die Vereinigten Staaten entschlossen sich schließlich 1921, diesem Problemknäuel auf einer internationalen Konferenz auf den Leib zu rücken. Sie trat am 12. November 1921 in der Memorial Continental Hall in Washington zusammen, in feierlicher Eröffnung begrüßt vom Präsidenten Warren G. Harding und seinem Außenminister Charles Evans Hughes. Als die Delegierten am 6. Februar 1922 auseinandergingen, konnten sie auf Ergebnisse zurückblicken, die auf allen Seiten zufriedenstellend schienen. So wurde die Konferenz von Washington zu einem Wendepunkt in der Geschichte der Pazifikländer. Der Friede schien in diesem Raum auf lange Zeit gesichert.

Anfangs hatte Japan wenig Neigung gezeigt, an einer internationalen Konferenz teilzunehmen, die von den Vereinigten Staaten hauptsächlich zu dem Zweck einberufen worden zu sein schien, Japans Vordringen abzubremsen und den japanischen Einfluß in Ostasien zu schmälern. Als jedoch die japanischen Delegierten, geführt von Shidehara Kijûrô, von Washington zurückkehrten, konnten sie mit dem Erreichten zufrieden sein. Die Verhandlungen waren im Geiste verständiger Nachgiebigkeit geführt worden, und die Großmächte hatten sich über die schwierigsten Punkte der Seerüstungen und der politischen Problematik des Fernen Ostens geeinigt. In dem Fünfmächte-Flottenabkommen verpflichteten sich Großbritannien, die Vereinigten Staaten, Japan, Frankreich und Italien zu einer zehnjährigen Baupause im Schlachtschiffbau und zu einer Begrenzung ihrer Schlachtschifftonnage im Verhältnis von 5:5:3:1,75:1,75.

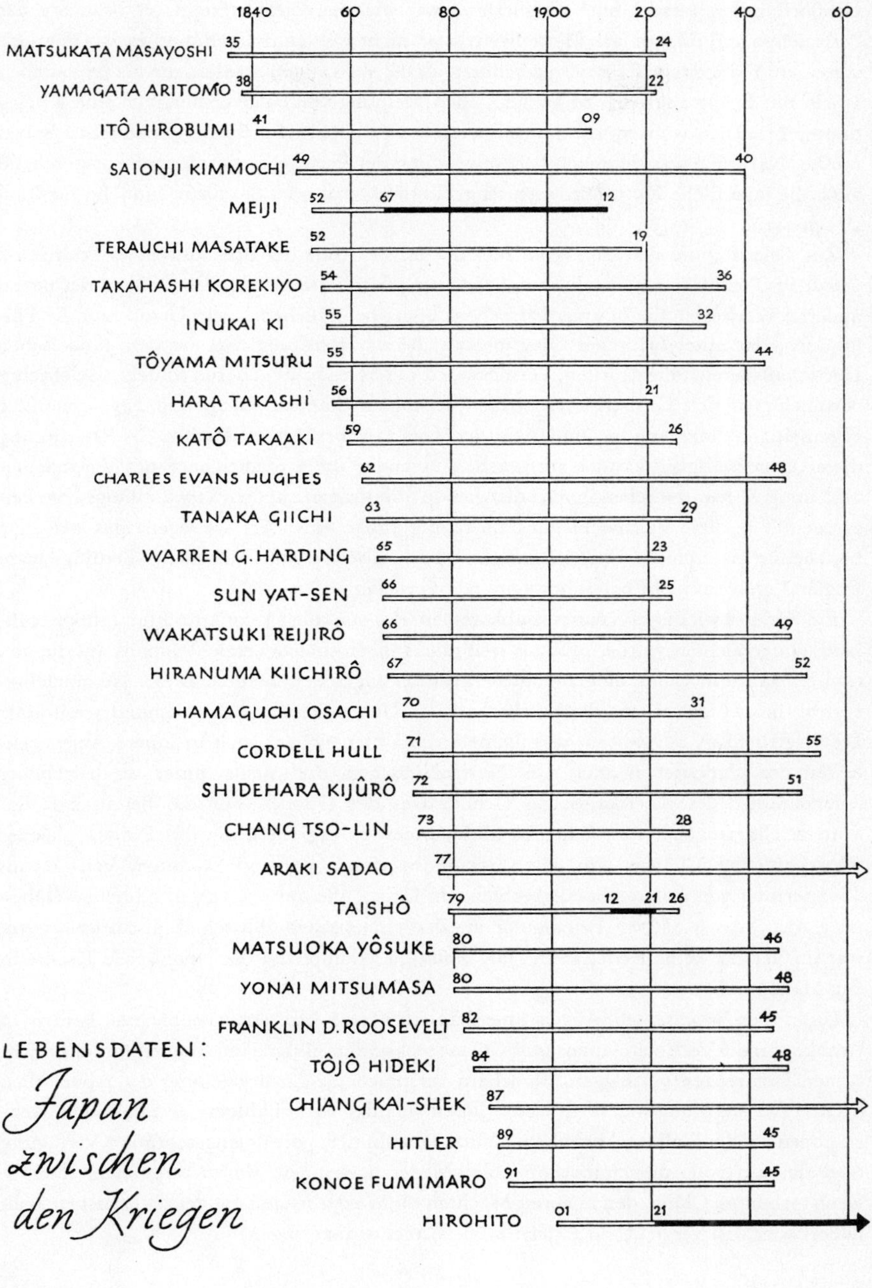

LEBENSDATEN:

Japan zwischen den Kriegen

Japan hatte nun, obgleich ihm die Schlachtschiffparität mit den Vereinigten Staaten und Großbritannien versagt blieb, immerhin zwei wichtige Ziele erreicht: es brauchte das kostspielige und unpopuläre Flottenwettrüsten nicht weiterzutreiben, und es war dennoch vor einem Flottenangriff insofern geschützt, als die Vereinigten Staaten, um die japanischen Inseln mit Erfolg angreifen zu können, nach Meinung von Sachverständigen eine Kriegsmarine brauchen würden, die zum mindesten die doppelte Stärke der japanischen haben müßte. Natürlich war demnach bei Anwendung der Vertragsbestimmungen entsprechend auch die japanische Flotte für einen Angriff auf Hawaii oder das amerikanische Festland zu schwach.

Zur Bekräftigung der künftighin rein defensiven Rolle der drei führenden Seemächte wurde im Pazifik eine neutralisierte, befestigungsfreie Pufferzone geschaffen, zu der neben anderen Territorien die in amerikanischem Besitz befindlichen Inseln Guam und die Philippinen, das unter britischer Oberhoheit stehende Hongkong und aus dem japanischen Herrschaftsbereich die Kurilen, Formosa und die Pescadores gehören sollten. Gleichzeitig verpflichteten sich Großbritannien, die Vereinigten Staaten, Japan und Frankreich zur gegenseitigen Anerkennung und Achtung ihres Inselbesitzes im Pazifik. In Erweiterung dieser Gegenseitigkeitsklausel versprachen einander die Unterzeichner des Viermächteabkommens, etwa zwischen ihnen entstehende Streitfragen auf dem Verhandlungswege beizulegen. Für diese Viermächtegarantie mußte Japan einen Preis erlegen: das seit 1902 bestehende englisch-japanische Bündnis wurde stillschweigend aufgelöst; allerdings wäre England ohnehin nicht bereit gewesen, es zu erneuern.

Ein anderes wichtiges Konferenzabkommen, das von allen Pazifikmächten (außer Rußland) unterzeichnet wurde, muß als wenigstens theoretischer Verzicht Japans auf die von ihm bis dahin in China eingenommene Position angesehen werden. Dieser Neunmächtevertrag bekräftigte erneut die Bereitschaft der Unterzeichnermächte, Chinas territoriale Unverletzlichkeit zu wahren, verpflichtete die Unterzeichner, sich in innere Angelegenheiten des chinesischen Staates nicht einzumischen, und stellte unter ausdrücklicher Anerkennung des amerikanischen Grundsatzes der Offenen Tür die Bereitschaft der Unterzeichnermächte fest, keinerlei Maßnahmen zu ergreifen, die das Prinzip gleicher wirtschaftlicher Chancen für alle Mächte in China verletzen könnten. Von Japans »Sonderinteressen« und »Sonderrechten« in China, die aus der »geographischen Nähe« oder aus Japans aktiver Beteiligung an der chinesischen Wirtschaft abzuleiten seien, war im Vertrag keine Rede. Immerhin bestätigte er implizite die japanischen Rechte in der Manchurei.

Unter den wachsamen Augen amerikanischer und britischer Beobachter kamen in Washington die Vertreter Japans und Chinas sechsunddreißigmal zusammen, um die wichtigsten Differenzen beizulegen. Shidehara versprach die Zurückziehung der japanischen Streitkräfte aus Shantung, doch wollte Japan wichtige wirtschaftliche und politische Konzessionen auf der Halbinsel behalten. Chinas Bemühungen, die uneingeschränkte Verfügung über das wertvolle manchurische Gebiet wiederzugewinnen, waren vergeblich. Ebensowenig gelang es China, den anderen Mächten die Wiederherstellung der chinesischen Zollhoheit oder den Verzicht auf Exterritorialitätsrechte abzuringen.

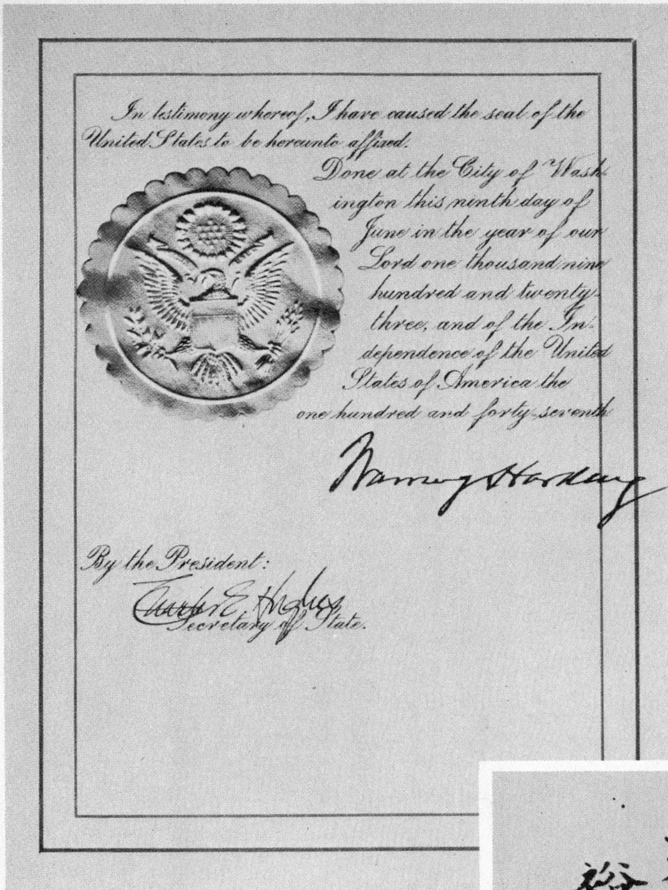
In testimony whereof, I have caused the seal of the United States to be hereunto affixed.

Done at the City of Washington this ninth day of June in the year of our Lord one thousand nine hundred and twenty-three, and of the Independence of the United States of America the one hundred and forty-seventh

Warren G Harding

By the President:

Charles E Hughes
Secretary of State.

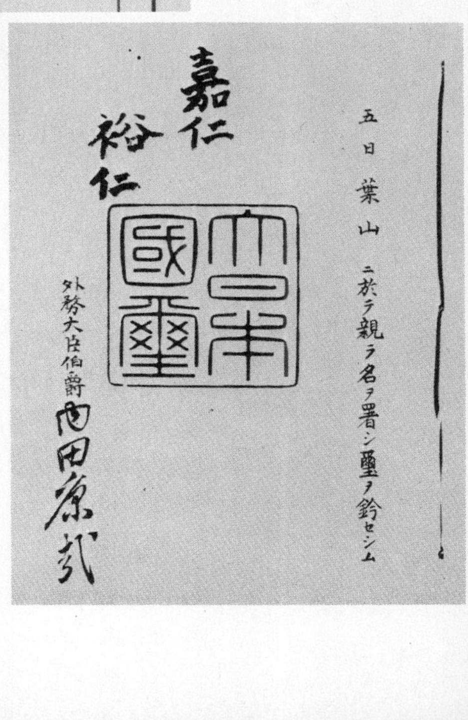
五日葉山ニ於テ親ラ名ヲ署シ璽ヲ鈐セシム

嘉仁

裕仁

外務大臣伯爵 内田康哉

Das Fünfmächte-Flottenabkommen von Washington am 6. Februar 1922
oben: Die USA-Ratifizierungsurkunde mit den Unterschriften von Präsident Harding und Staatssekretär Hughes vom 9. Juni 1923
unten: Die japanische Ratifizierungsurkunde mit der Unterschrift des Regenten Hirohito vom 5. August 1922
Washington, National Archives

Chiang Kai-shek beim Verlassen der ersten gesamtchinesischen Nationalversammlung, 1931

Obgleich der Sowjetstaat, von Washington nicht anerkannt, auf der Konferenz nicht vertreten war, wurde während der Verhandlungen auch das Problem der japanischen Truppen auf sibirischem Boden aufgeworfen. Zu einem erheblichen Teil unter dem Druck innerjapanischer Kräfte, die den Verzicht auf die Weiterführung des unersprießlichen Unternehmens forderten, ging Japan auf die Anregungen der Alliierten ein und erklärte sich zur Räumung bereit. Einige Monate später, im Oktober 1922, kehrten die japanischen Truppen tatsächlich von ihrem langen Aufenthalt in Sibirien zurück. Kurz darauf wurde Ostsibirien zum integrierenden Bestandteil der Sowjetunion.

So hatte die Konferenz in den meisten potentiell gefährlichen Fragen des Fernen Ostens eine Verständigung erzielt. Sie schien den Frieden gesichert zu haben und sicherte ihn auch in der Tat, bis das zerbrechliche Gleichgewicht, das die sogenannten Pazifikmächte ein Jahrzehnt lang aufrechtzuerhalten vermochten, von einer Weltwirtschaftskrise und entscheidenden Veränderungen im politischen Leben Japans umgeworfen wurde. Erst dann wurde das Hauptgebrechen der Washingtoner Abmachungen offenkundig. Indem sie den westlichen Pazifik der japanischen Militärhoheit überließen, zugleich aber das Vorhandensein japanischer Sonderinteressen in China leugneten, hatten die Westmächte eine gefahrenschwangere Situation geschaffen. Sollte Japan eines Tages finden, daß nur militärische Maßnahmen seine wirtschaftliche Existenzgrundlage in China schützen könnten, würde man ihm nur mit einem lang dauernden, schwierigen und weiträumigen Krieg Einhalt gebieten können.

Zunächst jedoch sprach nichts für japanische Aggressionsabsichten. Durch erhebliche Verminderung der Heeresstärke (um vier Divisionen) und Kürzung des Militärbudgets – trotz heftiger Opposition des Militärs – und durch verständigungsbereite Haltung gegenüber den kontinentalen Nachbarn China und Rußland bekundete die japanische Regierung ihren Willen, sich an die Bestimmungen der Washingtoner Konferenz zu halten und es ernsthaft mit der neuen Politik der internationalen Zusammenarbeit zu versuchen.

Die Abkehr von der Politik der Gewalt äußerte sich im ersten Nachkriegsjahrzehnt besonders deutlich in Japans Beziehungen zu China. China war und blieb das zentrale Problem der japanischen Außenpolitik. Wenn die chinesische Revolution von 1911 dem Ohnmachtsregime der Manchu-Dynastie ein Ende bereitet hatte, so war damit die Uneinigkeit im Lande noch lange nicht beseitigt. Eine Zeitlang schien die Hoffnung auf ein starkes China unter dem konservativen Diktator Yüan Shih-k'ai berechtigt. Aber als er 1916 starb, verfiel das Land von neuem dem Bürgerkrieg. Damals nahm Japan seinen Vorteil rücksichtslos wahr: eine Illustration liefern die »Einundzwanzig Forderungen« und die Besetzung Shantungs. Nach der Washingtoner Konferenz änderte sich Japans China-Politik augenfällig.

Shideharas Nichteinmischungsdiplomatie wurde sogar in der Zeit der Wirren fortgesetzt, als China hoffnungslos in zwei Lager zerrissen schien: einerseits die nördlichen Kriegsherren, anderseits Sun Yat-sens revolutionäre Kuo-min-tang (Nationalpartei). Eine ähnliche japanische Politik wurde auch nach dem Tod Sun Yat-sens (1925) praktiziert, als Chiang Kaishek, der neue Führer der Kuomintang, gegen die chinesischen Kommunisten und ihre Sowjetberater kämpfte, und, ein Jahr später, als er seinen Marsch nach Norden antrat, um ganz China zu einigen. Gewiß taten die Japaner das Nötige zum Schutz ihrer Positionen in der Manchurei, verhielten sich aber sonst mehr als Zuschauer, obgleich lebenswichtige japanische Interessen auf dem Spiel standen. Diese Haltung trug Shidehara einen ansehnlichen Ruf im Ausland und den Zorn der Militärs daheim ein. Daß eine solche Politik überhaupt getrieben und fast ununterbrochen bis 1931 beibehalten werden konnte, ist ein Zeichen für den Einfluß der Kräfte in Japan, die kriegerische Lösungen verwarfen.

Japans Beziehungen zum neuen Sowjetstaat offenbarten denselben Grundzug. Im Innern verfolgte die Regierung eine strikt antikommunistische Politik, und alles, was nur die entfernteste Ähnlichkeit mit kommunistischen Gedanken hatte, war auch in dieser verhältnismäßig liberalen Zeit tabu. Das hinderte Japan nicht, seine Truppen aus dem erdölreichen Nordsachalin zurückzuziehen und mit der Sowjetunion diplomatische und Wirtschaftsabkommen abzuschließen. Im Januar 1925 wurden offizielle diplomatische Beziehungen aufgenommen; in der Amtszeit Shideharas blieb das Verhältnis der beiden Länder viele Jahre recht freundschaftlich. Ganz im Gegensatz zum chinesisch-russischen Verhältnis, das 1929 in offene Kampfhandlungen umschlug, wurden alle zwischen der Sowjetunion und Japan schwebenden Streitfragen in dem Jahrzehnt nach der Washingtoner Konferenz mit Hilfe diplomatischer Verhandlungen geregelt.

Erste Experimente mit Parteienregierungen

Die Zeit zwischen der Ernennung von Hara Takashi zum Premierminister (1918) und dem Ausbruch der Kämpfe in der Manchurei (1931) dürfte die wichtigste Periode in der Geschichte des modernen Japans gewesen sein. Japan wandte sich von der Autokratie ab und versuchte, ein lebensfähiges politisches System im Sinne demokratischer Vorstellungen, des Prinzips der Teilnahme des Volkes an der Regierung und der Idee persönlicher Freiheit zu gestalten.

Es ist etwas Wahres an der Behauptung, daß dies die Jahre waren, in denen Militarismus und Antimilitarismus, autoritäre Grundsätze und demokratisches Denken miteinander im Streit lagen. Trotzdem darf man nicht unterstellen, daß Japan in dieser Zeit mehr oder minder eindeutig in zwei Lager: das demokratische und das antidemokratische, zerfiel. Die Situation war voller Widersprüche, die Gegensätze waren überaus komplex, und der Kampf wurde eigentlich im Bewußtsein jedes einzelnen Individuums ausgetragen. Es konnte auch kaum anders sein, denn die neue Elite – die politische, die wirtschaftliche, die intellektuelle – war gerade erst dabei, sich von ihren feudalen Ursprüngen zu lösen, an die sie traditionelle und gefühlsmäßige Bande fesselten.

Dem Leben in Japan haftete ein merkwürdig schizophrener Charakter an. Natürlich gab es da den Kontrast zwischen dem flachen Lande, wo Grundbesitzer und bäuerliche Pächter noch in der feudalen Vergangenheit wurzelten, und dem verwestlichten Lebensstil der Stadt. Aber auch in Tôkyô und Osaka, den großen Metropolen mit Millionen von Einwohnern, begegnete man auf Schritt und Tritt diesem Zwiespalt zwischen Vergangenheit und Gegenwart: vielstöckige Bürogebäude aus Eisenbeton im westlichen Stil und niedrige, nur dem elementaren Unterkunftsbedürfnis dienende hölzerne Wohnbaracken; Kraftwagen für den Geschäftsmann und Rikschas für die Geisha; westliche Kleidung fürs Büro und Kimonos für das dem Trubel des geschäftlichen Daseins entzogene Heim; der Raum für den Besucher mit Klavier und Sesseln, mit Schondeckchen behängt, und das Wohnzimmer für die Familie mit Strohmatten und leichten Schiebetüren aus Furnierholz. Dieselben schizophrenen Züge waren auch im Verhalten und Denken der Japaner sichtbar. Keine andere Nation hatte je unter dem Zwang gestanden, sich so schnell und so gründlich zu modernisieren. Das führte unvermeidlich zu einem Konflikt zwischen Altem und Neuem.

In der politischen Ebene veranschaulicht Ministerpräsident Hara selbst die Widersprüche im japanischen Leben in den zwanziger Jahren am deutlichsten. In gewissem Sinne war er die Personifizierung der Führerschicht eines neuen Japans: in keiner der großen Feudaldomänen geboren, aus denen die Meiji-Oligarchen stammten, war er dazu auch noch bürgerlicher Herkunft. Er hatte auf einem College studiert, war dann Zeitungsreporter geworden und hatte später verschiedene Regierungsämter bekleidet, bevor er 1900 im Alter von vierundvierzig Jahren zum geschäftsführenden Sekretär der konservativen *Seiyû-Kai*-Partei (»Partei der politischen Freunde«) wurde. Seinen politischen Aufstieg verdankte Hara weniger der agitatorischen und organisatorischen Arbeit als der Gunst des alten Oligarchen Fürst Itô und seines Nachfolgers Fürst Saionji. Er hatte sich seine Sporen in der Politik als Protégé der Oligarchie verdient, bevor er zum Parlament kandidierte.

Obwohl sich Hara für einen Gegner des Militarismus hielt und obwohl sein Kabinett eine vom Militär beherrschte Regierung ablöste, bestand einer seiner ersten Schritte als Ministerpräsident darin, daß er für verstärkte Landesverteidigung eintrat. Seine Stellung zum allgemeinen Wahlrecht war zum mindesten zweideutig. In der Furcht vor einer radikalen Arbeiterbewegung konnte er sich mit den Oligarchen messen. Als erster Berufspolitiker im Amt des Ministerpräsidenten ließ er in seinem Verhalten die Schwerpunkte der Mächte im Japan von 1918 erkennen: wichtig für ihn waren die Ansichten der noch lebenden *Genrô*, der hohen Bürokratie im Geheimen Rat und der reichen Industriellen; dagegen mißachtete er die Masse der Bevölkerung, die noch kein Wahlrecht hatte. Daß weder diese Einstellung noch Haras anmaßendes Auftreten in der eigenen Partei seiner Popularität Abbruch tat, wirft einiges Licht auf den Charakter der Demokratie in Japan zwischen den Weltkriegen.

Ein Blick auf die Rolle der politischen Parteien bestätigt den Eindruck, daß es noch ein weiter Weg war von der Autokratie zur Volksherrschaft. Nach der Verfassung hatte das japanische Parlament nur begrenzte Befugnisse. Der Kaiser war nicht nur Oberbefehlshaber, sondern ernannte auch die Minister, die jeder für sich ihm verantwortlich waren, nicht dem Parlament. Eine Kollektivverantwortung des Kabinetts war nicht vorgesehen. Auch über den Geldbeutel des Staates verfügte das Parlament nicht, denn die Verfassung bestimmte, daß, wenn eine parlamentarische Einigung über den Haushaltsplan nicht zustande kam, das Budget des Vorjahrs automatisch wieder in Kraft trat. Im Parlament, das bis 1925 auf Grund eines äußerst beschränkten Wahlrechts gewählt wurde, waren die Parteien ursprünglich kaum mehr als von den Oligarchen für ihre internen Auseinandersetzungen geschaffene Klubs, die daneben auch den Anschein erwecken sollten, daß die parlamentarischen Kräfte Unterstützung im Volk fänden. Sie hatten allerdings um die Zeit, als Hara Ministerpräsident wurde, an Bedeutung gewonnen. Aber wenn sie auch äußerlich den Parteien der westlichen Länder glichen, war ihre Rolle angesichts der Geringfügigkeit ihrer Funktionen und der ihnen zugewiesenen Verantwortung viel weniger bedeutsam.

Auch die Zusammensetzung des Kabinetts Hara zeigt, wie wenig entwickelt Japans parlamentarisches System um diese Zeit war. Die meisten Schlüsselstellungen waren in den Händen früherer Bürokraten, die der *Seiyû-Kai* erst wenige Jahre vorher beigetreten waren. Der Marineminister war aus dem letzten nichtparteilichen Kabinett übernommen worden, und der Kriegsminister, ein aktiver General, war ein guter Freund des alten Fürsten Yamagata und Haras, der ja selbst der Protégé eines Oligarchen war.

Diese negativen Züge mindern jedoch nicht die Bedeutung der Tatsache, daß auf dem Wege zu demokratischen Regierungsformen ein fühlbarer Fortschritt erreicht worden war. Immerhin stand an der Spitze der Regierung ein Bürgerlicher: in einer hierarchischen Gesellschaft mit ihren scharf ausgeprägten Klassenunterschieden und Klassenvorrechten bedeutete das nicht wenig. Widerstrebend hatten die älteren Staatsmänner Hara erkoren, weil ihnen eine größere Unterstützung des Regierungssystems durch das Volk nun doch als wünschenswert erschien. Nahegelegt hatte ihnen das der Sturz des Amtsvorgängers Haras, des Armeegenerals Terauchi Masatake; er war ein Günstling des Fürsten Yamagata und ein Anwärter auf Aufnahme in die Oligarchie; sein Ausscheiden aus der Regierung war durch die »Reisunruhen«, die Massenempörung über die Teuerung, erzwungen worden.

Nach mehr als dreijähriger Amtstätigkeit wurde Premierminister Hara am 4. November 1921 auf dem Tôkyôter Hauptbahnhof von einem Weichensteller ermordet. Sowohl die Tatsache, daß der Regierungschef einem Attentat zum Opfer fiel, als auch die soziale Stellung des Attentäters ließen die andere Seite der Gefahren hervortreten, die Japans parlamentarisches System von seinen Anfängen an bedrohten: politischer Terror und Entfremdung zwischen Regierung und Arbeiterklasse.

Hara hatte jede selbständige Regung unter den Intellektuellen und unter der Arbeiterschaft rücksichtslos unterdrückt. Professoren, die »radikaler« Ideen verdächtig waren, wurden verhaftet und aus dem Lehramt entfernt. Streiks wurden brutal niedergeschlagen. Wie unter den Oligarchen war Freiheit nur insoweit gestattet, als sie der Regierung genehm war. So hinterließ Hara seinen Nachfolgern ein unheilvolles Vorbild. Als dann in den zwanziger Jahren das Wahlrecht erweitert wurde, sorgten das Innenministerium, die für Meinungskontrolle und innere Sicherheit zuständige Behörde, und die Bürokraten der Polizei dafür, daß die Wählerschaft das mythische »Nationalgebilde« Japans und die Vorrechte des Kaisers – oder der Männer hinter dem Thron – nicht gefährden konnte.

Eine »Verordnung zur Wahrung des Friedens« wurde erlassen, die unbotmäßige Elemente in Schach halten sollte: Sozialisten, Anarchisten, Kommunisten, liberale Demokraten und schließlich auch unschuldige politische Theoretiker, die es wagten, die Fundamente der japanischen Regierung und der offiziellen Ideologie der Herrschenden unter die Lupe zu nehmen. Das geschah wenige Tage nach dem großen Erdbeben vom 1. September 1923, das die Stadt Yokohama und große Teile von Tôkyô in Schutt und Asche legte und die Regierung fürchten ließ, daß japanische Radikale oder koreanische und t'ai-wanesische Nationalisten schwere Unruhen anstiften könnten. Diese Befürchtungen erwiesen sich als grundlos. Nichtsdestoweniger erließ die Regierung zwei Jahre später ein gegenüber der Verordnung von 1923 verschärftes »Gesetz zur Wahrung des Friedens«, das bis zu zehn Jahren Gefängnis jedem androhte, der »eine Vereinigung mit dem Ziel der Änderung des Nationalgebildes oder der grundsätzlichen Bekämpfung der Privateigentumsordnung organisiert, einer solchen Vereinigung beitritt oder andere zum Beitritt veranlaßt«. Eine vom Kaiser unterzeichnete Notverordnung von 1928 ergänzte das Gesetz durch Einfügung der Todesstrafe. Vervollständigt wurden diese Unterdrückungsmaßnahmen durch die Schaffung einer »Hohen Sonderpolizei« zum Schutze der mythischen Werte des »Nationalgebildes«.

Diese und ähnliche Maßnahmen der Parteiregierungen der zwanziger Jahre hatten mancherorts bittere Enttäuschungen zur Folge und rissen zwischen dem Regierungssystem und einem beträchtlichen Teil der Öffentlichkeit und der Presse eine Kluft auf. In dem Nachkriegsjahrzehnt, in dem die Massen erwachten, fanden die Arbeiter, die Liberalen und alle, die sich gegen die Wesenszüge der undemokratischen Meiji-Verfassung aufgelehnt hatten, daß sich die Behandlung, die ihnen jetzt zuteil wurde, nicht wesentlich von der Behandlung unterschied, der sie unter den Oligarchen ausgesetzt waren. In diesen Kreisen verbreitete sich die Überzeugung, daß sie vom bestehenden System nichts zu erwarten hatten, daß unter solchen Umständen die Hoffnung auf eine allmähliche politische Umgestaltung vergeblich war und daß möglicherweise erst eine Revolution die Voraussetzungen für eine bessere politische und soziale Ordnung schaffen müßte.

Die Geschichte der Oppositionsbewegung in diesen Jahren zeigt, daß idealistische Befürworter des Liberalismus, der demokratischen Grundsätze und eines vagen Sozialismus in eine militante Politik und radikale Haltungen hineingetrieben wurden. Gewerkschaften gingen vom wirtschaftlichen zum politischen Kampf über, und brutale polizeiliche Unterdrückung veranlaßte sogar manche der gemäßigten Gewerkschaftsführer, sich illegalen Organisationen anzuschließen. Studentische Studienzirkel verwandelten sich in sozialistische Aktionsgemeinschaften, und einige ihrer Mitglieder gründeten 1922 unter dem geistigen Einfluß der bolschewistischen Revolution eine illegale kommunistische Partei. Trotz vielen geheimen Reisen inländischer und ausländischer Kommunisten zwischen der Komintern-Zentrale in Moskau, dem Komintern-Büro in Shanghai und dem illegalen Hauptquartier der japanischen Kommunisten in Tôkyô hat die Partei in der japanischen Politik nie eine bedeutende Rolle gespielt. Der Hauptgrund war die illegale Situation der Partei, verschlimmert durch strenge Polizeiüberwachung und ständige Verhaftungen Verdächtiger; ein übriges taten erbitterte Fraktionskämpfe und die deutliche Sowjetfärbung des japanischen Kommunismus. Erfolgreicher waren die japanischen Sozialisten, denen es Ende der zwanziger Jahre in der Blütezeit des milden Regierungskurses sogar gelang, eine legale Parteiorganisation aufzubauen und mit einem gemäßigten Wahlprogramm, in dem jede Stellungnahme zum geheiligten »Nationalgebilde« sorgsam vermieden wurde, an Parlamentswahlen teilzunehmen.

Der Sozialismus, vor allem marxistischer Prägung, verschaffte sich größere Geltung mit dem weniger grobschlächtigen, aber um so nachhaltigeren Einfluß, den er auf das geistige Leben Japans ausübte, besonders auf den Universitäten und unter Schriftstellern und Künstlern. Zu einer großen politischen Bewegung hat es der Marxismus in Japan zwischen den Weltkriegen nicht gebracht, aber er setzte sich dafür als Unterströmung durch, die zu einem beträchtlichen Teil das soziale, wirtschaftliche und politische Denken der Periode formte. Sogar die extrem nationalistische Bewegung, die in den dreißiger Jahren so mächtig werden sollte, zeigte in vielem, wieviel sie marxistischem Gedankengut zu verdanken hatte.

Eine Schwäche des sich langsam entfaltenden parlamentarischen Systems war, wie die Ereignisse nach Haras Tod anschaulich demonstrieren sollten, der Hang zu Zersplitterung und Cliquenwesen, der in der halbfeudalen Struktur der japanischen Parteien und ihrem Herr-und-Gefolgsmann-Aufbau seine tiefen Wurzeln hatte. Nach Haras Ermordung fiel die Ministerpräsidentenschaft an den Finanzminister Takahashi Korekiyo, einen tüchtigen Finanzmann, aber weniger tüchtigen Führer. Während seiner Regierungsführung wurde die Regierungspartei in zahlreiche streitende Cliquen auseinandergerissen. Daß sie auch noch den Kampf um die Bestimmung des politischen Kurses aufnahmen, brachte die Partei fast an den Rand des Zerfalls. Takahashi sah sich zum Rücktritt gezwungen. Das Experiment mit einer parlamentarisch verantwortlichen Parteienregierung war beendet, aber, wie sich herausstellen sollte, nur vorübergehend.

Nach Takahashis Rücktritt griffen die älteren Staatsmänner von neuem auf die Bürokratie zurück. Auf ihren Vorschlag ernannte der Kaiser ein Kabinett von Fachministern ohne Parteibindungen, mit einem Admiral als Ministerpräsidenten. Als der Admiral im August 1923 starb, wurde ein anderer Admiral sein Nachfolger. Aber weder dies Kabinett noch das folgende, an dessen Spitze der höchst unbeliebte ehemalige Chef des Polizeiamtes im Innenministerium, ein Protégé der älteren Staatsmänner, stand, hielt sich länger als ein paar Monate. Nach diesem zwei Jahre dauernden bürokratischen Regiment geriet das Parlament in Aufruhr, und die Öffentlichkeit, von der Presse lebhaft unterstützt, bestand beharrlich auf dem Rücktritt der Bürokraten.

Im Parlament wurde die antibürokratische Opposition von Katô Takaaki geführt, dem Präsidenten der *Kensei-Kai* (»Verfassungspartei«), die mit der *Seiyû-Kai* rivalisierte. Katô war ein Politiker von Format, der fähigste und zäheste Gegner der älteren Staatsmänner. Er war seit 1915 in der aktiven Politik und stand seit dieser Zeit in den vordersten Reihen des Kampfes gegen außerparlamentarische Einflüsse. Kein Wunder, daß er mehrmals übergangen wurde, als die *Genrô* nach einem geeigneten Ministerpräsidenten Ausschau hielten. Seine Zeit war endlich 1924 gekommen. Außer dem liberalen Fürsten Saionji war keiner der älteren Staatsmänner mehr am Leben. Die Position der außerhalb der Parteien stehenden Bürokratenregierung war im Kreuzfeuer der Angriffe in Parlament und Presse recht unsicher geworden. Drei Wochen nach ihrem Amtsantritt löste die Regierung das ihr feindliche Parlament auf und ließ die Wähler entscheiden, ob sie eine bürokratische oder eine parlamentarische Regierungsweise wünschten.

Die Wähler bereiteten dem Beamtenkabinett eine schwere Niederlage. Das Kabinett trat zurück und öffnete Katô den Weg zur Ministerpräsidentschaft. Damit begann eine Ära, in der Parteienkabinette zur Regel wurden. Wenigstens die äußeren Charakteristika des parlamentarischen Systems wurden in diesen Jahren wesentlich ausgebaut. Auf wie schmaler Basis dies System ruhte, ersieht man daraus, daß auch Katô, der Bannerträger des Systems parlamentarisch verantwortlicher Parteienkabinette, aus den Reihen der Bürokratie hervorgegangen war.

Einige bedeutungsvolle Ereignisse in der Regierungszeit Katôs (vom Juni 1924 bis zum Januar 1926) unterstreichen den zweideutigen Charakter des Demokratiebegriffs, wie er von seinen Anhängern in Japan in die Praxis umgesetzt wurde. In der Regierungsperiode Katôs verabschiedete das Parlament das Wahlgesetz, das allen erwachsenen Männern das Wahlrecht verlieh und so die Zahl der Wahlberechtigten mit einem Schlag vervierfachte. Zugleich hielt es jedoch Katô für erforderlich, diese kühne Ausweitung der Mitwirkung des Volkes an der Regierung, die den unteren Einkommenschichten zum erstenmal ein politisches Mitspracherecht gewährte, wirksam zu neutralisieren. Eine Woche nach der Verkündung des neuen Wahlgesetzes wurde das schon erwähnte »Gesetz zur Wahrung des Friedens« geboren, das sich als eine der schlimmsten in nichttotalitären Staaten je erlassenen Unterdrückungsmaßnahmen erwies und in späteren Jahren alle die, die nicht in Ergebenheit zur Regierungspolitik standen, mit Erfolg niederhielt.

Im Einklang mit dem von Außenminister Shidehara gesteuerten diplomatischen Kurs der internationalen Zusammenarbeit und der friedlichen wirtschaftlichen Durchdringung erfolgte ein drastischer Abbau der Rüstungsausgaben, die sich 1922 auf zweiundvierzig Prozent des Gesamtbudgets belaufen hatten; unter dem Kabinett Katô gingen sie auf siebenundzwanzig Prozent zurück. Das bedeutete jedoch nicht, daß der Militarismus entsprechend an Einfluß verlor. Den überzähligen Offizieren wurde ein neues Aufgabengebiet zugewiesen: sie sollten die militärische Zwangsausbildung, die Katô in allen höheren Schulen und Hochschulen eingeführt hatte, leiten helfen.

Mit der Ernennung Katôs und der Übernahme des Außenministeriums durch Shidehara schien die Hoffnung berechtigt, daß Japan mit der Zeit, wenn auch noch so zaghaft, Fortschritte auf dem Wege zum Repräsentativsystem machen würde. Eine geordnete soziale und politische Weiterentwicklung schien verbürgt, und es sah so aus, als würde man eines Tages auch zu größerer Achtung vor dem Individuum und seiner Freiheit kommen. Zum Unglück für Japan starb Katô im Januar 1926. Sein Werk wurde von bewährten Mitarbeitern, seinem Innenminister Wakatsuki Reijirô und seinem Finanzminister Hamaguchi Osachi wie auch von Shidehara fortgeführt, doch stießen sie bald auf immer größere Schwierigkeiten und mußten sich schließlich geschlagen geben.

Wakatsuki, der neue Führer der Katôschen Verfassungspartei und zugleich Katôs Nachfolger als Ministerpräsident, rief mit einigen Aspekten seiner Finanzpolitik, in denen man Begünstigung privater Interessen und sogar Korruption entdeckt zu haben glaubte, Widerstand im Parlament hervor. Mitten in einer unerwarteten Finanzkrise sah sich das Kabinett auch noch einem entschieden gegnerisch eingestellten Geheimen Rat gegenüber: die vom Kaiser berufenen Mitglieder dieser Körperschaft – hauptsächlich Beamte – hatten inzwischen manche Funktionen der *Genrô* in der außerparlamentarischen Bestimmung des politischen Kurses an sich gerissen. Der Angriff des Geheimen Rates galt vor allem der Außenpolitik Shideharas, der sich nach wie vor weigerte, durch Einmischung in die Angelegenheiten Chinas – sei es in der Manchurei, sei es sonstwo – Sondervorteile für Japan herauszuholen. Schon zu dieser Zeit, fünf Jahre vor dem manchurischen Zwischenfall, machten sich Einflüsse geltend, die in zunehmendem Maße Druck auf die Regierung zugunsten einer radikalen Umkehr in der japanischen China-Politik ausüben sollten. Nicht imstande, die Unterstützung des Geheimen Rates zu gewinnen, entschloß sich Wakatsuki, dessen parlamentarische Position fast unhaltbar geworden war, zum Rücktritt.

Angesichts einer drohenden Finanzpanik übernahm im April 1927 der General Baron Tanaka Giichi, Führer der Gegenpartei der *Seiyû-Kai*, die Regierung. Das neue Kabinett war betont reaktionär und zeigte das in der verschärften Unterdrückung sozialistischen Denkens und in seiner Neigung, parlamentarischen Auseinandersetzungen durch Verhängung von Unterdrückungsmaßnahmen im Notverordnungswege auszuweichen. Immerhin mag das innenpolitische Programm des neuen Kabinetts von dem seiner Vorgänger nicht allzu verschieden gewesen sein. Dafür stellte seine Außenpolitik einen völligen Bruch mit dem Verständigungsgeist der Shidehara-Diplomatie dar, der von Militaristen und Nationalisten vor dem Kabinett Tanaka so scharf angegriffen worden war.

General Tanaka hatte einst als der führende Rußland-Spezialist des japanischen Generalstabs gegolten. Als Obmann des Generalstabsausschusses für die Planung des Sibirienkrieges und später als Kriegsminister während des sibirischen Feldzugs hatte er eine höchst aktive Rolle gespielt. In seinem Werdegang und seinen Vorstellungen war der neue Premier das genaue Gegenteil Shideharas. Indem er selbst das Außenministerium übernahm, schickte er sich an, eine »positive China-Politik« durchzuführen; das entsprach auch vollauf den Ansichten der japanischen Elitetruppe, der auf Vorposten auf Liao-tung am Südzipfel der Manchurei stationierten Kuangtung-Armee.

Was in China vorging, schien die japanische Position in der Manchurei zu bedrohen, und zweifellos war das nach Tanakas Meinung die Schuld der Politik seines Vorgängers. Im Jahre 1927 trieb Chiang Kai-shek, der neue Führer der chinesischen Nationalisten, seine »Nordexpedition« in der Hoffnung voran, ganz China zum erstenmal seit vielen Jahren unter einem Regime einigen zu können. Gegen Anfang März – Wakatsuki war noch im Amt – zogen Chiangs Truppen in die Handelsmetropole Shanghai ein. Als sie zum Weitermarsch nach Norden ansetzten, entsandte der neue japanische Premier Tanaka plötzlich, ohne das Parlament zu verständigen, Truppen nach der Shantung-Halbinsel, um auf halbem Wege zwischen Shanghai und der Manchurei den Weitermarsch der chinesischen Nationalisten zu verhindern. Chiang fand sich plötzlich einer überlegenen ausländischen Armee gegenüber und mußte seine Expedition abbrechen.

Doch im Frühjahr 1928 nahmen die nationalistischen Truppen ihren Marsch wieder auf, bis sie mit den in Shantung stationierten japanischen Kräften zusammenstießen. Chinas Appell an den Völkerbund und die Vereinigten Staaten vermochte die japanischen Truppen nicht vom chinesischen Boden zu verdrängen. Inzwischen ließ ein merkwürdiges Vorkommnis in Nordchina die Welt aufhorchen. Ein Sonderzug, in dem sich Marschall Chang Tso-lin, der mächtige Kriegsherr der Manchurei, befand, wurde am 4. Juni auf dem Wege von Peking nach Mukden in die Luft gesprengt; der Marshall kam ums Leben. Nun stand die Südmanchu-

Ruinen einer Baumwollspinnerei nach dem Erdbeben vom 1. September 1923

Geschäfts- und Wohnviertel in Tôkyô in den dreißiger Jahren

rische Bahn unter japanischer Verwaltung unter der Oberhoheit der Kuangtung-Besatzungsarmee, und es war natürlich bekannt, daß Chang Tso-lin kurz zuvor erhebliche Unabhängigkeitsallüren an den Tag gelegt und sogar eindeutig abgelehnt hatte, »Ratschläge« seiner Freunde von der Kuangtung-Armee zu befolgen. Es liefen sogar Gerüchte um, wonach sich eine Verständigung zwischen ihm und Chiang Kai-shek anbahnte, was zur Wiederherstellung der Einheit Chinas hätte führen können. Erst nach dem zweiten Weltkrieg hat sich feststellen lassen, wer den »Unfall« organisiert hatte. Wie in Japan und außerhalb Japans vermutet worden war, hatten einige Offiziere der Kuangtung-Armee beschlossen, Außenpolitik auf eigene Faust zu treiben, den aufsässigen Landsknechtskönig zu liquidieren und damit eine vielleicht günstige Gelegenheit für die Besetzung der Manchurei durch japanische Truppen herbeizuführen.

Allgemein wurde die Schuld an dem blutigen Zwischenfall, der Japans ohnehin schon angenagter China-Reputation einen enormen Schaden zufügte, Tanaka in die Schuhe geschoben. In Wirklichkeit jedoch hatte Tanaka, was allerdings außerhalb des innersten Armeezirkels nicht bekannt wurde, den Versuch unternommen, die Heeresdisziplin wiederherzustellen und der Armeeführung die Bestrafung der an der Ermordung Chang Tso-lins Beteiligten nahegelegt. Damit stieß er aber auf den Widerstand der »patriotischen« Elemente in den obersten Armeeposten und wurde schließlich gezwungen, die Angelegenheit zu den Akten zu legen. Und einen Monat später entschloß er sich, den Rat des letzten *Genrô* Fürst Saionji, der äußerst ungehalten und beunruhigt war, zu befolgen: er gab sein Amt auf und zog sich aus dem öffentlichen Leben zurück.

In der Angelegenheit steckte eine wichtige Lehre. Indem Tanaka die friedfertige Politik seines Vorgängers umgeworfen hatte, hatte er die Militaristen, die nur auf eine Gelegenheit zur Wiederaufnahme ihrer traditionellen und früher durchaus gewinnbringenden expansionistischen Strategie warteten, zum Losschlagen ermutigt. Er hatte damit Kräfte entfesselt, deren er nicht mehr Herr zu werden vermochte. Ein gefährlicher Präzedenzfall war geschaffen, als den lokalen Armeestellen gestattet wurde, die Initiative zu ergreifen und sich Befugnisse anzumaßen, die nur der Regierung in Tôkyô zustanden.

Das Scheitern des Kabinetts Tanaka erleichterte die Rückkehr zu einer liberaleren Politik. Vom Kaiser zu Rate gezogen, empfahl Fürst Saionji die Berufung des Oppositionsführers Hamaguchi Osachi (Yûkô), des Vorsitzenden der größten Oppositionspartei *Minseitô* (»Regierungspartei des Volkes«), die die Nachfolge von Katôs *Kensei-Kai* angetreten hatte. Die neue Parteiregierung wurde im Juli 1929 in ihr Amt eingeführt und gab bald darauf ihr innen- und außenpolitisches Programm bekannt. Die reaktionäre und militaristische Politik Tanakas wurde entschieden verurteilt. Shideharas Ernennung zum Außenminister bewies, daß Hamaguchi es mit der Wiedergutmachung des Schadens, den die China-Aktion seines Vorgängers angerichtet hatte, durchaus ernst meinte. Im Innern schlug das Regierungsprogramm eine Ausweitung der Befugnisse des Parlaments vor und empfahl eine Senkung des Ausgabenetats einschließlich der sonst unantastbaren Heeresausgaben.

Kurz darauf gewann die *Minseitô* die Parlamentswahlen. Das Kabinett hatte damit eine gesicherte Basis, und Japans Rückkehr zu einer liberalen Regierungspraxis und zur Politik friedlicher internationaler Zusammenarbeit schien gewiß. Hamaguchis erste Regierungserklärung bekräftigte Japans Bekenntnis zu den Völkerbundsprinzipen und stellte in bezug auf China den festen Willen des Kabinetts fest, »nicht nur jede aggressive Politik, die auf irgendeinen Teil Chinas zielt, entschieden abzulehnen, sondern auch unsere freundschaftliche Mitarbeit bei der Verwirklichung der edlen Ziele des chinesischen Volkes in ehrlicher Bereitschaft anzubieten«.

Bald zeigte sich indes, daß die großen Hoffnungen der japanischen Liberalen vergeblich waren. Hamaguchis Bemühungen, Vertrauen zu seiner Führerschaft und seiner Politik zu wecken, stießen von Anfang an auf Schwierigkeiten. Die herrschenden Tendenzen der Epoche liefen offenbar seinen liberalen Ideen zuwider.

Die deflationistischen Maßnahmen des neuen Kabinetts stießen auf Ablehnung nicht nur beim Militär und bei der Beamtenschaft (der eine zehnprozentige Gehaltskürzung zugemutet wurde), sondern auch bei der Bevölkerung im allgemeinen, die in der Finanzpolitik Hamaguchis die Ursache der Arbeitslosigkeit und des wirtschaftlichen Niedergangs sah. Tatsächlich machten sich in Japan gerade die ersten Auswirkungen der schlimmsten Weltwirtschaftskrise des 20. Jahrhunderts bemerkbar.

Eine andere Achillesferse war die Militärpolitik. Anfang 1930 hatte Japan an der Londoner Flottenkonferenz teilgenommen. Jetzt forderten japanische Marinekreise eine Erhöhung der Japan auf der Washingtoner Konferenz zugestandenen Schlachtschifftonnage von 3:5 im Verhältnis zur USA-Tonnage auf 3,5:5. Nur diese Quote könne, so behaupteten die japanischen Marinefachleute, Japans Sicherheit verbürgen. Diese Forderung wurde von den Vereinigten Staaten und Großbritannien glatt abgewiesen. Da aber dem Kabinett Hamaguchi daran lag, ein Abkommen zustande zu bringen, das das kostspielige Wettrüsten einschränken würde, fand es sich bereit, der Beibehaltung des alten Stärkeverhältnisses von 3:5 zuzustimmen. Auf dieser Basis wurde das neue Flottenabkommen von der japanischen Regierung unterzeichnet, obgleich die Marine schwerwiegende Bedenken geltend machte und obgleich die Presse dem Kabinett mit großer Schärfe vorwarf, es habe sich zwingen lassen, für Japan eine »zweitrangige Stellung« zu akzeptieren. Die mit der Regierungspartei rivalisierende *Seiyû-Kai*, im allgemeinen konservativer eingestellt und eher bereit, die Forderungen der Militärs zu unterstützen, griff begierig nach dieser Gelegenheit, das Kabinett einer unpatriotischen Haltung zu beschuldigen. Die Nationalisten verschärften ihre Offensive gegen die Regierung.

Mit einem bei japanischen Politikern in Konflikten mit Militärs ganz ungewöhnlichen Mut bestand Hamaguchi nichtsdestoweniger darauf, das Flottenabkommen an den Geheimen Rat, der über die Ratifizierung zu befinden hatte, weiterzuleiten. Zugleich war es Hamaguchi offenbar gelungen, einige seiner bösartigsten Kritiker beim Marinestab zu zwingen, den Dienst zu quittieren. Das dürfte der kühnste Vorstoß gegen das Militär gewesen sein, den eine japanische Regierung je gewagt hat. Wenigstens für den Augenblick hatte Hamaguchi sein Ziel erreicht: nach einer außerordentlich erbitterten Diskussion beschloß der Geheime Rat, wenn auch nur widerwillig, dem Kaiser die Ratifizierung des Abkommens zu empfehlen.

Der Widerstand des Militärs gegen Hamaguchis Politik hatte aber in keiner Weise nachgelassen. Zum erstenmal hatte eine Zivilistenregierung in einer national lebenswichtigen

Frage die Ratschläge des Militärs vor aller Öffentlichkeit in den Wind geschlagen. Was nun auf dem Spiel stand, war die faktische Entscheidungsgewalt: sollten in wichtigen Fragen Zivilisten oder Militärs das letzte Wort haben? Extrem nationalistische Elemente bemühten sich, die öffentliche Meinung gegen Hamaguchi aufzuhetzen, und einige ihrer Aktionsgruppen trafen Vorbereitungen zu einem Attentat auf den »landesverräterischen« Regierungschef. Das Unvermeidliche geschah am 14. November 1930: Hamaguchi wurde von einem Mitglied einer rechtsradikalen Organisation schwer verwundet. Endlich war der Verfechter des Liberalismus und des Herrschaftsanspruchs ziviler Gewalten zur Strecke gebracht.

Einige Monate noch versah Shidehara stellvertretend das Amt des Regierungschefs, während Unruhe in der Bevölkerung um sich griff und die regierungsfeindliche Hetze anschwoll. Hamaguchi kehrte vorübergehend auf seinen Posten zurück, mußte aber schon im April 1931 aus gesundheitlichen Gründen endgültig aus dem Amt scheiden. Er starb bald danach an den Folgen der im November erlittenen Verletzungen. An seine Stelle trat der frühere Ministerpräsident Wakatsuki, nun auch Vorsitzender der *Minseitô*-Partei.

Wakatsuki versuchte ohne Erfolg, die Partei zusammenzuhalten und sowohl in der Innen- wie in der Asienpolitik weiterhin einen liberalen Kurs zu steuern. Unterdessen hatten sich radikale Nationalisten in der Kuangtung-Armee, vermutlich mit den Segenswünschen einiger ihrer Vorgesetzten in Tôkyô, bereits entschlossen, die Politik der Regierung durch direkte Aktion über den Haufen zu werfen. Am Abend des 18. September 1931 erfolgte eine Explosion auf dem Bahngelände der Südmanchurischen Bahn unmittelbar vor Mukden, innerhalb der Besetzungszone der Kuangtung-Armee. Damals konnten die Folgewirkungen dieser Explosion, die den manchurischen Zwischenfall und damit auch die Eroberung der Manchurei durch Japan auslösen sollte, noch nicht vorausgesehen werden. Erst viel später zeigte sich, daß der 18. September 1931 zu einem epochemachenden Datum in der Geschichte des Fernen Ostens geworden war.

Einige scharfsinnige Beobachter sahen freilich auch damals schon die Lage in der Manchurei nicht ohne tiefe Besorgnis. Einer von ihnen war der gerade ernannte Botschafter der Vereinigten Staaten in Japan, Joseph C. Grew. Im Mai 1932, auf dem Wege zu seiner neuen Wirkungsstätte in Tôkyô, schrieb er in sein Tagebuch:

> Nahezu alles kann passieren, nur eines nicht: daß Japan seine Investitionen, sein Eigentum, seine Staatsbürger und seine lebenswichtigen Interessen in der Manchurei preisgibt. Es wird dort bleiben, es sei denn, daß es in einem Krieg besiegt wird... Wird sich Japan mit der Wahrung seiner gegenwärtigen Rechte in der Manchurei begnügen – oder gehören, wie manche meinen, zu seinem Programm auch Vorstellungen von einem weitgestreckten Imperium, das ganz Asien einbegreift und wozu Korea den ersten und die Manchurei den zweiten Schritt abgibt? Kann Japan einen Zusammenprall mit Sowjetrußland, mit Amerika vermeiden? Die große Frage ist, ob dieser unwiderstehliche japanische Drang eines Tages im Widerstand der Welt auf einen unverrückbaren festen Körper treffen und, wenn ja, welche Form die sich daraus ergebende Feuersbrunst annehmen wird: Revolution im Innern oder Krieg nach außen.

Der Aufstieg der Nationalisten

Wenn zu Anfang der dreißiger Jahre Botschafter Grew und andere Beobachter der politischen Entwicklung in Japan von der Möglichkeit einer »Revolution im Innern« sprachen, spiegelte sich in solchen Äußerungen nur das sichtbare Anwachsen schwerer sozialer Spannungen. Während in Japan am Vorabend des manchurischen Zwischenfalls noch ein mehr oder minder parlamentarisches System funktionierte, steigerte sich der außerparlamentarische Druck so sehr, daß er allmählich zur unmittelbaren Bedrohung der bestehenden Ordnung wurde. Schritt für Schritt vermehrten die Nationalisten und Militaristen ihre Macht, so daß um die Mitte der dreißiger Jahre kaum noch ein Zweifel daran bestand, daß sie sich – sei es mit Hilfe von bloßen Drohungen, sei es durch offenen Angriff – des Staates ganz bemächtigen würden. Bevor die Geschehnisse dieser schicksalsträchtigen Jahre ins Gedächtnis zurückgerufen werden, scheint es angebracht, einen Blick auf die geschichtlichen Voraussetzungen zu werfen, die eine solche Wendung ermöglicht haben.

Festzustellen ist zunächst, daß das Militär in Japan schon immer eine höchst bedeutsame Rolle gespielt hatte. Seit dem Mittelalter hatte das japanische Volk stets unter einer Militärdiktatur gelebt. Die Militärkaste nahm in der Klassenstruktur des feudalen Japans den höchsten Rang ein, und ihre Tugenden wurden der Bevölkerung als allgemeingültige Verhaltensnorm gepriesen. Es wurde den Japanern zur zweiten Natur, den militärischen Befehlshabern zu gehorchen und dem Staat, der von ihnen repräsentiert wurde, alle persönlichen Interessen zu unterwerfen. Dazu gesellte sich das Bewußtsein der nationalen Eigenart und Vorzugsstellung, das in zweihundert Jahren Isolierung von der Außenwelt großgezüchtet worden war.

Die Schöpfer des modernen Japans waren das Produkt dieser feudalen, autoritären Gesellschaft. Sie waren Männer des Schwertes, im Geist der Samurai erzogen. Ihre Triebkraft war ein hochgespannter Nationalstolz, gepaart mit der Vorstellung von der Vordringlichkeit der Aufgabe, die der Unabhängigkeit Japans vom Westen her vermeintlich drohende Gefahr zu bannen. In ihrer Innenpolitik ordneten die japanischen Führer schlechthin alles dem Verlangen nach einem starken, zentralisierten Nationalstaat unter – und selbstverständlich war die Armee der mächtigste Pfeiler, auf dem der Staat zu ruhen hatte. Mit dem richtigen Einsatz hatten sie Prestige und Einfluß erlangt, für sich und für Japan. Zwischen dem feudalen Japan und dem Japan der Meiji-Periode erhielt sich auf diese Weise eine gewisse Kontinuität der Führung und der Mentalität: auch in einem veränderten Rahmen verblieb dem militärischen Menschen das Übergewicht.

Die Aufrechterhaltung der Vorherrschaft des Militärs wurde noch gefördert durch den Charakter des von den Meiji-Oligarchen geschaffenen Staates. Es war ein Klassenstaat, der dem Militär alles, was ihm zustand, einräumte – und noch mehr –, ein in Theorie und Praxis autoritärer Staat. Seine verpflichtende Weltanschauung, Shintô (Weg der Götter), war ein nationalistisches Glaubensbekenntnis, in dessen Mittelpunkt das unantastbare göttliche Wesen des Kaisers und der von ihm mit den Schlüsselstellungen betrauten Männer stand. Für das Zustandekommen von Entscheidungen auf dem Wege öffentlicher Auseinandersetzung und Aussprache waren kaum Vorkehrungen getroffen worden.

Gewiß war als Zugeständnis an den Geist der Neuzeit eine Verfassung erlassen und ein Parlament geschaffen worden. Beides aber war so gebaut, daß Anschläge auf die kaiserliche Herrschaftsprärogative, das heißt auf die Beherrschung des Staates durch die den Kaiser umgebende militärische und bürokratische Elite, nicht gerade gefördert wurden. In der vollziehenden Gewalt kam dem Militär eine Sonderstellung zu. Im Falle von Konflikten mit Zivilbehörden konnten der Armee- und der Marineminister das Kabinett umgehen und direkten Zutritt zum Kaiser als ihrem obersten Kriegsherrn erlangen; ihre Politik war hinter dem Aushängeschild des »kaiserlichen Willens« vor jedem Angriff gefeit. Überdies konnte das Herrenhaus, dessen Mitglieder vom Kaiser berufen wurden, die Macht des gewählten Abgeordnetenhauses jederzeit wirksam neutralisieren, denn dem Abgeordnetenhaus selbst standen weder verfassungsändernde Befugnisse noch das Recht zu, die vom Kaiser ernannte Regierung zum Rücktritt zu zwingen. Starre Verfassungsvorschriften ließen den Parteien im Parlament kaum eine Möglichkeit, die Politik des Staates zu beeinflussen.

Dennoch setzten einige Jahrzehnte wirtschaftlichen und sozialen Wandels auch dies System einem so starken Druck aus, daß sogar die Oligarchen ihn nicht ganz ignorieren konnten. Wie schon erwähnt, war es den parlamentarischen Kräften trotz dem undemokratischen Rahmen, in dem sie zu arbeiten hatten, eine Zeitlang gelungen, Japan auf die Bahn des Liberalismus und der Parteienregierung zu stoßen und den Einfluß des Militärs auf die Politik zu beschneiden.

Freilich erwiesen sich, wie Japans politische Geschichte in den dreißiger Jahren bald zeigen sollte, diese halbdemokratischen Elemente als zu schwach: sie ergaben sich kleinmütig, fast ohne Kampf, sobald die Nationalisten sie ernstlich angriffen. Zu einem erheblichen Teil ging das zweifellos auf die ungünstige Gesamtsituation zurück, die den Widerstand gegen Militarismus und Nationalismus erschwerte. Auch der Zeitpunkt, der für den Angriff auf die demokratischen Institutionen gewählt worden war, hatte mit dem Ausgang des Kampfes einiges zu tun. Zum größeren Teil jedoch muß die Verantwortung für Japans Rückkehr zur militaristischen Politik den demokratischen Kräften selbst zugeschrieben werden, die ihre Möglichkeiten nicht voll genutzt und, was vielleicht noch wichtiger war, es nicht fertiggebracht hatten, auch nur ihre sichtbarsten Gebrechen zu überwinden.

Es ist gesagt worden, daß, da die Politik »die Kunst des Möglichen« sei, die Japaner die Demokratie nur so hätten begreifen und ausbauen können, wie es ihrem Reifegrad und ihrem Aufnahmevermögen entsprochen habe. Und dennoch kann man sich schwerlich der Beobachtung verschließen, daß Japans Bemühungen um einen demokratischen Aufbau, auch wenn man diesen Vorbehalt berücksichtigt, im ganzen nicht übermäßig eindrucksvoll gewesen sind.

Eins ist unverkennbar: die Führer der japanischen Parteien von Hara bis Hamaguchi wollten durchweg nicht sehen, daß nur starker Anhang in den Volksmassen den Bestand des parlamentarischen Systems sichern konnte und daß deswegen enge Fühlungnahme auch mit den unteren Einkommenschichten unentbehrlich war. Eine fast pathologische Angst vor der organisierten Arbeiterschaft und vor Bewegungen, die eine Reform der Gesellschaft erstrebten, hielt diese Männer in ihrem Bann und trieb sie in politische Haltungen hinein, die große Teile der Bevölkerung nur abstoßen konnten. Immer befand sich der

Feind, den sie bekämpften, im linken Teil – bis gelegentlich zur Mitte – des politischen Spektrums. Es ging ihnen nicht auf, daß dem System parlamentarischen Regierens und der demokratischen Bewegung die größte Gefahr von rechts her drohte, von den extremen Nationalisten. Daher überboten sie einander in der Lobpreisung des »japanischen Nationalgebildes« und der »Einzigartigkeit der japanischen Staatsordnung« und setzten sich in dem vergeblichen Bemühen, die Nationalisten auszustechen, für die Verbreitung nationalistischer und militaristischer Lehren im Schulunterricht und in Massenbeeinflussungsorganen ein. Kurzum, sie gruben sich selbst das Wasser ab.

Im engen Zusammenhang damit stand das geringe Interesse der Parteienregierungen der zwanziger Jahre an der Lösung akuter sozialer Probleme. Diese Interesselosigkeit galt nicht nur den Lebensfragen der Industriearbeiter, deren Interessen bei der Festlegung der Regierungspolitik nur selten bedacht wurden, sondern auch – mit noch viel ernsteren Folgen – der Lebenslage der riesigen landwirtschaftlichen Bevölkerung. Keins ihrer Probleme wurde je mit Konsequenz, echter Anteilnahme oder ernster Entschlossenheit angepackt: weder der fortschreitende Rückgang der Erzeugung je Einwohner in den ländlichen Bezirken mit der daraus resultierenden Senkung des Realeinkommens noch die Zunahme der Verschuldung der Landwirtschaft; weder der schwierige Komplex des ländlichen Bevölkerungsüberschusses noch das sprengstoffgeladene Problem der Ausbeutung einer millionenköpfigen Masse kleinbäuerlicher Pächter. Immer noch verkauften manche Bauern ihre Töchter in die Prostitution, um die Last des Familienunterhalts zu verkleinern. Ständig gerieten andere in schwere Schuldknechtschaft. Die Regierung beklagte diese Zustände, tat aber wenig zur Abhilfe.

Der allgemein passiven und verständnislosen Haltung der Parteienregierungen gegenüber der wirtschaftlichen Not der unteren Einkommenschichten lag der überragende Einfluß des Großkapitals auf die Parlamentsparteien zugrunde. Von Anfang an hatten die Parteien den Wirtschaftsimperien der *Zaibatsu* nahegestanden; so eng war die Verflechtung, daß es oft hieß, die beiden *Zaibatsu*-Giganten, Mitsui und Mitsubishi, besäßen jeder seine eigene Partei. Das mag zwar eine Übertreibung gewesen sein, aber immerhin war in Japan allgemein bekannt, daß die *Seiyû-Kai*-Partei hauptsächlich von Mitsui-Subventionen abhing, während ihr Gegenspieler, die *Minseitô*-Partei, die fehlenden Gelder gewohnheitsmäßig bei Mitsubishi anforderte. Es war eher Regel als Ausnahme, daß diese und andere mächtige Großunternehmungen die Parteienkabinette mit eigenen Sachwaltern versahen, denen das Finanzministerium vorbehalten blieb; dafür wurden entweder leitende Firmendirektoren oder deren Angehörige oder politische Sonderbevollmächtigte zur Verfügung gestellt.

Ebenso war allgemein bekannt, daß sich diese Symbiose von Großkapital und politischen Parteien für beide Teile auffallend profitabel auswirkte. Die *Zaibatsu* gewannen dadurch große Vorteile in der Steuerveranlagung, in der Beschaffung von Regierungsbürgschaften und in der Mobilisierung von Staatsmitteln zur Finanzierung ihrer Geschäftsvorhaben. Während die kleinen Geschäftsleute auf die eigenen Kräfte angewiesen blieben, schien das Großkapital die staatliche Finanzpolitik im eigenen Privatinteresse zu diktieren.

Einige Kabinette galten im Vergleich zu anderen als »sauberer«, aber insgesamt war der Ruf der Parteienregierungen der zwanziger Jahre alles andere als erfreulich. Ein Skandal nach dem andern kam ans Licht, wobei Politiker und ihre *Zaibatsu*-Gönner gleichermaßen beteiligt waren. Die Korruption gehörte zum Alltag. Im Bewußtsein des japanischen Volkes wurde der Begriff »parlamentarische Regierung« allmählich unzertrennlich von Finanzskandalen, Bestechung und Wahrnehmung kapitalistischer Sonderinteressen. Die Folge war, daß in manchen Bevölkerungsschichten heftige antikapitalistische Stimmungen aufkamen.

Unter Arbeitern, Bauern und kleinen Geschäftsleuten wuchs die Enttäuschung über die gewählten Volksvertreter und das parlamentarische System überhaupt. Armee- und Marineoffiziere, viele konservative Grundbesitzer und die meisten unteren Beamten empfanden auf keinen Fall Zuneigung zum demokratischen Regierungssystem. Die Reihen dieser Unzufriedenen wurden vermehrt durch zahlreiche junge Menschen, bei denen der nationalistische Ideologiedrill in der Schule deutliche Spuren hinterlassen hatte.

Die Unzufriedenheit mit den bestehenden Zuständen fand einen besonders prägnanten Ausdruck unter den Angehörigen der nationalen Streitkräfte. Armee und Marine wurden zum Nährboden antidemokratischer Aktivität und zur »Operationsbasis« für alle, die die hergebrachte Ordnung bekämpften. Das neue Offizierkorps hatte den leidenschaftlichen Nationalismus der voraufgehenden Generation keineswegs aufgegeben, aber seine Zusammensetzung, namentlich in den unteren Dienstgraden, hatte sich seit der Meiji-Zeit verändert. Die bewaffnete Macht bezog jetzt Offiziere und Mannschaften vorwiegend aus der ländlichen Bevölkerung ohne Unterschied der sozialen Schicht. Der standesbewußte Samurai war verschwunden, und an seine Stelle war der in Militärschulen ausgebildete Bauer in Uniform getreten. Armee und Marine hatten infolgedessen in vieler Hinsicht eine viel innigere Beziehung zu den Problemen der Bauern als die meisten Politiker in den Parteien, und zugleich boten sie ihren Angehörigen in viel höherem Maße gleiche Aufstiegschancen und gleichsam demokratische Lebensbedingungen. Weit mehr, als in anderen Gesellschaftssphären einem Menschen derselben sozialen Abkunft zugänglich war, fand der Soldat oder Offizier in der bewaffneten Macht eine anerkannte soziale Position, die Möglichkeit, sich mit seinem Wirkungskreis zu identifizieren, und die Hoffnung auf Aufstieg.

Innerhalb wie außerhalb der bewaffneten Macht verbreitete sich die Überzeugung, daß die Verwirklichung sozialer Gerechtigkeit und die Erlösung von Korruption und anderen Übeln nur vom Militär kommen könnten. Diese Vorstellung verknüpfte sich wiederum mit der Feststellung, daß sich die einander folgenden Parteienregierungen als unfähig erwiesen hätten, die um sich greifende Wirtschaftskrise zu überwinden.

Wenn Militarismus und Nationalismus unter dem japanischen Volk schon aus diesen Gründen an Einfluß gewannen, so kamen auch noch von außen Faktoren hinzu, die diese Entwicklung beschleunigten. Die in der ganzen Welt spürbare Enttäuschung über die Demokratie und der Aufstieg faschistischer und aggressiv nationalistischer Bewegungen in Europa hatten auch in Japan ihre Auswirkungen. Wichtiger aber dürften die schweren Folgen der großen Weltwirtschaftskrise gewesen sein. Um unter den Bedingungen der internationalen Krise mit anderen Ländern konkurrieren zu können, mußte Japan seine Industrie rationalisieren, womit es die Konzentration der wirtschaftlichen Macht in den Händen weniger immer weiter vorantrieb. Das gefährdete den Broterwerb der kleinen Geschäftsleute und führte zu Arbeitslosigkeit und Lohnabbau.

Die einzige Möglichkeit, Japans wirtschaftliche Probleme zu lösen, schien in der Wiederaufnahme einer auf Kraftentfaltung aufgebauten, auf Expansion gerichteten Außenpolitik zu liegen. Eine solche Politik, so verkündeten die Militaristen und Nationalisten, würde die Bedürfnisse der japanischen Wirtschaft befriedigen und zugleich das Nationalbewußtsein kräftigen. Bei vielen erweckte das Programm militärischer Eroberung nach außen und militärischer Herrschaft im Innern verheißungsvolle Träume von sozialer Gerechtigkeit, materiellem Überfluß und nationalem Ruhm.

Mit japanischem Fleiß, Können und Unternehmungsgeist erschlossen und entwickelt, hätten, so schien es, die gewaltigen noch ungehobenen Naturschätze der Manchurei und Chinas Japan vom wirtschaftlichen Druck des Auslands unabhängig machen und riesige neue Märkte schaffen können. Doch die friedliche wirtschaftliche Durchdringung dieser Gebiete, wie sie unter der Schirmherrschaft der Parteienregierungen und unter dem Schutz der Verständigungsdiplomatie Shideharas in den zwanziger Jahren unternommen worden war, hatte nur geringe Fortschritte erzielt, und jetzt, am Ende des Jahrzehnts, sahen die Militaristen Japan von der Gefahr bedroht, auch die wenigen wirtschaftlichen Vorteile, die es inzwischen auf dem Festland errungen hatte, und mit ihnen vielleicht sogar seine gesamte kontinentale Position einzubüßen.

Unter der energischen Führung Chiang Kai-sheks hatte China auf dem Wege zur nationalen Einheit erhebliche Schritte zurückgelegt. Um 1929 wurde bereits der größte Teil des Landes von den chinesischen Nationalisten beherrscht, und sogar die Manchurei schien auf dem Sprung, unter chinesische Oberhoheit zurückzukehren. Chang Hsüe-liang, der Sohn des 1928 von den Japanern in die Luft gesprengten Chang Tso-lin, des militärischen Herrn der Manchurei, weigerte sich, den Befehlen der Kuangtung-Armee zu folgen; seine Sympathien galten den chinesischen Nationalisten. Außerdem hatte die nationalistische Regierung mit dem Bau eines chinesischen Eisenbahnnetzes, das die Südmanchurische Eisenbahn um ihr Geschäft zu bringen drohte, eine Wirtschaftsoffensive gegen die japanischen Interessen in der Manchurei eröffnet.

Mit gutem Grund darf man annehmen, daß auch die wachsende militärische Stärke der Sowjetunion – unmittelbar vor den Grenzen der Manchurei – das japanische Militär beunruhigte und zur Aktivität anspornte. Die japanischen Positionen in der Manchurei wurden nun wirtschaftlich, politisch und militärisch bedroht. Aber ohne diese Positionen konnte es weder ein wirtschaftlich zusammenhängendes japanisches Imperium noch halbwegs sichere Zukunftsaussichten für Japan als Großmacht geben.

So begannen Anfang der dreißiger Jahre die verschiedenen Ströme sozialer, nationaler und militärischer Unzufriedenheit in einer starken nationalistischen Kampfbewegung zusammenzufließen: gegen Parlamentarismus und Parteienherrschaft im Innern, gegen Verständigungspolitik gegenüber dem Ausland. Die Konsequenzen aus dieser Situation und den Kurs, den Japan dann in den dreißiger Jahren eingeschlagen hat, kann man indes nicht verstehen, wenn man sich nicht die Eigenart des japanischen Nationalismus vor Augen führt.

Das Gepräge des modernen japanischen Nationalismus bestimmten einerseits die Sonderstellung Japans unter den Völkern Asiens, anderseits die stark feudalen Züge, die die japanische Gesellschaft noch lange nach dem Beginn des Verwestlichungs- und Modernisierungsprozesses beibehielt. Der japanische Nationalismus hatte sich nie gegen die zersplitternde Wirkung ethnischer und religiöser Faktoren behaupten müssen. Da die Nation in hohem Grade homogen war, konnten die japanischen Nationalisten ihr Interesse viel mehr auf die Außenwelt konzentrieren und gegen sie mobilisieren, als das in den meisten anderen Nationen möglich war. Darüber hinaus war es Japan zum Unterschied von China und anderen asiatischen Ländern geglückt, sowohl der territorialen als auch weitgehend der wirtschaftlichen Beherrschung durch das Ausland zu entgehen. Während die nationalistische Bewegung in anderen Teilen Asiens dementsprechend die Entfernung des ausländischen Imperialismus vom nationalen Boden zum Ziel hatte, wandte sich der japanische Nationalismus vornehmlich der Außenwelt zu, im besonderen dem asiatischen Kontinent. Das verlieh dem japanischen Nationalismus von Anfang an einen gewissen Sendungs- und Bekehrungsanstrich. Daher auch seine enge Beziehung zu militärischen Expansionstendenzen.

Aus den spezifischen historischen Bedingungen seines Werdens ergab sich auch noch eine andere Eigenart des japanischen Nationalismus, die ihn sichtbar von nationalistischen Bewegungen im übrigen Asien abhob. Bei den meisten asiatischen Völkern – und sogar im nationalsozialistischen Deutschland und im faschistischen Italien – mußten besondere Ideologien eigens geschaffen werden, um dem Nationalismus als Übertragungs-, Verbreitungs- und Bindemittel zu dienen. In Japan war das nicht nötig. Hier lieferte die Shintô-Staatsreligion das ideologische Fundament. In einem ethnisch, kulturell und religiös so homogenen Land wie Japan ließ sich infolgedessen eine völlige Verschmelzung des Nationalismus mit der Religion erreichen. Anderseits wurde der Nationalismus gerade durch das besondere Wesen der Shintô-Staatsreligion geformt, und dadurch wurden die feudalen Elemente in ihm verstärkt.

Das Shintô-Bekenntnis baute sich auf der Person des göttlichen und unantastbaren Kaisers als Oberhaupt der Nation auf. Der Kaiser galt als der höchste Chef aller japanischen Familien, und daher war dem japanischen Nationalismus eine stark patriarchalische, persönliche Note eigen. Aus eindeutig politischen Gründen wurden diese feudalen Züge des Nationalismus von der ersten Führergeneration des modernen Japans besonders gepflegt und weiterentwickelt.

Im Westen war der Nationalismus das Produkt der modernen Gesellschaft, und seine ersten Träger waren die der Feudalordnung feindlichen Mittelschichten. In Japan dagegen war der Nationalismus das Instrument der von Amts wegen betriebenen staatlichen Politik. Seine Schöpfer und Hauptverfechter waren die Männer, die Japan führten, nicht die Geführten. Daraus erklärt sich, daß radikale Gesellschaftskritik im japanischen Nationalismus nur eine relativ geringe Rolle spielte.

Das alles gab dem japanischen Nationalismus einen außerordentlich intensiven emotionalen Inhalt. Dazu war er überaus verschwommen, irrational, instinktgetrieben, utopisch. Auch in seinem organisatorischen Getriebe spiegelte sich seine feudale Herkunft. Die extrem nationalistischen Gruppen zeigten das für die feudale Gesellschaft typische Herr-und-Gefolgsmann-Gefüge. Die Bindungen zwischen Herren und Gefolgsleuten wiesen viel eher die Züge des persönlichen Treueverhältnisses zwischen Chef und vertrautem Diener oder zwischen Lehrmeister und Jünger auf als die der Solidarität von Kämpfern für eine gemeinsame Weltanschauung.

Nicht zuletzt aus diesem Grunde setzte sich die extrem nationalistische Bewegung in Japan aus unzähligen verhältnismäßig kleinen Organisationen zusammen, die sich nur selten auf gemeinsame Aktionsziele zu einigen vermochten. Ein weiterer Grund, warum es diese Gruppen nie fertigbrachten, wie in Europa eine umfassende Organisation im Landesmaßstab aufzubauen, war ihre ideologische Ausrichtung auf die Person des Kaisers, der zwar als Mittelpunkt des Staates gedacht, damit aber auch aus der Sphäre des Interesses an politischem Handeln herausgehoben, ihr prinzipiell entrückt war. Der Charakter der extremen Organisationen der Rechten hing daher jeweils in hohem Maße von der Persönlichkeit des einzelnen Führers und der daraus resultierenden Zusammensetzung der Gruppe ab.

Da gab es beispielsweise den großen Patriarchen des japanischen Nationalismus, Tôyama Mitsuru. Im Kern ein konservativer Nationalist alten Stils, dem sozialer Wandel ein Greuel war, hatte Tôyama schon in Japans erster bekannter nationalistischer Vereinigung, die hauptsächlich aus aufbegehrenden Samurai bestand, eine beachtliche Figur abgegeben. Er war auch einer der geistigen Väter der weitbekannten Amur-Gesellschaft (1901 gegründet, im Ausland als »Verband Schwarzer Drachen« oft genannt), die Japans Grenzen bis zum Amur ausgedehnt sehen wollte. Als geschickter Konspirator hatte Tôyama zwar nie in seinem Leben einen Beruf ausgeübt, sich dafür aber mit Erfolg als Hohepriester der Moral und Tugend aufzuspielen verstanden. Er erklärte es für seine Pflicht, »der Regierung auf die Finger zu sehen«. Als symbolisch gewordenes Sprachrohr des extremen Nationalismus orakelte er über Japans Schicksalsaufgabe, die Einheit Asiens herzustellen, und – fand Gehör, Ehrerbietung und furchtsame Bewunderung bei Generalen, Admiralen, Premierministern, feurigen jungen Nationalisten und sogar vielen Geschäftsleuten, die entweder seine Ansichten teilten oder für alle vorkommenden Fälle gesichert sein wollten. Tôyama stand gleichsam über den Gesetzen, selbst eine Gesetzestafel, schon frühzeitig eine legendäre Gestalt. Er schützte, beherbergte und förderte auf die verschiedenste Weise eine bunte Schar von Extremisten und sogar Terroristen ebenso wie nationalistische Revolutionäre aus Indien und China (darunter auch Sun Yat-sen und Chiang Kai-shek).

Typisch für Tôyamas Denkweise ist das 1930 veröffentlichte Jubiläumsmanifest der Amur-Gesellschaft, in dem unter anderem folgende Betrachtungen enthalten waren:

> Heute hat für unser Reich eine kritische Periode begonnen, die von der ganzen Nation enthusiastische Hingabe fordert. Wir Mitglieder der Amur-Gesellschaft sind von Anfang an im Sinne der Imperiumssendung für überseeische Expansion zur Lösung unseres Übervölkerungsproblems eingetreten; wir haben uns gleichzeitig bemüht, die Völker Ostasiens zu unterstützen und ihnen Mut zu machen. So haben wir durch Ausdehnung der Kaiserreichsidee auf die benachbarten Nationen Menschlichkeit und Rechtschaffenheit über die ganze Welt zu verbreiten gesucht... Indessen... ist das vom großen Kaiser Meiji gelegte Fundament in rapidem Zerfall begriffen... Unter Mißachtung der Erfordernisse der Landesverteidigung hat sich die Regierung dem unbilligen Verlangen nach Beschränkung unserer Flottenmacht unterworfen. Darüber hinaus hat der Fehlschlag unserer China-Politik die Chinesen mit immer größerer Verachtung uns gegenüber erfüllt, und zwar in einem so ungeheuren Maße, daß sie sich ver-

> anlaßt gesehen haben, von uns die Preisgabe unserer entscheidenden Verteidigungslinien in der Manchurei zu verlangen. Mehr noch: in Ländern wie den Vereinigten Staaten und Australien sind unsere Einwanderer ihrer Rechte beraubt worden... Wenn wir unsere Aufmerksamkeit inneren Angelegenheiten zuwenden, erfüllt uns mehr als tiefe Besorgnis... Die Herzen der Menschen werden bestechlich, ... das Wachstum einer gefährlichen Denkweise bedroht den gesellschaftlichen Zusammenhalt... Wir sind entschlossen, der moralischen Verderbnis des Volkes zu steuern, die gesellschaftliche Disziplin wiederherzustellen und die Unsicherheit des Lebensunterhalts der Menschen durch Milderung der Zusammenbrüche in der Finanzwelt zu verringern, das Selbstvertrauen der Nation zu erneuern und die nationale Stärke zu erhöhen, um die Imperiumssendung der Erweckung der Länder Asiens erfüllen zu können.

In einem ähnlichen Sinne äußerte sich ein anderer ungewöhnlich einflußreicher Sprecher des extremen Nationalismus, Okawa Shûmei. Okawa, ein Intellektueller von hoher Bildung, umfassendem philosophischem Wissen und besonderer Zuneigung zum Koran, fand eine zahlreiche Gefolgschaft in Militärkreisen und trug direkt oder indirekt die Verantwortung für eine beträchtliche Anzahl von Mordanschlägen auf gemäßigte Staatsmänner. Nach seiner Meinung hatte die Welt das Stadium erreicht, in dem ein dramatischer Waffengang zwischen der »Lebensweise Asiens« und der »Lebensweise Europas« unvermeidlich geworden war; erst aus dem Titanenkampf könne eine neue Welt erstehen – nach dem Worte Mohammeds: »Der Himmel liegt im Schatten des Schwertes.« Natürlich glaubte Okawa daran, daß Japan vom Himmel ausersehen worden sei, die Streitkräfte Asiens zu führen.

Gewiß gab es daneben auch »solidere« Extremisten, die mit anderen Mitteln arbeiteten. Ein typischer Vertreter dieser Gattung war Baron Hiranuma Kiichirô, ein steifer ehrgeiziger Bürokrat, der es bis zum Präsidenten des Geheimen Rates gebracht hatte. Unter Hiranumas Führung stand eine ungewöhnlich einflußreiche Pressionsgruppe, der »Verein für nationale Grundlagen«, zu dessen Mitgliedern zahlreiche Generale und Admirale und einige Politiker mit einem sechsten Sinn für den Zeitgeist gehörten.

Einige wenige extreme Nationalisten zeichneten sich durch tiefes Verständnis für die Unumgänglichkeit sozialer Umwälzungen aus. Der bedeutendste von ihnen war Kita Ikki, ein Freund, später ein Rivale Okawas. Kita hatte schon in jungen Jahren ein Interesse für den Sozialismus entwickelt. Er hatte eine Zeitlang auf dem Festland gelebt und an der chinesischen Revolution von 1911 aktiv teilgenommen. Er kam mit der Überzeugung zurück, daß die Revolution in Asien unvermeidlich sei, daß aber auch das japanische Staats- und Gesellschaftssystem einer grundlegenden Umwandlung bedürfe. Kita formulierte ein Programm mit radikal antikapitalistischen Forderungen – Verstaatlichung der wichtigsten Industrien, Agrarreform, freiwillige Rückgabe des kaiserlichen Vermögens an die Nation –, in dem aber auch eine kaiserliche Diktatur unter Verhängung des Dauerbelagerungszustandes verlangt wurde. Auf viele junge Offiziere machten die Gedankengänge Kitas einen gewaltigen Eindruck; den konservativen Nationalisten allerdings behagte sein Sozialprogramm durchaus nicht. Kitas Bücher wurden verboten (und blieben auf der Verbotsliste bis nach dem zweiten Weltkrieg). Kitas Verbindung mit dem Staatsstreich von 1936, über den noch zu berichten ist, wurde nicht sogleich entdeckt. Als sie 1937 ans Licht kam, wurde er hingerichtet.

Unzählige andere nationalistische Führer, die in den dreißiger Jahren größere Aktivität entfalteten, ließen sich aufzählen. Aber schon die Kennzeichnung einiger Typen mag die ungeheure Vielfalt und Buntheit der organisatorisch nicht zusammengefaßten Bewegung hinreichend hervorheben. Da gab es Oberstleutnant Hashimoto Kingorô vom japanischen Generalstab, der zu den Führern des »Kirschblütenvereins« gehörte, einer streitbaren Gruppe von Armeeoffizieren vom Oberstleutnant abwärts, die zwar kein persönliches Ressentiment gegen das herrschende Regime verspürten, aber dennoch seine Ablösung durch eine Militärdiktatur erstrebten; da gab es den terroristischen »Blutsbrüderbund«, geführt von Inoue Nisschô, einer in allen Farben schillernden Persönlichkeit: Militärspion, Abenteurer in China und der Manchurei und schließlich Priester der nationalistischen Buddhistensekte Nichiren; da gab es den »Verein für staatliche Grundlagen« unter der Führung des einstigen Anarchisten Akao Bin; schließlich gab es sogar eine Patriarchengestalt Tolstoijscher Prägung, Tachibana Kôsaburô, Gründer eines Gemeinschaftsdorfes, Theoretiker eines »Agrarnationalismus«, sodann Schulleiter und Dozent an einer »Schule der Landliebe«, die ihrerseits nationalistische Aktivisten hervorbrachte. Es mag nebenher erwähnt werden, daß Inoue, Akao und Tachibana auch im heutigen Japan ihre Ideen verbreiten.

Die zahlreichen kleinen Gruppen, die als »nationalistisch« auftraten, wirkten gegeneinander nicht minder, als sie miteinander zusammenarbeiteten. Keine von ihnen zeichnete sich durch eine überragende Organisation aus. Aber im Japan der dreißiger Jahre war Organisation auch kaum nötig. Anders als in Europa kam es hier nicht so sehr darauf an, eine Bewegung im Landesmaßstab aufzubauen, die sich mit Hilfe von Wahlen oder mit Gewalt in den Besitz der Staatsmacht setzen könnte. Es ging vielmehr darum, die vorhandenen nationalistischen Strömungen zu verstärken, einen Prozeß zu beschleunigen, der schon im Gange war. Da die Verteidiger der parlamentarischen Regierungsform kleinmütig, uneinig und schwach waren und die reale Staatsmacht in der Hauptsache in den Händen des Militärs und des Großkapitals lag, mußte es genügen, wenn man das Militär animierte, die gesamte Macht in die Hand zu nehmen, und das Großkapital so weit einschüchterte, daß es klein beigab. Zu diesem Zweck war nicht mehr nötig als gelegentliche, gleichsam verstreute Terrorakte und einige wohlgezielte politische Morde.

Der Weg nach Pearl Harbour

In dem verhängnisvollen Kurs, dem Japan in den dreißiger Jahren folgte, lag eine innere Logik. Am Anfang ging die Initiative zur Aggression von den japanischen Streitkräften im Ausland aus. Als ihr erfolgreicher Vorstoß seine Rückwirkungen daheim zeitigte, erhielt der Nationalismus auch dort neue Schwungkraft. Er zerstörte die letzten Überreste des parlamentarischen Systems der Parteienregierungen. Ein totalitärer Staat entstand, der auf der abschüssigen Bahn der Aggression weiterrollte, bis er schließlich das japanische Volk in den selbstzerstörerischen Krieg gegen die Vereinigten Staaten hineinriß.

Die Explosion auf dem Bahngelände bei Mukden am 18. September 1931 wurde von dem Täter, der Kuangtung-Armee, als chinesische Provokation hingestellt. Das war der Vorwand: die Manchurei wurde von japanischen Truppen überflutet. Wenige Wochen nach dem »Zwischenfall« hatten die japanischen Streitkräfte die volle Herrschaft über Chinas drei manchurische Provinzen mit ihren dreißig Millionen Einwohnern erlangt.

Dieser sogenannte manchurische Zwischenfall wurde in vieler Hinsicht entscheidend für Japans weiteren Kurs. Zuallererst führte die manchurische Aktion dem japanischen Volk anschaulich vor Augen, daß die Weltmeinung ohne jede Gefahr mißachtet werden durfte und daß keine Macht gewillt war, dem japanischen Expansionsdrang entgegenzutreten, solange Japan die nötige Entschlossenheit an den Tag legte. Die Ergebnislosigkeit des chinesischen Appells an den Völkerbund und das vorsichtige Lavieren der von ihm eingesetzten Untersuchungskommission bestärkten die japanische Regierung in ihrer Meinung, daß der Völkerbund nicht übermäßig ernst genommen zu werden brauchte. Ernstere Besorgnisse löste der amerikanische Versuch aus, über Japan internationale Wirtschaftssanktionen zu verhängen; aber dieser Plan fand kaum Gegenliebe und wurde bald fallengelassen. Was übrigblieb, war die »Nichtanerkennungs«these des amerikanischen Außenministers Stimson. Ihre praktische Wirkung war minimal, zumal die Vereinigten Staaten die Handelsbeziehungen mit dem manchurischen Territorium nach einer kurzen Unterbrechung von neuem aufnahmen.

Durch chinesische und andere Proteste wenig beeindruckt, setzte Japan seine Vorbereitungen für die Schaffung eines »unabhängigen« manchurischen Staates eifrig fort. Im Februar 1932 wurde der Satellitenstaat Manchukuo unter japanischer Vormundschaft aus der Taufe gehoben; auf dem Papier vom ehemaligen Kaiser von China regiert, der im Gefolge der chinesischen Revolution seinen Thron in Peking zwanzig Jahre vorher als Kind verloren hatte. Wenige Monate später verkündete die japanische Regierung die offizielle Anerkennung ihres eigenen Produkts.

Die Gründung des Manchukuo-Staates entschied auch über die Zukunft der chinesisch-japanischen Beziehungen. Als die chinesischen Nationalisten Japans manchurische Aktion mit einem höchst wirksamen Boykott japanischer Waren in ganz China beantworteten, beschloß die japanische Armee, den Krieg bis nach Shanghai vorzutragen, wo schwere Gefechte stattfanden. Von diesem Zeitpunkt an konnte weder China noch Japan irgend etwas zur friedlichen Regelung des gegenseitigen Verhältnisses unternehmen, ohne im eigenen Lande Protest und Unruhen auszulösen. Der bewaffnete Zusammenstoß der beiden Nationalismen war praktisch unausweichlich geworden.

Die manchurischen Ereignisse bereiteten auch Japans relativ freundlichen Beziehungen zu den Westmächten ein Ende. Sie führten zu Japans Austritt aus dem Völkerbund und zur Annullierung der Abkommen, die stabile Verhältnisse im Fernen Osten verbürgt hatten. Am wichtigsten war die Kündigung des Flottenabkommens, das dem Wettrüsten einen Riegel vorgeschoben hatte. Japan sah sich nun mehr und mehr isoliert. In dem Maße, wie es internationale Unterstützung erstrebte, rückte es automatisch näher an die faschistischen Mächte Europas heran, die ja ebenfalls damit beschäftigt waren, den Status quo umzustoßen.

Was die Kuangtung-Armee in der Manchurei tat, wurde später zum Vorbild für die wirtschaftliche und politische Zwangsorganisation in Japan selbst. Die Absicht, Japan durch Erschließung der reichen manchurischen Bodenschätze von ausländischen Rohstoffen unabhängig zu machen, wurde im Rahmen einer Art zentralisierter staatskapitalistischer Planwirtschaft verwirklicht, über die die Armee die unumschränkte Verfügungsgewalt ausübte. Wenige Jahre später wurde in Japan unter der Leitung von Planungsspezialisten, die aus der Manchurei zurückgeholt worden waren, ein ähnliches System zur Bewältigung der Vorbereitungen für den kommenden Krieg aufgebaut.

Bei alledem enthüllte die manchurische Affäre den wachsenden Zwiespalt in der japanischen Außenpolitik, der offenbar im Stadium des Übergangs von Parteienregierungen zur Militärdiktatur unabwendbar war. In Tôkyô regierte ein liberales Kabinett mit einem Außenminister – Shidehara –, der auf eine Politik internationaler Zusammenarbeit unabänderlich festgelegt war. Und zu gleicher Zeit führte Japan unter derselben Regierung eine offene militärische Eroberung fremden Staatsgebiets, also einen Akt offenkundiger Aggression durch. Während der Premierminister der Welt zusicherte, die japanischen Truppen würden die Gebiete, in die sie eingebrochen waren, baldigst räumen, übte der Kriegsminister, ein General, vor aller Welt Kritik an seinem Chef und fuhr in aller Ruhe fort, die Besetzung der Manchurei zu dirigieren.

Offenbar befürchtete Premierminister Wakatsuki, daß eine offene Stellungnahme gegen die Armee die definitive Kraftprobe provozieren würde, bei der das parlamentarische System unterliegen und eine Militärdiktatur den Sieg davontragen müßte. Unterdes war seine Position gründlich erschüttert worden: er hatte keinerlei Machtmittel, das Militär unter Kontrolle zu halten; die Stimmung der Bevölkerung verriet keineswegs Unzufriedenheit mit den Ereignissen in der Manchurei; die in stärkerem Maße nationalistisch eingestellte *Seiyû-Kai* schien keine Einwendungen gegen den manchurischen Feldzug zu haben; und sogar in seiner eigenen liberalen Partei konnte Wakatsuki kaum auf energische Unterstützung rechnen. Hinzu kam, daß der schwächliche Widerstand der Westmächte Wakatsuki indirekt eines entscheidenden Arguments zugunsten einer Politik des Friedens beraubte. Sowohl der Kaiser als auch sein Ratgeber Fürst Saionji schienen das Vorgehen der Armee lebhaft zu bedauern, waren aber zu der Überzeugung gelangt, daß sogar ein kaiserlicher Erlaß in dieser Situation nicht nur wirkungslos bleiben würde, sondern auch zu einer Erhebung im Innern und möglicherweise zu einer Aktion gegen den Kaiser führen könnte.

Das Kabinett war, wie sich dann zeigte, ohnehin nicht mehr zu retten. Nach einer langen Krise war Wakatsuki gezwungen, sein Rücktrittsgesuch einzureichen. In den nächsten Jahren ging Japan Schritt für Schritt immer weiter den Weg des Faschismus und der Militärdiktatur. Die Parteien wurden, wenn sie auch noch nicht völlig verschwanden, in den Hintergrund gedrängt. Vereinzelt machte sich noch Widerstand gegen den neuen Zeitgeist nicht nur bei manchen liberalen Politikern geltend, die sich weigerten, den Militaristen das Feld zu überlassen, sondern auch bei vielen Beamten und liberal eingestellten Geschäftsleuten. Auf die Dauer zogen es jedoch die *Zaibatsu* vor, sich behutsam auf die veränderte Lage umzustellen, und am Ende fanden sie, daß sich das Bedürfnis, am Leben zu bleiben und Profite zu machen, auch mit der Unterstützung einer expansionistischen

Politik vereinbaren ließ. Und der Bürokratie in ihrer großen Mehrheit erschien das Bündnis mit dem Militär als durchaus akzeptabel.

Die einzelnen Etappen auf dem Weg zum Totalitarismus markierten Schüsse, die gemäßigte politische Führer von der politischen Bühne hinwegräumten. Den ersten Versuch, ein Militärregime zu errichten, hatte Kita Ikki schon zu Zeiten des Kabinetts Hamaguchi unternommen. Das Komplott mißlang, weil der von Kita vorgesehene Militärdiktator im letzten Moment absprang. Ein von Oberstleutnant Hashimoto Kingorô von der Kuang-tung-Armee und anderen extremen Militaristen ersonnener Plan, das Kabinett durch Bombenabwurf aus der Luft zu liquidieren, wurde vorzeitig publik und mußte aufgegeben werden. Er hatte aber jedenfalls zur Folge, daß einige furchtsame Politiker im gemäßigten Lager gründlich eingeschüchtert wurden. Für die damals herrschenden Zustände war es symptomatisch, daß gegen Hashimoto und seine Freunde nach der Aufdeckung des Mordplanes nicht vorgegangen wurde; man billigte den Mordstrategen »patriotische« Motive zu. Viele Verbrechen sollten in den dreißiger Jahren von diesem Firmenschild profitieren. Es kam so weit, daß die Terroristen nicht nur auf Sympathie in der Bevölkerung rechnen konnten, sondern daß auch darüber hinaus ihre Opfer als Verräter und Ausbeuter, die ihr Schicksal verdient hätten, angeprangert wurden.

Die extremen Nationalisten lernten denn auch mit der Zeit, die Opfer, die sie sich als Zielscheibe ausgesucht hatten, zu treffen. So wurde im Februar 1932 ein prominenter Politiker der *Minseitô*-Partei, der als Gegner des manchurischen Abenteuers bekannt war, am hellichten Tag von Mitgliedern des »Blutsbruderbundes« von Inoue Nisschô ermordet. Bei dieser Gelegenheit entgingen Fürst Saionji, Shidehara und andere prominente Liberale dem Tode nur, weil sich die jungen Terroristen als wenig sachkundig erwiesen.

Noch verhängnisvoller war für Japan die sogenannte »Affäre des 15. Mai«. Ein Haufen von Marineoffizieren und Kadetten des Heeres drang am 15. Mai 1932 in die Wohnung des Premierministers Inukai Ki (Tsuyoshi), der auf der Stelle ermordet wurde. Inukai, Parteivorsitzender der *Seiyû-Kai* und Amtsnachfolger Wakatsukis, hatte sich den Zorn der Militaristen damit zugezogen, daß er geheime Verhandlungen über den Abzug der japanischen Truppen aus der Manchurei vorbereitete. Nach der »Affäre« hat offenbar die *Seiyû-Kai* ihren Standpunkt in dieser Frage radikal geändert. Nachdem die Mörder ihr »patriotisches« Werk vollbracht hatten, mußten sie übrigens enttäuscht feststellen, daß ihr Plan der Einsetzung einer Militärregierung bei den konservativen höheren Armeeoffizieren keine Zustimmung fand: sie hielten ihn für verfrüht und unklug. Indes wurde der 15. Mai 1932 auch so zu einem historischen Datum: der Tod Inukais bezeichnete auch das Ende der Parteienkabinette.

Fortan gab es in der nun folgenden Serie von Regierungen, an deren Spitze Beamte oder pensionierte Militärs standen, keinen ernsten Widerstand mehr gegen Expansionspolitik oder Militärherrschaft. Was nun noch umstritten blieb, waren Richtung und Tempo des militärischen Vorstoßes, die Größe des Risikos, das dabei eingegangen werden durfte, und die beste Methode, den Vorstoß zu organisieren.

In den höchsten Armeeposten waren noch einige altmodische Offiziere verblieben, die meinten, die Aufgabe der Armee sei, zu kämpfen, nicht Politik zu machen. Zu Beginn der dreißiger Jahre waren sie freilich mit solchen Ansichten allein auf weiter Flur. Die Armee maßte sich mit Vorbedacht eine politische Rolle an, die über die Wahrung ihrer gewohnheitsmäßig anerkannten Rechte weit hinausging.

Jedoch hatte die »Affäre des 15. Mai« offenbart, daß die Armee noch nicht entschlossen war, die Regierungsgewalt direkt zu übernehmen. Der Grund war, daß das Militär um diese Zeit noch in zwei Lager zerfiel, die einander heftig befehdeten. Dieser Machtkampf mit weitgehenden politischen Konsequenzen nahm vier Jahre in Anspruch: vom manchurischen Zwischenfall von 1931 bis zu den Ereignissen von 1936, die den Ausgang des Kampfes besiegelten.

Bis zum heutigen Tage sind die Einzelheiten des Ringens, das damals in den Spitzen der Armee vor sich ging, nicht völlig geklärt. Offenbar nahmen am internen Kampf zwei Richtungen teil, die Gruppe »Kaiserlicher Weg« und die Gruppe »Machtkontrolle«. Zum Teil ging dieser Richtungskampf auf den allgemeinen Verfall der Disziplin in der bewaffneten Macht zurück, der durch das eigenmächtige Vorgehen der Kuangtung-Armee und die zunehmende politische Betätigung des Militärs herbeigeführt worden war.

Die Richtung »Kaiserlicher Weg« wurde vor allem von jungen Heißspornen mit radikalen faschistischen Tendenzen getragen. Sie stand grundsätzlich allen Parteien und den parlamentarischen Institutionen feindlich gegenüber. Sie bekämpfte nicht nur den politischen Einfluß der *Zaibatsu*, sondern lehnte auch unter dem Einfluß der Gedankengänge Kitas das durch das Großkapital repräsentierte Wirtschaftssystem ab. Diese Offiziere waren auch Anhänger der direkten Aktion zur sofortigen Errichtung der Militärdiktatur. Für sofortige Militärdiktatur waren auch einige Generale in hohen Positionen. Doch die Mehrheit der Generalität stand auf seiten der Richtung »Machtkontrolle«, die etwas gemäßigter war, wenn sie auch im Grunde dieselben Ziele verfolgte. Ihre Mitglieder waren im allgemeinen gegen Terrorakte und betonten die Notwendigkeit der Aufrechterhaltung militärischer Disziplin und der Beachtung der geltenden Rechtsordnung; sie neigten im übrigen zur Zusammenarbeit mit anderen Machtgruppierungen, darunter auch den »patriotischeren« Elementen im Parlament und in der Geschäftswelt.

Einige Jahre blieb der Ausgang des Ringens ungewiß. Manche erschreckenden Vorgänge ließen auch die breite Öffentlichkeit erkennen, daß die Disziplin im Heer zusammengebrochen war. Folgendes passierte zum Beispiel im Jahre 1935: Ein Oberstleutnant, der zur Gruppe »Kaiserlicher Weg« gehörte, machte eine Pilgerfahrt zum Shintô-Schrein von Ise, begab sich anschließend ins Büro eines hochgestellten Generals, der als einer der Führer der Richtung »Machtkontrolle« galt, und erschlug den General mit einem Schwerthieb. Bis dahin hatten nur Premierminister und Kabinettsmitglieder oder prominente Wirtschaftler ihre Wohnungen und Büros von der Polizei schützen lassen; jetzt waren auch Offiziere ihres Lebens nicht mehr sicher.

Der Höhepunkt des Dramas kam am 26. Februar 1936. Im Januar hatten die Parlamentswahlen den gemäßigten, nichtnationalistischen Gruppen entschiedenen Auftrieb gegeben. Das Wahlergebnis, das offenbar die Abkehr der Volksstimmung vom Militarismus zum Ausdruck brachte, mag den Zeitpunkt des Losschlagens bestimmt haben. Am frühen Morgen des 26. Februar besetzten junge Offiziere von der Gruppe »Kaiserlicher Weg« wichtige

Schlüsselstellungen in Tôkyô, so das Kriegsministerium, das Parlamentsgebäude und das Haus des Premierministers. Sie ermordeten mehrere gemäßigte Beamte und pensionierte Offiziere, darunter Admiral Saitô, der Inukai 1932 gefolgt war und die Regierung bis 1934 geführt hatte, und Ex-Finanzminister Takahashi, der den ständig wachsenden Budgetforderungen des Militärs vergebens Widerstand zu leisten versucht hatte. Wie weit die Entwicklung gediehen war, läßt sich daran ermessen, daß Saitô, der 1932 allgemein als der einzig mögliche Chef des ersten »nationalen« Kabinetts ohne Parteibindungen gegolten hatte, jetzt, vier Jahre später, als gefährlicher »Liberaler« umgebracht wurde. Der Premierminister selbst entging dem Tode nur, weil die Mörder seinen Schwager für ihn gehalten hatten.

Die Erhebung der Offiziere wurde allerdings schnell niedergeworfen, nachdem regierungstreue Truppen in Tôkyô eingetroffen waren. Flugzeuge warfen im übrigen eine kaiserliche Proklamation ab, die die Aufständischen aufforderte, sich zu ergeben, und die ihren Eindruck nicht verfehlte. Wenige Monate später wurden dreizehn Offiziere, die als Führer der Verschwörung galten, und an der Verschwörung beteiligte Zivilisten hingerichtet. Das Todesurteil kam den Angeklagten höchst überraschend, da bis dahin sowohl die Regierung als auch das Publikum alle Untaten, die das Aushängeschild des »Patriotismus« für sich in Anspruch nehmen konnten, gleichsam automatisch reinzuwaschen bereit waren.

Jetzt endlich konnte die Gruppe »Machtkontrolle« im Namen der Armee auftreten. Jetzt war sie auch bereit, auf direkterem Wege die Staatsgewalt zu handhaben. Nach der Niederschlagung der Revolte gingen die Armeeführer an die detaillierte Ausarbeitung ihres Programms für ein zwangsreglementiertes Japan, das die militärischen Eroberungsziele auf dem Festland mit Erfolg würde verfolgen können. Für Dinge, die »liberal« anmuten könnten, war in diesem Japan kein Platz mehr.

Das japanische Volk fand nunmehr seine staatsbürgerlichen Freiheiten, so begrenzt sie seit eh und je gewesen sein mochten, völlig eingeengt durch staatliche Reglementierung und Überwachung. Die Gedankenzensur reichte bis in die Zeitungsdruckereien, die Buchhandlungen, die Wohnungen der Bürger. »Umstürzlerische« Artikel wurden von den Zensoren aus »Reader's Digest« und anderen ausländischen Zeitschriften sorgsam herausgeschnitten. Die Lehrstühle der Hochschulen wurden von »unjapanischen« Elementen gesäubert. Die Gewerkschaften stießen auf immer größere Schwierigkeiten. Die Hohe Sonderpolizei und die Militärgendarmerie verstärkten ihre Fahndung nach »Umstürzlern« und »Spionen«, die sie hinter jeder verschlossenen Tür witterten. Viele wohlhabende junge Japaner aus liberalen Kreisen zogen es vor, ins Ausland zu gehen. Ausländer entdeckten, daß Spezialbeamte der Fremdenpolizei jeden ihrer Schritte und namentlich ihren Umgang mit Japanern genauestens registrierten.

Täglich manifestierte sich extremer engstirniger Nationalismus, gepaart mit dem Fanatismus der Gesinnungsschnüffelei, in lächerlichen Anschuldigungen und in Verhaftungen harmloser Liberaler. Japans Abgleiten zum System der allgemeinverpflichtenden Zwangs- und Staatsideologie zeigte sich in charakteristischer Form an dem Fall eines der hervorragendsten japanischen Staatsrechtslehrer, der zugleich angesehenes Mitglied des Herrenhauses war. Er wurde aus dem Herrenhaus ausgestoßen, entging nur knapp der Ermordung bei der Erhebung vom Februar 1936 und wäre um ein Haar wegen Majestätsbeleidigung verurteilt worden – alles nur, weil einer seiner ultranationalistischen Kollegen im Herrenhaus festgestellt hatte, er habe den Kaiser als »Staatsorgan« bezeichnet.

Auch im Wirtschaftsleben machte sich der neue Kurs in zunehmendem Maße bemerkbar. Seit Jahren schon hatte das Militär Vorbereitungen für kritische Situationen auf dem Festland getroffen. Das bedingte die Lagerung wichtiger Roh- und Betriebsstoffe (zum Beispiel Öl) und die Modernisierung und Vergrößerung der Armee und Marine und ihrer Flugzeuggeschwader. Diese Politik spiegelte sich in der ständigen Aufblähung des Militärbudgets. Im Staatshaushalt für 1931/32 hatten die Armee- und Marineausgaben einunddreißig Prozent ausgemacht. Im Haushaltsjahr 1936/37 verschlangen sie bereits siebenundvierzig Prozent, und im ersten Jahr des China-Krieges – 1937/38 – schnellten sie auf einundsiebzig Prozent empor. An einen ausgeglichenen Staatshaushalt war nicht mehr zu denken, und der ungedeckte Fehlbetrag erreichte bald fast ein Viertel des Volkseinkommens. Zu einem erheblichen Teil wurde die Finanzierung durch Anleihen besorgt. Die Staatsschuld stieg in diesen Jahren auf etwa das Doppelte an. Um das Schrumpfen der Devisenvorräte aufzuhalten, führte die Regierung 1937 eine strikte Währungsbewirtschaftung ein und verbot zugleich die Einfuhr einer ganzen Anzahl von Waren. Das waren allerdings erst die Vorboten der vielen Zwangswirtschaftsmaßnahmen, die Ende der dreißiger Jahre kommen sollten, um das japanische Volk auf die spartanisch karge Kriegswirtschaft vorzubereiten.

Im April 1937 unternahmen die beiden größten politischen Parteien, *Seiyû-Kai* und *Minseitô*, zweifellos mit energischer Unterstützung der *Zaibatsu*, einen letzten gemeinsamen Versuch, gegen die Flut des Militärfaschismus einen Damm aufzurichten. Zum Erstaunen der Militaristen brachten die Oppositionsparteien im Parlament eine Dreiviertelmehrheit zusammen. Obgleich darin die wachsende Unzufriedenheit mit der Militärherrschaft eklatant zum Ausdruck kam und obgleich sich somit zeigte, daß das parlamentarische System über mehr Anhänger verfügte, als die Regierung angenommen hatte, wurde nicht ein Parteivertreter aufgefordert, in das neue »nationale« Kabinett unter der Führung des Fürsten Konoe Fumimaro einzutreten. Dennoch hätte sich um diese Zeit die Entwicklung zum Totalitarismus möglicherweise noch bremsen lassen, hätten die *Zaibatsu* die liberalen Kräfte konsequenter unterstützt und hätte nicht im Juli 1937 ein neuer »Zwischenfall« Japan in den unbegrenzten Krieg mit China gestürzt, womit eine Umstellung der Innen- und Außenpolitik praktisch unmöglich wurde.

Japans wirtschaftliche und militärische Stellung in der Manchurei hatte sich unter der Ägide der Kuangtung-Armee um die Mitte der dreißiger Jahre durchaus konsolidiert. Unterdes hatten aber die japanischen Truppen immer wieder versucht, ihr Einflußgebiet noch erheblich über die Grenzen Manchukuos hinaus zu erweitern. Es ist schwer zu sagen, was dabei der lokalen Initiative einzelner Befehlshaber der unruhigen, unzufrieden störrischen Expeditionsarmee entsprang und was planmäßig vom Generalstab in Tôkyô angeordnet wurde. Wie dem auch sei: nach Besetzung der angrenzenden Provinz Jehol im Jahre 1933 rückte die Armee weiter nach Nordchina vor. Später fand sie sich zu einem Waffenstillstand mit den lokalen chinesischen Streitkräften und zur Schaffung einer neutralen Pufferzone bereit, begann aber gleich anschließend mit der Errichtung von Satellitenregierungen in Bezirken, die sie noch nicht besetzt hatte. Um dieselbe Zeit wandte das japanische Militär sein Interesse der Inneren Mongolei zu, wo ein Pufferstaat als vorgeschobener Posten gegen den Sowjetsatelliten, Äußere Mongolei, geschaffen wurde.

Trotz solchen lokalen Erfolgen sah sich Japan einer schwierigen Situation gegenüber. Die wachsenden Militärausgaben hatten eine gespannte wirtschaftliche Lage erzeugt. Die Hoffnung, China mit geringem Aufwand dazu zu bringen, sich mit der japanischen Vorherrschaft in der Manchurei und in den nördlichen Provinzen abzufinden, war bitter enttäuscht worden. Chiang Kai-shek hielt durch und fuhr fort, die japanischen Pläne weiterhin empfindlich zu stören. Ja, er hatte sogar seinen Kampf gegen den Kommunismus dem Widerstand gegen Japan untergeordnet. Überdies hatte Japans durch den im November 1936 vollzogenen Beitritt zum Antikominternpakt verstärkte Annäherung an die Achsenmächte nicht nur Bedenken und Zweifel daheim ausgelöst, sondern auch die ablehnende Haltung der Westmächte gegenüber der japanischen Politik in Asien verschärft. Das bedeutete zwar keine unmittelbare Gefahr, da keine der Westmächte geneigt schien, drastische Schritte gegen Japan zu unternehmen, aber die Versteifung der westlichen Position machte sich trotzdem unangenehm bemerkbar.

Die wachsende Spannung zwischen China und Japan kam schließlich am 7. Juli 1937 zum Durchbruch, als japanische und chinesische Truppen am strategisch wichtigen Eisenbahnknotenpunkt Lukouchiao (Marco-Polo-Brücke) am Stadtrand von Peking heftig aufeinanderstießen. Damit begann der »China-Zwischenfall«, zugleich aber auch der lange japanisch-chinesische Krieg, der die Kräfte beider Staaten auszehren sollte. Während Tôkyô sich noch den Anschein gab, über eine Beilegung des »Zwischenfalls« – gewiß nur unter japanischem Diktat – verhandeln zu wollen, kommandierten beide Regierungen Verstärkungen an die Front ab. Die überlegenen japanischen Kräfte gewannen bald die Oberhand und besetzten das ganze wichtige Gebiet um Peking und Tientsin. Von da griffen die Kämpfe auf den Bezirk des bedeutendsten chinesischen Handels- und Industriezentrums Shanghai über.

Fest entschlossen, unter keinen Umständen nachzugeben, fing nun die Regierung Chiang Kai-shek an, nach Bundesgenossen Ausschau zu halten. Eine Woche nach Beginn der Kämpfe in Shanghai schlossen China und die Sowjetunion einen Nichtangriffspakt ab. Unterdes setzte die japanische Armee ihren Siegeszug fort und eroberte im Dezember 1937 Nanking, die Hauptstadt des Chiang Kai-shek-Regimes. Offensichtlich war Japans Ziel die Vernichtung des Staatsgebildes des chinesischen Nationalismus, die es ermöglichen sollte, China zum gefügigen Satelliten zu machen.

In den nächsten Monaten setzten die japanischen Heere ihren pausenlosen Vormarsch entlang den ins Landesinnere führenden Eisenbahnlinien fort. Truppenlandungen bei Hongkong brachten die letzten bedeutenden chinesischen Großstädte Kanton und Hankou, die im Herbst 1938 besetzt wurden, in Japans Herrschaftsbereich. Lampionaufzüge in Tôkyô bezeugten den Glauben der japanischen Bevölkerung, daß wieder ein Eroberungskrieg erfolgreich zu Ende gegangen sei.

Die militärischen Planer in Tôkyô konnten mit dem Fortgang ihres Werkes vollauf zufrieden sein. Gewiß hatte es mehrere bedenkliche Zwischenfälle gegeben, die westliche

Interessen in China betrafen, und es waren sogar beim »versehentlichen« Bombardement des amerikanischen Kanonenboots »Panay« durch japanische Flugzeuge einige Amerikaner ums Leben gekommen. (Dieser Gewaltakt war von dem ultranationalistischen Obersten Hashimoto gegen den Willen der Regierung inszeniert worden.) Aber trotz diesen und ähnlichen Provokationen hatten sich die Vereinigten Staaten und Großbritannien mit nachdrücklichen diplomatischen Protesten begnügt. Nach nur einjährigem Kampf schien die Eroberung Chinas fast abgeschlossen zu sein. Die Grausamkeiten der japanischen Truppen in Nanking und an anderen Orten hatten den chinesischen Abwehrwillen gefestigt, aber das Chiang-Regime, das nun von Chungking im Innern Westchinas aus Krieg führte, schien kaum in der Lage, den Kampf noch lange fortzusetzen. Hier aber machte das japanische Militär seinen großen Fehler. Als die Kämpfe dennoch weitergingen, mußte Japan nach und nach zu der Erkenntnis kommen, daß es in einen Sumpf geraten war, aus dem herauszukommen von Tag zu Tag schwieriger wurde.

*

Am 3. November 1938 verkündete Fürst Konoe seine Pläne für eine »Neue Ordnung in Ostasien«. Klarer enthüllte sich jetzt Japans Programm vor den Augen einer entsetzten Welt. Japan, Manchukuo und China sollten ein militärisches Bündnis eingehen und ihre politische, wirtschaftliche und kulturelle Betätigung nach Weisungen Tôkyôs koordinieren. Das japanische Amt für chinesische Angelegenheiten mit Zweigstellen im ganzen besetzten China hatte bereits mit der Organisation der Ausbeutung des neu eroberten Landes begonnen.

Das weitere Vordringen des extremen Nationalismus kam zum Ausdruck im Rücktritt des Kabinetts Konoe im Januar 1939, das von einer Regierung des schon erwähnten ultranationalistischen Berufsbeamten Baron Hiranuma Kiichirô abgelöst wurde. Unter seiner Führung ging der Staatsapparat im Ernst an die Aufgabe der »Regenerierung« der Nation. Als Erziehungsminister wurde der pensionierte General Araki Sadao berufen, der schon in der radikalen Militärgruppe »Kaiserlicher Weg« eine namhafte Rolle gespielt hatte. Unter seinem Kommando machte die »geistige Mobilisierung zur Förderung des kaiserlichen Weges«, das heißt die intellektuelle Gleichschaltung des japanischen Volkes, sensationelle Fortschritte. Immer mehr Liberale verschwanden hinter Gefängnismauern.

Im Laufe des Jahres 1937 und dann wieder 1938 war es an den langgestreckten, nie genau festgelegten Grenzen zwischen den Einflußsphären der Sowjetunion und Japans zu Grenzzwischenfällen gekommen. Im Juli 1938 wurde zwei Wochen lang an der Dreiländergrenze bei Chang-ku-feng gekämpft, wo die Sowjetunion, Manchukuo und Korea aufeinanderstoßen. Das war noch mitten im japanischen Krieg gegen China, und der Generalstab in Tôkyô machte sich ziemliche Sorgen. Ob nun die Siege in China das japanische Selbstvertrauen gestärkt hatten oder ob der Generalstab die Stärke der Grenzbefestigungen der Sowjetunion noch einmal prüfen wollte – jedenfalls prallten im Mai 1939 japanische und Sowjetstreitkräfte bei Nomonhan in der Nähe der Grenze Manchukuos und der Äußeren Mongolei erneut aufeinander. Hier mußten die Japaner erfahren, daß der Sowjet-

Zusammenstoß japanischer Truppen mit sowjetischen Streitkräften bei Nomonhan, 1939

Fürst Konoe und sein Kabinett

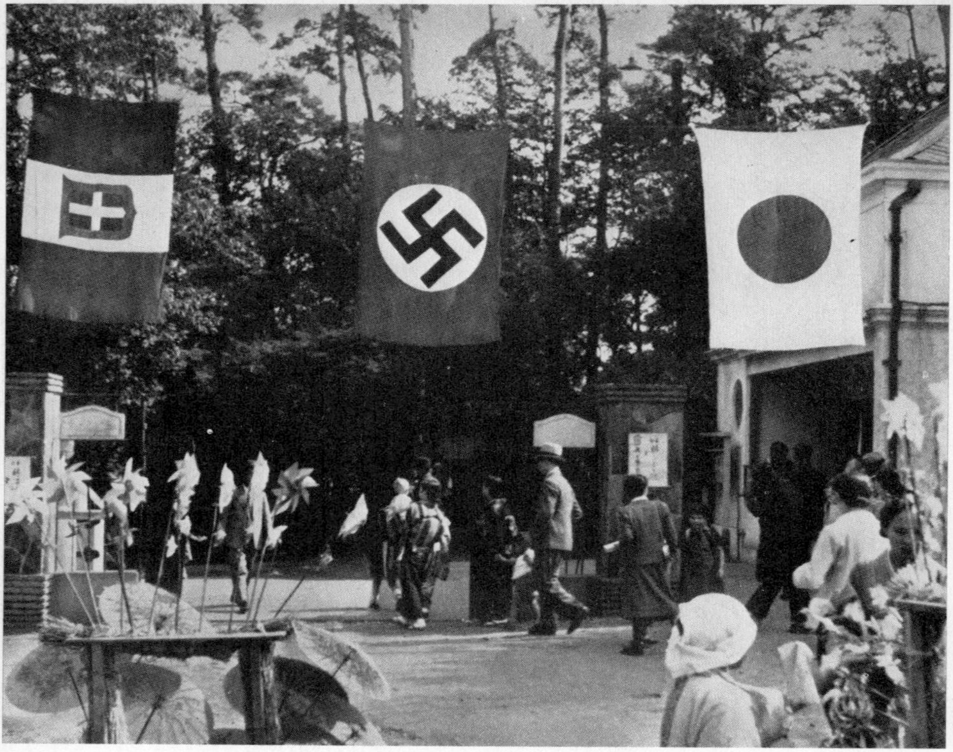

Die Fahnen der Partner des Dreimächtepaktes Japan–Deutschland–Italien über einem Parkeingang in Tôkyô, 1940

grenzschutz hervorragend war: der Zusammenstoß mit zwei Sowjetdivisionen, die über moderne mechanisierte Waffen verfügten, hat die Kuangtung-Armee etwa achtzehntausend Mann gekostet. Die Verluste wurden natürlich nicht bekanntgegeben, gaben aber den Führern des japanischen Militärs Stoff zum Nachdenken.

Hiranumas Kabinett hielt sich nur einige Monate, weil er die internationale Lage falsch gedeutet hatte: mit dem Abschluß des Nichtangriffspaktes zwischen der Sowjetunion und Deutschland, der am 24. August erfolgte, hatte er bestimmt nicht gerechnet. Nun beeilte sich Japan, die Kämpfe an der manchurisch-mongolischen Grenze abzubrechen und den Konflikt mit der Sowjetunion beizulegen. Der Waffenstillstand kam Ende September in Moskau zustande.

Schon seit der Unterzeichnung des Antikominternpakts war Japan Deutschland immer näher und näher gerückt. Dennoch gingen unter denen, die über die Richtung der japanischen Politik zu befinden hatten, die Meinungen darüber auseinander, ob Japan mit den Achsenmächten ein Militärbündnis eingehen und mit ihnen gemeinsam auf eine Zerreißung des Status quo in der Welt hinarbeiten sollte. Das weitere Problem war: sollte Japan nördlich vorstoßen – also gegen die Sowjetunion – oder eine Expansion in südlicher Richtung ins Auge fassen?

Die Frage des Verhältnisses zu Deutschland wurde akut, als Hitler am 1. September in Polen einfiel und der zweite Weltkrieg begann. In Europa waren die Frontlinien nunmehr eindeutig gezogen. Fraglich war aber, ob es in Japans Interesse sein könnte, die Frontlinie der Achse bis nach Asien zu verlängern. Ohne sich über den besseren Kurs schlüssig werden zu können, blieb Japan unter zwei kurzlebigen Militärkabinetten in der Zuschauerrolle, gleichsam auf den Ausgang der Kämpfe in Europa wartend. In China war die japanische Position mittlerweile durch die Einsetzung einer Strohmannregierung in Nanking konsolidiert worden. Die Gleichschaltung der Nation durch »geistige Mobilisierung« ging weiter.

Der Druck der faschistischen Militärs und der extremen Nationalisten zugunsten einer Beteiligung am Krieg der Achsenmächte war während des ganzen Jahres 1939 und im Frühjahr 1940 ständig gewachsen. Aber solange es in Europa beim »Sitzkrieg« blieb, widersetzten sich die Gegner einer Ausweitung des Krieges – das zu den Vereinigten Staaten tendierende Großkapital, die gemäßigten höheren Offiziere, vor allem in der Marine, der Kern der Hofaristokratie und der Kaiser selbst – entschieden jeder endgültigen Bindung an Deutschland. Ihr Haupteinwand gegen ein Militärbündnis war die Befürchtung, daß ein solcher Schritt zur Verschärfung der amerikanischen Japan-Politik beitragen, amerikanische Wirtschaftssanktionen nach sich ziehen und im Endeffekt sogar zu einem Krieg mit den Vereinigten Staaten führen könnte, und dies zu einem Zeitpunkt, da Japan alle seine Energien überbeanspruchen mußte, um den China-Krieg zu Ende zu bringen. Die Befürchtungen waren nicht ganz unbegründet, weil die Spannung zwischen Japan und den Vereinigten Staaten bereits ein gefährliches Stadium erreicht hatte.

Da war zunächst das alte japanische Ressentiment, das seit der Zeit der amerikanischen Einwanderungsgesetzgebung von 1924 mit ihrer Einwanderungssperre gegen Japaner datierte. Da waren die Bemühungen der Vereinigten Staaten, die Eingliederung der Manchurei ins japanische Imperium zu verhindern. Und in neuerer Zeit war Amerika auch noch zur Hauptbarriere gegen japanische Vorherrschaft in Ostasien geworden. Die Vereinigten Staaten hatten Chiang Kai-shek in seinem Kampf gegen Japan systematisch unterstützt und Japan daran gehindert, seine militärischen Siege in China in praktische Vorteile umzumünzen. Ganz zuletzt hatten sie sogar wirtschaftliche Vergeltungsmaßnahmen gegen die japanische Politik in China in die Wege geleitet: mit der 1939 vorgenommenen Kündigung des Handelsvertrages mit Japan hatten sie eine Einfuhrsperre in greifbare Nähe gerückt. Im übrigen waren sie dabei, ihren eindeutig gegen Japan gerichteten Flottenbau zu beschleunigen.

Auf der anderen Seite hatten eine Reihe geplanter japanischer Anschläge auf amerikanisches Personal und amerikanisches Eigentum in China und die unmißverständliche Absicht der japanischen Regierung, die »Offene Tür« der gleichen wirtschaftlichen Chancen in China zu schließen und unter Verletzung aller internationalen Abkommen die amerikanischen Interessen in China auszuschalten, eine heftige japanfeindliche Stimmung in den Vereinigten Staaten hervorgerufen. Das hatte es dem amerikanischen Präsidenten ermöglicht, eine immer entschiedenere Stellung gegen Japans aggressive Politik im Fernen Osten zu beziehen.

Aber mit dem erfolgreichen deutschen Überfall auf Holland im Mai, der britischen Räumung von Dünkirchen und dem Zusammenbruch Frankreichs im Juni 1940 waren die Würfel schließlich gefallen. Die Kräfte, die ein Bündnis mit Deutschland befürworteten, wurden nun überwältigend stark. Im Juli trat das Kabinett des relativ bedächtigen und vorsichtigen Admirals Yonai Mitsumasa zurück und überließ die politische Entscheidung einer neuen »nationalen« Regierung des Fürsten Konoe.

Die Rolle des Fürsten in diesem Stadium wie auch später und seine wirklichen Absichten haben nie eine befriedigende Erklärung gefunden. Vermutlich war er trotz seiner mächtigen Gestalt und seiner eindrucksvollen aristokratischen Ahnenreihe ein Mann von geringer Willenskraft, der stets hoffte, das Land vor dem Unheil bewahren zu können, aber nie wußte, wie das zu bewerkstelligen sei. Konoe war eigentlich überall *persona grata:* bei Armee und Marine wie in der Beamtenschaft, beim Kaiser wie bei den Politikern. Diese seine amtlich bescheinigte Popularität dürfte darauf beruht haben, daß alle diese Kreise den willensschwachen Mann für die eigenen Ideen einspannen zu können glaubten und ihn für den einzigen hielten, der eine Regierung widerstreitender Kräfte würde führen können.

Wenn die Gemäßigten Konoe für einen Mitstreiter gehalten hatten, sollten sie bald enttäuscht werden. Der starke Mann im neuen Kabinett war der Kriegsminister General Tôjô Hideki. Wie so viele extreme Militaristen hatte Tôjô seine Karriere hauptsächlich in der Manchurei gemacht. Er hatte in der Kuangtung-Armee als Kommandeur der Feldgendarmerie, später als Chef des Armeestabes Politik getrieben. Er war 1937 als stellvertretender Kriegsminister im ersten Kabinett Konoe nach Japan zurückgeholt worden; wahrscheinlich wollte Konoe die Manchurei-Aktivisten an der Regierung beteiligen, um sie auf diese Weise an die Kandare zu bekommen. Tôjô verkörperte den neuen Typ des Offiziers im Stabsdienst, wie er auf dem großen Übungsgelände Manchurei entstanden war: durch und durch Militarist, ausschließlich an der Steigerung der militärischen Schlagkraft durch

Ausbau der Luftwaffe und Mechanisierung der Kampfoperationen interessiert, von nationalsozialistischen Kriegführungstheorien stark beeindruckt. Es scheint, daß er schon in den Anfängen seiner Regierungstätigkeit zu der Überzeugung gekommen ist, daß Japan eines Tages das Problem seines Verhältnisses zu den Vereinigten Staaten würde radikal anpacken und vielleicht gegen die Vereinigten Staaten zu Felde ziehen müsse, um den Traum vom »Groß-Ostasien« zu verwirklichen.

Die Besetzung des Außenministeriums mit Matsuoka Yôsuke trug nicht dazu bei, die Gemäßigten, die immer noch den Krieg an der Seite der Achsenmächte zu vermeiden hofften, optimistisch zu stimmen. Matsuoka, der bedeutende Posten bei der Südmanchurischen Eisenbahn bekleidet hatte und mit Tôjôs Kuangtung-Clique eng liiert war, hatte jahrelang in den vordersten Reihen der offiziellen nationalistischen Bewegung gestanden. Wohl der geschwätzigste aller japanischen Chauvinisten, rückte Matsuoka 1933 zum Nationalhelden auf, als er nach einer temperamentvollen Verteidigungsrede zugunsten der japanischen Manchurei-Aktion dem Völkerbund mit Eklat den Rücken kehrte. Er war aber auch Japans undiplomatischster Diplomat, der eine außergewöhnliche Unkenntnis der amerikanischen Mentalität, dafür aber ein um so größeres Selbstbewußtsein an den Tag legte. Die etwas später vorgenommene Ernennung des alten nationalistischen Bürokraten Hiranuma zum Innenminister und die gleichzeitige Besetzung der Präsidentenstelle im nun besonders wichtigen Nationalen Planungsamt mit dem Mann, der den Staatskapitalismus in der Manchurei organisiert hatte, zeigten nur noch deutlicher, in welcher Richtung die Entwicklung verlief.

Die Regierungserklärung des neuen Kabinetts, die am 1. August 1940 abgegeben wurde, ließ klar erkennen, daß Japan entschlossen war, die durch die deutschen Siege in Europa geschaffene Gelegenheit nicht zu versäumen. Angekündigt wurde »eine neue Ordnung in Groß-Ostasien auf der Grundlage der Solidarität Japans, Manchukuos und Chinas«. Die Erklärung sprach vom »großen Wendepunkt« der Weltgeschichte und verlangte die »Schaffung der Fundamente eines staatlichen Landesverteidigungsgebildes durch vollständige Erneuerung der Verwaltungsorganisation«. Die »Erneuerung« sollte sich auf den gesamten Staatsaufbau einschließlich der Funktionen des Parlaments und auf den gesamten Verwaltungsapparat beziehen. Sie sollte darüber hinaus einschließen: die Wirtschaft nicht allein Japans, sondern auch der anderen Teilnehmer an der »Neuen Ordnung für Groß-Ostasien«, den Außenhandel, die Naturwissenschaft und die Produktion, die Landwirtschaft, das Nachrichtenwesen und die Verkehrseinrichtungen, das Erziehungswesen und sogar das öffentliche Gesundheitswesen. Kurzum, es sollten, für alle Eventualitäten bereit, eine kriegswirtschaftliche Organisation und ein totalitäres Staatssystem geschaffen werden. Tatsächlich lösten sich die politischen Parteien bald »freiwillig« auf, um Platz zu machen für den »Verband zur Unterstützung der kaiserlichen Herrschaft«, die *eine* parteilose Partei unter dem Vorsitz des Premierministers. Inzwischen war am 27. September 1940 als Dreimächtepakt das Militärbündnis mit den Achsenmächten unterzeichnet worden.

Während Deutschland und Italien die europäische Welt umkrempelten, ging Japan nun offensichtlich daran, die »Neue Ordnung«, die »Großostasiatische Ko-Prosperitätssphäre« aufzubauen. Am Tage nach der Unterzeichnung des Dreimächtebündnisses gelang es

Japan, der französischen Vichy-Regierung die Genehmigung zur Benutzung dreier Luftstützpunkte gegen Nationalchina abzunötigen. Japan konnte also nunmehr über den Kautschuk, das Zinn und die Kohle Indochinas verfügen. Möglicherweise war das bereits als erster Schritt in Richtung auf die reichen Ölfelder Holländisch-Ostindiens gedacht, denn der Mangel an nahe gelegenem Öl war die größte Schwäche der japanischen militärischen Position.

In den folgenden Monaten setzte Außenminister Matsuoka die Arbeit an seinem großen Plan fort: die Bindung an die Achsenmächte zu festigen, die Nordfront durch Verständigung mit der Sowjetunion zu sichern, um dann von dieser starken Position aus an die Regelung der Differenzen mit den Vereinigten Staaten – im wesentlichen in der Richtung der japanischen Wünsche – zu gehen. Unterdessen sollte der Aufbau des asiatischen Imperiums Japans abgeschlossen werden. Bei seinem Besuch in Berlin hatte Matsuoka keine Anzeichen des bevorstehenden Angriffs seines Bundesgenossen auf die Sowjetunion wahrgenommen, und im April 1941 schloß er in Moskau in aller Naivität einen Neutralitätspakt mit der Sowjetunion ab.

Aber die Lage entwickelte sich nicht so, wie Matsuoka erwartet hatte. Die Vereinigten Staaten gingen auf die japanischen Anregungen, Japans Vorherrschaft in Ostasien als Tatsache zu akzeptieren, in keiner Weise ein. Im Juni 1941 überfiel Hitler die Sowjetunion. Ungeachtet dieser unerwarteten Wendung und der Tatsache, daß sich die chinesischen Nationalisten keineswegs ergeben hatten, faßte am 2. Juli eine Reichsberatung, an der der Kaiser persönlich teilnahm, einen Beschluß, der Japan noch näher an den Krieg gegen die Vereinigten Staaten heranführte. Der geplante Vorstoß nach dem Süden sollte nunmehr mit dem Einmarsch in Indochina und Siam (Thailand) in Angriff genommen werden, auch auf die Gefahr hin, daß daraus ein Krieg mit den Vereinigten Staaten und Großbritannien entstände.

Um den durch Scharfsinn nicht gesegneten Matsuoka loszuwerden, trat das Kabinett im Juli 1941 zurück; im selben Monat trat ein drittes Kabinett Konoe sein Amt an. In Ausführung der geheimen Beschlüsse der Reichsberatung marschierten japanische Truppen in Indochina ein. Die Vereinigten Staaten reagierten mit der Sperrung aller japanischen Guthaben. Konoe, der immer noch hoffte, daß die Vereinigten Staaten am Ende doch auf die wichtigsten japanischen Bedingungen eingehen würden, regte am 18. August ein Treffen mit dem Präsidenten Roosevelt in Honolulu an, bei dem alles, was einer japanisch-amerikanischen Verständigung im Wege stand, hinweggeräumt werden sollte. Die amerikanische Regierung bestand jedoch auf einer grundsätzlichen Einigung über einige der wichtigsten Fragen, bevor irgendein Treffen verabredet werde. Im September bekräftigte darauf eine neue japanische Reichsberatung die früheren Beschlüsse und ging noch einen Schritt weiter, indem sie verfügte, daß die Kriegsvorbereitungen mit dem Ziel weitergeführt werden sollten, daß sie bis etwa Ende Oktober als abgeschlossen angesehen werden könnten. Die Beratung unterstrich darüber hinaus Japans festen Willen, sich »nicht dadurch abschrecken zu lassen, daß die Sicherung unserer nationalen Existenz die Möglichkeit mit sich bringen könnte, daß wir in einen Krieg mit Amerika (und England und Holland) hineingezogen würden«.

General Tôjô und sein Kabinett, 1941

Der japanische Überfall auf Pearl Harbour am 7. Dezember 1941

Allgemein herrschte die optimistische Vorstellung, daß die Vereinigten Staaten im Ernstfall doch noch im letzten Augenblick klein beigeben oder, wenn es zum Kriege käme, mit Leichtigkeit besiegt werden würden. Einer der wenigen japanischen Staatsmänner, die diesen Optimismus nicht teilten, scheint der Kaiser gewesen zu sein. In einer Audienz, die er Konoe am Tage vor der Reichsberatung vom September gewährte, kritisierte er die Vorlage des Kabinetts, weil sie den Kriegsvorbereitungen den Vorrang vor diplomatischen Verhandlungen einräume. Am selben Tage äußerte er vor den Stabschefs der Armee und der Marine seine schweren Besorgnisse ob der militärischen Konsequenzen der gegenüber den Vereinigten Staaten empfohlenen Haltung, zumal der Vertreter der Armee erklärt hatte, die Operationen im Südpazifik könnten in »etwa drei Monaten« erledigt sein. Bei dieser Gelegenheit hatte der Vertreter der Marine ausgeführt, daß Japan es sich nicht leisten könne, zu warten, bis es durch wirtschaftliche Sanktionen erdrosselt worden sei; es müsse zu einer Entscheidung kommen. Sollten diplomatische Verhandlungen mit den Vereinigten Staaten zu keinem Ergebnis führen, so müsse »ein entscheidender Eingriff vorgenommen werden«. Japan hatte sich in der Tat in eine Lage hineinmanövriert, aus der es sich anders als durch Krieg kaum noch herauswinden konnte.

Die Verhandlungen mit den Vereinigten Staaten, auf die die japanische Regierung immer noch einige Hoffnungen setzte, machten trotz vielen diplomatischen Noten, die zwischen Tôkyô und Washington hin- und hergingen, keinerlei Fortschritte. Japan war nach wie vor nicht gewillt, seine Truppen aus Indochina und China zurückzuziehen und konkrete Beweise einer Sinnesänderung zu geben. Der amerikanische Außenminister weigerte sich seinerseits hartnäckig, sich mit einer anderen Lösung als einer klaren und bestimmten Truppenabberufungszusage zufriedenzugeben.

Im Oktober, als der von der Reichsberatung vorgesehene Schlußtermin für die militärischen Vorbereitungen näherrückte, erklärte Tôjô, die Zeit zum Losschlagen sei nun gekommen. In vier ergebnislosen Unterredungen gelang es Konoe nicht, ihn umzustimmen. Konoe trat daraufhin zurück, und am 18. Oktober übernahm Tôjô das Amt des Premierministers. Japan steuerte geradewegs auf den Krieg mit den Vereinigten Staaten zu.

Dieser Kurs wurde in einer weiteren Reichsberatung gutgeheißen. Es wurde beschlossen, weiterzuverhandeln, aber für den Fall des Scheiterns der Washingtoner Verhandlungen kriegsbereit zu sein. Der japanische Botschafter in Washington wurde angewiesen, auf einer definitiven amerikanischen Antwort bis zum 25. November zu bestehen. Kurz davor wurde ein letzter Versuch, die Amerikaner zu einem radikalen Positionswechsel zu bewegen, mit der Entsendung eines Sonderbeauftragten nach Washington unternommen. Da er aber nichts Neues anzubieten hatte, blieb Außenminister Cordell Hull bei dem vorher eingenommenen Standpunkt. Die japanischen Kriegsvorbereitungen gingen ungeschmälert weiter.

Eine letzte amerikanische Note vom 26. November erklärte von neuem, die Vereinigten Staaten würden von ihrer Position nicht abgehen: Japan müsse seine Truppen aus China und Indochina zurückziehen; die Einfuhrsperre werde in Kraft bleiben, bis Japan zur Annahme der amerikanischen Bedingungen bereit sei. In einer neuen Reichsberatung beschloß nun Japan offiziell, den Krieg zu eröffnen. Japanische Unterseeboote waren bereits auf dem Wege nach Pearl Harbour. Die Zustellung einer letzten dringenden Botschaft des Präsidenten Roosevelt an den Kaiser wurde vom japanischen Telegraphenamt um etwa zehn Stunden verzögert. Um der Erhaltung des Friedens willen hatte Roosevelt den Kaiser ersucht, wenigstens Indochina räumen zu lassen. Das Telegramm dürfte dem Kaiser in den frühen Morgenstunden des 8. Dezember vorgelegt worden sein. Um diese Zeit war die japanische Kriegserklärung schon unterwegs. Sie wurde allerdings in der Japanischen Botschaft in Washington noch dechiffriert, als Japan ohne Warnung in Pearl Harbour zuschlug. Der Krieg im Pazifik hatte begonnen.

Ralph H. Gabriel

ISOLIERTES AMERIKA

Am 4. März 1913 wurde Woodrow Wilson als der siebenundzwanzigste Präsident der Vereinigten Staaten vereidigt. In seiner Ansprache an die Bürger des Landes, die sich in Scharen vor dem Kapitol drängten, betonte er den erreichten Fortschritt. Seit einer seiner Vorfahren im Bürgerkrieg der sechziger Jahre auf der Seite der Südstaaten gekämpft habe, sei die Nation mit mächtigen Schritten weitergegangen. Mit Zuversicht, sagte der neue Präsident, blicke er weiterem Fortschritt entgegen. Er ahnte noch nicht, daß die europäischen Staaten kaum anderthalb Jahre später zu den Waffen greifen und den Friedenszustand, der sich bis auf wenige Konflikte von kurzer Dauer seit 1815 gehalten hatte, beenden würden. Mit dem Jahr 1914 begann ein Zeitalter der Gewalt und der Revolution, das die Vereinigten Staaten tiefgreifend umgestalten sollte. Um zu verstehen, was sich im Leben Amerikas während des ersten Weltkriegs und danach ereignet hat, sollte man sich in groben Umrissen die Veränderungen und Fortschritte vor Augen halten, die Wilson bei seinem Amtsantritt mit so viel Hoffnung und Zuversicht erfüllten.

Zwischen 1850 und 1913 hatte sich in den Vereinigten Staaten eine industrielle Revolution ereignet. Gewaltige Vorkommen an Naturschätzen, namentlich Kohle und Eisen, wurden gefördert und von der Industrie verarbeitet. Die früheren Unternehmensformen – Einzelunternehmen und Offene Handelsgesellschaft – waren von der Aktiengesellschaft zurückgedrängt worden, mit deren Hilfe die Industriekapitäne Großunternehmungen errichteten und ausbauten. Was sich um die Mitte des 19. Jahrhunderts noch als Zivilisation einer auf Landwirtschaft und Handel beruhenden Gesellschaft darbot, hatte bis 1913 einen einschneidenden Wandel erfahren. Die Landwirtschaft – konkret Getreidebau und Viehzucht – überwog noch im Süden, in den weiten Ebenen westlich des Mississippi und in den Tälern der Pazifikküste. Aber östlich des Mississippi und nördlich des Ohio und des Potomac hatte sich die Industriewirtschaft durchgesetzt.

Das wichtigste Verkehrsmittel, ergänzt nur durch Frachtbeförderung auf den inländischen Wasserstraßen, waren 1913 die Eisenbahnen: sie brachten die Rohstoffe zur Fabrik und versorgten den Markt mit Fertigwaren. Dort, wo sich Transportwege kreuzten oder wo die Eisenbahnen in der Nähe der Häfen ihre Verladebahnhöfe bauten, sprossen Städte empor. Mit dem rapiden Anwachsen des Anteils der Stadtbewohner an der Gesamtbevölkerung vollzog sich zwischen 1850 und 1913 eine strukturelle Revolution. In der zweiten Hälfte des 19. Jahrhunderts und weiterhin bis 1914 strömte in die Städte die große Einwanderungswelle. (Nicht allzu viele der Neuankömmlinge wurden Landwirte.) Während aber die große Masse der Einwanderer bis etwa 1885 aus den Ländern Nord- und Westeuropas gekommen war, entsprang später der Hauptstrom in den süd- und osteuropäischen Staaten. Die Flut – mitunter über eine Million Menschen im Jahr – war so gewaltig, daß sich mit der Einwanderung das ethnische Gesicht der Städte revolutionär veränderte. So setzte sich um 1913 die Bevölkerung des neuen industriellen Amerikas aus den verschiedensten Nationalitäten zusammen. Unterdes hatten diese anschwellenden Vereinigten Staaten 1898 in einem hunderttägigen Krieg Spanien geschlagen und die alten spanischen Kolonien Puerto Rico (im Karibischen Meer) und Guam und die Philippinen (im Westpazifik) erworben. Die Republik der westlichen Erdhalbkugel hatte sich damit als Großmacht ersten Ranges etabliert.

Mit materiellem Fortschritt und gesellschaftlichen Wandlungen war ein kultureller und geistiger Aufstieg einhergegangen. Die vorwärtsdrängende Bewegung hatten die Universitäten angeführt. Bis zur Mitte des Jahrhunderts waren die höheren Lehranstalten in Amerika zumeist unabhängige, in ein koordiniertes Ausbildungsprogramm nicht eingegliederte geisteswissenschaftliche Colleges, deren Aufbau anfänglich denen von Oxford und Cambridge glich. Nach 1850 wuchsen sich manche dieser geisteswissenschaftlichen Colleges zu Universitäten mehr nach deutschem Muster aus. Daneben entstanden neue Universitäten, teils von den Selbstverwaltungsorganen der einzelnen Staaten ins Leben gerufen und aus Steuermitteln finanziert, teils aus Mitteln privater Stiftungen aufgebaut. In den sich rasch entfaltenden Universitäten gedieh die Naturwissenschaft, kristallisierten sich allmählich sozialwissenschaftliche Disziplinen als Wege zur Berufsausbildung heraus, wurde die Literatur der Antike und der modernen Welt von Studenten gelesen und von Gelehrten durchforscht. Das Aufkommen großer Bibliotheken mit wertvollen, immer größeren und immer vielfältigeren Sammlungen zeigte an, daß sich diese rein amerikanischen Einrichtungen in der Wahrung der Traditionen der westlichen Zivilisation bereits einen eigenen Platz an der Seite der älteren europäischen Institutionen erobert hatten. Von den Universitäten gingen junge Menschen in die Berufe der Rechtspflege und Medizin, in die Presse und ins öffentliche Leben. Die Ausstrahlungen der akademisch Gebildeten zeigten sich unter anderem darin, daß die Literatur die frühe Tradition einer »Vornehmheit«, die sich in der Mißachtung der bösen Realität äußerte, ablegte und sich einem neuen, die Oberfläche durchstoßenden Realismus zuwandte, der den unverkennbaren Einfluß einer naturwissenschaftlichen Orientierung verriet. An der Spitze einer dieser Universitäten, Princeton, hatte Wilson noch wenige Jahre vor seiner Wahl zum Präsidenten der Vereinigten Staaten gestanden.

Staat und Wirtschaft

Die Wirtschaft, die Wilson als Präsident im Jahre 1913 vor sich sah, war so gut wie frei von staatlicher Regelung. Die industrielle Revolution seit der Mitte des 19. Jahrhunderts war von den Unternehmungen der Privatwirtschaft verwirklicht worden, die nur vor der Konkurrenz des Auslands durch Hochschutzzölle geschützt waren. Staatliche Reglementierung erschöpfte sich in zwei Dingen: dem Antitrustgesetz, das Einzelpersonen wie Erwerbsgesellschaften jeglichen konkurrenzeinschränkenden Zusammenschluß untersagte, und der Kommission für zwischenstaatlichen Handel (Interstate Commerce Commission, ICC), einer Bundesbehörde mit halbrichterlichen Vollmachten, der die Überwachung aller über den Rahmen eines Einzelstaates hinausgreifenden Verkehrseinrichtungen oblag. Der Ausbau der ICC und die ersten Bemühungen, das Antitrustgesetz in die Praxis umzusetzen, waren das Werk einer politischen Bewegung, deren Vorkämpfer sich »Progressive« nannten und die während der Präsidentschaft Theodore Roosevelts im ersten Jahrzehnt des neuen Jahrhunderts ins Leben getreten war. In Wirklichkeit war Wilson, der Kandidat der Demokratischen Partei, als Bannerträger der Progressiven gewählt worden. Seiner politischen Führung während seiner ersten Präsidentschaft (1913–1917) hatte die Progressive Bewegung ihre höchste Entfaltung zu verdanken.

Mit einem Gesetz, das unter dem Namen »Underwood-Zolltarif« in die Geschichte eingegangen ist, wurde vom Kongreß 1913 die seit 1862 ununterbrochen beibehaltene Schutzzollpolitik fallengelassen: das Gesetz erweiterte beträchtlich das Verzeichnis der zollfreien Waren und senkte die Zollpositionen bei einer Anzahl von Artikeln des allgemeinen Bedarfs. Mit der Beschneidung der Sondervorrechte der Mächtigen der Wirtschaft (man sprach allgemein von *Big Business*) erfüllte der Underwood-Zolltarif einen der ureigensten Wünsche der Progressiven. Wie sich ein ermäßigter Zolltarif auf die Wirtschaft ausgewirkt hätte, konnte allerdings, da mittlerweile der Weltkrieg ausgebrochen war, nicht mehr festgestellt werden.

Weitreichende Folgen sollte ein zweites Gesetzgebungswerk haben, das der Initiative der ersten Wilson-Regierung zu verdanken war. Im letzten Drittel des 19. Jahrhunderts waren einige wenige Anlagebanken zu solchen Riesen geworden, daß sie dank ihrem überragenden Anteil an der Finanzierung der Industrie eine enorme Macht über die Gesamtwirtschaft ausübten. Nach langen Zeugen- und Sachverständigenvernehmungen mußte ein Enqueteausschuß des Kongresses 1912 feststellen, daß das gesamte amerikanische Kreditwesen von einigen übermächtigen Bankkonzernen beherrscht wurde, die ihrerseits der Kontrolle einiger weniger Finanzgruppen unterstanden; unter diesen Gruppen wurden als die wichtigsten das Bankhaus Morgan und die von der Standard Oil dirigierten Kreditinstitute genannt. Um diese Beherrschung des Kreditwesens und damit der Gesamtwirtschaft durch die New Yorker Finanzgewaltigen zu brechen, ging der Kongreß 1913 an die Umgestaltung der gesamten Kreditorganisation. Als staatliche Kreditzentrale wurde ein Bundesreserveamt (Federal Reserve Board) geschaffen, dem der Schatzsekretär (Finanzminister), der Währungsbeauftragte der Regierung und fünf weitere vom Präsidenten der Vereinigten Staaten zu berufende Mitglieder angehören sollten. Das Land wurde in zwölf

Kreditbezirke eingeteilt, von denen jeder eine eigene Bundesreservebank erhielt. Jede bezirkliche Bundesreservebank sollte eine Bank der Banken sein (und ist es auch geworden); die bis dahin auf Bundesebene zugelassenen und mit dem Notenausgaberecht versehenen Banken mußten sich dem Bundesreservesystem anschließen und in dem Kreditbezirk, in dem sie tätig waren, das Kapital der bezirklichen Reservebank aufbringen; die nicht über den einzelstaatlichen Rahmen hinausgreifenden Banken und Kreditinstitute waren von der Pflichtmitgliedschaft befreit, wurden aber zum freiwilligen Beitritt angehalten. Die wichtigste Neuerung bestand darin, daß die dem Reservesystem angeschlossenen Banken verpflichtet waren, ihre Barbestände bei der für sie zuständigen Bundesreservebank zu deponieren; alle Reservebanken unterstanden der Kontrolle des Bundesreserveamtes. Die Reservebanken wiederum erhielten die ausschließliche Ermächtigung, soweit sie über ausreichende Deckung in Gestalt von Gold oder kurzfristigen Handelspapieren verfügten, Banknoten auszugeben und an Mitgliedsbanken als Zahlungsmittel weiterzuleiten. Seit 1913 hat die Praxis die Position des Bundesreservesystems gefestigt und zu seinem Ausbau geführt. Die umfassenden Befugnisse des Bundesreserveamtes, namentlich auf dem Gebiet der Kreditpolitik, machen das Bundesreservesystem um die Mitte des 20. Jahrhunderts zum entscheidenden Wirtschaftslenkungsinstrument der Regierung, insbesondere wenn es darum geht, Inflationstendenzen Einhalt zu gebieten oder Krisenerscheinungen zu bekämpfen.

Während der Präsidentschaft William Howard Tafts, des unmittelbaren Amtsvorgängers Wilsons, hatte die erforderliche Dreiviertelmehrheit der Einzelstaaten einer Verfassungsergänzung zugestimmt, die dem Kongreß das Recht einräumte, eine gestaffelte Einkommensteuer einzuführen. Zum erstenmal hat der Kongreß von diesem Recht unter der Präsidentschaft Wilsons Gebrauch gemacht, und zwar im Steuerabschnitt des Gesetzes über den Underwood-Zolltarif. In den Beziehungen zwischen Staat und Wirtschaft war das ein epochemachender Wendepunkt. In den folgenden vier Jahrzehnten wurde die gestaffelte Einkommensteuer zu einem Werkzeug staatlicher Einwirkung auf die Vermögensschichtung. Damit konnte die Konzentration des Reichtums in den Händen einiger weniger, wie sie für die Epoche der faktisch unregulierten Wirtschaft kennzeichnend war, eingedämmt werden. Darüber hinaus erhielt die bundesstaatliche Regierung mit der Einkommensteuer die Möglichkeit, einen bedeutenden Teil des nationalen Reichtums für ihre eigenen Zwecke in Anspruch zu nehmen.

Ein nicht minder wichtiger Schritt war ein vom Kongreß 1914 verabschiedetes Gesetz, das eine Ergänzung des alten Antitrustgesetzes darstellte. Das neue Clayton-Gesetz bestimmte, daß Gewerkschaften nicht als konkurrenzeinschränkende Zusammenschlüsse im Sinne der Antitrustgesetzgebung angesehen werden dürften. Bei den Gewerkschaften dieser Zeit handelte es sich hauptsächlich um Berufs- oder Fachverbände, die in erster Linie gelernte Arbeiter erfaßten; nur der Bergarbeiterverband (United Mine Workers) bemühte sich darum, den gesamten Wirtschaftszweig zu organisieren und zum Industrieverband zu werden. Die meisten Gewerkschaften waren der Dachorganisation American Federation of Labor (AFL) angeschlossen, die in den neunziger Jahren zu größerer Bedeutung herangewachsen war. Die Führung der AFL hatte bereits in den neunziger Jahren den Vorschlag ihres sozialistischen Flügels verworfen, als Arbeiterpartei am politischen Kampf teilzunehmen. Statt dessen hatte sich die AFL für eine Politik entschieden, die das kapitalistische System als Gegebenheit hinnahm; sie hatte die Verbesserung der Arbeitsbedingungen der Arbeiter zu ihrem Hauptziel gemacht und bei Wahlen die der Arbeiterschaft am freundlichsten gegenüberstehenden Kandidaten der beiden großen Parteien unterstützt. Trotz der breiten Front des Arbeitgeberwiderstandes gegen die Anerkennung der Gewerkschaften hatte die organisierte Arbeiterbewegung zu Beginn des 20. Jahrhunderts allmählich an Boden gewonnen. Die Unaufschiebbarkeit der großen Rüstungsaufträge, die Großbritannien und Rußland nach Kriegsausbruch bei amerikanischen Firmen plaziert hatten, gab den Gewerkschaften die Möglichkeit, einen stärkeren Druck auf die Betriebsleitungen auszuüben, was nicht wenig zum Erstarken der gewerkschaftlichen Organisation beitrug. Das Claytonsche Antitrustgesetz von 1914 war der Niederschlag der sich in weiten Kreisen durchsetzenden Auffassung, daß das Fortbestehen der Gewerkschaften im Interesse der Allgemeinheit liege und daß die Gewerkschaften vor einer Auslegung der Antitrustgesetzgebung, die für sie lebensgefährlich werden könnte, geschützt werden müßten.

Angesichts eines drohenden Streiks der vier größten der AFL nicht angeschlossenen Eisenbahnergewerkschaften (der Lokomotivführer, Zugbegleiter, Heizer und Streckenbediensteten) ging Wilson einen Schritt weiter und ersuchte den Kongreß um eine gesetzliche Regelung der Arbeitsverhältnisse im Eisenbahndienst. Das auf sein Drängen beschlossene Gesetz brachte den Eisenbahnern die Verwirklichung eines von der organisierten Arbeiterschaft seit langem angestrebten Ziels: die Einführung des achtstündigen Normalarbeitstags mit fünfzigprozentigem Überstundenzuschlag. Was Wilson bewogen hatte, für das Gesetz einzutreten, war die Befürchtung, daß der Eisenbahnverkehr zu einem Zeitpunkt stillgelegt werden könnte, da die Eisenbahn den Transport der für Europa bestimmten Rüstungen zu bewältigen hatte. Mit der Zeit sollte sich die amerikanische Industrie auch ohne gesetzlichen Zwang für eine Verkürzung der Arbeitszeit entscheiden; daß sich Wilson 1916 für eine gesetzliche Regelung auf diesem Gebiet einsetzte, war indes für seine Gegner Veranlassung genug, ihn lärmend zu beschuldigen, die Staatsgewalt an die Arbeiterorganisationen ausgeliefert zu haben.

Als die Vereinigten Staaten 1917 in den Krieg eintraten, beeilte sich Wilson, die Wirtschaft für die Dauer des Krieges der staatlichen Kontrolle zu unterstellen. Im Dezember 1917 übernahm die bundesstaatliche Regierung die Verwaltung der (privaten) Eisenbahnen; der Präsident berief einen Generaldirektor der Eisenbahnen, der die Eisenbahnlinien der einzelnen Gesellschaften als einheitliches Verkehrsnetz verwalten sollte. Mit der Überwachung verschiedener Industriezweige wurde ein neugeschaffenes Kriegsindustrieamt betraut, das für den reibungslosen Ablauf der Kriegsproduktion zu sorgen hatte. Ähnliche Ämter oder besondere Staatsbeauftragte wurden für Schiffahrt, Ernährung, Brennstoffe, Arbeitseinsatz, Aufbau der Handelsflotte, Propaganda und Nachrichtenkontrolle eingesetzt.

In den meisten dieser neuen Bereiche beruhte der Eingriff des Staates auf gesetzgeberischen Akten des Kongresses. Daneben regelte Wilson aber auch mancherlei auf dem Verordnungswege. Zum erstenmal hatte der Präsident Abraham Lincoln diesen Weg im Krieg zwischen dem Norden und dem Süden in den sechziger Jahren beschritten. Nach seinem Vorbild bestanden die Männer von 1917 darauf, daß der Chef der vollziehenden

Gewalt in Kriegszeiten grundsätzlich über außerordentliche, wenn auch zeitlich begrenzte Vollmachten zur Handhabung von Notstandssituationen verfügen müsse. Die Praxis des ersten Weltkrieges hat es dann in späteren Zeiten nationalen Notstands ermöglicht, die Kriegsverordnungsgesetzgebung des Präsidenten als unumstrittene Verfassungspraxis gelten zu lassen.

In einem neuen Licht sah Wilson nach den kritischen Jahren 1917 und 1918 das industrielle Großunternehmen, das bis dahin eine der wichtigsten Zielscheiben der Kritik der Progressiven (einschließlich Woodrow Wilsons) gewesen war. Auf jeden Fall stand nach 1914 fest, daß die amerikanische Industrie einen Umfang und einen Organisationsgrad erreicht hatte, die es ihr ermöglichten, jeden für eine kriegswirtschaftliche Mobilmachung erforderlichen Energieaufwand aufzubringen. Da es dem Staat am nächsten lag, umfangreiche Kriegsaufträge an Großunternehmungen zu vergeben, beschleunigte der Krieg die weitere Konzentration der ganz großen Wirtschaftseinheiten, das Wachstum des *Big Business*. Von manchen Kritikern wurde Wilson in diesem Zusammenhang beschuldigt, die prinzipielle Gegnerschaft der Progressiven gegen Wirtschaftsmonopole und Großkapital fallengelassen zu haben; demgegenüber konnten seine Anhänger auf die von ihm geschaffenen Kriegsinstrumente der staatlichen Wirtschaftskontrolle verweisen. Unbestritten war als Nettoergebnis des Krieges die Festigung der amerikanischen Industriewirtschaft und die Beschleunigung ihrer weiteren Entfaltung. Die Amerikaner wußten aber auch, daß dies positive Ergebnis nur eingetreten war, weil keine Invasionsarmee den Boden der Vereinigten Staaten betreten hatte.

Krieg, Massenhysterie und Freiheit

Im Bewußtsein der Amerikaner hat der erste Weltkrieg tiefe Spuren hinterlassen. Mochten sich die Bürger der amerikanischen Republik auch noch keine Rechenschaft darüber ablegen, so standen sie doch am Beginn eines Zeitalters, das immer wieder, wenn auch nicht durchgängig, durch Spannungen, Gewalt, Krieg und Revolution geprägt werden sollte. Als das Deutsche Reich den Vertrag, der die Neutralität Belgiens garantierte, in Stücke riß und das kleine Land 1914 überrannte, dachten manche Amerikaner, ein besonders skrupelloser Militarismus sei da am Werk. Als deutsche U-Boote, in dem Bemühen, die Blockade gegen England lückenlos zu machen, Handelsschiffe ohne Warnung versenkten, dachten viele Amerikaner, der Militarismus sei pure Barbarei geworden. Der U-Boot-Krieg, namentlich ein Ereignis wie die Torpedierung der »Lusitania«, erzeugte Aufnahmebereitschaft für Greuelnachrichten, wie sie mit den verschiedensten Mitteln – darunter auch einem von so autoritativen Persönlichkeiten wie Lord Bryce unterzeichneten englischen Bericht – verbreitet wurden. Nach dem Lusitania-Zwischenfall hatte Wilson mit massivem Druck erreicht, daß deutsche Angriffe auf die neutrale amerikanische Schiffahrt aufhörten. Eine Minderheit der Amerikaner sympathisierte mit den Mittelmächten, doch der Mehrheit fiel es immer schwerer, die Neutralität des Urteils zu bewahren, an die der Präsident in seiner Neutralitätserklärung vom August 1914 appelliert hatte. Als nun aber das deutsche Oberkommando Anfang 1917 U-Boot-Angriffe auf amerikanische Schiffe von neuem aufnahm, war die große Masse der Amerikaner bereit, dem Ruf zu den Waffen, den der Präsident im April erließ, Folge zu leisten.

Die skizzenhafte Aufzählung der Ereignisse kann keineswegs eine erschöpfende Erörterung der Gründe sein, aus denen heraus die Vereinigten Staaten im April 1917 den Mittelmächten den Krieg erklärten. Nur die Entwicklung einer bestimmten Geisteshaltung soll angedeutet werden. Von Wilson gelenkt und durch eine Reihe wirkungsvoller Präsidentenreden in ihrem Denken beeinflußt, kamen die Menschen in Amerika allmählich dazu, im Krieg einen Kampf um die Rettung der Demokratie vor einem brutalen, aggressiven, militaristischen Staat zu sehen. Wilson sprach von einem Krieg, der dem Krieg für alle Zeiten ein Ende bereiten sollte. Er trug sich mit der Hoffnung, daß nach der Bezwingung des Militarismus der Weg offen sein werde zu einer internationalen Organisation, die künftige Kriege würde verhindern können. Dieselbe Überlegung lag der anderen berühmten Formel zugrunde: von dem Krieg, der »die Welt für die Demokratie sicher machen« sollte. Wilson und zahlreichen seiner Mitbürger erschien die Teilnahme am Krieg als Kreuzzug. Der Wilsonsche Idealismus und die Amerika offenkundig drohende Gefahr schufen eine Einigkeit und Geschlossenheit des amerikanischen Volkes in der Unterstützung der Kriegführung, wie sie seine Vorfahren in früheren kriegerischen Auseinandersetzungen nie erreicht hatten, auch nicht in der Amerikanischen Revolution. In dieser fast weltanschaulichen Stimmung wurden während des Krieges und unmittelbar danach Fragen der Staatssicherheit behandelt; in einer ähnlichen Stimmung sollte auch die Debatte um den Völkerbund vor sich gehen.

In einem frühen Stadium des Krieges verabschiedete der Kongreß ein Spionagegesetz, das verschiedene auf die Behinderung militärischer Erfolge der Vereinigten Staaten gerichtete Handlungen strafbar machte. Im weiteren Verlauf des Krieges wurde von der öffentlichen Meinung – aus der Vorstellung heraus, daß der Krieg ein Kreuzzug zur Rettung der Demokratie in der Welt sei – eine schärfere gesetzliche Regelung gefordert. Das im Mai 1918 erlassene Aufruhrgesetz (Sedition Act) erweiterte den Umkreis der als staatsfeindlich gekennzeichneten Handlungen. Strafbar war es danach schon, Mißachtung gegenüber dem Staat, der Verfassung, der Landesfahne oder der militärischen Uniform zu bekunden. Daß dies zweite Gesetz erst nach Rußlands bolschewistischer Revolution vom Herbst 1917 beschlossen wurde, gibt Aufschluß über die Motive des Gesetzgebers. Beide Staatssicherheitsgesetze wurden mit großer Schärfe gegen Kreise angewandt, die als radikal angesehen wurden.

Dazu gehörten vor allem zwei kleinere Organisationen, die den Krieg als einen von den Kapitalisten zur eigenen Bereicherung angezettelten Konflikt bekämpften. Eine dieser Organisationen waren die in heimischem Boden wurzelnden »Industriearbeiter der Welt« (Industrial Workers of the World, IWW), eine Bewegung, die syndikalistischen Ansichten zuneigte und zur Erreichung ihrer Ziele »direkte Aktion«, unter anderem auch Sabotage, propagierte. Die IWW waren mangelhaft organisiert und fast nur im Westen der Vereinigten Staaten vertreten. Als der Staat mit Unterdrückungsmaßnahmen zugriff, blieb von ihnen faktisch nichts übrig. Die andere kriegsfeindliche Gruppe war die der Zweiten Internationale angeschlossene Sozialistische Partei. Sie war 1900 gegründet worden, hatte aber nicht genug Anhänger gewonnen, um zu einem bedeutenden politischen Faktor zu werden. Auf ihrem Parteitag vom April 1917 hatte sie ihre Kriegsgegnerschaft bekräftigt, worauf zahlreiche Funktionäre und Mitglieder, die dem für die Parteihaltung entscheidenden Internationalismus eine Politik der Kriegsunterstützung entgegenstellten, die Reihen der Partei verließen. So gut wie jede Möglichkeit eines öffentlichen Auftretens der Sozialisten, die ihren alten Grundsätzen treu geblieben waren, wurde durch staatliche Unterdrückungsmaßnahmen zunichte gemacht.

Im November 1918 war der Krieg zu Ende gegangen; in Rußland ging der Bürgerkrieg weiter. Amerikaner, die den Anhängern der russischen »Weißen« Armeen ihre Sympathien und tatkräftige Unterstützung geliehen hatten, waren enttäuscht über das Scheitern ihrer Bemühungen um den Sturz des bolschewistischen Regimes. Aber mit den Siegen der »Roten« in Rußland hatte sich in Amerika in den Jahren 1919 und 1920 die eigenartige Nachkriegsepidemie der »Roten Panik« ausgebreitet. Tatsächlich gab es einige unaufgeklärte Terrorakte: mehreren prominenten Bürgern wurden in Postpaketen Bomben ins Haus geschickt; und im September 1920 explodierte eine Bombe in der Wall Street, dem New Yorker Börsenviertel, wobei achtunddreißig Personen getötet wurden. Es entstand eine Hysterie, die der Chef der Bundesjustizverwaltung, A. Mitchel Palmer, mit alarmierenden Verlautbarungen schürte. Der Zeitpunkt für eine großangelegte Polizeiaktion schien gekommen. Die Behörden schlugen zu. Tausende von Menschen, denen man Teilnahme an umstürzlerischen Umtrieben nachsagte, wurden verhaftet; zweihundertfünfzig Personen wurden des Landes verwiesen und nach Rußland abgeschoben. Inmitten dieser Hysteriewelle wurden in South Braintree im Staat Massachusetts zwei Italiener, die sich zu anarchistischen Ansichten bekannten, Nicola Sacco und Bartolomeo Vanzetti, wegen Mordes vor Gericht gestellt und zum Tode verurteilt. Während des Prozesses betonte die Anklagebehörde vor allem die radikale Haltung der Angeklagten. Das Beweismaterial, auf das sich die Mordanklage stützte, war dürftig. Obgleich sich Berufungsverhandlungen in verschiedenen Instanzen noch lange nach dem Abflauen der »Roten Panik« hinzogen, hatte die Berufung der Verurteilten keinen Erfolg; sie wurden 1927 hingerichtet.

Die Bedeutung der »Roten Panik« lag darin, daß sie manche latenten gesellschaftlichen Strömungen an die Oberfläche brachte. Der Krieg hatte nicht nur nationalistische Gefühle verstärkt, sondern auch eine Geisteshaltung gefördert, die schon in früheren Jahrzehnten der amerikanischen Geschichte als »Nativismus« aufgetreten war: ein extremer Fremdenhaß, der gleichermaßen »Fremde«, fremde Sitten und fremde Institutionen traf. Die Ausweisung und Abschiebung von »Radikalen« und die Massenverhaftungen in der Zeit der »Roten Panik« offenbarten, daß der chauvinistische Nativismus weite Kreise gezogen hatte; sie zeigten zugleich, daß Vertreter der Staatsgewalt nicht abgeneigt waren, solche Stimmungen skrupellos auszunutzen. Auf der anderen Seite hatten die umfassenden Polizeimaßnahmen und die Hinrichtung Saccos und Vanzettis in verschiedenen Bevölkerungsschichten heftige Abwehrreaktionen hervorgerufen; sie ließen erkennen, daß viele freiheitsliebende Staatsbürger über den Gang der Ereignisse entsetzt und fest entschlossen waren,

Parade zum Wehrdienst eingezogener Amerikaner auf der Fifth Avenue in New York, 1917

Die »Großen Vier« der Friedenskonferenz von Versailles, 1919
Orlando, Lloyd George, Clemenceau, Wilson

die staatsbürgerlichen Rechte und Freiheiten im Sinne der amerikanischen Tradition aufs energischste zu verteidigen. Im Gefolge dieser widerstreitenden Strömungen drängte sich ein altes Problem in den Vordergrund: wie der gerechte Ausgleich zu finden sei zwischen den Sicherheitsbefugnissen des Staates und dem Recht des Individuums, seine Meinungen und Überzeugungen frei zum Ausdruck zu bringen. Einige Streitfälle, die aus der spannungsgeladenen Atmosphäre der Nachkriegsjahre erwachsen waren, sind am Ende vor das höchstrichterliche Forum des Obersten Gerichtshofs der Vereinigten Staaten gelangt, der sich seit dieser Zeit dem Problem der Schaffung und Erhaltung eines solchen Ausgleichs immer intensiver zuwendet. In einer Reihe von Entscheidungen, an die in immer erneuten Urteilen bis in die Mitte des Jahrhunderts angeknüpft wurde, hat der Oberste Gerichtshof die Grundrechte des menschlichen Individuums: Redefreiheit, Versammlungsfreiheit und Freiheit der Religionsübung, im Sinne der in den ersten zehn Zusatzartikeln zur Verfassung der Vereinigten Staaten formulierten »Erklärung der Rechte« von neuem geklärt und auf eine festere Grundlage gestellt.

Wilsons Niederlage – Kriegsfolgen

Bei den alle zwei Jahre stattfindenden Kongreßwahlen werden das gesamte Repräsentantenhaus und (jeweils für sechs Jahre) ein Drittel der Senatoren gewählt. Die Kongreßwahlen der ersten Novemberwoche 1918 fielen ungefähr in die Mitte der zweiten vierjährigen Amtsperiode Woodrow Wilsons. Daß die Amerikaner zum allergrößten Teil bereit waren, die Kriegspolitik der Regierung zu unterstützen, hinderte sie nicht daran, sich gegen die zentralistische Handhabung der Staatsgewalt an der inneren Front aufzulehnen. Hinzu kam, daß der Präsident bei seiner Neigung zu einsamer Arbeit den Parteiführern mitunter recht wenig Beachtung schenkte, auch denen in seiner eigenen Demokratischen Partei. Den Widerstand gegen seine Regierungspolitik verstärkte Wilson selbst 1918 noch durch einen gravierenden taktischen Fehler. Obgleich er seit Beginn des Krieges einen Regierungskurs gesteuert hatte, der fast einer Koalitionspolitik unter offiziellem Einschluß der Republikaner gleichkam, wandte er sich jetzt an die Wähler mit der Aufforderung, für eine starke Mehrheit der Demokratischen Partei zu sorgen. Er betonte, daß eine Mehrheit der Demokraten sowohl im Repräsentantenhaus als auch im Senat die Position des Präsidenten bei den bevorstehenden schwierigen internationalen Verhandlungen stärken würde. Sofort reagierten die Republikaner mit einem wütenden Protest. Sie warfen Wilson vor, daß er, der in den kritischen Jahren über den Parteien gestanden habe, nun, da der Krieg zu Ende sei, die patriotischen Besorgnisse der Wähler für rein parteipolitische Zwecke auszuschlachten suche. Das Wahlergebnis zeigte, daß der Appell des Präsidenten taube Ohren gefunden hatte: in beiden Kammern war die Mehrheit den Republikanern zugefallen.

Im Dezember reiste Wilson zur Teilnahme an den Friedensverhandlungen, die am 18. Januar 1919 beginnen sollten, nach Europa ab. Versailles war eine »Gipfelkonferenz«: die wichtigsten Entscheidungen wurden von den Regierungschefs Großbritanniens, Frankreichs, Italiens und der Vereinigten Staaten getroffen. In die amerikanische Delegation hatte der Präsident keinen einzigen Führer der Republikanischen Partei berufen (nur ein Delegierter war Mitglied der Republikanischen Partei); noch erstaunlicher war, daß nicht ein einziges Delegationsmitglied dem Senat angehörte, obgleich nach der amerikanischen Verfassung kein in Versailles abgeschlossenes Abkommen ohne die Zustimmung des Senats hätte in Kraft treten können. Über das kunstreiche Gleichgewicht zwischen Exekutive und Legislative, für das die amerikanische Verfassung gesorgt hat, waren sich damals allerdings die wenigsten Europäer im klaren; es war für sie dann eine böse Überraschung, daß die Amerikaner das Werk von Versailles, an dem ihr Präsident einen so großen Anteil hatte, kurzerhand verwerfen konnten.

Am Ergebnis von Versailles war Wilson nicht nur als Vater der Völkerbundssatzung entscheidend beteiligt; er war auch derjenige, der für die Bindung der Völkerbundsgründung an den Friedensvertrag die Hauptverantwortung trug. Während die Beratungen über die Völkerbundssatzung noch im Gange waren, fuhr Wilson mit dem Rohentwurf der Satzung nach Amerika zurück und legte ihn den Führern der beiden Parteien zur Stellungnahme vor. Die von ihnen nach der ersten Einsichtnahme erhobenen Einwände nahm er wieder nach Paris mit und setzte in verschiedenen Abänderungsanträgen ihre Berücksichtigung durch. Dann unterbreitete er im Juli 1919 den inzwischen fertiggestellten Friedensvertrag, der nun auch die Völkerbundssatzung enthielt, der eigens zu diesem Zweck einberufenen Sondertagung des Senats. Am 19. November wurden alle Versailler Vereinbarungen vom Senat in zwei entscheidenden Abstimmungen verworfen.

Die Ursachen des Debakels sind komplex. Eine erhebliche Rolle spielte die rein parteitaktische Opposition der republikanischen Senatoren, ausgelöst zum Teil durch die Mißgriffe des Präsidenten bei den Novemberwahlen und bei der Zusammenstellung der Versailles-Delegation. Dann ging es einigen Vertretern der isolationistischen Haltung um die Sicherung der Aktionsfreiheit der Vereinigten Staaten in internationalen Angelegenheiten, die sie in Vorbehaltserklärungen zur Völkerbundssatzung zu verankern suchten, was Wilson wiederum schroff ablehnte. Schließlich verwarfen andere Isolationisten das ganze Vertragswerk mit der Begründung, daß es die Vereinigten Staaten in Bündnisse hineinziehe, die dem Lande untragbare Verpflichtungen auferlegen würden. Mit dem Senat auf der Basis irgendwelcher Kompromisse eine Verständigung zu suchen, war für Wilson undenkbar. Was er im Senat nicht hatte durchsetzen können, hoffte er nunmehr durch einen direkten Appell an die Wähler zu erreichen. In der Hoffnung, das amerikanische Volk für den Völkerbund begeistern zu können, unternahm er eine großangelegte Agitationstournee. Er hatte noch nicht die halbe Reise bewältigt, als ein Gehirnschlag ihm jede weitere Tätigkeit unmöglich machte. Aber auch die Tatsache, daß sich Wilson für die Sache des Völkerbundes buchstäblich aufgeopfert hatte, vermochte in Amerika keine Begeisterung für den Völkerbund zu wecken. Was immer die Faktoren gewesen sein mögen, die die Niederlage herbeigeführt haben, die negative Entscheidung war nicht mehr rückgängig zu machen. Von den Präsidenten, die nach Wilson amtierten, hat keiner den Versuch unternommen, den Beitritt der Vereinigten Staaten zum Völkerbund auch nur zur Debatte zu stellen.

*

In den neunzehn Monaten, in denen die Vereinigten Staaten am Krieg unmittelbar beteiligt waren, erwies sich die Vorstellung, daß der Krieg ein Kreuzzug sei, in vielen Beziehungen als durchaus lebendig und wirksam. Der Zwang, große Mengen von Lebensmitteln aufzubringen, um der Bevölkerung Frankreichs und Englands beizustehen, förderte nicht nur den Anbau in den landwirtschaftlichen Betrieben und in den allenthalben neuangelegten Haushaltsgärten, sondern auch, was viel wichtiger war, den sparsamen Umgang mit Lebensmitteln im Privathaushalt. Wilson hatte Herbert Hoover zum Beauftragten für Ernährung ernannt, und Hoovers Appelle fanden in den weitesten Kreisen Verständnis und Beachtung. Die Erkenntnis, daß Nahrungsmittel in jedem Krieg eine wichtige Rolle spielen, hat aber auch den Boden bereitet für einen Zusatzartikel zur Verfassung, der noch während des Krieges von der erforderlichen qualifizierten Mehrheit der Einzelstaaten genehmigt wurde und somit als ein Stück Kriegsgesetzgebung gelten kann: die Bestimmung über das Alkoholverbot.

Diesem Achtzehnten Zusatzartikel, der Herstellung, Verkauf und Beförderung alkoholischer Getränke untersagte, waren lange Kämpfe um die gesetzliche Unterdrückung des Alkoholismus voraufgegangen. Seit 1869 bestand unter dem Namen »Prohibitionspartei« eine Organisation, die unermüdlich für ein Alkoholverbot agitierte. Der Christliche Frauenbund für Abstinenz (Women's Christian Temperance Union) hatte Mitglieder im ganzen Lande. Gegen Ende des 19. Jahrhunderts begann eine dritte Organisation, die Anti-Saloon League (etwa: »Kampfbund gegen die Kneipen«), mit großem Erfolg ihre Tätigkeit als Pressionsgruppe. Sie warb eifrig für einen »lokalen Optionsplan«, nach dem einzelne Gemeinde-, Kreis- und Staatsverwaltungen bewogen oder genötigt werden sollten, in ihrem Zuständigkeitsbereich den Alkoholvertrieb zu unterbinden. Am kräftigsten setzte sich die Bewegung in ländlichen Gegenden durch. Im neuen Jahrhundert wuchs der Umfang der »trockengelegten Zone« auf den von der Anti-Saloon League verbreiteten Alkohol-Landkarten ständig. Zu einem siegreichen Abschluß des Kreuzzuges hat dann der vordringliche Lebensmittelbedarf der westlichen Alliierten, wie er sich im Fortgang des Krieges zeigte, den letzten Anstoß gegeben. Der Zwang zum »Einsparen« von Getreide und das Verlangen nach Verringerung des Produktionsausfalls, den der Alkoholismus unter Arbeitern und Angestellten verursachte, trugen entscheidend dazu bei, daß die gesetzgebenden Körperschaften mit der zur Verfassungsänderung erforderlichen Dreiviertelmehrheit aller Gliedstaaten der Vereinigten Staaten dem Achtzehnten Zusatzartikel zustimmten. Das Volstead-Gesetz, das dann vom Kongreß in Durchführung dieser neuen Verfassungsbestimmung erlassen wurde, definierte als verbotene alkoholische Getränke schlechthin alle Getränke mit einem Alkoholgehalt von mehr als anderthalb Prozent. Gegen dies Gesetz legte Wilson sein Veto ein, weil es den elementaren physiologischen Tatbeständen nicht Rechnung trage. Aber der Druck der öffentlichen Meinung war so stark, daß sich im Repräsentantenhaus wie im Senat eine Zweidrittelmehrheit fand, die das Veto unwirksam machte. Die Prohibition trat in Kraft, und ihr Vollzug lag fortan in den Händen der Bundesexekutive.

Während des Kampfes um die Prohibition lag den gesetzgebenden Körperschaften der einzelnen Staaten ein weiterer Zusatzartikel zur Verfassung vor: die Einführung des Frauenwahlrechts. Auch die Bewegung für das Frauenwahlrecht hatte – wie der Kampf der Alkoholgegner – um die Mitte des 19. Jahrhunderts begonnen. Bis 1900 hatten elf Staaten den Frauen das Wahlrecht eingeräumt. Die Teilnahme der weiblichen Bevölkerung an der Landesverteidigung, mitunter mit Aufgaben, von denen Frauen bis dahin ferngehalten worden waren, wirkte sich zugunsten der verstärkten Bemühungen aus, die Wahlrechtsreform im gesamtnationalen Maßstab durchzusetzen. Ein Krieg, von dem die Amerikaner erwarteten, daß er die Demokratie in der Welt erhalten würde, war der gegebene Boden für eine der größten demokratischen Errungenschaften in der Geschichte der Vereinigten Staaten. Am 28. August 1920 wurde mitten im Wahlkampf (im November waren die Präsidentschaftswahlen fällig) amtlich bekanntgegeben, daß der Neunzehnte Zusatzartikel geltendes Verfassungsrecht geworden sei.

Im Wahlkampf von 1920 zeigte sich, daß die amerikanische Wählerschaft die Spannungen und Affekte der Kriegszeit abgeschüttelt hatte. Seit April 1917 hatten die Menschen im Banne des europäischen Daseinskampfes gestanden. Nun war der Krieg zwar 1918 siegreich zu Ende gegangen, aber 1919 hatte die »Rote Panik« die Massenaffekte der Kriegsjahre von neuem belebt. Im selben Jahr hatte der Senat nach einem erbitterten Kampf dem Völkerbund eine Absage erteilt. Unterdes war die Millionenarmee, die größte, die das Land je gekannt hatte, demobilisiert worden. Erst 1920 war alles vorbei; die Menschen gaben sich mit einem Gefühl der Erleichterung der Vorstellung hin, daß ein von Leid und Gewalt erfülltes Kapitel in der Geschichte der Republik zum Abschluß gebracht worden sei. Das amerikanische Volk hoffte, zum friedlichen Dasein zurückkehren zu können. In einer solchen Atmosphäre suchten sich die beiden großen Parteien zwei recht mittelmäßige Männer als Präsidentschaftskandidaten aus.

Kein mit Selbstverständlichkeit anerkannter Thronerbe war während der Regierungszeit Wilsons ins Blickfeld getreten, und Wilson selbst war so krank, daß seine Wiederaufstellung nicht in Betracht kam. Der Parteikonvent, der den Kandidaten der Demokraten zu benennen hatte, beschloß nach unzähligen Wahlgängen die Nominierung des unbedeutenden Gouverneurs des Staates Ohio, James M. Cox. Bei den Republikanern schuf das Fehlen eines überragenden Kandidaten auf dem Parteikonvent eine Situation, die die Einheit der Partei bedrohte: zwei prominente Bewerber waren so stark, daß sie einander den Weg zur Kandidatur verbauten. Die auf dem Konvent führende Parteigruppe kam überein, beide fallenzulassen und den Delegierten eine Kompromißkandidatur nahezulegen. Am Ende einigte sich der Konvent auf die Kandidatur des Senators Warren G. Harding aus Ohio, dessen beste Qualität unbedingte Parteitreue war. Im Wahlkampf bereiste Cox das Land und warb für Amerikas Eintritt in den Völkerbund. Harding blieb zu Hause und machte die »Rückkehr zu normalen Zuständen« zum Hauptthema seiner Reden. Schon vor Beginn des Wahlkampfes war zu sehen, daß sich die Massenstimmung gegen die Demokraten gekehrt hatte. Die Wählerschaft hatte genug vom Krieg und mochte sich nicht mehr den Kopf darüber zerbrechen, was in Fragen der auswärtigen Politik zu tun sei. Ebensowenig behagten ihr die während des Krieges geschaffenen übermächtigen behördlichen Apparate. Viele verdachten Wilson immer noch, daß er 1918 einen von den Demokraten beherrschten Kongreß gefordert hatte. Weitverbreitet war die Hoffnung auf eine Ära, in der das Wirtschaftsleben wie in der guten alten Zeit mit einem Maximum an Privatwirtschaft und einem

Minimum an Staatseingriffen blühen und gedeihen würde. Alle diese Stimmungsmomente kamen der Republikanischen Partei und ihrem Kandidaten zugute. Nach einem Wahlkampf ohne Elan und Begeisterung wurde Harding mit der durchschlagenden Mehrheit von sechzig Prozent der abgegebenen Stimmen und einer noch größeren Mehrheit in dem formal die Wahl vollziehenden Wahlmännerkollegium gewählt.

Am 4. März 1921 betrat die Regierung Harding den Weg, der »zurück zu normalen Zuständen« führen sollte. Dem von Harding berufenen Kabinett verliehen drei markante Persönlichkeiten Rang und Ansehen. Die Außenpolitik übertrug Harding dem früheren Mitglied des Obersten Gerichtshofs Charles Evans Hughes, der 1916 als Präsidentschaftskandidat der Republikaner gegen Wilson unterlegen war. Das Finanzportefeuille fiel an Andrew Mellon, einen prominenten Industrieführer und einen der reichsten Männer Amerikas. Wilsons Ernährungsbeauftragter, Herbert Hoover, zog ins Handelsministerium, wo er die Gelegenheit wahrnahm, die Interessen amerikanischer Firmen im In- und Ausland tatkräftig zu fördern.

Befremdend wirkte auf alle, die sich um Sauberkeit und gute Sitten in der Politik bemühten, die Ernennung zweier Männer, die zum engeren parteiorganisatorischen Klüngel Hardings in seiner Senatszeit gehört hatten: des Anwalts Harry Daugherty aus Ohio und des Senators Albert B. Fall aus New Mexico. Daugherty, dem Harding das Justizministerium anvertraut hatte, mußte zwei Jahre später wegen einer Skandalaffäre, die die Verwaltung beschlagnahmten feindlichen Vermögens betraf, aus dem Amt scheiden. Fall übernahm das Innenministerium und damit die Verwaltung der als öffentliches Eigentum geltenden unausgebeuteten Naturschätze des Landes, darunter riesiger Wälder und Mineralienvorkommen. Unter seiner Amtsführung wurden an private Ölinteressenten reiche Ölvorkommen verpachtet, die ursprünglich als Versorgungsreserve für die Kriegsmarine sichergestellt worden waren. Im Zusammenhang mit diesem Verpachtungsgeschäft wurde Fall der passiven Bestechung überführt und zu einem Jahr Gefängnis und einer Geldstrafe von hunderttausend Dollar verurteilt.

Bevor diese Skandale ihren Höhepunkt erreicht hatten, starb Harding. Die Präsidentschaft ging automatisch auf den Vizepräsidenten Calvin Coolidge über, einen früheren Gouverneur des Staates Massachusetts, dessen Ruf in weiten Kreisen auf der energischen und erfolgreichen Beilegung eines Streiks der Polizei in Boston beruhte. Kein Schatten fiel auf die persönliche Integrität des Präsidenten Harding. Er war ein sanftmütiger, schwacher Mensch, den die Käuflichkeit zweier seiner Kabinettsmitglieder tief getroffen hatte. Das akute Mißbehagen, das ob der Mißstände an höchster Stelle allenthalben empfunden wurde, konnte Coolidge dank seiner untadeligen und aufrechten Haltung, seiner Tüchtigkeit und seinem klugen Auftreten bald zerstreuen. Im Jahre 1924 wurde er für die folgende Amtsperiode zum Präsidenten gewählt. Er behielt Hughes, Mellon und Hoover auf den Posten, auf die sie Harding berufen hatte.

*

Der starke Nationalismus, der unmittelbar nach dem Kriege zur Absage an den Völkerbund beigetragen hatte, stand Pate bei zwei gesetzgeberischen Akten von weitreichender

Bedeutung. Mit dem 1922 beschlossenen Fordney-McCumber-Zollgesetz wurden die höchsten Zollmauern aufgerichtet, die Amerika in Friedenszeiten je gekannt hatte. Diesem Triumph eines extremen Wirtschaftsnationalismus lag die Vorstellung zugrunde, daß es möglich sei, bei jeder konkreten Ware die Differenz zwischen höheren inländischen und niedrigeren ausländischen Gestehungskosten zu bestimmen und die Zollsätze für jede Einzelposition so zu berechnen, daß das Kostengefälle ausgeglichen wäre. Darüber hinaus ermächtigte das Gesetz den Präsidenten, die festgesetzten Zölle auf Empfehlung eines Sachverständigenausschusses zu erhöhen oder zu senken.

Auf die überhöhten amerikanischen Schutzzölle reagierten mehrere europäische Staaten mit eigenen Schutzzöllen und Einfuhrkontingentierung. Erschwerend kam hinzu, daß die amerikanische Zollgesetzgebung den europäischen Schuldnerländern den für sie wichtigen amerikanischen Markt sperrte und ihnen damit die Möglichkeit nahm, ihre Schulden an den amerikanischen Staat oder an private amerikanische Gläubiger auf dem normalen Wege des Warenaustauschs abzutragen. Gleichzeitig ging der Auslandsabsatz amerikanischer Fertigwaren fühlbar zurück.

Ebenso ergab sich aus dem Anwachsen nationalistischer Stimmungen der neue Kurs in der Einwanderungspolitik. Praktisch hatte 1914 der Ausbruch des Krieges in Europa den Auswandererstrom nach Amerika abgeschnitten. Manche Begleiterscheinungen des Weltkonflikts führten aber auch dazu, daß sich die Haltung vieler Amerikaner zum ständigen Einströmen von Ausländern, das vor dem Kriege als selbstverständlich hingenommen wurde, merklich wandelte. Nach 1917 wurden beispielsweise viele aus Deutschland stammende Personen als verdächtig behandelt und manche sogar interniert. Die Vorstellung griff um sich, daß »Bindestrich-Amerikaner«, die mit ihrer alten Heimat verbunden blieben, eine potentielle Gefahr für den Staat darstellten. Da außerdem viele Einwanderer vor 1914 aus Rußland gekommen waren, setzte sich in weitem Umkreis die Meinung fest, daß bei einer Wiederaufnahme der Einwanderung nach dem Kriege zahlreiche radikale Elemente ins Land strömen und den politischen Grundsätzen Amerikas feindliche Einstellungen mitbringen würden. Solche Überlegungen bewirkten einen Umschwung auch in der Einstellung der Wirtschaft, die früher die Einwanderung begünstigt hatte, weil damit billige Arbeitskräfte hereinkamen; vor dem Kriege hatten sich in erster Linie die Arbeitnehmerorganisationen um eine Kontrolle und Beschränkung der Einwanderung bemüht. Nach 1918 verbreitete sich nun allgemein die Angst vor einem Andrang von Flüchtlingen aus dem kriegsverwüsteten Europa; abschreckend wirkte vor allem die Vorstellung, daß eine solche Sturzflut zu einer Zeit, da sich Millionen von dienstentlassenen Amerikanern nach Arbeitsplätzen umsehen mußten, katastrophale Folgen haben könnte.

Ein erstes Notgesetz wurde vom Kongreß 1921 verabschiedet: es schrieb eine scharfe Begrenzung der Einwanderung vor und führte ein System nationaler Kontingente, der sogenannten »Quoten«, ein. Dann legte das 1924 erlassene Gesetz über die Einwandererkontingente (Immigrant Quota Act) die Grundsätze einer Politik fest, die mit geringen Abwandlungen auch in fernerer Zukunft beibehalten werden sollte. Für die Einwanderung aus den einzelnen Ländern wurde eine Höchstgrenze festgesetzt: für jedes Land zwei Prozent der aus ihm stammenden Einwohner der Vereinigten Staaten; als Stichjahr galt zunächst das Jahr 1890, aber später sollten genauere Erhebungen über die jeweilige Gliederung der amerikanischen Bevölkerung nach »nationaler Herkunft« die zugrunde zu legenden Richtzahlen erbringen. Das unmittelbare Ergebnis war, daß die Einwanderung aus Nord- und Westeuropa auf Kosten der Einwanderung aus Ost- und Südeuropa begünstigt wurde. Eine Ermittlung der Bevölkerungszusammensetzung nach »nationaler Herkunft«, die sich seit 1890 erheblich geändert hatte, kam auch später nicht zustande, und die vorgesehene Neuberechnung der Kontingente blieb aus. Statt dessen wurde vom Kongreß 1929 die Gesamteinwanderung auf hundertfünfzigtausend jährlich beschränkt und eine mehr oder minder willkürliche Festsetzung starrer Kontingente in Anlehnung an die 1924 ermittelten Prozentquoten von 1890 vorgenommen. Keinerlei Beschränkungen unterlag nach all diesen Gesetzen die Einwanderung von Personen, die in Ländern der westlichen Erdhalbkugel geboren waren. Dagegen sperrte das Gesetz von 1924 die Einwanderung von Personen, deren Einbürgerung nach amerikanischen Gesetzen unzulässig ist – eine Bestimmung, die sich vor allem gegen die Einwanderung aus ostasiatischen Ländern richtete.

Schon Jahre vorher hatte ein *Gentlemen's Agreement* mit Japan die Auswanderung von Japanern nach den Vereinigten Staaten am Ursprungsort unterbunden; vergebens protestierten nun Präsident Coolidge und Außenminister Hughes gegen die mit dem zusätzlichen gesetzlichen Verbot geschaffene Verschärfung: der Kongreß blieb bei der Sperrklausel gegen Japaner und verletzte damit empfindlich das Nationalgefühl des selbstbewußten japanischen Volkes. Tatsächlich beruhte die gesamte Einwanderungsgesetzgebung auf der Auffassung, daß die Regelung der Einwanderungsfragen eine ausschließlich innenpolitische Angelegenheit sei, die nicht in den Bereich internationaler Verhandlungen falle. Darüber hinaus stellte sie den Versuch dar, die ethnische Zusammensetzung der amerikanischen Bevölkerung nach dem Gutdünken des Gesetzgebers zu erhalten oder zu verändern.

Wohlstand und Isolationismus

Die Einwanderungsgesetzgebung fiel in ein Jahrzehnt, das durch tiefgehende wirtschaftliche und soziale Veränderungen gekennzeichnet war. Von größter Tragweite war dabei der Wandel, der mit dem Siegeszug des Autos zusammenhing. Sowohl in den Vereinigten Staaten als auch in Europa war das Kraftfahrzeug an der Schwelle des neuen Jahrhunderts in Erscheinung getreten. In Amerika hatte Henry Ford schon vor dem Eintritt der Vereinigten Staaten in den Krieg die Technik der Fließbandproduktion entwickelt, die die Massenherstellung billiger Kraftwagen ermöglichte. In den zwanziger Jahren wurde Fords Modell T zum Wagen des kleinen Geschäftsmanns, des kleinen Farmers, des gelernten Arbeiters. Bald tauchten auf dem Automobilmarkt, auf dem sich rasch die schärfste Konkurrenz entfaltete, auch andere in Serienfabrikation hergestellte billige Wagen auf. Die Kraftwagenerzeugung wurde zu einem führenden Industriezweig.

Mit der wachsenden Automobilproduktion mußten für den Kraftverkehr geeignete Überlandstraßen gebaut werden: sie wurden von den Einzelstaaten gebaut, zum Teil aus

Bundessubventionen finanziert. Bereits gegen Ende der zwanziger Jahre hatte Amerika ein fast lückenloses Autostraßennetz. Während das Auto in Europa noch ein Luxusartikel für die Reichen blieb, wurde es in Amerika bald zum unentbehrlichen Besitztum des Durchschnittsbürgers. Autobusse zur Personenbeförderung und Lastkraftwagen zur Frachtbeförderung brachen auch im Fernverkehr das Monopol der Eisenbahnen und statteten das Land mit einem elastischeren Transportsystem aus. In dem Maße, wie Lohnempfänger dazu übergingen, das Auto für die Fahrt zur Arbeitsstätte zu benutzen, konnten Fabriken den überfüllten städtischen Bezirken den Rücken kehren. Ende der zwanziger Jahre begann die Flucht aus den Innenbezirken der alten Städte. Im Verlauf der nächsten drei Jahrzehnte sollte sie immer mehr an Bedeutung gewinnen.

Schon in den zwanziger Jahren brachte das Auto Veränderungen im Lebenszuschnitt Amerikas mit sich, die fast einer sozialen Revolution gleichkamen. An Sonn- und Feiertagen konnte die Familie in ihrem Wagen der Stadt entfliehen, das flache Land durchstreifen oder die Meeresküste aufsuchen. Das wiederum gab dem Bund und den Einzelstaaten Veranlassung, große Ausflugs- und Erholungsgelände zu schaffen. Im Gebirge, an Flüssen, Seen oder Ozeanküsten wurden landschaftlich schöne Gebietsstreifen ausgebaut. Stätten von historischer Bedeutung – alte Befestigungsanlagen, Schlachtplätze, Ruinen alter indianischer Kulturen – wurden unter Schutz gestellt und der Bevölkerung zugänglich gemacht. In den meisten Landparks und historischen Erinnerungsstätten fielen dem Personal des staatlichen Forst- und Bodenkulturdienstes auch erzieherische Aufgaben zu: Führungen wurden veranstaltet und die Bedeutung der landschaftlichen oder historischen Sehenswürdigkeiten dem Publikum nahegebracht. An den Autostraßen, auf denen der Verkehr immer dichter wurde, wuchsen neue Dienstleistungsgewerbe empor, die das motorisierte Publikum versorgten. Eine der Folgen der amerikanischen Autobesessenheit, namentlich in den zwanziger Jahren, war die nur langsame Entwicklung des Luftverkehrs. In dieser Beziehung blieben die Vereinigten Staaten hinter Europa zurück. Erst in den dreißiger Jahren begannen den Amerikanern die Möglichkeiten des Flugzeugs aufzudämmern.

	Automobile 1925		Luftverkehr 1925
	Personenwagen (pro 1000 Einwohner)	Lastwagen (pro 1000 Einwohner)	Flugkilometer (pro 1000 qkm)
Deutschland	3,4	1,7	4 430
Frankreich	11,1	6,1	8 156
Niederlande	—	—	24 440
Großbritannien	15,4	5,2	5 840
USA	154,6	21,8	388
UdSSR	—	—	21

Die Entstehung der gigantischen Automobilindustrie war nur der augenfälligste Ausdruck der wirtschaftlichen Expansion der zwanziger Jahre. Kühlschränke und Waschmaschinen wurden zum Normalzubehör der amerikanischen Wohnung, und die elektrotechnische Industrie sproß in die Höhe. Das Radio kam auf, Rundfunksendenetze umspannten gegen Ende des Jahrzehnts das ganze Land. Während die expandierende Wirtschaft eine wachsende Zahl von Kleinbetrieben ins Leben rief, schlossen sich Großunternehmungen zu immer größeren Gebilden zusammen. Der durch das wirtschaftliche Wachstum des ersten Nachkriegsjahrzehnts bedingte Wohlstand des Landes war aber auch der Nährboden für den in diesen Jahren sichtlich erstarkenden Isolationismus.

*

Als Massenhaltung entsprang der Isolationismus hauptsächlich dem nationalen Kraftbewußtsein, zu dem verschiedene Faktoren beitrugen. Die Vereinigten Staaten gehörten zu den Siegermächten des ersten Weltkrieges, und die Amerikaner waren sich dessen bewußt, daß sie wesentlich mitgeholfen hatten, die Mittelmächte zu besiegen. Weder im Norden noch im Süden des amerikanischen Kontinents drohten dem Land mächtige potentielle Feinde. Zwei weitgestreckte Ozeane schützten es vor etwaigen Angriffen aus Europa oder Asien. Sich unter diesen Umständen durch Bündnisse an europäische Mächte zu ketten und in die uralten Zwistigkeiten des fernen Kontinents hineinziehen zu lassen, hieße, so wurde gesagt, auf den Schutz der geographischen Lage zu verzichten, den die Vereinigten Staaten dem Atlantik verdankten. Im ersten Weltkrieg hatten über zwei Millionen Amerikaner auf den Schlachtfeldern Europas gekämpft, und die langen Verlustlisten waren nicht vergessen. Weit und breit waren die Bürger Amerikas entschlossen, das Unheil nicht noch einmal aufkommen zu lassen.

Genährt wurde diese Haltung dadurch, daß viele Illusionen zerflatterten. Die Berichte über Kriegsgreuel, die die Alliierten nach 1914 in Amerika geflissentlich verbreitet hatten, waren inzwischen als reichlich mit Fälschungen versetzt enthüllt worden. Zu einer ständigen Quelle des Ärgers waren, obgleich die Vereinigten Staaten erhebliche Nachlässe bewilligt hatten, die Kriegsschulden der Alliierten geworden. Das amerikanische Volk fand es empörend, von vielen Engländern und Franzosen als Shylock hingestellt zu werden. Im Kriege hatten gerade die Vereinigten Staaten keinerlei territorialen Gewinn erstrebt und erhalten. Es entging den Amerikanern indes nicht, daß sowohl Großbritannien als auch Frankreich den Krieg dazu benutzt hatten, ihre ohnehin ausgedehnten Imperien noch zu vergrößern. Das alles hatte zur Folge, daß sich der Krieg vielen Amerikanern nur noch als ein Glied in der Kette der Machtkämpfe darstellte, die seit der Entstehung der modernen Nationalstaaten nicht mehr abgerissen war. In einer solchen internationalen Welt, so meinte man, brauchten die Vereinigten Staaten keine Bundesgenossen. Der Historiker Charles A. Beard prägte das Wort von der »Offenen Tür zu Hause«: die große Chance winke Amerika nicht in überseeischen Abenteuern, sondern in der Pflege des eigenen Gartens daheim.

Der Isolationismus, in dem solche Gedanken und Haltungen zusammenflossen, war die Grundlage der amerikanischen Abrüstungspolitik, wie sie schon zu Beginn der Präsidentschaft Hardings formuliert wurde. Bestärkt wurden die Amerikaner in dieser Politik durch die potentiell gefährlichen Konsequenzen des englisch-japanischen Bündnisses. Japan war schon während des Krieges gegen China vorgestoßen und hatte darauf bestanden, die chinesische Schantung-Provinz zu besetzen und zu behalten. Im Westpazifik übte Japan im

Auftrag des Völkerbunds die Mandatsherrschaft über die vormals deutschen Inseln aus. Würde sich das Reich der aufgehenden Sonne an die Mandatsauflage halten und die Befestigung der Inseln unterlassen? Die Vereinigten Staaten hegten ernste Zweifel. Sie riefen zu einer Konferenz auf, die im November 1921 in Washington zusammentrat und zu der Großbritannien, Japan, Frankreich, Italien, die Niederlande, Belgien, Portugal und China Vertreter entsandten. Von Großbritannien wurde die Konferenzidee schon deswegen unterstützt, weil die Geltungsdauer des Bündnisvertrages mit Japan fast abgelaufen war und eine Entscheidung über Verlängerung oder Nichtverlängerung getroffen werden mußte.

An der Spitze der amerikanischen Delegation stand Außenminister Hughes, dem – anders als Wilson in Versailles – zwei einflußreiche Mitglieder des Senats, ein Republikaner und ein Demokrat, als Delegierte zur Seite standen. Gleich in der Eröffnungssitzung schuf Hughes mit seinem Vorschlag einer allumfassenden Flottenabrüstung eine elektrisch geladene Atmosphäre. Der Vorschlag war so radikal, daß er nicht als Ganzes auf Annahme rechnen konnte. Immerhin kam auf der Konferenz ein Fünfmächteabkommen zustande, in dem sich die Vereinigten Staaten, Großbritannien, Japan, Frankreich und Italien verpflichteten, ihre Bestände an Großkampfschiffen nach einem festgelegten Tonnageschlüssel – 5:5:3:1,75:1,75 – aufeinander abzustimmen und diese Stärkeproportionen nicht zu verletzen.

Hughes' Vorschlag, wonach die Rüstungsbeschränkung nicht bloß Großkampfschiffe, sondern auch alle anderen Schiffsklassen der Kriegsflotten erfassen sollte, beleuchtete einen wichtigen Aspekt der isolationistischen Vorstellungen der damaligen amerikanischen Politik. Nach Kriegsende hatten die Vereinigten Staaten die Friedensstärke ihrer Armee auf etwas über hunderttausend Mann, die dem entwaffneten Deutschland im Versailler Vertrag zugestandene Truppenstärke, reduziert. Der amerikanische Staat betrachtete als seine entscheidende Verteidigungswaffe die Kriegsflotte, und nach der in den zwanziger Jahren in Fachkreisen akzeptierten Auffassung war ein Seekrieg nur sinnvoll, wenn er in einer Entfernung von nicht mehr als fünfzehnhundert Seemeilen von den befestigten Flottenstützpunkten ausgefochten wurde. Den Vereinigten Staaten kam es daher entscheidend auf die Bestimmung des Fünfmächteabkommens an, wonach Inseln im Stillen Ozean (mit Ausnahme Hawaiis) nicht befestigt werden durften. Die von den führenden Seemächten übernommene Verpflichtung, ihre Flottenstärke zu reduzieren und auf die Errichtung von Flottenstützpunkten im Pazifik zu verzichten, verstärkte die Sicherheit der Vereinigten Staaten gewaltig. Die Beschränkung der Seerüstung war der amerikanische Ersatz für den Beitritt zum kollektiven Sicherheitssystem des Völkerbundes. Unter diesem Gesichtswinkel gesehen, war der Isolationismus in Wirklichkeit eine rein insulare Haltung: mit seinem Programm der internationalen Flottenabrüstung verfolgte er das ausschließliche Ziel, die relative Verteidigungsstärke eines ohnehin mächtigen Staates zu erhöhen.

Noch zwei weitere Vereinbarungen gingen aus den Washingtoner Verhandlungen hervor. In einem Viermächteabkommen verpflichteten sich die Vereinigten Staaten, Großbritannien, Japan und Frankreich, ihre Rechte im Pazifik gegenseitig zu respektieren und etwaige Streitigkeiten schiedsgerichtlich zu regeln. Ein von allen Konferenzteilnehmern unterzeichnetes Neunmächteabkommen verbürgte die politische Unabhängigkeit und territoriale Unantastbarkeit Chinas und proklamierte in Fragen des Handels mit China das Prinzip der Offenen Tür.

Eine zweite Flottenabrüstungskonferenz berief Präsident Coolidge 1927 nach Genf ein; er hoffte, die Abrüstungsvereinbarungen auf alle Kategorien von Kriegsschiffen ausdehnen zu können. Aber Frankreich und Italien nahmen an der Konferenz nicht teil, und sie brachte auch keinerlei nennenswerte Ergebnisse zustande. Im selben Jahr unterbreitete der französische Außenminister Aristide Briand den Vereinigten Staaten den Vorschlag eines Kriegsächtungspaktes. Bei seinem amerikanischen Kollegen Frank Kellogg erweckte der Vorschlag zunächst nur minimales Interesse; Kellogg trat erst in Aktion, nachdem sich in seinem Ministerium eine ganze Flut von zustimmenden Petitionen amerikanischer Bürger gestaut hatte. Am 27. August 1928 unterzeichneten fünfzehn Mächte – an der Spitze Großbritannien, Frankreich und die Vereinigten Staaten – den Pariser Pakt, der den Krieg »als Instrument der nationalen Politik« ächtete. Kellogg erklärte, erst der Druck der öffentlichen Meinung der Welt habe den Abschluß des Paktes ermöglicht. Indes wurde der Nutzen des Briand-Kellogg-Paktes, dem im Laufe der Zeit fast alle Staaten der Welt beitraten, von vielen bezweifelt; die Skeptiker sprachen ironisch vom »Frieden durch Beschwörung«.

Von Herbert Hoover, der Coolidge 1929 als Präsident folgte, wurde die Flottenabrüstungspolitik fortgeführt. Nachdem sich Hoover mit Englands Premierminister J. Ramsay MacDonald über eine Tagesordnung geeinigt hatte, sandte er Einladungen zu einer Konferenz in London für 1930 aus. Wieder nahmen Frankreich und Italien nicht teil. Indes einigten sich in London die beiden angelsächsischen Mächte auf absolute Parität auf allen Gebieten des Kriegsflottenbaus, und Japan stimmte nun auch verschiedenen Verteilungsschlüsseln für kleinere Schiffsklassen zu. Eine »gleitende« Klausel erlaubte die Überschreitung der festgelegten Kontingente, falls eine der vertragschließenden Mächte ihren Frieden und ihre Sicherheit durch das Flottenausbauprogramm einer am Abkommen nicht beteiligten Macht bedroht sah. So schien ein zweiter großer Schritt auf dem Weg zur Sicherung des Friedens gemacht zu sein; die daran geknüpften Hoffnungen lösten sich in nichts auf, als Japan wenige Jahre später vom Flottenabkommen zurücktrat.

Die Große Krise

Die Londoner Konferenz tagte einige Monate nach dem Börsenkrach vom Oktober 1929, der den Beginn der Großen Krise anzeigte. Bevor die Börsenkurse zusammengebrochen waren, hatten die Amerikaner fast ein volles Jahrzehnt die Freuden der Prosperität genossen. Aber die Ausweitung und Intensivierung der Wirtschaftstätigkeit war auch von einer wachsenden Spekulationslust des breitesten Publikums begleitet. Um die Mitte der zwanziger Jahre feierte die Grundstücksspekulation in Florida und in Südkalifornien wahre Orgien. Gegen Ende des Jahrzehnts hatten Spekulationskäufe die Kurse vieler Aktien weit über den Stand hinausgetrieben, den die Leistungsfähigkeit der Firmen hätte rechtfertigen können.

Trotz der allgemeinen Prosperität, die manchen Beobachtern als absolut krisensicher erschien, zeigten manche Bereiche des Wirtschaftslebens ihre Schattenseiten. Die Landwirtschaftskrise hatte fast im selben Augenblick eingesetzt, in dem der Krieg zu Ende gegangen war. In den Kriegsjahren, als ihre Erzeugnisse so wesentlich zum Lebensunterhalt der Bevölkerung in England und Frankreich beitrugen, hatten die Farmer im Überfluß gelebt. Mit dem Frieden war das Ende der außergewöhnlichen Kriegskonjunktur gekommen. Inzwischen produzierte aber die amerikanische Landwirtschaft mehr, als die amerikanische Bevölkerung verbrauchen konnte. Die Agrarpreise fielen. Das landwirtschaftliche Einkommen schrumpfte so zusammen, daß Farmer, die Schulden abzutragen hatten, in schwere Not gerieten. Ein niedriges Einkommen der Landbevölkerung bedeutete aber Schmälerung der Kaufkraft vor allem für langlebige, aber auch für andere Güter aus den mit Hochdruck arbeitenden Fabriken. Eine weitere Belastung für die Gesamtwirtschaft stellte die Arbeitslosigkeit dar. Rund zwei Millionen Menschen waren 1928 ohne Arbeit. Der rapide technische Fortschritt hatte manche alten Berufe überflüssig gemacht, und arbeitsparende Verfahren verdrängten in vielen Fällen die menschliche Arbeitskraft. Zwar schuf die wirtschaftliche Expansion neue Arbeitsplätze, aber auf vielen Teilgebieten brachten die technischen Veränderungen Nettoausfälle mit sich, von denen vor allem ältere Lohnempfänger betroffen wurden. Außerdem war die Industriearbeiterschaft zum größeren Teil unorganisiert. Wenn auch die Löhne in den Vereinigten Staaten höher waren als in allen anderen Industrieländern, kam die Marktposition der Arbeiter als Verbraucher bei weitem nicht an die gewichtige Position heran, die ihnen nach dem zweiten Weltkrieg zufallen sollte. Ein dritter negativer Faktor war die Rückwirkung der europäischen Nachkriegskrise auf die amerikanische Wirtschaft. Anderseits wurde die ökonomische Notlage in Europa durch den Zusammenbruch in den Vereinigten Staaten verschlimmert. Bei alledem sind sich die Fachleute trotz der besseren Sicht, die sich aus dem Abstand von über einem Vierteljahrhundert gewinnen läßt, über die genaue Ursache des Unheils, das 1929 begann, auch heute noch nicht einig.

Die Krise leitete einen grundlegenden Wandel in den Vorstellungen der Amerikaner über das Verhältnis von Staat und Wirtschaft ein. Außer in der Sphäre der Versorgungsbetriebe und der öffentlichen Verkehrsmittel war die amerikanische Wirtschaft im 19. und 20. Jahrhundert, wie erwähnt, mit einem Mindestmaß an staatlicher Regulierung groß geworden. Die staatliche Kontrolle der Wirtschaft, die Wilson im ersten Weltkrieg eingeführt hatte, wurde kurz nach Kriegsende aufgehoben. Auch noch in den zwanziger Jahren hielt sich der Oberste Gerichtshof an eine äußerst enge Auslegung der Verfassungsbestimmung, die die Zuständigkeit der bundesstaatlichen Regierung auf den Handelsverkehr zwischen den einzelnen Staaten der Republik ausdehnt; mit diesem »zwischenstaatlichen Verkehr« (*interstate commerce*) waren nach der Auffassung des Gerichts ausschließlich die Beförderungsleistungen der öffentlichen Verkehrsmittel gemeint. In diesem Sinne wurde ein Gesetz, das die zwischenstaatliche Beförderung von Erzeugnissen der Kinderarbeit untersagte, vom Obersten Gericht für verfassungswidrig erklärt; das Gesetz, meinten die Richter, wolle nicht die Beförderung von Gütern, sondern die Güterherstellung regulieren, und eine solche Befugnis stehe den bundesstaatlichen Organen nach der Verfassung nicht zu. Ins Wanken

Agrarnot in den Vereinigten Staaten: Versteppung in New Mexico. Landflucht der Farmer

Brotschlange. Radierung von Reginald Marsh, 1932

Speisung von Arbeitslosen in Detroit, 1930

geriet diese einengende Interpretation des *interstate commerce* erst Anfang der dreißiger Jahre, als die Verschärfung der Wirtschaftskrise allenthalben das Verlangen nach zentralen staatlichen Eingriffen wachrief.

Präsident Hoover war ein treuer Anhänger der freien Wirtschaft. Er glaubte fest, daß eine Industriewirtschaft, die so gewaltiger Produktionsleistungen fähig sei, wie sie im ersten Weltkrieg hätten erzielt werden können, auch über gewaltige innere Genesungskräfte verfügen müsse. Dennoch überzeugte ihn der zu Beginn der dreißiger Jahre rapid fortschreitende Wirtschaftsverfall von der Notwendigkeit des staatlichen Eingriffs. Auf Vorschlag des Präsidenten beschloß der Kongreß die Schaffung einer Bundesanstalt für die Finanzierung krisengeschädigter Betriebe, der Reconstruction Finance Corporation (RFC). Das aus Bundesmitteln aufzubringende Kapital der RFC sollte der Gewährung von Darlehen an notleidende Betriebe dienen. Hoovers Lösung des Problems der wachsenden Arbeitslosigkeit war eine Direkthilfe für die privaten Unternehmen, die die Arbeitsplätze schaffen. Darüber hinaus sorgte er für die Gewährung von Bundesdarlehen an die Einzelstaaten, die es ihnen ermöglichen sollten, Arbeitslose aus öffentlichen Mitteln zu unterstützen. Auf seine Initiative wurde ein umfassendes staatliches Arbeitsbeschaffungsprogramm aufgestellt. In seiner Amtszeit wurde von bundesstaatlichen Organen mehr gebaut als in den voraufgegangenen drei Jahrzehnten zusammen.

Hoovers Politik bedeutete eine radikale Umkehr im amerikanischen politischen Denken. Auch in früheren Zeiten hatte das Land unter Wirtschaftskrisen zu leiden gehabt, aber nie zuvor hatte die bundesstaatliche Regierung in den Ablauf des wirtschaftlichen Geschehens eingegriffen. Die Schaffung der RFC und die übrigen Hooverschen Maßnahmen waren insofern von historischer Bedeutung, als hier die bundesstaatliche Regierung zum erstenmal die Verantwortung für die Linderung der wirtschaftlichen Not und für die Wiederingangsetzung der darniederliegenden Wirtschaft auf sich nahm. In den amerikanischen Nöten sah Hoover allerdings nur eine Teilerscheinung der allgemeinen Krise der Weltwirtschaft; eine wirkliche Gesundung erwartete er von der Stabilisierung der Verhältnisse in der ganzen Welt. Um auch dazu beizutragen, gewährte er den europäischen Schuldnerländern der Vereinigten Staaten ein allgemeines Kriegsschuldenmoratorium.

New Deal

Zur Eindämmung des weiteren Niedergangs der Wirtschaft reichten die Maßnahmen der Hoover-Regierung nicht aus. Zahlungseinstellungen erfolgten nach wie vor in weitem Umkreis. Die Arbeitslosigkeit wuchs sich zu erschreckenden Proportionen aus. Die sinkenden Agrarpreise brachten zahlreiche Landgemeinden, insbesondere im Mississippi-Becken, an den Rand des Abgrunds. Natürlich gaben die Wähler der Regierung, die gerade im Amt war, die Schuld. Aus den Präsidentschaftswahlen vom November 1932 ging der Demokrat Franklin D. Roosevelt, der Gouverneur des Staates New York, mit großer Mehrheit als Sieger hervor. In seinen Wahlkampfreden hatte er immer wieder erklärt, daß der Ausplünderung des Volkes durch die Mächte der Wirtschaft Einhalt geboten, dem Volk eine andere, neue Behandlung, *new deal*, zuteil werden müsse.

Am 4. März 1933 übernahm Roosevelt das Amt des Präsidenten. Er ging unverzüglich daran, der neuen Politik, dem New Deal, feste Umrisse zu geben. In einer verzweifelt kritischen Situation nahm er für die Spitze der vollziehenden Gewalt eine führende Rolle in der Gesetzgebung in Anspruch, die noch viel weiter ging als die Rolle, die Wilson vor dem ersten Weltkrieg und in den Kriegsjahren beansprucht hatte. Der Führungsanspruch der Präsidentschaft, wie ihn Wilson und Roosevelt begründet hatten, war dann für ihre Nachfolger schon fast eine Selbstverständlichkeit: heute wird vom Chef der vollziehenden Gewalt von vornherein eine gesetzgeberische Initiative erwartet, auch wenn der Kongreß ihr nicht zu folgen braucht.

Den Wandel in den politischen Vorstellungen, der sich in der Hooverschen Politik angebahnt hatte, hat die Politik des New Deal wesentlich gefördert und um ein erhebliches Stück weitergetrieben. Besser als an einzelnen Gesetzen läßt sich das Neue an einer Gegenüberstellung der Zielsetzungen des New Deal mit dem tatsächlich Erreichten demonstrieren.

Das System der freien kapitalistischen Wirtschaft in ihrer amerikanischen Variante wurde vom New Deal beibehalten. Anfänglich war der Kongreß von der Vorstellung ausgegangen, daß es Sache der Wirtschaft sei, Wiederbelebungsmaßnahmen in Angriff zu nehmen: die Verbände der Wirtschaft sollten unter staatlicher Aufsicht die entsprechenden Beschlüsse fassen und auch selbst für ihre Durchführung sorgen, freilich wiederum unter der Kontrolle des Staates. Das in diesem Sinne aufgebaute Sanierungsprogramm erbrachte jedoch nicht die erhofften Resultate. Es wurde, nachdem auch noch der Oberste Gerichtshof das Sanierungsgesetz für verfassungswidrig erklärt hatte, fallengelassen. Der Staat griff nun auf die Antitrustgesetzgebung als Wirtschaftslenkungsinstrument zurück, ohne sich mit diesem einen Werkzeug zu begnügen. Die bloße Tatsache der Krise war Beweis genug, daß das Bundesreservesystem mit den ihm zur Verfügung stehenden Mitteln den Deflationsmechanismus der Krisenauslösung nicht abzustellen vermochte. Der ursprüngliche Aufbau des Bundesreservesystems hatte ja auch in der Tat der Sicherung der Elastizität der Währung, nicht wirtschaftspolitischen Zielen gegolten. Jetzt wies der Kongreß dem Bundesreserveamt die entscheidende Rolle bei der Überwachung und Lenkung des Kreditwesens zu. Darüber hinaus wurde in weitem Umfang in die Emissions- und Investitionspolitik der Privatwirtschaft eingegriffen. Der Börsenkrach von 1929 hatte mancherlei betrügerische Praktiken im Emissionsgeschäft und im Effektenhandel ans Tageslicht gebracht. Als Behörde mit halbrichterlichen Befugnissen wurde vom Kongreß nunmehr die Wertpapier- und Börsenkommission (Security and Exchange Commission, SEC) ins Leben gerufen, die die Effektenbörse beaufsichtigen und für die Einhaltung besonders strikter neuer Emissionsvorschriften für Aktien und Industrieobligationen sorgen sollte.

Auch die Politik des Wirtschaftsnationalismus wurde nicht aufgegeben. Die Roosevelt-Regierung machte keinerlei Anstrengungen, die bestehenden Schutzzölle aufzuheben. Im Gegenteil: da der Zollschutz infolge der Abwertung vieler Auslandswährungen unwirksam geworden war, entschloß sich Roosevelt, von der Goldwährung abzugehen und den Dollar um fast die Hälfte zu verbilligen. Damit sollten die Länder mit entwerteten Währungen (zum

Beispiel Japan mit seinem billigen Jen) gehindert werden, mit den im Dollargegenwert besonders niedrigen Exportpreisen die Schutzwirkung amerikanischer Wertzölle zunichte zu machen.

Einer der Hauptpunkte der New-Deal-Politik war die Erhaltung einer ausgeglichenen Wirtschaftsstruktur mit gesicherter Landwirtschaft. Im Vergleich zum Ertrag der Industrie und des Handels erschienen Roosevelt und seinen Beratern die Verkaufserlöse der Landwirtschaft als viel zu niedrig. In der Hoffnung, daß sich bei verminderter Produktion höhere Preise würden erzielen lassen, wurden nun die landwirtschaftlichen Erzeuger unter Aufsicht des Landwirtschaftsministeriums angehalten, den Anbau bestimmter Getreidearten einzuschränken. Landwirten, die ihre Anbaufläche reduzierten, sicherte der Staat Zuschüsse zu, so daß sich das landwirtschaftliche Gesamteinkommen unmittelbar erhöhen mußte. Mit diesem Plan wurde eine Praxis der Subventionierung der Landwirtschaft in die Wege geleitet, die sich, wenn auch mit beträchtlichen Abweichungen vom allerersten Programm, bis auf den heutigen Tag behauptet hat. Bei dieser Art Landwirtschaftshilfe schwebte der Roosevelt-Regierung das Ziel vor, den kleinen Farmer, der seinen Betrieb als reinen Familienbetrieb ohne fremde Arbeitskräfte bewirtschaftet, als den vorherrschenden Typ des landwirtschaftlichen Unternehmers zu erhalten. Allerdings ist hier anzumerken, daß technischer Fortschritt und Anwendung wissenschaftlicher Erkenntnisse die Produktionskapazität der landwirtschaftlichen Betriebe zur Zeit des New Deal erheblich gesteigert hatten. Dank technischen und wissenschaftlichen Errungenschaften stieg die landwirtschaftliche Erzeugung so beträchtlich, daß die Bemühungen, die Produktion durch Einschränkung der Anbaufläche zu verringern, unwirksam blieben. Daß das Problem der unabsetzbaren agrarischen Produktionsüberschüsse auch nach der Ära des New Deal fortbestand, hatte seinen Grund zum Teil in weiteren Fortschritten der Technik und Wissenschaft.

Ein wesentlicher Bestandteil des New Deal war die Förderung der Interessen der Arbeitnehmer. Unbeschränkter Lohnabbau wurde durch ein Gesetz, das einen Mindeststundenlohn festsetzte, verhindert. Ein weiteres Gesetz schuf die Rechtsgrundlage für den kollektiven Tarifvertrag. Zur Regelung des Arbeitsverhältnisses und zur Überwachung der Beziehungen zwischen Betriebsleitungen und Gewerkschaften wurde eine Zentralbehörde mit weitgehenden administrativen und richterlichen Befugnissen (National Labor Relations Board) eingesetzt. Der Oberste Gerichtshof revidierte seine traditionell ablehnende Haltung und bestätigte die Verfassungsmäßigkeit des Gesetzes über die Regelung des Arbeitsverhältnisses (National Labor Relations Act).

Mit dieser Gesetzgebung wurde der gewerkschaftliche Zusammenschluß der Arbeitnehmer in Wirtschaftsbereichen, in denen bis dahin keine Gewerkschaften bestanden hatten, entscheidend gefördert. Um die Mitte der dreißiger Jahre entstanden nunmehr auch nach dem Industrieprinzip aufgebaute Gewerkschaften, die in jedem Industriezweig sämtliche Berufssparten und Arbeitnehmerkategorien zu erfassen suchen. Die meisten Mitglieder konnten bald die Industrieverbände der Kaftfahrzeugindustrie (United Automobile Workers) und der Eisen- und Stahlindustrie (United Steel Workers) aufweisen; sie eroberten auch besonders starke Machtpositionen. Die neuen Industrieverbände schufen eine neue Dachorganisation – Committee of Industrial Organizations (CIO), später Congress of

Industrial Organizations –, die ihren Platz neben der älteren AFL behauptete. (Nach dem zweiten Weltkrieg vereinigten sich die beiden Dachorganisationen zu einem einheitlichen Gewerkschaftsbund, AFL/CIO.) Auf tarifvertraglichem Wege konnten die mächtigen neuen Verbände beträchtliche Lohnerhöhungen durchsetzen. Höhere Löhne bewirkten, daß die Arbeitnehmer von nun an eine viel größere Rolle als Verbraucher landwirtschaftlicher und gewerblicher Erzeugnisse zu spielen vermochten. Diese Erhöhung der Kaufkraft der Arbeiter in Verbindung mit dem bereits erwähnten Kaufkraftzuwachs der Landwirtschaft trug dazu bei, der amerikanischen Wirtschaft Stabilität und Krisenfestigkeit zu verleihen.

Zugegebenermaßen war die Politik des New Deal eine Politik des Experimentierens. Auch ihre Maßnahmen zur Regulierung und Förderung der industriellen und landwirtschaftlichen Erzeugung betrachtete die Roosevelt-Regierung als Experimente, die sich zu bewähren hatten. Aber ihr neuartigstes und am Ende auch berühmtestes Experiment war der Versuch, das große Notstandsgebiet des Tennesseetales, ein Stromsystem von beachtlicher Ausdehnung, wirtschaftlich zu sanieren. Durch Bundesgesetz wurde als autonome Körperschaft, die keiner bundesstaatlichen Behörde unterstellt ist, die Tennesseetal-Behörde (Tennessee Valley Authority, TVA) geschaffen. Der TVA gelang die Wiederbelebung der dahinsiechenden Wirtschaft eines Gebietes von über hunderttausend Quadratkilometern, das zu acht verschiedenen Einzelstaaten gehört. Der Aktionsbereich der TVA umfaßt außer dem Tennessee auch sämtliche Nebenflüsse bis hinauf zu ihren Quellen; insgesamt hat die TVA neun Staudämme auf dem Tennessee selbst und fünfzehn auf den Nebenflüssen erbaut. Die Dämme haben Stromregulierung und Überschwemmungsbekämpfung erlaubt, große Wassermengen in Bewässerungsanlagen abgeleitet, den Tennessee auf weite Strecken bis zum Oberlauf schiffbar gemacht und in neuen Wasserkraftwerken die Erzeugung von so viel elektrischem Strom ermöglicht, daß im ganzen Tennesseetal die Elektrifizierung der Landwirtschaft und der Aufbau völlig neuer Industrien durchgeführt werden konnten. Daneben hat die TVA in Zusammenarbeit mit Bundes- und Einzelstaatsbehörden in der Forstbewirtschaftung und Aufforstung ebenso wie in der Sanierung und Neugestaltung der Landwirtschaft der ganzen Gegend Erhebliches geleistet. Der ständige Zustrom vieler ausländischer Besucher bezeugt seit Jahren den internationalen Ruf dieses sensationellsten Experiments des New Deal.

Neben der wirtschaftlichen Gesundung erstrebte die Politik des New Deal von Anfang an die soziale Sicherung des Einzelnen. Verschiedene Zweige der Sozialversicherung wurden von den Einzelstaaten und der bundesstaatlichen Regierung aufgebaut. Bundeszuschüsse ermöglichten den Einzelstaaten den Aufbau einer Arbeitslosenversicherung. Auf Bundesebene wurde zum erstenmal in der amerikanischen Geschichte eine allgemeine Altersversicherung geschaffen. Sicherungsvorkehrungen für erwerbsunfähige ältere Menschen waren vordringlich geworden, weil die Alterspyramide der amerikanischen Bevölkerung sichtbare Zeichen von Überalterung erkennen ließ. Vor 1914 hatte die Einwanderung große Scharen von Menschen in mittleren Jahren ins Land gebracht und den Anteil dieser Altersklassen stark erhöht; das war mit dem Ende der Masseneinwanderung anders geworden. Überdies hatte sich seit der Jahrhundertwende dank dem Ausbau der öffentlichen Hygiene, den Fortschritten der Medizin und der umfassenden Anwendung ernährungsphysiologischer Entdeckungen die Lebenserwartung um viele Jahre erhöht. In hohem Maße haben die Leistungen des New Deal auf dem Gebiete der sozialen Sicherheit zur Abschirmung der Unabhängigkeit der Einzelperson beigetragen.

Seit den Anfängen ihrer nationalen Geschichte hatten die Amerikaner den Staat als reine Zweckvorrichtung zu Nutz und Frommen des Bürgers betrachtet. Bis zu den dreißiger Jahren unseres Jahrhunderts billigten sie ihm im wesentlichen nur die Aufgaben der Aufrechterhaltung der Ordnung im Innern und des Schutzes vor äußeren Feinden zu. Zum erstenmal hat die Politik des New Deal ins amerikanische Denken und in die amerikanische Praxis den Wohlfahrtsstaat eingeführt. Die grundlegenden Vorkehrungen des New Deal sind zu Dauerbestandteilen des amerikanischen Staatsaufbaus geworden. Sie stellen einen Mittelweg dar zwischen *laissez-faire*-Politik und einem totalitären Sozialismus. Als die Amerikaner den Bereich der staatlichen Betätigung erweiterten, benutzten sie den Staat nicht zur Entmachtung und Vernichtung des Einzelnen, sondern dazu, die Unabhängigkeit des Individuums zu erhalten und zu bewahren. Sie haben den Kapitalismus in eine gemischte Wirtschaft verwandelt, die man billigerweise als Ökonomie der allgemeinen Wohlfahrt bezeichnen sollte. In ihr verflicht sich die Tätigkeit der Privatwirtschaft mit der des Wohlfahrtsstaates. Sie ist weder im klassischen Sinne »kapitalistisch« noch ist sie »sozialistisch«. Sie vereint die Bereitschaft, in erster Linie auf die individuelle Initiative zu bauen, mit organisierter Kollektivaktion und, falls erforderlich, staatlicher Initiative zur Erreichung konkreter gesellschaftlicher Ziele.

Zu Beginn der Präsidentschaft Franklin D. Roosevelts wurde von eigens zu diesem Zweck gewählten verfassungsändernden Versammlungen in drei Vierteln der Gliedstaaten der Republik der Einundzwanzigste Zusatzartikel zur Verfassung genehmigt. Er enthielt nichts anderes als die Außerkraftsetzung des Achtzehnten Zusatzartikels, der Herstellung, Verkauf und Beförderung alkoholischer Getränke untersagte. Das Verbot, das in der affektgeladenen Atmosphäre der Kriegszeit zustande gekommen war, entsprach offensichtlich nicht dem allgemeinen Bewußtsein, namentlich den Vorstellungen der Menschen in den rapid anschwellenden Großstädten. Die Durchführung des Volstead-Gesetzes hatte sich mit der Zeit als immer schwieriger erwiesen, und gegen Ende der zwanziger Jahre war die Umgehung und Mißachtung des Gesetzes zur allgemeinen Praxis geworden, an der sich auch exemplarisch gesetzestreue Staatsbürger ausgiebig beteiligten. Vor allem in den Städten wuchs ununterbrochen der Handel mit geschmuggeltem Alkohol. Organisierte Verbrecherbanden hatten sich dieses Geschäftszweigs bemächtigt und kassierten phantastische Gewinne. Der Konkurrenzkampf der einzelnen Banden um den Anteil an diesem lukrativen Geschäft artete verschiedentlich zu regelrechten Bandenkriegen aus, die nicht nur die Unterwelt in Spannung hielten. Das große Kapital, das die organisierten Gangster zusammenscharrten, vermehrte ihre Macht so gewaltig, daß das normale Funktionieren der Wirtschaft und die Aufrechterhaltung der demokratischen Lebensformen im politischen Geschehen bedroht waren. Der Einundzwanzigste Zusatzartikel zur Verfassung ergab sich zwangsläufig aus der zu Beginn der dreißiger Jahre im ganzen Lande verbreiteten Überzeugung, daß die durch den Achtzehnten Zusatzartikel verursachten Übelstände die wenigen Vorzüge dieses Reformversuchs längst überschattet hatten.

Abwehr der totalitären Mächte

Nach dem ersten Weltkrieg hatten die Amerikaner Gelegenheit, den Aufstieg dreier verschiedener Erscheinungsformen des totalitären Systems in Europa zu verfolgen: des Kommunismus in der Sowjetunion, des Faschismus in Italien und in den dreißiger Jahren des Nationalsozialismus in Deutschland. In den zwanziger Jahren war in Amerika die Kommunistische Partei der Vereinigten Staaten entstanden, die ihre Tätigkeit in den durch die eiserne Disziplin der Komintern vorgeschriebenen Bahnen entfaltete. Zahlenmäßige Bedeutung hat sie nie erlangen können. Aber die schwere Notlage, die die Bevölkerung Amerikas zu Beginn der dreißiger Jahre befallen hatte, förderte das Wachstum der Partei und führte ihr manche, wenn auch nicht allzu viele, idealistische Intellektuelle zu. Zur selben Zeit drang die Kommunistische Partei ziemlich rasch in die neuen Industriegewerkschaften ein. Außerdem vermehrte sie ihren Einfluß mit Hilfe einer Anzahl von Tarnorganisationen. Sie versuchte, einen Kreuzzug gegen den Faschismus zu organisieren, und konnte auch aus der in Amerika zur Zeit des spanischen Bürgerkrieges recht starken antifaschistischen Stimmung Kapital schlagen. Schwere Verluste an Mitgliedern und Anhängern erlitt die Kommunistische Partei im Gefolge der Enttäuschung, die der Abschluß des Hitler-Stalin-Paktes im Herbst 1939 auslöste. Jetzt kehrten ihr viele den Rücken, die durch die auf den Kopf gestellten Argumente und die Gepflogenheit, die totalitäre Realität hinter den mißverstandenen Begriffen »Demokratie« und »Republik« zu verbergen, getäuscht worden waren.

Im allgemeinen sahen die Amerikaner in den dreißiger Jahren eine unmittelbare Gefahr viel eher im Faschismus als im Kommunismus. Mussolinis unverhüllte Vorbereitungen zur Eroberung Abessiniens um die Mitte des Jahrzehnts gaben Anlaß zu ernsten Befürchtungen. Nervös wurden insbesondere die amerikanischen Isolationisten; sie erinnerten nachdrücklich daran, daß Amerikas beharrliches Festhalten an der Freiheit der Meere im Interesse des Handelsverkehrs im Jahre 1917 damit geendet hatte, daß amerikanische Handelsschiffe von deutschen U-Booten angegriffen und die Vereinigten Staaten auf diese Weise in den ersten Weltkrieg hineingezogen wurden. Um im Falle eines italienischen Vorstoßes gegen Abessinien eine ähnliche Situation in den Mittelmeergewässern zu vermeiden, setzten die Isolationisten im Kongreß ein Neutralitätsgesetz durch. Danach mußte bei Ausbruch eines Krieges jegliche amerikanische Lieferung von Rüstungen und Kriegsmaterial an die kriegführenden Mächte mit sofortiger Wirkung unterbunden werden, und der Präsident wurde darüber hinaus ermächtigt, amerikanischen Staatsangehörigen das Reisen auf Schiffen kriegführender Mächte zu verbieten und die amerikanischen Gewässer für deren Unterseeboote zu sperren.

Dem tatsächlichen Angriff Mussolinis auf Abessinien im Jahre 1935 folgten rasch hintereinander mehrere außenpolitische Vorstöße des Hitlerschen Reiches. Im Jahre 1937 begann Japan seine Offensive gegen China. Dem Völkerbund war es nicht gelungen, dem Vorgehen auch nur einer der drei Aggressormächte Einhalt zu gebieten. Da entschloß sich Präsident Roosevelt zu einem Appell an das amerikanische Volk. In einer am 5. Oktober 1937 in Chikago gehaltenen Rede forderte er die Amerikaner auf, künftighin auf den vergeblichen

Versuch zu verzichten, sich mit Hilfe der isolationistischen Politik aus Kriegen herauszuhalten. Er verhehlte nicht die schweren Besorgnisse, die das ständige Trommelfeuer der Nazipropaganda gegen die Demokratie ihm und anderen Amerikanern einflößte; dieser psychologische Feldzug, der in dem Maße an Durchschlagskraft gewann, wie Hitlers Macht mit der Wiederbewaffnung Deutschlands und den erfolgreichen deutschen Aggressionsversuchen erstarkte, konnte nicht mehr ignoriert werden. Weder Neutralität noch Isolierung, erklärte Roosevelt in Chikago, könne den Vereinigten Staaten einen Schutz vor der »Epidemie der Gesetzlosigkeit in der Welt« gewähren. Der Krieg sei im Begriff, zu einer seuchenartigen Infektion zu werden, und seine Ausbreitung könne nur durch Verhängung einer »Quarantäne« gegen die Angreifer aufgehalten werden.

Der Präsident der Vereinigten Staaten wußte sehr wohl, daß er den Stimmungen des amerikanischen Volkes vorauseilte. Aber er hatte einen treffsicheren Schlag geführt. Die Quarantänerede von 1937 bezeichnete den Beginn einer grundlegenden Wendung in den auswärtigen Beziehungen der Vereinigten Staaten. Daß diese Wendung ganz vollzogen wurde, hat nicht zuletzt ein besonderer Faktor bewirkt. Seit Charles A. Lindbergh 1927 seinen Alleinflug über den Atlantik ohne Zwischenlandung vollbracht hatte, wurde die Bedeutung des Flugzeugs von den Regierungsstellen, die die amerikanische Verteidigungspolitik zu planen hatten, mit immer größerem Nachdruck hervorgehoben. Um 1937 war die Luftwaffe der größeren Mächte so weit ausgebaut, daß sie die Bedeutung der Ozeane als Schutzbarrieren der Vereinigten Staaten zunichte machte. Die strategischen Voraussetzungen des Isolationismus bestanden nicht mehr. Aus der Perspektive gesehen, die sich dem Betrachter um die Mitte des 20. Jahrhunderts aufdrängt, erscheint Roosevelts Quarantänerede als die Vorwegnahme einer neuen Politik für ein neues Zeitalter.

Schöpferisches Amerika

Die Zeit zwischen den Weltkriegen hat große schöpferische Leistungen auf dem Gebiete der wirtschaftlichen und politischen Neugestaltung zutage gefördert. Dieselbe schöpferische Kraft offenbarte sich im kulturellen Schaffen des amerikanischen Volkes. Die Universitäten wuchsen zur Reife empor. Mit ihren Bibliotheks- und Laboratoriumseinrichtungen, mit der allgemeinen und beruflichen Ausbildung der Studierenden und mit ihren wissenschaftlichen Leistungen holten einige der besten amerikanischen Universitäten die bedeutendsten Hochschulen der Alten Welt ein. Universitätsverlage brachten in zunehmender Zahl Bücher heraus, die auf rein geschäftlicher Basis nicht hätten verlegt werden können. Durch Berufung von Gelehrten, die aus dem Rußland der Kommunisten, dem Italien der Faschisten und dem Deutschland der Nazis vertrieben worden waren, wurden hochstehende Lehrkörper noch leistungsfähiger gemacht. Kritische Literaturbetrachtung fand im Universitätsbetrieb nicht minder mächtige Antriebe als naturwissenschaftliche und sozialwissenschaftliche Disziplinen.

Eine literarische Bewegung, die am Ausgang des 19. Jahrhunderts den ersten Anlauf genommen hatte, entfaltete sich nach dem ersten Weltkrieg zur höchsten Blüte. Die Romane Theodore Dreisers, Ernest Hemingways, Thomas Wolfes und William Faulkners, die Dichtung Robert Frosts, T. S. Eliots und Ezra Pounds und die Bühnenwerke Eugene O'Neills spiegelten nicht nur das vielschichtige und vielgestaltige Leben und Denken der amerikanischen Republik wider; sie ebneten auch die Wege zu neuen literarischen Formen. Dabei waren sie nur die symbolhaft bedeutsameren unter großen Scharen von Schriftstellern. Mit ihrer Gestaltungskraft und ihren schöpferischen Neuerungen machte die amerikanische Literatur dieser Periode einen tiefen Eindruck auf die Welt des Britischen Commonwealth und das nichttotalitäre Europa. Eliot und Pound schlugen, wie Henry James vor ihnen, ihre Zelte im Ausland auf. Hemingway und manche seiner Generationsgenossen atmeten in Frankreich den Geist Gertrude Steins ein. Diese zweite große Blütezeit der amerikanischen Literatur (die erste hatte die vierziger und fünfziger Jahre des 19. Jahrhunderts belebt) sprengte den nationalen Rahmen. Sie war – zum Teil unter dem Einfluß literarischer Strömungen der Alten Welt – im wahrsten Sinne kosmopolitisch; das bewahrte sie vor dem Schicksal einer isolierten nationalen Erscheinung und machte sie zu einem bedeutenden Bestandteil der Literatur der abendländischen Kultur.

In der Baukunst Amerikas begann das 20. Jahrhundert mit Architekten, die noch traditionellen Formen, namentlich dem Klassizismus und der Gotik, verhaftet waren. Aber schon an der Schwelle des Jahrhunderts konnten die traditionellen Formen die Dynamik der amerikanischen Gesellschaft nicht mehr ganz bändigen. Louis Sullivan mit seinem revolutionierenden Bekenntnis »Die Form folgt dem sachlichen Zweck« war der Wegbereiter des Wolkenkratzers, der mit der Zeit beinahe zum Sinnbild Amerikas werden sollte. Frank Lloyd Wright, ein Schüler Sullivans, ließ sich nicht nur von keiner Tradition beherrschen, sondern bekannte sich auch zur Ausdrucksformung durch den zweckbedingten Baustoff, zur Anpassung des Bauwerks an seine natürliche Umgebung, zur neuen Großzügigkeit in der Raumverwendung, zur Unzertrennlichkeit der Beziehung von Form und Zweck. In den Jahren nach dem ersten Weltkrieg in Amerika kaum beachtet, hinterließ Wright seine ersten tiefen Spuren in Europa. Von Europa wirkte sein Einfluß zurück. Noch zu Lebzeiten dieses Propheten der modernen Baukunst schlugen jüngere Menschen, darunter mancher Einwanderer aus der Alten Welt, neue Richtungen ein. Um die Mitte des Jahrhunderts strahlte amerikanisches Bauen einen Freiheitsgeist, einen Neuerungswillen und eine Variationsfülle aus, die ganz der dynamischen Kraft der Nation entsprach.

Auch das Werden der schönen Künste war eine Geschichte des Wandels und Wachstums. Einen großen Anteil an der Entwicklung des Kunstverständnisses und des Kunstsinns hatten die Museen. Bedeutende Kunstmuseen – so das Metropolitan Museum of Art in New York – waren schon im 19. Jahrhundert entstanden. In großer Zahl haben sich seit 1900 die Museen vermehrt. Der Reichtum des Landes gab die Mittel zur Hand, bedeutende Bestände aus dem Kunsterbe nicht nur des Abendlandes, sondern auch Asiens zu erwerben. Wenn auch noch manche dieser Kunstschätze um die Mitte des Jahrhunderts in den Händen privater Sammler blieben, war der übergroße Teil der importierten Schätze dem Publikum zugänglich. Auch der Geschichte der Kunst in den Vereinigten Staaten konnte man in den

Hauptlesesaal der Public Library in New York

»Porgy and Bess«
Szene aus der Erstaufführung der Negeroper von George Gershwin in New York, 1935

Museen nachspüren. Jahr um Jahr zogen Millionen von Menschen in die Museen, um sich die ständigen Sammlungen anzuschauen und die in großer Anzahl von den Museumsleitungen organisierten Sonderausstellungen zu besichtigen.

Hand in Hand mit dem Ausbau der Museen entwickelte sich der Kunstunterricht in den Schulen. Er setzte sich sowohl in der Grundschule als auch in der höheren Schule durch. Berufsbildende Lehranstalten für Maler, Bildhauer, Zeichner und Graphiker fanden den ihnen gebührenden Platz im Erziehungssystem. In den Lehrplänen der geisteswissenschaftlichen Colleges erwarb im 20. Jahrhundert das Fach Kunstgeschichte einen hohen Rang. Die Kunsthistoriker der Colleges erlangten Ruf und Anerkennung durch wissenschaftliche Veröffentlichungen zur Kunstgeschichte Europas, der Vereinigten Staaten und Lateinamerikas.

Skulptur und Malerei erlebten im 20. Jahrhundert eine ähnliche Blüte. Die traditionelle gegenstandsgebundene Kunst blieb noch dabei, die amerikanische Szenerie, das Leben und Sehnen Amerikas darzustellen. Hervorragende Leistungen steuerte auf dem Gebiet der gegenständlichen Kunst die Photographie bei. Aus dem Bedürfnis, neue Formen des Schönen zu entdecken und zu schaffen, ließ eine wachsende Schar von Bildhauern und Malern die Tradition hinter sich und stieß in Neuland vor. Die »moderne Kunst« im zweiten Drittel des 20. Jahrhunderts vertrat auf ihre Art recht sinnfällig Amerikas in Freiheit tätige Schaffenskraft.

Die Geschichte der Musik ging verwandte Wege. Um die Mitte des 19. Jahrhunderts gegründet, haben einzelne Pionierorchester eine Bewegung entfacht, die im Laufe der Zeit dafür sorgte, daß jede bedeutendere amerikanische Stadt ihr ausgebildetes Orchester erhielt. Mit Hilfe solcher und ähnlicher organisatorischer Formen haben es die Amerikaner zu hervorragenden Musikdarbietungen gebracht. Zu gleicher Zeit kam aus den verschiedensten Gegenden des Landes eine einheimische Musik – Jazz, Blues, Swing –, ursprünglich das Werk der Neger, die im 19. Jahrhundert die volkstümliche Musik Amerikas um die Spirituals bereicherten. Berufsbildende Musikschulen bildeten in künstlerischen Fächern Musiker aus und erteilten Unterricht in der Kompositionslehre. Ihnen ist zu verdanken, daß neben der Volksmusik eine durchkomponierte Kunstmusik entstand, in der Tradition und Neuerung miteinander verschmolzen. Einheimische Musik drang ins Theater ein und schuf Opern wie »Porgy and Bess« und Musicals wie »Oklahoma« und »My Fair Lady«. Massen von Schallplatten brachten Musik – populäre und klassische Musik – in unzählige amerikanische Familien.

In diesem 20. Jahrhundert, das im Zeichen von Wachstum, Wandel und Krieg steht, war die Kunst dem amerikanischen Volk in einem nie dagewesenen Maße Ausdrucksmittel. Die Massenmedien brachten die Kunst vor ein gigantisches Auditorium. Im veränderlichen Amerika der Übergänge, in dessen Menschen viele ethnische Komponenten zusammenfließen und wo die Grenzen der Gesellschaftsklassen unbestimmt sind, fand eine Kunst, die die Gefühle und den Geschmack der Volksmassen ausdrückte, ihre Gestalt in der Musik, im Kino und später im Unterhaltungsprogramm des Fernsehens. Diese Volkskunst behauptete ihren Platz neben der aus der künstlerischen Tradition des Abendlandes schöpfenden Elitekunst. Aber die beiden Kunstsphären prallten ebensowenig aufeinander wie die

Gesellschaftsklassen. Parteigänger der Elitekunst hatten ihre Freude an den Musicals und verfolgten interessiert die Lebensbetrachtungen der Comics-Serien in der Tagespresse. Die sogenannten Massen besuchten in großen Scharen die Museen der traditionellen und der modernen Kunst und unterstützten als Zuhörer und Geldspender die kleinen Orchester ihrer vielen Schulen und die großen Orchester ihrer Stadt. Eine neue Veranstaltungsform machte ihr Debüt: das Kunstfest unter freiem Himmel, in dessen Rahmen Musikdarbietungen in städtischen Anlagen organisiert und Kunstgegenstände aller Art in Zelten ausgestellt werden. Das Ineinanderfließen des Kunstappells an die Elite und des Kunstappells an die große Masse schuf ein eigenartiges Nebeneinander von höchster schöpferischer Gestaltung und mittelmäßiger reproduktiver Darbietung. Doch der bedeutsamste Aspekt des zweiten Drittels des Jahrhunderts zeigte sich darin, daß die Amerikaner nicht nur Kunstwerke sahen und hörten, sondern auch mehr denn je vorher in der amerikanischen Geschichte als Amateure oder als Berufskünstler – Maler, Bildhauer, Schauspieler, Kunstgewerbler und Musiker – die Künste ausübten.

Hans W. Gatzke

EUROPA UND DER VÖLKERBUND

Die zwanziger Jahre in Europa liegen noch so sehr im Schatten des ersten Weltkrieges, daß manche Historiker von einem »verlängerten Waffenstillstand« sprechen. Die Zeit hatte gewiß wenig gemein mit den »Roaring Twenties« in den Vereinigten Staaten, an deren Glanz und Sicherheit viele Amerikaner noch heute mit einer gewissen Nostalgie zurückdenken. Die Jahre nach 1918 in Europa waren Jahre der Armut und Unsicherheit. Wer sie jedoch einfach als Fortsetzung des Krieges mit anderen Mitteln betrachtet, übersieht die in dieser Zeit schlummernden positiven Möglichkeiten und Alternativen und ist versucht, den zweiten Weltkrieg als unvermeidliche Folge des ersten anzusehen.

Alle großen Kriege hinterlassen ihren Einfluß bis weit in die Nachkriegszeit hinein, und der erste Weltkrieg ist hier keine Ausnahme. Gemessen an seinen verheerenden Wirkungen ist es jedoch erstaunlich, wie schnell Europa wieder eine gewisse Stabilität erreichte. Der geduldigen Arbeit einer Handvoll von Staatsmännern gelang es in der zweiten Hälfte der zwanziger Jahre, das politische und wirtschaftliche Leben des Kontinents aus den Wirren der ersten Nachkriegsjahre wieder in ruhigere und gesichertere Bahnen zu lenken. Heute wissen wir, daß es sich bei dieser »Normalisierung« Europas um eine vorübergehende Scheinblüte handelte und daß insbesondere die wirtschaftliche Wiedergesundung zu sehr auf ungewissen außereuropäischen Faktoren beruhte, um der 1929 einsetzenden Weltwirtschaftskrise widerstehen zu können. Trotzdem wäre es falsch, unter dem Eindruck späterer Ereignisse nur die negativen Seiten dieser entscheidenden Jahre zu sehen. Besonders auf geistigem und künstlerischem Gebiet wirkte die Auseinandersetzung mit neuen Problemen und das Experimentieren mit zeitgemäßen Ausdrucksformen belebend und bereichernd. Die Ungewißheit und Unsicherheit der Nachkriegsjahre unterschieden sich in diesen Bereichen oft wohltuend von der allwissenden Selbstgefälligkeit der Zeit vor 1914.

Die Hauptprobleme der europäischen Nachkriegspolitik

In der Rückschau erscheint der erste Weltkrieg heute als großer Wendepunkt, als Beginn einer geschichtlichen Entwicklung, die das Ende der europäischen Vormachtstellung in der Welt zur Folge haben sollte. Dieser allmähliche Niedergang Europas wurde durch die

Friedensverträge nur noch weiter gefördert. Das in ihnen angeblich verwirklichte Ideal der politischen Selbstbestimmung, das besonders in Mitteleuropa zu weitgehenden politischen Veränderungen führte, war im Grunde nur der letzte Ausdruck eines Nationalismus, der seinen friedensstörenden Einfluß bereits vor 1914 bewiesen hatte. Nicht nur die Einseitigkeit des Selbstbestimmungsrechtes, das heißt seine Nichtbeachtung in vielen Fällen zum Nachteil der besiegten Mächte, sondern die Anwendung dieses Prinzips selbst sollte schwerwiegende Folgen haben. Die politische Zersplitterung Mitteleuropas brachte nicht nur wirtschaftliche Nachteile, das nationalistische Gebaren der Nachfolgestaaten, gepaart mit militärischer Schwäche, wirkte auch als eine ständige Herausforderung auf ihre stärkeren Nachbarn. Wer für diese und andere Nachteile der Friedensverträge die Staatsmänner der Westmächte allein verantwortlich zu machen sucht, vergißt, daß der Friede, den sie in langen Verhandlungen erarbeitet hatten, im allgemeinen den Wünschen der von ihnen vertretenen Völker entsprach. Ein auf dem Gedanken des internationalen Ausgleichs basierender Verständigungsfriede wäre sicherlich auf Widerstand gestoßen.

Daß die besiegten Völker, besonders Deutschland, die ihnen auferlegten Verträge als zu hart empfanden, ist verständlich. Der Hinweis darauf, daß ein deutscher »Siegfriede« sich kaum an Härte von dem Versailler »Diktat« unterschieden hätte, ist berechtigt. Doch darf andererseits auch die von der Mehrheit des deutschen Volkes während der letzten Kriegsjahre häufig bezeigte Bereitschaft zu einem Verständigungsfrieden nicht übersehen werden. Deutschland verurteilte den Frieden von Versailles jedoch nicht nur als zu hart, sondern auch als ungerecht und unnötig. Ungerecht, weil er gegen die vierzehn Punkte des Präsidenten Wilson verstieß, und unnötig, weil sich die Mehrheit des deutschen Volkes der totalen Niederlage nicht bewußt war. Das durch die berüchtigte »Dolchstoßlegende« geförderte Märchen von dem im Felde unbesiegten deutschen Heere machte vielen Deutschen eine realistische Beurteilung der Lage unmöglich. Der Widerstand gegen die Erfüllung des Friedensvertrages wurde Hauptaufgabe der deutschen Nachkriegspolitik.

Die europäische Außenpolitik der Nachkriegszeit wurde so weitgehend von Auseinandersetzungen über die Friedensverträge beherrscht. Die hierdurch hervorgerufenen Krisen trugen dazu bei, die nationalen Leidenschaften noch über das während des Krieges erreichte Maß zu steigern. Die von den Besiegten erlittenen Demütigungen fanden ihre Kompensation in einem übertriebenen Nationalstolz, während die von den Mittelmächten erstrebte Revision der Friedensverträge den nationalen Widerstand der Siegerstaaten herausforderte. Dieses allgemeine Anschwellen des Nationalismus erschwerte nicht nur die Lösung außenpolitischer Fragen, sondern es störte auch die innere Entwicklung besonders derjenigen Staaten, deren demokratische Regierungen den Angriffen totalitärer Parteien ausgesetzt waren. Sowohl der Faschismus wie der Nationalsozialismus waren sich des Propagandawerts eines durch rassische Ideologien radikalisierten Nationalismus bewußt. Aber auch in den Nachfolgestaaten, besonders in Polen und der Tschechoslowakei, vergiftete der Nationalismus die Beziehungen zwischen den in diesen Ländern lebenden Völkergruppen. Das Problem der nationalen Minderheiten, schon in der Vergangenheit eine Quelle dauernder Reibungen, wurde durch das Selbstbestimmungsrecht keineswegs aus der Welt geschafft.

Im Wettstreit mit dem steigenden Einfluß des Nationalismus konnten die ihm entgegenwirkenden Tendenzen sich kaum durchsetzen. Die internationale Friedensbewegung blieb, wie in der Vorkriegszeit, auf wenige Idealisten beschränkt. Literarische Werke pazifistischer Haltung konnten nur in wenigen Fällen – wie etwa Remarques Roman »Im Westen nichts Neues« – mit der militaristischen Literatur konkurrieren. Der vor 1914 so vielversprechende Kontakt zwischen den in der Zweiten Internationale vereinigten sozialistischen Parteien hatte durch den Weltkrieg einen entscheidenden Stoß erlitten. Die im März 1919 von Lenin und Sinowjew gegründete Dritte, kommunistische Internationale andererseits, konnte mit ihren Weltrevolutionsplänen kaum als Verfechter internationaler Zusammenarbeit gelten. Der russische Kommunismus mit seinem Appell an die internationale Solidarität des Proletariats gab sich äußerlich zwar durchaus antinationalistisch. Indem er sich jedoch in die inneren Angelegenheiten anderer Völker mischte, förderte er nicht nur die nationalen Interessen der Sowjetunion, sondern leistete auch indirekt der nationalistischen Agitation der Rechtsparteien in den westlichen Staaten Vorschub, die sich als Bollwerk gegen den Bolschewismus ausgaben. Von Rußland unterstützt, konnten schon vor 1920 kommunistische Regierungen in Bayern unter Kurt Eisner und in Ungarn unter Béla Kun auf kurze Zeit Fuß fassen. Rußland förderte später noch weitere Umsturzversuche, besonders in Deutschland. Die dadurch erweckte Furcht vor dem Kommunismus brachte ein neues und beunruhigendes Element in die europäische Politik.

Die Dreiteilung des Kontinents in Sieger, Besiegte und die Sowjetunion war die Ursache fortgesetzter internationaler Störungen und eine ständige Bedrohung des europäischen Friedens. Um dieser Situation abzuhelfen, hatten die alliierten Politiker, unter der Führung des Präsidenten Wilson, während der Friedensverhandlungen die übernationale Institution des Völkerbundes geschaffen. Hier war eine Neuschöpfung in der europäischen Geschichte entstanden, ein Parlament der Nationen, in dessen Gremium nationale Gegensätze und internationale Probleme nicht nur Europas, sondern der ganzen Welt auf dem Verhandlungswege ausgeglichen und gelöst werden sollten. So wenigstens hatten sich die Urheber des Völkerbundes seine Aufgaben vorgestellt. Die Wirklichkeit sah sehr bald anders aus. Als die erste Vollversammlung des Völkerbundes am 15. November 1920 in Genf zusammentrat, fehlten unter den Großmächten nicht nur Deutschland und Rußland, sondern auch die Vereinigten Staaten. Deutschland wurde erst 1926 aufgenommen, die Sowjetunion acht Jahre später, und Amerika verharrte bis zuletzt in seiner Isolierung. Die Politik des Völkerbundes wurde so in seinen ersten Jahren fast ausschließlich von den Siegermächten bestimmt. Die Abwesenheit Amerikas war dabei besonders bedauerlich, weil diese außereuropäische Weltmacht in vielen europäischen Fragen die natürliche Rolle eines unvoreingenommenen Schiedsrichters hätte übernehmen können.

Der Völkerbund litt, wie wir sehen werden, noch an vielen anderen Schwächen. Er war weniger ein Weltbund der Völker als eine Konferenz der europäischen Großmächte, die ihre nationalen Interessen verfolgten und versuchten, den Völkerbund ihrer eigenen Politik dienstbar zu machen. Frankreich hoffte, ihn aus Gründen nationaler Sicherheit für die Erhaltung des in den Friedensverträgen errichteten Status quo einzuspannen, während Deutschland das genaue Gegenteil, nämlich die Revision der Friedensverträge, von ihm erwartete. Englands Politik lag zwischen diesen beiden Extremen. Stark an der wirtschaftlichen Wiedergesundung Deutschlands interessiert, brachte es den deutschen Revisionswünschen ein gewisses Verständnis entgegen. Gleichzeitig jedoch weigerte es sich, dem französischen Sicherheitsbedürfnis entweder durch eine weitere Stärkung des Völkerbundes oder durch den Abschluß eines englisch-französischen Bündnisses Rechnung zu tragen. Die übernationale Idee des Völkerbundes geriet so in Konflikt mit den nationalen Vorbehalten seiner Mitglieder, die sich weigerten, dieser Idee auch nur einen Bruchteil ihrer Souveränität zu opfern. Nur in Fragen, die nicht unmittelbar das Lebensinteresse der Großmächte berührten, war der Völkerbund einigermaßen erfolgreich.

Die Hauptprobleme der Nachkriegszeit waren jedoch nicht sosehr politischer als vielmehr wirtschaftlicher Natur. Sie lagen daher, besonders da die Vereinigten Staaten bei der Lösung von Wirtschaftsfragen eine entscheidende Rolle spielten, außerhalb des Völkerbundsbereiches. Natürlich lassen sich die politischen und wirtschaftlichen Folgen des Krieges nicht scharf voneinander trennen, sondern sie standen in Wechselwirkung zueinander. So hatten zum Beispiel die Teilnehmer der Friedenskonferenz in ihrem Bestreben, die politischen Mängel der Vorkriegszeit zu korrigieren, oft die wirtschaftlichen Folgen territorialer Neuordnungen übersehen. Und auch die rein wirtschaftlichen Bestimmungen der Friedensverträge waren unpraktisch genug. Bereits während der Verhandlungen in Paris hatte das der britische Nationalökonom John Maynard Keynes kritisiert. Sein 1919 erschienenes Buch, »The Economic Consequences of the Peace«, nannte bereits ganz klar die späteren wirtschaftlichen Schwierigkeiten des Friedensvertrages und besonders der Reparationsbestimmungen. Um die von den Alliierten geforderten hohen Summen aufbringen zu können, benötigte Deutschland einen Kapitalüberschuß, der letzten Endes nur durch Exportsteigerung erzielt werden konnte. Damit kam die deutsche Wirtschaft aber den anderen Mächten ins Gehege, die sich durch erhöhte Zölle vor der deutschen Konkurrenz zu schützen suchten. Der Transfer großer Geldsummen hatte weiterhin nachteilige Folgen für Schuldner wie für Gläubiger. Eine Begleichung der Reparationsschuld durch Sachlieferungen andererseits benachteiligte die Wirtschaftsinteressen der Gläubigerländer auf ihrem eigenen Markt. Die Reparationsfrage wurde weiter kompliziert durch die unter den Siegermächten bestehenden Schuldverhältnisse. Solange vor allem Amerika auf Bezahlung der ihm von den Alliierten geschuldeten Summen bestand, weigerten sich diese, in ihren Forderungen gegenüber Deutschland nachzulassen. Mehr als irgendein politisches Problem beherrschte die Reparationsfrage die Außenpolitik der Nachkriegszeit. Es ist bezeichnend, daß sich die allmähliche Entwirrung des Reparationsproblems nach 1924 in einer gleichzeitigen Entspannung der politischen Lage bemerkbar machte.

Diese Entspannung fand ihren Widerhall auch in der Innenpolitik. Verglichen mit den fast alle Großmächte gleichsam berührenden Fragen der Außenpolitik, läßt sich die innere Entwicklung der europäischen Staaten während der Nachkriegszeit nur schwer auf einen Nenner bringen, obwohl sich auch hier einige allgemeine Tendenzen abzeichneten. Der von den Alliierten als Kriegsziel proklamierte »Sieg der Demokratie« schien im Weltkrieg verwirklicht worden zu sein. Die zwei großen Monarchien des mittleren Europa hatten sich bereits bei Kriegsende in Republiken umgewandelt und gaben sich bald darauf demokrati-

Versammlung von Angestellten im Berliner Lustgarten, November 1918

Räteherrschaft in München, April 1919
Zeichnung von Eduard Thöny. München, Staatliche Graphische Sammlung

sche Verfassungen. Daß die mit alliierter Hilfe ins Leben gerufenen Nachfolgestaaten die demokratische Regierungsform wählten, war selbstverständlich. Nur Rußland blieb dieser allgemeinen Entwicklung zur Demokratie fern. Hier ließen sich, nach einem kurzen demokratischen Zwischenspiel, bald nach dem Kriege die ersten Umrisse einer neuen, der Demokratie feindlichen Regierungsform erkennen. Das Hauptmerkmal dieses neuen Diktaturstaates war die auf eine einzige Partei gestützte Regierung einer Minderheit, welche totale, alle Lebensbereiche des Individuums umfassende Herrschaftsansprüche stellte. Der Sieg des Faschismus in Italien nach 1922 sowie die Errichtung autoritärer Regierungen in einer Reihe kleinerer Staaten ließen schon um die Mitte der zwanziger Jahre erkennen, daß es sich bei der anti-demokratischen Entwicklung zur Diktatur keineswegs um eine von der politischen Linken ausgehende Einzelerscheinung handelte.

Was die geschichtlichen Hintergründe sowie die Ziele und Auswirkungen der faschistischen und kommunistischen Diktaturen anbelangt, so waren sie sehr verschieden und lassen kaum eine Verallgemeinerung zu. Die Entstehung der Diktaturen hängt jedoch aufs engste mit den Entwicklungen der Kriegs- und Nachkriegszeit zusammen. Die während des Krieges notwendig gewordene Anspannung der gesamten Volkskräfte hatte überall diktaturähnliche Macht in die Hände der Regierungen gelegt und zu weitgehenden Freiheitsbeschränkungen des Einzelnen geführt. In Ländern mit starker demokratischer Tradition, wie in Frankreich und in England, verschwand dieser Ausnahmezustand bald nach Ende des Krieges. Wo eine derartige Tradition aber fehlte, verharrten die Völker auch weiterhin in ihrer Gewohnheit, die Lösung schwieriger Probleme dem Staate zu überlassen. Politische und wirtschaftliche Krisen verstärkten diese Neigung und verhalfen einer Regierungsform zum Sieg, von deren energischer und durch keinerlei Opposition gehemmter Politik ihre Anhänger einen baldigen Ausweg aus dem Elend der Nachkriegszeit erhofften. Andererseits machte sich in den Jahren wirtschaftlicher Besserung nach 1924 ein Rückgang der antidemokratischen Parteien in vielen Ländern Europas bemerkbar.

Die politischen und wirtschaftlichen Folgen des Krieges hatten auch weitgehende soziale Auswirkungen. Der Einfluß der Aristokratie wurde im mittleren Europa durch Krieg und Revolution stark vermindert und in Rußland sogar völlig abgedrosselt. Was das Bürgertum betrifft, so konnte es nach dem Kriege nur in wenigen Ländern seine im 19. Jahrhundert erkämpfte Stellung behaupten. Der Mittelstand wurde ganz besonders schwer von den wirtschaftlichen Folgen des Krieges und der verheerenden Inflation der Nachkriegsjahre betroffen. Der Machtverlust der mittleren und oberen Gesellschaftsschichten kam der durch zunehmende Verstädterung ständig wachsenden Arbeiterschaft zugute. Als Ergebnis fortschreitender Demokratisierung konnten die unteren Klassen nach dem Kriege zum erstenmal in der europäischen Geschichte ihren Einfluß geltend machen. In Rußland wurden die Arbeiter zum tragenden Element einer neuen Staatsordnung, während ihnen in den Industrieländern des Westens bedeutende Regierungsfunktionen zufielen. Gleichzeitig verbesserte sich auch die wirtschaftliche Lage der Arbeiter durch Lohnerhöhung, Einführung des Achtstundentages und großzügige Sozialgesetze. Trotz dieser Verbesserungen in der Lebenshaltung und in den Arbeitsbedingungen jedoch waren die Arbeitermassen mehr als jede andere Schicht von Konjunkturschwankungen bedroht. Das Problem der Arbeitslosigkeit, schon vor dem Krieg eine Begleiterscheinung wirtschaftlicher Krisen, nahm in der Nachkriegszeit ungeahnte Proportionen an. Die Gewerkschaftsbewegung, fast überall von den Fesseln der Vorkriegszeit befreit, versuchte zwar durch Streiks wie auch durch politischen Druck, das Los ihrer Mitglieder zu bessern. Ihr Einfluß nahm jedoch mit zunehmender Arbeitslosigkeit ständig ab.

Je verzweifelter die wirtschaftliche Lage der Arbeiter, besonders nach 1929, wurde, desto mehr wandten sie sich von den gemäßigteren sozialistischen Parteien ab und dem Kommunismus zu. Auch der Mittelstand wurde schwer von Wirtschaftsnot und Arbeitslosigkeit getroffen. Diese Schicht zwischen Proletariat und gehobenem Mittelstand zeigte sich besonders empfänglich für die Propaganda der radikalen Rechtsparteien faschistischer Prägung. Beiden politischen Extremen war die Opposition gegen die bestehende Wirtschaftsordnung gemein, allerdings mit dem Unterschied, daß die Linke den Umsturz des kapitalistischen Systems erstrebte, während die Rechte ihren Anhängern versprach, eine Reform der Wirtschaft nach gemeinnützigen Grundsätzen durchzuführen.

Die Probleme der Nachkriegszeit lassen sich, wie dieser kurze Überblick zeigt, in einige größere Themen zusammenfassen, die wir im einzelnen noch ausführlicher behandeln werden. Das erste Ziel aller europäischen Staaten war, die Folgen des Krieges zu liquidieren und die Wiederholung einer ähnlichen Katastrophe zu verhindern. Dabei war dem Völkerbund eine entscheidende Rolle zugedacht. Das Fortbestehen nationaler Einzelinteressen und die durch den Krieg angefachten nationalen Leidenschaften enttäuschten jedoch die auf den Völkerbund gesetzten Hoffnungen. In dem Gegeneinanderwirken internationaler und nationaler Tendenzen behielten diese von Anfang an die Oberhand, und die europäischen Mächte bewegten sich alsbald wieder in den traditionellen Bahnen einer nationalen Bündnispolitik. Der Versuch, die durch die Friedensverträge geschaffene und vielerorts als unhaltbar empfundene Neuordnung Europas mit Hilfe ausgedienter Methoden der Vorkriegszeit zu festigen, sollte sich aber als unmöglich erweisen. Besonders verhängnisvoll war die Anwendung überholter Begriffe auf wirtschaftlichem Gebiet. Ausschlaggebend für die Wiederherstellung normaler Verhältnisse war die Überwindung der wirtschaftlichen Kriegsfolgen und die Wiedergewinnung der europäischen Geltung in der Weltwirtschaft. Diese wirtschaftliche Wiedergesundung Europas wurde durch das Feilschen um die Reparationen entscheidend verzögert. Auch innenpolitische Gegensätze wurden weitgehend durch wirtschaftliche Faktoren verursacht und vertieft. Die Weltwirtschaftskrise nach 1929 zeigte dann plötzlich in rücksichtsloser Klarheit, wohin eine in den Anschauungen der Vorkriegszeit befangene Politik führen konnte. Bis dahin jedoch hatten sich die Mächte bereits wieder zu sehr in eine Politik der nationalen Selbstinteressen eingelebt, als daß ihnen eine radikale Umkehr möglich gewesen wäre.

Der Völkerbund und die kollektive Sicherheit

Der Zweck des Völkerbundes war, wie es in seinen Satzungen heißt, den Frieden und die Sicherheit durch internationale Zusammenarbeit zu fördern. Er verkörperte so die Hoffnungen all derer, die eine Wiederholung der Katastrophe von 1914 zu verhindern suchten. Als Instrument der Kriegsverhütung war er keineswegs die ideale Lösung, aber er war die zu der Zeit bestmögliche. Das Prinzip der kollektiven Sicherheit, auf dem der Völkerbund beruhte, versprach mehr für die Erhaltung des Friedens, als das von dem »Konzert der Mächte« in der Vergangenheit erstrebte kontinentale Gleichgewicht. Seine Satzungen enthielten manchen schwachen oder unklaren Punkt. Doch diese Schwächen waren keineswegs unabänderlich und hätten durch zielbewußte Zusammenarbeit der Großmächte beseitigt werden können. Das Versäumnis, die im Völkerbund liegenden Möglichkeiten zu verwirklichen, trug mehr als alles andere zu seinem Mißerfolg bei.

Daß den Großmächten die führende Rolle in der Völkerbundspolitik zufallen würde, war selbstverständlich und auch bereits in seinen Satzungen zum Ausdruck gebracht. Die wichtigste Aufgabe war hier dem Völkerbundsrat zugedacht, in dem die führenden Mächte, England, Frankreich, Italien und Japan, ständige Sitze innehatten und sich, zumindest in den ersten Nachkriegsjahren, gegenüber den aus den Reihen der kleineren Staaten periodisch gewählten Ratsmitgliedern, in der Mehrheit befanden. Es dauerte eine Weile, bis die Großmächte die ihnen eingeräumte Vormachtstellung voll ausnutzten. Erst ab 1924 schickten sie ihre führenden Staatsmänner nach Genf, das von da ab kurz in den Mittelpunkt der internationalen Politik rückte. Bei dem mangelnden Interesse, das die Politiker dem Völkerbund in seinen ersten Jahren entgegenbrachten, war es nicht weiter erstaunlich, daß die Völkerbundsidee in der breiten Öffentlichkeit keinen rechten Widerhall fand. Diese Interesselosigkeit steht in auffallendem Gegensatz zu der allgemeinen Anteilnahme, die heute in weiten Kreisen den Vereinten Nationen entgegengebracht wird. In seiner friedensbewahrenden Tätigkeit fielen dem Völkerbund speziell folgende Aufgaben zu: die Vorbereitung der militärischen Abrüstung, die Schlichtung internationaler Streitfragen, die Verhängung und Durchführung von Sanktionen gegen Angreiferstaaten sowie die Registrierung und die Revision internationaler Verträge. Nur in wenigen Fällen war dem Völkerbund in der Behandlung dieser Fragen ein Erfolg beschieden.

Nach Artikel acht der Völkerbundsakte sollte der Völkerbundsrat den Mitgliedern Pläne für ihre militärische Abrüstung, »auf das im Rahmen ihrer nationalen Sicherheit mögliche Mindestmaß«, unterbreiten. Da in dem Rüstungswettlauf der Vorkriegszeit eine der Hauptursachen des ersten Weltkrieges gesehen wurde, handelte es sich hier um eine grundlegende Forderung der künftigen Sicherheit. Der Versailler Vertrag hatte bereits eine starke Reduzierung der deutschen Waffenstärke verfügt, um dadurch »die Einleitung einer allgemeinen Rüstungsbeschränkung aller Nationen zu ermöglichen«. Die Frage der allgemeinen Abrüstung wurde jedoch nur zögernd in Angriff genommen. Erst 1926 begann eine Völkerbundskommission mit den Vorbereitungen für eine Abrüstungskonferenz, die dann endlich 1932 zu ihren fruchtlosen Beratungen zusammentrat. Der Mißerfolg der Abrüstungsversuche hatte vielfache Gründe. Bereits kurz nach dem Kriege wurde der deutschen Regierung vorgeworfen, die Entwaffnungsbestimmungen des Friedensvertrags nur unvollkommen ausgeführt zu haben. Die mit der Überwachung der deutschen Abrüstung betraute interalliierte Kontrollkommission berichtete von geheimen Waffenlagern, der Ausbildung zusätzlicher Zeitfreiwilliger und der wehrsportlichen Betätigung deutscher Zivilisten in quasimilitärischen Organisationen wie »Stahlhelm« und »Werwolf«. Dazu traten Gerüchte über Beziehungen zwischen Reichswehr und Roter Armee, welche Deutschland die Produktion von Tanks, Flugzeugen und Giftgas sowie die Ausbildung deutscher Offiziere in diesen verbotenen Waffen auf russischem Boden erlaubten. Diese deutschen Verletzungen der Friedensbestimmungen haben sich seither, auf Grund deutscher Akten, nachweisen lassen, wenn auch das Halbdunkel, in dem sich diese Vorgänge abspielten, ihre Bedeutung größer erscheinen ließ, als sie wirklich war. Wichtig ist, daß Deutschlands geheime Militärpolitik den Alliierten Grund zur Verzögerung ihrer eigenen Abrüstung gab.

Es gab jedoch noch tiefere Gründe. In den Verhandlungen der vorbereitenden Abrüstungskommission zeigte sich bald, daß es unmöglich war, allgemeingültige Normen für den Rüstungsstand verschiedener Nationen festzulegen. Geographische Lage, Bevölkerungszahl, industrielle Entwicklung und Rohmaterialquellen eines Landes erschienen weit wichtiger für sein militärisches Potential als seine tatsächliche Heeres- oder Rüstungsstärke. In fast all diesen Faktoren waren Deutschland und die Sowjetunion den anderen europäischen Mächten weit überlegen, und eine allgemeine Waffenbeschränkung würde sich einseitig zu ihren Gunsten ausgewirkt haben. Als daher Maksim Litwinow, der auf Einladung als russischer Delegierter im Jahre 1927 an den Beratungen der vorbereitenden Abrüstungskommission teilnahm, eine totale Abrüstung sämtlicher Staaten vorschlug, traf er bei den Vertretern der Alliierten auf allgemeinen Widerstand. Nur auf dem Gebiete der Flottenpolitik sollte die Rüstungsbeschränkung einen gewissen Erfolg haben. Hier jedoch wurden die Verhandlungen, wie wir sehen werden, von den hauptbeteiligten Mächten außerhalb des Völkerbundes geführt.

Die Funktionen des Völkerbundes bei der Schlichtung internationaler Streitfragen waren in den Artikeln elf bis fünfzehn seiner Satzungen festgelegt. Diese waren so formuliert, daß sie kaum die Entscheidungsfreiheit der betroffenen Staaten beeinträchtigten. Die Mitglieder verpflichteten sich, ihre »einer schiedsrichterlichen Lösung zugänglichen« Differenzen entweder vor den Völkerbundsrat oder vor den Haager Internationalen Gerichtshof zu bringen. Ein Schiedsspruch war jedoch nur dann bindend, wenn er einstimmig von dem Völkerbundsrat, unter Ausschluß der von dem Konflikt betroffenen Mächte, angenommen wurde. Anderenfalls stand es den Parteien frei, »die Schritte zu tun, die sie zur Aufrechterhaltung von Recht und Gerechtigkeit für nötig« hielten. Was dem Wortlaut der Satzungen an Nachdruck fehlte, sollte anscheinend durch den Druck der öffentlichen Meinung auf die Friedensstörer ersetzt werden. Dabei wurde übersehen, daß gerade diese sich gegen einen derartigen psychologischen Einfluß immun zeigen würden.

Trotz der Schwächen seines schiedsrichterlichen Amtes gelang es dem Völkerbund, eine Reihe internationaler Konflikte zu schlichten. Ungefähr dreißig solcher Streitfragen wurden ihm während der zwanziger Jahre unterbreitet, und die Mehrzahl wurde friedlich beigelegt. Dabei handelte es sich zum Teil um Fragen, wie etwa um den Grenzkonflikt zwischen

Griechenland und Bulgarien im Jahre 1925, die den Keim schwerer internationaler Verwicklungen in sich trugen. Kleine Staaten mußten sich den von den Großmächten getroffenen Verfügungen meist wohl oder übel fügen. Sobald jedoch eine Großmacht selbst sich in der Rolle des Friedensstörers befand, erwies sich der Völkerbund als weit weniger wirksam. Ein Beispiel war der Korfu-Zwischenfall im August 1923, als Italien, zur Vergeltung für den Mord italienischer Mitglieder einer auf griechischem Boden weilenden internationalen Grenzkommission, die griechische Insel Korfu bombardierte und besetzte. Griechenland wandte sich sofort an den Völkerbund, der eine Untersuchung anordnete. Das italienische Mitglied des Völkerbundsrates weigerte sich, die Zuständigkeit des Völkerbundes in dieser Angelegenheit anzuerkennen. Gleichwohl zog Italien, nachdem Griechenland eine von ihm geforderte Entschädigung gezahlt hatte, seine Truppen zurück. Diese »friedliche« Lösung wurde damals als Sieg des Völkerbundes gewertet. Heute sieht man in dem italienischen Akt wohl eher ein Beispiel der Art faschistischer Gewaltpolitik, wie sie in den dreißiger Jahren zur Gewohnheit werden und der gegenüber sich der Völkerbund praktisch als machtlos erweisen sollte.

Die Schwächen des völkerbundlichen Schiedsgerichtsverfahrens sollten anscheinend durch die Sanktionsbestimmungen des Artikels sechzehn der Völkerbundssatzung ausgeglichen werden. Diese traten automatisch in Kraft, sobald ein Mitglied unter Nichtbeachtung der Schlichtungsbestimmungen einen Krieg begann. Als Sanktion gegen den Angreifer war hauptsächlich der wirtschaftliche Boykott vorgesehen. Eine derartige Aussperrung war zweifellos ein wirksames Zwangsmittel, wenn sämtliche Großmächte daran teilnahmen. Da aber zumindest zwei dieser Mächte sich jeweils außerhalb des Völkerbundes befanden, war die Durchführung eines straffen Boykotts unmöglich. Dies sollte sich sowohl 1931, bei Japans Angriff auf China, als auch 1935, während des italienischen Krieges gegen Abessinien, zeigen. Im letzteren Fall ließ zudem noch die Befürchtung der Mächte, besonders Englands, durch wirtschaftlichen Boykott in einen Krieg mit Italien verwickelt zu werden, wirtschaftliche Sanktionen unratsam erscheinen.

Die Wirksamkeit des Völkerbundes war, wie dieses Beispiel zeigt, letzten Endes von der Bereitschaft seiner Mitglieder abhängig, seine Verfügungen, wenn nötig, mit Waffengewalt zu unterstützen. Die Anwendung militärischer Sanktionen war im Artikel sechzehn zwar vorgesehen, doch ihre Durchführung war dem Ermessen der Mitglieder überlassen. Der Völkerbund verfügte daher selbst nicht über die Mittel, seinen Anordnungen den gehörigen Nachdruck zu verleihen. Hierin lag eine seiner größten Schwächen. Um diesem Zustand abzuhelfen, beriet die Völkerbundsversammlung im Herbst 1923 Vorschläge für einen internationalen Beistandspakt, dessen Mitglieder im Falle eines Angriffskrieges einander helfen sollten. Es war jedoch unmöglich, die Rolle des Angreifers für alle möglichen Fälle im voraus zu definieren. Einen Versuch in dieser Richtung machte das Genfer Protokoll vom 2. Oktober 1924. Hiernach galt als Angreifer jeder im Kriegszustand befindliche Staat, der sich weigerte, dem vom Völkerbund vorgeschriebenen Schlichtungsverfahren zu gehorchen. Die Unterzeichner des Protokolls sollten sich verpflichten, nicht nur an Sanktionen gegen einen derartigen Angreifer teilzunehmen, sondern auch »der angegriffenen oder bedrohten Nation zu Hilfe zu eilen«. Vor einer derart weitgehenden Garantie scheuten jedoch die meisten Staaten zurück. Besonders England und seine Dominien fürchteten, durch das Genfer Protokoll ihre Handlungsfreiheit einzubüßen und in Kriege verwickelt zu werden, die sie nichts angingen. Englands Außenminister, Sir Austen Chamberlain, verweigerte daher seine Unterschrift. Der Versuch, den Völkerbund durch ein internationales Militärbündnis zu ergänzen und zu stärken, war damit fehlgeschlagen.

Verglichen mit den Aufgaben des Völkerbundes auf dem Gebiete der kollektiven Sicherheit, spielte die im Artikel achtzehn seiner Satzungen vorgesehene Registrierung und Veröffentlichung internationaler Verträge eine untergeordnete Rolle. Hier handelte es sich um einen Versuch, die besonders von Präsident Wilson für den Ausbruch des Krieges verantwortlich gemachte Geheimdiplomatie ein für allemal unmöglich zu machen. Es dauerte eine Weile, ehe sich die Politiker daran gewöhnten, im Licht der Öffentlichkeit und unter Druck der öffentlichen Meinung zu verhandeln, eine Methode, über die man sehr geteilter Meinung sein kann. In den zwanziger Jahren wurden jedenfalls die wichtigsten Entscheidungen immer noch hinter verschlossenen Türen getroffen. Wenn die Mehrzahl der internationalen Verträge damals auch beim Sekretariat des Völkerbunds hinterlegt wurde, so verschwand damit keineswegs die Angst vor Geheimverträgen, besonders vor solchen zwischen Staaten, die nicht Völkerbundsmitglieder waren.

Weit wichtiger als die Registrierung neuer Verträge war die im Artikel neunzehn vorgesehene periodische Überprüfung internationaler Abmachungen, die unanwendbar oder sonstwie zu einer Gefahr für den Weltfrieden geworden sein könnten. Hier war die Möglichkeit gegeben für eine eventuelle friedliche Revision der Friedensverträge. Da jedoch die Völkerbundsversammlung eine solche Überprüfung nur vorschlagen, aber nicht gegen den Widerstand einzelner Mitglieder durchsetzen konnte, blieb der Artikel neunzehn ein unerfülltes Versprechen. Hier wäre einem unparteiischen Amerika eine besonders lohnende Aufgabe zugefallen.

In seiner wichtigsten Rolle, der Garantie internationaler Sicherheit, waren dem Völkerbund, wie dieser kurze Überblick zeigt, nur geringe Erfolge beschieden. Es fehlte nicht an Versuchen, die Lücken seiner Satzung auszufüllen und vor allem dem Völkerbund ein militärisches Rückgrat zu geben. Sie scheiterten jedoch an dem Egoismus seiner Mitglieder. Statt die im Völkerbund gegebenen Möglichkeiten für die Friedenssicherung weiter auszubauen, schlugen die Mächte bereits kurz nach dem Kriege einen unabhängigen Kurs ein, dessen Ziele und Methoden sich kaum von der großen Politik der Vorkriegszeit unterschieden. Ehe wir uns der Politik der Einzelstaaten zuwenden, müssen wir jedoch kurz noch einige sekundäre Arbeitsgebiete des Völkerbundes erwähnen, auf denen weit positivere Erfolge erzielt worden sind.

Hierbei handelte es sich zum Teil um Aufgaben, die bereits in den Völkerbundssatzungen vorgezeichnet waren. Dazu gehörte vor allem die Kontrolle über die unter Artikel zweiundzwanzig geschaffenen Mandate. Die mit der Verwaltung dieser Gebiete betrauten Mächte mußten hiernach jährlich der Mandatskommission des Völkerbundes über ihre Tätigkeit Rechenschaft ablegen. Damit wurde nicht nur offiziell anerkannt, daß das Wohlergehen und die Entwicklung der weniger entwickelten Völker eine »heilige Aufgabe der Zivilisation« war, sondern es wurde auch gleichzeitig ein bedeutender Schritt vorwärts getan auf

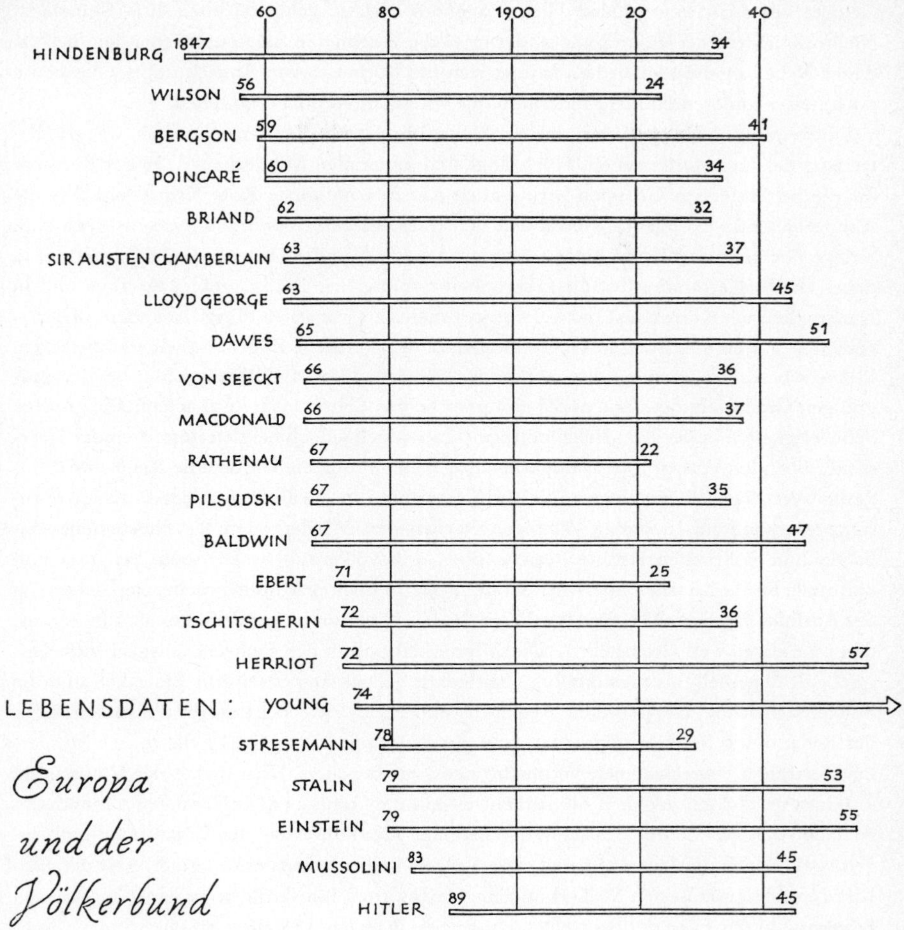

dem Wege der allmählichen Emanzipation der Kolonialvölker. Im Artikel dreiundzwanzig der Völkerbundsakte wurden dem Völkerbund als weitere Aufgaben – neben anderen – die Unterbindung des Opium- und Sklavenhandels sowie die Krankheits- und Seuchenbekämpfung aufgetragen. Im Herbst 1921 schuf der Völkerbund ein Komitee für geistige Zusammenarbeit, dem Gelehrte wie Albert Einstein, Henri Bergson und der amerikanische Physiker Robert Andrews Millikan angehörten. Die Zugehörigkeit zu untergeordneten Organisationen des Völkerbundes war also keineswegs auf Angehörige der Mitgliedstaaten beschränkt. Der auf Grund von Artikel vierzehn errichtete Ständige Internationale Gerichtshof im Haag wurde auch von Staaten außerhalb des Völkerbundes als Schlichtungsausschuß anerkannt, und der Internationalen Arbeitsorganisation, die besonders auf dem

Gebiete der Arbeiterwohlfahrt Hervorragendes leistete, gehörten auch eine Reihe von Nichtmitgliedern des Völkerbundes, darunter die Vereinigten Staaten, an. Bei den meisten dieser Nebenorganisationen handelte es sich um Vorläufer von Einrichtungen, die heute noch, unter anderen Namen, innerhalb der Vereinten Nationen bestehen.

Ein weiteres Gebiet, auf dem sich der Völkerbund große Verdienste erwarb, war die Betreuung der Kriegsgefangenen, Flüchtlinge und nationalen Minderheiten. In der Fürsorge für die beiden ersten Gruppen wirkte auch das Internationale Rote Kreuz mit. Was die Minderheitenfrage angeht, so befanden sich trotz des Selbstbestimmungsrechts nach dem Kriege noch fast dreißig Millionen Menschen unter fremder Herrschaft. In Gegenden, in denen der Völkerbund selbst die Oberhoheit ausübte, wie im Saargebiet bis 1935 und in Danzig, ließ die Korrektheit der Verwaltung nichts zu wünschen übrig. In anderen Grenzgebieten, wie zum Beispiel in Oberschlesien, deren politische Zugehörigkeit erst durch ein Plebiszit bestimmt werden sollte, wirkte der Völkerbund oft als Schiedsrichter bei der endgültigen Grenzziehung, ohne es dabei immer beiden Seiten recht zu machen. Die größten Schwierigkeiten in der Minderheitenfrage ergaben sich jedoch bei den unter fremder Herrschaft lebenden Volksgruppen. Zur Regelung dieser Probleme wurde eine Reihe von Minderheitsverträgen abgeschlossen, die den Völkerbund in etwaigen Konflikten als letzte Instanz anerkannten. In diesen Verträgen wurden den Minderheiten die gleichen persönlichen und politischen Rechte, welche die Gastbevölkerung besaß, sowie religiöse und kulturelle Freiheit, insbesondere der Schulunterricht in ihrer Muttersprache, zugesichert. In der Ausführung dieser Verträge ergaben sich aber Differenzen, bei denen es oft schwer war, den schuldigen Teil festzustellen. Die Minderheitspolitik der Tschechoslowakei zum Beispiel galt allgemein als mustergültig, befriedigte jedoch keineswegs die Slowaken und die Sudetendeutschen. Die polnische Regierung andererseits war bekannt für die Intoleranz in der Behandlung ihrer Minderheiten und versuchte mit allen Mitteln die in den Minderheitsverträgen eingegangenen Verpflichtungen zu umgehen. Hier wirkte der Völkerbund als eine Art Forum, vor dem die Außenwelt auf die polnischen Verletzungen aufmerksam gemacht werden konnte. Um die Wünsche einer Minderheit vor den Völkerbund zu bringen, war jedoch die Unterstützung eines Völkerbundsmitglieds erforderlich. Erst der Eintritt Deutschlands in den Völkerbund im Herbst 1926 führte daher zu einer merklichen Besserung in der Lage der deutschen Minderheit in Polen. In Fällen, wo ein Minderheitenkonflikt zwei Großmächte anging, konnte aber auch der Völkerbund nicht viel ausrichten. Bei der Unterdrückung des deutschen Volkstums in Südtirol durch Italien zum Beispiel erwies sich der Einspruch Deutschlands als fruchtlos. In der Hierarchie der Staaten standen nach wie vor die großen Mächte an der Spitze, und unter den Großmächten waren dann die Siegermächte wiederum den Besiegten überlegen. An dieser internationalen Rangordnung konnte auch der Völkerbund nichts ändern.

Die große Politik der Nachkriegszeit

Das Unvermögen des Völkerbundes, einen auf kollektiver Sicherheit beruhenden Frieden zu garantieren, ließ die Mächte schon kurz nach dem Kriege wieder ihr Heil in einer auf Einzelverträgen beruhenden internationalen Ordnung suchen. Die größte Gefahr für den europäischen Frieden wurde allgemein in dem Bestreben Deutschlands gesehen, die Bestimmungen des Versailler Vertrages zu umgehen und zu revidieren. Dadurch fühlte sich vor allem Frankreich bedroht. Schon während der Friedensverhandlungen hatte es versucht, seine Stellung gegenüber Deutschland durch Vorschieben seiner östlichen Grenze an den Rhein zu festigen. Dabei war es jedoch auf den Widerstand der angelsächsischen Mächte gestoßen. Es hatte sich statt dessen mit dem vertragsmäßig festgelegten Versprechen Englands und der Vereinigten Staaten begnügen müssen, Frankreich im Falle eines deutschen Angriffes zu unterstützen. Als Amerika sich dann aber weigerte, die in Versailles unterzeichneten Verträge anzuerkennen, zog sich auch England von seinem Beistandsversprechen zurück. Frankreich stand damit seinem deutschen Nachbarn allein gegenüber. Die Tatsache, daß dieser sowohl in Bevölkerungszahl wie in industriellem Potential Frankreich weit überlegen war, läßt die fieberhaften Bemühungen der Franzosen um ihre nationale Sicherheit durchaus verständlich erscheinen. Der französischen Politik standen in ihrem Sicherheitsbestreben zwei Möglichkeiten offen: sie konnte entweder auf strengste Einhaltung der Versailler Bedingungen bestehen, oder aber sie konnte versuchen, dem deutschen Revisionsbestreben auf halbem Wege entgegenzukommen und so dem deutschen Revanchegedanken seine Grundlage zu nehmen. Beide Methoden wurden versucht, ohne jedoch wirklich Erfolg zu haben.

Die ersten Nachkriegsjahre standen ganz im Zeichen eines unnachgiebigen Festhaltens an den Friedensbedingungen. Daraus ergab sich in deutschen Augen bald eine weitere Verschärfung der Versailler Bestimmungen. Die Reparationsfrage, die alliierte Forderung nach Auslieferung der deutschen »Kriegsverbrecher« sowie der endgültige Verlust von Eupen-Malmedy, Memel und eines Teils von Oberschlesien verstärkte die Agitation, besonders deutscher Rechtskreise, gegen das Versailler »Diktat«. Angesichts der deutschen Opposition gegen den Friedensvertrag waren die Franzosen bemüht, die schon während der Friedensverhandlungen brüchig gewordene Front mit England zu kitten. In der Behandlung des Reparationsproblems sowie in politischen Fragen, die das Gleichgewicht auf dem Kontinent zu Frankreichs Gunsten zu verändern drohten, machten sich jedoch bald offene Differenzen zwischen den ehemaligen Alliierten bemerkbar. Dies zeigte sich besonders während der französischen Besetzung des Ruhrgebiets im Jahre 1923. Der von Frankreich und Belgien für diesen Gewaltakt angegebene Grund, Deutschland zur Erfüllung seiner Reparationsverpflichtungen zu zwingen, hatte wohl seine Berechtigung. Andererseits aber ließ die Haltung Frankreichs gegenüber den Bestrebungen rheinischer Separatisten den Verdacht zu, daß es mit seiner Ruhrpolitik nicht nur wirtschaftliche, sondern auch politische Ziele verfolgte. Derartige Pläne trafen jedoch nach wie vor auf britischen Widerstand, und das Ergebnis der französischen Politik an Rhein und Ruhr war eine nach außen hin sichtbare Spannung zwischen den früheren Bundesgenossen. Englands Bestreben während der Nachkriegszeit ging dahin, sich aus den Verwicklungen des Kontinents soweit wie möglich herauszuhalten und statt dessen engere Beziehungen mit seinen überseeischen Kolonien und Dominien zu pflegen. Die schon vor dem Kriege begonnene Evolution des britischen »Empire« in das »Commonwealth« fand schließlich in dem Statut von Westminster im Jahre 1931 ihren nach außen sichtbaren Abschluß.

Englands Weigerung, sich auf dem europäischen Festland zu engagieren, zeigte sich auch in seiner abweisenden Haltung gegenüber den oben erwähnten Versuchen, den Völkerbund militärisch zu stärken. Frankreich andererseits hoffte auch weiterhin, den Völkerbund seinem Sicherheitsbedürfnis dienstbar zu machen. Daneben versuchte es aber auch, dem System der kollektiven Sicherheit eine Reihe von Einzelverträgen an die Seite zu stellen, um auf diese Weise Deutschland diplomatisch zu isolieren. Rußland war als Hauptpfeiler der französischen Bündnispolitik in Osteuropa durch die Revolution fortgefallen. Die hierdurch entstandene Lücke suchte Frankreich durch Verträge mit den Nachfolgestaaten des mittleren Europa auszufüllen. Der neue polnische Staat, an dessen Entstehung die Franzosen mitgewirkt hatten und der seine Rettung im Krieg gegen Rußland im Sommer 1920 nicht zuletzt der Unterstützung durch eine französische Militärmission unter General Weygand verdankte, schloß bereits im Februar 1921 ein Militärbündnis mit Frankreich ab, dem bald ein Handelsvertrag und französische Anleihen folgten. Gleichzeitig schlossen sich die Tschechoslowakei, Jugoslawien und Rumänien in einer Reihe von Verträgen zu einer »Kleinen Entente« zusammen. Ein französisches Bündnis mit Rumänien (1926) und Jugoslawien (1927) vervollständigte Frankreichs Bündnissystem, dem schon seit 1920 auch Belgien angehörte. All diesen Staaten war das Interesse an der Erhaltung des territorialen Status quo gemein, der nicht nur von deutschen, sondern auch von russischen und ungarischen Revisionsbestrebungen bedroht war.

Das französische Bündnissystem machte, rein äußerlich betrachtet, wohl einen imposanten Eindruck, der sich jedoch bei näherem Hinsehen verflüchtigte. Die gesamte militärische Stärke der genannten Kleinstaaten lag unter einer Million Mann und war nur mit Hilfe französischer Anleihen aufrechtzuerhalten. Auch machte bei der geographischen Trennung zwischen Frankreich und seinen Verbündeten Deutschlands Weigerung, im Kriegsfalle fremden Truppen den Durchmarsch durch sein Gebiet zu gestatten, jede französische Hilfeleistung, etwa im Falle eines russisch-polnischen Krieges, unmöglich. Dazu kamen noch weitgehende Differenzen zwischen den Verbündeten selbst, besonders zwischen Polen und der Tschechoslowakei bezüglich des Grenzgebietes Teschen, die den inneren Zusammenhalt des Vertragssystems schwächten. Nicht eine Vielzahl von Verträgen mit kleinen Vasallen, sondern ein Bündnis mit Rußland war notwendig, um Frankreichs Einfluß in Osteuropa zu sichern. Solch ein Vertrag wurde schließlich 1935 abgeschlossen, konnte aber das Mißtrauen zwischen den beiden Mächten kaum noch beseitigen.

Nicht Frankreich, sondern Deutschland gelang es, in den zwanziger Jahren engere Beziehungen zu Rußland anzuknüpfen. Das deutsch-russische Verhältnis wurde in der Nachkriegszeit zuerst noch durch Erinnerungen an Brest-Litowsk sowie an die Ermordung des Grafen Mirbach und an Rußlands Einmischung in die verschiedenen deutschen Kommunistenaufstände getrübt. Doch spannen sich andererseits auch bald wieder die Fäden zwischen diesen beiden Ländern an, die durch ihre Isolierung fast zwangsläufig zusammengebracht wurden. Die Beziehungen Deutschlands zur Sowjetunion vollzogen sich von Anfang an auf drei Ebenen, die, meist voneinander getrennt, sich jedoch wechselseitig beeinflußten: der militärischen, wirtschaftlichen und politischen.

Die schon erwähnte militärisch-technische Zusammenarbeit zwischen Reichswehr und Roter Armee begann kurz nach dem Kriege und dauerte bis in die dreißiger Jahre. Auf deutscher Seite wurde sie besonders durch den Chef der Heeresleitung, General Hans von Seeckt, gefördert. Da es sich hierbei um eine Verletzung des Versailler Vertrages handelte, waren nur die unmittelbar Beteiligten in die Einzelheiten dieser Beziehungen eingeweiht, doch wußten die leitenden deutschen Politiker zumindest von ihrer Existenz. Über die Beteiligung auf russischer Seite ist fast gar nichts bekannt. Auf das politische Verhältnis zwischen den beiden Ländern hatten die militärischen Beziehungen insofern Einfluß, als sie die Interessengemeinschaft der beiden Partner betonten und so dazu beitrugen, eine Reihe von politischen Spannungen und Zwischenfällen zu beheben.

Als aussichtsreichstes Gebiet deutsch-russischer Zusammenarbeit wurde auf beiden Seiten die Wirtschaft angesehen. Auch hier wurden die ersten Fühler bereits kurz nach dem Kriege ausgestreckt, und sowohl das Vorläufige Abkommen vom 6. Mai 1921 wie der im darauffolgenden Jahr unterzeichnete Rapallo-Vertrag dienten hauptsächlich der Wiederaufnahme von Wirtschaftsbeziehungen. Ein grundlegender Wirtschaftsvertrag wurde dann im Oktober 1925 abgeschlossen. Der Erfolg, den man sich für beide Länder von diesen Abmachungen versprochen hatte, blieb jedoch aus. Rußland profitierte zwar von der technischen Hilfe deutscher Ingenieure, und auch einigen deutschen Unternehmungen gelang es, auf dem russischen Markt Fuß zu fassen. Der grundlegende Gegensatz zwischen der auf privater Initiative beruhenden deutschen Wirtschaft und dem vom Staate geleiteten System der russischen Planwirtschaft machte aber einen wirklich fruchtbringenden Austausch unmöglich. Die Sowjetunion war für ihre wirtschaftliche Entwicklung besonders stark auf ausländische Anleihen angewiesen. Das hierfür der deutschen Industrie zur Verfügung stehende Kapital war jedoch beschränkt und fand anderwärts lukrativere und gesichertere Anlagemöglichkeiten. Erst nach Ausbruch der Weltwirtschaftskrise in den dreißiger Jahren wurden die deutsch-russischen Handelsbeziehungen reger. Vor diesem Zeitpunkt aber hatten die Schwierigkeiten bei der wirtschaftlichen Zusammenarbeit den Ausbau der politischen Beziehungen zwischen beiden Ländern behindert, aber nicht aufgehalten.

Die Wiederaufnahme dieser Beziehungen erfolgte, für die Außenwelt wie für die deutsche und russische Öffentlichkeit gleich überraschend, im Rapallo-Vertrag vom 16. April 1922. Es handelte sich hierbei hauptsächlich um eine Bereinigung gegenseitiger finanzieller Forderungen und ein Versprechen künftigen Zusammenwirkens, speziell auf wirtschaftlichem Gebiet. Die Annäherung dieser beiden Außenseiter in der großen Politik der Nachkriegszeit rief unter den Westmächten die größte Bestürzung hervor und gab bald zu dem Gerücht Anlaß, daß es sich in Wirklichkeit um ein durch geheime Militärabkommen ergänztes deutsch-russisches Bündnis handele. Für diesen Verdacht findet sich aber in den deutschen Akten keinerlei Anhalt. Die Russen versuchten zwar gelegentlich, Deutschland den Abschluß eines derartigen, hauptsächlich gegen Polen gerichteten Bündnisses schmackhaft zu machen, fanden aber hierfür auf deutscher Seite während der Zeit der Weimarer Republik keine Gegenliebe.

Der Abschluß des Rapallo-Vertrages befreite sowohl Deutschland wie Rußland aus ihrer diplomatischen Isolierung und war allein schon aus diesem Grunde ein bedeutendes Ereignis. Beide Länder wirkten künftig wieder als aktive Faktoren und nicht wie bisher als Objekte der internationalen Politik. Dies sollte sich besonders im Verhältnis Deutschlands zu den Siegerstaaten zeigen. Was die politischen Beziehungen der beiden Vertragspartner untereinander betraf, so erfüllten sie nie die in den Rapallo-Vertrag gesetzten Hoffnungen. Auf deutscher Seite waren es hauptsächlich der Urheber des Vertrages, Ago von Maltzan, und Deutschlands Botschafter in Moskau, Graf Brockdorff-Rantzau, die sich von einer engen Anlehnung an Rußland große Erfolge versprachen. In höheren Regierungskreisen war man weit weniger optimistisch. Weder die Reichspräsidenten Ebert und Hindenburg noch die Außenminister Rathenau und Stresemann erwarteten viel von einem Zusammengehen Deutschlands mit Rußland, und unter den Kanzlern zeigte nur Wirth dafür ein gewisses Verständnis.

Bei dieser Zurückhaltung der Deutschen spielte die Undurchsichtigkeit und Vielgleisigkeit der russischen Politik eine wichtige Rolle. Der sowjetische Außenkommissar Tschitscherin war sicherlich ernsthaft bemüht, im Einvernehmen mit Brockdorff-Rantzau die Erwartungen von Rapallo zu erfüllen. Seine Politik konnte sich jedoch gegen andere in der russischen Außenpolitik wirksame Einflüsse nicht durchsetzen. Besonders die Agitation der Komintern und die unzähligen »Spionageprozesse« gegen die in Rußland lebenden deutschen Staatsangehörigen wirkten einer engeren politischen Annäherung entgegen. In der politischen wie in der wirtschaftlichen Sphäre verhinderten somit die fundamentalen Gegensätze zwischen den beiden Regierungssystemen ein harmonisches Zusammenwirken.

Unsere Behandlung der deutsch-russischen Beziehungen ist hier den Ereignissen etwas vorausgeeilt und von dem Kernproblem der Nachkriegspolitik, dem französischen Sicherheitsstreben, abgeschweift. Frankreichs Versuch, Deutschland mit Gewalt zur Erfüllung des Versailler Vertrages zu zwingen, hatte in der Ruhrbesetzung seinen Höhepunkt gefunden. Diese einseitige Machtpolitik verfehlte jedoch ihren Zweck. Sie brachte nicht nur Unstimmigkeit unter die Westmächte, sondern sie hatte auch schwere wirtschaftliche Nachteile. Deutschland geriet durch die Ruhrbesetzung in eine immer tiefere finanzielle Krise, deren äußeres Zeichen eine Inflation von nie dagewesenen Ausmaßen war. Reparationen waren unter diesen Umständen nur in Form von Sachlieferungen, das heißt Kohlen, einzutreiben, deren Förderung als Folge des passiven Widerstandes an der Ruhr weit hinter den französischen Erwartungen zurückblieb. Die Initiative zum Abbruch des Ruhrkampfes kam von der deutschen Regierung, die um die Existenz ihres von inneren Unruhen erschütterten Landes bangte und die daher, unter der mutigen Leitung des Reichskanzlers Gustav Stresemann, den passiven Widerstand aufgab. Damit hatte Frankreich wohl äußerlich gesiegt. In Wirklichkeit jedoch hatte das Ruhrabenteuer gezeigt, daß ein starres Festhalten an den Versailler Bestimmungen und hartnäckiger Widerstand dagegen keiner Seite etwas nützt. Nur eine Politik beiderseitigen Nachgebens konnte Europa aus dem Chaos der Nachkriegszeit erlösen. Hier lag die Aufgabe der europäischen Politik in der Zeit nach 1923.

Die Schlußsitzung der Konferenz von Locarno am 16. Oktober 1925
Stresemann, Luther, Mussolini, Chamberlain, Briand, Hymans

Die »Großen Sechs« im Restaurant Bavaria in Genf
Aquarellierte Karikatur von Derso und Kelen, 1928. Genf, Restaurant Bavaria

Aufnahme Deutschlands in den Völkerbund
Das Einladungstelegramm des Generalsekretärs Drummond an Stresemann vom 8. September 1926
Ansprache Stresemanns in der Vollversammlung am 10. September 1926

Ausgefertigt

Aufgenommen den 8. SEP. 1926

Telegraphie des Deutschen Reichs.

Berlin, Haupt-Telegraphenamt

Leitung Nr.

20

Befördert den ... um ... vorm./nachm. in Ltg. ... an ... durch ...

= streseman ministere affaires etrangeres berlin =

Telegramm aus s s s geneve 15860 64 8/9 12-50- ... um ... Uhr ... Min. vorm./nachm.

= d ordre du president de l assemblee de la societe des nations j ai l honneur de vous annoncer que dans sa seance du 8- septembre l assemblee a declare ' l allemagne admise parmi les membres de la societe ' et a approuve la resolution du conseil du 4 septembre attribuant a l allemagne une representation permanente au conseil

= drumond +

Besuch des Reichspräsidenten von Hindenburg auf dem Ehrenbreitstein zur Feier der Rheinlandbefreiung, 1930

Die kurze Spanne von Frieden, Sicherheit und sogar eines gewissen Wohlstandes, die Europa während der nächsten fünf oder sechs Jahre beschert war, ist hauptsächlich der vorübergehenden Lösung des Reparationsproblems zuzuschreiben. Die mit dem Dawes-Plan im September 1924 beginnende Überführung dieser Frage aus der politischen in die wirtschaftliche Sphäre wird uns noch näher beschäftigen. Ohne die dadurch eingeleitete wirtschaftliche Wiedergesundung wären die politischen Ereignisse der »Ära von Locarno« kaum möglich gewesen. Das Jahr 1924 brachte in Frankreich und in England wichtige Regierungswechsel. Die von Raymond Poincaré mit der Zähigkeit des französischen Advokaten verfolgte Vergeltungs- und Sicherheitspolitik hatte an der Ruhr ihre Niederlage erlitten. Sein Kabinett wurde wenige Monate später durch ein Linkskartell unter Edouard Herriot ersetzt, mit Aristide Briand als Außenminister. In England gelangte die Labour Party 1924 kurz ans Ruder, mußte dann aber bereits im November wieder einem konservativen Kabinett weichen, in dem Austen Chamberlain Außenminister wurde. In Deutschland war die Regierung Stresemann bereits in den innerpolitischen Wirren des vergangenen November gefallen, doch behielt Stresemann auch weiterhin den Posten des Außenministers. In den Händen dieser drei Männer – Briand, Chamberlain und Stresemann – lag das Schicksal Europas während der fünf wichtigsten Nachkriegsjahre. Jeder von ihnen, selbst in der Erscheinung, war ein typischer Repräsentant seiner Nation: der saloppe Briand mit der ewigen Zigarette; der elegante Chamberlain mit seinem Monokel und der joviale, untersetzte Stresemann. Wie in ihrem Äußeren, so unterschieden sie sich auch in vielen ihrer Eigenschaften. Briand war menschlich wärmer und mehr idealistischen Plänen geneigt als der kühle und praktische Chamberlain, während Stresemann etwas von den Eigenschaften beider besaß. Trotz solcher Unterschiede hatten sie aber auch vieles gemein. Sie kamen alle drei aus dem Mittelstand und waren in den Anschauungen ihrer Klasse verwurzelt. Was aber noch wichtiger war: jeder von ihnen hatte eine lange und erfolgreiche parlamentarische Karriere hinter sich und war daher gewohnt, strittige Fragen auf dem Verhandlungswege zu schlichten und auszugleichen. Auf der Anwendung dieser Methode beruhte ein Großteil ihres gemeinsamen Erfolges.

Die europäische Politik nach 1924 bemühte sich auch weiterhin um die Ausführung des Versailler Vertrages. Das Novum war, daß sich Deutschland jetzt offen zu einer Politik der Erfüllung bekannte, in der Hoffnung, dadurch die Alliierten zu einer Verzichtpolitik zu bewegen. Das wichtigste Ergebnis der Abkehr von der Gewaltpolitik der frühen Nachkriegszeit waren die Verträge von Locarno. Der Gedanke eines regionalen Paktes zur Sicherung des Friedens in Westeuropa war nicht neu. Das Verdienst seines Zustandekommens gebührt dem Unternehmungsgeist Gustav Stresemanns und dem Entgegenkommen seiner westlichen Partner. Auf Grund des Friedensvertrages sollte Anfang 1925 die erste der drei von alliierten Truppen besetzten Zonen des Rheinlandes geräumt werden. Da aber die interalliierte Kontrollkommission Deutschland weiterhin Verletzungen der Abrüstungsbestimmungen vorwarf, wurde die Einhaltung dieses Termins abgelehnt. Stresemann protestierte gegen diese Weigerung der Alliierten, obwohl er wußte, daß sie berechtigt war; er hatte sehr wohl erkannt, daß ihr wahrer Grund die französische Angst vor Deutschlands Revisionsbestrebungen war. Um sie ein für allemal zu zerstreuen, schlug er Frankreich im Februar 1925 den

Abschluß eines Nichtangriffs- und Schlichtungsvertrages vor, dem auch England, Italien und Belgien als Garantiemächte beitreten sollten. Die Vorverhandlungen für den Vertrag zogen sich über den ganzen Sommer hin und fanden schließlich am 16. Oktober 1925 in Locarno ihren Abschluß.

Der Pakt von Locarno besteht in Wirklichkeit aus einer Reihe von Einzelverträgen. In dem wichtigsten, dem sogenannten Rheinlandpakt, garantierten die fünf westeuropäischen Mächte die deutschen Westgrenzen und die Entmilitarisierung des Rheinlandes. Frankreich, Belgien und Deutschland verpflichteten sich weiterhin, »in keinem Falle zu einem Angriff oder zu einem Einfall oder zum Kriege gegeneinander zu schreiten«, es sei denn, der Vertrag selbst würde verletzt oder es handele sich um eine Aktion des Völkerbundes nach Artikel sechzehn. In vier Schiedsverträgen zwischen Deutschland einerseits und Frankreich, Belgien, Polen und der Tschechoslowakei andererseits wurde die friedliche Schlichtung von Konflikten in allen Einzelheiten festgelegt. Polen und die Tschechoslowakei endlich schlossen gegenseitige Garantieverträge mit Frankreich ab, um sich vor einem deutschen Angriff zu schützen.

Die Einbeziehung der beiden osteuropäischen Staaten in die Locarno-Verträge war das Ergebnis langwieriger Verhandlungen. Frankreich hätte am liebsten die für das Rheinland geltende Garantie des Status quo auch auf Deutschlands Ostgrenzen ausgedehnt. Für ein derartiges »Ostlocarno« waren aber weder England noch Deutschland zu haben. Für England bedeutete bereits die Beteiligung am Rheinland-Pakt eine radikale Schwenkung in seiner traditionellen Politik der »splendid isolation«. Sich auf eine Garantie der umstrittenen Grenzen Osteuropas festzulegen ging zu weit über seine eigenen und die Interessen der Dominien hinaus. Was Deutschland betraf, so machte Stresemann in Locarno kein Hehl daraus, daß es mit seinen Ostgrenzen unzufrieden war und ihre Revision auch weiterhin anstrebte. Wenn er sich dabei verpflichtete, diese auf friedlichem Wege zu erreichen, trug er damit einzig den militärischen Machtverhältnissen Rechnung, die eine gewaltsame Lösung deutscherseits unmöglich machten.

Die Beurteilung Stresemanns in der Geschichtsschreibung schwankt auch heute noch zwischen einem ausschließlich auf deutsche Interessen bedachten Nationalisten und einem von dem Bemühen um ein geeintes und friedliches Europa geleiteten Staatsmann. Zu seinen Lebzeiten überwog der Eindruck des »guten Europäers«; in den dreißiger Jahren aber, und besonders während des zweiten Weltkrieges, setzte sich vielenorts die entgegengesetzte Meinung durch. Das wahre Wesen Stresemannscher Politik liegt wahrscheinlich zwischen diesen beiden Extremen, dem nationalistischen jedoch näher als seinem Gegenteil. Wie die Mehrzahl seiner Landsleute, so verurteilte auch Stresemann das »Diktat« von Versailles. Doch war er Realist genug, einzusehen, daß eine Sprengung der Fesseln unmöglich war. Statt dessen hoffte er, die Fesseln durch eine betont friedfertige Politik allmählich abzustreifen. Dabei waren ihm in der kurzen Spanne seines Wirkens bedeutende Erfolge beschieden. Auf dem Gebiete der Reparationen hatte bereits der Dawes-Plan eine Erleichterung der deutschen Verpflichtungen verfügt, die dann in dem kurz vor Stresemanns Tod im Jahre 1929 verhandelten Young-Plan noch weiter gekürzt wurden. Deutschlands Eintritt in den Völkerbund im September 1926 betonte auch nach außen hin, daß die Trennung zwischen Siegern und Besiegten seit Locarno vorbei war. Ende Januar 1927 stellte die interalliierte Kontrollkommission ihre Tätigkeit ein, obwohl Deutschland seinen Abrüstungsverpflichtungen keineswegs voll nachgekommen war. Die einzige Einschränkung der deutschen Souveränität bestand fortan in der Besetzung des Rheinlandes durch alliierte Truppen. Die erste Besatzungszone war bereits kurz nach Locarno geräumt worden, und die beiden anderen Zonen wurden Anfang 1930, fünf Jahre vor dem festgesetzten Termin, evakuiert. Die Krönung seiner »Erfüllungspolitik« oder, wie er sie selbst gern nannte, seiner »Befreiungspolitik« sollte Stresemann nicht mehr erleben. Auf der Lausanner Konferenz im Jahre 1932 wurde Deutschland praktisch von den noch verbleibenden Reparationsverpflichtungen befreit, und auf der gleichzeitig tagenden Abrüstungskonferenz wurde seine militärische Gleichberechtigung anerkannt. Das Verdienst für diese Zugeständnisse gebührt letzten Endes auch Gustav Stresemann.

Trotz dieser offenbaren Erfolge seiner Außenpolitik war Stresemann in Deutschland ständig Angriffen seiner Gegner auf der Rechten, zu denen selbst Mitglieder seiner eigenen Deutschen Volkspartei gehörten, ausgesetzt. Sie verurteilten den Locarno-Pakt als eine freiwillige Anerkennung des Versailler Vertrages und als Verzicht auf Elsaß-Lothringen, und sie brandmarkten die Reparationsverträge als Unterwerfung Deutschlands unter die »Schuldknechtschaft« der Alliierten. Diese Angriffe waren jedoch ungerechtfertigt. Stresemann sah, wie seine privaten Äußerungen zeigen, keine dieser Bestimmungen als endgültig an, sondern betrachtete sie vielmehr als die für den Augenblick bestmöglichen Lösungen. Das jedoch offen zu sagen hätte die Alliierten abgeschreckt und für weitere Forderungen unzugänglich gemacht. Schon die von Stresemann gewonnenen Konzessionen waren nur gegen den Widerstand weiter Kreise in den alliierten Ländern möglich gewesen, und selbst Briand fürchtete, daß am Ende der Stresemannschen Politik die völlige Revision der Versailler Bestimmungen stehen würde. Wie wir aus dem berühmten Brief Stresemanns an den deutschen Kronprinzen wissen, hatte Briand damit nicht ganz unrecht. Stresemann schwebte danach als Endziel nicht nur die Wiedergewinnung Danzigs und des polnischen Korridors, sondern auch der Anschluß Österreichs vor! Andererseits findet sich in Stresemanns Nachlaß keinerlei Anhalt dafür, daß er diese außenpolitischen Wunschträume anders als auf friedlichem Wege zu verwirklichen hoffte.

Ein Vorwurf, der auch heute noch oft gegen Deutschlands Außenpolitik der zwanziger Jahre erhoben wird, ist, daß sie versucht habe, die Westmächte und Rußland gegeneinander auszuspielen. Dieser Verdacht findet in den deutschen Akten keine Bestätigung. Die im Jahre 1924 beginnende Annäherung Deutschlands an die Westmächte wurde in der Sowjetunion mit steigender Besorgnis verfolgt, besonders weil das in Rapallo angeknüpfte deutsch-russische Verhältnis vorerst keine weiteren Früchte trug. Rußland versuchte zwar wiederholt, in engere Verbindung mit Deutschland zu treten. Solange aber Deutschlands Beziehungen zu den Alliierten noch in der Schwebe hingen, behandelte Stresemann die sowjetischen Annäherungsversuche hinhaltend. Der Abschluß des Locarno-Vertrages beunruhigte die Russen ganz besonders, weil nach dem darin vorgesehenen Eintritt Deutschlands in den Völkerbund das Reich möglicherweise an Sanktionshandlungen gegen Rußland teilnehmen konnte. Stresemann bestand deswegen, hauptsächlich unter russischem Druck, während der Locarno-Verhandlungen auf einer Modifizierung des Artikels sechzehn der Völkerbundssatzung, so daß ein Mitgliedstaat künftig an Sanktionsmaßnahmen nur dann teilzunehmen brauchte, wenn dies »mit seiner militärischen Lage verträglich« war und »seiner geographischen Lage Rechnung« trug. Dadurch sowie durch Deutschlands Mitgliedschaft im Völkerbundsrat, die ihm ein entscheidendes Wort bei der Verhängung von Sanktionen gewährte, schien genügend Handhabe gegeben, um Deutschland von eventuellen Sanktionen gegen die Sowjetunion fernzuhalten.

Angesichts der offenbaren Westorientierung der deutschen Außenpolitik wurde diese Lösung jedoch von den Sowjets als ungenügend empfunden. Rußlands Verhältnis zu Frankreich und England blieb, trotz der 1924 erfolgten Wiederanknüpfung diplomatischer Beziehungen mit diesen Ländern, auch weiterhin gespannt. Besonders England fühlte sich sehr durch die fortgesetzte Propagandatätigkeit der Komintern beunruhigt und brach schließlich im Mai 1927 seine Beziehungen zur Sowjetunion auf mehr als zwei Jahre vollkommen ab. Rußland andererseits fürchtete nach wie vor die Möglichkeit einer Koalition der Westmächte gegen den Bolschewismus. Aus diesem Grunde schien ihm eine Erweiterung des mit Deutschland in Rapallo abgeschlossenen Freundschaftsvertrages als höchst begehrenswert. Es hoffte dabei auf einen unqualifizierten Neutralitätsvertrag, in dem die beiden Partner sich verpflichten sollten, an keinerlei Kriegshandlungen gegeneinander teilzunehmen. Ein derartiges Abkommen ging jedoch Deutschland zu weit. Nach langwierigen Verhandlungen mußte sich die Sowjetunion am 24. April 1926 mit dem Berliner Vertrag zufriedengeben. Die Beziehungen der beiden Länder sollten weiter auf der in Rapallo geschaffenen freundschaftlichen Basis beruhen. Für den Fall, daß eine der vertragschließenden Mächte von dritter Seite angegriffen würde, sollte die andere Macht neutral bleiben, auch bei einem eventuellen wirtschaftlichen oder finanziellen Boykott. In einem dem Vertrag angefügten Notenwechsel versprach Deutschland, etwaigen gegen die Sowjetunion gerichteten Bestrebungen innerhalb des Völkerbundes entgegenzuwirken, und betonte weiterhin, daß seine Mitgliedschaft im Völkerbund es nicht ohne weiteres verpflichte, an Sanktionsmaßnahmen gegen Rußland teilzunehmen.

Der Berliner Vertrag wurde sowohl in Deutschland wie auch in Rußland allgemein begrüßt, half er doch, das seit Jahren zwischen den beiden Mächten herrschende Mißtrauen zumindest vorübergehend zu zerstreuen. Im alliierten Lager dagegen löste das Abkommen, wie schon der Rapallo-Vertrag, große Unruhe aus, und Stresemann mußte alles daranwenden, Motivation und Zweck des Vertrages zu erklären. Dabei bezeichnete er seine Politik zwar als zweiseitig, verteidigte sie jedoch gegen den Vorwurf der Zweideutigkeit. »Deutschlands Mission in Europa ist es«, so führte er aus, »der große Neutrale zu sein«, das heißt, eine Mittelstellung und eine Vermittlerrolle zwischen West und Ost einzunehmen. Stresemann gab wohl verschiedentlich der Hoffnung Ausdruck, daß sich im Laufe der Zeit das kommunistische System mäßigen und dadurch zumindest wirtschaftliche Zusammenarbeit mit den kapitalistischen Ländern ermöglichen würde. Andererseits war er sich aber auch der Gefahr bewußt, die Deutschland von einem Staate drohte, dessen Hauptziel die Weltrevolution war. Seine größten Bemühungen galten daher auch weiterhin der Ausgestaltung engerer Beziehungen zu den Westmächten, zumal Deutschland nur von ihnen eine weitere Milderung der Versailler Bedingungen erhoffen konnte.

Die Bemühungen der Großmächte, Europas Sicherheit durch Abschluß von Einzelverträgen zu festigen, fanden ihren Höhepunkt in der Unterzeichnung des Kellogg-Paktes am 27. August 1928 in Paris. Die erste Anregung dazu kam von Briand, dem ursprünglich nur ein französisch-amerikanischer Vertrag über die Ächtung des Krieges vorgeschwebt hatte. Durch Vermittlung des amerikanischen Staatssekretärs Kellogg wurde daraus dann ein Weltfriedenspakt, dem anfangs fünfzehn, später insgesamt zweiundsechzig Nationen beitraten. Die Unterzeichner des Paktes verpflichteten sich, dem Krieg als Mittel ihrer Politik ein für allemal zu entsagen und die Lösung internationaler Konflikte ausschließlich auf dem Schiedswege zu suchen. Nichts charakterisiert die hoffnungsfrohe Stimmung der Jahre nach Locarno besser als dieser Versuch, den Krieg durch eine Anzahl von Unterschriften für immer aus der Welt zu schaffen. Ein Abkommen, das nur auf der Erfüllungsbereitschaft seiner Kontrahenten beruhte und das keinerlei Zwangsmittel gegen Vertragsverletzungen vorsah, sollte sich als ein noch schwächeres Mittel der Friedenssicherung erweisen als der Völkerbund. Die Sowjetunion war als einzige Großmacht nicht bei der Unterzeichnung des Kellogg-Paktes zugegen, trat ihm aber nachträglich bei. Um Rußlands Friedensbereitschaft weiter zu beweisen, schloß Tschitscherins Nachfolger Litwinow am 9. Februar 1929 das sogenannte Litwinow-Protokoll, eine Art osteuropäischen Nichtangriffsvertrags, mit Rußlands westlichen Nachbarn ab. Wenn Sicherheit allein auf Verträgen beruhte, dann hätte man für den europäischen Frieden nichts weiter zu fürchten brauchen. »Krieg«, so sagte Briand bei der Unterzeichnung des Kellogg-Paktes, »wird künftig als Mittel nationaler Politik vorbehaltlos geächtet.« Der französische Staatsmann befaßte sich in den letzten Jahren vor seinem Tode sogar mit Plänen für eine Art »Vereinigte Staaten von Europa«. Dieser bereits von dem österreichischen Grafen Coudenhove-Kalergi propagierte Gedanke eines »Pan-Europa« konnte sich aber gegen die nationale Eigensucht der europäischen Staaten nicht durchsetzen.

Auf der Suche der Großmächte nach wirksamen Garantien für die internationale Sicherheit während der zwanziger Jahre spielte vor allem die Abrüstungsfrage eine Rolle. Die Bemühungen des Völkerbundes waren, wie bereits dargetan, vergeblich. Nur auf einem Teilgebiet, der Abrüstung zur See, führten Verhandlungen zwischen den hauptbeteiligten Ländern zu einem gewissen Erfolg. Eine auf Einladung der Vereinigten Staaten in Washington tagende Abrüstungskonferenz hatte bereits 1922 das Stärkeverhältnis der großen Schiffseinheiten nach dem Verhältnis 5:5:3:1,75:1,75 für England, die Vereinigten Staaten, Japan, Frankreich und Italien festgelegt. Die kleineren Schiffskategorien wurden jedoch von diesen Beschränkungen nicht erfaßt. Amerika versuchte auch hier gelegentlich Abhilfe zu schaffen, scheiterte aber an dem Widerstand der anderen Mächte. Erst auf der Londoner Abrüstungskonferenz im Jahre 1930 wurde zumindest zwischen den USA, England und Japan in dieser Frage ein Übereinkommen erzielt, wobei Japan weitgehende Zugeständnisse gemacht wurden. Frankreich und Italien aber weigerten sich, ihre Rüstung zur See weiteren Beschränkungen zu unterwerfen.

Das europäische Vertragssystem zur Sicherung des Friedens, dessen Entstehung wir hier in großen Umrissen gezeichnet haben, konnte als positivstes Ergebnis die Wiedereinbeziehung Deutschlands in die internationale Politik verzeichnen. Die Weimarer Republik wurde somit nicht, wie etwa Frankreich durch Bismarcks Politik nach 1870, in die diplomatische Isolierung verbannt. Andererseits hatte jedoch Bismarck versucht, besonders durch Unterstützung französischer Kolonialbestrebungen, dem französischen Revanchegedanken die Spitze zu nehmen. Ein solches Verständnis für die Mentalität der Besiegten fehlte leider den Siegern des ersten Weltkrieges. Sonst wären sie dem deutschen Wunsch nach Revision des Kriegsschuldparagraphen, nach Rückgabe seiner Kolonien in Form von Mandaten, nach vorzeitiger Rückkehr des Saargebiets oder sogar nach einem deutsch-österreichischen Anschluß wohlwollender entgegengekommen. Die Anschlußfrage war trotz österreichischen Drängens und entgegen dem Prinzip der Selbstbestimmung schon während der Friedensverhandlungen von den Alliierten abschlägig beschieden worden. Als dann, während der Weltwirtschaftskrise nach 1929, die beiden Länder ihre Lage durch eine Zollunion zu bessern suchten, wurde auch sie als erster Schritt auf dem Wege zum politischen Anschluß abgelehnt. Gewiß hätte eine deutsch-österreichische Union einen bedeutenden Machtzuwachs für Deutschland bedeutet. Eine derartige Entwicklung hätte aber auch das innere Gefüge und den politischen Charakter der deutschen Nation zutiefst verändert und hätte gegen die Agitation des deutschen Nationalismus als eine Art Sicherheitsventil gedient. In dem zähen Festhalten an dem durch die Friedensverträge geschaffenen Status quo, trotz der im Völkerbund gegebenen Revisionsmöglichkeiten, sehen viele Historiker den Kardinalfehler der alliierten Nachkriegspolitik. Besonders den Franzosen wird oft vorgeworfen, in ihrer Politik des Entgegenkommens gegenüber Stresemann zu kleinlich und zu zögernd gehandelt zu haben. Der Grund für diese Politik des »too little and too late« lag in dem fortgesetzten Mißtrauen Frankreichs. Inwieweit dieses Mißtrauen berechtigt war, ist schwer zu sagen. Angesichts der nationalistischen Haltung der deutschen Rechtsparteien und im Hinblick auf die Versuche Deutschlands, die Abrüstungsbestimmungen des Versailler Vertrags zu umgehen, ist die französische Angst vor Deutschland immerhin verständlich.

Die europäische Wirtschaftsnot und das Reparationsproblem

Die wirtschaftlichen Folgen des Krieges waren für Sieger wie für Besiegte katastrophal. Die Wirtschaft der Westmächte erlebte zwar bei Kriegsende einen kurzen Aufschwung, hauptsächlich durch die plötzliche Nachfrage nach Verbrauchsgütern. Schon 1920 setzte jedoch eine Wirtschaftskrise ein, von der kein Land verschont blieb. Die gesamte europäische Industrie hatte fünf Jahre nach Beendigung des Krieges nur etwa zwei Drittel ihrer Vorkriegsproduktion wiedererreicht, und der Welthandel lag noch 1923 mehr als zwanzig Prozent unter seinem früheren Umsatz. Als Gradmesser für die Wirtschaftsnot der Nachkriegszeit mag die Arbeitslosigkeit gelten. Während sie kurz vor dem Weltkrieg sowohl in Deutschland wie in England etwa zwei vom Hundert betragen hatte, fiel sie während der zwanziger Jahre in Deutschland nie unter sieben Prozent, und in England waren stets mindestens zehn Prozent der Werktätigen ohne Arbeit.

Die Gründe für den Rückgang der europäischen Wirtschaft lagen sowohl in den Einwirkungen des Krieges selbst als in den Folgen der Friedensverträge. Die Abtrennung lebenswichtiger deutscher Industriegebiete, die territoriale Zerstückelung Österreich-Ungarns und die beim Waffenstillstand erzwungenen Sachlieferungen machten die an sich schon kritische Situation der Mittelmächte noch hoffnungsloser. Dazu kamen dann die grenzenlos erscheinenden Reparationsforderungen der Alliierten. Die Siegermächte ihrerseits profitierten zwar von den Opfern der Besiegten, doch war auch ihre Lage keineswegs günstig. Insbesondere Frankreich litt unter der Verwüstung seiner wichtigsten Industriegebiete, und in weiten Teilen Osteuropas machte sich das Fehlen von Viehbeständen, Saatgut und landwirtschaftlichen Maschinen in einem starken Rückgang der landwirtschaftlichen Produktion fühlbar. Der Verlust wichtiger Absatzgebiete war ein weiterer Grund für Europas anhaltende Wirtschaftsnot. Der russische Markt fiel auf Jahre hindurch fast vollkommen aus, und in überseeischen Ländern erschwerte die Konkurrenz der Vereinigten Staaten und Japans die Wiederanknüpfung der früheren Handelsbeziehungen. Die Wiederbelebung des Welthandels wurde ferner durch eine allgemeine Schutzzollpolitik behindert. Wie auf dem politischen Gebiet, so war auch in der Wirtschaft das starke Zunehmen nationalistischer Tendenzen ein Hauptmerkmal der Nachkriegszeit.

Die Wirtschaftskrise der Nachkriegsjahre erschwerte besonders die Wiedergesundung der durch den Krieg zerrütteten öffentlichen Finanzen. Die kriegführenden Mächte hatten den größten Teil ihrer Kriegskosten durch Anleihen gedeckt, wobei die Alliierten sich gegenseitig unterstützt hatten, während die Mittelmächte den Krieg hauptsächlich durch interne Kriegsanleihen finanzierten. Die Schuldenlast auf beiden Seiten war bei Ende des Krieges erdrückend. Versuche, sie durch Steuererhöhung allmählich zu mindern, hatten nur begrenzten Erfolg und behinderten den wirtschaftlichen Wiederaufstieg. Weit wirksamer in der Tilgung der Kriegsschulden erwies sich die zunehmende Inflation der europäischen Währungen. Dieser Entwertungsprozeß hatte bereits während des Krieges begonnen und erreichte seinen Höhepunkt in den zwanziger Jahren. Das englische Pfund hatte 1920 nur noch etwa zwei Drittel seines früheren Wertes, konnte aber durch strenge Sparmaßnahmen und erhöhte Besteuerung allmählich wieder auf seinen alten Kurs gebracht werden. Der französische Franc fiel bis 1926 auf zehn Prozent seines Vorkriegswertes und wurde schließlich auf ein Fünftel stabilisiert. Die italienische Währung verlor etwa drei Viertel ihres früheren Wertes. In Deutschland, Österreich und Rußland nahm die Inflation derart astronomische Formen an, daß sie praktisch einer völligen Entwertung gleichkam. Die sozialen Folgen dieser besonders die Ersparnisse des Mittelstandes treffenden Enteignung waren natürlich verheerend. Anderseits befreite die Geldentwertung die Regierungen von ihren inneren Schulden und hinterließ nur die Tilgung der Auslandsschulden als wichtigste Aufgabe ihrer Finanzpolitik.

Die Auslandsschulden der Großmächte fielen in zwei Kategorien: die Schulden der Alliierten untereinander und die Reparationsverpflichtungen der Besiegten gegenüber den Siegermächten. Es handelte sich hier zwar um zwei voneinander getrennte Verpflichtungen, bei deren Erfüllung sich jedoch nach und nach ein gewisses Abhängigkeitsverhältnis ergab. Was die interalliierten Schulden betraf, so hatte Amerika zehn und England acht Milliarden

Dollars Anleihen während des Krieges an verbündete Staaten gewährt. England seinerseits schuldete den Vereinigten Staaten ungefähr vier Milliarden, Frankreich schuldete England und den USA etwa fünf Milliarden, und Rußland, Belgien, Italien und einige der kleineren Staaten schuldeten Frankreich zweieinhalb Milliarden Dollars. Als einfachster Ausweg aus diesen verwickelten Schuldverhältnissen schlugen sowohl England wie Frankreich nach Kriegsende die gegenseitige Streichung sämtlicher Verpflichtungen vor. Die hierdurch hauptsächlich betroffenen Vereinigten Staaten weigerten sich aber, den Vorschlag anzunehmen. Die amerikanische Regierung war bestenfalls bereit, durch Erleichterung der Rückzahlungsbedingungen ein gewisses Entgegenkommen zu zeigen. England gewährte seinen Gläubigern ähnliche Erleichterungen.

Angesichts der amerikanischen Unnachgiebigkeit waren die Siegermächte mehr denn je auf ihre Entschädigungsansprüche gegenüber den Besiegten angewiesen. Dabei erwies sich die wirtschaftliche Lage Österreichs bald als derart hoffnungslos, daß die Alliierten schon 1921 auf Eintreibung ihrer Reparationsforderungen verzichten mußten. Deutschland blieb somit als Hauptschuldner übrig, und die alliierten Versuche, es zur Erfüllung seiner Verpflichtungen anzuhalten, machten die Reparationsfrage alsbald zum Mittelpunkt fast sämtlicher internationaler Konferenzen. Die Höhe der deutschen Reparationslasten war bei den Friedensverhandlungen offengelassen und eine interalliierte Reparationskommission mit ihrer endgültigen Festsetzung beauftragt worden. Inzwischen sollte Deutschland, gewissermaßen als erste Rate, zwanzig Milliarden Mark in Gold und Sachlieferungen leisten. Auf der Londoner Konferenz Anfang 1921 versuchten die Alliierten, sich mit Deutschland über die Höhe der Reparationen zu einigen. Dabei ergaben sich aber Differenzen sowohl über die bereits geleisteten als auch über die noch zu leistenden Zahlungen. Um ihren Forderungen den nötigen Nachdruck zu verleihen, besetzten französische Truppen im März 1921 die Städte Düsseldorf, Ruhrort und Duisburg. Ein Präzedenzfall für die spätere Besetzung des gesamten Ruhrgebiets war geschaffen. Einige Wochen später setzte die Reparationskommission die Gesamtsumme der Reparationen auf hundertzweiunddreißig Milliarden Goldmark fest. Dieser Betrag lag unter den bisher von den Alliierten erhobenen Forderungen, ging jedoch weit über das während der Londoner Konferenz gemachte deutsche Gegenangebot von fünfzig Milliarden hinaus. Nach anfänglichem Widerstand nahm Deutschland am 11. Mai 1921 die in Form eines Ultimatums übermittelten alliierten Forderungen an.

Deutschland versuchte in der Folgezeit seinen Verpflichtungen nachzukommen, geriet dabei jedoch in derartige finanzielle Schwierigkeiten, daß es mit seinen Zahlungen bald wieder in Rückstand geriet. Versuche, durch Zahlungsaufschub eine Erleichterung zu gewinnen, scheiterten hauptsächlich am Widerstand der Franzosen. Frankreich standen auf Grund eines Abkommens unter den Gläubigermächten zweiundfünfzig Prozent der Reparationen zu. Da es seinerseits gegenüber England und Amerika verschuldet war und ihm aus dem Wiederaufbau seiner zerstörten Ostgebiete hohe Unkosten erwuchsen, waren die Reparationen eine für Frankreichs Wirtschaft lebenswichtige Einnahmequelle. Deutschlands Rückstand in seinen Reparationsleistungen wurde von Frankreich als böswillige Zahlungsweigerung ausgelegt. Man warf der deutschen Regierung zu große Nachsicht in der Besteuerung des deutschen Volkes vor, ja sie wurde sogar verdächtigt, die Flucht deutschen Kapitals ins Ausland zu begünstigen und den Verfall der deutschen Währung zu fördern, um durch einen finanziellen Zusammenbruch den Reparationsverpflichtungen zu entgehen.

Während Frankreich unnachgiebig auf Eintreibung seiner Reparationsforderungen bestand, machte sich in England allmählich eine konziliantere Haltung bemerkbar. Deutschland war vor dem Weltkrieg der Hauptabnehmer englischer Erzeugnisse gewesen, und die Wiedererschließung des deutschen Marktes erschien der englischen Wirtschaft wichtiger als die Bezahlung von Reparationen, die, wie im Beitrag »Weltwirtschaft und Weltwirtschaftskrise« ausgeführt, letzten Endes doch nur durch einen Exportüberschuß, das heißt durch deutsche Konkurrenz auf dem Weltmarkt, geleistet werden konnten. Schon 1921 hatte sich England bereit erklärt, bei gleichzeitiger Streichung der interalliierten Schulden auf seinen Reparationsanteil zu verzichten. Zwei Jahre später schlug die Regierung Bon ar Laws eine fünfzigprozentige Kürzung der deutschen Verpflichtungen und ein vierjähriges Moratorium vor. Inzwischen war jedoch in Frankreich das einer maßvolleren Politik geneigte Kabinett Briand durch Poincaré ersetzt worden, und der englisch-französische Gegensatz in der Reparationsfrage wurde größer als je zuvor. Er erreichte seinen Höhepunkt in der bereits erwähnten Besetzung des Ruhrgebiets, von der sich die Engländer offiziell distanzierten.

Die Ruhrbesetzung dauerte bis Ende 1924, obwohl Deutschland seinen passiven Widerstand bereits ein Jahr früher beendet hatte. Sie hatte sowohl für Frankreich wie für Deutschland die nachteiligsten wirtschaftlichen Folgen und bewies, daß eine Lösung des Reparationsproblems durch militärische Gewaltmaßnahmen unmöglich war. Bereits im Dezember 1922 hatte der amerikanische Staatssekretär Charles Evans Hughes die Prüfung der Reparationsfrage durch eine internationale Kommission von Wirtschaftssachverständigen vorgeschlagen. Ein solcher Ausschuß wurde ein Jahr später von der Reparationskommission ernannt. Als Ergebnis seiner Beratungen wurde der nach dem amerikanischen Finanzier Charles G. Dawes benannte Reparationsplan im April 1924 von den Alliierten und von Deutschland angenommen. Nach dem Dawes-Plan sollte Deutschland jährlich Zahlungen leisten, die von einer Milliarde bis auf zweieinhalb Milliarden Mark ansteigen sollten. Bei der Festsetzung der Jahresraten sollte der jeweilige Stand der deutschen Wirtschaft in Betracht gezogen werden. Der Transfer dieser Summen sollte durch einen besonderen Ausschuß unter Leitung eines Reparationsagenten als Vertreter der Gläubigermächte erfolgen. Zur Entrichtung der ersten Rate wurde Deutschland ein Darlehen von achthundert Millionen Mark gewährt. Die folgenden Beträge sollten hauptsächlich aus Steuereinnahmen und aus dem Gewinn der unter ausländische Aufsicht gestellten Reichsbahngesellschaft beglichen werden.

Mit dem Dawes-Plan entspannte sich die internationale Lage spürbar; das zeigte sich dann auch ein Jahr später in Locarno. In der Zeit vor 1930 zahlte Deutschland pünktlich seine jährlichen Raten von insgesamt über sieben Milliarden Goldmark. Die Alliierten konnten damit ihre gegenseitigen finanziellen Verpflichtungen sowie ihre Schulden Amerika gegenüber begleichen. Deutschlands Zahlungsfähigkeit wurde allgemein als Zeichen seiner wirtschaftlichen Wiedergesundung angesehen. Sie war jedoch, weit mehr, als man sich damals bewußt war, vom Zustrom ausländischen Geldes abhängig, das mit der Stabilisierung der deutschen Mark und der vertrauenerweckenden Außenpolitik Stresemanns als Anleihen nach Deutschland floß, besonders aus den Vereinigten Staaten. Bis 1929 strömten so allein aus Amerika mehr als sechzehn Milliarden Mark in die deutsche Privatwirtschaft und in die öffentliche Hand. Die hierdurch ermöglichten Modernisierungs- und Rationalisierungsmaßnahmen überstiegen bald das für Deutschlands Wirtschaft tragbare Maß. Deutsche wie ausländische Beobachter, unter ihnen Stresemann und der Reparationsagent Parker Gilbert, beobachteten diese Entwicklung mit Besorgnis. Wie berechtigt ihre Sorge war, sollte sich während der Weltwirtschaftskrise zeigen.

Schon vor der großen Krise hatte der Zustrom amerikanischen Kapitals, dem in dem Spekulationsfieber des amerikanischen Finanzmarktes größere Gewinne winkten, allmählich abgenommen. Als die jährliche Reparationsrate unter dem Dawes-Plan das vorgesehene Höchstmaß von zweieinhalb Milliarden erreicht hatte – eine zeitliche Begrenzung der Reparationszahlungen war nicht festgesetzt –, schien der Augenblick gekommen, das Provisorium des Dawes-Planes durch eine endgültige Regelung der Reparationen zu ersetzen. Das geschah in langen Verhandlungen, die sich durch das ganze Jahr 1929 hinzogen und in denen Deutschland zum erstenmal als vollberechtigter Partner in Reparationsdingen mitsprechen konnte. Der nach dem amerikanischen Sachverständigen Owen D. Young benannte Young-Plan wurde am 20. Januar 1930 im Haag unterzeichnet. Deutschland verpflichtete sich, für einen Zeitraum von neunundfünfzig Jahren jährlich durchschnittlich 1,9 Milliarden Reichsmark zu zahlen. Es erhielt die Verantwortung für den Transfer dieser Summen zurück, doch war die Möglichkeit eines zweijährigen Transfer-Moratoriums vorgesehen. Auch sonst wurde etwaigen deutschen Zahlungsschwierigkeiten Rechnung getragen. Nur ungefähr ein Drittel der jährlichen Rate sollte als unbedingt zahlbar gelten, während der Restbetrag, im Falle einer Gefährdung der deutschen Wirtschaft, gestundet werden konnte. Die Gläubigerländer behielten sich jedoch das Recht von Sanktionsmaßnahmen vor, falls der Internationale Gerichtshof Deutschland der böswilligen Zahlungsverweigerung für schuldig befinden sollte. In einer gleichzeitig abgeschlossenen Sonderabmachung der Gläubigermächte verpflichteten sich diese, etwaige ihnen gewährte Erleichterungen in der Begleichung ihrer gegenseitigen Schulden durch eine Herabsetzung der jährlichen Reparationsraten auch Deutschland zugute kommen zu lassen. Damit wurde der Zusammenhang zwischen Reparationen und interalliierten Schulden zum erstenmal offiziell zum Ausdruck gebracht. Amerika weigerte sich jedoch auch weiterhin, diesen Zusammenhang anzuerkennen.

Der Young-Plan sollte kaum noch praktische Bedeutung haben. Die allmählich von Amerika auf Europa übergreifende Wirtschaftskrise ließ Deutschland bald wieder mit seinen Leistungen in Verzug geraten. Wie bereits erwähnt, wurde das Reparationsproblem auf der Lausanner Konferenz im Juni 1932 endgültig begraben und Deutschland der Rest seiner Verpflichtungen gegen das Versprechen einer Schlußzahlung von drei Milliarden Goldmark erlassen. Der Versuch der Alliierten, gleichzeitig von Amerika die Streichung ihrer eigenen Schulden zu erwirken, schlug fehl. Über den Gesamtwert der von Deutschland geleisteten Reparationen gehen die Meinungen auseinander. Während es sich nach deutscher Berechnung um mehr als fünfzig Milliarden Goldmark handelte, erkannten die Alliierten maximal eine Summe von zwanzig Milliarden an. Die Differenz rührt hauptsächlich von einer unterschiedlichen Bewertung der deutschen Sachlieferungen her. Zwei Tatsachen stehen jedoch fest: Deutschland leistete weit weniger an Reparationen, als ursprünglich vorgesehen war, und es erhielt in Form ausländischer Anleihen mehr, als es an Reparationen verausgabte. Die Zahlung der Reparationen wird oft als eine Art Kreislauf amerikanischen Geldes angesehen. Deutschland bezahlte die Alliierten aus amerikanischen Anleihen, und die Alliierten leiteten dann das Geld zur Bezahlung ihrer eigenen Schulden an Amerika zurück. Diese Darstellung, obwohl sehr vereinfacht, erkennt ganz richtig den Zusammenhang zwischen Reparationen und interalliierten Schulden. Inwieweit Deutschland durch einschneidende Spar- und Steuermaßnahmen seine Reparationszahlungen hätte erhöhen können, ist schwer festzustellen. Selbst die nur teilweise Erfüllung der deutschen Verpflichtungen zeigte jedoch, daß der Transfer größerer Kapitalmengen nicht nur das wirtschaftliche Gleichgewicht des Schuldners, sondern auch das der Gläubiger störte. Der Kampf um die Erfüllung der Reparationen, von Winston Churchill als »eine traurige Geschichte komplizierter Idiotie« bezeichnet, bewies somit die Zweischneidigkeit wirtschaftlicher Vergeltungsmaßnahmen in einem Zeitalter engster internationaler Wirtschaftsverflechtung.

Ganz neu war in den zwanziger Jahren der Einfluß, den die Vereinigten Staaten auf das Wirtschaftsleben gewannen. Nicht nur war das Reparationsproblem eng mit der Verschuldung der Alliierten an Amerika verbunden, sondern auch der wirtschaftliche Wiederaufstieg Europas wurde durch amerikanische Kredite gefördert. Dabei handelte es sich leider nicht um langfristige Darlehen durch die Regierung, sondern hauptsächlich um kurzfristige Anleihen aus privater Hand. Die amerikanische Regierung, ganz im Gegensatz zu ihrer Haltung nach dem zweiten Weltkrieg, schien sich damals noch nicht der Verantwortung bewußt zu sein, die ihrem Lande, als der führenden Gläubigermacht, plötzlich zugefallen war. Das zeigte sich nicht nur in ihrer Anleihe, sondern auch in ihrer Handelspolitik. Statt ihren Schuldnern die Rückzahlung der Schulden über den allein möglichen Weg eines Exportüberschusses zu erleichtern, führten die Vereinigten Staaten in dem Fordney-McCumber Tariff Act von 1922 eine scharfe Zollerhöhung durch, die alsbald in der Zollgesetzgebung der europäischen Staaten ihren Widerhall fand. Nur England ließ sich in den allgemeinen Zollkrieg nur zögernd ein und begann erst 1932 eine intensive Schutzzollpolitik. Zahlreiche Warnungen europäischer Wirtschaftler gegen eine derart kurzsichtige Handelspolitik nötigten schließlich den Völkerbund, im Frühjahr 1927 eine Weltwirtschaftskonferenz nach Genf einzuberufen. In ihrem Schlußbericht forderten die Delegierten der etwa fünfzig teilnehmenden Staaten ihre Regierungen auf, unverzüglich den Abbau der den internationalen Handel gefährdenden Zollschranken einzuleiten. Ehe damit begonnen werden konnte, brach die Weltwirtschaftskrise aus. Ihre Ursachen lagen nicht zuletzt in der Schutzzollpolitik der vorhergehenden Jahre.

Abgesehen von ihren Bedenken hinsichtlich der Zölle waren jedoch die Teilnehmer an der Weltwirtschaftskonferenz durchaus optimistisch. Nach den Worten ihres Vorsitzenden stand die Welt »an der Schwelle einer neuen Ära, in der der internationale Handel die ihn noch hemmenden Hindernisse beseitigen und eine allgemeine Wiederaufwärtsbewegung erleben wird, die zugleich Zeichen einer gesunden Weltwirtschaft wie Vorbedingung der weiteren Zivilisationsentwicklung ist«. Europas Wirtschaftsleben nach 1925 ließ solchen Optimismus durchaus berechtigt erscheinen. Frankreich hatte mit bewundernswerter Energie seine zerstörten Gebiete wiederaufgebaut, seine Industrie modernisiert und seine Währung stabilisiert. Deutschland hatte sich von dem Schock der Inflation erholt, und die Nachfrage nach lange entbehrten Verbrauchsgütern, eine rege Bautätigkeit sowie durch ausländische Anleihen ermöglichte öffentliche Arbeiten ließen die Zahl der Arbeitslosen auf etwas über eine halbe Million absinken. Eine weitgehende Rationalisierung der Industrie gab Deutschland innerhalb kurzer Zeit die industrielle Führung in Europa und den zweiten Platz hinter Amerika in der Welt. Englands Wirtschaft erholte sich sehr viel langsamer und wurde 1926 durch einen Generalstreik schwer erschüttert. Sein Festhalten am Goldstandard, seine veralteten Produktionsmethoden sowie der hohe Lebensstandard seiner Arbeiter erschwerten der einst führenden Industriemacht die Konkurrenz auf dem Weltmarkt. In Italien war der faschistischen Regierung in ihrem Versuch, die Wirtschaft von ausländischer Einfuhr, besonders auf landwirtschaftlichem Gebiet, unabhängig zu machen, ein durch Propaganda aufgebauschter Erfolg beschieden. Selbst in der Sowjetunion bewirkte die Neppolitik (Neue Ökonomische Politik) der zwanziger Jahre mit ihrer teilweisen Rückkehr zu kapitalistischen Wirtschaftsmethoden eine allmähliche Überwindung der Folgen von Krieg und Revolution.

Die scheinbare Erholung des europäischen Wirtschaftslebens hatte aber auch ihre schwachen Punkte. Sie blieb hauptsächlich auf die Industrie beschränkt, während die Landwirtschaft auch weiterhin durch Überproduktion und Konkurrenz außereuropäischer Länder an einer Absatzkrise litt. Die dadurch verursachte Schwächung der bäuerlichen Kaufkraft wirkte auch auf die Industrie. Niedere Arbeitslöhne hatten die gleiche Wirkung. Die durch Kredite ermöglichte spekulative Ausweitung der Produktion überstieg somit das Kaufvermögen der Konsumenten. Die tieferen Ursachen der durch den amerikanischen Börsenkrach am 24. Oktober 1929 ausgelösten Wirtschaftskrise werden im folgenden Kapitel ausführlicher behandelt werden. Eine ihrer wichtigsten Folgeerscheinungen war die Abdrosselung und Einziehung kurzfristiger Anleihen. Damit wurde der europäischen und insbesondere der deutschen Wirtschaft das Lebensblut entzogen und eine Katastrophe von weltweiten Ausmaßen eingeleitet.

Die Krise der Demokratie

Die politischen und wirtschaftlichen Folgen des Weltkrieges stellten die europäischen Mächte vor Aufgaben, deren Bewältigung eine zielbewußte und straffe Staatsführung erforderte. Hinzu kam, daß die Völker schon während des Krieges sich an eine Stärkung der Exekutivgewalt gewöhnt hatten und auch weiterhin die Lösung ihrer Probleme von einer kraftvollen Regierung erwarteten. Das war vor allem dort der Fall, wo die liberal-demokratische Regierungsform verhältnismäßig neu war. In Ländern, wie Deutschland, Österreich und Italien, fanden die Regierungen sich bald nach dem Kriege von antiliberalen Tendenzen sozialistischer, kommunistischer oder faschistischer Richtung bedrängt. Länder mit parlamentarischer Tradition, wie England und Frankreich, fanden es leichter, autoritären Bestrebungen zu widerstehen, obwohl sich auch hier in Zeiten nationaler Krisen eine Sammlung der politischen Kräfte in überparteilichen und dadurch praktisch unabhängigen Regierungen bemerkbar machte. Der von den Westmächten begrüßte Sieg der Demokratie erwies sich bald als Scheinsieg.

Die innere Entwicklung Englands in der Nachkriegszeit zeichnete sich, im Gegensatz zu den Unruhen auf dem Kontinent, durch eine gewisse Stetigkeit aus. Mit Einführung des allgemeinen Wahlrechts in den Reformgesetzen von 1918 und 1928 wurde der gesamten erwachsenen Bevölkerung Einfluß auf die Politik gegeben. Die Wiederwahl der von Lloyd George geführten nationalen Koalitionsregierung in den Khaki-Wahlen des September 1918 und eine kurze Belebung der Wirtschaft erleichterten die Wiederkehr geordneter Verhältnisse. Die bereits 1920 einsetzende Wirtschaftskrise hatte aber bald auch politische Auswirkungen, die eine allmähliche Wandlung im Kräfteverhältnis der in der Koalition vereinten Parteien zur Folge hatten. Der Stimmenverlust der liberalen Partei war teils auf ihre innere Spaltung, teils auf außenpolitische Mißerfolge Lloyd Georges, speziell in Irland und Indien, zurückzuführen. Ein tieferer Grund für den Niedergang der Liberalen lag aber im Versagen ihrer Wirtschaftspolitik, die sich nach wie vor in den Bahnen des klassischen *Laissez-faire* bewegte. Die Konservativen unter Stanley Baldwin andererseits wie auch die Labour Party unter Ramsay MacDonald sahen Englands Rettung in zunehmendem Einfluß des Staates auf die Wirtschaft. Die Konservativen dachten an die Einführung von Schutzzöllen, während die Arbeiterpartei ein gemäßigtes Sozialisierungsprogramm verfocht.

Die politische Führung in England während der zwanziger Jahre lag bei den Konservativen, die schon in der Koalitionsregierung die Mehrheit gehabt hatten und nach den Wahlen von 1922 die alleinige Verantwortung übernahmen. Ihre Versuche, die in dem Safeguarding of Industries Act von 1921 verhängten Schutzmaßnahmen in ein regelrechtes Schutzzollsystem zu verwandeln, trafen jedoch auf den Widerstand der anderen Parteien. Als zweitstärkste Partei übernahm die Labour Party im Januar 1924 kurz die Führung, mußte sie aber schon im November wieder an die Konservativen zurückgeben, die sich dann bis 1929 behaupteten. Wenn auch England in diesen Jahren an der allgemeinen Erholung der europäischen Wirtschaft teilhatte, so gelang es nicht, die Probleme der Arbeitslosigkeit und des finanziellen Defizits zu meistern. Die Maiwahlen des Jahres 1929 brachten der konservativen Partei eine entscheidende Niederlage. Die siegreiche Arbeiterpartei unter Führung MacDonalds verfügte aber nicht über die nötige Mehrheit, um ihre Wirtschaftspläne verwirklichen zu können. Erst die im Jahre 1931 wiederum mit konservativer Mehrheit gebildete Koalitionsregierung wertete das Pfund ab und führte einen zehnprozentigen Schutzzoll ein, so daß sich die Wirtschaftslage allmählich besserte.

Trotz seiner unausgesetzten wirtschaftlichen Schwierigkeiten in den zwanziger Jahren blieb England von schweren inneren Unruhen verschont. Selbst der durch die Notlage in der Kohlenindustrie ausgelöste Generalstreik von 1926 verlief ohne ernsthafte Zwischenfälle. Radikale Strömungen kommunistischer und faschistischer Richtung hatten bei der dem englischen Temperament eigenen Mäßigung wenig Erfolg. Die 1924 von der ersten Arbeiterregierung aufgenommenen Beziehungen zur Sowjetunion wurden nach der Veröffentlichung eines angeblich von Sinowjew stammenden Briefes, der Englands Massen zur Revolution aufzurufen versuchte, bald wieder abgebrochen. Die Niederlage der Labour Party im Oktober 1924 wird hauptsächlich auf die Angst vor der »roten Gefahr« zurückgeführt. Die konservative Regierung andererseits verlor viele Anhänger durch die reaktionären Beschränkungen der Gewerkschaftstätigkeit, die sie nach Beilegung des Generalstreiks einführte. Sowohl Konservative wie Arbeiterpartei bemühten sich durch Ausgestaltung der sozialen Gesetzgebung, das Niveau der Arbeiterklasse zu heben. Das Festhalten an einer stabilen Währung erschwerte zwar die Konkurrenz auf dem Weltmarkt, bewahrte aber gleichzeitig Englands Mittelstand vor den demoralisierenden Folgen einer Inflation und trug damit weiter zur Erhaltung des inneren Friedens bei.

Die französische Politik der zwanziger Jahre war sehr viel komplizierter und unausgeglichener als die Englands. Das lag zum Teil an den Auswirkungen des Krieges, der in Frankreich Land und Leute ungemein schwerer in Mitleidenschaft gezogen hatte, ging aber hauptsächlich auf die Verworrenheit seines Regierungssystems zurück, das durch proportionale Wahlen zustande kam und auf einer Vielzahl von Parteien und Interessengruppen beruhte. In dem Jahrzehnt zwischen Friedensschluß und Weltwirtschaftskrise wurde Frankreich von achtzehn Kabinetten unter neun verschiedenen Ministerpräsidenten regiert. In den ersten fünf Nachkriegsjahren lag die Führung bei einem nationalen Block aus konservativen Parteien der Rechten und der Mitte, dessen wichtigstes Kabinett, unter Poincaré, von Anfang 1922 bis Mitte 1924 dauerte. Außenpolitische Mißerfolge führten dann zum Wahlsieg eines Linkskartells, in dem Herriot und Briand die führende Rolle spielten und das sich bis Mitte 1926 hielt. Anhaltende wirtschaftliche Schwierigkeiten ließen schließlich auch Frankreich sein Heil in einer großenteils aus ehemaligen Ministerpräsidenten bestehenden nationalen Regierung suchen, die unter Poincaré die für Frankreich ungewöhnlich lange Lebensdauer von drei Jahren erreichte.

Die Nachkriegspolitik Frankreichs sah im einzelnen weit uneinheitlicher aus, als es in dieser kurzen Zusammenfassung erscheinen mag. Weit mehr als England bestimmten in Frankreich außenpolitische Faktoren die Innenpolitik, besonders soweit sie das Sicherheitsproblem und das Verhältnis zu Deutschland betrafen. Die dringlichste Aufgabe der französischen Regierung war der Wiederaufbau der verwüsteten Grenzgebiete des Nordostens, dessen Kosten sich auf mehr als hundert Milliarden Francs beliefen. Da Deutschland vor 1924 mit seinen Reparationszahlungen weit im Rückstand blieb, sah sich Frankreich gezwungen, weitere innere Anleihen aufzunehmen. Als Ergebnis dieser Leihpolitik schuldete die Regierung dem französischen Volke Ende 1925 etwa dreihundert Milliarden Francs. Die zunehmende Finanzkrise, die sich besonders im Verfall der Währung zeigte, war endgültig nur durch ein rigoroses Steuerprogramm zu beheben. Die von dem Linkskartell unter Herriot erstrebte Besteuerung der großen Vermögen und Einkommen fand jedoch den Widerstand der Rechtsparteien. Erst als die fortschreitende Inflation im Frühjahr 1926 zu immer ernsteren Massendemonstrationen in Paris und zu Unruhen in den Provinzen führte, gelang es einer überparteilichen Regierung unter Poincaré durch großangelegte

Steuerreformen und Sparmaßnahmen »den Franc zu retten«. Der Abschluß der Wiederaufbauarbeiten sowie die regelmäßige Zahlung der deutschen Reparationen verhalfen dann Frankreich zu einer Gesundung seiner Wirtschaft, die auch zu einer Stabilisierung der politischen Verhältnisse führte. Frankreichs Finanzen zeigten 1928 einen Überschuß, die nie sehr zahlreichen Arbeitslosen verschwanden vollkommen, und Lohnerhöhungen sowie ein im Jahre 1930 eingeführtes umfassendes Sozialgesetz ließen auch die Arbeiterschaft an der wirtschaftlichen Besserung teilhaben. Sie war jedoch zu kurzlebig, um die wirtschaftlichen und sozialen Gegensätze zu überbrücken. Der Protest gegen die bestehende Wirtschaftsordnung fand seinen Ausdruck in den radikalen Linksparteien, die 1932 insgesamt zwei Fünftel der Sitze in der Deputiertenkammer innehatten. Den Kommunisten gehörten davon jedoch nur etwa dreieinhalb Prozent.

Während sich in Frankreich die Radikalisierung des politischen Lebens erst in den dreißiger Jahren zu einer wirklichen Gefahr für die Demokratie auswirken sollte, stand die deutsche Regierung bereits seit Ende des Krieges im fortwährenden Kreuzfeuer der Extreme von links und rechts. Auch die Weimarer Republik wurde durch ein Wahlsystem geschwächt, das die politische Zersplitterung begünstigte und die Bildung arbeitsfähiger Mehrheitsregierungen erschwerte. Dazu kam, daß der Friedensvertrag Deutschland vor Probleme stellte, die nur durch tatkräftige Mithilfe des deutschen Volkes gelöst werden konnten. Eine solche Unterstützung wurde der neuen Republik jedoch nur selten zuteil. Die Mehrzahl der Deutschen hatte zwar die schon vor der Revolution begonnene Demokratisierung ihres Staatslebens begrüßt, hätte sie aber lieber im Rahmen einer konstitutionellen Monarchie gesehen. Dennoch hätte sich die Republik wohl im Laufe der Zeit durchgesetzt, wäre sie ihrer inneren und äußeren Schwierigkeiten Herr geworden. Die kurze Spanne wirtschaftlicher Aufwärtsentwicklung nach 1924 stärkte zwar die staatsbejahenden Parteien der gemäßigten Linken und der Mitte, der Abstieg in die Wirtschaftskrise nach 1929 besiegelte dann aber endgültig das Schicksal der Republik.

Eine Bejahung des neuen Staates wurde vor allem von den in der Monarchie benachteiligten sozialistischen Arbeitern erwartet. Für die Arbeiterschaft brachten aber bereits die ersten Nachkriegsjahre große Enttäuschungen. Die von den Sozialdemokraten unterstützte Bekämpfung kommunistischer Aufstände, die bis Ende 1923 währten, vertiefte die schon im Kriege begonnene Spaltung der sozialistischen Front und machte ein Zusammengehen von Kommunisten und Sozialdemokraten, selbst in Zeiten ernster Gefahr, unmöglich. Die KPD, die in den Wahlen der zwanziger Jahre meist etwa zehn Prozent der Stimmen erhielt, gehörte so von Anbeginn zu den heftigsten Gegnern der Republik. Die SPD blieb bis Mitte 1932 die stärkste Partei, verfügte aber nie über die nötige Mehrheit, um ihr gemäßigtes Sozialisierungsprogramm durchsetzen zu können. Die wegen der Kriegsfolgen notwendige Anspannung der deutschen Wirtschaft sowie die finanzielle Entlastung der Industrie durch die Inflation führten im Gegenteil zu einer weiteren Stärkung der kapitalistischen Wirtschaftsordnung. Trotz des Fehlschlagens ihrer Hoffnungen erwiesen sich die Sozialdemokraten als loyalste Stütze der Weimarer Republik, obwohl sie sich von den Koalitionsregierungen meist fernhielten und nur zu Beginn und Ausgang der zwanziger Jahre selbst die Führung übernahmen.

Die bürgerlichen Parteien der Weimarer Republik stammten meist noch aus kaiserlicher Zeit. Unter ihnen waren nur das Zentrum und die Demokratische Partei wirkliche Anhänger des neuen Staates. Ein Teil der aus den Nationalliberalen hervorgegangenen Deutschen Volkspartei und die als Nachfolger der Konservativen geltenden Deutschnationalen machten aus ihrer monarchistischen Gesinnung kein Hehl. Dem Zentrum fiel, weniger seiner Stärke als seiner Zwischenstellung wegen, ein besonderer Einfluß zu; es nahm an sämtlichen Regierungen vor 1932 teil und führte die Mehrzahl von ihnen. Die führende Stellung des Bürgertums zeigte sich außerdem durch seine Rolle in der Verwaltung, der Justiz wie auch im Erziehungswesen. Selbst Angehörige der Aristokratie hatten in der Republik Einfluß, besonders in der höheren Verwaltung, im auswärtigen Dienst und in der Armee. Die deutsche Revolution hatte zwar eine gewisse Demokratisierung, jedoch keineswegs eine grundlegende Wandlung des politischen, wirtschaftlichen und sozialen Gefüges bewirkt.

Die Abneigung oder die Gleichgültigkeit, die viele Deutsche dem neuen Staate entgegenbrachten, beruhte zum Teil darauf, daß sie die Republik und ihre Führer für den Verlust des Krieges wie für das Versailler »Diktat« verantwortlich machten. Die gehässige Propaganda rechtsstehender Kreise war besonders verhängnisvoll. Mit Schlagworten, wie »Dolchstoß«, »Novemberverbrecher«, »Erfüllungspolitik« und »Schuldknechtschaft«, suchten nicht nur verantwortungslose Demagogen vom Schlage Hitlers, sondern ernstzunehmende Persönlichkeiten, wie Hindenburg, Helfferich und Hugenberg, die nationalen Leidenschaften gegen die gemäßigte Politik der Mittel- und Linksparteien aufzustacheln. Zu den Umsturzversuchen der Kommunisten gesellten sich in der Zeit vor 1924 eine Reihe von Putschversuchen rechtsradikaler Kreise, unter denen vor allem der Kapp-Putsch von 1920 und der Hitler-Putsch im November 1923 zu erwähnen sind. Der verblendete Nationalismus schreckte selbst vor politischen Morden nicht zurück, denen unter anderen der Zentrumsführer Matthias Erzberger und Reichsaußenminister Rathenau zum Opfer fielen. Die Anhänger dieser fanatischen Rechtsopposition kamen vielfach aus den Reihen der Freikorps, jener von der Regierung während der Revolution zur Bekämpfung spartakistischer Unruhen eingesetzter Freiwilligenformationen, deren Daseinsberechtigung mit der inneren Befriedung verschwand und deren Überführung in die neue Reichswehr nur teilweise möglich war. Diese Landsknechtsgestalten, in denen sich Vaterlandsliebe mit politischer Unreife und Idealismus mit Grausamkeit gegen politische Gegner verbanden, fanden sich nach Jahren an der Front nur schwer in geordnete Verhältnisse zurück und versuchten, in den politischen Wehrverbänden die Kameradschaft und das Führerprinzip ihres Fronterlebnisses zu bewahren und zu pflegen. Die frühen Mitglieder der NSDAP stammten vielfach aus diesen Kreisen.

Trotz fortgesetzter Angriffe von rechts und links gelang es der Weimarer Republik, die kritischen Nachkriegsjahre zu überstehen. In ihrem Kampf gegen den Kommunismus konnte die Regierung auf die Hilfe der Freikorps wie auch der Reichswehr rechnen. Diese bewahrte jedoch bei Umsturzversuchen von rechts eine Neutralität, welche die Haltung dieses wichtigsten Machtfaktors der Republik stets fragwürdig erscheinen ließ. Was die Mehrheit des deutschen Volkes betraf, so distanzierte sie sich von den Gewalttaten der radikalen Rechten und gab der NSDAP in den zwanziger Jahren nie mehr als fünf Prozent ihrer Stimmen. Die gemäßigten Rechtsparteien dagegen konnten in den ersten Nachkriegsjahren ungefähr dreißig Prozent der Wählerschaft an sich ziehen. Die Entspannung der außenpolitischen Lage und die scheinbare Gesundung der deutschen Wirt-

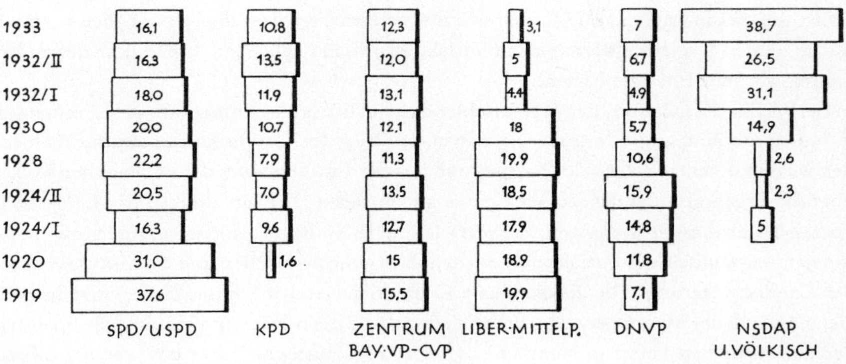

Entwicklung der Parteien 1919–1933 IN % DER STIMMBERECHTIGTEN NACH BRACHER

schaft nach 1924 führten dann zu einem merklichen Abflauen nationalistischer Agitation. Die NSDAP erholte sich nur langsam von dem Fiasko des Hitler-Putsches und erhielt in den Maiwahlen von 1928 nur zweieinhalb Prozent der Stimmen. Die DNVP verlor gleichzeitig fast ein Drittel ihrer Mandate. Aber selbst in den Jahren verhältnismäßiger Ruhe und Stabilität gelang es der Weimarer Republik nicht, das deutsche Volk mit seinem neuen Staate vollends auszusöhnen. Die Wahl Hindenburgs zum Reichspräsidenten, der Kampf um die Wiedereinführung der kaiserlichen Reichsfarben und um die finanzielle Abfindung der deutschen Fürsten, das Anschwellen des die Tradition des kaiserlichen Heeres wachhaltenden »Stahlhelm«, diese und andere Entwicklungen waren Anzeichen dafür, daß sich weite Volkskreise aus der glanz- und machtlosen Gegenwart in die monarchistische Vergangenheit zurücksehnten.

Die »Auflösung der Weimarer Republik«, wie der Übergang in den nationalsozialistischen Staat der dreißiger Jahre mit Recht bezeichnet worden ist, begann bereits kurz nach Beginn der 1929 einsetzenden Wirtschaftskrise. Das Zusammenwirken von Deutschnationalen und Nationalsozialisten im Volksbegehren gegen den Young-Plan blieb zwar ein Mißerfolg, zeichnete aber bereits den Weg vor, auf dem Hitler schließlich mit Hilfe der konservativen Rechten an die Macht gelangen sollte. Das Ergebnis der Septemberwahlen im darauffolgenden Jahr, in denen die NSDAP plötzlich zur zweitstärksten Partei hinter der SPD anwuchs, war die erste, weithin sichtbare Warnung. Trotz eifriger Agitation ist die

NSDAP in den zwanziger Jahren nie zu einem wirklichen Faktor der deutschen Politik geworden. Erst die verheerenden Folgen der Wirtschaftskrise schufen den Nährboden für eine Bewegung, die durch ein vielversprechendes Parteiprogramm einen Ausweg aus dem allgemeinen Elend verhieß. Die Regierung versuchte durch das dem Reichspräsidenten im Artikel achtundvierzig der Weimarer Verfassung gegebene Notverordnungsrecht den Verfall der Republik aufzuhalten. Ihr fehlte jedoch dazu der nötige Rückhalt im hoffnungslos gespaltenen Reichstag, in dem nach den Juliwahlen des Jahres 1932 die Gegner der Republik die Überhand hatten. Eine Sammlung der gesamten politischen Kräfte in Zeiten nationaler Krise, wie dies in England und Frankreich möglich war, erwies sich als unmöglich in einem Staate, dessen Regierungsform weiten Volkskreisen fremd geblieben war und an dessen Erhaltung sie kein Interesse hatten.

Der Weg in die Diktatur, der in Deutschland nach Hitlers Machtübernahme begann, hatte in Italien schon zehn Jahre früher begonnen. Der Sieg des Faschismus ist hauptsächlich aus den wirtschaftlichen Folgen des Krieges und aus der Enttäuschung des italienischen Volkes über die Ergebnisse der Friedenskonferenz zu verstehen. Die Unfähigkeit der bürgerlich-liberalen Nachkriegsregierungen, die wirtschaftliche Notlage zu meistern, führte zu einem rapiden Anwachsen des Sozialismus, zu unablässigen Streikwellen und zu Unruhen unter der Landbevölkerung. Die linksradikale Opposition erreichte ihren Höhepunkt in dem Generalstreik des September 1920. Sein Scheitern und die bereits 1921 einsetzende Spaltung der Sozialistischen Partei in kommunistische und sozialistische Lager machten der Gefahr eines revolutionären Umsturzes von links ein Ende. Die weitverbreitete Furcht vor dem Bolschewismus wurde jedoch durch die Agitation der Faschisten am Leben gehalten und von ihnen zur Eroberung der Macht ausgenutzt.

Der Faschismus, mehr noch als der Nationalsozialismus, verdankte seinen Erfolg der dynamischen Persönlichkeit eines in der Beeinflussung der Massen hochbegabten Demagogen. Wie Hitler stammte der 1883 geborene Mussolini aus einfachen Verhältnissen und gehörte zur Kriegsgeneration. Vor dem Kriege hatte er, zuletzt als Redakteur des »Avanti«, in radikal-sozialistischen Kreisen eine Rolle gespielt, war dann aber 1914 als Anhänger des italienischen Kriegseintritts in das nationalistische Lager hinübergewechselt. Als Herausgeber des Mailänder »Popolo d'Italia« gab er sich auch weiterhin als Vorkämpfer sozialistischer Ideale, die er aber nicht durch Revolution von unten, sondern durch autoritäre Führung von oben her zu verwirklichen suchte. Das hervorstechende Merkmal des Faschismus, wie auch des Nationalsozialismus, war die opportunistische Verschmelzung sich oft widersprechender Elemente in einem Programm, welches das Wohl des diktatorisch regierten Staates über das Schicksal des Einzelnen stellte. Zur Durchführung seines Programmes gründete Mussolini bei Kriegsende, großenteils aus den Reihen ehemaliger Frontkämpfer, die »Fasci«, das heißt Kampfbünde, deren Mitgliederzahl innerhalb weniger Jahre auf über dreihunderttausend anwuchs. Ihre Haupttätigkeit bestand in einer unablässigen Offensive gegen die »rote Gefahr« des Sozialismus. Hierin fanden sie zunehmende Unterstützung in gemäßigten und konservativen Kreisen, die vom Faschismus den Schutz ihres Besitztums und die Wiederherstellung geordneter Verhältnisse erwarteten. Gleichzeitig appellierte Mussolini an das Nationalgefühl der Italiener, indem er gegen die Benachteiligung Italiens in den Friedensverträgen, gegen den Verzicht auf Italiens Ansprüche in Dalmatien und den Rückzug aus Fiume protestierte.

Die Machtergreifung Mussolinis erfolgte im Oktober 1922, als die schwache Regierung de Factas der faschistischen Drohung mit dem »Marsch auf Rom« gewichen war und König Viktor Emmanuel Mussolini mit der Bildung eines Kabinetts beauftragte. Die endgültige Errichtung der faschistischen Diktatur dauerte jedoch mehrere Jahre. Durch brutale Gewalttätigkeiten, die in dem Mord des sozialistischen Abgeordneten Giacomo Matteotti gipfelten, durch Knebelung der Presse und Beschränkung der demokratischen Wahlordnung gewann die faschistische Partei allmählich die Oberhand und wurde 1925 als alleiniger Träger der Macht anerkannt. Wie später der Nationalsozialismus, so hielt auch der Faschismus äußerlich an der Verfassung fest, um hinter dieser Fassade um so ungestörter die Diktatur einrichten zu können. Mussolinis Stellung als Regierungschef wurde im Dezember 1925 durch ein gefügiges Parlament anerkannt, und bald darauf wurde ihm das Recht, Dekrete mit Gesetzeskraft zu erlassen, eingeräumt. Die Macht des Parlaments ging allmählich in die Hände des faschistischen Großrats über, dem 1928 die Aufstellung der Wahlkandidaten aus den Reihen der korporativen Berufsorganisationen übertragen wurde. Die Abgeordneten wurden in der Form eines Plebiszits von der durch Partei und Geheimpolizei terrorisierten Bevölkerung mit überragender Mehrheit »gewählt«. Im Jahre 1939 wurde auch diese letzte Erinnerung an eine demokratische Vergangenheit abgeschafft, und die »Volksvertreter« wurden künftig von der Partei ernannt. Staat und Partei waren damit endgültig identisch geworden.

Die faschistische Gleichschaltung Italiens durch Mussolini, genau wie die nationalsozialistische unter Hitler, erfaßte nach und nach das gesamte politische, wirtschaftliche und kulturelle Leben. Verglichen mit Deutschland vollzog sie sich jedoch langsamer und in gemäßigteren Formen. Hieraus, wie auch aus der Tatsache, daß es sich beim Faschismus um ein neues und in seinen Folgen anfänglich nicht übersehbares Regierungssystem handelte, erklärt sich die milde und manchmal sogar wohlwollende Kritik, die dem faschistischen Regime im Ausland zuteil wurde. Mussolinis »Kampf gegen den Bolschewismus«, seine wirtschaftlichen Reformen, sein Abkommen mit dem Heiligen Stuhl in den Lateranverträgen von 1929 und seine, nach stürmischen Anfängen in Fiume und Korfu, betonte Mäßigung in der Außenpolitik, diese und andere scheinbar positive Seiten faschistischer Politik täuschten die Außenwelt über den wahren Charakter faschistischer Gewaltherrschaft und über die Gefahren eines Systems hinweg, dessen Bestand letzten Endes von territorialer Expansion und vom Gewinn der von Mussolini erstrebten Mittelmeerherrschaft abhing. Nur Hitler scheint die Ereignisse in Italien richtig verstanden und aus ihnen gelernt zu haben. Die Tatsache, daß der Duce die Diktatur von rechts sozusagen salonfähig gemacht hatte, sollte dem »Führer« seine Arbeit nach 1933 um vieles erleichtern.

Der Faschismus in seiner absoluten Form blieb während der zwanziger Jahre auf Italien beschränkt. Auch in einer Reihe anderer europäischer Staaten kamen in der Nachkriegszeit autoritäre Regierungen ans Ruder, nämlich in Spanien unter Primo de Rivera seit 1923, in Polen unter General Pilsudski seit 1926, in Jugoslawien unter König Alexander seit 1929 und zeitweise in Ungarn, Bulgarien und Portugal. Da diese Diktaturen sich jedoch hauptsächlich auf eine straffere Führung der Regierungsgeschäfte beschränkten, wurden sie meist als vorübergehende Krisenerscheinungen angesehen. Erst der Sieg des Nationalsozialismus in den dreißiger Jahren machte endlich deutlich, daß es sich bei der Errichtung von Rechtsdiktaturen um eine allgemeine Tendenz und eine wirkliche Gefahr für die Demokratie in fast allen Ländern handelte. In den zwanziger Jahren schien diese Gefahr weit mehr von kommunistischer als von faschistischer Seite zu drohen, obwohl der Kommunismus nach anfänglichen Umsturzversuchen in Mitteleuropa sich mehr und mehr auf die Verwirklichung des »Sozialismus in einem Lande«, das heißt in Rußland, zurückzog und im übrigen Europa bis zum Ende des zweiten Weltkrieges keinerlei größere Erfolge zu verzeichnen hatte.

Der Sieg des Kommunismus in Rußland gegen scheinbar unüberwindliche Widerstände gehört zu den bedeutendsten Ereignissen der Nachkriegszeit. Die Errichtung der kommunistischen Diktatur, die bereits in einem früheren Kapitel dieses Bandes eingehend geschildert wurde, stellte einen bewußten Bruch nicht nur mit Rußlands eigener Tradition, sondern auch mit den liberal-demokratischen Tendenzen des westlichen Europa dar. Es ist daher nicht erstaunlich, daß die anderen Mächte die Tragweite der russischen Ereignisse erst nach und nach verstanden. Die Versuche, das kommunistische System sozusagen bei der Geburt zu ersticken, scheiterten an dem entschlossenen Widerstand der Roten Armee und an den inneren Gegensätzen der Westmächte. In der Folgezeit versuchte man, den Kommunismus durch eine Politik des »cordon sanitaire« auf Rußland zu beschränken, in der Hoffnung, daß sich das sowjetische »Experiment« mit der Zeit als Fehlschlag erweisen werde. Die Niederlage Rußlands im Krieg gegen Polen, die Abkehr von der radikalen Sozialisierung in der »Neuen Ökonomischen Politik« und die schrittweise Eingliederung der Sowjetunion in die internationale Politik wurden weithin als Zeichen einer langsamen Entradikalisierung des Sowjetsystems betrachtet. Erst die radikale Rückkehr zum Kollektivismus in dem unter Stalin im Jahre 1928 begonnenen Fünfjahresplan bewies die Entschlossenheit der Sowjetregierung, ihr Programm des autoritären Staatssozialismus mit aller Konsequenz durchzuführen.

In der Hoffnung der Westmächte auf eine allmähliche Abkehr Rußlands vom Kommunismus spielten besonders wirtschaftliche Erwägungen eine Rolle. Versuche, die Sowjetunion während der zwanziger Jahre in die Weltwirtschaft einzubeziehen, scheiterten jedoch an der russischen Weigerung, sich den Gepflogenheiten ihrer kapitalistischen Partner anzupassen. Rußland verharrte somit weiterhin in der Isolierung und blieb ein von Mißtrauen umgebenes politisches Rätsel. Das Mißtrauen der Außenwelt richtete sich dabei weniger gegen die nationalen Bestrebungen der Sowjetunion als gegen die Ziele des Kommunismus. Im Gegensatz zu der unklaren und widerspruchsvollen Weltanschauung des Faschismus verfügte der Kommunismus über eine im orthodoxen Marxismus fest verankerte Ideologie und ein klar umrissenes Programm, das zudem noch in seiner Anwendung auf das vorwiegend agrarische Rußland eine erstaunliche Anpassungsfähigkeit bewies. In den marxistischen Parteien des Westens hatte die Führung bis 1914 bei den Anhängern des evolutionären Sozialismus gelegen. Der Sieg der russischen Revolution stellte dann plötzlich die revolutionäre Minderheit in den Vordergrund. Radikal-sozialistische Versuche,

Mussolinis Marsch auf Rom, Oktober 1922

Besuch des englischen Ministerpräsidenten MacDonald in Berlin, 1931
Planck, MacDonald, Einstein, Schmitz, Brüning, Dietrich; vorn: Treviranus

das russische Beispiel in den Revolutionen der Mittelmächte bei Kriegsende nachzuahmen, schlugen zwar fehl, führten jedoch überall zu einer endgültigen Spaltung des Sozialismus und zur Errichtung kommunistischer Parteien. Wären diese Parteien auf sich selbst beschränkt geblieben, dann hätten die Regierungen der kommunistischen Gefahr sicherlich bald Herr werden können. Durch ihre Zusammenfassung in der dritten Internationalen aber wurde den kommunistischen Minderheiten ein starker Rückhalt und eine weit über ihre Mitgliederzahl hinausgehende Bedeutung zuteil. Die »rote Gefahr«, wenn auch von den Rechtsparteien aus Propagandagründen oft übertrieben, war in ihrem Keim überall dort vorhanden, wo der Kommunismus Anhänger fand, die in blindem Gehorsam den Anweisungen der von Sowjetrußland beherrschten Komintern folgten. Nicht nur als Beispiel kommunistischen Erfolges, sondern auch als anerkannte Führerin auf dem Wege zur Weltrevolution wurde die Diktatur Rußlands daher mit Recht als Hauptgegner und als größte Gefahr für die Demokratie erkannt.

Das wahre Ausmaß der kommunistischen wie auch der faschistischen Gefahr sollte sich erst nach 1930 zeigen. Die ersten Nachkriegsjahre waren zwar überall in Europa Jahre der Unruhe und des Elends gewesen. Es schien fast, als ob der von Oswald Spengler in seinem im Jahre 1918 erschienenen »Bestseller« prophezeite »Untergang des Abendlandes« unmittelbar bevorstünde. In der zweiten Hälfte der zwanziger Jahre erschien dann aber plötzlich in der auf Europa lastenden Wolkenbank der »Silberstreifen am Horizont«, und der Pessimismus der Zeit vor 1925 machte einer hoffnungsfroheren Stimmung Platz. Aus der Rückschau und dem Wissen um spätere Ereignisse mag der Optimismus der »Ära von Locarno« als unberechtigt erscheinen. Trotzdem aber darf man die positiven Entwicklungen dieser Jahre – die Entspannung der internationalen Lage, die Erholung der Wirtschaft und die Stabilisierung der inneren Verhältnisse – nicht übersehen. Gewiß war das Nachkriegsjahrzehnt eine Zeit des Umbruchs und des Übergangs; aber es brauchte sich dabei nicht unbedingt um Abstieg und Untergang zu handeln.

Besonders auf kulturellem Gebiet entfaltete Europa während der zwanziger Jahre eine Blütezeit, wie es sie selten in einer so kurzen Zeitspanne erlebt hatte. Um den geistigen Reichtum dieser Jahre zu ermessen, braucht man sich nur zu vergegenwärtigen, daß Marcel Prousts »A la recherche du temps perdu«, James Joyces »Ulysses«, Thomas Manns »Zauberberg« und Rainer Maria Rilkes »Duineser Elegien« und »Sonette an Orpheus« alle kurz nach 1920 erschienen. Mehr noch als die Literatur suchten die bildenden Künste in der Nachkriegszeit nach neuen Formen. Der Expressionismus hatte bereits vor dem Kriege seine Anhänger, er erreichte aber seinen Höhepunkt nach 1920 in den Werken von Pablo Picasso, Paul Klee, Ernst Barlach, Wassily Kandinsky und all der vielen anderen, die das Kunstgefühl bis in unsere Gegenwart hinein bestimmend beeinflußt haben. In der Kunst wie auch in der Architektur wirkte besonders Deutschland wegweisend. In dem von Walter Gropius 1923 in Dessau erbauten Bauhaus fand das Suchen nach zeitgemäßen Ausdrucksformen sowohl Ausdruck wie Wirkungsstätte.

Diese kulturelle Vitalität, die auch auf anderen Gebieten, besonders den Naturwissenschaften und der Technik, große Leistungen vollbrachte, verträgt sich schlecht mit der Spenglerschen Prognose des Untergangs, der sich in einem Nachlassen menschlicher

Schöpfungskraft offenbaren sollte. Was wäre wohl geschehen, so könnte man sich fragen, wenn der politischen und wirtschaftlichen Gesundung Europas und besonders Deutschlands damals eine längere Zeitspanne beschieden gewesen wäre? Wie eifrig man auch in den Ereignissen der zwanziger Jahre nach den Ursachen der späteren Katastrophe forschen mag, man kehrt doch stets zu dem großen Wendepunkt des Jahres 1929 zurück – der Weltwirtschaftskrise und ihren Ursachen.

Robert Nöll von der Nahmer

WELTWIRTSCHAFT UND WELTWIRTSCHAFTSKRISE

Optimistische Stimmung der Wirtschaft an der Jahrhundertwende

Als in der Silvesternacht 1899 der Anbruch des neuen Jahrhunderts mit Trubel und Lärm in den neuen Großstädten der Welt gefeiert wurde, da war nichts zu merken von der müden und blasierten Fin-de-siècle-Stimmung des vorhergehenden Jahrzehntes. Der bekannte Couplet-Dichter und -Sänger Otto Reutter gab der allgemeinen Stimmung in den Versen Ausdruck:

War auch das alte Jahrhundert sehr fein,
Wird doch das neue noch besser sein.

Die Feiernden ahnten zu ihrem Glück nichts von den Leiden und dem ungeheuerlichen Rückfall in Barbarei und Bestialität, der das 20. Jahrhundert mit zwei Weltkriegen, Weltinflation, Weltwirtschaftskrise, Bolschewismus und Diktaturen charakterisieren sollte.

In wirtschaftlicher Beziehung freilich hat sich der damalige Optimismus als berechtigt erwiesen: Trotz aller Kriege und Rückschläge hat sich der im 19. Jahrhundert so stürmisch begonnene wirtschaftliche Aufstieg weiter fortgesetzt und den Völkern der hochindustrialisierten Volkswirtschaften einen Güterreichtum gebracht, den selbst die größten Optimisten an der Jahrhundertwende noch für unvorstellbar gehalten hätten. Die Produktion dieser Volkswirtschaften hatte sich von der Mitte des 19. Jahrhunderts bis zur Jahrhundertwende mehr als verfünffacht. Trotz des ersten Weltkrieges und der Weltinflation erfolgte dann im 20. Jahrhundert bis zum Ausbruch der Weltwirtschaftskrise nochmals eine Verdoppelung, die sich in den seither verflossenen drei Jahrzehnten wiederholte. Der menschliche Geist hat immer neue lockende Projekte entdeckt und bessere Verfahren zur Güterherstellung erfunden. Bezeichnend ist die Entwicklung der Patentanmeldungen. In den Vereinigten Staaten von Amerika wurden in dem Vorkriegsjahrzehnt 1901 bis 1910 über dreihundertfünfzehntausend Patente erteilt, in dem einzigen Jahr 1954 allein über vierzigtausend.

Die wirtschaftliche Revolution, die das Leben der Menschheit im 19. Jahrhundert aufs tiefste umgestaltete, hatte um die Wende vom 18. zum 19. Jahrhundert ihren Ausgangspunkt von England genommen. Auf dem europäischen Kontinent hatte die Industrialisierung zunächst in Belgien und Frankreich begonnen; von dort war sie nach Osten vorgedrungen. Im Ruhrgebiet hatte sich das größte kontinentaleuropäische Industriezentrum entwickelt. Am stärksten zurückgeblieben war das Russische Reich. Aber auch hier hatte in den neunziger Jahren unter der Initiative des bedeutenden Finanzministers und späteren Ministerpräsidenten Graf Witte eine große Industrialisierungswelle eingesetzt, die vor allem in St. Petersburg und Moskau große Industriearbeitermassen zusammenführte.

Gleichzeitig mit der Industrialisierung Westeuropas hatte das junge Staatswesen der Vereinigten Staaten von Amerika die ihm von der Natur überreichlich gespendeten Möglichkeiten zu höchster wirtschaftlicher Entfaltung gebracht. Am Ende des 19. Jahrhunderts war der große »Zug nach dem Westen« beendet und das gesamte Staatsgebiet wirtschaftlich erschlossen. Die Wachstumsrate der amerikanischen Volkswirtschaft war namentlich in den achtziger Jahren mit rund achteinhalb vom Hundert größer als in den älteren europäischen Industriestaaten. Schon um 1880 übertraf die amerikanische Industrieproduktion die englische. Im 20. Jahrhundert hat sich der Abstand gegenüber den europäischen Volkswirtschaften weiter vergrößert. Um den ersten Platz kämpfen heute, in der Mitte des 20. Jahrhunderts, nicht mehr die europäischen Volkswirtschaften mit den Vereinigten Staaten, sondern das bolschewistische Rußland. In den seit der bolschewistischen Revolution verflossenen vier Jahrzehnten hat die russische Volkswirtschaft eine Entwicklung genommen, die alle früheren Beispiele übertrifft.

Der gigantische wirtschaftliche Aufstieg wurde im 19. Jahrhundert immer wieder durch periodisch auftretende Wirtschaftskrisen mit jahrelangen Depressionen unterbrochen. Den letzten großen Zusammenbruch nach der vorhergehenden stürmischen Aufschwungsperiode der Gründerjahre hatte die Welt 1873 im Anschluß an den Wiener Börsenkrach erlebt. Nach langer Depression hatte endlich in den neunziger Jahren der erhoffte Aufstieg eingesetzt, der mit kurzen Rückschlägen, die wir heute mit dem amerikanischen Ausdruck »recession« bezeichnen würden, bis zum ersten Weltkrieg anhielt und dann in die stürmische Kriegskonjunktur einmündete.

Die wachsende weltwirtschaftliche Verflechtung

Die ständige Steigerung der Güterversorgung der Menschheit war nur möglich durch eine immer enger werdende Verflechtung der nationalen Volkswirtschaften. Ihre unterschiedliche Ausstattung mit Produktionsfaktoren läßt die Produktion zahlreicher Güter nur an bestimmten Orten zu oder schafft dort wenigstens wesentlich bessere Voraussetzungen für ihre Herstellung als in anderen Ländern. Diese Standortunterschiede auszugleichen ist die Aufgabe des internationalen Wirtschaftsverkehrs. Je größere Freiheit er genießt, desto besser gestaltet sich die Güterversorgung der einzelnen Völker. Das war die Quintessenz der Lehre der nationalökonomischen Klassiker Adam Smith und David Ricardo. Unter der Geltung des Freihandelssystems hatten sich seit der Mitte des 19. Jahrhunderts die internationalen Wirtschaftsbeziehungen stark belebt. Seit dem Rückfall des jungen deutschen Kaiserreichs in die Schutzzollpolitik 1879 und den sich daran anschließenden heftigen Zollkämpfen war zwar der Protektionismus erneut zu praktischer Geltung gelangt; aber bis zum ersten Weltkrieg beschränkten sich die Eingriffe in die Freiheit des internationalen Handels auf verhältnismäßig niedrige Schutzzölle. Im übrigen blieb der Waren-, Menschen- und Kapitalverkehr frei von staatlichen Hemmungen.

Der weltwirtschaftliche Verkehr bildete zugleich die unerläßliche Voraussetzung für die Entwicklung industrieller Großunternehmungen. Die Massenproduktion mit allen sich daraus ergebenden Kostenvorteilen setzt aufnahmefähige Märkte voraus. Die nationalen Volkswirtschaften boten kein genügendes Absatzfeld mehr. »Mein Feld ist die Welt« war daher nicht nur der Wahlspruch der Hapag, für die als internationales Schiffahrtsunternehmen eine solche Maxime aus der Natur des Geschäftes verständlich ist. Weite Teile der modernen Großindustrie aller industrialisierten Volkswirtschaften waren vielmehr auf die Weltmärkte als Absatzgebiet für ihre ständig steigende Produktion angewiesen.

Werner Sombart hat in seinem Werk »Der moderne Kapitalismus« versucht, den Umfang des Welthandels um 1800 zu berechnen, und ist dabei auf einen Gesamtbetrag von zwei Milliarden Goldmark gekommen. 1900 betrugen die jetzt exakt durch die statistischen Ämter erfaßten Umsätze über zweiundachtzig Milliarden Goldmark und stiegen dann bis 1913 auf hundertsechzig Milliarden an. Sie haben sich also in den ersten dreizehn Jahren unseres Jahrhunderts fast verdoppelt.

1880 wurden im Deutschen Reich für 2,9 Milliarden Goldmark Waren aus- und für 2,8 Milliarden Güter eingeführt. Der Außenhandelsumsatz betrug also 5,7 Milliarden. Bis 1900 erhöhte sich die Umsatzziffer auf 10,4 Milliarden und verdoppelte sich bis 1913 auf 20,9 Milliarden.

Diese Zahlen sprechen für sich. Der wachsende Warenaustausch war von einer weitgehenden internationalen Kapitalverflechtung begleitet. Nach zuverlässigen Berechnungen betrugen im Jahre 1914 die Auslandsanlagen der drei großen Gläubigervolkswirtschaften in Goldmark: Großbritannien siebzig Milliarden, Frankreich sechsunddreißig Milliarden und Deutschland vierundzwanzig Milliarden. An der Pariser Börse wurden 1908 mehr ausländische als einheimische Papiere notiert. Die jährlichen Auslandsinvestitionen der deutschen Volkswirtschaft wurden für die letzten Vorkriegsjahre auf achthundert bis zwölfhundert Millionen berechnet.

Die hier skizzierte immer enger werdende Verflechtung der nationalen Volkswirtschaften hat den Begriff »Weltwirtschaft« entstehen lassen. Richtig verstanden, bezeichnet er die für das moderne Wirtschaftsleben entscheidende Tatsache, daß heute keine hochentwickelte Volkswirtschaft mehr bestehen kann ohne enge Zusammenarbeit mit den übrigen. Von den Vereinigten Staaten und der Sowjetunion abgesehen, sind sie alle auf Rohstoff- und Lebensmitteleinfuhren angewiesen, um ihre Produktion aufrechtzuerhalten, und vielfach auch, um eine ausreichende Ernährung ihrer Volksmassen sicherzustellen.

Grundlagen und Voraussetzungen des weltwirtschaftlichen Verkehrs

Die starke Erweiterung des internationalen Wirtschaftsverkehrs beruhte auf einer Reihe grundlegender Änderungen, die sich im 19. Jahrhundert ergeben hatten: Zunächst einmal war die ganze Erde dem Verkehr erschlossen worden. Mit der Einräumung der Vertragshäfen in China als Folge des Opiumkrieges (1839–1842) und der Öffnung japanischer Häfen für den Weltverkehr (1853) hatten die damaligen Welthandelsvölker Zugang zum großen ostasiatischen Markt gewonnen. Auf dem afrikanischen Kontinent hatten am Ende des 18. Jahrhunderts die europäischen Kolonialmächte nur an einzelnen Küstenstrichen Stützpunkte. Das 19. Jahrhundert brachte dann die Eroberung des Schwarzen Kontinents; die europäischen Mächte teilten Afrika in Kolonien auf. Rußland begann, wenn auch sehr langsam, mit der Erschließung Sibiriens. Durch die Verträge von Aigun (1858) und Peking (1860) wurde China gezwungen, das Amurgebiet und den östlichen Küstenstreifen der Manchurei an Rußland abzutreten. Wladiwostok wurde gegründet. 1891 begann der Bau der achttausendzweihundertvierzig Kilometer langen sibirischen Eisenbahn, die 1903 bis Wladiwostok durchgeführt war.

Mit der Eröffnung des Suezkanals im Jahre 1869 und des Panamakanals 1914 verkürzten sich die Seewege wesentlich, so von New York nach Yokohama um siebentausend Seemeilen. Die große räumliche Erweiterung des Tätigkeitsfeldes der Außenhändler konnte aber von ihnen erst voll ausgenutzt werden nach Verdrängung des langsam fahrenden Segelschiffes durch das Dampfschiff, dessen Ladefähigkeit ständig vergrößert wurde. Auch auf dem Lande wurden jetzt mit der Entwicklung des modernen Eisenbahnnetzes große Massentransporte möglich. Durch den Ausbau der Binnenwasserstraßen ergaben sich weitere Erleichterungen internationaler Güterbewegung. Der Telegraph mit überseeischen Kabeln, der Fernsprecher und der am Ende des 19. Jahrhunderts beginnende Funkverkehr ermöglichten dem Außenhandelskaufmann rasche Orientierung und Ausnutzung der sich an den Weltmärkten ergebenden Möglichkeiten.

Waren in früheren Jahrhunderten die Risiken der Überseetransporte wegen der technischen Unvollkommenheit der Segelschiffe und vor allem wegen der Bedrohung der Transporte durch Seeräuber sehr hoch, so trat auch hier im 19. Jahrhundert ein grundlegender Wandel ein. Während noch 1824 und 1828 hamburgische Schiffe vor der portugiesischen Atlantikküste von Korsaren gekapert wurden, gehörte seit dem letzten Viertel des ausgehenden 19. Jahrhunderts Seeräuberei zu den seltensten Verbrechen, die von Strafrichtern abgeurteilt wurden. Insbesondere führte die Besetzung Algiers durch Frankreich seit 1830 zu einer raschen Befriedung des Mittelmeers, das nach Eröffnung des Suezkanals wieder erhöhte Bedeutung für den Weltverkehr gewann.

Nicht weniger wichtig als die äußere Sicherheit auf den Weltverkehrsstraßen war die Entwicklung des internationalen Rechtes, die durch internationale Abkommen auch dem fremden Kaufmann in allen weltwirtschaftlich verbundenen Staaten die Gewähr gab, vor unabhängigen Gerichten seine Rechtsansprüche auch gegen Inländer erfolgreich durchsetzen zu können. Die wachsende wirtschaftliche Verflechtung führte namentlich auf dem Gebiet des Verkehrs zu völkerrechtlichen Verwaltungsgemeinschaften, die den Welthandel erleichtern und die ihm dienenden Verkehrseinrichtungen sichern sollten. Wir erinnern hier vor allem an die 1874 durch Heinrich von Stephan veranlaßte Gründung des Weltpostvereins, die internationale Meterkonvention und zahlreiche ähnliche Einrichtungen.

Die pazifische Mündung des Panama-Kanals, 1921

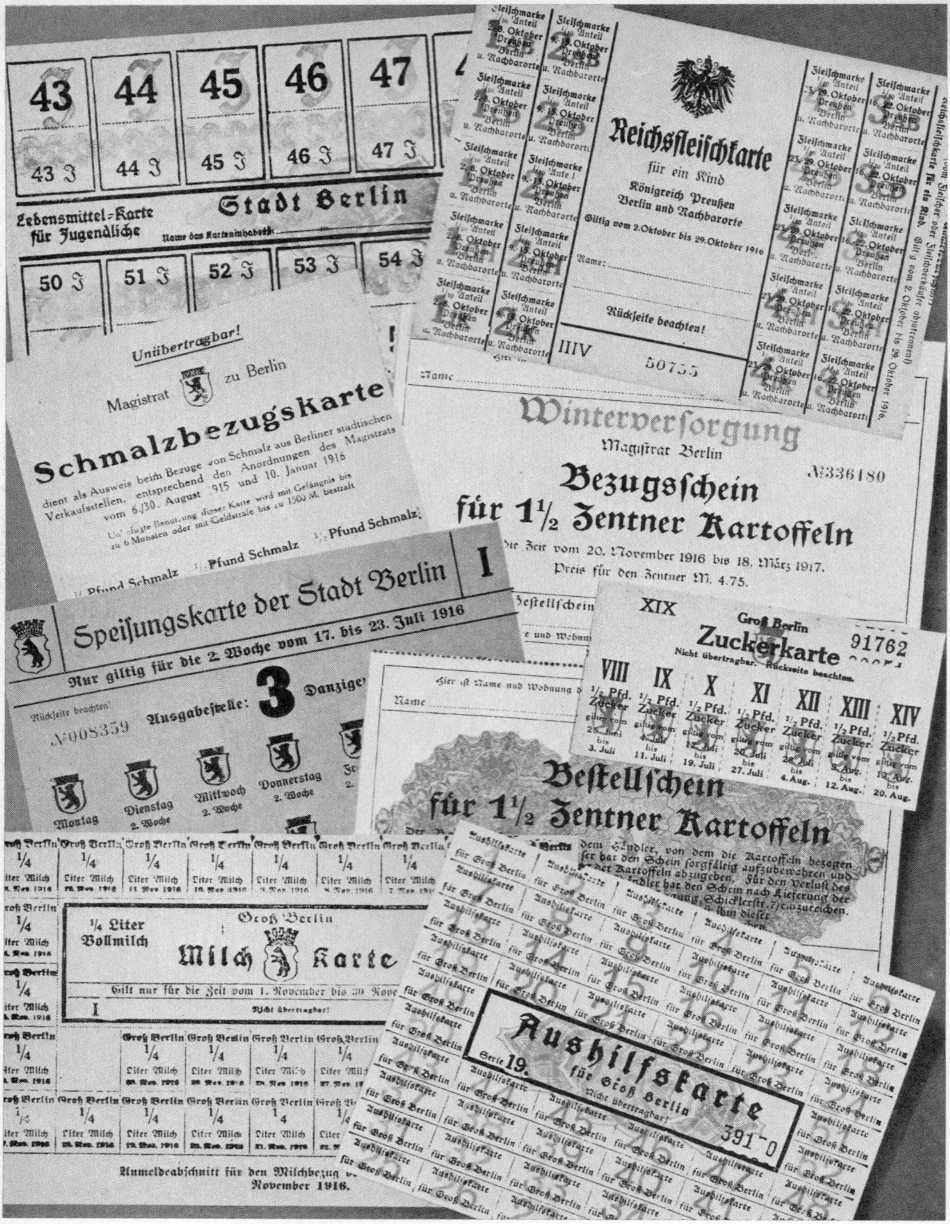

Lebensmittelkarten des ersten Weltkrieges

Die Goldwährung

Seit dem Zusammenbruch des internationalen Zahlungsverkehrs als Folge der Weltwirtschaftskrise mit allen sich daraus ergebenden Erschwerungen für den internationalen Handels- und Kapitalverkehr ist auch dem Laien die große Bedeutung eines gut funktionierenden internationalen Zahlungsverkehrs bewußt geworden. Von größter Bedeutung für die Entwicklung des Welthandels war der Übergang des damals führenden Handelsvolkes, der Engländer, zur Goldumlaufswährung (1816). Mit wachsendem Verkehr nahm das Interesse an einem wertvolleren Münzmetall als Silber und der Ausprägung hochwertiger Münzen ständig zu. In der Mitte des 19. Jahrhunderts stieg infolge der kalifornischen und australischen Goldfunde die Goldproduktion rasch an und ermöglichte eine Ausdehnung der Goldzahlungen. 1873 ging das deutsche Kaiserreich zur Goldwährung über. Die nordischen Staaten Schweden, Norwegen und Dänemark folgten 1873–1876. Nach Entdeckung der südafrikanischen Randminen und der erneuten Zunahme der Goldproduktion führten im letzten Jahrzehnt des 19. Jahrhunderts dann auch die restlichen am Welthandel maßgebend beteiligten Staaten die Goldwährung ein. Den Abschluß bildeten Rußland 1899 und die USA 1900, deren Silberinteressenten allzulange die notwendige Währungsreform verhindert hatten.

Unbestritten hat die Goldwährung ein erhebliches Verdienst an der großen Belebung der Welthandelsumsätze vor dem ersten Weltkrieg. Sie garantierte feste Wechselkurse bei schwankendem Tauschwert der Währungen im Innern. Nur stabile Wechselkurse erlauben einen internationalen Kreditverkehr, weil nur so der Gläubiger die Gewähr hat, daß er für seine Auslandsanlagen den gleichen Betrag in seiner Landeswährung zurückerhält wie bei Hingabe des Darlehns. Wenn schon starke Preisschwankungen bei den Welthandelsgütern mit in Kauf genommen werden müssen, so werden die darin liegenden Risiken noch wesentlich erhöht, wenn Ungewißheit über die Entwicklung des Wechselkurses besteht. Die Verhältnisse seit der Weltwirtschaftskrise haben dafür instruktives und eindeutiges Anschauungsmaterial geliefert. Die Generation vor 1914 kannte diese Sorgen nicht.

Von der Markt- zur Planwirtschaft im ersten Weltkrieg

Als sich im August 1914 das große Weltgewitter entlud, brachen schlagartig die weltwirtschaftlichen Verbindungen zwischen den kriegführenden Volkswirtschaften zusammen. Weder die Regierungen noch weiteste Kreise der Wirtschaft hatten sich im Frieden mit den Auswirkungen einer Störung der internationalen Wirtschaftsbeziehungen im Kriegsfalle und den Rückwirkungen auf die einheimische Volkswirtschaft beschäftigt. In Deutschland war es Walther Rathenau, der schon im August 1914 die Gefahren erkannte, die Deutschland aus der Unterbindung der Rohstoffzufuhren drohten. Er setzte die Einrichtung einer besonderen Kriegsrohstoff-Abteilung durch. Damit begann das Ende der bis dahin als selbstverständlich betrachteten Marktwirtschaft und ihr Ersatz durch die sozialistischem Ideengut entstammende Planwirtschaft.

Die wirtschaftliche Revolution des 19. Jahrhunderts hat sich unter dem System der Marktwirtschaft vollzogen, wie es die englischen Klassiker der Nationalökonomie um die Wende des 18. zum 19. Jahrhundert entwickelt haben. Umfang und Art der Produktion wird in diesem System durch den Preismechanismus gelenkt. Erhöht sich die Nachfrage und steigen infolgedessen die Preise, so wird dadurch eine erhöhte Produktion ausgelöst, weil sie günstige Gewinnaussichten bietet. Sobald dann das erhöhte Güterangebot auf dem Markt erscheint, sinken die Preise wieder. Nimmt andererseits die Nachfrage nach einem bestimmten Gut ab, so führt dies zu Preissenkungen und Einschränkung der Produktion, bis wieder ein neues Gleichgewicht erreicht ist.

Im Gegensatz zur Friedenszeit führten die schon in den ersten Kriegswochen erfolgten Preissteigerungen nicht automatisch zu einem Ausgleich durch Nachfragerückgang und erhöhtes Güterangebot, weil bei lebensnotwendigen Gütern eine wesentliche Einschränkung der Nachfrage nicht möglich ist und ein erhöhtes Warenangebot infolge der kriegsbedingten Produktionseinschränkungen und des Ausfalls der Einfuhren nicht auf den Markt kam. Unter diesen Umständen blieb als Ausweg nur eine im Laufe der Kriegsjahre immer ausgedehntere Rationierung der Nachfrage übrig. Inwieweit der Staatsbürger seinen Bedarf an Nahrungsmitteln, Kleidern, Schuhen noch decken konnte, hing nicht mehr allein von seiner Kaufkraft ab. Er mußte vielmehr mit Lebensmittel- und Bekleidungskarten eine besondere Erlaubnis zum Erwerb der benötigten Güter vorweisen. Die Zuteilung sollte eine gleichmäßige Befriedigung der lebensnotwendigen Bedürfnisse gewährleisten. Damit die rationierten Güter aber auch tatsächlich zur Verfügung standen, waren tiefe Eingriffe in die Produktion unerläßlich. »Produktionsauflagen« sorgten dafür, daß die vordringlich benötigten Güter hergestellt wurden, auch wenn ihre Produktion für die Unternehmer keine reizvollen Gewinne abwarf.

Der alle früheren Erwartungen rasch übertreffende Bedarf der kämpfenden Heere an Waffen, Munition und Ausrüstung zwang zu einer ständigen Ausdehnung der Rüstungsindustrie, deren Bedarf an Arbeitskräften gesichert werden mußte. So kam es etwa im deutschen Hilfsdienstgesetz von 1917 zu weitgehenden Beschränkungen der Freizügigkeit der Arbeiter. Diese Einschränkungen wurden begleitet von der Gewährung besonderer, bis dahin nicht eingeräumter Rechte der Arbeiterschaft auf Mitwirkung bei der Gestaltung des Arbeitsverhältnisses innerhalb der Betriebe.

Obgleich die Heeresverwaltungen keineswegs kleinlich bei der Bezahlung der Rüstungsaufträge waren, fanden sich private Unternehmer vielfach nicht bereit, das Risiko der Errichtung neuer Rüstungsanlagen bei ungewisser Kriegsdauer zu übernehmen. Die kriegführenden Staaten wurden auf diese Weise oft gegen ihren Willen gezwungen, neue Produktionsstätten zur Deckung des Rüstungsbedarfs in eigener Regie zu errichten. Erinnert sei hier an die Gründung großer deutscher Aluminiumwerke, die nach Kriegsende in dem »Viag«-Reichskonzern zusammengefaßt wurden und sich auch heute noch in Bundeseigentum befinden.

In welchem Umfang die überkommene Marktwirtschaft zur staatlich gelenkten Planwirtschaft umgestaltet wurde, war je nach der Versorgungslage bei den einzelnen Volkswirtschaften unterschiedlich. In Deutschland ging man am weitesten. Erleichtert wurden die planwirtschaftlichen Maßnahmen hier durch einen leistungsfähigen Verwaltungsapparat und durch die traditionelle Disziplin des deutschen Volkes. Wenn die Eingriffe nur zögernd und vielfach zu spät erfolgten, um vorhandene Vorräte noch rechtzeitig vor ihrem freien Verbrauch zu erfassen, so spielte dabei die Sorge mit, man realisiere den Staatssozialismus, wie Emil Lederer in einem 1915 veröffentlichten Aufsatz »Über die Regelung der Lebensmittelversorgung während des Krieges in Deutschland« dargelegt hat. Tatsächlich fehlte es auch nicht an Stimmen aus dem sozialistischen Lager, die mit einer gewissen Befriedigung darauf hinwiesen, daß die kapitalistischen Staaten jetzt durch den Krieg zur Verwirklichung der sozialistischen Planwirtschaft gezwungen wären. Eduard Bernstein hat andererseits im »Vorwärts« darauf hingewiesen, daß man kaum die »Teilung« und die »gleiche Ration per Kopf« als Verwirklichung des sozialistischen Programms auffassen könne. Die Maßnahmen seien nicht durchgeführt worden zur Verwirklichung des Sozialismus, der ja die Vergesellschaftung der Produktionsmittel zur Voraussetzung habe, sondern im Gegenteil zur Rettung des kapitalistischen Systems in Kriegsnöten.

Das ist zweifellos richtig. Trotzdem ist aber nicht zu verkennen, daß der Glaube an die Vorzüglichkeit der Marktwirtschaft im ersten Weltkrieg stark erschüttert wurde. Die Völker sind seither viel leichter bereit, Staatseingriffe in die Wirtschaft hinzunehmen, wie sie dann vor allem in der Weltwirtschaftskrise und in den Diktaturen durchgeführt wurden.

Auch noch auf einem anderen wichtigen Gebiet hatte die Kriegswirtschaft dauernde Auswirkungen: Um dem Mangel an Arbeitskräften abzuhelfen, mußte weitgehend auf die Frauenarbeit zurückgegriffen werden. Soweit die Männer als Soldaten eingezogen waren, mußten die Ehefrauen und Mütter vielfach schon wegen der Unzulänglichkeit der Unterstützungen sich um Arbeit bemühen. Aber auch wo keine finanzielle Notwendigkeit für die Arbeitsaufnahme bestand, stellten sich viele junge Mädchen aus bürgerlichen Kreisen für kriegswichtige Arbeiten zur Verfügung. Sie fanden Gefallen an der damit verbundenen größeren persönlichen Freiheit. Der Zugang zu Arbeitsplätzen, die vor 1914 den Männern vorbehalten waren, blieb den Frauen auch in den folgenden Friedenszeiten geöffnet. Eine weitere Folge war die politische Gleichberechtigung, die sich in den Jahren nach Kriegsende rasch durchsetzte.

Der erste Weltkrieg hat mehr als jemals zuvor in der Kriegsgeschichte die Bedeutung der wirtschaftlichen Widerstandskraft und Leistungsfähigkeit der Völker für die siegreiche Beendigung des Krieges deutlich gemacht. Der Einsatz wirtschaftlicher Machtmittel im Kriege war allerdings nicht neu. Wir erinnern an die Aushungerung belagerter Burgen und Städte und an Napoleons Kontinentalsperre. Trotzdem ist die Behauptung, daß die Niederlage der Mittelmächte allein auf die englische Hungerblockade und die Unterbindung lebensnotwendiger Rohstoffeinfuhren zurückzuführen sei, nicht richtig. Die Wirtschaftsblockade hat lediglich neben schweren militärischen und politischen Fehlern zur Niederlage Deutschlands und seiner Verbündeten beigetragen.

Gegenüber früheren Kriegen waren im ersten Weltkrieg die Anforderungen wesentlich gestiegen, die moderne Millionenheere mit ihrem hohen technischen Kriegsbedarf an die Volkswirtschaft stellen. Militärische Tüchtigkeit allein reichte nicht mehr zum Niederringen des Gegners aus. Die Volkswirtschaft mußte neben der Sicherstellung des lebensnotwendigen

Bedarfs der Zivilbevölkerung auch die kämpfenden Heere und Flotten mit dem notwendigen Kriegsmaterial ausreichend versorgen können. Die militärische Leistung ist im 20. Jahrhundert weitgehend von der volkswirtschaftlichen Produktionskraft abhängig geworden.

Die Auswirkungen des Krieges auf die Weltwirtschaft

Die Unterbindung des internationalen Warenaustausches beschränkte sich nicht auf die kriegführenden Staaten, sondern zog auch die neutralen in Mitleidenschaft. Überseeische Rohstoffländer verloren infolge der englischen Fernblockade ihre Absatzmärkte bei den Mittelmächten und mußten auf die gewohnten deutschen Einfuhren, namentlich der Investitionsgüter, verzichten. Auch England und seine Verbündeten konnten mit Rücksicht auf ihre Rüstungsindustrie ihre früheren Kunden nicht im gewünschten Ausmaß beliefern. Damit ergaben sich für Unternehmen in neutral gebliebenen überseeischen Volkswirtschaften einmalige Chancen zur Neuaufnahme von Produktionen, die bisher bei der übermächtigen europäischen Konkurrenz nicht entwickelt werden konnten. Besonders in Südamerika begann eine große Industrialisierung, die nach Kriegsende nicht aufgegeben werden konnte. Als sich die europäischen Industrien zu Beginn der zwanziger Jahre wieder ihrer alten Absatzgebiete erinnerten, sahen sie sich wesentlich eingeschränkteren Absatzmöglichkeiten gegenüber. Vor allem hatten auch die USA die Möglichkeiten ausgenutzt, die sich aus dem Fortfall der europäischen Importe während der Kriegsjahre ergaben.

Die Vereinigten Staaten waren der große Rüstungslieferant der Alliierten. Dank des von allen Militärverwaltungen der Welt befolgten bedenklichen Grundsatzes, daß Geld im Kriege keine Rolle spiele, wurden von der Rüstungsindustrie ungeheure Gewinne erzielt, die zur Vergrößerung des Produktionsapparates und zum Rückkauf amerikanischer Auslandsanleihen verwandt wurden. Während die Volkswirtschaften aller kriegführenden europäischen Staaten 1918 mit Milliarden in- und ausländischer Kriegsschulden belastet waren und nur über zerstörte und veraltete Produktionsapparate verfügten, hatte die amerikanische Volkswirtschaft ihre schon vorher vorhandene Überlegenheit während des Krieges weiter steigern können.

Zu den einschneidendsten politischen und wirtschaftlichen Kriegsfolgen gehört die Bolschewisierung Rußlands. Gerade die industriell noch wenig entwickelte russische Volkswirtschaft begann die von Karl Marx theoretisch begründete kommunistische Wirtschaftsordnung praktisch zu verwirklichen. Nach einem furchtbaren Bürgerkrieg setzte unter einem System straffer Planwirtschaft eine gewaltige Industrialisierung ein. Die außenwirtschaftlichen Beziehungen lagen jetzt nicht mehr in den Händen von Kaufleuten, deren Handeln durch das Streben nach möglichst hohem Gewinn geleitet wurde. Die auch an gewinnbringenden Geschäften mit einem kommunistischen Rußland sehr bald interessierten Im- und Exporteure der übrigen Welt sahen sich jetzt staatlichen Außenhandelsmonopolen gegenüber, die durch Konzentration des Angebots und der Nachfrage eine starke Verhandlungsposition innehatten. In die bisher hinsichtlich der Wirtschaftsordnung bestehende Einheit der weltwirtschaftlich verbundenen Völker war ein Außenseiter eingedrungen, der die politischen wie wirtschaftlichen Lebensformen der übrigen Welt bedrohte.

Zahlreiche neue Staaten und damit neue Zollgrenzen waren entstanden. Wir erinnern an die Zerschlagung der österreichisch-ungarischen Monarchie, der Türkei, die Trennung der baltischen Staaten und Polens von Rußland. Die neuen Zollgrenzen wirkten sich um so verhängnisvoller aus, als die schon vor 1914 vorhandenen protektionistischen Tendenzen nunmehr einen ungeahnten Auftrieb erhielten. Der Krieg hatte die Gefahren deutlich gemacht, die eine weitgehende weltwirtschaftliche Verflechtung in sich barg für den Fall, daß plötzlich der internationale Warenaustausch unterbunden wurde. Abgesehen davon, daß die bei vielen Volkswirtschaften während des Krieges neu entwickelten Industriezweige jetzt nicht einfach wieder aufgegeben werden konnten, stellen wir bei allen Staaten das Bestreben fest, die vorhandenen Produktionsmöglichkeiten zu entwickeln, um für den Fall der Fälle gegen Versorgungsschwierigkeiten geschützt zu sein. Vor allem gilt dies für die Landwirtschaft als Grundlage der Volksernährung. Sobald wieder die nötigen Vorräte angelegt waren, wurde die einheimische Produktion durch hohe Schutzzollmauern und einen vielseitigen »administrativen Protektionismus« vor ausländischer Konkurrenz geschützt.

Bei einer Betrachtung der Auswirkungen des ersten Weltkriegs auf die internationalen Wirtschaftsbeziehungen darf auch die Erschütterung der Rechtsgrundlagen nicht übersehen werden, die ein wesentliches Fundament jeder Wirtschaft bilden. In den auf den Grundsätzen des Privateigentums und der Vertragsfreiheit beruhenden Volkswirtschaften waren während der Kriege des 19. Jahrhunderts die Eigentumsrechte fremder Staatsangehöriger respektiert worden. Auch hier brachte der erste Weltkrieg einen bis zur Gegenwart nicht mehr überwundenen Rückfall in die Barbarei. In Unkenntnis der gefährlichen Auswirkungen billigte man die Beschlagnahme sogenannten »feindlichen Privateigentums«. Den Angehörigen der besiegten Staaten wurde ihr Eigentum auch nach Kriegsende nicht zurückgegeben, sie wurden vielmehr auf mehr oder minder unzulängliche Entschädigungszahlungen der eigenen Länder verwiesen. Damit begann jene Entwicklung, die dann im und nach dem zweiten Weltkrieg ihren Höhepunkt fand in der Vertreibung von Millionen Menschen aus ihrer angestammten Heimat unter Zurücklassung ihrer gesamten Habe.

Wenn wir uns die hier in großen Zügen vorgetragenen ungünstigen Auswirkungen des Krieges auf die internationalen Wirtschaftsbeziehungen klarmachen, dann sind die beim Neuaufbau des Welthandels nach Kriegsende erzielten Leistungen um so höher zu werten. 1929 erreichte der Welthandel wieder einen Umsatz von über zweihundertvierundachtzig Milliarden Reichsmark. Das entspricht in Preisen von 1913 fast hundertdreißig Prozent des damaligen Umsatzes.

Die Weltinflation

Bei Kriegsausbruch hatten alle kriegführenden Völker die Goldwährung entweder de jure oder doch de facto aufgegeben, um die Notenbanken von der »goldenen Bremse an der Kreditmaschine« (Schumpeter) zu befreien und die Kriegsfinanzierung mit Hilfe der Notendruckpresse zu ermöglichen. Keine Regierung wagte, die alle bisherigen Vorstellungen übertreffenden Kriegskosten durch Steuererhöhungen zu finanzieren, weil das die Kriegsbegeisterung wahrscheinlich allzu rasch gedämpft hätte. Auch tröstete man sich allerseits mit der Hoffnung, daß der besiegte Gegner später die aufgelaufenen Verbindlichkeiten durch Zahlung einer entsprechenden Kriegsentschädigung tilgen würde. Nur England zog die Steuerschraube stärker an und hielt die Geldschöpfung in Grenzen. In Deutschland entschloß sich die Regierung seit 1916 nur zögernd zur Erhöhung und Neueinführung von Steuern, so einer Kriegsgewinnabgabe und 1918 der Umsatzsteuer, ohne daß sie aber eine zu Buch schlagende Entlastung brachten. Soweit die Steuereinnahmen nicht zur Deckung der Kriegsausgaben ausreichten, nahmen die Staaten langfristige Anleihen auf dem Kapitalmarkt auf, der flüssig und leistungsfähig war, oder diskontierten Schatzwechsel bei ihren Notenbanken, was die umlaufende Geldmenge entsprechend vermehrte. Da gleichzeitig das für den zivilen Bedarf zur Verfügung stehende Warenangebot ständig zurückging, war die Folge dieses Mißverhältnisses zwischen Geld- und Warenstrom eine schon während des Krieges einsetzende inflatorische Geldentwertung, die als solche weder von den Regierungen noch den Völkern in ihren Gefahren und Ursachen erkannt wurde. Gleichzeitig sanken die Wechselkurse der kriegführenden Staaten gegenüber den Währungen der neutral gebliebenen Länder.

Als am 11. November 1918 nach viereinvierteljähriger Kriegsdauer der Lärm der Waffen verstummte, die Millionenheere demobilisiert wurden und sich die Soldaten wieder in Arbeiter für friedliche Zwecke verwandelten, mußten die bisher kriegführenden ebenso wie die neutralen Staaten ihre Notenpresse noch weiter in Anspruch nehmen. Die Demobilisierung verursachte erneut große Kosten. In Frankreich und Belgien waren die zerstörten Gebiete wiederaufzubauen. Neben der öffentlichen Hand meldete sich auch bei allen Nationen die Privatwirtschaft mit erhöhten Kreditwünschen, da sie sich auf Friedenswirtschaft umstellen mußte.

Alle diese Momente trugen in den ersten zwei Jahren nach dem Waffenstillstand überall – auch in den USA – zu einer weiter zunehmenden Inflation bei. Diese erste Periode der Weltinflation dauerte etwa bis zur Jahreswende 1920/21. War bis dahin die Entwicklung in der Welt ziemlich einheitlich, so erfolgte jetzt eine Spaltung in zwei Gruppen: Die Leitung der amerikanischen Bundesreservebanken erkannte die Inflationsgefahr und entschloß sich daher zu einer rigorosen Deflationspolitik mit dem Erfolg, daß der Großhandelsindex von 149,8 im Jahre 1919 auf 97,3 im Jahre 1920 absank. Im Gegensatz zu Frankreich verließ sich England nicht auf die deutschen Reparationen, sondern erreichte durch starke Anspannung seiner Steuerkraft bis 1925 den Ausgleich des Staatshaushaltes; die Notenpresse wurde stillgelegt. Bei den neutralen Staaten hörte die Beanspruchung der Notenbank für Regierungszwecke im wesentlichen mit der Beendigung der Demobilmachung auf.

Die zweite Gruppe von Ländern, Deutschland, Frankreich und die übrigen am Krieg beteiligten sowie die neu geschaffenen mittel- und osteuropäischen Staaten, setzte die bisherige, sich ständig steigernde inflationistische Finanzierungspolitik fort. In Deutschland stiegen die Anforderungen an den Reichshaushalt vor allem auf Grund des Londoner Zahlungsplanes von 1921, der Deutschlands Reparationsverpflichtungen auf den unsinnigen Betrag von hundertzweiunddreißig Milliarden Goldmark festsetzte.

Am 10. April 1922 traten in Genua die Vertreter aller europäischen und zahlreicher außereuropäischer Mächte zusammen, um die wirtschaftlichen und finanziellen Probleme, insbesondere auch der internationalen Währungsfragen, zu prüfen. Die Genueser Weltwirtschaftskonferenz hielt mit Recht den Haushaltsausgleich ohne Rückgriff auf die Notenpresse für die wesentlichste Voraussetzung geordneter Währungsverhältnisse. Sie schlug eine neue Form der Goldwährung, die Golddevisenwährung, vor. Danach sollte es für Zwecke der Notendeckung und Begrenzung der Notenschöpfung genügen, wenn die Notenbanken ausreichende Devisenguthaben unterhielten, vorausgesetzt, daß die Fremdwährung jederzeit in Gold umwechselbar war. Dieses System ist dann auch der deutschen Währungsgesetzgebung von 1924 zugrunde gelegt worden, mit der die Reichsmark geschaffen wurde. Leider hatte die Golddevisenwährung erhebliche Mängel, die sich dann in der Weltwirtschaftskrise bei der Devalvation des englischen Pfundes im Jahre 1931 deutlich zeigten.

Die Empfehlungen der Weltwirtschaftskonferenz hinsichtlich des Haushaltausgleiches wurden leider weder von Deutschland noch zahlreichen anderen Staaten berücksichtigt. Zwar hatte Deutschland unter dem Reichsfinanzminister Matthias Erzberger 1919 eine umfassende Reichsfinanzreform eingeleitet, eine leistungsfähige Reichsfinanzverwaltung geschaffen und rigorose Steuererhöhungen und Vermögensabgaben beschlossen, aber die rasch fortschreitende Geldentwertung ließ immer wieder die Einnahmen hinter den noch schneller ansteigenden Ausgaben zurückbleiben. Der Versuch, die Verpflichtungen aus dem Londoner Abkommen von 1921 zu erfüllen und die benötigten Summen nicht nur im Inland aufzubringen, sondern auch zu transferieren, ließ dann die deutsche Währung völlig zusammenbrechen. Als Ende 1922 weitere Zahlungen nicht mehr transferiert und Sachlieferungen nicht mehr geleistet werden konnten, besetzten die Franzosen am 11. Januar 1923 das Ruhrgebiet. Die Bevölkerung reagierte mit »passivem Widerstand« im besetzten Gebiet. Die Mehrzahl verlor ihr bisheriges Einkommen und mußte aus Reichshaushaltsmitteln, das heißt mit neu gedruckten Noten, unterhalten werden.

Im Hochsommer 1923 begann die deutsche Inflation sich »totzulaufen«. Die Mark wurde immer mehr als Zahlungsmittel abgelehnt. Sie hörte auf, Geldfunktionen zu erfüllen. Soweit überhaupt eine statistische Erfassung des Bargeldumlaufes angesichts der nur schwer kontrollierbaren, von Gemeinden und privaten Wirtschaftsunternehmungen emittierten Notgeldmengen möglich war, schätzt man den Bargeldumlauf einschließlich Notgeld Ende November 1923 auf

400 338 326 350 700 000 000 Mark.

Es war schwierig, eine einundzwanzigstellige Zahl der Trillionen, Billiarden und Billionen auszusprechen. Der Verkehr half sich durch Übergang zur »Bill(ionen)-Mark«-Rechnung.

Bei der Stabilisierung wurden eine Billion Mark (1 000 000 000 000) gleich einer Rentenmark, 4,2 Bill-Mark gleich einem Dollar gleich 4,20 alte Goldmark von 1914 bewertet. Die Entwertung der Mark hatte ein Ausmaß wie bei keiner anderen historischen Inflation erreicht. In Goldmark über den Dollarindex umgerechnet, stellte die gewaltige Papiergeldmenge nur einen Betrag von 496,6 Millionen Goldmark dar gegenüber einem nach gleicher Methode berechneten Vorkriegsgeldumlauf von 6,070 Milliarden Mark. Daß die deutsche Volkswirtschaft mit einer nach internationalem Wertmaßstab so geringen Menge

Geld auskam, war eine Folge der auf das höchste gestiegenen Umlaufsgeschwindigkeit der sich fast stündlich entwertenden Papiergeldscheine.

Im September 1923 hatte der damalige deutschnationale Reichstagsabgeordnete Helfferich, während des Krieges unter Bethmann-Hollweg Staatssekretär des Innern und Verfasser zahlreicher geldtheoretischer Schriften, in der Kreuzzeitung einen Vorschlag zur Stabilisierung der deutschen Währung durch Ausgabe einer besonderen Roggenmark veröffentlicht. Aus diesem ersten Helfferichschen Währungsprojekt entstand nach starken Änderungen die deutsche Rentenmark auf Grund der Verordnung über die Errichtung der Deutschen Rentenbank vom 15. Oktober 1923. So unsinnig die »Fundierung« der Rentenmark auf Grund und Boden auch war, so gelang es doch durch rigorose Beschränkung der Geldschöpfung, die deutsche Währung vorläufig zu stabilisieren. Eine Endlösung war die Rentenmark freilich nicht. Deutschland mußte wieder mit seiner Währung Anschluß an die Welt finden, eine Aufgabe, die dann das Münzgesetz vom 30. August 1924 und das Bankgesetz vom gleichen Tage durch die neue deutsche Reichsmark auf der Grundlage der Golddevisenwährung lösten.

In der Mitte der zwanziger Jahre wurden dann auch die übrigen Währungen stabilisiert, in England im Jahre 1925 und in Frankreich durch die Poincarésche Währungs- und Finanzreform von 1926.

Wirtschaftliche und soziale Folgen der Währungszerrüttung

Nach den Währungsstabilisierungen zeigten sich schonungslos und klar die furchtbaren materiellen Verluste, die viele Menschen zu Bettlern und für den Rest des Lebens von öffentlicher Armenunterstützung abhängig machten. Selbst in Ländern mit begrenzter Geldentwertung mußten alle, die ihr Vermögen in Geldforderungen angelegt hatten, feststellen, daß der Tauschwert ihrer nominell unveränderten Vermögen gegenüber der Zeit vor Ausbruch des Krieges wesentlich gesunken war. So betrug zum Beispiel der Tauschwert des Dollars 1923 nur noch zwei Fünftel des Vorkriegswertes. Englands energische Deflationspolitik ließ bis 1923 den Tauschwert des Pfundes bis auf etwa zweiundsechzig vom Hundert des Vorkriegsstandes steigen. Als Poincaré den französischen Franc 1926 stabilisierte, war der Preisindex für die Lebenshaltung auf über fünfhundert Prozent gegenüber der Vorkriegszeit gestiegen, der Tauschwert des Franc also auf ein Fünftel des Vorkriegsstandes gesunken. In einem neutralen Land wie der Schweiz hatte die Währung 1920 mehr als die Hälfte ihres früheren Tauschwertes verloren.

In Deutschland versuchte man durch die Aufwertungsgesetzgebung von 1925, die Gläubigerverluste in beschränktem Umfange zu mildern. So mußten zum Beispiel die Hypotheken gegenüber dem ursprünglichen Nominalwert auf fünfundzwanzig vom Hundert in neuer Reichsmarkwährung »aufgewertet« werden. Es wäre wohl richtiger, in diesem Zusammenhang eher von einer »Abwertung« als einer »Aufwertung« zu sprechen. Aber alle diese, keineswegs in allen Ländern durchgeführten Maßnahmen zur Linderung der Schäden

Granatendepot eines französischen Rüstungswerkes

Proletarier
Lithographie von Hans Baluschek, 1920

konnten die eingetretene Vermögensumschichtung nicht ausgleichen. Die Besitzer von Sachwerten hatten sich nicht nur weitgehend entschulden können. Sie hatten darüber hinaus während der Inflationsjahre vielfach ihren Sachbesitz erweitert, indem sie Investitionen mit Papiermarkkrediten finanzierten, die sie dann in entwertetem Gelde zurückzahlen konnten.

In allen historischen Inflationen haben die Löhne und Gehälter regelmäßig der Geldentwertung nachgehinkt. Die Arbeitskräfte wurden auch diesmal im wahrsten Sinne des Wortes jahrelang ausgebeutet. Ihre Güterversorgung ging immer mehr zurück. Diese Tatsachen konnten den Betroffenen nicht verborgen bleiben. Die Folgen zeigten sich sehr bald in sinkendem Arbeitswillen, häufigen Lohnkämpfen und zunehmender politischer Radikalisierung, die sich dann bei der Reichstagswahl am 4. Mai 1924 auswirkte. Ehrliche Arbeit machte sich bei fortschreitender Inflation immer weniger bezahlt. Die Stunde gehörte dem Spekulanten, der mühelos Gewinne kassierte. Weite Bevölkerungskreise beteiligten sich an der Aktienspekulation, um Papiermarkgewinne zu erzielen, die rasch wieder ausgegeben wurden und in nichts zerrannen.

Die durch die Inflation verursachte materielle und seelische Not wurde begleitet von wachsender Rechtsnot. Unglücklicherweise hatte das Reichsgericht bis zu den letzten Monaten der Inflation 1923 an dem verhängnisvollen Grundsatz »Mark gleich Mark« festgehalten und die Gläubiger gezwungen, Rückzahlungen fälliger Forderungen in entwerteter Mark entgegenzunehmen. Hatte schon der Krieg das Rechtsbewußtsein vielfach erschüttert, so waren es jetzt gerade auch die Gerichte, die durch eine wirtschaftsfremde Rechtsprechung dazu beitrugen, das Gefühl für Treu und Glauben bei weitesten Bevölkerungskreisen zu zerstören.

Die Inflation mit ihrer Vernichtung der Geldvermögen bedeutete das Ende eines großen Teiles des Bürgertums, jener im 19. Jahrhundert im Zuge der wirtschaftlichen Revolution entwickelten Schicht, die auf der Vereinigung von Besitz und Bildung beruhte. Sie war namentlich in Deutschland und Österreich-Ungarn weit verbreitet und trug das geistige Leben ihrer Nationen. Ihre Mitglieder waren gewohnt, das Leben zu planen und ihre Kinder nach Möglichkeit mit materiellen Gütern so weit zu versorgen, daß sie gegen die Wechselfälle des Lebens gesichert erschienen. Damit war es jetzt vorbei; an die Stelle bürgerlichen Gesichertseins und Sichgeborgenfühlens trat Unsicherheit. Aus den Söhnen dieser versinkenden Gesellschaftsschicht entstammten die Gelehrten, Richter, höheren Verwaltungsbeamten und viele freiberuflich Tätige. Ein mehr oder minder großes Privatvermögen hatte es ihnen nicht nur gestattet, den öffentlichen Dienst als Ehrendienst aufzufassen und sich mit geringer Besoldung zu begnügen. Ein größerer Vermögensbesitz, wie er für die europäischen Diplomaten und die höheren Beamten der preußischen inneren Landesverwaltung Voraussetzung für die Aufnahme in die Karriere war, gab ihnen zugleich die nötige innere Unabhängigkeit, die ihnen in Konfliktsfällen den Verzicht auf ihre Stellung erleichterte. Der »independent gentleman« fand sich nicht nur im englischen Parlament, sondern auch unter den Parlamentariern der kontinentalen Länder und unter der Beamtenschaft.

Soweit diese Kreise keinen Grundbesitz hatten oder nicht an Unternehmungen beteiligt waren, hatten sie die ererbten Vermögen meist in sogenannten »mündelsicheren Papieren«

angelegt, die nun restlos der Entwertung zum Opfer gefallen waren. Soweit später eine Aufwertung erfolgte, verminderte der gesunkene Tauschwert der neuen Währungen die übriggebliebenen kümmerlichen Reste. Dem städtischen Miethausbesitz wurden die Inflationsgewinne vielfach durch Sondersteuern wieder entzogen. In vielen Ländern wurden außerdem die Mieten gestoppt, so daß die dem Eigentümer verbleibenden Einnahmen vielfach nicht einmal zur ordnungsmäßigen Erhaltung der Häuser ausreichten, geschweige denn eine angemessene Rendite des nominell geretteten Kapitals abwarfen.

Aus den Söhnen dieser entrechteten, ehemals bürgerlichen Gesellschaftsschicht bildeten sich in Deutschland die braunen Bataillone, erwuchsen der Weimarer Republik unversöhnliche Feinde, gewannen auch in den anderen Ländern die radikalen Gruppen und Parteien ihre Anhänger, die nichts mehr verlieren zu können glaubten.

Wie man auch immer die Schuld an der Inflation bemessen mag, fest steht jedenfalls, daß die Währungs- und Vermögenszerrüttung eine schwere Belastung für die Weimarer Republik und die sie tragenden Parteien bedeutete. Der Hitler-Putsch im November 1923 war nur möglich auf Grund der chaotischen Verhältnisse, die die Inflation herbeigeführt hatte. Als das deutsche Volk am 4. Mai 1924 den zweiten Reichstag wählte, zogen die Nationalsozialisten trotz des gescheiterten Putsches mit zweiunddreißig Abgeordneten in den Wallot-Bau ein. Gleichzeitig verließen die verarmten Rentnerschichten die Mittelparteien. Es begann der Abbröckelungsprozeß bei den Deutschen Demokraten und Stresemanns Deutscher Volkspartei, während die Sozialdemokratie geschwächt wurde durch die Wahl von zweiundsechzig Kommunisten.

Förderung der industriellen Konzentration durch die Inflation

In dem von Karl Marx geschilderten Entwicklungsprozeß der kapitalistischen Wirtschaft bildet die »Accumulationstheorie« einen wesentlichen Bestandteil. Ihr zufolge sollten die kleineren und mittleren selbständigen Unternehmer allmählich von den im Konkurrenzkampf überlegenen Großunternehmen aufgesaugt werden. Die Machtzusammenballung in wenigen monopolistischen Unternehmen werde dann die Völker zur Überführung der Produktionsmittel in Staatsbesitz zwingen. Diese Annahme und Voraussage von Marx ist nur zu einem Teil eingetroffen. Das kleinere und mittlere Gewerbe ist keineswegs durch die Konkurrenz übermächtiger Großunternehmen vernichtet worden, auch in der Landwirtschaft haben sich die kleineren und mittleren Familienbetriebe halten können. Dennoch ist nicht zu leugnen, daß sich innerhalb der Industrie eine ständig zunehmende Konzentrationstendenz durchgesetzt hat.

In den Vereinigten Staaten zeigten sich schon im letzten Viertel des 19. Jahrhunderts Bestrebungen der Unternehmer, den Wettbewerb einzuschränken und durch Kartelle oder Zusammenfassung bisher selbständiger Unternehmungen einer Branche, wie etwa der Ölproduktion, in einer Hand eine Monopolstellung zu erreichen. Die Gefahren, die im Streben nach monopolistischer Marktbeherrschung liegen, wurden in den Vereinigten Staaten schon sehr früh erkannt. Im Jahre 1890 erging der Sherman-Act, der vor allem gegen die monopolistische Zusammenfassung der Erdölproduktion in der Standard Oil Company von John D. Rockefeller gerichtet war. 1914 wurde dieses Gesetz durch den Clayton-Antitrust-Act noch verschärft.

Auch in Europa lassen sich schon vor 1914 Monopolisierungstendenzen beobachten, zum Beispiel im Bankwesen, wo Privatbankiers und Regionalbanken zum Ausbau des Filial- und Depositenkassennetzes der Großbanken aufgesogen wurden. In der Schwerindustrie bekamen die Kartelle schon vor dem ersten Weltkrieg teilweise marktbeherrschende Bedeutung. Zu einer umfassenden Konzernbildung kam es aber erst durch die Inflation.

Bei den Konzernen handelt es sich um die Unterordnung mehrerer rechtlich selbständig bleibender Unternehmen, die demselben oder verschiedenen Wirtschaftszweigen angehören, unter eine einheitliche Leitung, die durch die Dachgesellschaft oder Holdingcompanie ausgeübt wird. Die Konzerngründung geschieht regelmäßig durch Aufkauf entsprechender Teile des Grundkapitals der Tochtergesellschaft.

Während die ältere Generation großer Unternehmer das Schwergewicht ihrer Tätigkeit in der Entwicklung der Produktionstechnik und des Absatzes sah, gewann seit dem ersten Weltkrieg jener Unternehmertyp immer größere Bedeutung, dessen Begabung auf organisatorischem und finanziellem Gebiet liegt. Die Inflation schuf für die Betätigung gerade in dieser Richtung ideale Voraussetzungen. Die verarmten Rentner waren gezwungen, ihre im Papierkurs steigenden Aktien zu veräußern, um mit den scheinbar hohen Erlösen den Lebensunterhalt zu bestreiten. In der Inflation verminderte sich die Zahl der freien Aktionäre sehr stark. Die Unternehmungen führten während der Inflation aus den verschiedensten Gründen Erhöhungen ihrer Grundkapitalien durch. Große Teile der früheren Aktionäre waren nicht mehr in der Lage, sich an diesen Neuemissionen zu beteiligen. An ihre Stelle traten die Konzerngründer und ihre Dachgesellschaften. Der Geld- und Kapitalmarkt war flüssig. Die Banken, auf die die Konzerne teilweise Einfluß gewonnen hatten, standen mit unbeschränkten Krediten zur Verfügung, die nach immer kürzeren Zeiträumen mit entwertetem Papiergeld zurückgezahlt werden konnten. Vielfach wurden auch Aktienpakete von Bankiers und Börsenhändlern zusammengekauft in der Absicht, sie später mit einem sogenannten Paketzuschlag an Interessenten weiterzuveräußern, die die Unternehmungen ihren Konzernen einzugliedern beabsichtigten.

Als größter Konzerngründer der Inflationszeit ist in die Wirtschaftsgeschichte eingegangen der Mülheimer Industrielle oder, wie er sich selbst schlicht nannte, Kaufmann Hugo Stinnes. Als er 1924 starb, umfaßte sein Konzern Unternehmungen aller Geschäftszweige, der Schwerindustrie, der Schiffahrt, der Fertigungsindustrie, des Handels, aber auch Hotels, Zeitungen, Landgüter. Bereits 1925 geriet dieses Riesenunternehmen unter seinen Söhnen in finanzielle Schwierigkeiten. Der größte Teil der zusammengerafften Werte mußte wieder abgestoßen werden. Von allen »Königen der Inflation« haben nur wenige ihren damaligen Reichtum über die folgenden kritischen Stabilisierungsjahre und die Weltwirtschaftskrise retten können. Zu den heute noch lebenden gehört Friedrich Flick; der Kurswert seiner Aktienpakete soll sich nach einer Schätzung allein im Jahre 1958 um einhundertvierundsiebzig Millionen Deutsche Mark erhöht haben.

Gerade im hochindustrialisierten Deutschland hat sich die Konzentrationsbewegung der Industrie auch in den folgenden Jahrzehnten, nicht zuletzt unter den Einwirkungen der Weltwirtschaftskrise, weiter fortgesetzt. Nach 1945 versuchten die Besatzungsmächte, eine Dekonzentration in der westdeutschen Wirtschaft durchzusetzen, jedoch ohne nennenswerten dauernden Erfolg. Erst die Zukunft wird zeigen, ob das im Jahre 1957 erlassene Gesetz gegen Wettbewerbsbeschränkungen ausreicht, den besonders in Deutschland starken Bestrebungen zu monopolartiger Marktbeherrschung wirkungsvoll zu begegnen.

Die deutschen Reparationen und das Problem der alliierten Kriegsschulden

Als sich 1919 die Delegationen der alliierten und assoziierten Mächte in Paris zur Vorbereitung der mit den Mittelmächten abzuschließenden Friedensverträge zusammenfanden, stand von Anfang an fest, daß Deutschland neben umfangreichen Gebietsabtretungen auch für alle den Siegern erwachsenen Schäden eine entsprechende Kriegsentschädigung zahlen müsse. Unter »entsprechend« verstand der damalige australische Ministerpräsident Hughes achthundert bis tausend Milliarden Goldmark. Frankreich verlangte nicht nur die Rückgabe von Elsaß-Lothringen, sondern auch eine Entschädigung für die fünf Milliarden Francs, die Deutschland im Frankfurter Frieden 1871 vom unterlegenen Gegner gefordert und in überraschend kurzer Zeit auch tatsächlich bezahlt bekommen hatte. Wenn Frankreich die unter den damaligen Verhältnissen sehr hohe Summe hatte aufbringen können, dann konnte nach Auffassung der in Paris versammelten Politiker und Ministerialbeamten auch das von Kriegszerstörungen verschont gebliebene Deutschland eine der wesentlich gestiegenen Produktionskraft der Volkswirtschaft angepaßte höhere Summe als Wiedergutmachung zahlen.

Vergeblich hat ein Mitglied der englischen Delegation, der später zu Weltruf gelangte Cambridger Nationalökonom John Maynard Keynes, den Delegationen das schwierige Transferproblem klarzumachen versucht. Wollte man große Reparationen von Deutschland eintreiben, dann mußten die empfangsberechtigten Staaten Deutschland auf handelspolitischem Gebiet entgegenkommen und einen erhöhten Export seiner Waren ermöglichen. Nur dadurch konnte das Schuldnerland fremde, für die Reparationszahlung nötige Devisen verdienen. Das Reparationsproblem gliederte sich in zwei Teile, die innere Aufbringung und das Transferproblem. Zunächst mußten der Reichshauptkasse durch Steuern entsprechende Reichsmarkbeträge zugeführt werden, die dann zum Ankauf der Devisen verwendet werden konnten, die von deutschen Exporteuren im Ausland verdient und zur Bezahlung innerdeutscher Verpflichtungen an die Reichsbank gegen deutsche Währung verkauft worden waren. Nur wenn ausreichende Devisenbestände verfügbar waren, konnte der zweite Teil des Reparationsproblems gelöst werden, das Transferproblem, das heißt die Umwandlung der von den deutschen Steuerzahlern in deutscher Währung aufgebrachten Beträge in fremde, von den empfangsberechtigten Ländern gewünschte. Als Keynes mit seiner Meinung nicht durchdrang, legte er sein Amt in der englischen Delegation nieder. Sein Buch »Die wirtschaftlichen Folgen des Friedensvertrages« übte berechtigte Kritik an den fehlerhaften Entscheidungen der Pariser Friedenskonferenz. Die spätere Entwicklung des Reparationsproblems hat Keynes völlig recht gegeben.

Nachdem der Versailler Friedensvertrag die Höhe der deutschen Reparationsverpflichtungen späteren Vereinbarungen vorbehalten hatte, wurden sie erst im Jahre 1921 im Londoner Zahlungsabkommen ohne Rücksicht auf das Aufbringungs- und Transferproblem auf die völlig irreale Summe von hundertzweiunddreißig Milliarden Goldmark festgesetzt. Schon zwei Jahre später brach Deutschland wirtschaftlich zusammen. Die Gläubigermächte mußten sich damit abfinden, daß dieses Abkommen undurchführbar war. Ihre maßgebenden Politiker sahen ein, daß das Reparationsproblem einer gründlichen Untersuchung durch Sachverständige bedurfte. Eine im November 1923 unter Führung von Charles Dawes, dem früheren Direktor des Budgetbüros in Washington, eingesetzte Kommission legte 1924 ein umfassendes Gutachten vor. Dieses Dawes-Gutachten war die Grundlage des Londoner Reparationsabkommens vom 16. August 1924, nach dem Deutschland zunächst vier Schonjahre zugebilligt erhielt und in einer Übergangsperiode bis 1928 nur 5,4 Milliarden Reichsmark zu transferieren brauchte, wobei die Aufbringung durch eine große Auslandsanleihe, die Dawes-Anleihe, erleichtert wurde. Ab 1. April 1928 sollten dann auf unbestimmte Dauer Jahreszahlungen von 2,5 Milliarden Reichsmark entrichtet werden.

Deutschland hat diese Verpflichtungen bis zum Inkrafttreten des neuen Reparationsabkommens auf Grund des Young-Planes 1930 erfüllt. Gleichzeitig setzte der große wirtschaftliche Aufschwung ein, was, ähnlich wie in der Zeit vor 1914, zu einem starken Passivsaldo der deutschen Handelsbilanz führte, der auch über den Dienstleistungsverkehr (Einnahmen aus dem Verkehrswesen, der Handelsflotte, dem Bank- und Versicherungswesen usw.) nicht auszugleichen war. So konnten die Reparationszahlungen nicht anders transferiert werden als durch einen nach der deutschen Währungsstabilisierung 1924 einsetzenden, bis 1930 fließenden Strom von Auslandsanleihen. Ein Sachverständigenausschuß hat 1931 festgestellt, daß in den Jahren 1924 bis 1930 die deutsche Volkswirtschaft 8,3 Milliarden langfristige und 3,5 Milliarden Reichsmark kurzfristige Kredite aus dem Ausland erhalten hat. Außerdem waren auch noch für eine Milliarde Reichsmark deutsche Effekten ins Ausland verkauft worden. Rechnet man eine Reihe anderer Posten hinzu, so ergibt sich ein Gesamtzufluß fremder Zahlungsmittel bis 1930 in Höhe von 18,2 Milliarden Reichsmark. Daraus wurden bis 1931 rund 10,3 Milliarden Reichsmark Reparationen in ausländischen Währungen transferiert und der Rest zur Deckung der Passivsalden der Handelsbilanz benutzt.

Die Situation mutet grotesk an: Ausländische Sparer zeichneten deutsche Anleihen, deren Schuldner deutsche Industriefirmen und öffentlich-rechtliche Korporationen, insbesondere Gemeinden, waren, die inländische Materialien und Löhne bezahlen mußten

Infolgedessen flossen der Reichsbank ständig Devisenbeträge zu, so daß der Reparationsagent die ihm vom Reichsfinanzminister überwiesenen Reichsmarksummen ohne Gefährdung des Wechselkurses der deutschen Reichsmark in fremde Währungen umtauschen konnte. Zwar mußten die deutschen Steuerzahler die Reparationen in Reichsmark aufbringen. Ständig wurde über die zu hohe Steuerbelastung als Folge der Reparationsleistungen geklagt. Die Kapitalbildung wurde dadurch erschwert und die Unternehmungen gezwungen, sich im Ausland zu verschulden, weil sich auf dem inländischen Kapitalmarkt die Vernichtung der Geldersparnisse während der Inflation auswirkte und sich neues Sparkapital in ausreichendem Umfang infolge zu hoher steuerlicher Belastung und großer Investitionserfordernisse nicht bilden konnte. Andererseits stammten die Devisenbeträge, die in die Staatskassen der Gläubigerländer flossen, aus den Einzahlungen ihrer eigenen Staatsbürger auf die Anleihekonten der deutschen Anleiheschuldner. Die deutsche Reparationsschuld wurde weitgehend kommerzialisiert. Das Deutsche Reich erfüllte seine Verbindlichkeiten, während sich private und öffentlich-rechtliche Kreditnehmer gegenüber den ausländischen Anleihezeichnern verschuldeten.

Dieses bedenkliche Verfahren der Transferierung der geschuldeten Reparationsleistungen funktionierte so lange, wie ständig neue Anleihen auf den Auslandsmärkten untergebracht werden konnten; in dem Augenblick, in dem der Anleihestrom versiegte, mußte es zusammenbrechen. Zu den wenigen Männern, die sich über die Gefahren und den problematischen Wert des Systems klar waren, gehörte der Reparationsagent Parker Gilbert. Er wollte verständlicherweise einen Zusammenbruch der Reparationen verhüten und bemühte sich daher schon im Winter 1927/28, in den Gläubigerländern Stimmung für eine Neuregelung der deutschen Reparationslasten zu machen, nicht ohne Erfolg, denn im Februar 1929 trat in Paris ein neues Sachverständigenkomitee zusammen unter Vorsitz des Amerikaners Owen Young, dem Generaldirektor der General Electric Company, des größten amerikanischen Elektrokonzerns. Er hatte bereits dem Dawes-Komitee als Mitglied angehört. Der deutschen Delegation gehörte Reichsbankpräsident Hjalmar Schacht an.

Bei den schwierigen Verhandlungen sträubten sich die Gläubigerländer nach wie vor gegen eine Begrenzung der deutschen Zahlungen auf die allenfalls zu erzielenden Devisenüberschüsse. Das deutsche Reparationsproblem war mit den alliierten Kriegsschulden eng verknüpft. Die deutschen Zahlungen sollten mindestens diese Verpflichtungen decken. Die europäischen Mächte hatten große Kriegsanleihen in den Vereinigten Staaten aufgenommen und sich auch gegenseitig wiederum Anleihen zur Finanzierung des gemeinsamen Krieges gewährt. Es handelte sich um einen Schuldenblock von insgesamt 20,8 Milliarden Dollars. Davon entfielen auf die Vereinigten Staaten als Gläubiger 10,3 Milliarden. Ein Teil der Forderungen richtete sich gegen Rußland und mußte als uneinbringlich betrachtet werden. Die Verhandlungen schleppten sich bis 1930 hin; besonders schwierig waren die Auseinandersetzungen zwischen Frankreich und den Vereinigten Staaten, die durch das Mellon-Bérenger-Abkommen 1926 beendet wurden. Die interalliierten Schulden sollten in einem Zeitraum von zweiundsechzig Jahren getilgt werden. Da diese interalliierten Vereinbarungen auf den deutschen Reparationen basierten, hielten sich die Schuldnerländer für berechtigt, ihren Verpflichtungen trotz scharfer amerikanischer Proteste nicht mehr nachzukommen, als Deutschland im Jahre 1931 seine Zahlungen einstellte. Nur Finnland hat als vorbildlicher Schuldner seine Verpflichtungen gewissenhaft erfüllt.

Am 7. Juni 1929 kam schließlich nach manchen Krisen der Young-Plan zustande, der zu heftigen innerpolitischen Auseinandersetzungen in Deutschland und den Gläubigerländern Veranlassung gab. In den anschließenden Regierungsverhandlungen mußte die deutsche Regierung weitere Zugeständnisse machen, was zu heftigen Angriffen der deutschen Opposition gegen die Regierung führte, an denen sich auch Schacht, der vom Amt des Reichsbankpräsidenten zurückgetreten war, beteiligte. Das im Januar 1930 im Haag geschlossene Reparationsabkommen brachte ohne Zweifel gegenüber der bisherigen Regelung des Londoner Abkommens von 1924 wesentliche Erleichterungen. Bis 1939 sollte Deutschland Jahreszahlungen bis zu zwei Milliarden Reichsmark leisten. Die Annuitäten stiegen dann allmählich an, um 1965 mit 2,4 Milliarden ihren Höchstbetrag zu erreichen. Nach Zahlung von insgesamt 34,5 Milliarden Reichsmark sollte die deutsche Reparationsschuld am 31. März 1988, also nach achtundfünfzig Jahren, endgültig erlöschen.

Tatsächlich fanden jedoch die Reparationen schon anderthalb Jahre nach der Haager Konferenz ihr Ende. Als sich die Regierungen im Haag um die Neuregelung bemühten, war die jahrelange Hochkonjunktur bereits durch die Weltwirtschaftskrise unterbrochen worden, die nicht mehr, wie von vielen ihrer Opfer erwartet, durch eine Einigung in der Reparationsfrage in ihrem verhängnisvollen Lauf aufgehalten werden konnte. Bereits 1931 zeigte sich Deutschland außerstande, nach Erschöpfung seiner Devisenreserven die Reparationszahlungen weiter zu leisten. Am 22. Juni 1931 machte der amerikanische Präsident Herbert Hoover den Vorschlag eines allgemeinen Feierjahres für alle Kriegsschulden, nach dessen Ablauf die beteiligten Regierungen erneut in Lausanne zusammentraten (Juli 1932). Dort kam es zu der Vereinbarung, daß die deutsche Reparationsschuld von ursprünglich hundertzweiunddreißig Milliarden Goldmark nach dem Londoner Zahlungsplan von 1921 nunmehr, als es zu spät war, auf drei Milliarden Goldmark herabgesetzt wurde, wobei die drei Milliarden aber nur unter bestimmten Voraussetzungen zu zahlen waren. Das Lausanner Abkommen ist nicht mehr ratifiziert worden. Die Reparationen haben in und durch die Weltwirtschaftskrise ihr endgültiges Ende gefunden.

Von der »Ewigen Prosperity« zum New Yorker Börsenkrach

Unbeschadet der Unruhe und der internationalen Spannungen, die aus dem Reparationsproblem entstanden, erscheint uns heute rückblickend die zweite Hälfte der zwanziger Jahre als eine glückliche Zeit. Die Kriegsschäden konnten bald durch die Errichtung neuer leistungsfähigerer Anlagen ausgeglichen werden. Nach den Währungsstabilisierungen setzte bei allen Völkern starker Arbeitswille gepaart mit risikobereiter Initiative der Unternehmer ein. In Industrie und Landwirtschaft begann eine großzügige Rationalisierung. Henry Ford übernahm nach dem Beispiel Chikagoer Schlachthäuser erfolgreich das Fließband, das rasch auch in anderen Industriezweigen und Ländern eingeführt wurde. Die Nachteile der Rationalisierung wurden durch den Übergang zur achtstündigen Arbeitszeit gemildert, wie er sich als Folge des Weltkrieges und der erstarkenden Macht der Industriearbeiterschaft durchgesetzt hatte. Die teuer gewordene menschliche Arbeitskraft wurde durch immer leistungsfähigere Maschinen wo nicht ersetzt doch unterstützt, so daß der wachsende Einsatz von Realkapital die Ergiebigkeit der menschlichen Leistung stark erhöhte.

Große Steigerungen der Volkseinkommen waren die Folge. In den Vereinigten Staaten wuchs es von 54,6 Milliarden Dollar 1921 auf 85,2 Milliarden im Jahre 1929, in Deutschland in den fünf Jahren 1925 bis 1929 von 70 auf 84 Milliarden Reichsmark (Bruttoproduktionswert), also um zwanzig Prozent. In der gleichen Zeit stiegen die Spareinlagen von 1,7 auf 9,3 Milliarden Reichsmark an.

Auf die günstige Entwicklung der Welthandelsumsätze bis 1929 haben wir bereits hingewiesen. Dazu trug wesentlich das günstige außenpolitische Klima bei, das sich allmählich einstellte und seinen äußeren Ausdruck im Locarno-Pakt von 1925, Deutschlands Eintritt in den Völkerbund, und im Abschluß des Vertrages über die Kriegsächtung, des sogenannten Kellogg-Paktes, fand. Ähnlich wie um die Jahrhundertwende wurde die Wirtschaft von einem allgemeinen Optimismus erfaßt. Gestützt auf Erkenntnisse über das Wesen der wirtschaftlichen Wechsellagen, glaubte man an die »Ewige Prosperity« und die endgültige Überwindung des Konjunkturzyklus. Diese von den Vereinigten Staaten ausgehende Zuversicht ließ sich auch nicht durch die Arbeitslosigkeit in den europäischen Industrieländern beirren, die man als unvermeidliche Folge der Rationalisierung und als bloße Übergangserscheinung bis zur Neueingliederung der freigesetzten Arbeitskräfte glaubte hinnehmen zu können. England hatte seit 1926 im Jahresdurchschnitt ständig eine Million Arbeitslose, und auch in Deutschland bereitete schon vor der Krise die Arbeitslosigkeit schwere Sorgen. Im Winter 1925/26 wurden bereits 2,3 Millionen Vollarbeitslose gezählt, deren Zahl sich im Winterhalbjahr 1928/29, dem Jahr der Hochkonjunktur, sogar auf 3,7 Millionen erhöhte. In den Sommerhalbjahren trat jedoch immer wieder eine fühlbare Besserung ein. Im übrigen hatte Deutschland im Jahre 1927 die Arbeitslosenversicherung eingeführt, die dazu bestimmt war, die Härten der als unvermeidlich betrachteten Arbeitslosigkeit zu mildern.

Ein besonderes Merkmal der damaligen weltweiten Aufschwungsperiode war eine gleichbleibende oder gar rückläufige Preisentwicklung, wie sie besonders in den Vereinigten Staaten und England zu beobachten war. Die alte Preiskonjunktur war durch die Mengenkonjunktur abgelöst. Das war etwas Neues und wurde gern als weiterer Beweis dafür gewertet, daß der frühere Konjunkturzyklus endgültig der Vergangenheit angehörte. Daß andererseits die Entwicklung der Börsenkurse durchaus den früheren Erfahrungen während eines Booms entsprach, nahmen immer größere, sich am Börsenspiel beteiligende Bevölkerungskreise gern zur Kenntnis. In den sieben Jahren von 1923 bis Oktober 1929 stieg der amerikanische Aktienindex von neunundsechzig auf hundertneunzig Punkte, davon allein in den zwei Jahren von 1927 bis 1929 um fast zweiundsiebzig Punkte. Innerhalb von sieben Jahren hatte sich das Kursniveau der amerikanischen Aktien auf fast das Dreifache und bei favorisierten Werten noch stärker erhöht. Die Beteiligung an der Effektenspekulation wurde dem amerikanischen Bürger durch eine großzügige Kreditgewährung erleichtert. Auch in den europäischen Ländern gab es eine jahrelange Börsenhausse mit entsprechenden Gewinnen, wenn sich auch in Deutschland dank des rechtzeitigen Eingreifens der Reichsbank 1927 der Kursanstieg stark verlangsamte.

Immer wieder war von verschiedenen Seiten vor den Übertreibungen bei der Kursentwicklung gewarnt worden. Seit dem Sommer 1929 waren die Weltbörsen sehr nervös. Am 3. Oktober war einer der drei großen Außenminister Europas, Gustav Stresemann, allzu früh gestorben. Sein Tod wurde von der internationalen Finanzwelt besonders schmerzlich empfunden, weil die Annahme des Young-Planes durch die beteiligten Regierungen noch nicht erfolgt war und für die kommenden Verhandlungen noch manche Schwierigkeiten erwartet wurden. Unerfreulich waren vor allem zwei große Finanzskandale: Der Zusammenbruch der hochangesehenen Frankfurter Allgemeinen Versicherungsanstalt, zu deren Gläubigern zahlreiche führende internationale Banken gehörten, und der soeben aufgedeckte Aktienschwindel an der Londoner Börse, der Hawtry-Skandal.

Als am Donnerstag, dem 24. Oktober 1929, das amerikanische Volk zur Arbeit fuhr, lagen keine besonderen Anzeichen vor, daß gerade dieser Tag als verhängnisvoll in die Wirtschaftsgeschichte eingehen würde. Die Morgenzeitungen hatten, da die Weltlage unverändert war, keinerlei sensationelle Nachrichten gebracht. Niemand kann erklären, weshalb sich gerade an diesem 24. Oktober 1929 bei den Börsenmaklern in New York die Verkaufsaufträge aus allen Gegenden des amerikanischen Kontinents stark häuften, ohne daß gleichzeitig entsprechende Kaufaufträge erteilt wurden. Sicherlich waren die Börsenkurse seit langem überhöht. Da sich auf die Dauer im Wirtschaftsleben immer wieder der Rechenstift durchsetzt, mußte irgendwann einmal ein starker Rückgang des überhöhten Kursniveaus erfolgen, wie das bei den europäischen Börsen bereits seit Monaten der Fall war. Aber weshalb gerade an diesem Tag plötzlich und abrupt der Rückbildungsprozeß an der New Yorker Börse einsetzte, läßt sich nur so erklären, daß ein jahrelang gebrauchter Krug schließlich einmal springen kann.

Als nach der Börseneröffnung die Banken die Marktlage erkannten, setzten sofort starke Interventionen ein. Sie konnten freilich stärkere Kursabschläge nicht verhindern. In den Abendblättern wurden einige beruhigende Erklärungen zuständiger Stellen veröffentlicht. Dennoch lagen am folgenden Freitag, dem 25. Oktober, erneut umfangreiche Verkaufsaufträge vor, so daß die Kurse weiter zurückgingen. Das folgende Wochenende war für die Masse der amerikanischen Effektenbesitzer mehr als sorgenvoll. Infolge der starken Kursrückgänge wiesen ihre meist recht hoch beliehenen Effektendepots nicht mehr die erforderliche Deckung auf. Wurden keine Nachschüsse geleistet, so drohte ihnen die Exekution, das heißt, sie mußten damit rechnen, daß ihre Effekten am Montag zu den sich dann ergebenden Kursen verkauft würden.

Die meisten der verschuldeten Effektenbesitzer waren nicht in der Lage, zusätzliche Deckungen zu beschaffen, so daß an der Montagbörse umfangreiche Exekutionen einsetzten. Nochmals intervenierten die amerikanischen Banken. Aber am Nachmittag wurde auf einer Sitzung der New Yorker Finanzinstitute offensichtlich, daß gegen diese Verkaufswelle kein Damm mehr errichtet werden konnte, zumal am nächsten Tage infolge der erneuten Rückgänge mit weiteren Exekutionen gerechnet werden mußte. Die eigentliche Katastrophe brach dann am Dienstag, dem 29. Oktober, über Hunderttausende amerikanische Familien mit voller Wucht herein. 16,5 Millionen Stück Aktien wechselten an der New Yorker Börse den Eigentümer. Der Ticker war mehrere Stunden mit der Anzeige der Kursnotizen im Rückstand. In allen Drugstores und Hotelhallen, wo die Tickernachrichten empfangen wurden, fanden sich die ruinierten Effektenbesitzer ein, um festzustellen, wie von Stunde zu Stunde ihre ungedeckten Effektenschulden anwuchsen und die Kurse bei jeder neuen Notiz weiter zurückgingen.

Trotz dieses starken Kurseinbruchs waren durch die Oktoberkatastrophe im allgemeinen nur die Kursgewinne des letzten Jahres verlorengegangen, ja zahlreiche Notierungen lagen noch immer über denen zu Beginn dieses verhängnisvollen Jahres. In den Vereinigten Staaten war man sich noch Monate später nicht über die Bedeutung der Kurskatastrophe klargeworden. Der Glaube an die »Ewige Prosperity« war zu fest verwurzelt. Erst allmählich wirkten sich die Vermögensverluste auf die Volkswirtschaft aus. Es ist interessant, daß in deutschen Publikationen der damaligen Zeit die bedenkliche Lage der amerikanischen Volkswirtschaft viel klarer und richtiger als in den Vereinigten Staaten selbst erkannt wurde.

In den folgenden Wochen traten weitere Kursrückgänge ein. Der Aktienindex der New Yorker Börse, der zu Beginn des Jahres auf 185,2 stand, sank bis Jahresende auf 153,8 Punkte ab. Im neuen Jahr trat noch einmal eine vorübergehende Erholung der Kurse ein. Bis April 1930 stieg der Aktienindex wieder auf 181 Punkte an und lag damit nur wenig unter dem Kursstand zu Beginn des Jahres 1929. Dann aber ging es unablässig bergab in einem sich von Jahr zu Jahr steigernden Tempo, bis im März 1933, dem Monat der amerikanischen Bankenkatastrophe, der Aktienindex seinen Tiefstand mit 43,2 Punkten erreichte.

Der äußere Verlauf der Weltwirtschaftskrise

Der Zusammenbruch der New Yorker Börse im Oktober 1929 wird heute allgemein als das auslösende Ereignis, wenn auch nicht als Ursache der Weltwirtschaftskrise angesehen. Der Glaube an die »Ewige Prosperity«, der die bisherige Aufschwungsperiode getragen hatte, erlitt trotz aller Beruhigungsversuche durch die Börsenkatastrophe einen tödlichen Stoß. Es dauerte nicht lange, bis man überall in das gegenteilige Extrem eines hemmungslosen Pessimismus verfiel, der sich für alle Ansätze zum Aufschwung als schweres Hemmnis erwies.

Eine zwangsläufige Folge des Kurszusammenbruchs war ein starker Rückgang der Güternachfrage, und zwar sowohl auf dem Markt der Konsum- wie der Investitionsgüter. Millionen amerikanischer Familien hatten sich daran gewöhnt, einen Teil ihrer auf Abzahlungsbasis getätigten Einkäufe mit den regelmäßig erzielten Börsengewinnen zu finanzieren. Diese Einnahmequelle fiel jetzt fort. Außerdem hatten viele Familien Schulden bei ihren Börsenmaklern abzutragen. Angesichts des rückläufigen Konsums bestand für die Unternehmer kein Interesse mehr an einer weiteren Ausdehnung ihrer Unternehmungen. Hinzu kam, daß nach den Ereignissen des Oktober der Markt für Neuemissionen zunächst kaum aufnahmefähig war. Während im September 1929 noch für eine Milliarde Dollar neue Aktien emittiert werden konnten, nahm ein Jahr später, im Oktober 1930, der Markt nur noch für 21,6 Millionen auf.

Seit dem Sommer 1930 befanden sich die meisten Volkswirtschaften in Europa und Übersee im Zustand einer schweren Wirtschaftskrise. Nur die französische Wirtschaft blieb zu-

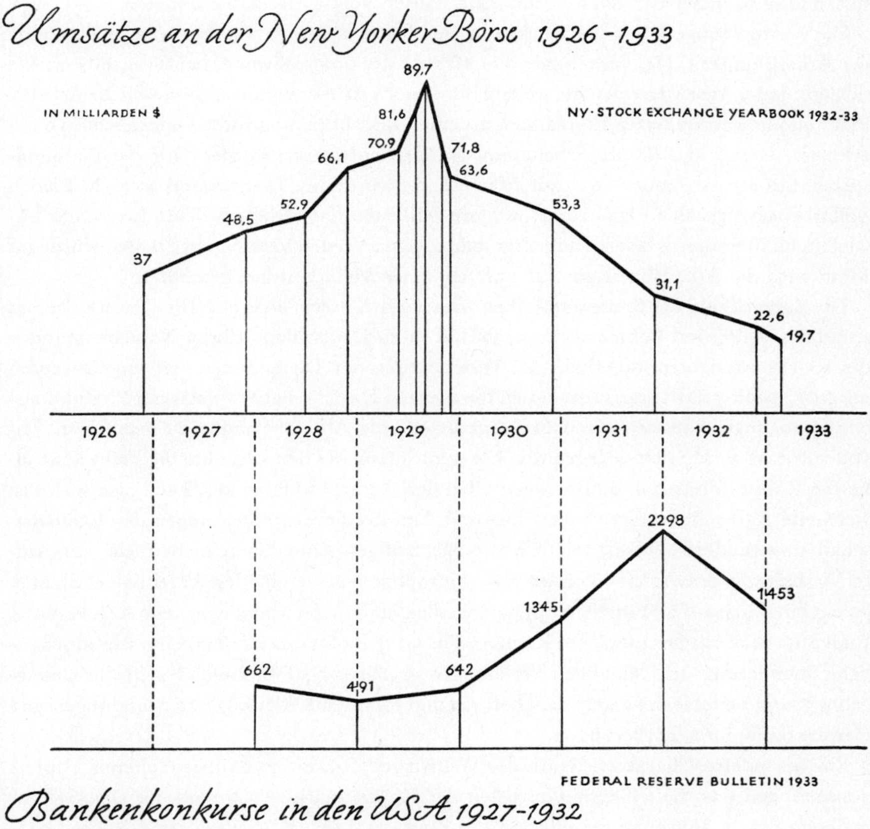

nächst von stärkeren Krisenerscheinungen verschont, eine Folge der besonderen Struktur der französischen Volkswirtschaft. Bei der engen Verflechtung der amerikanischen mit den europäischen Volkswirtschaften und bei dem starken Engagement europäischer Finanzkreise an der New Yorker Börse wirkten sich die New Yorker Ereignisse natürlich auch in der Alten Welt aus. Der breite Strom amerikanischer Auslandsanleihen versiegte im Laufe des Jahres 1930. Gleichzeitig verringerte sich der Absatz europäischer Waren auf dem amerikanischen Markt, so daß es immer schwieriger wurde, geschuldete Zins- und Amortisationsleistungen in Dollars aufzubringen.

Auch in der Weltwirtschaftskrise finden wir viele Erscheinungen wie in früheren Abschwungs- und Depressionsperioden: starke Zunahme der Konkurse, Preiszerfall, Bankenzusammenbrüche, Arbeitslosigkeit. Was sie aber von früheren Krisen unterschied, waren die Intensität und Dauer sowie das Ausbleiben eines automatisch einsetzenden neuen Aufschwungs. Vor allem gilt dies für die Entwicklung der Arbeitslosigkeit, die das hervorstechendste Moment bei den hochindustrialisierten Volkswirtschaften bildete.

Die zwangsläufige Folge des Rückgangs der Güternachfrage war eine rasche Zunahme der Arbeitslosigkeit. Das verhängnisvolle »Gesetz der progressiven Arbeitslosigkeit« wirkte sich aus. Jeder Arbeitslose machte weitere bisher noch Arbeitende arbeitslos, weil die Arbeitslosen infolge verminderter Einnahmen zu einer Einschränkung ihrer Güternachfrage gezwungen waren und damit Arbeiterentlassungen notwendig wurden. Als der Nationalsozialismus am 30. Januar 1933 zur Macht kam, wurden in Deutschland sechs Millionen Vollarbeitslose gezählt. Dazu kamen weitere Millionen Kurzarbeiter, deren Löhne nur unwesentlich über der Arbeitslosenunterstützung lagen. In den Vereinigten Staaten wurde im März 1933 die Arbeitslosenzahl auf 15,6 Millionen Vollarbeitslose geschätzt.

Die Entwicklung der Preise und Löhne wies starke Unterschiede auf. Die Gewerkschaften sträubten sich gegen Lohnsenkungen, so daß sie in Deutschland durch Notverordnungen des Reichspräsidenten außerhalb der Vereinbarung der Tarifparteien erzwungen werden mußten. Analog dazu entschlossen sich die meisten Kartelle lieber zu starken Produktionseinschränkungen, anstatt durch Preissenkungen eine Absatzbelebung zu versuchen. Mit voller Wucht wirkte sich dagegen der Absatzrückgang bei den kartellmäßig nicht kontrollierten Rohstoffpreisen und insbesondere bei den Agrarprodukten aus. Die Folge war eine weltweite Agrarnot. Während die Zins- und Amortisationsverpflichtungen der Landwirtschaft unverändert blieben, reichten die rückläufigen Einnahmen nicht mehr zur Aufrechterhaltung des Anleihedienstes aus. Unzählige Farmer in den Vereinigten Staaten gaben ihre Höfe auf und suchten mit dem weißen Stab in der Hand eine neue Arbeitsstätte. John Steinbeck hat uns in seinem Roman »The Grapes of Wrath« (1939) eine sehr anschauliche Schilderung der damaligen Verhältnisse gegeben. In Deutschland griff die Gesetzgebung zum Schutze der Landwirtschaft ein und zwang die Gläubiger zu Stundungen und Herabsetzung ihrer Forderungen.

Ein besonderes Charakteristikum der Weltwirtschaftskrise gegenüber früheren Depressionsperioden war die fehlende Flüssigkeit der Kapitalmärkte. Während der Depressionsperioden des 19. Jahrhunderts pflegten die Zinssätze rasch zu sinken; langfristiges Geldkapital zu günstigen Bedingungen wurde reichlich angeboten. Gerade diese günstigen Finanzierungsmöglichkeiten bildeten eine der Ursachen für einen neuen Aufschwung. Insbesondere wurde dadurch die Bautätigkeit angeregt. In der Weltwirtschaftskrise waren es gerade diese Schwierigkeiten der Banken, Krediteinschränkungen und fehlende Neigung zur längerfristigen Anlage disponibler Kapitalien, die die Finanzierung von Krisenbekämpfungsprogrammen erschwerten.

Während die wachsende Arbeitslosenzahl die Soziallasten der öffentlichen Haushalte steigen ließ, gingen gleichzeitig die Steuereinnahmen zurück. Die Haushalte erwiesen sich im 20. Jahrhundert viel stärker von der konjunkturellen Entwicklung abhängig als in

Zeiten, in denen sich die öffentlichen Ausgaben, namentlich auf sozialem Gebiet, noch in bescheidenen Grenzen gehalten hatten. Unter dem Einfluß der nicht richtig verstandenen Lehren der Inflationszeit fürchteten die Regierungen, die Notenbanken und weite Kreise der Wirtschaft nichts mehr als ungedeckte Haushaltsdefizite. Da der Kapitalmarkt für öffentliche Anleihen nicht aufnahmefähig war, entstanden auch bei den außerordentlichen Haushalten Fehlbeträge, die die Illiquidisierung der öffentlichen Kassen förderten. Um den

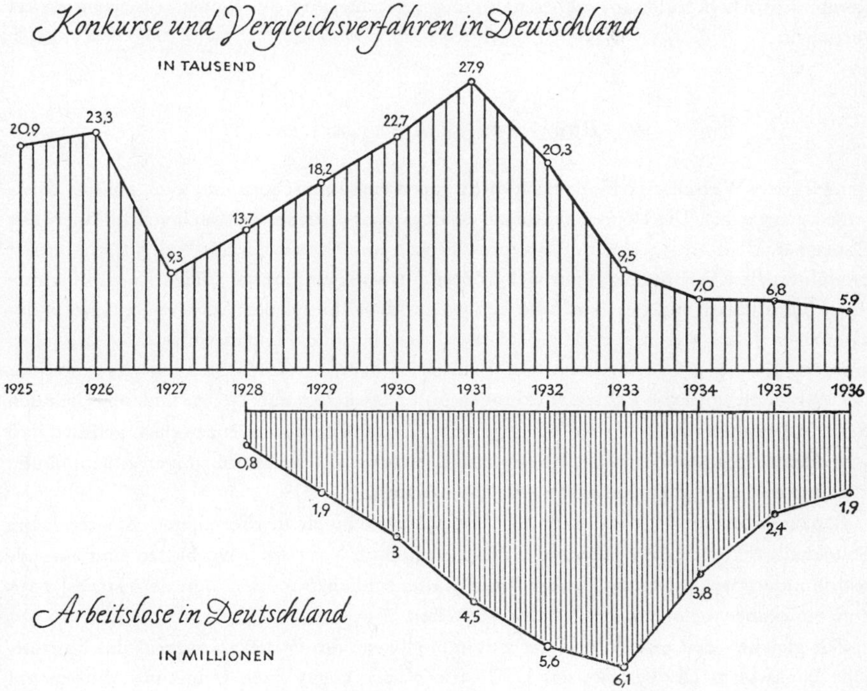

Haushaltsausgleich zu sichern, entschlossen sich die Regierungen zu Ausgabensenkungen und zur Erhöhung der Steuersätze. Am schärfsten und konsequentesten wurde diese Deflationspolitik in Deutschland von dem Kabinett Brüning mit Hilfe von Notverordnungen des Reichspräsidenten verfolgt. Einen Erfolg hatte diese, wie jetzt allgemein zugegeben wird, völlig verkehrte Finanzpolitik freilich nicht, vielmehr führten die Ausgabensenkungen zu noch schärferem Nachfragerückgang und machten dadurch weitere Arbeiter arbeitslos; steigende Sozialausgaben waren die Folge. Was nötig war und allein die furchtbare Krise wirkungsvoll bekämpft hätte, war eine Ausgabensteigerung und Belebung der Güternachfrage. Hatte man während der Inflation die Quantitätstheorie völlig vernachlässigt, so interpretierte man jetzt diese das Geldwesen beherrschende Lehre falsch: Man glaubte, daß jede zusätzliche Geldschöpfung zu inflatorischen Preissteigerungen führen müsse, übersah dabei aber völlig, daß Preissteigerungen so lange nicht zu erwarten waren, wie einer zusätzlichen Warennachfrage durch zusätzliches Warenangebot entsprochen werden konnte. Daß bei einer Millionenzahl von Arbeitslosen, großen Rohstoffvorräten und nur unzulänglich ausgenutzten Produktionsanlagen diese Voraussetzungen gegeben waren, bedarf keiner weiteren Darlegung. Das Nichterkennen der scheinbar so einfachen und selbstverständlichen Zusammenhänge war verhängnisvoll. Die Völker hungerten und darbten in den an der traditionellen Marktwirtschaft festhaltenden Staaten nutzlos bei vollen Scheuern, während im kommunistischen Rußland Vollbeschäftigung herrschte und die Industrialisierung weiter fortschritt.

Bank- und Währungskrisen

Jede frühere Wirtschaftskrise hat sich mehr oder minder einschneidend auch auf das Bankwesen ausgewirkt. Die Depression führte zu Zusammenbrüchen schwacher Schuldner. Die Banken mußten entsprechende Debitorenverluste hinnehmen. In der Weltwirtschaftskrise erreichten diese Verluste nicht nur viel größere Ausmaße als je zuvor; die Krise selbst wurde auch unmittelbar von der Bankseite her verstärkt. Während der Aufschwungperiode der zwanziger Jahre waren von den Banken schwerwiegende Finanzierungsfehler begangen worden, die sich jetzt auswirkten. Das Bankwesen der Vereinigten Staaten wies schon vor der Weltwirtschaftskrise Fehlentwicklungen und Schwächen auf. Neben anderen Gründen hatte insbesondere auch der Kampf gegen die Konzentrationstendenzen dazu geführt, daß viele kleine, leistungsschwache Banken bestanden, deren Geschäftsführungen zudem häufig unsolide und den Aufgaben nicht gewachsen waren.

Bankzusammenbrüche waren in der Wirtschaftsgeschichte der Vereinigten Staaten keine Seltenheit. Selbst in den Jahren der Hochkonjunktur 1921 bis 1929 hatten fünftausendsechshundertzweiundvierzig Banken ihre Schalter schließen müssen. Seit dem Herbst 1930 gerieten immer mehr Banken in Schwierigkeiten.

Zur gleichen Zeit erschütterte der Zusammenbruch des Oustric-Konzerns das französische Bankwesen. Die Verluste des in Oustric-Werten engagierten Publikums wurden auf über eine Milliarde Francs geschätzt. Oustric war ein typischer Börsenspekulant und Konzerngründer der Inflationszeit.

Auch in Deutschland gerieten im Herbst 1930 zahlreiche Privatbanken in Schwierigkeiten und mußten liquidieren. Man sprach damals von dem »großen Sterben der Privatbankiers«. Die Ursachen waren meistens fehlende Liquidität infolge Festlegung der Mittel in industriellen Beteiligungen und Aktienpaketen, die nach Kündigung von Einlagen nicht flüssigzumachen waren.

Am 21. März 1931 wurde die Welt durch Erklärungen der deutschen und österreichischen Regierungen über den beabsichtigten Abschluß einer Zollunion überrascht, die dann nicht realisiert werden konnte. Nach einer weitverbreiteten Auffassung sollte der gescheiterte Zollunionsplan zu umfangreichen Kündigungen von Termingeldern, namentlich französischer Banken, bei dem alten Rothschild-Institut, der Österreichischen Creditanstalt in

Wien, Anlaß gegeben haben. Am 11. Mai 1931 wurde von amtlicher Seite mitgeteilt, daß das international hoch angesehene Institut illiquide geworden sei. Die österreichische Regierung und die Nationalbank hatten sofort Stützungsmaßnahmen eingeleitet, so daß die Gläubiger keine Verluste zu befürchten hatten. Auch bei der Österreichischen Creditanstalt zeigte sich, daß die im großen Umfang aufgenommenen Auslandsgelder zur Finanzierung langfristiger Industriebeteiligungen verwandt worden waren. Das Bankinstitut war weitgehend zu einer Industrieverwaltungsgesellschaft geworden.

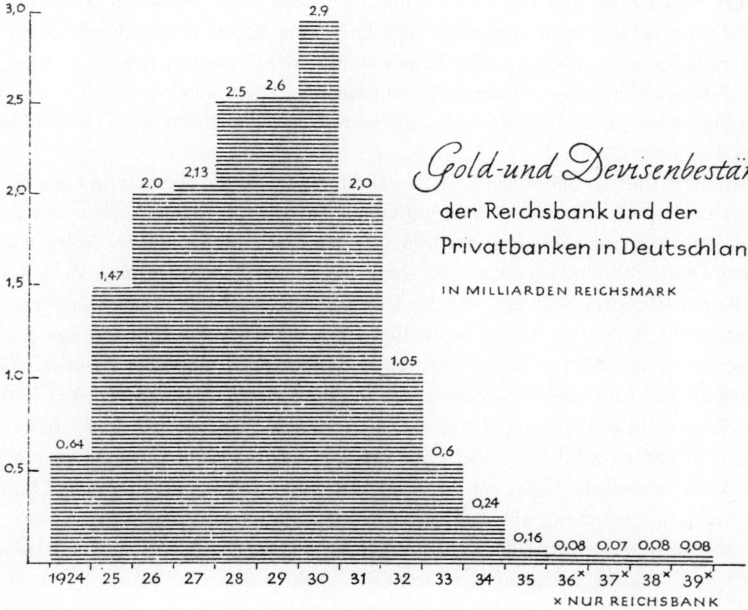

Die Wiener Ereignisse gaben allen Bankleitungen, die größere Auslandsanlagen getätigt hatten, Veranlassung, sich über die Zweckmäßigkeit einer weiteren Aufrechterhaltung dieser Engagements Gedanken zu machen. Außerdem ließ es die jetzt schon zwei Jahre andauernde Wirtschaftskrise allen bisher noch von Liquiditätsschwierigkeiten verschont gebliebenen Häusern angezeigt erscheinen, ihre liquiden Mittel zu verstärken. Die Folge dieser Überlegungen war eine starke Zunahme der schon seit dem Herbst 1930 zu beobachtenden Abzüge ausländischer Termingelder bei den deutschen Banken. In der ersten Junihälfte 1931 verlor die Reichsbank nicht weniger als siebenhundert Millionen Reichsmark Gold und Devisen. Gleichzeitig wurde bekannt, daß die Darmstädter und Nationalbank schwere Verluste durch den Zusammenbruch des Nordwolle-Konzerns der Gebrüder Lahusen erlitten hatte. Im Juli begannen auch die inländischen Einleger unruhig zu werden. Finanzielle Schwierigkeiten der Reichshauptkasse ließen eine weitere Zahlung der fälligen Reparationsraten nicht mehr zu. Das auf Initiative des amerikanischen Präsidenten Hoover bewilligte Reparations-Feierjahr verfehlte das Ziel, auf die privaten Auslandsgläubiger Deutschlands beruhigend zu wirken. In der zweiten Juliwoche zeigte sich dann, daß mindestens die Dresdner Bank und die Danatbank illiquide geworden waren und in der am 13. Juli beginnenden Woche ihren Zahlungsverpflichtungen nicht mehr würden nachkommen können. Die Reichsbank ihrerseits war zu einer Hilfeleistung nicht bereit, weil sie sich scheute, die vom Gesetz vorgeschriebene Golddeckungsgrenze nach starker Abnahme ihrer Goldbestände durch weitere Notenschöpfung zu unterschreiten. Auch fehlte den Banken nunmehr diskontfähiges Wechselmaterial. Lombardkredite auf Effekten bildeten nach der damaligen Notenbankgesetzgebung keine deckungsfähige Unterlage für die Notenschöpfung. So kam es am Montag, dem 13. Juli 1931, zum Schalterschluß der deutschen Banken und der Anordnung von Bankfeiertagen. Gleichzeitig wurden die Börsen geschlossen. Mit den Auslandsgläubigern begannen Stillhalteverhandlungen. Deutschland führte die Devisenbewirtschaftung ein.

Der Schalterschluß der deutschen Banken war das Signal für die überstürzte Liquidierung aller sonst noch vorhandenen Auslandsguthaben. In den folgenden Wochen mußte das englische Bankwesen dem Ansturm der französischen und amerikanischen Einleger standhalten. Die Gold- und Devisenvorräte der Bank von England nahmen rasch ab. Um ihrer Notenbank ein ähnliches Schicksal wie der Deutschen Reichsbank zu ersparen, entschloß sich die englische Regierung am 20. September 1931, die Bank von England von der Verpflichtung zur Goldeinlösung ihrer Noten zu entbinden. Das klassische Land der Goldwährung gab dieses für die Entwicklung des internationalen Zahlungsverkehrs und des Welthandels so wichtige Währungssystem auf, die englische Währung wurde devalviert, der Wechselkurs des Pfundes blieb nunmehr der freien Marktpreisbildung überlassen; er sank rasch ab. Die Auslandsgläubiger, die ihre Einlagen, anders als bei den deutschen Banken, in englischer Landeswährung unterhalten hatten, erlitten schwere Verluste.

Gleichzeitig mit dem starken Abzug der Einlagen bei den englischen Banken hatten die französischen Gläubiger auch mit der Liquidierung ihrer amerikanischen Guthaben begonnen. Seit der Devalvation des Pfundes setzte eine förmliche Flucht aus dem Dollar ein. Allein im September 1931 mußte das amerikanische Notenbankwesen Gold für siebenhundertfünfundzwanzig Millionen Dollar abgeben. Angesichts eines Goldbestandes von fünf Milliarden Dollar war dieser Verlust an sich nicht gefährlich. Schlimmer war, daß seit Mitte 1931 der Schalterschluß von Banken stark zugenommen hatte. Im Oktober stellten nicht weniger als fünfhundertzweiundzwanzig Institute ihre Zahlungen ein. Die Folge war eine ständig zunehmende Hortung von Zahlungsmitteln durch die inländischen Einleger, die den Banken mißtrauten. Im Oktober 1931 versuchten die Bankinstitute, zunächst auf genossenschaftlicher Basis eine Hilfsorganisation zu gründen, die dann 1932 in die mit öffentlichen Mitteln arbeitende Reconstruction Finance Corporation übergeleitet wurde. Sie sollte Kredite an illiquide Banken geben, um eine geordnete Abwicklung im Interesse der Einleger zu ermöglichen. 1932 wurde außerdem das Notenbankgesetz durch den Glass-Steagall-Act geändert, mit dem Ziel, dem Federal Reserve System durch Zulassung von Bundesanleihen als Notendeckung eine größere Elastizität und Hilfsmöglichkeit zu geben.

Trotz all dieser Maßnahmen erfolgte jedoch keine dauernde Beruhigung der Einleger. In der Mitte des Jahres 1932 kam es, vor allem in den Staaten des mittleren Westens, zu weiteren Bankzusammenbrüchen. Neue umfangreiche Zahlungsmittelhortungen waren die Folge. Anfang 1933 begnügten sich die Einleger nicht mehr mit der bloßen Hortung von Banknoten, sondern wandelten ihre Guthaben in Goldmünzen und Goldzertifikate um. Mitte Februar 1933 setzte dann ein allgemeiner Run auf die Banken im ganzen Lande ein. Der monetäre Goldbestand sank von 3,2 Milliarden Dollar Anfang Februar auf 2,7 Milliarden Anfang März ab. In derselben Zeit waren etwa für hundertfünfzig Millionen Dollar Goldmünzen und für hundertsiebzig Millionen Goldzertifikate gehortet worden.

Als Franklin Delano Roosevelt im März 1933 sein Amt als neuer Präsident der Vereinigten Staaten antrat, mußte er seine Tätigkeit mit einem Erlaß über die Anordnung von Bankfeiertagen beginnen. Nach Wiederaufnahme des Bankverkehrs wurden umfangreiche Einschränkungen der Gold- und Devisengeschäfte verfügt. Am 19. April gaben auch die über die größten Goldvorräte in der Welt verfügenden Vereinigten Staaten den Goldstandard auf. Auch der Dollar wurde devalviert.

Obgleich Roosevelt noch auf der Londoner Weltwirtschaftskonferenz vom 12. Juni bis 27. Juli 1933 jede Stabilisierung des Dollars abgelehnt hatte, was das endgültige Scheitern dieses letzten Versuches zur Neuordnung der Währungsverhältnisse bedeutete, entschloß sich zur Überraschung der Welt die amerikanische Regierung am 31. Januar 1934 durch den Gold Reserve Act zu einer vorläufigen Dollarstabilisierung auf der Basis von fünfunddreißig Dollar für eine Unze Feingold, was einer Abwertung auf 59,6 Prozent der früheren Goldparität entsprach. Diesen Standard hat der Dollar bis zur Gegenwart behalten. Nach ihm sind die Währungen der übrigen freien, nichtkommunistischen Volkswirtschaften ausgerichtet.

Nach dem Scheitern der Londoner Weltwirtschaftskonferenz 1933 hatten zunächst noch die sogenannten Goldblockländer, wozu das von der Krise bisher wenig in Mitleidenschaft gezogene Frankreich, Belgien, die Niederlande und die Schweiz gehörten, versucht, an der Goldwährung festzuhalten und stabile Wechselkurse aufrechtzuerhalten, obwohl sie bereits zahlreiche Waren- und Verrechnungsabkommen mit Ländern mit Devisenbewirtschaftung wie Deutschland abgeschlossen hatten. Nach der Devalvation des Dollars richtete die internationale Finanzspekulation verstärkte Angriffe gegen diese Länder und ihre Gold- und Devisenbestände. Kapitalfluchtstendenzen der Inländer kamen hinzu. 1935 mußte Belgien und im folgenden Jahr dann auch Frankreich und die übrigen bisherigen Goldblockländer die Goldwährung aufgeben, ihre Währungen devalvieren und gleichzeitig zu einer mehr oder minder ausgedehnten Devisenbewirtschaftung übergehen.

Der freie internationale Zahlungsverkehr mit stabilen Wechselkursen hatte sein vorläufiges Ende wenigstens innerhalb Europas gefunden. Erst Ende 1958 haben sich die meisten europäischen Volkswirtschaften wieder zur Konvertibilität ihrer Währungen entschließen können nach einer siebenundzwanzig Jahre dauernden Periode der währungspolitischen Irrungen und Wirrungen.

Von der multilateralen zur bilateralen Außenwirtschaft

Die Tatsache, daß bei allen führenden Welthandelsvölkern Millionen Menschen jahrelang arbeitslos waren und infolgedessen nur in bescheidenstem Ausmaß noch Waren kaufen konnten, führte zwangsläufig zu entsprechenden Einschränkungen ausländischer Einfuhren. Anderseits bemühten sich alle Unternehmer, durch erhöhten Export einen Ersatz für die schrumpfenden Absatzmöglichkeiten ihrer Waren im Inland zu finden. Man versuchte, Arbeitslosigkeit zu exportieren, was sofort zu entsprechenden Gegenmaßnahmen der bisher von der Krise noch verhältnismäßig verschont gebliebenen Länder wie Frankreich und der Schweiz führte. Die Zollmauern boten keinen genügenden Schutz mehr. So kam es seit 1930 zur Festsetzung besonderer Zollkontingente, die dann als Folge der 1931 beginnenden Devisenbewirtschaftung zu allgemeinen Warenkontingenten erweitert wurden.

Die Devisenbewirtschaftung beruht auf einer Einschränkung der Devisennachfrage und möglichst lückenloser Erfassung aller aus Exportgeschäften anfallenden Devisen. Die Länder mit Devisenbewirtschaftung waren vor allem darauf bedacht, durch ihren Export freie Devisen zu erwerben, die sie auch zur Bezahlung von Einfuhren aus dritten Ländern benutzen konnten. Andere Staaten, wie etwa die Schweiz, deren Bürger in großem Umfang Auslandsanleihen gezeichnet hatten, waren daran interessiert, daß bei passiver Handelsbilanz ein Teil der dem Handelspartner geschuldeten Devisen zur Bedienung der notleidend gewordenen Anleihen verwandt wurde. Auch wollte jedes Land mit fortschreitender Krise und wachsender Arbeitslosigkeit etwaige passive Handelsbilanzsalden vermindern. Wenn man selbst aus einem anderen Land Waren zu beziehen bereit war, so wollte man anderseits auch wiederum diese Volkswirtschaft beliefern und damit den Absatz der eigenen Waren erhöhen. Alle diese Erwägungen führten sehr bald zu der Entwicklung eines bis dahin ungewohnten Systems der außenwirtschaftlichen Beziehungen. Es wurden besondere Waren- und Zahlungsabkommen abgeschlossen. In den Warenabkommen wurden Kontingente für die gegenseitigen Warenbezüge vereinbart. Im Rahmen dieser Kontingente mußten dann auch die erforderlichen Devisen zur Bezahlung bereitgestellt werden, sofern nicht überhaupt der Zahlungsverkehr ausschließlich über Verrechnungskonten erfolgte.

Während im Zeitalter des freien internationalen Zahlungsverkehrs jede Volkswirtschaft ihre erworbenen Devisen in jede andere Währung umwandeln und die von ihr benötigten Waren dort beziehen konnte, wo sie jeweils am vorteilhaftesten angeboten wurden, trat jetzt an die Stelle dieses multilateralen Verkehrs der bilaterale: Es kam darauf an, ob und wo noch Kontingente und damit Bezahlungsmöglichkeiten frei verfügbar waren. Dadurch änderten sich die Warenströme, die überseeischen Einfuhren Europas gingen zurück, während sich der Austausch innerhalb der europäischen Länder, besonders Deutschlands mit den südosteuropäischen Ländern, intensivierte.

Trotz aller Erschwernisse beim Übergang zum bilateralen Außenwirtschaftsverkehr, trotz schwankender Wechselkurse und Devisenbewirtschaftung kam es in den dreißiger Jahren, als die Krise langsam überwunden wurde, mit zunehmender Belebung der Güternachfrage auch wieder zu einem größeren internationalen Warenaustausch. Während 1932 der Welthandelsumsatz auf 109,8 Milliarden Reichsmark abgesunken war, erreichte er

1937 wieder 130,5 Milliarden, um dann allerdings wieder, bedingt durch den konjunkturellen Rückschlag in den Vereinigten Staaten, bis zum Ausbruch des zweiten Weltkrieges abzusinken.

Der Weltkrieg brachte weitere Verschärfung der Devisenbewirtschaftung und zahlreiche kriegsbedingte Erschwernisse. Erst nach Kriegsende haben die Völker langsam wieder den Weg zum multilateralen Handel zurückgefunden. Aber auch 1959 finden wir noch bei zahlreichen Volkswirtschaften Waren- und Zahlungsabkommen und Devisenbewirtschaftung.

Die politischen Auswirkungen der Weltwirtschaftskrise

So furchtbar die materiellen Verluste und Schäden aus der Weltwirtschaftskrise waren, so erscheinen sie uns heute doch verhältnismäßig gering gegenüber den weit schwerer wiegenden politischen Auswirkungen. Es gibt Historiker, welche die entscheidende Bedeutung der Krise für die Machtübernahme des Nationalsozialismus in Deutschland leugnen. Sicherlich bestand im Januar 1933 keine zwingende Notwendigkeit für den Reichspräsidenten von Hindenburg, Adolf Hitler zum Reichskanzler zu ernennen. Im vierten, am 20. Mai 1928 gewählten Reichstag hatten die Nationalsozialisten nur zwölf und die Kommunisten vierundfünfzig Abgeordnete. Am 17. Juni 1930 löste die Regierung Brüning den Reichstag vorzeitig auf, weil eine Finanzvorlage zur Deckung des wachsenden Haushaltsdefizits keine parlamentarische Mehrheit fand. Als dann der fünfte Reichstag am 15. September 1930 gewählt wurde, zogen hundertundsieben Nationalsozialisten an Stelle der bisherigen zwölf in den Reichstag ein. Gleichzeitig war die kommunistische Fraktion auf siebenundsiebzig Mitglieder angewachsen. Anderseits war aber auch eine Regierungsbildung mit gesicherter parlamentarischer Mehrheit aus den übrigen Fraktionen wegen der tiefgreifenden politischen Gegensätze nicht möglich. Als dann am 31. Juli 1932 der sechste Reichstag nach Brünings Entlassung und Ernennung Papens zum Reichskanzler gewählt wurde, erzielten von sechshundertacht Mandaten die Nationalsozialisten zweihundertdreißig und die Kommunisten neunundachtzig. Die beiden extremen Flügelparteien hatten nunmehr die Mehrheit erreicht und machten jede parlamentarische Arbeit unmöglich. Diese starke Zunahme der antidemokratischen radikalen Parteien war eine Konsequenz des wachsenden Massenelends, der Verzweiflung über die sachlich falsche Deflationspolitik Brünings und der Hoffnung auf eine Wandlung der wirtschaftlichen Not durch Übergang zu einer Links- oder Rechtsdiktatur. »Es muß alles anders werden!«

Der Nationalsozialismus ist nicht nur durch die Weltwirtschaftskrise zur Macht gekommen, aber er hat sich, wie Rudolf Stucken mit Recht sagt, behaupten können, weil ihm im Gegensatz zu den vorhergehenden Regierungen die Überwindung der Arbeitslosigkeit gelang: »Das mehrjährige Versagen der bürgerlichen Welt gegenüber den geld- und kreditpolitischen Problemen der Weltwirtschaftskrise hat die Machtergreifung durch die Nationalsozialisten erst ermöglicht; die Meisterung der geld- und kreditpolitischen Probleme in der Arbeitsbeschaffungsperiode hat das nationalsozialistische Regime in der Macht gefestigt;

nach Überwindung der Massenarbeitslosigkeit hatte es die Massen hinter sich – bis zum bitteren Ende.«

Die politischen Auswirkungen der Krise beschränkten sich keineswegs auf Deutschland. In fast allen südamerikanischen Staaten, deren Rohstoff-Absatz stockte, gab es schon 1930 Revolutionen und mehr oder minder diktatorische Regierungen. Die Schwäche Frankreichs und Englands gegenüber den wachsenden Ansprüchen des Nationalsozialismus ist mitbedingt durch die wirtschaftlichen Schwierigkeiten, unter denen beide Länder litten. Die französische Wirtschaft hatte sich in den ersten Jahren der Weltwirtschaftskrise auf Grund ihrer besonderen Struktur als verhältnismäßig krisenfest erwiesen. Da wurde Frankreich Ende 1933 nach dem Oustric-Skandal durch den Stawisky-Skandal erneut aufs schwerste wirtschaftlich und politisch erschüttert. Stawisky hatte betrügerische Finanzoperationen durchgeführt, in die auch Regierungskreise verwickelt waren. Anfang 1934 kam es in Paris zu schweren Unruhen und mehrfach zu Kabinett-Neubildungen.

Auch in England herrschte bis zum Ausbruch des zweiten Weltkrieges immer noch große Arbeitslosigkeit, wenn sich auch nach der Devalvation des Pfundes 1931 die krisenhaften Erscheinungen gemildert hatten. Die wirtschaftlichen Schwierigkeiten schränkten jedenfalls die außenpolitische Handlungsfreiheit Englands und Frankreichs erheblich ein, wenn sie auch allein keine ausreichende Erklärung oder Rechtfertigung für ihre Appeasement-Politik bieten.

In den Vereinigten Staaten schließlich gelang es den Demokraten, in der Präsidentenwahl 1932 zum erstenmal wieder seit der Präsidentschaft Woodrow Wilsons ihren Kandidaten Roosevelt durchzubringen. Die Weltwirtschaftskrise hatte die jahrelange Vorherrschaft der Republikaner beendet. Der Weg für das umfassende Krisenbekämpfungsprogramm Roosevelts war frei.

Die Überwindung der Weltwirtschaftskrise

Wenn der Arzt eine Krankheit heilen will, so versucht er zunächst, die Ursachen zu erkennen. Jede sinnvolle Heilung erfordert eine Bekämpfung dieser Ursachen mit den dafür geeigneten Mitteln. Ähnlich wie bei Krankheiten der Lebewesen verhält es sich auch bei Volkswirtschaften. Auch hier setzt die Überwindung der Depression die Beseitigung der Ursachen voraus, die nach vorhergehender Hochkonjunktur den Abschwung auslösten.

Der Ausbruch der Weltwirtschaftskrise 1929 ist durch eine ganze Reihe von Ursachen bedingt und durch fehlerhafte Maßnahmen zu ihrer Überwindung, wie insbesondere die Deflationspolitik, weiter verschärft worden. Nach der heute herrschenden Auffassung muß aber doch wohl als der entscheidende Grund des Zusammenbruchs der Volkswirtschaften das Zurückbleiben der Massenkaufkraft gegenüber den in den Jahren der Hochkonjunktur stark erweiterten Produktionsmöglichkeiten gelten. Die Krise wurde überwunden, als sich die deutsche und amerikanische Regierung dazu entschlossen, das Defizit an Nachfrage durch die Einleitung großer öffentlicher Arbeitsbeschaffungsmaßnahmen auszugleichen.

Autofabrikation auf dem Fließband bei Ford in Highland Park bei Detroit, um 1913

Energiegewinnung und landwirtschaftliche Erschließung des Tennessee-Tals durch das Stausystem der TVA
Der Wheeler-Damm, erbaut 1933–1936

Dazu kamen Stützungskäufe für bisher nicht absetzbare Rohstoffe zu angemessenen Preisen und weitere finanzielle Hilfemaßnahmen für gewerbliche und landwirtschaftliche Betriebe, die vom Zusammenbruch bedroht waren. Jeder Arbeitslose, der zunächst im Rahmen öffentlicher Arbeitsbeschaffungsmaßnahmen wieder beschäftigt wurde und ein gegenüber den bisherigen Unterstützungszahlungen erhöhtes Einkommen bezog, konnte seinen Konsum steigern. Damit wuchs die Güternachfrage nach Konsumartikeln, was wiederum zur Einstellung von Arbeitslosen führte. Es trat die sogenannte Multiplikatorwirkung ein.

Seit 1930 hatte sich in Deutschland die Überzeugung auch in Regierungskreisen durchgesetzt, daß zur Krisenüberwindung öffentliche Arbeitsbeschaffungsmaßnahmen durchgeführt werden müßten. Die praktische Durchführung scheiterte jedoch an den angeblich fehlenden Finanzierungsmöglichkeiten. Der Kapitalmarkt war unergiebig. Zu einer Geldschöpfung aber konnte man sich auf Grund der bereits an früherer Stelle geschilderten falschen Interpretation der Quantitätstheorie nicht entschließen.

Diese Widerstände wurden durch den Nationalsozialismus beseitigt, ohne daß freilich Klarheit über die geldtheoretischen Zusammenhänge bestand. Im Laufe der Jahre 1933 und 1934 wurden große öffentliche Arbeitsbeschaffungsprogramme in Angriff genommen, die unter Einbeziehung der von Post und Eisenbahn gesondert durchgeführten Maßnahmen etwa sechs Milliarden Reichsmark beanspruchten. Das Reichsbankdirektorium unter der erneuten Leitung von Hjalmar Schacht gab nunmehr endlich seinen früheren erbitterten Widerstand gegen jede zusätzliche Geldschöpfung auf und erklärte sich zur Refinanzierung der Programme bereit, obgleich Schacht selbst noch in einer 1932 erschienenen Schrift »Grundsätze deutscher Wirtschaftspolitik« alle Vorschläge zur Geldschöpfung zurückgewiesen hatte. Sehr rasch trat eine fühlbare Entlastung des Arbeitsmarktes ein. Während Ende Januar 1933 die Zahl der Vollarbeitslosen sechs Millionen überschritten hatte, wozu noch ein Millionenheer von Kurzarbeitern hinzukam, blieb die Arbeitslosenzahl seit März 1936 unter der Zwei-Millionen-Grenze. Seit dem Sommer 1937 war nach viereinhalbjährigen Bemühungen die Arbeitslosigkeit in Deutschland endgültig überwunden.

Nicht richtig ist die häufig geäußerte Ansicht, dieser Erfolg sei nur durch die Rüstungsmaßnahmen erreicht worden. Sicherlich haben sie seit 1935 wachsende Bedeutung gewonnen. Aber hinsichtlich der Beschäftigung ist es unwesentlich, ob Kasernen oder Häuser, Schulen und Verwaltungsgebäude gebaut werden oder die Textilindustrie zusätzliche Arbeitskräfte einstellt, um Kleidungsstücke für den zivilen Bedarf an Stelle von Uniformen herzustellen. Auch ohne Aufrüstung hätte die Arbeitslosigkeit behoben werden können.

Der wirtschaftliche Aufschwung Deutschlands vollzog sich ohne inflatorische Geldentwertung. Das war nicht die Folge des 1936 angeordneten Preisstops, sondern beruhte auf der Tatsache, daß bis 1938 eine gestiegene Güternachfrage durch wachsendes Güterangebot befriedigt werden konnte. Erst von 1938 an ergaben sich Spannungen, weil nunmehr zur Finanzierung der außenpolitischen Aktionen und zur Forcierung der Rüstung die Geldschöpfung noch weiter fortgesetzt wurde, obgleich wegen fehlender Steigerungsmöglichkeit der ausländischen Rohstoffeinfuhren und nach Erschöpfung des Arbeitspotentials das Güterangebot nicht mehr erhöht werden konnte.

Auch Roosevelt hat sofort nach Antritt seines Amtes im März 1933 ein umfassendes Krisenbekämpfungsprogramm mit großen öffentlichen Arbeitsbeschaffungsmaßnahmen durchgeführt. Noch niemals zuvor wurde ein amerikanischer Kongreß mit einer solchen Fülle einschneidender Gesetzesvorschläge befaßt wie der dreiundsiebzigste in seiner Sondersitzung der neunundneunzig Tage vom 9. März bis 16. Juni. Roosevelt hat für sein umfangreiches wirtschafts- und sozialpolitisches Programm, das er im wesentlichen während seiner ersten beiden Präsidentschaftsperioden von 1933 bis 1941 im Kampf mit einem häufig widerstrebenden Kongreß durchführte, die Bezeichnung »New Deal« gewählt, die am besten mit »Neue (Wirtschafts- und Sozial-) Ordnung« zu übersetzen ist. In ihm sind Maßnahmen zur Bekämpfung der akuten Wirtschaftskrise mit einer bis dahin in den Vereinigten Staaten nur unzulänglich entwickelten Sozialpolitik verbunden.

Eine nachhaltige Hilfe für die besonders stark betroffene Landwirtschaft war aus wirtschaftlichen wie politischen Gründen gleich wichtig. Zur Sicherung der Farmer gegen ein weiteres ruinöses Absinken der Preise ergingen 1933 der Agricultural Adjustment Act und der Agricultural Relief Act, wodurch die Notenbank zum Ankauf von drei Milliarden Dollar Staatspapieren ermächtigt wurde, mit deren Erlös die vom Zusammenbruch bedrohten landwirtschaftlichen Betriebe gestützt werden sollten. Zur Bekämpfung der Arbeitslosigkeit sah der National Industrial Recovery Act, kurz »Nira« genannt, öffentliche Arbeiten im Gegenwert von 3,3 Milliarden Dollar vor. Die Civil Works Administration sollte Arbeitslose durch Notstandsarbeiten von der Straße fort und wieder zu geregelter Beschäftigung bringen. Die Public Works Administration führte einen freiwilligen Arbeitsdienst durch. Im Rahmen dieser Arbeitsbeschaffungsmaßnahmen sind wirtschaftlich produktive und wertvolle Vorhaben durchgeführt worden. Vor allem gilt dies für die Erschließung des Tennesseetals durch Elektrifizierung, wobei die bisher ungenutzten Wasserkräfte auf Grund des 1933 verabschiedeten Tennessee Valley Act ausgenutzt wurden.

Imponierend ist der Einsatz von Mitteln: Die Bundesschuld stieg von neunzehneinhalb Milliarden Dollar Ende 1932 bis auf einundvierzig Milliarden 1937 an. Aber Ende 1936 wurden immer noch fast neun Millionen Vollarbeitslose gezählt. Die bereitgestellten Beträge waren angesichts der Riesenhaftigkeit des amerikanischen Produktionsapparates zu gering, auch waren die Sekundärwirkungen der Arbeitsbeschaffungsmaßnahmen wesentlich schwächer als etwa in Deutschland, weil wegen der Vorräte und der Leistungsfähigkeit des unausgenutzten Produktionsapparates die zusätzlich nachgefragten Güter lange Zeit ohne ausreichende Verstärkung der Belegschaften produziert werden konnten. In der zweiten Jahreshälfte 1937 kam es zu einem Rückschlag. Der Kongreß widersetzte sich aus verschiedenen wirtschaftlichen und allgemeinpolitischen Gründen der weiteren Fortsetzung der bisherigen Politik der ständigen Haushaltsfehlbeträge und Anleiheaufnahmen für die Bekämpfung der Arbeitslosigkeit. Sofort schnellte die Arbeitslosenzahl wieder in die Höhe. 1938 wurden im Jahresdurchschnitt wieder 10,390 Millionen Arbeitslose gezählt. Angesichts dieser ungünstigen Entwicklung mußte der Kongreß Roosevelts Drängen auf Bereitstellung weiterer Mittel nachgeben.

Mit dem Ausbruch des Krieges in Europa am 1. September 1939 nahmen die Rüstungsaufträge stark zu. Als dann nach dem Überfall der Japaner auf Pearl Harbour im Dezember 1941 die Vereinigten Staaten in den zweiten Weltkrieg eintraten, Millionen von Amerikanern zum Waffendienst einberufen wurden und gleichzeitig die Rüstungsproduktion stieg, sank die Arbeitslosigkeit bis 1944 rasch ab. Erst zu diesem Zeitpunkt, drei Jahre nach Kriegseintritt, haben die Vereinigten Staaten Vollbeschäftigung erreicht. Die Bundesschuld war von sechsundvierzig Milliarden Ende 1939 bis auf zweihundertzwei Milliarden Dollar Ende 1944 gestiegen.

Roosevelts Krisenbekämpfungsmaßnahmen haben weit über ihren ursprünglichen Zweck hinaus die amerikanische Volkswirtschaft umgestaltet. Durch den New Deal gewann die Bundesregierung einen weitgehenden Einfluß auf die amerikanische Volkswirtschaft, wie er bis dahin selbst im ersten Weltkrieg nicht anzutreffen war. Gerade diese starken Staatseingriffe bildeten einen ständigen Angriffspunkt der an den überkommenen liberalen Grundsätzen festhaltenden republikanischen Gegner.

Über die wirtschaftliche Entwicklung in Frankreich, die gegensätzlich zu der in den übrigen von der Krise betroffenen Volkswirtschaften verlief, haben wir bereits im Zusammenhang mit den politischen Auswirkungen der Weltwirtschaftskrise berichtet. Als Frankreich 1939 in den zweiten Weltkrieg eintrat, war seine Volkswirtschaft den neuen Anforderungen in keiner Weise gewachsen.

Durch die 1931 erfolgte Abwertung des englischen Pfundes war die internationale Wettbewerbsfähigkeit der englischen Waren auf den zerrütteten Weltmärkten erheblich gesteigert worden, zum Nachteil vor allem der deutschen und der amerikanischen Exporte. Hinsichtlich der für England so wesentlichen Einfuhren lagen die Verhältnisse in den auf die Pfundabwertung folgenden Jahren besonders günstig. Die Preise der Einfuhrgüter, insbesondere der aus Übersee bezogenen Lebensmittel und industriellen Rohstoffe, gingen zurück. Infolgedessen wirkte sich die Abwertung des englischen Pfundes nicht in einem entsprechenden Anstieg des englischen Preisniveaus aus. Anders als Deutschland und die Vereinigten Staaten, glaubte Großbritannien, auf eine planmäßige Politik der Krisenbekämpfung verzichten zu können. Die Arbeitslosigkeit ging allmählich zurück und war bei Kriegsausbruch 1939 auf 1,5 Millionen gesunken.

Im September 1939, fast zehn Jahre nach dem New Yorker Börsenkrach, hatten die meisten Volkswirtschaften zwar die Depression noch nicht völlig überwunden. Wie sich aus unseren vorgehenden Darlegungen ergibt, war der Erfolg der Krisenbekämpfungsmaßnahmen innerhalb der einzelnen Volkswirtschaften unterschiedlich. Daß es dem Nationalsozialismus gelungen war, unter einem System weitgehender Planwirtschaft die deutsche Volkswirtschaft wieder zu höchster Leistung zu bringen, trug wesentlich dazu bei, die Stellung des Regimes auch dem Ausland gegenüber zu festigen.

Aber auch wo die Krise nicht schon als überwunden angesehen werden konnte, hatten sich die Krisenerscheinungen doch stark gemildert. Die Arbeitslosenzahl hatte überall abgenommen, reflatorische Preiskorrekturen sicherten wieder die Existenz von Landwirtschaft und Gewerbe, es bildeten sich erneut anlagebereite Sparkapitalien. Die Gewinne und die Börsenkurse waren gestiegen, desgleichen die Steuereinnahmen der Staaten und Gemeinden, auch wenn die Länderhaushalte nach wie vor infolge der fortgesetzten Krisenbekämpfungsmaßnahmen defizitär waren.

Nicht gelungen war andererseits seit dem Scheitern der Londoner Weltwirtschaftskonferenz 1933 eine internationale Währungsstabilisierung. Der Kampf um die Beseitigung der Krisenauswirkungen innerhalb der nationalen Volkswirtschaften zwang im Gegenteil teils zu neuen Währungsabwertungen, teils zu immer strafferer Devisenbewirtschaftung. Erst nach dem zweiten Weltkrieg gelang es unter Führung der Vereinigten Staaten, die Verkrampfung des Welthandels, in die er als Folge der Weltwirtschaftskrise geraten war, allmählich zu lösen, die Kontingente abzubauen, die Zölle zu senken, den Zahlungsverkehr wieder von seinen Fesseln zu befreien und mit dem Übergang zur Währungskonvertibilität der meisten europäischen Staaten Ende 1958 neue Grundlagen für die weltwirtschaftliche Zusammenarbeit der aufeinander angewiesenen Volkswirtschaften zu schaffen.

Wenn wir heute rückschauend die lange Leidenszeit seit dem Ausbruch des ersten Weltkrieges überblicken, die nur durch eine kurze Pause in den zwanziger Jahren unterbrochen wurde, so ist die Feststellung deprimierend, daß Weltinflation und Weltwirtschaftskrise bei besserer Einsicht in die volkswirtschaftlichen Zusammenhänge hätten vermieden oder mindestens in ihren Auswirkungen und ihrer Dauer bei rechtzeitigem Einsatz wirkungsvoller Gegenmaßnahmen hätten eingeschränkt werden können. Seither hat die nationalökonomische Wissenschaft neue, entscheidende Erkenntnisse auf den Gebieten der Geld- und Konjunkturtheorie gewonnen. Wir verfügen heute über ein sicher funktionierendes Instrumentarium zur Krisenbekämpfung, so daß vielleicht die Hoffnung nicht unberechtigt ist, daß künftigen Generationen ähnliche unnötige Opfer erspart bleiben, wie sie der Menschheit in der ersten Hälfte des 20. Jahrhunderts auferlegt wurden.

Karl Dietrich Bracher

ZUSAMMENBRUCH DES VERSAILLER SYSTEMS UND ZWEITER WELTKRIEG

Zwei große Problemstellungen beherrschen die Entwicklung, die zwischen 1930 und 1945 zum Einbruch eines neuen Weltkonflikts von bislang ungekannten Dimensionen geführt hat. Sie stand im Zeichen einer letzten, sich selbst widerlegenden Übersteigerung europazentrischer Weltpolitik. Und sie hat mit dem Zerfall der kontinentalen Demokratien und dem Aufstieg der totalitären Herrschaftssysteme zugleich einem neuen Verhältnis von Innen- und Außenpolitik, von Ideologie und Realpolitik gewalttätigen Ausdruck verschafft. Der Versuch, diese Zusammenhänge in den knappen Rahmen eines Kapitels zu fassen, wird sich notwendig auf die großen Linien des Geschehens zu beschränken haben; er wird sich vor allem um die Verdeutlichung der entscheidenden Entwicklungsmomente, der Schwer- und Wendepunkte jenes Prozesses bemühen, der die gegenwärtige Konstellation der Weltpolitik heraufgeführt hat. Die Betrachtung geht aus von der Verschärfung der Revisionsbewegung gegen das System der Versailler Friedensordnung, die mit dem Einbruch der großen Krise von der innenpolitischen Umwälzung auf die außenpolitische Dynamik zurückwirkte und ihren geschichtlich bedeutsamsten Ausdruck in der Machtergreifung des Nationalsozialismus fand. Der neue Stil einer engen Verflechtung der Innen- und Außenpolitik, der sowohl die faschistische und nationalsozialistische Herrschaftspolitik wie die Wandlungen der sowjetrussischen Taktik trug und bestimmte, hat sich in der Vorbereitung und Entfesselung des europäischen Krieges zur Verwirklichung eines neuen Hegemonialsystems durchgesetzt. Schließlich hat die Ausweitung der national-imperialistischen Expansionspolitik der totalitären Regime Deutschlands, Italiens und Rußlands und des autoritären Japan zum zweiten Weltkrieg auch die amerikanischen und asiatischen Räume in die Bewegung hineingerissen, die – zum letztenmal – von dem alten Kontinent und von seinen gescheiterten Bemühungen um Bewältigung des Friedensproblems ausgegangen war.

Der Triumph des Nationalsozialismus

Der Versuch der Politiker und Staatsmänner, in den Pariser Friedensverträgen von 1919 und im Völkerbund die Ordnung zu sichern, die der Ausgang des ersten Weltkrieges fixiert hatte, war nach wenigen Jahren schon auf unüberwindliche Hindernisse gestoßen. Ein vorangehendes Kapitel hat die Gründe dargelegt, die auf seiten der besiegten wie auch der siegreichen Länder der Verwirklichung einer friedlichen Organisation der Weltpolitik entgegenstanden. Am Schicksal der Weimarer Republik, des ersten demokratischen Experiments der deutschen Geschichte, ist diese Problematik beispielhaft sichtbar geworden. Die neuere Forschung stimmt darin überein, daß der Einbruch der Weltwirtschaftskrise nur deshalb solche katastrophalen Auswirkungen hatte, weil die ökonomische Krise mit einer geistigen und politischen Krise zusammentraf, die man ihres umfassenden Charakters wegen geradezu als Strukturkrise der modernen Welt bezeichnet hat. Auf ihrem Rücken wurde der politische Radikalismus nun erneut emporgetragen. In der Tat hatte sich die demokratische Revisionsbewegung gegen Versailles nie vom Agitationsdruck der radikalen Rechten frei zu machen und auch für eine sachliche, konstruktive Verhandlungspolitik nicht die Unterstützung der breiten Öffentlichkeit zu sichern vermocht. Die Politik Stresemanns war von diesem Dilemma tragisch überschattet – eine Tatsache, die auch die Bemühungen dieses Staatsmannes in den Augen vieler zeitgenössischer wie späterer Kritiker ins Licht der Zweideutigkeit gerückt hat. Im Zusammentreffen der beiden großen Ereignisse von 1929, dem Tod Stresemanns und dem Beginn der Wirtschaftskrise, lag mehr als symbolische Bedeutung.

Wie schon der Sieg des Faschismus in einem vom Ergebnis des Krieges enttäuschten Italien, so ist auch der Aufstieg und der Triumph des Nationalsozialismus in Deutschland mit dem Verlauf der Revisionsbewegung aufs engste verknüpft. Nach dem Scheitern des Putschversuchs von 1923 hat die Ära der inneren Beruhigung und der äußeren Kooperation die politische, soziale und geistig-psychologische Anziehungskraft des Nationalsozialismus und seiner Bundesgenossen noch einmal spürbar gemindert. Aber die Beruhigungs- und Erholungszeichen dieser Jahre (1924 bis 1929) bedeuteten eine trügerische Überbrückung des Dilemmas, sie erweckten Illusionen, deren Zusammenbruch ein um so tieferes Vakuum hinterließ. So stehen die rasche Auflösung der Weimarer Republik und die nationalsozialistische Machtergreifung, der entscheidende Ereigniszusammenhang der folgenden Periode, im Zeichen der engen Verkettung innerer und äußerer Faktoren. Der inneren Zersetzung eines demokratischen »Systems«, das als Erbe des verlorenen Krieges ins Leben getreten war und von seinen konservativen und revolutionären Gegnern für das ganze Ausmaß der Zwangslage verantwortlich gemacht wurde, kam eine außenpolitische Entwicklung von verhängnisvoller Führungslosigkeit entgegen.

Eine bedeutende Rolle hat dabei die Tatsache gespielt, daß die letzten Regierungen der Weimarer Republik ihre Politik, betonter noch als die deutsche Staatsführung seit Bismarck, von der Überzeugung leiten ließen, eine Bereinigung des Revisionsproblems würde auch die inneren Schwierigkeiten lösen und dem Wettlauf der Staatsführung mit der Gesellschafts- und Staatskrise noch rechtzeitig ein gutes Ende setzen. Dies eben war aber auch die Quintessenz einer Propaganda, mit der die antidemokratischen Gruppen von Anbeginn die Massen zu gewinnen, die bedrückende Gegenwart zu erklären und eine bessere Zukunft zu verheißen gesucht hatten. Das Beharren auf dem Primat der Außenpolitik hat dazu beigetragen, daß Brünings Bemühungen um eine Eindämmung der Krise innenpolitisch scheiterten: »Hundert Meter vor dem Ziel«, so meinte er, sei er gestürzt worden – einem Ziel, das für ihn in der Außenpolitik (Gleichberechtigung, Abrüstung, Reparationslösung) lag. So gewiß Brünings Sturz wie auch das rasche Scheitern Papens und Schleichers ein Ergebnis der scheinbaren Ausweglosigkeit demokratischer Innenpolitik im Deutschland des Jahres 1932 war, so sichtbar hat doch in dieser Verkettung der Ursachen der enttäuschte Glaube an die rettende Wirkung außenpolitischer Erfolge seinen Platz.

Auch die Machtergreifung des Nationalsozialismus, beginnend mit Hitlers Berufung zum Reichskanzler am 30. Januar 1933, besiegelt mit der Alleinherrschaft der siegreichen Partei seit Juli 1933, vollendet mit der Selbstbestätigung Hitlers als Alleinherrscher nach Hindenburgs Tod im August 1934, ist durch diese doppelte Verursachung gekennzeichnet. Sie kam durch die dramatische Zuspitzung der innenpolitischen Entwicklung seit 1930 zustande. Aber ihre Stoßkraft bezog sie aus dem Revisionsanspruch nach außen, auf den die radikale Rechte ihre gesamte Auseinandersetzung mit der Weimarer Demokratie abgestellt hatte. Die republikanische Führung hat ihr dies um so leichter gemacht, als auch sie unter dem Eindruck der Krise auf die Lösung von außen wartete, bis sie schließlich zwischen dem politischen Radikalismus und der Unfähigkeit der internationalen Diplomatie, mit dem Dilemma der Nachkriegsordnung rechtzeitig fertig zu werden, zerrieben wurde.

Der triumphale Aufstieg des Nationalsozialismus vor dem Hintergrund des Revisionsproblems war freilich nur deshalb auch politisch möglich, weil die innere Zersetzung der Demokratie die verfassungspolitischen und moralischen Hindernisse beseitigte, die dem totalitären Reformprogramm der Hitlerpartei entgegenstanden. So vage dies Programm formuliert war, so deutlich war seine militante Stoßrichtung gegen Demokratie und internationale Verständigung gerichtet. Das Schlagwort vom »nationalen Sozialismus«, ursprünglich im Sinne einer demokratisch-sozialen Reform von dem sozial-liberalen Politiker Friedrich Naumann geprägt, wurde nun zum Instrument des Versuchs verkehrt, das Grundproblem des industriellen Staates, die Versöhnung der expandierenden Arbeitermassen mit dem modernen Nationalismus, im Sinne eines radikalen Sozialimperialismus zu lösen. An die Stelle der inneren Auseinandersetzung des »Klassenkampfes« sollte die totale Einigung der Nation und ihre expansive Dynamik nach außen treten: darin lag für Hitler die Lösung aller wirtschaftlichen und sozialen Probleme beschlossen, die das moderne Massenzeitalter mit so bestürzenden Konsequenzen aufgeworfen hatte. Militärisches Denken und Rassendoktrin waren die wichtigsten Mittel, durch die diese militante Einheit des Volkes mobilisiert und zusammengeschweißt werden sollte. Auf allen Gebieten des politischen, sozialen und geistigen Lebens war die Stoßkraft nach außen das Ziel, die Einförmigkeit nach innen die Voraussetzung jener »Wendung zum totalen Staat«, die auf dem Höhepunkt der Krise nun auch einflußreiche Zeitdiagnostiker, wie der Staatsrechtler Carl Schmitt, als Gebot der Stunde verkündeten.

Die Anziehungskraft solcher Gedanken wurde durch ihre Verwurzelung in älteren Vorstellungen von nationaler Einheit und Geltung gesteigert und legitimiert. Mit ihrem aggressiven Nationalismus knüpften die Nationalsozialisten an eine Tradition deutschen Sonderbewußtseins im Herzen Europas und an Ideen von einem großdeutschen Einheitsreich an, die nun im Kampf gegen das Versailler System ihr populäres Erstziel, in der Ausdehnung der Staatsgrenzen bis zu den Volkstumsgrenzen ihre weitere Stoßrichtung, in der Forderung eines imperial erweiterten Lebensraums für das rassisch überlegene Volk der Deutschen ihre zunächst vage formulierte Endgestalt erhielten. Die innere Einigung des Volkes, Voraussetzung solcher Zukunftsentwürfe, wurde unter die Forderung einer geschlossenen »Volksgemeinschaft« gestellt. Im Unterschied zu den pluralistischen Gemeinschaftsformen der »westlichen« Demokratie sollte sich darin der höhere Eigenwert deutschen Gemeinschafts- und Staatsbewußtseins manifestieren: ihre vom kriegerischen Gemeinschaftserleben abgeleiteten Höchstwerte Einigkeit, Treue, Dienst, Unterordnung unter gesetzte, nicht gewählte Rangordnung waren scharf den individualistisch-liberalen Freiheits- und Grundrechten, dem demokratischen Rechtsstaat entgegengesetzt. Über allem stand das Bekenntnis zum konsequenten Führerprinzip, das die Einschmelzung aller Volksteile in eine Volksgemeinschaft auf allen Lebensgebieten beschleunigen und verbürgen, schließlich die Stoßkraft der Nation nach außen erhöhen sollte. In einem Staat, dessen Schwäche seit dem Zusammenbruch der Monarchie nach dem starken Mann geradezu zu verlangen schien, fand der Führergedanke weiten Widerhall; er war von zahlreichen Kampfbünden, von Jugendbewegung und »nationaler« Publizistik längst populär gemacht, als die Zuspitzung der politischen und sozialen Gegensätze die weitverbreitete Sehnsucht nach Ordnung und Einheit zu einem pseudoreligiösen Glaubensbedürfnis verdichtete, das der Nationalsozialismus erfolgreich ins Bett seines Organisations- und Führerkultes zu lenken vermochte. Der Antisemitismus schließlich, das Kernstück der nationalsozialistischen Rassendoktrin, gegenüber allen früheren Erscheinungen judenfeindlicher Ideologie unendlich gesteigert zur biologischen Kriegserklärung an alle »Nichtarier«, erfüllte in diesem Weltanschauungssystem eine doppelte Aufgabe: er gab die ebenso einfache wie bequeme Antwort auf die Frage nach dem Schuldigen, nach der Ursache der deutschen Misere, und er erklärte damit eine greifbare Gruppe zum absoluten Feind und zum Objekt jener politischen Aggressivität, die eine Revolutionsbewegung zusammenbindet und vorwärts treibt: der Mythos vom Rassenfeind ist in seiner Funktion als Träger der totalitären Dynamik durchaus dem Mythos vom Klassenfeind vergleichbar.

Diese eklektische, auf irrationale Gefühls- und Ressentimentwirkung abgestellte »Weltanschauung«, die als Gegenwirkung gegen Liberalismus und Marxismus, gegen Individualismus und Demokratie zu einer terroristischen Machtphilosophie fortentwickelt wurde, übte eine große Anziehungskraft auf die verschiedensten Gruppen und Schichten der Bevölkerung aus. Sie entsprach weitverbreiteten Stimmungen und Gedankengängen auch vor- oder nicht-nationalsozialistischer Herkunft. Nietzsches mißdeutete Visionen vom »Herrenmenschen« und von der »blonden Bestie«, Oswald Spenglers Prophezeiung eines barbarischen Cäsarismus, Carl Schmitts Definition des Politischen als Freund-Feind-Verhältnis, die literarischen Verkündigungen eines kommenden »Dritten Reiches« (Moeller van den Bruck) wirkten auf das geistige Klima; weltgeschichtlich erweiterte Volkstums- und Rassenphilosophien (Houston Stewart Chamberlain), gipfelnd im Schlagwort von »Blut und

Boden«, lieferten die pseudowissenschaftliche Begründung eines imperialistischen Nationalismus; und die im »Mythus des 20. Jahrhunderts« (1930) von dem Baltendeutschen Alfred Rosenberg versuchte Synthese dieser Strömungen zu einer Philosophie des Nationalsozialismus hat, wie schon die Zukunftsentwürfe von Hitlers »Mein Kampf« (1925), die radikale Revisionsbewegung auch ideologisch und geschichtsphilosophisch zu untermauern gesucht. Höchstes Gesetz war das sozial-darwinistisch formulierte Recht des Stärkeren, höchster Wert die von der Lebensphilosophie entwickelte Verherrlichung der »Tat«, letztes Ziel die unbegrenzte Macht durch Unterdrückung nach innen und Expansion nach außen.

Der Durchbruch zur großen Sammelbewegung ist der Partei Hitlers bei den Reichstagswahlen vom September 1930 gelungen; die weitere Verschärfung der wirtschaftlichen Krise und die Hilflosigkeit der auch außenpolitisch nur wenig erfolgreichen Notverordnungs- und Präsidialregierungen hat der NSDAP dann im Sommer 1932 den Zulauf von mehr als einem Drittel (siebenunddreißig Prozent) der deutschen Wähler gebracht. Da auch die kommunistische Wählerschaft stetig, wenngleich in viel geringerem Maße angewachsen war, hatten die totalitären Parteien zu diesem Zeitpunkt tatsächlich die Mehrheit der deutschen Bevölkerung hinter sich. Dann freilich, als Hitler der Weg zur Kanzlerschaft verwehrt blieb, geriet die NSDAP in eine ernste Krise. Die Wahlen vom November 1932 fügten ihr einen ersten empfindlichen Rückschlag zu, interne Spannungen der allzu rasch und heterogen zusammengewürfelten Massenpartei führten zum Abfall des zweiten Mannes hinter Hitler, Gregor Strasser, und zur Drohung der Parteispaltung, die Wirtschaftskrise hatte ihren Höhepunkt überschritten, und das Ziel einer »legalen Machtergreifung«, einer Zerstörung der Demokratie auf demokratischem Wege, das nach dem Scheitern des Putsches von 1923 verfolgt worden war, schien nach verschiedenen vergeblichen Anläufen noch um die Jahreswende 1932/33 in kaum erreichbare Ferne gerückt.

Den Ausschlag für Hitlers Berufung zum Führer einer Koalitionsregierung der »nationalen Rechten«, die zunächst wie die vorangegangenen Kabinette als Präsidialregierung ins Leben trat, gab das Umschwenken des Reichspräsidenten. Der fünfundachtzigjährige Feldmarschall Paul von Hindenburg hatte, obgleich 1925 als Idol der antirepublikanischen Revisionsbewegung und Kandidat der Rechten ins Amt gelangt, bei seiner Wiederwahl im Frühjahr 1932 mit Hilfe der demokratischen Parteien Hitler klar hinter sich gelassen. Er war jedoch seit dem Sturz Brünings wieder, im Sinne seiner ursprünglichen Haltung und Neigung, unter den Einfluß einer republikfeindlichen Umgebung geraten. Als die autoritären Regierungsexperimente Papens und Schleichers die Krise nicht zu lösen vermochten, hat er dem Drängen des ehrgeizigen und selbstbewußten Papen schließlich nachgegeben und einem »Duumvirat« Hitler–Papen zugestimmt. Entgegen der deutschnationalen Illusion, die NSDAP durch Beteiligung an der politischen Verantwortung bändigen und sich dafür auf das Übergewicht nichtnationalsozialistischer Minister (acht von elf) und die einflußreiche Kontrollstellung Papens verlassen zu können, vermochte Hitler mit scheinlegalen Manipulationen rasch alle personalen und verfassungspolitischen Sicherungen zu überspielen. Er verstand es, Hindenburg, Reichswehr und Bürgertum mit dem Schlagwort von der »nationalen Erhebung« zu beschwichtigen und die nationalsozialistische Position so zu verstärken, daß die NSDAP, obwohl noch immer ohne Mehrheit in Parlament und

Wählerschaft, nach wenigen Wochen über die totale Macht verfügte und den Umbau der Demokratie zum diktatorischen Einparteienstaat Zug um Zug durchzusetzen vermochte.

Die Ursachen dieser innerdeutschen Entwicklung, die in rascher Folge auch entscheidende Bedeutung für den weiteren Verlauf der Weltpolitik gewinnen sollte, sind gewiß so leicht nicht auf einen Nenner zu bringen. Eine wesentliche Rolle spielte neben der Resignation der demokratischen Parteien und ihrer stetig schrumpfenden Anhängerschaft die Obstruktion der Kommunisten. Wohl hatten sie den »Nazis« erbitterte Straßenschlachten geliefert, doch gleichzeitig blieben sie in starrer Blindheit darauf eingeschworen, den »Sozialfaschismus« der Sozialdemokratie als Hauptfeind zu bekämpfen. Während ihre Strategie auf den Umsturz der Demokratie und die Errichtung einer proletarischen Diktatur gerichtet war, machte die kommunistische Führung in der Tagespolitik oft genug gemeinsame Sache mit der radikalen Rechten: so betrieb sie in einer Front mit Nationalsozialisten, Deutschnationalen und Stahlhelm zusammen den Sturz der sozialdemokratisch geführten preußischen Regierung (Volksbegehren 1931), mit den Nationalsozialisten selbst traf sie sich in der Obstruktion parlamentarischer Arbeit und in staatsgefährdender Streikdrohung (Berliner Verkehrsstreik November 1932). Wie die nationalsozialistische Führung die kommunistische Umsturzdrohung für die eigene Machtergreifungspropaganda ausnützte (etwa im Staatsstreichplan der Boxheimer Dokumente von 1931), so hat die kommunistische Doktrin ihrerseits die nationalsozialistische Machtergreifung als vorübergehendes Zwischenstadium für den unvermeidlichen kommunistischen Endsieg bagatellisiert und ihren Hauptstoß gegen die Demokratie gerichtet.

Wie immer man die Bedeutung der Weltwirtschaftskrise für jene »deutsche Katastrophe« (Friedrich Meinecke), die 1933, nicht erst 1939 begann, bemessen mag: der Ablauf der Ereignisse war nicht unvermeidlich. Die Strukturkrise der Weimarer Republik, gesteigert durch die Folgen eines verlorenen Weltkrieges und der folgenden Versäumnisse der europäischen Politik, ist erst durch eine sehr genau nachweisbare Folge von ehrgeizigen Intrigen, in deren Mittelpunkt Papen, die nationalistischen Kräfte der Harzburger Front und eine Kamarilla um den greisen Hindenburg stand, in die Alleinherrschaft Hitlers und seiner Partei eingemündet. Bis zuletzt bestanden Alternativen, und erst Hindenburgs fehlgeleiteter Entschluß zur Entlassung zunächst Brünings, dann auch des letzten Reichskanzlers Schleicher (28. Januar 1933) im Augenblick einer nationalsozialistischen Parteikrise und einer beginnenden Erholung der Weltwirtschaft hat über das Schicksal der Republik entschieden.

In vielen Punkten erinnerte die Errichtung der nationalsozialistischen Herrschaft an die Machtergreifung des italienischen Faschismus ein Jahrzehnt zuvor, die sich in ähnlich pseudolegalen Formen über ein Koalitionskabinett mit faschistischer Minderheit vollzogen hatte. Verschieden waren freilich Tempo und Ausmaß, in dem sich die innere »Gleichschaltung« vollzog (wie der nationalsozialistische Terminus mit bezeichnend mechanistischer Präzision lautete). Was der Faschismus in Jahren, ja überhaupt nur teilweise erreichte, hat die siegreiche NSDAP in wenigen Monaten durchgesetzt. Eine wesentliche Voraussetzung war, daß Hitler sich zunächst bewußt auf die revolutionäre Umwandlung der Innenpolitik, die vollständige innere Gleichschaltung konzentrierte und der Außenpolitik

Der Staatsakt in der Garnisonkirche in Potsdam zur Eröffnung des neuen Reichstags am 21. März 1933

SS-Formation während des Reichsparteitags der NSDAP in Nürnberg, 1937

des neuen »Dritten Reiches« in dieser Anfangsperiode die Aufgabe der Abschirmung und Sicherung der inneren Revolution zuwies. Diese Taktik entsprang einem machiavellistischen Instinkt für erfolgreiche Machtpolitik, für Rang und Verhältnis von Innen- und Außenpolitik bei der Eroberung des Staates. Sie wurde freilich wesentlich erleichtert durch das zwiespältige Verhalten der europäischen Mächte gegenüber dem nationalsozialistischen Deutschland, und sie hat von Anbeginn nie die strategischen Ziele einer über die radikale Revision der Versailler Ordnung weit hinaus gehenden Expansion des »Dritten Reiches« aus den Augen verloren.

Während Hitler in seinen offiziellen Äußerungen und Reden nach außen Verständigung und Frieden auf der Basis der deutschen Gleichberechtigung anbot, gleichzeitig freilich vertraulich – so schon am 3. Februar 1933 vor den Befehlshabern der Reichswehr – seine unveränderte imperialistische Herrschaftspolitik (mit der Stufenfolge innere Gleichschaltung – Aufrüstung – Eroberung des »Lebensraums«) ankündigte, verwandelte er mit seiner Führungsgruppe durch Maßnahmen der Täuschung, des Terrors, der Verfolgungs-, Verbots- und Gleichschaltungspolitik das vorgeschobene Programm der »nationalen Erhebung« rasch in den Prozeß einer einseitig nationalsozialistischen Machtergreifung. Eine Reihe von Notverordnungen ermöglichte zunächst die Reglementierung des öffentlichen Lebens und die Lähmung der legalen Opposition; der Reichstagsbrand gab den Vorwand zur Verhängung des permanenten Ausnahmezustandes (28. Februar 1933); die vom Propagandaterror überschatteten Märzwahlen 1933 wurden, obgleich auch sie noch keine nationalsozialistische Mehrheit erbrachten, zur Rechtfertigung des verfassungswidrigen Staatsstreichs in den Ländern mißbraucht; ein durch Drohung und Lüge erzwungenes Ermächtigungsgesetz (24. März 1933) besiegelte schließlich die Ausschaltung des widerspenstigen Reichstags und lieferte der Regierung die gesamte Gesetzgebungsmacht aus. Der Rückgriff auf Hindenburgs Notverordnungsrecht war damit ebenso überflüssig geworden wie der Einsatz einer dem Bürgertum suspekten Revolutionsgewalt; statt dessen beherrschte jenes paradoxe und doch so beruhigende Schlagwort von der »legalen Revolution« die Szene, mit dem Hitler die bürgerlich-konservative Mehrheit seines Kabinetts rasch überspielt hat. Der Zerschlagung aller eigenständigen Verbände, der Gewerkschaften und Parteien, der rigorosen »Säuberung« der Verwaltung, der organisatorischen und ideologischen Reglementierung aller Kulturbereiche im Sinne der nationalsozialistischen Staatspropaganda war freie Bahn geschaffen (April bis September 1933), und die volle Verfügung auch über die bewaffnete Macht hat ihren Ausdruck schließlich in der blutigen Beseitigung der rivalisierenden SA-Führung und in der Vereidigung der Reichswehr auf Hitler persönlich gefunden, mit der die Generalität sofort nach Hindenburgs Tod die Versprechungen Hitlers honorierte (August 1934).

Der totalitäre Führerstaat, der mit Hitlers Usurpation der Reichspräsidentenwürde sein letztes Siegel erhielt, hat sich freilich nicht allein auf Zwang und Terror gestützt. So wirkungsvoll wie die alle Bezirke des Lebens durchdringende »Erfassung« der Bevölkerung von der Kindheit bis in den Beruf durch riesige Unterorganisationen der Partei war zugleich der trügerisch-schöne Schein der raschen Erfolge, welche die Reorganisation der Innen- und Wirtschaftspolitik erzielte. In groß aufgemachten Vierjahresplänen die das sowjetische Vorbild nicht verleugneten, wurde die Millionen-Arbeitslosigkeit imponierend rücksichtslos liquidiert und die Wirtschaft aufs großzügigste angekurbelt. Daß die Entwürfe von der vielgeschmähten Republik stammten und die aufsteigende Wirtschaftskonjunktur Hitler entgegenkam, blieb ebenso verschwiegen wie die Tatsache, daß sogleich die Aufrüstung zum wichtigsten Auftraggeber wurde. Arbeitsdienstpflicht, bedenkenlose Kreditausweitung auch durch fiktive Maßnahmen wie Schachts berühmte Mefo-Wechsel, »Kraft durch Freude« für den kleinen Mann, erregende Massenkundgebungen und erhebend-betäubende Schaustellungen der Macht und der Einigkeit waren die Mittel einer klassischen Politik des *panem et circenses*, die ihre Wirkung auf eine von der Wirtschaftskrise getroffene Bevölkerung nicht verfehlt hat. Der zweifelhafte Wert einer rigorosen »Ordnung«, die den vielgeschmähten »Parteienhader« durch die Ruhe des Kasernenhofs und der Konzentrationslager, die »Führungslosigkeit« der Demokratie durch die Inflation des Führerprinzips auf allen Gebieten, die Arbeitskämpfe durch Zwangsverpflichtung und Zwangsarbeit ersetzt hat, ist ihr unter diesen Umständen lange nicht klargeworden. Erst Zug um Zug enthüllte sich die Tatsache, daß totalitäre Diktatur nie positive Ordnung im Sinne allgemeiner Sicherheit sein kann, weil sie wesensmäßig jede wirksame Kontrolle ausschließt und unter Ordnung nur die bedingungslose Durchsetzung des eigenen Willens versteht. Das gilt auch für Hitlers populären Kampf gegen den Bolschewismus. Nach dem destruktiven Zusammenwirken der beiden totalitären Bewegungen zum Sturz der Demokratie war der Kommunismus nun zwar radikal unterdrückt. Aber das widerfuhr auch allen anderen politischen Gruppen, so daß dieser »Antibolschewismus« in Wahrheit nur der Inbegriff des nationalsozialistischen Alleinherrschaftsanspruches war.

Freilich hat Hitler wie in der Außenpolitik auch im inneren Aufbau des »Dritten Reiches« zunächst noch eine taktische Zurückhaltung bewahrt. Vor allem Beamtenschaft, Spezialisten, Intelligenz, ohne deren Loyalität die scheinbar so erfolgreiche autoritäre Reformpolitik nicht möglich gewesen wäre, haben sich dadurch täuschen lassen. Gewiß waren auch hier die Eingriffe und der Druck stark; das Prinzip der permanenten Revolution hat selbst nach der offiziellen Erklärung der Beendigung der nationalsozialistischen Revolution nichts von seiner Schärfe verloren. Die NSDAP war durch schwerste Strafen vor jeder Kritik geschützt und zur »alleinigen Trägerin des politischen Willens des deutschen Volkes« erhoben. Aber entgegen dem Drängen der Perfektionisten des totalen Staates hat sich Hitler bewußt auf einen Dualismus von Partei und Staat gestützt, der bis zum Vordringen des SS-Staates mit Himmlers Machtzuwachs (1944) die Endziele der nationalsozialistischen Herrschaftspolitik verdeckte. Er hat die Illusionen jener »Fachleute« genährt und zur Kollaboration entbunden, die im Amt glaubten »Schlimmeres verhüten« zu können und ihr Prestige und Können einem Regime hingaben, das ihrer Mitarbeit so dringend bedurfte. Der Nationalsozialismus hat sich dadurch einer außerparteilichen Hilfe für die Aufgaben der Gleichschaltungs- und Aufrüstungspolitik versichert, durch die der überhebliche, sachlich unzulängliche Dilettantismus der Parteibeamten ausgeglichen werden konnte.

An die Stelle der Gewaltenteilung, die schon im Präsidialregime seit 1930 teilweise durchbrochen war, trat mithin ein Dualismus, über den Hitler als höchste, einzig verbindende und schlichtende Instanz waltete. Der »Doppelstaat« (Fraenkel) war eine wirksame Über-

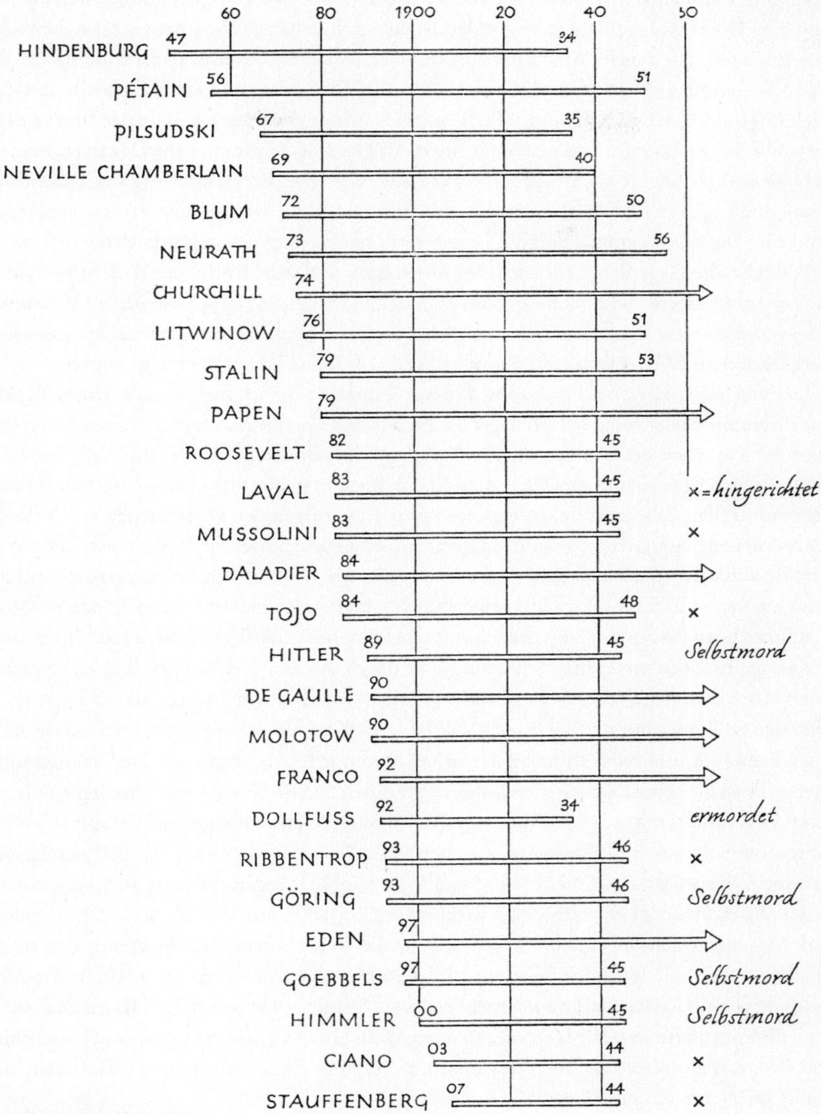

LEBENSDATEN:

Zusammenbruch des Versailler Systems und zweiter Weltkrieg

brückung der Probleme, denen sich totalitäre Herrschaftspolitik gegenübersieht: er war stets nur Durchgangsstation zum totalen Staat, und er hat doch – neben all seinen sachlichen Vorteilen – den Eindruck der Legalität aufrechterhalten und vorgetäuscht, daß sich das NS-Regime erst später zum Bösen entwickelt habe; er war Legalitätstaktik und Entwicklungstaktik, er ließ großzügige Lücken im Zwangssystem, nur um sie später um so sicherer schließen zu können. Die scheinbar überwältigende Zustimmung zum Hitlerregime, das sich wiederholt betont als »wahre« Demokratie, als letzte Verwirklichung des Volkswillens bezeichnete und in perfekten Einheitsplebisziten bestätigte, wurde auch dadurch gefördert. Und hier lag das Dilemma und die Tragik einer neuen Opposition gegen Hitler. Sie mußte sich, da die alte Gegenfront rücksichtslos zerbrochen und trotz stattlicher Untergrundaktivität nur ein Umsturz von »oben« und innen möglich schien, seit 1934 wesentlich auf dieselben Kreise des Bürgertums stützen, die zunächst an dem bezeichnenden »Einschnappen« des bürokratischen Mechanismus in die neue Situation (Max Weber) beteiligt waren.

Das war ein langer, verlustreicher Prozeß. Zunächst diente man dem »Dritten Reich« mit unverminderter, vielfach gesteigerter Zuverlässigkeit, schon um den Status quo gegenüber der Partei zu behaupten; man hielt sich an die »Narrenfreiheit«, die auch der totale Staat als Sicherheitsventil gewährt; man ließ sich, ob man zur technischen, wirtschaftlichen oder kulturellen Elite gehörte, wenigstens »unpolitisch« von den Fortschritten und Erfolgen beeindrucken: von Ordnung und Einigkeit der lange zersplitterten Nation, von einer Wirtschaftspolitik mit Riesenprojekten (Autobahnen), die doch in den Gesamtzusammenhang einer ausweglosen Rüstungspolitik gehörten, von all den Reformen, die doch ihre Richtung und ihren Sinn erst in der Verwirklichung eines Expansionskrieges fanden (so Hitler 1938: »Es wäre geradezu unverantwortlich und vor der deutschen Geschichte nicht zu vertreten, wenn ein Instrument, wie es die deutsche Wehrmacht ist, nicht benutzt würde«). Aber an irgendeiner Stelle mußten doch auch die Bedenken kommen: gegenüber der doktrinären Autarkiepolitik, die bald an einen kritischen Punkt gelangte und nach Hitlers ausgesprochener Einsicht (Hossbach-Besprechung 1937) einen frühen Krieg verlangte; gegen die unproduktive inflationistische Aufrüstung, die denselben Konsequenzen unterlag; gegen den erstickenden Druck auf alles geistige Leben und die wenigstens im Einzelfall des eigenen Bekanntenkreises spürbare Verfolgungspolitik; schließlich gegen die extremen Folgerungen nationalsozialistischer Herrschaftsverwirklichung, in Juden- und KZ-Politik, in Euthanasie- und Massenvernichtungspraxis. Folgerungen, die freilich bezeichnend genug nur in der geheimen Vertraulichkeit der Führungsclique vollzogen wurden, weil nach Hitlers Meinung das deutsche Volk selbst dafür noch nicht reif war. So blieben in jedem Fall Krieg und »Endsieg« die Voraussetzung. Die früh anlaufenden Maßnahmen waren hier rasch auf Hindernisse und Grenzen gestoßen, die auch das totalitäre Regime zunächst nur unter Einbußen zeitweilig überschreiten oder umgehen konnte.

Am nachhaltigsten hat sich das im Verhältnis zu den Kirchen offenbart. Dem Totalitätsanspruch des Nationalsozialismus entsprechend, haben anfängliche Illusionen einer Erneuerung der Nation aus christlich-konservativem Geist rasch einem Dauerkonflikt Platz gemacht. Hier ist Hitler auf den einzigen inneren Gegner gestoßen, der weder zerschlagen noch gleichgeschaltet werden konnte. Der Katholizismus hat nach vorübergehenden Ausgleichsversuchen, die im Abschluß eines Reichskonkordats gipfelten (Juli 1933), seit 1934 und mit den Höhepunkten der päpstlichen Enzyklika (März 1937) und der Kriegspredigten des Westfalen-Bischofs Graf Galen der nationalsozialistischen Ideologie und Herrschaftspraxis geschlossenen Widerstand entgegengesetzt. Der Protestantismus, in viele Landkreischen und theologische Richtungen zersplittert, war demgegenüber einem gefährlichen Spaltungsversuch durch die NS-kirchliche Bewegung der »Deutschen Christen« ausgesetzt, der jedoch den Widerstand der »Bekennenden Kirche« (Niemöller, Bonhoeffer) nicht zu brechen vermochte. Im Angriff auf Judentum und Altes Testament schieden sich die Geister; trotz starken Zerfalls- und Anpassungserscheinungen hat sich auch der Protestantismus in seiner Substanz zu behaupten vermocht. Dagegen ist der Versuch nationalsozialistischer Sektierer, dem Christentum eine deutsch-gottgläubige Nationalreligion entgegenzusetzen, in zersplitterten Ansätzen steckengeblieben. Noch bei Kriegsausbruch bekannten sich unvermindert über neunzig Prozent der Bevölkerung zu den Kirchen. Hitler hat die »Endlösung« dieses größten Problems nationalsozialistischer Innenpolitik bewußt auf die Nachkriegszeit verschoben.

Die politische Schlagkraft des Regimes haben freilich solche inneren Konflikte, die zudem bewußt ins Unpolitische, Technisch-Organisatorische oder auch Bloß-Weltanschauliche verwiesen wurden, nicht entscheidend beeinträchtigt; sie haben seine Kampfbereitschaft, vor allem mit der Ausbildung des terroristischen Geheimpolizei-Apparats (Gestapo, Sicherheits-Dienst), eher noch gesteigert. Zudem ist es Hitler gelungen, dem sozialimperialistischen Ansatz seiner Herrschaftspolitik rasch das Übergewicht über die inneren Probleme zu sichern. Denn die brutale Durchsetzung der nationalsozialistischen Herrschaft nach innen und ihr ungestörter Ausbau im Herzen des zivilisierten Europa, in das nun Monat für Monat Tausende politisch und rassisch Verfolgter unter der Drohung gegen Geist und Leben flohen, konnte sich vor allem anderen auf das weite Echo stützen, das die verschärfte Revisionspropaganda mit ihrer Berufung auf Deutschlands Gleichberechtigungsanspruch und auf das Scheitern der in Versailles entworfenen internationalen Ordnung auch in nichtnationalsozialistischen Bevölkerungskreisen fand.

Hitler und die europäische Politik

Die nationalsozialistische Außenpolitik beschritt mit Erfolg gleichzeitig zwei Wege, die je auf ihre Weise zur Abschirmung der Machtergreifung und zur Gewinnung einer Zustimmung der Bevölkerungsmehrheit führten: den Weg der Beschwichtigung, der scheinbaren Verhandlungsbereitschaft und des geschickten Werbens um internationale Anerkennung, und den Weg beständiger Drohung, überraschender Sonderaktionen und schließlich vollzogener Tatsachen. Im Zusammenspiel beider Methoden hat die Außenpolitik des »Dritten Reiches« eine gefährliche Anfangsperiode erfolgreich zu überstehen vermocht, um dann seit 1935, im Besitz einer gefestigten Machtposition nach innen und eines rasch vergrößerten militärischen und kriegswirtschaftlichen Potentials, die gewaltsame Wendung nach außen bündnis- und wehrpolitisch vorzubereiten.

Die neuere Forschung hat mit der kritischen Durchleuchtung dieses durch zuverlässige Zeugnisse bestätigten Zusammenhangs die in den Memoiren und Apologien Beteiligter noch immer verfochtene Behauptung, Hitler habe erst im Lauf der folgenden Jahre die ursprünglich positiven, berechtigten Ansätze zum Zerstörerischen hin entwickelt und bis 1938 eine durchaus vernünftige Politik betrieben, nachdrücklich widerlegt. Wie die Beurteilung der pseudolegalen Machtergreifung durch die scheinbar positiven Leistungen der Sozial- und Wirtschaftspolitik verzerrt wurde, so haben auch die Anknüpfung an den Kurs einer friedlichen Revision, die Zurückstellung der unveränderten Eroberungspläne und die laute Proklamierung eines Friedenskurses in Hitlers offiziellen Bekundungen von 1933 an die Beurteilung der nationalsozialistischen Außenpolitik erschwert und verwirrt. Vergessen war, wie der Autor von »Mein Kampf« seinen Frieden definiert hatte: »... begründet durch das siegreiche Schwert eines die Welt in den Dienst einer höheren Kultur nehmenden Herrenvolkes«. In Deutschland wie auch im Ausland hielt die Illusion an, Hitler werde in der Regierungsverantwortung vernünftig werden und nicht auf die ebenso dilettantischen wie maßlosen Entwürfe zurückfallen, die das nationalsozialistische Zukunftsprogramm enthielt. Die Politik der Beschwichtigung (appeasement), die das Verhalten der Westmächte bis an die Schwelle des neuen Krieges bestimmt hat, war in ähnlich verhängnisvollem Maße mit dem Glauben an die Möglichkeit einer friedlichen Eindämmung der Hitlerschen Dynamik verknüpft wie einst die Innenpolitik der Weimarer Republik.

Demgegenüber hat Hitler elastisch, aber zäh den Weg beschritten, der Stufe für Stufe zur unumschränkten Handlungsfreiheit, zur totalen Revision und schließlich zum hemmungslosen Griff nach der europäischen Hegemonie führte. Seine ersten Ziele, vor allem die Auflösung des kollektiven Völkerbundssystems durch Einzelpakte, die Isolierung Frankreichs durch eine Bündnisfront mit dem faschistischen Italien und möglichst auch mit dem »germanischen« England, zugleich eine erste großdeutsche Ausweitung der Herrschaft durch den Griff nach Österreich, zeichneten sich schon früh ab. Hitler hat auch hier keinen Zweifel daran gelassen, daß seine totalitäre Innenpolitik nach ihrer endgültigen Zweckbestimmung Funktion der neuen, expansionistischen Außenpolitik zu sein hatte, deren anfängliche Zurückhaltung sich als bloße Taktik erwies. In »Mein Kampf« wie in seiner berühmten Rede vor dem Düsseldorfer Industrieklub (Januar 1932), in Vorträgen vor Generalen, Parteifunktionären und Wirtschaftsführern vor und nach 1933 hat der »Führer« unmißverständlich betont, daß die nationalsozialistische Herrschaftspolitik dafür nur erst die Voraussetzung psychischer, organisatorischer und militärischer Bereitschaft schaffen werde. Schon unmittelbar nach der Machtergreifung begann diese neue Außenpolitik tief und bestimmend in alle Lebensbereiche einzugreifen; auf dem Weg zum totalen Krieg ist sie schließlich, zugleich als wichtigstes Mittel totaler, auf unbegrenzte Dynamik gegründeter Herrschaft, zum alleinigen Maßstab der Politik geworden.

In einer umfassenden Darstellung ist das Phänomen der totalitären Politik zwischen den Kriegen treffend auf den Begriff der »permanenten Revolution« (Sigmund Neumann) zurückgeführt worden. In der Tat waren sowohl die nationalsozialistische wie die faschistische und schließlich auch die sowjet-stalinistische Herrschaftspraxis darauf angewiesen, die Bevölkerung unter dem steten Druck großer Ereignisse und Erfolge zu halten, sie von dem

Zwang der inneren Unterwerfung abzulenken auf die Erwartung äußerer Expansion, und den Verlust der Freiheit durch ein ständig gesteigertes Revolutions- und Sendungsbewußtsein zu kompensieren. Das ist nicht ohne Krisen und Rückschläge vor sich gegangen. Hitler selbst hat schon im Februar 1933 bekannt, daß er sich des schwierigen Übergangs von der Revisionspolitik zum Lebensraumimperialismus, zur »Eroberung neuen Lebensraums im Osten und dessen rücksichtsloser Germanisierung« wohl bewußt sei: wenn Frankreich Staatsmänner habe, »wird es uns nicht Zeit lassen, sondern über uns herfallen (vermutlich mit Osttrabanten)«. Die nationalsozialistische Taktik hat es jedoch verstanden, diese gefährliche Zeit der Bereitstellung zu überbrücken und drohende Rückschläge aufzufangen.

Dies geschah durch die scheinbar bruchlose Anknüpfung an die Weimarer Revisionspolitik und durch die schonende Behandlung des Auswärtigen Amtes. An seiner Spitze blieb auf Hindenburgs ausdrücklichen Wunsch der Außenminister der Kabinette Papen und Schleicher, Freiherr von Neurath, und die diplomatischen Vertretungen im Ausland, die weitgehend unverändert gelassen wurden, hatten die ausdrückliche Aufgabe, beruhigend und beschwichtigend zu wirken. Zwar erwies sich bald, daß Neurath selbst Hitlers Planungen keinerlei Widerstand entgegensetzte, ja die Verschärfung des Revisionskurses seinerseits mit besonderer Energie betrieb und auch innerhalb der Regierung als williges Werkzeug der neuen Politik gelten konnte. Auch erwuchs dem Auswärtigen Amt in parteieigenen Organisationen wie den außenpolitischen Büros der ehrgeizigen Dilettanten Ribbentrop und Rosenberg, in der NS-Auslandsorganisation und im neuen Propagandaministerium unter dem virtuosen Presse- und Rundfunkpotentaten Goebbels rasch eine gefährliche Konkurrenz; mit der charakteristischen Taktik des »divide et impera« verstand es Hitler, wie in der Innenpolitik auch auf diesem Gebiet die beständigen Rivalitäten zwischen Partei- und Staatsorganisationen zur Stärkung der eigenen Omnipotenz gegeneinander auszuspielen. Das Auswärtige Amt sah sich in der Folge rasch, wie sich auch der langjährige Staatssekretär von Weizsäcker erinnert, in die Rolle eines »technischen Apparats« verdrängt, bis dann die dauernden Interventionen der Partei durch den offiziellen Einzug der NS-Diplomatie Ribbentropscher Prägung (1938) abgelöst und die selbstbewußten Illusionen vom konservativen Eigengewicht des Auswärtigen Amtes als eines Trägers außenpolitischer Tradition und Kontinuität endgültig beseitigt wurden. Aber die ersten Schritte nationalsozialistischer Politik waren doch wesentlich bestimmt durch den Eindruck, den diese Scheinkontinuität, Gegenstück zur Taktik der »legalen Machtergreifung«, auf die in- und ausländischen Kritiker des Regimes machte.

An drei Punkten hat sich das »Dritte Reich« in die europäische Politik eingeschaltet: in der Abrüstungs- und Völkerbundsfrage nahm es die Auseinandersetzung mit den Westmächten auf, in der Ostpolitik war es mit dem Problem des Verhältnisses zur Sowjetunion und Polen konfrontiert, und in der Behandlung der Österreichfrage standen zugleich die Beziehungen zum wesensverwandten faschistischen Italien zur Diskussion. In allen drei Fällen gelang es, über eine zunächst kritische Zuspitzung zur Abwendung der Isolierung und zur Durchbrechung der drohenden Gegenfront zu kommen. Freilich sollte nicht übersehen werden, daß ein wesentlicher Teil der neu aufgeworfenen Fragen schon in der

Weimarer Republik gelöst und eine Reihe weiterer Erfolge nur dank dem raschen Zurückweichen der Appeasement-Politik möglich war.

Während das Reparationsproblem schon mit der Lausanner Konferenz vom Juni 1932 praktisch gelöst war, hatte Hitler auch die Verhandlungen über Abrüstung und Gleichberechtigung bei durchaus günstigem Stand vom Kabinett Schleicher übernommen. Entgegen allen Befürchtungen, entgegen auch den früheren Forderungen Hitlers nach Beseitigung des Versailler »Schanddiktats« und deutscher Wiederaufrüstung setzte die deutsche Abrüstungsdelegation in Genf ihre Verhandlungen zunächst ohne wesentliche Änderung fort. Gelegentliche Störungen von seiten der Partei wurden mit Hitlers Billigung unterbunden; dem nichtnationalsozialistischen Delegationsleiter (Nadolny) versicherte er, »zunächst müßte er ganz Deutschland nationalsozialistisch machen, und das würde etwa vier Jahre dauern. Erst dann könne er sich um die Außenpolitik kümmern«. Zwar hat das Beispiel Japans die deutsche Politik ermutigt, ihrerseits den Bruch mit dem Völkerbund anzudrohen. Doch unterstrich Hitler in seinen programmatischen Reichstagsreden vom 23. März und 17. Mai 1933 seine Verhandlungsbereitschaft nach allen Seiten. So ließen auch die ersten Erfolge internationaler Anerkennung nicht auf sich warten: am 15. Juli wurde auf Initiative Mussolinis in Rom ein Viermächtepakt mit Italien, England und Frankreich unterzeichnet. Obwohl er nie ratifiziert und wirksam geworden ist, bedeutete er doch eine stillschweigende gleichberechtigte Aufnahme (des nationalsozialistischen) Deutschlands in ein Direktorium der europäischen Großmächte. Diese Umgehung des kollektiven Völkerbundsprinzips zugunsten der alten Machtpolitik schien die Notwendigkeit einer weiteren Revision des Versailler Systems zu bestätigen. Fünf Tage später wurde im Vatikan ein Reichskonkordat unterzeichnet, das der katholischen Kirche in Deutschland gegen die Preisgabe des politischen Katholizismus den kirchlich-kulturellen Besitzstand garantierte, nach seiner politischen Wirkung jedoch einer Anerkennung des Regimes durch einen mächtigen Gegner gleichkam.

In diesem Augenblick freilich gerieten die Abrüstungsverhandlungen, um die sich der englische Außenminister (Arthur Henderson) energisch auch bei Hitler selbst bemühte, in eine neue Krise. Die französische Haltung versteifte sich im Hinblick auf die geheime Aufrüstung, die in Deutschland in Gang gekommen war, und die kritische Behandlung der nationalsozialistischen Emigranten- und Judenpolitik im Völkerbund ließen in Hitler rasch den Entschluß reifen, schon jetzt Deutschlands Austritt aus der Abrüstungskonferenz und dem Völkerbund selbst zu vollziehen (14. Oktober). Es bezeichnet den neuen Stil einer engen Verzahnung von Außen- und Innenpolitik, daß Hitler diesen ersten außenpolitischen Kraftakt des »Dritten Reiches«, der vor dem Hintergrund einer fünfzehnjährigen völkerbundsfeindlichen Revisionspropaganda auf weite Popularität in Deutschland rechnen konnte, mit gewaltiger Propagandaentfaltung zum ersten »Einheits-Plebiszit« des Regimes benutzt hat (Reichstagswahl, 12. November 1933).

Der Bruch mit dem Völkerbund war ein folgenschweres Ereignis. Mit diesem Akt der Selbstisolierung endete die Periode der scheinbar konsequenten Fortsetzung Weimarer Außenpolitik Stresemannscher Prägung. Nun begann, nachdem die innere Gleichschaltung gesichert war, Hitlers eigene Außenpolitik, und es bestätigt nur diesen Zusammenhang von

Machtergreifung und neuem Kurs, daß Hitler bei diesem ersten Coup nicht nur das Kabinett, sondern mit Neurath auch die Führung des Auswärtigen Amtes hinter sich hatte. Es war zugleich ein deutliches Warnsignal für die westliche Politik, die mit dem Völkerbund geradezu in die Rolle einer feindlichen Koalition gedrängt wurde. Der Gedanke der Abrüstung war tot, die Epoche der Aufrüstung begann nun auch sichtbar, nachdem sie die nationalsozialistische Politik im Kern von Anfang an bestimmt hatte.

Aber weder jetzt noch bei den folgenden Coups der vollzogenen Tatsachen kamen London und Paris zu einer einheitlichen Reaktion; vollends vereitelte Italiens schwankende Haltung die Ansätze einer geschlossenen Gegenfront. Ja, es gab ansehnliche, wenn auch politisch nicht maßgebliche Überlegungen in England, man solle nicht nur Japan Freiheit gegen Rußland, sondern auch Deutschland Raum für Aufrüstung geben und durch ein die deutsche Westgrenze abriegelndes Bündnis mit Frankreich die deutsche Dynamik entsprechend der nationalsozialistischen Programmatik nach Osten ablenken. Die sowjetische Interpretation der westlichen Außenpolitik hat solche niemals konkretisierten Gedankengänge, die der wirkungsvollen Propagandathese vom deutschen »Bollwerk gegen den Kommunismus« entgegenkamen, dann über alle Maßen aufgebauscht und zuletzt zur Rechtfertigung des Stalin-Hitler-Paktes von 1939 benutzt. Aber jedenfalls war der Widerstand gegen eine Politik, die nun Zug um Zug den friedlichen Revisionskurs durch die Taktik der Drohung und Überrumpelung ersetzte, unerwartet gering, und Kritiker im In- und Ausland haben mit einigem Recht auf die Bedeutung der Tatsache hingewiesen, daß Hitler in kurzer Frist konzediert wurde, was den redlichen Bemühungen der Weimarer Demokratie allzulange versagt worden war.

Es macht die tiefe Tragik der folgenden gutgemeinten Appeasement-Politik aus, daß ihr Bestreben, den Frieden zu erhalten und die nationalsozialistischen Ansprüche durch rechtzeitige Konzession der unvermeidlich gewordenen Revisionsforderungen einzudämmen, nur Hitlers Selbstbewußtsein und die nationalsozialistische Propaganda animierte; anderseits nahm sie, wenn ihr Zurückweichen vor der nationalsozialistischen Dynamik Hitlers Risikopolitik wieder und wieder zu bestätigen schien, den Kritikern und Mahnern auch im deutschen Lager immer mehr den Wind aus den Segeln. Hinzu kam, daß seit dem Bruch mit dem Völkerbund, der die Ära der fortdauernden Konferenzen und ständigen Fühlungnahmen beendete, der Einfluß der sachkundigen Berufsdiplomatie ständig sank gegenüber der sprunghaften, eigenmächtigen Instinktpolitik des »Führers«, der sich nun anschickte, nach einer kurzen Periode der Tarnung auf dem Rücken der endgültigen Revision des Versailler Systems seine ursprünglichen Herrschaftsziele anzusteuern.

In der Neuorientierung der deutschen Ostpolitik war diese Entwicklung schon früh vorbereitet worden. Die Weimarer Taktik war durch die in den Verträgen von Rapallo und Berlin vollzogene Normalisierung des deutsch-sowjetischen Verhältnisses bestimmt gewesen, die als Gegengewicht gegen den Druck der Westmächte, aber mehr noch im Hinblick auf die Furcht vor Polen und das schwelende Problem des »polnischen Korridors« vollzogen worden war. Zwar war der Gedanke einer deutsch-russischen Zerschlagung Polens in Erinnerung an die wiederholten Teilungen dieses Landes auf einige militärische Köpfe und eine extreme Richtung der Geopolitik beschränkt geblieben; erst der Kriegsausbruch hat ihm plötzliche Realität verliehen. Aber schon Brünings und Schleichers Politik war von der Furcht vor einer polnischen Intervention und einer französisch-polnischen Zweifrontenbedrohung des abgerüsteten Deutschland überschattet gewesen. Auch Hitler ist von dieser Linie zunächst nicht abgewichen und hat, obwohl die Zusammenarbeit zwischen Reichswehr und Roter Armee allmählich abgebaut wurde, die Beziehungen zur Sowjetunion bewußt geschont und ausdrücklich von seiner antikommunistischen Propaganda ausgenommen. Moskau seinerseits legte großen Wert auf die Beibehaltung insbesondere der umfangreichen wirtschaftlichen Verbindungen und verzichtete deshalb auch auf wirksame Hilfeleistung für den zertrümmerten deutschen Kommunismus und auf eine Kritik am nationalsozialistischen Regime. Rascher und reibungsloser als in der Weimarer Zeit wurde Anfang Mai 1933 der schon 1931 abgelaufene Berliner Vertrag verlängert: daß dieser erste internationale Vertrags- und Anerkennungsakt des »Dritten Reiches« ausgerechnet zwischen Berlin und Moskau zustande kam, zeigte so deutlich wie dann der Stalin-Hitler-Pakt von 1939, was von der Bollwerkthese zu halten war und wie wenig äußerste ideologische Gegensätze die interessenpolitische Taktik totalitär gesteuerter Staaten beeinträchtigen.

Aber auch hier währte die taktische Anknüpfung an die Weimarer Politik nicht lange. Mit der radikalen Änderung des deutsch-polnischen Verhältnisses vollzog Hitler einen weiteren Bruch mit der bisherigen Revisionspolitik. Noch im März 1933 waren neue Anzeichen polnischer Interventionspläne greifbar geworden, während das Auswärtige Amt noch ganz auf der Linie der vollen Ostrevision beharrte. Aber schon wenige Wochen später begann sich die Situation zu ändern. Das autoritär regierte Polen Pilsudskis wandte sich von der wenig erfolgreichen Völkerbunds- und Frankreichorientierung ab und setzte auf die antisowjetische Grundkonzeption des Nationalsozialismus und die großenteils österreichisch-süddeutsche, nichtpreußische Prägung seiner Führung. Die polnische Furcht vor einer Isolierung durch den Viermächtepakt beschleunigte die Wendung, mit der nun Hitler in einer Schnelldiplomatie eigenen Stils erneut den Traditionskurs des Auswärtigen Amtes überspielte. Den Danziger Parteigenossen, die inzwischen ebenfalls an die Macht gelangt waren, wurde Mäßigung befohlen, Deutschlands Bruch mit dem Völkerbund beschleunigte die Verhandlungen, und nach einiger Vorbereitung durch die gelenkte Publizistik beider Seiten kam am 26. Januar 1934 ein deutsch-polnischer Nichtangriffspakt zustande. Das Abkommen war, woran sich Hitler freilich so wenig gehalten hat wie an seine übrigen Verträge, erst nach zehn Jahren kündbar; es verpflichtete beide Staaten zum vollen Gewaltverzicht und zur unmittelbaren Verständigung über alle sie betreffenden Fragen.

Mit diesem zweiten Akt abrupter Umorientierung der deutschen Politik leitete Hitler die Periode jener bilateralen Bündnisstrategie ein, die in wenigen Jahren das kollektive Sicherheitssystem des Völkerbunds zu zerstören und die Gegner des »Dritten Reichs« zu isolieren bestimmt war. Die radikale Schwenkung wurde freilich, sosehr sie die Manövrierfähigkeit eines totalitären Regimes und seine Kontrolle über eine bislang antipolnisch orientierte öffentliche Meinung erwies, in diplomatischen wie in militärischen und preußisch-revisionistischen Kreisen mit begründetem Mißtrauen hingenommen. Und sie hatte vor allem, mochte man sie in Deutschland als Schlag gegen die alliierte Ostpolitik feiern, eine schwerwiegende Neuorientierung der Sowjetunion zur Folge. Moskau beschleunigte die Hinwendung zu Frankreich, die sich mit der Ratifizierung eines Nichtangriffs- und Freundschaftspaktes (Mai 1933) angebahnt hatte. Der bislang gedrosselte deutsch-sowjetische Propagandakrieg wurde entgegen den Vorstellungen des Botschafters in Moskau (Nadolny) rasch von beiden Seiten gesteigert, und mit den Bemühungen des sowjetischen Außenministers Litwinow um eine Kollektivfront gegen den Nationalsozialismus zeichnete sich eine bedrohliche Isolierung Deutschlands ab. Zwar blieb in einflußreichen sowjetischen Kreisen eine Erinnerung an den Rapallokurs wach, die dann auch die plötzliche Wiederannäherung von 1939 begünstigt haben mag. Aber trotz dem Geschick des Nadolny-Nachfolgers Graf von der Schulenburg, eines Diplomaten alter Schule, kühlten nun die Beziehungen ab. Nach dem Besuch des französischen Ministerpräsidenten Herriot in Moskau (September 1933) machte die französisch-sowjetische Annäherung im Blick auf Deutschland weitere Fortschritte, wenig später vollzog Roosevelt die lange verzögerte Anerkennung der Sowjetunion durch die USA, und nach ebenso langer Weigerung der Westmächte erfolgte Ende 1934 schließlich auch die Aufnahme Rußlands an Stelle Deutschlands in den Völkerbund.

An einer zweiten Stelle führte die nationalsozialistische Politik des neuen Kurses zu einer nicht minder krisenhaften Zuspitzung der Lage des »Dritten Reiches«. Das Verhältnis zu Österreich zeigte deutlicher als alle anderen Unternehmungen der neuen Machthaber das rasche Vordringen ideologischer Gesichtspunkte und die enge Verflechtung innen- und außenpolitischer Antriebe, zugleich das Maß, in dem Hitler nach anfänglicher Zurückhaltung zur selbstherrlichen Manipulation des außenpolitischen Apparats fortschritt. Es gehörte zu Hitlers, des ausgebürgerten Österreichers, Lieblingsideen, der Machtergreifung in Deutschland unmittelbar eine nationalsozialistische Revolution in Österreich folgen zu lassen. Wie im Falle der Revisionspolitik, mit der das »Anschluß«-Problem seit der Verweigerung des deutsch-österreichischen Zusammenschlusses in den Pariser Verträgen eng verknüpft war, konnte er auch hier auf starke allgemeine Stimmungen in allen Schichten der Bevölkerung zurückgreifen: der »gesamtdeutsche« Gedanke war keine nationalsozialistische Erfindung, sondern eine geistig-politische Kraft, die seit dem Ende des alten Reiches lebendig geblieben war und durch den Zusammenbruch der beiden Kaiserreiche 1918 neuen Auftrieb empfangen hatte.

Die nationalsozialistische Initiative gab der Idee vom Reich aller Deutschen freilich sogleich ihren eigenen Gehalt: nicht im föderalistischen Sinne der Liberalen von 1848 oder der Demokraten und Sozialdemokraten von 1918, auch nicht über eine friedliche staatsrechtliche und rechtsstaatliche Revision, sondern auf dem Wege einer rasch erzwungenen Einverleibung in den gleichgeschalteten Einheitsstaat erstrebte Hitler den Anschluß Österreichs. Durch eine massive Unterstützung der österreichischen Nationalsozialisten, die freilich nie die Stärke des deutschen Vorbilds erreichten, griff die deutsche Politik seit dem Frühjahr 1933 unmittelbar in die österreichische Innenpolitik ein. Zugleich setzte sie Wien auch wirtschaftspolitisch unter schärfsten Druck, indem sie auf entsprechende Abwehrmaßnahmen mit einer Grenzsperre und einem Touristenboykott antwortete, die das Land schwer getroffen haben.

Auch diese Entwicklung hat freilich zugleich die deutsche Isolierung verschärft; sie hat entschiedene Reaktionen nicht nur Frankreichs, sondern nun auch Italiens hervorgerufen.

Das autoritäre Regime von Engelbert Dollfuß lehnte sich angesichts der deutschen Drohungs- und Erpressungspolitik enger an Mussolini an und machte mit der Unterdrückung der österreichischen Nationalsozialisten zugleich gegen die Gleichschaltungsansprüche des österreichischen Renegaten Hitler Front. Der Gedanke einer ständestaatlich-diktatorischen Alternative nach italienischem Vorbild und mit italienischer Unterstützung reifte zur raschen Verwirklichung: daran entschied sich auch die gewaltsame Ausschaltung der österreichischen Sozialdemokraten (Februar 1934). Nach neuen deutsch-österreichischen Konflikten bekräftigten Vereinbarungen Wiens mit Italien und Ungarn sowie eine feierliche Deklaration Englands, Frankreichs und Italiens (17. Februar 1934) die Unabhängigkeit und Integrität Österreichs.

Die Nationalsozialisten, in die Enge gedrängt, antworteten mit der Vorbereitung des Putsches. Ohne Zweifel stand die Ermordung Dollfuß' durch österreichische Nationalsozialisten am 25. Juli 1934, nur kurz nach der blutigen Konsolidierung des NS-Regimes in Deutschland, in engem Zusammenhang mit Hitlers Vorstellungen, auch wenn deutscherseits jede Beteiligung geleugnet wurde. Daß sich die deutsche Führung noch aus der mißglückten Affäre zurückziehen konnte, verdankte sie nicht zuletzt den willigen Vermittlerdiensten, die wiederum Papen, ungeachtet der Ermordung seiner nächsten Freunde und des Verlusts seiner Vizekanzlerschaft, als »Sonderbotschafter« des »Führers« in Wien zu leisten bereit war. Auch diese Vorgänge manifestierten den Schwund der Kompetenzen des Auswärtigen Amtes, während die Eigeninitiativen Hitlers, Ribbentrops und die Aktivität der NS-Auslandsorganisation mit der wachsenden Infiltration und Bespitzelung die deutschen Botschaften insgesamt in ihrem Wirkungskreis einengten und lähmten.

Immerhin war die nationalsozialistische Politik durch diesen Rückschlag auf dem Feld ihrer vordringlichsten Interessen noch spürbarer in die Isolierung geraten. Denn neben dem Anschlußplan schien nun auch die Idee eines engen Bündnisses mit dem italienischen Faschismus in weite Ferne gerückt. Hitlers Österreichpolitik hatte die anfangs guten Beziehungen zu Italien, die schon aus der Weimarer Republik überkommen und nicht nur durch Hitlers Mussolini-Bewunderung, sondern auch in Italiens Interesse an einer Ablenkung der französischen Mittelmeer- und Balkanpolitik durch die Erstarkung Deutschlands begründet waren, rasch getrübt. Daran änderten weder die freundschaftlich getönten Rombesuche Görings und Papens noch das pompöse, jedoch sachlich enttäuschend kühle Treffen Hitlers mit Mussolini in Venedig (Juni 1934) etwas. Im Gegenteil! Mit der Einbeziehung Ungarns in die enge italienisch-österreichische Zusammenarbeit (Römische Protokolle März 1934) sah sich Hitler einer neuen Koalition gegenüber, die nicht nur der Anschlußpropaganda einen Damm entgegensetzte, sondern zugleich die deutsche Isolierung auch nach Süden und Südosten zu vollenden schien. Der kritische Punkt war erreicht, als am Tag des nationalsozialistischen Putschversuches in Wien italienische Truppen mit voller Billigung Frankreichs und Jugoslawiens am Brenner und vor Kärnten aufmarschierten. Alle Einlenkungsversuche Hitlers hinderten nicht, daß die so hoffnungsvoll betriebenen Bemühungen um eine Gemeinschaftsfront von Faschismus und Nationalsozialismus abgebrochen waren und der Ring um das »Dritte Reich« sich zu schließen schien, als sich im Januar 1935 auch Frankreich und Italien zu einem Abkommen zusammenfanden.

So stellte sich für den zeitgenössischen Beobachter die internationale Politik und der Stand der Revisionsfrage zu Beginn des Jahres 1935 als durchaus offen, die Zukunft des »Dritten Reiches« keineswegs gesichert dar. Auch nationalsozialistische Darstellungen räumten damals ein, daß die deutsche Politik in eine »isolierte Lage« geraten war. Selbst bei der Rückgliederung des Saargebietes, die wie die Räumung des besetzten Rheinlandes (1930) schon durch die Weimarer Außenpolitik gesichert war und als reife Frucht in den Schoß der NS-Propaganda fiel, waren zuletzt noch Komplikationen aufgetreten. Der Widerstandswille der deutschen Emigration im Saarland wirkte auf das Wiederaufleben einer längst abgeschlossenen Diskussion hin; der anschlußwilligen »Deutschen Front« stellte sich eine »Freiheitsfront« entgegen, die für eine Fortdauer der Völkerbundskontrolle eintrat. Wenn solche Komplikationen auch in dem irregeführten Jubel des Abstimmungssieges untergingen (13. Januar 1935), dessen plebiszitärer Charakter erneut die Rolle der Massensuggestion bei der Durchsetzung der nationalsozialistischen Politik auch nach außen demonstrierte, so haben sie doch dem Ereignis der Rückgliederung seine ursprüngliche Bedeutung für eine Besserung der deutsch-französischen Beziehungen genommen und eher auf eine Verschärfung des internationalen Klimas hingewirkt.

Selbst die Normalisierung des deutsch-polnischen Verhältnisses, einziger Erfolg der nationalsozialistischen Politik in dieser Periode, trug unter diesen Umständen ein zwiespältiges Gesicht. Neben der sowjetischen Neuorientierung bedingte dies Sonderunternehmen zugleich einen verlustreichen Bruch mit der vorhitlerschen Revisions- und Minderheitenpolitik, an ihre Stelle trat jene bedenkenlose Gleichschaltung und Instrumentalisierung der deutschen Volksgruppen im Ausland, wie sie in der ferngelenkten Schwenkung des nationalsozialistischen Regierungskurses in Danzig erstmals demonstriert wurde. Der unehrliche Charakter jener Überbrückungstaktik, die das weitere Verhältnis zu Polen bestimmte, geht aus der Lenkung der nationalsozialistischen Propaganda, mehr noch aus den inneren Zeugnissen des Regimes klar hervor. Zwar hat Hitler damit zugleich einen Ansatzpunkt zur Sprengung der bisherigen Mächtekonstellation gewonnen; er mochte überdies hoffen, seinen alten Plan einer Expansion in die Ukraine nun gemeinsam mit Polen vorbereiten zu können. Aber gemessen sowohl an den überkommenen Möglichkeiten wie an den Axiomen der nationalsozialistischen Doktrin, schien die neue Politik des »Dritten Reiches« in eine Sackgasse geraten, bevor im Verlauf des Jahres 1935 eine Reihe unerwarteter Ereignisse jene Umgruppierung der politischen Szenerie Europas einleitete, die Hitler den Durchbruch durch die Isolierung und den Sturz der Versailler Ordnung ermöglichte.

Den Anstoß zu dieser folgenschweren Wendung gab die englische Politik. Sie hatte schon in den Verhandlungen über die Rüstungsfrage ihren Willen zur Anpassung und zum Einlenken gezeigt. Mit dieser Neigung, die auch Deutschlands Bruch mit dem Völkerbund überdauerte, hat sie auch die französische Politik Barthous und Lavals immer wieder zu beeindrucken vermocht. Zugleich verstärkte sich die englische Tendenz, sich aus der kontinental-europäischen Problematik zurückzuziehen und statt dessen die eigene Position abzuschirmen. Nicht nur das nationalsozialistische Regime, sondern auch das Fortschreiten der deutschen Aufrüstung und die offene Verletzung der Versailler Militärbestimmungen wurden als Realität hingenommen. Während im Zusammenwirken Frankreichs und Italiens sowie der sowjetischen Haltung sich endlich eine übermächtige Anti-Hitler-Koalition abzeichnete, die in der Konferenz von Stresa (April 1935) ihre ersten Schritte tat, verdichtete England seine Kontakte und Verhandlungen mit Berlin. Am 16. März 1935 wagte Hitler den ersten großen Schlag gegen die Restpositionen von Versailles, indem er die allgemeine Wehrpflicht verkündete und dem Ausbau einer Luftwaffe freie Bahn schuf.

Es erhellte blitzartig die neue Situation, daß England darauf nicht mit der Verhängung von Sanktionen antwortete, sondern – entgegen den Beschlüssen des Völkerbundes und ohne Unterrichtung der Flottenmächte Frankreich und Italien – mit der Sanktionierung der vollzogenen Tatsachen und der Anerkennung der Vertragsfähigkeit Hitlers; man glaubte an die Zähmbarkeit des nationalsozialistischen Revisionismus durch Konzessionen, selbst wenn sie an das Grundgefüge des Versailler Systems rührten. Darin liegt die Bedeutung des deutsch-englischen Flottenvertrags vom Juni 1935, des ersten Epochenereignisses der Appeasement-Politik, mit dem das Versagen der europäischen Koalition gegen Hitler begann. Der Skepsis der deutschen Diplomaten gegenüber nationalsozialistischen Sonderaktionen war durch diesen großen Erfolg Hitlers erneut der Boden entzogen worden; er beschleunigte zugleich den Aufstieg Ribbentrops, der sich als Botschafter in London in die Verhandlungen einzuschalten vermocht hatte; und er bestärkte Hitler in seiner Überzeugung, daß die Zeit für eine raschere, auffälliger erfolgreiche Taktik gekommen sei, als sie die Weiterverfolgung einer vertragsgemäßen Revisionspolitik Weimarer Prägung verbürgte.

Daß die europäische Politik nun erneut in Fluß kam und sich rasch in Hitlers Sinn entwickelte, ist freilich weder einfach auf das englische Bedürfnis nach eigener Sicherheit und nach rechtzeitiger Vertragsbindung des »Dritten Reiches« noch auf die allgemeine Appeasement-Taktik zurückzuführen. Es waren drei verschiedene Ereigniszusammenhänge, die schließlich die europäische Sicherheitsfront aufgelöst, Versailler System samt Völkerbund zum Einsturz gebracht und dem nationalsozialistischen Expansionismus die Wege geebnet haben: die schwierige Stellung Frankreichs nach innen und außen; die neuerliche Schwenkung Italiens im Verfolg des abessinischen Abenteuers, die den Völkerbund entscheidend erschüttert und Mussolini an Hitlers Seite geführt hat; und schließlich – weitere kriegerisch-revolutionäre Aktion im Sinne des Vordringens der Diktatur in Europa – der spanische Bürgerkrieg.

Der Sturz des Versailler Systems

Es ist für die Verschiebung der Kräfteverhältnisse im Europa der dreißiger Jahre von kaum zu überschätzender Bedeutung gewesen, daß der Nationalsozialismus die Machtstellung Frankreichs, die als Ergebnis und Garant der Weltkriegsentscheidung das Maß der deutschen Bewegungsfreiheit in der Weimarer Republik bestimmt hatte, in wenigen Jahren zu unterhöhlen und unwirksam zu machen vermochte. Während jeder Schritt Stresemanns und seiner Nachfolger in erster Linie mit der französischen Sicherheitspolitik zu rechnen hatte, war schon in der Reaktion auf Hitlers Bruch mit dem Völkerbund, vollends in der schwachen Gegenwehr gegen die Durchlöcherung der Versailler Ordnung eine wachsende Resignation spürbar geworden. Gewiß hat der weiche englische Kurs, haben die italienischen Sonderaktionen und der fortschreitende Autoritätsverlust des Völkerbunds wesentlich zu dieser Wandlung der politischen Lage beigetragen. Aber eine wichtige Ursache lag im Dilemma der französischen Politik selbst. Auch an Frankreich war, trotz ursprünglich besserer Lage der Staatsfinanzen, die Wirtschaftskrise nicht spurlos vorübergegangen. Die gemäßigte Linksregierung des Radikalsozialisten Herriot, die nach den Wahlen von 1932 regierte, sah sich in ihrer Bewegungsfreiheit nach innen und außen zunehmend eingeschränkt, auch wenn sie mit der Intensivierung der französisch-sowjetischen Beziehungen vorübergehend eine neue Karte ins Spiel brachte. Auch weiterhin verharrte Frankreich in einem parlamentarischen und parteipolitischen Dilemma, das dem der Weimarer Republik nicht unähnlich war. Kabinette stürzten in rascher Folge durch die Intransigenz der Interessengruppen, der Bürokratie und einer doktrinären Linken, die schwankende Haltung der Radikalsozialisten in der Schlüsselstellung verstärkte die Instabilität, und auch Legislaturperioden, die von einem Wahlsieg der »Gauche« eingeleitet worden waren, endeten bei Rechtsregierungen.

Wieweit Hitlers Bruch mit dem Völkerbund das französische Konzept der kollektiven Sicherheit ins Wanken gebracht hat, wurde schon in der Erklärung vom 17. April 1934 deutlich, in der Frankreich sich weigerte, den deutschen Aufrüstungsanspruch zu legalisieren, und ankündigte, es werde künftig seine Sicherheit mit eigenen Mitteln wahren. Diese Absage an die Appeasement-Politik konnte nur dann wirksam werden, wenn dahinter auch die Bereitschaft zum Präventivkrieg stand. So aber bewirkte sie, daß Frankreich auch in englischen Augen mit der Verantwortung für das Scheitern der Abrüstungs- und Revisionsverhandlungen belastet war, während der wichtigste Verbündete gegenüber Deutschland, Polen, seine eigenen Wege ging. In Paris selbst gab es Zeichen dafür, daß auch im Herzen der europäischen Demokratie die demokratische Welle der Nachkriegszeit im Rückgang begriffen war. Die »Krise des parlamentarischen Regimes« wurde zum Schlagwort, ein autoritär-bonapartistischer Antiparlamentarismus rief zum Kampf gegen die Dritte Republik auf, und halbfaschistische Gruppen wie die »Feuerkreuzler« inszenierten Unruhen in der Hauptstadt (6. Febr. 1934). Auch ohne autoritäre Machtergreifung hatten sie neue Regierungswechsel mit »überparteilichem« Profil (Kriegsminister Marschall Pétain) zur Folge, und unterdes verschärfte sich die Wirtschaftskrise, die in Frankreich mit Verspätung spürbar und mit untauglicher Deflationspolitik behandelt wurde, während anderwärts längst die Erholung eingesetzt hatte. Die pseudo-plebiszitäre »Aktion« der Straße, Streiks und Druck der öffentlichen Meinung bedrängten Parlament und Demokratie. Der Eckpfeiler des Versailler Systems schien auch innerlich brüchig zu werden.

Welche Folgen dies für die weitere Entwicklung der europäischen Machtverhältnisse hatte, erwies sich in dem Augenblick, als das französisch-italienische Interessenbündnis, das anläßlich der Österreichkrise sich gefestigt hatte, auf die Probe gestellt wurde. Im Laufe des Jahres 1934 hatte der aus Poincarés Kreis stammende französische Außenminister Barthou noch einmal energisch das französische Bündnissystem zu erweitern und zu aktivieren gesucht. Er war durch die Hauptstädte der französischen Verbündeten in Osteuropa gereist, er hatte noch einmal, freilich ohne dafür Gehör in Berlin und auch Warschau zu finden, die oft erörterte, oft gescheiterte Idee eines »Ostlocarno« zu forcieren gesucht: eines Verteidigungsbündnisses aller Oststaaten einschließlich Deutschlands mit der Möglichkeit eines Beitritts Frankreichs und anderer interessierter Länder, das nach dem Vorbild von Locarno den Status quo nun auch auf der anderen Seite Deutschlands garantieren sollte. Nur Rußland und die Tschechoslowakei zeigten sich interessiert. Die sowjetische Politik hatte inzwischen angesichts der deutsch-japanischen Doppelbedrohung auch ihre scharfe Gegnerschaft gegen das Versailler System in eine Taktik der Kooperation mit dessen Trägern gewandelt; das Weltrevolutionskonzept Trotzkijscher Prägung hatte, parallel auch zu der innerrussischen Entwicklung, der Stalinschen Koexistenztaktik mit dem Schlagwort vom »Sozialismus in einem Land« Platz gemacht. Der Weg zu einer französisch-russischen Allianz nach dem Vorbild der Vorweltkriegskonstellation war frei.

Inzwischen aber war Barthou mitten in seinen Bemühungen, auch Jugoslawien in die erneuerte Sicherheitsfront einzubeziehen, den Kugeln erlegen, die ein kroatischer Attentäter auf den jugoslawischen König Alexander bei Beginn seines Staatsbesuches in Marseille feuerte (9. Oktober 1934). Die Wirkung dieser Aktion der antiserbischen Untergrundbewegung (der Ustaschi), die von Italien und Ungarn aus operierte, wurde zwar ohne größere Konflikte abgefangen, doch verfolgte Barthous Nachfolger eine neue Linie. Pierre Laval zeigte weniger Interesse an einer französisch-sowjetischen Annäherung; er stellte seine Taktik zur Sicherung der französischen Position auf einen weiteren Ausbau der Beziehungen zu Italien. Ein Besuch in Rom, begleitet von der Erfüllung einiger Territorialforderungen Italiens in Libyen und Somaliland, gipfelte in der Erklärung, daß alle Meinungsunterschiede beseitigt seien (7. Januar 1935); dahinter stand freilich schon der Gedanke an den Preis, den Mussolini für ein Mitwirken an der Eindämmungsfront gegen Deutschland fordern sollte: freie Hand in Abessinien.

Die Wiedereinführung der Wehrpflicht, von Hitler mit der Verlängerung der französischen Militärpflicht auf zwei Jahre gerechtfertigt, beschleunigte die französischen Anstrengungen. Frankreich brachte Hitlers Vertragsbruch vor den Völkerbund, mit Italien und England traf es sich in Stresa zu nachdrücklichem Protest, zugleich war nun offenbar geworden, was seit zwei Jahren galt: daß nicht länger juristische Argumente, sondern die realen Machtverhältnisse maßgebend waren. Daß der Völkerbund nur mit moralischen Ermahnungen, nicht mit Sanktionen antwortete, enthüllte den raschen Zerfall des kollektiven Sicherheitsgedankens. Aber auch die drei Großmächte selbst kamen in Stresa über Warnungen, Bekräftigung von Locarno und Bestätigung der österreichischen Integrität nicht hinaus. Einer gemeinsamen Aktion standen die pazifistische Bevölkerungsstimmung in England und Frankreich, vor allem aber die italienischen Sonderpläne entgegen. Statt dessen machte, während England im Flottenabkommen mit Deutschland seinen eigenen Weg des Appeasement weiterging, die Umgruppierung der europäischen Fronten rasche Fortschritte. In Paris wurde ein französisch-sowjetischer Beistandspakt unterzeichnet, dem sogleich in Prag ein ähnliches tschechisch-sowjetisches Abkommen folgte (Mai 1935). Beider Wirkung war zwar stark eingeschränkt durch die Rücksicht auf Locarno und auf die Resistenz Polens, das einen direkten Zugang Rußlands zu deutschem und tschechoslowakischem

Deutsche Kriegsrüstung

Guernica. Gemälde von Pablo Picasso, 1937. New York

Museum of Modern Art, Leihgabe des Künstlers

Die Wiederbesetzung des Rheinlandes, 1936. Einmarsch der Truppen in Köln

Gebiet sperrte. Aber für die nationalsozialistische Propaganda war es ein willkommener und weithin akzeptierter Beweis für das europäische Ausmaß der kommunistischen Gefahr, zugleich Anlaß zur Behauptung, Frankreichs Politik bedrohe den Locarno-Vertrag.

In diesem Augenblick hielt Mussolini die Zeit für gekommen, den ersten Akt jener imperialen Expansion der faschistischen Herrschaft zu eröffnen, die er schon Jahre zuvor gefordert und versprochen hatte. Der Schritt zum »Imperium« wurde, wie es älteren italienischen Ambitionen, Experimenten und Rückschlägen entsprach, in Afrika getan: nun aber nicht mehr als bloßes »Sammeln von Wüsten« (wie Mussolini die frühere Kolonialpolitik kritisierte), sondern im Griff nach dem fruchtbaren Ostafrika. Der Faschismus stellte sich mit dieser Konzeption, die er als natürliche Ergänzung des mittelmeerischen Mare-nostro-Imperialismus formulierte, bewußt in die Tradition des kolonialpolitischen Expansionismus. Anders als der Nationalsozialismus, dessen Lebensraumkonzeption ganz auf die zusammenhängende Erweiterung des Mutterlandes gerichtet war, hat er das »Zuspätkommen« Italiens bei der kolonialen Verteilung der Welt im 19. Jahrhundert einfach nachzuholen gesucht.

Ein solcher Revisionismus bedeutete nichts weniger als den Versuch, sich der allgemeinen Tendenz der Geschichte entgegenzustemmen. An den Krisensymptomen der großen Imperien Englands und Frankreichs wurde von Jahr zu Jahr deutlicher, daß mit dem beginnenden Erwachen der beherrschten und verwalteten Kolonialvölker auch das Ende einer Epoche der kolonialen Strategie näher rückte. Wieviel mehr galt dies für ein Land wie Abessinien, das mehr eigene Tradition und staatliches Selbstbewußtsein besaß als andere Gebiete des afrikanischen Kontinents, ja, seit 1923 und nicht zuletzt mit italienischer Unterstützung selbst Mitglied des Völkerbunds war! Aber seit dem gescheiterten Versuch von 1893, der Italien auf die angrenzenden Kolonien Eritrea und Somaliland beschränkte, hatte der italienische Nationalismus Abessinien zum ersten Objekt kolonialen Interessen- und Prestigedenkens erhoben. Der Faschismus hat einen gründlichen Ausgleich für die Schlappe von Adua seit 1933, wenn nicht früher betrieben. Grenzzwischenfälle Ende 1934, Vermittlungsversuche des bestürzten Laval, der seine ganze Politik in Gefahr sah, Anrufung des Völkerbunds durch Abessinien brachten die Krise rasch zur Reife. Frankreich wie England, dessen afrikanische und indische Interessen noch stärker betroffen waren, sahen sich in einer Situation, in der es nur eine Alternative gab: Stärkung der Autorität des Völkerbunds in letzter Stunde – auch im Hinblick auf Deutschland – durch eine entschiedene Verhinderung des faschistischen Unternehmens, oder seine Tolerierung mit dem Ziel der Bindung Italiens an eine Bündnispolitik in Europa, die auch ohne Völkerbund dem Problem Hitler gewachsen war.

Beides war riskant und unbequem, verhängnisvoller freilich, daß es zu keiner Entscheidung kam. Vielmehr bewirkte die unterschiedliche Interessenlage in bezug auf den Abessinienkonflikt wie auf die deutsche Frage ein unterschiedliches Verhalten der Westmächte. Anders als bisher war es nun England, das auf entschiedene Stützung des Völkerbunds drang, während Frankreich in der Furcht vor einem Konflikt, der nur im Sinne Hitlers sein konnte, zu bremsen suchte. Die Folge waren Unstimmigkeiten, die Mussolini taktischen Spielraum und Zeit zur Entfaltung des Krieges gaben. Übrigens stand, wie sich zeigen sollte, die unverändert aufrüstungs- und interventionsfeindliche Stimmung der englischen

Bevölkerungsmehrheit, auf die auch in der Folge die Gewaltexperimente der europäischen Diktatoren bauen konnten, ohnehin einer energischen Initiative Londons entgegen. Untersuchungsausschüsse und neue Schlichtungsversuche, auch eine britische Flottendemonstration im Mittelmeer erwiesen sich als wirkungslos. Am 3. Oktober 1935 marschierten italienische Truppen in Abessinien ein und überwanden mit ihren vielfach überlegenen Kräften, sogar unter Einsatz von Giftgas durch die Luftwaffe, den erbitterten Widerstand des überfallenen Landes (Mai 1936).

Das Ende des Völkerbunds war mit diesem eindeutigen Kriegsakt praktisch besiegelt, auch wenn Italien nun in Genf der Aggression schuldig gesprochen wurde. Denn die Verhängung von Wirtschaftssanktionen, die nach dem konzeptionslosen Zögern und der Frieden-um-jeden-Preis-Politik der Westmächte geblieben war, erwies sich als gänzlich wirkungslos und beschleunigte nur die innereuropäischen Folgen der Krise: den Prestigeverlust der beiden großen Demokratien Europas und die Zerstörung des Völkerbunds, während sich Mussolini, ein Beispiel für Späteres setzend, seines Triumphes über fünfzig Nationen rühmen konnte. Dieser Triumph war vollständig, als die Erhebung des italienischen Königs zum Kaiser von Abessinien, erste Erfüllung der imperialen Grundkonzeption des Faschismus, vom Völkerbund schon im Juli 1936 mit der Aufhebung der Sanktionen und, Staat um Staat, mit der Anerkennung der vollzogenen Tatsachen beantwortet wurde. Die Ablösung des englischen Außenministers Hoare durch Eden im Dezember 1935, der Rücktritt seines nicht minder deutlich gescheiterten Kollegen Laval einen Monat später hatten das Debakel auch nicht mehr zu ändern vermocht. Die weltpolitische Bedeutung des kurzen Kolonialkrieges lag indes in dem Nutzen, den er dem jüngeren Diktaturregime, dem »Dritten Reich«, auf seinem Weg aus der Isolierung und in die Politik ungestörter Bündnisstrategie und Kriegsvorbereitung nach eigener Wahl gestiftet hat.

Deutschland hatte, ungeachtet der Sympathie der Bevölkerung für den tapferen Abwehrkampf eines schwachen Landes, nicht nur wirtschaftlichen Vorteil aus dem Sanktionskrieg gezogen, sondern die Schwenkung Italiens und die Lähmung des Völkerbunds inzwischen zu einem weiteren Überraschungsakt benutzt. So unerwartet und überfallartig wie alle bisherigen Coups des »Dritten Reichs« erfolgte ein Jahr nach der Wehrpflichtverkündung der Einmarsch ins entmilitarisierte Rheinland. Wieder bewährte sich die rasche Aktionsfähigkeit des totalitären Regimes. Die blitzartige Politik der Sondermeldungen vermochte alle Bedenken der Diplomaten und Militärs überzeugend zu überrumpeln und gleich noch eine neue plebiszitäre Selbstbestätigung zu inszenieren, eine Festigung jener absoluten Herrschaft nach innen (99 % – »Reichstagswahlen« am 29. März 1936), auf der eben ihre Schlagkraft nach außen beruht. Zwar fehlte es, wie ein Jahr zuvor, nicht an einem Vorwand für diesen neuerlichen Schlag gegen den Versailler Vertrag und mehr noch gegen den Locarno-Vertrag, den Hitler kurz zuvor erneut ausdrücklich anerkannt hatte. Auch für Frankreich kam es nicht unerwartet, daß Hitler die Ratifizierung des französisch-sowjetischen Paktes, der fast als einziges Instrument einer Anti-Hitler-Front aus dem Debakel von 1935/36 übriggeblieben war, zur Revision von Locarno benutzte. Aber es unternahm weder eine entschiedene Warnung noch den Versuch einer einschränkenden, kompromißförmigen Bindung Deutschlands. Am 7. März 1936 teilte Neurath den Botschaftern der

Locarno-Mächte, Hitler dem Reichstag in der üblichen akklamatorischen Sondersitzung die vollzogene Tatsache mit, nicht ohne mit der fortgesetzten Taktik der neuen Versprechungen nach gebrochenen Verträgen Frankreich und Belgien sowie den östlichen Nachbarn Deutschlands Nichtangriffspakte nach Art des Polenvertrags anzubieten.

Das Gesetz des Handelns lag nun eindeutig bei Frankreich, wollte es nicht endgültig seinen Legalitätsstandpunkt, ja, das gesamte Gefüge des Versailler Systems aufgeben, ohne gegen Konzessionen auch verläßliche Sicherungen einzutauschen. Wieder kam es zu energischen Protesten und Deklarationen, wieder geschah nichts, wieder entzog sich die französische Regierung Sarraut mit ihrem Außenminister Flandin dem Zwang zur Verantwortung. Noch weniger dachte England an irgendeine Aktion: Eden verurteilte den deutschen Schritt, riet aber zur Mäßigung und zur Vermeidung von weiteren Konflikten. Eine Konferenz der Locarno-Mächte in London endete mit einer Verurteilung des Coups, kam aber über eine Anrufung des Internationalen Gerichtshofes in Den Haag und über gegenseitige Garantieabkommen nicht hinaus.

So hatte das »Dritte Reich« auch in einer Situation, die alle Gefahren für seine im Aufbau befindliche Rüstungspolitik in sich barg, durch einen neuen großen Erfolg ein weiteres Stück auf dem kürzesten Weg zur Revision durch Aktion und über sie zur europäischen Hegemonie zurückgelegt. Die meisten Beurteiler stimmen darin überein, daß hier die letzte sichere Chance, dem Vormarsch Hitlers endgültig Halt zu bieten, ungenutzt vorüberging. Auch wenn England unverändert geringe Neigung zum Eingreifen und ebensoviel Verständnis für die deutsche Revisionspolitik zeigte, ja, im Grunde nur die Methoden mißbilligte und auf Hitlers stets erneute Friedensdeklarationen baute, so hätte ein französisches Eingreifen dieses Mal zweifellos keinen entscheidenden Widerstand gefunden. Italien war noch mit seiner eigenen Aktion beschäftigt, und die übrigen Locarno-Mächte hätten ihre Unterstützung schwerlich versagt, während die deutschen Mittel, wie die militärischen Fachleute gegen Hitler zu Recht geltend machten, für eine Auseinandersetzung noch keineswegs ausreichten.

Es war freilich nicht nur Hitlers machtpsychologischer Instinkt für die Gunst der Stunde, sondern eine ganze Reihe auch außenpolitischer Faktoren, die den Ausgang dieser wohl entscheidenden Machtprobe mit der Versailler Ordnung mitbestimmt haben. Dazu gehörte in erster Linie der innere Zustand Frankreichs selbst. Dort war es unter dem Eindruck der europäischen Entwicklung, der in Frankreich verspätet fortdauernden Wirtschaftskrise und zugleich der halbfaschistischen Bewegungen auch im eigenen Land immer schwieriger geworden, eine stabile Regierung zu bilden. Dadurch hatte eine Linkskoalition, die als »Volksfront« nun neben den Sozialisten und Radikalsozialisten auch erstmals die Kommunisten umfaßte, stetig an Boden gewonnen. Die Neuorientierung der sowjetischen Politik, der die französische KP mit einem Einschwenken in die Koalitionsbereitschaft folgte, schien die Arbeitsfähigkeit und Popularität dieses auf »Antifaschismus« und soziale Reform gegründeten Experiments zu verbürgen. Tatsächlich errangen die Parteien der Volksfront bei den Parlamentswahlen vom April/Mai 1936 dank der Wirkung des Mehrheitswahlrechts einen vollen Erfolg; mit dem Regierungsantritt des Sozialistenführers Léon Blum schien ein entschiedener Kurs möglich.

Aber freilich barg dieser »Umbruch« zugleich eine Fülle von Problemen in sich. Er schien vielen die Berechtigung der nationalsozialistischen Antikommunismuspropaganda zu beweisen und im Sinn der Bollwerkthese die deutsche Sendung gegenüber dem Vordringen des Kommunismus in Europa zu bestätigen. In Frankreich selbst kamen ebenso erbitterte Auseinandersetzungen über eine Alternative Faschismus–Kommunismus in Gang wie einst mit umgekehrter Frontstellung unter den Intellektuellen Deutschlands vor Hitlers Aufstieg zur Macht. Die französische Außenpolitik war dadurch im wichtigen Augenblick eher noch geschwächt, die Rüstungsmaßnahmen blieben weiterhin gehemmt durch den traditionellen Pazifismus insbesondere der Sozialisten und ihr Mißtrauen gegen Armee und »marchands de canons«. So hat Blum an der Spitze einer keineswegs krisenfesten Koalition seine Energie den inneren Problemen des Landes gewidmet, das seit Mitte Mai 1936 von der größten Streikaktion seiner Geschichte erfaßt war, und unterdes schien sich mehr denn je die außenpolitische Überlegenheit der diktatorischen Regime über die noch verbliebenen, innerlich zerspaltenen Demokratien zu erweisen.

Das wurde bestätigt durch die Umstände und den Verlauf, mit dem das nächste kriegerische Ereignis, nun in Europa selbst und unter Beteiligung aller Lager, die Fronten erneut in Fluß gebracht hat: der spanische Bürgerkrieg. Hier wurde schon deutlich, daß Hitlers Erfolg vom 7. März 1936 ein Epochendatum der Zwischenkriegszeit gesetzt hat. Er hatte den Zusammenbruch der europäischen Friedensordnung von 1918/19 besiegelt, auch wenn die Fassade noch drei Jahre lang aufrechterhalten wurde; und er hat einen neuen umfassenden Krieg, wenn nicht unausweichlich, so doch bei der Natur der Hitlerschen Pläne wahrscheinlich gemacht – man könnte sagen, er hat seine Verhinderung verhindert. Der rasche Fortschritt der deutschen Aufrüstung erlaubte keinen Zweifel, daß das »Dritte Reich« bald entscheidendes Gewicht in der europäischen Politik besitzen würde. So kam alles auf die Beurteilung der Ziele Hitlers an. Wir wissen heute aus der Überfülle nichtöffentlicher Zeugnisse, daß sie unverrückbar der expansiven, kriegerischen Lebensraumtheorie untergeordnet blieben. Solche Zeugnisse waren damals nur wenigen zugänglich. Aber in Millionenauflagen war »Mein Kampf« in alle Erdteile gelangt, es existierten die offenen Entwürfe Rosenbergs und anderer Führer, klar lesbar waren die Axiome einer »Weltanschauungs«-Lehre, die in Deutschland zur Allgemeinverbindlichkeit erhoben worden waren. Ihre geradezu wörtliche Verwirklichung war auf vielen Gebieten der Innenpolitik, wo die Hindernisse inzwischen überwunden worden waren, schon weit und zielbewußt fortgeschritten: am sichtbarsten in der Entrechtung und Verfolgung der Juden durch Boykott, Entlassung, Berufsverbot und die auf dem Nürnberger Parteitag 1935 verhängten »Blutschutzgesetze«. Auch dies war freilich erst ein Auftakt zur »Endlösung« der völligen Verdrängung und Vernichtung des Judentums, die seit 1938 und 1941 betrieben wurde.

Außenpolitisch waren ähnliche Möglichkeiten zur Realisierung der Herrschaftsziele noch nicht gegeben. Aber daß mit diesem Kernstück der nationalsozialistischen Ideologie weniger konsequent und rücksichtslos Ernst gemacht werden würde, war nach der Erfahrung der Machtergreifungs- und Gleichschaltungspolitik nicht anzunehmen. Auch die wenigen eigenen Initiativen, die Hitler zunächst zur äußeren Abschirmung, dann zur Emanzipation seiner Herrschaft unternommen hatte, waren zwar taktisch durch die Forderung nach friedlicher Revision verhüllt und sachlich auf eine wachsende Verständnisbereitschaft besonders Englands abgestimmt; ihr wahrer Charakter trat jedoch schon in den Methoden dieser neuen Außenpolitik hervor, die den Autor der machiavellistischen Gedankengänge von »Mein Kampf« und den Meister des totalitären Terrorregimes erkennen ließen. Daß man in Deutschland wie außerhalb beides voneinander trennen zu können glaubte und auch in diesem Punkt, in der Frage der Verwirklichung der weitgehend bekannten Ziele, die enge Verflechtung von Innen- und Außenpolitik verkannte, ist eine der Ursachen der im Rückblick scheinbar unvermeidlichen Katastrophe gewesen.

Nun hatten Hitlers Erfolge, Frankreichs und Englands unwirksamer Attentismus, das Debakel des Völkerbunds und die Sondertouren Italiens eine neue Situation geschaffen. Der Ring der französischen Sicherheitsallianzen war gesprengt, die bilaterale, isolierende Verhandlungs- und Bündnistaktik Hitlers durchlöcherte das multilaterale Friedens- und Ordnungsprinzip. Nicht nur das in vielem, vielleicht viel zu vielem korrekturbedürftige Versailler System war zur Fiktion geworden, auch die zwischenstaatlichen Beziehungen und Machtverhältnisse Europas waren in den Sog einer allgemeinen Fluktuation und Instabilität geraten, der gegenüber jedes Land das Seine zu suchen und an einer verbindlichen Lösung für alle, am Prinzip der kollektiven Sicherheit zu zweifeln begann, das so sichtbar vor der raschen und effektiven Machtpolitik versagt hatte. Die beiden großen Diktaturregime waren die Begründer und Meister dieses neuen Stils der Stunde. Sie hatten eigentlich schon jetzt, durch die Erfolge von 1935/36, nach dem Maßstab dieses Stils an Prestige nach innen wie außen gewonnen und waren in der Folge in der Lage, Europa das Gesetz ihres Handelns aufzuzwingen.

Das »Dritte Reich« hat vermöge der konsequenteren Zielstrebigkeit seiner Führung in der einlinigen Verfolgung der nationalsozialistischen Postulate und Visionen, dann auch vermöge seines größeren Potentials bald ein Übergewicht über die faschistische Politik erlangt. Mehr noch als Mussolini gründete Hitler künftig seine Politik auf die Einsicht – den Kern seiner vielgepriesenen »Intuition« –, daß die Westmächte ihre Macht gegenüber einer dosierten Taktik der Erpressung um den Preis des Krieges nicht einsetzen, daß sie Stück um Stück zurückweichen würden. Das war die Erfahrung dieser Jahre gewesen, und sie hatte auch die kleinen Staaten unsicher und anfällig für die Hitlersche Taktik gemacht. Es war aber auch geradezu dogmatische Überzeugung, die in dem Glaubenssatz von dem politisch und rassisch dekadenten, untergangsreifen Zustand der westlichen Demokratien an sich gründete. Hier trafen sich, durch die Ereignisse der letzten Jahre scheinbar schlüssig bestätigt, Politik und Ideologie. Daß die Erfahrung verhängnisvoll richtig war, zeigten die Erfolge der nächsten zwei Jahre; daß das weltanschauliche Dogma hingegen hier wie in der Innen- und Rassenpolitik für die Realität blind machte, erwies dann der für Hitler unerwartete Ausbruch eines europäischen Krieges, der die Taktik einer risikoloseren, sukzessiven Eroberung der einzelnen Herrschaftsobjekte durchkreuzte und zuletzt auch die Existenz des »Dritten Reiches« vernichtete.

Trotz allen Verstimmungen und Dissonanzen hat der Verlauf des Jahres 1936 Frankreich und England einander wieder näher gerückt. Zugleich freilich wurden die englischen

Bemühungen um weitere Verhandlungen und Kompromisse mit Deutschland auf der Basis stillschweigender Anerkennung der deutschen Vertragsbrüche fortgesetzt. Bemühungen um einen »Westpakt«, die Hitler zur Abschirmung vergangener und neuer Unternehmungen zeitweilig freundlich, aber stets unverbindlich führen ließ, zogen sich noch über das folgende Jahr ohne Ergebnis hin. Während die Sowjetunion durch Frankreichs Inaktivität ihrerseits auf eine Politik des argwöhnischen Abwartens beschränkt blieb, kam unter diesen Umständen der weiteren Haltung Italiens entscheidende Bedeutung zu. Der Abessinienkrieg hatte geradezu automatisch eine Interessengemeinschaft gegründet, wie sie zuvor trotz allen ideologischen Sympathien nicht möglich gewesen war: er hatte die Reaktion der Westmächte auf den deutschen Bruch des Locarno-Vertrags ebenso behindert wie ein Jahr zuvor schon Hitlers Bruch des Versailler Vertrags eine rechtzeitige englisch-französische Gegenaktion der faschistischen Unternehmung verhindert hatte.

So begann ein noch keineswegs koordiniertes, aber geradezu zwangsläufiges Zusammenspiel der beiden großen Diktaturen, die mit dem Versailler System das europäische Ordnungsgefüge selbst in seinen Grundfesten erschütterte. Zwar hatte Italien trotz aller Konflikte mit London und Paris an der Londoner Protestkonferenz der Locarno-Mächte teilgenommen; es schien geneigt, gegen eine Anerkennung seiner Eroberung wieder in die alte Front einzuschwenken. Aber die Versuchung des unumschränkten Diktators, den einmal errungenen Erfolg zu weiteren gewaltsamen Experimenten auszunützen, erwies sich als stärker. Das hat Mussolini trotz mancher Furcht vor den deutschen Großmachtplänen, auch ohne daß zunächst irgendeine Bindung gesucht wurde, an die Seite der Status-quo-feindlichen Politik Hitlers gerückt und der Politik der bewahrenden Mächte, zumal der verachteten Demokratien weiter entfremdet. Zugleich hat die von Papen betriebene Entspannung des deutsch-österreichischen Verhältnisses (Erklärung Berlins und Wiens vom 11. Juni 1936), auch wenn sie keines der Probleme gelöst und den Anspruch Hitlers nur aufgeschoben hat, das wichtigste Hindernis einer deutsch-italienischen Annäherung aus dem Wege geräumt.

Der unerwartete Ausbruch der spanischen Krise brachte die Entwicklung zur raschen Reife. Bisher kaum von den europäischen Konflikten tangiert, hatte Spanien seine innen- und wirtschaftspolitischen Schwierigkeiten bis 1930 durch ein diktaturähnliches Regime unter General Primo de Rivera, seit 1931 durch die Abschaffung der Monarchie und eine linksdemokratische Lösung der sozial-, agrar- und kirchenpolitischen Probleme zu bewältigen gesucht. Die Republik war jedoch durch die scharfen Gegensätze rechts- und linksextremer Kräfte rasch zermürbt worden. Als die Wahlen vom Februar 1936 – wieder wie in Frankreich eine Folge des allzu optimistisch beurteilten Mehrheitswahlrechts – zwar eine ausgeglichene Stimmenverteilung, aber eine starke parlamentarische Überlegenheit und den Regierungsantritt der linksgerichteten Volksfront erbrachten, steigerte sich der innere Dauerkonflikt rasch zu bürgerkriegsmäßigen Auseinandersetzungen, denen die Regierung nicht gewachsen war. Die Ermordung eines Führers der Rechten bot den Anlaß zu einer schon lange geplanten Revolte der Armee, die von Spanisch-Marokko ausgehend (17. Juli 1936) bald alle Garnisonen erfaßte und sich unter Führung des Generals Franco zu einem langwierigen Bürgerkrieg ausweitete. Die Bedeutung des fast drei Jahre währenden, blutigbrutalen Ringens lag nicht nur in der Tatsache, daß damit der Umfang der demokratiefeindlichen Bewegung in Europa beträchtlich vermehrt, sondern mehr noch darin, daß Spanien zum ersten großen Schlachtfeld der neuen politischen und weltanschaulichen Fronten in Europa wurde.

Italien hat von Beginn, ja, vor Ausbruch des Bürgerkriegs die Revolte der faschismusfreundlichen Republikgegner unterstützt; seine eigene Position im Mittelmeer und vor allem Frankreich gegenüber konnte durch den Konflikt und den Regimewechsel nur gewinnen. Auf der anderen Seite war der natürliche Platz des volksfrontregierten Frankreichs an der Seite der spanischen Linksregierung. Es entsprach jedoch dem französischen Attentismus, daß sich Paris auf die Anregung einer strikten Nichteinmischungspolitik beschränkte und in diesem Sinne an London wie an Rom herantrat (1. August 1936). England reagierte zustimmend, aber auch Italien ging zum Schein auf die Anregung ein, zumal sie faktisch schon eine Gleichstellung der spanischen Rebellen mit der legalen Regierung bedeutete. Es erwies sich rasch, daß der in London tagende Ausschuß zur Überwachung der Nichteinmischung so wenig Autorität und Wirkung zu entfalten vermochte wie die Sanktionspolitik des Völkerbunds ein Jahr zuvor. Italien ließ sich nicht abhalten, die Aufständischen mit Kriegsmaterial und auch Truppen zu unterstützen, die als »Freiwillige« getarnt waren. Und rasch folgten Deutschland (Legion Condor) auf Francos und die Sowjetunion auf republikanischer Seite mit der Entsendung von Material, Technikern und (im sowjetischen Falle) Kommissaren zur kommunistischen Unterwanderung des Konfliktes. Schwach und wenig wirksam war demgegenüber die Hilfe, die Spaniens Regierung schließlich von westlicher Seite erfuhr.

Für das »Dritte Reich« eröffnete der spanische Bürgerkrieg neue Möglichkeiten der politischen und militärischen Entfaltung. Vor allem aber förderte er eine enge Zusammenarbeit mit Italien, die ihren Höhepunkt und ihre Besiegelung in der Gründung der »Achse Berlin–Rom« fand. Mussolini prägte den Ausdruck in einer Rede am 1. November 1936; er verkündete den hegemonialen Herrschaftsanspruch der beiden neuen Machtzentren, die sich als neuer europäischer Ordnungs- und Kristallisationspunkt zwischen den »dekadenten« Demokratien und der bolschewistischen Gefahr zusammengeschlossen hatten: die tragende Allianz des zweiten Weltkriegs zeichnete sich ab.

Zwischen Frieden und Krieg

Die deutsch-italienische Allianz bedeutete, anders als die bisherigen Unternehmungen Hitlers, gewiß keine Überraschung. Eher mußte es verwundern, daß der Prozeß der Annäherung der beiden wesensverwandten Systeme so lange gedauert hatte. Abessinien, der Österreich-Ausgleich, Spanien haben die letzten Interessenkonflikte beseitigt, der gemeinsamen Interessenpolitik den Weg frei gemacht. Deutschland hatte sogleich die Eroberung Abessiniens anerkannt, Mussolini sich seines langjährigen Außenministers entledigt, und nach einer raschen Verstärkung der Kontakte empfing Hitler am 24. Oktober 1936 den Besuch des neuen italienischen Außenministers Graf Ciano, des dreiunddreißigjährigen Schwiegersohns von Mussolini, der bisher das faschistische Propagandaministerium geleitet hatte. Ergebnis war ein Abkommen, durch das Francos Herrschaftsanspruch anerkannt und eine Abgrenzung zwischen dem mitteleuropäischen und dem mediterranen Interessenbereich der beiden Diktaturen vereinbart wurde. Vor allem aber trat der »Kampf gegen den Bolschewismus«, durch Rußlands Eingreifen in Spanien um neue Argumente bereichert, in den Mittelpunkt der beiderseitigen Propaganda: einer Propaganda, die auch weiterhin nicht ohne Wirkung auf die öffentliche Meinung des Westens, besonders auf England, blieb. Es war kein Zufall, daß in diesen Wochen auch der Abschluß eines antikommunistischen Propagandaabkommens zwischen Deutschland und Japan fiel, des Antikominternpakts (November 1936): auf der Basis gemeinsamer ideologischer Feindvorstellung wurde hier erstmals die weltpolitische Ausweitung nationalsozialistischer Dynamik sichtbar.

Vor dem Hintergrund der unentschlossenen, erfolglosen Politik der Westmächte hat das machtvolle Zentrum der »Achse Berlin–Rom«, um die sich nach ihrem Anspruch die Politik der Zukunft drehen sollte, ihren Eindruck auch auf andere Staaten nicht verfehlt. Schon im Januar 1937 belohnte Hitler Belgiens Abkehr von dem kraftlosen französischen Allianzsystem mit der Bereitschaft zur Anerkennung der Unverletzlichkeit Belgiens und Hollands, die dann auch formal in einer Erklärung vom 3. Oktober 1937 erfolgte. Ähnliche Überlegungen diktierten den weiteren Weg Polens zwischen Deutschland und Frankreich, die Haltung revisionistisch gestimmter Länder wie Ungarn und Bulgarien und die Annäherung Jugoslawiens an Italien. Nur die Verbindung Frankreichs zur Tschechoslowakei und zur Sowjetunion wurde von der raschen Verschiebung der Machtverhältnisse zugunsten der »Achse« nicht gestört.

Es war deutlich, daß die tödliche Krise des Versailler Systems und das deutsche Beispiel zugleich alle Probleme der Pariser Friedensverträge wieder aufrührte und den kunstvoll gesicherten Status quo auch zwischen den kleineren Mächten ins Wanken brachte. Die Türkei hatte schon im Juli 1936 (Konferenz von Montreux) die Remilitarisierung der Dardanellen und die Aufhebung der internationalen Kontrolle durchzusetzen vermocht. Aber auch im Nahen Osten, in Nordafrika, Indochina und Indien gerieten die halbkolonialistischen Positionen der Westmächte im Verlauf der scheinbar unaufhaltsamen Machtverschiebung in neue, nur mühsam eingedämmte Krisen. Von zwei Seiten, als europäische wie als Kolonialmächte, sahen sich England und Frankreich bedrängt, während Stärke und Prestige der nicht saturierten, vorwärtsdrängenden »jungen« Staaten, sichtbar in der unangefochtenen Erfolgspolitik Mussolinis und Hitlers, von Monat zu Monat zunahmen.

Der Politik der Sowjetunion konnte unter diesen Umständen die Rolle einer »dritten Kraft« zukommen. Sie hat diese Rolle dann auch bei der Entfesselung des zweiten Weltkrieges, freilich auf seiten der totalitären Mächte, durchaus gespielt. Rußlands Verbindung mit Frankreich war aber auch schon zum Zeitpunkt der Gründung der »Achse« keineswegs so gefestigt, daß es eine sichere Verstärkung des Westens bedeutete. Frankreichs untätige Haltung hatte den Unwillen und Verdacht Moskaus erweckt, und in Paris, mehr noch in London, waren die Meinungen über die russische Bündnisfähigkeit weiterhin nicht einhellig. Rußland selbst befand sich im Zeichen der Stalinschen Fünfjahrpläne, des Aufbaus der

Schwerindustrie und der Kollektivierung der Landwirtschaft inmitten einer Periode äußerster Forcierung der innenpolitischen Gleichschaltung: innere Konflikte und »Säuberungen«, der Terror der Schauprozesse und die rigorose Befestigung der stalinistischen Diktatur beanspruchten die sowjetische Politik in solchem Maße, daß ihre außenpolitische Aktivität auf Deklarationen und kritische Beobachtung der Entwicklung beschränkt blieb.

In London und Paris, nicht zu sprechen von anderen Ländern, verstärkte die Anschauung des Stalinschen Terrorregimes die antisowjetischen Stimmen, während in Moskau die Furcht vor einer antikommunistischen Front von »Faschisten« und westlichem »Kapitalismus«, der Verdacht besonders eines englischen Einverständnisses mit dem deutschen »Drang nach Osten« oder eines europäischen Ausgleichs auf Kosten der Sowjetunion lebendig blieb. War nicht angesichts der Teilung der Großmächte in drei große Lager jener Partner im Vorteil, dem es gelang, sich aus der drohenden Auseinandersetzung mit dem »Faschismus« herauszuhalten? Das waren Gedanken, die nicht gerade der Stärkung einer Ost-West-Front gegenüber der »Achse« zugute kamen.

Die beherrschenden Ereignisse am Vorabend des Krieges, die Entscheidungen der westlichen Appeasement-Politik und die machiavellistische Schwenkung der Sowjetunion standen im Zeichen solcher freilich noch vagen Überlegungen. Der raschen weiteren Entfaltung der nationalsozialistischen Machtpolitik und ihrer Wendung nach außen war damit beiderseits freie Bahn geschaffen. Hitlers Taktik hat sich dabei nie geändert: weitgehende Forderungen, geheime Planung, emphatische Friedensversicherungen, erfolgreicher Überraschungsakt und sofort weltweite Versicherung, daß dies der letzte Akt deutschen Lebensrechts sei und er hinfort nach der jeweiligen Seite keine Forderungen mehr habe.

Die Diskussion über die Appeasement-Politik, die in den folgenden Jahren untrennbar mit der Politik des britischen Premiers Chamberlain verbunden war, ist noch heute lebhaft und oft erbittert im Gang. Es besteht kein Zweifel, daß die englische Politik sich über die Möglichkeit, Hitler durch Erfüllung verständlicher Forderungen zu bändigen und die Drohung der »Achse« zu zerbrechen, grundlegend getäuscht und im Gegenteil das nationalsozialistische Selbstbewußtsein und den unersättlichen Eroberungstrieb Hitlers noch gestärkt hat. Auf der anderen Seite gab es auch Anhaltspunkte für den guten Glauben der »appeaser«. Gewiß bewies der Fortgang des spanischen Bürgerkriegs die gefährliche Aktivität der Achsenmächte täglich aufs neue; doch schien auch deutscherseits keine Bereitschaft zu bestehen, die Intervention zu einer kriegerischen Ausweitung fortzutreiben. Wir wissen heute zwar, daß Hitler in seinen Kriegsplänen schon früh (1937) bewußt daran angeknüpft hat. Doch hat Hitler gerade damals keine Gelegenheit versäumt, den neuen britischen Botschafter in Berlin (Sir Neville Henderson) mit Gesten der Freundschafts- und Friedensbereitschaft zu beeindrucken. Schon am vierten Jahrestag der Machtergreifung (30. Januar 1937) war er mit der feierlichen Versicherung vor den gleichgeschalteten Reichstag getreten, die Politik der Überraschungen sei nun zu Ende. Weitere englische Besuche bei Hitler, so der des späteren Außenministers Lord Halifax (November 1937), hatten neue Zeichen der Entspannung zur Folge. Dies alles hat freilich nicht die stete Verstärkung der deutsch-italienischen Allianz gehindert, die in Mussolinis pompösem Berlin-Besuch (September 1937) und in Italiens Beitritt zum Antikominternpakt (November 1937) einen Höhepunkt fand. Es war kein Zufall, daß gleichzeitig auch Japan seine Aktionen in China wieder aufnahm und bis zum Jahresende Shanghai und Peking besetzte. Aber die ersten Entscheidungen fielen in Europa. Noch während England und in seinem Schlepptau wider besseres Wissen auch Frankreich in jedem Zeichen Hitlerschen Einlenkens eine Bestätigung ihres wohlwollenden Attentismus, nicht ein Abschirmungsmanöver der fieberhaften deutschen Aufrüstungspolitik zu erblicken suchten, hat Hitler eben zu diesem Zeitpunkt betonter Entspannungspolitik erstmals konkret die politisch-militärische Führung des »Dritten Reiches« in seinen unabänderlichen Entschluß zur Entfesselung eines Eroberungskrieges in nächster Zukunft eingeweiht.

Am 5. November 1937 fand in der Berliner Reichskanzlei jene denkwürdige Besprechung statt, die uns durch die Niederschrift des damaligen Obersten Hossbach überliefert ist. In Hitlers Ausführungen trat hier hinter den militärischen Überlegungen die wirtschafts- und bevölkerungspolitische Begründung der nationalsozialistischen Expansionsideologie in ihrem durchaus übernational-imperialistischen Charakter besonders klar hervor: mit Argumenten und Zielsetzungen, die seit dem Erscheinen von »Mein Kampf« in zahlreichen Schriften propagiert worden waren, ohne daß sich die Staatsführung offiziell dazu bekannt hätte – so wenig sie das auch in der Praxis der Konzentrationslager oder der Judenpolitik getan hat. Diese Geheimhaltung der innersten Wirklichkeit und der letzten Zielsetzung mag bezeichnend erscheinen für die Problematik totalitärer Herrschaftspraxis und für ihre Unsicherheit dem wirklichen, nicht dem gelenkten und irregeführten »gesunden Volksempfinden« gegenüber, auf das sie sich so emphatisch berief. Die geheime Führerbesprechung beweist aber zugleich auch, wie wenig Hitler an einer bloß nationalstaatlichen Revision gelegen war und wie bewußt er nun, nach Jahren der abschirmenden und vorbereitenden Taktik, in jene Periode strategischer Verwirklichung eintrat, die er schon in der Februar-Besprechung 1933 als zweite Etappe nationalsozialistischer Zukunftspolitik entworfen hatte.

Was Hitler hier vor engstem Kreise als seine »grundlegenden Gedanken über die Entwicklungsmöglichkeiten und -notwendigkeiten unserer außenpolitischen Lage«, als Aktionsplan und zugleich »testamentarische Hinterlassenschaft für den Fall seines Ablebens« verkündete, ging von den alten Grundvorstellungen des Buches »Mein Kampf« aus. Die Erhaltung und Vermehrung der »Volksmasse« ist erstes Ziel der nationalsozialistischen Politik; sie erfordert die Vergrößerung des verfügbaren Herrschafts- und Einflußraumes um einen geschlossenen »Rassekern«. Daraus ergibt sich der unabdingbare Anspruch auf Expansion, da in Hitlers Augen die deutsche Zukunft, die Lösung der sozialen Probleme und die Abwehr rassischer Infiltration »ausschließlich durch die Lösung der Raumnot bedingt« ist. Die »einzige, uns vielleicht traumhaft erscheinende Abhilfe« liegt für Hitler »in der Gewinnung eines größeren Lebensraums, ein Streben, das zu allen Zeiten die Ursache der Staatenbildung und Völkerbewegung gewesen« sei. Dies aber könne nur durch wirtschafts- und volkspolitische Expansion in Europa, nicht etwa durch liberalistische Kolonialbewegung geschehen. Deshalb gehe es um den Aufbau eines großen Weltreichs, das man landmäßig-räumlich geschlossen um einen starken »Rassekern« schaffen und gegen allen Widerstand durchsetzen müsse. Und in diesem Sinne, so betonte Hitler eindeutig, bevor er dann seine Gedanken zur Auslösung und Führung des Krieges entwickelte, könne es »zur Lösung der deutschen Frage ... nur den Weg der Gewalt geben«: eine Gewaltlösung, die aus rüstungs- wie bevölkerungspolitischen Gründen möglichst frühzeitig gesucht werden müsse. Nach seinem »unabänderlichen Entschluß« beabsichtigte Hitler, die »Lösung der Raumfrage« bis spätestens 1943/45, bei günstigerer Konstellation wie dem fortdauernden Konflikt im Mittelmeer aber möglicherweise schon 1938 zu vollziehen; sie sollte mit der »blitzartigen« Zerschlagung der Tschechoslowakei und Österreichs beginnen.

In diesen Gedankengängen der Führerbesprechung vom 5. November 1937 war die strategische Richtung und zugleich der imperialistische Grundcharakter der nationalsozialistischen Politik unmißverständlich gekennzeichnet. Um alle möglichen Hindernisse auszuräumen, wie sie auch in den Bedenken einiger Teilnehmer der Besprechung, vor allem der Generale von Blomberg und von Fritsch, spürbar waren, hat Hitler Anfang Februar 1938 einen neuen Umbau der Führung vorgenommen: Neurath wurde endgültig durch Ribbentrop ersetzt, der Befehlshaber des Heeres (von Fritsch) und der Kriegsminister (von Blomberg) durch unsaubere Intrigen Görings und Himmlers zu Fall gebracht und die gesamte Wehrmacht Hitler direkt unterstellt. Auch wenn dies nicht das Anwachsen einer Widerstandsbewegung im Offizierskorps hinderte, so war damit doch die feste Ausgangsposition für den ersten großen Überraschungsschlag nach außen geschaffen. Die bestgerüstete, modernste Streitmacht Europas begann sich in Bewegung zu setzen.

Die Einverleibung Österreichs, erstes und populärstes Ziel des nationalsozialistischen Expansionswillens, war seit der Abwendung Mussolinis von den Westmächten und der Interessenverschiebung der italienischen Politik zum mediterranen Mare-nostro-Imperialismus der bequemste Einsatzpunkt. Das nationale Selbstbestimmungsrecht lieferte, solange es der nationalsozialistischen Zielsetzung entsprach, den wirkungsvollen Vorwand. Versailles war Vergangenheit, eine Intervention auch der Westmächte für dies Relikt eines zerbrochenen Systems kaum zu erwarten. In Österreich selbst hatte die kraftlose Semidiktatur des Dollfuß-Nachfolgers Schuschnigg auch durch Verbote und Verfolgung die nationalsozialistische Anschlußaktivität nicht zu verhindern, eine eigenständige Politik nicht zu popularisieren vermocht, ja, die Gegnerschaft fast aller Lager auf sich gezogen. Am 12. Februar 1938 folgte der österreichische Bundeskanzler manchen Warnungen zum Trotz einer Vorladung Hitlers nach Berchtesgaden und ließ sich durch Drohungen zur Ernennung eines nationalsozialistischen Innenministers (Seyß-Inquart) bestimmen. Verspätete Widerstandsversuche und die Einleitung eines Plebiszits zugunsten der Unabhängigkeit Österreichs beantwortete Hitler mit einem neuen Ultimatum; im überstürzten Zugriff übernahm Seyß-Inquart die Kanzlerschaft und öffnete auf kategorische telefonische Anweisungen aus Berlin (Göring) den bereitstehenden deutschen Truppen die Grenzen.

Am 13. März 1938 vollzog Hitler in Wien die »Wiedervereinigung« der »Ostmark« mit dem Reich; ein 99%-Plebiszit bestätigte die Aktion, die ohne Widerstand unter dem irregeleiteten Jubel der Bevölkerung, freilich auch im raschen Zugriff der Himmlerschen Verhaftungs- und Erschießungskommandos vollzogen wurde. Es war zugleich eine Rückkehr Hitlers nach Österreich; sein Werk, so kündete die Propaganda, war erfüllt. Die internationale Reaktion bestätigte die optimistische Prognose des »Führers«, der noch ein Jahr zuvor allen weiteren Überraschungen entsagt hatte. In England überwog wieder, bei aller Mißbilligung der Methoden, die Neigung zum Verständnis des Vorgangs, Frankreich blieb, von Regierungskrisen erschüttert, fast bewegungslos den eigenen innenpolitischen Problemen zugewandt, Mussolini, der notgedrungen stillgehalten hatte, empfing ein überschwengliches Danktelegramm Hitlers. Von der Schweiz und sogar von Chiang Kai-shek kamen Glückwünsche.

So vollzog sich die Gründung des »Großdeutschen Reiches« als ein großer, unangefochtener Sieg der nationalsozialistischen Politik. Seine Folgen waren unabsehbar: er bedeutete nicht, wie viele Zeitgenossen glauben wollten, den Abschluß der Revision, sondern den Beginn der Expansion. Schon Hitlers nächster Schritt, die Einverleibung des Sudetenlandes, war Beweis dafür; er konnte zwar noch an die ethnisch-nationale, nicht aber an die revisionistische Ideologie anknüpfen. Und überdies enthielt er im Kern bereits, wie schon die frühen militärischen Weisungen bestätigen, Hitlers »unabänderlichen Entschluß, die Tschechoslowakei in absehbarer Zeit durch eine militärische Aktion zu zerschlagen« (30. Mai 1938).

Die strategische Lage dieses Staates, einer Restposition des französischen Allianzsystems, war durch die Österreich-Aktion bedrohlich isoliert. Vor allem aber hat Hitler noch im März 1938 die sudetendeutschen Nationalsozialisten, ganz nach dem Vorbild der Österreich-Politik, in sein Spiel einbezogen. Wieder griffen innen- und außenpolitische Erpressung, bewußt übersteigerte sudetendeutsche Maximalforderungen und militärische Drohung ineinander. Der Führer der sudetendeutschen Nationalsozialisten (Henlein) handelte nach Hitlers Anweisungen: »Wir müssen also immer so viel fordern, daß wir nicht zufriedengestellt werden können.« In Deutschland selbst ließ Hitler zum »Schutz der Sudetendeutschen und (zur) Aufrechterhaltung weiterer Unruhen und Zusammenstöße«(!) Freikorps aufstellen. Alle Zeugnisse sprechen dafür, daß Hitler den inneren Konfliktsfall, den die sudetendeutschen Nationalsozialisten herbeizuführen hatten, zur Intervention benutzen wollte. Dieses Mal stieß die bewährte Taktik freilich auf Hindernisse. Durch die entstehende Hegemonialstellung Deutschlands in Mitteleuropa und durch den Eindruck der Österreich-Aktion auf den benachbarten Südosten beunruhigt, kam Italien den englischen Ausgleichsversuchen vorübergehend entgegen. Zwar setzte London seinen Kurs der Beschwichtigung, des Friedens um beinahe jeden Preis, gegenüber allen Beteiligten fort. Doch ließ die französische Reaktion auf eine erste Mobilisierung der tschechoslowakischen und deutschen Truppen erkennen, daß Frankreich seine Allianzverpflichtungen zu erfüllen gedachte. Das hinderte nicht, daß Chamberlain durch Entsendung eines Vermittlers (Lord Runciman) die Prager Regierung zur äußersten Konzessionsbereitschaft gegenüber den sudetendeutschen Autonomieforderungen aufforderte, nur um schließlich zu erkennen, daß es Hitler nicht darum, sondern um die Einverleibung des Sudetengebietes ging.

Der Ausbruch des Krieges schien unvermeidlich, als Hitler am 12. September in einer entfesselten Rede vor dem letzten Nürnberger Parteitag den Sudetendeutschen die militärische Hilfe Deutschlands ankündigte. Aber noch war die Geduld Chamberlains, seine Hoffnung, wenn nicht als Bändiger Hitlers, so doch als Retter des Friedens zu überleben, nicht erschöpft. Er bot Hitler seinen sofortigen Besuch an und bewies damit den Ernst seiner Bemühungen, freilich auch – in den Augen des Gegners – seinen Respekt vor der deutschen Macht. Es war ein neuer großer Erfolg Hitlers, daß Chamberlain ihn ohne Rücksicht auf

Befehlsempfang der Generäle in der Reichskanzlei in Berlin

Propagandaplakate der NSDAP

Prestigefragen in Berchtesgaden aufsuchte (15. September 1938) und ihm seine Unterstützung in der Frage der Eingliederung des Sudetenlandes zusagte; auch Frankreich beugte sich den Vorstellungen des englischen Premiers, und dem gemeinsamen Druck gab auch Prag nach vergeblichen Protesten am 22. September nach. Als Chamberlain einen Tag später in Bad Godesberg eintraf, stieß er freilich auf neue Forderungen Hitlers. In einer wütenden Brandrede (26. September) wiederholte Hitler seine Kriegsdrohungen, auch Frankreich und England mobilisierten ihre Streitkräfte, und nun war es Mussolini, der mit Rücksicht auf den Stand der eigenen Kriegsvorbereitungen Hitler dazu brachte, doch noch Chamberlains Vorschlag einer Konferenz in letzter Stunde anzunehmen und den Angriff zu verschieben. So kam unter fragwürdigen Bedingungen (die betroffene Tschechoslowakei selbst wurde wieder nicht zugelassen) am 29. September 1938 die Münchener Konferenz zustande: Chamberlain und Daladier fanden sich mit Mussolini bei Hitler ein, um seine letzten Bedingungen entgegenzunehmen und ohne wesentliche Milderung zu akzeptieren; für Prag blieb nur die Entgegennahme des Diktats.

Es war die Rettung des Friedens in einer aufatmenden Welt, und sie geschah wohl auch gegen Hitlers ursprünglichen Willen: »Chamberlain, der Kerl hat mir den Einzug in Prag verdorben!« Es mag Hitlers Entschluß beeinflußt haben, daß er sich eben jetzt bei einer waffenstarrenden Parade in Berlin von der mangelnden Kriegsbegeisterung der Bevölkerung überzeugen konnte. Aber das änderte nichts an der Tatsache, daß damit die Grenzen einer sinnvollen Befriedungspolitik überschritten waren. Für die politische und militärische Opposition in Deutschland, die seit dem demonstrativen Rücktritt des Generalstabschefs Ludwig Beck alles von einem Scheitern des Hitlerschen Kriegskurses erwartet hatte, war München ein entscheidender Rückschlag. Die Tschechoslowakei, die zugleich den Verlust wichtigster militärischer Anlagen zu beklagen hatte, war verteidigungslos der Gnade Deutschlands ausgeliefert, auch wenn England und Frankreich die neuen Grenzen garantierten. Der Glaubwürdigkeit und dem Selbstbewußtsein der Westmächte versetzte dies vor den Augen aller Welt einen schweren Schlag. Und Hitler bestärkte es in der Überzeugung, daß seinem Willen, seinem Instinkt und seiner Intuition keine Grenzen gesetzt seien. Vor allem aber hat München nur eine trügerische Atempause gesichert, und dies um welchen Preis! Entgegen der deutsch-britischen Übereinkunft, künftig alle Meinungsverschiedenheiten durch Verhandlungen auszuräumen, entgegen Hitlers feierlicher Versicherung, Deutschland wolle gar keine Tschechen und habe nach der Lösung dieses Problems in Europa keine territorialen Forderungen mehr (Rede vom 26. September 1938), entgegen auch der in England so verständnisvoll akzeptierten Behauptung, es gehe dem Nationalsozialismus nur um das Selbstbestimmungsrecht und die Wiedervereinigung aller Deutschen, gab Hitler schon drei Wochen nach München den Befehl zur »Erledigung der Resttschechei« und begann den slowakischen Nationalismus für dies Ziel einzusetzen. Der triumphale Empfang Chamberlains in London und schließlich gar der Abschluß eines deutsch-französischen Konsultativpakts in Paris (6. Dezember 1938) waren letzte, schon gespenstische Bestätigungen der Appeasement-Politik. Wohl gab die Verschiebung des nationalsozialistischen Angriffskrieges den Westmächten ein Jahr Frist zur verspäteten Aufrüstung, aber sie gab diese Frist auch ihren Gegnern. Mehr noch: die Tatsache, daß die Sowjetunion, Vertragspartner Frankreichs so gut wie der Tschechoslowakei, bei der Regelung gänzlich übergangen wurde, hat mit dem verstärkten Mißtrauen Moskaus gegenüber der westlichen Politik den Keim zu jener Schwenkung des sowjetischen Kurses gelegt, der Hitler den erfolgreichen Durchbruch zum Krieg erst ermöglicht hat.

Der wahre Sinn der Münchener Sudetenlösung ist rasch offenbar geworden. In allen noch offenen Details mußte sich Prag den deutschen Wünschen beugen; seine systematische Zerstückelung machte unter dem Druck der Nachbarstaaten und den Schiedsansprüchen der »Achse« rasche Fortschritte; noch zum Ende des Jahres begannen sich die Slowakei und Karpato-Ukraine aus den Resten des Vielvölkerstaates zu lösen. Die Taktik der Provokation reichte zwar diesmal nicht aus. Noch wenige Tage vor der gewaltsamen Aktion mußte der deutsche Militärattaché in Prag berichten: »Vertreter der deutschen Volksgruppe bedauert die vollkommen korrekte, ja zuvorkommende Haltung der Tschechen überall. Unter der Bevölkerung kann kaum Beunruhigung bemerkt werden«, und es sei »kräftigere Aktion erforderlich, um ernste Zwischenfälle hervorzurufen«. Desungeachtet prangerten zwar die deutschen Schlagzeilen unaufhörlich die »unerhörte tschechische Provokation des Deutschtums« an. Doch bedurfte es noch des geförderten Anlasses einer slowakischen Unabhängigkeitserklärung, um mit der Existenz der »Resttschechei« den künstlichen Frieden und die Illusionen Chamberlains endgültig ad absurdum zu führen. In der Nacht zum 15. März 1939 hat Hitler dem tschechischen Ministerpräsidenten Hacha unter Androhung der Zerstörung Prags durch die Luftwaffe die Kapitulation des Staatsrestes diktiert und zur »Sicherung von Ruhe, Ordnung und Frieden in diesem Teile Mitteleuropas« den Einmarsch der deutschen Truppen verfügt. Ohne Widerstand wurden Böhmen und Mähren besetzt und zum deutschen Protektorat erklärt. Damit war praktisch nur die Konsequenz aus der Situation gezogen, die schon die Entscheidung von München und ihre unmittelbaren Folgen geschaffen hatten. Hitler selbst verließ sich darauf: »In vierzehn Tagen spricht kein Mensch mehr darüber.« Aber in zweierlei Hinsicht hat Hitlers neuer Gewaltakt eine neue Lage geschaffen. Das Prinzip des Selbstbestimmungsrechts und der national-ethnischen Revision der Versailler Grenzen war damit erstmals eindeutig verletzt; der imperialistische Charakter des Nationalsozialismus trat nun auch in der Wirklichkeit klar hervor. Und die Befriedungspolitik der Westmächte auf der Grundlage von Verhandlungen über nationaldeutsche Revisionsforderungen war endgültig ad absurdum geführt; es konnte keinen Zweifel mehr geben, daß Hitler durch internationale Abmachungen und Verträge, die ihm nicht mehr als ein Fetzen Papier waren, nicht gebändigt und »befriedet« werden konnte.

Die englischen Illusionen, die alle Belastungsproben der vergangenen sechs Jahre überstanden hatten, zerstoben vor der Wirklichkeit. Auch Chamberlain wurde nun vom Umschwung der öffentlichen Meinung ergriffen. Noch im Februar 1939, nach dem Fall Barcelonas, aber einen Monat vor dem Fall Madrids, hatten auch England und Frankreich das Regime des siegreichen Generals Franco anerkannt, der seinerseits sogleich der Antikomintern beitrat und die Gegenfront, zugleich die Bedrohung Frankreichs, verstärkte. Aber nun beschränkten sich London und Paris nicht mehr auf Proteste. Die Appeasement-Politik war zu Ende, ohne daß Hitler selbst, der sich mit so großem Erfolg darauf gestützt hatte, sich dieses Wandels voll bewußt wurde. Das beweist sein Festhalten an der bisherigen Taktik, ein Objekt nach dem anderen zu isolieren und von innen und außen sturmreif zu machen.

Es bedurfte keiner großen Hellsicht, um den nächsten Schritt der nationalsozialistischen Expansion zu erraten. Polen war das letzte Land, demgegenüber der Vorwand der Revision noch anwendbar war. Die nationalsozialistische Regierung in Danzig war bislang, ebenso wie die Bewegung zur Rückgliederung des polnischen Korridors, von der Berliner Zentrale zurückgehalten worden. Aber sofort nach »Erledigung« der tschechischen Frage und der folgenden Einverleibung des Memellandes durch ein Ultimatum an das hilflose Litauen (22. März) erging an Polen die Aufforderung, der Antikomintern beizutreten und über Danzig zu verhandeln, und wenig später erklärte Hitler in einer Rede auch öffentlich (28. April), das Danzig-Problem müsse gelöst werden.

Aber inzwischen war der Wandel der westlichen Politik erstmals spürbar geworden. Am 31. März 1939 hatte England mit einer Garantie an Polen, der sich Frankreich mit einer Bekräftigung der bestehenden Allianz anschloß, die Initiative zu einer unmißverständlichen Warnung ergriffen. Sie wurde durch die feierliche Versicherung an Deutschland unterstrichen, daß sich England jedem neuen Angriff mit Gewalt widersetzen werde. Am 13. April folgten ähnliche Garantieversprechen an Rumänien und Griechenland, dann auch (im Hinblick auf Italien) an die Türkei. Hitler ließ sich dadurch freilich nicht beirren. Er antwortete am 28. April mit der Kündigung sowohl des deutsch-polnischen Paktes wie des deutsch-englischen Flottenabkommens und forderte neben Danzig eine exterritoriale Verbindung durch den »Korridor«. Gleichzeitig ließ er für den 1. September 1939 die Befehle für den Angriff auf Polen ausarbeiten und machte vor vertrautem Kreise klar, daß die ganze Korridorfrage nur ein Vorwand für die gewaltsame Expansion sei: »Danzig ist nicht das Objekt, um das es geht. Es handelt sich für uns um eine Arrondierung des Lebensraums im Osten und Sicherstellung der Ernährung ... bei erster passender Gelegenheit (ist) Polen anzugreifen.«

Obwohl England den Ernst seiner neuen Politik durch verstärkte militärische Vorbereitungen unterstrich und sich nun auch der amerikanische Präsident Roosevelt mit Mahnungen an Hitler und Mussolini wandte (14. April), mochte freilich die Erinnerung an den bisherigen Kurs verwirrend fortdauern. Es konnten kaum Zweifel an der Überlegenheit der deutschen Aufrüstung zum gegebenen Zeitpunkt bestehen; nur eine Verschiebung der Auseinandersetzung mochte die Kräfteverhältnisse ausgleichen. Auch band sich gerade zu diesem Zeitpunkt Mussolini, vom siegreichen Ausgang des spanischen Abenteuers zum äußersten Selbstbewußtsein erhoben, stärker denn je an das »Dritte Reich«; territoriale Forderungen an Frankreich (Nizza, Tunesien, Djibuti, auch Suez) hatten die Frontstellung Italiens gegenüber den Westmächten erneut verschärft. Trotz manchem gegenseitigen Mißtrauen, das durch Mussolinis Vermittlerrolle in München und Hitlers Aktionen in Wien und Prag noch genährt wurde, erfuhr die Interessengemeinschaft eben jetzt neue Impulse. Italien hatte sich inzwischen durch die Annexion Albaniens (April 1939) gegenüber den deutschen Erfolgen schadlos zu halten versucht, war aber entsprechend dem Stand seiner Rüstungen an einer Verzögerung des Kriegsbeginns um drei bis vier Jahre interessiert. Auch hier setzte sich freilich der deutsche Standpunkt durch. Italien glaubte die eigene Position zu verstärken, indem es am 22. Mai den »Stahlpakt« in Berlin schloß, ein Offensivbündnis zur gegenseitigen Unterstützung im Kriegsfalle; in Wirklichkeit band es Mussolini unwiderruflich an Hitlers Willen, den in München verhinderten Krieg noch in diesem Sommer zu entfesseln.

Der entscheidende Zug, der Hitlers Angriff auf Polen abgeschirmt und die Gegenwirkung der Westmächte durchkreuzt hat, stand freilich noch aus. In der Zuspitzung der europäischen Politik mußte der Haltung der Sowjetunion, des zweiten großen Nachbarn Polens, dieses Mal erste Bedeutung zukommen. München war die große Enttäuschung gewesen, zugleich die Quelle eines Mißtrauens, das durch den drohenden polnischen Konflikt und die englische Garantieerklärung eher noch gesteigert wurde. Zu der Furcht vor einer Einigung aller übrigen auf Kosten Moskaus, vor einer Ablenkung der deutschen Dynamik nach Osten, die Hitlers eigenen Lebensraum-Ideen entgegenkam, trat noch ein zweites Motiv. Seit dem verlorenen Krieg von 1920 hatte Rußland, bis 1918 im Besitz des größeren Teils von Polen, die bestehende Grenze nur als vorläufig empfunden. Kaum anders stand es um die sowjetische Haltung zu den baltischen Staaten, die sich am Ende des Krieges aus dem russischen Herrschaftsbereich gelöst hatten. Auch Rußland fühlte sich, wie die deutsch-sowjetische Zusammenarbeit in den zwanziger Jahren demonstrierte, als revisionistische Macht; die taktische Schwenkung von 1933/34 hatte diese Tatsache nur vorübergehend verdeckt. War es für totalitäre Staaten mit ihrer rigorosen Lenkung der allumfassenden Propaganda nicht möglich – wie auch zu Beginn des »Dritten Reiches« –, die ideologischen Gegensätze, mochten sie noch so tiefgreifend sein, vorübergehend hinter die aktuelle Macht- und Interessenpolitik zurückzustellen? Warum sollte nicht die Sowjetunion an Stelle der Westmächte der lachende Dritte in der kommenden Auseinandersetzung sein?

Solche Gedanken, die auch auf eine alte Tradition deutsch-russischer Zusammenarbeit, auf strategische Überlegungen der Militärs und auf Hitlers Bemühungen um Vermeidung eines zweiten Zweifrontenkrieges nach den Erfahrungen des ersten Weltkrieges zurückgreifen konnten, haben die kommende Entwicklung mit der sensationellen Wendung des August 1939 bestimmt. Sie überschatteten auch bald die Initiative, die inzwischen zum erstenmal seit Jahren die Westmächte an sich gerissen hatten. Schon im April, unmittelbar nach der Annexion Prags, hatten sie in neuen Bündnisverhandlungen Moskau zur Mitgarantie Polens und Rumäniens zu bestimmen gesucht. Die Sowjetunion antwortete mit dem Vorschlag, dies auf alle ihre westlichen Nachbarn auszudehnen. Die betroffenen Staaten, fast durchweg seit Kriegsende mit sowjetischen Forderungen und kommunistischer Unterwanderung konfrontiert, weigerten sich mit verständlicher Energie gegen die Aussicht, unter irgendeinem Vorwand den Durchmarsch oder die »Hilfe« russischer Truppen hinnehmen zu müssen und damit erst recht zum nationalsozialistischen Angriffsziel zu werden. Unter ständigem gegenseitigem Argwohn schleppten sich die Verhandlungen ohne wesentliches Ergebnis hin. Es wirkte vielmehr als bedeutsamer Rückschlag, daß in diesem Augenblick (Mai 1939) Litwinow, der Exponent und Träger der Westorientierung Moskaus, durch Molotow in der Führung der sowjetischen Außenpolitik abgelöst wurde. Wohl wurden die Verhandlungen im Juni und Juli mit einigen Fortschritten fortgesetzt; der Abschluß eines Militärbündnisses im August zeichnete sich ab. Aber neue Forderungen Molotows, insbesondere die Frage des von Polen verweigerten Durchmarschrechts für die Rote Armee, verhinderten eine Einigung und bewiesen zugleich, daß sich die Sowjetunion inzwischen so rasch und bedenkenlos, wie es totalitärer Machtpolitik entspricht, dem anderen Lager und seinem großzügigeren Angebot zugewandt hatte.

Tatsächlich waren gleichzeitig die geheimen Verhandlungen mit dem erklärten Todfeind, den »faschistischen Bestien«, zu einem raschen Ergebnis gekommen. Erste Kontakte hatte Moskau schon im April bei Wirtschaftsverhandlungen in Berlin aufgenommen. Litwinows Fall war ein weiteres Zeichen, für Deutschland machte Botschafter Graf Schulenburg die ersten Avancen, die nationalsozialistische Feindpropaganda schwenkte vom Bolschewismus auf die demokratischen »Plutokratien« über, und schließlich hat Hitlers unveränderliches Angriffsdatum (1. September) zur geradezu überstürzten Übereinkunft geführt. Während noch die englisch-französischen Unterhändler in Moskau weilten, machte sich auf sowjetische Einladung Ribbentrop auf den Weg und unterzeichnete in der Nacht seiner Ankunft (23. August) an der Seite Molotows und in Gegenwart Stalins jenen deutsch-russischen Nichtangriffspakt, der die Welt in höchste Überraschung, dann in den Krieg gestürzt hat. Sein sichtbarer Text verpflichtete Hitler und Stalin, keinen Staat zu unterstützen, der mit einem der Vertragspartner im Krieg steht: die Westmächte waren damit isoliert. Den Kern des Abkommens und seine interessenpolitische Grundlage bildete jedoch ein geheimes Zusatzprotokoll, das der »Abgrenzung der beiderseitigen Interessensphären in Osteuropa« gewidmet war und »für den Fall einer territorial-politischen Umgestaltung« Finnland und Baltikum außer Litauen, die Osthälfte Polens und Bessarabien der Sowjetunion zusprach; daß die Frage der Erhaltung eines polnischen Reststaates offengelassen und ausdrücklich betont wurde, das Protokoll solle »von beiden Seiten streng geheim behandelt werden«, läßt den unmittelbaren Sinn des Abkommens deutlich hervortreten.

Hitler hatte Stalin mehr geboten, als die Westmächte im Respekt vor der Freiheit und Souveränität der betroffenen Staaten je erörtern konnten, und er hatte dafür freie Hand für den Angriff auf Polen und für die »territorial-politische Umgestaltung der zum polnischen Staate gehörenden Gebiete« bis zu Narew, Weichsel und San erlangt. Die Tür zum zweiten Weltkrieg und zur deutschen Expansion war aufgestoßen, aber zugleich war auch der Sowjetunion der Weg nach Westen geöffnet. Nicht die »Abwehr des Kommunismus«, wie der Nationalsozialismus mit so viel Erfolg verkündet hatte, sondern blinde Expansionspolitik war der Inhalt des Hitlerregimes; Ribbentrop erklärte Stalin geradezu, »daß England stets den Versuch gemacht habe und noch mache, die Entwicklung guter Beziehungen zwischen Deutschland und der Sowjetunion zu stören«. Und er ging in der machiavellistischen Umdeutung der Bollwerkthese so weit, auch den Antikominternpakt als »im Grunde nicht gegen die Sowjetunion, sondern gegen die westlichen Demokratien gerichtet« zu bezeichnen. So ist Hitler denn in Wahrheit, wie die Umstände und die Folgen seines Entschlusses zum Krieg beweisen, zum »größten Schrittmacher des Bolschewismus in Europa« (Hofer), ja, in der Welt geworden.

Die Konsequenzen dieses außerordentlichen Ereignisses können in der Tat schwerlich überschätzt werden. Es war das Interessenbündnis zweier erklärter Todfeinde, garniert von Trinksprüchen Stalins auf Hitler und einer völligen Umkehrung der Propaganda, und getragen von der Überzeugung, daß die totalitären Mächte eben anders als Demokratien »auf schwankende öffentliche Meinung keine Rücksicht zu nehmen« brauchten, wie es Ribbentrop in einem Schreiben an seinen Moskauer Botschafter formuliert hatte. Es war totalitäre Diplomatie reinsten Stils, wie hier im Frieden geheim, aber verbindlich Kriegsbeute verteilt, extreme Schwenkungen vollzogen, in Stundenschnelle Verträge zerrissen und neu geschlossen wurden. Wohl ging es nicht ohne Schocks in beiden Lagern vor sich. Der nationalsozialistische Chefideologe Rosenberg hat seinem Tagebuch bittere Reflexionen anvertraut, und der nichtrussische Kommunismus stand vor seiner schwersten Belastungsprobe; nicht alle Anhänger sind mit der strikten Aufforderung zum Salto mortale fertig geworden. Aber irgendeinen Einfluß auf den soliden Machiavellismus des Stalin-Hitler-Pakts konnten solche Hemmungen nicht haben: hier enthüllte sich deutlicher denn je der Sinn der inneren Gleichschaltung für die Außenpolitik einer totalitären Diktatur.

Nach langem Schweigen haben kommunistische Politiker und Historiker zwar einige Versuche zur Rechtfertigung des Ereignisses unternommen. Soweit sie aber überhaupt auf die entscheidenden Zusammenhänge eingehen und nicht das Zusatzprotokoll einfach verschweigen, beschränken sie sich auf hypothetische Gegenvorwürfe; sie erinnern an München und den irrealen Wunschtraum eines deutsch-englischen Kreuzzuges gegen den Bolschewismus, aber sie verschweigen in ihrer Aufzählung der unbewiesenen »Möglichkeiten« die harten Tatsachen der Teilung Polens im Frieden und der imperialistischen Grundnote des Abkommens, die wenige Wochen später im sowjetischen Einmarsch nach Ostpolen, dann auch im russischen Angriff auf Finnland, bestätigt wurde. Damals freilich, als die Aufteilungspläne noch auf den Gebrauch der beiden Diktatoren beschränkt waren, standen zwei Konsequenzen des »Nichtangriffspaktes«, besser Angriffspaktes, im Vordergrund der Beurteilungen: er war Rückendeckung für Hitler, und er erlaubte Stalin, wie er meinen konnte, die gewinnreiche Rolle eines Zuschauers bei der Selbstzerfleischung des »Kapitalismus« und seiner faschistischen Spätgeburt, war also trotz aller Monstrosität der Umstände ein legitimes Instrument der kommunistischen Weltrevolution durch Weltgeschichte.

Auch wenn sich kaum zwei Jahre später erweisen sollte, daß dieser Streich zu schlau war, um dauern zu können und auch der totalitären Diplomatie Grenzen gesetzt waren, so hat er doch seine unmittelbare Funktion erfüllt. Die nationalsozialistische Aktion konnte mit Beschleunigung und mit den vertrauten Mitteln vorangetrieben werden: »Ich werde propagandistischen Anlaß zur Auslösung des Krieges geben«, hatte Hitler den Generalen versichert. Alle Propaganda war nun auf die »blutende Grenze« im Osten, auf das Selbstbestimmungsrecht der Volksdeutschen, das Anschlußrecht für Danzig gerichtet. Ultimative Forderungen an Warschau erstickten jeden Gedanken an Verhandlungen; eine Flut von aufgebauschten »Zwischenfällen« und gestellten »Provokationen«, wie zuletzt noch ein von Himmler inszenierter, wochenlang vorbereiteter Überfall mißbrauchter KZ-Insassen in polnischen Uniformen auf den Sender Gleiwitz, lieferten den Vorwand. Letzte westliche Vermittlungsversuche hatten keine Aussicht auf Erfolg, auch ein Konferenzvorschlag Mussolinis, der nicht kriegsbereit war, kam zu spät. Der Duce beklagte sich bei Hitler, bisher hätten sie doch den Krieg »für nach 1942 vorgesehen, und zu jener Periode wäre ich zu Lande, zur See und in der Luft fertig gewesen gemäß den verabredeten Plänen«. So war der Krieg unvermeidlich geworden, einzig weil Hitler ihn wollte und selbst ein zweites München, eine Begrenzung auf bloße Revision und Verhandlung als lästiges Hindernis bei der Erfüllung seiner »Lebensaufgabe« von sich wies. »Ich habe nur Angst«, so erklärte er den Oberbefehlshabern der Wehrmacht am 22. August, »daß mir noch im letzten Moment irgendein Schweinehund einen Vermittlungsplan vorlegt.«

Anders als 1914 konnte es keine offene Kriegsschuldfrage von 1939 geben, auch wenn man die vielfältigen Probleme der Zwischenkriegszeit und das Maß der sowjetischen Mitschuld bedenkt: kaum einmal in der Geschichte ist sie so klar zu beantworten. Dies um so mehr, als diesmal auch England keinen Zweifel an seiner Entschlossenheit gelassen hat. Am 24. August bekannte sich Chamberlain vor dem Unterhaus zur Garantieverpflichtung gegenüber Polen; einen Tag später folgte demonstrativ die Unterzeichnung eines englisch-polnischen Bündnisses. Für Hitler barg diese Entwicklung gewiß eine Enttäuschung in sich. In einem abenteuerlichen Weltteilungsvorschlag, der im Rückgriff auf die Ideen von »Mein Kampf« die Realität der englischen Politik völlig verkannte, hat er London noch am 25. August zur Preisgabe seiner Bündnisverpflichtungen zu veranlassen gesucht und gegen die deutsche Handlungsfreiheit im Osten eine »Garantie« für das britische Weltreich angeboten. Aber selbst der Coup von Moskau hat die Westmächte nicht mehr veranlassen können, Polen wie einst die Tschechoslowakei preiszugeben. Daß Hitler und sein so selbstbewußt englandkundiger Außenminister den Bedenken der Generale und Diplomaten gegenüber bis zuletzt an die Lokalisierbarkeit des Krieges glaubten, war die erste in einer Reihe von Fehlspekulationen, die binnen weniger Jahre über das kurze Schicksal des »Dritten Reiches« entschieden. Den Gang der Ereignisse hat freilich nach Hitlers oft bekundeter Entschlossenheit auch die Aussicht auf einen allgemeinen europäischen Krieg nicht aufhalten können. Nur um wenige Tage verschob Hitler seinen Angriffsbefehl, der inzwischen vorverlegt worden war, wieder auf das alte Datum des 1. September 1939. Einen Tag später erklärte Italien seine Neutralität. Die deutschen Truppen waren im raschen Vordringen, als das englische, dann das französische Ultimatum eintraf (3. September), dem die Kriegserklärung folgte. Der deutsch-polnische Krieg war, fünfundzwanzig Jahre nach dem Ausbruch des ersten Weltkrieges, zum europäischen Krieg geworden; die einundzwanzigjährige Zwischenkriegsära hatte sich vor der Geschichte als ein bloßer Waffenstillstand erwiesen.

Der europäische Krieg

Der Beginn des zweiten Weltkrieges ist so verschieden von dem Ausbruch des Krieges 1914–1918 wie sein Verlauf und sein Ergebnis. Nur eine Generation lag zwischen den beiden Katastrophen Europas, und die Erinnerung hat das Denken und Handeln der Beteiligten, die Strategie und Taktik der Führer nachdrücklich beeinflußt. Auch die betroffenen Völker waren sich der Tragweite des Geschehens tiefer bewußt als im Aufschwung der Begeisterung von 1914. Dies traf nicht zuletzt auch auf Deutschland selbst zu. Die rigorose Gleichschaltung des öffentlichen Lebens durch Terror und Drohung, die systematische

Durchdringung aller Bezirke durch eine umfassende Propaganda, selbst die bewundernde Anerkennung der Erfolge Hitlers und die weitreichende Überzeugung von der Rechtmäßigkeit der Revisionspolitik konnten nicht hindern, daß eine Mehrheit der Bevölkerung nichts weniger als begeistert auf jenen Augenblick reagierte, der lange gefürchtet und doch immer wieder abgewendet worden war. Noch weniger martialisch war die Stimmung im anderen Lager; die Überzeugung, gegen Vertragsbruch, Aggression und Unterdrückung für eine gerechte Sache zu stehen, hat den Krieg als nüchterne, bittere Notwendigkeit empfinden lassen. Niemand freilich konnte wissen, welche Dauer und welchen Umfang die Auseinandersetzung haben, welches Maß an psychischen und materiellen Belastungen sie auferlegen würde. Nur eines war sicher: ungleich mehr als 1914–1918 war es ein Krieg auch der inneren Herrschaftsformen, ein Krieg der Ideologien, der Propaganda und der »Wahrheiten« – ein europäischer Bürgerkrieg, der nicht einfach über die Verteilung der Macht, sondern über das künftige Gesicht, über den geistigen und moralischen Wert Europas entschied. So hat er zuletzt auch eine Intensität und ein Ausmaß gewonnen, das alles Bisherige, das auch die europäische Problematik weit hinter sich ließ.

Gewiß gab es Zweifel und Gegenwirkungen: in Deutschland zumal, wo die Existenz und das Anwachsen einer Widerstandsbewegung bis zur blutigen Liquidierung nach dem vergeblichen Aufstand des 20. Juli 1944 eng mit dem Aufbegehren gegen einen verbrecherischen Angriffskrieg verbunden war. In England und Frankreich wiederum konnte man hören, es sei töricht, für Danzig zu sterben und Deutschlands Kriegsmaschine um einer Grenzberichtigung oder selbst um Polens willen auf sich zu ziehen. Auch hat die Kriegführung der Westmächte zunächst keinen Versuch gemacht, den »Westwall« zu durchstoßen, den Hitler mit viel Lärm und Propaganda errichtet, aber noch keineswegs vollendet hatte. Selbst jetzt, nachdem die Entscheidung gegen die Befriedungspolitik gefallen war, hat die Furcht vor Hitlers modernem Kriegspotential lähmend gewirkt; in der raschen Neuaufrüstung erblickte man nicht zu Unrecht eine Überlegenheit der deutschen Waffen wie der militärischen Taktik gegenüber den älteren Armeen der Gegner. Frankreichs militärische Führung hat deshalb, obwohl Mussolini sich die Freiheit der Entscheidung zu einem für Italien günstigeren Zeitpunkt vorbehielt und keine unmittelbare Bedrohung der französischen Südgrenze bestand, an der defensiven Strategie festgehalten und sich ihrerseits auf die schwerbefestigte Maginotlinie verlassen; nur mit einer kleinen Truppe hat sich England an diesem harmlosen Stellungskrieg beteiligt.

Wieder einmal hatte Hitlers »Intuition« recht behalten. Die Masse der deutschen Armeen, unterstützt durch die modernste Luftwaffe, überrannte in einer Zangenbewegung von drei Seiten die polnische Verteidigung. In knapp vier Wochen brach der Widerstand des weit unterlegenen Gegners zusammen, und zum vereinbarten Zeitpunkt (17. September) marschierte die Rote Armee vom Osten ein und versetzte Polen den Todesstoß; seinem Botschafter wurde in Moskau brüsk erklärt, der polnische Staat habe aufgehört zu bestehen. Nach raschen, reibungslosen Verhandlungen wurde in Moskau ein weiterer deutsch-sowjetischer Vertrag über die Abgrenzung der beiderseitigen Eroberungen und Interessensphären abgeschlossen (28. September), wobei Rußland sich gegen Gebietskonzessionen in Polen die Verfügungsgewalt auch in Litauen sicherte. Die vierte Teilung des polnischen Staates war vollzogen, das deutsch-sowjetische Interessenbündnis auf der Basis gemeinsamer Beutepolitik hatte sich erstmals bewährt. Hitler selbst hat in einer triumphierenden Rede zu Danzig (19. September) keinen Zweifel daran gelassen: »Polen wird niemals wieder auferstehen. Dafür garantiert ja letzten Endes nicht nur Deutschland, sondern dafür garantiert ja auch Rußland.« Und noch klarer hat er diese »Koexistenzpolitik« auf der Basis geteilter Beute wenig später vor dem Reichstag gefeiert: »Deutschland und Rußland werden – jeder in seinem Raume – zur Wohlfahrt der dort lebenden Menschen und damit zum europäischen Frieden beitragen.« Auf der anderen Seite waren der Sinn und die Glaubwürdigkeit der englisch-französischen Garantie und Widerstandspolitik erneut in Frage gestellt. Das Eingreifen der Roten Armee hatte ihr Kriegsziel, den Schutz und die Wiederherstellung Polens, in doppelt weite Ferne gerückt; langwierig, ja, fast aussichtslos erschien der Weg, der mit der Kriegserklärung an Hitler beschritten worden war.

In derselben Reichstagsrede an die Adresse der Westmächte hat Hitler sich alle jene Gedanken zunutze gemacht, die um den Preis der Anerkennung der vollzogenen Tatsachen auf eine Wiederherstellung des Friedens zielten. Wieder versicherte er, Deutschland sei jetzt saturiert, wieder spielte er mit Pathos das Instrument der Friedensliebe und Verständigungsbereitschaft. Jetzt freilich, nach den Erfahrungen gebrochener Versprechungen und mißbrauchter Geduld, ohne Erfolg. Chamberlain und Daladier wiesen das »Angebot« sogleich ebenso öffentlich und entschieden zurück, und auch belgisch-holländische Vermittlungsversuche blieben ohne Erfolg. Aber noch immer stand die Westfront Gewehr bei Fuß, lagen sich die Truppen in ihren oft weit auseinanderliegenden Befestigungen fast ohne Kampfhandlungen und Verluste gegenüber: mit jener seltsamen Mischung von Lustlosigkeit, gegenseitiger Schonung und Propaganda, für die sich in England der Begriff des »phoney war« eingebürgert hat. Es war ein »Nervenkrieg«, der durch die anhaltende Schwenkung der kommunistischen Propaganda nach sowjetischem Vorbild noch verstärkt wurde: auch die inzwischen verbotene KP Frankreichs hat ihre Untergrundtätigkeit nach Kräften auf die Schwächung der französischen Moral und Verteidigungskraft gerichtet, ja, die nationalsozialistische These von der Sinnlosigkeit des Krieges ihrerseits unterstützt.

Inzwischen hatte auch die Sowjetunion alle erreichbaren Konsequenzen aus dem Pakt mit Hitler und der Kriegslage gezogen. Noch im Oktober 1939 zwang Moskau die hilflosen baltischen Staaten zur Entgegennahme von »Beistandspakten« und russischen Stützpunkten. Die Ablehnung ähnlicher Forderungen durch Helsinki beantwortete die Rote Armee am 30. November mit dem Angriff auf Finnland. Einzige Folge war ein letztes gespenstisches Wiederauftreten des Völkerbunds, der auf Finnlands Antrag den Ausschluß Rußlands aus seiner Mitte beschloß (14. Dezember). Der vorübergehende Gedanke, Finnland zu Hilfe zu kommen, scheiterte am Problem des Durchmarschrechts durch die skandinavischen Länder; ohnehin ohne Aussicht auf Erfolg, hätte eine solche Unternehmung Rußland zudem aktiv in den Krieg gegen die Westmächte hineingezogen. So konnte die Sowjetunion nach unerwartet hartnäckigem Widerstand Finnland am 12. März 1940 den Frieden diktieren, der einigen Landgewinn und neue Marinebasen einbrachte.

Unterdes kam auch Hitlers Krieg wieder in Gang. Überraschenderweise geschah dies nicht an der Landfront im Westen, sondern unter Einsatz der deutschen Marine im Norden.

Englands überlegene Seestreitkräfte konnten nicht verhindern, daß Hitler am 9. April 1940 die Verminung norwegischer Hoheitsgewässer durch die Westmächte zum Vorwand nahm, um in rascher Aktion Dänemark und Norwegen zu besetzen. Dänemark ergab sich ohne Kampf; nur im Norden Norwegens (Narvik), wo inzwischen englisch-französische Truppen gelandet waren, dauerte der Kampf noch durch den Juni, während Regierung und König nach England flohen und Hitler ein Besatzungsregime, dann eine faschistische Satellitenregierung von eigenen Gnaden einsetzte (Quisling). Die Besetzung Skandinaviens, die freilich Schweden verschonte, sicherte Deutschland neben der wichtigen nordschwedischen Erzzufuhr eine breite Angriffsbasis für den See- und Luftkrieg gegen England. Sie war nur ein Auftakt zur lange verzögerten Wendung gegen die Westmächte selbst, die noch immer untätig in den französischen Befestigungen saßen.

Am 10. Mai 1940 begann die mehrfach verschobene Offensive im Westen. Anders als 1914 war sie, obgleich die Grundidee des Schlieffenplans beibehalten wurde, von vornherein auf eine Kombination von Durchbruch und weitestmöglicher Umfassung angelegt. So wurden nicht nur Belgien, sondern auch Holland ohne Bedenken und ohne Rücksicht auf feierliche vertragliche Verpflichtungen sofort in die Operationen einbezogen; Hitlers Behauptung, es gehe ihm um den Schutz der Neutralität dieser Länder, war nur ein schwacher Vorwand, den niemand ernst nehmen konnte. Mit der Bombardierung Rotterdams eröffnete Hitler zugleich den Bombenkrieg gegen die Zivilbevölkerung, der dann so schwer auf Deutschland selbst zurückfallen sollte. Am 15. Mai war Holland überrannt und kapitulierte, Regierung und Königsfamilie flohen nach England. In raschem Durchstoß erreichten die überlegenen deutschen Panzertruppen den Kanal und trennten die Hauptmasse der französischen von den nördlichen englisch-französisch-belgischen Streitkräften. Der »Blitzkrieg« erwies sich als unwiderstehlich, und nur dank einem kurzen Zögern der deutschen Führung gelang es den englischen und einem kleinen Teil der französischen Truppen in einer denkwürdigen Rettungsaktion, sich im letzten Augenblick bei Dünkirchen der Gefangennahme zu entziehen und bei Verlust allen Materials den Kern der britischen Landstreitkräfte übers Meer zu retten. Am 28. Mai erklärte auch Belgiens König gegen den Willen der eigenen Regierung die Kampfhandlungen für beendet; Leopold folgte nicht seiner Regierung nach London und vermochte im weiteren Verlauf des Krieges eine Zusammenarbeit mit den Siegern nicht ganz zu vermeiden, eine Tatsache, die zu bitteren, bis zur Abdankung Leopolds (1951) fortdauernden Kontroversen um das belgische Königshaus geführt hat.

Frankreich wie England waren durch die schockierenden Ereignisse des Mai 1940 im Innersten getroffen. Schon am denkwürdigen 10. Mai hatte Winston Churchill, der Exponent der konservativen Rebellen gegen die Appeasement-Politik, die Führung Englands aus den Händen des gebrochenen Chamberlain übernommen; an der Spitze eines Koalitionskabinetts der Konservativen und der Labour Party erwies sich der streitbare Premier als Symbol des neuformierten englischen Widerstandswillens. In Frankreich, das dem deutschen Siegeszug nun allein gegenüberstand, hatte schon im März Reynaud den Premier von »München«, Daladier, abgelöst; jetzt wurde die militärische Führung umgebildet und eine neue Verteidigungslinie aufgebaut. Aber schon vier Wochen nach Beginn der

Das durch deutsche Bomben am 13. Mai 1940 zerstörte Rotterdam nach Beseitigung der Trümmer

Die französische Fluchtkatastrophe
Tuschzeichnung von Frans Masereel, Villefranche s. Cher, 18. Juni 1940
Winterthur, Privatbesitz

Offensive gelang dem Gegner der entscheidende Durchbruch auf Paris, das am 14. Juni von deutschen Truppen besetzt wurde. Der Krieg im Westen ging zu Ende, während England die verzweifelten Hilferufe des Verbündeten nur mit der bitteren Feststellung beantworten konnte, daß es nun alle verbliebenen Kräfte zur eigenen Verteidigung zusammenhalten müsse. Auch ein Appell Reynauds an Roosevelt konnte in dieser Lage nicht mehr helfen. Nur einem kleinen Teil deutscher Flüchtlinge, die in Frankreich politisches Asyl gesucht hatten und seit Kriegsausbruch interniert waren, gelang es in letzter Minute, nach England und Amerika zu entkommen.

In einer Rede am 4. Juni ließ Churchill freilich keinen Zweifel, daß England den Krieg gegen Hitler fortsetzen werde. Und auch in Frankreich, wo bis zum letzten Augenblick fieberhaft mit England verhandelt wurde, prallten die Meinungen hart aufeinander, ob mit der Niederlage auch der Krieg selbst verloren sei und man sich voll auf die neue Situation einstellen müsse, oder ob nicht der Rückschlag nur vorübergehend und es die Pflicht der Regierung sei, von Nordafrika aus den Widerstand fortzusetzen. Churchill selbst ging bei einem letzten Besuch der nach Bordeaux geflohenen Regierung (15. Juni) so weit, Frankreich eine Union mit England anzubieten, durch die die Kontinuität des Staates über die Niederlage hinweg ungebrochen erhalten werden sollte. Aber die Ereignisse gingen über solche Erwägungen rasch hinweg. Am 10. Juni, als kein Risiko mehr gegeben war, hatte auch Mussolini sein Schweigen beendet und den Westmächten den Krieg erklärt. Auch Südfrankreich war damit bedroht, die Auseinandersetzung unwiderruflich verloren. Am 17. Juni machte Reynaud dem legendären Heerführer des Ersten Weltkrieges und Verteidiger Verduns, dem greisen Marschall Pétain, Platz. Sein Prestige, so hoffte man, würde Frankreich erträglichere Positionen in dem Waffenstillstand sichern, der nun unvermeidlich geworden war. Wenige Tage später diktierte Hitler dem Abgesandten des Marschalls, im selben Salonwagen zu Compiègne, in dem Deutschland zweiundzwanzig Jahre zuvor den Verlust des ersten Weltkriegs quittiert hatte, seinen Willen: deutsche Besetzung von drei Fünftel des Staatsgebiets, Kriegsgefangenschaft der Armee und Entwaffnung auch der Flotte bis auf einige Schutzverbände, künftige Anlehnung des Reststaates an Deutschland.

Mit der Niederwerfung Frankreichs stand Hitler im Zenit seiner Macht. Er hatte, wie er glaubte und durch den Akt im Wald von Compiègne demonstrierte, die Niederlage des ersten Weltkrieges rückgängig gemacht: ein Ziel, das sein politisches Denken und Handeln von Anbeginn bestimmt hatte. Das »Dritte Reich« war in wenigen Monaten zur unumstrittenen Hegemonialmacht im nichtrussischen Europa emporgestiegen; Italiens unrühmliche Rolle als Beutepartner hat Mussolinis Prestige nachhaltig beeinträchtigt und die wahren Machtverhältnisse auch innerhalb der »Achse« aufgedeckt. Der Fall Frankreichs hinterließ ein Vakuum, das den nationalsozialistischen und faschistischen Doktrinen von der »Neuordnung Europas« freie Bahn und weite Entfaltungsmöglichkeit gewährte. Nur drei Machtzentren waren übriggeblieben, die der weiteren Expansion der nationalsozialistischen Herrschaft noch Widerstand leisten konnten: England, Rußland und die Vereinigten Staaten von Amerika. Die beiden letzteren Hindernisse besaßen, wie die Dinge jetzt lagen, nur potentielle Bedeutung. In Amerika waren die Meinungen durchaus unterschiedlich; isolationistische Neigungen hatten ein bedeutendes Gewicht, auch wenn die

Entschlossenheit besonders Roosevelts selbst zur Unterstützung Englands außer Zweifel stand. Und die Sowjetunion, beeindruckt durch die deutschen Erfolge und getäuscht in ihren Hoffnungen auf eine verlustreiche Selbstzerfleischung von Faschismus und Demokratie, tat alles, um die Beziehungen zu Deutschland intakt zu halten. Sie hatte freilich die Ereignisse in Frankreich benutzt, um auf dem Weg über Ultimatum, Regierungswechsel, Volksabstimmungen und »spontane« Anschlußforderungen sich die baltischen Staaten noch im Sommer 1940 einzuverleiben; wenig später folgte, widerstrebend von den Achsenmächten zur Kenntnis genommen, der »Anschluß« Bessarabiens und der nördlichen Bukowina. Auch Rußland hatte binnen kurzem sein Staatsgebiet fast auf den Stand von 1914 gebracht und dreiundzwanzig Millionen neue Sowjetbürger gewonnen. Es beleuchtet die neue Situation, daß Hitler schon im Sommer 1940 begann, auch den Angriff auf Rußland in seine Planungen einzubeziehen, während er noch emphatisch vor dem Reichstag erklärte (19. Juli), das deutsch-russische Verhältnis sei »endgültig festgelegt« und jede Hoffnung auf neue Spannungen »kindisch«.

Unter den gegebenen Umständen war jedoch England die einzige Bastion, die der Festigung des neuen deutschen Imperiums und der Beendigung der ersten Kriegsphase noch im Wege stand. Hitlers Illusion, England unter dem Eindruck des deutschen Sieges durch neue »Friedensreden« zum Einlenken zu bringen, zerbrach rasch an dem zähen Willen Churchills. Die neu errungenen Positionen und Materialquellen mußten nun gegen ein Land mobilisiert werden, das nach Dünkirchen zwar nur noch über zwei Land-Divisionen, doch immer noch über die volle Seemacht, ein riesiges Kolonialreich und eine jetzt rasch anwachsende Rüstung verfügte. Die Invasion Englands war eine Aufgabe, die die Kräfte der deutschen Marine überstieg, und die anfängliche Überlegenheit der deutschen Luftwaffe, die London durch pausenlose Angriffe zu zermürben suchte, erwies sich entgegen Görings Prahlereien als kurzatmig. Nach mehrmaliger Verschiebung ließ Hitler schon zu Ende des Jahres 1940 den Plan einer Eroberung des englischen Mutterlandes fallen. Das war im Anschluß an das »Wunder von Dünkirchen«, wie sich erweisen sollte, ein erster Wendepunkt des Krieges, vergleichbar mit der Wirkung der Marneschlacht von 1914. Künftig fand sich Hitler vor einer Situation, die der Napoleons nicht unähnlich war. Auch die Konsequenzen bis hin zum Rußlandfeldzug waren fast zwangsläufig dieselben. Der Krieg dauerte fort, entgegen den Erwartungen vieler Zeitgenossen, weil das England Churchills nicht mehr bereit war, selbst einem günstigen Kompromiß zuzustimmen. Das bedeutete nichts anderes, als daß der Weg aus dem Dilemma langwierig sein und letztlich dadurch entschieden würde, wieweit es gelang, den Krieg an neue Fronten zu verlagern und gleichzeitig neue Partner auf seine Seite zu bringen. Hitler ist an diesem Problem, mit dem sein europäischer Krieg zum Weltkrieg geworden ist, zuletzt gescheitert; der Angriff auf die Sowjetunion war nicht zuletzt auch eine Flucht nach vorn, die wohl die Entscheidung, aber zugunsten der Formierung einer weltweiten Gegenfront, der totalen Niederlage gebracht hat.

Das war freilich ein weiter, verlustreicher Weg. Nach dem Scheitern der Invasionspläne gegen England hat Hitler seine Anstrengungen darauf gerichtet, ganz Europa in ein Hinterland der deutschen Kriegführung zu verwandeln: teils ohne kostspielige Eroberung durch einseitige »Verträge«, teils durch direkten Druck und Besetzung. Italien hat sich dabei als formal gleichberechtigter, wenn auch oft als hinderlich empfundener Mitträger dieser »neuen Ordnung« seinen Anteil gesichert. Es hat freilich Hitler dabei in Situationen hineinmanövriert, die den deutschen Kriegskurs erheblich belastet haben. Während die russischen Annexionsunternehmen gegen Rumänien von der »Achse« mit der Aufteilung dieses Landes auf Ungarn und Bulgarien und der deutschen Besetzung des »selbständigen« Restgebietes beantwortet wurden und die deutsch-sowjetischen Beziehungen erste Bruchstellen zeigten – eine Tatsache, die auch in dem Abschluß eines Dreimächtepakts zwischen Rom, Berlin und Tokio ihren Ausdruck fand (September 1940) –, hatte sich der Schwerpunkt des Krieges auf einen neuen Schauplatz verlagert. Am 28. Oktober 1940 suchte Mussolini Hitlers Überraschungstaktik mit gleicher Münze heimzuzahlen: ohne deutsches Wissen eröffnete er vom okkupierten Albanien aus den Angriff auf Griechenland. Tatsächlich war inzwischen das Mittelmeer auch zum neuen Zentrum des abgebrochenen Krieges mit England geworden.

Schon im September 1940 hatten italienische Truppen die libysch-ägyptische Grenze überschritten, um Mussolinis Vision der Besetzung Kairos wahrzumachen. Für einen Augenblick schienen Englands nahöstliche Position und der Weg nach Indien in Gefahr. Aber schon zu Ende des Jahres waren die Angreifer weit nach Libyen zurückgeworfen; gleichzeitig schloß sich der englische Griff um das neue faschistische Imperium in Ostafrika, das ohne Verbindung zum Mutterland keinen wirksamen Widerstand zu leisten vermochte. Nur mit Hilfe eines deutschen Afrika-Korps gelang es, den nordafrikanischen Rest des »impero Romano« zu halten, während der Angriff auf Griechenland in einer Serie von Niederlagen liegenblieb. Damit war freilich auch Hitlers Blick auf die Bedeutung des Mittelmeeres für den Kampf gegen England gelenkt. Der Schlüssel zur Herrschaft in diesem Bereich lag zum guten Teil bei der Bewältigung des Problems, das der britische Stützpunkt Gibraltar für die »Achse« darstellte. Es bedeutete einen weiteren Rückschlag im Jahr der Siege, daß Franco zwar freundliche Sympathien für seine italienischen und deutschen Helfer bekundete und später auch die Geste der Entsendung einer Freiwilligen-Division an die Ostfront machte, jede eigene Beteiligung am Krieg aber geschickt zu vermeiden wußte. Auch eine Begegnung mit Hitler an der französisch-spanischen Grenze (Hendaye) hat den spanischen Diktator nicht von seinem klug gesteuerten Kurs der wohlwollenden Neutralität abgebracht; er hat als einziger »Führer« der Zwischenkriegsdiktatoren den zweiten Weltkrieg überlebt.

In diesem Zusammenhang hat auch das weitere Schicksal Frankreichs eine bedeutsame Rolle gespielt. Selbst nach der Niederlage und Teilbesetzung des Mutterlandes besaß die einstige Vormacht Europas doch noch drei gewichtige Pfänder: ein großes Kolonialreich, das dem deutschen Zugriff fast ganz unzugänglich war; eine noch immer ansehnliche Flotte, auf die Englands Seestrategie mit besonderer Aufmerksamkeit blickte; und die Autorität Pétains, die für Zusammenhalt und weiteren Einsatz dieser potentiellen Machtmittel maßgebend war und der politischen Taktik Restfrankreichs zunächst ein gewisses Eigengewicht verlieh. Durch die als vorübergehend empfundenen Waffenstillstandsbedingungen, durch Förderung einer Ideologie deutsch-französischer Zusammenarbeit auf der Basis der »neuen Ordnung« und durch anfängliche Rücksichtnahme auf empfindliche Punkte des französischen Selbstbewußtseins hat die nationalsozialistische Führung diesen

Tatsachen Rechnung zu tragen gesucht. Sie hat dabei geschickt manchen italienischen Forderungen und manchen wunschhaften Andeutungen Spaniens widerstanden, auch wenn zugleich abenteuerliche Pläne zur Re-Germanisierung Burgunds und Nordfrankreichs bis zur Somme auftauchten (aus Nancy wird »Nanzig«). Für die Politik des französischen Reststaates ergaben sich daraus die Schwierigkeiten, aber auch Chancen eines geschickten Taktierens zwischen den Forderungen des beherrschenden Siegers und den Möglichkeiten, die in der Fortdauer der englischen Kriegführung, in deutsch-italienischen Unstimmigkeiten und in der Bedeutung des französischen Restpotentials für die Ausweitung des Krieges enthalten waren. Die Tatsache, daß wohl ein Waffenstillstand, aber kein förmlicher Friede geschlossen war, begünstigte diese Taktik; bei allen Nachteilen (wie in der Kriegsgefangenenfrage) war darin doch zugleich ausgedrückt, daß die Frankreichfrage in der Schwebe blieb, ja, formal der Kriegszustand mit Deutschland fortdauerte.

Das hinderte nicht, daß nun auch das Kernland der kontinentaleuropäischen Demokratie dem Sog der diktatorischen Welle Rechnung trug, der von den Siegern ausging. Schon am 10. Juli 1940 hatte Pétain im neuen Regierungssitz Vichy die Selbstausschaltung des französischen Parlaments und seine Erhebung zum führerähnlichen Staatschef akzeptiert. Ein autoritäres Regime mit korporativ-ständischem Einschlag nach faschistischem Muster proklamierte den Neubau des Staates. Entscheidend mußte nun erscheinen, wem der politisch unerfahrene Greis von Hindenburgschem Zuschnitt die tatsächliche Führung der Politik überlassen würde. Pierre Laval beanspruchte hier den ersten Platz, sein Opportunismus hat den französischen Kurs zunächst bestimmt: Anpassung an Deutschland mit einem Treffen Hitler–Pétain (Oktober 1940), das den Beginn der offiziellen »Kollaboration« bezeichnet, dementsprechend Lösung der durch die Ereignisse überholten, durch einen britischen Angriff auf die französische Flotte widerlegten Bindung an England. Es hat diesen Kurs freilich kompliziert, daß gleichzeitig (17. Juli) von dem nach London geflohenen General de Gaulle eine »Bewegung für ein freies Frankreich« gegründet wurde, die für eine Fortsetzung des Widerstands an Englands Seite aufrief und in mehreren zunächst freilich mißglückten Unternehmungen (Dakar) auch im französischen Kolonialreich Fuß zu fassen suchte.

Inzwischen war das Problem des festgefahrenen Krieges wieder in Fluß gekommen: freilich weder in Afrika, wo die Restpositionen der »Achse« nur eben gehalten wurden, noch in Frankreich, wo Lavals Abgang (Dezember 1940) ein unverändertes Vakuum hinterließ, sondern in der östlichen Hälfte Europas. Im Balkan hatten die Verschiebungen von 1940 das deutsch-sowjetische Verhältnis einer ersten Belastung unterworfen. Die ungeklärte Interessenabgrenzung der drei Großmächte barg den Keim zu akuten Konflikten. Die Verhandlungen, die Molotow auf Ribbentrops Einladung in Berlin geführt hatte (November 1940), endeten ohne Ergebnis. Für ihren Eintritt in den Dreimächtepakt forderte die Sowjetunion die volle Herrschaft über Schwarzes Meer (einschließlich Bulgarien) und östliche Ostsee (einschließlich Finnland). Aber Hitler war ohnedies zu diesem Zeitpunkt fest entschlossen, zum suspendierten Kernprogramm des Nationalsozialismus zurückzukehren und die Lösung des Kriegsproblems und zugleich die weltherrschaftliche Vollendung seines Imperiums in der Eroberung Rußlands zu suchen.

Die Ausdehnung und Festigung der deutsch-italienischen Herrschaft über Südosteuropa gehört schon in diesen Zusammenhang. Nach scharfen diplomatischen Konkurrenzkämpfen zwischen Berlin und Moskau, in deren Verfolg Sofia zwei sowjetische Bündnisangebote ablehnte, trat Bulgarien im März 1941 dem Dreimächtepakt bei und öffnete den deutschen Truppen seine Grenzen. Ungarn und Rumänien waren denselben Weg schon gegangen, Jugoslawien stand vor einer ähnlichen Entscheidung. Einen Staatsstreich opponierender Gruppen (26. März) beantwortete Hitler am 6. April 1941 mit der raschen Eroberung Jugoslawiens; er benutzte die Gelegenheit, um auch den tapferen Widerstand Griechenlands gegen den bis dahin erfolglosen italienischen Angriff zu brechen (23. April) und mit einer freilich verlustreichen Fallschirmjägeroperation auch die durch englische Truppen aus Nordafrika verstärkte Insel Kreta zu besetzen (31. Mai). Die »Neuordnung« des Balkans, die in der Zerteilung Jugoslawiens und Griechenlands unter die Achsenmächte bestand, hat die deutsch-sowjetischen Spannungen weiter verschärft; es war bezeichnend, daß die letzte jugoslawische Regierung vor dem deutschen Einmarsch noch einen Freundschaftspakt mit Moskau geschlossen hatte, bevor sie ins Exil ging. Die politisch-strategische Ausgangsposition für den nächsten großen Schlag war bezogen. Freilich hat der Balkanfeldzug Hitlers Vorbereitungen zur Wendung nach Osten um einige vielleicht entscheidende Wochen verzögert.

Der Angriff auf die Sowjetunion, den die deutschen Truppen am 22. Juni 1941 eröffneten, kam auch für Moskau nicht gänzlich unerwartet. Deutschlands Vordringen ans Schwarze Meer und die vorübergehende Drohung einer türkisch-nahöstlichen Front, die sich mit dem Machtergreifungsversuch eines achsenfreundlichen Regimes im Irak und einer rasch gescheiterten Einflußnahme auf Persien abzeichnete, hatten Rußland alarmiert. Schon am 13. April war Moskau mit dem Abschluß eines sowjetisch-japanischen Nichtangriffspakts ein wirkungsvoller Gegenzug gelungen, der die russische Ostgrenze entlastete und das Gewicht des im Ursprung antisowjetischen Dreierpaktes verminderte. Die gewaltigen Truppenbewegungen in Polen und Ostpreußen waren kaum ein Geheimnis gewesen, und auch die politischen und wirtschaftlichen Kontakte waren trotz allen sowjetischen Bemühungen stetig zurückgegangen. Trotzdem machte der Angriff gegen die schlecht organisierte russische Verteidigung rasche Fortschritte. Im Spätherbst war die Front schon nahe an Moskau und Leningrad herangerückt, war die Ukraine überrannt und damit ein wesentliches Postulat der »Lebensraumidee« verwirklicht. Hitler schien trotz der Verspätung der Offensive mit seiner Einschätzung der Kräfteverhältnisse, die nicht zuletzt auch an dem wenig ruhmreichen Verlauf des sowjetischen Finnlandkrieges orientiert war, noch einmal gegen die Warnungen der »Fachleute« recht zu behalten. Aber das waren Landgewinne, die angesichts der Ausdehnung Rußlands den Krieg so wenig entschieden wie zu Napoleons Zeiten, solange nicht die Vernichtung der ausweichenden russischen Militärmacht gelang. Und eben davon war die Offensive noch weit entfernt, als verfrüht der russische Winter einbrach und auch der militärische Widerstand sich wieder versteifte. In diesem Augenblick trat eine Reihe von Ereignissen ein, die das Gesicht des Krieges von Grund auf veränderten und Hitler zunächst unmerklich, dann immer nachdrücklicher an die Grenzen seiner Möglichkeiten gemahnten. Noch vor Ende des Jahres war aus dem europäischen Krieg der isolierten

Fronten, der den »Innenmächten« Deutschland-Italien eine natürliche Überlegenheit gewährt hatte, ein Weltkrieg geworden, dessen Führung Hitler Stück um Stück entglitt.

Der deutsche Angriff auf Rußland war ein erster Wendepunkt nicht nur des europäischen Krieges, sondern der weltpolitischen Entwicklung insgesamt: aber nicht in dem Sinne, in dem Hitler diesen »schwersten Entschluß meines Lebens« in einer gespenstischen Reichstagsrede am Tag des Angriffs und in einem vorangehenden Brief an Mussolini gerechtfertigt hatte. Er erlöste zunächst England aus der einjährigen Isolierung einer letzten kriegführenden Macht: Churchill zögerte keinen Augenblick, Rußland sofort der vollen Hilfe Großbritanniens zu versichern und dies auch durch ein förmliches Abkommen zu besiegeln (12. Juli). Er resultierte in einer globalen Ausweitung des Konflikts, der die »Achse« auch mit der Herrschaft über zwei Drittel Europas nicht gewachsen sein konnte. Er befreite zugleich, indem er die Sowjetunion in das Zentrum der Auseinandersetzung mit dem nationalsozialistischen Weltherrschaftsanspruch rückte, die kommunistischen Untergrundbewegungen aus ihrer orientierungslosen Lähmung. Und er verlieh der militär- und außenpolitischen Aktivität der Sowjetunion ein Gewicht, wie sie es seit ihrem Bestehen noch nicht zu erlangen vermocht hatte, und öffnete ihr – wieder wie 1939 entgegen der nationalsozialistischen Bollwerk-Propaganda – den Weg zur Weltmacht.

Auch die Erweiterung des »deutschen Lebensraums« um die riesigen eroberten Gebiete hat nicht die erwarteten Früchte getragen. Die bislang so erfolgreiche Expansions- und Herrschaftsideologie des Nationalsozialismus erwies sich jetzt geradezu als Hemmnis für die militärische und politische Bewältigung des Krieges. Statt das deutsche Potential entscheidend zu stärken und den materiellen Rückhalt für die kommende weltpolitische Auseinandersetzung zu schaffen, hat die am Rassendogma vom Herren- und Untermenschen orientierte Unterdrückungs- und Ausrottungspolitik der nationalsozialistischen Statthalter (die in Alexander Dallins Werk »Deutsche Herrschaft in Rußland« so umfassend dargestellt ist) nach kurzen Illusionen der vom Kommunismus »befreiten« Bevölkerung eine hartnäckige Widerstandshaltung und einen Partisanenkrieg hervorgerufen. Die Grenzen totalitären Denkens und totalitärer Politik traten hier, während gleichzeitig die »Endlösung der Judenfrage« mit der kalten Vernichtung von vielen Millionen Menschen aus allen besetzten Ländern begann, deutlicher denn je hervor. Noch bevor Hitler die größte Ausdehnung seines Machtbereichs (Sommer 1942) erreicht hatte, begann in Wahrheit schon die Endphase der nationalsozialistischen Herrschaft. Der äußere Wendepunkt lag, wie im ersten Weltkrieg, beim Eingreifen der Vereinigten Staaten; die militärischen und politischen Umstände dieser Ereignisse vom 7. bis 11. Dezember 1941 – japanische Expansion und erster Rückschlag in Rußland – waren freilich grundlegend verschieden.

Der zweite Weltkrieg

Der Übergang vom europäischen zum globalen Krieg rückte einen neuen Schauplatz, der lange fast unbeachtet geblieben war, wieder in den Vordergrund der Aufmerksamkeit. Während das »Dritte Reich« im Zenit seiner Machtentfaltung stand und mit dem faschistischen Italien im Schlepptau durch Besetzung oder Satellitenregime über Europa herrschte, war auch der Dritte im Bunde der »nichtsaturierten«, expansiven Großmächte nicht untätig geblieben. Japan hatte die Gelegenheit der europäischen Vorkriegskrisen benutzt, um nach dem Abschluß des manchurischen Eroberungskrieges seine Kräfte auf das Hauptziel China zu konzentrieren. Im Juli 1937 waren die Kampfhandlungen wieder aufgelebt, und obwohl es auch in der Folge nicht gelang, den nach Chungking ausweichenden Chiang Kai-shek endgültig zu besiegen, hatte Japan mit der Errichtung einer chinesischen Satelliten-Regierung in Nanking (1940) Kontrolle über große Gebiete Ost-Chinas gewonnen. Aber während die europäischen Kolonialmächte durch Hitler gefesselt waren und auch die Sowjetunion einen Konflikt mit Japan vermied, ja schließlich auch vertragsmäßig ausschloß (Neutralitätspakt April 1941), hatte sich die Aufmerksamkeit Amerikas zunehmend auf Japans Aktivität gerichtet. Amerikanische Interessen waren in China berührt, und die weitergehenden Pläne Tôkyôs in Südostasien drohten die pazifischen Einfluß- und Sicherheitsbedürfnisse der USA zu verletzen. Ganz offenbar gedachte Japan im Schatten des europäischen Krieges seinen Traum eines ostasiatischen Lebens- und Herrschaftsraums auf dem Boden der europäischen und amerikanischen Besitzungen und im Ausgriff nach Indien und Australien zu verwirklichen. Drei Faktoren sind für diesen Aspekt der Kriegsausweitung und seine Folgen bedeutsam geworden: die kriegerisch-autoritäre Herrschaftsstruktur Japans, die Reaktion der Vereinigten Staaten und das aus dem Konflikt resultierende Erwachen der Kolonialvölker.

Es gehört nicht zu den Aufgaben dieses Kapitels, den inneren Entwicklungen und Verzweigungen der japanischen und amerikanischen Politik oder der Problematik des Kolonialismus nachzugehen; das geschieht ausführlich an berufener Stelle. Dort wird auch eingehender über die inneren Grundlagen jener politisch-militärischen Auseinandersetzung gehandelt, die im Verlauf des Jahres 1941 herangereift ist und den Pazifischen Ozean zum neuen, zweiten Schwerpunkt des Krieges gemacht hat. Für Japans Expansionspolitik war das mühselige Vordringen in die weiten Räume Chinas inzwischen immer problematischer geworden. Zwar hatte Tôkyô die europäische Krise von 1938 zur Eroberung von Hankou und Kanton genutzt. Aber in demselben Maße, in dem Englands Gegenposition geschwächt wurde, hat sich die amerikanische Haltung versteift. Das wurde beschleunigt durch die Ankündigung einer »neuen Ordnung« Ostasiens, mit der Japan am 18. November 1938 amerikanische Proteste beantwortet hatte. Auch wenn jede nähere Erklärung dieses Begriffes fehlte, so begann nun doch deutlich zu werden, daß die chinesischen Unternehmungen nur einen Auftakt zu weitergehenden Plänen Japans darstellten. Die Vorstellungen, die im Zusammenhang mit den Problemen der Chinapolitik in Tôkyô entwickelt wurden, erinnerten durchaus an die politisch-wirtschaftlichen Zielsetzungen der Achsenmächte: Unabhängigkeit und volle Autarkie eines ostasiatischen Blocks unter japanischer Führung, Ausschaltung des europäisch-amerikanischen Imperialismus, zugleich Abwehr des Kommunismus.

Mit der Eroberung der Insel Hainan (Februar 1939) begann Japan tatsächlich ganz bewußt den Angriff auf die strategischen Verbindungslinien der Westmächte im Fernen Osten. Er wurde in den folgenden Monaten mit verstärktem Druck auf die westlichen Interessenstützpunkte in chinesischen Städten fortgesetzt. Die japanische Stellung war um so stärker, als auch Rußland angesichts seiner europäischen Isolierung nicht daran denken konnte, seine ostasiatischen Interessen zu aktivieren und in China aktiv zu intervenieren. Allerdings setzten sich die japanischen Militärkreise, die seinerzeit den Antikominternpakt lanciert hatten, mit ihrer Forderung nach einem deutsch-japanischen Militärbündnis noch nicht durch: die beiden Kriegsschauplätze blieben voneinander isoliert. Auch haben die amerikanische Kündigung des Handelsabkommens von 1911 (27. Juli 1939) und der Stalin-Hitler-Pakt die japanische Position empfindlich getroffen.

So reagierte Tôkyô auf den europäischen Kriegsausbruch zunächst mit Gesten der Entspannung und Neutralität. Aber die Niederlagen der Westmächte haben den japanischen Plänen rasch neue Möglichkeiten eröffnet. Französisch-Indochina, nun auch von Thailand bedrängt, wurde mit Forderungen nach Zulassung japanischer Kontrollen und Stützpunkte gegen Chungking-China unter Druck gesetzt und England zur Schließung der »Burma-Straße«, einer der letzten Verbindungen mit Chungking, veranlaßt. Auch die holländischen und britischen Kolonien des künftigen »Groß-Ostasien« waren unmittelbar bedroht und von Europa aus kaum zu halten. In dieser Hinsicht kam der Haltung Amerikas, das – auch anders als Rußland – als einzige der interessierten Mächte noch die volle Handlungsfreiheit besaß, die größte Bedeutung zu. Sie hat in der Tat Japans Versuchen, aus den europäischen Ereignissen von 1940/41 vollen Nutzen zu ziehen, erhebliche Schranken gesetzt.

Freilich war auch die Politik der Vereinigten Staaten nicht frei von Hemmungen. Die Stimmung der Bevölkerungsmehrheit verharrte noch immer in den Parolen des Isolationismus, nach denen die Intervention im ersten Weltkrieg ein Fehler und die – verhängnisvolle – Abstinenz von Völkerbund und internationaler Politik in der Zwischenkriegszeit den eigenen Interessen am förderlichsten war. Mit einer Serie von Neutralitätsgesetzen hat der amerikanische Kongreß seit 1935 (Abessinien) auch der aufsteigenden Kriegsdrohung begegnen zu können geglaubt. Blockade von Rüstungslieferungen an alle Partner eines zukünftigen Krieges war die Antwort auf die Zuspitzung der europäischen Krise gewesen: eine Entscheidung, die freilich in erster Linie den Aggressoren zugute kam. Präsident Roosevelt war unter diesen Umständen kaum in der Lage, konstruktive Außenpolitik im Krisenfalle zu betreiben; seine warnende »Quarantäne-Rede« an die Adresse der Achsenmächte (5. Oktober 1937), welche die Demokratien zur gemeinsamen Abwehr gegen die Übergriffe der Diktaturen und zur Verhängung einer Quarantäne gegen das Gift ihrer Ideologie aufgerufen hatte, waren denn auch von der amerikanischen Öffentlichkeit weithin ungünstig aufgenommen worden, während sich Hitler und Mussolini wenig beeindruckt zeigten.

Bei aller Sympathie für die Westmächte und trotz erbitterten inneramerikanischen Diskussionen hat sich diese Haltung der isolierten Neutralität, die von den USA ausdrücklich am 5. September 1939, unter ihrem Einfluß auch von der Panamerikanischen Konferenz zu Panama (3. Oktober 1939) mit der Erklärung einer Dreihundert-Meilen-Zone entlang der Atlantikküste zur »Sea-safety-zone« und mit einer allgemeinen Neutralitätserklärung der amerikanischen Republiken bekräftigt wurde, nur langsam geändert. Das hinderte allerdings nicht, daß nun auch die Vereinigten Staaten in enger Zusammenarbeit mit Kanada ihre vernachlässigte Rüstung zu stärken begannen. Auch versagten sie sich im Sommer 1940, nach dem schockierenden Fall Frankreichs, nicht dem dringenden Wunsch Churchills,

England gegen die Überlassung von Stützpunkten auf britischen Besitzungen in Amerika (auf neunundneunzig Jahre) fünfzig alte Zerstörer leihweise zu überlassen. Das war ein erster Schritt zum Engagement, auch wenn er noch ganz im Rahmen der isolationistischen Abschirmung der »westlichen Hemisphäre« geschah; Churchill, unermüdlich um die amerikanische Partnerschaft bemüht, hat ihn treffend als Übergang von der Neutralität zur Nichtkriegführung bezeichnet, amerikanische Historiker sprechen von der Periode des »undeclared war« (Langer und Gleason).

Der große Wahlsieg vom November 1940, mit dem zum erstenmal ein amerikanischer Präsident mit einer dritten Amtsperiode betraut wurde, hat Roosevelt endlich freiere Hand in der Verfolgung seiner pro-englischen, durch eine enge Freundschaft mit Churchill auch persönlich fundierten Politik gegen die Neutralisten gegeben. Am 11. März 1941 billigte der Kongreß das Lend-Lease-Gesetz, das dem Präsidenten die Macht gab, jedem Land, dessen Verteidigung er als lebenswichtig für die Verteidigung der USA erachtete, amerikanische Hilfe zu geben und dafür eine Kompensation nach eigenem Ermessen entgegenzunehmen. Das ermöglichte die fast unbeschränkte Unterstützung Englands und zugleich eine Vereinfachung der Finanzierung, die nach dem ersten Weltkrieg zu solchen Konflikten auch zwischen den Siegermächten geführt hatte. Und nach Hitlers Angriff auf die Sowjetunion, den Roosevelt mit der Entsendung seines persönlichen Beraters (Hopkins) nach Moskau beantwortete, ist auch dieser Kriegsschauplatz in die großzügige Unterstützungspolitik einbezogen worden: am 6. November 1941 erhielt Moskau einen stattlichen ersten Lend-Lease-Kredit.

Die Vereinigten Staaten hatten damit ohne Zweifel wenigstens indirekt in den Krieg selbst eingegriffen, die endgültigen Konturen einer weltweiten Anti-Hitler-Koalition zeichneten sich ab. Bei einem Treffen auf Neufundland (9. August 1941) verständigten sich Churchill und Roosevelt auf einen ersten großen Entwurf der Kriegs- und Friedensziele, die »Atlantic-Charta«, in der beide Mächte auf Landgewinn verzichteten, das Selbstbestimmungsrecht der Völker, die Freiheit der Meere, die Förderung wirtschaftlichen und sozialen Fortschritts bekräftigten und internationale Sicherheit und Abrüstung als Inhalt des künftigen Friedens forderten; fünfzehn Regierungen einschließlich Rußland schlossen sich sechs Wochen später dieser Deklaration an, die bei aller Ähnlichkeit mit Wilsons vierzehn Punkten doch ihre Wirkung als eingängiges Programm auf die im Krieg befindlichen Völker nicht verfehlt hat.

Inzwischen waren jedoch längst auch geheime militärische Besprechungen zwischen Amerika und Großbritannien in Gang gekommen (Januar 1941), und mit der Besetzung nicht nur Grönlands (auf dänischen Wunsch), sondern auch Islands hatten die USA auch in Europa erstmals Position bezogen. Aber noch immer war der inneramerikanische Widerstand gegen eine aktive Beteiligung am Krieg unüberwindlich stark; nicht nur die Verfechter der Isolationstradition in allen Lagern, vor allem in der republikanischen Oppositionspartei und in den westlichen Staaten der USA, hielten an der Meinung fest, Amerika könne und müsse sich nach den Erfahrungen des ersten Weltkrieges auf eine wirksame nichtkriegerische Hilfe für die demokratische Welt beschränken. Es ist bis heute heftig umstritten und wohl auch fraglich geblieben, ob Roosevelt und Churchill mit dieser Stimmung fertig geworden wären, wenn nicht auf der anderen Seite der Erde, im pazifischen Interessengebiet gerade der isolationistischen Weststaaten Amerikas, der Angriff Japans das lange dahinschwelende Feuer zum Aufflammen gebracht hätte.

Japan hatte schon im Vorjahr nach ultimativem Druck auf die hilflose Vichy-Regierung Indochina besetzt (September 1940). Amerika hatte darauf mit einer für Japans Kriegsindustrie schwerwiegenden Sperre der Eisen- und Stahlausfuhr, schließlich auch der indonesischen Ölausfuhr, Japan wiederum mit dem Beitritt zum Dreimächtepakt geantwortet. Hitlers Angriff auf Rußland verschaffte Tôkyô die Rückenfreiheit für die weitere Entwicklung der Expansionspläne nach Südosten. Zur Enttäuschung der europäischen Partner ist dies und nicht die erhoffte Zweifrontenbedrohung Rußlands auch weiterhin die Stoßrichtung Japans geblieben. Auch in Tôkyô gab es zwar Meinungsverschiedenheiten über die künftige Taktik. Doch hat sich im Juli 1941 endgültig die aggressive Konzeption der Armee, deren Exponent (General Tôjô) damals das Kriegsministerium, Mitte Oktober 1941 sogar die Regierung selbst übernahm, über die vorsichtigeren Erwägungen der Marinekreise hinweggesetzt; Tôjô war als ehemaliger Botschafter in Berlin auch besonders nachdrücklich für ein Zusammengehen mit den Achsenmächten eingetreten.

Die ausgedehnten japanisch-amerikanischen Verhandlungen von Sommer und Herbst 1941 boten unter diesen Umständen wenig Erfolgsaussichten. Auf der einen Seite hat Roosevelt scharf vor weiteren japanischen Aktionen gewarnt und Churchill Englands Solidarität mit dem amerikanischen Standpunkt bekräftigt; die Aufhebung der Exportsperre wollte Washington nur unter der Bedingung der Räumung Chinas und Indochinas diskutieren. Auf der anderen Seite war die japanische Regierung schon im September zu dem festen Entschluß gekommen, Amerika, England und das von Hitler besetzte Holland binnen Monatsfrist mit militärischer Gewalt zur Anerkennung seiner Herrschafts- und Expansionsansprüche zu zwingen. Als am 26. November auch der japanische Botschafter mit verschärften Forderungen Amerikas konfrontiert wurde, waren die Washingtoner Verhandlungen praktisch gescheitert. Schon vier Tage vorher war die japanische Flotte zum Auslaufen bereitgestellt worden, am 1. Dezember faßte Tôkyô den endgültigen Entschluß zum Krieg, die Verhandlungen wurden nur noch zum Schein fortgeführt, ein letzter Friedensappell Roosevelts an den japanischen Kaiser Hirohito (6. Dezember) blieb ohne Echo. Trotz frühen Warnungen des amerikanischen Botschafters in Tôkyô (17. November) und manchem Einblick in die Kriegsvorbereitungen – Washington war in den Besitz des japanischen Code gelangt – traf der Angriff auf den Hawaii-Stützpunkt Pearl Harbour am 7. Dezember 1941 die amerikanischen Streitkräfte völlig unvorbereitet.

Das war ein zweiter Wendepunkt des Krieges, der Weltkrieg. Schon am 11. Dezember erklärten Deutschland und Italien den Vereinigten Staaten den Krieg und beendeten damit endgültig die inneramerikanische Diskussion. Hitler hatte Japan zum Angriff ermutigt und mit der vorschnellen Herausforderung der kriegsentscheidenden Macht seinen eigenen Untergang beschleunigt; wie im Entschluß zum Angriff auf Rußland, als er England nicht überwinden konnte, so hat er jetzt erneut die ungeduldige Flucht nach vorn, die Herausforderung des nach seiner Meinung »Unvermeidlichen« gewagt. Und wie er Rußland in einem Blitzkrieg von wenigen Wochen niederzuwerfen gedacht hatte, so postulierte er jetzt gegen die Warnungen der Experten, die Tonnage der angelsächsischen Mächte sei heute schon »zu gering, um eine Expeditionsarmee nach dem Kontinent zu transportieren«. So flossen nun die beiden Auseinandersetzungen ineinander. Der größte Vernichtungskrieg aller Zeiten war im Gang.

Der Schock der japanischen Offensive, die ohne jede Kriegserklärung der nicht kampfbereiten amerikanischen Flotte schwere Verluste zugefügt hat, zwang das amerikanische Volk zu einmütiger Kriegsbereitschaft zusammen. Spätere Kritiker Roosevelts sind deshalb so weit gegangen, den Präsidenten der bewußten Provozierung des japanischen Angriffs zu zeihen. Das war in der Tat die These der gegnerischen Propaganda, aber sie hat in den leidenschaftlich geführten Nachkriegsuntersuchungen keinen überzeugenden Anhalt gefunden. Zunächst war vielmehr die militärische Überlegenheit Japans so eindeutig, daß auch die erbittertste Kritik an Roosevelt nicht bestreiten kann, daß wohl Nachlässigkeit, nicht aber eine »Verschwörung« die USA unter solchen Umständen in den Krieg gestürzt hat. Zudem bestehen über den frühen japanischen Angriffsentschluß keine Zweifel. Es war klar, daß Amerika beträchtliche Zeit benötigen würde, um sein überlegenes Rohstoff- und Industriepotential auf die neuen Erfordernisse umzustellen und mehr als hinhaltenden Widerstand zu leisten. Die japanischen Operationen verliefen denn auch nicht minder »planmäßig« als die deutschen Blitzkriege zwei Jahre zuvor. Nach wenigen Monaten hatten die Führer der »neuen Ordnung« in Europa, Asien und auch Afrika den Höhepunkt ihrer Machtentfaltung und Herrschaftsexpansion erreicht. Erst dann, gegen Ende des Jahres 1942, begannen die amerikanischen Anstrengungen und der ungebrochene Widerstand Englands und Rußlands auch militärisch spürbar zu werden.

Es war der entscheidende Vorteil der neuen Anti-Hitler-Front, daß Amerika die gefährliche Zwischenzeit im Schutz zweier Weltmeere unzerstört, ja nahezu unbedrängt überstehen und zur Mobilisierung seiner weit überlegenen Reserven nutzen konnte, während sich die Gegner in verlustreichen Angriffskämpfen auf noch entfernten Kriegsschauplätzen verbrauchten. Auch vollzog sich die Umstellung der amerikanischen Wirtschaft nach der Straffungspolitik des New Deal mit einer Schnelligkeit und Wirksamkeit, die den Gemeinplatz von der Unterlegenheit »kapitalistischer« Demokratien gegenüber dirigistischen Diktaturen in Frage stellte. Ungleich mehr als 1917/18 wurden die Vereinigten Staaten zur kriegstragenden Säule der ganzen Koalition. Zunächst freilich war Ostasien ein schutzloses Vakuum, dem Zugriff des Aggressors preisgegeben. Japan überrannte in raschen See- und Landattacken Hongkong (25. Dezember 1941) und die Philippinen, es eroberte an der Seite Thailands Malaya und Singapore (Februar 1942), es drang in Burma ein und bedrohte Indien, es besetzte Niederländisch-Ostindien und stand schon im März 1942 vor den Toren Australiens.

Erst in diesem Augenblick traf die Offensive in den Gewässern von Neuguinea auf eine amerikanische Gegenwehr, die sich nun stetig versteifte und Japans weiterem Vordringen eine Grenze setzte, ohne daß es in der östlichen Hälfte des Pazifik hatte Fuß fassen und das amerikanische Mutterland hatte bedrohen können. Parallel zu den Ereignissen auf dem europäisch-afrikanischen Kriegsschauplatz wurde es dann in schweren Kämpfen Insel um Insel wieder zurückgedrängt. Die großen Land- und Rohstoffbasen, über die Japan mit seinem neuen Großreich verfügte, sind ihm trotz rigoroser Ausbeutungsmaßnahmen so wenig hinreichend zugute gekommen wie den Achsenmächten ihr europäisches Imperium. Vielmehr hat die rigorose Herrschaftspolitik die »befreiten« Kolonialvölker zu eigener politischer Aktivität, zu Widerstandsregungen und schließlich zu einem politischen Erwachen geführt, das die Niederlage Japans überdauert und das Ende der kolonialen Herrschaft überhaupt besiegelt hat; Indonesien, die Philippinen, Indochina, Malaya sind den Weg zur Selbständigkeit gegangen, der eine neue Ära in Asien wie in Afrika eröffnet hat. Dabei erwiesen sich freilich die Konsequenzen des europäischen Krieges als ebenso schwerwiegend. Die Fortschritte des Kommunismus in Europa und Asien, der Eindruck der Konflikte und Niederlagen der »weißen« Herren, die Mobilisierung der kolonialen Hilfsvölker, aber auch die japanische Parole des »Asien den Asiaten!« haben ihre Wirkung getan; aber sie sind in Ursachen und Folgen untrennbar mit dem Verlauf dieses neuen und größeren, erst jetzt weltweiten Weltkrieges verbunden.

Der Schwerpunkt der Auseinandersetzung blieb in Europa. In Roosevelts politischem Denken bestimmte der Kampf gegen Hitler, die Entscheidung im europäischen Krieg, die Zukunft der Welt. Auch wenn sich die amerikanische Propaganda mit Nachdruck der psychologischen Kriegführung gegen die harten japanischen Kampf- und Herrschaftsmethoden widmete, so hat sie doch — begünstigt durch die deutsche Kriegserklärung und die vehemente nationalsozialistische Propaganda — nie einen Zweifel daran gelassen, daß ungeachtet der unmittelbareren militärischen Bedrohung, die zunächst von Japan ausging, der Hauptgegner Hitler war. Der Kampf gegen ihn ist von den Westmächten von Anfang an als ein Lebenskampf der rechtsstaatlichen Demokratie abendländischer Prägung gegen den freiheitswidrigen Totalitarismus, ja, als ein »Kreuzzug« gegen den christen- und religionsfeindlichen Tyrannen geführt worden. Es war ein Krieg der Ideologien, der oft die nationalpolitischen Schranken in den Hintergrund treten ließ und rasch die Intensität eines Religions- oder Bürgerkriegs erreichte. Die nationalsozialistische Propaganda hat darüber noch weniger Zweifel gelassen. Der »Kampf gegen den Bolschewismus« war zugleich ein Kampf gegen die »plutokratischen« Demokratien, denn hinter beiden stand der Herrschaftsanspruch des »Weltjudentums«: auch hierin schienen sich die fixen Ideen von »Mein Kampf« zu erfüllen.

Es war die Folge eines solchen »Überkriegs«, daß in den besetzten Ländern Europas nicht nur Widerstandsbewegungen gegen die eigene Regierung sich verstärkten und mit der Wertskala des Patriotismus und Nationalismus auch der Begriff des »Verrats« ins Zwielicht übernationaler Ideologiekonflikte geriet, sondern auch freiwillige SS-Truppen nichtdeutscher Herkunft nach Rußland rückten und zu Pionieren jenes SS-Reichs erhoben wurden, auf das besonders Himmlers Entwürfe einer »neuen Ordnung« zugeschnitten waren. Welche Wirklichkeit hinter jenem germanischen Elitestaat der Zukunft stand, haben die »Tischgespräche« Hitlers um die Jahreswende 1941/42 enthüllt: Neuordnung Europas in einem Frieden, der Deutschland unbegrenzte Rechtsansprüche zusichert; Erschließung des eroberten Raums vom Nordkap zum Alpenwall, vom Atlantik zum Schwarzen Meer durch Autobahnen und germanische Wehrsiedlungen; Berlin als riesige »Welthauptstadt« des neuen Reiches »Germania«; Restrußland als riesiger Truppenübungsplatz und Kolonie,

Stalingrad, 1942

Untergrundbahnschacht
während eines deutschen Luftangriffs auf London
Aquarell von Henry Moore, 1941. Privatbesitz

in der man die eingeborene Bevölkerung an der Vermehrung verhindert und verkommen läßt, ihre Schulen schließt und sie »nicht mehr lernen (läßt), als höchstens die Verwendung der Verkehrszeichen« und das Verstehen deutscher Befehle; notfalls wird die in Ghettos konzentrierte Bevölkerung durch ein paar Bomben vernichtet, »und die Sache ist erledigt«.

In solchen Äußerungen Hitlers, deren Ernsthaftigkeit durch die Herrschaftspraxis in den besetzten Ländern, besonders des Ostens und die Ausführungsbestimmungen des pedantischen Exekutors Himmler vielfach bestätigt wird, tritt auch der Charakter der Auseinandersetzung klar hervor. Es war in der Tat ein Kreuzzug zur Erhaltung der menschlichen Substanz und der Freiheit der Person, der dem Rest der Welt aufgegeben war. Dazu befand man sich nun freilich im Bündnis mit der Sowjetunion, die zumal in der Stalin-Ära ihren Charakter als totalitäres Regime mit aller Brutalität bewiesen und sich einst nicht gescheut hatte, im Verein mit dem »Dritten Reich« dies Regime rücksichtslos zu erweitern. Es gehört zur Tragik, freilich auch zu den Schwächen Roosevelts, daß er dies Bündnis nicht auf ein bloßes Notbündnis beschränkt und in unbesiegbarem Optimismus an eine allmähliche Wandlung und Läuterung des sowjetischen Regimes geglaubt hat. Er ist dabei im Zuge der Linkswendung der New-Deal-Periode und der antifaschistischen Grundstimmung der amerikanischen Intelligenz auch durch seine Umgebung stark beeinflußt worden. Zwar gewann der von Finanzminister Morgenthau entworfene Plan einer industriellen Entmachtung Deutschlands nur vorübergehend Bedeutung. Doch hat das Streben nach einer dauerhaften Neuordnung der zwischenstaatlichen Beziehungen nach dem Kriege zu Illusionen und prosowjetischen Konzessionen geführt, die keiner kommunistischen »Verschwörung« in Washington, sondern teils dem Zwang der Umstände und Hitlers eigenen Aktionen, teils dem Hang zu Utopien entsprangen.

Im übrigen gab es, wie die Dinge nach der deutsch-italienischen Kriegserklärung an die USA lagen, keine Wahl zwischen Antikommunismus und Antifaschismus. Das erste und stets beherrschende Kriegsziel war der Widerstand und der Sieg gegen die offenbar fast grenzenlose Dynamik der Hitlerschen Kriegsmaschine. Im Sommer 1942 hatte sie ihren absoluten Höhepunkt erreicht. Stalingrad und der Kaukasus, Nordafrika bis vor die Tore Alexandrias waren die Glieder einer deutschen Zangenbewegung, die den gesamten Nahen Osten bedrohte und sogar eine Vereinigung mit Japan in Indien möglich erscheinen ließ. Aber im nämlichen Augenblick wie ihr asiatischer Bundesgenosse erfuhren nun auch die Achsenmächte die Auswirkungen der gewaltigen materiellen Unterstützung Englands und der Sowjetunion durch die USA, die entgegen den dogmatischen Illusionen Hitlers weder von der »Dekadenz« der Demokratien angefressen, noch auch durch den japanischen Angriff hinlänglich abgelenkt waren. Einer neuen russischen Offensive gelangen seit November 1942 große Geländegewinne an der Südfront und dank Hitlers starrer Durchhaltestrategie auch die Einschließung und Vernichtung einer ganzen deutschen Armee in Stalingrad (Januar 1943). Zur gleichen Zeit wurde auch der südliche Zangenflügel durch die neuformierten britischen Truppen bei El Alamein zerbrochen (Oktober 1942) und die dezimierte deutsch-italienische Afrika-Armee nach Libyen zurückgedrängt. Vor allem aber hatten inzwischen erstmals auch amerikanische Truppen am Mittelmeer Fuß gefaßt und dort im Verein mit englischen und frei-französischen Streitkräften einen neuen Kriegsschauplatz eröffnet, der das Potential der an allen Fronten getroffenen Achsenmächte zusätzlich beanspruchte und zersplitterte. Am 8. November 1942 war völlig überraschend die Landung in Marokko und Algerien erfolgt, die zunächst zögernde französische Kolonial-Besatzung wurde rasch gewonnen, und sechs Monate später waren sowohl die rasch nach Tunesien geworfenen Truppen wie der Rest des verfolgten Afrika-Korps auf einen engen Brückenkopf zusammengedrängt: zweihundertfünfzigtausend Mann gingen, da Hitler wie in Stalingrad jeden Rückzug verbot, den Weg in die Gefangenschaft (Mai 1943).

Etappen der Katastrophe

Die Doppelkatastrophe von Rußland und Afrika hat die Angreifer seit der Jahreswende 1942/43 endgültig in die Verteidigung gedrängt. Stalingrad und Tunis waren die untrüglichen Zeichen des Niedergangs, der zunächst das faschistische Regime, dann auch das »Dritte Reich« unaufhaltsam seinem Ende entgegentrieb. So verstärkten sich auch im deutschen Lager die Stimmen derer, die an eine rechtzeitige Beendigung des verlorenen Krieges dachten. Zwei Faktoren wirkten einer solchen Lösung entgegen, die unabsehbare Verluste an Menschen und Gütern hätte verhindern können. Auf der einen Seite die blinde Entschlossenheit Hitlers, seinem pathologischen Herrschaftswillen alles zu opfern und im Falle des Scheiterns Europa samt Deutschland mit in den Abgrund seines Untergangs zu reißen. Demgegenüber die daraus resultierende Entschlossenheit der Alliierten, mit dem nationalsozialistischen Regime keinen Frieden zu schließen und auf der bedingungslosen Kapitulation zu bestehen — eine Formel, die Roosevelt und Churchill erstmals bei ihrem Treffen in Casablanca (Januar 1943) angesichts der Wendung des Krieges geprägt haben. Das waren die beiden unversöhnlichen Axiome, die den über zweijährigen Todeskampf der Aggressionsmächte beherrscht haben. Die alliierte Haltung war freilich nicht nur durch die Erinnerung an die unselige Rolle der Dolchstoßlegende nach dem letzten Krieg, sondern mehr noch durch die kompromißunfähige Durchhaltepolitik Hitlers fast zwangsläufig festgelegt. Auch sie war jedoch in der Verfolgung ihres Prinzips nicht frei von doktrinären Zügen und hat dadurch der Durchhaltepropaganda eines Goebbels, der Stalingrad zum Anlaß der Erklärung des »totalen Krieges« nahm, unfreiwillig Hilfe geleistet. Sie hat damit gleichzeitig den fortgesetzten Versuchen aus dem Kreis der Opposition, eine Verhandlungsbasis für ein vom Nationalsozialismus befreites Deutschland und damit den nötigen Operationsraum und Rückhalt für die Widerstandsbewegung zu gewinnen, verhängnisvoll enge Grenzen gesetzt.

Die nationalsozialistische Führung hat in der Tat auf die schweren Rückschläge mit einer Verschärfung des inneren Terrors und einer Strategie des blinden Einsatzes um jeden Preis geantwortet. Der »totale Krieg«, Endstadium des totalen Staates, bedeutete rücksichtslose Mobilisierung aller Kräfte und zugleich die bedenkenlose Vernichtung aller andersdenkenden oder mißliebigen Menschen. Er hat das Ergebnis der Entscheidung, die vorher gefallen war, nicht aufzuhalten vermocht, aber er hat es lange und qualvoll verzögert. So ist der

Nationalsozialismus noch einmal, nach der Schuld an der Entfesselung des Krieges, nun für die Zerstörung Europas und ihre fortdauernden Folgen verantwortlich geworden.

Das lange Endstadium des europäischen Krieges besaß drei Schwerpunkte: Rußland, Italien, Frankreich. Hitlers erste Reaktion auf die alliierte Landung in Französisch-Nordafrika war eine Änderung der Frankreichpolitik. Die Mehrheit der Franzosen hatte, solange die deutsche Kriegführung unwiderstehlich erfolgreich schien, in der geforderten Zusammenarbeit das kleinere Übel erblickt; nur so glaubten sie auch die eigenen Interessen gegen italienische und spanische Ambitionen abgeschirmt. Auch der Aktivität de Gaulles gegenüber hielt sich, trotz wachsenden Sympathien, die französische Generalität an die unverminderte Autorität Pétains, die diese Politik des kleineren Übels verkörperte. Dabei spielte eine Rolle, daß im Gegensatz zu London Washington die diplomatischen Beziehungen zu Vichy aufrechterhalten hatte und eine geschickte Mittlerrolle spielte. Aber mit den ersten deutschen Rückschlägen und der zunehmenden Aktivität der frei-französischen Bewegung an der Peripherie des Kolonialreiches begann sich auch die Stimmung und die taktische Lage Frankreichs zu ändern.

Die Aktivierung innerfranzösischen Widerstandes ging mit einer Verschärfung des deutschen Besatzungskurses einher. In Hitlers Augen war die von manchem seiner Anhänger mit so viel Optimismus verfolgte deutsch-französische Zusammenarbeit gescheitert, als die alliierte Landung in Algier und Oran kaum auf Widerstand traf und ihr Befehlshaber (Admiral Darlan) sich von Pétain löste. Die Folge war die deutsche Besetzung auch Restfrankreichs (11. November 1942); der größte Teil der französischen Flotte vermochte sich im Hafen von Toulon durch Selbstzerstörung dem deutschen Zugriff zu entziehen. Vichy und Pétain, der im April des Jahres unter deutschem Druck wieder Laval eingesetzt hatte und ihn jetzt zu seinem Nachfolger mit diktatorischen Vollmachten erhob, waren fortan nur noch eine Fassade der Besatzungsherrschaft, bis der Marschall dann vor den anrückenden Invasionstruppen im August 1944 gewaltsam nach Deutschland gebracht wurde. Aber auch das Problem einer frei-französischen Gegenregierung, die Frankreich wieder zu einem alliierten Kriegspartner machte, dauerte nach der Ermordung Darlans durch einen de-Gaulle-Anhänger in langwierigen Meinungsverschiedenheiten zwischen de Gaulle und dem von Amerika unterstützten Exponenten der bisher pétaintreuen Generalität (General Giraud) fort, auch wenn sich beide Gruppen schon im Mai 1943 zu Algier in einem »Komitee der Nationalen Befreiung« zusammengefunden hatten, das dann auch in die erste provisorische Regierung des befreiten Frankreichs überging.

Vor allem aber war das Kriegsbündnis der Westmächte mit Rußland nicht ohne Probleme. Die Sowjetunion fiel auch jetzt wieder auf ihr altes Mißtrauen zurück und verdächtigte die Partner, sie verzögerten absichtlich die Errichtung einer »zweiten Front in Europa«. Das war jetzt in der Tat das zentrale Problem der weiteren Kriegführung. Während die englisch-amerikanischen Truppen von Afrika aus in raschem Zugriff Sizilien eroberten (Juli 1943), gingen die Meinungen über den Einsatzpunkt dieser zweiten Front auch in der westlichen Führung auseinander. Churchill plädierte, in klarerer Erkenntnis der harten Realitäten, für eine Invasion des Balkans, die ein Gegengewicht gegen das Vordringen und die Ansprüche Rußlands sowie eine bessere Sicherung der nahöstlichen Position verbürgen würde. Aber in langwierigen Verhandlungen, zuletzt der Außenminister in Moskau (19.–30. Oktober 1943), begann sich doch der für die weitere sowjetische Europapolitik so ungleich günstigere Entschluß durchzusetzen, die Invasion im kommenden Frühjahr in Frankreich anzusetzen.

Schon einen Monat später trafen sich in Teheran, das seit der gemeinsamen Besetzung Persiens (August 1941) ein Schnittpunkt der russisch-westlichen Einflußzonen war, die Regierungschefs der drei Großmächte, um ihre Gedanken über die Neuordnung Europas nach dem Krieg auszutauschen. Beide Seiten hatten darüber ihre eigenen Vorstellungen entwickelt. Die Westmächte waren nach Besuchen Edens und Churchills in Washington (März und Mai 1943) übereingekommen, Rußlands Annexion der baltischen Staaten sowie Bessarabiens und den Besitz Polens östlich der Grenzen von 1920 anzuerkennen. Es war ein bitterer Entschluß, der den Motiven der englischen Kriegserklärung von 1939 zuwiderlief. Aber dieser Preis war für die Allianz zu zahlen; Polen sollte dafür durch Ostpreußen entschädigt werden. Im August 1943 wurde auf einer neuen englisch-amerikanischen Konferenz zu Quebec auch der Gedanke einer neuen internationalen Organisation, eines verbesserten Völkerbunds, diskutiert. Als Churchill und Roosevelt mit solchen Überlegungen zum ersten Treffen mit Stalin nach Teheran reisten, hatte sich nicht nur der pazifische Krieg, sondern auch die europäische Position der Achsenmächte in einem für sie günstigen Sinne entwickelt.

Für Italien bedeutete der Verlust aller afrikanischen Besitzungen und das Überspringen eines aussichtslos gewordenen Krieges aufs Mutterland zugleich eine Existenzkrise des Faschismus. Wie der Nationalsozialismus auf die sichtbaren Erfolge der Machterweiterung gegründet, aber ungleich dem deutschen Gegenstück nicht zur vollen Durchsetzung der totalitären Herrschaft gelangt, ist der Faschismus von den äußeren Rückschlägen auch rascher und nachhaltiger getroffen worden. Vorfaschistische Kräfte und Institutionen, die Mussolini weder zu beseitigen noch voll gleichzuschalten vermocht hatte (vor allem die Monarchie, der Adel, die Kirche und die Militärs), strebten nun aus dem Zwangssystem heraus; sie konnten sich dabei auf eine rasch anwachsende Friedensstimmung der Bevölkerung stützen. Noch im Februar 1943 hatte Mussolini elf Kabinettsmitglieder einschließlich seines Schwiegersohnes Ciano entlassen und selbst die Außenpolitik übernommen. Aber selbst aus faschistischen Kreisen verstärkte sich nun, da Italien gänzlich auf den Willen und die Hilfe Hitlers angewiesen war, die Neigung zu einem Separatfrieden. Am 24. Juli 1943 fand sich zum erstenmal seit 1939 das höchste Parteiorgan, der Faschistische Großrat, zu einer langen Sitzung zusammen, in deren Verlauf sich neunzehn der achtundzwanzig Mitglieder gegen den Duce stellten. Tags darauf wurde Mussolini beim König die Entlassung mitgeteilt und ein Fluchtversuch durch seine Verhaftung vereitelt.

Die Fortexistenz der Monarchie auch in der faschistischen Ära schien tatsächlich einen fast reibungslosen Übergang zu ermöglichen. Am 28. Juni 1943 verfügte Marschall Badoglio als neuer Regierungschef die Auflösung der Faschistischen Partei, ohne freilich angesichts der deutschen Truppen im Land den Krieg sogleich beenden zu können. Erst nach einem komplizierten Doppelspiel kam es im Augenblick der alliierten Landung auf dem Mutterland zur geheimen Kapitulation in Algier (3. September); da die Geheimhaltung mißglückte, hatten die deutschen statt der erwarteten alliierten Truppen Rom

Die Vernichtung des Warschauer Gettos, 1943

In Brand gesteckte Synagoge in Berlin,
9./10. November 1938

Überlebender in einem KZ-Lager
nach der Befreiung, 1945

besetzt, als am 8. September 1943 General Eisenhower den Waffenstillstand verkündete. König und Regierung entkamen nach Brindisi, aber Italien blieb bis zum Ende Kriegsschauplatz, Rom selbst noch bis Juni 1944 in deutscher Hand. Inmitten der allgemeinen Verwirrung gelang es der deutschen Führung, die italienischen Truppen zu entwaffnen, südlich von Rom eine neue Front zu stabilisieren, schließlich Mussolini aus seiner Gefangen-

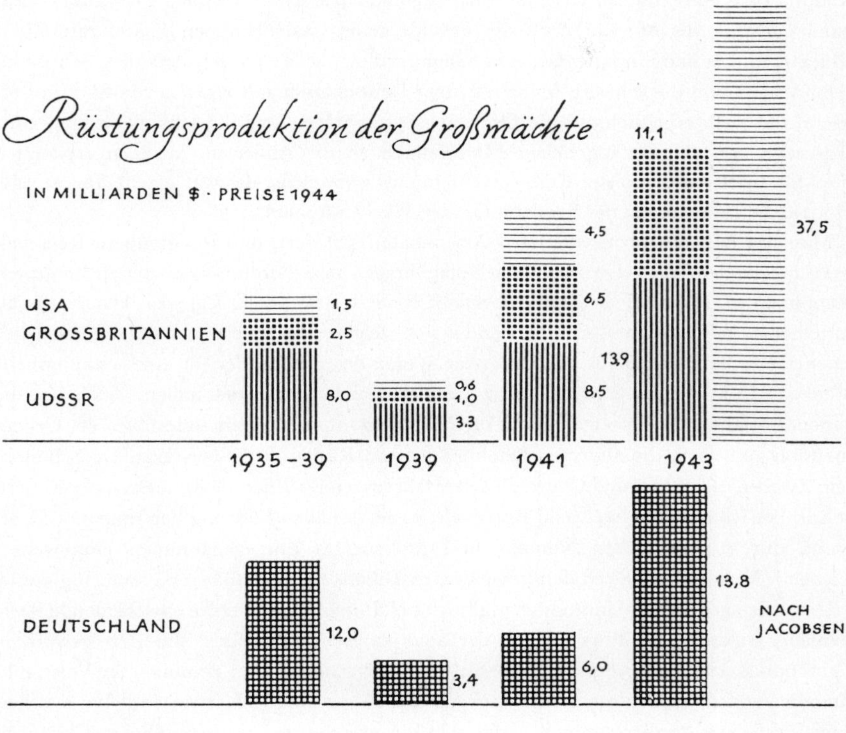

schaft zu befreien (12. September) und ihn zur Gründung einer »italienischen sozialen Republik« radikal-faschistischer Prägung (15. September) in Norditalien zu bewegen. Dort residierte der Duce in dem Badeort Salò als Diktator von Hitlers Gnaden, nahm blutige Rache an seinen Opponenten im Faschistischen Großrat (einschließlich Ciano) und fiel einen Tag vor Hitlers Selbstmord an der Seite seiner Konkubine beim Versuch, verkleidet in die Schweiz zu entkommen, den Kugeln italienischer Partisanen zum Opfer.

So waren nun Hitler und Deutschland das zentrale Problem, dem sich die Konferenz von Teheran gegenübersah (2. bis 7. Dezember 1943). Durch eine neue sowjetische Offensive war die internationale Position Stalins erheblich gefestigt worden; der »große vaterländische Krieg« hat zum wirkungsvollen Primat des nationalen über das internationale

Profil der Sowjetunion, freilich auch zur Wiederaufnahme traditioneller russischer Expansionsziele geführt. Die Konferenz stand denn auch durchaus schon im Zeichen der Meinungsverschiedenheiten, die zwischen den so ungleichen Partnern eines ganz vom Vorrang der Außen- und Militärpolitik beherrschten Kriegsbündnisses nach Bändigung der deutsch-japanischen Bedrohung und im Angesicht des Sieges offenbar werden mußten. Zwar waren die russischen Vorwürfe leicht zu widerlegen. Wohl trug die Sowjetunion noch immer die Hauptlast des europäischen Krieges. Aber England hatte schon zu einem Zeitpunkt Widerstand geleistet, als Moskau noch die Früchte seines bedenkenlosen Paktes mit Hitler pflückte, und es hatte in hartnäckigem Ringen, zuletzt im Verein mit Amerika, den Bruch der »Achse« und die schwere Mehrbelastung Deutschlands mit einer neuen Südfront erreicht, die auch erheblich auf die Ostfront zurückwirkte. Amerika schließlich war, ganz abgesehen von der umfangreichen Materialhilfe an die Alliierten, in einen erbitterten Insel-für-Insel-Krieg mit der Kriegsmacht Japans verwickelt; das war gewiß eine »zweite Front«, die nicht zuletzt der Sowjetunion den Rücken freihielt.

Man hat deshalb mit gewichtigen Argumenten kritisiert, daß insbesondere Roosevelt jetzt und in der Folge den russischen Vorstellungen und Forderungen so weit entgegengekommen sei. Eine solche Kritik übersieht freilich, daß der Krieg noch keineswegs als entschieden gelten konnte und die ständig sich steigernden Exzesse der nationalsozialistischen Herrschaft in der Tat alle Bedenken wegen des Preises, der für eine wirkungsvolle Bündnispolitik mit der Sowjetunion zu zahlen war, überschattet haben. Auch hat die nationalsozialistische Propaganda mit ihrer Tendenz, auf ein Auseinanderfallen der Gegenkoalition zu setzen, die alliierten Bemühungen um Rußland nur verstärkt. Doch besteht kein Zweifel, daß Stalin und Churchill den erfahreneren Blick für die Realitäten der Machtpolitik bewiesen haben, während Roosevelt, in der genialen Führung der Innenpolitik erprobt, durch persönlichen Kontakt und großzügiges Entgegenkommen eine weiterreichende Verständigung mit dem sowjetischen Diktator verwirklichen zu können glaubte.

Unter den gegebenen Umständen mußte der Haltung Roosevelts die entscheidende Rolle zufallen; zu stark war England von der amerikanischen Stützung abhängig geworden. Churchills Balkanpläne verfielen der Ablehnung, als Roosevelt im Bemühen um Verständigung den russischen Protesten Gehör schenkte. Das war eine schwerwiegende Vorentscheidung für die künftige Verteilung der Macht in Europa; die noch unverbindlichen Gedanken über die Zerschlagung Deutschlands, die von Stalin geforderte Ausdehnung des polnischen Gebietes bis an die Oder und die künftige Organisation der »Vereinten Nationen« haben erst im Verlauf der weiteren Beratungen bis zum Winter 1944/45 (Jaltakonferenz) feste Gestalt gewonnen. Auf dem Weg nach Teheran waren Roosevelt und Churchill in Kairo mit Chiang Kai-shek zusammengetroffen und hatten die fernöstlichen Kriegsziele diskutiert (1. Dezember 1943). China wurde dabei die Rückgabe aller japanischen Eroberungen seit 1914 einschließlich Formosa und die Errichtung eines selbständigen Korea zugesichert — eine Entscheidung, die freilich durch das Vordringen der chinesischen Kommunisten gegen die Nationalisten Chiang Kai-sheks zuletzt noch erheblich kompliziert und mit schwerwiegenden Folgen in den westlichen Meinungsstreit mit Rußland hineingezogen werden sollte.

Der weitere Verlauf des Krieges hat rasch erwiesen, daß die Aufteilung der Kriegführung zwischen Ost und West und der Verzicht auf eine Sicherung des Balkans die sowjetischen Pläne in Ost- und Mitteleuropa einseitig gefördert hat. Mit dem Wunsch einer Abschirmung der Sowjetunion verband sich hier der unveränderliche, nur vorübergehend (Auflösung der Komintern 1943) taktisch zurückgestellte Ausdehnungswille des Kommunismus. Wieder wurde die enge Verflechtung von Innen- und Außenpolitik als Grundprinzip totalitärer Herrschaftspraxis sichtbar. Stalin war sich wohl bewußt, daß die Rückkehr freier und souveräner Regierungen in das von den Achsenmächten befreite Ost- und Mitteleuropa ein kommunistisches Rußland wieder in die alte Isolierung versetzen würde. Nur die sowjetische Eroberung dieser Länder und die Einsetzung von kommunistischen Regierungen konnten das verhindern.

Das ist Moskau bis Kriegsende nicht durchweg gelungen; die Vollendung der kommunistischen Machtergreifung in der sowjetischen Besatzungssphäre Europas gehört in ein düsteres Kapitel der Nachkriegsgeschichte, das sich freilich schon 1944 vorbereitete. Die Lage der einzelnen Länder war durchaus verschieden. Teils hatten sie bereitwillig mit den Achsenmächten kollaboriert, teils besaßen sie Exilregierungen, teils waren (wie in Jugoslawien) Untergrund- und Partisanenbewegungen schon zu einer Macht mit politischem Eigengewicht und zum Gegenspieler der Exilregierungen geworden. Die Sowjetunion hat sich die unübersichtliche Vielfalt dieser Verhältnisse zunutze gemacht, als sie nun in das Vakuum hineinstieß, das der Rückzug der nationalsozialistischen Terrorherrschaft hinterließ. Überall spielten dabei die kommunistischen Widerstandsgruppen dank ihrer straffen Organisation, ihrer zuverlässigen Ergebenheit gegenüber Moskau und dem Willen der sowjetischen Besatzungsmacht eine bestimmende Rolle, auch wenn diese Rolle weder ihrer Zahl noch dem Willen der Bevölkerung entsprach, die nur das eine Terrorregime mit einem neuen vertauschte.

Ein erstes Beispiel bot Polen. Im Juni 1944 waren die russischen Truppen vor Warschau angelangt. Schon ein Jahr zuvor hatte Moskau der polnischen Exilregierung in London die Anerkennung entzogen. Jetzt hielt die sowjetische Führung den Vormarsch an und überließ den Aufstand in der polnischen Hauptstadt, der sie von den nichtkommunistischen Widerstandsgruppen befreite, kaltblütig dem furchtbaren Massaker der SS-Besatzung. Die Ermordung Tausender von polnischen Offizieren im Wald von Katyn (1941) hatte vermutlich ähnliche Motive gehabt. Zur gleichen Zeit erklärte Moskau ein im ostpolnischen Lublin gebildetes »nationales Befreiungskomitee« unter kommunistischer Führung zur legitimen polnischen Regierung (Juli 1944). Im Fall der Tschechoslowakei war das Problem gelöst, als Expräsident Beneš in Erinnerung an das westliche Versagen in München schon Ende 1943 in Moskau eine neue Allianz mit Rußland abschloß und dafür das Versprechen der vollen Wiederherstellung seines Staates mitnahm, das freilich ein Jahr später nicht die russische Annexion der Karpato-Ukraine hinderte.

Land für Land fiel nun dem sowjetischen Zugriff und Moskaus Grenzdiktat anheim. Im August/September 1944 Finnland und Rumänien, dann auch Bulgarien, das nie am Krieg im Osten teilgenommen hatte, jetzt aber die russische Kriegserklärung und Besetzung zugleich erlebte. In Jugoslawien, wo eine westlich orientierte und eine kommunistische

Partisanenbewegung miteinander rivalisierten, setzte sich in erbitterten Konflikten die letztere unter Tito (Josip Broz) durch (Oktober 1944). Nach anfänglichen Gegenbemühungen war selbst Churchill auf die Seite Titos getreten: auch hier war das Ringen um die Einflußsphären im russischen Sinne entschieden. Nur in Griechenland mißglückte das Manöver, nachdem englische Truppen Athen befreit hatten; der blutige Bürgerkrieg mit den vom Norden unterstützten Kommunisten überdauerte freilich noch den europäischen Krieg selbst und wurde Teil des Nachkriegskonfliktes zwischen Ost und West.

Auf der anderen Seite hat die Entwicklung in Westeuropa der sich abzeichnenden Neuordnung und ihrer Problematik einen besonderen Faktor hinzugefügt: den wiedererstehenden Anspruch Frankreichs auf gleichberechtigte Partnerschaft mit den »drei Großen«. Im Augenblick der Eroberung Roms war unter dem Kommando General Eisenhowers auch die lange erwartete und doch überraschend geführte Invasion der anglo-amerikanischen Truppen in der Normandie geglückt (6. Juni 1944). Der vielgerühmte Atlantikwall brach unter den Schlägen der überlegenen Invasionsarmeen rasch zusammen, und schon drei Monate später überschritten amerikanische Truppen die deutsche Grenze. Der Ausgang des Krieges konnte nun auch für die nationalsozialistische Führung nicht mehr zweifelhaft sein. Aber ebenso offenbar war die Entschlossenheit Hitlers, anders als 1918, bis zum völligen Ende Stadt um Stadt, Dorf um Dorf, ja, »jeden Quadratmeter« (Führerbefehl vom 24. März 1945) verteidigen zu lassen.

Die zerstörerische Dynamik des nationalsozialistischen Terrorsystems fiel nun mit aller Erbitterung und Zerstörung auf Deutschland selbst zurück. Auch der verzweifelte Versuch der allzulange unterschätzten Widerstandsbewegung in Deutschland, den mehrfach gescheiterten Umsturz mit einem Attentat auf Hitler am 20. Juli 1944 auszulösen und den Krieg zu beenden, schlug fehl. Hitler überlebte den Bombenanschlag des Obersten Graf Schenk von Stauffenberg und zwang mit Massenhinrichtungen und verschärftem Terror das ausgeblutete und zerbombte Land zum letzten Einsatz; das Endstadium des totalen Krieges mit der Mobilisierung des »Volkssturms« und der Hitlerjugend kostete schwerere Verluste als der ganze bisherige Krieg. Damit war auch der Versuch einer Kapitulation im Westen, der am selben 20. Juli vom Pariser Befehlshaber General von Stülpnagel unternommen wurde, im Keim erstickt. Im August 1944 zog de Gaulle an der Seite Eisenhowers in Paris ein. Aber trotz Churchills Drängen wurde die provisorische französische Regierung, die de Gaulle in Zusammenarbeit mit der inner-französischen Widerstandsbewegung sogleich gebildet hatte, erst im Oktober 1944 auch formal von den Alliierten anerkannt. Das hatte seinen Grund in der ebenso beharrlichen wie unbequemen Forderung des Generals, Frankreich in seine Rechte als alliierte Großmacht wieder einzusetzen und an der machtpolitischen Vorbereitung des Friedens zu beteiligen.

Die Taktik de Gaulles hat zwar sein Verhältnis zu Roosevelt stetig verschlechtert und bis Jalta nur mäßige Früchte gezeitigt; sie hat aber dann doch noch zum Erfolg geführt. Offensichtlich ging es nicht nur um die europäische Position Frankreichs, sondern auch, so wenig die äußeren Machtverhältnisse diesen Anspruch zu begründen schienen, um die Chance einer französischen Mittlerstellung in der latenten Konfliktsituation zwischen Ost und

Berlin-Mitte, Mai 1945

Die bedingungslose deutsche Kapitulation in Reims am 7. Mai 1945
Die deutschen und die alliierten Bevollmächtigten bei der Unterzeichnung

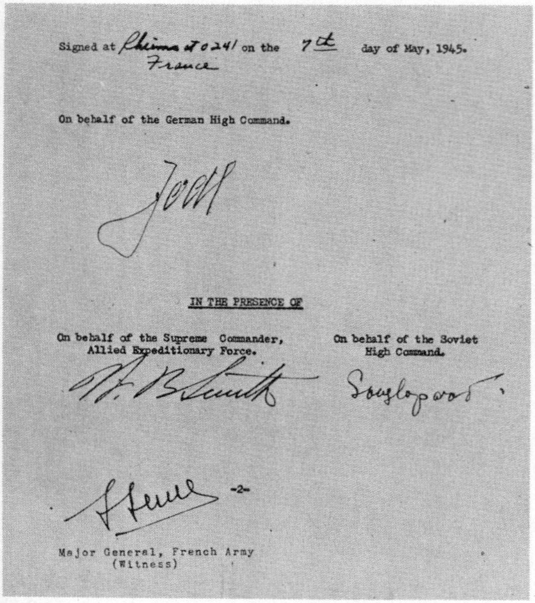

Signed at Rheims at 0241 on the 7th day of May, 1945.
France

On behalf of the German High Command.

IN THE PRESENCE OF

On behalf of the Supreme Commander, Allied Expeditionary Force.

On behalf of the Soviet High Command.

-2-

Major General, French Army
(Witness)

Unterschriften auf der Schlußseite des Dokuments: Jodl, W. B. Smith, Sousloparov, F. Sevez

West. Es war ein erster Schritt auf diesem Weg, daß de Gaulle mit seinem Außenminister (Bidault) im Dezember 1944 nach Moskau reiste und nach dem englisch-sowjetischen Vorbild (1942) ein Zwanzig-Jahr-Bündnis mit der Sowjetunion schloß. Die Tür zu der letzten großen Kriegskonferenz der »großen Drei«, die zwei Monate später bezeichnenderweise auf sowjetischem Boden stattfand, hat es de Gaulle zwar noch nicht geöffnet. Aber Frankreich war wieder im Spiel, und es gelang mit britischer Unterstützung, bei den kommenden Deutschlandberatungen den Anspruch auf eine eigene Besatzungszone durchzusetzen. Von dieser Basis ist Frankreich bei Kriegsende dann doch noch der Sprung unter die »großen Vier« gelungen, von denen die Gestaltung des Friedens abhing.

Die Konferenz von Jalta (4. bis 11. Februar 1945) fand die Verbündeten an der Schwelle des militärischen Sieges an allen Fronten des Weltkrieges. Sie hat denn auch die Friedensvisionen und mit ihnen die Hoffnungen Roosevelts auf eine demokratische Neuordnung der Welt noch einmal hoch emporgetragen. Westeuropa war befreit, alliierte Truppen standen in Westdeutschland, die Sowjetunion hatte Osteuropa besetzt, und im Pazifik war nach der Rückeroberung der Philippinen das japanische Imperium ausgelöscht, das japanische Mutterland selbst bedroht. Aber die Behandlung Polens hatte doch schon erkennen lassen, daß die Sowjetunion jetzt, da der Druck der Kriegsanstrengungen nachließ, ihre eigenen Wege zu gehen begann. Demgegenüber verblaßten auch die Meinungsunterschiede, die zwischen den Westmächten über die Wiederherstellung der westeuropäischen Regierungen aufgekommen waren. Als besonders verhängnisvoll erwies sich die Tatsache, daß es auch in Jalta nicht gelang, feste Abmachungen in den konkreten Fragen der Besetzung und Teilung Deutschlands sowie der Reparationspolitik zu treffen. Die Sowjetunion bestand auf der Annexion Ostpolens und hielt dementsprechend an der Forderung fest, Polen dafür durch die deutschen Ostgebiete zu entschädigen. Dafür diskutierte sie äußerstenfalls die Erweiterung ihrer Lubliner Satellitenregierung um einige Vertreter der Londoner Exilregierung. Auch zeigte sich, daß die globale Einigung auf eine Wiederherstellung »demokratischer« Regime durch »freie Wahlen« wenig bedeutete angesichts des Sinnes, den Moskau diesen Begriffen unterlegte, und angesichts der Taktik der pseudodemokratischen Machtergreifung, mit der es den besetzten Ländern seinen Willen aufzwang. Kaum minder fragwürdig war das amerikanische Bemühen, die Sowjetunion noch in den Krieg gegen Japan zu bringen; der harte japanische Widerstand mit der Aussicht auf eine verlustreiche Verlängerung des pazifischen Krieges hat hier eine ähnlich verhängnisvolle Rolle gespielt wie die Durchhaltepolitik Hitlers.

Es wird umstritten bleiben, wie weit der plötzliche Tod Roosevelts am 12. April 1945 die in dem ungeklärten und allzu optimistisch eingeschätzten Verhältnis der Siegermächte liegenden Probleme der Zukunftsgestaltung noch kompliziert, die Haltung der Sowjetunion noch intransigenter gemacht hat. Nach seiner Wiederwahl (November 1944) am Beginn der vierten Amtsperiode stehend, konnte Roosevelt eine lange Frist zu konstruktiver Friedenspolitik vor sich sehen. Es sollte ihm nicht vergönnt sein, die im Krieg verschobenen Perspektiven wieder zurechtzurücken. Als der noch wenig bekannte Vizepräsident, Harry S. Truman, der bislang ganz der amerikanischen Innenpolitik zugewandt war, die westliche Führung übernahm, war zwar der Ausgang des Krieges längst entschieden. Aber es gehört zur Tragik der Rooseveltschen Politik, daß ihrem Träger so kurz vor dem vermeintlichen Ziel und an der Schwelle der Probleme, die sie aufgeworfen hatte, die Aufgabe der politischen Bewältigung des Sieges aus der Hand genommen wurde. Stalin hat ihn um acht Jahre überlebt und keinen Zweifel daran gelassen, wie er die russisch-amerikanische Zusammenarbeit verstanden hat. Und selbst Hitler, der im Bunker der Reichskanzlei achtzehn Tage vor seinem Selbstmord die Nachricht empfing, erblickte im Tod des Gegners einen letzten Fingerzeig der »Vorsehung«, bevor Berlin und Deutschland im Inferno der Selbstvernichtung untergingen.

Tatsächlich hatte bis zuletzt der Glaube an eine Entzweiung der Alliierten, an ein rettendes Wunder wie im oft zitierten Siebenjährigen Krieg, die nationalsozialistische Propaganda wie die Kalkulationen der Führung beschäftigt: man setzte Roosevelts Tod sogar mit dem geschichtswendenden Tod der Zarin Elisabeth (1762) in Parallele. Zwar hat Hitler nicht ernstlich daran gedacht, dem so abenteuerlichen wie unrealistischen Gedanken einer Aufgabe der Westfront und einer gemeinsamen Wendung mit den Westmächten gegen Osten Raum zu geben. Aber bis heute wirkt noch die nationalsozialistische Überzeugung nach, nur die Kurzsichtigkeit der Westmächte habe die Abwehr des Bolschewismus in letzter Stunde verhindert. Solche Behauptungen setzen freilich voraus, daß nach allen Erfahrungen mit der nationalsozialistischen Kriegs- und Herrschaftspolitik noch immer die hundertfach widerlegte Bollwerk-These des Nationalsozialismus ernst genommen wurde. Die Tatsachen haben eine andere Sprache gesprochen. Hitler hatte der Sowjetunion die Tür nach Europa geöffnet, 1939 zuerst und dann 1941 erneut, er hatte die Westmächte in das Kriegsbündnis mit der Sowjetunion hineingezwungen, und seine Terrorherrschaft hat schließlich jene Rache über Deutschland beschworen, die jetzt über Schuldige und Unschuldige hereinbrach und viele andere Länder Europas nicht minder hart traf als das verführte Deutschland. Noch im Dezember 1944 hatte Hitler die letzte verzweifelte Gegenoffensive im Westen befohlen. Auch die vielgerühmten »Geheimwaffen«, Raketen zur »Vergeltung« der vernichtenden Bombenangriffe auf Deutschland, waren (seit Juni 1944) nach Westen gerichtet, und der Terror der Sippenhaft und der Standgerichte traf die aufbegehrenden Soldaten und Zivilisten an West- und Ostfront.

Es gehört zu den eindringlichsten Beweisen für die betäubende Wirkungskraft eines totalitären Systems, daß die Masse der Bevölkerung nach der Beseitigung der Opposition trotzdem bis zum Ende einem »Führer« gefolgt ist, der aus der Abgeschiedenheit seines Berliner Bunkers die Vernichtungsbefehle hinausgehen ließ. Die Suggestion, die von dem Anspruch auf gottähnliche Allmacht auf den Diktator selbst zurückgewirkt und ihn zur sinnentleerten Hybris getrieben hat, ist in Hitlers Kriegspolitik sichtbar geworden. Unvermeidliche Folge der aggressiven Dynamik, mit der das nationalsozialistische Regime stand und fiel, war sie zugleich eine letzte Konsequenz der Problematik totalitärer Herrschaft überhaupt. Im Verlauf der Kriegsausweitung waren alle Lebensfunktionen des »Dritten Reiches« so unmittelbar auf den einzigen Führer zugeschnitten, daß Hitler nur noch durch widerspruchslos ergebene Gehilfen Kontakt mit der Außenwelt besaß. Er hat den zunächst so ausgeprägten Sinn für realpolitische Taktik mehr und mehr verloren, er akzeptierte nur noch die Informationen, die seinen unveränderten Wunschbildern entsprachen, und er hat, sich selbst mit der »Vorsehung« identifizierend, das Korrektiv der Wirklichkeit schließlich ganz ausgeschaltet und über jede abweichende Äußerung die Todesstrafe verfügt. Die Kehrseite war der Glaube, daß nur er die wahren Zusammenhänge überschauen könne, daß nur er recht eigentlich wisse, was dem deutschen Volk nütze oder zustehe, daß er deshalb alles selbst tun, gleichsam jedem Bataillon selbst die Befehle geben müsse. Das daraus resultierende Chaos, die paradoxe Führungslosigkeit des totalen Führerstaats in der Endphase des Krieges hat Hitler als Frucht des »Verrats«, des Versagens der Generale und des deutschen Volkes insgesamt, den eigenen Untergang zuletzt zum Untergang dieses Volkes erklärt.

Bewegungs- und Zerstörungskraft, aber auch Grundprobleme und Grenzen des modernen Totalitarismus sind am Beispiel des Nationalsozialismus eindringlich sichtbar geworden. Entgegen einer weitverbreiteten Ansicht hat es die Tatsache bestätigt, daß eine totalitäre Herrschaft, indem sie alle politischen und moralischen Kontrollen beseitigt, wohl rascher und eindrucksvoller, doch nicht geordneter und erfolgreicher funktioniert als der demokratische Rechtsstaat. Hinter der rigorosen Scheinordnung des »Dritten Reiches« hatte vielmehr das Durcheinander der Ämterrivalitäten, die Willkür der Führerbefehle, die Unsicherheit einer allgemeinen Furcht vor Bespitzelung und Terror gestanden. Ihr Ergebnis war jener Schwund des Realitätsbewußtseins, der in dem Chaos der Schlußwochen gipfelte: beispielhaft sichtbar in den Absetzungs- und Erschießungsbefehlen, mit denen Hitler zuletzt selbst seine engsten Paladine wie Göring und Himmler bedachte. In den Exzessen seines Untergangs offenbarte sich der Charakter eines Systems, das entgegen der verführerischen Theorie der Diktatur nicht staatlich-politische Ordnung und Effektivität, gesteigerten Wohlstand und Entfaltungsraum für seine Bürger gewährt, sondern durch organisierte Willkür und pseudorechtlich sanktionierte Verbrechen allein zu existieren vermocht hat. Mehr als sechseinhalb Millionen Tote, doppelt so viele Flüchtlinge, die Verstümmelung und Spaltung des Landes, das Ende der staatlichen Existenz: das war die deutsche Bilanz des »Dritten Reiches«; die europäische Bilanz des Nationalsozialismus, an ihrem Ende die barbarische Ermordung von fast sechs Millionen Juden, hat diese Zahlen noch um ein Vielfaches übertroffen. Auch mit ihrem eigenen Wertmaßstab, dem Erfolg, war die nationalsozialistische Politik endgültig widerlegt: freilich, um welchen Preis! Aber Hitler hatte zuletzt darauf nur die eine, ichbesessene Antwort, das deutsche Volk habe sich vor der Geschichte nicht bewährt und seine Existenz verwirkt. Er blieb von dem einen Gedanken besessen, den er schon bei Kriegsbeginn dem Reichstag zugerufen hatte: er werde niemals kapitulieren, »ein November 1918 wird sich niemals mehr in der deutschen Geschichte wiederholen«. So monoton und gespenstisch wie die Flucht des Diktators aus der Verantwortung war sein Testament (29. April 1945), das alle Nachfolger, »Führung der Nation und Gefolgschaft«, auch fürderhin »vor allem ... zur peinlichen Einhaltung der Rassengesetze und zum unbarmherzigen Widerstand gegen den Weltvergifter aller Völker, das internationale Judentum« verpflichtet hat.

Die reale Welt folgte anderen Gesetzen. Am 20. April 1945, dem sechsundfünfzigsten Geburtstag Hitlers, hatte die russische Eroberung Berlins begonnen: fünf Tage später trafen sich westliche und sowjetische Truppen erstmals an der Elbe, wo die Westmächte den Vereinbarungen gemäß haltgemacht hatten. Dank dieser Tatsache und im späteren Tausch gegen die Einräumung westlicher Sektoren im viergeteilten Berlin (Juli 1945) gelang der Sowjetunion die Besetzung ihrer ostdeutschen Zone, obwohl Thüringen und weite Teile Sachsens von amerikanischen Truppen erobert worden waren. Eine Armee nach der anderen ergab sich, am 7. Mai beendete die bedingungslose Kapitulation der von Hitler eingesetzten Regierung Dönitz, die einen Tag später unter russischer Beteiligung in Berlin wiederholt wurde, den europäischen Krieg. Gegenüber allen Angeboten einer Separatkapitulation waren die Westmächte bis zuletzt den Verpflichtungen ihres Kriegsbündnisses mit der Sowjetunion treu geblieben. Nun freilich begann der Kampf um den Frieden, der die latenten Meinungsverschiedenheiten rasch offen aufleben ließ. Die Gründung der Vereinten Nationen, der Aufbau des Besatzungsregimes im viergeteilten Deutschland, die Verfolgung der nationalsozialistischen Verbrechen waren Aufgaben und Inhalt einer Nachkriegszeit, die rasch unter den Schatten der ungeklärten weltpolitischen Machtverteilung fielen. Die sowjetische Renitenz war schon vorher spürbar gewesen; sie steigerte sich jetzt zum offenen Anspruch auf die europäische Hegemonie. Aber kaum erwartet und in ihren Folgen nicht absehbar, war ein Ereignis, das drei Monate später auch dem japanischen Widerstand ein jähes Ende setzte. Noch am 28. Juli 1945 hatte Tôkyô, den pausenlosen Bombenangriffen zum Trotz, eine Aufforderung zur Kapitulation zurückgewiesen. Am 6. August löste ein amerikanisches Flugzeug die Explosion der ersten Atombombe über Hiroshima aus: unter furchtbaren Verlusten der Bevölkerung verfiel die Stadt in Sekundenschnelle der Zerstörung. Drei Tage später widerfuhr Nagasaki dasselbe Schicksal.

Eine neue Ära der Menschheitsgeschichte hatte begonnen. Amerika war nach geheimen dreijährigen Vorarbeiten im Besitz einer Waffe, die den traditionellen militärischen Vorstellungen ein Ende zu setzen schien und neben den politischen auch die moralischen Probleme des Machtdenkens in ein neues Licht rückte. Die schwereren Aufgaben standen noch bevor. Nicht nur den Demokratien allein war der Sieg zugefallen; an ihrer Seite stand als furchtbarste Erbschaft Hitlerscher Politik eine totalitäre Macht mit unbegrenzten Ansprüchen. So wurde das bis heute fortdauernde Ringen um den Frieden von der Frage überschattet, ob die Menschheit die Kräfte der Zerstörung, die ein totaler Krieg entfesselt hatte, noch zu bändigen vermöchte. Wie immer man den nach schweren Bedenken gefaßten amerikanischen Entschluß, die Bombe zu diesem Zeitpunkt noch einzusetzen und dadurch einen verlustreichen Endkampf zu vermeiden, beurteilen mag: nach dem Sieg über Hitler gab das Monopol der Atombombe der westlichen Politik zugleich einen entscheidenden Trumpf zur Eindämmung der sowjetischen Herrschaftsansprüche in die Hand. Amerika, der »Weltmacht wider Willen«, war damit freilich zugleich eine Verpflichtung zur Weltpolitik auferlegt, der sie sich, anders als nach dem ersten Weltkrieg, nicht mehr entziehen konnte. Ob und wie sie sich dieser Bürde gewachsen zeigte, mußte die Zukunft lehren.

Walther Gerlach   Hans Kienle

Wolfgang Bargmann   Adolf Portmann

Alfred Weber

NEUE WISSENSCHAFT

EINLEITUNG

Im Jahre 1900 riß der Schleier über den Geheimnissen unserer Welt an zwei Stellen auf. Carl Correns, Hugo de Vries und Erich Tschermak entdeckten von neuem die Vererbungsgesetze, die Gregor Mendel schon 1865 aus seinen Pflanzenversuchen abgeleitet hatte, die aber damals nicht verstanden und in der Folgezeit ganz vergessen worden waren. Am 14. Dezember 1900 sprach Max Planck in der Sitzung der Berliner Physikalischen Gesellschaft »Zur Theorie des Gesetzes der Energieverteilung im Normalspektrum«; mit der Entdeckung »der Naturkonstanten h« für die Berechnung der »Energieelemente«, aus denen eine monochromatische Strahlung besteht, hatte er die Grundlage der – später sogenannten – Quantentheorie gefunden.

Wissenschaftsmethodisch betrachtet, entstammen die beiden Entdeckungen zwei verschiedenen Forschungsweisen. Ausgangspunkt bei Plancks Entdeckung war die von ihm nachgewiesene Unmöglichkeit, mit den herrschenden Grundansichten der Physik eine Diskrepanz zwischen einem experimentellen Ergebnis und der Theorie zu beseitigen. Das gelang erst durch »ein neues, ganz elementares Verfahren« . . . »ohne von einer Spektralformel oder auch von irgendeiner Theorie etwas zu wissen, mit Hilfe einer einzigen Naturkonstanten«. Diese Worte aus dem zitierten Vortrag zeigen, daß Planck sich der generellen und universalen Bedeutung seiner Entdeckung bewußt war. Aber erst im Laufe der folgenden Jahrzehnte zeigte sich, was alles in der Grundannahme dieses Wirkungsquantums steckte – bis zum Problem der Begrenzung physikalischer Aussagen in Heisenbergs »Unbestimmtheitsrelation«. Man wird an das Wort von Heinrich Hertz in seinem Vortrag »Über die Beziehungen zwischen Licht und Elektrizität« (1889) zu Maxwells elektromagnetischer Lichttheorie erinnert: »Man kann diese wunderbare Theorie nicht studieren, ohne bisweilen die Empfindung zu haben, als wohne den mathematischen Formeln selbständiges Leben und eigener Verstand inne, als seien dieselben klüger als wir, klüger sogar als ihr Erfinder, als gäben sie uns mehr heraus, als seinerzeit in sie hineingelegt wurde.«

Die Mendelschen Gesetze sind das Ergebnis des Bestrebens, in einem zunächst ganz unübersichtlichen, scheinbar aus lauter Zufälligkeiten sich zusammensetzenden Erfahrungsmaterial durch breit angelegte systematische Versuche – Kreuzungen mit lang dauernder Beobachtung der Ergebnisse – eine Ordnung zu erkennen und aus dieser mathematisch-formelmäßig darstellbare Gesetzmäßigkeiten zu erhalten.

Die gleiche Methode führte seit Beginn des Jahrhunderts in der Astrophysik zu der Kosmogonie. In den Verschiedenheiten des unserer Beobachtung zugänglichen Zustands der Sterne – chemische Zusammensetzung, Temperatur, Dichte, Bewegung, Strahlung aller Frequenzbereiche – werden verschiedene Entwicklungsstufen gesehen, deren Reihenfolge – ebenso wie die Deutung der Beobachtungen – mit Hilfe der Physik, insbesondere der Quanten- und Relativitätstheorie, geordnet wird. Die Naturwissenschaft des 20. Jahrhunderts erfüllt geradezu die Keplersche Forderung »von den Erscheinungen des Seins zu den Ursachen des Seins zu gelangen«.

Das zeigt sich auch bei den zwei Forschungswegen der Biologie. Einerseits wird mit Hilfe der exakten Naturwissenschaften das Lebensgeschehen systematisch durchforscht, die lebenden Organismen werden den bei der Analyse der unbelebten Materie bewährten Experimenten unterworfen; mit der Entdeckung der Viren, ihrer Struktur und ihrer »Lebensbedingungen« dringt diese Forschungsrichtung bis zum Übergang von »toter« zu »lebender« Substanz vor. Der andere Weg der Biologie geht den das Leben selbst bestimmenden Faktoren nach, die man als außerhalb der physikalisch-chemisch erfaßbaren ansieht, für die es eine einheitliche Nomenklatur nicht gibt: Psychologie, Instinkt, Umwelt, Verhaltensweise bis zu teleologischen Fragen.

Der erstgenannte »exakte« Weg, die Auffindung von Gesetzmäßigkeiten im exakt erfaßbaren physikalischen und chemischen Bereich, schließt die Möglichkeit ein, in diese Vorgänge einzugreifen. Das ist in erster Linie das Problem derjenigen Medizin, welche die schon eingetretenen oder sich vorbereitenden Veränderungen im Organismus – wie Krankheit, Pubertät, Altern – mit physikalischen oder chemischen Analyseverfahren feststellt und durch Gegenmaßnahmen gleicher Art rückgängig zu machen, in ihrer Wirkung abzuschwächen oder zu vermeiden sucht. Auch die auf dem zweiten – sagen wir kurz – psychologischen Weg gewonnenen Erkenntnisse werden dem gleichen Zweck allein oder im Verein mit den exakten Methoden dienstbar gemacht.

So greift die Lebensforschung, nicht anders als Physik und Chemie, mehr und mehr das Stadium reiner Erkenntnissuche verlassend, in die Gestaltung der menschlichen Lebensformen ein. Dabei gehen die Eingriffsmöglichkeiten in um so tiefere Bereiche unserer Existenz, je tiefer die wissenschaftliche Analyse dringt. Hier beginnt das ethische Problem, welches seit über zwei Jahrhunderten auch die fortschrittlichen Geister quält – Montesquieu, Goethe, Novalis als Beispiele –: Darf der Mensch alles, was er kann, auch tun? Er kann durch Eingriffe in Physis und Psyche die Wesensform, den Charakter des Menschen ändern, er kann mit den Strahlungen, die ihm Kernphysik und Kernchemie liefern, die bisherigen Lebensbedingungen auf der Erde vernichten. Der Mensch hat in dieser Hinsicht die Herrschaft über die Natur und sich selbst erreicht. Er schickt sich gerade an, sich auch den Weltenraum zu erobern.

Das Wissen und Können ist das wunderbare Werk des Verstandes – Nützen und Handeln verlangt Vernunft und Ethik.

Walther Gerlach

Walther Gerlach

PHYSIK UND CHEMIE

Die exakten Naturwissenschaften im 20. Jahrhundert

Die Gliederung der Physik in die großen klassischen Gebiete Mechanik, Akustik, Wärme, Optik, Elektrizität – bis zum Ende des 19. Jahrhunderts noch einigermaßen zwanglos durchführbar – hat im 20. Jahrhundert ihren Sinn verloren. Im Gegensatz zu der oft gehörten Klage einer wachsenden ungesunden Spezialisierung steht wie noch nie in der Geschichte der exakten Naturwissenschaften die Synthese, das Suchen nach einigen wenigen Grundprinzipien in der Mannigfaltigkeit der Erscheinungen im Vordergrund der Forschung. Aber das »Ganze« kann nur verstanden werden, wenn die Natur durch eine bis ins letzte spezialisierte Analyse erforscht ist. Dadurch wird oft der Anschein erweckt, als sei die Spezialisierung für die Entwicklung »der Physik« ein wesentliches Kriterium. Sie tritt zwar nach außen augenfällig in Erscheinung, sie beruht teils auf der Art des Forschungs»betriebs«, teils auf der wachsenden Bedeutung der Physik für die gesamte Technik und für die anderen naturwissenschaftlichen Disziplinen. Wesentlich bleibt aber heute mehr denn je das Suchen nach Grundprinzipien, zumal die einzelnen Disziplinen von sich aus zu den Grundgesetzen der Natur vorstoßen, wodurch die Physik immer einheitlicher wird. Freilich verlangt ein solches Forschen paradoxerweise eine ungemein breite experimentelle und theoretische Untersuchung mit sehr verschiedenen experimentellen Techniken, deren sichere Handhabung eine lange Erfahrung mit den oft komplizierten Methoden, Apparaten und Versuchsverfahren voraussetzt; sehr kleine, oft durch vielartige Nebenerscheinungen überdeckte, aber entscheidende Effekte verlangen ihrerseits wieder Versuchsanordnungen höchster Spezifität, Selektivität und Empfindlichkeit. Die Physiker und Ingenieure *müssen* sich also spezialisieren. Dazu kommt, daß sowohl Versuchsanordnungen als auch ganz besonders die großen »Maschinen« etwa der Kernphysik ohne spezialisierte Kräfte gar nicht benutzbar sind.

Auch die Anwendungen der Physik sind spezialisiert. Man braucht nur an die »Elektronik«, die automatische Steuerungs- und Regeltechnik, zu erinnern, an die elektronischen Rechenmaschinen mit ihren elektrischen, magnetischen und mathematischen Sonderproblemen, an die Verwendung der ionisierenden Strahlen in Biologie und Genetik, in Diagnostik und Therapie der Medizin, an Strahlenchemie und physikalische Materialprüfung oder gar an die neuen höchst komplizierten Probleme der Kernenergietechnik.

Diese vielseitigen und neuartigen Forderungen an die Physik haben in den ersten Jahrzehnten dieses Jahrhunderts eine völlige Umgestaltung der inneren Struktur der naturwissenschaftlichen, besonders der physikalischen Institute und ihrer Arbeitsweise gebracht. War noch um die Jahrhundertwende ihre Hauptaufgabe die Förderung der wissenschaftlichen Erkenntnis und – neben der Ausbildung der Physiklehrer – die Erziehung des wissenschaftlichen Nachwuchses, so studiert seit etwa 1920 die Mehrzahl der jungen Physiker mit dem Ziel einer industriellen Tätigkeit. Universitäten und technische Hochschulen trugen dieser Entwicklung Rechnung, indem sie Speziallehrstühle und -institute schufen: für angewandte, für technische Physik, für Aerodynamik, Metallphysik, technische Optik, Photographie, Elektrophysik, Hochfrequenzphysik, Biophysik und neuerdings für die zahlreichen Sparten der Kernphysik. »Das« chemische Institut wurde aufgeteilt in selbständige Forschungs- und Ausbildungsstätten für anorganische, organische, physikalische, analytische Chemie, Biochemie und chemische Technologie. Im Bereich der wissenschaftlichen Ingenieurfächer ist die Spezialisierung vielleicht noch größer. Arbeiteten vor fünfzig Jahren in einem physikalischen Universitätsinstitut etwa ein Dutzend jüngere und ältere Physiker, so gibt es heute an den deutschen Universitäten jeweils zwei bis drei physikalische Institute mit fünfzig und mehr jüngeren Mitarbeitern, in manchen anderen Ländern ist die Zahl noch viel größer. An die Stelle der »selbständigen«, eine Spezialfrage betreffenden Doktorarbeit tritt mehr und mehr die Gruppenarbeit an einem Problem; dazu kommen seit zwanzig Jahren die an Bedeutung gewinnenden Diplomarbeiten, so daß ein Teil der Studierenden als »Diplomphysiker« oder »Diplomchemiker« die Hochschule verläßt. Die theoretische Physik war um 1900 nur an wenigen Universitäten als Ordinariat (mit einer ganz kleinen Zahl von Doktoranden) vertreten, meist nur von einem jüngeren Extraordinarius als Durchgangsstelle zu einem Ordinariat der Experimentalphysik wahrgenommen. Heute haben nicht nur alle Universitäten, sondern auch die Technischen Hochschulen mehrere Professuren und Institute für theoretische Physik mit zahlreichen Diplomanden, Doktoranden und Assistenten, für die sich sogar in der Industrie Anstellungsmöglichkeiten finden. Auch in der Industrie muß heute zur Lösung spezieller Fragen Grundlagenforschung betrieben werden, und das setzt einen in der Theorie ausgebildeten Nachwuchs voraus. Fast alle größeren Werke haben Forschungslaboratorien; außerdem gibt es freie, von Ministerien, Industriegruppen oder aus eigenen Einkünften finanzierte Forschungs- und Entwicklungsinstitute, die sich mit der Erforschung der Grundlagen beschäftigen. Neu sind auch die reinen Forschungsinstitute für die meisten naturwissenschaftlichen Disziplinen der 1911 von Adolf von Harnack ins Leben gerufenen Kaiser-Wilhelm-Gesellschaft, 1948 als »Max-Planck-Gesellschaft zur Förderung der Wissenschaften« unter Otto Hahns Leitung neu gegründet. Damals hatte Deutschland einen Überschuß bedeutender Naturwissenschaftler, deren Forschungsarbeit durch zunehmende Unterrichts- und Verwaltungstätigkeit behindert, durch die staatlichen Personal- und Sachetats nicht genügend unterstützt war. Man entschloß sich daher, unabhängig von den auf der Verbindung von Forschung und Lehre entwickelten Hochschulen, reine Forschungsinstitute einzurichten, welche Forschern die Möglichkeit geben sollten, ihren eigenen Ideen nachzugehen: Institut um einen Forscher, nicht für ein Gebiet, war damals die Grundidee.

Die Hochschulinstitute werden in unserem Land fast ausschließlich aus öffentlichen Mitteln finanziert; nur in geringem Umfang führen sie »Auftragsforschung« durch. Dasselbe gilt für die Institute der Max-Planck-Gesellschaft, denen zusätzlich die Beiträge ihrer Mitglieder zur Verfügung stehen. In der Notzeit nach dem ersten Weltkrieg gründete der frühere preußische Kultusminister Schmitt-Ott die »Notgemeinschaft der deutschen Wissenschaft«, die von Staat und Industrie Mittel zur Verfügung erhielt und sie für besondere Forschungsaufgaben, die von den allgemeinen Etats nicht bestritten werden konnten, für Forschungsreisen – es sei an die »Meteor«-Fahrt erinnert –, Ausgrabungen, Ausgaben großer wissenschaftlicher Werke verteilte. Eine Hilfsorganisation aus der gleichen Zeit, speziell für reine und angewandte Physik, war die »Helmholtz-Gesellschaft«. Die Notgemeinschaft wurde im Dezember 1949 neu gegründet und besteht heute als »Deutsche Forschungsgemeinschaft«, die sich besonders auch durch in- und ausländische Ausbildungs- und Forschungsstipendien der Pflege des Nachwuchses widmet. Sie ist mit ihrem nur aus Wissenschaftlern bestehenden Senat, den von der Gesamtheit der Forscher gewählten Gutachterausschüssen und dem aus Wissenschaftlern, Verwaltung und Industrie bestehenden Bewilligungsgremium eine reine Selbstverwaltungsorganisation der Wissenschaft, die nur von den Forschern frei gewählte Forschungsvorhaben in Geistes- und Naturwissenschaften, Technik und Medizin aus den von Bund, Ländern und dem Stifterverband für die Deutsche Wissenschaft, einer von der Wirtschaft gegründeten Organisation zur Forschungsförderung, stammenden Geldmitteln apparativ und personell unterstützt.

Eine Änderung der Art der Forschungsarbeit bahnt sich auf manchen Gebieten durch »Planungen« an, durch die Organisation von Arbeitsgruppen mit Angehörigen mehrerer Hochschulen des gleichen Landes oder sogar verschiedener Länder. Bis vor kurzem – da und dort auch heute noch – wurde jede Planung von weiten Kreisen als dem Grundsatz der wissenschaftlichen Spontaneität und Individualität widersprechend abgelehnt. Zumindest zwei Umstände verlangen aber eine gelenkte Planung: es muß erstens vermieden werden, daß einzelne Fragenkomplexe plötzlich nicht mehr bearbeitet werden oder daß eine als fruchtbar erkannte Teilforschung in anderen Ländern nicht ihrer Bedeutung entsprechend betrieben wird. Besonders die wissenschaftliche Grundausbildung des Nachwuchses würde leiden, wenn man hier die Planung vernachlässigen wollte. Zum zweiten verlangen einige neuentwickelte Gebiete, wie Genetik, Kernphysik und Kerntechnik, Physik der Elementarteilchen und der Höhenstrahlen oder gar die so ungeheuer wichtige und schwierige Krebsforschung, entweder die Zusammenarbeit vieler Institute mit den verschiedensten Spezialerfahrungen oder solche ungeheuer großen Mittel, daß ein Land sie kaum allein aufbringen kann. Manche Probleme müssen dazu von so viel verschiedenen Seiten gleichzeitig angegangen werden, daß ein Erfolg nur möglich ist, wenn alle Teilarbeiten auf Grund sorgfältiger Planung ineinandergreifen. Die zu Beginn des 20. Jahrhunderts übliche internationale Zusammenarbeit – wer ein radioaktives Problem hatte, ging zu Rutherford nach Manchester, später Cambridge, wer Ultrarot bearbeiten wollte, ging zu Rubens in Berlin, der Spektroskopiker nach Tübingen zu Paschen, weil dort die meiste Erfahrung, die besten Apparate waren –, diese Zusammenarbeit hat auch heute noch ihre Bedeutung.

Aber ein Unterschied gegen frühere Jahrzehnte besteht darin, daß aus den damaligen

Einzelfällen die Regel wurde und zweifellos bleiben wird. Große Stiftungen, wie die Rockefeller Foundation, Staatsstipendien im Rahmen der Kulturabkommen und andere Institutionen ermöglichen einen großzügigen Forscheraustausch; aber für die moderne experimentelle und auch die theoretische Forschung scheint das schon nicht mehr zu genügen. So hat man in den meisten Ländern eines oder mehrere Zentralinstitute für die »Hochenergiephysik« zur Untersuchung der Elementarteilchen, für Uranreaktoren und die mit ihnen zusammenhängenden technischen oder mit ihnen zu bearbeitenden allgemeinen physikalischen, chemischen, biologischen Probleme errichtet. So hat England ein Atomforschungszentrum in Calder Hall, Frankreich in Saclay, Rußland in Dubna, in den USA gibt es etwa die zahlreichen Institute, in denen die großen »Maschinen« zur Erzeugung der hochenergetischen Protonen und Elektronen entwickelt wurden. Von den Physikern der europäischen Länder ist das große Institut in Genf, genannt CERN (Centre Européen de Recherches Nucléaire), errichtet worden, andere werden geplant. Holland und Norwegen betreiben ein gemeinsames Reaktorinstitut.

Mit diesen neuartigen Forschungseinrichtungen ist die innere Organisation der Institute in bemerkenswerter Weise verändert worden: Für den auch in allen wissenschaftlichen Fragen entscheidenden »Institutsdirektor« ist in ihnen kein Platz – oder besser: diesen Platz kann niemand mehr ausfüllen, weil er eine nicht mögliche geistige Kapazität verlangen würde. An seine Stelle sind mehrere, auf ihren Gebieten völlig selbständige – wenn auch miteinander zusammenarbeitende – Forscher getreten, die die Fortentwicklung ihrer Spezialrichtung leiten. Nur wenige haben noch volle Einsicht in das Gefüge einer wachsenden Erkenntnis, während die Bearbeiter der Einzelprobleme, deren Zahl ständig wächst, auf ihre Aufgabe konzentriert bleiben.

Die großen Forschungsinstitute bedienen sich heute der modernsten technischen Methoden, und ihre Erfolge stehen außer Frage. Immerhin: entscheidende Entdeckungen auch der letzten Jahre sind noch in kleinen Arbeitskreisen erzielt worden, und es wäre wohl ein verhängnisvoller Irrtum, wollte man aus der gegenwärtigen Lage etwa der Physik der Elementarteilchen und der hohen Energien die »klassische« Institutsarbeit, die kleinen, der besinnlichen Forschung dienenden Institutionen als überholt betrachten. Doch hat sich auch der Charakter dieser wissenschaftlichen Arbeit gerade in den letzten Jahren erheblich gewandelt; in das Laboratorium sind die »technischen Hilfskräfte«, die selbstregistrierenden Meßgeräte, die »Meß- und Rechenknechte« eingezogen. Vor einem halben Jahrhundert war der Experimentator noch sein eigener Mechaniker und Glasbläser. Heute verlagert sich die Arbeit auch des Experimentalphysikers mehr und mehr nach der theoretischen Seite – statt der allmählich sich vortastenden Versuche bis zum entscheidenden Experiment muß jetzt, bei den ungeheuren technischen Hilfsmitteln, eine regelrechte Planungsarbeit vorangehen. An die Stelle der mit der Hand geschriebenen Beobachtungsjournale treten die aus den automatisierten Meßgeräten herauslaufenden Registrierstreifen oder die Anzeigen von Zählwerken; zahlenmäßige Auswertungen werden der Rechenmaschine, theoretische Auswertungen den »Elektronengehirnen« überlassen.

Die Vermehrung der Probleme und der an ihnen arbeitenden Menschen hat eine Zunahme der Publikationen und damit eine ernste, noch nicht gemeisterte Schwierigkeit gebracht: Wie kann man über das wissenschaftliche Geschehen auf dem laufenden bleiben? Anzahl und Umfang der Zeitschriften wächst, für alle Spezialfächer entstehen neue Publikationsorgane, die Referatenblätter schwellen an und kommen nicht mehr nach; zu spät und doch meist nur unvollkommen erfährt man, was publiziert worden ist. Aber schließlich – man soll ja nicht nur wissen, was gemacht worden ist und woran gearbeitet wird, sondern auch das Neue verarbeiten. Dokumentation der Zeitschriftenartikel hilft wenigstens zu einer oberflächlichen Orientierung über den Fortgang eines schon abgesteckten Problemkreises, aber bei Fragen, die an der vorderen Front der Forschung liegen, muß sie versagen. Der heute wirksamste Weg zur Verbreitung eigenen, zur Aneignung fremden Wissens und zur ökonomischen Nutzung von beiden ist die persönliche Zusammenkunft, sind die in letzter Zeit entstandenen internationalen Diskussions- und Arbeitstagungen, die Symposien, die meist genau festgelegten Spezialproblemen gewidmet sind und wesentlich von den Spezialisten besucht werden. Jährlich finden Dutzende solcher Tagungen statt, in allen Ländern, meist von den entsprechenden Komitees der UNESCO organisiert. Nicht so sehr der Überblick, die Zusammenfassung der Ergebnisse verschiedener Arbeitskreise, sondern die Gewinnung eines Urteils über die Tragfähigkeit neuer Ideen macht die Nützlichkeit der Symposien aus. Glanzvoller Auftakt dieser Entwicklung waren die »Göttinger Bohr-Festspiele« im Jahre 1921. Im Juli 1913 hatte Niels Bohr das Plancksche Quantenprinzip in die Theorie des Atombaus und des Atomleuchtens eingeführt, ein Jahr darauf machten James Franck und Gustav Hertz den für die Bohrsche Theorie erst entscheidenden Lichtanregungsversuch. Die Kriegsjahre hemmten die weitere Entwicklung; nur Arnold Sommerfeld begann mit der Erweiterung des Bohrschen Ansatzes durch die Ordnung der Linienspektra der Atome nach Quantenzahlen, unterstützt durch Fritz Paschens experimentelle Arbeiten. Bohr begann mit der theoretischen und erkenntniskritischen Betrachtung dieser neuen »Quantenphysik«; dann war der Krieg zu Ende – die Luft war voll von experimentellen Problemen, theoretischen Fragen und tiefgehenden Zweifeln: Es war eine wundervolle Zeit, voll von Wundern. Da luden die beiden Göttinger Physiker Max Born und James Franck einen ganz kleinen Kollegenkreis nach Göttingen ein. Bohr hatte sich zu Vorträgen und Diskussionen zur Verfügung gestellt – scherzhaft sagte man, um David Hilberts stereotype Frage zu beantworten, »Was ist denn eigentlich ein Atom?«. Ich glaube, daß diese Zusammenkunft entscheidend war für den schnellen Aufschwung der neuen Physik. Wesentlich waren auch die mehrtägigen Solvay-Kongresse zwischen 1912 und 1932 in Brüssel mit relativ kleinem internationalem Teilnehmerkreis in dem von dem belgischen Industriellen Ernest Solvay im Jahre 1912 gestifteten Institut international de Physique.

Neu und in ihrer Art inspirierend, wohl auch fruchtbar, waren die zwei großen internationalen Kongresse über die friedliche Nutzung der Atomkernenergie in Genf (1955, 1958), der letzte verbunden mit einer Ausstellung von Geräten und vor allem arbeitenden wissenschaftlichen Anlagen, sehr neuartig insofern, als erste Forscher aus vielen Ländern zwei Wochen lang selbst zur Erklärung und Diskussion an ihrem »Ausstellungsstand« waren. Die dem Kongreß vorgelegten Mitteilungen sind im Druck erschienen: 1955 waren es 17, 1958 schon 32 Bände – in gleicher Weise großartig und erschreckend!

In den zwanziger Jahren hat die damalige jüngere Generation der deutschen Physiker ein Handbuch der Physik geschaffen, das den Stand der gesamten Forschung in vierundzwanzig Bänden darstellte; daneben entstanden Spezialhandbücher (Optik, technische Mechanik, chemische Physik, Radiologie) und modernisierte Fassungen der mehrbändigen großen Lehrbücher (Müller-Pouillet und Chwolson), nicht mehr von einem Verfasser, sondern von einer ganzen Anzahl von Spezialisten geschrieben. Es scheint, daß es die letzten Lehrbücher dieser Art waren. Was heute an Lehrbüchern – das gilt international – erscheint, sind entweder kurzgefaßte Werke, die sich auf das Grundsätzliche beschränken und Hilfe für die akademische Ausbildung bringen sollen, oder sonst nur Monographien über Spezialgebiete der klassischen und ganz besonders der neueren oder der in Entwicklung befindlichen Gebiete. Noch einmal hat man den Versuch gemacht, ein Handbuch der Physik herauszugeben: statt der vierundzwanzig Bände der zwanziger Jahre ist es auf 54 Bände angelegt, die Mitarbeiter sind international, die Artikel sind großenteils nicht mehr in deutscher Sprache geschrieben. Auf dem Gebiet der Chemie werden die großen Handbücher »Gmelin« und »Beilstein« für die anorganische und organische Chemie herausgegeben, unentbehrliche Nachschlagewerke. Neu und sehr effektiv sind die seit wenigen Jahrzehnten für fast alle Disziplinen meist in jährlicher Folge erscheinenden Berichte über die Fortschritte der Forschung.

So sehr alle diese Entwicklungen den »Forschungsbetrieb« geändert haben und dauernd noch ändern, so ist das bei weitem wesentlichste Ereignis die Ausbreitung der Forschung über immer mehr Völker der Welt. Bis zum Beginn des Jahrhunderts lag das Schwergewicht der wissenschaftlichen Entwicklung in einigen europäischen Ländern. Dann verlagerte es sich nach den Vereinigten Staaten von Amerika, heute sind Länder wie Kanada, Japan, Indien auch »wissenschaftliche Großmächte« geworden; vor allem tritt Rußland dank seiner systematischen Nachwuchspflege und der technischen Entwicklung mit wissenschaftlichen Spitzenleistungen hervor.

Anregend und fördernd mag dabei der Einfluß einiger Forscher gewesen sein. Erwähnt sei die Vortragsreise rund um die Welt von Arnold Sommerfeld 1930/31, in dessen Institut seit 1920 Physiker aus allen Ländern arbeiteten. Erwähnt seien auch die internationalen Arbeitskreise bei Bohr in Kopenhagen und in den Göttinger Instituten von Born und Franck. Viele Faktoren haben zu diesem weltweiten Aufschwung der naturwissenschaftlichen, insbesondere der physikalischen Forschung geführt: das erwachende Interesse an der rationalen Naturerforschung, das ja auch in Europa erst rund dreihundert Jahre alt ist, die Notwendigkeit für eigene technisch-wirtschaftliche Expansion, Hoffnungen auf daraus resultierende soziale Aufwärtsentwicklung, Forderungen der militärischen Politik und last not least die zwar nicht beabsichtigten, aber höchst wirkungsvollen Folgen der Emigration von Wissenschaftlern aus politischen Gründen, aber auch das Verlangen, aus überalterten Verhältnissen in europäischen Ländern in ein unkonventionelles wissenschaftliches Leben zu kommen.

Wir müssen in diesem Zusammenhang auch das wachsende Interesse der Kriegsministerien an der Förderung der Naturwissenschaften erwähnen; zumindest seit dem ersten Weltkrieg versuchte man, die Anwendbarkeit von Waffen durch systematisch-wissenschaft-

Die »Göttinger Bohr-Festspiele«, 1921
Wilhelm Oseen, Niels Bohr, James Franck, Oscar Klein; sitzend: Max Born

Die V 2 als Forschungsrakete auf dem Startgerüst
im amerikanischen Armeegelände von White Sands/New Mexico, 1947

liche Untersuchungen zu verbessern. In allen Ländern gründeten die Generalstäbe wissenschaftlich-technische Gutachtergremien mit mehr oder weniger großen Vollmachten. So war zum Beispiel in Großbritannien Ernest Rutherford als Gutachter tätig; als man ihm wegen einer versäumten Sitzung Vorwürfe machte, polterte er los: »Was ich gerade gemacht habe, ist wichtiger als euer ganzer Krieg.« Ihm war die erste künstliche Atomumwandlung gelungen. Episoden dieser Art sollten nicht vergessen werden.

Immerhin hat die Waffen- und Militärtechnik eine Reihe von Forschungen angeregt. Die akustische Ortung von Granateneinschlägen wurde erst möglich, als die Schallgeschwindigkeit unter verschiedenen atmosphärischen Bedingungen untersucht war. Die drahtlose Nachrichtenübermittlung für kurze und weite Entfernungen stellte den Physikern und Ingenieuren in der Verstärkertechnik und in der gerichteten drahtlosen Telegraphie (»Peilempfänger«) neuartige Aufgaben. Die militärische Bedeutung beschleunigte die Entwicklung auf diesem Gebiet derart, daß kurz nach 1918 die Grundlagen für den allgemeinen Rundfunk erarbeitet waren.

Zwischen den beiden Kriegen wurden diese militärisch-technischen Forschungen in vielen Ländern intensiv betrieben, besonders Luftfahrt, chemische Spreng- und Treibmittel, Panzerstähle, Kreiselkompaß und kreiselstabilisierte Schiffsgeschütze, zielsuchende Geschosse. Im zweiten Weltkrieg wurde dann ein großer Teil der gesamten naturwissenschaftlichen Arbeit in den Dienst der Waffenentwicklung für Angriff und Abwehr gestellt. Das hat Leistungen ergeben wie das Radarverfahren, die Entmagnetisierung großer Schiffe (zum Schutz gegen magnetische Minen und Torpedos) und vor allem die Fabrikation der Uran- und der Plutoniumbombe in den USA. Die Vorarbeit hierzu hatte schon im Herbst 1942 – unter Enrico Fermis Leitung – zum ersten Energie (und Plutonium) liefernden Uranreaktor geführt. In manchen Ländern wird auch heute ein sehr beträchtlicher Teil der Hochschulforschung von militärischen Stellen finanziert, mit bedenklichen Einschränkungen der Freiheit der Forschung, des Publikationsrechts – was mögen wohl spätere Generationen sagen, wenn sie unter einer wissenschaftlichen Arbeit die Fußnote lesen: »Veröffentlicht mit Genehmigung der Militärbehörden«. Auch bei der jüngsten Forschung, den Untersuchungen der höchsten Atmosphäre oder des interplanetarischen Raumes mit Raketen und künstlichen Trabanten und Planeten, erscheinen die wissenschaftlichen Ergebnisse nur als Nebenprodukte der Waffenentwicklung; es ist bedauerlich, daß ohne diesen Hauptzweck die sehr großen Geldmittel wohl nicht zur Verfügung stünden.

Eine für den Wissenschaftler abscheuliche Konsequenz dieser Verquickung von Forschung und staatlich-militärischen Interessen ist die Benutzung wissenschaftlicher Erfolge (oder gar noch nicht einmal sicherer Ergebnisse) zu Zwecken der politischen Propaganda oder des Prestiges.

Neben der Förderung der Forschung durch Mittel der Verteidigungsministerien ist im letzten Jahrzehnt immer mehr die finanzielle Hilfe staatlicher und auch mehrstaatlicher Organisationen für die Atomkernenergieforschung und -technik in den Vordergrund getreten. So wichtig internationale Zusammenarbeit und so dringend – in Anbetracht der möglichen Gefahren – internationale Vereinbarungen über die großen Reaktoranlagen und die Beseitigung der radioaktiven Abfallstoffe, des »Atommülls«, mit all ihren unerhörten Kosten sind, so besteht doch die Gefahr, daß die öffentlichen Geldmittel von den klassischen Stätten der Forschung, den Hochschulinstituten, abgezogen werden. Die Folge wäre eine zunehmende Trennung von Forschung und Lehre und eine Beeinträchtigung der wissenschaftlichen Ausbildung des Nachwuchses. Die jungen Menschen müssen nun einmal neben dem Studium am lebendigen Fortschritt der Wissenschaft teilhaben und sich in die Denkweise eines aus allen Altersstufen bestehenden Forscherkreises einleben können. Ein Unterricht durch die dauernd mit den wissenschaftlichen Problemen sich auseinandersetzenden Lehrer ist dafür die Voraussetzung. Immerhin hat sich die Wissenschaft seit über hundert Jahren auf diese Weise so großartig entwickelt, und trotz aller Kritik und Reformwünsche an den Hochschulen ist dieses Prinzip nie in Zweifel gezogen worden. Ein anderer großer Nachteil der Bevorzugung von Forschungs- und Entwicklungsinstituten, die außerhalb der Hochschulen stehen, liegt darin, daß sie wegen der besseren Arbeitsbedingungen einen zu großen Teil gerade des guten wissenschaftlichen Nachwuchses an sich ziehen und zu einer geistigen Verarmung der Hochschulen in der allgemeinen naturwissenschaftlichen und technischen Forschung führen. Eine weitere Gefahr, daß nämlich die Vergabe von Geldern an forschungshindernde oder die wissenschaftliche Freiheit einschränkende Bedingungen geknüpft wird, sollte durch die Überwachungstätigkeit verantwortlicher Gremien ausgeschaltet werden.

Alle diese Probleme des »Forschungsbetriebs« sind erst in den letzten zwei Jahrzehnten entstanden, als die naturwissenschaftliche Forschung, ihre Nutzung und ihre Auswirkungen für die menschliche Gesellschaft so sprunghaft zunahmen. Heute gilt es nicht mehr, allein für die weitere geistige Entwicklung als einer Pflicht des Menschen zu sorgen, zu der – wie Kepler sagt – der Schöpfer uns den Verstand gegeben hat. Mehr denn je wird auch das äußere Schicksal der Menschheit von den Naturwissenschaften bestimmt werden. Der Bedarf an ausgebildeten Menschen, vor allem an produktiven Forschern, wird wachsen. Diese klare und sichere Voraussicht hat nicht nur Folgen für die Organisation der Forschung und die Ausbildung des Forschungsnachwuchses – und warnt eindringlich vor Versäumnissen! –, sie stellt auch Forderungen an die Schulen und weist den Bemühungen um unterentwickelte Länder, in denen erst die Voraussetzungen für die wissenschaftlich-technische Kultur geschaffen werden müssen, eine bestimmte Richtung.

Während heute wie in den vergangenen zwei Jahrhunderten das Schwergewicht der Naturwissenschaft in den exakten Wissenschaften, der Physik und der Chemie (die letztlich zu ihr gehört), liegt und gelegen hat, dürften die nächsten großen Fortschritte im Bereich der Biologie zu erwarten sein; sie werden von noch größerer Bedeutung für die Menschheit sein – mehr als bei der Anwendung des physikalisch-chemischen Wissens wird hier die menschlich-ethische Frage im Vordergrund stehen: wie weit darf der Mensch sein Wissen verwirklichen? Diese Frage ist in den letzten Jahren immer brennender geworden, sie ist mit dem Problem der Verantwortung gekoppelt, das nicht einfach dadurch zu lösen ist, daß man das Streben nach »gefährlicher Erkenntnis« einstellt oder untersagt. Denn darunter würden auch andere, »ungefährliche« Forschungsgebiete leiden: die Wissenschaft ist ein untrennbar Ganzes. Dazu kommt, daß die positiven oder negativen Möglichkeiten einer Entdeckung sich immer erst mit der Zeit zeigen. Otto Hahn konnte bei der Entdeckung der

Uranspaltung im Jahre 1938 nicht ahnen, daß eine der Konsequenzen seiner Arbeit die Atombombe sein würde.

Wer soll aber die Verantwortung tragen? Die Naturwissenschaftler, die heute die Voraussetzung für das Fortbestehen der Menschheit schaffen, ohne einen nennenswerten Einfluß auf die Gestaltung der Zukunft zu haben? Oder die Politiker, von denen einer, Lord Balfour, gesagt hat: »Scientists are the people, who are changing the world and they don't know it.« Wissen es denn die Politiker?

Die Fortentwicklung der klassischen Physik

Es wird verschiedentlich behauptet, daß es im Bereich der klassischen Physik keine grundsätzlichen Probleme mehr gäbe. Genau das Gegenteil ist der Fall; und man muß nachdrücklich dafür wirken, daß ihre Pflege nicht vernachlässigt wird. Natürlich ist eine Theorie der Eigenschaften der Elementarteilchen und der Felder das Zentralproblem der heutigen Physik; aber es ist die Frage, ob sich aus ihr alle anderen physikalischen Dinge der Welt ableiten lassen und ob man daher das Recht nehmen kann, die Forschung und die Forschungsmittel auf dieses Problem zu konzentrieren. Wir wollen nicht die Ausführbarkeit eines solchen Programms diskutieren, man muß unseres Erachtens die Aufgaben der Physik als Naturerforschung allgemeiner betrachten.

Jede der uns entgegentretenden Erscheinungen der Natur ist kooperativer Art, das heißt, jeder uns einheitlich erscheinende Vorgang kommt durch das Zusammenwirken mehrerer verschiedenartiger Faktoren zustande. Mit dem Bestreben ihrer Trennung – »von der Beobachtung der Vorgänge zu ihren Ursachen zu gelangen«, sagt Kepler –, mit der Analyse begann die exakte Naturwissenschaft. Sie führte zunächst zu speziellen Gesetzmäßigkeiten, dann zu Gesetzen mit immer weiterem Geltungsbereich – in der Art wie das Gesetz der Erhaltung der Energie oder wie die Maxwellschen Gleichungen für die Verbindung variabler elektrischer und magnetischer Felder – oder zu generellen Betrachtungsarten, wie die Atomistik für alle materiellen und elektrischen Eigenschaften oder wie die Quantentheorie für alle Wechselwirkungen zwischen Atomen, Molekülen und Strahlung. Die Fortentwicklung der klassischen Physik besteht in der fortgesetzten immer weiter getriebenen Analyse der Naturerscheinungen nach neuen bei der experimentellen Arbeit oder bei ihrer theoretischen Formulierung sich ergebenden Gesichtspunkten. Auch das umgekehrte Vorgehen, durch neue Kombinationen von übersehbaren Einzelbedingungen neue Erscheinungen zu erzeugen, wird zunehmend von Bedeutung. Insbesondere sei auf die Kombination mit den Ergebnissen der grundlegenden atomistischen Erkenntnisse, erleichtert durch die mit ihr entwickelten neuen apparativen Möglichkeiten, hingewiesen. Solche Kombinationen schmälern aber nicht die Bedeutung der klassischen Physik. Wenn radioaktive Atomkerne oder Geigerzähler, Neutronen aus dem Uranreaktor oder die mit den »großen Maschinen« erzeugten energiereichen Teilchen zur Lösung »klassischer« Probleme herangezogen werden, so ist das ebensowenig »Kernphysik« wie eine medizinische Körpertemperaturmessung ein Problem der Thermodynamik ist.

Daß die klassische Physik auch im sogenannten Atomzeitalter nicht einfach beiseite geschoben werden kann, verdeutlicht am besten die Überlegung, daß sie und nur sie die Grundlage aller Technik ist. Es kann geradezu als Charakteristikum der technischen Verfahren bezeichnet werden, daß durch kontrollierbare Kombination von Vorgängen und Materialien bestimmter Eigenschaften der gewünschte Effekt zustande kommt. Das gilt ganz uneingeschränkt auch da, wo das technische Problem etwa aus der Kernphysik stammt: Der Bau eines Uranreaktors oder gar die jetzt angestrebte Freimachung von Atomkernenergie aus der Fusion leichter Atomkerne zu Helium ist einzig und allein davon abhängig, daß Probleme der klassischen Physik unter neuen, oft sehr extremen Bedingungen gelöst werden.

Wir führen nun kurz einige der wesentlichsten Fortschritte auf den Gebieten der klassischen Physik an. In der *Mechanik* ragt wegen ihrer Folgen die Aerodynamik hervor, die seit der Entdeckung der »Grenzschicht« zwischen einer Fläche und vorbeiströmender Luft im Jahre 1901 durch den damals sechsundzwanzigjährigen Ludwig Prandtl die theoretischen Grundlagen für das Flugzeug lieferte. Der jetzt im Brennpunkt des Interesses stehende Rückstoßantrieb ist physikalisch sehr alt; schon Wilhelm J. s'Gravesande beschreibt in seinem »Physices elementa mathematica, experimentis confirmata sive introductio ad philosophiam Newtonianam«, dem ersten Lehrbuch der Experimentalphysik aus dem Jahre 1720, einen durch den Rückstoß ausströmenden Wasserdampfs fortbewegten Wagen: »Aeoli Pila vocatur haec machina.« Zur technischen Lösung waren neben den chemischen und physikalisch-chemischen Treibmittelfragen Materialien für extreme Anforderungen an Wärmefestigkeit zu entwickeln, was nur mit dem Ausbau der neuen Theorien der Elastizität, der Härte, der inneren Versetzungen möglich war. Das in der Maschinentechnik aufgetretene Problem des Dauerbruchs ist bis heute noch nicht im einzelnen aufgeklärt. – Das Problem der Lagerölung wurde hydrodynamisch (Sommerfeld, Heisenberg) und bezüglich des Schmiermittels molekular-physikalisch (Trillat) gelöst; die Theorie des Kreisels (Klein und Sommerfeld) gab die Grundlage für die Ausarbeitung der Erfindung des Kreiselkompasses (Anschütz-Kaempfe). Die elastischen Eigenschaften der Metalle werden durch die Strukturanalyse mit Röntgenstrahlen, die Vorgänge in Oberflächen durch Elektronenbeugung, spezielle Strukturfragen neuerdings durch Beugungsexperimente mit Neutronen (»Materiewellen«) geklärt. Zeit- und Entfernungsmessungen wurden über elektrische Schwingungen zu höchster Präzision entwickelt (Quarzuhr, Radarmethode). – Der Bereich der *Akustik* wurde durch die Erzeugung von »Ultraschall« erweitert, mit elektrischen Schwingungen erregte elastische Schwingungen etwa von Quarzkristallplatten bis zu vielen Millionen Hertz, als Ergebnis einer Kombination der Hochfrequenztechnik mit der von Pierre Curie entdeckten Piezoelektrizität.

Das Gebiet der *Wärmelehre* erhielt durch die Erschließung der tiefsten Temperaturen mit der Verflüssigung des Heliums (Kamerlingh-Onnes in Leiden 1908; 1898 hatte James Dewar in London den Wasserstoff verflüssigt) eine ganz besondere Bedeutung. In diesem Temperaturgebiet nahe dem absoluten Nullpunkt wurde 1911 die Supraleitfähigkeit entdeckt, die Erscheinung, daß eine Anzahl von Metallen plötzlich ihren elektrischen Widerstand vollkommen verliert; sie ist bis heute noch nicht zufriedenstellend verstanden, neue

Experimente im Tiefsttemperaturbereich bringen laufend neue Grundlagen zur »Theorie des festen Körpers«. Die Quantentheorie des festen Körpers wurde aus der experimentell gefundenen Abnahme der spezifischen Wärme unter ihren »klassischen Wert« im Bereich tiefer Temperaturen entwickelt; die für die Quantenmechanik entscheidende Entdeckung der zwei Modifikationen des Wasserstoffmoleküls H_2, des Ortho- und Parawasserstoffs (verschieden durch die relative Lage des Kernspins der beiden Atome), und die Entdeckung (Urey 1932) des lange gesuchten schweren Isotops des Wasserstoffatoms, des Deuteriums, und die effektivste Methode zu seiner Anreicherung verdankt man der Erforschung des Tiefsttemperaturbereichs. Die Entdeckung, daß das flüssige normale Helium (He_4), nicht aber das Heliumisotop He_3, im »suprafluiden« Zustand völlig andere Eigenschaften hat als andere Flüssigkeiten, und der Meißner-Ochsenfeld-Effekt (Nichteindringen magnetischer Kraftlinien in einen Supraleiter) weisen auf noch unbekannte grundsätzliche Phänomene hin, die in dem von Wärmestörungen schon weitgehend freien Zustandsbereich zutage treten. Die Lösung wird zweifellos in der Quantentheorie liegen, aber wie zur Entdeckung der Effekte dienen auch zur weiteren experimentellen Klärung die bis zum äußersten verfeinerten klassischen Verfahren. Bis in die letzte Zeit wurden die Verfahren zur Herstellung flüssigen Heliums verbessert, so daß es heute praktisch ohne Bedienung laufende Maschinen gibt, die viele Liter pro Stunde liefern. Die tiefste bis jetzt erreichte Temperatur liegt bei $^1/_{10000}{}^\circ$ absolut. Daß der »absolute Nullpunkt« grundsätzlich nicht erreicht werden kann, ist schon klassisch mit dem dritten Wärmesatz von Walther Nernst begründet.

Von den Problemen der klassischen *Optik* wurde besonders die Messung der Lichtwellenlängen durch die Entwicklung der Interferenzspektroskopie zu hoher Vollkommenheit gebracht; die Ausmessung der Atomspektren von Ultrarot bis Ultraviolett und ihre Beeinflussung durch magnetische und elektrische Felder (Zeeman-, Paschen-Back- und Stark-Effekt) wurde die Grundlage für die Quantentheorie der Spektra und des Atombaus; sie hat durch die Untersuchung der Hyperfeinstruktur für Strukturfragen der Atomkerne und deren Einfluß auf die Elektronenzustände sowie für spezielle chemische Bindungsprobleme erneut Bedeutung bekommen. Die physikalische Analyse der Spektra gestattete die Entwicklung quantitativer Methoden der chemischen Spektralanalyse. Der 1928 entdeckte Ramaneffekt wird zunehmend von Bedeutung für die Ermittlung der inneren Schwingungsmöglichkeiten der Moleküle und damit für die Aufklärung ihrer Struktur. Die ebenfalls auf der Vervollkommnung der Interferenztheorie beruhende Methode zur Oberflächenuntersuchung (Tolanski), die »Vergütung« optischer Flächen, das heißt ihre Bedeckung mit reflexionsvermindernden Schichten zur erheblichen Vergrößerung der Lichtstärke von Fernrohr-, Photo- und Mikroskopobjektiven, die auf Interferenz beruhenden Farbfilter, das Phasenkontrastmikroskop (F. Zernicke 1935) sind neue Probleme mit wichtigen Folgen auch für die Anwendung der Optik auf andere Forschungsgebiete und in der Technik.

In der klassischen *Elektrizitätslehre* entstand in den letzten zwei Jahrzehnten mit der Physik der Halbleiter ein neues Kapitel der Physik der Festkörper, mit einem neuen Zugang zu den Grundproblemen des elektrischen Leitungsvorganges. Dieser war bis kurz vor der Jahrhundertwende nur für die elektrolytische Leitung der Salz- und Säurelösungen durch Faradays Versuche (1834/35) verstanden. Die Untersuchung der elektrischen Leitfähigkeit von Gasen, von Röntgen als Wirkung der Röntgenstrahlen entdeckt, führte in großartigen Experimenten im »Cavendish« in Cambridge in kurzer Zeit zur Entdeckung des Elektrons (wie wir das Elementarteilchen der Elektrizität heute nennen) und der Aufklärung der Natur der Kathodenstrahlen (J.J.Thomson 1897). Die in der Elektronentheorie von Hendrik Antoon Lorentz und anderen zur Deutung der Leitfähigkeit der Metalle angenommenen frei beweglichen Ladungsträger wurden durch einen einfachen mechanischen Versuch von R.C.Tolman als Elektronen erkannt: er konnte sie in einem schnell rotierenden Metall aus ihrer Bindung gewissermaßen von den metallischen Ionen abzentrifugieren. Diese klassische elektrische Atomistik, welche durch die Millikansche Präzisionsmessung der Elektronladung 1916 ihre letzte Sicherheit bekam, ließ den Wehnelteffekt (1904) und den Richardsoneffekt (1901) – die Freimachung von Elektronen durch Glühen eines negativ-geladenen Oxyds oder Metalls (»Glühkathode«) – verstehen; sie wurde zur Grundlage für die Entwicklung der Elektronenröhren: als Braunsche Röhre zum Nachweis von elektrischen und magnetischen Schwingungen aller Frequenzen, woraus sich die Oszillographenröhre und die Fernsehröhre entwickelte, und als »Elektronenröhre« (Lee de Forest) zur Verstärkung kleiner Gleich- oder Wechselstromleistungen und zur Erzeugung ungedämpfter elektrischer Wellen. Sie gaben den Weg frei für die moderne drahtlose Nachrichtenübermittlung (Telegraphie, Telephonie, Bildübertragung), für das Radarverfahren und ganz besonders für die sogenannte »Elektronik« mit ihren zahllosen Möglichkeiten für den Bau neuartiger Meßgeräte und der für Wissenschaft und Technik gleich bedeutungsvollen Steuerungs- und Regelorgane sowie für die Entwicklung der elektronischen Rechenmaschinen. In neuerer Zeit treten die Halbleiterelemente (Transistoren) in Konkurrenz zur Elektronenröhre, aber sie erreichen noch nicht die kurzen Reaktionszeiten (Verwendbarkeit für hohe Frequenzen): hier liegen noch viele ungelöste klassische Probleme. Die Erforschung der Ausbreitung der Wellen der drahtlosen Telegraphie führte zur Entdeckung der »Ionosphäre« in über achtzig Kilometer Höhe mit ihrem Einfluß auf die Reichweite der kurzen Wellen. – Das Studium der »Mechanik« der Elektronen, das heißt ihre Bewegung in elektrischen und magnetischen Feldern, führte zur »Elektronenoptik« (Hans Busch 1927) und damit zur Entwicklung des Elektronenmikroskops (Knoll, Ruska, Brüche, v. Borries). Damit war nicht nur ein Instrument zur Lösung alter und neuer Probleme des Festkörpers, insbesondere der Kristallbildung und der Physik der Oberflächen, geschaffen; es hat für biologische und medizinische Fragen, auch der praktischen Medizin, ganz neue Erkenntnismöglichkeiten eröffnet.

Die Erweiterung der Kenntnisse des Stromdurchganges durch ionisierte Gase führte zur Physik des Plasma, eines Gaszustandes, der auf Grund vollständiger Ionisation aus einer Mischung von Ionen (das heißt Atomkernen) und freien Elektronen besteht. Es ist dies der Zustand der Materie heißer Fixsterne – von hier führt ein Weg in die moderne Astrophysik –, der Zustand, in dem thermonukleare Reaktionen, insbesondere die Verschmelzung der leichtesten Kerne zu Helium, unter starker Energieentwicklung vor sich gehen; hier liegt der Ausgangspunkt für das technische Fusionsproblem, das zwar Atomkernenergie liefert, dennoch aber ein Problem der klassischen Physik unter extremen Bedingungen ist.

In der *Magnetik* hat die Entdeckung des Elektrons erst die Möglichkeit gegeben, die beiden als Dia- und Paramagnetismus schon von Faraday 1846 bezeichneten Reaktionen der

Materie zu verstehen, indem man die alte Ampèresche Vorstellung von 1820, daß jeder Magnetismus von elektrischen Kreisströmen herrühre, als Elektronenbahnen präzisierte. Heben sich die rechts und links umlaufenden Elektronenbahnen auf, so erfolgt im Magnetfeld nur die auf Induktion beruhende Gegenpolung; überwiegt eine Richtung, so tritt im Magnetfeld eine Ausrichtung, die paramagnetische Magnetisierung, ein. Den millionenfach stärkeren Ferromagnetismus erklärte 1907 Pierre Weiss mit einem in Eisen, Nickel, Kobalt und einigen Legierungen vorhandenen starken »inneren« Richtfeld, das alle Bahnen in kleinen »Weiss'schen Bereichen« parallel stellt. In einem äußeren Magnetfeld werden dann alle Bereiche parallel gerichtet. Wird diese Feldrichtung umgekehrt, so kehrt sich der Umlaufsinn aller Elektronen um. Da diese ihrer Masse wegen einen Drehimpuls haben, muß dabei der ganze Körper (als Rückstoß) eine Rotation zeigen, was 1915 Einstein und de Haas zeigten; kurz vorher hatte Barnett gefunden, daß – aus gleichen Gründen – ein rotierender Eisenstab zum Magneten wird. Diese rein klassischen Überlegungen mußten aber, da sie mit den tatsächlichen Messungen nicht übereinstimmten, ergänzt werden. Die klassische Atomistik des Elektrons reichte nicht aus; erst durch die mit Hilfe der Quantenatomistik entdeckten Eigenschaften des Elektrons: sein Drehimpuls um seine Körperachse (Spin) und sein eigenes magnetisches Moment (Bohrsches Magneton), war eine zutreffende Erklärung gefunden. Hier zeigt sich besonders eindrucksvoll das Verhältnis der klassischen Physik zur modernen Physik: ihre Grundgesetze gelten immer, aber die atomaren Vorgänge haben zusätzlich besondere Gesetze. Mit den neuen, durch die Aufklärung des atomistischen Aufbaus der Metallgitter, der Analyse des Atombaus und der magnetischen Wechselwirkungen zwischen den Elektronen der Gitteratome befruchteten Vorstellungen konnten die vielfältigen Erscheinungen des Ferromagnetismus weitgehend verstanden werden. Eine praktische Auswirkung war die Herstellbarkeit ferromagnetischer Werkstoffe mit besonderen Eigenschaften, etwa für Transformatoren oder Dynamomaschinen oder für starke permanente Magnete (an Stelle der Elektromagnete). Theoretische Vorstellungen bewährten sich bei der Entwicklung der technisch bedeutungsvollen Ferrite; das sind hochmagnetische, aber elektrisch sehr schlecht leitende komplizierte Kristalle, die als Spulenkörper für Selbstinduktionsspulen in hochfrequenten Schwingungskreisen dienen können und damit der Elektronik neue Möglichkeiten eröffneten. Bänder mit feinsten ferromagnetischen Pulvern wurden als Tonbänder und als Speicherelemente für elektronische Rechenmaschinen entwickelt.

Nach der atomistischen Aufklärung der Magnetisierungsvorgänge bieten magnetische Untersuchungen die Möglichkeit, alte klassische Festkörperprobleme, etwa die technisch wichtige Ausscheidungshärtung, zu lösen. Grundsätzliche ferromagnetische Probleme, etwa die Frage, wieviel Atome zu einem Kriställchen verbunden sein müssen oder welche Dicke von Folien erreicht sein muß, damit Ferromagnetismus entsteht, sind noch ungelöst, ebenso die Frage der Herkunft des Erdmagnetismus.

Ganz auf den Methoden der klassischen Physik beruht auch die Lösung der Grundaufgabe der klassischen Atomistik – wobei wir uns vergegenwärtigen müssen, daß diese zu Beginn dieses Jahrhunderts noch keineswegs allgemeine Billigung fand. Das ist der experimentelle Beweis für die Annahmen der kinetischen Theorie der Materie und der Wärme, die wir in der Atomistik des 19. Jahrhunderts behandelten. Es ist hoffentlich auch für die künftige Naturwissenschaft beispielhaft, daß trotz der lockenden Aufgaben der neuen Atomistik diese Grundfrage in Angriff genommen wurde. Albert Einstein und M. v. Smoluchowski hatten 1905/06 eine Theorie der Brownschen Molekularbewegung in einer für die Meßbarkeit geeigneten Form entwickelt: jene unaufhörlichen ungeordneten Zitterbewegungen, die ein mikroskopisch kleines Staubteilchen in einem Gas oder einer Flüssigkeit zeigte, wurden als Folge der ungeordneten Stöße der Gas- oder Flüssigkeitsmolekel infolge ihrer »Wärmebewegung« gedeutet. Im Gleichgewicht muß die beobachtete mittlere Bewegungsenergie des Staubteilchens genauso groß wie die mittlere kinetische Energie der unbeobachtbaren Molekel sein; alle Versuche, die Geschwindigkeit, mit der das Teilchen hin und her tanzt, zu messen, schlugen fehl – und sind grundsätzlich unmöglich, weil es nie gelingt, die wahre Bewegung zu beobachten, sie wird mit zunehmender Vergrößerung immer verworrener. Einstein beweist – das war eine seiner den Gang der Physik entscheidend beeinflussenden Arbeiten aus dem Jahre 1905 –, daß man nur die mittlere Verschiebung des Teilchens, seine Ortsänderung in einer Richtung in irgendeinem, stets gleichen Zeitintervall zu messen brauche. So gelangte man zum Beweis, daß die mittlere kinetische Theorie der Teilchen und damit der Molekel wirklich der absoluten Temperatur proportional ist, und vor allem zur genauen Bestimmung der bisher nur indirekt ermittelten Loschmidtschen Zahl, der Zahl der Molekeln in einem Grammolekül (Mol). Aber auch die Messung der Geschwindigkeit der Atome und die Verteilung der Geschwindigkeiten um eine mittlere, der absoluten Temperatur proportionale Geschwindigkeit konnte in den zwanziger Jahren von Otto Stern und vielen Schülern mit der Atomstrahlmethode direkt gemessen werden. Man läßt hierzu Atome (oder Moleküle) aus einem mit Gas oder Dampf bekannter Temperatur gefüllten Gefäß durch ein kleines Loch in einen hochevakuierten Raum austreten, in dem sie ohne Zusammenstoß geradlinig mit der Geschwindigkeit weiterfliegen, die sie im Dampfgefäß hatten. Unter Anwendung an sich normaler mechanischer Methoden zur Geschwindigkeitsmessung gelangen Präzisionsbestimmungen der Temperaturgeschwindigkeit und der Maxwell-Boltzmannschen Verteilungsfunktion; auch konnte Stern experimentell zeigen, daß das horizontal fliegende Atom wie ein horizontal geworfener Ball der Schwerkraft unterliegt, also eine Wurfparabel beschreibt. Diese die klassische Atomistik vollendende Atomstrahlmethode wurde in unvorhergesehener Weise bedeutungsvoll zur Lösung von Problemen der Atomkerne, die sich in der neuen Atomistik ergaben.

Die »neue Atomistik«

Die bis zur Jahrhundertwende auf einige wenige Spezialgebiete beschränkte atomistische Forschung ist heute Grundlage jeder naturwissenschaftlichen Erkenntnis. Denn mit den diese Entwicklung einleitenden Entdeckungen wurde mehr erschlossen als nur neue Gebiete – so wie etwa 1800 mit der Entdeckung der ultraroten und ultravioletten Spektralbereiche – oder nur neue Einsichten in alte makroskopische Bereiche, wie in Elastizität

Die Reise zum Mond
Aus einer Folge von Zeichnungen zur Raumfahrtutopie
von Edward Francesco Burney, um 1815. London, Sabin Galleries

Versuchsanordnung von Laue, Friedrich und Knipping
zum Nachweis von Interferenzerscheinungen der Röntgenstrahlen, 1912
München, Deutsches Museum

oder in Kristallphysik. Noch 1894 formuliert Hermann Helmholtz die Aufgabe der Physik als »die bloße allgemeine Darstellung der Tatsachen und ihrer Gesetze, wie sie durch die Systeme der Differentialgleichungen der Physik gegeben sind«; alles wurde – nach einem kritischen Wort Ludwig Boltzmanns – »in den mechanisch-physikalischen Webstuhl eingelegt«; in der Tat: die Physik war damals in der Gefahr, zu erstarren – »das Dogma von der alleinseligmachenden Phänomenologie zu vermeiden« war seine dringende Warnung. Davon ist die heutige Physik in der Tat völlig frei. Zweifellos ist die Plancksche Quantenhypothese von 1900, die Entdeckung des elementaren Wirkungsquantums, der Grundstein für die neuartige physikalische Denkweise gewesen: »In der Geschichte der Wissenschaften – sagt Niels Bohr – gibt es wohl wenige Ereignisse, die in der kurzen Zeit eines Menschenalters so außerordentliche Folgen hatten, wie Plancks Entdeckung des elementaren Wirkungsquantums.« Aber vielleicht war zunächst noch wichtiger, daß völlig unerwartete Entdeckungen die Physiker aus der Ruhe aufscheuchten und zugleich Aufmerksamkeit und Phantasie mächtig belebten.

Den ersten Anstoß gab zur Jahreswende 1895/96 die Entdeckung der »X-Strahlen« durch Wilhelm Conrad Röntgen in Würzburg. Sie erfolgte in einer Zeit, da viele Physiker meinten, daß es für die physikalische Erkenntnis keine unbekannten Bereiche mehr gäbe. Auch Röntgen suchte nicht nach etwas Unbekanntem; ihn interessierten die noch nicht geklärten Erscheinungen der Kathodenstrahlen. Eine Wirkung der Kathodenstrahlen war ein Aufleuchten der Glaswand gegenüber der Kathode. Von diesem »Fluoreszenzfleck« ging nach außen geradlinig jene X-Strahlung aus, welche die photographische Platte schwärzte wie das Licht, sich aber nicht wie Licht in einem Prisma brechen, mit Linsen konzentrieren oder mit Spiegeln reflektieren ließ; dafür ging sie (wie Röntgen beschreibt) wenig behindert durch ein gebundenes Buch von tausend Seiten, durch ein doppeltes Whistspiel, durch dicke Holzbretter, ja sogar durch Haut und Fleisch der Hand, aber kaum durch die Knochen, so daß diese auf der bestrahlten Photoplatte als scharfbegrenzte »Schatten« erschienen. Vor allem machte sie die isolierende Luft noch in großer Entfernung vom Ausgangspunkt elektrisch-leitend und ließ verschiedene Kristalle aufleuchten.

Die erste bedeutungsvolle Anwendung der Röntgenstrahlen – den Namen schlug der Würzburger Anatom Köllicker im Januar 1896 vor – lag auf dem Gebiet der diagnostischen Medizin – schon im Januar 1896 machte Fomm im Münchener Physikalischen Institut die erste Röntgenaufnahme eines Geschosses im Schädel, und bald konnte man in der Glasbläserei Pöller »Röntgenröhren« kaufen. Mit dem ungeheuren Nutzen stellten sich aber auch die schweren Strahlenschädigungen der Patienten, Ärzte und Ingenieure ein – aus später Sicht gesehen die Folge davon, daß man physikalische Energien unbekannter Art ohne vorherige Prüfung etwaiger Folgen auf den Organismus wirken ließ. Selbst heute ist eine endgültige Klärung der biologischen Strahlenwirkungen noch nicht erreicht. Mit schlechthin klassischen Versuchen, mit einfachsten Mitteln, hatte Röntgen die physikalischen Wirkungen der Strahlen bestimmt – aber ihre Natur blieb sechzehn Jahre lang unklar, bis 1911 Laue, Friedrich und Knipping in Sommerfelds Institut in München ihr Wellenexperiment ausführten. Es bestand in dem Nachweis von Interferenzerscheinungen, die seit hundert Jahren das *experimentum crucis* für den Nachweis der wellenförmigen Ausbreitung einer Energie sind. Der Nachweis für die Röntgenstrahlen erfolgte mit der Fraunhoferschen Beugungsmethode, nur diente als Beugungsgitter nicht ein Strichgitter, sondern ein Kristall, dessen Atome in Abständen von etwa 10^{-8} Zentimeter zu einem Raumgitter nach einer alten Hypothese von Bravais regelmäßig angeordnet sind.

William Henry Bragg und William Lawrence Bragg entwickelten 1913 mit Laues Entdeckung zugleich die Röntgenstrahlspektroskopie und die Kristallanalyse. Hiermit begann die Strukturanalyse der Festkörper, dann auch der Flüssigkeiten und der Gase. Das war die Grundlage für alle weitere und tiefere Erkenntnis des Feinbaus der Materie, ihrer physikalischen und technischen Eigenschaften auf Grund der nun sicher bewiesenen und weiter verfeinerten atomistischen Vorstellungen. Diese geheimnisvollen X-Strahlen haben aber auch jene Entdeckung veranlaßt, welche die klassische Atomanschauung entscheidend stützte und zugleich stürzte und dann Schritt für Schritt zur materiellen und energetischen Analyse der Atome und ihrer künstlichen Umwandlung führte: die Entdeckung der Radioaktivität durch Henri Becquerel in Paris. Es ist physikgeschichtlich recht interessant, daß sich diese Entdeckung aus einer total falschen Hypothese ergab: Röntgens Strahlung ging von der (durch Kathodenstrahlen getroffenen) fluoreszierenden Stelle der Glaswand aus, sie machte die Luft elektrisch-leitend und schwärzte die Photoplatte; Becquerel studierte die durch Lichtstrahlen erzeugte Fluoreszenz von Uransalzkristallen; wird in der Umgebung dieser fluoreszierenden Kristalle auch die Luft leitend und die Photoplatte durch undurchsichtigen Karton hindurch geschwärzt? Das war die Frage – das Experiment beantwortete sie mit ja! Aber sorgfältige Prüfung zeigte bald, daß die Uransalze, auch ohne zu leuchten, in jeder Form, in jeder Zusammensetzung, auch gelöst, diese Wirkungen hervorbringen. Pierre und Marie Curie gelang zwei Jahre später der Nachweis, daß diese Wirkungen auf unbekannte in dem Uranerz enthaltene Elemente zurückzuführen seien. Nach unvorstellbar mühsamer Arbeit gelang es, diese Substanz zunächst in unwägbaren Mengen chemisch zu isolieren, schließlich auch anzureichern, immer nur von der Stärke jener unbekannten Strahlung geleitet. »Polonium« (nach ihrem Vaterland genannt) war das erste, Radium das zweite so von Marie Curie entdeckte und schließlich in wägbaren Mengen gewonnene Element. Zugleich fand Gerhard Carl Schmidt, daß auch das schon lange bekannte Element Thorium diese Strahlung aussendet. Wieder rätselte man über dieses Wunder, das Marie Curie »Radioaktivität« nannte; da veröffentlichten Julius Elster und Hans Geitel, zwei Gymnasiallehrer in Wolfenbüttel, am 19. Januar 1899 die aus ihren Experimenten gefolgerte Hypothese: Ein radioaktives Atom geht »unter Energieabgabe in einen stabilen Zustand über ... und zwar folgerechterweise unter Änderung seiner chemischen Eigenschaften«. Genau das ist der Inhalt der 1902 von Ernest Rutherford und Frederick Soddy nun quantitativ entwickelten radioaktiven Zerfallstheorie; die freiwerdende Energie nennt man heute Atomkernenergie. In der Zwischenzeit hatte Friedrich O. Giesel die magnetische Ablenkbarkeit eines Teiles der »Becquerelstrahlen«, die Curies die teils negative, teils positive elektrische Ladung dieses Teils nachgewiesen. Es gab also drei verschiedenartige radioaktive Strahlenarten: bald darauf wußte man, daß die »Alphastrahlen« positiv geladene atomare Heliummassen (zehn Jahre später genauer definiert als Heliumatomkerne), die »Betastrahlen« negative Elektronen (1901 von Walter Kaufmann sichergestellt) und die »Gammastrahlen« besonders stark durchdringende X-Strahlen waren. Mit der Abgabe von Alpha- oder Betastrahlen von den »radioaktiven« Atomen waren Atomumwandlungen verbunden, die schließlich zu einem »stabilen« Atom, dem Blei, führten. Auf keine Weise war es möglich, diese Umwandlung zu beeinflussen, weder bezüglich ihrer Art noch ihrer Geschwindigkeit. Gerade in den Jahren, in denen die physikalische Atomistik zu einer anerkannten Grundanschauung der Materie und der materiellen Erscheinungen wurde, entzogen ihr die radioaktiven Erscheinungen die klassischen Grundeigenschaften der Unteilbarkeit und der Unveränderlichkeit und leiteten zu einer neuartigen materiellen Atomistik über. Nicht mehr der Beweis für die Existenz von Atomen, sondern die Auffindung der in den Atomen enthaltenen Elementarteilchen und der Prinzipien ihres Aufbaus wurde zum Problem. Im Prinzip wird das Atominnere erforscht, indem es durch eingeschossene negative Elektronen oder positive Alphateilchen abgetastet wird. Die »Sonden« sind so klein, daß sie durch den größten Teil der »leeren« Atome geradlinig hindurchgehen; nur wenn sie in die Nähe der Elektronen oder des Kerns kommen, bewirken die elektrostatischen Kräfte zwischen den negativen oder positiven »Sonden« und den negativen oder positiven Bausteinen der Atome Richtungsablenkungen, aus denen die Zahl der Ladungen, vor allem aber die Konzentration der positiven Ladungen in einem kleinen Kern und die sehr lockere Verteilung der Elektronen erschlossen werden kann.

Diese materielle Analyse der Atome – entscheidend waren die Arbeiten von Philipp Lenard, Ernest Rutherford und James Chadwick – lief in zwei Phasen von 1900 bis 1932 ab. Die erste Phase fand ihren Abschluß 1911 mit dem Rutherfordschen Atommodell: die gesamte Masse eines Atoms ist in einem sehr kleinen »Kern« (nucleus) vereinigt, der positiv geladen ist. Während das Atom einen Durchmesser von einigen 10^{-8} Zentimetern hat, ist der des Kerns zehntausend- bis hunderttausendmal kleiner. In dem modellmäßig betrachtet fast leeren Atomvolumen befinden sich Elektronen, deren Zahl gleich der Zahl der positiven Kernladungen ist und die von Atom zu Atom um eine Einheit gleich der Stellenzahl des Atoms im periodischen System der Elemente zunimmt, also von Wasserstoff bis Uran von 1 auf 92 wächst.

Das Rutherfordsche Atommodell wurde oft mit dem Planetensystem verglichen. Wie um die Sonne die Planeten, so sollten die Elektronen um den Kern kreisen; der Gravitationskraft zwischen den Massen entspräche die elektrostatische Anziehungskraft zwischen Kern und Elektronen gemäß dem Coulombschen Gesetz. Für Ladungen ist das Modell aber unmöglich, weil kreisende Elektronen aus elektromagnetischen Gründen eine Strahlung aussenden müssen, also kinetische Energie verlieren und demnach doch in den positiven Kern »fallen« würden. Eine Erklärung fand Niels Bohr mit einer für die gesamte neue Physik charakteristischen Überlegung: weil kein Grund besteht, an der Zusammensetzung der Atome aus Kern und Elektronen zu zweifeln, muß man für die Elektronenbewegung »eine der klassischen Elektrodynamik fremde Größe« einführen, die eine dauernde Energieabgabe durch Strahlung und eine kontinuierliche Annäherung der Elektronen an den Kern »verbietet«. Als solche bot sich die Plancksche Konstante h, das elementare Wirkungsquantum, an. Die mit der klassischen Physik unüberwindbare Schwierigkeit wird zum physikalischen Prinzip erhoben: das umlaufende Elektron strahlt deshalb nicht, weil es seine Bahn nicht kontinuierlich ändern, sondern nur solche Bahnen durchlaufen *kann*, deren Drehimpuls proportional zu 1 h oder 2 h oder 3 h und so fort ist. Damit kann die Umlaufenergie ebenfalls nur diskrete Werte annehmen, die sich im übrigen aus der Anziehungskraft Kern-Elektron zahlenmäßig berechnen. Die Folgerung ist: Wenn das Atom eine Strahlung aussenden soll, so müssen diskontinuierliche Energieänderungen der Elektronenbahnen durch Zufuhr ganz bestimmter Energiebeträge vorgenommen werden (Anregung des Atoms durch Wärme- o der Elektronenstoß); gibt das Atom diese ihm zugeführte Energie wieder ab, so wird sie als ein Plancksches Strahlungsquant abgegeben. 1914 bewiesen James Franck und Gustav Hertz experimentell, daß ein Atom nur ganz bestimmte Energiebeträge aufnimmt und diese voll als Strahlungsquant abgibt. Diese Quantentheorie der Strahlung, aus der dann vor allem durch Arnold Sommerfelds Schule die vollständige Quantentheorie des Atombaus hervorging, war auf einem ganz anderen Gebiet entstanden.

Im Jahre 1900 war Max Planck zu der Erkenntnis gekommen, daß die experimentell bestimmten Strahlungseigenschaften eines nur infolge seiner Temperatur strahlenden Körpers – nämlich die Intensität der verschiedenen Wellenlängen oder Frequenzen des Spektrums in Abhängigkeit von seiner Temperatur – mit den gegebenen klassischen Grundlagen der Wärmelehre (Thermodynamik) und des Elektromagnetismus nicht erklärbar sind. Erfolgreich war eine völlig neuartige Hypothese, daß die Strahlungsenergie einer bestimmten Wellenlänge (oder Frequenz) sich nicht in beliebig kleinen Stufen, also nicht kontinuierlich ändern kann, sondern nur in Quanten, deren Größe sich gleich dem Produkt einer universellen Konstanten (der er die Bezeichnung h gab) und der betreffenden Strahlungsfrequenz (sie wird mit ν bezeichnet) ergab, also $h\nu$. Wenige Jahre später zeigte Albert Einstein, daß alle Wirkungen von Lichtstrahlungen – wie etwa die Auslösung von Elektronen aus Metallen durch Licht oder die photochemischen Reaktionen – sich nur durch die gleiche Annahme erklären lassen: alle molekularen Wechselwirkungen zwischen Materie und Licht erfolgen nicht durch kontinuierliche Aufnahme und Abgabe von Schwingungsenergie, sondern so, als ob das Licht aus Lichtkorpuskeln mit Impuls und Masse bestünde, also den Bestimmungsstücken für materielle Teilchen. Den anschaulichsten Beweis für die extreme Einsteinsche Photonentheorie liefert der nach Arthur H. Compton (1923) benannte Effekt. Röntgenstrahlen verhalten sich beim Auffallen auf Atomelektronen nach den mechanischen Stoßgesetzen materieller Körper: sie übertragen auf das Elektron Energie und Impuls und fliegen selbst mit kleinerer Energie und kleinerem Impuls weiter. Dieser Vorgang ist experimentell mit allen einzelnen Bestimmungsstücken meßbar; Impuls und Masse des »Röntgenphotons« ergeben sich zahlenmäßig aus seiner Quantenenergie $h\nu$ und der Einsteinschen Masse-Energie-Äquivalenzformel $mc^2 = h\nu$, als Impuls $= mc = h\nu/c$ und Masse des Photons $m = h\nu/c^2$. Hierauf beruht zum Beispiel auch der Druck des Sonnenlichtes, der die Richtung der Kometenschweife bedingt. Wir kommen auf den scheinbaren Widerspruch dieser Korpuskulartheorie des Lichtes zur Theorie der Lichtwellenstrahlung noch zurück.

Die zweite Phase der neuen Atomistik begann 1919 mit Ernest Rutherfords Entdeckung der ersten künstlichen Atomumwandlung. Stößt ein Heliumkern (ein radioaktives Alphateilchen) auf einen Stickstoffkern, so gehen aus einer »kernchemischen Reaktion« Sauerstoff und Wasserstoff hervor. Bei gleichen Versuchen mit anderen Atomen fand James Chadwick 1932 eine bisher unbekannte atomare Masse, etwa so schwer wie der Wasserstoffatomkern, das Proton, aber ohne elektrische Ladung: das Neutron. Das war vielleicht die folgenreichste Entdeckung. Zunächst war die Zusammensetzung der positiv-elektrischen Rutherfordschen Atomkerne aus diesen beiden »Nukleonen« verständlich: ihre Ordnungs- oder Stellenzahl im periodischen System gibt die Zahl der in ihnen vorhandenen positiven Protonen, das heißt der leichtesten Wasserstoffatomkerne, dazu kommen so viel Neutronen, daß beide zusammen das Atomgewicht geben. Damit war auch das Rätsel der Isotopie geklärt, der Existenz verschiedener, ziemlich genau um eine Masseneinheit sich unterscheidender, chemisch gleichartiger Atomsorten: sie haben die gleiche Zahl von Protonen, aber um eine oder einige Einheiten verschiedene Zahl von Neutronen. Die allgemeine Isotopie der Elemente war schon 1919 von Francis W. Aston gefunden, aber nicht gedeutet worden. Das Jahr 1932 war überhaupt das Wunderjahr der neuen Atomistik. Urey entdeckte das lang gesuchte Isotop des Wasserstoffs, den aus einem Proton und einem Neutron bestehenden Deuterium- oder »schweren« Wasserstoffkern. Anderson fand in der kosmischen Höhenstrahlung das positive Zwillingsteilchen des Elektrons, das Positron. Sir John Douglas Cockcroft und Ernest T. S. Walton machten die ersten Kernreaktionen mit künstlich so stark beschleunigten Protonen, daß sie – wie die schnellen natürlichen Alphateilchen – gegen die Abstoßung anderer Atomkerne anlaufen und diese treffen können: es gelang ihnen etwa, zwei Heliumkerne aus einem Proton (Wasserstoff) und einem Lithiumatom zu bilden, wobei auch die freiwerdende enorm große Energie beobachtet wurde. Schließlich erfand Ernest O. Lawrence das Cyclotron, den Grundtyp aller späteren »großen Maschinen« zur Erzeugung von Kernen (oder Elektronen) ungeheurer Stoßenergie. Im CERN in Genf steht das bis heute mächtigste »Protonen-Synchrocyclotron«. Die große Bedeutung dieser Maschinenanlagen von der Größe einer mittleren Fabrik besteht darin, daß sie in großer Zahl energiereiche Teilchen erzeugen können, die sonst nur in Spuren gelegentlich in der kosmischen Höhenstrahlung vorkommen. Durch ihren Stoß werden Kerne vollständig »verdampft«, in »Elementarteilchen« zerlegt: außer den Elektronen, Protonen und Neutronen zeigen sich noch zahlreiche andere Teilchen, vor allem die verschiedenen Arten von Mesonen; das sind Teilchen, deren Massen bestimmte Größen zwischen der des Elektrons und des Protons haben und deren Ladung gleich der des Elektrons oder des Positrons (negative oder positive Mesonen) oder Null sein kann. Gemeinsam ist ihnen die äußerst kurze Lebensdauer (bis zu 10^{-9} sec); sie verwandeln sich in andere Mesonen, in Elektronen oder Positronen. Vor allem aber fand sich bei diesen Experimenten auch ein negativ-elektrisches Proton, so daß man allgemein von Materie und Antimaterie spricht, die sich durch das Vorzeichen der elektrischen Ladung und den Drehsinn ihres Drehimpulses, den »Spin«, unterscheiden. Von einer Antimaterie in dem Sinn, daß an Stelle der allgemeinen Massenanziehung eine Massenabstoßung tritt, ist bisher keinerlei Anzeichen vorhanden.

Das Neutron – wir gehen nochmals zu seiner Entdeckung zurück – gab die Möglichkeit, so ziemlich alle Elemente in andere umzuwandeln (Enrico Fermi 1934 ff.); wegen seiner Ladungsfreiheit kann es sich an jeden positiven Atomkern anlagern: es findet dann eine Umgruppierung der Nukleonen statt, die in den meisten Fällen mit Abgabe eines Elektrons oder eines Positrons, oft eines zusätzlichen Gammaquants, erfolgt; der mit dem Neutron sich bildende »Zwischenkern« ist ein künstlich-radioaktives Isotop des primären Kerns. Neben ihrer Bedeutung für die Einsicht in die Baugesetze der Atomkerne haben diese künstlich-radioaktiven Elemente – zuerst 1934 von Irène Joliot-Curie und Frédéric Joliot beobachtet – vielfache Anwendung gefunden: als Strahler fast beliebig großer Intensität – Präparate mit der Aktivität von Gramm oder Kilogramm Radium – für Radiochemie, Radiobiologie und Medizin oder in kleinen Mengen als durch die Strahlung leicht identifizierbare Atome etwa bei chemischen Reaktionen.

Die Untersuchung der Atomkerne hatte ergeben, daß sie aus Protonen und Neutronen bestehen. Offen war (und ist) die Frage, welcher Art die »Kernkräfte« sind, welche die elektrostatische Abstoßung der gleichgeladenen Protonen im Inneren des Kerns aufheben; es müssen neuartige Kräfte sein, deren Wirkung sich auf kleinste Entfernungen innerhalb des Kerns beschränkt, weil schon in sehr kleinen Abständen außerhalb der Atomkerne sich die volle elektrisch-positive Ladung der Protonen bemerkbar macht. Die Lage scheint in etwa der vor 1913 zu gleichen: damals war die Existenz von stabilen Atomen aus Kern und Elektronen nicht zu verstehen, jetzt ist die Stabilität der aus geladenen Teilen bestehenden Kerne ein Rätsel. Aber es gibt weitere Probleme. Wir wissen genau, daß ein Heliumkern aus zwei Protonen und zwei Neutronen zusammengesetzt ist. Addiert man aber die exakt bekannten Massen dieser Elementarteilchen, so ist diese Summe um etwa ¾ % größer als die Masse des Heliumkerns. Es besteht ein »Massendefekt«. Da man experimentell Heliumkerne zusammensetzen kann, kennt man die bei ihrer Bildung freiwerdende Energie. Diese hängt quantitativ mit dem Massendefekt nach der Einsteinschen Masse-Energie-Äquivalenzbeziehung $E = mc^2$ zusammen, jener ganz allgemeinen Folgerung aus der speziellen Relativitätstheorie, daß eine Masse (in Gramm) einer Energie (in erg) äquivalent ist, die sich aus dem Produkt der Masse mit dem Quadrat der Lichtgeschwindigkeit errechnet: 1 Gramm ist einer Energie von 25 Millionen Kilowattstunden äquivalent.

Alle stabilen Atomkerne haben eine kleinere Masse als die Summe ihrer Nukleonen, weil bei ihrer Verbindung – genau wie bei einer chemischen Reaktion oder wie beim Fall des Steins auf die Erde – die Bindungsenergie frei wird. Die Masse des freien Neutrons ist unverständlich groß: es ist instabil und wandelt sich unter Energieabgabe mit einer Halbwertszeit von etwa dreizehn Minuten in ein Proton und ein Elektron um. Aber auch im Kernverband kann sich das Neutron umwandeln, wie sich beim radioaktiven Zerfall, bei dem ein β-Teilchen (Elektron) ausgesandt wird, zeigt. Hierbei ändert sich der Kern so, daß in ihm ein zusätzliches Proton auftritt; daß im Kern freie Elektronen vorhanden sind, ist ganz ausgeschlossen: das herausfliegende β-Teilchen und das im Kern erscheinende neue Proton sind also offenbar die Umwandlungsprodukte des Neutrons. Hierbei – und auch bei den oben erwähnten Umwandlungen anderer Elementarteilchen – tritt noch ein sehr merkwürdiges Gebilde ohne Ladung und »Masse«, aber mit Energie auf, das Neutrino. Enrico Fermi (1934) »forderte« seine Existenz, um die Gültigkeit des universellen Satzes der Erhaltung des Drehimpulses, des »Spin«, zu retten, der – auf Grund von Messungen – bei der Bildung von Proton und Elektron aus dem Neutron nicht stimmt. Da das Neutrino Energie hat, hat es auch Impuls – und der von ihm bei seiner Abgabe ausgeübte Rückstoß ist experimentell festgestellt.

Nun gibt es auch bei den künstlich-radioaktiven Elementen, die bei Kernprozessen entstehen, solche, die ein Positron aussenden: ein elementares Ladungsteilchen mit gleicher Masse und gleicher – nur entgegengesetzter – Ladung wie das Elektron; im Kern entsteht ein zusätzliches Neutron. Jetzt hat sich offenbar im Kern ein Proton umgewandelt in ein Neutron und ein Positron. Auch hierbei entsteht ein Neutrino – aber mit entgegengesetztem Spin, das Antineutrino. Damit ist die Systematik der Teilchen und Antiteilchen vollkommen. Im freien Zustand scheint das Proton stabil zu sein.

Das Positron, der Zwillingsbruder des Elektrons, tritt auch in der Natur als ein Bestandteil der Höhenstrahlung auf, aber es hat in unserer Welt keine Existenzmöglichkeit: sobald es mit einem Elektron zusammentrifft, vereinigen sich beide, ihre Ladungen kompensieren sich, und die Massen der Elementarteilchen der Ladung »verschwinden«, sie zerstrahlen, sie verwandeln sich in Strahlungsenergie, in Röntgenstrahlen oder Röntgenquanten, deren Quantenenergie wiederum genau nach der Einsteinschen Formel gleich den beiden Massen mal dem Quadrat der Lichtgeschwindigkeit ist, ebenso wie aus einem Quant durch »Materialisation« ein Ladungszwilling entsteht. Die Zerstrahlung scheint das Schicksal aller Teilchen und Antiteilchen bei ihrem Zusammenkommen zu sein.

Eine besondere Bedeutung gewann der Massendefekt bei der Entdeckung der Atomspaltung durch Otto Hahn und Fritz Straßmann (1938). Tritt ein Neutron in ein Uranatom (und zwar in das Isotop mit der Masse 235, kurz U 235 genannt), so wird der Kern so instabil, daß er in mehrere Bruchstücke zerplatzt; vor allem in zwei niedere Atome – aus der Mitte des periodischen Systems –, die einen größeren Massedefekt haben, also relativ stabil sind; außerdem fliegen einige Kernneutronen dabei fort. Die hierbei »verschwindende« Masse – das Ausgangsatom U 235 plus das angelagerte Neutron sind schwerer als die Summe der Bruchstücke – tritt als Bewegungsenergie und als radioaktive Strahlungsenergie der sich als radioaktiv erweisenden atomaren Bruchstücke auf; sie können sich in der umgebenden Materie in Wärmeenergie umwandeln. Die als Spaltprodukte auftretenden Neutronen können nun aber weitere Uranatome zerspalten: der Prozeß beschleunigt sich von selbst zur »Kettenreaktion«.

Die Erkenntnisse der Kernphysik und Kernchemie haben die Frage nach dem Ursprung der Materie wieder neu belebt: wie sind die stabilen Atomkerne unserer Welt entstanden? Die Antwort wird teils aus dem Laboratorium, teils aus der Astrophysik kommen. Ein Aufbau vieler Atomsorten aus Neutronen – und zwar in Prozessen ungeheurer Energieentwicklung wie bei einer Supernova-Entstehung – in äußerst kurzen Zeiten ist mit bekannten Tatsachen gut vereinbar. –

Der experimentelle Nachweis der Atombestandteile beruht im Prinzip darauf, daß ihre Energie atomare Veränderungen erzeugt, die sich messen oder photographieren lassen. Sind sie elektrisch geladen, so verlieren sie beim Durchgang durch Gase ihre Bewegungsenergie hauptsächlich, indem sie Elektronen von den Gasmolekülen abtrennen; diese Ionisation macht das Gas elektrisch leitfähig – mit größter Empfindlichkeit nachweisbar vor allem durch das Geiger-Müller Zählrohr; daß die Ionen Kondensationskeime für übersättigten Wasserdampf sind, wird ausgenutzt in der Wilsonkammer, in der die Bahnen der Teilchen dann als photographierbare dichte makroskopische Nebelspuren erscheinen. Da bewegte geladene Teilchen einem elektrischen Strom äquivalent sind, werden sie in einem transversalen Magnetfeld zu Kreisbahnen abgelenkt, aus der Richtung der Ablenkung – wieder in der Wilsonkammer beobachtbar – ergibt sich das Vorzeichen der Ladung. Dichte und Länge der Nebelbahnen konnten in Beziehung zu Energie und Größe der ionisierenden Teilchen gesetzt werden. Das ladungsfreie Neutron kann nur durch den Stoß nachgewiesen werden, den es (unter Wahrung der Erhaltungssätze von Energie und Impuls) auf Atomkerne ausübt, die dann als bewegte geladene Teilchen zum Beispiel wieder durch Nebelbahnen erkannt werden. Die Methoden haben den Nachteil, daß sie nur Augenblicksmessungen erlauben. Besondere Bedeutung gewann daher die photographische Platte, weil geladene Teilchen in ihr gleiche chemische Reaktionen wie das Licht auslösen. Platten mit besonderen Eigenschaften – »Kernspurplatten« – können mit Ballons und Raketen in große Höhen geschickt oder längere Zeit den aus den großen Maschinen herauskommenden Strahlen ausgesetzt werden, so daß sie alle in sie eintretenden Strahlen und die von ihnen ausgelösten Kernreaktionen akkumulieren und konservieren; nach der Entwicklung können sie dann analysiert werden.

Zu diesen primären Nachweismethoden treten die sekundären, in denen man mit Analogieschlüssen aus auftretenden Reaktionen auf die Ursachen schließt. Was zuerst etwa ein neuerkannter Elementarteilcheneffekt war, wird nachher zu einer Nachweismethode für dieses Teilchen; Forschungsexperiment und Entwicklung der Meßmethode sind wechselseitig verbunden: eine neue Erscheinung liefert eine neue Methode und diese wieder – oft auf lange bekannte Erscheinungen angewendet – neue Erkenntnisse.

*

Warum nennen wir dieses Kapitel »Neue Atomistik«? Der Grund liegt nicht in den neuen Erkenntnissen, sondern in der neuen physikalischen Denkweise, die sie erzwangen. Denn die experimentellen Ergebnisse führten vielfach zu prinzipiellen Widersprüchen in sich selbst, wenn man jedes einzelne nach der klassischen physikalischen Vorstellung diskutierte. Bei der radioaktiven Umwandlung einer Atomsorte in eine andere sind der Ausgangs- und Endzustand immer genau gleich, die klassischen Voraussetzungen für einen determinierten Vorgang also erfüllt; dennoch läuft er statistisch ab, es ist nicht vorherzusagen, welches Atom sich zuerst und welches als nächstes sich umwandelt.

Die Ausbreitung des Lichtes von einer Lichtquelle besteht experimentell nachweisbar in einem Wellenvorgang, in elektromagnetischen Schwingungen. Wenn aber durch Licht ein Elektron von einem Atom abgelöst oder ein Korn einer Photoplatte geschwärzt wird, so nimmt das Atom – wiederum experimentell nachweisbar – nicht wie ein mechanisches Pendel allmählich Schwingungsenergie auf. Die Abgabe des Lichtes von einer etwa aus leuchtenden Gasatomen bestehenden Lichtquelle erfolgt gleichmäßig nach allen Richtungen – aber nur im zeitlichen Mittel. Nachweisbar senden die doch offenbar voneinander nicht unterscheidbaren Atome in statistischer Verteilung Lichtquanten aus, wobei sie (wie ein Geschoß aus einer Pistole) auf das emittierende Atom einen mechanisch meßbaren Rückstoß übertragen (Otto Richard Frisch 1933).

Apparat von Otto Hönigschmid
zur Darstellung wasserfreier Chloride und Bromide
zum Zweck der Atomgewichtsbestimmung
München, Deutsches Museum

Der Arbeitstisch von Otto Hahn
München, Deutsches Museum

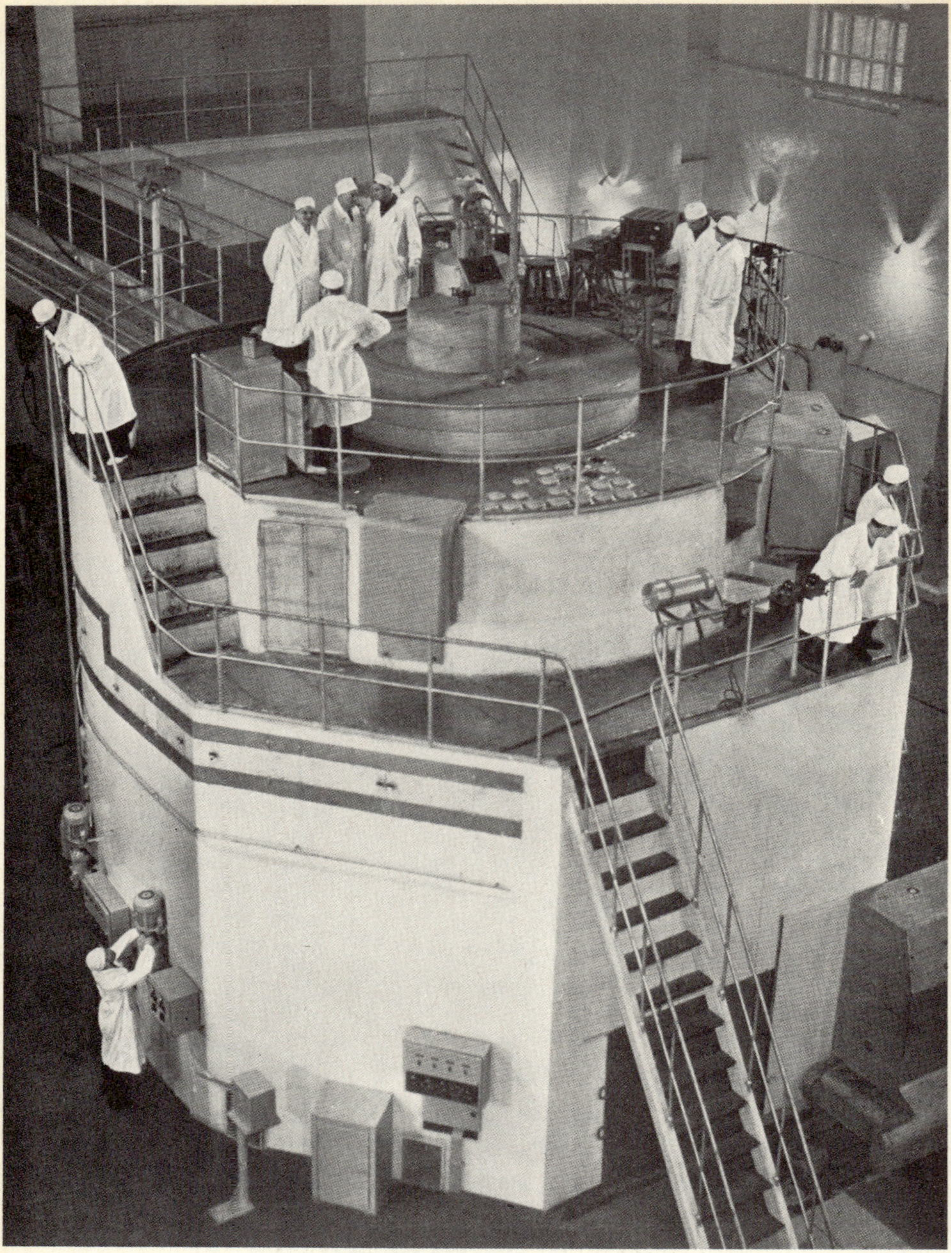

Atomreaktor im Physikalischen Institut der Ukrainischen Akademie in Kiew

Es verhält sich also in der Sprache der klassischen Physik Licht einmal wie ein kontinuierlicher Schwingungs- (oder Wellen-) Zug, einmal wie eine mit Lichtgeschwindigkeit fliegende Korpuskel mit Energie, Impuls und Masse. Beide Verhaltensweisen sind miteinander verkoppelt durch die Schwingungsfrequenz: die aus dem ersten Vorgang experimentell ermittelte Frequenz liefert nach Multiplikation mit der Planckschen Wirkungskonstanten h die Energie der Korpuskel, des Photons. Für bewegte Atome und Atomkerne, Elektronen und Neutronen gilt das gleiche; bestimmt werden »klassisch« ihre Energie, ihr Impuls und ihre Masse. Untersucht man aber ihre Fortpflanzung durch den Raum mit der bei der Messung der Lichtausbreitung bewährten Methode, so erweisen sie sich als ein Wellenvorgang, dessen Wellenlänge wiederum über die Plancksche Konstante mit ihrer Masse und ihrer Fortpflanzungsgeschwindigkeit zahlenmäßig verbunden ist: die Materiewellen (Louis de Broglie 1923).

Man nennt dieses »komplementäre Verhalten« (Niels Bohr) den Korpuskel-Wellen-Dualismus der atomaren Physik. Die klassische Physik kann nur jeden Vorgang einzeln beschreiben, in der Quanten- und Wellenmechanik, die besonders mit den Namen Born, de Broglie, Heisenberg, Jordan, Schrödinger verbunden ist, wird die mathematische Formulierung entwickelt, die beide Vorgänge erfaßt; sie hat sich für alle atomaren Vorgänge bis in die Chemie und die Physik des festen Körpers als fruchtbar erwiesen. Aus ihr entstand die Heisenbergsche Unbestimmtheitsrelation, die eine – wiederum durch die Plancksche universelle Wirkungskonstante gegeben – prinzipielle Grenze der experimentellen Feststellbarkeit atomarer Vorgänge aufzeigt.

Dieser tiefgreifende Umbruch in der physikalischen Denkweise erfolgt in der Mitte der zwanziger Jahre. Damals hing an Sommerfelds Tür unter dem Schild »Institut für theoretische Physik« der Anschlag: »Achtung Einsturzgefahr – wegen radikalen Umbaus vorübergehend geschlossen.«

Chemie

Im Jahre 1900 waren vierundachtzig chemische Grundstoffe, Elemente, bekannt; zwischen Nummer 1 Wasserstoff und Nummer 92 Uran gab es noch einige Lücken, die heute (wir kennen jetzt 101 Elemente) nicht mehr bestehen. Entscheidend für das Auffinden der neuen Elemente war die Anwendung der Röntgenspektroskopie (zum Beispiel Hafnium 72) durch Dirk Coster und Georg v. Hevesy und 1925 (Rhenium 75) durch Walther Noddack und Ida Tacke und der radioaktiven Methoden (Pierre und Marie Curie, Otto Hahn und andere); die Elemente, die schwerer als Uran sind, die Transurane, werden (mit Ausnahme des auf der Erde in Spuren nachgewiesenen Plutoniums; die anderen sind im Laufe der Erdgeschichte längst zerfallen) künstlich mit den Methoden der Kernphysik oder Kernchemie hergestellt. Für die Bearbeitung der Chemie der meist zu Anfang nur in unwägbaren Mengen vorhandenen radioaktiven Elemente einschließlich der Transurane wurden besondere Methoden, teils mikrochemischer (vor allem Pregl), teils physikalischer

Art entwickelt. Plutonium wird heute in großen Mengen in den Uranreaktoren hergestellt, die Plutoniumchemie (wie auch die erst neuerdings entwickelte Uranchemie) wird besonders für die Reaktorchemie bedeutungsvoll. Bemerkt sei, daß auch die Entdeckung der Uranspaltung eine »chemische« Entdeckung war: das von Otto Hahn und Fritz Straßmann bei einer Urankernreaktion erwartete Radium zeigte die ein klein wenig anderen chemischen Reaktionen des Bariums. Die Radioaktivität des Plutoniums sowie besonders die der Spaltprodukte der Reaktoren zwangen zu neuartigen Verfahren im Laboratorium und der Technik: die »heiße Chemie« muß mit ferngesteuerten oder vollständig automatisierten Vorrichtungen arbeiten, der Zwang, alle unkontrollierten Verluste der durch ihre Strahlung die Menschen gefährdenden Atomsorten zu vermeiden, verlangt, sobald es sich um stärkere Aktivitäten handelt, umfangreiche Schutz- und Kontrollvorrichtungen und sehr scharfe gesetzliche Arbeitsvorschriften, die mit schwierigen Unfall- und Haftpflichtversicherungsfragen verbunden sind.

Größte Sorgfalt wurde auf die Bestimmung der Atom- (oder Verbindungs-) Gewichte der Elemente gelegt, unübertroffen sind die Präzisionsmessungen von Theodore William Richards und Otto Hönigschmid. 1914 fanden beide, daß das aus verschiedenen radioaktiven Mineralien stammende Blei nicht genau das gleiche Atomgewicht hat, fast gleichzeitig zeigte Joseph John Thomson, daß es zwei Arten von Neonatomen geben muß, deren Atomgewichte sich wie 20 : 22 verhalten, während das chemische Atomgewicht 20,18 war. Damit waren die isotopen Elemente entdeckt, Atomsorten mit gleichen chemischen Eigenschaften (und damit dem gleichen Platz im periodischen System – daher der Name), aber verschiedenen Massen und zugleich der Grund, warum die chemischen Atomgewichte meist nicht ganze Zahlen sind: F. W. Aston gelang es in den zwanziger Jahren, mit dem Massenspektrographen von fast allen Elementen Isotope nachzuweisen, 1932 fand Urey das lange vergeblich gesuchte Isotop des leichtesten Elements, des Wasserstoffs: das Deuterium oder den schweren Wasserstoff; es wurde besonders in der Kernphysik von größtem Wert, nachdem man es mit physikalischen Methoden in reinem Zustand aus natürlichem Wasserstoff, in dem es nur zu $^1/_{6500}$ enthalten ist, abtrennen konnte. Während man bisher glaubte, daß in der Natur allenthalben die Isotopen der Elemente in gleichem Mischungsverhältnis vorhanden sind, fand man neuerdings Abweichungen, abhängig von der Herkunft; es scheint sich hier eine neue vielleicht für die Erdgeschichte aufschlußreiche Forschung anzubahnen. In der modernen Chemie haben rein dargestellte Isotope, etwa des Stickstoffs, zunehmende Bedeutung, weil man so durch Massenanalysen den Weg, den ein bestimmtes Stickstoffatom bei Reaktionen macht, aufklären kann. Noch viel mehr werden hierfür die künstlich durch Atomkernprozesse herstellbaren radioaktiven Isotope verwendet, die besonders einfach und empfindlich durch ihre Strahlung nachweisbar sind (»Tracer«- oder »Markierungs«-Methoden), und zwar von fast allen Elementen.

In der anorganischen Chemie wurden unter anderem die Bor- und die Siliziumchemie, die gasförmigen Metallcarbonyle, entwickelt. Die 1909 geglückte Verbindung des Luftstickstoffs mit Wasserstoff zu Ammoniak und die theoretische und experimentelle Untersuchung der optimalen Reaktionsbedingungen (Fritz Haber) führte zu dem großtechnischen Haber-Bosch-Verfahren, zur künstlichen Herstellung von Düngemitteln aller Art: eine

Grundlagenuntersuchung wurde – wie schon die Arbeiten von Justus Liebig im Anfang des 19. Jahrhunderts – für die Ernährung der Menschheit von ausschlaggebender Bedeutung. In der organischen Chemie spielt die Untersuchung und Synthese von Naturstoffen aller Art noch immer eine bedeutende Rolle, wozu wegen der oft sehr geringen Mengen – wie Farbstoffe der Schmetterlingsflügel oder Gifte – neuartige, halb chemische, halb physikalische Methoden erfunden wurden: Chromatographie, Elektrophorese, Ultrazentrifuge. Eine neue Arbeitsrichtung entstand aus der Entdeckung der Vitamine und Hormone, der »Wirkstoffe«; sie greift zum Teil in die theoretische und praktische Medizin (»physiologische« Chemie, Pharmakologie) ein, zum Teil führt sie zur Chemie der Lebensvorgänge, der Biochemie, und zu grundsätzlichen Fragen der »lebenden« Substanz in der Virenforschung, von der wieder ein Zweig zur Erforschung und Bekämpfung von Menschen-, Tier- und Pflanzenkrankheiten führt.

Eine andere – theoretisch und technisch wichtige – Richtung der Chemie ist die makromolekulare Chemie, die Konstitutionsaufklärung von Molekülen, die aus Tausenden von Atomen bestehen – Eiweiß, Zellulose, Nervenfasern, Kautschuk, Lignin und andere –, sowie die synthetische Herstellung der »Kunststoffe« und der »Chemiefasern« durch Polymerisation einfacher Kohlenwasserstoffe; die Pionierleistung war die Herstellung des Methylkautschuks durch Fritz Hofmann 1909, aus der die »Buna«-Fabrikation hervorging. Ursprünglich mehr oder weniger als »Ersatzstoffe« für Naturprodukte gedacht, haben die Kunststoffe eine außerordentlich große Bedeutung für die Technik (und auch für die Wissenschaft) erhalten, seit es gelang, Werkstoffe mit besonders wertvollen mechanischen, thermischen, elektrischen und chemischen Eigenschaften herzustellen, welche die Naturstoffe nicht haben.

Die von Svante Arrhenius und Hendricus van t'Hoff begründete, zu Anfang des 20. Jahrhunderts vor allem durch Walther Nernst und Wilhelm Ostwald geförderte physikalische Chemie lehrte die Analyse und theoretische Behandlung der Reaktionsabläufe. Die klassischen Faradayschen Gesetze der Elektrolyse und die der folgenden Untersuchungen über die Vorgänge in Elektrolyten wurden theoretisch verstanden und führten zu Einsichten über elektrochemische Vorgänge im lebenden Organismus. Die Photochemie bekam mit der Quantentheorie in Einsteins photochemischem Äquivalenzgesetz (1912) ihre seit Bunsens und Roscoes Versuchen angestrebte energetische Grundlage. Anfang der zwanziger Jahre führte das Rutherford-Bohrsche Atommodell zum Verstehen der heteropolaren (Ionen-) Bindung in Molekülen und Kristallen, im wesentlichen noch mit den klassischen elektrostatischen Kräften. Es folgte dann die nur quantenmechanisch mögliche Theorie der homöopolaren Verbindungen, insbesondere der einfachsten Moleküle wie Wasserstoff (H_2) und der komplizierten Moleküle der organischen Chemie, die Quantentheorie der Mehrfachbindung der Kohlenstoffatome und eine Strukturforschung, vielfach geführt durch die Fortentwicklung der Röntgenstrukturanalyse und durch die neuartigen Hochfrequenzverfahren. Daraus hat sich unter der Bezeichnung »theoretische Chemie« eine neuartige chemische Forschung entwickelt. Schon heute gibt es in manchen Ländern Professuren für theoretische Chemie; die Entwicklung ist ähnlich der Entwicklung in der Physik zu Anfang des Jahrhunderts. Die typisch chemischen Arbeitsverfahren – durch die physikalische Methode schon stark modifiziert – werden natürlich bleiben; aber die Forschung wird sich mehr und mehr von der Ausnutzung empirischer Grundlagen zu der Prüfung und Verfolgung theoretischer Voraussagen wenden.

Der Einfluß der Physik in anderen naturwissenschaftlichen Gebieten

Die »beschreibenden« Naturwissenschaften, die in unserem Jahrhundert zu einem organisch verbundenen Komplex der Naturerkenntnis (der mit dem Wort Biologie treffend bezeichnet wird) zusammengewachsen sind, haben bedeutende und sie charakterisierende Einflüsse durch die Physik erfahren. Besonders die Verbesserungen des Mikroskops, die Zernickesche Erfindung des Phasenkontrastmikroskops und das Elektronenmikroskop haben die Möglichkeiten der Biologie erweitert und ihre Methoden geformt. So wichtig das Elektronenmikroskop auch für physikalische und chemische Untersuchungen des Aufbaus der Materie sein mag, seine wesentliche Bedeutung liegt in der Biologie; es hat dort im Mikrokosmos die Strukturen etwa der Viren oder der Bakterien erschlossen.

Anwendungen besonderer Tragweite fanden die Gesetze des radioaktiven Zerfalls in der Altersbestimmung von Gesteinen, von Meteoren, von Pflanzenresten und von menschlichen Kulturen. Da sich das Uran – nach Durchlaufen der radioaktiven Zerfallsreihe – in Blei umwandelt, kann aus dem Bleigehalt eines Uranerzes (vorausgesetzt, daß dieser ganz aus dem Uran entstanden ist, was für das Bleiisotop mit dem Atomgewicht 206 der Fall ist), dem Urangehalt und der bekannten Halbwertszeit des Urans das Alter des betreffenden Erzes und damit auch der Gesteinsschicht, aus denen das Uranerz stammt, berechnet werden. Aus Labormessungen ist bekannt, wieviel Alphateilchen bei dem Übergang eines Uranatoms in ein Bleiatom abgegeben werden. Da aus jedem Alphateilchen durch Aufnahme von zwei Elektronen ein Heliumatom wird, läßt sich vom Heliumgehalt der Gesteine ebenfalls auf ihr Alter schließen. Aus der Kalium-Argon-Umwandlung bestimmte Wolfgang Gentner das Alter der Meteore.

In der Erdatmosphäre entstehen durch Kernreaktionen, die von Höhenstrahlen verursacht sind, aus Stickstoffkernen Kohlenstoffkerne mit sechs Protonen und acht Neutronen; dieses Kohlenstoffisotop wird nach seinem Atomgewicht kurz »C 14« genannt (das normale, stabile Kohlenstoffatom hat das Atomgewicht 12); C 14 ist radioaktiv und zerfällt mit einer Halbwertszeit von 5560 Jahren. Jede Pflanze nimmt – solange sie wächst – aus dem Kohlendioxydgehalt der Luft C 14 und C 12 im gleichen Verhältnis auf, in dem es in der Atmosphäre vorhanden ist, nämlich in dem seit astronomischen Zeiten gleichbleibenden Verhältnis $1 : 7{,}9 \times 10^{11}$. Das Alter jedes organisch gewachsenen Stoffes läßt sich nun nach dem noch vorhandenen Anteil des mit der Zeit zerfallenden C 14 bestimmen. C 14 ist nach seiner »Aktivität« (Emission weicher β-Strahlen) meßbar. Da auch Wasser Kohlensäure aus der Luft aufnimmt, liefert die Methode auch Anhaltspunkte für das Alter unterirdischer Wassereinschlüsse und damit geologische Unterlagen. Populär geworden ist die Tatsache, daß mit der C 14-Methode Datierungen möglich sind, die absolute Angaben über das Alter von Funden machen, unabhängig von kulturgeschichtlichen Hypothesen, sei es an Hand von Holzresten in Ruinen – auch wenn nur noch Asche übrig ist –, seien es Gewebestoffe oder gar Reste von Lebewesen. Die Methode ist für etwa dreißigtausend Jahre anwendbar.

Auch andere physikalische Methoden bringen der Kultur- und Kunstgeschichte zuverlässige Hilfen. Die chemische Spektralanalyse liefert chemische Vollanalysen von antiken und vorgeschichtlichen Gegenständen ohne nennenswerten Materialverbrauch oder Beschädigung, so daß wertvollste Stücke analysiert werden können, gleichgültig ob sie aus Metallen oder Keramik oder Glas bestehen. Die hohe Empfindlichkeit läßt auch kleinste Zusätze oder Verunreinigungen in den Grundmaterialien erkennen, wodurch häufig sichere Hinweise auf die Herkunft, auch die Zusammengehörigkeit von Funden zu erhalten sind; Verunreinigungen oder Zusätze in irgendwelchen Fundstücken können auf Herstellungsort und Handelswege schließen lassen; Fälschungen sind leicht feststellbar. Fälschungen von Bildern (aber auch die Maltechnik des Künstlers) werden durch Röntgenaufnahmen erkannt; aus der Untersuchung der Fluoreszenz bei Beleuchtung mit ultraviolettem Licht oder aus photographischen Aufnahmen bei ultraroter Beleuchtung lassen sich Fälschungen, Übermalungen, Radierungen nachweisen, ja häufig auch ausradierte Texte noch lesen. Vielleicht sollte auch nicht die Bedeutung der Mikrophotographie, durch neue photographische Verfahren ermöglicht, für die rationelle Bearbeitung und besonders die billige Verbreitung seltenen Schrifttums vergessen werden. Schließlich haben Physik und Chemie Mittel und Wege erarbeitet, um Gegenstände vor dem Verfall, vor der Veränderung zu bewahren. Erwähnenswert ist auch die Verwendung der zu hoher Vollkommenheit entwickelten Großflächenaufnahmen aus Flugzeugen, mit denen etwa die alten Kulturstätten in den Anden entdeckt wurden; mit Hilfe der photogrammetrischen Verfahren bilden sie heute eines der wesentlichsten geographischen Forschungsmittel.

Eine höchst überraschende zoologische Entdeckung ist der – mit der Entwicklung der Physik des Ultraschalls ermöglichte – Nachweis, daß die Fledermäuse sich auf ihrem schnellen Flug über Hindernisse im Flugweg mit akustischen Radarverfahren orientieren: sie senden gerichtete Impulse sehr hochfrequenter Schallwellen aus und stellen fest, nach welcher Zeit reflektierte Schallimpulse zurückkommen. Die »technischen Verfahren« hierzu sind bei verschiedenen Fledermausarten sehr unterschiedlich. Eine andere Anwendung fand der Ultraschall in der Bekämpfung von Fliegen, nachdem man gefunden hatte, daß sie sich mit sehr hohen Frequenzen anlocken. Mit Biophysik und Quantenbiologie sind neue Spezialfächer entstanden.

Naturwissenschaft und Technik

Die »Verwissenschaftlichung der Technik«, die im 19. Jahrhundert begann, geht im 20. in zunehmendem Umfang weiter. Zur Aufnahme und Verwertung wissenschaftlicher Fortschritte gesellt sich als neues Moment eine eigene Initiative der Technik, das heißt, die großen Industriewerke errichten von sich aus Institute, in denen Forschung betrieben wird. Aber auch das Umgekehrte, eine »Vertechnisierung der Wissenschaft«, findet statt, einerseits, weil die Wissenschaftler an der technischen Nutzung ihrer Arbeit interessiert sind, und anderseits, weil großtechnische Hilfsmittel in der Laboratoriumsarbeit immer stärkere Verwendung finden.

Die entscheidenden Fortschritte in der Technik unserer Zeit beruhen letzten Endes auf nur wenigen neuen Entdeckungen und Erfindungen, die dann außerordentlich vielfältig und spezifiziert ausgearbeitet und angewendet worden sind. »Kleine Ursachen, große Wirkungen« kann man von der Einführung der im Jahre 1905 von dem siebenundzwanzigjährigen Physiker Wolfgang Gaede erfundenen »rotierenden Quecksilberluftpumpe«, erst recht – zehn Jahre später – der »Diffusionsluftpumpe« in die Technik sagen. Bis zu dieser Zeit gab es nur die zerbrechlichen, umständlich zu bedienenden, mit Ventilen arbeitenden »Guerickepumpen« mit sehr kleiner Pumpleistung. Bei der ersten Demonstration auf der Meraner Naturforscherversammlung am 26. September 1905 wurde von Gaede unter größtem Aufsehen ein 6-Liter-Kolben in 20 Minuten von 9 mm Vorvakuum auf $^1/_{10000}$ mm evakuiert, während die beste Ausführung der alten Pumpe (»Sprengel-Kahlbaum-Pumpe«) in der gleichen Zeit nur einige Zehntel Millimeter erreichte. Aus Gaedes Erfindung erwuchs die Vakuumtechnik; sie erst ermöglichte die Massenherstellung der evakuierten Glühlampen und der Röntgenröhren und vor allem die Fabrikation der ein besonders hohes Vakuum fordernden Oszillographen- und Elektronenröhren, auf denen einerseits die gesamte moderne Nachrichtenübermittlung einschließlich des Fernsehens, anderseits die »Elektronik« beruht; aber auch die Hochvakuumdestillation in der Chemie, die technische Herstellung vakuumgeschmolzener Metalle und die Darstellung reinster Metalle durch Destillation oder durch Kristallisation im Höchstvakuum waren erst mit den neuen Pumpen zu realisieren, die zu immer höherer Pumpleistung und zu tieferem Endvakuum – heute liegt die Grenze bei 10^{-12} atm – nicht ohne neue prinzipielle theoretisch-atomistische Untersuchungen entwickelt wurden und werden. Gar nicht schätzbar ist der Gewinn, den die reine Forschung aus diesen technischen Entwicklungen zog.

Einen anderen für die moderne Technik entscheidenden Fortschritt bringt die Lee de Forestsche Erfindung der Elektronenröhre. Ihre spezielle Bedeutung liegt in der drahtlosen Nachrichtenübermittlung. Nach 1900 brachten Ferdinand Brauns und Max Wiens physikalische Bearbeitung der Marconischen Entdeckung – die abgestimmte Antenne und der Löschfunken – und theoretische Untersuchungen Jonathan Zennecks über die Fortpflanzung der Wellen längs der Erde die wesentlichsten Fortschritte, bis die Funkenanregung – von ihr stammt die Bezeichnung »Funkentelegraphie« – durch die Elektronenröhre verdrängt wurde. Jetzt entstand – mit der A. Meißnerschen Rückkopplung – der ungedämpfte Sender, der scharf definierte Sendefrequenzen liefert. Schon 1906 hatte Lieben das Prinzip der Empfangsverstärkung erfunden, das allerdings auch erst mit der Elektronenröhre technisch wirksam realisiert wird. Hieraus entsteht seit 1920 der »Rundfunk«.

Die Bedeutung der Elektronenröhre geht aber weit über diese Anwendung hinaus: sie ist das entscheidende Organ in den »elektronischen« Steuer- und Regelungsmechanismen und damit für die Automatisierung und Automation der Technik und des Verkehrs. Ihre vielseitige Verwendbarkeit beruht letzten Endes auf der äußerst kleinen Masse, der verschwindenden Massenträgheit des Elektrons. Durch kleinste – magnetische oder elektrische – Kräfte werden große Beschleunigungen, insbesondere Richtungsänderungen einer Elektronenströmung erzielt und damit momentane Unterbrechungen oder Einschaltungen des Stroms; die hierdurch in einem geschlossenen Stromkreis bewirkten Spannungsänderungen können transformiert oder über eine Verstärkerröhre in vielfach vergrößerte Strom- oder Spannungsimpulse umgeformt werden. Mit solchen elektronischen Organen lassen sich alle beliebigen Steuerungen an Maschinen vornehmen; es ist aber auch möglich, die Strom- oder Spannungsimpulse in elektrische Wellen umzuwandeln und diese dann nach geeigneter Umformung in elektronischen Schaltungen auf die Steuerungsorgane einer Maschine zu geben: das Prinzip der Fernsteuerung mit allen ihren Varianten vom Radargerät bis zum Blindflug des Flugzeugs und der ferngelenkten Rakete.

Die primären Impulse können von der Maschine selbst gegeben werden. Wenn etwa eine bestimmte Temperatur oder ein bestimmter Wert eines Meßgerätes erreicht ist, erfolgt über die »Elektronik« die gewünschte Änderung des Laufs einer Maschine, sie regelt »sich selbst«. Vielfach werden in den Fabrikationsgang vollautomatisierte Prüfapparaturen für die Werkstücke eingeschaltet. Auf diesem Prinzip beruht die selbststeuernde Rakete.

Der Weg eines Wagens oder eines Automobils ist keine Gerade, sondern eine Wellenlinie: der Fahrer merkt erst verhältnismäßig spät, wenn das Fahrzeug vom geraden Kurs abgewichen ist; er lenkt sein Fahrzeug mit der Hand in die entgegengesetzte Richtung, wieder zurück und so weiter. Hat das Fahrzeug – ein Luftschiff oder ein Seeschiff – eine automatische Steuerungsanlage, dann reagiert sein Kreiselkompaß schon auf die geringste Änderung des Kurses und korrigiert die Steuerung automatisch: der effektiv zurückgelegte Weg ist praktisch geradlinig und daher viel kürzer als bei Handsteuerung. Die Anschütz-Kaempfesche Erfindung des Kreiselkompasses ermöglicht die Navigation von Tauchbooten auch unter Wasser.

Die Vorteile dieser Steuerung und Regelung – auch Automatisierung der Fertigung und Automation genannt – sind quantitativer und qualitativer Art. Sie ermöglichen eine viel schnellere Erteilung und Ausführung eines Befehls, als es selbst dem geübtesten Menschen möglich ist, allein schon, weil die menschliche Reaktionszeit ausgeschaltet ist. Damit wird die Fabrikationsgeschwindigkeit gesteigert, die zur Erfüllung des sozialen Auftrags der Technik verlangt wird: zur Herstellung von Massengütern. Der qualitative Fortschritt besteht darin, daß die apparative Regelung und Steuerung ungleich viel zuverlässiger erfolgt als mit der Hand, die so hergestellte Ware also gleichmäßiger und damit für die allgemeine Technisierung erst brauchbar wird – es sei nur an die Austauschbarkeit von Ersatzstücken erinnert.

Die Auswirkungen der Automatisierung des täglichen »Kleinlebens« – Haushalt, Post- und Personenverkehr, Selbstbedienungsläden und -Gaststätten, Handwerk- und Bauernbetriebe – beginnen sich erst abzuzeichnen. Daß die zunehmende geringere Inanspruchnahme des Personals und die sich daraus ergebenden sozialen Folgen Arbeits- und Lebensform grundsätzlich umgestalten, kann nur angedeutet werden. Wie sehr dies schon der Fall ist, kommt beim Lesen eines Satzes des Aristoteles so recht ins Bewußtsein: »Wenn jedes Instrument auf einen empfangenen oder sogar erratenen Befehl hin arbeiten könnte, wie die Statuen des Dädalus oder der Dreifuß des Vulkan, die sich ganz allein zu den Versammlungen der Götter begeben, wenn die Weberschiffchen allein weben würden, wenn der Bogen selbständig die Zither streichen würde, dann würden die Unternehmer sich der

Arbeiter und die Herren sich der Sklaven begeben.« Die Bedeutung der Physik für die allgemeine Technik zeigt wohl am eindrucksvollsten das heutige Bild der chemischen Großindustrie. Der entscheidende Einbruch der Physik in diese – und damit überhaupt in neuer Art in die gesamte Technik – erfolgte bei der Ausarbeitung des Haber-Bosch-Verfahrens zur großtechnischen Herstellung stickstoffhaltiger Verbindungen aus dem Luftstickstoff. Kurz vorher (1909) war Jonathan Zenneck von der Badischen Anilin- und Sodafabrik zur physikalischen Bearbeitung der Stickstoffoxydation in elektrischen Entladungen herangezogen worden; eine der ihm gestellten Aufgaben war die Klärung der Wirtschaftlichkeit verschiedener Verfahren; entscheidend wurde die Einsicht, daß auch einfachen Messungen bei – wie wir sagten – kooperativen Vorgängen eine eingehende Prüfung aller Bedingungen und ihres eventuellen Einflusses auf eine spezielle Messung vorangehen müssen. Er wurde damit der Begründer eines wichtigen Zweiges der »technischen« oder »angewandten« Physik: des Ausbaus physikalischer Methoden für technische Zwecke, die heute unter der Bezeichnung »Verfahrenstechnik« bis zur »Betriebskontrolle« zu den entscheidenden Faktoren jeder Großtechnik gehört. Pionierarbeit leistete hier seit 1911 neben anderen Paul Gmelin in der Chemie. Das Haber-Bosch-Verfahren verlangte erstmals die Erfüllung neuartiger, extremer Bedingungen, die sich seit dieser Zeit in neuen Verfahren noch vervielfachten: hohe Drucke und hohe Temperaturen, ihre laufende Messung und von den Meßwerten gesteuerte Sicherheitsvorrichtungen, Messung von Gasströmungsgeschwindigkeiten bei hohen Drucken und zugleich laufende Analysen mit teilweise hohen Reinheitsvorschriften. Alle Bereiche der Physik wurden systematisch geprüft, welche Effekte zur Erfüllung technischer Forderungen herangezogen werden können. Diffizile Labormethoden, wie die spektrale Analyse, die Prüfung von Struktur, Fehlern und Spannungen mit Röntgen- und Gammastrahlung werden – höchste Anforderungen erfüllend – vollautomatisiert in den Gang der Fertigung eingeschaltet. Die Ergebnisse der ultraroten Absorptionsspektrographie organischer Moleküle und ihres Zusammenhangs mit der Konstitution wurden für die industrielle Chemie nutzbar, nachdem Erwin Lehrer in den dreißiger Jahren das erste große registrierende Ultrarot-Spektrometer gebaut hatte, das in vervollkommneter Form heute in optischen Werken serienweise hergestellt wird.

Obgleich die meisten dieser und anderer Meßverfahren für die Technik entwickelt worden sind, so muß doch darauf hingewiesen werden, daß mit ihnen auch der Forschung weitergeholfen worden ist. Die Rückwirkung der Technik auf die Forschung geht aber weiter: Die wesentlich anderen Bedingungen etwa in der technischen Verwertung und Beanspruchung der Materialien ließen Grundlagenprobleme erkennen, die in der Laboratoriumsarbeit nicht erkannt werden konnten.

Mancherlei neuartige Probleme dringen mit der Kernenergietechnik in die Technik ein. Bis jetzt ist nur die technische Nutzung der bei der Uran- (oder Plutonium-) Spaltung freiwerdenden Atomkernenergie gelungen; aber von der Errichtung großer Energieerzeugungsanlagen, welche die Aufgabe der konventionellen Kohle-»Kraftwerke« für die Elektrizitäts- und Wärmeversorgung übernehmen können, ist man noch weit entfernt. Die ungeheuer großen Entwicklungskosten führten zu einer Überprüfung der Weltvorräte an Kohle, mit dem Ergebnis, daß die abbauwürdigen Kohlelager viel größer sind, als man vor kurzem noch annahm. Dennoch wäre es falsch, aus diesem Grunde die Entwicklung der Reaktoren zurückzustellen. In ihr liegt nämlich ein grundsätzlich neues Moment. Während bisher alle technische Arbeit der Gegenwart und der nächsten Zukunft galt, soll die Atomkernenergie einer ferneren Zukunft dienen. Sie wird – nach allem, was wir heute sicher voraussehen können – die einzige Energiequelle sein, die der Menschheit bei dem Nachlassen der Kohleversorgung zur Verfügung stehen wird. Wasserkraft wird diese Rolle niemals übernehmen können; Windkraft, Ebbe und Flut oder Sonnenstrahlungsenergie – vielleicht in Spezialfällen wichtig – werden niemals ausreichen. So bedeutet die Entwicklung der neuartigen Energieversorgung schlechthin die Vorbedingung für die Aufrechterhaltung erst recht die Fortentwicklung des jetzigen kulturellen Zustands der Menschheit.

Zur Bearbeitung der Uranreaktorprobleme – sowohl ihrer zukünftigen Entwicklung zur Energielieferung als auch zur Verwendung als Neutronenquelle oder zur Herstellung künstlich radioaktiver Elemente für vielseitige wissenschaftliche und technische Zwecke – entstehen in Deutschland Zentralstellen in Karlsruhe und in Jülich (Rheinland); in Hamburg wird der energieliefernde Reaktor für Schiffe entwickelt, nachdem die USA und Rußland bereits beachtliche Erfolge auf diesem Gebiet erzielt haben. England erzeugt schon jetzt größere Mengen elektrischer Energie aus der Uranspaltung und baut weitere große Atomkernkraftwerke. Diese voraussichtlich sehr bedeutungsvolle Entwicklung vollzieht sich in den meisten Ländern unter auffallenden schroffen Sprüngen zwischen Optimismus und Pessimismus, von phantastischen Hoffnungen zu schweren Rückschlägen. Nationales Prestige, militärisches Interesse, Fragen der Finanzierung aus öffentlichen oder industriellen Quellen, aber auch Versuche, eine so neuartige Entwicklung zur Einleitung neuartiger internationaler Organisationsformen zu benutzen, sind in erster Linie für diese Unruhe verantwortlich, die durch Publicity und Propaganda noch vermehrt wird.

*

Abschließend sei noch eine allgemeine Bemerkung gestattet. Bei der knappen Darstellung der erregenden Entwicklung der Physik haben wir die aus ihr sich stellenden philosophischen Fragen – allein die Änderung des Raum-Zeit-Begriffs durch die Relativitätstheorie – bewußt außer acht gelassen. Die materiellen Ergebnisse und ihre Verwertung bilden das Zentralproblem für die Geschichte der Gegenwart und auch für die Stellung der Wissenschaft in ihr; die in den technischen Gebrauchsartikeln steckende, nur mathematisch formulierbare Problematik kommt ihrem Benutzer nicht zum Bewußtsein. In dieser neuen Welt hat der Forscher den Platz verloren, von dem aus er sie schuf: der »Elfenbeinturm« ist gesprengt, die Freiheit des Forschers wird beschränkt durch den von der Gesellschaft ausgehenden Zwang, für ihre Zwecke zu denken und zu schaffen. Man wägt seine Forderungen nach Mitteln für neue Erkenntnisse gegen den Nutzen ab, den die sogenannte »Allgemeinheit« – Wirtschaft, Industrie, Handel, Politik – erwartet. So beherrschen den Forscher und seine Arbeit die Forderungen des Tages; seinen Ehrungen und Angriffen ist er untertan – mit wenigen Ausnahmen, auf denen die Hoffnung der Wissenschaft für die nächsten Jahrzehnte ruht.

Physik, Astronomie, Mathematik — *Chemie*

1900—1909

Petr N. Lebedew weist Strahlungsdruck nach (1900). *Max Planck*, Formel für die Strahlung des schwarzen Körpers, Quantentheorie (1900). *Michael Pupin* verbessert Kabeltelegraphie (1900). *K. Birkeland*, Theorie des Nordlichts (1901). *Walter Kaufmann* mißt die spezifische Ladung der β-Strahlen (1901). *Edward Charles Pickering* und *Annie J. Cannon*, »Harvard-Klassifikation«, Sterneinteilung nach dem Spektrum (1901). *Owen W. Richardson*, Formel für die Elektronenemission von Metallen (1901). *Oliver Heaviside*, Radiowellen reflektierende Luftschichten in großer Höhe (1902). *Philipp Lenard*, experimentelle Erforschung der Gesetzmäßigkeit des Photoeffektes (1902); Analyse des Atominnern mit Kathodenstrahlen (1903). *Otto Lummer* und *Ernst Gehrke*, Interferenzspektroskop hoher Auflösung (1902). *Pierre Curie*, Absolutmessung der beim Zerfall von einem Gramm Radium entstehenden Wärmeenergie (1903). *William Ramsay* und *Frederick Soddy*, Helium als Zerfallsprodukt der Radiumemanation (1903/04). *Ernest Rutherford* und *Frederick Soddy*, Radioaktivität als Zerfall von Atomkernen (1903). *Henry F. W. Siedentopf* und *Richard Zsigmondy*, Ultramikroskop (Dunkelfeldmethode) (1903). *Marie Curie*, »Forschungen über radioaktive Substanzen« (1904). *Julius Elster* und *Hans Geitel*, lichtelektrische Photozelle (1904). *Johannes Hartmann* entdeckt in Sternspektren Linien ohne Dopplereffekt als Hinweis auf interstellare Materie (1904). *Ludwig Prandtl*, Theorie der Grenzschichten strömender Flüssigkeiten und Gase (Tragflächentheorie) (1904). *Arthur Wehnelt*, Oxyd-Glühkathode (1904). *Albert Einstein*, Theorie der *Brown*schen Molekularbewegung (1905); Einführung der Vorstellung der Lichtquanten (1905); Spezielle Relativitätstheorie (1905); Gesetz der Äquivalenz von Masse und Energie (1906). *Egon von Schweidler*, *Edgar Meyer* und *Erich Regener*, *Hans Geiger*, Nachweis der Statistik des radioaktiven Zerfalls (1905/08). *Walther Nernst*, Satz von der Unerreichbarkeit des absoluten Nullpunkts (1906). *Johannes Stark*, Dopplereffekt bei Kanalstrahlen (1906). *George Ellery Hale*, Magnetfelder der Sonnenflecken (1908). *Hermann Minkowski*, »Raum und Zeit«, vierdimensionale Welt (1908). *Erich Regener*, Messung der Ladung des α-Teilchens (1909). *Julius Scheiner*, Fixsterntemperaturen aus dem Spektrum (1909).

Aldrich und *Jokichi Takamine* isolieren das Hormon Adrenalin (1901). *René Bohn* erzeugt Indanthrenfarbstoffe (1901). *Wilhelm Connstein*, *Emil Hoyer* und *Hans Wartenberg*, Fettspaltung durch Fermente (1902). *Emil H. Fischer*, Aufbau der Eiweißstoffe aus Aminosäuren (1902); »Untersuchungen über Aminosäuren, Polypeptide und Proteine« (1906). *W. Normann*, katalysatorische Fetthärtung (1902). *Frederick G. Hopkins* entdeckt Tryptophan (Eiweißbaustein) (1903). *Gustav Tammann*, thermische Analyse fester Zweistoffsysteme (Legierungen) (1903). *Friedrich Stolz* stellt Adrenalin als erstes Hormon synthetisch her (1904). *Otto Hahn* entdeckt die radioaktiven Elemente Radiothor (1905), Radioaktinium (1906) und Mesothor I und II (1907). Essigsäureerzeugung aus Acetylen gelingt (1907). *Leo H. Baekeland* stellt das Kunstharzerzeugnis Bakelit her (1909). *A. Eichengrün* stellt Zellon her (1909). *Fritz Haber*, Erforschung der zu Verbindungen des Luftstickstoffs führenden Reaktionen, Grundlage des *Haber-Bosch*-Verfahrens (1909). *Fritz Hofmann*, synthetischer Kautschuk (1909). *Wolfgang Ostwald*, »Grundriß der Kolloidchemie« (1909).

1910—1919

Albert Einstein, »Über den Einfluß der Schwerkraft auf die Ausbreitung des Lichts« (1911); »Allgemeine Relativitätstheorie« (1915). *Heike Kamerlingh Onnes* entdeckt Supraleitung (1911). *Ernest Rutherford*, Atommodell (1911); erste künstliche Elementumwandlung, Umwandlung von Stickstoff in Wasserstoff und Sauerstoff durch α-Teilchen-Stoß (1919). *Frederick Soddy*, *Alexander Smith Russell*, *Kasimir Fagans*, Radioaktive Verschiebungssätze (1911/13). *Victor F. Heß*, kosmische Höhenstrahlung (1912). *Max von Laue*, *Walther Friedrich* und *Paul Knipping*, Röntgenstrahl-

Albert Einstein, Begründung der Photochemie: jedes absorbierte Lichtquant bewirkt Elementarvorgang (1912). *Georg Karl von Hevesy* und *Fritz Paneth*, radioaktive Isotope als Indikatoren (1912). *William Küster*, Strukturformel des Blutfarbstoffs Hämin (1912). *Friedrich Bergius*, Hochdruckverfahren zur Kohleverflüssigung (1913). *Max Bodenstein*, Begriff der chemischen Kettenreaktion (1913). *Edward C. Kendall* stellt das Schilddrüsenhormon Thyroxin rein dar (1914). *Richard Willstätter* erforscht und synthetisiert die Blütenfarbstoffe Anthozyane (1914). *Archibald V. Hill*,

Beschreibende Naturwissenschaften, Medizin — *Technik*

1900—1909

Karl Erich Correns, Erich von Tschermak und *Hugo de Vries* begründen moderne Genetik mit der Wiederentdeckung der Erbgesetze von *Mendel* (1900). *Karl Escherich*, Symbiose von Insekten mit Bakterien (1900). *Sigmund Freud*, »Traumdeutung« (1900). *Hugo de Vries*, »Die Mutationstheorie« (1900/03). *Arthur Berson* und *Reinhard Süring*, im Freiballon 10800 Meter (1901). *Joseph Louis Capitan, Henri Breuil* und *D. Perony* entdecken Eiszeitmalerei in der Dordogne (1901). *Hans Driesch*, »Die organischen Regulationen« (1901). *J. Everett Dutton*, Schlafkrankheiterreger (1901). *Karl Landsteiner* findet die verschiedenen Blutgruppen (1901). *Iwan P. Pawlow*, Versuche über bedingte Reflexe (1901). *Harvey Cushing* macht erste Nervennaht (1902). *Erich von Drygalski* entdeckt in der Antarktis Kaiser-Wilhelm-II.-Land (1902). *Willem Einthoven*, Elektrokardiographie (1903). *Franz Seiner* und *Leonhard Schultze-Jena* erforschen Kalahariwüste in Südafrika (1903/05/12). *Oskar Vogt, Brodmann* und *Campbell* lokalisieren Gehirnfunktionen (1903). *Theodor Boveri*, Chromosome als Träger der Erbanlagen (1904). *Sven Hedin* erforscht Persien und Tibet und entdeckt Transhimalaja-Gebirge (1905/08). *Ernest Rutherford* und *Bertram B. Boltwood*, radioaktive Altersbestimmung von Gesteinen (1905/07). *Fritz R. Schaudinn*, Syphiliserreger (1905). *Ludolph Brauer*, Pneumothorax zur Lungenflügelstillegung (1906). *August von Wassermann*, Serumdiagnose der Syphilis (1906). Knochenfunde von Riesendinosauriern in Deutsch-Ostafrika (1906). *Karl Erich Correns*, »Die Bestimmung und Vererbung des Geschlechts nach neueren Versuchen mit höheren Pflanzen« (1907). *Karl Hagenbeck* gründet Tierpark in Hamburg-Stellingen (1907). *Clemens Pirquet*, Tuberkulin-Reaktion (1907). Anfänge einer Strahlenbiologie mit radioaktiven und Röntgen-Strahlen (ab 1907). *H. Piper*, Geschwindigkeit der Nervenerregung beim Menschen (1908). *Jean Tilho* erforscht den Tschadsee (1908). Fund des Unterkiefers von Heidelberg (1908). *Paul Ehrlich* und *Sahachiro Hata*, Syphilisheilmittel Salvarsan (1909). *Conwy Lloyd Morgan*, »Instinkt und Gewohnheit«, Tierpsychologie (1909). *Charles Nicolle* entdeckt Übertragung des Fleckfiebers durch Kleiderläuse (1909). *Eduard Sueß*, »Das Antlitz der Erde«, 3 Bde. (1885/1909). *Jakob von Üxküll*, »Umwelt und Innenwelt der Tiere« (1909).

Ferdinand Braun, Sender mit Abstimmkreis (1900); Kristalldetektor (1901). *Georg Knorr*, Druckluftbremse (1900). *Auer von Welsbach*, Osmium-Glühlampe (1900). *Jonathan Zenneck*, erste quantitative Messungen der Ausbreitung elektrischer Wellen (1900). Erster Flug eines Zeppelinluftschiffes (1900). *Guglielmo Marconi* überbrückt drahtlos den Atlantik (1901). *Robert Bosch*, Hochspannungs-Magnetzündung (1902). *Ernst Rolffs*, Rotations-Rastertiefdruck (1902). *Oskar von Miller*, »Deutsches Museum von Meisterwerken der Naturwissenschaften und Technik« (1903). *Frederick W. Taylor* begründet mit »Shop management« den »Taylorismus« (1903). *Orville* und *Wilbur Wright*, erster Motorflug (1903). Schwebebahn in Wuppertal (1898/1903). *Hermann Anschütz-Kaempfe*, Kreiselkompaß (1904). *Arthur Korn* gelingt erste Bildtelegraphie München—Nürnberg (1904). Gebrüder *Lumière*, Autochromplatten für Farbphotographie (1904). Offsetdruck in USA (1904) und Deutschland (1907). *Fouché* und *E. Wiss*, autogenes Schweißen (1905). *Wolfgang Gaede*, verschiedene Luftpumpen als Grundlage der Vakuumtechnik (1905/08). *Hans Holzwarth*, Gasturbine (1905). *Owens*, Flaschenblasmaschine (1905). Elektrische Glühlampen mit Wolframdraht (1905). *Robert Lieben*, Verstärkerröhre (1906). Simplon-Tunnel mit 19,8 km Länge vollendet (1898/1906). *Thomas Alva Edison*, Betongußverfahren (1907). *Lee de Forest*, Elektronenröhre mit Gitterelektrode (1907). *Alfred Wilm*, Duraluminium (1907). *Adolf Miethe*, »Dreifarbenphotographie nach der Natur« (1908). *Max Wien*, Löschfunkensender (1908). Fernsprech-Selbstwählamt in Hildesheim (1908). *Louis Blériot* überfliegt den Ärmelkanal (1909).

1910—1919

Vilhelm Bjerknes, »Dynamische Meteorologie« (1910). *Auguste Forel*, »Das Sinnenleben der Insekten« (1910). *Jürgen W. Harms* und *Eugen Steinach* erforschen innere Sekretion der Geschlechtsdrüsen (1910). *Thomas Hunt Morgan* begründet Drosophila-Genetik (1910); Chromosomenkarten (1919). *L. Moß* unterscheidet die vier menschlichen Blutgruppen A, B, AB, O (1910). *John Murray* und *J. Hjort*, erste moderne Tiefsee-Expedition (1910). *H. T. Ricketts*, Fleckfieber-Erreger (1910). *Roald Amundsen* erreicht als erster den Südpol (1911), kurz darauf *Robert Scott*, der auf dem

Henri Farman fliegt 463 km in $8^1/_4$ Stunden (1910). Erster *Diesel*motor für Kraftwagen (1910). Höhenrekord für Flugzeuge 3100 Meter (1910). *Viktor Kaplan*, Propellerturbine (1912). *Hugo Münsterberg*, »Psychologie und Wirtschaftsleben« (1912); »Grundzüge der Psychotechnik« (1914). Jungfraubahn erbaut (1898/1912). *Alexander Behm*, Echolot (1913). *William D. Coolidge*, Vakuum-Röntgenröhre mit Glühkathode (1913). Großtechnische Hochdruck-Ammoniak-Synthese nach dem Verfahren von *Fritz Haber* und *Carl Bosch* (1913). *Alexander Meißner*, Rückkoppelungs-

Physik, Astronomie, Mathematik

beugung am Atomgitter (1912). *Henrietta S. Leavitt*, Beziehung zwischen Helligkeit und Periodenlänge veränderlicher Sterne (1912). *Vesto Melvin Slipher*, Erste Spiralnebelspektren mit deutlicher Rotverschiebung der Linien (1912). *Charles T. R. Wilson* weist ionisierende Strahlen in der von ihm erfundenen Nebelkammer nach (1912). *Niels Bohr*, Quantentheorie des Atombaus und der Spektralserien (1913). *William Henry Bragg* und *William Lawrence Bragg*, Röntgenspektroskopie (1913). *Hans Geiger* baut »Spitzenzähler« für energiereiche Strahlen (1913). *Paul Guthnick* und *Hans Rosenberg*, lichtelektrische Methode in der Astronomie (1913). Ordnung der Sterntypen im *Hertzsprung-Russell*-Diagramm nach Temperatur und Leuchtkraft (1913). *Henry Moseley*, Beziehung zwischen Röntgenlinien und Ordnungszahl der Elemente (1913). *Frederick Soddy*, Begriff der Isotopie von Elementen (1913). *Johannes Stark*, Aufspaltung der Spektrallinien im elektrischen Feld (1913). *James Franck* und *Gustav Hertz* beweisen durch Elektronenstoß quantenhafte Energiestufen der Atome (1914). *Arnold Kohlschütter* und *Walter S. Adams* bestimmen Entfernungen von Fixsternen aus Merkmalen der Spektrallinien, Spektroskopische Parallaxen (1914). *Henry Norris Russel*, »Wahrscheinliche Entwicklung der Sterne« (1914). *Albert Einstein* und *Willem de Sitter* diskutieren einen gekrümmten, in sich geschlossenen Weltraum (1917). *Paul Langevin*, Quarz-Ultraschallsender großer Intensität (1918). *Robert Andrews Millikan*, Präzisionsmessung der Elementarladung (1917). *Harlow Shapley* bestimmt die Ausdehnung der Milchstraße durch Entfernungsmessung ihrer Kugelhaufen (1918). *Francis W. Aston*, verbesserter Massenspektrograph, Präzisionsbestimmung von Atommassen (1919). *Arnold Sommerfeld*, »Atombau und Spektrallinien« (1919). Lichtablenkung im Gravitationsfeld der Sonne nachgewiesen (1919).

Chemie

»Die Beziehungen zwischen der Wärmebildung und den im Muskel stattfindenden chemischen Prozessen« (1916). *Walther Kossel* führt die chemischen Bindungskräfte auf die Struktur der Elektronenhülle zurück (1916). *Fritz Pregl*, »Die quantitative organische Mikroanalyse« (1917). *Otto Hahn* und *Lise Meitner* entdecken das radioaktive Element Protaktinium (1918).

1920—1929

Francis Pease mißt interferometrisch Durchmesser eines Riesensterns (1920). *J. N. Brönsted* und *Georg von Hevesy* trennen Isotope durch »ideale« Destillation (1921). *John Eggert*, *Megh Nad Saha*, Theorie der Ionisation heißer Gase und der Linienspektra der Sterne (1919/21). *Otto Stern* und *Walther Gerlach*, Richtungsquantelung im Magnetfeld und Messung des Bohrschen Magnetons (1922). *Arthur H. Compton* zeigt korpuskelartiges Verhalten des Röntgenquants (1923). *Max Wolf* bestimmt Entfernung und Absorption kosmischer Dunkelwolken (1923). *Louis de Broglie* sagt Materiewellen voraus (1924). *Arthur S. Eddington*, Beziehung zwischen Masse und Leuchtkraft eines Sternes (1924); »Der innere Aufbau der Sterne« (1926). *Edward V. Appleton* und *M. A. F. Barnett*, Funkechos an der Ionosphäre (1925). *Werner Heisenberg*, *Max Born*, *Pascual Jordan* entwickeln die Quantenmechanik (1925). *Wolfgang Pauli*, »Ausschließungsprinzip« für Elektronen (»Pauliverbot«) (1925). *George E. Uhlenbeck* und *Samuel A. Goudsmit*, Elektronen-Spin (1925).

Otto H. Warburg, »Theorie der Kohlensäureassimilation« (1921); »Über die katalytischen Wirkungen der lebendigen Substanz« (1928); »Über die chemische Konstitution des Atmungsfermentes« (1928). *Jaroslav Heyrovsky*, Elektrochemische Mikroanalyse, Polarographie (1922). *Georg von Hevesy* entdeckt Hafnium röntgenspektroskopisch (1923). *Theodor Svedberg*, Ultrazentrifuge zur Analyse von Makromolekülen (1923). *Keilin* entdeckt Zytochrome als Atmungsfermente der Hefe (1925). *Walther Noddack*, *Ida Tacke*, *Otto Berg* entdecken Rhenium röntgenspektroskopisch (1925). *Hermann Staudinger* beginnt die makromolekulare Chemie zu entwickeln (1925). *Jansen* und *Donath* stellen das Vitamin Aneurin (B 1) rein dar (1926). *James B. Sumner* stellt das Enzym Urease rein dar (1926). *Otto Diels* und *Kurt Alder* finden Diën-Synthese (1927). *Hans Fischer* klärt den chemischen Bau des Hämoglobins (1928). *C. R. Harington* und *George Barger*, chemischer Aufbau und Synthese des Thyroxins (1928). *H. Dam* entdeckt Vitamin K (1929).

Beschreibende Naturwissenschaften, Medizin

Rückmarsch umkommt (1912). *Wilhelm Filchner* führt Südpolar-Expedition ins Weddellmeer (1911/12). *Casimir Funk* und *Y. Teruuchi* finden Wirkstoffe gegen Beri-Beri; sie prägen den Namen »Vitamin« (1911). *Emil Abderhalden*, »Schutzfermente des tierischen Organismus« (1912). *Othenio Abel*, »Paläobiologie der Wirbeltiere« (1912). *Theodor Koch-Grünberg* erforscht Quellgebiet des Orinoko (1912). *Fritz Lenz*, »Die krankhaften Erbanlagen des Mannes und die Bestimmung des Geschlechts beim Menschen«, Anfänge einer Humangenetik (1912). *Boris A. Wilkitskij* entdeckt die arktische Inselgruppe Sewernaja Semlja (1913). *A. H. Blaauw* begründet kausalanalytische Reizphysiologie der Pflanzen (1914). *John B. Watson*, »Behavior«, empirische Tierpsychologie als Verhaltensforschung (1914). *Karl von Frisch*, »Der Farbensinn und der Formensinn der Biene« (1915). *Alfred Wegener*, Kontinentalverschiebungstheorie (1915). *L. von Post*, Pollenanalyse zur Bestimmung vorgeschichtlicher Pflanzenfolge (1916). *Sigmund Freud*, »Vorlesungen zur Einführung in die Psychoanalyse« (1917). *Félix Hubert d'Hérelle*, ultrafiltrierbare Bakteriophagen entdeckt (1917). *Julius Ritter Wagner von Jauregg* behandelt die syphilitische Paralyse mit Malaria-Heilfieber (1917). *Huldschinsky* entdeckt antirachitische D-Vitaminbildung durch Höhensonnenbestrahlung der Haut (1919).

Technik

schaltung (1913). *König & Bauer* bauen Sechsrollen-Rotationsdruckmaschine (1914). Bau des Panama-Kanals (1906/14). *Wolfgang Gaede*, Quecksilber-Diffusionspumpe für Hochvakuumerzeugung (1915). *Hugo Junkers*, Ganzmetall-Flugzeug (1915). *John Alcock* und *Arthur Whitten-Brown* überfliegen den Ozean von Neufundland nach Irland (1919).

1920—1929

Heinrich von Ficker, Bedeutung der Stratosphäre für Wettervorgänge (1920). *Ferdinand Sauerbruch*, »Die Chirurgie der Brustorgane« (1920). Erste Funde des China-Affenmenschen »Sinanthropus« (1920). *Frederick G. Banting* und *Charles H. Best*, Insulin als Heilmittel gegen die Zuckerkrankheit (1921). *Erwin Baur*, *Eugen Fischer*, *Fritz Lenz*, »Menschliche Erblichkeitslehre und Rassenhygiene« (1921). *F. Dahl*, »Grundlagen einer ökologischen Tiergeographie« (1921). *Wolfgang Köhler*, »Intelligenzprüfungen an Menschenaffen« (1921). *Otto Meyerhof*, Biochemie der organischen Energieerzeugung (1921). *Thomas Hunt Morgan*, »Die stofflichen Grundlagen der Vererbung« (1921); »Die Theorie des Gens« (1928). *J. Bjerknes*, Polarfront der atmosphärischen Zirkulation (1922). *H. M. Evans* und *K. S. Bishop*, Vitamin E (1922). »Treffertheorie« (ab 1922) führt zur quantenphysikalischen Strahlenbiologie. *Magnus Hirschfeld*, »Geschlechtskunde« (1924). *Guido Holzknecht*, »Röntgentherapie« (1924). *Hermann W. Siemens*, »Die Zwillingspathologie« (1924). *Otto H. Warburg*, »Stoffwechsel der Tumoren« (1924). *Alfred Wegener* und *W. Köppen*, »Die Klimate der geologischen Vorzeit« (1924). Erste Funde des Australopithecus africanus in Südafrika (1924). *Max Hartmann*, »Untersuchungen über relative Sexualität« (1925). *Erich Stern*, »Die Psyche der Lungenkranken«, Psychosomatische Medizin (1925). *Sergej Woronow*, »Organüberpflanzung und ihre praktische Verwertung beim Haustier« (1925). *John B. Watson*, »Der Behaviorismus« (1925). *Wilhelm*

Erster Mittelwellenrundfunk in den USA (1921). *Jo Engl*, *Joseph Massolle*, *Hans Vogt*, Tonfilmsystem »Triergon« (1919/22). Großherstellung von Methylalkohol aus Wassergas (1922). *Walther Bauersfeld*, Stereoplanigraph zur Luftbildvermessung (1923). *Hans Bredow* veranstaltet erste Sendung des deutschen Unterhaltungsrundfunks in Berlin (1923). *August Karolus*, Zelle zur Umwandlung von elektrischen Spannungsschwankungen in Lichtschwankungen (1923). *Arthur Korn*, drahtlose Bildtelegraphie Italien—USA (1923). *H. Riegger* baut Kondensator-Mikrophon und elektrodynamischen Lautsprecher (1924). *Franz Fischer* und *Hans Tropsch*, Verfahren zur Kohleverflüssigung (1925). Fernsehversuche in Deutschland, Großbritannien und USA (1925). Bau des Walchensee-Kraftwerks für 122000 kW (1918—25). Niagara-Kraftwerke erreichen 700000 kW (1925). *Richard E. Byrd* fliegt im Flugzeug von Spitzbergen zum Nordpol und zurück (1926). Elektroakustische Schallplattentechnik (1926). Kraftwerk Klingenberg in Berlin für 270000 kW (1926). *Charles Lindbergh* fliegt allein von New York nach Paris (1927). Drahtlose überseeische Telefonverbindung (1927). *W. A. Marrison*, *Adolf Scheibe* und *Eberhard Udo Adelsberger* entwickeln die Quarzuhr (ab 1929). Magnetophon gewinnt technische Reife (1929/1930).

Physik, Astronomie, Mathematik | *Chemie*

Hans Busch, Elektronenoptik (1926). *Erwin Schrödinger*, Wellenmechanik (1926). *Clinton J. Davisson, Lester H. Germer, A. Reid* und *George Paget Thomson*, Nachweis der Materiewellen von Elektronen (1927). *Werner Heisenberg*, Unbestimmtheitsrelation (1927); Quantentheorie des Ferromagnetismus (1928). *Walter Heitler* und *Fritz London*, Wellenmechanische Theorie der chemischen Bindungskräfte (1927). *Felix Bloch, Arnold Sommerfeld*, Quantenphysik der Festkörper (1928). *Niels Bohr*, »Komplementaritäts«-Begriff (1928). *George Gamow*, Wellenmechanik des radioaktiven Zerfalls (1928). *Hans Geiger* und *Walter Müller*, Zählrohr für energiereiche Strahlung (1928). *David Hilbert* und *Wilhelm Ackermann*, »Grundzüge der theoretischen Logik« (1928). *Chandrasekhara Venkata Raman*, Smekal-Raman-Effekt (1928). *Albert Einstein*, Versuch einer Allgemeinen Feldtheorie (1929). *Edwin P. Hubble*, Spiralnebel als ferne Milchstraßen (1919/1929). *Otto Stern, Friedrich Knauer, Immanuel Estermann*, Materiewellen von Heliumatomen und Wasserstoffmolekülen (1929/30).

1930—1939

Paul A.M. Dirac sagt das »Positron« voraus (1930). *Clyde Tombaugh* entdeckt Planeten Pluto (1930). *R.J. Trümpler*, Absorptionsstärke der interstellaren Materie (1930). *R.J. van de Graaff*, Bandgenerator zur Teilchenbeschleunigung (1931). *Edwin P. Hubble* und *M.L. Humason* leiten aus der Nebelflucht Expansionsalter der Welt ab (1931). *Hermann Weyl*, »Gruppentheorie und Quantenmechanik« (1931). *Carl David Anderson* entdeckt das Positron in der kosmischen Strahlung (1932). *James Chadwick* entdeckt das Neutron (1932). *John D. Cockroft* und *Ernest T.S. Walton*, Atomkernumwandlungen mit künstlich beschleunigten Teilchen (1932). *Karl G. Jansky*, Radiokurzwellenstrahlung aus der Milchstraße, Beginn der Radioastronomie (1932). *Ernest O. Lawrence*, Zyklotron, Beginn der Hochenergiephysik (1932). *Harald C. Urey* entdeckt den schweren Wasserstoff (Deuterium) (1932). *Fr. Zernike*, Phasenkontrast-Mikroskop (1932). Quantenphysik der Halbleiter entwickelt sich (etwa ab 1932). *Percy W. Bridgman* erreicht Drucke über 50000 at (1933). *Otto Frisch* und *Otto Stern*, Nachweis des magnetischen Dipolmoments des Protons (1933). *Irène Joliot-Curie* und *Frédéric Joliot*, künstlich-radioaktive Elemente (1934). *Enrico Fermi* postuliert das Neutrino (1934); beginnt Erzeugung künstlicher radioaktiver Isotope (1934). *Johannes W. de Haas* nähert sich dem absoluten Nullpunkt auf 0,0044° (1935). *Ferdinand Trendelenburg* und *E. Freystedt*, elektroakustische Klanganalyse (1935). *Hideki Yukawa* sagt das π-Meson voraus (1935). *Carl D. Anderson* entdeckt das μ-Meson in der Höhenstrahlung (1937). *M. Blau* und *H. Wambacher*, Photoplatte zum Nachweis ionisierender Teilchen in der Höhenstrahlung (1937). *Carl Friedrich von Weizsäcker, Albrecht Bethe*, Kernfusion als Quelle der Sonnenenergie (1937). *Klaus Clusius* und *G. Dickel*, Thermodiffusionsrohr für Isotopentrennung (1938). *Otto Hahn*

Friedrich Bergius, Holzverzuckerung (1930). *John H. Northrop* stellt die Enzyme Pepsin und Trypsin rein dar (1930). *Walter Reppe*, Kunststoffe auf Acetylenbasis (1930). *Adolf Butenandt* stellt männliches Sexualhormon Androsteron rein dar (1931); stellt das Gelbkörperhormon rein dar (1934). *Paul Karrer, Hans von Euler-Chelpin, Richard Kuhn* klären Konstitution des Vitamin A (1931). *Adolf Windaus*, Reindarstellung von Vitamin D (1932). *Fritz Kögl* isoliert Hefewuchsstoff Biotin (1932); isoliert Auxin a und b (1933/34). *Tadeusz Reichstein* synthetisiert Vitamin C (1934). *Georg Henning* stellt die Adenyl-Säure her (1935). *Paul Karrer* und *Richard Kuhn* synthetisieren Vitamin B 2 (1935). *Williams* und *Adolf Windaus* klären Aufbau von Vitamin B 1 (1935). *Richard Kuhn* und *F. Moewus* klären chemische Natur der Befruchtungsstoffe von Algen (1938). Erfindung der Kunststoffe »Nylon« und »Perlon« (1938). *Paul Karrer* isoliert das Vitamin K (1939).

Beschreibende Naturwissenschaften, Medizin

Filchner, Expedition nach Tibet (1926/28). *Iwan P. Pawlow*, »Die höchste Nerventätigkeit (das Verhalten) von Tieren«, Physiologie der bedingten Reflexe (1926). *Friedrich von Wettstein*, Vererbung durch das Plasma bei Pflanzen (1926). *Sven Hedin*, Innerasien-Expedition (1927–35). *Nikolai K. Koltsow*, »Die physikochemischen Grundlagen der Morphologie«, molekulare Biologie (1927). *Hermann Joseph Muller* begründet Strahlengenetik (1927). *Otto Naegeli*, »Allgemeine Konstitutionslehre«, ganzheitliche Medizin (1927). *Alexander Fleming*, Penicillin (1928). *Hans Berger*, »Das Elektroencephalogramm des Menschen«, Hirnstrombild (1929). *Werner Forßmann*, Herzkatheterisierung (1929).

Technik

1930–1939

Max Theiler, Serumschutzimpfung gegen Gelbfiebervirus (1930). *Gustav von Bergmann*, »Die funktionelle Pathologie« (1932). *Gerhard Domagk*, Sulfonamide als chemische Heilmittel (1932). *Ludwig von Bertalanffy*, »Theoretische Biologie« als Physik des Fließgleichgewichtes (1933). *Richard E. Byrds* zweite Südpolar-Expedition (1933/36). *C. Filatow*, »Gewebetherapie« (1933). *E. Heitz*, *H. Bauer*, *T. S. Painter* entdecken Riesenchromosomen in Fliegen-Speicheldrüsen (1933). *William Beebe* erreicht in Taucherkugel 923 m Tiefe (1934). *Serge Voronoff* berichtet von zwölfjährigen Erfahrungen über die operative Verpflanzung von Keimdrüsen (1934). *Edward Calvin Kendall* und *Tadeusz Reichstein*, Nebennierenrinden-Hormon (1935). *Egas Moniz* und *Almeida Lima*, Leukotomie (1935). *Sackel*, Insulinschock gegen Schizophrenie (1935). *Erwin Schliephake*, Ultraschall-Therapie (1935). *Wendell Meredith Stanley* gewinnt kristallisiertes Tabakmosaikvirus (1935). *T. Casparsson* untersucht den Aufbau von Zellen mit dem Ultraviolettmikroskop (1936). *A. L. Hodgkin*, elektrische Prozesse der Nervenleitung (1937). *O. Loewi*, »Die chemische Übertragung der Nervenwirkung« (1937). *Gustav von Königswald* findet auf Java früheiszeitlichen Pithecanthropus (1937). *Ralph Wyckoff* bestimmt die Größe des Tabakmosaikvirus als die eines Makromoleküls (1937). *A. P. Dustin*, erweist Colchicin als Mitosegift (1938). *Bernhard de Rudder*, »Meteorobiologie des Menschen« (1938). Crossopterygier mit gestielten Flossen, »lebendes Fossil«, gefangen (1938). *Gibbons* entwickelt in Tierversuchen »künstliches Herz« (1939). *Paul Müller* synthetisiert und prüft das Kontakt-Insektengift DDT (1939).

Ost-West-Ozeanflug des Dornier-Wal (1930). Technisch reife Gasentladungslampen zur Beleuchtung (1932). Großkraftwerk am Dnjepr (1927/32). *Malcolm Campbell*, Autogeschwindigkeit 437,91 km/h (1933). *Philo T. Farnsworth* und *Wladimir Zworykin*, Grundlagen für elektronisches Fernsehen (1933). *G. Holst* und *G. H. de Boer* verwandeln ultrarote Strahlung in sichtbare Bilder (1934). Baubeginn der Großglockner-Alpenstraße (1934). *S. Sokolow*, Ultraschall-Werkstoffprüfung (1935). Regelmäßiges Fernsehprogramm in Berlin (1935). Golden-Gate-Brücke in San Franzisko (1937). Flugboot-Langstreckenrekord von 8500 km (1938). Düsenflugzeug fliegt Neufundland–Irland in 4 Std. 18 Min. (1938). Transiranische Bahn Kaspisches Meer–Persischer Meerbusen mit 1400 km Länge (1927/38). Die Entwicklung von Elektronenmikroskopen (seit etwa 1931) hat zu verschiedenen, technisch reifen Instrumenten geführt, Auflösungsvermögen etwa 1 mμ (1939). Erster Passagier-Atlantik-Flug der PAA (1939). Burmastraße nach China mit 3350 km Länge erbaut (1937/38). Ausbau der Radarortung (ab 1939).

1940–1949

Bierens de Haan, »Die tierischen Instinkte und ihr Umbau durch Erfahrung« (1940). *Erich von Holst*, »Neue Anschauungen über die Tätigkeit des Zentralnervensystems« (1940). *Karl Landsteiner* und *A. S. Wiener* entdecken Rhesusfaktor des menschlichen Blutes (1940). *Gotthilft von Studnitz* weist drei Farbsubstanzen in den Zapfen der Netzhaut nach (1940). *Alfred Kühn* analysiert eine Wirkkette vom Gen zum

Mauchly und *Eckert*, elektronische Großrechenmaschine (1942/46). Entwicklung von Turbinen-Strahltriebwerken für Flugzeuge (1942). *Eduard Rhein*, Füllschrift-System für Langspielplatten (1943). Fabrikatorische Herstellung von Silikon-Kunstharzen (1943). Erste Atombomben auf Uran 235- und Plutoniumbasis in den USA (1945) *Milton Rynold* fliegt in 79 Stunden um die Erde (1947). *Charles Yeager* erreicht

Physik, Astronomie, Mathematik

und *Fritz Straßmann*, Spaltung des Urankerns durch Neutronen (1938). *H. I. Ives, Fry, Eduard Ruchardt, G. Otting*, transversaler Dopplereffekt an schnellbewegten Atomen, relativistische Zeitdehnung bewegter »Uhren« (1938).

Chemie

1940—1949

Physik, Astronomie, Mathematik

Nikolai Wladimir Timoféef-Ressovsky, »Eine biophysikalische Analyse des Mutationsvorgangs« (1940). *Enrico Fermi*, Uranreaktor (1942). *Walther Baade* macht Einzelsterne im Kern des Andromedanebels sichtbar (1943). *Carl Friedrich von Weizsäcker*, Theorie der Entstehung des Planetensystems aus Wirbelringen (1943). *Joel Stebbins* und *A. E. Whitford* weisen unsichtbares Zentrum der Milchstraße nach (1945/47). Millimeter-Wellen-Spektroskopie entsteht (etwa 1944/45). *Felix Bloch* und *Edwin M. Purcell*, Hochfrequenzmethode zur Messung der magnetischen Atomkernmomente (1946). Radarfunkecho am Mond (1946). *Cecil F. Powell* und Mitarbeiter entdecken π-Meson in der Höhenstrahlung (1947). *Robert Gardner* und *C. Lattes* erzeugen Mesonen künstlich mit Zyklotron (1948). *P. Kirkpatrick* und *A. V. Baez*, Anfänge der Röntgenmikroskopie (1948). Einweihung des 5-m-Spiegel-Teleskopes auf dem Mount Palomar mit etwa zwei Milliarden Lichtjahren Reichweite (1948). *Williard F. Libby*, Radiocarbon-Methode (1949). *Erwin Müller*, Feldelektronenmikroskop (1949). *M. Schwarzschild*, Theorie der Magnetfelder der Sterne (1949). Erste astronomische Radio-Teleskope entstehen (1949).

Chemie

Hans Fischer, Konstitution des Chlorophylls. (1940) Die transuranischen radioaktiven Elemente Neptunium, Plutonium, Americium, Curium künstlich hergestellt (1940/46). *Otto H. Warburg*, Grundprozesse der Photosynthese (1943). *Jean Brachet*, »Chemische Embryologie« (1944). *Fritz Verzár* klärt chemische Wirkungsweise des Nebennierenrindenhormons (1944). *Eugène G. Rochow*, »Eine Einführung in die Chemie der Silikone« (1947). *Hermann Staudinger*, »Makromolekulare Chemie und Biologie« (1947). *Richard Kuhn* begründet biochemische Genetik (1949).

1950—1960

Physik, Astronomie, Mathematik

Albert Einstein, Allgemeine Feldtheorie (1950). *G. Kuiper*, »Die Atmosphären der Erde und der Planeten« (1951). *C. A. Muller, J. H. Oort, van de Hulst*, Strukturbestimmung der Milchstraße durch Ausmessung der Wasserstoff-Radiostrahlung (1952). *Walther Baade* und *R. Minkowski* identifizieren starke Radioquelle als zwei kollidierende Spiralnebel (1953). Dimensionen und Expansionsalter des Weltalls erweisen sich als mehr als verdoppelt (1953). Direkte Nutzung von Kernenergie in einer Strontium-Silizium-Batterie (1954). *O. Chamberlain, E. Segrè, Ch. Wiegand* und *Th. Ypsilantis* entdecken Antiproton (negatives Proton) (1955). Internationale Kongresse über friedliche Verwendung der Kernenergie in Genf (1955, 1958). *Bruce Cork, Lambertson, Oreste Piccioni* und *William Wenzel* entdecken Antineutron (1956). *Kürti, Robinson, Simon, Spohr* nähern sich dem absoluten Nullpunkt der Temperatur auf 1/50000° (1956). *Tsung Dao Lee* und *Chen Ning Yang*, Paritätsgesetz hat in der Kernphysik keine Allgemeingültigkeit (1957). Teilchenbeschleuniger mit 8 Milliarden Volt in Dubna bei Moskau in Betrieb genommen (1957). Erdsatelliten weisen starken Strahlungsgürtel um die Erde nach (1958). Radar-Echos an der Venus und Sonne, Sonnenbilder und -spektren aus Ballons und Raketen (1959). Protonenbeschleuniger für 28 Milliarden Volt im Atomforschungszentrum CERN, Genf, in Betrieb genommen (1960).

Chemie

F. Sanger und *H. Tuppy* bestimmen Reihenfolge der Aminosäuren im Insulinmolekül (1951). *Vincent du Vigneaud* analysiert Hormon Oxytocin (1953). Die Elemente 99 (Einsteinium) und 100 (Fermium) werden künstlich hergestellt (1954). *J. Schmidlin, G. Anner, J.-R. Billeter, A. Wettstein*, Synthese des Aldosterons (1955). *A. R. Todd*, Konstitution des Vitamins B 12 (1955). Das Element 101 (Mendelevium) wird künstlich hergestellt (1955). *Adolf Butenandt, R. Bekmann, D. Stamm, E. Hecker* ermitteln Konstitution eines Schmetterlings-Sexualstoffes (1959).

Beschreibende Naturwissenschaften, Medizin

Merkmal (1941). *Werner Kuhn* und *Alfred Rittmann* vermuten wasserstoffreichen Erdkern (1941). *N. Sinizyn* transplantiert ein zweites Herz in den Blutkreislauf von Kalt- und Warmblütern (1942). *Alexander von Muralt* ordnet Aktionssubstanzen der Nerven (1943). *G. N. Papanicolaou* entwickelt Frühdiagnose des Gebärmutterkrebses (1943). *O. T. Avery*, *C. M. MacLeod*, *M. McCarty* können durch Zellextrakte Erbfaktoren übertragen, »Transformation« (1944). *Selman A. Waksman* und *A. Schatz*, Streptomycin (1944). *Tracy M. Sonneborn*, plasmatische Vererbung beim Pantoffeltierchen (1945). *Max Delbrück* und *Luria* entwickeln quantitative Bakteriophagenforschung (1946). Südpolar-Expedition unter *R. E. Byrd* (1946/47). Raketenaufstieg zur Erforschung hoher Atmosphärenschichten in den USA (1946). *Paul Ehrlich* entwickelt Chloromycetin gegen Typhus (1947). *Charlotte Auerbach*, Mutationen durch Senfgas, Beginn der Chemogenetik (1943/48). *Philip S. Hench* und *Edward Calvin Kendall* heilen rheumatische Krankheiten mit Cortison (1948). *Otto H. Warburg*, »Wasserstoffübertragende Fermente« (1948). Antibioticum »Aureomycin« isoliert (1948). Entwicklung »künstlicher Herzen« für Herzoperationen (1948). *A. Kelner* findet die Reaktivierung ultraviolett-inaktivierter Bakterien durch Licht (1949). *Alexander Oparin* »Die Entstehung des Lebens auf der Erde« (1949).

Technik

mit Düsenflugzeug Überschallgeschwindigkeit (etwa 1700 km/h) (1947). Rasche Entwicklung von UKW-Rundfunk und Fernsehen (1948). *Walter H. Brathain* und *Jay Bardeen* sowie *William Shockley*, Halbleiter-Transistoren (1948/49). Zweistufige USA-Rakete erreicht mit flüssigem Treibstoff 402 km Höhe (1949).

1950–1960

Erich von Holst und *Horst Mittelstaedt*, »Das Reafferenzprinzip. Wechselwirkungen zwischen Zentralnervensystem und Peripherie« (1950). *Wilfrid Edward Le Gros Clark*, »Neue paläontologische Einsichten in die Evolution der Hominiden« (1950). Waldanpflanzungsplan zur Klimaverbesserung im europäischen Steppengebiet der UdSSR (1950). Herz-Lungen-Maschine von *J. André-Thomas* (1951). *Hans Walther-Büel*, »Pharmakopsychiatrie« (1951). *Norton David Zinder* und *Joshua Lederberg* finden die Übertragung von Erbanlagen mit Bakteriophagen, die »Transduktion« (1952). Ozeanographische »Galathea«-Expedition (1950/52). *Alfred Kinsey*, »Die Sexualität der Frau« (1953). *Stanley L. Miller* erzeugt in einem Modell der irdischen Uratmosphäre Bausteine der Eiweiße (1953). Massenimpfung gegen Kinderlähmung mit Salk-Serum in den USA (1955). *Carlton E. Schwerdt* und *Frederick I. Schaffer*, kristalline Darstellung des Erregers der spinalen Kinderlähmung (Virus) (1955). *L. Groß* entdeckt bei der Mäuseleukämie Viruserreger (1956). USA und Großbritannien veröffentlichen Untersuchungen über die Strahlengefährdung des Menschen (1956). In der Toskana wird ein zweiter Oreopithecus (Prähominide) in 10 Millionen Jahre alten tertiären Schichten gefunden (1958). *Wladimir P. Pemikhow* überträgt zweiten Kopf auf lebenden Hund (1959). *Jean Piccard* und *Don Walsh* tauchen in dem »Bathyscaph« bis auf 10910 m im Marianengraben (1960).

Aluminium-Löten mit Ultraschall (1951). Unterwasser-Fernsehkamera (1951). USA (1952), UdSSR (1953) erproben Kernverschmelzungs-Bombe, »Wasserstoffbombe«. Erster Transatlantikflug hin und zurück an einem Tag (1952). Erster planmäßiger Verkehrsflug über die Arktis (1952). *Axel Wenner-Gren* entwickelt die Alweg-Bahn (1954). Erste Farbfernseh-Sendung in den USA (1954). Elektronische Rechenmaschinen werden zur Automatisierung von Büroarbeiten verwendet (1954). Internationale Konferenz über Automation in England (1955). Erstes größeres Atomkraftwerk Calder Hall (Großbritannien) in Betrieb genommen (1956). Die UdSSR gibt erfolgreiche Versuche mit interkontinentalen Raketen bekannt (1957). UdSSR startet die beiden ersten Erdsatelliten Sputnik I und II (1957). USA starten ihre ersten Erdsatelliten, UdSSR Sputnik III (1958). USA-»Atlas«-Rakete mit 10000 km Reichweite (1958). UdSSR-Rakete trifft den Mond (1959). USA-Unterseeboot mit Atomantrieb unterquert die Eiskappe der Arktis (1958). Sowjetische Weltraumrakete photographiert die Mondrückseite (1959). In den USA werden zwei Affen mit einer Rakete in 480 km Höhe geschossen und lebend geborgen (1959). Langstreckenraketen mit über 10000 km Reichweite in den USA und in der UdSSR (1959). USA-Erdsatellit liefert Bilder der Atmosphäre und Erdoberfläche (1960).

Hans Kienle

ASTRONOMIE

Neue Astronomie oder Physik des Himmels« lautet der Titel von Keplers Hauptwerk. Damals, für das mit Galiläi und Kepler anbrechende Zeitalter der Naturwissenschaften, war Physik noch weitgehend das, was wir heute als Mechanik bezeichnen. So war denn auch Astronomie bis weit in das 19. Jahrhundert hinein nichts anderes als »himmlische Mechanik«, gegründet auf die von Newton in seinen »philosophiae naturalis principia mathematica« (1687) aufgestellten Axiome und beherrscht von der Vorstellung einer zwischen allen materiellen Körpern wirksamen Anziehungskraft, die sich nach dem Newtonschen Gravitationsgesetz berechnen ließ. In dem Maße, in dem die Physik über die Mechanik und die rein mechanistischen Deutungen aller Phänomene hinauswuchs und neue Disziplinen in ihren Bereich einbezog – Wärmelehre, Optik, Elektrizitätslehre, Atomtheorie –, entwickelte sich neben der klassischen Astronomie eine Astrophysik, die alle Probleme aufgriff, die durch die mannigfachen kosmischen Erscheinungsformen der Materie gegeben waren.

Am Anfang dieser Entwicklung, die sich in der zweiten Hälfte des 19. Jahrhunderts mit wachsender Beschleunigung vollzog, stellte man noch diese neue Physik des Himmels der nur Astrometrie und Himmelsmechanik umfassenden Astronomie gegenüber; aber die Grenzen verwischten sich sehr rasch. Wurden zu Ende des vorigen Jahrhunderts besondere astrophysikalische Observatorien eingerichtet, um die neuen Forschungsgebiete zu pflegen, so fanden mit dem Beginn des neuen Jahrhunderts umgekehrt an vielen der alten Sternwarten physikalische Arbeitsmethoden und Probleme Eingang. Heute ist eine begriffliche Unterscheidung zwischen Astronomie und Astrophysik, wenn überhaupt, nur noch so möglich, daß man der Astronomie all das zuweist, was aus Winkelmessungen abgeleitet werden kann, während die Astrophysik Quantität und Qualität der Strahlung untersucht. Geometrie mit Lichtstrahlen (Sphärische Astronomie) und Himmelsmechanik auf Newtonscher Grundlage sind die Domänen der Astronomie im alten, engeren Sinne.

Noch um die Jahrhundertwende waren »Wechselwirkungen zwischen Mathematik und Astronomie« ein beliebtes Vortragsthema. Das Thema unseres Jahrhunderts ist ein anderes: »Sterne und Atome« (Eddington 1921), oder »Atome – Sterne – Weltsysteme«. In den Anfängen der Atomtheorie glaubte man, das Bohrsche Atommodell als Miniatur-Planetensystem ansehen zu können, mit dem Kern, der die gesamte Masse enthält, als Sonne und den in diskreten Bahnen umlaufenden Elektronen als Planeten; und man meinte, mit den von den Astronomen entwickelten Methoden der Himmelsmechanik die Probleme des Atoms meistern zu können. Doch diese Analogie erwies sich bald als unfruchtbar und wurde aufgegeben zugunsten einer selbständigen, mit neuen mathematischen Hilfsmitteln operierenden Quantenmechanik, die ganz auf die im Bereich des Atomaren in immer neuen Experimenten sich offenbarenden besonderen Verhältnisse zugeschnitten war. Die Beziehungen zwischen Astronomie und Physik kehrten sich in gewissem Sinne um. Die Theoretiker des Atoms machten keine Anleihen mehr bei der Himmelsmechanik, sie boten vielmehr aus ihrer sich vertiefenden Einsicht in die Zusammenhänge der materiellen Welt eine Synthese des Geschehens in den kosmischen Dimensionen der Sterne und Sternsysteme aus den Gesetzmäßigkeiten des Atomaren an.

Die neue Astronomie des 20. Jahrhunderts als umfassende Physik des Himmels ist dadurch gekennzeichnet, daß der ganze Kosmos zum Experimentierfeld des Physikers geworden ist, in dem er zwar nicht selbst experimentieren oder die Bedingungen, unter denen die Experimente ablaufen, festsetzen kann, in dem aber die Natur ihm eine reiche Fülle von Experimenten vorführt, in allen Dimensionen des Raumes und der Zeit und in allen Größenordnungen der Massen und Energien, der Dichten und Temperaturen. An den beobachtbaren Erscheinungen kann die Tragkraft der aus dem beschränkten Erfahrungsraum auf der Erde abgeleiteten Theorien erprobt werden. Denn das ist der Leitgedanke dieser neuen Physik des Himmels: die echten Gesetze der Natur sind in ihrer Gültigkeit nicht an den dem Menschen unmittelbar zugänglichen Bereich der Welt gebunden; die gleichen Gesetze gelten für die Sonne und die Sterne, auch in den fernsten Sternsystemen, für die leuchtenden Gasnebel und die Wolken kosmischen Staubes wie für die von Strahlungen der verschiedensten Art durchsetzten Räume zwischen den Sternen und Sternsystemen.

Das 19. Jahrhundert könnte man als die Epoche der großen Bestandsaufnahme bezeichnen. Es wurde eingeleitet durch die Entdeckung des ersten der kleinen Planeten, deren Bahnen die bis dahin bestehende Lücke zwischen Mars und Jupiter ausfüllen. Es folgte die Ausweitung der Grenzen des Planetensystems durch die Berechnung und Auffindung eines neuen großen Planeten, des Neptun, und zugleich die maßstäbliche Einordnung des Sonnensystems in ein übergeordnetes System von Fixsternen durch Messung der jährlichen parallaktischen Verschiebung eines Fixsterns, die, seit Copernicus als Beweis für die Gültigkeit der heliozentrischen Lehre vielfach versucht, an der Unzulänglichkeit der Instrumente immer wieder gescheitert war. Es entstanden die umfassenden Kataloge genauer Sternörter als Grundlage für die künftige Bestimmung von Eigenbewegungen und die Kataloge der Fundamentalsterne zur Festlegung des Koordinatensystems, auf das alle Bewegungen zu beziehen sind, wenn die größere Welt der Fixsterne als System im Sinne der Newtonschen Mechanik verstanden werden soll. Nicht zu vergessen die Verzeichnisse von Doppelsternen, deren fortlaufende Beobachtung immer neue Beispiele für die Gültigkeit der Keplerschen Bewegungsgesetze auffinden ließ.

In den Verzeichnissen der Sternhaufen und Nebelflecke wurde das Material bereitgestellt für den Vorstoß über die Grenzen des Milchstraßensystems hinaus und die Analyse des Aufbaus einer Hierarchie von Systemen verschiedener Ordnung, die bis dahin nur als Spekulation existierte. Kataloge der scheinbaren Helligkeiten, der Farben und Spektra und Verzeichnisse veränderlicher Sterne mit periodischem oder unregelmäßigem Lichtwechsel lieferten die Unterlagen für erste Deutungsversuche der jungen Astrophysik, die in der Sonne ihr vornehmliches Objekt gefunden hatte. Fünfzig Jahre nach der Entdeckung des Dopplerschen Prinzips wurde der erste Katalog von Radialgeschwindigkeiten vorgelegt (1892), möglich geworden durch die Einführung photographischer Methoden in die Spektroskopie, die die Genauigkeit gegenüber der visuellen Beobachtung auf das Zehnfache gesteigert hatte. Damit begann eine Epoche intensivster Untersuchungen an einer neuen Kategorie kosmischer Objekte, den spektroskopischen Doppelsternen, die in der Folge mancherlei Rätsel aufgaben, aber auch wertvolle Aufschlüsse lieferten.

Das ausgehende 19. Jahrhundert hat aus dieser groß angelegten Bestandsaufnahme Vorstellungen vom Aufbau der Welt entwickelt, die die Problemstellung und Arbeitsrichtung der Folgezeit wesentlich bestimmten. Die Struktur des Planetensystems konnte als weitgehend geklärt angesehen werden, nur die Grenze war unbestimmt. Kleine Unstimmigkeiten in den Bewegungen von Saturn, Uranus und Neptun und gewisse Regelmäßigkeiten in der Anordnung der Bahnen langperiodischer Kometen ließen die Existenz eines oder mehrerer transneptunischer Planeten vermuten und veranlaßten Rechnungen nach dem Vorbild jener, die zur Auffindung des Neptun geführt hatten.

Die Theorie der Bewegung der großen Planeten auf der Grundlage des Newtonschen Gravitationsgesetzes lag abgeschlossen in den Newcombschen Tafeln vor. Der Vergleich mit den Beobachtungen hinterließ außer kleinen, kaum verbürgbaren Abweichungen eine einzige wirklich ernst zu nehmende Diskrepanz, einen Überschuß in der Drehung des Perihels der Merkurbahn von dreiundvierzig Bogensekunden im Jahrhundert. Man konnte diese durch die Theorie nicht erklärbare Störung zwar auf die Gravitationswirkung eines noch unbekannten intramerkuriellen Planeten oder anderer bisher nicht berücksichtigter Massen, etwa eine im Zodiakallicht in Erscheinung tretende zirkumsolare Staubwolke, zurückführen, es war aber auch die Notwendigkeit einer Abänderung des Newtonschen Gravitationsgesetzes nicht von der Hand zu weisen. Dieses Gesetz war ja schließlich nur eine Art Axiom, solange man keine bestimmten Vorstellungen vom Wesen der Gravitation hatte und sich mühte, aus mechanischen Äthermodellen ihre Wirkung abzuleiten. In jedem Fall stellten die für die Erklärung der Drehung des Merkurperihels angebotenen Erklärungen *ad hoc*-Hypothesen dar, abgestimmt auf diesen Einzelfall; das aber ist immer unbefriedigend.

Nicht voll befriedigend war auch die Theorie der Bewegung des Mondes. Um die beobachtete Bewegung restlos darzustellen, hatte man in die Formeln »empirische Glieder« einführen müssen, über deren Hintergründe wenig konkrete Vorstellungen herrschten. Auch diese Unstimmigkeiten gaben Anlaß zu Spekulationen über die Wirkungsweise der Gravitation; endliche Ausbreitungsgeschwindigkeit und Absorption durch Materie (Abschattung bei Mondfinsternissen) wurden in Betracht gezogen, eine Lösung aber nicht gefunden. Erst die durch die Relativitätstheorie Einsteins angeregte Analyse des Zeitbegriffs und der Zeitmessung durch Uhren führte auf den richtigen Weg zur Lösung der innerhalb der klassischen Himmelsmechanik noch bestehenden Schwierigkeiten.

Die Vorstellungen vom Aufbau der Welt in den größeren Dimensionen der Fixsterne und Nebel waren durch Himmelsmechanik und Stellarstatistik etwa so fixiert: Es gibt ein System der Fixsterne, dem die Sonne mit ihrem gesamten Anhang von Planeten, Monden, Kometen und Meteoren angehört. Dieses von Wilhelm Herschel zuerst in eine anschauliche Form gebrachte Milchstraßensystem hat flach linsenförmige Gestalt mit einem Verhältnis der Achsen von eins zu fünf; Symmetrieebene ist die Milchstraße. Die Sonne hat ihren Ort sehr nahe der Mitte des Systems, etwas nördlich der Milchstraßenebene, und bewegt sich mit einer Geschwindigkeit von zwanzig Kilometern in der Sekunde schräg gegen diese Ebene in Richtung auf das Sternbild des Herkules am Nordrand der Milchstraße zu.

Die Bewegungen der Sterne in diesem System lassen sich auffassen als Strömungen parallel zur Milchstraßenebene in zwei entgegengesetzten Richtungen. Um sie theoretisch zu beschreiben, wurden die in der kinetischen Theorie der Gase entwickelten Methoden der statistischen Mechanik übertragen. Die Sterne werden betrachtet als Moleküle eines Gases, an die Stelle der elastischen Zusammenstöße der Gasmoleküle treten in der Theorie des Sternengases die mehr oder weniger nahen Vorübergänge (Begegnungen) der Sterne. Diese Parallelisierung, welche die Besonderheiten der Gravitation nur bedingt berücksichtigte, stieß allerdings auf Bedenken. Die Forderung nach einer echten Dynamik von Sternsystemen auf der Grundlage des Newtonschen Gravitationsgesetzes wurde um so dringlicher, je deutlicher sich aus der Fülle der Beobachtungen besondere Züge der Sternbewegungen zu erkennen gaben. Die Diskussion der beobachteten Eigenbewegungen beschränkte sich zunächst aber auf die formale Bestimmung des Apex (Zielpunkt der Sonnenbewegung) und des Vertex (Zielpunkt der Sternströmung).

Ob Gebilde wie der Andromedanebel und die anderen großen Spiralnebel diesem Sternsystem als Untersysteme angehören oder aber ihm gleichgeordnete selbständige Milchstraßensysteme sind, die zusammen ein System höherer Ordnung bilden, Stufen eines hierarchischen Aufbaus der Welt, war unentscheidbar, da die wahre Größe dieser »Nebel« nur bestimmt werden konnte, wenn es gelang, ihre Entfernungen festzulegen; dafür aber reichten die geometrischen Methoden der klassischen Astronomie nicht aus.

Die theoretische Astrophysik, der die Aufgabe zufällt, uns die Beschaffenheit der Sterne und Nebel verstehen zu lehren, war aus den ersten Anfängen heraus. Die Auffassung, daß die Sterne Gaskugeln seien, hatte sich durchgesetzt. Das Helium war als bis dahin unbekanntes Element auf der Sonne entdeckt und später auch auf der Erde gefunden worden; man war auf der Suche nach weiteren neuen Elementen, deren Linien in den Spektren der Gasnebel, der Sonnenkorona und im Nordlicht auftraten und die keinem bekannten irdischen Element zugeschrieben werden konnten.

Über die physikalische Natur des Lichtwechsels der echten Veränderlichen existierten noch wenig Vorstellungen, die über die einfache Phänomenologie der Lichtkurven hinausführten. Daß man durch die Annahme bestimmter Verteilung dunkler Flecken auf einer rotierenden Kugel, in Analogie zu den Sonnenflecken, jede beliebige Lichtkurve darstellen kann, war eine formal-mathematische Erkenntnis, die kaum an den wahren Kern des Problems heranführen konnte. Die Erscheinungen beim Aufleuchten der Nova Persei im Jahre 1902 wurden analog zum Eindringen eines Meteors in die Erdatmosphäre als oberflächliche

Erhitzung beim Eindringen in eine Wolke kosmischen Staubes gedeutet. Das war immerhin ein brauchbarer Ansatz, wenn auch nicht, wie sich bald herausstellen sollte, für eine Theorie des eigentlichen Novaphänomens, so doch für Vorgänge, die sich im interstellaren Raum wirklich abspielen können.

Da die Linienverschiebungen in den Spektren der Sterne im Rahmen der klassischen Physik nur gemäß dem Dopplerschen Prinzip als Geschwindigkeiten im Visionsradius gedeutet werden konnten, wurde aus den periodischen Schwankungen dieser Verschiebungen zunächst auf Bahnbewegungen in Doppelsternsystemen geschlossen. Daß es sich auch um periodische Änderungen des Radius eines einzelnen Sternes, um »Pulsationen« einer Gaskugel handeln könne, wurde zwar erwogen, aber die Übertragung der Theorie auf die Wirklichkeit bereitete noch Schwierigkeiten.

Die photographischen Aufnahmen der Milchstraße (Barnard, Max Wolf) zeigten, daß es im Kosmos neben den der Beobachtung unmittelbar zugänglichen Sternen und leuchtenden Nebeln auch nichtleuchtende Materie gibt. Nachdem die ursprüngliche Auffassung, die »Sternleeren« in der Milchstraße seien Löcher, durch die man über die Grenzen des Milchstraßensystems in den dunklen Weltraum hinausblicke, als unhaltbar erwiesen war und sich herausgestellt hatte, daß zwischen diesen Dunkelstellen und den leuchtenden chaotischen Nebeln (Orionnebel, Cirrusnebel im Schwan) ein Zusammenhang bestand, wurde die interstellare Materie zum Gegenstand intensivster Forschung und zur Quelle neuer Erkenntnisse über Werden und Vergehen im Weltall.

So waren der Astronomie des angehenden 20. Jahrhunderts die Aufgaben gestellt. Plancks Quantenhypothese, Einsteins Relativitätstheorie und Bohrs Atommodell gaben die Impulse. Die wesentlichen Themen waren:

Gültigkeit und Gültigkeitsbereich des Newtonschen Gravitationsgesetzes,
Struktur des Milchstraßensystems und Einordnung in ein System höherer Ordnung,
Physikalische Deutung der kosmischen Erscheinungsformen von Materie und Energie.

Elemente des Fortschritts

Die Verbesserung der Beobachtungsinstrumente hat der Beobachtung neue Bereiche des Weltalls erschlossen, eine Unzahl lichtschwacher und -schwächster kosmischer Gebilde, Sterne und Sternsysteme, wohlgeformte und chaotisch zerrissene helle Nebel, zarte Schleier und dichte Wolken zerstreuter Materie der Forschung zugänglich gemacht und zugleich die Genauigkeit der Messungen erheblich gesteigert. Die Entwicklung der achromatischen Linsenfernrohre erreichte um die Jahrhundertwende ihren Abschluß mit den großen visuellen Refraktoren des Yerkes- und des Lick-Observatoriums; sie haben Objektive von einem Meter Durchmesser. Eine weitere Steigerung der Größe der Linsen schien nicht mehr sinnvoll; es stellte sich vielmehr heraus, daß das Optimum eher bei etwas kleineren Durchmessern (sechzig bis siebzig Zentimeter) liegt.

Die Bemühungen um eine weitere Steigerung der Lichtstärke der Fernrohre knüpften an das zuerst von Wilhelm Herschel zu Ende des 18. Jahrhunderts so erfolgreich angewandte

Spiegelteleskop an. Der Ersatz der ursprünglich benutzten Metallspiegel durch oberflächenversilberte Glasspiegel und die Entwicklung zweckmäßiger Montierungen mit automatisch gesteuertem Antrieb steigerten die Dimensionen von dem sechsunddreißigzölligen Crossley-Reflektor (Lick-Observatorium) der Jahrhundertwende über den Sechzigzöller (1908) und den Hundertzöller (1918) des Mount Wilson-Observatoriums zum Zweihundertzöller auf dem Mount Palomar (1948). Ob darüber hinausgehende Projekte für Teleskope mit Spiegeln von zehn Meter Durchmesser und mehr ausgeführt werden, ist fraglich, da ein nennenswerter Gewinn an Informationen auf diesem Weg kaum mehr erwartet werden kann. Der Drei-Meter-Spiegel scheint für unsere Zeit ein Optimum darzustellen, bestimmt durch die Summe der erreichbaren Informationen im Verhältnis zu dem aus Investition und Betriebskosten errechenbaren Preis der Informationseinheit.

Die Möglichkeit, durch Verbindung des Fernrohrs mit der photographischen Kamera größere Gebiete des Himmels mit einer einzigen Aufnahme zu erfassen, drängte zur Entwicklung optischer Hilfsmittel, die eine einwandfreie Abbildung möglichst großer Felder liefern. An die Stelle des mit einem zweilinsigen Achromaten ausgestatteten Himmelskartenrefraktors traten Astrographen mit drei- oder vierlinsigen Objektiven und Kombinationen von Spiegeln mit Linsen, von denen die nach Bernhard Schmidt und Maksutoff benannten Ausführungen die größten Erfolge erzielt haben. Der »Mount Palomar Sky Survey«, die große Bestandsaufnahme des ganzen Himmels in der Jahrhundertmitte, ist mit einer 48″-Schmidt-Kamera gemacht; für die Beobachtung von Meteoren und künstlichen Satelliten werden Superschmidt- und Maksutoff-Kameras mit extremen Lichtstärken (bis 1 : 0,6) verwendet. Die lichtsammelnde Wirkung der größten Spiegelteleskope ist fast millionenfach größer als die des menschlichen Auges. Das bedeutet eine tausendfache Vertiefung des Raumes gegenüber der Zeit vor der Erfindung des Fernrohrs.

Die Objektivierung und Automation der Beobachtungen durch photographische Platte, Photozelle und elektronische Registriergeräte, die an die Stelle des menschlichen Auges und der handschriftlichen Aufzeichnungen in einem Beobachtungsbuch getreten sind, wirken sich in mehrfacher Richtung aus. Sie erhöhen die Genauigkeit der Messungen, erweitern den Bereich der der Analyse zugänglichen Strahlung und ermöglichen eine bessere Ausnützung und damit eine größere Ergiebigkeit der an den großen Instrumenten verfügbaren Beobachtungszeiten. Zugleich schaffen sie eine Dokumentation, die beim Auftreten von Unstimmigkeiten das Aufsuchen von Fehlern durch Zurückgehen auf die Originalbeobachtungen wesentlich erleichtert.

Der Übergang von der Logarithmentafel, auf deren Gebrauch bisher alle astronomischen Rechenverfahren zugeschnitten waren, zu Rechenautomaten hat den Zeitaufwand für die Reduktion der Beobachtungen und die Umsetzung von Theorien in numerische, an der Wirklichkeit prüfbare Daten verringert. Mit den modernen elektronischen Rechengeräten kann man heute Probleme in Angriff nehmen, die mit menschlichen Rechenkräften allein in Jahrzehnten nicht zu bewältigen wären. Das betrifft ebensosehr die klassischen Probleme der Himmelsmechanik (Theorie des Planetensystems) und der Stellarstatistik wie die ständig neu sich stellenden Aufgaben der Theorie des inneren Aufbaus der Sterne und der Sternatmosphären.

Von allergrößter Bedeutung ist die Erweiterung des Bereiches der der Analyse zugänglichen Strahlung. Die Empfindlichkeit des menschlichen Auges für die Aufnahme elektromagnetischer Schwingungen ist auf die knappe Oktave beschränkt, die wir als Licht bezeichnen; sie reicht vom tiefen Violett der Wellenlänge 3800 Ångström bis zum dunklen Rot von etwa 7000 Ångström. Die photographische Platte hat im Gebiet der kürzeren Wellen mehr als zehn Oktaven erschlossen, das gewöhnliche Ultraviolett, das Schuhmann-Gebiet der Vakuumspektroskopie und den ganzen Bereich der Röntgenstrahlung. Sensibilisierte photographische Emulsionen erfassen das Infrarot bis etwa 1,2 μ, Photozellen, Thermoelemente, Bolometer, Radiometer und andere Infrarot-Detektoren überbrücken den gesamten Bereich bis zu den Zentimeter- und Meterwellen der Radiostrahlung, deren Erforschung in den letzten beiden Jahrzehnten so sehr in den Vordergrund gerückt ist. Ein neuer Zweig der Astronomie, Radioastronomie, ist hier entwickelt worden.

Zu den rund dreißig Oktaven elektromagnetischer Strahlung, die heute der Beobachtung zugänglich sind, kommt noch der große Komplex der unter der Bezeichnung »kosmische Ultrastrahlung« zusammengefaßten Energieströme aus dem Weltall, deren Ursprung und Ausbreitung immer wieder neue Rätsel aufgibt. Kein Zweifel, daß gerade ihre Erforschung tiefste Einblicke in den zeitlichen Ablauf des Geschehens im Kosmos eröffnet.

Wesentlich für diese Ausweitung des Beobachtungsbereiches ist nicht zuletzt die Überwindung der Hindernisse, die durch die Erdatmosphäre gegeben sind. Absorption und Streuung durch die Moleküle der die Atmosphäre konstituierenden Gase und den Dunst schwächen die Strahlung und löschen große Bereiche ganz aus. Die durch turbulente Bewegungen in der Lufthülle hervorgerufene Szintillation macht die volle Ausnützung der Abbildungsgüte der optischen Instrumente unmöglich; sie setzt das Auflösungsvermögen herab und verwischt Einzelheiten. Bei der Wahl des Ortes für die Aufstellung neuer großer Instrumente spielen daher vorbereitende Untersuchungen der Sicht eine ausschlaggebende Rolle. Permanente Bergobservatorien und temporäre Höhenstationen ermöglichen die Ausschaltung wenigstens der untersten dunst- und stauberfüllten Schichten der Atmosphäre. Bemannte und unbemannte Ballone überwinden die Troposphäre, in der die turbulenten Wettervorgänge sich abspielen, und tragen registrierende Meßgeräte bis in stratosphärische Höhen zwischen dreißig und vierzig Kilometer. Raketen und künstliche Satelliten stoßen bis in den luftleeren Weltraum vor; sie sind die Vorläufer künftiger Weltraumstationen, von denen aus die Astronomen kommender Generationen ein durch keinerlei irdische Einflüsse mehr verzerrtes Bild des Kosmos werden gewinnen können.

Himmelsmechanik – Raum und Zeit

Die durch Einstein in seiner Allgemeinen Relativitätstheorie vorgenommene Korrektur des Newtonschen Gravitationsgesetzes wirkt sich so aus, daß die Bewegung eines Planeten nicht in einer räumlich festliegenden Ellipse erfolgt, wie das erste Keplersche Gesetz besagt, sondern daß die Bahnellipse sich langsam dreht, daß das Perihel im Laufe der Zeit vorrückt.

Damit war eine natürliche Erklärung für den Widerspruch zwischen Theorie und Beobachtung in der Bewegung des Merkur gefunden. Einstein berechnete für Merkur eine zusätzliche Perihelbewegung von dreiundvierzig Bogensekunden im Jahrhundert; das ist genau der Wert, den Newcomb als unerklärbaren Rest angegeben hatte. In der Kontroverse um die Relativitätstheorie wurde allerdings geltend gemacht, daß die Ungenauigkeit der Beobachtungen und ihrer Reduktion einen Spielraum zwischen dreißig und dreiundvierzig Bogensekunden zuläßt, so daß von einer Bestätigung der Relativitätstheorie in diesem Punkt nur mit Vorbehalt gesprochen werden könne. Es bedurfte einer Neubearbeitung der Theorie der vier inneren Planeten (Merkur, Venus, Erde, Mars) unter Einbeziehung der seit Newcomb hinzugekommenen Beobachtungen, um den wahren Wert der Periheldrehung sicherzustellen. Das ist mit Hilfe elektronischer Rechenmaschinen geschehen (Clemence 1943), mit dem Ergebnis, daß bei Einführung der relativistischen Zusatzglieder in die Bewegung der vier inneren Planeten keine Widersprüche zwischen Beobachtung und Theorie mehr auftreten.

Der Suche nach einem intramerkuriellen Planeten, der für die Störung der Bahn des Merkur verantwortlich wäre, war damit der wesentliche Impuls genommen. Um so mehr konzentrierten sich die Bemühungen auf die hypothetischen transneptunischen Planeten P, Q, R, deren Existenz aus den kleinen Abweichungen des Uranus und Neptun von ihrem theoretisch berechneten Lauf gefolgert worden war. Ob der im Jahre 1930 entdeckte Pluto mit einem dieser vorausberechneten Planeten identisch ist, darüber gehen die Meinungen auseinander; weder die Dimensionen seiner Bahn (die nur wenig größer ist als die des Neptun) noch seine Masse (die etwas kleiner ist als die der Erde) entsprechen den bei der Vorausberechnung gemachten Annahmen. Die Entdeckung des Pluto dürfte eher das Zufallsergebnis einer planmäßig veranstalteten Suche sein.

Auf einem ganz anderen Weg haben die »empirischen« Glieder in der Bewegung des Mondes ihre Erklärung gefunden. Die durch die Relativitätstheorie angeregte neue Analyse der Begriffe Raum und Zeit hat zu einer schärferen Herausarbeitung des Unterschiedes zwischen dem absoluten Raum und der absoluten Zeit, mit denen Newton bei der Grundlegung der Mechanik operierte, und der empirischen Realisierung des Koordinatensystems und der Zeit geführt. Wenn es Aufgabe der theoretischen Mechanik ist, den Ablauf von Bewegungen so zu beschreiben, daß die räumliche Lage durch drei rechtwinklige Koordinaten für jeden Zeitpunkt gegeben ist, dann kann jeder Bewegungsvorgang, dessen gesetzmäßiger Ablauf bekannt ist, selbst zur Zeitmessung benutzt werden. So stellt jeder periodisch ablaufende Vorgang eine »Uhr« dar, die Zeitmessung läuft auf das Abzählen von Perioden hinaus.

Die Zeit ist dem Astronomen von Natur aus durch die Umdrehung der Erde um ihre Achse gegeben. Er mißt sie mit einer Uhr, deren Lauf durch ein schwingendes Pendel (Sekundenpendel) reguliert wird. Die Sekunde als der 86400. Teil des mittleren Sonnentages ist die Einheit der empirischen Zeit. Dabei ist vorausgesetzt, daß die Achsendrehung der Erde gleichförmig und über Jahrhunderte unveränderlich ist. Ob diese Voraussetzungen zutreffen, kann nur durch Beobachtung anderer periodischer Vorgänge geprüft werden. Wie die Umdrehung der Erde gegenüber dem als ruhend betrachteten Fixsternhimmel, so kann der Umlauf des Mondes um die Erde, der Monde des Jupiter um diesen, der Umlauf der Erde, des Merkur, der Venus, des Mars um die Sonne zur Grundlage der Zeitmessung gemacht werden. Jeder dieser Himmelskörper stellt eine mögliche Uhr dar. Der Vergleich der verschiedenen Uhren untereinander muß zeigen, ob sie alle gleichlaufen oder ob ihre jeweiligen Zeitangaben voneinander abweichen.

Man pflegt scherzweise von einer Uhr, die starke Gangschwankungen aufweist, zu sagen, sie gehe nach dem Mond. In Wirklichkeit liefert der Umlauf des Mondes um die Erde ein genaueres Zeitmaß (im Sinne der Annäherung an die absolute mathematische Zeit Newtons) als die Umdrehung der Erde. Daß die Erde nicht gleichförmig rotiert und daher die aus Meridiandurchgängen von Sternen abgeleitete astronomische Zeit von der wahren Zeit abweicht, wurde durch neue Methoden der Zeitmessung bestätigt. Man benutzt Uhren, die nicht mehr mit den mechanischen Schwingungen eines Sekundenpendels, sondern mit denen eines Kristallgitters (Quarzuhr) oder der Moleküle eines Gases (Atomuhr) die Zeit unterteilen. Diese neuartigen physikalischen Uhren geben nicht nur die Zeit mit einer zehn- bis hundertfach größeren Genauigkeit an als die besten Pendeluhren; ihr Gang ist auch, da nur von der atomaren Struktur des schwingenden Systems abhängig, so absolut gleichmäßig, daß man an ihm die durch die Schwankungen der Erdrotation hervorgerufenen Änderungen der Tageslänge von wenigen tausendstel Sekunden nachweisen konnte.

Die sorgfältige Analyse des Zeitbegriffes selbst und der Möglichkeiten zur Realisierung der Zeit mit Hilfe von Uhren hat zur Einführung der »Ephemeridenzeit« als Grundlage der in den astronomischen Jahrbüchern gemachten Zeitangaben geführt. Die Ephemeridenzeit ist in der Idee identisch mit Newtons absoluter mathematischer Zeit. Sie wird ermittelt durch Korrekturen der empirischen astronomischen Zeit, die nach wie vor von der Erduhr abgelesen wird. Diese Korrekturen erhält man durch einen Vergleich der beobachteten Örter mit den auf Grund des Gravitationsgesetzes berechneten Ephemeriden. Die wahre Zeit kann also nicht direkt beobachtet, sondern muß nachträglich durch die Theorie abstrahiert werden. Die Einheit der Zeit bezieht sich nach internationaler Vereinbarung nicht mehr auf die Rotation der Erde, das heißt auf den Tag, sondern auf den Umlauf der Erde um die Sonne, auf das »tropische« Jahr, das 365,2422 Tage zu je 86400 Sekunden hat. Die »Sekunde« der Physik ist danach definiert als der 31556926ste Teil des tropischen Jahres.

In engem Zusammenhang mit der Festlegung eines physikalisch realen Zeitmaßes steht die Frage nach einem Koordinatensystem, auf das alle Bewegungen bezogen werden können. Das *theoretische* Koordinatensystem der Himmelsmechanik im Sinne Newtons ist ein »Inertialsystem« (weil in ihm das Trägheitsgesetz gelten soll); das *empirische* Koordinatensystem der Astronomie wird durch die Lage der Erdbahnebene (Ekliptik) und der zu ihr praktisch in stets gleichem Winkel stehenden Rotationsachse der Erde innerhalb der Fixsterne unseres Milchstraßensystems bestimmt. Da alle Fixsterne aber eigene Bewegungen haben, kann das Koordinatensystem nur durch schrittweise Näherung festgelegt werden. Ein auf ein Inertialsystem bezogener Katalog der Fundamentalsterne muß daher neben den Koordinaten für einen bestimmten Zeitpunkt zugleich die Eigenbewegungen der Sterne angeben.

Die Annäherung des empirischen Koordinatensystems an ein Inertialsystem wird um so besser, je weiter entfernte Sterne man zur Festlegung benutzt. Schon Laplace hat daher vorgeschlagen, das Koordinatensystem nicht auf die Fixsterne zu beziehen, sondern auf die schwächsten Nebelflecke, die wegen ihrer großen Entfernungen in sehr viel höherem Maße Fixpunkte der Richtungen im Raum sind als die hellen Sterne unserer näheren Umgebung. Das Einhängen des durch die Fundamentalsterne repräsentierten Koordinatensystems in ein Netz schwacher Spiralnebel ist eine der wichtigsten Aufgaben, um deren Lösung die beobachtenden Astronomen sich heute bemühen.

Neben dem Raum-Zeit-Problem ist als ein anderer grundlegender Forschungsgegenstand die Untersuchung zweier Effekte zu nennen, die zunächst nur theoretisch bekannt waren. Als Folgerung aus der Allgemeinen Relativitätstheorie hatte Einstein auf eine Verlangsamung der Frequenzen lichtemittierender Atome durch die Gravitation (»Rotverschiebung«) und auf die Krümmung der Lichtstrahlen beim Durchgang durch ein Schwerefeld (»Lichtablenkung« bei Sonnenfinsternissen) geschlossen.

Die Rotverschiebung für Linien, die von Atomen an der Oberfläche der Sonne ausgesandt werden, ist so klein, daß man sie bis heute nicht sauber von den durch turbulente Bewegungen der Materie in den äußeren Schichten der Sonne hervorgerufenen, um ein Vielfaches größeren Verschiebungen hat trennen können. Die Rotverschiebung ist aber inzwischen einwandfrei bei dem Begleiter des Sirius nachgewiesen, bei dem sie infolge des wesentlich größeren Gravitationspotentials an der Oberfläche fünfunddreißigmal so groß ist als bei der Sonne (Adams 1923). Der Nachweis war besonders bedeutungsvoll, weil zugleich die aus ganz anderen Beobachtungen erschlossene große Dichte der Materie im Siriusbegleiter bestätigt wurde. Der Siriusbegleiter ist der erste Vertreter einer neuen Klasse von Sternen, der »Weißen Zwerge«, in denen die Materie auf das Hunderttausendfache der Dichte des Wassers verdichtet ist; ein Fingerhut voll dieser Materie würde auf der Erde einige Zentner wiegen.

Die Messung der Lichtablenkung steht seit 1914, als der erste Versuch am Ausbruch des Weltkrieges scheiterte, auf dem Programm der Sonnenfinsternis-Expeditionen. Die Bilder der Sterne, deren Strahlen hart am Rand der Sonne vorbeigehen, sollen nach der Voraussage Einsteins um 1,75 Bogensekunden radial nach außen verschoben erscheinen, und die Verschiebung soll umgekehrt proportional dem Abstand vom Sonnenmittelpunkt abnehmen. Die Feststellung derart geringer Verschiebungen bereitet erhebliche meßtechnische Schwierigkeiten. Zudem kann man die Beobachtungen nicht beliebig häufen, um auf diese Weise die Genauigkeit des Endresultats zu erhöhen, da man an die seltenen Gelegenheiten der stets nur wenige Minuten dauernden totalen Sonnenfinsternisse und an die Zufälligkeiten der Verteilung der Sterne in der Umgebung der verfinsterten Sonne gebunden ist.

Bei der Finsternis von 1919 sind erste Meßresultate erzielt worden, die Finsternisse von 1922 und 1929 haben weitere Beiträge gebracht. Im Anschluß daran hat sich eine lange Kontroverse entwickelt über die Zuverlässigkeit der aus den Beobachtungen abgeleiteten Werte für die Lichtablenkung am Sonnenrand und die gesetzmäßige Abnahme mit dem Abstand vom Sonnenrand. Die mit verbesserten Apparaturen bei späteren Finsternissen gelungenen Beobachtungen haben noch keine klare Entscheidung herbeiführen können.

Die Lichtablenkung ist eindeutig vorhanden, am Sonnenrand aber anscheinend merklich größer, als von der Relativitätstheorie gefordert; der wahrscheinlichste Wert liegt zwischen 2,0 und 2,2 Bogensekunden. Es ist denkbar, daß sich der relativistischen Lichtablenkung noch eine »kosmische Refraktion« überlagert, die von Courvoisier postuliert und gemessen, aber von keinem anderen Beobachter bisher bestätigt worden ist.

Das Milchstraßensystem

Die Vorstellungen vom Bau des Sternsystems, die mit den Methoden der Stellarstatistik gewonnen worden waren, gerieten ins Schwanken, als man versuchte, Sternhaufen und Nebelflecke in das räumliche Gesamtbild einzuordnen. Dabei spielten die auf die Kenntnis der absoluten Leuchtkräfte sich stützenden Methoden der Entfernungsbestimmung eine entscheidende Rolle.

Wilhelm Herschel war bei der Auslotung der Tiefen des Raumes noch davon ausgegangen, daß die Sterne im Durchschnitt alle die gleiche Leuchtkraft wie die Sonne hätten. Die Stellarstatistik der Jahrhundertwende berücksichtigte die Verschiedenheit der Leuchtkräfte durch Einführung einer »Leuchtkraftfunktion«. Die Gewinnung dieser Funktion, welche die Häufigkeitsverteilung der Leuchtkräfte angibt, war eine der Aufgaben, derentwillen das Astronomische Laboratorium in Groningen (Kapteyn 1896) eingerichtet worden ist. Die Erkenntnis, daß Sterne gleicher Farbe verschiedene Leuchtkraft haben können (Hertzsprung 1905), daß es »Riesen« und »Zwerge« gibt (Russell 1914), hat an die Stelle der Leuchtkraftfunktion das zweidimensionale »Hertzsprung-Russell-Diagramm« treten lassen. Leuchtkraftkriterien, die einen Stern als Riesen oder Zwerg zu erkennen geben, spielen seither eine entscheidende Rolle bei der Bestimmung von Entfernungen auf photometrischem Weg. Solche Leuchtkraftkriterien wurden einmal gefunden in Besonderheiten des Spektrums der Sterne (Adams und Kohlschütter 1914), andererseits in einem Zusammenhang zwischen Periode und Leuchtkraft bei den Veränderlichen Sternen vom Typus δ Cephei (Miss Leavitt 1912).

Shapleys Untersuchungen über Farben und Leuchtkräfte der Sterne in Kugelhaufen (1918) führten zu dem Schluß, daß die hellsten Sterne in diesen Haufen rote Riesen sind mit Leuchtkräften von mindestens dem Tausendfachen der Leuchtkraft der Sonne. Die daraus abgeleiteten Entfernungen sprengten die Grenzen des von Kapteyn und Seeliger zuletzt (1920/21) gezeichneten Bildes des Sternsystems und führten zur Konzeption eines »Größeren Milchstraßensystems«, das einen Raum von mehr als hunderttausend Lichtjahren Durchmesser erfüllt. Die rund hundert bekannten Kugelhaufen, ziemlich gleichförmig über diesen Raum verteilt, ohne erkennbare Konzentration zur Milchstraßenebene hin, bilden gewissermaßen das Grundgerüst des Systems, dessen Mittelpunkt weitab vom Ort der Sonne in der Richtung der hellsten Milchstraßen-Sternwolken im Sagittarius zu suchen ist. Das ist der Grund dafür, daß die Verteilung der Kugelhaufen für uns so ungleichförmig erscheint; die große Mehrzahl projiziert sich für uns auf die Halbkugel des Himmels, in deren Mitte das Zentrum des Sternsystems liegt.

Wie von Copernicus die Erde aus dem Mittelpunkt der Welt gerückt und in eine Bahn um die Sonne verwiesen war, so wurde nun auch die Sonne aus der Mitte des Sternsystems in die Randzone der Milchstraße versetzt, ein unbedeutender Zwergstern unter Milliarden Sternen der verschiedensten Leuchtkräfte und Farben. Eine Weile suchte man, um die alten Vorstellungen wenigstens teilweise zu retten, nach einem »lokalen Sternsystem« innerhalb des Größeren Milchstraßensystems, dem die Sonne angehören sollte. Aber dieses lokale System ist nicht mehr als eine lockere, unregelmäßig gestaltete Sternwolke von der Art, wie wir sie in den stark aufgelösten Partien der Milchstraße beobachten. Es ist kein selbständiges Untersystem mit irgendwie hervortretenden Symmetrieeigenschaften der räumlichen Anordnung oder Besonderheiten der Bewegungen. Auch in der Zusammensetzung aus Sternen der verschiedenen Spektralklassen ist keinerlei Unterschied festzustellen gegenüber anderen Teilen der Milchstraße.

Damit aber erwies sich das Sternsystem der Kapteyn, Seeliger, Schwarzschild, Charlier als ein Phantom, als Ergebnis einer den wahren Verhältnissen nicht hinreichend gerecht werdenden, formalmathematischen Analyse unzulänglichen Beobachtungsmaterials. Die Verfolgung vereinfachter idealisierter Modelle hat keine schrittweise Annäherung an die Wirklichkeit gebracht, sondern in eine Sackgasse geführt, aus der die alten Methoden nicht mehr herausführen konnten. Vieles von dem, was aus der Sicht der Problematik der Jahrhundertwende unternommen worden ist, um das für die Beantwortung der offenen Fragen geeignete empirische Material zu beschaffen (Kapteyns Plan der Selected Areas, Ausdehnung der Sternzählungen auf schwächere Sterne, Spektraldurchmusterungen), konnte nicht zum Tragen kommen, weil das der Planung zugrunde gelegte schematische Bild des Sternsystems offensichtlich in wesentlichen Zügen von der Wirklichkeit abweicht.

Ähnlich ist es mit den Vorstellungen gegangen, die man sich von den Bewegungen der Sterne gemacht hatte; auch die Begriffe Apex und Vertex verloren ihren Sinn. Was als »Bewegung der Sonne im Weltenraum« beschrieben worden war, erwies sich im Größeren Milchstraßensystem als individuelle Abweichung von der mittleren Bewegung der Sternwolke, der die Sonne angehört. Mit dieser Wolke nimmt die Sonne an dem Umlauf um das ferne Zentrum des Milchstraßensystems teil, mit einer Geschwindigkeit von zweihundertfünfzig Kilometern in der Sekunde, entsprechend einer Umlaufzeit von zweihundert Millionen Jahren.

An die Stelle des Bildes von den zwei sich mit Relativgeschwindigkeiten von der Größenordnung zwanzig Kilometer in der Sekunde durchdringenden Sternströmen (Kapteyn 1904) und der vereinfachten Beschreibung der Bewegungen durch Geschwindigkeitsellipsoide (Schwarzschild 1908) trat unter dem Zwang der zahlreichen Beobachtungsbefunde (Asymmetrie der Geschwindigkeitsverteilung, Schnelläufer) die Theorie der Rotation der Milchstraße (Lindblad, Oort 1926), erster Ansatz zu einer allgemeinen Dynamik von Sternsystemen, die sich neuer Methoden der Statistik bedient (Chandrasekhar 1939).

Bei der Aufklärung der Struktur und der Bewegungsverhältnisse des Milchstraßensystems gaben vergleichende Untersuchungen an den großen Spiralnebeln, vorab dem Andromeda-Nebel, wertvolle Hilfestellung, nachdem erst einmal die Weltinsel-Theorie sich durchgesetzt hatte, die diese Objekte als Sternsysteme der gleichen Art wie das Milchstraßensystem betrachtete. Durch ständigen Vergleich der Analysen des Milchstraßensystems und des Andromedanebels wurden die Vorstellungen erarbeitet, die wir uns heute von dem Sternsystem machen, dem die Sonne angehört. Dabei verdienen zwei Erkenntnisse besonders hervorgehoben zu werden: daß es zwei in ihren physikalischen Eigenschaften grundsätzlich voneinander verschiedene Sternpopulationen gibt (Baade 1944) und daß weite Gebiete des interstellaren Raumes in der Milchstraßenebene von atomarem Wasserstoff erfüllt sind, der in den H I-Gebieten bei niedrigen Temperaturen neutral, in den H II-Gebieten unter dem Einfluß des intensiven Strahlungsfeldes der Sterne weitgehend ionisiert ist.

Die Sterne der Population I finden sich, vergesellschaftet mit diffuser Materie, Gas und Staub, vornehmlich in den Spiralarmen, während sich die Sterne der Population II überwiegend in dem von diffuser Materie fast freien Kern der Milchstraße und in den Kugelhaufen vorfinden. Die grob schematische Zweiteilung, wie sie Baade vorgeschlagen hat, darf wahrscheinlich nur als erster Schritt aufgefaßt werden; es bestehen Anzeichen dafür, daß Übergangstypen existieren, die eine künftige, feinere Unterteilung notwendig machen werden. Neuerdings werden bereits fünf Arten von Populationen unterschieden als Untersysteme des Milchstraßensystems.

Die Tatsache, daß das interstellare Gas zusammen mit den Sternen der Population I dem Zug der Spiralarme folgt, ist für die Aufklärung der Spiralnatur von Bedeutung geworden. Van de Hulst hatte im Jahre 1945 vorausgesagt, daß in der kosmischen Ultrakurzwellen-Strahlung eine vom interstellaren Wasserstoff herrührende Komponente mit einundzwanzig Zentimeter Wellenlänge auftreten müsse. Das ist durch gleichzeitige Beobachtungen der Radiostationen von Leiden, Sydney und Harvard 1951 bestätigt worden. Die Messung der Dopplerverschiebung, die diese Radiofrequenz durch die Rotationsbewegung der Milchstraße erleidet, ermöglicht die Ortung der kosmischen Ultrakurzwellensender. Da die Radiowellen in ihrer Ausbreitung viel weniger durch die interstellare Materie gestört werden als die Wellen des Lichtes, dringt die Radio-Ortung bis in sehr viel größere Tiefen des Raumes vor als die Photographie selbst mit den größten Teleskopen. So ist es möglich geworden, den Zug der Spiralarme des Milchstraßensystems von uns aus bis in die Gegenden jenseits des Zentrums zu verfolgen und die bis dahin nur hypothetische Ähnlichkeit mit dem Andromedanebel bis in kleinste Einzelheiten nachzuweisen.

Auch bei der Deutung der Bewegungen im Milchstraßensystem haben die entsprechenden Untersuchungen über das Rotationsgesetz der Spiralnebel wertvolle Dienste geleistet. Aus den beobachteten Radialgeschwindigkeiten in verschiedenen Abständen vom Zentrum konnte geschlossen werden, daß die inneren Teile der Spiralnebel mit konstanter Winkelgeschwindigkeit umlaufen, das heißt, daß der Kern des Systems wie ein starrer Körper rotiert. Die Spiralarme hingegen bleiben gegenüber dem Kern zurück, die Umlaufdauer nimmt mit der Entfernung vom Zentrum zu, jedoch nicht so viel, wie dem dritten Keplerschen Gesetz entspräche. Erst in den äußersten, stark aufgelockerten Partien bewegen sich die Sterne in nahezu freien Keplerbahnen. Das Kraftgesetz, das die Bewegungen in einem solchen Sternsystem bestimmt, ergibt sich aus der Massenverteilung, die wesentlich verschieden ist von der im Planetensystem, bei dem man mit einer im Vergleich zu den Dimensionen der Planetenbahnen punktförmigen Zentralmasse rechnen kann.

Das Bild des Sternsystems, das durch Zusammentragen so mannigfacher Bausteine entstanden ist, bestätigt in großen Zügen die Grundkonzeption des Größeren Galaktischen Systems Shapleys. Lediglich die Entfernungsskala hat eine leichte Reduktion erfahren durch Berücksichtigung der Absorption; das System ist etwas kleiner geworden und damit auf gleiche Stufe mit dem Andromedanebel gerückt.

Bei der Beschreibung des Aufbaus sind drei Elemente zu unterscheiden: Kern, Scheibe und Halo. Der Kern ist ein elliptischer Sternhaufen mit starker Konzentration zur Mitte hin und einem Achsenverhältnis 1:5; er enthält etwa fünfundzwanzig Milliarden Sterne der Population II. In der Scheibe, die in der Milchstraßenebene mindestens die zehnfache Ausdehnung hat wie der Kern, finden sich einige Milliarden Sterne der Population I, vergesellschaftet mit interstellarem Gas und kosmischem Staub, in sehr aufgelockerten, nicht sehr regelmäßigen und fast kreisförmigen Spiralarmen. Das ganze aus Kern und Scheibe bestehende System ist eingebettet in einen nahezu kugelförmigen Halo (Abplattung nicht größer als 1:2), der gebildet wird von einem guten Hundert Kugelhaufen und isolierten Sternen von noch nicht sehr gut bekannter Zahl der Population II (vorwiegend RR Lyrae-Veränderliche), mit starker Konzentration zum Milchstraßenzentrum hin. Die Gesamtmasse des Halo mag etwa fünfzehn Milliarden Sonnenmassen betragen, der größte Durchmesser mindestens hunderttausend Lichtjahre. Die Sonne hat ihren Platz in der Scheibe, nur wenig nördlich der Mittelebene, in einem Abstand von dreißigtausend Lichtjahren vom Zentrum.

Die Bewegungsverhältnisse in dem System können zwar in erster Näherung als Rotation um eine zur Milchstraßenebene senkrechte Achse mit von innen nach außen abnehmender Geschwindigkeit beschrieben werden. Dieser allgemeinen Umlaufbewegung in Kreisbahnen überlagern sich jedoch Besonderheiten einzelner Gruppen, die entweder als ineinandergeschachtelte konzentrische Untersysteme erscheinen oder sich durch spezielle physikalische Charakteristika als genetisch zusammengehörig erweisen. Kern-, Scheiben- und Halo-Population haben sehr verschiedene Streuung der Geschwindigkeitskomponenten senkrecht zur Milchstraßenebene. Neben Kreisbahnen gibt es, vergleichbar den Bahnen der Kometen im Planetensystem, auch sehr exzentrische Bahnen, auf denen Sterne der Population II aus den innersten Kernregionen bis in die äußersten Gebiete des Halo geführt werden oder sogar auf parabolischen Bahnen über die Grenzen des Systems hinaus.

Der ganzen komplexen Natur der Phänomene wird wahrscheinlich am besten eine Theorie gerecht, die den Ursprung des Systems in einer chaotisch-turbulenten Gasmasse sieht (von Weizsäcker 1951) und annimmt, daß die Sterne in verschiedenen Phasen der Entwicklung des Systems entstanden sind. Denn das scheint sich als wesentliches Faktum immer deutlicher herauszuschälen: die Unterscheidung der verschiedenen Populationen bedeutet eine Unterscheidung nach dem relativen Alter.

Die Welt der Nebel

Die Ausweitung des Fixsternsystems durch Einbeziehung der Kugelhaufen zum Größeren Galaktischen System hat das Problem der Natur der Spiralnebel in neuer Form gestellt. Daß sie keine echten Nebel sind, sondern Sternsysteme, wurde nicht mehr bezweifelt, seit man ihre Spektren kannte, die keine Emissionslinien zeigen wie die Spektren der Gasnebel, sondern Absorptionslinien wie das Spektrum der Sonne. Aber über die Größe dieser Sternsysteme konnte man verschiedener Meinung sein, solange nichts über ihre Entfernungen bekannt war, aus denen die wahren Dimensionen hätten errechnet werden können. Die Frage war: Sind die Spiralnebel Sternsysteme von der Größenordnung der Kugelhaufen und fallen sie demnach in den Bereich des Größeren Galaktischen Systems, oder aber sind sie echte »Weltinseln«, an Größe und innerem Formenreichtum dem Milchstraßensystem vergleichbar?

Zugunsten der ersten Auffassung wurden vornehmlich zwei Argumente angeführt. Bei einer Reihe von Spiralnebeln, deren Arme stark aufgelockert erscheinen und gut definierte, fast sternartige Knoten aufweisen, waren durch Vergleich von zeitlich um knapp zwei Jahrzehnte auseinanderliegenden Aufnahmen mit dem Sechzig-Zoll-Reflektor des Mount Wilson systematische Verschiebungen gemessen worden, die als innere Bewegungen gedeutet werden konnten (van Maanen 1916–1930). Waren diese Bewegungen längs der Spiralarme aber reell, dann waren sie nicht vereinbar mit großen Entfernungen der Systeme, es sei denn, daß man Umlaufgeschwindigkeiten von Zehntausenden von Kilometern in der Sekunde als möglich zugab. Es kann heute kein Zweifel mehr darüber bestehen, daß die von van Maanen gemessenen scheinbaren Verschiebungen keinen wirklichen Bewegungen entsprechen, daß es sich vielmehr um einen physiologisch-optischen Effekt bei Messungen von Größen an der Grenze des Auflösungsvermögens der photographischen Platte und des menschlichen Auges handelt.

Das zweite Argument für eine innergalaktische Natur der Spiralnebel stützte sich auf ihre scheinbare Verteilung am Himmel, die eine deutliche Ausrichtung nach der Milchstraße zeigt, komplementär zur scheinbaren Verteilung der Sterne. Während die Zahl der Sterne, vor allem der schwachen, gegen die Milchstraße hin stark anwächst, nimmt die Zahl der Nebel mit der Entfernung von der Ebene der Milchstraße zu. In der Milchstraße selbst findet man überhaupt keine Spiralnebel, an den Polen häufen sie sich in großen Nebelnestern.

Daß dieser *scheinbaren* Verteilung an der Sphäre keine gleichartige Verteilung im Raum entspricht, liegt an der Verteilung der dunklen Materie in unserem Milchstraßensystem. Diese vornehmlich in der Milchstraßenebene konzentrierte dunkle Materie schwächt nämlich das von draußen aus verschiedenen Richtungen kommende Licht verschieden stark. So bekommen wir von unserem, mitten in dieser ungleichmäßig absorbierenden Schicht befindlichen Standort aus nur ein verzerrtes Bild der Welt außerhalb des Milchstraßensystems zu sehen. Das wird durch einige schwache Spiralnebel bestätigt, die an Stellen der Milchstraße gefunden wurden, wo wie durch eine Wolkenlücke hindurch der Himmel hinter den Wolken sichtbar wird. Die unregelmäßige Verteilung der dunklen Materie läßt

Radioteleskop in Jodrell Bank bei Manchester (Spiegeldurchmesser 76 Meter)

Gittertubus des Spiegelteleskops
vom Mount Palomar-Observatorium in Kalifornien
(Spiegeldurchmesser 5 Meter)

vereinzelte »Fenster« in der Milchstraße entstehen, durch die dann außergalaktische Objekte wahrgenommen werden können.

Um die Weltinselnatur der Spiralnebel wirklich zu beweisen, mußte man Entfernungen und wahre Dimensionen bestimmen. Das aber konnte nur mit photometrischen Methoden geschehen. Der Weg war vorgezeichnet durch das Vorgehen bei den Sternhaufen: die nächsten, größten Systeme mußten so weit aufgelöst werden, daß die hellsten Sterne erkennbar und ihre Helligkeiten meßbar wurden, und man mußte unter diesen Sternen nach Veränderlichen vom δ Cephei-Typus suchen, deren absolute Leuchtkräfte der gleichen Perioden-Leuchtkraft-Beziehung genügen sollten wie die der Haufenveränderlichen. Der Hundertzöller des Mount Wilson, 1918 in Dienst gestellt, war das Instrument, mit dem diese Aufgabe in Angriff genommen werden konnte. Wenige Jahre später war sie im Prinzip gelöst, die Entfernung des Andromedanebels zu siebenhundertfünfzigtausend Lichtjahren, sein größter Durchmesser zu vierzigtausend Lichtjahren bestimmt (Hubble 1925).

Parallel zu den Untersuchungen am Andromedanebel liefen solche an den beiden Magellanwolken (Harvard Observatory), deren Veränderliche zur Aufstellung der Perioden-Leuchtkraft-Beziehung gedient hatten. Die im Vergleich zum Andromedanebel wesentlich kleineren Dimensionen in Verbindung mit der völligen Strukturlosigkeit ließen es zunächst fraglich erscheinen, ob man die Magellanwolken als echte außergalaktische Systeme ansprechen dürfe; es war auch denkbar, daß diese den Milchstraßenwolken ähnlichen Gebilde Untersysteme eines vergrößerten galaktischen Systems sind.

Aus der Beschreibung der Formen, in denen die Nebel erscheinen, hat sich eine Standardklassifikation entwickelt (Hubble 1926), die bis heute benutzt wird. Sie unterscheidet zwischen elliptischen (E), spiralförmigen (S) und irregulären (I) Systemen; an Stelle der anachronistischen Bezeichnung »Nebel« hat sich die Bezeichnung »Galaxie« eingebürgert. Die E-Galaxien werden nach dem Grade der Elliptizität in eine Reihe geordnet, die von der Kugel (E0) bis zum Ellipsoid maximaler Abplattung mit dem Achsenverhältnis 1:7 (E7) führt. Die S-Galaxien bilden zwei parallele Reihen, unterschieden nach der Art, wie die Spiralarme am Kern ansetzen (normale Spiralen S, »Balken«-Spiralen SB), und in beiden Reihen nach abnehmender Größe des Kerns im Verhältnis zur Ausdehnung der Spiralarme (Unterklassen a, b, c). Den Übergang von E nach S vermitteln die mit S0 bezeichneten linsenförmigen Systeme, stark abgeplattete Rotationsellipsoide mit einer scharfen Kante in der Äquatorebene. Die I-Systeme, für welche die Magellanwolken als Beispiel gelten, sind im Grunde nur dadurch gekennzeichnet, daß sie keines der Merkmale der Klassen E oder S aufweisen. Vielleicht sind sie an das Ende der S-Reihe zu setzen als Systeme, bei denen der Kern ganz verschwunden ist und die Spiralarme sich vollständig aufgelöst haben. Dafür spricht, daß man bei der Großen Magellanwolke neuerdings Spuren einer Spiralstruktur glaubt nachweisen zu können.

Diese Standardklassifikation ist eine rein phänomenologische. Sie stützt sich auf die Formen, wie sie in der Projektion auf der photographischen Platte erscheinen und besagt

---

Kugelförmiger Sternhaufen Messier 13 im Sternbild Herkules
(Aufnahme mit dem Hundertzöller des Mount Wilson-Observatoriums)

nichts über die wahre räumliche Gestalt und Größe. Das ist eine Weile nicht beachtet worden. Man hat vielmehr versucht, die Reihe E0-E7-S0-Sc kosmogonisch zu verstehen als Aufeinanderfolge von Gleichgewichtsfiguren rotierender und durch Rotation äquatorial instabil werdender Gaskugeln (Jeans 1928), eine Deutung, die aufgegeben werden mußte, als Genaueres über die Dimensionen der verschiedenen Kategorien von Galaxien bekannt wurde (um 1940).

Über die Größenverhältnisse der außergalaktischen Systeme konnte auf zwei Wegen Aufschluß erlangt werden. Die zu einem Nebelhaufen gehörigen Einzelsysteme haben praktisch alle die gleiche Entfernung von uns, die Verteilung der scheinbaren Größen ist daher bis auf einen Skalenfaktor identisch mit der Verteilung der absoluten Größen. Aus der Gesamtheit der außergalaktischen Systeme hebt sich eine lokale Gruppe ab, zu der außer unserem Milchstraßensystem der Andromedanebel und seine beiden elliptischen Begleiter, der Spiralnebel Messier 33 im Triangulus und die beiden Magellanwolken gehören. Die Entfernungen dieser Systeme sind einzeln bekannt und damit auch die wahren Dimensionen.

Die allgemeine Statistik der Nebelhaufen ergibt eine relative Häufigkeit der Typen E:S:I von 44:51:5 und eine Spanne der Durchmesser von 1:15 von den kleinsten E- bis zu den größten S-Systemen. Im Mittel scheinen die E-Systeme nur wenig kleiner zu sein als die S-Systeme, etwa im Verhältnis 2:3. Eine Aufstellung aus dem Jahr 1944 (Baade) verzeichnet dreizehn Mitglieder der Lokalen Gruppe, darunter sechs E-, drei S- und vier I-Systeme mit Durchmessern von achtzigtausend Lichtjahren für die größten S-Systeme bis herab zu dreitausend Lichtjahren für die kleinsten E-Systeme; die I-Systeme liegen dazwischen.

Die Auflösung der zur Lokalen Gruppe gehörenden elliptischen Nebel in Sterne (Baade 1944) und die dadurch aufgedeckte Ähnlichkeit ihrer Struktur mit der der Kugelhaufen im Milchstraßensystem hat die Frage aufgeworfen, ob es nicht einen kontinuierlichen Übergang gibt von den Kugelhaufen zu den E-Galaxien. Die größten bisher bekannten Kugelhaufen haben Durchmesser von dreihundert Lichtjahren, die kleinsten E-Galaxien sind zehnmal größer, enthalten aber eine zehnmal kleinere Zahl von Sternen. Es ist sehr unwahrscheinlich, daß die hier klaffende Lücke durch Neuentdeckungen überbrückt werden wird. Der Unterschied zwischen den Kugelhaufen des Milchstraßensystems und den außergalaktischen elliptischen Sternsystemen scheint prinzipieller Natur zu sein, so daß man beide Arten von Systemen nicht in einen unmittelbaren genetischen Zusammenhang bringen kann.

Die groß angelegten Durchmusterungen des Himmels bis zu den schwächsten Nebeln und deren Bearbeitung nach den Methoden der Stellarstatistik haben eine erste Vorstellung von den Dimensionen und dem Aufbau der Welt der Nebel vermittelt. Überwältigend ist die Zahl der auf den Platten aufgefundenen Objekte, die stellenweise die der Sterne auf dem gleichen Himmelsareal übersteigt; die Gesamtzahl der mit einem Zwanzig-Zoll-Astrographen erreichbaren außergalaktischen Nebel beläuft sich nach vorsichtigen Schätzungen auf viele Millionen. In der scheinbaren Verteilung tritt deutlich die Tendenz zur Haufenbildung hervor; sie wirft das Problem auf, ob die Haufen, deren größte Tausende von Mitgliedern enthalten, als Supergalaxien aufgefaßt werden dürfen oder ob sie Strukturelemente einer einzigen großen Metagalaxie sind.

Diese Frage berührt aber bereits das von der allgemeinen Relativitätstheorie behandelte Problem der Struktur der Raum-Zeit-Welt überhaupt. Dessen Geschichte beginnt im Jahre 1917, in dem zwei verschiedene Lösungen der von Einstein aufgestellten Feldgleichungen der Gravitation bekannt wurden. Die von Einstein gefundene Lösung entsprach einer homogenen statischen Materieverteilung in einem Raum konstanter positiver Krümmung; die Welt de Sitters ist materiefrei und hat hyperbolische Struktur.

Wenige Jahre später wurde der entscheidende Schritt getan, der zu der These von der expandierenden Welt führte (Friedmann 1922). Im Lichte dieser Theorie gewann die bis dahin nicht sonderlich beachtete Tatsache, daß die wenigen gemessenen Radialgeschwindigkeiten von Spiralnebeln mit einer einzigen Ausnahme positiv waren, mit einemmal Bedeutung, denn aus dem Zusammenhang zwischen Radialgeschwindigkeit und Entfernung ließ sich eine Vorstellung von der Größe und dem Alter der Welt gewinnen, vielleicht sogar, so meinte man damals, eine Entscheidung darüber treffen, welcher Art die Struktur der Welt sei, in der wir leben. Dieser Zusammenhang wurde empirisch gesichert durch systematische Ausdehnung der Radialgeschwindigkeits-Messungen auf immer schwächere, das heißt weiter von uns entfernte Objekte (Hubble 1929).

Die allgemeine »Nebelflucht« gehörte von da ab zum gesicherten Tatsachenbestand. Für zwei Jahrzehnte behauptete der von Hubble angegebene Wert für die Expansionskonstante (530 km/sek/Megaparsec) das Feld, und das daraus berechnete »Alter der Welt« von zwei Milliarden Jahren galt als verbürgtes Ergebnis astronomischer Beobachtung. Kritik und neue Untersuchungen setzten an zwei Stellen an: bei den aus dem Beobachtungsmaterial abgeleiteten empirischen Befunden und bei der Ausdeutung dieser Befunde durch die theoretische Kosmologie; mit dem Erfolg, daß die berechneten Dimensionen der extragalaktischen Welt sich in wenigen Jahren auf das Siebenfache vergrößert haben. Der wahrscheinlichste Wert für die Hubble-Konstante wird heute zu 75 km/sek/Megaparsec angegeben, das Weltalter entsprechend zu 13 Milliarden Jahren.

Zu beachten ist dabei aber, daß die Angabe eines Alters der Welt nur einen Sinn hat in Verbindung mit einem ganz bestimmten Weltmodell. Die bisher aus der Hubble-Konstante abgeleiteten Datierungen setzen eine »wie eine Granate platzende Welt« voraus, deren Teile seit der »Geburt aus dem Weltenei« mit der ihnen erteilten Anfangsgeschwindigkeit gleichmäßig auseinanderstreben. Inzwischen ist aber die Existenz einer großen Mannigfaltigkeit expandierender Weltmodelle aufgedeckt worden, bei denen die Beziehung zwischen Radialgeschwindigkeit und Entfernung im allgemeinen nicht linear ist. Die Beobachtungen lassen noch keine Entscheidung zu, welches der theoretisch möglichen Weltmodelle unsere wirkliche Welt darstellt.

Alle bisher zur Diskussion gestellten Weltmodelle betrachten die Nebelhaufen nur als zufällige Verdichtungen einer im Durchschnitt gleichförmigen Materieverteilung. Es ist die Frage, ob die Haufenbildung als rein statistisches Phänomen der großräumigen Verteilung verstanden werden kann oder ob sich in ihr ein hierarchischer Aufbau der Welt aus Systemen verschiedener Ordnung zu erkennen gibt, wie ihn etwa Charlier in der vorrelativistischen Epoche (1908) als Lösung des Problems »Wie eine unendliche Welt aufgebaut sein kann« vorgeschlagen hat.

Die Vermutung, daß die Lokale Gruppe von Galaxien, der das Milchstraßensystem angehört, nur eine kleine Verdichtung am Rande des großen Virgo-Haufens (Zwicky 1938) und der Virgo-Haufen selbst Kern einer aus zahlreichen Haufen verschiedener Größe zusammengesetzten Supergalaxie von annähernd ellipsoidischer Gestalt sei (Shapley 1943), hat sich durch Einbeziehung der Befunde aus den Radialgeschwindigkeitsmessungen inzwischen zu der Aussage verdichtet (de Vaucouleurs 1954):

> Es scheint, daß der lokale Supercluster von Galaxien ein unregelmäßiges Gebilde ist, das aus Gruppen, Wolken und Haufen mit dem an Masse dominierenden Virgo-Haufen im Zentrum besteht und bereits einen gewissen Grad von dynamischem Gleichgewicht erreicht hat. Die Milchstraße nimmt an der langsamen allgemeinen Rotation des Systems teil mit einer Geschwindigkeit von der Größenordnung 500 km/sek. Die gegenwärtige Periode des Umlaufs ist von der Ordnung fünfzig Milliarden Jahre nahe dem Zentrum und hundert bis zweihundert Milliarden Jahre in den äußeren Regionen.

Aufbau und Entwicklung der Sterne

Die auf dem Boden der klassischen Thermodynamik gewonnenen Vorstellungen von dem inneren Aufbau der Sterne sind in dem Buch »Gaskugeln« von Emden (1907) zusammengefaßt, das alle Formen des konvektiven Gleichgewichts idealer Gase behandelt. Zur gleichen Zeit sind die ersten theoretischen Untersuchungen über das Strahlungsgleichgewicht in der Atmosphäre der Sonne erschienen (Schuster 1905, Schwarzschild 1906), in denen die Vorgänge beim Strahlungstransport durch ein gasförmiges Medium (Absorption, Reemission, Diffusion) untersucht und die Folgerungen für den Aufbau der äußeren Schichten eines Sterns gezogen werden. Die Einführung des Strahlendruckes, auf dessen Bedeutung schon sehr viel früher hingewiesen worden ist (Sampson 1894), in die Grundgleichungen für das Gleichgewicht im Sterninnern (Eddington 1916) leitet das neue Kapitel der theoretischen Astrophysik ein: Gaskugeln im Strahlungsgleichgewicht.

Die erste Lösung des neu gestellten Problems, die zu dem nach Eddington benannten Sternmodell führte, war noch unter sehr vereinfachenden Annahmen über das Verhalten der Materie unter kosmischen Bedingungen gewonnen worden. Man wußte zu jener Zeit noch kaum etwas über die Quellen der von den Sternen ausgestrahlten Energie, recht wenig über den Absorptionskoeffizienten der Sternmaterie, der den Strahlungstransport von innen nach außen regelt, und hatte nur wenig konkrete Vorstellungen von der chemischen Zusammensetzung der Sterne.

Eine der vereinfachenden Annahmen ergab sich aus der Erkenntnis, daß die Materie im Innern der Sterne infolge der hohen Temperatur fast vollständig ionisiert ist (Eggert 1919) und daher als »Elektronengas« beschrieben werden kann, mit einem mittleren Molekulargewicht, das für jedes beliebige Gemisch von Elementen verschiedenen Atomgewichts nur wenig größer als 2 sein wird, solange nicht Wasserstoff und Helium als wesentliche Bestandteile vorhanden sind. Es kommt für die Theorie des inneren Aufbaus daher nur darauf an zu entscheiden, wie groß der Anteil von Wasserstoff und Helium ist; die Häufigkeit, mit der die schwereren Atome vertreten sind, ist verhältnismäßig belanglos.

Da ein unter sehr allgemeinen Voraussetzungen gültiger Satz besagt, daß der Aufbau eines Sterns eindeutig durch seine Masse und das aus der chemischen Zusammensetzung resultierende mittlere Molekulargewicht bestimmt ist (Vogt 1926), besteht stets eine theoretische Beziehung zwischen Masse und Leuchtkraft (Masse-Leuchtkraft-Gesetz), die an der Erfahrung geprüft werden kann. Im Innern von Sternen, deren beobachtete Massen und Leuchtkräfte nicht dieser allgemeinen Beziehung genügen, herrschen notwendigerweise andere physikalische Bedingungen (Weiße Zwerge = entartete Materie).

Die experimentelle und theoretische Erforschung der Eigenschaften der Atome, beginnend mit der Bestimmung der für die Emission und Absorption von Strahlung maßgebenden Termschemata aller Elemente, hat es im Laufe der Jahre ermöglicht, die Unbestimmtheiten der ersten Ansätze zu beseitigen. Zunächst konnte aus den atomaren Absorptionskoeffizienten der verschiedenen Elemente der Absorptionskoeffizient des Elektronengases in den Sternen (die »Opazität« der Sternmaterie) berechnet und in die Gleichungen des Sternaufbaus eingeführt werden (Strömgren 1932).

Die sich etwa von der Mitte der dreißiger Jahre ab immer mehr verdichtenden Indizien für die überwiegende Häufigkeit der leichtesten Elemente Wasserstoff und Helium im ganzen Kosmos führten zu einer Fixierung der Annahmen über die chemische Zusammensetzung der stellaren Materie, gekennzeichnet durch die relativen Massenanteile von Wasserstoff, Helium und Metallen, wobei die Bezeichnung »Metalle« abkürzend benutzt wird für die Summe aller übrigen Elemente. Das für die Sonne gefundene Mischungsverhältnis 73 % Wasserstoff, 25 % Helium und 2 % Metalle darf als repräsentativ für die große Mehrzahl der normalen Sterne betrachtet werden.

Die Annahme, daß die Sterne ihre Energie aus atomaren Quellen schöpfen und daß Einsteins Gleichung Energie gleich Masse mal Quadrat der Lichtgeschwindigkeit den Schlüssel dazu liefert, lag nahe, seit die Zusammensetzung der Atomkerne aus Elementarteilchen erkannt und die beim Auf- oder Abbau auftretenden Massenänderungen berechenbar geworden waren. Die Möglichkeit des Ablaufs energieliefernder Kernreaktionen bei den Temperaturen im Sterninnern (vierzig Millionen Grad bei Eddingtons Modell) wurde von Atkinson und Houtermans bereits 1931 aufgezeigt. Wenig später konnten die speziellen Kernprozesse angegeben werden, die wahrscheinlich unter den Bedingungen im Sterninnern zu einer Umwandlung von Wasserstoff in Helium führen (von Weizsäcker 1937, Bethe 1938). Wirkungsweise und Ergiebigkeit der in den Sternen tätigen Atomreaktionen sind seither auf Grund des fast lawinenhaft anwachsenden Erfahrungsmaterials der exakten Berechnung zugänglich geworden. Damit ist die wichtigste Unbekannte in der Theorie des inneren Aufbaus der Sterne eliminiert.

Die Theorie der Energieerzeugung durch Kernfusion leistet aber noch mehr. Die Verbrennung von Wasserstoff zu Helium hat zwangsläufig eine langsame Änderung der chemischen Zusammensetzung der Sternmaterie zur Folge; die Kernzone verarmt an Wasserstoff, das Verhältnis von Wasserstoff zu Helium wird im Mittel über den ganzen Stern kleiner. Mit der chemischen Zusammensetzung ändert sich aber auch das den inneren Aufbau des Sterns mitbestimmende mittlere Molekulargewicht. Indem wir aus dem zeitlichen Ablauf der Kernprozesse die damit parallellaufenden Änderungen des Mischungsverhältnisses der Elemente berechnen, gelangen wir zu Aussagen über die Zustandsänderungen, die der Stern erleidet. Die Kosmogonie als Lehre von der Entwicklung der Sterne verliert dadurch etwas von ihrem spekulativen Charakter und erhält eine gesunde Basis. Der Satz, daß der Aufbau eines Sternes eindeutig durch Masse und chemische Zusammensetzung bestimmt ist, kann jetzt noch enger gefaßt werden: Der Zustand eines Sternes ist in jedem Augenblick bestimmt durch seine Masse und die ursprüngliche Zusammensetzung (M. Schwarzschild 1958).

Von hier aus erscheint die Frage nach Gleichheit oder eventueller Verschiedenheit der Zusammensetzung der Sternmaterie, vorab des Verhältnisses von Wasserstoff zu Helium oder des Anteils der schwereren Kerne, in einem neuen Licht. Verschiedenheit der heute beobachteten chemischen Zusammensetzung kann dann als Verschiedenheit des Alters gedeutet werden, allerdings nur, wenn wir von einer Gleichartigkeit der Zusammensetzung am Anfang der Entwicklung ausgehen. Feinheiten in den Spektren der Sterne, aus denen auf Unterschiede der Elementhäufigkeit (Metallgehalt, Isotopenverhältnisse) geschlossen werden kann, werden damit zu Kriterien für das Alter.

Die erste Phase der astronomischen Spektroskopie steht ganz unter dem Zeichen der von Bunsen und Kirchhoff (1859) inaugurierten qualitativen chemischen Spektralanalyse. Sie sah ihre wesentliche Aufgabe in dem Nachweis der einzelnen Elemente durch Identifikation der Linien in den Spektren der Sonne und der Sterne mit Linien der im Laboratorium zum Leuchten angeregten Atome. Elemente, deren Linien in den Spektren der kosmischen Lichtquellen nicht gefunden wurden, galten als nicht vorhanden; Linien, die nicht mit solchen der auf der Erde bekannten Elemente identifiziert werden konnten, wurden neuen Elementen zugeschrieben. Die Bezeichnungen Wasserstoffsterne, Eisensterne, Kohlenstoffsterne sind charakteristisch für diese Epoche; ihnen liegt die Vorstellung einer sich in den Spektren ausdrückenden verschiedenen chemischen Zusammensetzung zugrunde. Die Entdeckung des Heliums auf der Sonne (Lockyer 1868) galt als einer der großen Erfolge dieser Epoche. Die zur Deutung der Linien in den Spektren der Gasnebel und der Sonnenkorona erfundenen Elemente Nebulium und Geokoronium haben dagegen nur eine Scheinexistenz geführt, bis neue Vorstellungen vom Mechanismus der Linienemission und -absorption die Lösung der durch sie aufgegebenen Rätsel ermöglichten.

Diese neuen Vorstellungen wurden durch die Erfahrung angebahnt, daß ein und dasselbe Element verschiedene Linien aussenden kann, je nach den Bedingungen, unter denen es zum Leuchten angeregt wird. Man hatte in der Spektroskopie zwischen Ofen-, Bogen-, Funkenlinien unterscheiden gelernt und ordnete die Tafeln der Spektren der Elemente, die zur Identifizierung dienten, entsprechend an. Man sprach von »enhanced lines« (Lockyer 1887) und meinte damit Linien, die bei höherer Anregungsenergie (Temperatur) auftreten. Die Bohrsche Atomtheorie lehrte dieses Verhalten der Atome verstehen und aus den beobachteten Wellenlängen der Linien die ihnen zugeordneten Energiestufen berechnen. In der Theorie der thermischen Anregung (Saha 1920) haben dann die neuen Vorstellungen ihre Anwendung auf die Deutung der Sternspektren gefunden; die einfache chemische Spektralanalyse wurde erweitert und verfeinert zu einer Analyse der physikalischen Zustände und einer quantitativen Bestimmung der relativen Häufigkeit der Elemente. Temperatur,

Elektronendruck und Schwerebeschleunigung in der Atmosphäre eines Sternes bestimmen das Aussehen seines Spektrums, die absoluten und relativen Intensitäten der Linien.

Die Theorie der thermischen Anregung macht verständlich, daß und warum nicht alle bekannten Elemente, auch wenn sie als Bestandteile kosmischer Materie vorhanden sind, spektroskopisch nachweisbar sind, und sie kann angeben, wo man suchen muß, um ein bestimmtes Element zu finden. So war es ein erster Erfolg der jungen Sahaschen Theorie, daß das auf der Sonne bis dahin vermißte Element Rubidium im Spektrum der Sonnenflecken hat nachgewiesen werden können auf Grund der Überlegung, daß Rubidium in der Sonnenatmosphäre infolge der hohen Temperatur nur in weitgehend ionisiertem Zustand existieren und in diesem Zustand nur Linien aussenden kann, die in dem der astronomischen Beobachtung nicht zugänglichen Ultraviolett-Bereich liegen. Bei den etwas niedrigeren Temperaturen in den Sonnenflecken sollten genügend Atome im neutralen Zustand vorhanden sein, die Linien im normalen Spektralbereich erzeugen können.

Nun konnten auch die Rätsel der bis dahin nicht identifizierbaren Linien in den Spektren der Gasnebel und der Korona ihre Lösung finden. Diese Linien rühren nicht von unbekannten Elementen her, sondern von bekannten Elementen unter Verhältnissen, die im irdischen Laboratorium nicht realisierbar sind. Das sagenhafte Nebulium besteht in Wirklichkeit aus ionisiertem Sauerstoff und Stickstoff, die »Nebellinien« entsprechen »verbotenen« (auf der Erde nicht möglichen) Übergängen (Bowen 1923). Die Linien im Spektrum der Sonnenkorona rühren von Atomen hochionisierter Metalle (Eisen, Calcium, Titan) her (Grotrian 1939, Edlén 1941), Bestandteilen der Meteoriten, die in der Korona bei Temperaturen von einer Million Grad und mehr verdampft werden. Die durch die Vakuumspektroskopie bekanntgewordenen Termschemata der Elemente haben die Berechnung der Wellenlängen auch solcher Linien ermöglicht, deren Emission nur unter den im Kosmos möglichen Bedingungen der Dichte (billionenfach kleiner als im höchsten irdischen Vakuum) und der Temperatur (zehn- bis hunderttausend Grad in den Nebeln, eine Million Grad in der Korona) stattfinden kann.

Ist das Auftreten bestimmter Linien eines Elementes im Spektrum einer kosmischen Lichtquelle überhaupt an die physikalischen Bedingungen der Temperatur und Dichte gebunden, so wird die Stärke der Linien natürlich durch die Anzahl der Atome mitbestimmt, die in dem leuchtenden Gas vorhanden sind. Linienintensitäten sind das wichtigste Indiz einer quantitativen chemischen Spektralanalyse; aus ihnen lassen sich Aussagen gewinnen über die relative Häufigkeit der Elemente. In den Jahren zwischen 1920 und 1950 herrschte die Meinung vor, daß die Häufigkeitsverteilung der Elemente überall im Kosmos die gleiche sei. Diese Häufigkeitsverteilung ist gekennzeichnet durch das starke Überwiegen der beiden leichtesten Elemente Wasserstoff und Helium; mit steigender Ordnungszahl werden die Elemente immer seltener. Die Elemente mit gerader Ordnungszahl sind im Durchschnitt zehnmal häufiger als die mit ungerader Ordnungszahl; der allgemeine Abfall der Häufigkeit wird durch einige Spitzen unterbrochen, deren Lage durch die sogenannten »magischen Neutronen- und Protonenzahlen« bestimmt zu sein scheint. Besonders auffallend ist die relativ große Häufigkeit der Elemente der Eisengruppe (Chrom, Eisen, Nickel).

Inzwischen sind die Methoden der quantitativen Spektralanalyse verfeinert, und die Theorie der Sternatmosphären ist weiterentwickelt worden. Dadurch sind Unterschiede in der Zusammensetzung der kosmischen Materie zutage gekommen, deren Deutung die Vorstellungen von der Entstehung der Elemente und der Entwicklung der Sterne in wesentlichen Punkten modifiziert hat. Während für die Population I die für die Sonne gefundene Zusammensetzung mit zwei bis drei Prozent Gehalt an Metallen repräsentativ zu sein scheint, zeichnen sich die Sterne der Population II im allgemeinen durch merklich niedrigere Metallgehalte aus (Schnelläufer etwa ein Prozent, Subzwerge ein hundertstel Prozent).

Es ist allerdings zu bedenken, daß die aus den Spektren erschlossene Häufigkeit der Elemente nur die Zusammensetzung der äußersten Schichten der Sterne angibt und für den Stern als Ganzes nur gilt unter der Voraussetzung völliger Durchmischung. Diese Voraussetzung ist sicher nicht in allen Stadien der Sternentwicklung erfüllt; wir müssen vielmehr mit Inhomogenitäten rechnen, schon allein deswegen, weil sich im Laufe der Zeit eine überwiegend aus Helium bestehende Kernzone herausbildet, während gleichzeitig die Wasserstoffbrennzone nach außen wandert. Wesentlich ist, daß die spektroskopisch bestimmte Zusammensetzung der Sternatmosphäre die ursprüngliche Zusammensetzung der Materie wiedergibt, aus der sich der Stern gebildet hat. Damit ist ein Ausgangspunkt für kosmogonische Überlegungen fixiert, die an den Satz anknüpfen, daß der Zustand eines Sternes durch Masse und chemische Zusammensetzung eindeutig bestimmt ist.

Die Wandlung der Vorstellungen von der Entstehung und der Entwicklung der Sterne hängt aufs engste mit der Vertiefung unserer Kenntnisse von den energieliefernden Prozessen zusammen. Die Geschichte beginnt mit der Aufspaltung der Spektralreihe in einen aufsteigenden und einen absteigenden Ast (Lockyer 1897), ausgehend von der Hypothese, daß sich die Sterne aus einer ausgedehnten Meteoritenwolke bilden, die sich durch Kontraktion verdichtet und dabei einen Teil der freiwerdenden Gravitationsenergie in Wärme umsetzt. Die Materie verdampft, es entsteht ein zunächst nur schwach leuchtender Gasball, ein roter Stern, dessen Temperatur durch weitere Kontraktion ansteigt, wobei die Farbe sich über Gelb nach Weiß verschiebt. Temperatur und Leuchtkraft erreichen ein Maximum, wenn die Dichte so weit angestiegen ist, daß die durch weitere Kontraktion noch zu gewinnende Energie die Ausstrahlung nicht mehr decken kann. Der Stern steht auf der Höhe seiner Lebensentfaltung, der Abstieg beginnt, Temperatur und Leuchtkraft nehmen ab, bis der Stern schließlich als erkalteter Weltkörper sein für uns sichtbares Dasein beendet.

Fünfzehn Jahre später glaubte man, die Sterne auf dem aufsteigenden Ast mit den Riesen, die auf dem absteigenden Ast mit den Zwergen gleichsetzend, in dem empirischen Hertz-

---

Der große Spiralnebel im Sternbild Andromeda (Messier 31) mit seinen beiden elliptischen Begleitern NGC 205 (rechts oben) und Messier 32 (links unten); (Aufnahme mit dem Bruce-Teleskop der Landessternwarte auf dem Königstuhl bei Heidelberg). Eingeblendet links unten: Das dem NGC 205 ähnliche elliptische System NGC 185 mit Auflösung der äußeren Teile in Einzelsterne (Rotaufnahme mit dem Hundertzöller des Mount Wilson-Observatoriums).

sprung-Russell-Diagramm (HRD) eine Stütze für diese kosmogonische Hypothese sehen zu dürfen, die von da ab als Riesen-Zwerg-Theorie der Sternentwicklung (Russell 1913) mehr als zwei Jahrzehnte lang das Feld behauptete. Dazu trug bei, daß die Theorie des inneren Aufbaus der Sterne scheinbar die Möglichkeit bot, die Entwicklung als Aufeinanderfolge von Gleichgewichtszuständen einer sich kontrahierenden Gaskugel zu verstehen. Eine solche Umdeutung des im HRD primär allein zur Darstellung gelangenden räumlichen Nebeneinanders verschiedener in der Natur verwirklichter Zustände in ein zeitliches Nacheinander der Entwicklungsstufen eines einzelnen Objekts ist aber ohne Zuhilfenahme gewisser Voraussetzungen über die die Zustandsänderungen bedingenden physikalischen Prozesse nicht möglich. Das ist manchmal übersehen worden, so daß sich die Meinung festsetzen konnte, die Riesen-Zwerg-Entwicklung sei eine zwangsläufige Folgerung aus dem HRD und dem Masse-Leuchtkraft-Gesetz, die beide in Wirklichkeit nichts über einen zeitlichen Ablauf aussagen.

Man weiß nur, daß die Leuchtkraft ein Maß ist für die in der Zeiteinheit als Strahlung abgegebene Energie. Diese nach außen abgestrahlte Energie muß laufend aus dem Innern des Sternes nachgeliefert werden. Die Aufstellung des Energiehaushalts steht daher am Anfang aller kosmogonischen Überlegungen. Um 1920 war bereits klar, daß die durch Kontraktion zu gewinnende Gravitationsenergie im Energiehaushalt der Sonne nur eine ganz untergeordnete Rolle spielen kann. Sie könnte die Ausstrahlung nur für einen Zeitraum von zwanzig Millionen Jahren decken, während aus geologischen und paläontologischen Befunden auf der Erde gefolgert werden kann, daß die Sonne mit unverminderter Intensität sicher schon einige Milliarden Jahre strahlt. Die sinngemäße Übertragung dieses Ergebnisses auf die Sterne in ihrer Allgemeinheit führt zu dem Schluß, daß die von der Riesen-Zwerg-Theorie an den Anfang gesetzte Kontraktionsphase nur ein ganz kurzes Stück des Lebensweges eines Sternes ausmachen kann, das je nach der Masse in Zeiten von weniger als einer Million (für sehr große Massen) bis höchstens hundert Millionen Jahren (für Massen kleiner als die Sonnenmasse) durchlaufen wird.

Die Energiebilanz sieht wesentlich anders aus, wenn die in der Äquivalenz von Masse und Energie steckenden Möglichkeiten mit einbezogen werden. Schon die Umsetzung von nur einem Tausendstel der Masse der Sonne in Energie reicht aus, um die Strahlung in ihrer heutigen Stärke für fünfzehn Milliarden Jahre zu decken; die Aktivierung der gesamten Masse durch »Zerstrahlung« könnte das Alter auf das Tausendfache erhöhen. Die Frage, ob in der Kosmogonie mit einer »mittleren« Zeitskala von Milliarden Jahren oder mit einer »langen« von Billionen Jahren zu rechnen sei (Jeans 1918), ist nur für kurze Zeit Gegenstand der Diskussion gewesen. Die Gedanken kristallisierten sich sehr bald um die der quantitativen Behandlung zugänglich gewordenen Umwandlungen der Elemente, bei denen nur die auf höchstens einige Tausendstel Masseeinheiten sich belaufenden Unterschiede der Bindungsenergien der Kerne (Packungseffekte) ins Spiel kommen. Die mittlere Zeitskala hat vorläufig den Sieg davongetragen, jedenfalls soweit es sich um die Ent-

---

Milchstraße im Sternbild Monoceros mit Dunkelwolken und Globulen (Mount Palomar Sky Survey Blatt $6^{h}\,24^{m}+2^{\circ}$).

stehung und Entwicklung der Sterne handelt. Ob und welche Bedeutung einer völligen Vernichtung der Materie zukommt, ist ein Problem, das die Geschichte der Welt als Ganzes und damit die allgemeine Kosmologie angeht.

Das überraschende Ergebnis der ersten Rechnungen auf der Grundlage der Energieerzeugung durch Verbrennung von Wasserstoff (Gamow 1937/39) war die Umkehrung der Richtung der Sternentwicklung gegenüber der von der Riesen-Zwerg-Theorie postulierten: die Sonne bewegt sich nicht auf absteigender Linie in Richtung auf das Stadium eines roten Zwerges zu; Temperatur und Leuchtkraft sollten vielmehr mit zunehmender Erschöpfung des Wasserstoffvorrats zunehmen, bis vielleicht in einem späten Stadium höchster Lebensentfaltung der ausgebrannte Atomreaktor in einem letzten Aufflammen zusammenstürzt (Novaexplosion?). Die Riesen-Zwerg-Theorie war damit, auch in ihren modifizierten späteren Formen (Russell 1925) abgetan. Sie hat zwar in neuerer Zeit eine gewisse Wiedererweckung in Arbeiten sowjetischer Astronomen erfahren (Fessenkow, Massewitsch 1949), die eine Entwicklung unter Abstoßung erheblicher Teile der Masse (nicht Umwandlung in Strahlung) in Richtung des absteigenden Astes propagieren. Aber diese Vorstellungen scheinen der Kritik ihrer Voraussetzungen nicht standhalten zu können.

Zwischen 1940 und 1945 reifte die Erkenntnis, daß es in der Welt, deren Alter damals auf einige Milliarden Jahre veranschlagt war, Sterne gibt, die wesentlich jünger sind als die Sonne, da selbst die ergiebigsten atomaren Energiequellen, die sich denken lassen, ihre geradezu verschwenderische Ausstrahlung (bis zum Hunderttausendfachen der Sonnenstrahlung) nur für Millionen Jahre zu decken vermögen. Der Schluß war unabweisbar, daß diese Sterne sich erst in jüngster kosmischer Vergangenheit gebildet haben können, und es lag nahe, daraus weiterzufolgern, daß auch heute noch Sterne geboren werden. Die expandierende Welt als Ganzes mag in einem einmaligen Quasi-Schöpfungsakt vor zwölf Milliarden Jahren entstanden sein, das Werden und Vergehen von Sternen und Sternsystemen aber dürfte ein kontinuierlicher Prozeß sein, der noch keineswegs abgeschlossen ist.

Das vergleichende Studium der HR-Diagramme galaktischer Haufen führte, ausgehend von der Überlegung, daß man es hier mit Gruppen von Sternen gleichen Alters und gleicher ursprünglicher Zusammensetzung zu tun habe, zu einer Ordnung der Haufen nach ihrem relativen Alter und zu einer Bestimmung des absoluten Alters aus den jüngsten Sternen. Diese Alter bewegen sich zwischen einer Million Jahren für die jüngsten und einigen Milliarden Jahren für die ältesten Sternhaufen. Die als Geburtsstätte von Sternen angesprochenen »Assoziationen« (Ambartsumian 1950) scheinen zum Teil noch jünger zu sein als die jüngsten bekannten galaktischen Sternhaufen, während die Kugelhaufen unzweifelhaft zu den ältesten Gebilden zählen, die wir überhaupt kennen; ihre Geburtsstunde dürfte mit der des Milchstraßensystems selbst zusammenfallen. Die den Riesenast des HRD der Kugelhaufen darstellenden Sterne der Population II, insbesondere die roten Übergiganten, können auf Grund umfangreicher Modellrechnungen als späte Stadien der Sternentwicklung verstanden werden, in denen der Wasserstoff weitgehend verbraucht ist und Prozesse einsetzen, die aus dem während der ersten Phase der nuklearen Energieerzeugung gebildeten Helium schwerere Kerne aufbauen.

Wenn die Entstehung der Sterne ein noch heute fortlaufender Prozeß ist und wenn die Entwicklung unter Energieerzeugung durch nukleare Prozesse zu einer Veränderung der chemischen Zusammensetzung und zur Bildung von Elementen höherer Ordnungszahl führt, dann erscheint die Frage nach der Entstehung der Elemente in einem neuen Licht. Um 1940, als noch alle Beobachtungen darauf hindeuteten, daß die Häufigkeitsverteilung der Elemente überall im Kosmos die gleiche sei, war die bei den Physikern vorherrschende Meinung die, daß die Elemente sich mit der heute beobachteten universellen Häufigkeitsverteilung in dem Weltenei gebildet hätten, in dem die 10^{80} Nukleonen, die den Inhalt der heutigen materiellen Welt ausmachen, in dichtester Packung vereinigt waren und bei Temperaturen von vielen Milliarden Grad so miteinander reagierten, daß sich die einem thermodynamischen Gleichgewicht entsprechende Verteilung der Kerne verschiedener Massen einstellte. Als aber immer deutlicher wurde, daß die Sterne der verschiedenen Populationen sich auch in der chemischen Zusammensetzung unterscheiden, daß die ältesten Sterne, deren Atmosphären die Zusammensetzung der Urmaterie widerspiegeln, nur geringe Spuren von schwereren Elementen aufweisen, und als die Modellrechnungen für das Innere der Sterne mit wasserstoffverarmtem Kern auf Temperaturen führten, die diese Sterne als mögliche Brutöfen für schwere Kerne erscheinen ließen, begann die Ansicht Fuß zu fassen, daß auch die Entstehung der Elemente wie die der Sterne ein kontinuierlicher Prozeß sei.

Nimmt man alles zusammen, was in den fast zwei Jahrzehnten seit Einführung der Kernreaktionen in die Energiebilanz der Sterne an empirischen Daten und theoretischen Überlegungen zusammengetragen worden ist, dann läßt sich heute etwa das folgende Bild von der Entstehung der Sterne zeichnen:

Das Milchstraßensystem hat seine Entwicklung als fast kugelsymmetrisches Gebilde aus hochgradig reinem Wasserstoff begonnen. In dem ziemlich stürmisch verlaufenen Anfangsstadium, das kaum länger als eine Milliarde Jahre gedauert haben kann, hat sich die Mehrzahl der Kugelhaufen und der Sterne durch Kondensation aus der diffusen Urmaterie gebildet. Die Sterne mit großer Masse haben das Kontraktionsstadium bis zur Aufheizung auf die für die Wasserstoff-Fusion notwendige kritische Temperatur schon in einigen hunderttausend Jahren durchlaufen und innerhalb von wenigen Millionen Jahren ihren gesamten Wasserstoff-Brennvorrat in Helium umgesetzt und mit dem Aufbau schwererer Kerne begonnen. Daraus kann man schließen, daß der größte Teil des heute in der Welt vorhandenen Heliums und aller übrigen Elemente in diesem Jugendstadium des Milchstraßensystems entstanden ist, dessen Ende durch die Ausbildung der »Scheibe« gekennzeichnet ist.

In dieser Scheibe haben sich dann fortdauernd Sterne gebildet und bilden sich noch durch Kondensation aus diffuser Materie, mit Vorliebe gruppenweise gleichzeitig durch Zerfall größerer Kondensation in Sternhaufen oder Assoziationen. Alle Sterne, die im Bereich der Scheibe entstanden sind, haben bei der Geburt die ganze Mannigfaltigkeit der bekannten Elemente bereits in einer Mischung mitbekommen, die sich nur wenig von der unterscheidet, die wir heute von der Sonne her kennen. Der Gehalt an Helium und schwereren Elementen ist nicht in diesen jüngeren Sternen selbst produziert worden – die Sonne hat wenig mehr als ein Prozent ihres Wasserstoffs zu Helium verbrannt, das heißt höchstens ein Zwanzigstel ihres heutigen Heliumgehaltes selbst erzeugt –, sondern stammt aus den Brutöfen der alten Sterne großer Masse, die im Laufe ihrer Entwicklung einen Teil ihrer Masse an das interstellare Medium abgegeben haben, in kontinuierlichem Fluß oder in einem katastrophenartigen Zusammenbruch (Supernova) nach Erschöpfung aller atomaren Energiequellen.

Die »Globulen«, die sich in den diffusen Milchstraßenwolken deutlich abzeichnen, dürfen wohl als erste Stadien einer Kondensation angesehen werden. Sie sind aber sicher keine eigentlichen »Protosterne«, sondern Vorstufen von Sternhaufen oder Assoziationen. Die Globulen zerfallen stufenweise in kleinere Einheiten; auf der letzten Stufe bilden sich die Protosterne. Ob alle Sterne des Milchstraßensystems ursprünglich in Sternhaufen oder Assoziationen entstanden sind oder ob ein Teil von ihnen von Anfang an als isolierte Feldsterne existiert haben, kann noch nicht entschieden werden. Die Beantwortung dieser Frage hängt eng zusammen mit der nach der Entstehungsrate der Sterne und Sternhaufen und der Auflösungsgeschwindigkeit der Sternhaufen und Assoziationen. Mit einiger Wahrscheinlichkeit kann man im Augenblick nur sagen, daß die Entstehungsrate der Sterne im Laufe der Zeit kleiner geworden ist; sie war am Anfang etwa zehnmal größer als heute; sie scheint während der letzten fünf Milliarden Jahre konstant geblieben zu sein.

Wolfgang Bargmann

DER WEG DER MEDIZIN SEIT DEM 19. JAHRHUNDERT

Naturwissenschaften und Technik, Industrie und Massengesellschaft bestimmen die Wesenszüge, Aufgaben und Möglichkeiten der Medizin unserer Zeit. In ihr, der Medizin des Rationalismus, sieht Oswald Spengler eine der Alterserscheinungen der abendländischen Kultur. Sie verhindere die natürliche harte Auslese durch Unglück und Krankheit und beschleunige auf diese Weise den Verfall der weißen Völker im Heraufziehen der farbigen Weltrevolution.

Die Grundhaltung des Verfassers ist eine andere: Er hegt die Überzeugung, seit dem »Great Sanitary Awakening« um die Mitte des vorigen Jahrhunderts sei die vom Abendlande hervorgebrachte Medizin zu einer Geschichte bewirkenden Kraft geworden, geeignet, im Zusammenspiel mit Technik, Industrie und Wirtschaft ein erträgliches Dasein vieler Menschen aller Rassen, Religionen und politischen Überzeugungen in einer zu einigenden Welt herbeizuführen. Geeignet aber auch als Waffe in der Hand jener Völker, deren Aufstand gegen das Abendland Spengler als Fatum betrachtet. Chinas Aufstieg zur Weltmacht würde ohne die gigantische Kampagne, die seine Führer gegen Elend, Schmutz und Krankheit eingeleitet haben, nicht gelingen. Eines der Instrumente dieser Kampagne aber ist die abendländische Medizin.

Aufgabe dieses Beitrages ist ein Rückblick auf die Entwicklung der Medizin in den hinter uns liegenden eineinhalb Jahrhunderten und ein Ausblick auf ihre Rolle, aber auch ihre Sorgen in Gegenwart und Zukunft. Der Leser möge es dem Verfasser nachsehen, wenn er auf engem Raume mancher Großtaten nicht gedenkt und nicht alle Aspekte des Gegenstandes ins Licht rückt.

Beobachtung und Experiment

In der Ära der Internationalisierung aller Lebensbereiche erhebt sich vor unseren Augen das Gebäude einer Weltmedizin. Noch zu Beginn des 19. Jahrhunderts erscheint die Heilkunde in mannigfachen nationalstaatlichen Prägungen. Man sprach damals von einer niederländischen, einer Pariser, einer Wiener Schule.

Im Übergang des 18. zum 19. Jahrhundert wuchs die medizinische Wissenschaft in Frankreich glanzvoll empor. In Paris, der Stadt großer Spitäler – allein das Hôtel Dieu umfaßte tausend Betten –, entstand eine auf scharfe klinische Beobachtung, pathologisch-anatomische Forschung und statistische Auswertung der Befunde sich stützende Schule, die auf die Studierenden und Ärzte aller Welt magnetisch wirkte. Morgagnis im 17. Jahrhundert formulierte Lehre vom »Sitz der Krankheiten in den Organen« wurde durch die Studien von Bichat vervollkommnet, dessen Pathologie die krankhaften Veränderungen der Gewebe des Körpers, also der Bauelemente der Organe, für Krankheitszustände verantwortlich machte. Neue Einblicke in die Schauplätze der Krankheitsprozesse bescherte die Erweiterung des diagnostischen Könnens durch einfache physikalische Methoden. Napoleons Leibarzt Corvisart führte Auenbruggers Verfahren der Perkussion, Laennec das der Auskultation in die Klinik ein. Diesen Fortschritten stand ein therapeutischer Nihilismus auf dem Gebiete der Inneren Medizin gegenüber. Strömungen wie der vor allem in Deutschland gedeihende Empirismus Rademachers sind aus der Zwiespältigkeit heraus verständlich, in die der täglich zum Handeln gezwungene Arzt angesichts einer Medizin geriet, die eher auf Therapie verzichten, als sich wissenschaftlich nicht begründeter Verfahren bedienen wollte.

Unmittelbare, bereits zu Beginn des 19. Jahrhunderts mit Händen zu greifende Auswirkung auf die Praxis übte die lokalisatorische Betrachtungsweise jedoch in der Chirurgie aus, die überdies aus den furchtbaren Erfahrungen der Napoleonischen Kriege gelernt hatte. In Frankreich, aber auch in England und Deutschland wurden Methoden zur Blutstillung, Gefäßunterbindung und Knochenbruchbehandlung entwickelt, wurden von einfallsreichen Chirurgen zum Teil heroische Eingriffe ersonnen und mit erstaunlicher Gewandtheit und Schnelligkeit durchgeführt. Viele Kranke verzichteten jedoch aus Furcht vor den Schmerzen auf chirurgische Hilfe. Zwar hatte schon Davy um das Jahr 1800 darauf hingewiesen, man könne Gase als Narkotika verwenden. Doch erst in den vierziger Jahren des 19. Jahrhunderts empfahl der Bostoner Arzt Jackson die Ätherinhalation auf Grund von Selbstversuchen, auf sein Anraten wendete der Zahnarzt Morton dieses Verfahren erfolgreich an, das dann in die europäische Chirurgie einging. Später (1847) ersetzte der englische Gynäkologe Simpson den Äther durch das von Liebig dargestellte Chloroform (1832), das lange das bevorzugte Betäubungsmittel sein sollte. Damit war ein alter Wunschtraum der Patienten und Ärzte erfüllt. Allerdings blieb der chirurgische Eingriff noch immer mit dem tödlichen Risiko der Wundinfektion verbunden, die viele Tausende dahinraffte.

Nahe der Mitte des 19. Jahrhunderts trat die deutsche Medizin neben die französische als ebenbürtige Partnerin. Sie hatte längerer Zeit bedurft, um sich von der Naturphilosophie und Romantik zu lösen und die Erfahrung aus der Beobachtung und die Befragung der Natur durch das Experiment an die Stelle der Spekulation zu setzen. Helmholtz sagt in seiner berühmten Rede des Jahres 1877 über »Das Denken in der Medizin« im Rückblick auf den Jahrhundertbeginn: »Die Naturwissenschaft – und sie fällt in der älteren Zeit mit der Medizin im wesentlichen zusammen – folgte dem Wege der Philosophie; die deduktive Methode schien alles leisten zu können. Sokrates hatte freilich die induktive Begriffsbildung in der lehrreichsten Weise entwickelt. Aber das Beste, was er geleistet hatte, blieb, wie es gewöhnlich geht, so gut wie unverstanden.«

Die Lehre, gegen die ein neues Geschlecht von Naturforschern zu Felde zog, war die Naturphilosophie Schellings und seiner Anhänger. Sie sah in den verschiedenen Reichen der Natur analoge Kräfte walten, im Anorganischen eine chemische, elektrische und magnetische Kraft, im Organischen die Reproduktionskraft, die Irritabilität und Sensibilität, die auch das Leben des Menschen beherrschen. Nicht auf Grund von Beobachtung und Erfahrung, sondern dank der Anwendung der Prinzipien der Analogie, Polarität und Dialektik werden die Naturgesetze aufgespürt. Mit Hilfe der Analogie etwa wurden gemeinsame Eigenschaften der Erde und des roten Blutkörperchens erschlossen, wurden Gichtknoten mit Pflanzenknospen verglichen. Die Anwendung des Prinzips der Gegensätzlichkeit führte ebenso zu einer Konzeption von der Natur als »des Konfliktes einer positiven und negativen Kraft« wie zu poetisch anmutenden Betrachtungen über das Geschehen im menschlichen Organismus, die das bis dahin Bekannte gewaltsam umdeuteten oder als unwesentlich abtaten. Kein Wunder, daß Justus von Liebig die Naturphilosophie als »die Pestilenz, den schwarzen Tod des Jahrhunderts« verurteilte: »Einen Menschen, der im Zustande seiner Tollheit einen anderen umbringt, sperrt der Staat ein. Den Naturphilosophen aber erlaubt man heutzutage noch, unsere Ärzte zu bilden und diesen ihren eigenen Zustand der Tollheit mitzuteilen, der ihnen mit Gewissensruhe und nach Prinzipien erlaubt, Tausende zu töten.«

Die Wende kündigte sich an in Persönlichkeiten wie der des Lehrmeisters einer Generation bedeutender Naturforscher und Ärzte, Johannes Müller und des Internisten Johann Lukas Schönlein. Die Prolegomena von Müllers »Handbuch der Physiologie des Menschen« (1833–1840) beginnen mit der Frage, ob die Grundkräfte, welche die organischen, die Erscheinungen des Lebens darbietenden Körper beherrschen, von denen verschieden sind, welche die Eigenschaften der unorganischen Körper bestimmen, mit denen Physik und Chemie es zu tun haben. »Oder sind die Grundkräfte des organischen Lebens nur Modificationen der physischen und chemischen Kräfte?« Die Ursache der organischen Erscheinungen, sagt Müller, ist die »vernünftige Schöpfungskraft«, die sich nach strengem Gesetz mit Zweckmäßigkeit äußert, schon im Keime vorhanden ist und »die zum Bestehen des Ganzen nöthigen Glieder erzeugt und belebt«. »Organismus ist die factische Einheit von organischer Schöpfungskraft und organischer Materie.« Diese oft schnell wirkende und räumlich sich ausbreitende Lebenskraft oder einen »imponderablen Stoff« mit den allgemeinen Naturkräften, wie Wärme, Licht, Elektrizität, für identisch zu halten, sei man nicht berechtigt. Das Leben als die Äußerung der schaffenden organischen Kraft beginne mit der Einwirkung der Lebensbedingungen, wie des Lichtes, der Luft, der Wärme, des Wassers und der Nahrungsstoffe, als der Lebensreize auf den tierischen und pflanzlichen Keim, in welchem die spezifische Lebensfähigkeit ruht. Die Frage, wodurch letzten Endes die Vergänglichkeit der organischen Individuen bedingt sei, lasse sich nicht beantworten. Man könne nur eine Beschreibung der zur Gebrechlichkeit und zum Erlöschen führenden Phänomene, nicht aber ihre Erklärung geben.

Mit dem Bekenntnis zur Lehre vom Walten einer Lebenskraft schloß sich Johannes Müller der großen Reihe von Denkern und Forschern an, die im Protest gegen das physikalische Weltbild des 18. Jahrhunderts mit seinen Maschinenvorstellungen vom Organismus die Sonderstellung des Lebendigen in vielfach dichterischer Einfühlung verkündeten und der Eigengesetzlichkeit der organismischen Ordnung und Gestaltung das Wort redeten. Freilich überwiegt in Müllers Persönlichkeit der Drang zur nüchternen Zwiesprache mit dem Naturobjekt, so daß er vor den Überschwenglichkeiten der Diktion mancher Zeitgenossen bewahrt bleibt und zur wesentlichen Grenzfigur zwischen moderner, die Medizin des 19. Jahrhunderts bestimmender Naturforschung und romantischer Schau wurde. Schon in der Bonner Antrittsvorlesung des Jahres 1824 vernehmen wir die Klage des Dreiundzwanzigjährigen: »Die Tugenden des beobachtenden Naturforschers sind sehr einfach, aber der rechte Sinn in der Beobachtung, die rechte Beobachtungsgabe und die Anwendung derselben sind seltener unter den Naturforschern geworden, welche sich mit der Ergründung des lebenden Organismus beschäftigen.«

Die Bejahung der unverdrossenen Beobachtung ohne vorgefaßte Meinung schlug sich in dem erwähnten »Handbuch der Physiologie des Menschen« in Form dessen nieder, was wir heute Funktionelle Morphologie nennen würden. Gegenüber der Anwendung des Experimentes hegte Johannes Müller freilich Zurückhaltung: »Es ist nichts leichter als eine Menge sogenannter interessanter Versuche machen. Man darf die Natur nur auf irgendeine Weise gewalttätig versuchen: sie wird immer in ihrer Not eine leidende Antwort geben. Nichts ist schwieriger, als sie zu deuten, nichts ist schwieriger, als der gültige physiologische Versuch; und dieses zu zeigen und klar einzusehen halten wir für die erste Aufgabe der jetzigen Physiologie ...« In dieser Haltung stimmt Johannes Müller mit Goethe überein, der dem »reinen Menschensinn« oder, wie Johannes Müller es ausdrückt, der »anspruchslosen schlichten Anschauung der Natur« den Vorrang vor der Anwendung von Hebeln und Schrauben gibt.

Wie ein Johannes Müller gerade mit dem Bekenntnis zur »schlichten Anschauung« das Morgenrot der Grundlagenforschung in der Medizin aufleuchten ließ, so führte die Innere Medizin eines Schönlein aus einer Ära der deduktiven ontologischen Krankheitsbetrachtung – Krankheiten wurden vielfach als parasitäre Wesen angesehen – in die der induktiven klinischen Methodik. Ordnung der Krankheitszeichen in ursächlicher Verknüpfung zum Bilde des »Krankheitsprozesses« – Wort und Definition sind die »Signatur der Schönleinschen Lehre« (Rudolf Virchow) –, Beobachtung des Krankheitsablaufes, chemische Verfahren, Mikroskopie am Krankenbett, Perkussion und Auskultation wurden von ihm einer stattlichen Reihe später führender Kliniker in vielbewunderter Form gelehrt. Das Schwergewicht des klinischen Unterrichts ruhte in der Konfrontation mit den Tatsachen und nicht auf der Dogmatik der Bücher. Besonderen Wert legte Schönlein auf die Beziehungen der Inneren Medizin zur pathologischen Anatomie, deren Befunde den Prüfstein für die Richtigkeit klinischer Überlegungen abgeben. »Jede neue Tatsache des Leichentisches wurde für ihn eine neue Waffe der klinischen Erkenntnis.« Dieser auf Schönlein gemünzte Satz Virchows gilt auch für Rokitansky und Skoda (1805–1881), die eine berühmte Pflegestätte der pathologisch-anatomischen Richtung der Inneren Medizin in Wien schufen. Die Ergebnisse von Tausenden ihrer Obduktionen – noch war der Kliniker zugleich pathologischer Anatom – bildeten die Grundlage für eine Systematik der Krankheiten. Mit ihrem Ausbau erhielt die Krankheitsforschung zunächst den Vorzug vor der Heilbehandlung. Rokitanskys und Skodas oft angefochtene Haltung war von unbestreitbarer Konsequenz, denn die wissenschaftliche Grundlage einer internistischen Diagnostik und Therapie der Zukunft mußte erst einmal geschaffen werden.

Die Tatsache, daß sich eine neue Generation von Ärzten nicht nur der pathologischen Anatomie, sondern auch der unter Liebig und Wöhler aufblühenden Chemie zuwandte, bedeutete einen überaus wichtigen Schritt zur Entwicklung einer auf Verständnis der Körpervorgänge aufbauenden Medizin, vor allem der Stoffwechselphysiologie und weiter der Diagnostik. Eine ganze Reihe von Verfahren zum Nachweis normaler und abnormer Stoffwechselprodukte wurde schon um die Jahrhundertmitte erarbeitet; Liebigs für die Medizin wegweisendes Buch trägt den Titel: »Die organische Chemie in ihrer Anwendung auf Physiologie und Pathologie« (1842).

Unsere wenigen Beispiele zeigen, daß Johannes Müllers mahnender Satz, »Die Medizin kann wahre Fortschritte nur dadurch machen, daß die ganze Physik, Chemie und alle Naturwissenschaften auf sie angewendet, und daß sie auf die gegenwärtig erstiegene Höhe derselben gestellt und mit ihren glänzenden Fortschritten in Übereinstimmung gebracht werde«, verstanden worden war. Der Boden für das Aufblühen der Medizin unter der Führung der Naturwissenschaften in der zweiten Hälfte des 19. Jahrhunderts war bereitet.

Zellulartheorie und Pathologie. Wie Vesalius, der »Columbus des menschlichen Leibes«, im 16. Jahrhundert den gröberen Bau des Menschen zu erschließen begann, so eröffnete Theodor Schwann, ein Schüler von Johannes Müller, zu Anfang des 19. Jahrhunderts (1839) den Zugang zum Mikrokosmos unserer Organisation durch die Anwendung des Mikroskopes. Menschlicher, tierischer und pflanzlicher Körper erwiesen sich als ein kompliziertes, aus Elementarorganismen, den Zellen, errichtetes und aus Zellen hervorgehendes Gefüge. Das Gleichnis vom Zellenstaat entstand. Schwanns Zellulartheorie entwickelte sich zum Fundament der Biologie, dessen Tragfähigkeit bald auch in der Medizin unter Beweis gestellt wurde.

Noch bis zur Mitte des 19. Jahrhunderts wurden Denken und Handeln in der Medizin von einander bald ablösenden, bald befehdenden Krankheitslehren in Gestalt einer Solidarpathologie oder einer Humoralpathologie wie der Krasenlehre Rokitanskys beherrscht, derzufolge Krankheit auf falscher Mischung der Körpersäfte beruhen sollte. Die Überwindung dieser Dogmen ist das Werk Rudolf Virchows, auch er ein Schüler von Johannes Müller. In seiner 1858 vorgetragenen Zellularpathologie spricht Virchow die Überzeugung aus, daß »die Zelle wirklich das letzte Formelement aller lebendigen Erscheinungen sowohl im Gesunden als im Kranken ist, von welchem alle Tätigkeit des Lebens ausgeht«. Damit vollzog Virchow die Synthese der Zellenlehre Schwanns mit der Pathologie.

Virchow suchte nach seinen Worten nicht mehr die Krankheit, sondern das veränderte Gewebe, und bahnte damit der mikroskopischen Strukturforschung in der Pathologie den Weg. Zu ihren großen Erfolgen gehört beispielsweise die Klassifizierung der gut- und bösartigen Geschwülste. Ohne die Entwicklung der optischen und chemischen Industrie, die immer bessere Mikroskope in den Handel brachte und den Forschern neue Farbstoffe zur Darstellung der mikroskopischen Strukturen in die Hand gab, wäre freilich der Ausbau der Zellen- und Gewebelehre und damit der Pathologie nicht möglich gewesen. Die Gründung der feinmechanischen, vor allem für den Bau von Mikroskopen bestimmten Werkstätte durch Carl Zeiss in Jena (1846) gehört zu den großen Ereignissen in der Geschichte der medizinischen Grundlagenforschung des 19. Jahrhunderts.

Die Lehre Schwanns und Virchows drückt noch heute Theorie und Praxis der Medizin den Stempel auf, ja sie ist mit der Erfindung des Elektronenmikroskops in unseren Jahrzehnten, das uns in die Molekulararchitektur der gesunden und kranken Zelle eindringen läßt, mit der Heranziehung chemischer und physikalischer Methoden zur Erforschung der toten und lebenden Zelle in ein neues Entwicklungsstadium getreten, das die Orthologie und Pathologie aus der Enge rein morphologischer in die Weite funktioneller und dynamischer Betrachtungsweise führt.

Gegen die Zellentheorie und Zellularpathologie, die einen Siegeszug durch die ganze Welt antraten, erhoben sich in den letzten sechs Jahrzehnten Widerstände nicht allein aus dem Lager der Anatomie, Pathologie und Physiologie, sondern auch der klinischen Medizin. Insbesondere die Zellularpathologie hatte gegen Wunsch und Absicht ihres Schöpfers die Empfindung geweckt, ihre lokalistische, Organe und Gewebe in den Brennpunkt rückende Betrachtungsweise vernachlässige die Erfahrung, daß im Falle einer Erkrankung die Ganzheit des Organismus, die Person, befallen sei (Friedrich Kraus, 1897). Der Weg zu einer neohippokratischen Medizin des 20. Jahrhunderts, die der Person Gerechtigkeit widerfahren läßt – ohne die Zellenlehre entscheidend in Frage zu stellen –, beginnt mit der Entwicklung der Physiologie, Pharmakologie und Physiologischen Chemie, der Mikrobiologie und Serologie, der Konstitutions- und Vererbungslehre, der Endokrinologie. Er führt zu einer Heilkunde, die sich der Erforschung körperlich-seelischer Zusammenhänge widmet.

Die Physiologie. Die Zurückhaltung, die noch Johannes Müller – mehr Beobachter des intakten Organismus denn Experimentator im heutigen Sinne – dem Tierversuch zur Erforschung der Lebensvorgänge entgegenbrachte, wich um die Jahrhundertmitte den Bemühungen, den Ablauf dieser Prozesse mit den Verfahren der aufblühenden Physik und Chemie »in Übereinstimmung mit dem Kausalgesetz« (Carl Ludwig) und »unter der Voraussetzung der Begreiflichkeit« (Helmholtz) der Natur zu analysieren. Unter Vorantritt französischer, deutscher und englischer Forscher wurde das mächtige Lehrgebäude der modernen Physiologie errichtet, deren Pflege neugegründeten Hochschulinstituten zufiel; bis dahin war sie an Anatomischen Instituten da und dort von Einzelnen betrieben worden.

Den geistigen Nachfahren eines Magendie und Claude Bernard in Frankreich, eines Johannes Müller, die sich wie Carl Ludwig physikalischer und chemischer Untersuchungsmethoden bedienten, verdankt die Medizin fundamentale Erkenntnisse, so über Wesen und Meßbarkeit der Nervenleitung, der Muskelarbeit, über das Funktionieren von Kreislauf und Atmung, über die Leistungen des Gehirns und der Sinnesorgane. Diese Erkenntnisse bilden die Grundlage für das Verständnis krankhafter Lebensprozesse und damit einen Tragpfeiler der Medizin. Die Nerven- und Sinnesphysiologie stieß darüber hinaus in die Bereiche der Philosophie des Erkennens vor. Beispielhaft ist Helmholtz' Rede »Über das Sehen des Menschen« (1855), in der er auf die Beziehungen der neuen Physiologie zur Philosophie mit den Worten eingeht, die Untersuchungen der Sinneswahrnehmungen führten zu der »schon von Kant gefundenen Erkenntnis: Daß der Satz: ›Keine Wirkung ohne Ursache‹, ein vor aller Erfahrung gegebenes Gesetz unseres Denken sei. Es war der außerordentlichste Fortschritt, den die Philosophie durch Kant gemacht hat, daß er das angeführte Gesetz und die übrigen eingeborenen Formen der Anschauung und Gesetze des Denkens aufsuchte und als solche nachwies. Damit leistete er ... dasselbe für die Lehre von den Vorstellungen überhaupt, was in einem engeren Kreise für die unmittelbaren sinnlichen Wahrnehmungen auf empirischen Wegen die Physiologie durch Johannes Müller geleistet hat.«

Physiologische Chemie und Pharmakologie. Der Schwung, den die Chemie seit der Zeit der Französischen Revolution durch Lavoisier und Dalton, später durch Justus von Liebig, Wöhler (1828 Synthese des Harnstoffs) und Berzelius, die von der »Tierchemie« ausgehenden Begründer der organischen Chemie, erhalten hatte, übertrug sich im 19. Jahrhundert auf die Medizin und Biologie. Chemiker und Physiologen untersuchten zunächst die Zusammensetzung der organischen Stoffe, wie etwa Emil Fischer die Konstitution der Eiweißarten, dann die chemischen Vorgänge in lebenden Organen. In unserem Jahrhundert haben sich die physiologischen Chemiker mit großem Erfolg der Erforschung der gesunden und kranken Gewebe und der lebenden Zelle zugewandt. Unsere Vorstellungen vom Ablauf der Lebensvorgänge werden durch die Entdeckungen der Biochemiker bestimmt, die uns täglich neue faszinierende Einblicke in das Wirken der Fermente, Hormone, Vitamine in den Zellen schenken. Ihre Disziplin eroberte sich in den letzten Jahrzehnten nicht nur eine beherrschende Stellung in der Wissenschaft von den Lebensprozessen. Darüber hinaus erlangte sie hervorragende Bedeutung für das ärztliche Handeln, lieferte sie doch eine Fülle für die Diagnostik unentbehrlicher Untersuchungsverfahren, ferner von Behandlungsmethoden; so fällt in die Periode zwischen den beiden Weltkriegen die Reindarstellung einer Reihe von Hormonen und die Erforschung ihrer Wirkungsweise, von Substanzen, deren Verabfolgung das Leben ungezählter Patienten rettete. Mit der Physiologischen Chemie entwickelte sich die Pharmakologie, die Wissenschaft von der Wirkung der Medikamente auf den Organismus, heute die Grundlage vor allem der internistischen Therapie. Zwar zeigten sich schon in der romantischen Medizin zu Beginn des 19. Jahrhunderts beachtenswerte Vorläufer einer experimentellen Pharmakologie, doch wurde die Wissenschaft von den Arzneimitteln erst mit ihrer völligen Lösung aus naturphilosophischen Systemen und ihrer Gründung auf Chemie und Physiologie zu einem Zweig der modernen Naturwissenschaft und Medizin.

Wie Zellenlehre und Zellularpathologie, begegneten auch Physiologie, Physiologische Chemie und Pharmakologie etwa seit Beginn des 20. Jahrhunderts dem Vorwurf, sie verlören den Blick auf die Verknüpfung der Gliederungen innerhalb des lebendigen Sinngefüges, auf das komplexe Wesen der Person. Der Organismus schien sich unter den geschickten Händen der Experimentatoren in ein Mosaik von Funktionsträgern aufzulösen, darunter etwa Zentren im Nervensystem für Bewegungen, Wahrnehmungen und seelische Antriebe. Die physiologische und physiologisch-chemische Forschung der letzten Dezennien hat jedoch nicht nur eine kaum übersehbare Zahl von Teilvorgängen im Gesamtgetriebe des Organismus erkannt, sondern darüber hinaus humorale und nervöse Regulationssysteme aufgespürt. Sie hat begonnen, ein Bild von dem vielfältigen Wechselspiel im Gefüge des Organismus zu entwerfen, auf dem die Harmonie des Ganzen beruht. Freilich wächst die Schwierigkeit der Zusammenschau der durch Analyse ermittelten Tatbestände mit jedem Tag des wissenschaftlichen Lebens, um so mehr, als das Erfassen biologischer Zusammenhänge ebenso wie das der Fragmente einen hohen Grad methodischer Spezialisierung erheischt.

Von der Ära der Mikrobenjäger zur Serologie und Virusforschung. In die zweite Hälfte des 19. Jahrhunderts fällt der Beginn des bakteriologischen Zeitalters. Entdeckungen wie die eines Pasteur, Kleinlebewesen seien Ursache und nicht Produkte der Gärung, wie jene von Davaine (1863), Milzbrand sei eine experimentell übertragbare Krankheit, der Nachweis und die Züchtung von Milzbranderregern durch Robert Koch (1876) leiten die triumphale Epoche der Mikrobenjäger ein. Ihre Erfolge hängen aufs engste mit der Entwicklung der optischen Industrie zusammen, die immer bessere Mikroskope hervorbrachte, ferner mit dem Aufstieg der chemischen Industrie; die Darstellung von Mikroben beruht weitgehend auf ihrer Anfärbbarkeit durch künstliche Farbstoffe. Im Laufe weniger Jahre wurden die Eitererreger, die Malariamikroben (1880), der Gonococcus, Lepra- und Tuberkelbazillus (1882), die Erreger der Cholera (1883), des Typhus, der Diphtherie nachgewiesen. Zu Beginn des 20. Jahrhunderts folgten Entdeckungen wie die des Erregers der Syphilis (Schaudinn, 1905), und bereits vor der Jahrhundertwende wurde die Existenz eines Virus, des Erregers der Maul- und Klauenseuche, nachgewiesen.

Abgesehen von ihrem unschätzbaren Wert für die Praxis der gesamten Medizin waren die Entdeckungen der Mikrobiologen von grundsätzlicher Bedeutung für das Problem der Krankheitsursache. In bisher nicht gekannter Klarheit offenbarte sich ein Kausalzusammenhang zwischen Erkrankung und Befall des Organismus durch einen bestimmten Krankheitserreger. Die neuen Beobachtungen waren so eindrucksvoll, daß die Vorstellung, mit dem Eindringen der Mikroben in den Organismus sei bereits die Krankheit gegeben, vorübergehend an Boden gewann. Jedoch setzte sich bald die Überzeugung durch, es komme im Falle der Infektionskrankheit zu einer zellularen Reaktion, die das Bild der Krankheit bestimme, und es gehöre die individuell wechselnde Reaktionsbereitschaft gegenüber Krankheitserregern zu den Merkmalen der Konstitution des Menschen.

Als Folge der Auseinandersetzung zwischen Zellularpathologie und morphologisch orientierter Mikrobiologie und dank der Entfaltung der physiologischen Chemie errang eine chemisch-humorale Forschungsrichtung bald Eigenständigkeit, zu deren Mitbegründern Robert Koch selbst mit der Hypothese gehört, Krankheitserreger gäben Giftstoffe ab, die den Organismus zum Erliegen bringen können. Pasteurs Schüler Emile Roux und Yersin erzeugten mit bakterienfreien Filtraten von Diphtherieerregern das Krankheitsbild der Diphtherie. Zu den segensreichsten Taten der Medizin im Ausgang des 19. Jahrhunderts zählt Behrings Entdeckung der Immunität gegen Diphtheriebazillen und ihre Toxine an geeignet behandelten Versuchstieren. Der Nachweis der immunisierenden Kraft zellfreier Blutflüssigkeit, welchem die Bildung eines spezifischen Antitoxins im infizierten Körper zugrunde liegt, führte zu der Diphtherieschutzimpfung, damit zur Eindämmung einer der gefürchtetsten Infektionskrankheiten. Es entwickelte sich eine hochdifferenzierte

Rudolf Virchow

Johannes Müller, 1857

Siemens-Elektronenmikroskop

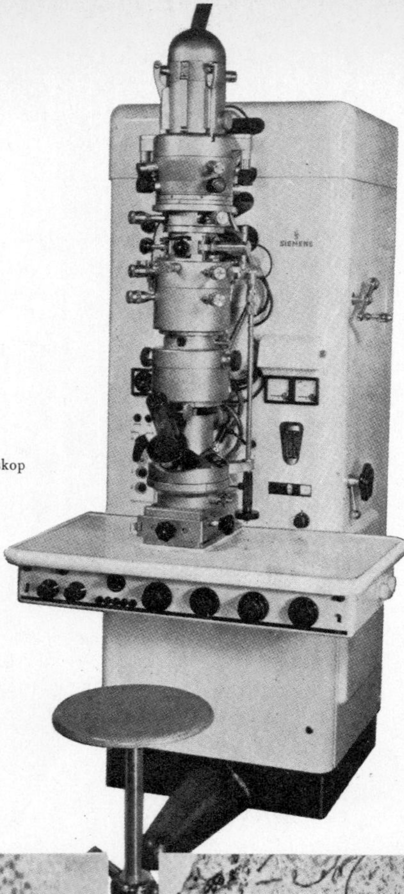

Elektronenmikroskopische Aufnahmen. Links: ein aus Virusteilchen zusammengesetzter Kristall aus dem Innern eines Zellkerns; rechts: ein Dünnschnitt durch eine Geschwulstzelle mit kristallartigen Ansammlungen von Virusteilchen (V) im Kern der Zelle. 1 μ = $\frac{1}{1000}$ mm (Aus Peters, Nielsen u. Andres 1959)

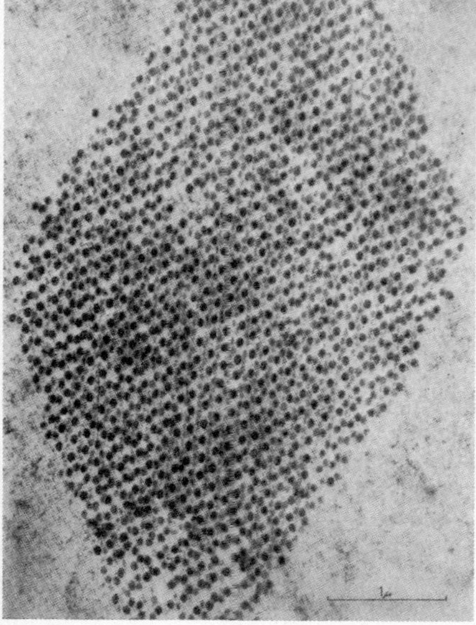

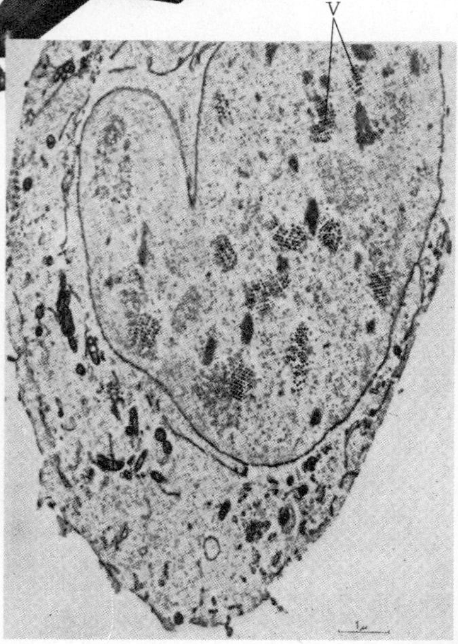

Serumforschung, deren theoretische Grundlage Paul Ehrlich in der Seitenkettentheorie formulierte, nach welcher der Entgiftungsprozeß auf einer chemischen Bindung der Gifte beruht.

Die Entwicklung der Immunitätslehre und Serologie ergab sich aus dem planmäßigen Einsatz des Tierexperiments und chemischen Versuchs, dessen kritische Anwendung Johannes Müller gefordert, seine Schüler verwirklicht hatten. Die vollständige Auswertung des Versuchs war aber nur möglich nach einer Ära der mikroskopischen Morphologie, die den Forschern Vorstellungen von der Struktur des Organismus und der Mikroben vermittelte. In einer ähnlichen Situation befindet sich heute die Wissenschaft von den Viren, lichtmikroskopisch nicht faßbaren Krankheitserregern. Das Elektronenmikroskop, eine Erfindung des zweiten Jahrzehnts unseres Jahrhunderts, hat nicht nur die der makromolekularen Größenordnung angehörenden Viren auffinden lassen, sondern auch Einblicke in die Struktur dieser rätselhaften Lebewesen ermöglicht, welche die Forscher nunmehr der chemischen und biologischen Untersuchung unterwerfen. Damit wurden die Voraussetzungen für die Bekämpfung der Viruskrankheiten geschaffen, unter denen sich todbringende Seuchen befinden.

Von Gregor Mendel zur Humangenetik. Während die Bedeutung der bakteriologischen Entdeckungen für Medizin und Biologie sehr rasch begriffen wurde, blieb eine andere große Leistung des 19. Jahrhunderts, die Begründung der Vererbungslehre durch Gregor Mendel (1865) bis zum Jahre 1900, dem Jahre der Wiederentdeckung der »Mendelgesetze«, unbeachtet. Mendel bewies in Kreuzungsversuchen an Pflanzen, daß die Verteilung der Erbfaktoren gesetzmäßig erfolgt. In der Folge vermählten sich Zellen- und Vererbungslehre: die Zelle wurde als Träger der Vererbungsprozesse erkannt. Den Forschungen Morgans und seiner Schule verdanken wir den Nachweis der an den Zellkern gebundenen, das heißt chromosomalen Vererbung. Neben die Lehre von der chromosomalen trat die der plasmatischen Vererbung. Heute bemühen sich biochemische, physikalische und statistische Untersuchungen um die Aufhellung des Vererbungsgeschehens; im Experiment ließ sich zum Beispiel bereits zeigen, wie einzelne Erbfaktoren (Gene) auf dem Wege über Enzyme zur Wirkung gelangen.

Mit wachsendem Verständnis der Vererbungsvorgänge wurden die Probleme der Erbkrankheiten und ihrer Verhütung und der Vererbung erworbener Eigenschaften immer mehr zu großen Themen der Medizin der Gegenwart. Ihnen widmet sich eine junge Wissenschaft, die Humangenetik. Ihre Erkenntnisse haben Staat, Ärzte und Öffentlichkeit vor die ernste Frage nach den Möglichkeiten der Bekämpfung und Verhütung von Erbkrankheiten gestellt, etwa durch die gesetzliche Freigabe der freiwilligen Sterilisation. Vor allem aber ist es der Humangenetik, die sich auf die Beobachtungen der Genetiker und Strahlenbiologen stützt, zugefallen, immer wieder warnend auf die ernsteste Aufgabe unserer Zeit hinzuweisen, die Verhütung des Atomkrieges, damit die Verhütung der Schädigung des Erbgutes von Mensch, Tier und Pflanze durch radioaktive Strahlung, die sich auf kommende Generationen erstrecken kann. Die Abwürfe von Atombomben auf Hiroshima und Nagasaki (1945) haben in grauenvoller Weise ein Mahnzeichen gesetzt.

Die Großen Fächer der praktischen Medizin. Die Innere Medizin, Chirurgie, Frauenheilkunde – Große Fächer der Medizin – nahmen seit der Durchdringung mit naturwissenschaftlichem Denken, mit neuen Erkenntnissen und Methoden, unter ihnen das Röntgenverfahren, ungeahnten Aufschwung. Zahlreiche, in früheren Zeiten Massen dahinraffende Infektionskrankheiten, wie Tuberkulose, Pest und Cholera, Malaria und Syphilis, konnten verhütet, bekämpft und teilweise geheilt werden. Wir erlebten das große Ereignis der Einführung der Chemotherapie der Infektionskrankheiten – mit der Salvarsantherapie der Syphilis (1910) von Paul Ehrlich beginnend – und der Entdeckung der Antibiotica, welche die pharmazeutische Großindustrie heute über die ganze Welt verbreitet. Viele Störungen des Stoffwechsels und der Inneren Sekretion, so etwa die gefürchtete Zuckerkrankheit, wurden in ihrem Wesen erkannt, diagnostisch erfaßt, einer kausalen Therapie zugänglich und weithin ihres Schreckens beraubt.

Die Chirurgie erhielt beglückende Möglichkeiten der allgemeinen Narkose und, seit der Einführung des Kokains (Carl Ludwig Schleich) in die ärztliche Praxis, der gezielten Schmerzausschaltung. Vor allem aber gelang es, dem operativen Eingriff mit der Bekämpfung und Verhinderung des verheerenden Hospitalbrandes ein Großteil seiner Risiken zu nehmen. Der Periode der antiseptischen Wundbehandlung nach Joseph Lister schloß sich als Ergebnis der bakteriologischen Grundlagenforschung jene der Asepsis an, die keimfreies Operieren erlaubt. Die düstere Lage der Chirurgie und damit aller operativen Disziplinen vor der allgemeinen Verbreitung der Antisepsis Listers schildern eindringlich die Erinnerungen des Internisten Naunyn, im Jahre 1925 erschienen: »In allen größeren Krankenhausabteilungen war jede Operation ein lebensgefährlicher Eingriff. In der Charité in Berlin war schon nach der Eröffnung eines gar nicht großen Eiterherdes Tod durch Septicaemie oder Pyaemie nicht selten. Ich habe ihn dort nach einer einfachen Zahnextraktion eintreten sehen, eine Unterschenkelamputation war höchst gefährlich, eine Oberschenkelamputation fast sicherer Tod. Es war damals ein schwerer Entschluß für uns ›Innere‹, einen Kranken dem Chirurgen ans Messer zu liefern.« Noch im Deutsch-Französischen Kriege (1870/71) starben auf französischer Seite von dreizehntausend Amputierten rund zehntausend. In den Frauenkliniken war die Lage ähnlich. Das tödliche Kindbettfieber, dessen infektiöse Ursache Semmelweis, der »Retter der Mütter«, erkannt hatte und gegen große Widerstände auszuschalten sich bemühte, wich erst, als die Verfahren der Antisepsis Listers und der Asepsis Allgemeingut der Ärzte wurden. Antisepsis, Asepsis und Narkose waren die Voraussetzungen für die Entwicklung der modernen Frauenheilkunde.

Das schnelle Aufblühen der Operationskunst erzwang einen Wandel im Stil der klinischen Arbeit. Nicht mehr der einzelne, von nur wenigen Helfern unterstützte Chirurg bestimmt mit der Geschicklichkeit seiner Hand den Ablauf des Eingriffes und damit das Schicksal des Kranken. Die Einführung nichtchirurgischer Verfahren in die chirurgische Praxis, die zunehmende Kompliziertheit des technischen Apparates für Diagnostik und Narkose, etwa Unterkühlungsverfahren, schließlich die Nachsorge machen eine vielköpfige, kostspielige Organisation erforderlich. Der Erfolg hängt von dem Zusammenspiel einer mit Hingebung arbeitenden Gemeinschaft von Spezialisten ab. Eine ganze Reihe von Operationen kann daher nur noch in besonderen Zentren durchgeführt werden.

Parzellierung. Der vor einem Jahrhundert beginnenden Aufspaltung der Grundwissenschaften der Medizin, die vor unseren Augen weiter voranschreitet, entspricht eine weitgehende Spezialisierung auch der praktischen Medizin. Ihre Bejahung ist in kommunistischen Ländern mit der aus gesellschaftspolitischen Gründen angestrebten Verstaatlichung des Arztberufes, der in den westlichen Ländern zu den freien Berufen zählt, verknüpft worden; nur der Spezialist in einem Kollektiv von Ärzten könne der Gesellschaft wirklich nutzen.

Aus der Inneren Medizin lösten sich Nerven- und Kinderheilkunde, ihrerseits auf dem Wege zum großen Fach und neue Spezialitäten gebärend; auf dem Gebiete der operativen Medizin emanzipierten sich die Orthopädie, Urologie, Gehirn- und Lungenchirurgie und in neuester Zeit die Herzchirurgie, Disziplinen, deren Ausübung die Konstruktion hochdifferenzierter Maschinen durch Chirurgie-Ingenieure voraussetzt. Schon ist in den Vereinigten Staaten der Beruf des »Medical Engineer« geschaffen. Sonderfächer, wie die Dermatologie, die Augenheilkunde, die Hals-, Nasen- und Ohrenheilkunde, die Zahnheilkunde, wurden dank den Entdeckungen und Erfindungen der Naturwissenschaftler und Mediziner des 19. und 20. Jahrhunderts auf einen bewundernswert hohen Leistungsstand gebracht. Mit dem Verlust an Übersehbarkeit gewann die Heilkunst an Sicherheit in der Bekämpfung und Verhütung zahlreicher Krankheiten.

Psychiatrie und Psychologie. Die naturwissenschaftliche Methodik, die die somatische Medizin zur Entfaltung brachte, hielt im 19. Jahrhundert auch in die Wissenschaft von den psychischen Krankheiten Einzug. Die Psychiatrie trug zunächst, wie die Lehre von den körperlichen Erkrankungen, das Stigma der romantischen Medizin. Nach Ansicht ihrer Führer manifestierten sich in den Geisteskrankheiten Erkrankungen der substratlosen Seele, andere Psychiater sahen in ihnen vom Patienten verschuldete und von Gott verhängte Strafen. Eine naturwissenschaftliche, zum Teil lokalisatorische Auffassung vom Zustandekommen psychopathologischer Symptome, deren Wurzeln in die französische Medizin des ausgehenden 18. Jahrhunderts hinabreichen, versuchte die Schranke zwischen der Psychiatrie und der Organpathologie niederzulegen. Vor allem durch Griesinger wurde jene Richtung der Psychiatrie mit Leben erfüllt, die dem Satze huldigte, »Geisteskrankheiten sind Gehirnkrankheiten«.

Zu Beginn des 20. Jahrhunderts wurde man in zunehmendem Maße der Schwierigkeiten inne, die Mannigfaltigkeit der Symptome von Geisteskrankheiten mit Regelmäßigkeit auf bestimmte Veränderungen des Zentralnervensystems zu beziehen. Das weithin vergebliche Suchen nach charakteristischen morphologischen Veränderungen im Gehirn mündete in Resignation und Skepsis gegenüber einer »Gehirnmythologie«, die den Schlüssel zum Verständnis der Psychosen in Händen zu haben glaubte. Zudem fehlte es an einer begrifflichen Ordnung der psychopathologischen Krankheitszeichen und an einer Erarbeitung in sich geschlossener Krankheitsbilder durch die Beobachtung des Gesamtverlaufs von Erkrankungen. Einen großen Fortschritt bedeutete daher die Herausschälung selbständiger Formenkreise psychotischer Störungen aus der Vielfalt der Erscheinungen. Kraepelins Einteilung der Psychosen mit ihren Grundformen des manisch-depressiven Irreseins, der Paranoia und der Dementia praecox wie der später von Bleuler gekennzeichneten Schizophrenie, entsprang nicht systematischen Untersuchungen morphologischer Veränderungen oder aetiologischen Studien, sondern der klinischen Beobachtung, die den Arzt den inneren

Zusammenhang wechselnder Zustände erkennen läßt, der mühevollen Durcharbeitung von vollständigen Beobachtungsreihen. Es handelt sich dabei um eine Bestandsaufnahme der seelischen Krankheitserscheinungen unabhängig von der Symptomatologie des »Organs der Seele«. Auf diese Weise erhält man »zwei Reihen innig miteinander verbundener, aber ihrem Wesen nach unvergleichbarer Tatsachen, das körperliche und das psychische Geschehen. Aus den gesetzmäßigen Beziehungen beider zueinander geht das klinische Krankheitsbild hervor« (Lange, 1927).

Die Psychiatrie des Jahrhundertbeginns ließ es sich im Sinne dieser Haltung angelegen sein, mit Hilfe der aus der Physiologie hervorgegangenen Psychologie, der Wissenschaft vom Seelenleben des Gesunden, »zu einer Physiologie der Seele« zu gelangen, die »der Psychiatrie eine brauchbare Grundlage zu geben vermag« und zu einem Verstehen der Entwicklung der Geisteskrankheiten führt. Der Ausdruck »Physiologie der Seele« verrät ebenso die geistige Herkunft des systematisierenden Gestalters der neuzeitlichen Psychiatrie – Kraepelin – wie sein Hinweis, aus der Erforschung der Einwirkung der Gifte auf psychische Prozesse könne Verständnis für klinische Krankheitserscheinungen erwachsen. Die somatische Grundgesinnung Kraepelins (Karl Jaspers) ist bei einem Schüler von Wilhelm Wundt verständlich, des Schöpfers des ersten Laboratoriums (1879), in dem Psychologie auf der Grundlage der Physiologie und ihrer experimentellen Methodik getrieben wurde. Kraepelins Schrift »Der psychologische Versuch in der Psychiatrie« (1894) schließt mit den Worten »Messung und Beobachtung«. Ein Vierteljahrhundert später bezeichnet Kraepelin als eine wesentliche Aufgabe der psychiatrischen Forschung die intensive Untersuchung des Soma psychisch gesunder und kranker Menschen mit den verschiedenartigsten Verfahren der Naturwissenschaft einschließlich des psychologischen Versuchs und der Vererbungslehre, um – mit dem Ziel einer Therapie und Prophylaxe – den Zusammenhang zwischen Hirnleistung und Seelenäußerung zu erfassen. Die Aussage, man habe allen Grund zu der Annahme, »daß sich das Gehirn aus einer Unzahl von Einzelwerkzeugen und -maschinen zusammensetzt, die alle ihre bestimmte Bedeutung für das Zustandekommen der Gesamtleistung besitzen«, leitet zu architektonischen Hirnstudien unserer Tage unmittelbar über. Diese Studien gehen von der Hypothese aus, »daß somatische Hirnveränderungen die letzte Grundlage der pathologischen Phänomene bilden« (Cecile und Oskar Vogt, 1953), die sich an Geisteskranken manifestieren. Von ihrer Aufdeckung seien nicht nur kausale Einblicke in die Leib-Seele-Prozesse, sondern auch Hinweise auf ihre somatische Beeinflussungsmöglichkeit zu erwarten. Im Einklang mit dieser Auffassung lassen neue Untersuchungen das Gehirn als ein strukturell und biochemisch hochdifferenziertes Gefüge erkennen, dessen Gliederungen provozierbare psychische Sonderleistungen vollbringen. Auch die Ergebnisse der sogenannten Psychochirurgie, die über die operative Ausschaltung existenzbedrohender Antriebe – freilich nicht selten um den Preis von Charakterveränderungen – berichtet, sprechen dafür, daß bestimmte Hirnareale des Menschen in den Vollzug höherer psychischer Funktionen eingeschaltet sind.

In der gleichen Zeit, in der Psychiatrie und Psychologie sich den Naturwissenschaften zu verschreiben begannen, trat eine gänzlich anders erscheinende Bewegung auf dem Gebiet der Psychiatrie von ungeheurer Wirkungsbreite kämpferisch auf den Plan.

Die Psychoanalyse. Im Jahre 1885 studierte Sigmund Freud in der Salpetrière unter Leitung des französischen Großmeisters Charcot die Phänomene der Hysterie und Hypnose, denen sich die Mediziner mit nachhaltigerem Interesse als bisher zuwandten. Bedeutsam war ferner die Wirkung der psychotherapeutischen Schule von Nancy mit ihrer Pflege der Hypnose- und der Suggestionstherapie. Zusammen mit dem Wiener Nervenarzt Breuer widmete sich Freud Hysterieforschungen, die über die Katharsis, die heilende Wirkung der Erweckung traumatischer Erlebnisse in der Hypnose, berichten. Der Aufstieg der — nun so genannten — Psychoanalyse begann, als Freud beobachtete, daß die »Seelenreinigung« auch ohne Hypnose gelingt, und zu erkennen glaubte, daß sexuelle, bis in die Frühzeit des Individuums verfolgbare Traumata die Krankheitsursache bilden. Von diesem Ansatz aus deckte Freud, der mit dem Kranken gegen die »Feinde« eine Partei bildende Arzt, den Sinn der Einfälle, der Selbstwahrnehmungen — mögen sie dem Kranken unangenehm, unwichtig oder unsinnig erscheinen — und ihrer Verknüpfung mit Symptomen auf. Der Kranke soll »erzählen, was er nicht weiß«. Das Ziel der Psychoanalyse war, dem Ich durch Deutung »die Herrschaft über verlorene Bezirke des Seelenlebens wiederzugeben«.

Es ist hier nicht der Ort, ärztliche Erfolge, Mißerfolge und Mißgriffe der Psychoanalytiker, darunter der Epigonen Freuds, zu beleuchten. Der Hinweis mag genügen, daß sich das durch Freud begründete Verfahren entgegen mancher vor drei Jahrzehnten ausgesprochenen Prophezeiung als ein wichtiger, oft mit der Beichte zu Recht oder Unrecht verglichener Weg zur Heilung bestimmter psychischer Störungen erwiesen hat, deren Beeinflussung mit dem geduldigen Zuhören beginnt.

Indessen haben weniger die therapeutischen Erfolge der Psychoanalyse, als vielmehr die Auseinandersetzung mit ihrer Theorie (Carl Gustav Jung) das Denken in der Medizin und darüber hinaus das Geistesleben des 20. Jahrhunderts tief beeinflußt, bedeutet sie doch den Versuch, die Bezirke des Unbewußten in die Helle rationaler Durchdringung zu rücken. Es schmälert die historische Bedeutung dieses Unterfangens nicht, wenn man als richtig anerkennt, daß viele Neurosen dem Machttrieb und nicht der Sexualität (Adler) ihre Entstehung verdanken oder wenn man mit Carl Gustav Jung an die Stelle der Sexualität als bestimmende seelische Triebkraft eine Vielheit von Wertintensitäten treten läßt. Die menschliche Seele ist, so Carl Gustav Jung (1929), »seit Urzeit durchtränkt und durchwebt von religiösen Gefühlen und Vorstellungen«.

Für Freud enthüllt sich das Seelenleben als die »Funktion eines Apparates«, dem wir »räumliche Ausdehnung und Zusammensetzung aus mehreren Stücken zuschreiben« (1938). Die älteste seiner Provinzen ist das konstitutionell festgelegte »Es«, repräsentiert durch die »aus der Körperorganisation stammenden Triebe«. Das »Ich« ist jene »Rindenschicht«, die sich als Instanz der Selbstbehauptung zwischen dem Es und der uns umgebenden Außenwelt herausgebildet hat und zwischen beiden vermittelt. Als dritte, von uns als Gewissen verspürte Macht, entwickelt sich das »Über-Ich«, in dem sich die Einflüsse der Eltern und Erzieher, der Tradition und des sozialen Milieus fortsetzen. Das Über-Ich zieht das Ich nicht nur wegen seiner Taten, sondern wegen seiner Gedanken und Absichten zur Rechenschaft. Im Es und Über-Ich wirken die ererbte und die übernommene Vergangenheit, das Ich wird durch das Selbsterlebte, das Accidentelle und Aktuelle bestimmt.

Seine Handlung »ist dann korrekt, wenn sie gleichzeitig den Anforderungen des Es, des Über-Ichs und der Realität genügt, also deren Ansprüche miteinander zu versöhnen weiß«. Hinter dem Es stehen als »die körperlichen Anforderungen an das Seelenleben« die Triebe. Wie im Anorganischen Anziehung und Abstoßung, so herrschen im Unbewußten, die »ganze Buntheit der Lebenserscheinungen« bestimmend, Eros und Todestrieb. Freud blieb bei der Analyse des Individuums nicht stehen. Er gelangte vom Studium der Individualentwicklung des menschlichen Wesens zu einer Analyse der Kulturentwicklung, deren Schicksalsfrage ihm zu sein scheint, ob sie der Störung des Zusammenlebens durch den menschlichen Aggressions- und Selbstvernichtungstrieb Herr zu werden vermag (»Das Unbehagen in der Kultur«).

Der Versuch, die Triebe aus der dunklen Tiefe an das Licht des Tages emporzuheben, hat – man lese Thomas Manns Würdigung des Werkes von Freud –, unbeschadet aller oft am falschen Platz moralisierenden Skepsis, nachhaltige Wirkung auf Literatur und Bildende Kunst, auf Kunstwissenschaft, Religionswissenschaft, Völkerpsychologie und Sprachforschung (»Totem und Tabu« 1913), auf die Soziologie ausgeübt. Wir verzeichnen als Beispiel nur am Rande, daß die Grenzerweiterung, welche die Psychoanalyse mit ihrem Vorstoß ins Unbewußte und ins Traumland vornahm, in unmittelbarem Zusammenhang mit dem Surrealismus in Dichtung, Malerei und Plastik steht (Werner Haftmann, Malerei im 20. Jahrhundert, 1954).

Psychosomatische Medizin. In der Gegenwart ringt eine Richtung der Heilkunde um Geltung, die sich mit den Wechselbeziehungen zwischen Leib und Seele, nicht nur mit den psychischen Begleiterscheinungen körperlicher Krankheiten, befaßt. Sie kämpft als sogenannte psychosomatische Medizin zwischen jener Front der Medizin, die dem Psychischen, und jener der Psychoanalytiker und ihrer Sekten, die dem Soma unzulänglich oder gar nicht zugewandt ist. Im Vordergrund des Interesses der Psychosomatik steht das Problem der Entstehung körperlicher Erkrankungen, etwa der Blutdruckkrankheit und des Magengeschwüres, auf psychischer Grundlage. Anfänglichen Übertreibungen folgte die Besinnung darauf, daß der Mensch als Leib-Seele-Einheit und nicht in Teilen von Krankheit ergriffen wird. Zeitliche Differenz der Symptome bedeutet noch keine kausale Verkettung. Die Schädigung des Ganzen kann jedoch zuerst in psychischen Phänomenen offenkundig werden, denen die somatischen folgen, um unter Umständen wieder von psychischen Zeichen abgelöst zu werden.

An die romantische Symbolik des beginnenden 19. Jahrhunderts erinnern Versuche, körperliches Leid als sinnvolles Geschehen zu deuten, in welchem verdrängte seelische Vorgänge ihren Ausdruck finden. Romantische Vorläufer haben auch die Bemühungen, zwischen Krankheit des Soma und Schuld, Krankheit und Sünde Beziehungen aufzudecken, psychische Momente zu erfassen, die den Ausbruch einer Krankheit, etwa einer Tuberkulose, in einem biographisch bedeutsamen Lebensabschnitt bedingen und als sinngemäßes Ereignis begreifbar machen. Das sind Bestrebungen im Spannungsfeld zwischen Natur- und Geisteswissenschaft, zwischen Medizin und Theologie, deren Wert im Anstoß zum Durchdenken des Wesens und der Situation des Menschen und nicht zuletzt des Arztes gelegen ist. Die Gründe für das Erwachen der psychosomatischen Medizin liegen zum Teil in dem

Gefühl der Zwiespältigkeit, in dem Mißbehagen, das sich bereits Anfang unseres Jahrhunderts unter dem Schlagwort »Krise der Medizin« vielfach emphatisch bekundete. Die ablehnende Haltung vieler Patienten und Ärzte galt einer Medizin, die – überspitzt ausgedrückt – den Leib des Menschen wie einen Zellenstaat, eine Maschinerie ohne Seele behandelt. »Wenn der Arzt das Zimmer betritt, fällt sein erster Blick auf die Kurve am Kopfende des Bettes, nicht auf den Kranken« (Viktor von Weizsäcker 1950). Inzwischen setzt sich eine neue hippokratische Auffassung von der Leib-Seele-Einheit und eine behutsamere Haltung gegenüber dem magiebedürftigen Kranken mit seinen nichtobjektivierbaren Wirklichkeiten durch, als sie dem Materialismus eigen war, vor dessen Welle schon Helmholtz warnte.

Sowjetische Physiologie und Psychiatrie. Die politisch und weltanschaulich begründete Spaltung unserer Welt in die Machtblöcke des Westens und Ostens hat auch die Naturwissenschaft und Medizin betroffen. In Sowjetrußland fand die von Pawlow ins Leben gerufene Richtung der Physiologie, Psychologie und Psychiatrie, die auf der Grundlage der Reflexphysiologie des genialen Experimentators beruht, staatliche Anerkennung. Vom Studium der bedingten Reflexe am Versuchstier ausgehend – allein auf ein Glockensignal hin sondert ein Hund Speichel ab, wenn jedesmal vor der Fütterung die Glocke ertönt (1902) –, gelangte Pawlow zu der Auffassung, auch die psychische Tätigkeit des Menschen lasse sich in eine Vielfalt bedingter, den wechselnden Umweltsbedingungen sich anpassender Reflexe auflösen. Abnorme Reaktionen der Versuchstiere, unter ihnen sogar ein »Freiheitsreflex« des eingesperrten Hundes, bezeichnet Pawlow als experimentelle Neurosen. Die Hysterie, Schizophrenie und Paranoia waren für ihn das Ergebnis abnormer Reflextätigkeit. Zweifelsohne hat Pawlows Auffassung von der Bildsamkeit des Nervensystems durch die Einflüsse der Umwelt der Anerkennung durch die sowjetische Wissenschaft Vorschub geleistet, die sich gegenüber Lehren von der umweltsabhängigen Plastizität der Lebewesen einschließlich des Menschen als in hohem Maße aufgeschlossen erwies.

Die Tatsache, daß die westliche Wissenschaft über die Auswirkung der Pawlowschen Lehre auf das psychiatrische Handeln in Sowjetrußland nur oberflächlich orientiert ist, gehört zu den Widersinnigkeiten unseres Zeitalters der umfassenden Kommunikationstechnik. Berichte lassen immerhin erkennen, daß die sowjetische Psychiatrie auch in der Praxis um den Einklang mit der Pawlowschen Theorie bemüht ist, wenn sie in großem Umfang Schlaftherapie und Dauernarkose bei den verschiedenartigsten Geisteskrankheiten in der Vorstellung durchführt, damit in das Wechselspiel der Hemmungs- und Erregungsvorgänge im Signalapparat des Nervensystems einzugreifen. Interessanterweise wurde die Ausübung der von einer lokalistischen Vorstellung ausgehenden Psychochirurgie bei Schizophrenen auf Grund der in der Sowjetunion gemachten Erfahrungen durch einen Befehl des Gesundheitsministers (1950) verboten.

Die russische Medizinalstatistik verzeichnet eine starke Abnahme von Geistesstörungen aller Art und Suchten. Diese Erscheinung stehe ganz im Gegensatz zu den Verhältnissen in den kapitalistischen Ländern. Die Zunahme psychischer Erkrankungen in den USA sei mit Kriegspsychose, Arbeitslosigkeit und sozialer Misere zu erklären. Die Medizinalstatistik dient hier als Waffe im Kampf der politischen Ideologien und der Gesellschaftsordnungen.

Medizin und Gesellschaft

Das im 19. Jahrhundert zunächst in Europa zwischen Naturwissenschaft und Medizin eingegangene, nach allen echten und vermeintlichen Krisen immer wieder bekräftigte Bündnis hat reiche Früchte getragen. Das Wesen vieler, Siechtum und Tod bringender Krankheiten wurde mit den Methoden der Physik und Chemie erkannt. Heilverfahren und vorbeugende Maßnahmen erzielten Erfolge, die noch vor wenigen Jahrzehnten in sehr weiter, ja in unerreichbarer Ferne zu stehen schienen. Sie halfen die Struktur unserer Gesellschaft entscheidend verändern. An diesen Erfolgen sind alle Disziplinen der Heilkunde beteiligt.

Von besonders weitgreifender Wirkung waren die Fortschritte in der Bekämpfung und Verhütung der Störungen des Massenlebens durch Seuchen. »Man hält der Schulmedizin die Krankheiten vor, die sie noch nicht zu verhüten oder zu heilen vermag. Von Cholera, Pocken und Pest redet kein Mensch« (O. Bumke 1932), allerdings nur in Europa. An die einstigen Asyle der Aussätzigen erinnern hier nur noch Straßennamen (»Klapperfeld«), deren Bedeutung der Stadtbürger längst vergessen hat.

Die Größe des im 19. Jahrhundert einsetzenden Fortschritts ist ohne einen Blick in die Vergangenheit nicht zu ermessen, in der Cholera und Ruhr, Pest und Pocken, Typhus und Fleckfieber wie die Apokalyptischen Reiter über die Erde zogen, nicht selten die Pläne der Feldherren und Politiker hemmend oder vereitelnd. Die Pest oder – wie Plutarch sagt – »Götterhand«, der Perikles mit vielen Athenern erlag, entschied den Ausgang des Peloponnesischen Krieges (429 v. Chr.). Pestzüge schwächten das Römische Imperium des Kaisers Marcus Aurelius (161–180) während seines Kampfes gegen Parther und Markomannen und brachen aus dem Orient verheerend in das Byzanz des Kaisers Justinian ein (6. Jahrhundert). Im 14. Jahrhundert starben schätzungsweise fünfundzwanzig Millionen Europäer den »Schwarzen Tod«. »Die große Pestilenz war so ansteckend, daß die Menschen ohne Pfleger starben und ohne Priester begraben wurden. Väter sahen nicht nach ihren Söhnen, Söhne nicht nach ihren Vätern. Die Nächstenliebe war tot, und die Hoffnung lag am Boden. Die Pest war groß; denn sie erstreckte sich über die ganze Welt und ließ kaum ein Viertel der Bevölkerung am Leben« (De Chauliac 1348, Pest in Avignon). Im gleichen Zeitraum wurden die ersten einschneidenden behördlichen Maßnahmen zur Bekämpfung der Plage getroffen, darunter Meldepflicht und Quarantäne (Ragusa 1377, Venedig 1403). Auch in den späteren Jahrhunderten traten immer wieder – vor allem in Asien – Pestepidemien auf. Heute erwähnen unsere europäischen Lehrbücher die Pest mit dürren Worten unter den wenigstens für einen beachtlichen Teil der Erde praktisch verschwundenen Todesursachen.

Außer der Pest hat die Medizin in den letzten Jahrzehnten zahlreiche andere, bereits genannte Infektionskrankheiten weitgehend zu beherrschen gelernt, die in den Ablauf der Geschichte nicht selten nachhaltig eingriffen: Der Marsch Karls I. auf London (1643) wurde durch Typhus zum Stehen gebracht, die Truppen des Preußenkönigs Friedrich Wilhelm II. zogen sich unter schweren Verlusten durch die Dysenterie aus dem revolutionären Frankreich zurück, Pocken rafften die Azteken Mexikos nach der spanischen Invasion (1520) zu mehr als drei Millionen dahin, und im amerikanischen Bürgerkrieg starben etwa sechzig Prozent aller ums Leben gekommenen Soldaten an Typhus, Dysenterie und Malaria. Auch die Pocken sind heute in Europa aus der Reihe der Völker und Heere bedrohenden Krankheiten gestrichen. Seit 1932 wurden in Deutschland nur drei Todesfälle an Pocken verzeichnet, während noch im 18. Jahrhundert von hundert gleichzeitig geborenen Kindern elf bis fünfzehn vor dem zehnten Lebensjahr an Pocken starben. Die völlige Ausmerzung der Pocken gelang in den Ländern, die kraft Gesetzes (Deutschland 1874) einen Impf- und Wiederimpfzwang ausübten und noch ausüben. Selbst in der an Volks- und Armeebewegungen reichen ersten Hälfte unseres Jahrhunderts war es möglich, Europa weitgehend vor Epidemien, wie etwa vor Fleckfieber, Typhus und Cholera, zu schützen oder diese einzudämmen. Noch im Krieg 1870/71 verlor das deutsche Heer rund ein Armeekorps durch Typhus, und noch im Jahre 1892 wurde Hamburg von einer Choleraepidemie heimgesucht, die fast neuntausend Menschen das Leben kostete. Ein besonderes Ruhmesblatt ist der Fortschritt im Kampf gegen die Diphtherie, dessen Größe folgende Zahlen belegen mögen: Allein in England und Nordamerika überleben heute jährlich etwa zwanzigtausend Kinder, die ohne Schutzimpfung an Diphtherie gestorben wären. Die Medizin des 20. Jahrhunderts ist auf dem Wege, auch anderer massengefährdender Seuchen wie nur Einzelne befallender Infektionskrankheiten Herr zu werden, einschließlich derjenigen Krankheit, welche die größte Massenwirkung ausübt, der die Tropen tyrannisierenden Malaria. Es hat nicht an Stimmen gefehlt, nach denen eine schlagartige Beseitigung dieser und anderer Seuchen zu schweren wirtschaftlichen und sozialen Erschütterungen infolge allzu raschen Bevölkerungsanstieges führen müßte; wir kommen später auf dieses Problem zurück.

Die theoretischen Voraussetzungen für eine wirksame Prophylaxe und Bekämpfung von Massenerkrankungen, auf deren einige ein Streiflicht fiel, wurden durch die naturwissenschaftliche Grundlagenforschung geschaffen, bis in unsere Tage allzu häufig gegen den Widerstand der öffentlichen Meinung und das Zögern der öffentlichen Hand. Wesentlich waren folgende Erkenntnisse: die der Übertragbarkeit der Krankheit durch bestimmte Kleinlebewesen, der Möglichkeit, diese Erreger oder ihre Toxine durch bestimmte Pharmaca oder Sera mittelbar oder unmittelbar zu schädigen oder auszuschalten, und ganz besonders die Feststellung, daß gegen eine Reihe übertragbarer Krankheiten eine Immunität des Organismus entstehen kann. Die Konsequenz dieser Erkenntnisse war die Schaffung von Heilmitteln in Gestalt chemischer Verbindungen (etwa Salvarsan, Sulfonamide), von Antibiotica (etwa Penicillin), von Heilseren (etwa gegen Diphtherie) und die Entwicklung der bereits erwähnten Schutzimpfungen (zum Beispiel gegen Diphtherie und Pocken). Eine ganz entscheidende Rolle spielt für die Ausmerzung einer Reihe von Seuchen das Auffinden von Insecticiden. Die Möglichkeit, die Anopheles-Mücke durch Gift auszurotten, bietet die Handhabe zur Ausschaltung der Malaria.

Entdeckung und Beobachtung der mikroskopisch darstellbaren Krankheitserreger konnten sich noch in den bescheidenen, oft aus Privatmitteln unterhaltenen Studierstuben oder in den Expeditionszelten der Mikrobenjäger abspielen. Die Entwicklung der Heilmittel und der Insecticide setzt bereits den kostspieligen Apparat großer Laboratorien in staatlichen oder industriellen Instituten voraus. Ihre Herstellung in den für großräumige Aktionen notwendigen Mengen außerhalb finanzkräftiger Fabriken ist nicht denkbar. Die

Durchführung von vorbeugenden hygienischen und sozialhygienischen Maßnahmen ist ein Problem der Organisation geworden, das nur mit den Mitteln des Staates bewältigt werden kann. Somit erkennen wir als einen Wesenszug der Medizin des 20. Jahrhunderts ihre zwangsläufig immer enger werdende Bindung an die pharmazeutische Großindustrie, also an das Kapital, und an hochorganisierte Gesundheitsverwaltungen, das heißt den Staat, der als Überwacher und Gesetzgeber auf dem Gebiet der Gesundheitspflege in Erscheinung tritt.

Die Geschichte der Seuchen und ihrer Bekämpfung bezeugt, daß staatliche Maßnahmen, wie Quarantäne an den Grenzen der Länder und Küsten der Kontinente und Impfungen, zum Schutz der Gesellschaft vor Epidemien keineswegs ausreichen. Rudolf Virchow hat bereits vor hundert Jahren im Hinblick auf die Seuchen gefordert, die Medizin müsse in das politische und soziale Leben eingreifen und »die Hemmnisse angeben, welche der normalen Erfüllung der Lebensvorgänge im Wege stehen«, um ihre große Aufgabe ganz zu erfüllen.

Mit der »industriellen Revolution« in England begann das Zeitalter der modernen Massengesellschaft mit einem in Elend und Enge in Großstädten oder kleineren Industriebezirken lebendem Proletariat, das sich bald als bevorzugtes Opfer von Krankheiten erwies. Zu diesen Opfern gehörten unter anderem die Arbeiter in schlesischen Industriebezirken, in denen im Revolutionsjahr 1848 der Typhus wütete. Rudolf Virchow war Augenzeuge ihrer Not. Friedrich Engels' die englische Regierung anklagende Schrift »Die Lage der arbeitenden Klassen in England« (1849) entstand unter dem Eindruck der Massenerkrankungen durch Seuchen.

Die seit dem Beginn des 19. Jahrhunderts wachsende soziale Spannung wirkte nachhaltig auf die Medizin ein. Der Heilkunde fiel es zu, die Bedeutung des Milieus für Gesundheit und Krankheit zu erforschen und praktische Maßnahmen zur Beseitigung des von vielen Seiten gebrandmarkten Elends vorzuschlagen. Seit dem vergangenen Jahrhundert sehen wir mit der allmählich zunehmenden Einsicht in die Notwendigkeit sozialer und sanitärer Reformen die Hygiene und in ihrem Gefolge die Sozialhygiene aufwachsen. Ihre Bestrebungen wurden genährt von echter Philanthropie der Bürger, unter ihnen bedeutender Gelehrter. Nicht selten freilich standen sie im Kampf gegen Uneinsichtigkeit und Unbekümmertheit der Behörden und maßgebender Teile der Öffentlichkeit; später erfreuten sie sich staatlicher Förderung.

Auf dem europäischen Kontinent führten Untersuchungen Pettenkofers über Wasser, Boden und Luft, Wohnung, Ernährung und Kleidung in ihren Beziehungen zu Gesundheit und Krankheit zu nützlichen Vorschlägen über Entwässerung des Bodens, Kanalisation und Reinigung der Städte, nachdem bereits im Jahre 1854 die Übertragung von Cholera durch das Wasser der Londoner »Broad Street Pumpen« nachgewiesen worden war. Eine anschauliche bittere Lehre gab der erwähnte Modellfall der Hamburger Choleraepidemie des Jahres 1892: Die Wasserleitungen von Hamburg und Altona waren durch Choleraerreger verunreinigt. Die Tatsache, daß Altona von der Epidemie nicht befallen wurde, beruhte auf dem Vorhandensein einer Filtrieranlage. Die Konsequenz solcher Erfahrungen war unter anderem die Einrichtung derartiger Anlagen in den Städten Europas und der Vereinigten Staaten, hier unter Vorantritt des Technologischen Institutes von Massachusetts;

sie verwehrten der Cholera, dem Typhus und anderen Krankheiten den Einbruch in die städtischen Lebensgemeinschaften. Pettenkofers Forderung, die Prophylaxe müsse »ins Werk gesetzt werden, lange bevor der Todesengel heranschwebt«, wurde schrittweise verwirklicht.

Seit Pettenkofers Zeiten sind in allen zivilisierten Staaten Institute für Hygiene und Netze von Gesundheitsämtern entstanden, die das private und öffentliche Leben unter dem Gesichtspunkt der Verhütung und Bekämpfung gesundheitlicher Schäden durchforschen und Gefahrenquellen mit den Mitteln der Naturwissenschaften versiegen lassen oder verstopfen. Wichtige Erkenntnisse flossen der Medizin aus der der Physiologie entstammenden Ernährungswissenschaft zu. Sie hat mit der Hygiene hervorragenden Anteil an der Bekämpfung der Säuglingssterblichkeit.

Vorläufer der Medizinalbehörden, die heute eine für die menschliche Gesellschaft unerläßliche Einrichtung darstellen, finden sich schon im 17. und 18. Jahrhundert. Erst im 19. Jahrhundert ist jedoch eine in größerem Stil wirksame staatliche Organisation des Gesundheitswesens geschaffen oder vorbereitet worden. Im industrialisierten England erzwang das Herannahen der Cholera aus Bengalen (1830/31) die Einrichtung von städtischen Gesundheitsämtern, nachdem derartige Institutionen bereits in anderen Ländern geschaffen und genauere behördliche Untersuchungen über Gesundheitszustand und Lebensverhältnisse in den Quartieren der armen Bevölkerung durchgeführt worden waren. In Europa und Amerika wurden durch Verbesserung zum Beispiel der Wasserversorgung und Isolierung der Kranken einige, jedoch für heutige Vorstellungen höchst bescheidene Erfolge erzielt. Es fehlte weithin an genauer Kenntnis der Lebensbedingungen und damit an der Voraussetzung zur Beseitigung gesellschaftlicher Mißstände. Ihre Enthüllung ist das Werk einzelner Ärzte und Laien und privater Vereinigungen, vor allem in England und Amerika, die eine soziale Reformbewegung ins Leben riefen. Überaus bedeutsam war die Einführung der Statistik (Chadwick) zur Ermittlung der Lebensdauer, der Krankheits- und Todesfälle als eines Verfahrens zur Aufhellung der Beziehungen zwischen sozialer Situation, Milieu, Gesundheit und Krankheit, ohne die den bereits bestehenden oder noch zu schaffenden Behörden und privaten Organisationen ein planmäßiges Arbeiten auf dem Gebiet der Krankheitsverhütung und kausalen Bekämpfung der Krankheiten, den Regierungen die systematische Durchführung sozialreformerischer Maßnahmen nicht möglich war. Die Statistik wurde geradezu zum Gewissen der modernen Medizin.

Die Einrichtung von kommunalen und nationalen Gesundheitsbehörden mit teils beratenden, teils exekutiven Befugnissen ist etwa um das Jahr 1870 im Zuge, nachdem sie teils durch Kriege in Europa und Amerika (Sezessionskriege), teils durch politische Ereignisse, wie die Niederlage der Bewegung von 1848, wiederholt Rückschläge erlitten hatte. In Deutschland wurde im Jahre 1876 unter Führung Bismarcks als beratende und begutachtende Instanz, der auch die Vorbereitung von Gesetzesvorlagen (zum Beispiel Impfzwang) und die Erarbeitung einer umfassenden Gesundheitsstatistik aufgegeben war, das Reichsgesundheitsamt, vier Jahre später der ihm angeschlossene Reichsgesundheitsrat ins Leben gerufen; in ihm waren Vertreter der Regierung, der Verwaltung und der Wissenschaft zusammengefaßt. Ähnliche zentrale Einrichtungen entstanden nicht ohne innerpolitische Reibungen in England und den Vereinigten Staaten. Parallel zu solchen Bemühungen lassen sich durch das ganze 19. Jahrhundert wissenschaftliche Bestrebungen auf dem Gebiet der Arbeitshygiene verfolgen, bis etwa mit dem Beginn des 20. Jahrhunderts allenthalben Gesetze zur Hebung des Gesundheitszustandes, zur Verhütung von Krankheit und Erhaltung der Arbeitskraft erlassen wurden. Im Zusammenhang mit dieser Entwicklung zeichnet sich heute eine zunehmende Verstaatlichung der ärztlichen Versorgung der Bevölkerung ab; in Sowjetrußland ist sie vollzogen.

Ein starker Anstoß zu sozialmedizinischen Maßnahmen ging von der Sozialreform aus, mit der Bismarck die Auseinandersetzung mit dem vorwärtsdrängenden Sozialismus zu entschärfen bemüht war. Gesetze über Jugendschutz, Arbeiterschutz, Mutterschutz, Arbeitslosenfürsorge, etwa um die Jahrhundertwende erlassen, und die Krankenversicherung auf der Grundlage des Versicherungszwanges, die Unfallversicherung haben in starkem Maße geholfen, den Gesundheitszustand breiter Bevölkerungsschichten und ihre Leistungsfähigkeit im gesellschaftlichen Gefüge über das Niveau zu Beginn der Industriellen Revolution zu heben.

Diese Darlegungen geben ein, wenngleich lückenhaftes, Bild von der Entwicklung der Medizin auf einem überaus wichtigen Teilgebiet. Es zeigt, daß die Bemühungen der Ärzte und Forscher, der Parlamente und Regierungen von der Sorge um Verhütung und Bekämpfung der volksbedrohenden Krankheiten zur Schaffung staatlicher und städtischer Organe überleiten, in deren Hand die Sorge um Gesundheit und Wohlfahrt gelegt ist. An diesem Vorgang hat die aus der Wissenschaft von der Hygiene hervorgegangene Sozialhygiene erheblichen Anteil, jene Richtung der Medizin, die »als deskriptive Wissenschaft die Lehre von den Bedingungen ist, denen die Verallgemeinerung hygienischer Kultur unter der Gesamtheit von örtlich, zeitlich und gesellschaftlich zusammengehörigen Individuen und deren Nachkommen unterliegt« und die »als normative Wissenschaft« die Lehre von den Maßnahmen zur Verallgemeinerung hygienischer Kultur ist (Grotjahn). Die öffentlichen Aufwendungen für derartige Maßnahmen auf eine befriedigende, den Notwendigkeiten auch nur einigermaßen entsprechende Höhe zu bringen, ist allerdings trotz der Appelle der Sozialhygieniker noch immer nicht gelungen. Im Jahre 1950 wurde in der Bundesrepublik Deutschland für den öffentlichen Gesundheitsdienst je Kopf ein Zuschuß von nur DM 1,77 ausgegeben.

Das Programm der Sozialhygiene des ausgehenden 19. und des 20. Jahrhunderts umfaßt auch jene Strömungen, die unter dem Kennwort »Eugenik« aus der Berührung des Darwinismus und der Vererbungslehre mit der Medizin hervorgegangen sind. Sir Francis Galton, ein Vetter Darwins, wies auf die bestimmende Bedeutung der Erbanlagen für die Eigenschaften des Menschen hin, zugleich auf die Notwendigkeit von Maßnahmen, welche die Fortpflanzung erblich Belasteter und damit die Erzeugung minderwertiger Nachkommen verhüten oder unterbinden. Das Ziel hieß: Verbesserung und Erhaltung der »Rasse«. Anhänger der Eugenik hielten die Fürsorge für die Schwachen für nichtvereinbar mit dem Prinzip der Zuchtwahl, das dem Stärkeren den Vorrang in der Fortpflanzung einräumte, für im Widerspruch stehend zum Prinzip der natürlichen Auslese. Nietzsches Wort »Was mich nicht umbringt, macht mich stark« wurde in Verkennung seines Sinngehaltes zugunsten eines »Sozialdarwinismus« ins Feld geführt, dessen Denkweise eine der grauenhaftesten

Perioden der Geschichte heraufführen half, die des Nationalsozialismus mit seiner Praxis der Menschenzüchtung und Menschenvernichtung. Gegenüber dieser Entwicklung traten die fraglos positiven Errungenschaften eugenischer Bestrebungen in den Schatten, die die Verhütung erbkranken Nachwuchses durch Aufklärung und behutsames gewissenhaftes Handeln zu erreichen suchten.

Wir kehren zu der Bemerkung zurück, alle Disziplinen der Heilkunde, das heißt nicht allein die bisher besprochenen, hätten eine Veränderung der Struktur unserer Gesellschaft bewirkt. In der Tat haben Innere Medizin und Pädiatrie, alle operativen Disziplinen, die Strahlenheilkunde, die Psychiatrie und Neurologie, um nur einige zu nennen, dank Vervollkommnung der Diagnostik und Therapie im Zusammenspiel dazu beigetragen, das Le-

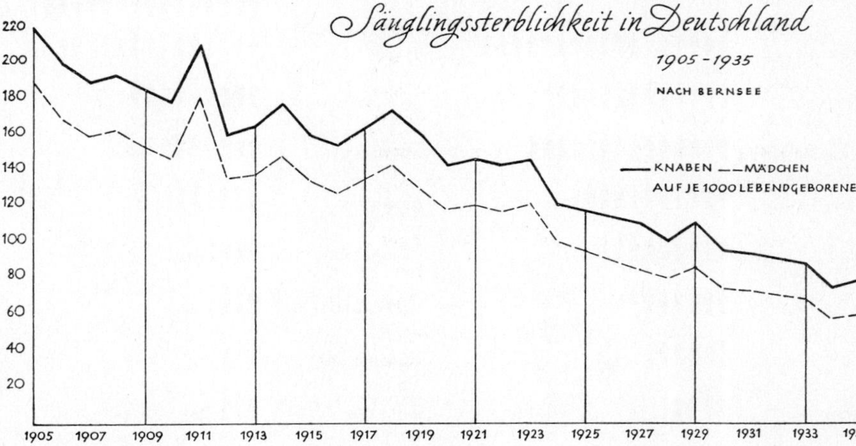

ben des Menschen zu verlängern und ihm nach Erkrankung oder Unfall die Arbeitsfähigkeit wiederzugeben. Selbst eine so gefährliche Volkskrankheit wie die Tuberkulose ist in den letzten fünfzig Jahren in Europa und den Vereinigten Staaten stark zurückgedrängt worden; noch um das Jahr 1900 stand sie in den Vereinigten Staaten in der Liste der Todesursachen an erster Stelle. Dem zielbewußten Vorgehen der Medizin gelang es ferner, durch Vorbeugen, Heilen und spätere Fürsorge nicht allein die Lebensdauer allgemein wesentlich zu verlängern, sondern auch die Kindersterblichkeit bedeutend einzuschränken. Dabei handelt es sich nicht nur um Erfolge unmittelbar ärztlicher Behandlung, sondern auch der Aufklärung der Bevölkerung über die Bedeutung von Ernährung und Hygiene für das Schicksal des Kindes, schließlich um Erfolge durch Besserung der sozialen Lage. Über den Rückgang der Säuglingssterblichkeit in Deutschland in den Jahren 1905 bis 1935 unterrichtet die graphische Darstellung.

Die Leistungen der Medizin konnten einer zunehmenden Zahl von Kranken nur dank der Entwicklung des Krankenhauswesens und der Besserung der Krankenpflege zugute kommen. Zu Beginn des 19. Jahrhunderts wurden Kranke aller Art, und zwar nur arme, in primitiven, bei weitem zu kleinen Krankenhäusern zusammengepfercht, in denen sie oft ungebildeten und rohen Wärtern ausgeliefert waren. Das »Sanitary Awakening« führte zur Errichtung umfangreicherer, zweckdienlicher karitativer kommunaler und staatlicher Bauten, die den Forderungen der Hygiene entsprachen. Eine Umwälzung vollzog sich im Zeichen der durch die Französische Revolution verkündeten Menschenrechte im Laufe des 19. Jahrhunderts in der Irrenpflege. Jahrhunderte hindurch war den Geisteskranken, in denen man von Dämonen Besessene oder mit Schuld Beladene erblickte, Mitgefühl und echte ärztliche Fürsorge versagt. Der große französische Psychiater Pinel befreite die Gei-

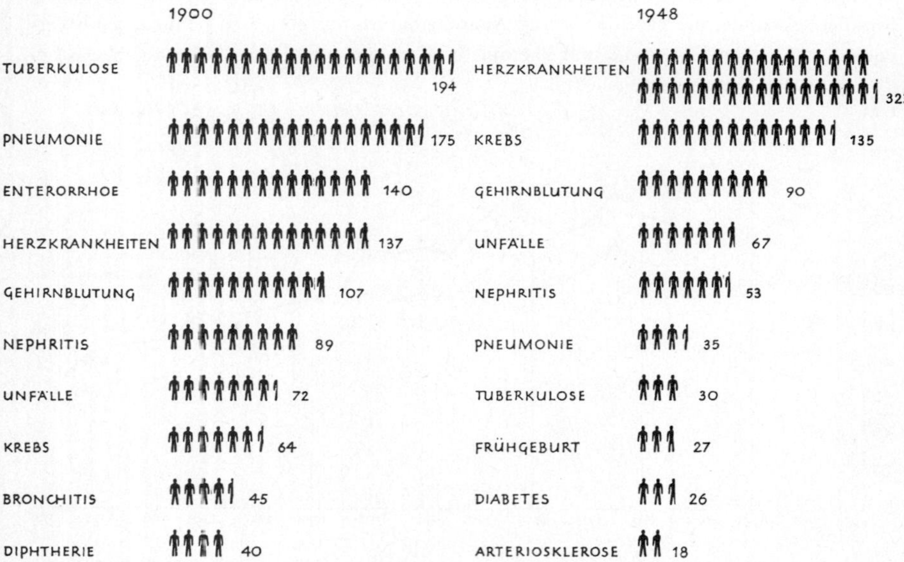

Todesursachen in USA PRO 100000 NACH HAMMOND

steskranken buchstäblich aus ihren Ketten und begann damit wie der Italiener Chiarugi jene Reform der Irrenpflege, die im Laufe eines weiteren Jahrhunderts »Licht, Wärme und Leben in das Dunkel der Irrenanstalten« (Damerow 1840) einströmen ließ. Zur Reform nicht allein der Irrenpflege, sondern der Krankenpflege schlechthin, mußte die Heranbildung hochwertiger Pflegerinnen und Pfleger treten. Der Kampf philanthropisch gesinnter Persönlichkeiten, etwa der Florence Nightingale in England, der Vorkämpferin der freiwilligen Krankenpflege, und des Pfarrers Fliedner, des Gründers der Diakonissenanstalten, wirkte entscheidend mit, dem Pflegerstand jenes moralische Ansehen zu geben, dessen er für seine Entwicklung bedurfte.

Die Einrichtung moderner Krankenanstalten und die Entwicklung des Pflegerstandes hätten allerdings nicht genügt, die Errungenschaften der Medizin für den Großteil der Bevölkerung fruchtbar zu machen. Kassenähnliche Einrichtungen wie die der Knappschaften und Zünfte, die schon im Mittelalter bestanden, und von den Gemeinden getragene Krankenkassen waren zu schwach, um die ärztliche Versorgung der Masse der Arbeitnehmer in einer industrialisierten Bevölkerung zu übernehmen. Eine umfassende staatliche Organisation der Krankenversicherung, die andere Länder, in unseren Tagen England, sich mit bald größeren, bald kleineren Abweichungen zum Vorbild nahmen, kam im Gefolge der Sozialgesetzgebung Bismarcks in den achtziger Jahren. Kranken-, Invaliden- und Altersversicherung erfassen heute den größten Teil der Bevölkerung. Dem unbestreitbaren Fortschritt, der mit der Einrichtung der Krankenkassen und Versicherungen erzwungen wurde, folgte allerdings ein in den nichtkommunistischen Ländern noch anhaltender Kampf zwischen Kran-

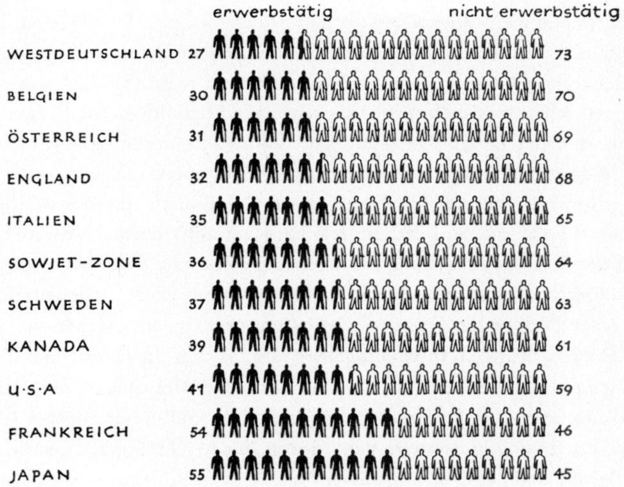

Altersarbeit 1955 PRO 100 MÄNNER ÜBER 65 JAHRE

kenkassen, Sozialversicherungen und Ärzteschaft, die das Ethos des ärztlichen Berufs, so mit dem Verstoß gegen die Schweigepflicht, bedroht und die Qualität der ärztlichen Leistung dadurch in Frage gestellt sieht, daß der Arzt zum behördlich gelenkten Funktionär wird. »Noch machen wir uns nicht im vollen Lichte des Denkens klar, was es eigentlich bedeutet, daß der Arzt als Kassenarzt, und das heißt als Halbbeamter, und als Gutachter, und das heißt als Halbrichter, den Kranken einordnet in die ökonomische Situation der Arbeit und des Geldes« (von Weizsäcker 1955).

Nach dem Gesagten wird verständlich, daß sich die Altersschichtung der Bevölkerung besonders der europäischen Länder und Nordamerikas im Gegensatz zu den Verhältnissen in den sogenannten unterentwickelten Ländern infolge der Entfaltung der naturwissenschaftlichen Medizin beträchtlich geändert haben muß. In den hochentwickelten Ländern haben die heute Geborenen Aussicht, das dreiundsechzigste Lebensjahr zu erreichen, während sie in den unterentwickelten Gebieten im Durchschnitt nur dreißig Jahre alt werden. Etwa zehn Prozent der Gesamtbevölkerung der Bundesrepublik haben ein Alter von fünfundsechzig und mehr Jahren, und im Jahre 1971 wird die Zahl der Alten nach Aussage der Statistiker fünfzehn Prozent erreicht haben. Gleichzeitig hat sich die Relation zwischen Jungen und Alten zuungunsten der ersteren verschoben, obwohl die Säuglings- und Kleinkindersterblichkeit drastisch vermindert wurde. Man spricht von Überalterung. »Wir können an der Tatsache nicht mehr vorübergehen, daß sich das sogenannte ›Jahrhundert des Kindes‹ in seiner zweiten Hälfte in ein Jahrhundert der Alten umgewandelt hat« (F. Klose 1955).

Soziologen und Sozialpolitiker müssen die Konsequenzen durchdenken, die sich aus dieser Veränderung der Gesellschaft ergeben; Sache der Regierungen ist es, das Erforderliche zu tun. Nur auf einige Forderungen der Sozialhygieniker sei hingewiesen. Es genügt nicht, durch Pensionen, Renten und Betreuung in Altersheimen für ein von gröbster Not geschütztes Dahinleben der Alten zu sorgen. Es genügt auch nicht, die bisher bestehenden Hilfseinrichtungen sehr wesentlich zu verstärken und auszubilden. Die Voraussetzungen dafür zu schaffen, daß das Leben der Alten mit Sinn erfüllt werden kann, ist eine in früheren Zeiten nicht gekannte Aufgabe des Staates, und zwar ebenso aus humanitären Erwägungen heraus wie im wohlverstandenen Interesse der Gesellschaft und der staatlichen Finanzen. Die Medizin des 19. und 20. Jahrhunderts kann nämlich darauf hinweisen, daß es ihr im Verein mit der Sozialgesetzgebung gelungen ist, nicht nur das Leben schlechthin zu verlängern, sondern daß sie vielen Menschen Leistungsfähigkeit, Arbeitsfreude und Arbeitswillen in einer Periode des Daseins zu erhalten vermag, in welcher sie, nun endlich im Besitz reicher Erfahrungen, in vergangenen Jahrzehnten die Hände ermattet in den Schoß legen mußten. In den USA hat man den Versuch einer freiwilligen, abgestuften Einschränkung der Weiterbeschäftigung der Arbeiter nach dem fünfundsechzigsten Lebensjahr, einer elastischen Entlassung, unternommen, durch die psychische Traumata vermieden und wertvolle Berufs- und Lebenserfahrungen für den Betrieb genutzt werden können. Gerade in Ländern mit anhaltender Vollbeschäftigung verdienen solche Bestrebungen besondere Aufmerksamkeit. Erhebliche Schwierigkeiten wird es bereiten, die aus der sogenannten Überalterung sich ergebenden Probleme mit dem Zuwachs der Bevölkerung und der Herabsetzung der Arbeitszeit, die in vielen Ländern verwirklicht wurde, in Einklang zu bringen.

*

Die von den Naturwissenschaften, der Medizin und der Technik geformte Gegenwart zwingt der Heilkunde das Ringen mit neuen Sorgen auf. Herrschen wir wirklich über die Maschine, mit deren Hilfe wir die Natur beherrschen wollen? Man kennt Überlastungsschäden an Fabrikarbeitern, die dem rhythmischen Stoßen der Werkzeuge ausgesetzt sind, der Lärm der Maschinen und Verkehrsmittel hat sich zu einem ernst zu nehmenden Krankheitsfaktor entwickelt, und mit den modernen Transportmitteln sind verschiedene Formen von »Reisekrankheiten« aufgetaucht. Allein für rund siebzigtausend an Berufskrankheiten Leidende, unter ihnen die staublungenkranken Bergleute, mußten in der Bundesrepublik im Jahre 1951 Renten (gesetzliche Unfallversicherung) gezahlt werden. Die Zahl der Verletzungen infolge von Verkehrsunfällen ist mit wachsender Geschwindigkeit und Zahl der Fahrzeuge im Laufe weniger Jahre ungeheuerlich gestiegen; manches Krankenhaus verwandelt sich

Lebensnot in den Entwicklungsländern
Leprakranker Südamerikaner mit Verstümmelung der Hände und Füße. An Schistosomiasis, einer parasitären Krankheit leidender Chinese im Alter von siebenundzwanzig Jahren neben einem einundzwanzigjährigen gesunden Chinesen
(Aufnahmen aus Büngeler und aus Vogel)

An tödlicher Kala-Azar, einer tropischen Infektionskrankheit leidendes Chinesenkind. Auf den Bauchdecken: Aufzeichnung der krankhaft vergrößerten Leber und Milz
(Aufnahme von H. Vogel, Tropeninstitut Hamburg)

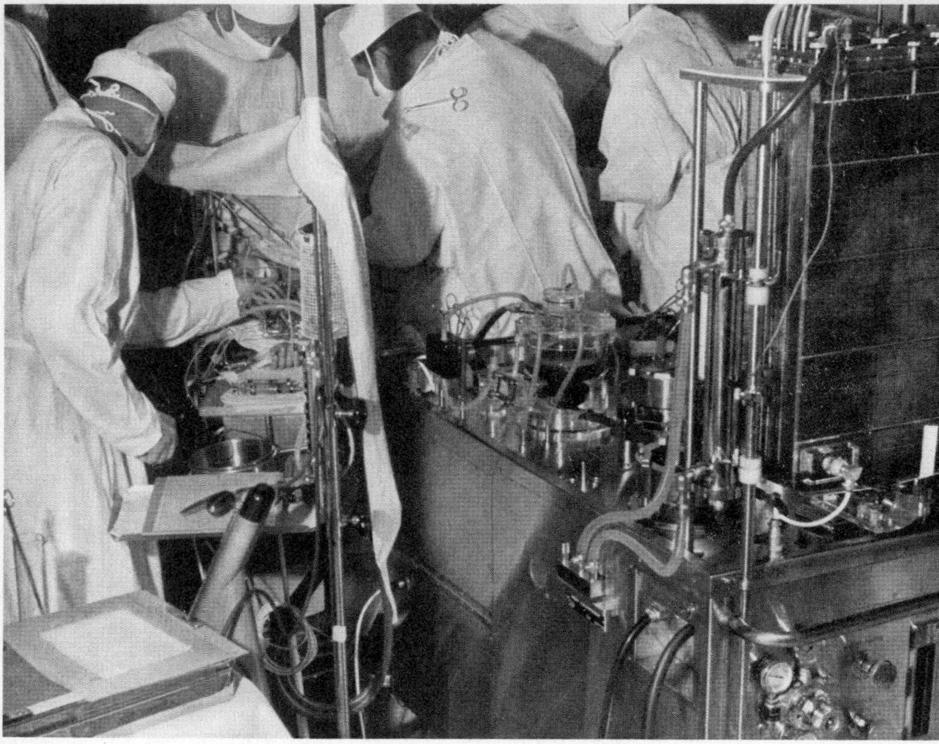

Herzoperation mit Hilfe der Herz-Lungen-Maschine

am Wochenende von einer Friedensklinik in einen Hauptverbandplatz (Karl Heinrich Bauer). Ja, wie die Maschinen und Motoren, so können sich sogar die Mittel der Therapie und Diagnostik, die wie sie dem Menschen als Hilfen im Lebenskampf in die Hand gegeben sind, gegen ihre Erfinder kehren. Schon wird nicht nur von einem »Gestaltwandel der klassischen Krankheitsbilder«, infolge chemischer und antibiotischer Therapie, sondern von dem Paradoxon einer »Pathologie der Therapie« gesprochen.

In den Vordergrund des angstvollen Interesses der Öffentlichkeit sind aber, auch in der Sowjetunion, die Kreislauferkrankungen gerückt, die offenbar in ursächlichem Zusammenhang mit der Unrast unserer Zivilisation stehen. Ihnen fallen nicht nur leitende Persönlichkeiten aller Berufe und nicht nur »Manager« zum Opfer. Die Einführung der Fünf-Tage-Woche mit arbeitsfreiem Wochenende wird daher immer wieder von der Medizin gefordert. An zweiter Stelle bedroht die Menschheit der Krebs, und zwar in zunehmendem Maße. Es ist nicht zu übersehen, daß etwa in den letzten fünfundsiebzig Jahren eine starke, bis heute steigende Krebssterblichkeit eingetreten ist. Ihre Ursachen sind zweifellos verschiedener Natur. Eine Reihe von Krebsformen ist offensichtlich mit der Art unserer Zivilisation verknüpft: In verschiedenen Zweigen der Industrie anfallende oder gewonnene Stoffe, vor allem Teerprodukte, wurden als krebserzeugende Faktoren erkannt, und die erschreckende Zunahme des Lungenkrebses insbesondere in der großstädtischen Bevölkerung fand ihre Erklärung mit der gewaltigen Steigerung der Inhalation von Krebsnoxen (zum Beispiel Zigarettenrauch) in den letzten dreißig Jahren. Vom experimentellen Studium der durch Umweltfaktoren bedingten wie der andersgearteten Krebsformen erhofft sich die medizinische Forschung Einblicke in den Prozeß der Krebsentstehung, dessen Verstehen den ersten Schritt zu einer kausalen Therapie bilden könnte. Die Wissenschaft beansprucht daher überall beträchtliche Mittel von Öffentlichkeit und Regierungen, deren Etatposten für Forschung sich neben den Milliardenetats für Rüstungszwecke wahrhaft zwergenhaft ausnehmen.

Der Mensch der großstädtischen Massengesellschaft, Untertan der »Herrschaft des Apparates« (Jaspers), ist nicht allein im Soma bedroht. Im frühen Kindesalter der großstädtischen Jugend treten Verhaltensstörungen in einem früher nicht bekannten Umfang, Erziehungsschwierigkeiten und Neurosen auf, verursacht oder begünstigt durch Urbanisierungstraumata, durch Fernsehen, Radio, Reklame, Comic books mit einem Hundertmillionen-Dollar-Umsatz, die den Weg zur Kriminalität bahnen helfen. Kinderärzte und Erzieher fordern daher die Vermeidung vorzeitiger Überlastung der Jugend durch die Pest der Massenmedien. Psychiater sehen in der Lösung der persönlichen Beziehung des maschinenbedienenden Menschen zum Produkt, die zu einem Ausgleich in Ersatzbefriedigungen zweifelhaften Wertes antreibt, einen der Anlässe zur Neurose. Das Ermahnen der Gesellschaft durch die Ärzte, Pädagogen und Soziologen kann das Übel nur kennzeichnen, nicht abwenden. Städtebauer haben begonnen, der Entwurzelung und dem Anonymwerden des Menschen durch die kühne Gestaltung von Trabanten- und Gartenstädten entgegenzuwirken, in denen sich das Mitmensch-Sein inmitten einer wieder überschaubar gewordenen, persönliche Kontakte bietenden Gruppe verwirklichen soll. Die Praxis muß lehren, ob eine sich entwickelnde Tyrannei der Nachbarschaft uns, das heißt auch die Medizin des 20. Jahrhunderts, vor neue Probleme stellen wird oder nicht.

In der Erkenntnis, daß die Wohlfahrt der Völker ohne internationale Zusammenarbeit auf dem Gebiete der Medizin nicht gesichert und entwickelt werden kann, fanden sich Ärzteorganisationen und Regierungen der Europäischen Staaten und der USA im 19. Jahrhundert zu Konventionen bereit, die zunächst der Koordinierung der Maßnahmen zur Seuchenbekämpfung dienen sollten. So war die erste internationale, im Zeichen der Cholera stehende Sanitätskonferenz in Paris (1851) einberufen worden, um Mängel und Vorzüge der Quarantänemaßnahmen zu erörtern. Spätere Tagungen behandelten immer weitere Gebiete der Gesundheitspolizei und führten schließlich zur Einrichtung eines Internationalen Gesundheitsamtes in Paris. Nach dem ersten Weltkrieg übernahm der Völkerbund mit dem Artikel 23 seines Statuts die Verpflichtung, »in Angelegenheiten von internationaler Tragweite Schritte zur Verhütung und Einschränkung von Seuchen zu unternehmen«. Darüber hinaus widmete er sich einer umfangreichen benachrichtigenden, beratenden und integrierenden Tätigkeit auf allen Gebieten der Gesundheitsfürsorge, zu denen zum Beispiel die Probleme der Opiumsucht und der Bekämpfung der Tuberkulose, Lues, Schlafkrankheit, Lepra und Malaria ebenso wie die des Mutterschutzes und der Kinderhygiene gehören.

Die Nutznießer der segensreichen, mühevollen Arbeit des Völkerbundes sollten sein und waren in erster Linie die sogenannten Entwicklungsländer, wie sie heute die Nutznießer der Bestrebungen der Weltgesundheitsorganisation (World Health Organisation, WHO) sind, die nach dem zweiten Weltkrieg (1946) die Tätigkeit der Genfer Liga unter Einsatz großer finanzieller Mittel fortzuführen begann. Im Jahre 1956 gehörten der WHO achtundachtzig Staaten als Mitglieder an; ihr Budget betrug rund 10,2 Millionen Dollar. Freiheit von Krankheit und Schwäche wurde als eines der wichtigsten Menschenrechte verkündet. Die Größe der Aufgabe, die auf den internationalen Gremien der Gesundheitsfürsorge lastet, erhellt aus einer kurzen Betrachtung der Verhältnisse in den Tropen und Subtropen und des Anwachsens der Erdbevölkerung, in dem Malthus eine ungeheure Zukunftsgefahr erblickte.

Das Wort, von Cholera, Pest und Pocken rede heut kein Mensch, gilt, wie schon gesagt, nur für die Bezirke westlicher Zivilisation. In riesigen Räumen der Erde wüten noch immer die Malaria, Cholera (Thailand 1958, China 1946, Indien 1927–1930), Pest, Fleckfieber, Gelbfieber, Pocken (Indische Union, Pakistan 1958), Trachom, Rückfallfieber, Lepra und Tuberkulose. Man muß sich vergegenwärtigen, daß etwa zehn bis zwölf Millionen Menschen an Lepra leiden, etwa zwanzig Millionen nur im tropischen Afrika an Filariasis, einer schweren parasitären Erkrankung, und daß in unseren Tagen rund vierhundert Millionen Bewohner vor allem der Tropen von infektiösen Augenkrankheiten (etwa Trachom) befallen sind, die sie mit Blindheit bedrohen; in einigen Bezirken Nordafrikas ist fast die gesamte Bevölkerung an Trachom erkrankt. Die sozialen und wirtschaftlichen Folgen gesundheitlicher Notstände solchen Ausmaßes liegen auf der Hand.

Wie wirksam von der WHO durchgeführte oder unterstützte sanitäre Maßnahmen sein können, zeigen einige Beispiele: Von den endemischen Pestherden ausgehende Epidemien vernichteten in Indien bis vor dreißig Jahren, also in einer Zeit, in der sich die Bewohner Europas und der USA bereits in sicherer Hut vor den Seuchen fühlten, noch Millionen von

Menschen, vor allem, wie auch in China, in den übervölkerten Städten. Aber die Zahl der Todesfälle ist seit dem Jahre 1929 stetig bis zu erstaunlich geringen Zahlen gesunken. Für diesen Erfolg ist einmal die Bekämpfung des Rattenflohes, der den Pestbazillus überträgt, verantwortlich (Insecticide, DDT), dann die Behandlung der Kranken mit Sulfonamiden und Antibiotica und die Schutzimpfung. Es unterliegt keinem Zweifel, daß es ohne die Unterstützung durch die WHO im letzten Jahrzehnt nicht gelungen wäre, Indien vor weiterem Massensterben zu bewahren. Das gleiche gilt für andere Teile der Welt. Nur unablässige Wachsamkeit allerdings kann die stets, vor allem in Zeiten wirtschaftlicher Katastrophen und politischer Umwälzungen, lauernden Gefahren niederhalten. Bezeichnenderweise stieg die Zahl der Pesttodesfälle in Indien nach dem Jahre 1942 bis zum Jahre 1947 vorübergehend stark an, also in der Periode des Krieges, der Hungersnöte und der Bevölkerungsbewegungen im Zusammenhang mit der Teilung Indiens (1947). Nicht zu vergessen ist die Tatsache, daß die modernen Verkehrsmittel Seuchen binnen Stunden von Land zu Land, von Kontinent zu Kontinent verschleppen können.

Peststerblichkeit in Indien im Zeitraum 1898–1952

Zeit	Gesamtzahl der Pesttodesfälle	Jahresdurchschnitt
1898–1908	6032693	548427
1909–1918	4221528	422153
1919–1928	1702718	170272
1929–1938	422880	42288
1939–1948	217970	21797
1898–1948	12597789	247015
1949	7587	
1950	6881	
1951	1841	
1952	1007	
1949–1952	17316	

(Nach Pollitzer 1954)

Ein zweites Beispiel: Seit einigen Jahren widmet die WHO der Bekämpfung der Malaria besondere Anstrengungen, jener Krankheit insbesondere der tropischen und subtropischen Zonen, aber auch europäischer Länder, die seit vorchristlicher Zeit die wirtschaftliche und soziale Entwicklung in weiten Bereichen der Welt auf das schwerste hemmt; malariakranke Menschen belasten die Wirtschaft durch Ausfall an Arbeitskräften. Noch vor kurzem wurde die Zahl der mit Malariaparasiten infizierten Menschen allein in Indien auf hundert Millionen, die der jährlich sich ereignenden Todesfälle auf etwa drei Millionen geschätzt. In wie geringem Maße es in ganz Asien bis zum Jahre 1957 gelungen ist, das Ziel des Malariafeldzuges, nämlich die völlige Ausrottung der Krankheit, zu erreichen, zeigen von der WHO veröffentlichte Erhebungen. In Afrika ist eine völlige Befreiung von Malaria bisher nirgends erreicht, in riesigen Gebieten Süd- und Mittelamerikas wird die Kampagne erfolgreich vorangetrieben, während die früher von der Seuche heimgesuchten Teile der Vereinigten Staaten malariafrei geworden sind. Die WHO kann darauf hinweisen, daß die Zahl der Malariaerkrankungen in der Welt im vergangenen Jahrzehnt trotz Fehlschlägen etwa um dreißig Prozent gesenkt wurde. Mit einer weiteren wesentlichen Verringerung der Krankheits- und Todesfälle darf man rechnen, insbesondere in Ländern, die zu drastischen Maßnahmen imstande sind; Sowjetrußland führt einen Fünfjahresplan der radikalen Malariabekämpfung durch. Die Ausrottung der Malaria, für die in den nächsten fünf Jahren rund sechshundert Millionen Dollar ausgeworfen werden müssen, stellt heute weniger ein technisch-biologisches als ein administratives und finanzielles Problem dar.

Wie die Weltmedizin im Kampf gegen Pest und Malaria große Erfolge errang, so gelang es ihr auch, zahlreiche andere, hier im einzelnen nicht zu schildernde Gefahren für Leib und Leben zu bannen oder zu mindern. Wenn sich bis zum Jahre 2000 die Zahl der Erdbewohner, heute sind es etwa 2,7 Milliarden, bei einem täglichen Zuwachs von 120000 Menschen nach den Berechnungen der Statistiker verdoppelt haben wird, so weitgehend dank dem Schutz und der Hilfe, welche die Medizin im Zeitalter der in der Organisation wirksamen Naturwissenschaft zu geben vermag. Es ist darüber hinaus zu erwarten, daß kommenden Generationen auch der Entwicklungsländer ein längeres Leben beschieden sein wird. Mit der Vernichtung von Krankheitserregern und -überträgern werden neue Gebiete technisch erschließbar und wirtschaftlich nutzbar werden, wie einst in der Landenge von Panama dank der Niederwerfung des Gelbfiebers der Bau eines Kanals von größter weltwirtschaftlicher und politischer Bedeutung möglich wurde. Ein eindrucksvolles Beispiel ist ferner die Befreiung Sardiniens von der Malaria; sie ermöglichte es dem übervölkerten Italien, eine Million Menschen auf der Insel anzusiedeln, deren landwirtschaftliche Entwicklung lange Zeit daniederlag. In Griechenland machte sich die Herabsetzung der Zahl Malariakranker (etwa zwei Millionen im Jahre 1943) mit einem Anstieg der Arbeitskraft bezahlt, als deren Äquivalent die Summe von 150000 Menschen pro Jahr angegeben wird. Feststellungen dieser Art dürfen uns nicht vergessen lassen, daß Erfolge in der Bekämpfung von Massenkrankheiten durchaus nicht nur das Feld der Wirtschaft betreffen. Auch die Verteilung der Weltreligionen wird durch die militante Weltmedizin beeinflußt werden. Wie und mit welchen Folgen, übersehen wir nicht.

Die aus der abendländischen Kultur hervorgegangene Medizin erweist sich als Geschichte gestaltende, als politische Macht, wenn es ihr gelingt, Arm in Arm mit der Technik und organisierten Wirtschaft die menschenreichsten Länder der Erde auf den Weg zum Aufstieg zu führen. Die Nationen der Entwicklungsländer haben den Wert der Medizin für ihre politische und wirtschaftliche Emanzipation erkannt; den Universitäten und Technischen Hochschulen Europas und der USA strömen von Jahr zu Jahr steigende Zahlen von Studenten zu, die sich zu Ärzten und Ingenieuren ausbilden lassen, und im wachsenden Umfang werden Rat und Hilfe von Ärzten und Sachverständigen aller Art für einen möglichst raschen, ja forcierten Aufbau der sogenannten unterentwickelten Territorien erbeten. Vor welchen Schwierigkeiten viele Länder hinsichtlich der ärztlichen Betreuung ihrer Bevölkerung stehen, geht aus dem Vergleich einiger Zahlen aus »Report on the World Social Situation« (United Nations, New York 1957) hervor. Auf einen Arzt entfallen beispielsweise in Afghanistan 70000 Menschen (1955), Nigeria 57000 (1954), Äthiopien 210000 (1953),

Vietnam 61 000 (1952), dagegen in Argentinien 780 (1954), Dänemark 910 (1955), Bundesrepublik Deutschland 740 (1954), USA 760 (1953), Sowjetunion 600 (1955).

Angesichts der Ausblicke in eine Zukunft, die für viele der heute Geborenen Gegenwart sein wird, muß ein Malthus des 20. Jahrhunderts sorgenvoll die Frage des Jahres 1803 wiederholen, ob Bevölkerungsvermehrung und Lebensverlängerung für die Menschheit wirklich segensreich sein werden und können. Diese Frage ist insofern berechtigt, als etwa ein Drittel unserer Mitmenschen hungert. Ihre Beantwortung hängt davon ab, ob wir imstande sind, eine Prognese der Welternährung auf Grund der bisher gemachten Erfahrungen zu geben. Unter dem Eindruck der Bedrängnis in vielen Teilen der Erde sind Programme für eine radikale Geburtenbeschränkung nicht nur gedruckt worden, deren Verwirklichung Notleidenden zu empfehlen ein moralisches und in vielen Fällen religiöses Problem darstellt. Die Regierung des kommunistischen China führt Aufklärungsfeldzüge zugunsten einer Empfängnisverhütung durch, in Japan wurde die Abtreibung im Jahre 1948 gesetzlich freigegeben und wird die freiwillige Sterilisierung gefördert; im Jahre 1953 überschritt die Zahl der erlaubten Abtreibungen die Millionengrenze. Kenner der Verhältnisse meinen jedoch, daß derartige Maßnahmen die Geburtenzahl in den meisten asiatischen Ländern zumindest in absehbarer Zeit nicht entscheidend werden senken können. Die Geschichte lehrt aber auch, daß sich die Ernährungslage in den industrialisierten Ländern trotz erheblichem Bevölkerungszuwachs gebessert hat und daß die allgemeine Ausbreitung des Wohlstandes und eine mit ihr einhergehende Hebung des Bildungsniveaus die Bevölkerungsvermehrung dämpft. Und schließlich können die Wirtschaftswissenschaftler auf eine Steigerung der Nahrungsproduktion in den letzten hundert Jahren hinweisen, die, bei etwa gleichbleibender Nutzfläche, das Anwachsen der Bevölkerung überflügelt. Sie halten es ferner für grundsätzlich möglich, den Strom der Nahrung auch in Zukunft nicht versickern, sondern anschwellen zu lassen und durch die Kanäle moderner Organisation sinnvoller, das heißt gleichmäßiger als bisher zu verteilen. Sollte die Meinung über die Möglichkeiten einer anhaltenden Hebung des Ernährungsniveaus zu optimistisch sein, so ist es um so notwendiger, in allen Ländern große Mittel in das Bildungswesen zu investieren. Die freiwillige Geburtenbeschränkung läßt sich nur in einer Bevölkerung verwirklichen, die durch Wort und Schrift ansprechbar ist und an deren Einsicht in biologische, wirtschaftliche und politische Zusammenhänge appelliert werden kann.

Zu den Aufgaben der modernen Medizin gehören nicht nur Maßnahmen, welche die Species Homo sapiens vor Gefahren des Leibes beschützen oder aus ihnen erretten und ihr eine bessere Zukunft ohne Massensterben und Hunger bereiten helfen. Im Laufe der letzten hundert Jahre ist, jedenfalls im Abendland, ein seelisches Urphänomen immer unverhüllter und drohender hervorgetreten, die Angst. Wir begegnen ihrer Nennung im ärztlichen Schrifttum des 19. Jahrhunderts unvergleichlich viel seltener als in dem unserer Zeit. Diese Tatsache beruht nicht ausschließlich auf der Erschließung der Welt der seelischen Erkrankungen mit ihrem Reichtum an Angst, die sich in den letzten Jahrzehnten vollzog. »Die Angst hat aufgehört, die private Angelegenheit des Einzelnen zu sein. Die abendländische Menschheit überhaupt liegt in Angst und Furcht, ein unbestimmtes Vorgefühl von ungeheuren Bedrohungen erschüttert die Seinsgewißheit des Menschen« (von Gebsattel 1954).

Die Hintergründe dieser Angst sind mannigfaltig. Einen von ihnen beleuchtet – fast zwei Jahrzehnte vor der Bedrohung der Menschheit durch die Atombombe – Siegmund Freud (1930) mit dem Satz: »Die Menschen haben es jetzt in der Beherrschung der Naturkräfte so weit gebracht, daß sie es mit deren Hilfe leicht haben, einander bis auf den letzten Mann auszurotten. Sie wissen das, daher ein gut Stück ihrer gegenwärtigen Unruhe, ihres Unglückes, ihrer Angststimmung.« Angst wächst aber auch im Konkurrenzkampf zwischen Einzelnen und Gruppen, in der Auseinandersetzung des Einzelnen mit den Forderungen der Organisation, die ihn als Anonymen und Abhängigen in das nicht mehr durchschaubare Gefüge der Wirtschaft und des Staates – insbesondere des autoritären – einordnet. Sie wuchert infolge der oft schon in der Kindheit einsetzenden Vereinsamung des nicht mehr in der Familie geborgenen Menschen inmitten einer Überzahl von seinesgleichen, und zwar um so leichter, je mehr traditionelle und religiöse Werte an Verbindlichkeit verlieren. Angst gedeiht in der Sorge um das Erreichen eines sinnvollen Lebenszieles.

Die Bekämpfung des Unbehagens und der Verfremdung als eines Mutterbodens der Angst ist ebenso Gegenstand der Weltgesundheitspflege wie der Kampf gegen Seuchen geworden. Psychiater und Pädagogen vieler Länder und die Weltgesundheitsorganisation haben sich daher unter der Fahne »Mental Health« den Problemen der aus Umweltkonflikten herrührenden Neurosen, der seelischen Störungen der Kindheit und der Kind-Eltern-Beziehungen – um nur einige Beispiele anzuführen – mit steigender Anteilnahme zugewandt. Vor allem in den USA, in Kanada und Großbritannien wurden Behandlungs- und Beratungsstellen geschaffen, deren Ziel es ist, Hilfsbedürftige und Hilfesuchende möglichst früh oder wieder in die Gesellschaft einzugliedern.

Vor besonders schwierige Probleme werden Ärzte, Psychologen und Politiker in Ländern gestellt, in denen eine ländliche und zum Teil noch an Traditionen gebundene Eingeborenenbevölkerung vom Sog rasch wachsender Städte erfaßt wird, wie etwa in Lateinamerika und Afrika. In Afrika hat die Lösung von Menschen aus dem Gefüge der Stämme zu schweren sozialpathologischen Erscheinungen geführt, wie Zunahme des Ehebruches und Ausbreitung der Prostitution, von den aus dem Rassenkampf sich ergebenden seelischen Konflikten ganz zu schweigen.

Das Ziel, der leiblichen und seelischen Not in aller Welt und besonders in den Entwicklungsländern in einem umfassenden und lange anhaltenden Angriff mit Hilfe der Medizin zu steuern, erscheint grundsätzlich erreichbar. Daß die Medizin zu einer in diesem Kampfe mitentscheidenden Waffe werden konnte, verdankt sie dem Durchbruch des naturwissenschaftlichen Denkens seit dem 19. Jahrhundert und seinen Folgeerscheinungen, der Spezialisierung und der Organisation. Ob das Potential der Heilkunde zum Wohle der Menschheit in vollem Umfange eingesetzt werden wird, hängt von der Einsicht, dem Verantwortungsbewußtsein und dem Willen der Staatsmänner, Parlamente und Wähler unserer Zeit ab. Möge Freuds Zuversicht auf »Gott Logos« sich als realistisch erweisen, die aus dem Satze spricht: »Die Stimme des Intellekts ist leise, aber sie ruht nicht, bis sie sich Gehör geschafft hat. Am Ende, nach unzähligen Abweisungen findet sie es doch. Dies ist einer der wenigen Punkte, in denen man für die Zukunft der Menschheit optimistisch sein darf.«

Adolf Portmann

BIOLOGIE UND ANTHROPOLOGIE

Biologie

Wir arbeiten an einem besonderen Gewichte der Weltuhr, das den Alten, deren Sinn vorzüglich auf Staatsdinge, auf das Recht und mitunter auf die Kunst ging, noch ziemlich unbekannt war, an den Naturwissenschaften. Wir können jetzt noch nicht ahnen, was die Pflege dieses Gewichtes für einen Einfluß haben wird auf die Umgestaltung der Welt und des Lebens. Wir haben zum Teil die Sätze dieser Wissenschaften noch als totes Eigentum in den Büchern oder Lehrzimmern, zum Teile haben wir sie erst auf die Gewerbe, auf den Handel, auf den Bau von Straßen und ähnlichen Dingen verwendet, wir stehen noch zu sehr in dem Brausen dieses Anfanges, um die Ergebnisse beurteilen zu können, ja wir stehen erst ganz am Anfange des Anfanges.« Es ist schon mehr als hundert Jahre her, daß Adalbert Stifter im »Nachsommer« diese Worte schrieb, dennoch gelten sie in vieler Hinsicht von der Wissenschaft vom Lebendigen, der Biologie, an der Wende zu unserem Jahrhundert.

Das 19. Jahrhundert hat mit dem Aufbau einer ganz neuen Form der biologischen Forschung begonnen, die in unserer Zeit ihre volle Ausprägung erfährt. Mit seinen ungeahnten Folgen für die Struktur unseres Lebens zeigt dies neue Forschen heute erst sein wahres Gesicht. Einst in hohem Grade das Werk der Muße freier Geister, die sich zu Akademien unter dem Protektorat der damals Mächtigen zusammenfanden, wird Forschung im 19. Jahrhundert eine Aufgabe, die allgemeine Beachtung erlangt, die für den Aufschwung von Handel und Industrie im Abendland immer größere Bedeutung gewinnt und deren Betonung an den Universitäten zum Kennzeichen einer neuen demokratischen Entwicklung wird – ihr Kennzeichen und zugleich eine ihrer Waffen. Im Abendland! Vergessen wir nicht, daß diese Entfaltung am Anfang dieses Jahrhunderts nur für das Abendland und Japan gilt. Das Mittel ist die neue Form des Laboratoriums, des »Institutes« – die naturwissenschaftliche Arbeit wird in festen Betrieben organisiert, mit einer Hierarchie von wissenschaftlichem Personal, mit einer planmäßigen Stufung des Unterrichts, vor allem mit der Einführung von praktischen Übungen. Sobald ein solcher Betrieb einmal in die Sozialstruktur eingebaut ist, entwickelt er seine besonderen Gesetzmäßigkeiten; er fordert eine stets wachsende Zahl von Forschenden und ist damit der Gefahr ausgesetzt, die steigenden Zahlen von Assistenten und Studenten als Ausdruck »natürlichen« Wachsens zu deuten –

eine Deutung, welche das beruhigende Gefühl zu verbreiten vermochte, man sei mit den ewigen Naturgesetzen in vollem Einklang. Betrieb ist ständig von der Betriebsamkeit bedroht, und wie oft erliegt er ihr. Andererseits ermöglicht er durch Arbeitsteilung Ergebnisse, die einsamer Arbeitende ehedem nicht leisten konnten. Die Entwicklung zur Gruppenarbeit setzt ein; das »Team work« zieht auch in die nichtenglischen Sprachgebiete ein.

*

Es hat wahrhaft symbolischen Wert, daß das 20. Jahrhundert mit der Grundlegung einer neuen Erbforschung einsetzt: 1900 glückte die Wiederentdeckung der fünfunddreißig Jahre zu früh, bereits 1865 von Gregor Mendel erstmals ermittelten Elemente einer wissenschaftlichen Erblehre. Dieser neue Zweig entwickelt nicht nur die Gruppenarbeit und die Auswertung statistischer Methoden in rascher Folge, sondern er schafft auch durch die Zusammenarbeit mit der mikroskopischen Forschung in drei Jahrzehnten eine neue biologische Front an den Grenzen des Sichtbaren. Die Erbforscher dringen in jene Grundstrukturen im Zellkern ein, die seit 1888 den Namen Chromosomen tragen, weil sie sich in der mikroskopischen Technik sehr auffällig färben lassen. Sie liefern der experimentellen Forschung, die lediglich den Erbgang der Merkmale von einer Generation zur anderen aufdecken kann, ein erstes gestaltetes Etwas, mit dem die Erbeigenschaften sicher etwas zu tun haben. Zum ersten Mal war etwas Substantielles unterhalb der Zellengröße greifbar geworden, das in Kombination mit verwandten Gebilden am Aufbau höherer lebender Komplexe teilnimmt: es gibt Elemente der Erblichkeit – sie werden Gene genannt.

Jetzt stößt die biologische Arbeit durch konsequente Kombination von Experiment und morphologischer Beobachtung in den Bereich des Elementaren jenseits der Zelle vor – ein Schritt von unabsehbarer Bedeutung, der bald hinüberführt in die unbekannten Zonen jenseits der im Lichtmikroskop und im neuen Elektronenmikroskop erschlossenen Gestalten ins vorderhand völlig Unsichtbare, wo nur die Mittel der Physik und der Chemie dem Lebensforscher weiterhelfen. Das neue Elektronenmikroskop! 1915 hatte ein Buch von Wolfgang Ostwald die Biologen auf »die Welt der vernachlässigten Dimensionen« hingewiesen, der Welt zwischen den im Lichtmikroskop eben noch sichtbaren Gebilden und der in voller Erforschung begriffenen Welt der Moleküle. In den dreißiger Jahren entstand in physikalisch-technischen Laboratorien das neue Instrument, das mit Hilfe elektromagnetischer »Linsen« Strukturen sichtbar macht, die hundertmal kleiner sind, als was das Lichtmikroskop uns eben noch zeigt. Die neuerschlossene Größenordnung führt in die Welt der Makromoleküle, die im Aufbau des Lebendigen eine große Rolle spielen. Die Biologen richteten sich eben in diesen Jahren auf die Erforschung dieses Gebietes ein, aber man stand noch vor dem weiteren Ausbau der neuen Instrumente.

Wir müssen wenigstens einen Blick in die einzelnen Bereiche tun, die in den letzten Jahrzehnten besondere Zentren der Lebensforschung geworden sind. Wenn auch eine solche Umschau oberflächlich bleiben muß, so bereitet sie doch wie das Licht in einem Spektrum die Vielfalt der Arbeitsgebiete aus und ermöglicht so vielleicht, die Rolle dieses Forschens im Planen der Zukunft zu erfassen.

Genetik. Die zwei ersten Jahrzehnte bringen den Ausbau einer umfassenden Chromosomentheorie der Vererbung: in erster Linie das Werk der amerikanischen Biologen im Gefolge von Thomas Hunt Morgan. Sie bringen damit auch eine bedeutsame Erweiterung der von Darwin und Wallace begründeten Evolutionstheorie durch die exakte Erforschung von erblichen Veränderungen im Keim der Organismen, der sogenannten »Mutationen«. Die vorhin erwähnten Erbfaktoren werden in ihrer linearen Anordnung auf fadenartigen Eiweißstrukturen im Zellkern lokalisiert. Es gelingt, an besonders gut untersuchten Objekten eigentliche Karten der Gen-Anordnung zu zeichnen: die Zoologen weisen mit Stolz die Chromosomenkarte kleiner Fliegen der Drosophila-Arten vor, die Botaniker haben den Mais ähnlich intensiv durchforscht. Die Chemie arbeitet heute bereits an der stofflichen Aufklärung der Erbstrukturen, und die statischen Vorstellungen vom Gen weichen gegenwärtig dynamischeren, schwerer verständlichen Bildern.

Mit der Ergründung der Erbsysteme im Zellkern wird auch die der im eigentlichen Protoplasma (im Cytoplasma) verborgenen Elementarstrukturen und ihres Erbganges gefördert; wirken doch die Mendelgene des Zellkerns nur im Lebenssystem des Plasmas. Wir kennen heute bereits einzelne den Genen entsprechende Systeme im Zellplasma – aber die großen Aufklärungen sind hier noch zu leisten.

Entwicklungsphysiologie. Um die Jahrhundertwende hat die Biologie auch in der Ergründung der Embryonalentwicklung resolut den Weg des Experiments beschritten. Ein »Archiv für Entwicklungsmechanik«, von Wilhelm Roux, dem Pionier dieses Arbeitsfeldes, gegründet, bezeugte im Titel schon energisch den Willen der Annäherung an die Methoden der Physik und Chemie.

Diese neue Entwicklungsphysiologie greift das alte Problem der Entstehung einer sichtbaren Mannigfaltigkeit aus einem für unser anschauendes Auge einfachen Keim an – die Frage also, in welcher unsichtbaren Struktur der Werdeplan einer Eizelle zum Entwicklungsbeginn gegeben sei. Frühe Spekulationen des 18. Jahrhunderts hatten eine eigentliche »Praeformation« im Unsichtbaren angenommen – ihnen stand bereits die Idee einer echten Neubildung, einer »Epigenese« entgegen. Erst gegen Ende des 19. Jahrhunderts ahnte man etwas von einer im Keim vorbereiteten Grundstruktur, die aber die Struktur des reifen Organismus durch echten Aufbau von neuem leistet: praeformierte Epigenese erwies sich als das Aufbauprinzip des Lebendigen. Doch diese Worte bedeuteten ja nur eine neue Fragestellung; die ganze Schwere des Entwicklungsproblems ist in ihnen. Die Versuche von Hans Driesch (um 1890) haben besondere Berühmtheit erlangt. Sie zeigten, daß die ersten Zellen des Keims von Seeigeln, wenn sie voneinander getrennt wurden, imstande waren, ganze vollwertige Seeigellarven zu formen. Sie sind zu Leistungen fähig, die sie im intakten Keim nicht vollziehen; sie haben Potenzen, die normalerweise verborgen bleiben. Es zeigte sich aber auch, daß Keime anderer Tiere bei Trennung der frühen Zellen diese Mehrleistung nicht vollbringen.

In den ersten Jahrzehnten unseres Jahrhunderts wurde das Problem geklärt. Vielseitige Experimente wiesen nach, daß in jedem Keim Vorgänge ablaufen, die eine ursprünglich große Fähigkeit jeder einzelnen Keimregion zu Umstellung, zu »Regulationen« auf dem engen Anteil beschränken, den dieser bestimmte Keimbezirk im normalen Entwicklungsgang wirklich zu leisten hat. Diese Einengung geschieht beim Fliegenei sehr früh, bei dem einer Libelle viel später; auch Molch- und Froschkeim unterscheiden sich im Zeitpunkt, an dem diese Vorgänge ablaufen. Die Versuche von Harrison, von Spemann und ihren Schülern sind besonders fördernd gewesen für den Einblick in diese Vorgänge, die man unter dem Begriff der »Determination« einer Organanlage zusammenfaßt. Um die verborgenen Geschehnisse dieser Determination kreisen die Bemühungen ungezählter Arbeiten, die vor dem ersten Weltkrieg einen Höhepunkt von vielseitigen Aufschlüssen gebracht haben. Sie beruhen im wesentlichen auf dem Studium von Keimen, bei denen die unabänderliche Festlegung der Keimregionen zu bestimmten Leistungen erst spät nach der Ablage der Eier erfolgt. Diese Gunst des Objektes hat so am Ei der Molche und der Libellen eine Reihe bedeutender biologischer Arbeiten unseres Jahrhunderts ermöglicht.

Hans Spemanns Spätwerk schließt eine große Epoche ab. Um die Jahrhundertmitte ist in diesen Experimenten ein vorläufiger Stillstand eingetreten; trotz ungezählter weiterer Untersuchungen haben die nun seit Jahrzehnten erprobten Methoden in jüngster Zeit wenig mehr ergeben, was besonders neue Aufschlüsse gebracht hätte. Ein neuer Angriff auf das Geheimnis des Keimplasmas und seiner Erbanlagen bereitet sich in der Stille vor: er wartet auf neue Instrumente, vor allem auf die mikrochemische Chirurgie, welche uns die außerordentliche Entwicklung der Biochemie zu geben verspricht und in manchen Arbeitsfeldern bereits gibt.

Biochemie. Als Aldous Huxley um 1931 an seiner »Brave new World« schrieb, hat er seine Zukunftsvision einer biochemisch gesteuerten Glückseligkeit etwa in das Jahr 2600 verlegt. Und wir nahmen damals die ironisch mahnende Darstellung als eine amüsante Phantasie, zu der sich der Dichter bei seinem Bruder, dem Biologen Julian Huxley, ein üppiges Material geholt hat. 1959 aber muß Aldous Huxley mit Bestürzung feststellen, wie vieles von den Erzeugnissen seiner Imagination heute schon wirksamste Realität ist – eine Wirklichkeit voll von bedrohlichen Möglichkeiten. »Brave new World revisited« – so nennt er seinen Mahnruf – ist unter anderem das Zeugnis einer noch vor drei Jahrzehnten nicht vorauszusehenden Entwicklung der chemischen Forschung.

Das Tempo dieses Vormarsches müssen wir in einigen wissenschaftlichen Resultaten zu bestimmen versuchen. Wir wollen einige der Arbeitsfelder überblicken, die um so substantielle Wunderdinge, wie Enzyme und Vitamine, Hormone und Virusstoffe, ausgebaut worden sind, um an solchen Ausschnitten aus einem viel weiteren Forschungsfeld die Rolle der biochemischen Arbeit in der Zukunft zu ermessen – in einer Zukunft, die schon volle Gegenwart ist.

Seit uralten Zeiten sind die Gärungsprozesse ausgewertet worden, ob es sich nun um das Gewinnen alkoholischer Getränke, um Milchvergärung oder um die Hefewirkung im Brot gehandelt hat. Im 19. Jahrhundert begann nach Überwindung der alchemischen, mythischen Vorstellungen die sachliche Erforschung dieser Prozesse. Es gelang, die Wirkung gewisser Stoffe in Extrakten und in lebenden Zellen nachzuprüfen. Aber noch 1921 mußten die Lehrbücher der Biochemie feststellen, daß keines dieser »Fermente« in reiner Form bekannt sei. Selbst ihre Eiweißnatur wurde erst von 1926 an faktisch nachgewiesen. Auch der Aufbau der Fermente aus zwei Komponenten, die im Zusammenwirken die erwartete

Wirkung zeigen, ist erst zu Beginn unseres Jahrhunderts geklärt worden. Seither hat die intensive Untersuchung dieses für den Stoffwechsel so wichtigen Prozesses in vielen Laboratorien eingesetzt. Die Kenntnis der Fermente, welche diesem oder jenem berühmten Käse das spezifische Aroma geben, die Kenntnis der Hefestämme, die an den verschiedenen Weinsorten beteiligt sind, wird lokale Monopole brechen und hat auch bereits damit begonnen.

Wir sind bereits gewohnt, in Drogerien und Apotheken Dutzende von Vitaminpräparaten zu kaufen und sie mit mehr oder weniger Verstand für unseren Stoffwechsel einzusetzen. Wie weit liegt schon die Zeit zurück, in der die »englische Krankheit« eine alltägliche Erfahrung in den Großstädten war. Und doch ist der Zusammenhang dieser körperlichen Schwächung mit dem Fehlen bestimmter winziger Stoffmengen in unserer Nahrung erst seit den zwanziger Jahren bekannt.

Wohl waren über solche »Mangelkrankheiten« seit langem auf empirischem Weg allerhand Kenntnisse gewonnen worden. Aber erst um die Jahrhundertwende begann die exakte experimentelle Ergründung; erst jetzt zeigte es sich, daß kleinste Mengen bestimmter Stoffe zur Erhaltung der Gesundheit von Mensch und Tier notwendig sind; daß also am Getriebe unseres Leibes neben den »Baustoffen« und den »Betriebssubstanzen« noch andere Gruppen von Wirkstoffen beteiligt sind. Um 1912 wurden Krankheiten wie Skorbut, Rachitis und andere als »Mangelkrankheiten« zusammengefaßt, und Funk nannte die Stoffe, an denen es da fehlt, die Vitamine. Nach dem ersten Weltkrieg wurden einzelne dieser Substanzen aus Naturprodukten rein extrahiert und damit einer chemischen Analyse zugänglich. So gelang etwa in den Jahren 1928 bis 1933 die Klärung des Aufbaus des berühmt gewordenen Vitamins C, der Ascorbinsäure. Auch wurden um 1924 durch ultraviolette Bestrahlung Nahrungsmittel antirachitisch gemacht. Es zeigte sich, daß es sich dabei um die Umwandlung eines bereits vorhandenen Provitamins zum eigentlichen Vitamin D handelt, das dann 1931 als erstes kristallisiertes Vitamin gewonnen werden konnte. Die Benennung dieser Stoffe begann einst mit A, B, C; während die Zahl der neu entdeckten Wirkstoffe im Alphabet weiterschreitet, setzt die chemische Analyse immer mehr genaue Namen, wie Folsäure, Nicotylamid, an die Stelle des älteren Sammelwortes »Vitamin«.

Die Erforschung der Hormone nahm einen ähnlichen Verlauf. Auch hier gab es alte Erfahrungen, dunkle Andeutungen der Lehren von den Körpersäften und den Temperamenten, die seit Generationen weitergegeben wurden. Um die Mitte des 19. Jahrhunderts wurde durch Einpflanzung von Hodensubstanz nach Kastration bezeugt, daß auf diesem Wege bei Vögeln die Geschlechtsfunktion erhalten bleiben kann. Verjüngungsexperimente des zweiundsiebzigjährigen Forschers Brown-Séquard sind schon 1889 sehr beachtet worden. Aber alles das blieb isolierte Einzelheit. Ein Organ wie die Schilddrüse, dessen Bedeutung als Blutdrüse uns jetzt so klar vor Augen steht, ist bis zum Ende des letzten Jahrhunderts bald als rudimentär taxiert und dann wieder in rätselhaften Rollen gesehen worden. 1895 wurde der Jodgehalt der Schilddrüse nachgewiesen, 1896 dieses Jod kristallisiert und gezeigt; gleichzeitig hat der Berner Chirurg Theodor Kocher auch die Beziehung zum Kropfproblem geahnt. Noch vor dieser Zeit sah Claude Bernard die Möglichkeit wichtiger

Drüsensekretionen im Blut; »Sécrétions internes« nannte er sie und wurde damit zum Schöpfer dieses für die heutige Physiologie so wichtigen Begriffs.

Erst um 1906 tauchte in den Arbeiten der Physiologie zum erstenmal das Wort Hormon auf, damals für einen anregenden Darmstoff gebraucht: eine neuentdeckte Stoffklasse von größter vitaler Bedeutung hatte ihren Namen erhalten. Hormone waren von jetzt an alle jene vom Organismus erzeugten Stoffe, die auf dem Weg über die Gewebesäfte, zum Beispiel der Blutstrom, die verschiedensten Wirkungen an weit verstreuten Orten des Körpers hervorrufen. 1921 wurde der erste dieser Stoffe, das Insulin, aus der Bauchspeicheldrüse isoliert, und es begann die exakte analytische Epoche. Die ersten Versuche, auch bei wirbellosen Tieren solche Hormone nachzuweisen, schlugen fehl. Man suchte bei Insekten nach den Geschlechtshormonen, deren Wirkungen bei Wirbeltieren in den zwanziger Jahren Hoffnungen auf Verjüngung geweckt hatten. Negative Ergebnisse bei Verpflanzungen der Keimdrüsen von Schmetterlingsraupen förderten eine Weile die Vorstellung, die Hormone seien ein Privileg der hoch organisierten Wirbeltiere. Von 1926 an mehrten sich indessen die Anzeichen, daß auch bei Krebsen und Insekten, bei Würmern und Tintenfischen Hormone am Werk seien; ja, es zeigte sich, daß manche dieser Stoffe über den Bereich einer Tierklasse hinaus in sehr verschiedenen Organismen recht ähnliche Wirkungen auszuüben vermögen. Man erkannte, daß weitgehend unspezifische Agenten im Stoffwechsel als Hormone wirken und daß die spezifischen Merkmale, die sie hervorrufen, durch die artgemäße Erbstruktur der Organanlagen vorbereitet sind. In jüngster Zeit gelang die Entdeckung von hierarchisch geordneten Systemen verschiedener Hormondrüsen, und es zeigte sich, daß die mit dem Gehirn in Verbindung stehenden Blutdrüsen einen ganz besonders hohen Ordnungsrang einnehmen, ob es sich nun um Wirbeltiere oder Wirbellose handelt.

Auch in der Forschung der Hormone hat eine neue Etappe begonnen. In den ersten Jahrzehnten dieses Jahrhunderts galt es vor allem, die Naturobjekte zu finden, aus denen die hormonale Substanz in genügender Menge für die biochemischen Belange extrahiert werden konnte. Die Analyse durch die Biochemiker hat die Situation völlig geändert. Immer mehr werden heute diese so wichtigen Stoffe durch Synthese aus einfachen Grundstoffen aufgebaut. Wir sind bereits so weit, Stoffgruppen kombinieren zu können, die wirksamere Effekte als die ursprünglich natürlichen Hormone erzielen.

In der Zeit der analytischen Vertiefung unseres Wissens um Vitamine und Hormone ist auch die Bakteriologie in das Reich des im Lichtmikroskop Unsichtbaren eingedrungen: die Erforschung der sogenannten Virusstoffe beginnt. Noch vor der Jahrhundertwende (1898) war der Nachweis gelungen, daß die Maul- und Klauenseuche beim Vieh von einem Stoff erzeugt wird, der bakteriendichte Filter zu passieren vermag. Bald tauchte für solche Substanzen der Begriff »Virus« auf, und es zeigte sich, daß diese eigenartigen Substanzen sich nur in lebenden Zellen vermehren können. Virusstoffe schalten sich in raffinierter Weise in den Stoffwechsel der Wirtszellen ein. Sie steuern den von der Zelle vorgebildeten Apparat so radikal um, daß statt arteigener Zellkomponenten die spezifische Virussubstanz aufgebaut wird. Nach drei weiteren Jahrzehnten gelang die erste kristallisierte Isolation des Virusstoffes einer Pflanze, und 1955 wurde auch ein für den Menschen verheerendes Virus (das der Poliomyelitis) kristallisiert gewonnen.

Charles Robert Darwin
Bleistiftzeichnung von Marian Collier, 1878
London, National Portrait Gallery

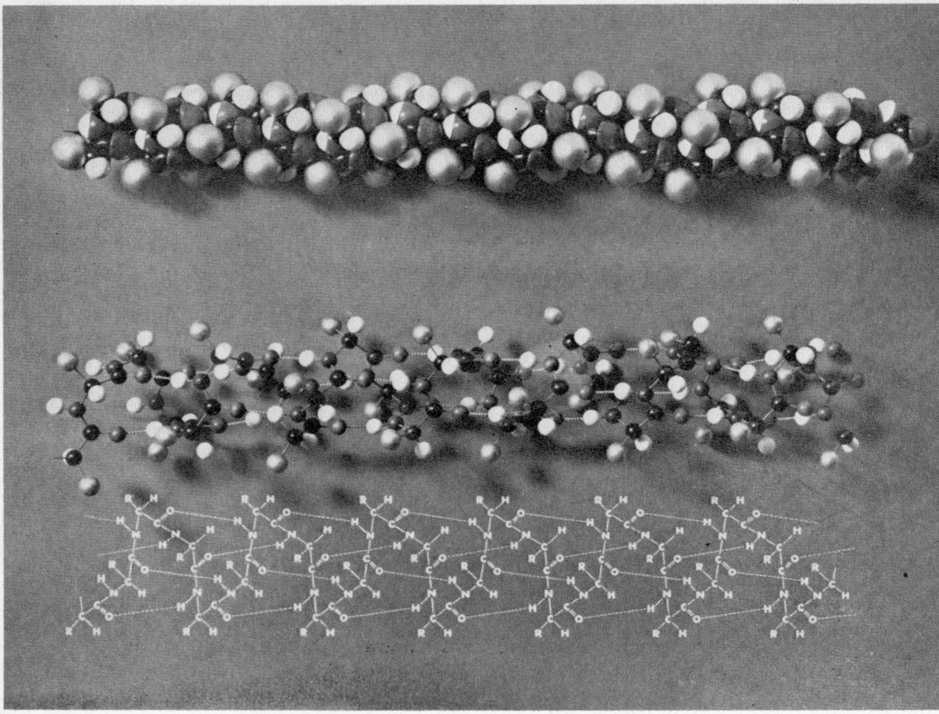

Das Eiweißmolekül des menschlichen Haares
Molekülform, Strukturmodell und Strukturformel
München, Deutsches Museum

Heute ist die Erforschung dieser Stoffe in eine enge Beziehung zur Ergründung der Erbsubstanzen eingetreten, gleicht doch das Gebaren der Viruskörper in der Zelle in mancher Hinsicht dem Wirken der von der Genetik entdeckten – übrigens etwa gleich großen – Mendel-Faktoren, den Genen. Der Nachweis, daß bestimmte Nukleïnsäuren im Bauplan dieser Gene besonders wichtig sind und daß entsprechende Säuren auch spezifische Eigenschaften der Virusstoffe bedingen, hat das Interesse an diesen Vorgängen gewaltig gesteigert. Die Virusstoffe demonstrieren uns den Prozeß der Selbstvermehrung einer Substanz innerhalb eines lebenden Systems, einen Vorgang, der bei jeder Zellteilung von sämtlichen Erbfaktoren eines Organismus ebenfalls geleistet werden muß und der überhaupt eine Grundeigenschaft alles lebendigen Stoffes ist.

Die zwei Richtungen der biologischen Forschung. Die Synthese von Stoffen, deren Erzeugung bisher als das Geheimnis des Lebens galt, öffnen dem Zugriff des Menschen unerhörte Perspektiven. Sie kommen dem Streben des heilenden Arztes entgegen – sie kommen aber auch der Willkür entgegen, die in den verschiedensten Absichten in das Geschehen der Lebensformen eingreifen will, sei es zur Steigerung oder Betäubung natürlicher Funktionen; sei es zur gestaltlichen Veränderung – sei es im Sinn individuellen Glücksgefühls oder für erwünschten Einfluß auf sozial wichtige Vorgänge. (Kein Wunder, daß neben dem unentwegten Optimismus von Fortschrittsgläubigen sich heute die Stimmen der Mahner mehren.)

Die Entwicklung der biochemischen und biophysikalischen Forschung hat aber nicht nur unabsehbare praktische Folgen und gibt der menschlichen Macht neuen Zugang zur Beherrschung seelischen und geistigen Lebens, sie hat auch den weniger auffälligen und doch bedeutungsvollen zweiten Aspekt, daß die Biologie jetzt ihre Objekte immer tiefer im Unsichtbaren ergründet – jenseits selbst der Dimension des Elektronenmikroskops. Neue indirekte Methoden führen hier weiter, die des Chemikers und Physikers. Auf Umwegen, auch mit den Mitteln des Mathematikers, werden die Strukturen ergründet, mit denen der Lebensstoff seine »Wunder« vollbringt.

Die Lebensforschung arbeitet heute in zwei Richtungen. Ein Teil ihrer Anstrengung gilt nach wie vor der Welt der Gestalten, ihren Organen und ihrem Gebaren, ihrer Verteilung und erdgeschichtlichen Entwicklung. Daneben wächst die auf das Unsichtbare gerichtete biologische Forschung. Diese neue zweite Richtung, die in den letzten Jahrzehnten mit gewaltigen Mitteln aufgebaut worden ist, dürfte zum beherrschenden Faktor der biologischen Forschung werden. Die biotechnische Auswertung und Ergründung des Stofflichen erfordert einen riesigen industriellen Aufbau, eine Konzentration wirtschaftlicher Einrichtungen, die zur Übernahme der Forschung in den eigenen Betrieb zwingt und damit eine Lenkung der wissenschaftlichen Arbeit schafft. Sicher wird so in vielen Gebieten die Erschließung der unbekannten Vorgänge mächtig gefördert, dafür sinken aber andere, weniger lukrativ erscheinende Aufgaben in Vergessenheit. Diese Entwicklung beeinflußt auch immer mehr die Berufswahl der Begabten. Wer am praktischen Segen dieses wissenschaftlichen Aufschwungs teilhaben möchte, wendet sich Forschungsgebieten zu, in denen sich die Wirtschaftsmacht am eindrücklichsten manifestiert. Die aufsteigende Biotechnik gehört dazu.

Das führt natürlich zu einer steigenden Entfremdung der Biologie von ihrem ersten und unmittelbaren Objekt, der lebendigen Erscheinung, der Gestalt. Selbst Forschungsweisen, die sich mit der Form noch direkt beschäftigen, wie Physiologie, Evolutionslehre und Genetik, können immer seltener die Gestalt in ihrer Ganzheit als Objekt gelten lassen. Die Erscheinung eines Lebewesens wird zum Anlaß, um mit Hilfe der Eigenschaften dieser oder jener Art zu allgemeinen Regeln vorzudringen, zu Gesetzen der Atmung, der Nervenerregung, der Muskelkontraktion, zur Geschlechtlichkeit oder auch zu den Vorgängen der Artumwandlung. Der rote Hahnenkamm wird bei solcher Problemstellung nicht etwa in seiner Eigenart als auffälliges Merkmal einer Fasanenart beachtet – er ist ein »Test« für das Kreisen von Hormonen; er gibt die Möglichkeit, sich rasch von der Wirkung bestimmter Substanzen im Blut zu überzeugen. Die Lehre von den Gestalten, die Morphologie, gilt heute manchen nur noch als eine Art Vorspiel zur eigentlichen Biologie. Der Raum dieser Formenlehre wird rasch durcheilt, um zu den wahren Forschungsstätten zu gelangen. Die Ordnung der unabsehbaren Formenfülle von Pflanzen und Tieren gilt oft als antiquiert, und der Kampf gegen die »dürre, verstaubte Systematik« hat diese Mißachtung eines zentralen Faktums, der Gestaltenfülle, begünstigt. Gewichtige Gründe der Ökonomie des Lernens, die ständig wachsende allgemeine Stoffmenge haben an dieser Preisgabe mitgeholfen.

Die Abwertung der Form ist aber auch indirekt und unvermeidlich durch die Evolutionslehre gefördert worden, für die jede Art ein bloßes Stadium in einer langen erdgeschichtlichen Gestaltenfolge ist. In dieser Perspektive ist die Verwandlung der Organismen das Problem, die einzelne Tier- oder Pflanzenart wird zum Punkt auf einer Kurve.

Die Evolutionslehre. In den letzten Jahrzehnten des 19. Jahrhunderts hat der Darwinismus die allgemeine öffentliche Auffassung vom Lebendigen weitgehend beeinflußt. Er hat sich stürmisch ausgebreitet und ganz besonders die führenden Schichten jener Länder ergriffen, welche die industrielle Entwicklung des Okzidents bestimmten. Der komplizierte Zusammenhang dieser Lehre mit der Entfaltung des Hochkapitalismus ist viel beachtet worden und gibt uns noch viele geistesgeschichtliche Fragen auf.

Die Entwicklungslehre, wie sie Darwin und Wallace 1858 begründet haben, befand sich bereits vor der Jahrhundertwende in einer wenig beachteten, aber bedeutungsvollen Krise. Die frühen Abstammungstheorien hatten für die allmähliche Häufung kleinster Veränderungen, die das Material der Umbildung der Arten sein sollten, sehr große geologische Zeiträume eingesetzt. So hatte Darwin allein schon für die Periode der Ablagerung der Schichtgesteine im Meer (also seit den Erdzeiten des Kambriums) etwa zweihundertunddreißig Millionen Jahre einsetzen können. Diese Zahl ist nicht so fern von der für den gleichen Zeitraum heute angenommenen von etwa fünfhundert Millionen Jahren.

Doch in den letzten Lebensjahren Darwins gewann eine Ansicht die Oberhand, welche die Zeitvorstellungen radikal schrumpfen ließ. Führende Männer, wie Lord Kelvin in England und Hermann Helmholtz in Deutschland, setzten die vom Geologen Charles Lyell begründeten Annahmen auf hundert, auf zwanzig, ja zeitweilig gar auf zehn Millionen Jahre herunter. Das Gewicht dieser Theoretiker war gewaltig. Die führende Stellung der Physik als exakte Naturwissenschaft war ein kräftiges Argument, und so machten denn auch die neuen Zahlen Darwin selbst die größten Sorgen. In den späteren Auflagen seines Hauptwerkes hat er dann erklärt, daß die von seiner Lehre postulierten Veränderungen in einem geringeren Zeitraum geschehen seien. Der Darwinismus paßte sich den Ansichten der Physiker an, so gut es ging.

Die neu aufblühende Erbforschung trug das Ihre zur Aufweichung des Darwinismus bei. Wohl beruhte die experimentelle Genetik auf der Tatsache erblicher Veränderungen an Tieren und Pflanzen – arbeitete sie doch mit »Rassen«. Doch die Beachtung galt ja der Vererbung – einem Vorgang von bewahrender Art! So wurde nach der Wiederentdeckung der Mendelschen Gesetze zunächst die Annahme eines konservativen Lebenselements wieder aktuell: die Mendel-Faktoren erschienen in erster Linie als die Garanten der Kontinuität und nicht als der Anlaß von Veränderungen, welche die Art umformen. Die experimentelle Erbforschung hat in den ersten Jahren des neuen Jahrhunderts denn auch sehr energisch betont, daß die Erblehre keine Grundlage für die Annahme des Darwinismus liefere. Die Vorstellungen, die der dänische Botaniker Johannsen um 1905 in seinen »Elementen der exakten Erblichkeitslehre« formuliert, haben die Skepsis gegenüber der ursprünglichen Form der Abstammungslehre stark gefördert.

Im Gegensatz zu den von Darwin angenommenen sehr allmählichen Umwandlungen glaubte man nämlich, eine eigentliche Diskontinuität im Erbgeschehen zu erkennen. Der holländische Botaniker de Vries stellte im ersten Jahrzehnt eine »Mutationstheorie« auf, die sich auf seine berühmt gewordenen Studien an der Nachtkerze (Oenothera) stützte. Um 1909 fanden die mit Thomas Hunt Morgan arbeitenden amerikanischen Genetiker zum erstenmal erbliche Varianten in den Zuchten der Taufliege Drosophila melanogaster. Die Gesetzmäßigkeiten, die durch das Studium dieser neuen Mutationen erforscht werden konnten, führten 1920 bereits zu einer wohl begründeten Vererbungslehre, welche die Bedeutung der Erbfaktoren im Zellkern, in den sogenannten Chromosomen, ins Licht stellten und die denn auch als »Chromosomentheorie der Vererbung« eine der Großtaten der neuen Lebensforschung geworden ist. Sehr bald stand das vertiefte Studium dieser neuen Mutationen aber im Gegensatz zu den Ideen von de Vries. Der holländische Botaniker hatte die Idee verteidigt, daß größere Mutationen, »stoßweise Veränderungen des Erbgutes«, der Anlaß zur Artumformung sein müssen. In den Varianten, wie sie in den Zuchten der Taufliege auftraten, lag nun aber ein Material vor, wie es Darwin einst für die Erklärung der Veränderungen am Organismus vermutet hatte, ohne daß er das Problem der Erblichkeit der von ihm postulierten Abweichungen hatte lösen können. Diese gesuchte Erblichkeit aber war nun fundamentale Tatsache, unbestritten und in steigendem Ausmaß bei Tieren und Pflanzen nachgewiesen. So entstand rasch eine neue Mutationslehre; es bahnte sich eine ganz neue Phase der alten Abstammungstheorie im »Neodarwinismus« an – sehr genau zu der Zeit, da in einer breiteren Öffentlichkeit gerade heftig die Widerlegung des Darwinismus durch die exakte Forschung diskutiert wurde. In den dreißiger Jahren festigt sich diese neue Entwicklungslehre, kräftig gefördert von einer Wandlung der geologischen Zeitvorstellungen. Die Physiker hatten durch die Methoden, die das Studium der Radioaktivität geschaffen hat, unerwartet neue Mittel für die Bestimmung des Alters von geologischen Schichten gefunden. Die Auffassungen von Lord Kelvin und Helmholtz wurden widerlegt – die Abstammungslehre bekam wieder in die Hand, was sie zur Zeit Darwins schon einmal sicher zu besitzen glaubte: die langen Zeiträume, die für die Wirkungen der Selektion nötig sind.

Die Möglichkeit, durch Bestrahlung die Anzahl der Mutationen in einer Laboratoriumszucht zu erhöhen, brachte der neuen Forschungsrichtung einen mächtigen Auftrieb. Dieses Verfahren ist 1927 gleichzeitig an Pflanzen und Tieren experimentell erprobt worden und gehört seither zum steten Hilfsmittel der Genetik. In der Zeit des zweiten Weltkrieges ist dann auch noch die Entdeckung dazugekommen, daß man durch chemische Einwirkungen ebenfalls Mutationen erzeugen kann. Wir kennen heute eine Reihe solcher »mutagener« Substanzen, und es ist auch eine Technik entwickelt worden, die es erlaubt, in gewissen Fällen die isolierten Keimdrüsen eines Versuchstiers der Wirkung dieser Stoffe auszusetzen und sie nachher wieder in einen normalen Organismus einzupflanzen.

Der Neodarwinismus. Die neue Abstammungslehre ist die gegenwärtig wohl verbreitetste Ansicht über die Entstehung der Mannigfaltigkeit der lebendigen Gestalten. Gegenüber der ursprünglichen Form der darwinistischen Lehre hat diese Theorie den großen Vorteil, daß die Erblichkeit der kleinen Variationen, mit denen die natürliche Auslese, nach Darwins Auffassung, arbeitet, nunmehr durch das Experiment bezeugt ist. Wir kennen heute verschiedene Arten der Mutation: solche, die in einzelnen Erbfaktoren des Kerns Veränderungen schaffen, andere, die durch Umstellung der Faktorenanordnung ähnliches bewirken, und schließlich eine Variationsform, die auf einer Vermehrung oder Verminderung des ganzen Erbbestandes beruht und deren Wirkung im Pflanzenreich besonders auffällig ist. Die Züchtung von Haustieren und Kulturpflanzen beruht seit Urzeiten auf der Auslese solcher immer wieder neu entstehender Mutanten. Die Naturselektion merzt unvorteilhafte Eigenschaften aus und begünstigt die lebensfördernden. Bei diesem Prozeß bleiben aber auch indifferente Merkmale bestehen, denen kein Selektionswert zukommt oder die durch die Struktur ihrer Anlagen mit günstigen Faktoren eng verkoppelt sind. Das Studium des Selektionswertes von Eigenschaften und das der Selektionswirkungen in größeren Verbänden von Artgenossen, in sogenannten »Populationen«, hat in den letzten Jahrzehnten mathematische Vertiefung erhalten. Die statistischen Methoden bezeugen, daß unter Umständen ein sehr geringfügiger Vorteil genügt, um bereits im Laufe von verhältnismäßig wenigen Generationen die begünstigten Formen dominieren zu lassen. Es ist damit eines der wichtigsten Argumente der früheren Gegner der Abstammungslehre ungültig geworden: daß nämlich der Selektion nicht der Wert zukomme, den der frühe Darwinismus postuliert habe.

Ein weiterer Faktor neben der Selektion ist die Isolation von Lebensformen. Sie kann durch Veränderungen der Umwelt erfolgen, auf diesem Untergrund zum Beispiel eine helle, auf einem anderen Boden die dunklere Farbvariante begünstigen. Sie kann aber auch geschehen durch eine allmähliche zeitliche Verschiebung der Fortpflanzungsperioden, so daß sich zwei Organismengruppen einer Art immer seltener und schließlich gar nicht mehr durch gegenseitige vermischende Befruchtungen vermehren. Schließlich kann Isolation auch durch Mutationen auf psychischem Gebiet entstehen, indem durch geringfügige Veränderungen des Verhaltens zwei Varianten einer Art ausgesondert werden, die sich meiden oder gleichgültig gegeneinander werden. Das Studium der kleinsten Variationen hat eine große Bedeutung in der Lebensforschung gewonnen, denn der Neodarwinismus betrachtet alle diese Varianten, falls sie erblich sind, als Ausgangsmaterial für werdende Arten.

Der neue Darwinismus wird heute weithin im Abendland als die wissenschaftliche Klärung der Abstammungsprobleme gewertet. Je nach Temperament der Forscher vollzieht sich in verschiedenem Ausmaß derselbe geistige Vorgang, der schon den frühen Darwinismus charakterisiert hat: die aus dem Studium der gegenwärtigen Lebensform sich ergebenden Erkenntnisse werden mehr oder weniger weit für die früheren Erdzeiten angewandt. Sind die Mutationen werdende Arten, dann sind die heute lebenden Gestalten das Werk entsprechender Vorgänge: alle Katzenartigen gehen auf ähnliche Grundformen zurück, alle Hundeartigen ebenfalls. Diese Grundformen ihrerseits aber sind das Differenzierungsergebnis von raubtierartigen Formen, deren nahe Verwandtschaft zu sehr frühen Huftieren bezeugt ist. Wir gelangen mit dieser Ableitung in immer fernere Zonen, in denen aus wirbellosen Ahnen die ersten Wirbeltiere sich formten, in noch fernere, in denen mehrzellige Tiere entstanden sind – schließlich zu Einzelligen und zu noch nicht zellulären Frühformen des Lebens. Dem konsequenten Neodarwinisten erhellt sich diese gewaltige Entwicklung als das Werk der in unserer Zeit ergründeten Variantenbildungen.

Im Extrem geht diese Übertragung so weit, daß auch die Evolution von tier- und pflanzenartigem Leben aus ursprünglicheren Frühformen als Ergebnis von Mutations-, Selektions- und Isolationsvorgängen erklärt wird. Auch die allmähliche Entstehung von einfachen Organismen aus organischen Substanzen wird als Werk desselben Faktorenspiels gesehen. Die gesamte Entfaltung des Lebendigen gilt dieser Auffassung als ein in seinem Prinzip durchschautes, wissenschaftlich geklärtes Phänomen. Der Neodarwinismus hat das Rätsel der Evolution des Lebendigen gelöst; daß damit auch das Problem des Ursprungs unserer eigenen Lebensform als geklärt angesehen wird, braucht kaum mehr hervorgehoben zu werden.

Viele Biologen lehnen es jedoch ab, den Geltungsbereich der Mutationsgenetik so umfassend und das Faktorenspiel der Evolution so einfach zu sehen. Selbst unter den überzeugten Anhängern des Neodarwinismus schätzen manche die Tragweite der Faktoren anders ein. So wird etwa geltend gemacht, daß für die Entstehung harmonischer, aber umfangreicher Veränderungen, die etwa größere Tiergruppen wie Eidechsen und Vögel oder Reptilien und Säugetiere unterscheiden, die Variationen, die uns die Mutationslehre bis jetzt gezeigt hat, ungenügend seien. Die absoluten Anhänger des Neodarwinismus nehmen nämlich an, daß die uns bekannten Mutationen voll genügen, um alle Veränderungen im Lebendigen theoretisch zu erklären. Die Gegner dagegen – und sie stehen dabei durchaus auf dem Boden der Abstammungstheorie – machen geltend, daß man neben den heute experimentell erforschten Mutationen noch Umwandlungen annehmen müsse, welche die Entstehung großer typischer Unterschiede bewirkt haben und bewirken. Sie unterscheiden deshalb zwischen der heute bereits bekannten Mikromutation und einer noch zu entdeckenden Makro- oder Megamutation. Manche legen solche »fundamentaleren« Mutationen in die frühen Stadien der Keimentwicklung und nennen sie Ontomutationen; sie werden heute übrigens gern für die Entstehung größter Unterschiede, wie etwa zwischen den

Tierstämmen der Mollusken und denen der Chordatiere oder der Gliederfüßer, verantwortlich gemacht.

Der Streit der Meinungen muß vorerst unentschieden bleiben, denn unser Denken operiert hier nicht mehr allein auf Experimente gestützt, sondern begibt sich in den Bereich der Interpretation. Allgemein kann man feststellen, daß die Meinungen dadurch beeinflußt werden, ob ein Forscher den Reichtum der Lebensformen in seiner ganzen Fülle intensiv in sich aufgenommen oder ob er sich frühzeitig zum Fachmann auf einem bestimmten Arbeitsfelde spezialisiert hat. Wer die experimentell erzeugten Mutationen der Taufliege intensiv studiert, ohne sich mit den schwer faßbaren Erscheinungen unseres Denkens und Erlebens wissenschaftlich abzugeben, wird geneigt sein, mit den von ihm beobachteten Mutationen das Ganze des Evolutionsproblems zu erklären, was ein auf einem ganz anderen Felde Arbeitender sicher nicht täte. Aber ganz allgemein ist die Majorität der im »Felde« arbeitenden Biologen Anhänger einer Lehre, die man als »allgemeine Evolutionstheorie« bezeichnen darf. Sie stellt fest, daß die Vielgestalt des Lebendigen rational aufgefaßt werden kann als das Ergebnis von Differenzierungsprozessen, die aus einfacheren Lebensformen im Laufe der Erdgeschichte die verschiedenen Pflanzen- und Tiertypen erzeugt haben. Der Mensch wird in dieser Theorie als ein Glied des Primatenstammes der höheren Säuger aufgefaßt.

Im Rahmen dieser allgemeinen Evolutionstheorie sind viele Versuche unternommen worden, den Evolutionsprozeß durch bestimmte Faktoren zu erklären. Der neodarwinistische Versuch hat in unserer Zeit den größten Erfolg – doch stehen ihm auch im Lager der Mutationsforschung, der Genetik, manche Biologen skeptisch gegenüber. Sie sind überzeugt, daß der Ansatz des Neodarwinismus der Größe des aufgegebenen Problems nicht gerecht wird. Worauf solche Überzeugung beruht, wird uns noch beschäftigen, wenn wir den Kampf um die allgemeinste Auffassung vom Lebendigen zu überblicken versuchen werden. Vorher müssen wir aber die Entwicklung der Lebensforschung noch auf einem anderen Arbeitsfelde kennenlernen, auf einem Gebiet, das zuweilen Tierpsychologie genannt worden ist.

Verhaltensforschung. Das Lebendige muß, wenn es in seiner Einheit erfaßt werden soll, vom Stofflichen und vom Erleben her gesehen und erforscht werden. Das 19. Jahrhundert hat natürlich diese beiden Aspekte gekannt; aber in den meisten Fällen wurde die Erlebensseite vernachlässigt, wenn man sich nicht gar der Illusion hingab, sie werde schließlich durch das intensive Studium des Stofflichen mit erschlossen. Frühe Versuche einer umfassenderen Sicht, wie sie etwa in der deutschen Romantik unternommen worden sind, haben in ihrem Jahrhundert wenig Echo gefunden, während sie uns heute als Vorläufer von neuen Bestrebungen erscheinen.

Auch das 20. Jahrhundert hat zunächst die Methoden der Physik und Chemie zur Erforschung der psychischen Sphäre anwenden wollen. Es wurde versucht, durch das Auffinden von elementarsten Prozessen im Nervensystem, zum Beispiel Reflexen und Tropismen, Elemente zu finden, durch deren Verbindung sich die komplizierten Lebensäußerungen verstehen lassen mußten. Wenige Forscher sind auf diesem Weg so erfolgreich gewesen wie Pawlow in Rußland. Er hat in einer imponierenden Reihe von Experimenten die Systeme angeborener Verhaltensweisen der Tiere studiert und dann die Möglichkeiten, durch Dressur bedingte Reflexe zu schaffen, in vielen Varianten ergründet. Seine Forschungen haben weithin die Idee gefestigt, das tierische Gebaren lasse sich letztlich auf komplizierte mechanische Vorgänge zurückführen. Die Erlebensseite erscheint in diesem Bild vom Organismus als eine bloße Folge der stofflichen Abläufe, als ein Epiphänomen, das der Naturforscher nicht zu untersuchen braucht.

Von dieser Grundauffassung aus muß auch die Entstehung einer besonderen Art der psychologischen Arbeit gewertet werden, die sich in den USA als »Behaviorism« entwickelt hat und die das komplizierte Gebaren der Tiere auf elementare Verhaltensvorgänge zurückführen will. Auch der Behaviorismus hat sich, wie die Pawlowsche Schule, intensiv mit dem Prozeß des Lernens befaßt. Dieses Studium der Lernprozesse steht in vielfältigen, häufig wohl kaum bewußten Beziehungen zur herrschenden Tendenz der Schulbildung und der Erziehung sowohl im amerikanischen wie im russischen Lebensstil. In beiden Fällen, mögen auch die übrigen Hintergründe noch so verschieden sein, wurde der Prägbarkeit des Lebendigen, der Möglichkeit des Umstimmens durch die Verhältnisse und damit letztlich also der Erziehung ganz besonders große Bedeutung beigemessen. Demgegenüber wurde oft das Studium des Angeborenen, der von der Keimentwicklung bereits vorbereiteten Beziehung zur Umgebung in den Hintergrund gedrängt, auch dort, wo ihre Bedeutung den Forschern durchaus vor Augen stand. Der »Behaviorismus« hat auch bei seinen Gegnern bedeutende Auswirkungen gehabt, da er den Kampf gegen vermenschlichende Deutungen des Tierlebens sehr energisch gefördert und einer objektiveren Darstellung den Weg bereitet hat.

In vielseitiger Beziehung zum Behaviorismus, in Anlehnung wie in feindlichem Abweisen, hat sich – vor allem in Europa – eine andere Richtung der Erforschung der tierischen Psyche entwickelt. In vielen Versuchen hat sie sich allmählich gelöst von der Tendenz, Elemente des Verhaltens in der Art von Reflexen zu suchen, und hat in stärkerem Maße die tierischen Handlungen als die uns unmittelbar verständlichen Äußerungen tierischen Lebens zu studieren begonnen. Diese »Verhaltensforschung« wahrt das Gleichgewicht in der Anerkennung angeborener, erblich vorbereiteter Verhaltensweisen und der Lernprozesse, welche eigentliche Anpassungen des Individuums an besondere Lebensumstände darstellen.

Die aufsteigende Verhaltensforschung hat die Pionierarbeit Jakob von Uexkülls zur Voraussetzung. Bereits im ersten Jahrzehnt dieses Jahrhunderts hat von Uexküll die strukturelle, im Organismus vorgegebene Beziehung zu bestimmten Sektoren der Umgebung erforscht. Er hat den bedeutungsvollen Begriff der »Umwelt« geschaffen, der alle jene Merkmale der Umgebung eines Lebewesens umfaßt, mit denen der Organismus durch seine artgemäßen Sinnesorgane (Rezeptoren) und durch seine Wirkorgane (Effektoren) in lebendiger Beziehung steht. Die entscheidenden Beziehungsweisen einer Lebensform, wie sie etwa zur Nahrung oder zum Geschlechtspartner, zum Nachwuchs oder zu den Feinden bestehen, hat von Uexküll als »Funktionskreise« zu einer neuen Einheit der biologischen Darstellung erhoben. Ohne die Begriffe der Umwelt und des Funktionskreises ist die neuere Entwicklung der Erforschung des Verhaltens undenkbar. Von Uexküll hat auch in entscheidender Weise dargetan, daß die Eigenart des tierischen Lebens und letztlich des Lebendigen überhaupt nur erfaßt wird, wenn der besondere Charakter des Lebewesens als eines Zentrums eigener Aktivität anerkannt wird.

Gerade durch diese neue Betonung des »Subjekts«, dessen Wirken der Gegenstand der Verhaltensforschung sein muß, ist dieser neue Forschungszweig seiner Eigenart deutlicher bewußt geworden. Jetzt wird den »Ursachen« der kausal-analytischen Arbeitsart das Wirken von »Motiven« entgegengestellt, die qualitativ genommen werden müssen und die infolgedessen eine Erlebnisseite aufweisen, die ernst genommen werden muß, auch wenn sie im einzelnen schwer erfaßbar ist. Statt Reflexe als Elemente des Gebarens zu suchen, forscht die neue Betrachtungsweise nach dem »inneren Zustand« des Subjektes als der letzten feststellbaren Tatsache in der Ergründung der Innerlichkeit. Daß dieser Sachverhalt in der wissenschaftlichen Sprache mit dem musikalischen Wort der »Stimmung« bezeichnet werden konnte, zeugt deutlich genug von der methodischen Wendung der biologischen Arbeit. Kein Wunder, daß dieses Wort als wissenschaftlicher Begriff denn auch entsprechend umstritten worden ist – um so heftiger, als es in anderen Sprachen schwer wiederzugeben war. Die Biologen erkennen die Bedeutung einer unwägbaren Tatsache, wie die Stimmung eine ist, in einer Zeit, in der die Philosophen unsere eigene »Befindlichkeit« oder »Gestimmtheit« als ein letztes Faktum des Humanen wieder neu zu sehen beginnen. Nicht, daß die Biologen damals Heideggers »Sein und Zeit« studiert hätten; es handelt sich hier um geistige Wandlungen von allgemeinstem Charakter, denen nachzugehen es sich einmal bei größerem zeitlichem Abstande lohnen wird.

Die neue Verhaltensforschung hat sich nicht etwa geradlinig weiterentwickelt. Manche Schulen haben sich stark der physiologischen Analyse der Mechanismen angeborener Verhaltensweisen und der entsprechenden Strukturen des zentralen Nervensystems zugewandt, während eine mehr an der phänomenologischen Arbeitsart orientierte Tierpsychologie die ursprünglicheren Impulse der neuen Forschung weitergeführt hat. In diesen Sonderungen der Arbeitsrichtung sind die verschiedenen Auffassungen vom Lebendigen am Werk, deren Gegensätze in unserer Zeit in einzelnen Feldern der Biologie deutlich zur Geltung kommen.

Der Kampf um die Auffassung vom Organismus. Auf breiter Front rückt die analytische Strukturforschung in die Zone des Unsichtbaren vor. Diesem gewaltigen Arbeitsfeld gegenüber bedeutet das Aufblühen der Verhaltensforschung der letzten Jahrzehnte einen Umschwung, eine Rückkehr zum Eigenwert der einzelnen Lebensformen, zu einer nicht unmittelbar auf die menschliche Lebenspraxis ausgerichteten Biologie. Sie erfüllt damit eine wichtige Aufgabe der Kompensation, ganz abgesehen von der Fülle der neuen Aspekte, die sie für die Betrachtung der Natur eröffnet. Die Verhaltensforschung trägt in sich die große Möglichkeit, zu einem der Zentren aller Lebensforschung zurückzuführen, zum Rätsel der Erscheinungsfülle der organischen Gestalten, das uns auch die Evolutionslehre wieder neu vor Augen stellt.

Die Aufgabe, die lebendigen Formen in ihrer vollen Rätselhaftigkeit wieder als das große Objekt der Lebensforschung zu sehen, wird heute immer dringender. Die Deutung der Gestalten ist weitgehend beherrscht von funktionalen Gesichtspunkten: die Organe des Innern, die Bewegungssysteme, die äußeren Formen mit ihren ornamentalen Kennzeichen werden lediglich in lebenserhaltenden Funktionskreisen verstanden. Das hat zu einem Ausleseprozeß geführt, als dessen Folge eine Reihe privilegierter Gestalten die Bühne beherrschen. Da sind – um nur wenige zu erwähnen – die Stromlinienformen der Fische, die Flug-

Meerechse (Amblyrhynchus cristatus) auf der Galapagos-Insel Narborough

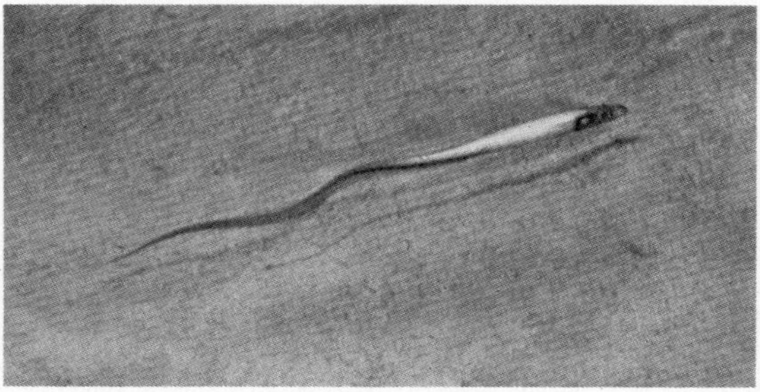

Lebewesen in der Tiefsee
Aufnahmen von Georges Houot aus 2000 bis 2200 m Tiefe. Von oben: Seefeder (im Atlantischen Ozean vor Portugal), Haifisch (im Mittelmeer bei Toulon), Tiefseefisch Halosaurus und Rochen (im Atlantischen Ozean vor Portugal)

gestalten der Vögel, die getarnten Tierformen, die in ihrer Umgebung optisch verschwinden können; auffällige Muster werden als Warnsignal oder als Kennzeichen der Geschlechter taxiert: das technisch Faßbare beherrscht allenthalben das Feld.

Wir fangen indessen in den letzten Jahrzehnten wieder an, die ganze Mannigfaltigkeit der Gestaltung ernst zu nehmen und das technisch nicht zu Erfassende zunächst einmal mindestens als Erscheinung voll gelten zu lassen. Ein nicht unwesentlicher Teil der morphologischen Bestrebungen der jüngsten Zeit gilt dem Auffinden methodischer Wege, um die Gestaltforschung über das Studium der Anpassungsleistungen hinaus in gewissem Sinn zu einer wirklichen »Stilkunde« der verschiedenen Lebenstypen zu entwickeln.

Diese Bestrebungen fordern eine radikale Umwertung der Werte, eine neue Übersicht der Lebensmerkmale und ihrer möglichen Rangordnung, die langsam in Gang gerät. Die Biologie der Jahrhundertwende war beherrscht von der dominierenden Rolle des Stoffwechsels: daß die lebendigen Gestalten Stoffe aus ihrer Umgebung durch komplizierten Aufbau in arteigene Substanzen umzuwandeln vermögen, daß sie gerade durch dieses Vermögen imstande sind, ihre komplizierte Form und Lebensart eine Zeitlang zu erhalten und dem Zerfall der Struktur ins Anorganische entgegenzuarbeiten – das galt als das Lebenswunder schlechthin, und so erschien den Biologen Stoffwechsel als das oberste aller Lebensmerkmale. Für die Majorität der Forschenden hat sich dies bis heute kaum verändert. Führende Werke der Jahrhundertmitte beginnen nach wie vor ihre Darstellung des Lebendigen mit der Organisation, welche diesem Stoffwechsel dient. Die Bedeutung, die der Neodarwinismus der Naturauslese und damit dem Erhaltungswert der Lebensmerkmale zuweist, hat das Gewicht dieser Seite des Lebendigen noch beträchtlich erhöht.

Und doch ist seit Jahrzehnten bereits ein Unbehagen darüber zu spüren. Schon aus dem klassisch gewordenen Versuch, das Leben zu kennzeichnen, wie ihn Wilhelm Roux 1915 in der »Kultur der Gegenwart« unternommen hat, spricht vernehmbar der Zweifel an der Richtigkeit dieser Ordnung; betont doch Roux in jener Darstellung ausdrücklich, das Entscheidende sei die Selbsttätigkeit des Organismus, die schließlich hinweise auf eine rätselhafte Eigenart, die er damals schon mit dem Worte der Innerlichkeit sehr deutlich bezeichnet hat. Wenn er dann selber im Laufe seiner Darstellung diesen Ansatz abblendet und ihn zuletzt beiseite läßt, so folgt er damit dem mächtigen Zug seiner Zeit, die alles daransetzte, um die biologische Arbeit der Methodik von Physik und Chemie anzunähern. Daß das Studium des Stoffwechsels für diese Tendenz das günstigste Feld war, bedarf keiner Erörterung. Was sonst noch das Lebendige kennzeichnet, Reizbarkeit und Bewegung, schien klar im Dienst dieser obersten erhaltenden Funktion des Stoffwechsels zu stehen. Die Vorstellungen, die ein Gesamtbild vom Organismus entwickeln und eine Art Modell des Organismus schaffen wollen, sind beherrscht von der Grundidee, daß die erhaltenden Funktionen das Wesen des Organismus ausmachen.

Der Vorzug neuerer Modelle für Lebenssysteme liegt wohl darin, daß in ihnen die Beziehung des Organismus zur Umwelt im Sinne Jakob von Uexkülls stark berücksichtigt worden ist, daß der Organismus als ein offenes System anerkannt ist, in das dauernd Einwirkungen einfließen und von dem wiederum Wirkungen auf die Umgebung ausgehen. Der Leitidee folgend, daß der Stoffwechsel das oberste der lebendigen Merkmale ist, hat Bertalanffy ein stark an das biochemische Denken angelehntes Systemmodell durchdacht, in dem die Idee eines »Fließgleichgewichts« leitend ist. Dem Organismus kommen in den Vorgängen der Selbstregulation oder der Regeneration Fähigkeiten zu, die das bedrohte Gleichgewicht immer wieder neu schaffen und so während einer für die verschiedenen Organismen sehr verschieden langen Zeit den gestalteten Zustand erhalten, mögen das nun Stunden oder Tage sein, wie bei manchen niedern Organismen, Monate oder Jahre oder in Ausnahmen Jahrhunderte, ja Jahrtausende, wie wir das bei einzelnen Bäumen erfahren dürfen. Auch die erblich vorbereiteten Fortpflanzungseinrichtungen gehören letztlich in dieses Fließgleichgewicht.

Die Entwicklung der Elektronenphysik hat mit ihren kybernetischen Maschinen unsere Vorstellungen vom lebendigen System sehr stark beeinflußt. Mit der Kybernetik ist eine neue technische Revolution eingetreten, indem jetzt nicht nur Maschinen der Kraftsteigerung, sondern solche der geistigen Entlastung und Leistungserhöhung am Werk sind. Die komplizierteren unter diesen Apparaten sind ja dazu bestimmt, Operationen, die wir in unserem Denken mit beträchtlichem Zeitaufwand vollbringen, in kürzester Frist in viel größerem Umfang und mit größerer Präzision zu leisten. Die Kybernetik beruht unter anderem darauf, daß die Maschinerie nicht nur auf den Empfang von »Informationen« von außen eingerichtet ist, sondern daß sie durch das Prinzip der Rückmeldung in der Lage ist, den Endzustand einer abgelaufenen Operation dem Zentrum der Apparatur zu melden und dadurch den Ablauf der nächsten Operationen mit zu bestimmen. Diese Rückmeldungstechnik, die ja früher schon als Selbstregulation etwa im System der Thermostaten ausgiebig verwendet worden ist, ist im Organismus längst bekannt: die Neurologie hat längst gezeigt, daß unsere inneren Organe von ihrem Arbeitszustand Meldungen an das Zentralorgan geben und damit den Ablauf weiteren Handelns beeinflussen. Was die physikalische Forschung für die biologische vor allem geleistet hat, ist eine präzise maschinentechnische Vorstellung über die strukturellen Möglichkeiten solcher Rückmeldungssysteme. Das alte Orientierungsschema des Reflex-Bogens, das vom Sinnesreiz über ein Zentrum zu einem ausübenden Organ führte, ist durch die neuen Vorstellungen über Selbststeuerung um wichtige Einzelheiten erweitert worden.

Wie rätselhaft uns das Lebendige ist, bezeugen wir durch die unablässigen Versuche, die jeweils extremsten und kompliziertesten technischen Strukturen immer wieder zu neuen Modellen des Lebendigen zu verwerten. Wir wollen also auch den kybernetischen Modellen keine allzu große Lebensnähe zuschreiben, sondern mit einer gewissen Seelenruhe auf den nächsten Modellversuch warten. Die Biochemiker dürften demnächst an der Reihe sein.

Die neuesten Versuche, den Organismus durch ein Modell zu erfassen, beruhen auf den Vorstellungen von Selbststeuerung eines relativ unabhängigen Systems. Steuerung aber hat ein Ziel zur Voraussetzung, auf das sie gerichtet ist. Dieses Ziel ist im maschinellen Modell ausnahmslos das Weiterbestehen der Funktionen, die von uns selbst dieser Apparatur zugedacht worden sind. Selbsterhaltung ist denn auch in der Vorstellung dieser Modellbauer der letzte faßbare Sinn der Existenz eines Organismus. Dieses Denken mündet ein in den breiten Strom der Ideen, die den Stoffwechsel als das oberste Instrument der Selbsterhaltung, als wichtigstes Lebenskennzeichen auffassen – im Einklang mit dem Neodarwinismus.

Eine neue Rangordnung der Lebensmerkmale. So wendet sich der Blick den Bestrebungen zu, die das Lebendige in einem weiteren Horizont als dem der bloßen Erhaltung zu sehen versuchen. Sie sind bereits am Ende der zwanziger Jahre in ein neues Stadium getreten. Helmuth Plessner hat 1928 in einer groß angelegten Auseinandersetzung den Eigenwert der Gestalten neu betont. Zur selben Zeit hat Buytendijk mit Nachdruck darauf hingewiesen, daß die lebendigen Gestalten in jeder Richtung unserer Beachtung die rein funktionale Notwendigkeit überschreiten und daß im Grund das Kennzeichen des Organischen gerade auch die Freiheit von bloßen Zweckmäßigkeiten, das Luxuriöse sei. Das Überschreiten des funktionell Sinnvollen, die »Hypertelie«, ist zwar von der Evolutionsforschung beachtet worden. Daß die Erzeugung hypertelischer Bildungen als eine Ursache des Aussterbens, des Untergangs der Arten aufgefaßt werden konnte, war aber der wesentlichste, wenn nicht der einzige Anlaß, exzessive Strukturen, etwa die Stoßzähne des Mammuts oder das Geweih der Riesenhirsche, in die biologischen Lehrwerke als Kronzeugen der Abstammungslehre aufzunehmen.

Eine Umwertung der Werte der Lebensmerkmale mußte vor allem zur Einsicht zurückkehren, daß die lebendigen Gestalten in ihrer formalen Erscheinung sowohl wie in ihrem Gebaren jeder Generation von Forschern zunächst als völlig rätselhaft gegeben sind. Die Evolutionslehre hat den Blick so sehr auf Probleme des Ursprungs gelenkt, daß heute die Lockung besteht, eine Definition des Lebens an der Grenze zu versuchen, beim Virusstoff und bei den Bakteriophagen, und so mit größter Selbstverständlichkeit wesentliche Merkmale des Lebens von vornherein zu verfehlen. Wir müssen daran festhalten, daß die Kennzeichnung des Lebendigen zuerst von der Fülle seiner Erscheinung ausgehen muß, daß Leben von dorther erfaßt werden muß, wo es uns am intensivsten bekannt ist. Die Einordnung der Grenzphänomene und die Erforschung des Ursprungs ist eine Frage für sich.

Durch die Einsicht in den Eigenwert der Organismen wird heute deutlicher als noch vor zwei Jahrzehnten gesehen, daß als oberstes Kennzeichen des Lebendigen zwei Eigenschaften aufgeführt werden müssen, die nicht mit den Methoden der Physik und Chemie oder der von ihr abgeleiteten Physiologie erforscht werden können: Innerlichkeit und Selbstdarstellung.

Innerlichkeit – die besondere »Dimension« des Lebendigen, die wir mit unseren Raum- und Zeitbegriffen nur im Gleichnis darzustellen vermögen. Es handelt sich um die Tatsache, daß wir Organismen als selbständig in die Umgebung eingreifende Zentren feststellen und daß die Art dieses Eingreifens, dieses autonomen Verhaltens, weitgehend erblich vorbereitet ist. Innerlichkeit zeigt sich auch bei der Pflanze (das hat Roux nicht umsonst 1915 schon betont). Sie äußert sich in der Art, wie Pflanzen in artgemäßer Weise mit dem Licht umgehen, sich an äußere Verhältnisse in Form und Größe anpassen und dabei doch in Blattgestalt, Wuchsform, in Blütenbau und Frucht ihre unverwechselbare Art ausprägen. Im Tierreich wird die Weltbeziehung dieser Innerlichkeit umfassender und reicher, und unsere Gewohnheit, wie selbstverständlich von höherem und niederem Leben zu sprechen, ist nichts anderes als die Anerkennung von Stufen verschiedener Innerlichkeit durch unsere Erfahrung. Bewußtsein ist eine Sonderleistung auf den höchsten Stufen der Innerlichkeit – aber doch nur ein Glied der rätselvollen Tatsache dieser besonderen Seinsweise.

Selbstdarstellung anderseits ist die jeweils einer Tier- oder Pflanzenart gemäße Erscheinung dieser Innerlichkeit. Auch hier müssen wir die bewußten Manifestationen eines Wesens, das sich zur Schau stellt oder einem anderen imponieren will, zunächst in unserer Vorstellung zurückdrängen. Die bewußte Reaktion dieser Art und die im sozialen Rollenspiel verwendeten unbewußten Verhaltensweisen sind nur ein Teil der viel umfassenderen Tatsache, daß die Organismen das Besondere ihrer autonomen Seinsweise in ihrer Gestalt, Färbung und Musterung sowie in ihrer Entwicklung und im Gebaren kundtun. »Alles Lebendige will sich auch zeigen«, damit hat Goethe bereits diese Manifestation hervorgehoben, und wir müssen beifügen, daß sich dieses Lebendige auch dann zeigt, wenn keine anschauenden Augen von Artgenossen oder Feinden da sind.

Die Verhaltensforschung der letzten Jahrzehnte hat in großartiger Weise einen Teil dieser Phänomene zu erforschen begonnen. Sie wird den vollen Ertrag ihrer Methoden ernten, wenn sie sich allen Aspekten des Lebendigen zuwendet, auch jenen, denen die Evolutionstheorie keinen Erhaltenswert zubilligen kann. Die biologische Forschung sucht heute einen weiteren Horizont, in dem sichtbar wird, daß die Manifestationen der Selbstdarstellung die Forderungen der puren Erhaltung übersteigen. Die Transzendenz der Erscheinung gegenüber jeder Erhaltungsfunktion deutlich zu machen, ist eine der großen Aufgaben der neuen Morphologie, die sich bereits 1928 in Buytendijks Hinweis auf den »demonstrativen Seinswert« der Erscheinung des Organischen ankündigt.

Innerlichkeit und Selbstdarstellung sind oberste Kennzeichen des Lebendigen, die wir vor allen Einrichtungen der Erhaltung von Individuen und Arten untersuchen müssen. Die Merkmale, die bisher stets vorangestellt worden sind, wie Selbsterhaltung durch Stoffwechsel und Regulation, Selbstaufbau durch Ontogenese und Regeneration, Arterhaltung durch Fortpflanzung und Vererbung – all diese vertrauten großen Themata der allgemeinen Biologie erscheinen in der jetzt sichtbar werdenden Rangordnung als Dienstbarkeiten für höhere Werte, wichtig für den Einblick in Lebensvorgänge und für deren Beherrschung, aber Glieder in einem offenen System höherer Ordnung.

Das Herausheben von Weltbeziehung durch Innerlichkeit und von Selbstdarstellung durch die Erscheinung sucht den weitesten Horizont zu bestimmen, in dem der Organismus von der Wissenschaft gedeutet werden kann. Die Überwindung einer rein utilitaristischen Auffassung vom Lebenden ist eine der Aufgaben der Biologie unserer Tage. Sie ist nicht weniger bedeutend als die Ergründung des Stoffwechsels, die natürlich auch in Zukunft die gewaltigen Anstrengungen der Biotechnik beherrschen wird.

*

Rückschau und Ausblick. Der Aufbruch zur Erforschung dieser neuen Dimension von Innerlichkeit und Selbstdarstellung ist um so zeitgemäßer, als die Ergründung der Lebensformen auf unserer Erde, soweit es sich um das Inventar der Organismen handelt, sich mehr und mehr dem Ende nähert. Die weißen Flecke auf den Erdkarten sind verschwunden, die Reiche der Organismen sind in ihrer Mannigfaltigkeit weitgehend durchforscht, und die Biologen erwarten kaum, das Außerordentliche beim Durchsuchen der Erdräume zu finden.

Was hat uns diese Jahrhunderthälfte an Neuem gebracht? Wie dürftig ist das Inventar: 1906 die Entdeckung des Okapi in den Urwäldern Afrikas, 1938/39 der Fund von Latimeria, jenes archaischen Fischtypus, den man für ausgestorben hielt, aber immerhin schon kannte. Sogar das Auffinden einer ganz neuen Tierklasse, der Pogonophora oder Bartträger, die 1937 den Russen gelungen ist, hat niemand aufgeregt. Es handelt sich um eine wurmartige Lebensform, die zwar in keine bekannte Gruppe einzureihen ist, aber doch mit vielen in mannigfaltiger Beziehung steht. Der jüngste dieser Funde, die Entdeckung einer primitiven Molluskengestalt, Neopilina, in fast viertausend Meter Tiefe des Pazifik, die dem dänischen Forschungsschiff Galathea 1952 gelungen ist – auch diese Entdeckung, so spannend sie für den Zoologen ist, bringt nichts als ein neues, schwierig einzuordnendes Weichtier und bestärkt uns in der Annahme, daß die großen Gruppierungen der Organismenwelt heute alle bekannt sind.

Gewiß blicken wir alle mit größter Spannung auf die neuen Möglichkeiten der Tiefseeforschung. Seit William Beebe in seiner »Bathysphäre« 1923 zum erstenmal über achthundert Meter tief getaucht ist, hat die Erfindung des Bathyskaphs durch Piccard und seine durch Houot und Willms eingeführte französische Variante den Menschen bis in eine Tiefe von über elftausendfünfhundert Metern gebracht, und die Beobachtungen wie die photographischen Dokumente dieser Tiefseefahrten versprechen viel Neues. Sie gelten der letzten irdischen Lebensregion, die einer räumlichen Erforschung noch offen ist. Doch die Biologen erwarten auch von dieser Ergründung der Tiefsee keine unerhörten neuen Aufschlüsse über den Ursprung und Möglichkeiten des Lebens. Wir stehen zu sehr unter dem Eindruck, daß das Lebendige in seiner Ursprünglichkeit dem Lichtreich zugehört und daß alle lichtfernen Organismen sekundäre Erscheinungen sind. Und da die Biologen nicht untätig warten, bis die Weltraumfahrten das Leben anderer Himmelskörper erschließen werden, so wendet sich der forschende Blick um so mehr jenen Zonen des Lebendigen zu, die hier und jetzt der Ergründung harren: der Sphäre der Innerlichkeit und dem Geheimnis ihrer gestalthaften Äußerungen.

Anthropologie

Zwei Fakten rechtfertigen es, die Entwicklung eines neuen anthropologischen Forschens im Gefolge der Biologie darzustellen: die erste Hälfte des 20. Jahrhunderts hat erst eigentlich eine wissenschaftliche Prähistorie durch die Erforschung der frühmenschlichen Funde begründet; sie hat außerdem einen neuen Ansatz zum Selbstverständnis des Menschen geleistet, der stark der biologischen Arbeit verpflichtet ist. Damit soll nicht die Meinung aufgewärmt werden, der Mensch sei ein letztes Kapitel der Zoologie; wir wollen lieber sogleich festhalten, daß gerade die biologische Arbeit in diesen Jahrzehnten selber erfahren hat, die Eigenart des menschlichen Typus erfordere eine besondere Fragestellung: Biologie ist in den Dienst einer neuen Anthropologie getreten, die im Werden ist.

Anthropologie bedeutet heute gar vielerlei. Den einen ist sie reine Lehre von der Körperlichkeit, Somatologie und Rassenkunde, den andern gilt sie als ein Gemisch von

Rassenforschung und Völkerkunde. In unserem Überblick geht es darum, zu zeigen, daß in den letzten Jahrzehnten biologische und ethnologische, prähistorische und philosophische Forschung sich treffen und sich in gemeinsamer Arbeit an einem Bild vom Menschen versuchen. Diese Begegnung von Arbeitsweisen, die der Naturforschung verpflichtet sind, mit andern, die sich noch vor kurzem als Geisteswissenschaft streng absonderten, beruht vor allem auf der Entwicklung des biologischen Denkens. Die Aufhebung der Ausschließlichkeit einer Ausrichtung auf kausal-genetische Forschung, die Anerkennung einer vergleichend-morphologischen Arbeit hat an dieser Begegnung mitgeholfen. Dazu kommt in ganz besonderer Weise auch das Nachlassen der Stoßkraft von antireligiösen Impulsen, die zur Zeit der ersten Kämpfe um die Abstammungslehre die öffentliche Meinung beeinflußt haben und die ihre Kraft damals ganz besonders aus der Biologie der frühdarwinistischen Zeit bezogen.

Heute breitet sich die Einsicht immer mehr aus und wird von der vergleichenden Psychologie gefördert, daß religiöses Erleben als eine tiefste Beziehung zum Weltganzen eine Grundkraft des Humanen sei. Das Wissen von der Eigenart unserer Kultur, die immer mehr als unsere spezifische humane »Natur« gesehen wird, hat zur Folge gehabt, daß der Begriff der »Naturgeschichte« in dem Augenblick, in dem er den Menschen zum Objekt hat, einen völlig anderen Aspekt als vorher zeigt.

Hochwertung des Lebens. Die Beziehungen, die heute die biologische Arbeit auf neue Art in die Erforschung unseres Menschenwesens eingliedern, sind vielseitig. Die enge Alternative der Hochwertung entweder des Bewußtseins oder des Irrationalen in den oft wirren Kämpfen zwischen Biologie, Philosophie und medizinischer Psychologie hat einem umfassenderen Urteil Raum gegeben.

Die Situation des Jahrhundertbeginns ist von Nietzsche bereits vorbereitet worden; auch die zwiespältige Stellung zu Darwins Werk ist bei ihm schon vorgezeichnet: einerseits je nach Bedarf, von Fall zu Fall Hochwertung des Daseinskampfes und der Entwicklungsidee, anderseits klare Einblicke in die leichtfertigen Vereinfachungen des frühen Darwinismus. Man begann nach subtileren Bildern aus dem Bereich des Lebendigen zu suchen. In dieser Lage wurde das Wirken von Henri Bergson von großer Bedeutung. Im Darwinjahr 1859 geboren, hat er die große Flut des frühen Darwinismus mit wachem Sinn erlebt; er hat das Fruchtbare der Entwicklungsvorstellungen in sich zur Wirkung gebracht und zugleich aus einer tiefen Verankerung in anderen Geistesbereichen eine neue Vorstellung von den Schwungkräften dieser Evolution in sich herausgebildet. In der Zeit, die durch den Zufall der genetischen Forschungsentwicklung den Darwinismus in der öffentlichen Geltung besonders stark erschüttert hatte, um 1907, erschien und wirkte Bergsons »Évolution créatrice«; gleichzeitig hat sein Zeitgenosse Georg Simmel ähnliche Vorstellungen vom Lebendigen entwickelt. Die Begeisterung, mit der Bergsons Idee vom »Elan vital« in der deutschen Jugendbewegung um 1913 aufgenommen worden ist, bleibt ein bedeutsames Zeichen jener Periode.

Es beginnt die Hochwertung des schöpferischen, unserem Bewußtsein verborgenen Lebensschaffens. Es ist kennzeichnend, daß ein Dichter wie Maeterlinck 1921 auf Grund intensiven Kontaktes mit der Biologie seine »Intelligence des fleurs« geschrieben hat, in der die neue Hochwertung vielleicht noch deutlicher hervortritt als in seinem »Bienenleben«.

Immerhin schien ein solches Werk damals wesentlich Domäne der dichterischen Einbildungskraft zu sein, und niemand hätte vorherzusagen gewagt, daß im Jahre 1949 die »Intelligence spécifique« von einem so bedeutenden Biologen wie A.Vandel als eine neue Kennzeichnung des Instinkts vorgeschlagen werde.

Die allgemeine Einschätzung der vitalen Kräfte mußte an Bedeutung in dem Maße gewinnen, wie die alten Glaubensmächte im Abendland an Geltung verloren. Zunächst blieb trotz aller Schwächung des religiösen Erlebens doch noch der blassere Glaube an die menschliche Vernunft lebendig, aber der erste Weltkrieg hat auch ihn erschüttert. An die Stelle freier, »vernünftiger« Entscheidung trat nun – als wissenschaftliche Erkenntnis deklariert – das »Gesetz des Lebens« oder die »Macht der Evolution« oder schließlich die »Forderung des Blutes«. Die Erhebung der vitalen Sphäre zum Mächtigsten auch in unserem Dasein brachte die ersehnte Entlastung von jedem Gefühl der Verantwortung, die es ja nur geben kann, wo Vernunft am Werk ist.

Dieser Einbruch der Vitalsphäre ist im Bereich des deutschen Geisteslebens ganz besonders mächtig gewesen. In anderen Ländern blieb man der Aufklärung des 17. und 18. Jahrhunderts mit ihrem Glauben an die Vernunft oder den traditionellen religiösen Lebensformen stärker verhaftet. Das gilt sowohl für den russischen Bereich wie für den angelsächsischen, und es gilt auch für die vom katholischen Geist stärker geprägten Länder des mediterranen Raums – von den fernen großen Bereichen des östlichen Geistes gar nicht zu reden, in denen ein völlig anderes Naturbild es unmöglich machte, daß Begriffe wie Evolution, Triebsphäre und ähnliche vitale Schlagworte die Bedeutung bekamen, die sie im Bereich des abendländischen Denkens erlangt haben.

So ist es nicht verwunderlich, daß die der Ergründung des unbewußten Lebens zugewandte Psychologie, die Sigmund Freud begründet hat, ihre erste Anerkennung sowohl wie ihre erste eingehende Kritik im deutschen Sprachraum erfahren hat und daß nach 1912 dasselbe von der selbständig gewordenen Seelenlehre von C. G. Jung gilt. Erst recht viel später hat die weltweite Ausbreitung dieser ursprünglich psychotherapeutischen Bewegungen eingesetzt.

Die Tatsachen der Paläontologie. Der Aufbau einer eigentlichen Paläontologie des Humanen ist eine der großen biologischen Leistungen in der ersten Hälfte unseres Jahrhunderts. Wir müssen der Folge dieser Entdeckungen nachgehen, da sie ein entscheidender Faktor der Umwertungen ist, welche die Auffassung vom Menschen in den letzten dreißig Jahren durchgemacht hat.

Um 1900 war der Bestand an Dokumenten vom frühen Menschen sehr bescheiden – so dürftig, daß er als ein wichtiges Argument gegen die Abstammungslehre ausgenützt wurde. Wohl hatten die Voraussagen der Zoologen eine erste Bestätigung erhalten, als 1889 bis 1891 die spärlichen Dokumente vom Javamenschen bekannt wurden. Er erhielt den Namen *Pithecanthropus erectus*, den die Vorkämpfer des Darwinismus vorsorglich für ein solches Wesen bereitgestellt hatten.

Die ersten Jahrzehnte des Jahrhunderts brachten wenig Aufschluß über die umstrittensten Fragen der Früh- oder Vormenschen, wenn wir absehen von einem Kieferfund bei Heidelberg um 1908, der von einem Frühmenschen von etwas anderem Gepräge als der

Javamensch zeugt und heute in die Nähe des »Jetztmenschen«, des Sapienstypus, gestellt wird. Die gefälschten »Piltdown«-Funde in Südengland, die seit 1911 die Diskussionen verwirrt haben, sind 1953 endlich entlarvt worden.

Die bedeutsamsten der vor 1924 zutage gebrachten Dokumente erhellen die Zeit der »Neandertaler« und ihrer Ablösung in Europa durch den Jetztmenschen. Die erstaunliche Folge von archäologischen und anthropologischen Funden in Frankreich hat in den Jahren 1908 und 1909 in kurzer Zeit ein so reiches Bild ergeben, daß es auf beträchtliche Zeit dazu verführt hat, wesentliche Züge als geklärt zu betrachten. In unseren Tagen reiht sich dagegen wieder Frage an Frage: von der Zeitrechnung angefangen bis zu den Problemen der geschichtlichen Ereignisse, welche die Dokumente der Fundstätten uns ahnen lassen.

Die frühen Deutungsversuche hatten weithin eine sehr geradlinige Reihenfolge eingebürgert: Pithecanthropus, das war der vom Darwinismus geforderte Tiermensch, die Übergangsform, das »missing link«; der Neandertaler galt in den letzten Jahren des 19. Jahrhunderts als der Homo primigenius, der Urmensch – auf ihn folgte der Jetztmensch, Homo sapiens, der durch seine Höhlenmalerei und plastischen Werke als Träger einer bedeutenden Kultur ausgewiesen ist. Diese Reihe erschien als eine Evolutionsserie, wie sie tausendfach im Tierleben bezeugt war – die eine Form hatte in steter Wandlung die folgende hervorgebracht.

In dieses Bild brachten die zwanziger Jahre einige Bewegung; nicht nur durch den Gärstoff neuer Ideen, auch die Fundliste bereicherte sich: 1924 fragten sich die Forscher, ob sie einen Kinderschädel aus Taungs im Betschuanaland als Menschen oder Affen ansprechen müßten. Die Tendenz, Übergänge zu sehen, siegte, und heute bedauern viele, daß dieses Kind seinerzeit allzu rasch Australopithecus, der »Südaffe«, genannt worden ist. Denn heute, wo die meisten diese Australopithecinen als Hominiden ansehen, steht der historische Name der sinnvolleren Bezeichnung Australanthropus im Wege.

Es folgten von 1927 an bis 1939 die Zeugnisse vom Pekingmenschen (Sinanthropus), von 1936 bis 1939 weitere Funde von Pithecanthropus auf Java – beide Wesen einander sehr nahe –, und das Bild dieser asiatischen Frühmenschen wurde um vieles deutlicher. Diese ganze Fundgruppe mußte als Hominiden aufgefaßt werden, als echte Menschen – weder der China- noch der Javamensch waren tiernahe Übergangstypen.

Bereits vor dem zweiten Weltkrieg bekam das afrikanische Kinderdokument von 1924 seine volle Bedeutung; an mehreren Stellen in Südafrika wurden Fossilien ausgegraben, die zur gleichen Gruppe gehören. Die Bedeutung dieser neuen Dokumente ist groß, nicht allein weil sie der paläontologischen Arbeit einen neuen Erdteil erschlossen haben, sondern auch weil diese Fundgruppe an der obersten Grenze der Tertiärschichten ausgegraben worden ist und damit den Blick neu auf die noch immer »menschenleeren« Tertiärzeiten gerichtet hat.

Die verschiedenen Meinungen, welche die fossilen Menschentypen in ihrem Zusammenhang deuten wollen, lassen sich nach zwei Polen ordnen (wobei viele Zwischenpositionen vorkommen). Am einen Pol wird die Ansicht vertreten, die Menschwerdung müsse sehr jungen Datums sein, und die Eiszeiten auf der Nordhalbkugel hätten dabei ihre besondere Rolle gehabt. Das frühdarwinistische Denken fand, daß radikale Veränderungen des Kli-

Weibliche Figur mit Bisonhorn
Flachrelief aus dem Aurignacien-Schutt der Höhle von Laussel in der Dordogne/Südfrankreich
Früher Berlin, Staatliches Museum für Vor- und Frühgeschichte

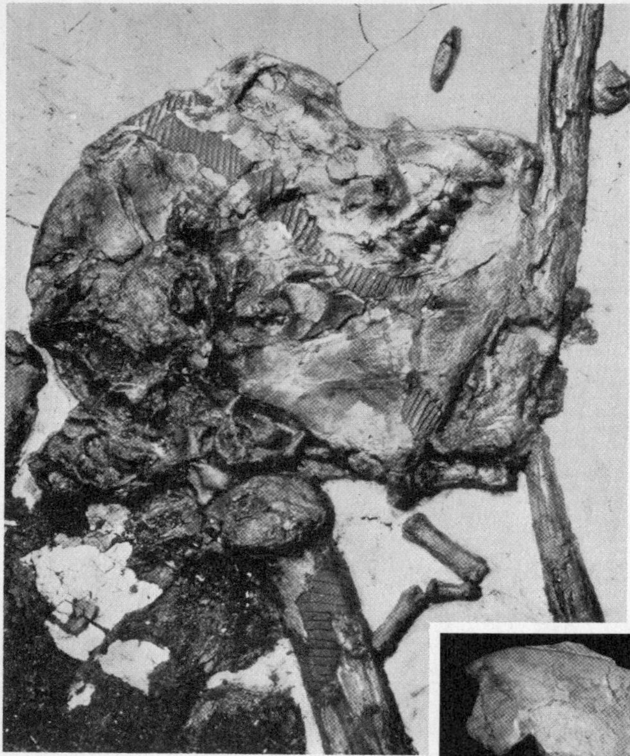

Schädelfund von Oreopithecus bambolii aus dem obersten Mio-Zän oder untersten Plio-Zän der Toskana (Alter etwa 10 bis 12 Millionen Jahre)

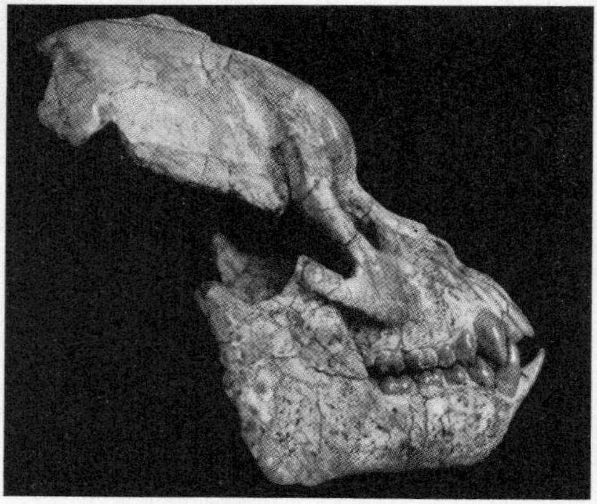

Schädel von Proconsul aus dem frühen Miozän von Zentralafrika (Alter etwa 30 Millionen Jahre). London, British Mus., Natural History

Fossilien aus dem mittleren Tertiär

mas wie in den Eiszeiten den Daseinskampf steigern müßten. So würden nicht allein die technischen Erfindungen rascher erzwungen als unter milderen Umständen, sondern auch radikaler über Sein oder Nichtsein der Gruppen entschieden. In den ersten Jahrzehnten dieses Jahrhunderts spielte man noch ernsthaft mit dem Gedanken, die Verwandlung einer dem Schimpansen ähnlichen Urform sei in relativ kurzer geologischer Zeitfolge geschehen.

Seit dem Anfang der zwanziger Jahre mehren sich die Stimmen des anderen Pols. Hier finden sich die Forscher, die den Ursprung des menschlichen Typus viel früher im Tertiär suchen und von denen die meisten auch überzeugt sind, daß sich die Entwicklungswege, auf denen einerseits die heutigen Menschenaffen, anderseits die Hominiden entstanden sein müssen, früh schon gesondert hätten. Über das Zeitalter, in dem diese Sonderung bereits als Tatsache gelten darf, gehen die Meinungen freilich beträchtlich auseinander: vom späteren Tertiär bis zum frühesten Abschnitt dieser »Säugetierzeit« sind die verschiedensten Varianten diskutiert worden. Auch finden sich Stimmen, welche die Eigenständigkeit der menschlichen Entwicklungslinie noch weiter zurück annehmen. Sie weisen aber auch schon auf die Grenzzone hin, in der die Diskussion um den Ursprung des Menschen nicht mehr den Charakter naturwissenschaftlicher Erörterung haben kann, sondern von anderen Sphären unseres Denkens beherrscht wird.

In unseren Tagen ist die große Mehrheit der Naturforscher, die den Gedanken der allgemeinen Evolutionslehre anerkennt, wohl der Ansicht, der Ursprung einer als Hominiden zu bezeichnenden Sonderlinie sei spätestens in der Mitte der Tertiärperiode und wohl eher bereits etwas früher anzusetzen. Diese Annahme entspringt dem Bedürfnis, die Forderungen der Anthropologen und die Dokumente der Paläontologie zu einem harmonischen Bild zu vereinigen, im Bewußtsein wie vorläufig jedes derartige Bild sein muß.

Doch dieses Bild, so gut es begründet war, war reine Theorie, solange die Jahrmillionen der Tertiärzeit keine Zeugnisse hominider Gestaltungen lieferten. Wohl hatten die Grabungen in Afrika Formen an den Tag gebracht, wie die Affengattung Proconsul in der Mitte des Tertiärs, die von manchen Anthropologen jener noch wenig spezialisierten Gruppe zugeordnet worden sind, aus der man sich nach dem Stammbaumschema der Evolutionslehre die Sonderung von Menschenaffen und Hominiden denken konnte. Doch blieben auch diese vereinzelten Dokumente von mäßiger Überzeugungskraft.

In den letzten Jahren ändert sich das Bild. Die seit 1862 bekannten Fossilien aus der Toscana, die von Oreopithecus bambolii, dem »Affen aus den Bamboli-Bergen« zeugen, sind neu gedeutet und seit 1949 als hominid erkannt worden. Damit hat sich der Zeit- und Fundbereich, der als das »Hominisationsfeld« bezeichnet worden ist, um zehn bis zwölf Millionen Jahre in die Erdvergangenheit erweitert. Neue Grabungen an den alten Fundstätten haben die Einsicht in den hohen Wert dieser Dokumente in den letzten Jahren noch verstärkt. Die Zahl der Fachleute ist im Wachsen, die überzeugt ist, daß Oreopithecus vom Bestehen aufrecht gehender, menschenähnlicher Wesen mit geringer Gehirnentwicklung im späten Miocän oder frühesten Pliocän Europas zeugt.

Suchen wir nochmals das Bild zu überblicken, wie es sich heute dem Naturforscher darstellt. Bereits im frühen Tertiär lebten nachgewiesenermaßen viele Vertreter der Primatengruppe, in der alle Affen und Menschenartigen zusammengefaßt sind. In diesen Primatengruppen sind wohl bereits in der Mitte der Tertiärzeit Formen entstanden, die als Ursprung der Hominiden gelten müssen und von denen zur Zeit wohl nur Oreopithecus zeugt. Die unbekannten Geschehnisse, welche seit jener Zeit vielerlei Formen der humanen Linie erzeugt haben müssen, werden unter dem vorhin erwähnten dynamischen Begriff eines »Hominisationsfeldes« gefaßt, das sich bis in die Spätzeit des Tertiärs ausdehnt. Jede konkrete Aussage über die Art der Vorgänge ist vorderhand rein hypothetisch. Immerhin zeugen die verschiedenen hominiden Formen, die wir am Anfang der geologischen Gegenwart vor den großen Vereisungen der nördlichen Erdhälfte bereits vorfinden, von der Vielgestalt des Geschehens, das vorangegangen sein muß und noch der Ergründung harrt.

Unter den heute bereits bekannten Hominiden, mit denen die Menschengeschichte der Erdgegenwart rechnen muß, verschwinden die südafrikanischen Australanthropinen am frühesten. Wie nahe sie dem uns vertrauten Menschlichen bereits standen, ist noch immer umstritten. Es bleiben Menschen von sehr verschiedenem Gepräge übrig, von denen wir keinen Typus mit voller Gewißheit als Vorläufer oder Nachfolger des anderen bezeichnen dürfen. Neben den Gestalten, die – von Afrika bis Ostasien nachgewiesen – dem Java- und Chinamenschen nahestehen, lebten bereits die Vorfahren der Neandertaler und die Vertreter einer Gruppe, die von manchen Anthropologen als die Frühform des Jetztmenschen aufgefaßt und darum als »Praesapiens-Typus« eingeordnet wird.

Der Neandertaler ist unbekannter Herkunft. Niemand weiß, aus welchen Fernen er in der letzten Eiszeit in mitteleuropäische Zonen vorgestoßen ist. Er ist für uns der Mensch der großen letzten Eiszeit, der Träger der sogenannten Moustérienkultur der älteren Steinzeit. Er hat in vielen Varianten weite Gebiete Afrikas und Asiens bewohnt und verschwindet mit dem Rückzug der Gletscher, ohne eine Spur zu hinterlassen. An seine Stelle tritt der Sapienstyp, dessen Herkunft ebenso dunkel ist wie die des Eiszeitmenschen. Sein Erscheinen führt uns bereits recht nahe an die zeitliche Grenze, zu der geschichtliche Forschung hat vordringen können. Die Zone des Zwielichtes wird heute durch eine fruchtbare Kombination der geschichtlichen und der naturwissenschaftlichen Methoden erhellt.

Die Deutung der Funde. Wir haben die Dokumente der Erdgeschichte zu einem Bilde geordnet, das im Sinne einer allgemeinen Evolutionstheorie Zusammenhänge zu zeichnen versucht, aber keine Ansicht über die wirkenden Kräfte enthält. Galt es doch zunächst, die Vorstellungen, über die sich eine beträchtliche Übereinstimmung der Meinungen ergibt, zu überblicken.

Die dynamischen Deutungen dieser Resultate der Fossiliensuche folgen den Auseinandersetzungen um die Evolutionslehre. So stehen den Anhängern der Mutationslehre, die alle neodarwinistischen Auffassungen auf das Problem der menschlichen Evolution übertragen, die Skeptiker gegenüber, denen das Geheimnis der Entwicklung des Lebens so groß erscheint, daß es mit den Faktoren der Mutation, Selektion und Isolation nicht gelöst werden kann. Wie bereits im biologischen Überblick muß ich auch hier bekennen, daß für mich das Rätsel des menschlichen Ursprungs, wie das der Ursprünge überhaupt, von den angebotenen Theorien nicht gelöst ist.

Es muß aber doch sogleich beigefügt werden, daß der Neodarwinismus, außer den bei Pflanzen und Tieren wirksamen Evolutionsfaktoren beim Menschen zusätzliche Kräfte am

Werke sieht, die mit der Entstehung der menschlichen Geistesart in wachsendem Maße an der Evolution mitformen: fruchtbare Kreuzung zwischen ursprünglich getrennten Gruppen, Überschichtungen durch Eroberung, Mischung durch Frauentausch oder -raub, Sklaverei und Adoption – anderseits auch scharfe Typensonderung durch soziale Isolation, durch strenge soziale Tabu-Vorschriften, die Schranken schaffen, welche rein dem Kulturbereich angehören.

Auch im Lichte des Neodarwinismus ist also die menschliche Evolution früh schon »geschichtlich« – wie früh im erdgeschichtlichen Raum man solche Wirkungen annimmt, das hängt von der Entscheidung darüber ab, wie man sich die Wandlungen des tierischen zum menschlichen Verhalten vorstellt. Darüber wird sich nicht so bald Übereinstimmung der Meinungen ergeben – hängt doch die Antwort von der Vorentscheidung ab, wie man den menschlichen Geist in seiner Sonderart einschätzt. Gilt er uns als eine höchste Steigerung und Kombination von Verhaltensformen, von denen schattenhafte Vorzeichen bei höheren Tieren zu finden sind – oder ist unsere Beziehung zur Welt etwas völlig Neues?

Die geistige Voreinstellung des strengen Neodarwinismus geht darauf aus, manche Eigenarten des Menschlichen fast unbemerkt abzuwerten, um sie dann um so leichter in die Verhaltens-Evolution höherer Säuger einzugliedern. Dagegen schätzt der Forscher, der den Menschen aus einem andern Geist heraus deutet, gerade die vom Neodarwinisten abgewerteten Eigenheiten unseres Welterlebens besonders hoch und versucht, sie in ihrer Einzigkeit, ihrer Sonderart herauszuheben.

Noch ein anderes Moment sondert die Geister: der Glaube oder Unglaube hinsichtlich der Möglichkeit, den Menschen zu verbessern. Auf der einen Seite ist man der Meinung, die uns zugänglichen Mutationen beim Menschen brächten niemals wahre Änderungen der humanen Grundstruktur hervor; sie seien höchstens imstande, in einem beschränkten Ausmaß diese Struktur zu variieren, wobei sie besonders oft eine vorhandene Harmonie zu stören vermögen. In der Tat fallen die tödlichen und verderblichen Mutanten sehr ins Gewicht – was wissen wir von den produktiven? Die Stammbäume einiger künstlerischer oder mathematischer Begabungen sind ein schwacher Trost angesichts der Kataloge erblicher Schädigungen unserer Lehrbücher. Das ist der eine Aspekt. Dagegen steht auf der anderen Seite die Leitidee, die Mutation, die in allen Richtungen arbeitet, bringe unablässig, wenngleich wenig auffällig, auch produktive Varianten hervor, und eine unbewußt wirkende oder eine bewußt gelenkte Selektion könne die Umgestaltungen des menschlichen Typus in einem gewünschten Sinne lenken.

Wie mächtig in der Antwort auf solche Fragen die Vorentscheidungen, die der wissenschaftlichen Arbeit voraufgehen, von der sozialen Struktur bestimmt werden, in der ein Forscher eingefügt ist, davon machen sich viele noch eine zu dürftige Vorstellung. Im Westen sieht man gern etwa den sowjetischen Forscher als dem Zwang seines sozialen Systems verpflichtet, im Osten die kapitalistische Wissenschaft als im Frondienst einer zum Tode verurteilten Wirtschaftsweise. In Wirklichkeit arbeitet der soziale Zwang überall und sehr viel subtiler und affektgelenkter, als es die gröbsten Deutungen meinen. Soziale Strukturen, die einen bildsamen Menschentyp ersehnen, ein plastisches Material der sozialen Gestaltung, werden auf allen Wegen die Begünstigung theoretischer Ideen erzwingen, die einer solchen Absicht förderlich sind. Vergessen wir nicht, daß unser Problem vorderhand keine einwandfreie wissenschaftliche Lösung hat. Wenn ein Satellit falsch konstruiert ist, so mißrät der Versuch – wenn eine Ansicht über menschliche Anlagen falsch ist, so kommt trotzdem eine Gesellschaftsstruktur heraus, die derjenige durchzusetzen vermag, der im Besitz der Macht ist.

Da jede anthropologische Deutung nach den verschiedensten Seiten in das aktuelle Leben hineinwirkt und da die Gewißheiten oft spärlich, die Ermessensfragen dagegen häufig sind, so wirkt sich das soziale Moment der unbewußten oder bewußten kulturellen Einflüsse auf den Forscher besonders stark aus. Es ist gewiß kein Zufall, daß dieses »Gesetz des kulturellen Zwanges« von einem amerikanischen Anthropologen, von V. F. Calverton (1931), besonders nachdrücklich gerade in der Entwicklung dieser Wissenschaft in den letzten hundert Jahren nachgewiesen worden ist.

Doch zurück zur Evolutionstheorie. Der Neodarwinismus darf wohl als das Credo vieler biologisch inspirierter Anthropologen gelten, und der »neue Humanismus« oder »Transhumanismus«, den Julian Huxley heute verkündet, bezeugt, wie sehr diese Deutung der Menschheitsentwicklung im Begriffe ist, ihre geistige Haltung umfassender und zukunftsgerichtet zu motivieren. Aber die Zahl der Skeptiker und der Ablehnenden unter den Anthropologen ist größer. Je stärker sich das Augenmerk des Forschers auf den geistigen Bereich richten muß, desto deutlicher manifestiert sich das Unbehagen über die Ableitungen der neodarwinistischen Interpretation der Menschwerdung. Und es sind viele, die ohne jede Bindung an emotionell tief verankerte Glaubensformen das Geheimnis des Lebens und damit das des Menschen in einer Tiefe und Weite erahnen, welche die vom Neodarwinismus angebotenen Ursprungslehren ausschließt. Was die geistige Haltung Julian Huxleys von der seines Bruders Aldous trennt, hat beispielhafte Bedeutung für die Situation unserer Zeit, für die Kluft, die auch in der anthropologischen Arbeit sich auswirkt.

Die Ursprungsfrage. Der Zwiespalt des Deutens betrifft vor allem die Ursprungsfragen. Angesichts der weiterhin bestehenden Spannung auf diesem Felde wollen wir nochmals die allgemeine Übereinstimmung feststellen, in der die Evolutionsforschung unserer Tage, wo sie den Menschen als Objekt hat, das Besondere der Geschichtlichkeit unserer geistigen Weltbeziehung in ihre Rechte eingesetzt hat. Spricht doch auch der überzeugte Neodarwinist seit einiger Zeit von einer »nicht-chromosomialen Vererbung«, von einem dem plasmatischen Vorgang analogen sozialen »Erbprozeß durch Tradition«. Sind die Mendel-Gesetze des chromosomialen Geschehens das konservative Element der Vererbung, so gesellt sich zu ihnen das Gesetz der Sozialgruppe als Analogon auf einer anderen Ebene. In der Einschätzung dieser humanen Sonderart treffen sich Forscher, die in anderen Einstellungen zum Problem der menschlichen Evolution so weit auseinandergehen wie Julian Huxley und Pater Pierre Teilhard de Chardin. Ebenso einhellig wird festgestellt, daß mit der unbegrenzten Fruchtbarkeit unter den Menschentypen der Gegenwart (und wohl weit in die Erdgeschichte zurück) ein Evolutionsfaktor von besonderer Art im Reiche des Lebendigen auftritt, der sich in steten Mischungen und Neukombinationen des natürlichen Erbguts auswirkt. Wann freilich im Laufe der Menschwerdung eine als ursprünglich angenommene tierhafte Divergenz – eine tierhafte Isolation neu entstehender Gruppen – abgelöst wird von dieser besonderen humanen Möglichkeit fruchtbarer Vermischung, das ist eines der tiefen, in der Erdvergangenheit begrabenen und wohl ewigen Geheimnisse. Ein Geheimnis übrigens, das, wenn es das einzige wäre, uns allein schon zurückhaltend stimmen muß gegen jede allzu einfache Annahme über die frühesten Phasen der humanen Evolution.

Noch eine andere weitgehende Übereinstimmung hat sich unter den Forschern herausgebildet, die auf manche Fragen der Evolutionslehre sehr verschiedene Antworten geben würden: ich denke daran, daß wir heute den Frühmenschen in voller Menschlichkeit der Weltbeziehung sehen. In den letzten Jahren ist von den systematischen Zoologen vorgeschlagen worden, alle bisher bekannten Frühmenschenfunde (von den Australopithecinen Südafrikas abgesehen) in die Gattung Homo aufzunehmen – auch Formen wie den China- und den Javamenschen, die längst nicht mehr als eine Übergangsform erscheinen.

Diese Wandlung ist nicht nur durch die frühen Zeugnisse religiöser Kulte und künstlerischer Gestaltungen in den Fundstätten der Prähistorie erzwungen – sie ist wohl ebensosehr das Werk einer allgemeinen Umwertung unseres Urteils über jetzt lebende »Primitive« und »Naturvölker«. Daran ist die Entlarvung der Menschennatur des Zivilisierten in zwei grauenvollen Weltkriegen ebenso beteiligt wie die tiefere Einsicht, welche die Erforschung des unbewußten Seelenlebens, die Ergründung der mythischen Geisteswelt und die neue Einschätzung der Imagination gebracht haben. Auch wo, wie im großen Werk von Ludwig Klages, diese Umwertung pessimistisch ausfällt, hat sie weiterhin positive Wirkungen gehabt und hat zudem der anthropologischen Arbeit die wertvolle Verbindung mit dem Gedankengut von C. G. Carus neu geschenkt.

Je weiter sich die Gewißheit verbreitet hat, daß die bisherigen Frühmenschenfunde auf eine vollmenschliche Weltbeziehung hinweisen, um so mehr gewinnt die Einsicht an Boden, daß das Ursprungsproblem – welche Faktoren man auch am Werke sehen wollte – das Problem der Entstehung einer neuen Weltbeziehung sei, nicht allein das Teilproblem der Aufrichtung oder der Gehirnvergrößerung. Die Gemeinsamkeiten in wichtigen Grundannahmen über den Menschen haben denn auch gegen 1930 ein Klima geschaffen, in dem manche neue Versuche zu einem umfassenderen Menschenbild wachsen und gedeihen konnten.

Doch bevor wir uns diesen Versuchen zuwenden, müssen wir noch eine wichtige biologische Theoriengruppe zu überblicken suchen, die um 1925 wirksam wurde und das anthropologische Denken in vieler Hinsicht beeinflußt hat.

Ich meine den Gedankenkreis, der unter dem Namen der Fötalisierungslehre von Louis Bolk eine Weile sehr populär gewesen ist. 1925 hat der Amsterdamer Anatom Louis Bolk in einem vielbeachteten Vortrag in Freiburg i. Br. das Ergebnis seiner Untersuchungen über entwicklungsgeschichtliche Probleme dargelegt. Es ist von den Biologen schon früher hervorgehoben worden, daß kindliche und embryonale Stadien der Kopfgestaltung bei Affen dem Kopf des Menschen auffällig gleichen, viel mehr, als die erwachsenen Formen sich ähneln. Damals hat eine Expedition des »American Museum of Natural History« aus dem Kongo die Photographie eines Schimpansenkindes heimgebracht, das mit seiner Denkerstirn jeden Beschauer tief beeindrucken mußte. Dieses Bild hat im Lauf der Zeit eine wahre Weltreise durch viele Zeitschriften und Lehrwerke gemacht.

Bolk hat nun ein beträchtliches Material zusammengetragen, das bezeugt, daß in der Gestaltung des Menschen auch andere Züge, nicht nur der Kopf, in auffälliger Weise den Formzustand von embryonalen Stadien zeigen. Seine Formulierung, der Mensch reife gleichsam auf einem fötalen Formenzustand aus, hat Aufsehen erregt. Der Mensch, ein geschlechtsreif gewordener Affenfötus – das war lange Zeit ein Schlagwort, das viele Diskussionen beherrscht hat und sowohl neue Lösungen des Abstammungsproblems wie unerwartete Ausblicke auf unsere Zukunft versprach. Louis Bolk ist weitergeschritten. Er hat versucht, die als embryonal bezeichneten Merkmale des Menschen durch Veränderungen im Haushalt der hormonalen Drüsen zu erklären. Mit diesen Versuchen ist ein aktueller Forschungsbereich in die Diskussionen hineingezogen worden: wer damals mit Hormonen operierte, konnte der Beachtung gewiß sein. Die Veränderungen im hormonalen System traten in diesem Theoriengebiet als »Ursachen« im physikalischen Sinn auf, und es schien sich damit eine echt naturwissenschaftliche Erklärung für die Menschwerdung anzubahnen.

Ausreifen einer Lebensform auf einer frühen ontogenetischen Gestaltstufe: das war nun nicht etwa die Entdeckung von Bolk. Die Biologen kannten ähnliche Sachverhalte schon seit einiger Zeit. Der Axolotl, der berühmte mexikanische Molch, der als keimtragende Larve geschlechtsreif werden kann und heute noch ein wichtiges Laboratoriumstier ist, hat seit langem die Aufmerksamkeit der Biologen gefunden, und es ist für seinen speziellen Fall der Begriff der Neotenie schon um 1883 in Gebrauch gekommen. 1866 bereits hat K. E. v. Baer für Fälle, wo embryonale oder larvale Stadien geschlechtsreif werden können, den Namen der Paedogenesis, der Zeugung durch Jugendliche, gebraucht. Das Ausreifen und Größerwerden auf larvalem Formzustand ist von W. Garstang 1922 in England unter dem Stichwort der Paedomorphosis eingeordnet worden, und er hat diesen Vorgang vor allem bei wirbellosen Tieren nachzuweisen versucht. Das gewundene Schneckengehäuse mit seinen vielen Konsequenzen für den inneren Bau des Weichtiers ist zum Beispiel als eine ursprüngliche Bildung der embryonalen Frühzeit aufgefaßt worden, die bei gewissen Weichtieren als Glied der endgültigen Körperform beibehalten wurde. Die Paläontologen Schindewolf und Beurlen haben darauf hingewiesen, daß manche evolutive Linien, die in aufeinanderfolgenden Erdschichten bezeugt sind, aufgefaßt werden können als ein Adultwerden und Auswachsen auf immer früheren embryonalen oder nachembryonalen Formstufen. Diese Möglichkeit der Deutung ist unter dem Sammelwort der Proterogenese zu einem Thema der paläontologischen Diskussion geworden. Ich erwähnte diese biologischen Tatsachen hier, obschon sie mit anthropologischen Fragen nicht direkt zu tun haben, weil sie zeigen, daß die Bolksche Idee als ein Glied eines größeren spekulativen Gebäudes der Evolutionstheorie gesehen werden muß. Die Kritik am Bolkschen Gedankengang muß daher eine Kritik der gesamten obengenannten spekulativen Versuche sein. Sie ist auf der ganzen Linie denn auch sehr ausgiebig noch heute im Gang und darf nicht etwa als abgeschlossen gelten. Im Bereich der anthropologischen Arbeit sind die Ideen Bolks durch G. R. de Beer in England weiterverfolgt worden. Er hat vor allem versucht, den ursprünglichen Gedanken Garstangs von der allgemeinen evolutiven Bedeutung der Paedomorphosis zur Geltung zu bringen, und begegnet auf diesem Weg manchen Feststellungen, die auch Bolks Lehre kennzeichnen.

Es geht hier nicht um den Inhalt der wissenschaftlichen Kritik an den Bolkschen Gedankengängen. Sie ist zentriert um die Tatsache, daß die Erscheinungen, die damit erklärt werden sollen – in erster Linie die Kopfgestaltung –, so komplexer Art sind, daß gerade die auf den ersten Blick bestechende Einfachheit der Bolkschen Annahme verdächtig wird. Eine gestaltlich so bedeutungsvolle Tatsache wie die an fötale Zustände erinnernde Vorwölbung der Stirn beruht beim Pekinghündchen auf der Verzwergung der gesamten Körpergestalt und dem dadurch bedingten relativen Vorrang des Gehirns; beim Menschen entspricht die Stirnwölbung im Gegenteil einem besonders starken Gehirnwachstum, das mit Größenzunahme, nicht mit Verzwergung, zusammengeht. Die Ähnlichkeit der Stirnbildung beruht auf Geschehnissen, deren ursächliche Komplexe weit auseinanderliegen.

Auch eine andere Idee, die sich im Gefolge des großen Aufschwungs der Mutationslehre weite Beachtung verschaffen konnte, krankt daran, daß sie das Tier zur »Norm« erhebt. Die Leitidee, es habe bei der Evolution des menschlichen Typus eine Selektion gerade solcher Mutationen, ähnlich wie bei Haustieren in der menschlichen Zucht, stattgefunden: Auslese von zufälligen Farbvarianten, verschiedene Mutationen des Haarverlustes, vor allem auch völlige Pigmenteinbuße. Die menschliche Evolution wäre zum Teil zu verstehen als eine Art von »Selbstdomestikation«. Diese Ansicht sieht die Situation zu einfach. Verlust-Mutanten sind eine negative Lösung – eine Erklärung der Menschwerdung verlangt aber gerade eine Theorie über die positiven Merkmale, die aus dem Menschen einen Tier- und Pflanzenzüchter, ein domestizierendes Wesen machen. Nebenbei: in der Haustierzucht gibt es keine Parallele zur Steigerung der Gehirnmasse, wie sie in der Evolution der Gattung Homo verwirklicht ist – auch keine Entsprechung zu der völlig neuen Differenzierung und Verlängerung unserer Wachstumszeit und zur späten Geschlechtsreife des Menschen.

Leitet man, wie es Bolk und mit ihm viele andere unternehmen, die menschliche Körperlichkeit als etwas von der Psyche Gesondertes ab, das lediglich durch mutative Verwandlungen von tierischen Ausgangsstadien entstanden ist, so bleibt nur übrig, daß der Mensch dürftig gerüstet und unspezialisiert und im Vergleich zu den trefflich an spezielle Lebensformen angepaßten Tieren der hohen Säugergruppen ein »Mängelwesen« ist. Erst wenn wir lernen, den Menschen nicht mehr für ein weiterentwickeltes Tier zu halten, sehen wir ein, daß er eben nicht an einen besonderen Ausschnitt von Weltbedingungen angepaßt ist, sondern vielmehr die Weltdinge von Anfang an sich anpaßt; die Entwicklung der Technik und des Kulturlebens ist nichts anderes als dieser Vorgang. Daher ist denn der Mensch auch nicht ein »Werkzeugtier«, als das er seit Benjamin Franklin immer wieder dargestellt worden ist. Sein Werkzeuggebrauch setzt im Gegenteil die Präsenz der vollen menschlichen Weltbeziehung bereits voraus.

Ansätze zu einem neuen Menschenbild. Von vielen Seiten ist seit dreißig Jahren der Versuch gewagt worden, an einer Lehre vom Menschen zu bauen, die im Wissen von der Bedeutung des biologischen Beitrags ein umfassendes Bild des Menschen zu geben versucht und die sich deshalb nicht so exklusiv von den Ergebnissen der Lebensforschung fernhält, wie das zeitweilig der philosophischen Anthropologie als richtig erschienen ist. Gewiß waren die groben Vereinfachungen der frühen Abstammungslehre nicht geeignet, im Lager der Philosophie den Kredit für die biologische Arbeit besonders zu erhöhen. Doch war auch die allgemeine Bereitschaft zu einer ernsthaften Auseinandersetzung mit der Biologie auf psychologischer und philosophischer Seite lange Zeit recht gering. Das Bild hat sich in den letzten zwei Jahrzehnten geändert.

Viele Faktoren haben an dieser gewandelten Lage mitgearbeitet. Die starke Erschütterung, welche die traditionellen Glaubensformen im Abendland durchmachten, hat dem Arzt – der heute von der Naturwissenschaft geformt ist – eine Rolle überwiesen, die in steigendem Maße auch Aufgaben der priesterlichen Sphäre übernehmen muß. Die Entwicklung der Psychotherapie in den letzten fünfzig Jahren bezeugt diese Wandlung. Die Autorität, die der biologischen Forschung als dem Erkenntnismittel einer naturwissenschaftlich orientierten Medizin im ärztlichen Tun zugefallen ist, hat die Geltung der biologischen Resultate ganz allgemein gesteigert.

Ein zweites: zu Beginn des Jahrhunderts war die Macht der Technik vor allem eine Folge der physikalischen Forschung – die Entwicklung der Chemie setzte eben ein. Inzwischen ist eine Biochemie zur neuen Weltmacht herangewachsen, und ihre Erzeugnisse greifen in immer größerem Ausmaß sehr direkt in den Alltag eines jeden von uns ein. Damit ist auch die gründende Wissenschaft, die diese neue mächtige Biotechnik ermöglicht, zu einer neuen Würde gelangt – zu einer Würde, die nicht mehr wie vor Zeiten auf der politischen Stoßkraft antireligiöser Schlagworte des frühen Darwinismus beruht, sondern auf einer neuen Verteilung der faktischen Machtverhältnisse in der Beeinflussung unseres Lebens.

Die Beziehungen des biologischen Denkens zur philosophischen Arbeit haben indessen auch durch die geistige Begegnung der Schaffenden zu Neuem geführt. Die Trennung von Natur- und Geisteswissenschaft mit klar gesonderter Methodik und Zielsetzung konnte noch um die Jahrhundertwende einen trügerischen Frieden stiften, der einem umfassenden Verständnis des Menschlichen nicht zuträglich war. Das Neue beginnt mit der Störung dieser Ruhe, mit der Einsicht, daß die Trennung der Bereiche, so sinnvoll sie auch zeitweilig und in einzelnen Arbeitsweisen sein konnte, das große Hindernis für ein umfassendes Bild vom Menschen ist.

Die Auseinandersetzungen um eine neue Ausgangsstellung sind bereits 1928 in der seinerzeit so viel beachteten Schrift von Max Scheler »Die Stellung des Menschen im Kosmos« in vollem Gange. Wie wenige vorher sucht er die Resultate der Biologen in seine Betrachtungen hineinzunehmen, wobei er gerade die am schwersten faßbare Seite der »Innerlichkeit« entschlossen in die Mitte der Beachtung rückt. Das »Fürsich- und Innesein der Organismen« erscheint endlich wieder als das wesentliche Kennzeichen des Lebendigen, das es stets sein muß. Die Formulierung freilich, dieses Innesein besitze mit »den objektiven Phänomenen des Lebens die innigste Seinsgemeinschaft«, mahnt noch immer sehr an den Bund zweier verschiedener Mächte. Was immer man von der Schelerschen Stufung des Psychischen halten mag, die vom bewußtlosen »Gefühlsdrang« zum »Instinkt«, dann zum »gewohnheitsmäßigen« und zum »intelligenten« Verhalten aufsteigt – der Versuch, die Stufen der Innerlichkeit zu einem Wesenszug der Evolution des Lebens zu machen, bleibt ein produktiver Akt.

Um dieselbe Zeit (1928) hat Helmuth Plessner mit voller Entschiedenheit die Einheit des Lebendigen in den Mittelpunkt seines Denkens gestellt. Er vermied die Tendenzen Schelers zu einer Art von Schichtenlehre, die stets die Gefahr einschließt, das Humane sogleich in Kompartimente verschiedener Wesensart zu trennen. Wir finden bei Plessner einen der ersten Versuche der jüngsten Zeit, die Ganzheit eines Lebewesens völlig ernst zu nehmen und als das Problem zu sehen. Wilhelm Szilasi hat in bedeutungsvollen Ausführungen über »Wissenschaft als Philosophie« (1945) gezeigt, daß der Begriff der Ganzheit nicht – wie es allzuoft geschehen ist – mißbraucht werden darf zu einem rettenden »ganzmachenden« Faktor, mit dem dann der Biologe überall da operiert, wo seine Wissenschaft am Ende ist. Ganzheit ist im Organismus als unmittelbar Gegebenes vor uns, und es stellt sich damit die Frage, in welcher Weise dieses Ganze gegliedert ist. Plessner weist nachdrücklich auf die für den Menschen entscheidende Besonderheit hin, daß er einerseits erlebender Mittelpunkt seines Daseins ist, anderseits aber die Möglichkeit hat, jederzeit aus dieser Mitte gleichsam herauszutreten und sich selbst als Beschauer gegenüberzustehen. Er bezeichnet die beiden Lebensformen als konzentrisch (die dem Tier gemäße, die auch der Mensch durchaus zu leben imstande ist) und als exzentrisch (die dem Menschen als Besonderheit eigene Haltung). Mag auch der Alltagssinn des Wortes »exzentrisch« einer weiteren Verbreitung dieser begrifflichen Sonderung entgegenstehen, so bleibt doch der Gehalt von Plessners Sonderung ein Gewinn. Er hat übrigens noch in anderer Weise das Ringen um die begriffliche Darstellung der Einheit des Menschen gefördert: Er bringt die Eigenart der »Grenze« in den Sichtbereich, die den lebendigen Leib von der Umgebung sondert und zugleich als Träger von Sinnes- und Wirkorganen ihn mit der Umgebung verbindet und so den Wirkkreis wie den Erlebenskreis des Organismus bestimmt. In diesem verbindend-trennenden echten Doppelsinn liegt auch die Möglichkeit zu einem neuen Erfassen der sinnfälligen Gestalt der Erscheinung des Lebewesens als der Selbstdarstellung einer Innerlichkeit.

Die Einheit von Leib und Seele wird auch in der philosophischen Darstellung von Jean Paul Sartre konsequent gesehen. In der Gegenstellung des Bewußtseins zur fremden rätselhaften Erfahrung des beseelten Leibes wird die Doppelnatur der möglichen Positionen des Menschen, wie sie Plessner entwickelt, in einer etwas anderen Variante wieder aufgenommen. Die Seele *ist* der Leib, in dem sich der Mensch des Daseins überhaupt bewußt wird. Die Freiheit, die durch dieses Bewußtsein möglich wird, erscheint bei Sartre als etwas, das nicht auf eine andere Sphäre weist, sondern den Menschen auf sich selbst und sein Tun stellt und ihn in der Natur zum Fremdling macht.

Die Position von Sartre wird von Merleau-Ponty durch intensiven Kontakt mit biologischen Arbeiten, vor allem solchen der Psychiatrie, vertieft. Während im Denken Sartres der Mensch als autonomes Zentrum von Freiheit in einer ihm fremden Wirklichkeit steht, so ist bei Maurice Merleau-Ponty die Einheit des Humanen weiter gefaßt, so daß auch das »Umfeld« – um mit Plessner zu sprechen – an ihr teilhat. Ihm ist gegenwärtig, was auch dem Biologen so eindrücklich vor Augen steht: daß unser rätselhaftes autonomes Wesen vor jeder Reflexion, vor jedem Bewußtsein in einem durch erbliche Struktur vorgegebenen Zusammenhang mit dem Ganzen der Welt steht. In der befruchteten Eizelle sind bereits die Bedingungen dafür gegeben, wie wir die Welt der Farben um uns erleben, welchen Anteil die verschiedenen Sinnessphären an der Gestaltung des naiven Erfahrens nehmen werden. In der Betonung dieser erblichen Vorgegebenheit wird auch das Ergebnis der neueren Verhaltensforschung fruchtbar. Für die Versuche einer allgemeinen Lehre vom Menschen sind diese Ergebnisse von größter Bedeutung. Sie zeigen auf der einen Seite die Macht der natürlichen Bindungen, denen auch unser Welterleben eingegliedert ist; auf der anderen Seite bezeugen sie aber auch die Freiheit des Menschen durch die Tatsache, daß die Schranken dieser erblich vorgegebenen Weltbeziehung, wie die naiven Sinne sie aufbauen helfen, von unserer geistigen Aktivität durchbrochen werden können, ja, daß wir von vornherein dazu gemacht sind, diese Schranken zu durchbrechen.

Die psychologischen Versuche, auf den verschiedensten Wegen den Zugang zu unserer unbewußten Innerlichkeit zu erschließen, haben die aller Reflexion vorgegebene Einheit des Menschen von immer neuen Seiten bezeugt. Auch der Umstand, daß die geistige Aktivität vieler anderer Völker, die wir heute kaum mehr mit dem guten Gewissen von ehedem die »Primitiven« zu nennen wagen, anders verläuft als das in occidentaler Tradition geschulte Denken, mahnt uns, daß volles humanes Wesen in anderer Weise möglich ist als in dem von hochentwickelten rationalen Verfahren geformten Menschentypus des modernen Occidentalen. Daß Placide Temples, der belgische Franziskaner, 1956 eine »Bantu-Philosophie« veröffentlichen konnte, spricht eine deutliche Sprache.

Die Einheit des Humanen. Der Leib kann nicht einfach als das Instrument des Geistes aufgefaßt werden, der Geist ist auch nicht in diesem Leib eingekerkert – die künstliche Sonderung muß aufgehoben, die Einheit des Humanen als Ausgangssituation unseres wissenschaftlichen Eindringens und Aussagens muß anerkannt werden.

In einer verwandten Situation, im Ringen um die Aufhebung der künstlichen Sonderung von Körper und Seele hat die biologische Arbeit die Ergründung des Tiers durch das Studium des Verhaltens völlig erneuert. Die Methode brachte die Anerkennung von Phänomenen, die nicht zuerst nach »körperlich« oder »psychisch« abgefragt und zerlegt worden waren, in denen vielmehr eine rätselhafte Einheit des Lebendigen unmittelbar »zur Sprache kommt«.

Die werdende Anthropologie hat eine ähnliche Richtung genommen. Psychologische Arbeit hat die Wandlung vorbereitet. Bereits zu Beginn des Jahrhunderts (1901) hat Rudolf Maria Holzapfel eine »Psychologie der sozialen Gefühle« versucht, die ihre umfassende Absicht schon im Titel »Panideal« bezeugt. Er hat später dieses Werk völlig umgearbeitet und in der Zeit von Schelers und Plessners Vorstößen eine neue beschreibende Untersuchung jener Gefühle gegeben, die das Zusammenleben der Menschen bestimmen. Dabei wird die religiöse Weltbeziehung – ein wesentlicher Zug – als ein besonders wichtiges Glied dieser Gefühlswelt hervorgehoben. Noch umfassender geschieht dies im zweiten Hauptwerk Holzapfels, im »Welterlebnis«, das auch die schöpferische Rolle der kaum bewußten und der uns völlig verschlossenen Regionen unseres Welterlebens heraushebt. Holzapfel nimmt ein Verfahren vorweg, das sich später durchzusetzen beginnt: beschreibende Darstellung der Verhaltensweisen und Anerkennung der Tatsache, daß unserer Beobachtung keine elementaren psychischen »Elemente« zugänglich sind, sondern ein Gebaren, ein Handeln von hochkomplizierter Bedingtheit. Holzapfels Werk ist nicht so weit zu allgemeiner Beachtung gelangt wie andere psychologische Lehren seiner Zeit, da er kein System und keine Psychotherapie darauf entwickelt hat. Am wahren Wert dieses Lebenswerkes ändert das nichts.

Was die Verhaltensforschung im biologischen Bereich versucht hat, den Rückgriff auf die Einheit, die vor jeder logischen Trennung in Körper und Seele gegeben ist, das hat Arnold Gehlen in seinem 1940 erschienenen Werk »Der Mensch« entschlossen durchgeführt. Er nimmt das »Handeln« als Ausgangssituation und hat damit die Möglichkeit ergriffen, vom Erscheinen und Tun des Menschen als dem unmittelbar Gegebenen in Aussagen zu sprechen, die nicht der Physiologie oder der Psychologie angehören, sondern das Unmittelbare in seiner Ganzheit gelten lassen.

Dieser Griff in ein Erscheinungsfeld, das eine auf das Ganze gerichtete Untersuchung zuläßt, ist ein besonders wichtiger Schritt im Werden der neuen anthropologischen Auffassungen. Bei dem Versuch, den Menschen aus seiner Art des Gebarens zu erfassen, ihn als im tiefsten Sinn »fragwürdiges« Wesen gelten zu lassen, erscheint mir freilich die Perspektive irreführend, in die Gehlen den Menschen hineinstellt. Er hat wesentliche Inspirationen aus Bolks Lehre von der Fötalisierung und Retardierung der Menschengestalt in sich wirken lassen und hat damit insbesondere die Auffassung verbunden, daß das »Reifwerden auf embryonalen Formstufen« der entscheidende Faktor sei, der dem Menschen sein unspezialisiertes Wesen gebracht habe. Bolks Ideen stehen bei Gehlen in enger Beziehung zur Vorstellung von der Dürftigkeit unserer somatischen und instinktiven Ausrüstung. So formt sich eine Theorie vom »Mängelwesen«, das durch die Schaffung einer Kultur die ihm anhaftende organische Dürftigkeit ausgleicht. Mangelhaftigkeit der natürlichen Rüstung ist das Primäre, das Geistige ist der Ausgleich. Daß die Ideen um die Fötalisierung ein ungeklärtes Feld von Fragen sind und nirgends ein klares biologisches Wissen ergeben haben, macht den Grund, auf dem Gehlens Menschenbild erbaut ist, recht unsicher.

Was unter dem Begriff des »Mängelwesens« negativ gefaßt ist, könnte in vielen Richtungen ins Positive gewendet und damit fruchtbar werden. Ansätze dazu sind bei Gehlen selbst zu finden und mehren sich in den neueren Auflagen. Auch eine Formel wie die der »Verfügbarkeit«, der »disponibilité«, mit der Gabriel Marcel Wesentliches der menschlichen Haltung kennzeichnet, weist in diese produktive Richtung. Die Wirkung der Bolkschen Fötalisierungs- und Retardationslehre weist aber auch wieder auf die Rolle des biologischen Gedankengutes im Werden eines neuen Menschenbildes hin. Das Schicksal dieses Versuchs zeigt aber auch, wie unbefriedigend alle Ansätze sind, die den Menschen von einer tierischen Norm her zu erfassen und zu verstehen suchen. Das ist keine Kritik an einer generellen Abstammungslehre; wir stellen lediglich fest, daß bei einem solchen Verfahren nur Vergleichbares verglichen werden kann, das Unterscheidende aber von vornherein unerklärt bleibt. Daher dann die Zauberlösungen: »Schritt für Schritt« hat sich dann der Geist entwickelt, »ganz allmählich« ist aus dem instinktgebundenen Verhalten ein weltoffenes geworden – rein verbale Lösungen, die das Problem verhüllen, statt es zu lösen.

Neuer Versuch von biologischer Seite. Angesichts dieses wenig ergiebigen Vorgehens sind andere Wege begangen worden. Eine Wendung brachte der Versuch, das Ganze des Menschen, das Humane, einmal von der biologischen Seite her so umfassend zu sehen, wie es im Bereich der biologischen Methoden überhaupt möglich ist. Statt Hypothesen über Verhaltens-evolution vom höheren Primaten zum Menschen zu versuchen, wurde die uns voll zugängliche Ontogenese, der individuelle Werdegang in seiner möglichen Beziehung zur Reifeform des Menschen untersucht: die Ergebnisse dieser vergleichenden Untersuchungen konnten dann einem entsprechenden Vergleich von Ontogenesetypus und Reifeform höherer Säuger entgegengestellt werden. Dieser zweite Vergleich macht überhaupt erst das eigentliche Problem sichtbar, das einer Evolutionstheorie aufgegeben ist.

Die Eigenheiten jeder Ontogenese stehen in einer erblich im Keim vorbereiteten Beziehung zur Reifeform. Kein Physiologe oder Morphologe wird die Entstehung des Herzens oder eines Auges anders beurteilen denn als ausgerichtet auf die Erreichung des uns bekannten Endzustandes. Nach diesem Grundsatz wurden auch die ontogenetischen Tatsachen, wie sie für den Menschen vorliegen, geprüft.

Dabei erweist es sich, daß die Eigenart unseres frühen Wachstums nur eine Deutung zuläßt: unsere Wuchsweise ist bis ans Ende des ersten Lebensjahres nach der Geburt »embryonal«, eine Eigenart, die 1903 schon festgestellt worden, die 1922 wieder hervorgehoben ist, aber erst 1942 eine Einordnung in größere Zusammenhänge erfahren hat. Die Hilflosigkeit und Abhängigkeit des ersten Jahres ist in vieler Hinsicht »embryonales« Leben, das beim Menschen – und nur bei ihm – aus der Monotonie des uterinen Daseins in die reiche Sozialwelt verlegt ist. Im frühen Sozialkontakt reifen bei uns die Strukturen heran, durch die menschliche Weltbeziehung sich formt: Aufrichten, Sprechen, Denken – diese Dreiheit entsteht im »sozialen Uterus« des Gruppenlebens. Die eigenartig offenen Erbanlagen formen die entscheidenden Beziehungsweisen im Reizfelde der kleinen, aber reichen Welt einer Menschengruppe.

Die Langsamkeit des weiteren Wachstums bis zum 9. Lebensjahr ist eine weitere ontogenetische Einrichtung zur Ausformung des Sozialkontaktes: die Jahre der Kindheit, dem Wirken der Geschlechtsfaktoren weitgehend entzogen, ermöglichen die Aufnahme und Einübung des gewaltigen Schatzes der Tradition einer Gruppe: der Sprache, des Gebarens, der Deutung der Weltdinge und der Beziehungen von Menschen. Diese Jahre langsamen Wachsens dienen der Entwicklung der Gefühlswelt und einer intensiven Weltbeziehung durch die Kräfte der Imagination. Die anschließende Periode des gesteigerten Wachsens bringt die Vollendung der Geschlechtsreife und zugleich eine vermehrte Entfaltung der rationalen Aktivität.

Für unsere allgemeine Auffassung vom Menschen ist entscheidend, daß die geistige Formung unseres individuellen Seins nicht als eine Spätphase erscheint, die einer tierischen Entwicklung als letzte Etappe angefügt wäre – unser Entwicklungsgang erweist sich als ein von allem Anfang an auf das eine besondere Endziel, den reifen Menschen, hin geordnetes Werden.

Der Vergleich mit dem Entwicklungsgang aller anderen höchsten Säuger, der Huftiere, der Wale und Robben, wie auch mit dem der anderen Primaten bezeugt den Gegensatz deutlich genug. Alle höheren Säuger wachsen in langer Tragzeit in der eintönigen Umwelt der Gebärmutter heran bis zu einem Geburtszustand, in dem sie bereits über die artgemäße Körperhaltung, die Gliedmaßenproportionen der Alttiere und die Möglichkeit des artgemäßen Sozialverhaltens verfügen. Würden wir auf Grund dieses Vergleichs einen echten

»Tiermenschen« konstruieren, so müßte dieser Geburtszustand bereits aufrecht stehen und gehen und auch über Anfänge des Sprechens und Denkens verfügen können. Dieser theoretisch ersonnene tierhafte Geburtszustand entspricht in der Erscheinung dem Menschenkind am Ende des ersten Lebensjahres.

Sollte es noch weiteres Zeugnis brauchen, so finden wir es in der Entwicklung des Gehirns. Das Neugeborene aller hohen Säugertypen hat im Geburtsmoment sein Gehirn so weit schon aufgebaut, daß es bis zur völligen Reife sein Gewicht höchstens verdoppelt: in den meisten Fällen vermehrt sich die Hirnmasse nur noch um die Hälfte ihres Geburtszustandes. Und der Mensch? Genau am Ende des ersten Jahres nach der Geburt erreicht er diese Hirnproportion – auch in dieser Hinsicht ist erst das Ende des extra-uterinen Erstjahrs das Ende der »Fötalzeit« eines echten Säugetiers von menschlichem Grad der Hirnausbildung.

In unserem Entwicklungsgang ist also eine für die Ausformung unseres Welterlebens, unserer Sozialbeziehung besonders bedeutsame Sonderperiode eingegliedert: von der säugertypischen Trächtigkeitsdauer, die bei unserem cerebralen Niveau etwa zwanzig bis zweiundzwanzig Monate betragen müßte, ist ein volles Jahr umgeformt worden. Damit ist der Werdegang der entscheidenden Wesenszüge des Menschen in dieses extra-uterine Sonderjahr, in den sozialen Uterus des Gruppenlebens verlegt worden.

Ich habe diese Verhältnisse aus der Sicht der vergleichenden Entwicklungsgeschichte seit 1942 ausführlicher dargelegt. Einige biologische Tatsachen müssen aber hier herausgehoben werden, weil sie sich in der weiteren Ausformung eines Menschenbildes in den letzten Jahren als fruchtbar erwiesen haben.

Der Blick auf die Differenzierung unseres Wachstums räumt mit der schematischen Vorstellung einer generellen »Retardation« auf, die durch Bolk zu einem Faktor der Menschwerdung erhoben worden ist. Die uterine Embryonalzeit leistet bei uns etwa den doppelten Wachstumsertrag, wenn wir sie mit der Entwicklung eines Menschenaffenkindes vergleichen. Es läßt sich zeigen, daß dieses gesteigerte Wachstum mit dem erhöhten Hirnanteil am Gesamtgewicht des Neugeborenen in Beziehung steht. Wir beobachten ferner, daß der in die Spätzeit verlegte »Pubertätsschuß« wiederum alles andere als Verlangsamung ist. Die Wirklichkeit zeigt eine reiche qualitative Gliederung der ganzen Entwicklungszeit.

Diese Gliederung steht in deutlicher Korrelation zur Entstehung einer weltoffenen Daseinsform, zu einem Welterleben, das dauernd der Zuwendung zu Neuem fähig ist, in dem das erbmäßig gegebene zwanghafte, tierhafte »Feldverhalten« weit zurückgedrängt ist (nicht etwa aufgehoben), durch ein »Sachverhalten«.

Die biologische Analyse hat aber auch das »Mängelwesen« nicht bestätigen können, sondern zu einer produktiveren Auffassung geführt. Die negative Formel, das Instinktive sei bei uns geschwächt, aufgelockert oder reduziert, ist durch die vertiefte Analyse ins Positive gewendet worden: unsere »instinktive« Anlage ist in der Leistung der Sinnesorgane, in der Funktion ungezählter unbewußter Abläufe der Weltbeziehung nicht weniger ausgeformt und reich als im Leben höherer Säuger. Doch sind durch die Grundstruktur unserer Erbanlagen die Anlagekomplexe unseres Weltverhaltens weit offen zu Umstimmungen, zur Eingliederung von Erfahrung und zu freien Entschließungen. Die erblich gegebene Organisation unserer »Art« ist nicht geringer als die höherer Tiere, aber die Gliederung der vorbereiteten Anlagen ist anders.

Wir sind nicht in der somatischen Ausrüstung zu kurz Gekommene, welche diesen Mangel durch Entfaltung einer neuen psychischen Aktivität ausgleichen konnten: wir sind Wesen, die in ihrem gesamten Aufbau durch ihre Erbanlagen einer besonderen Art offenen Welterlebens und Handlungsfreiheit, einer besonderen »Disponibilität« zugeordnet sind.

Die biologische Analyse, von der hier die Rede ist und die seit 1942 ausgebaut worden ist, gibt weder eine neue Evolutionstheorie – noch sucht sie den Grundgedanken der Evolutionsidee zu erschüttern. Sie stellt sich aber den dürftigen Versuchen entgegen, mit den heutigen Erkenntnissen der Genetik das Problem des Ursprungs bedeutender organischer Typen, damit auch das des Menschen, lösen zu wollen. Meine eigene Skepsis gegenüber diesen vorschnellen Lösungsversuchen ist nicht größer, wo es um den Ursprung des Menschen geht, als wo es sich um die Genese der Vögel oder der Säuger, der Tintenfische oder der Insekten handelt. Die biologische Analyse des Zusammenhangs von Reifeform und Entwicklungsmodus ermöglicht überhaupt erst, das Ursprungsproblem in seiner Komplexität zu sehen und jene Fragen zu stellen, die auch darüber entscheiden, was am Ursprungsproblem von der paläontologischen Forschung wirklich geklärt und was von ihr überhaupt nicht erfahren werden kann.

Alfred Weber

SOZIOLOGIE

Jeder, der den Beginn des Jahrhunderts am Abendland produktiv mitgemacht hat, wird sich des damaligen Daseinsgefühls erinnern, daß man aus einer Enge, der Enge des 19. Jahrhunderts, herausgetreten und im Begriffe sei, eine neue Sicht von Dingen und Menschen aufzunehmen und von sich zu geben. Wieweit das zutraf, wieweit es auf einer Selbsttäuschung beruhte, ist hier nicht von Belang. Es kann im übrigen manches für ein positives Urteil aus der vorangegangenen Übersicht entnommen werden, wie aus dem Max Planckschen Wirkungsquantum, der Einsteinschen Relativitätstheorie, dem Durchstoß zur Tiefenpsychologie, dem Übergang von einer nur mechanistischen zu einer auch idealistischen Daseinsinterpretation.

Was die Soziologie betrifft, über die hier zu reden sein wird, so ist zunächst für diese Zeit festzustellen, daß man den Menschen und seine Umwelt immer mehr als eine dynamische, in besonderer Art in sich verbundene Einheit sah. Man begann, das, was man da sah, an zahllosen Stellen des Daseins zu konstatieren und zu analysieren, es als »soziologisch« zu bezeichnen und für etwas Neues zu halten. Was aber mit diesem »soziologisch« nun wirklich gemeint war, darüber befand man sich gerade im Anfang des 20. Jahrhunderts in einer keineswegs geklärten Verfassung.

Die Soziologie war am Anfang des 19. Jahrhunderts als eine neue Art der Interpretation der Geschichte erwachsen. Sie fragte aus einem Gefühl der Bodenlosigkeit nach dem Gesamtschicksal des Menschen innerhalb eines ungeheuren Umbruchs. Die alten Institutionen, die den Menschen getragen und sinnerfüllt umfangen hatten, lagen zertrümmert am Boden. Neue zugleich mit einer neuen Technik erschienen am Horizont. Aber der Mensch hatte noch keine innere Beziehung zu ihnen. Was sollte er mit ihnen machen? Wie sollte er sich in sie und das neu heraufwachsende Gesamtdasein einfügen? Man fragte aus einer Not – und man wandte sich in der Not der Zeit, in der man stand, an die Geschichte. Vor allem Auguste Comte hatte den Ort, an dem der Mensch kritisch das neue Dasein bewältigen mußte, in der Geschichte zu bestimmen und ihn neu in sie einzufügen versucht. So entstand Soziologie als eine *Krisenwissenschaft*, aus dem Gefühl an einem bedenklichen Ort der Geschichte zu stehen, mit der Aufgabe, durch Überblick und Einblick in Dasein und Geschichte eine Antwort auf die Frage, die aufgeworfen wurde, zu finden. Sie entstand in der

Form der Geschichtssoziologie, indem sie an Stelle der auch bei ihr noch nachwirkenden geschichtsphilosophischen Spekulationen (Hegel, Herder) empirische Antwort zu finden suchte.

Genau in diesem Sinne hatte ihr erster großer Meister, Karl Marx, in der Mitte des 19. Jahrhunderts die Aufgabe verstanden, die ihm, aufgedrungen durch die Verelendung des Proletariats, die Frage nach der schicksalhaften Daseinseinstellung des Menschen zurollte. Von Karl Marx als Politiker, als Demagoge und Künstler, ja als Philosoph ist hier nicht zu reden; aber von seinem Einbruch in die Soziologie und dem, was sich daraus ergab, indem er sowohl als praktischer Revolutionär wie als wissenschaftlicher Analytiker in sie eingetreten war.

Er hinterließ eine durchgearbeitete Lehre von der geschichtssoziologischen Lage seit dem beginnenden 19. Jahrhundert. Er erkannte das neue Dasein, in dem er stand, als getragen von eigenevolutiven Kräften, die die Tendenz hatten, den Menschen zu umgeben, aber auch zu verschlingen. Er erkannte den durch Profitgier und Kapitalagglomeration samt neuer Technik getragenen Prozeß als den modernen Kapitalismus, dessen Wesen er erstmals bestimmte. Er glaubte zu sehen, daß dessen Kräfte notwendig zur Ausbeutung des Menschen durch den Menschen und zur Proletarisierung breiter Massen hinführen mußte. Diese soziologische Grunderfahrung hatte er nicht bloß durch die Struktur der Geschichte in der für ihn entscheidenden menschlichen Daseinsrichtung zu deuten versucht, sondern ihr auch einen legitimen Platz im Geschichtsverlauf gegeben und die Struktur der entstehenden geistigen Umwelt, die sich ergab, zu ergründen versucht. Was von seinem Standpunkt her hieß, nicht bloß die materiellen, sondern auch die geistigen Kräfte des Geschichtsverlaufs zu deuten. Er schuf so die These vom geistigen Überbau, die ja nichts anderes ist als eine Anwendung der materialistischen Lehre auf die kapitalistische Daseinsstruktur. Kurz, beinahe der ganze Strauß von Fragen, der sich bei dem Versuch ergab, Mensch und soziale Umwelt als Gegenstand einer in der Geschichte sich dynamisch entfaltenden Einheit zu sehen, wurde von ihm hinterlassen. Aber er war zugleich leidenschaftlicher Propagandist und Politiker, und so war in der Wirkung zunächst fast stärker sein Prophetentum und die ihm eigene von sozialistischem Glauben getragene und der Selbsterledigung des Kapitalismus geltende Apokalypse.

Das schuf von der Wissenschaft her gesehen eine eigentümliche Lage, die sich daraus ergab, daß der Prophet für die bürgerliche Wissenschaft zunächst durchaus den Gelehrten verdeckte. Es hat ein halbes Jahrhundert gedauert, bis die bürgerliche Wissenschaft, der Marx übrigens die Unparteilichkeit abgesprochen hatte, das Anathema über den großen Gelehrten und gefährlichen Politiker abstreifte. Erst etwa seit der Jahrhundertwende fing man von der Prophetie zunächst absehend an, sich mit den Behauptungen des Tatsachenanalytikers auseinanderzusetzen.

Aber damals hatte sich schon im soziologischen Arbeiten eine grundsätzliche Abkehr von geschichtssoziologischer Gesamtprognose vollzogen, deren optimistische Vertretung man einem Herbert Spencer noch gerade hingehen ließ. Die Frage nach dem Wesen der Einheit zwischen Mensch und sozialer Umwelt wurde in eine Fülle einzelner Untersuchungen und Theorien aufgespalten; und die soziologische Tatsachenanalyse, die sich an die vielfachen interessanten Tatbestände hielt, hatte das Feld weitgehend erobert.

Dieses Spezialistentum hat, indem es die gesellschaftlichen Zusammenhänge zu seinem reservierten Objekt machte, eine Menge von bewußt ahistorisch arbeitenden Soziologen entstehen lassen. Aus dem Blickfeld dieser Soziologen verschwanden zugleich weitgehend die großen geschichtlich evolutiven Potenzen von daseins- und gegenwartsbedingender Bedeutung, mit denen sich die alte Geschichtssoziologie auseinandergesetzt hatte, nämlich: der moderne Kapitalismus, die moderne Wissenschaft und die moderne Technik als in jedem Augenblick gegenwärtige Primärobjekte aller Analyse.

Es entstand also eine Fülle von Soziologien, die zudem den Menschen und sein Geschick im ganzen nicht mehr in der Art zum Mittelpunkt hatten, daß sie nach dem totalen Beeinflußtwerden seiner metahistorisch verstandenen Existenz durch die jeweilige Epoche fragten, wie das etwa Marx noch tat, der dann als Antwort seine These von der Selbstentfremdung des Menschen in der kapitalistischen Epoche aufstellte. Diese Soziologen setzten vielmehr (und setzen noch heute), indem sie von »Gesellschaft« reden, einen »Begriff«, genauer gesagt, einen nur für die Analyse anwendbaren Begriff an die Stelle einer historischen Wirklichkeit, denn sie machen es sich nicht mehr zur Aufgabe, die Gegenwart als eine besondere geschichtliche Epoche zu umreißen. An der geschichtlichen Konkretheit und Besonderheit der Gegenwart darf man jedoch keineswegs vorbeigehen, will man nicht ihr eigentliches, nicht bloß geschichtliches, sondern vor allem soziologisches Wesen aus dem Auge verlieren.

Für die heutige Gesellschaft gesprochen heißt das, es darf nicht übersehen werden, daß unsere historische Wirklichkeit den Charakter einer Umbruchszeit hat, wie sie die Menschheit in dieser Tiefe bisher noch nicht erlebte.

*

Wir müssen also zurück zu einer gesamtgeschichtlichen Soziologie, die – man verstehe richtig – nicht das entfaltete soziologische Spezialistentum ersetzen, vielmehr diesem den Rahmen, die innere Gliederung und damit bis zu einem gewissen Grade wohl auch eine neue Art der Fragestellung geben wird.

Wie kann das geschehen? Eine vorläufige Antwort sei, daß jedes soziologische Phänomen und Problem in einem Gesamtrahmen steht, der ihm seinen Ort und seine Stellung im ganzen zuweist. Es verschlägt nichts, wenn dieser Rahmen zunächst etwas abstrakt über dem Konkreten der Darstellung zu schweben scheint; seine Anwendung wird sich als fruchtbar erweisen, wenn man versucht, die konkreten Probleme, ja möglichst die Disziplinen, ordnend in ihn einzugliedern und damit für sie eine gegenseitige Ergänzung zu schaffen.

Ich gebe diesen Rahmen zugleich mit seiner heutigen sachlichen Ausfüllung. Das Dasein ist für eine strukturelle und dynamische Analyse in drei in der Wirklichkeit sich durchdringende, aber begrifflich zu trennende Sphären zu gliedern. Da ist erstens die Sphäre des sozialstrukturellen Aufbaus, die man auch die gesellschaftliche Sphäre nennen kann. Sie umfaßt, bildlich gesprochen, die konkreten Körperhaftigkeiten der geschichtlichen Existenz und hat bei verwandten Entwicklungsstufen in jedem Geschichtskörper nicht nur historischen, sondern auch heute noch ihren jeweils gesonderten Charakter.

Frankreich — Italien — Belgien

Claude-Henri de Saint-Simon (1760—1825) formt die Grundlagen einer positivistischen universalen »neuen« Wissenschaft von der Struktur und den Entwicklungsgesetzen der Gesellschaft des Kapitalismus. Er versucht, die als Krise gedeutete soziale Revolution seiner Zeit in ihren gesellschaftlichen Bedingungen zu erkennen und sie mit Hilfe einer totalen Ordnungskonstruktion (Planwirtschaft) in einer neuen dauerhaften Stabilität zu beenden. Mit der Soziologie entsteht eine Wissenschaft, welche die intellektuellen und praktischen Probleme einer durch tiefgreifende Umwälzungen, namentlich durch den Einbruch des Industrialismus, gestörten Gegenwartsordnung zu lösen versucht.

Auguste Comte (1798—1857), »Cours de philosophie positive«, 1. Bd. 1830, systematisiert die von *Saint-Simon* und der Aufklärung gegebenen Ansätze. Er wählt als erster die Bezeichnung Soziologie. Sie ist die Universalwissenschaft von den Gesetzen des Fortschritts und den Bedingungen der gesellschaftlichen Ordnung im Hinblick auf eine Totalkonzeption einer Menschheit in ihrem harmonischen Endzustand. *Comte* betont mit dem Fortschrittsgedanken die Parallelentwicklung des Denkens und der verschiedenen Komponenten des Gesellschaftslebens (Dreistadiengesetz) und orientiert sich dabei an den Methoden der Galilei-Newtonschen Naturwissenschaft.

Alexis de Tocqueville (1805—1859), »Über die Demokratie in Amerika«, 1835. Mit der Analyse der amerikanischen Demokratie wendet er sich stärker — im Gegensatz zur bisherigen spekulativen »politischen Theorie« — der vergleichenden empirischen Erforschung politischer Phänomene zu.

Frédéric Le Play (1806—1882). Mit dem Studium aller Aspekte des Lebens von Arbeiterfamilien schafft er Grundlagen für den später ausgebauten »social survey«.

Emile Littré (1801—1881), *Eugène de Roberty* (1843—1915), *Guillaume de Greef* (1842—1924) betonen im Anschluß an *Comte* die geistigen Faktoren der gesellschaftlichen Entwicklung und sind mit *Paul Lacombe* (1848—1921) um eine Klassifikation sozialer Phänomene bemüht.

Alfred Fouillée (1838—1912), *Alfred Espinas* (1844—1922), *René Worms* (1867—1926), anfänglich auch *Emile Waxweiler* (1867—1916), vertreten eine organizistische Soziologie, die die Strukturgleichheit von Gesellschaft und Organismus behauptet.

Emile Durkheim (1858—1917), »Les règles de la methode sociologique«, 1895. In seinem antimetaphysischen Rationalismus und der Frage nach den moralischen Grundlagen des laizistischen Staates ist *Durkheim* der Erbe der Aufklärung und *Comtes*. Gleichwohl polemisiert er gegen die geschichtsphilosophische Konstruktion in *Comtes* Positivismus. Jeder totale Begriff von der Entwicklung der Menschheit wird ausgeschlossen und die »Gruppe« zum Gegenstand der Soziologie schlechthin erhoben. *Durkheim* hat als erster in Frankreich die Besonderheit der sozialen Phänomene hervorgehoben und das Soziale als autonome Dimension menschlichen Daseins herausgestellt. Mit *Durkheim* beginnt — am Ende der Epoche der Revolutionen in Frankreich — die Verwandlung der Soziologie in eine Fachwissenschaft, wobei sein Ausbau ihres methodologischen Fundaments ihm eine überragende Stellung sichert. Um die Zeitschrift *L'Année Sociologique* (erste Serie 1898—1913) konzentriert sich eine *Durkheimschule* von großer Geschlossenheit, bemüht um den Ausbau der »rechten« Lehre, mit starkem politischem Einfluß.

Gabriel Tarde (1843—1904), »Les lois de l'imitation«, 1890. Als Antipode *Durkheims* entwickelt er eine Soziologie, deren Schwergewicht in der Sozialpsychologie liegt. Er lehnt alle Theorien vom Kollektivbewußtsein ab und sieht die Gesellschaft in der seelischen Wechselwirkung zwischen den Individuen; dabei berücksichtigt er vor allem Phänomene der Nachahmung. Im Gegensatz zu den Italienern *Cesare Lombroso* (1836—1909) und *Enrico Ferri* (1856—1929) vertritt er die Ansicht, daß die Ursachen des Verbrechens vorwiegend sozialer, nicht biologischer Art sind.

Gaetano Mosca (1858—1941), »Elementi di scienza politica«, 1896/1923, liefert in seiner Theorie der »classe politica« eine umstrittene Elitentheorie. Sie besagt, daß die herrschende Minderheit der Masse der Beherrschten nicht nur materiell und intellektuell, sondern auch moralisch überlegen sei.

Gustave le Bon (1841—1931), »Psychologie des foules«, 1895. In bewußter Parteinahme gegen die sozialistische Bewegung bietet er eine Phänomenologie der Masse. Die »Massenseele« erscheint als Widersacher der kulturerzeugenden »Rassenseele«.

Georges Sorel (1847—1922), »Réflexions sur la violence«, 1908, beeinflußt von *Proudhon*, *Marx* und *Bergson*. In vehementer Abneigung gegen den Staat und die parlamentarische Demokratie, bestimmt von einem latenten Anarchismus, zutiefst Moralist, entwirft er in der Hoffnung auf eine Wiedergeburt der Sitten durch die revolutionäre Aktion des Proletariats die Lehren von der Gewalt und vom geschichtsträchtigen sozialen Mythos. Er kritisiert sowohl die hegelianisch-marxistische Geschichtstheorie als auch die Darwinistisch-Spencersche Fortschrittsidee aufs schärfste.

Lucien Levy-Bruhl (1857–1939), Anti-Evolutionist, betont in »Les fonctions mentales dans les sociétés inférieures«, 1910, im Gegensatz zu *Durkheim* die unüberbrückbare Diskontinuität zwischen dem Denken der »Primitiven« und dem der »Zivilisierten«.

Roberto Michels (1876–1936), »Zur Soziologie des Parteiwesens in der modernen Demokratie«, 1911 zuerst italienisch, formuliert das »Eherne Gesetz der Oligarchie«.

Vilfredo Pareto (1848–1923), »Trattato di sociologia generale«, 1916. Orientiert an der Methode der mathematischen Naturwissenschaft, sucht er eine exakte und empirische Soziologie aufzubauen; er ist Schöpfer der Theorie vom »Kreislauf der Eliten« und einer Ideologielehre. Diese Lehre führt die Begründungen, die die Menschen ihren »alogischen« Handlungen zu geben pflegen (»Derivationen«), auf psychische Konstanten (»Residuen«) zurück.

Marcel Mauss (1873–1950), nach dem Tode *Durkheims* das Haupt der Durkheimschule. Unter seiner Führung lockert sie nach 1918 ihre Orthodoxie, erobert neue Gebiete der Forschung, beseitigt Reste des Evolutionismus durch Annäherung an eine funktionale Strukturanalyse und baut – trotz des einstigen Gegensatzes zu *Tarde* – die Sozialpsychologie aus. Weitere Mitglieder der Schule: der Ökonom *François Simiand* (1873–1935), *Georges Davy* (geboren 1883), einer der Bahnbrecher der politischen Soziologie, *Maurice Halbwachs* (1877–1945), der sich der von *Durkheim* vernachlässigten inneren Gliederung der Gesellschaft nach sozialen Klassen zuwendet, *Célestin Bouglé* (1870–1940), dessen 1935 erschienene »Bilan de la sociologie française contemporaine« am Ende dieser Phase der Durkheimschule steht.

André Siegfried (1875–1959), »Tableau des partis en France«, 1930. Er gibt neben zahlreichen Anregungen für die politische Wissenschaft den Anstoß für die Entwicklung der Wahlsoziologie. Sein Schüler *François Goguel* (geboren 1909), »La politique des partis sous la troisième république« 1946, hat vor allem die Wahlgeographie und Wahlsoziologie weiterentwickelt.

Georges Gurvitch (geboren 1894). Mit seinen »Essais de sociologie«, 1938, beginnt eine neue Phase des Einflusses von *Durkheim*, die weniger durch seine Antworten als durch den Dynanismus seiner Soziologie bestimmt wird. Unter Hinweis auf die Vielfalt grundlegender Vergesellschaftungsformen unterscheidet *Gurvitch* zwischen der Mikrosoziologie, die die Typen der »Soziabilität« studiert (»Tiefensoziologie«), und der Makrosoziologie, die sich den Gruppen, Klassen und globalen Gesellschaften zuwendet.

England und Amerika

Herbert Spencer (1820–1903), »Principles of Sociology«, 1877–1896. Im Mittelpunkt seiner Lehre steht seit 1850 die Theorie der Evolution, die im Anorganischen beginnt und über das Organische zum »Überorganischen« (Gesellschaft) führt. Auslese und Anpassung vermitteln den gesetzmäßigen Fortschritt von primitiven Frühformen über priesterlich-militärische Staaten zu einer idealisierten freihändlerischen und pazifistischen kapitalistischen Gesellschaft. Der bis Ende des Jahrhunderts überragende Einfluß seiner positivistischen (enzyklopädischen) Soziologie, besonders in England und den USA, beruht auf seiner vergleichenden und induktiven Methode, seiner Benutzung ethnographischen Materials, seinem Vergleich der Gesellschaft mit dem Organismus und auf seiner Evolutionstheorie.

Walter Bagehot (1826–1877), Laisser-faire-Liberaler, versucht, *Darwins* Kampf ums Dasein in eine evolutionistische Gesellschaftstheorie einzubauen. *Lewis Morgan* (1818 bis 1881), »Ancient Society«, 1877, neben dem von *Darwin* beeinflußten *Edward Tylor* (1832–1917) einer der Väter der evolutionistischen Ethnosoziologie.

Charles Booth (1840–1916), »A Survey of London Life«, 1889. Einer der Urheber des »social survey«, der Gemeindestudie und der Sozialökologie – neben *Le Play* und *Henry Mayhew* (1812–1887). Fortsetzer seiner Studien: *Sir Arthur Lyon Bowley* (geboren 1869) – führt das Stichprobenverfahren der repräsentativen Auswahl in die sozialwissenschaftliche Tatsachenforschung ein.

William Graham Sumner (1840–1910). Beeinflußt von *Spencer* und dem Sozialdarwinismus, wendet *Sumner* die Lehre vom Überleben der Tüchtigsten rigoros an und stellt das »Laisser-faire« als Sozialgesetz auf eine Stufe mit dem Gesetz der Schwerkraft. Seine Soziologie ist ein bezeichnender Ausdruck der »Goldenen Zeit« des amerikanischen Kapitalismus.

Lester Frank Ward (1841–1913). Er ersetzt in seiner spät beachteten »Dynamic Sociology«, 1883, *Spencers* automatischen Fortschritt durch den vom Intellekt kontrollierten Fortschritt, wobei er sich gegen das Prinzip des »Laisser-faire« wendet und die Bedeutung von Reform und Erziehung betont.

Alboin W. Small (1854–1926) vertritt, von *Ratzenhofer* beeinflußt, einen auf eine milde Interessenkonfliktlehre abgeschwächten Sozialdarwinismus.

Thorstein B. Veblen (1857–1929) analysiert am Anfang der Epoche des Imperialismus in seiner »The Theory of the Leisure Class«, 1899, bestimmt von einem puritanischen Arbeitsethos, die Antagonismen des von ihm darwinistisch-pragmatisch aufgefaßten Anpassungsprozesses des »Lebens« an die industrielle Produktion; dabei wendet er sich vornehmlich gegen den barbarischen Charakter der Kultur der »Leisure Class«. Berühmt ist seine Kritik des Güterverbrauchs aus bloßer Schaustellung (conspicuous consumption).

Franklin Giddings (1855–1931). Ursprünglich Evolutionist, begreift er im Anschluß an *Ward* die Gesellschaft als psychologisches Phänomen. In den späteren Werken fördert er, beeinflußt vom Behaviorismus, die Hinwendung zur quantitativen Analyse sozialer Phänomene.

Leonard T. Hobhouse (1864–1929) – seit 1907 an der London School of Economics – neben *Graham Wallas* (1858–1932) und dem Ethnologen *Edward Westermarck* (1862–1939) Vertreter einer kritischen Evolutionssoziologie, faßt historisches und ethnologisches Wissen mit ethischem Denken und sozialreformerischem liberalem Wollen zu einer synthetischen Wissenschaft von der menschlichen Entwicklung zusammen.

Sidney James Webb (1859–1947) und seine Frau *Beatrice*, führende Mitglieder der *Fabian Society*: Analysen der kapitalistischen Gesellschaft ihrer Zeit und der Arbeiterbewegung. Mit *Hobhouse* und *Webb* in vielem verbunden: der Sozialökonom *John Atkinson Hobson* (1858–1940), berühmt geworden durch seine Theorie des Imperialismus (»Imperialism«, 1902), den er auf das Klasseninteresse der Unternehmer an der Eroberung neuer Märkte zurückführt. Der Schüler, Mitarbeiter und Nachfolger von *Hobhouse*, *Morris Ginsberg* (geboren 1889), ist lange Jahre organisatorisch und geistig der führende Kopf der englischen Soziologie. Bestimmt von der politisch-philosophischen Idee des »realen Humanismus«, versteht er die Soziologie als Universalwissenschaft, die aus den Resultaten sozialwissenschaftlicher Einzelforschung das soziale Leben als Ganzes interpretiert.

William McDougall (1871–1938), »Introduction to Social Psychology«, 1908. Höhe- und Wendepunkt des in der älteren Soziologie häufigen Versuchs, in den Instinkten die letzte Ursache menschlichen Verhaltens zu sehen.

Charles Horton Cooley (1864–1929), »Social Organization«, 1909. Mit seiner Neufassung der Idee der menschlichen Person – Entwicklung der Person im Wechselspiel mit dem sozialen Milieu – und dem Begriff der Primärgruppe liefert er einen wichtigen Beitrag zur modernen amerikanischen Soziologie.

William I. Thomas (1863–1947) und *Florian Znaniecki* (1882–1958), »The Polish Peasant in Europe and America«, 1918–21. Mit dieser Monographie verlagert sich in den USA das Schwergewicht von der »Spekulation« zur empirischen Forschung mit psychologisierender und pragmatischer Tendenz. Die Soziologie wendet sich von der Konstruktion umfassender Systeme ab und konzentriert sich auf die Lösung konkreter Einzelfragen und auf die Sammlung von Daten aus verschiedenen Bereichen sozialen Lebens, ohne zunächst der theoretischen Auswertung des sich anhäufenden Tatsachenmaterials genügend Aufmerksamkeit zu schenken. Begünstigt durch die Mannigfaltigkeit der amerikanischen Gesellschaft, entwickelt sich in den zwanziger und dreißiger Jahren eine Fülle von Spezialdisziplinen (Soziologie der Familie, der Gemeinde, des Betriebs, der Berufe, der Kleingruppe, der ethnischen Minderheiten, Stadt-, Agrarsoziologie). Ausgerichtet auf einen statischen Gesellschaftsbegriff und beherrscht von der Vorstellung des sozialen Gleichgewichts, wissen sie wenig mit den Problemen der gesellschaftlichen Dynamik anzufangen. Neben *Thomas* wirkt in Chicago, für viele Jahre das Zentrum soziologischer Forschung, *Robert E. Park* (1864 bis 1944), beeinflußt von *Georg Simmel*. Er ist Verfasser des ersten amerikanischen Lehrbuches der Soziologie (»Introduction to the Science of Sociology«, mit *Ernest W. Burgess*, 1921), hat eine Fülle von empirischen Studien durchgeführt und insbesondere die Erforschung rassischer und kultureller Beziehungen in Amerika angeregt.

William F. Ogburn (geboren 1886), Begründer der Theorie des »cultural lag«, des Zurückbleibens der »immateriellen« Kultur hinter der »materiellen«.

Richard Tawney (geboren 1880), versucht in »Religion and the Rise of Capitalism«, 1926, *Max Webers* These vom Einfluß des Calvinismus auf den »Geist des Kapitalismus« zu ergänzen und zu korrigieren.

Bronislaw Malinowski (1884–1942), neben *Alfred Reginald, Radcliffe-Brown* (1881–1955) Hauptbegründer des modernen sozialwissenschaftlichen Funktionalismus in Ethnologie und Soziologie. Er versucht, die Rolle zu erforschen, die jeder Faktor einer Kultur in einer Gesamtordnung spielt. *Malinowski* legt dabei mehr den Akzent auf die Bedürfnisse der Individuen, *Radcliffe-Brown* mehr auf das Überleben der Gruppe. Da die Funktionalisten das Sozialgebilde mit seiner Kultur als Selbstzweck behandeln, tritt die Untersuchung der Bedingungen ihrer Stabilität in den Mittelpunkt soziologischen Forschens.

Elton Mayo (1880–1949), »The Human Problems of an Industrial Civilization«, 1933, gehört zu den Begründern der amerikanischen Betriebssoziologie – mit starker Neigung zur »Betriebsideologie«.

Robert (geboren 1892) und *Helen Lynd*, »Middletown«, 1929/37, klassisches Werk der »community studies«.

Harold J. Laski (1893–1950), »A Grammar of Politics«, 1925. Englischer Sozialist, einer der Begründer der soziologisch orientierten politischen Wissenschaft, der in zahlreichen Untersuchungen die Bedingungen der funktionierenden Demokratie durchforscht.

Pitrim Sorokin (geboren 1889), vornehmlich Sozialphilosoph, Vertreter der Theorie eines endlos wiederkehrenden Wechsels der herrschenden Kulturströmungen: Auf Epochen mit »ideationellen« (theologisch-intuitiven) Systemen folgen Systeme mit »idealistischem« und schließlich »sensuellem« Charakter.

George Andrew Lundberg (geboren 1895), »Foundation of Sociology«, 1939, sieht als Neopositivist die Aufgabe der Soziologie in der Aufstellung von Gesetzen, durch die Vorhersagen über das künftige Verhalten sozialer Phänomene unter gleichen Bedingungen gemacht werden können.

Harold D. Lasswell (geboren 1902), »Politics: Who gets What, When, How«, 1936. Führender Vertreter der politischen Wissenschaft und politischen Soziologie, vor allem der von ihm angeregten »Wissenschaft von der Demokratie«.

Talcott Parsons (geboren 1902), »The Structure of Social Action«, 1937, und »The Social System«, 1951, formuliert nach der Analyse gewisser Grundvoraussetzungen der Werke von *Pareto*, *Durkheim*, *Max Weber* mit seiner Theorie des Handelns ein kategoriales Bezugssystem für alle Sozialwissenschaften. Er begründet weiterhin, beeinflußt von *Malinowski*, die in den USA einflußreiche strukturell-funktionale Theorie. Mit ihr endet die »botanisierende« Periode der amerikanischen Soziologie. Diese Theorie zielt mit der Verallgemeinerung der Ergebnisse der Forschung auf eine Analyse des Ganzen oder von Teilen der sozialen Wirklichkeit. Sie liefert ein Kategoriensystem zur beschreibenden Erfassung der Tatsachen, die für die Lösung der von der Theorie gestellten sinnvollen Probleme bedeutsam sind. In seiner theoretischen Analyse von Sozialstrukturen dominiert die durch Werte, nicht durch Interessen vermittelte Integration des sozialen Handelns. Zentrale Begriffe: Struktur und Funktion, Status und Rolle.

James Burnham (geboren 1905), »The Managerial Revolution«, 1941, deutsch 1948. Er vertritt die These, daß die Manager in der Gesellschaft, auf die wir uns hinbewegen, die gesellschaftliche Führung und die Rolle als herrschende Gesellschaftsklasse übernehmen werden.

Jacob L. Moreno (geboren 1892), »Sociometry, Experimental Method and the Science of Society«, 1951. Begründer der Soziometrie, führt zahlreiche Techniken zur Feststellung der informalen soziometrischen Struktur ein (Soziogramm, Interaktionsdiagramm).

Kurt Lewin (1890–1947) wendet experimentelle Methoden der Psychologie auf soziale Probleme an.

William Lloyd Warner (geboren 1898) analysiert seit den dreißiger Jahren mit Mitarbeitern die Klassenstruktur der amerikanischen Gesellschaft.

Paul Felix Lazarsfeld (geboren 1901) hat wesentlichen Anteil an der Entwicklung der Techniken der Meinungsforschung und versucht, mathematische Modelle für die soziologische Forschung zu entwickeln.

David Riesman (geboren 1909), »The Lonely Crowd, A Study of the Changing American Character«, 1950, deutsch »Die einsame Masse«, 1957.

Robert King Merton (geboren 1910), einer der Hauptvertreter der strukturell-funktionalen Theorie. Er sieht die unmittelbare Aufgabe der soziologischen Forschung in »Theorien des mittleren Bereichs«, das heißt in Verallgemeinerungen, die von empirischen Problemen ausgehen. Studien über soziale Kontrolle, Bürokratie, Wissenssoziologie und Beiträge zur Entwicklung der Begriffsbildung und Methode (das gezielte Interview, Inhaltsanalyse – »content analysis«).

Deutschland

Georg Wilhelm Friedrich Hegel (1770–1831), »Grundlinien der Philosophie des Rechts«, 1821. Ihr dritter Teil, die Lehre von der Familie, der bürgerlichen Gesellschaft und dem Staat, ist der philosophische Ausgangspunkt der deutschen Soziologie. Die für Hegels Position charakteristische Verbindung der Problematik der liberalen Wirtschaftsgesellschaft mit der idealistischen Philosophie lebt fort in dem für die deutsche Soziologie bis in das 20. Jahrhundert kennzeichnenden Zusammenhang von Soziologie, Nationalökonomie und Philosophie. Die Studien der älteren Staatswissenschaft haben nur im Rahmen der von *Hegel* bestimmten Ausgangsposition der Soziologie einen Einfluß entfalten können.

Lorenz von Stein (1815–1890), »Kommunismus und Sozialismus des heutigen Frankreich«, 1842. Rechtshegelianer, aber auch beeinflußt von *Saint-Simon* und *Proudhon*, dynamisiert den Hegelschen Begriff der bürgerlichen Gesellschaft und vollzieht den Übergang von der Philosophie des Geistes zur Wissenschaft von der gesellschaftlichen Wirklichkeit. Ihr Problem bildet die Beziehung zwischen Gesellschaft und Staat, die sie als krisenhaft erlebt; ihre Aufgabe die Erforschung der sozialen Bedingungen eines neuen »positiven« Zusammenhangs zwischen beiden.

Karl Marx (1818–1883) und *Friedrich Engels* (1820 bis 1895), »Die deutsche Ideologie«, 1845; »Das Kapital«, Bd. 1, 1867. In der Auseinandersetzung mit *Hegel* und den Junghegelianern, mit dem französischen Frühsozialismus und der englischen politischen Ökonomie konzipiert *Marx* in Zusammenarbeit mit *Engels* eine materialistische Geschichtsauffassung und damit auch eine Theorie der Gesellschaft seiner Zeit. Für *Marx* ist die kapitalistische Gesellschaft nicht in erster Linie ein integriertes Ordnungsgefüge; ihre wesentlichsten Kennzeichen sind vielmehr der strukturbedingte Klassengegensatz und Klassenkampf und der von ihnen bewirkte ständige – dialektische – Wandel ihrer Bestandteile ebenso wie ihrer Strukturform. Die Marxsche Wissenschaft ist wie die klassische französische Soziologie eine Krisenwissenschaft. Vom Willen zur Veränderung bestimmt, versucht sie die sozialen Bedingungen eines harmonischen Endzustandes (klassenlose Gesellschaft) aufzuweisen. Dennoch bezieht *Marx* eine Sonderstellung. Sie resultiert aus seinem Denken, das sich bewußt mit dem um seine Emanzipation ringenden Proletariat identifiziert. Seine von diesem Standort aus entwickelten Theorien des Kapitalismus, der sozialen Klassen und seine Ideologiekritik haben einen nicht zu überschätzenden Einfluß auf die Soziologie in allen Teilen der Welt ausgeübt.

Wilhelm Heinrich Riehl (1823–1897), »Die bürgerliche Gesellschaft«, 1851. Konservative Gesellschaftslehre, die das soziale Ganze im Anschluß an *Justus Möser* (1720 bis 1794) und die Romantik nach einem aus der idealisierten Vergangenheit bezogenen Leitbild in historisch gewachsene Stände gliedert.

Gustav von Schmoller (1838–1917), repräsentativster Kopf der jüngeren Schule der historischen Volkswirtschaftslehre. Sie tendiert auf eine atheoretische, die klassische

Ökonomie verwerfende, empirische, historische und zugleich »ethische« Nationalökonomie, die auch im Zusammenhang mit der von dieser Schule befürworteten Sozialpolitik die Probleme der Gesellschaft zu erfassen sucht. Andere Vertreter: *Adolph Wagner* (1835–1917), *Lujo Brentano* (1844–1931). Der vor allem von *Schmoller* gegründete »Verein für Socialpolitik« hat, von 1907 an, mit seinen Enquêten wertvolle Ansätze für die Entwicklung der empirischen Sozialforschung geschaffen.

Albert Schäffle (1831–1903), »Bau und Leben des sozialen Körpers«, 1875/78. Nationalökonom, Vertreter einer organizistischen Totalitätssoziologie, die die Idee des Fortschritts apologetisch an die Besonderheiten der damaligen deutschen Situation anzupassen sucht. Ein radikaler »Organologe«: *Paul von Lilienfeld* (1829–1913).

Ludwig Gumplowicz (1838–1909), »Rasse und Staat«, 1875 (2. Auflage »Der Rassenkampf«). Der bedeutendste Sozialdarwinist im deutschen Sprachgebiet neben seinem Schüler *Gustav Ratzenhofer* (1842–1904); Vertreter einer pessimistischen Kampfsoziologie. Sie verbindet eine biologistische Geschichtskonstruktion mit der Mystifizierung der sozialen Konflikte zu einem naturgesetzlichen Rassenkampf (»Kampf ums Dasein«) mit antidemokratischer Tendenz.

Wilhelm Dilthey (1833–1911), »Einleitung in die Geisteswissenschaften«, 1883. Kritik an der enzyklopädischen Soziologie von *Comte* und *Spencer*, deren Aufgabe er für unlösbar hält und deren naturwissenschaftliche Methode er verwirft. Seinem Einfluß ist es vor allem zuzuschreiben, daß sich die deutsche Soziologie bis 1933 weithin an einer vom Historismus bestimmten geisteswissenschaftlichen Denkweise orientiert.

Ferdinand Tönnies (1855–1936), »Gemeinschaft und Gesellschaft«. Wenn auch noch nicht frei von geschichtsphilosophischen Perspektiven, gilt dieses spät beachtete Werk als Beginn der jüngeren Soziologie, in der sich die bisher dominierende Universalwissenschaft zu einer autonomen Fachwissenschaft entwickelt. *Tönnies* zeichnet Gemeinschaft und Gesellschaft als Urformen der sozialen Ordnung, die er psychologisch aus seinen Vorstellungen vom menschlichen Willen ableitet: dem »Wesenswillen« und dem »Kürwillen«.

Georg Simmel (1858–1918) Nach evolutionistischen Anfängen entwickelt *Simmel* in »Das Problem der Soziologie«, 1894, die »formale Soziologie«, die sich gegen die historische Forschung und die Geschichtsphilosophie abgrenzt. Mit ihrem Programm, die gesellschaftlichen Formen im Unterschied zu den gesellschaftlichen Inhalten zu analysieren, zielt sie auf eine »Geometrie der sozialen Formen«. *Simmel* unterscheidet zwischen den von Person zu Person spielenden, mikroskopisch-molekularen Beziehungen und Wechselwirkungen und ihren Verdichtungen in sozialen Gebilden.

Max Weber (1864–1920) begründet eine »verstehende Soziologie«. Das soziale Handeln ist das grundlegende Element seiner Analysen, das er von dem »subjektiv gemeinten Sinn« her zu »verstehen« sucht. Dabei entwickelt er in dem »Idealtypus« ein neues Instrument der sozialwissenschaftlichen Erklärung. Der Materialreichtum seiner Soziologie resultiert jedoch weniger aus einer Darstellung der Typen sozialen Handelns als aus seiner Analyse des »uns umgebenden sozialen Kulturlebens« in seinem universellen Zusammenhang und seinem Gewordensein. *Webers* Grundintention ist es zu erklären, warum nur in Europa der Kapitalismus entstanden ist. Bei ihrer Durchführung entwirft er eine Soziologie der Weltreligionen, kennzeichnet die Bedeutung des Calvinismus für die Entstehung des Kapitalismus und charakterisiert die fortschreitende Rationalisierung als die Hauptdominante aller Gebiete des europäischen Kulturlebens. Der weltweite Einfluß *Webers* resultiert vor allem aus seinen Beiträgen zur Methodologie, zur Kultursoziologie und politischen Soziologie (Typen der Herrschaft, Bürokratieproblem). Sein Standpunkt der »Wertfreiheit« der Soziologie scheint heute zu dominieren. Eine verstehende Soziologie vertritt auch der Nationalökonom *Werner Sombart* (1863–1941), »Der moderne Kapitalismus«, 1902, 7. Auflage 1928.

Rudolf Hilferding (1877–1941), »Das Finanzkapital«, 1910. Deutung des zeitgenössischen Imperialismus von der Wirtschaftspolitik des Finanzkapitals aus. Neben *Karl Kautsky* (1854–1938), *Franz Mehring* (1846–1919), *Rosa Luxemburg* (1870–1919), *Otto Bauer* (1882–1938), *Max Adler* (1873–1937) und *Karl Renner* (1870–1950) Vertreter der bis zum ersten Weltkrieg relativ isolierten marxistischen Sozialwissenschaft. *Renner* hat in seiner nachgelassenen Schrift »Mensch und Gesellschaft. Grundriß einer Soziologie« (1952) einen wesentlichen Beitrag zur Theorie der sozialen Klassen geleistet.

Emil Lederer (1882–1939), »Die Privatangestellten in der modernen Wirtschaftsentwicklung«, 1912.

Leopold von Wiese (geboren 1876), »Allgemeine Soziologie«, 1924 – 1929. Versucht, von *Simmel* ausgehend, ein vollständiges Klassifikationssystem der gesellschaftlichen Erscheinungen im Zusammenhang mit einem deduktiven System der möglichen sozialen Formen zu gewinnen. Ansatzpunkt seines Systems sind die im zwischenmenschlichen Geschehen gegebenen Formen des Zu- und Auseinander, deren Richtung und Rhythmus er – ohne Rücksicht auf die geschichtlichen Zusammenhänge, Inhalte und Zwecke – befragt. Sein System umfaßt die Beziehungslehre (die soziale Beziehung ist das Element seiner soziologischen Analyse) und die Lehre von den sozialen Gebilden (Massen, Gruppen, abstrakte Kollektiva).

Franz Oppenheimer (1864–1943), »System der Soziologie«, 1922–1929. Eine positivistisch-universalistische Deutung der Geschichte der menschlichen Gesellschaft, die in der Überwindung des »politischen Mittels« und im Sieg der freibürgerlichen Wirtschaftsgesellschaft (Aufhebung der Bodensperre) die »richtige« Richtung des Geschichtsverlaufs sieht.

Alfred Vierkandt (1867–1953), Herausgeber von »Handwörterbuch der Soziologie«, 1931, das den Stand der deutschen Soziologie jener Zeit widerspiegelt. Das Programm der »formalen Soziologie« wird von *Vierkandt* durch eine starke Betonung des Psychologischen abgewandelt. Im Mittelpunkt seiner Untersuchungen steht — nach der zweiten Auflage seiner Gesellschaftslehre 1928 — die phänomenologische Analyse der Arten der »inneren Verbundenheit« der Menschen in der Gesellschaft, wobei er insbesondere die Lehre von der Gruppe ausbaut.

Theodor Geiger (1891—1952), »Die Masse und ihre Aktion«, 1926, zunächst Schüler *Vierkandts*, nähert sich in der Emigration dem modernen Positivismus.

Georg von Lukács (geboren 1885), »Geschichte und Klassenbewußtsein«, 1923. Einflußreiche Erneuerung des Marxismus aus dem Geiste des jungen *Marx* und unter starker Berücksichtigung der dialektischen Methode.

Max Scheler (1874—1928), »Versuche zu einer Soziologie des Wissens«, 1924. Seinem phänomenologischen Ansatz folgend, hat die Wissenssoziologie die Aufgabe, die gesellschaftlichen Bedingungen für die Veränderung der gesellschaftlichen Geltung der Sinngehalte des Wissens — nicht für ihre Entstehung — zu untersuchen.

Alfred Weber (1868—1958), »Ideen zur Staats- und Kultursoziologie«, 1927. Der unumkehrbar durch die Menschheitsgeschichte laufende Prozeß der Bewußtseinsaufhellung (Zivilisationsprozeß) verändert in der jeweiligen Gesellschaftsstruktur das äußere Dasein. Die dadurch entstehenden neuen »Lebensaggregierungen« werden immer wieder neu seelisch und geistig, Kultur erzeugend verarbeitet. Als eine universale Wissenschaft hat die Kultursoziologie die drei Faktoren Zivilisationsprozeß, Gesellschaftsstruktur und Kulturbewegung zu erforschen. Sie wird, den gegenwärtigen Erscheinungen von Kultur und Gesellschaft zugewandt, zur Kulturkritik. Kultursoziologie ist damit der umfassende Rahmen für alle soziologischen Einzeluntersuchungen, den »Querschnittssoziologien«.

Karl Mannheim (1893—1947), »Ideologie und Utopie«, 1929. Begründer und Repräsentant der »radikalen« Richtung der Wissenssoziologie, im Anschluß an *Marx*, *Dilthey* und *Max Weber*. Ihre Aufgabe ist die Untersuchung der Abhängigkeit des Bewußtseins der Menschen vom gesellschaftlichen Sein. Diese nicht eliminierbare soziale »Seinsverbundenheit« oder Standortgebundenheit des Wissens bestimmt die Art und Weise, wie sich der Mensch erkennend in der Gesellschaft orientiert. In der Emigration beschäftigt sich *Mannheim* vorwiegend mit Problemen der Demokratie im Zeitalter der Massen.

Alice Salomon (1872—1948) und *Marie Baum* (geboren 1874) »Forschungen über Bestand und Erschütterung der Familie in der Gegenwart«, 1930—33. Der wesentlichste Beitrag zur deutschen empirischen Sozialforschung vor 1945.

Othmar Spann (1878—1950) stützt sich in seiner geisteswissenschaftlichen Soziologie des Universalismus auf den objektiven Idealismus und begreift die Gesellschaft systematisch als Entfaltung eines metaphysisch konzipierten geistigen Gehaltes. Er hat einen erheblichen Einfluß auf konservative Kreise ausgeübt.

Hans Freyer (geboren 1887) konzipiert 1930 die Grundlinien einer »historisch gesättigten« Soziologie als »Wirklichkeitswissenschaft«, die zur »Aktion« drängt.

Carl Schmitt (geboren 1888), Staatsrechtler, Repräsentant des politischen Dezisionismus, liefert, indem er für den »Führerstaat« optiert, eine soziologisch akzentuierte Kritik der parlamentarischen Demokratie in der pluralistischen Gesellschaft.

Das »Dritte Reich« nötigt die nicht emigrierten Soziologen zum Beziehen von Rückzugs- und Ausweichpositionen, da es die sozialen Fragen in rein politische verwandelt und nichtkonformistischen sozialwissenschaftlichen Untersuchungen die Wirkungsmöglichkeiten entzieht. Im Ausland werden unter anderem in deutscher Sprache veröffentlicht: *Alfred Weber*, »Kulturgeschichte als Kultursoziologie«, 1935; *Hermann Heller*, »Staatslehre«, 1934; *Helmuth Pleßner*, »Das Schicksal des deutschen Geistes im Ausgang seiner bürgerlichen Epoche«, 1935.

Nach dem Zusammenbruch des Hitlerregimes folgt ein schneller Aufbau der Soziologie, an dem sich eine Anzahl älterer Soziologen, die schon in der Weimarer Republik ihre Position bezogen hatten, führend beteiligen: Unter anderen *Leopold von Wiese*, *Alfred Weber*, *Carl Brinkmann* (1885—1954, »Soziologische Theorie der Revolution«, 1948); *Max Horkheimer* gemeinsam mit *Theodor W. Adorno* (»Dialektik der Aufklärung«, 1947); *Theodor Geiger* (»Klassengesellschaft im Schmelztiegel«, 1949); *Alexander Rüstow* (»Ortsbestimmung der Gegenwart«, 1951—1957); *Helmuth Pleßner* (»Zwischen Philosophie und Gesellschaft«, 1953). Dem entspricht das Weiterleben älterer Richtungen und Schulen der Soziologie. Begünstigt durch neuartige gesellschaftliche Fragestellungen, die namentlich aus den Folgen der Niederlage des Hitlerregimes resultieren, nähert sich die deutsche Soziologie der amerikanischen. Dies tritt vor allem dort in Erscheinung, wo die Soziologie als funktionsanalytische Erfahrungswissenschaft begriffen und demgemäß die empirische und quantitative Forschung stark betont wird.

Die empirische Forschung hat mittlerweile in einer Reihe von Spezialdisziplinen schon zu Ergebnissen geführt: Familiensoziologie *(René König, Helmut Schelsky)*, Industriesoziologie (Frankfurter Institut für Sozialforschung, Dortmunder Sozialforschungsstelle), politische Soziologie (Institut für politische Wissenschaft, Berlin) und in der Beschäftigung mit den Problemen der Jugendsoziologie. Aber eine allgemeine Theorie der Gesellschaft, die der seit 1933 erheblich veränderten sozialen Situation gerecht wird, läßt auf sich warten.

Zweitens die Sphäre des aus der geistigen Objektwelt und der Technik folgenden zivilisatorischen Niveaus, das sich ganz universell, stufenweise logisch und, grob gesprochen, unumkehrbar hebt (Zivilisationsprozeß). Und da ist drittens die kulturelle Sphäre, das Gesamt der seelisch-geistigen Objektivationen und Formungstendenzen. Diese sind gleichsam die Antworten auf die jeweilige »Lebensaggregierung«, die vornehmlich von den anderen beiden Sphären geschaffen worden ist. Die Antworten haben wohl vor allem in den Weltreligionen auch Kräfte mit dem Drang nach universeller Gültigkeit hervorgebracht, jedoch nicht in einem kontinuierlichen Fortgang. Sie bewegen sich vielmehr in einem Auf und Ab der Leistung.

In dieser Gliederung schwebt das, was ich als Zivilisationsprozeß bezeichne, verglichen mit den beiden anderen Sphären scheinbar etwas über dem Ganzen, und man kann den Aufhellungsprozeß von Naivität zu Bewußtsein sich tatsächlich unter dem Bild eines durchgängigen, immer breiteren Raums vorstellen. Aber es ist gut, daran zu erinnern, daß Bewußtseinserhellung nicht bloß der Niederschlag von Denkprozessen sein kann und ist, sondern nebenbei und ganz vornehmlich die Folge unmittelbarer Erlebnisse und geistiger Erschütterungen, die auch ganz unberührt gewesene Elemente je nach ihrem Charakter zu erfassen vermag. So abgestuft der Bewußtseinsraum heute noch wie je in der Welt ist, er hat sich doch unter der Schockwirkung des letzten Krieges so gewandelt, und die herrschenden Mächte haben durch den Krieg auf dem ganzen Globus ihr Prestige so verloren, daß man heute bei einer Einwirkung auf die Verhältnisse der Botokuden, weil alle Herrschaftsverhältnisse innerlich abgebaut sind, genötigt ist, auch dann von Demokratie und Demokratisierung zu sprechen, wenn praktisch wenig davon da ist. Dies nur nebenbei, um die sehr irrationalen Wirkungen der Geschichte in der Bewußtseinssphäre deutlich zu machen; ohne daß vergessen wird, in welch strengem logischem Aufbau sich daneben die Stufenentwicklung des Denkens und seines Niederschlags in der Technik entwickelt.

Hier ist wesentlich: Die gegenwärtige Geschichtsepoche unterscheidet sich soziologisch von der ihr vorangegangenen langen – vergleichsweise statisch erscheinenden – dadurch, daß sie von eigenevolutiven Kräften, die die Tendenz fortgesetzter Daseinsumwälzung in sich tragen, ganz angefüllt ist. Ich nannte diese Kräfte schon: die moderne eigenevolutiv fortschreitende Wissenschaft und ihre Tochter, die Technik, und die moderne – in technisch zivilisatorischem Gewand eigenevolutiv sich entwickelnde – kapitalistische Wirtschaft mit ihren Akkumulationstendenzen.

Jede, auch die kleinste soziologische Teilanalyse steht für die Gegenwart im Schatten dieser das Dasein heute rapide umwälzenden Großfaktoren. Sie wird blutleer, wenn sie an diesen Tatsachen vorbeigeht. Sie kann diese Tatsachen aber nur in Rechnung stellen, wenn sie selbst im Rahmen einer geschichtssoziologischen Gesamtanalyse steht, die diese Großfaktoren für den zu analysierenden Daseinsteil an ihren richtigen Platz stellt. Dies »An-den-richtigen-Platz-Stellen« geschieht, indem man die Gegenwart auf ihren historischen Hintergrund hin nach den genannten Sphären analytisch aufgliedert und dadurch die konkrete historisch-soziale Situation sichtbar macht, in der sich der zu betrachtende Daseinsteil befindet, und die man kennen muß, da ihre Bewegung der Bedingungsfaktor für das betrachtete Einzelphänomen ist. Für das betrachtete Daseinsphänomen wird dann jeder der evolutiven Großfaktoren ein neben dem anderen stehender Bedingungsfaktor, dessen Bedeutung die Analyse deutlich macht. (Natürlich kann, wie beim Kapitalismus, nach seiner Ausschaltung eben durch diese Ausschaltung der Bolschewismus zum Bedingungsfaktor werden.) Aber jene historisch soziologisch konstellative Formung festzustellen, ist überall das Erste (»Konstellationsanalyse«).

Ihre Aufgabe ist dabei natürlich nicht nur das geschichtliche Dasein in seiner *Gesamtheit* oder in größeren Teilen so zu analysieren. Sie hat nach dieser Methode vielmehr auch alle besonderen historisch-sozialen Phänomengebiete oder Einzelphänomene der Gegenwart und der Vergangenheit soziologisch zu deuten. Sie ist also eine auch spezialistisch empirisch überall anwendbare Arbeitsweise. Man kann mit ihr die Entstehung der griechischen Tragödie ebenso zu deuten suchen wie etwa die Gestalt der Englischen oder Französischen Revolution, die heutige soziale politische und geistige Lage Frankreichs, der Vereinigten Staaten, Chinas oder irgendeines anderen Landes oder Teilgebietes und natürlich auch die soziologische Wesenheit irgendeines primitiven Volkes oder Stammes oder die heutige Lage der Familie irgendwo und so fort.

*

In das allgemeine Gerippe, das die hier vertretene Soziologie bei ihren Deutungen verwendet, sind nun die heutigen spezialisierten Soziologien, die Teilsoziologien, etwa in folgender Weise einzufügen:

In die sozialstrukturelle Sphäre gehören die Analysen und Theorien der Wirtschaft, die Lehren von der Politik und die Lehren von der Sozialstruktur im engeren Sinne, welch letztere man heute meist recht mißverständlich als »Gesellschaftslehre« etikettiert oder in oft etwas unklarer Weise dazu ausweitet.

In die Zivilisationsspähre gehören die so wichtigen Untersuchungen über das Denken der Primitiven von Lévy-Bruhl vor allem, dann gewisse Teile der Wissenssoziologie, von der wir gleich noch zu sprechen haben, ferner die Soziologie der Technik, ein bis heute vernachlässigtes Gebiet, und anderes.

Der dritten Sphäre gehört natürlich die generelle und spezielle Kultursoziologie an. Wenn Phänomene der Kultursphäre ohne die für jedes kultursoziologische Problem zweckmäßige Konstellationsanalyse monographisch behandelt werden, so entsteht etwas, was man am besten als Querschnittssoziologie bezeichnet. Die jeweils durchaus individuellen und einmaligen Erscheinungen dieser Sphäre werden dann im Querschnitt mit gewissen anderen Teilen des Daseins in Verbindung gesetzt. So tut es die Wissenssoziologie (die auch zum Teil in die Zivilisationssphäre gehört) mit den Ideen, so tun es für ihre Sparten die Religions-, die Musiksoziologie und so fort. Alle diese Querschnittssoziologien beschäftigen sich mit strangartigen angeblichen Kausalbeziehungen von einem Teil des sozialen Gesamts zum anderen, etwa dem sozialstrukturellen. Sie könnten an sich sämtlich auch als methodisch durchgearbeitete *Teilgeschichtssoziologien* behandelt werden.

Die Gruppierung der heutigen soziologischen Spezialstudien ist mit dieser Aufzählung natürlich nicht zu Ende. Das Gesagte ist bewußt vereinfachend zum Zweck erster Orientierung. Es versucht, die Andeutung eines ersten geistigen Standortsskeletts zu geben für die so verwickelten und reichen soziologischen Arbeiten. Hinter den vorgebrachten Richtungen liegt unendlich mannigfaltige und verzweigte soziologische Tätigkeit, deren Aufführung hier aber nur Verwirrung stiften würde.

Methoden der Soziologie

Mit welchen Methoden arbeitet nun dieses so mannigfaltige, vielleicht jetzt wenigstens oberflächlich in seiner Gliederung etwas übersichtlicher gewordene geistige Tätigkeitsgebiet, das wir – in Anknüpfung an seinen Ursprung – aus heute wieder dringend gewordenen Gründen als ein einheitliches Ganzes zu sehen haben und als Soziologie bezeichnen?

Man kann diese Frage nur beantworten, wenn man die Zielsetzung und die durch sie bedingten Aufgaben heranzieht, die sich die Soziologie in ihren verschiedenen Zweigen stellt. Die Aufgaben bestimmen auch die Methoden, die ja nur Mittel sind, diese zu erfüllen.

Es gibt, im großen gesprochen, drei verschiedene Arten soziologisch bestimmten Arbeitens, nämlich: Soziologie als Kausallehre, Soziologie als Typologie und Soziologie als Konstellationsinterpretation.

Als *Kausallehre* versucht das soziologische Arbeiten wie jede andere kausalistisch betriebene Wissenschaft zur Aufstellung allgemeiner Gesetzmäßigkeiten zu gelangen. Wie man bei dieser Zielsetzung verfahren muß, ist sehr deutlich an dem Teil der Wirtschaftslehre zu sehen, der ausgesprochen auf logisch erkennbare und formulierbare Gesetzmäßigkeiten ausgeht: an der Lehre vom Wirtschaftskreislauf und den an diesen angeschlossenen Konjunkturen. Es wird hier am gedanklichen »Modell« gearbeitet. Solch ein Modell entsteht, wenn man aus der vielgestaltigen Wirklichkeit gewisse als entscheidend erscheinende »Daten« auswählt und dann den bei zweckrationalem Handeln im Rahmen dieser Daten sich ergebenden »Ablauf« analysiert. Es geht uns hier nichts an, wieweit die heute praktizierte Wirtschaftstheorie sich angesichts der weitgehenden Durchrationalisierung des ökonomischen Daseins immer der Tatsache bewußt bleibt, daß sie, methodisch betrachtet, gegenüber der Wirklichkeit isolierend vorgeht, will sagen, gewisse Kausalstränge aussondert und in ihren Wirkungen verfolgt. Es steht hier auch nicht zur Debatte, inwieweit diese Wirtschaftstheorie glaubt, der komplexen Realität mit ihren Motivationsisolierungen so nahe zu sein, daß sie diese unmittelbar in statistisch faßbare Diagnosen und Prognosen umsetzen und derart gewissermaßen verifizieren kann, wie sie es weitgehend tut. Jedenfalls aber hat ihre heutige Arbeitsweise den Charakter eines kausal isolierenden Verfahrens.

Das gesamte soziologische Arbeiten, das kausal deutend vorgeht – und das ist heute ein außerordentlich großer Teil seiner spezialisierten Zweige –, muß sich über folgendes klar sein: Es kann nur mit der oben geschilderten isolierenden Methode vorgehen, wenn es streng kausalistisch Teile des gesellschaftlichen Lebens analysieren will, weil alle Motivationstatsachen des allgemeinen gesellschaftlichen Lebens noch unendlich viel komplexer sind als diejenigen der Ökonomie. Diese isolierende Methode ist diejenige, die Max Weber etwa bei seinen Untersuchungen über das zweckrationale Handeln in der gesellschaftlichen Gesamtmotivation eingeführt und gedanklich durchgeführt hat. Er hat das ausführlich getan, wenigstens für die gedankliche Bewältigung der sozialen Herrschaftssysteme. Er war dabei genötigt, auch irrationale Kausalreihen einzuführen wie die des Legitimitäts- oder des charismatischen Herrschaftsgrunds des Handelns. Talcott Parsons ist in seiner »Theory of Social Action« einen Schritt weitergegangen, indem er, die spezielle Motivationsanalyse überschreitend, der sozialen Handlungsbereitschaft die Institutionen gegenübergestellt hat, welche diese Handlungsbereitschaft in sich praktisch machen und dadurch jedem Handelnden eine ganz bestimmte gesellschaftliche »Rolle« geben. Hier wird schon die Gefahr dieser gesamten Betrachtungsweise deutlich: Der geschlossene Mensch mit der Fülle seiner Spontaneität verschwindet als Datum aus der soziologischen Analyse. Alles menschliche Handeln wird letztlich nur noch »funktionell« gesehen.

Die gleiche Gefahr schwebt über allen sonst so eindringenden amerikanischen Arbeiten, etwa denen über Social Causation, Social Control, Social Change. In manchen dieser Arbeiten ist die genannte Gefahr vermieden. Aber man muß sie und ihre drohende Entmenschlichungstendenz als Soziologe grundsätzlich konstatieren, worauf gleich zurückzukommen sein wird.

Bei der zweiten, der *typologischen* soziologischen Methode wird diese Gefahr, zumindest generell gesehen, geringer: dann nämlich, wenn und soweit sie sich darüber klar bleibt, daß sie bei der Komplexheit der für die Soziologie in Betracht kommenden Motivationsreihen im ganzen kaum streng kausalistisch begründete Resultate aufweisen kann, daß sie vielmehr den Tatsachen gegenüber im großen und ganzen lediglich ein geistiges Ordnungsprinzip darstellt. Damit schafft sie gewissermaßen das begriffliche Grundgewebe, in welches das Geschehen des soziologisch strukturierten Daseinsraums bei einer aufs Allgemeine – und auf das möglicherweise in ihm Wiederkehrende – gerichteten soziologischen Arbeitsintention fortgesetzt einzugliedern ist. Die Ausbildung und Fortbildung der einer solchen Typologie eigentümlichen Vorstellungs- und Begriffswelt ist das entscheidende Verdienst der spezialistischen Soziologie des letzten Dreivierteljahrhunderts. Es ist das eine Vorstellungs- und Begriffswelt, die nie abgeschlossen werden kann, solange der Daseinsprozeß, den sie begrifflich einzufangen sucht, weiter fortgeht. Ein wichtiger Punkt, der in der heutigen Zeit mit ihrer rapiden Daseinsumwälzung zu beachten ist und aus dem gleich zu besprechende methodische Folgerungen und eine gewisse Kritik an der heute meist herrschenden Art des Arbeitens abzuleiten sind.

Max Weber hat ganz klargestellt: der Soziologe kann bei dieser Art des Arbeitens gegenüber den komplexen Motivationsreihen, mit denen er es zu tun hat, in erheblichem Umfang nur dann richtig verfahren, wenn er nicht bloß einfache Generalisierungstypen herauszustellen sucht, wie das gegenüber einfach umreißbaren Phänomenen möglich ist. Er muß vielmehr sogenannte »Idealtypen« bilden, das heißt: typologische Ordnungsbegriffe, die sich durch einseitiges Hervorheben bestimmter entscheidend erscheinender Motivationselemente oder Gestaltungstendenzen ergeben. Womit ein solcher Soziologe also auch bei diesen typologischen Arbeiten in Wirklichkeit wieder isolierend vorgeht. Er schafft in seiner Soziologie zum Beispiel den Begriff des Feudalismus, indem er als konstitutiv für ihn das überall bei ihm vorliegende Merkmal des lehnsmäßigen Treueverhältnisses heraushebt und das tut, obwohl sich in der Wirklichkeit eine außerordentliche Vielfalt konkreter feudaler Gebilde befindet, bei denen dies Merkmal überall nur eins von vielen und sehr mannigfaltig abgestuften ist. Wenn diese Soziologie den Begriff des Kapitalismus bildet, indem sie von den äußerst mannigfaltigen praktischen Ausprägungen abstrahierend und ausschließlich die Erwerbstriebsorganisation als begrifflich konstitutiv herausstellt, die zur Kapitalsakkumulation fortschreitet, so tut sie das gleiche.

Wenn ich sagte, es würden in der generaltypisch oder derart idealtypisch vorgehenden soziologischen Daseinsanalyse vorwiegend Ordnungsschemata geschaffen, nicht aber kausalistisch durchleuchtete Vorstellungs- und Begriffskomplexe, so ist diese Feststellung nach einer bestimmten sehr entscheidenden Richtung hin einzuschränken. Zwar lehnt die ganze moderne Soziologie mit Recht den Versuch ab, den ihr Anfangsstadium machte, das Gesamtdasein in toto einfach *evolutionistisch* zu verstehen und aufzugliedern, in ihm also bestimmte Kausalreihen als in sich geschlossene und aus sich selbst sich fortbildende und zugleich als beherrschende Faktoren zu betrachten: diese gesamtevolutive Geschichtssoziologie ist trotz der unzweifelhaft genialen, aber eben doch einseitig antizipierenden Leistungen von Karl Marx wissenschaftlich tot. Aber wer unsere eingangs andeutungsweise gegebene Strukturanalyse des soziologisch relevanten Daseinsaufbaus in Erinnerung hat, muß sofort bemerken, daß sich in diesem soziologisch dreigegliederten Daseinsaufbau *eine* ganze Sphäre befindet, die zur Gänze ihrer Natur nach in eigentümlicher Art eigenevolutiv und damit in einem bestimmten Sinne kausalistisch aufgebaut ist. Es ist dies die von uns als Zivilisationsprozeß bezeichnete. In ihr herrscht, wie schon gesagt, ein irreversibel logisch gegliederter Stufenfortgang. Sie ist schon in der Stufe der Bewußtseinsaufhellung und -fortbildung evolutiv und getragen von einer eigenen Art logischer Kausalität, bei der immer der vorhergehende Status Voraussetzung des nächsten ist, also ein Fortgang besteht, den man wohl beeinflussen kann, in seinem Wesen aber nicht zu bestimmen vermag. Ein ähnliches noch stärker in sich selbst ruhendes evolutives-kausallogisches Fortgehen liegt in den beiden anderen Hauptstufen der Zivilisationsentwicklung vor, nämlich einmal bei der Fortbildung der geistigen Objektwelt, sobald diese systematisch betriebene empirische Wissenschaft im modernen Sinne wird, und dann vor allem beim praktischen Niederschlag dieser Wissenschaft: bei der Technik. Die gesamte moderne Daseinssituation ist weithin beherrscht von der auf der logisch kausalen Eigenevolution der Wissenschaft ruhenden, ebenfalls logisch kausalen Evolution der Technik, die weitgehend unbekümmert um das Menschenschicksal fortgeht. Derart eigenevolutiv, daß sie dem Menschen davonläuft, gleichgültig ob sie ihn dabei sogar mit der Möglichkeit eines selbstgeschaffenen weitgehenden Untergangs bedroht.

Und in ähnlichem Sinne eigenevolutiv wie die Zivilisationssphäre ist heute auch ein *Teil* der sozialstrukturellen Sphäre, nämlich derjenigen, welcher den modernen ökonomisch freigesetzten Kapitalismus zur Gestaltform hat. Gewiß war die sozialstrukturelle Sphäre bis zur Entstehung des modernen Kapitalismus auch von Evolutionsetappen (Naturalwirtschaft, Geldwirtschaft, Kreditwirtschaft – Bedarfsdeckungswirtschaft, Marktwirtschaft usw.) durchsetzt, und diese Etappen, so verschiedenartig abgewandelt sie in den verschiedenen

Auguste Comte

Karl Marx

Der Arbeiter im Klubzimmer der regierenden Oberschicht
Kolorierte Zeichnung von Eduard Thöny
München, Staatliche Graphische Sammlung

Geschichtskörpern auftreten, besaßen gewiß auch eine sie tragende logische Stufenkausalität. Aber die »Entwicklungen«, die sich so ergaben, waren doch menschlich jederzeit beherrschbar. Sie hatten nicht einen eigenevolutiv emanzipierten Kern. Dies aber ist beim modernen, auf Kapitalakkumulation ruhenden Kapitalismus der Fall. Wo man diesen Kapitalismus nicht wie in den kommunistisch gewordenen Ländern überhaupt beseitigt hat, ist man zweifellos heute überall bemüht, ihn gewissermaßen einzufangen und zu manipulieren, weil man die Bevölkerung den Konjunkturrückschlägen seiner Eigenevolution nicht aussetzen kann. Oder man sucht in halbsozialistischen Ländern, wie zum Beispiel in England, seine diese Eigenevolution maßgebend bestimmenden und demnach gefährlich erscheinenden Faktoren (wie etwa die Kohlen- und Stahlindustrie) aus ihm herauszubrechen. Das alles ändert nichts daran, daß selbst in der durch die Folgen der letzten kapitalistischen Krise von 1929 und den zweiten Weltkrieg stark zerstückelten Weltwirtschaft der moderne Kapitalismus die formende Strukturkraft ist, an deren eigenevolutive Tendenzen man im heutigen Hauptzentrum, in den USA, ängstlich das Auskultier- und Hörrohr legt, um zu erfahren, welche Absichten seine autonom gewordenen Kräfte in der nächsten Zeit für das Land und für die Welt besitzen.

Zivilisatorische und sozialstrukturelle eigenevolutive Kräfte sind heute die großen sichtbar unaufhörlich umwälzenden Umweltsbedingungen der modernen Daseinsstruktur, das sagten wir schon eingangs. Und das heißt: man muß diese Bedingungen begreifen und behandeln als grundlegende Elemente jeder heutigen soziologischen Analyse unserer Existenz. Kausalistische Betrachtung ist demnach auch für jede typologische Einzelanalyse unserer heutigen Daseinsstruktur unentbehrlich. Gleichgültig ob man die kleinste Gruppe untersucht, ob man Familienanalyse treibt – also etwas, was dem großen Umwälzungstrend vielleicht am fernsten zu liegen scheint –, jede Analyse, vor allem aber jede über soziale Herrschaftsformen oder über Masse und Elite und ähnliche Themen, wird wirklichkeitsfremd und blutleer, sie gerät in die Gefahr, lediglich soziologischen Formelkram zu produzieren, wenn sie nicht die entscheidenden soziologischen Rahmenbedingungen unserer Existenz und deren rapide heutige Umgestaltung in ihre Untersuchung nach einem ganz bestimmten Prinzip einbezieht. Und es ist nur zu fragen: Wie sind die erwähnten evolutiven Großfaktoren in die typologische Einzelanalyse einzugliedern?

Die schon berührte Antwort bietet die dritte soziologische Methode, diejenige, die ich *Konstellationsinterpretation* nenne. Kein typologisches, im ganzen auch kein kausalistisches soziologisches Arbeiten kann die Heranziehung dieser dritten Methode ganz entbehren. Sie arbeitet mit dem angedeuteten, anderweitig genauer entwickelten typologischen Begriffs- und Vorstellungsapparat. Sie stellt einzelkausalistisch gewonnene Vorstellungen in ihre Analyse ein, aber ihr Ziel ist ein ganz anderes als das der Typologie oder Kausalistik. Diese gehen aus auf *generelle* Aussagen. Die soziologische Konstellationsanalyse aber will mit der ihr zugehörigen Methode gerade die *Besonderheiten* des jeweiligen Untersuchungsobjekts oder der jeweiligen Untersuchungsphänomene klären.

Am klarsten ist sie in ihrem Ziel, ihrer Art und zugleich ihren Grenzen erkennbar, wenn man sie auf eindeutig geschichtlich gesehene Tatbestände anwendet, also ausgesprochene Geschichtssoziologie betreibt. Jeder geschichtliche Tatbestand ist einmalig, und es gibt bei ihm eine Reihe von Untertatsachen, die sich jeder Deutung aus Verumstandungen entziehen: Zufall, Begabung des Handelnden und dergleichen. Aber andererseits gibt es eine große Zahl anderer Untertatsachen, die als *Verumstandungen* einer allgemeinen Gruppierung und Ordnung zugänglich sind.

Und hier setzt die soziologische Aufgabe ein. Für diese Aufgabe steht auf der einen Seite der Mensch mit seinen Spontaneitäten und Begabungen, die man zunächst als Daten hinnimmt, und auf der anderen Seite außer und über den natürlichen Bedingungen des Handelns oder des sich Verhaltens wie orographische oder geographische Lage, Bevölkerungszahl und -gliederung, die *geschichtlich* gewordenen Bedingungen, die sich in die drei großen Sphären des Daseinsaufbaus gliedern lassen, von denen wir gesprochen haben. Der so geschaffene Strukturaufbau des Daseins stellt eine jeweilige *Lebensaggregierung* dar, mit der sich die menschlichen Spontaneitäten auseinandersetzen. Und die Art der Lebensaggregierung zeigt – wenn man sie unter Anwendung der Sphärengliederung und Sphärenzusammenwirkung analysiert – die jeweils historisch *soziologische Konstellation.*

Niemals wird es dabei die Interpretation dieser Konstellation als ihre Aufgabe ansehen, Zukunftsprognosen zu stellen und mit deren Hilfe irgendwelche generelle Aussagen von sich zu geben. Denn bei keiner Konstellation läßt sich die Reaktion der menschlichen Spontaneität in irgend fest umreißbarer Form voraussehen. Niemals auch wird solche Konstellationsinterpretation, die also immer nur mit Vorhandenem und Vollzogenem als ihrem Gegenstand zu tun hat, behaupten, eine logisch zwingende Interpretation zu geben. Sie versucht immer nur eine *einleuchtende* Deutung aus der Konstellation, immer nur diejenige, die sich als die einleuchtendste neben anderen, die auch versucht werden können, zu behaupten vermag. Da die genannten Sphären in ihrer jeweiligen Gestalt und ihrem Zusammenwirken zur Konstellationsinterpretation und der auf ihr beruhenden Deutung herangezogen werden, sind es zudem sehr zusammengesetzte Tatbestände, mit denen geistig umgegangen wird, also immer Kausal*komplexe.* Von Kausalanalyse aus Einzelmotivationsreihen ist also keine Rede. Wie hier überhaupt die Kategorie *Bedingung* an die Stelle der Kategorie Ursache tritt.

Und wie ausgeführt, ist der wohl sicher primäre Gegenstand solcher Konstellationsinterpretation das gesamtgeschichtliche Dasein in seinen zeitlichen und örtlichen Teilen und schließlich auch im ganzen. Aber aufs bestimmteste muß ausgesprochen werden: Objekt solcher Konstellationsinterpretation kann geradesogut jede beliebige, auch kleinste Einzeltatsache sowohl der Gegenwart wie der Geschichte sein. Es muß nur stets die allgemeine geschichtliche Konstellation als daseinsbestimmend mit herangezogen werden.

Und damit ist wohl deutlich, in welchem Grade und in welcher Art auch alle vorher behandelten typologischen Einzelanalysen der heutigen Spezialistik die allgemeinen Konstellationshintergründe für ein richtiges Arbeiten berücksichtigen müssen. Sie werden, indem sie das zu tun genötigt sind, auch bei strikter Gegenwartsanalyse nicht ahistorisch sein dürfen. Da sie, wie wir sahen, die großen evolutiven Umwälzungsfaktoren unserer Zeit stets in ihre Analyse einbeziehen müssen, wollen sie nicht blutleer und nichtssagend werden, können sie das nur tun, indem sie stets ganz bewußt ihre Arbeit auch konstellationsinterpretativ ergänzen.

Geistige Einordnung der Soziologie

Die Soziologie, so wie wir sie hier unter Anerkennung der vielfältigen Zielsetzungen, die soziologisches Arbeiten hat und haben soll, sehen und vertreten, besitzt einige nicht ganz verständliche Besonderheiten.

Erstens: sie erkennt durchaus das auf Generalisierung gerichtete kausalistische Arbeiten gewisser soziologischer Zweige an. Und sie weiß genau, daß vor allem die auf eine möglichst *generell* gültige Begriffswelt gerichtete soziologische Typologie unentbehrlich ist. Aber das muß noch einmal unterstrichen werden: als Konstellationssoziologie hat sie – obwohl auch sie mit einigen Begriffszusammenfassungen (zum Beispiel mit jenen drei Sphären und ihrem Zusammenwirken) arbeitet – im Gegensatz zu den sonstigen Richtungen der Soziologie keineswegs das Ziel, generelle Aussagen zu machen. Ganz im Gegenteil. Sie will ausschließlich, wie bereits gesagt wurde, überall einen soziologischen Beitrag zur Deutung eben jenes Besonderen geben, dessen Verumstandungen sie sich klarzumachen versucht. Sagen wir etwa der Langlebigkeit der fernöstlichen Kulturen, der Untergangsbestimmtheit der Spätantike, der kulissenartigen Periodisierung der abendländischen Kultur, um irgend etwas zu nennen.

Und dieses Ziel hat unzweifelhaft eine gewisse Affinität zu dem der Geschichtswissenschaft, auch wenn man davon absieht, daß sich die Konstellationssoziologie stets der historischen Qualität ihrer Tatbestände bewußt ist. Aber diese Affinität bedeutet keineswegs eine Identität, denn das jeweils Besondere der Phänomene, welche die Konstellationssoziologie deutet, ist für die Geschichtswissenschaft meist ein endgültiges Datum, während es für sie ein *Problem* ist, das sie von seinem Bedingungsrahmen her gewissermaßen einkreist, um es in seiner Besonderheit besser verstehen und deuten zu können.

Alle ihre derart zum Phänomen gemachten Gebiete sieht sie, wie auch schon angedeutet, stets folgendermaßen: auf der einen Seite stehen die von ihr in konstellativer Art gruppierten sachlich sozialen Bedingungen, und auf der anderen Seite steht als »Gegendatum« der Mensch in seiner Spontaneität, in seiner jeweiligen Eigenart und in den Abwandlungen seines Wesens.

Damit hängt die *zweite*, nicht ganz selbstverständliche Besonderheit der von uns vertretenen Soziologie zusammen.

Alle bisherige Soziologie hat gewiß auch mit der menschlichen Spontaneität als einem Faktor der Analyse gerechnet. Aber dieser Faktor wurde von ihr stets als eine wesentlich unanalysierte, als rein gegebene Tatsache in Rechnung gestellt, die sie in bezug auf eine von ihr festzustellende und zu rubrizierende Reaktion hin traktierte. So entstand zwangsläufig die Tendenz, diese als generelles Faktum hingenommene – allenfalls in psychologisch quantitativ erfaßbare »Tests« gegliederte und abgestufte – menschliche Spontaneität und ihr Verhalten samt den menschlichen Objektivationen einfach zu funktionalisieren, indem man das menschliche Verhalten und seine Ausschläge verallgemeinernd auf soziologische Verumstandungen zurückführte. Die Soziologie schrumpfte so zusammen zu einem Institutionalismus mit rubrizierten Funktionen des Menschen in ihm. Eine durchaus fehlgehende und im Erkenntniseffekt eindeutig enthumanisierende Entwicklung.

Auch die konstellativ deutende Soziologie gibt selbstverständlich zu, daß es Spontaneitäten und Reaktionen gibt, die einfach kausalistisch feststellbar und generellen Rubrizierungen zugänglich sind. Dies aber erkennt sie nur für sehr einfache Umstände an und berücksichtigt immer, daß auch in ihnen angesichts der menschlichen Freiheit nur eine kausalistische Wahrscheinlichkeit besteht. Nicht mehr.

Die ganzen, das eigene Gewicht des Daseins darstellenden soziologisch bedeutenden Phänomene, alle ideellen und künstlerischen und ein großer Teil der Sozialstrukturen aber lassen sich nicht so einfach klären. Sie sind vielmehr nur im Rahmen sehr komplexer Verumstandungen deutbar und, weil stets freie Spontaneität mitspricht, im ganzen kausalistisch nicht vorhersehbar. Es erscheint fast lächerlich, auf das Aufbrechen etwa Rousseauischer Ideen, religiöser Bewegungen und unabsehbar viel anderes zu verweisen.

Die Konstellationssoziologie hat es daher weder mit Generalisierungen noch mit den auf diesen ruhenden Prognosen zu tun. Sie arbeitet vielmehr post festum konstatierend. Ihr Gegenstand ist stets die Deutung von etwas Eingetretenem, Entstandenem oder Erwachsenem unter Berücksichtigung des weitgehend geheimnisvollen Charakters der menschlichen Spontaneität auf der einen Seite und der sachlich konstellativen Verumstandungen auf der anderen. Sie hat keinen größeren Ehrgeiz, als für das schon Eingetretene unter Berücksichtigung dieser beiden Seiten eine einigermaßen einleuchtende Deutung zu vermitteln. Und deswegen, weil sie überzeugt ist, daß in der Deutung überhaupt nicht mehr geleistet werden kann, hat sie nichts mit allem vorhandenen eingleisigen oder mehrgleisigen Kausalismus zu tun.

Es ist die Ursache jenes berüchtigten »Soziologismus«, gegen den man sich mit Recht aufgelehnt hat, da er das Individuelle und Besondere vor allem deshalb nicht sieht, weil bei ihm die entscheidenden Qualitäten der menschlichen Spontaneität verschwinden.

Hieraus folgt weiter: für eine Soziologie, die bei komplizierten Konstellationen in der bisher weitgehend üblichen Art kausalistisch und funktionalistisch vorgeht, besteht die Gefahr, daß nicht nur die menschliche Spontaneität zu kurz kommt, sondern daß hierbei auch der *Mensch als Ganzes* als sozialer Tatbestand nicht mehr gesehen wird.

Die alte Geschichtssoziologie ging, wir sahen, von der Frage nach dem Geschick des Menschen aus, marxistisch gesprochen: von der Frage nach den Gefahren der »Selbstentfremdung« des Menschen durch die Umstände. Sie konnte das nur, weil sie den Menschen noch als Totalität (Marx sagt »Kategorie«) vor Augen hatte. Dies ist in der spezialistisch kausalistisch typologischen Zwischenperiode weithin vergessen worden. Aber wir Heutigen müssen in unserer Umbruchszeit, in der der Mensch erneut und wie nie bedroht ist, ganz genau wie die alte Geschichtssoziologie prinzipiell wieder nach dem Geschick des Menschen fragen und alles soziologische Arbeiten – auch das spezialistischste – mit unter dem Gesichtspunkt dieser Frage betreiben.

Womit nicht gesagt sein soll, daß wir dabei nach allem inzwischen Eingetretenen genau dasselbe Bild des Menschen vor Augen haben können wie damals. Jedoch haben wir alle Ursache, über das 19. Jahrhundert hinweg an die große Erfahrung vom Menschen und vom Menschentum, die damals in die Welt trat, anzuknüpfen – allerdings mit einem veränderten und vertieften Menschenbild, von dem noch ein Wort zu sagen sein wird.

Noch etwas anderes haben wir von dieser alten Geschichtssoziologie zu lernen, nämlich: fragt man nach dem Geschick des Menschen als Ganzem im soziologisch analysierten Geschichtsverlauf, so wird bei dieser Frage offenkundig stets davon ausgegangen, daß der Mensch, der innerhalb der soziologischen Konstellation durch seine Spontaneität Gestalter ist, zugleich auch in gewissem Umfang einen von der Konstellation mitgestalteten Typus darstellt. Dies und nichts anderes hieß es, wenn Marx von der Selbstentfremdung des Menschen durch den aufwachsenden Kapitalismus sprach. Und dies heißt es, wenn uns die umwälzende Entwicklung der Umwelt, also der neueste soziologische Bedingungsrahmen, die Frage aufzwingt: vor welchen möglichen Typenwandlungen des Menschen durch diese Umwelt stehen wir? Und es ist einigermaßen erschreckend, daß die heutige Soziologie diese Frage – die von Romanciers und Dilettanten angesichts eines Massenzeitalters und seiner unaufhörlichen technokratischen Weiterbildung eindringlich und mit erheblicher Wirkungsbreite gestellt wird – schlechtweg übergeht und tut, als ob sie nicht existiere. Eine Ausnahme bilden da nur einige Spezialzweige, wie z.B. die Kinder-, Familien- und Arbeitssoziologie oder die Kriminologie, für die sich diese Frage ja von selbst ergibt.

Für unsere soziologische Betrachtung ist sie neben der anderen, in welcher Art der soziale Aufbau vom Menschen her bestimmt wird, die geradezu zentrale. Und da sie das ist, hat diese unsere Soziologie es offenbar nötig, sich eine Vorstellung von der Wandlungsfähigkeit des Menschen und zugleich von den Hintergrundsmächten zu machen, unter deren Einfluß der Mensch sich eingespannt befindet. Sie muß das auch deshalb tun, weil sie ohne eine klare Vorstellung von dem Verhältnis des Menschen zu diesen Mächten keinen Wert-Boden unter den Füßen hätte und weil sie auch nur von diesen Mächten her gegenüber den wertgeladenen Phänomenen, vor allem der kulturellen Sphäre, einen Standpunkt finden kann.

*

Wir stellen zunächst die Frage: Kann Soziologie wertfrei arbeiten, in dem Sinne, wie das etwa die Naturwissenschaft von sich behauptet? Will sagen: Kann sie sich darauf beschränken, als für sie in Betracht kommende Wertungen lediglich die der geistigen Horizonterweiterung anzuerkennen, einer Horizonterweiterung, die sich dem Programm nach in streng und rein als objektiv angesehenen Formen vollzieht?

Der hier vertretene Standpunkt ist, daß die Soziologie diese Art der Wertfreiheit für sich nicht in Anspruch nehmen kann.

Schon indem die Soziologie den Menschen als Ganzes und sein Geschick als gestaltendes und gestaltetes Eigendatum der von ihr zu analysierenden soziologischen Bedingungswelt gegenüberstellt, kann sie gar nicht umhin, zu werten. Denn sie hat es dadurch fortgesetzt mit der Frage zu tun: Wie steht es mit dem Geschick ganz bestimmter, als wertvoll angesehener menschlicher Integrierungstypen gegenüber anderen, die sie als wertlos, ja als gefährlich ablehnt? Wenn sie etwa, wie sie es tun muß, in der gegenwärtigen Daseinslage eine Gefahr sieht und fragt, ob statt einer in Freiheit und Menschlichkeit integrierten Letztform des von mir sogenannten dritten Menschen ein vierter desintegrierter Menschentyp sich entfalten kann, so ist diese Fragestellung bis zum Rande mit Wertungen gefüllt. So auf der einen Seite. Und wenn sie auf der anderen Seite von Höhepunkten und Verfallsperioden der Kultur und vom geschichtlich wirksam werdenden Erscheinen oder Nichterscheinen genialer Begabungen spricht und die Bedingungen für das eine oder das andere festzustellen sucht, so redet sie wieder von ganz bestimmten Wertstandpunkten aus. Sonst könnte sie über diese Frage überhaupt nicht sprechen.

Also wertungsgefüllte Soziologie! Wertfreiheit kann dabei nur heißen, daß man mit möglichster Objektivität und Härte gegen eigene Wertungen und Wünsche *feststellt*, wie es mit den Bedingungen für das Entstehen oder die Erhaltung des für wertvoll Gehaltenen steht. Daß also die Analyse selbst von möglichst großer Objektivität gefüllt ist, wie die Beurteilung der interessierenden Phänomene genau vom Gegenteil.

Dies, was hier als unentrinnbar implizierte Wertung eingeführt wird, hat man früher gern, im Gegensatz zur objektiven Analyse, als die nicht ausschaltbaren subjektiven Faktoren bezeichnet. So tat es noch Max Weber.

Wir stehen gänzlich anders. Weder ist das Werten unserer Ansicht nach als ein nicht vermeidbares Pudendum anzusehen, wie es die frühere Periode unter dem Einfluß Max Webers tat, noch braucht es subjektiv zu sein.

Die früher als Subjektivismus bezeichnete Einstellung ist, wie uns scheint, nichts anderes als die Äußerungsform eines verkappten Nihilismus, der nichts Absolutes kennt. Wenn es aber etwas Absolutes gibt, das in uns tätig ist und unser Urteil formt, so ist es ganz falsch, es möglichst in die Ecke zu drängen. Die Untersuchung des menschlichen Schicksals, des Schicksals überhaupt des uns wertvoll Erscheinenden, ist vielmehr gerade umgekehrt unser Hauptgegenstand. Und wir haben als Hintergrund unserer Untersuchung dieses vom Absoluten erfüllte Wertvolle, nach dessen Geschick wir fragen, möglichst betont herauszustellen und es auch innerhalb der Untersuchung möglichst bewußt und klar immer wieder zu betonen.

Man kann freilich nicht behaupten, daß die Überzeugung über solche uns bestimmende und beherrschende oder jedenfalls in uns wohnende objektive Absolutheiten heute irgendwie geklärt sei. Da das nicht der Fall ist, bleibt nichts anderes übrig, als sie in der Form zu konstatieren, in der wir sie sehen. In anderer Weise ist der geistige Ort der Soziologie, die hier vertreten wird, überhaupt nicht zu bestimmen.

Wir sprechen, um die Absolutheiten, um die es sich handelt, zugänglich zu machen, von einer bestimmten Art der Transzendenzverflochtenheit des Menschen. Einer Transzendenzverflochtenheit, die in mythischer, zum Teil auch magischer Form der Menschheit durch ihre ganze Geschichte eine selbstverständliche Gegebenheit gewesen ist, die sie in religiöser und teilweise auch philosophischer Interpretation in ganz verschiedene Art und Form gegossen hat, vor allem die Formen der großen Weltreligionen und großen philosophischen Systeme, die immer eine bestimmte Sicht der Transzendenzverflochtenheit, und zwar nach der Essenz stets eine *metalogische*, waren und sind. Taoismus und Konfuzianismus, Brahmanismus und Buddhismus, Zoroastertum, Judentum, Christentum ebenso wie die tragische Sicht und die etwa gleichzeitige Heraklitische bei den Griechen. Ihnen allen ist die Transzendenzverflochtenheit des Menschen samt den in sie eingeschlossenen Absolutheiten selbstverständlich. Sie alle sind daher auch trotz Ausbildung logizistischer dogmatischer Formen im letzten Grunde doch mythisch-magistisch. Erst seit Parmenides ist für den Westen diese die Absolutheit in sich tragende Transzendenzverflochtenheit rein logistisch und schließlich intellektualistisch verstanden worden. Und erst seit Platon hat sich daraus die lange Reihe der sich ablösenden logisch metaphysischen philosophischen Systeme ergeben, bei deren Liquidation wir uns heute mit dem Existentialismus befinden. Dies ist die philosophische Lage. Die religiöse ist, wenn ich richtig sehe, die, daß man ganz bewußt und sehr ausdrücklich die Verträglichkeit der alten Formen mit den Letztergebnissen dieser intellektuellen Daseinsdeutung hervorhebt. Worüber hier nicht zu diskutieren ist.

Für einen großen Teil der heutigen Menschen, diejenigen, für die hier wohl vorzugsweise zu sprechen ist – ohne dem anderen Teil irgendwie seine Berechtigung zu bestreiten –, gestattet unsere Bewußtseinslage die Fixierungen dieses immer gegenwärtig gewesenen Transzendenzverflochtenseins in konfessioneller Dogmenfassung nicht mehr. Wir suchen sie daher als zugleich unmythisch und unmagisch unmittelbar aussprechbare Erfahrung in uns auf.

Wollen wir die Erfahrungen des Absoluten, auf die wir dabei stoßen, mitteilen, so bietet sich uns als adäquateste Ausdrucksform dafür diejenige an, in der die großen philosophischen Dichter des Abendlandes von ihr gesprochen haben. Sie haben die Existenz dieser Transzendenzverflochtenheit stets als die ganz unmittelbare Erfahrung von »Mächten« angesprochen, die in uns in unseren Anlagen inkorporiert und gleichzeitig außer uns als auch dort existent erfahren werden.

Es sind komplexe Mächte, die nicht logisch auflösbar sind, auch wenn wir gewissen Seiten von ihnen vereinfachende Etiketten aufkleben. Die positiv von uns empfundenen etikettierten wir etwa mit edel, erhaben, schön, gut – Vereinfachungen, womit wir gewisse Seiten von ihnen charakterisieren –, den negativ erfahrenen geben wir die Markierungen gemein, niederträchtig, abstoßend, häßlich und so weiter. Sehen wir näher hin, so sind die Mächte, die wir mit überwiegend positiven Vorzeichen versehen, solche, die uns universalisierend über uns und unsere persönliche Enge erheben, während die gegenteiligen, die mit negativen Vorzeichen, uns partikularisieren und in persönliche Enge zu Haß, Gewalttat und ähnlichem herabziehen.

So ganz grob gesprochen. Alles Nähere würde hier zu weit führen.

Für unser soziologisches Arbeiten und die darin einfließenden Werturteile heißt dies, daß wir ein gutes Gewissen haben können, wenn wir solche Werturteile nach entsprechender Selbstprüfung auf ihre unmittelbare Gegebenheit aus der Mächtewelt unserer Transzendenzverflochtenheit bilden. Und konkret gesprochen zeigen sich dann:

Die Mächtewelt, die wir in Selbstprüfung in uns und gleichzeitig außer uns als wirklich und wirksam erfahren, gibt sich uns – wie es ja sein muß – als greifbares und erfahrbares Aufbauelement des Daseins zu erkennen: im Kosmos allerdings nur erahnbar, aber in allem Lebendigen, also in allem, was mit uns durch Verstehenskanäle verbunden und somit in unsere Erlebnisnähe gerückt ist, unmittelbar erfahrbar. Die Erfahrung, die wir bei auch nur geringem Nachdenken machen, zeigt uns weiter, daß das Lebendige von der in ihm wirkenden Mächtewelt her in Teile oder Äußerungen gegliedert ist, die wir als unmittelbar zweckmäßige, als, sagen wir, vital notwendige vorfinden, und andere, die sich uns als ganz oder teilweise überzweckmäßige, als übervitale präsentieren. Wenn ein Tier zu Nahrungszwecken das andere auffrißt, so sind in ihm rein vitale Mächte wirksam. Wenn ein wunderschön gefiederter Vogel singt, so sind bei diesem wahrscheinlich vitalen Akt auch übervitale, schlechthin überzweckmäßige Mächte mit im Spiel. Die Erfahrungen zeigen uns also, daß der gesamte, uns als ein wunderbares Phänomen entgegentretende Aufbau des Lebendigen aus einer Mischung, einem In- und Miteinander vitaler und schlechthin übervitaler Mächtegruppen besteht, die das Lebendige formen.

So anders selbstverständlich die von Freiheit durchdrungene und mit Freiheit aufgebaute Welt des Menschen ist – in bezug auf die Mischung vitaler und übervitaler Mächte ist sie gänzlich Teil der lebendigen Phänomenwelt überhaupt.

Ziehen wir daraus einige Konsequenzen für die soziologisch gesehene Daseinsstruktur:

Wesentlich vital bestimmt ist in ihren Grundlagen die Sozialstruktur; in ganz anderer Weise bestimmt als – weil unmittelbar aus dem Verhältnis des Menschen zur Natur folgend – alles Zivilisatorische, nämlich die Bewußtseinsstufen als Niederschlag des aufeinanderfolgenden Erlebens und Erfahrens, sowie die jeweilige geistige Objektwelt und ihr technischer Niederschlag als Mittel der Daseinsbeherrschung. Aus wesentlich übervitalen, überzweckmäßigen, seelisch geistigen Kräften erfließt ganz ursprünglich alles Kulturelle.

Die mit vom Kulturellen her erfolgende konkrete Daseinsforschung ist aber eben dadurch in concreto stets das Resultat einer Wirkungsmischung von vitalen und übervitalen Mächten. Auch jede Sozialstruktur war bis hin zu dem freigesetzten materialistischen Kapitalismus durch die ganze Geschichte, wenn auch in verschiedener Art, durch übervitale Impulse mitbestimmt. Andererseits: in jede Bewußtseinsstufe und jede parallel gehende geistige Objektwelt strömt stets Ideelles ein als mitgestaltender Faktor. Und vielleicht nur die moderne Technik ist in Wirklichkeit rein vital bestimmt.

Jede soziologische Konstellation muß danach eine in komplizierter Weise aus vitalen und übervitalen Impulsen geformte Kristallisation darstellen. Und was wir eine Lebensaggregierung nannten, in die ein Gegenwärtiger eintritt, bedeutet demnach stets eine historische Konstellation, in der etwaige neue seelische oder vitale Impulse einer in dieser Weise ausgeformten Welt gegenüberstehen; mag diese Welt noch heil oder bereits angekränkelt oder in irgendeiner Weise brüchig sein.

Es wird jetzt verständlich sein, daß wir, so gesehen, letztlich stets das, was wir soziologisch analysieren, zugleich in seine überall gegenwärtigen vitalen und übervitalen transzendenten Hintergründe einzugliedern haben. Es ist gut, wenn der anscheinend rein empirisch arbeitenden Soziologie dieser ihren geistigen Ort bestimmende Tatbestand bei ihren Einzelanalysen niemals entgleitet. Und am intensivsten muß ihr natürlich dieser Tatbestand gegenwärtig sein, wenn sie ganz bewußt und klar mit »Wertobjekten« umgeht, bei jeder Behandlung kultureller Leistungen also. Und wie will sie ohne diesen Hintergrund mit der Behandlung ihres größten Objekts, nämlich dem Geschick des Menschen, dieses voll gesehen, fertig werden?

*

Dazu: Der Mensch ist, wie ich sagte, für die konstellationssoziologische Analyse auf der einen Seite Gestalter. Auf der anderen Seite aber ist er auch der durch die Umwelt – auch durch die von ihm selbst geschaffene soziale Umwelt – nicht nur Bedingte, sondern auch Gestaltete und Geformte. Zu diesen beiden Fakten ist vielleicht folgendes zu sagen:

Jede soziologische Analyse findet den Menschen unzweifelhaft in einer Umwelt, die er als Gegenwärtiger nicht selbst gestaltet hat. Und sie neigt dazu, die Institutionen, Evolutionen, Ideenkomplexe und so fort, denen er in der skizzierten Art als Erbe der Vergangenheit gegenübersteht, in ihrem Eigengewicht zu unterstreichen.

Sie kann dabei so weit gehen, daß dann alles letztlich vom Menschen selbst Gestaltete, das als durchgängig Objektiviertes ihm gegenübertritt, so absolut genommen wird, daß er sich nur noch nach der »Rolle« oder den Rollen fragen kann, die dieser Institutionskosmos ihm bietet. Das Mögliche und Neue und Spontane seines Gestaltungswillens wird dann verstanden als eine Art von Nuancierung der Institutionen, die er schafft innerhalb der ihm gegenüber vorhandenen und ihn umgebenden Welt. Wir haben hier nicht zu entscheiden, inwieweit das heutige Dasein tatsächlich diesem institutionalisierten Bild entspricht und ob der menschliche Gegenpol der sozialen Umwelt heute wirklich reduziert ist auf eine Produktion von institutionellen Amendements zu einem im ganzen unabänderlich gegebenen Dasein. Es mußte nur angedeutet werden, wie es mit dem Gegengewicht des Menschen, sofern er im sozialen Raum Gestalter sein möchte, vielleicht bestellt sein kann. Es ist klar, daß dies ein Mitthema alles Folgenden sein muß, dies nämlich, ob der Mensch sich damit zufriedengeben muß und kann.

Auf der anderen Seite: zum Menschen als Gestaltetem: Inwieweit und in welcher Art wird er selber durch die Umstände, die sozialen und die natürlichen, verändert und gestaltet? Fragen, die nur an jedem Ort der Untersuchung in concreto eine Antwort finden können. Aber um für sie eine klare Vorstellung zu bieten, wollen wir den Menschen für unsere Zwecke als einen Komplex von Anlagen ansehen, als einen sehr vielfältig nuancierten Komplex von Anlagen, der seine Rasse und seine ethnischen Gliederungen charakterisiert. Ein Komplex von Anlagen, der in derselben Rasse und demselben Volk aber so ungeheuer vielfältig ist, daß dieses in den verschiedenartigsten Mischungen die außerordentlich großen Varianten seiner Stämme, vollends seiner Individuen hervorbringt. Was so verstanden in Varianten von der größten Streuung gleichzeitig auftritt, ist im geschichtlichen Verlauf ein auch *zeitlich* ganz Variables. Zeitlich variabel ist das gleiche Volk, der gleiche Stamm, das gleiche Individuum, je nachdem, welche seiner außerordentlich vielfältigen eingelagerten Anlagen durch die Verhältnisse, will sagen, vor allem auch durch die einwirkende soziologische Umwelt, in ihm dominant und welche durch sie rezessiv und unsichtbar gemacht werden.

Die natürliche Umwelt prägt auf diese Weise ganz verschiedene Typen aus demselben Anlagekomplex. Die vom Menschen selbst geschaffene Umwelt vermag das gleiche. Aus demselben Anlagekomplex ist derart, um ein klares Beispiel anzuführen, im Laufe der Geschichte ein deutlich verschiedener Typ selbst des an sich so stark fixierten Engländers erwachsen, ebenso des Marathon-Griechen und des Graeculus. Und ganz unabhängig von rassischen Verschiedenheiten ist etwa rein aus andauernder Prädilektion bestimmter Anlagen der Mensch des herrscherlichen Reiternomadentyps in früher Zeit geprägt worden – gleichgültig, ob Mongole, Arier oder Germane –, der den weichen und einfügsam gewordenen Ackerbautyp seit dem 12. Jahrhundert vor Christus in Eurasien überall unter seine Herrschaft brachte – ob dieser nun Maori, Polynesier, Pelasger oder sonst etwas war.

Die typologischen Prägungen waren in der bisherigen Geschichte ganz überwiegend typologische Fixierungen oder Umfixierungen. Das Eigentümliche des gegenwärtigen geschichtlichen Augenblicks scheint, soweit sich sehen läßt, zu sein, daß dieser historische Augenblick auch Unfixiertheit hinterlassende Desintegration schaffen kann.

Der Leittyp abendländischer Art, den wir als wertvoll fühlen, ist, wie erwähnt, die integrierte Fixierung von Freiheits- und Menschlichkeitsanlagen. Aber dieser Typ ist heute in Gefahr, von einem desintegrierten Typ abgelöst zu werden – von einem Typ, in dem anlagemäßige Freiheitsstruktur und anlagemäßig bedingtes Menschlichkeitsverhalten durch Desintegration in den Abgrund sinken und rezessiv werden, so daß ein unmenschliches, unfreies Menschentum das Resultat sein würde.

Soviel zur Illustrierung des geistigen Ortes, an dem sich nach unserer Anschauung die heutige Soziologie befindet.

Allgemeine Probleme

Der Einzelne und die Gesamtheit

Die Probleme der Soziologie, sagten wir, entspringen aus Wertungen und der Beleuchtung des Geschichts- und Daseinsstoffs durch Wertungen. Geben wir einigen aus solchen Wertungen entstandenen Fragen das Wort.

Wohl über keinen Gegensatz oder, sagen wir gleich besser: keine Korrelation ist in der Soziologie ausgiebiger und gründlicher gestritten worden als über das Verhältnis und das gegenseitige Gewicht von Individuum und Gesamtheit.

Die Geschichte zeigt eine außerordentlich mannigfaltige Art und Weise, in der Gesamtheit und Individuum in ihrem Strukturaufbau und dessen Dynamik gegen- und miteinander abgewogen sind.

Wenn man von der ganz frühen Stufe der jägerischen oder sammlerischen Völker absieht – in der vielleicht in mancher Beziehung ein loseres Verhältnis zur Gesamtheit existierte, das übrigens auch nicht den Einzelnen, sondern die Beziehungen der Familien zueinander anging –, so zeigt die gesamte Vorgeschichte ebenso wie die ältere Geschichte in den verschiedensten Formen eine ausgesprochene Akzentverteilung zugunsten der Gesamtheit, derart, daß ein einigermaßen individueller Akzent im ganzen nur innerhalb privilegierter Schichten anzutreffen ist, etwa bei einem meditierenden Priestertum (Indien), bei einem Mandarinentum (China) und bei einem religiösen Prophetentum (Juden). Mit der einzigen Ausnahme der griechischen und römischen Antike, wo das Dasein in der eigentlich geschichtlichen Epoche von Anfang an auf individueller Freiheit aufgebaut war. Wir verfolgen nicht die späteren Abwandlungen, die bezeugen, daß eine eigentliche Akzentuierung des Individuums im germano-romanischen Abendland, trotz von Anfang an vorhandener individueller Souveränitäts- und Widerstandsideen, erst mit der sogenannten Neuzeit (Renaissance und Reformation) eintritt. Und weiter, daß ein ins Praktische reichender Aufbau der Daseinsstruktur vom Individuum aus erst das geschichtlich entscheidende Resultat der Amerikanischen und der Französischen Revolution ist.

Seitdem nun geht der Streit um das Grundsätzliche der Daseinsform hin und her. Es ist ein Streit, in dem die späte Romantik und der Legitimismus das Prinzip des »organisch gewachsenen« Gesamt gegenüber einem durchlogisierten Individualismus vertraten. Die Folge war eine geradezu ins Endlose gehende Kontroverse. Von unserem soziologisch und zugleich transzendent fundierten Standpunkt brauchen wir darauf nicht einzugehen.

Wir unterscheiden am besten zwischen faktischen Vorgängen, die »Gesamtheit« entstehen lassen, und Wertakzenten, die man auf das Individuum legt oder auf die Gesamtheit, ganz gleichgültig, auf welchem Wege diese Gesamtheit entstanden ist. Es wird sich ergeben, daß die Wertakzente keine Alternativen darstellen, sondern Gewichtsverschiebungen innerhalb einer vorhandenen Korrelation.

Gesamtheiten entstehen auf verschiedene Weise. Es gibt zahlreiche, die fortgesetzt aus freiem Entschluß der Individuen erwachsen, wie die Familie, die, wenn gestiftet, freilich im ganzen eine entschiedene Akzentverschiebung auf das entstandene Gesamt hin aufweist. Daneben stehen zahllose dauernde oder gelegentliche freiwillige Gesamtheitsbildungen: von Vereinen, Klubs und ähnlichem bis hin zu den großen und größten Verbänden, den Parteien, Gewerkschaften, Interessentenzusammenschlüssen und so fort. Der Ursprung des uns außerdem überall, wo wir heute auf der Erde sind, in irgendeiner umfassenden Weise entgegentretenden territorialen Zwangsverbandes des Staates reicht, wie jeder geschichtliche Überblick ergibt, von Eroberungs- und Herrschaftsüberschichtungen über das langsame Zusammenwachsen aus Einzelgruppen bis hin zum eigentlichen Staatsvertrag. Aus einem eigentlichen Staatsvertrag (Conjurationes oder Einungen) sind die ersten Ansätze des modernen Staates in den italienischen Renaissancestädten, ebenso wie in den nordalpinen Städten, nicht bloß den freien deutschen Reichsstädten entstanden; allerdings nicht als Vertragsprodukte von Einzelnen, sondern von so oder so gegliederten Familien und Verbänden. Aus einem Staatsvertrag von halbstaatlichen Untergliedern (Kantonen) ist, wie bekannt, die Schweizer Eidgenossenschaft erwachsen. Äußerlich ähnlich die Vereinigten Staaten von Amerika, die freilich ihre Staatenübereinkunft zusätzlich durch eine Gesamtabstimmung aller berechtigten Staatsbürger sanktionieren ließen. Der moderne Staat, der in Europa zuerst in Frankreich derart durch die Revolution entstanden ist, versteht sich überall als durch individuellen Wahlakt in äußerlich gewachsenem geschichtlichem Rahmen legitimiert.

Wenn heute außer dem englischen so gut wie jeder abendländische Staat auf einer vom Volke oder seiner Vertretung angenommenen Verfassung ruht, die im ganzen durch qualifizierte Mehrheitsbeschlüsse umbildungsfähig ist, so heißt das prinzipiell zwar nicht, daß die staatliche Formation als solche auf freier Vertragsbasis ruht – dies gilt nur etwa für den in der Bundesrepublik Deutschland gerade entstandenen Südweststaat –, es heißt aber, daß die auf irgendeine Weise zustande gekommene staatliche Einheit innerlich durch Mehrheitsbeschluß, will sagen, durch einen quasi vertraglichen Akt als regulatives Prinzip (so Georg Jellinek) geformt wird.

Es ist, wie mir scheint, eine Geschmacksfrage und, wenn man die Volkssouveränität als reguläre Basis eines heutigen geschichtlich vollgültigen abendländischen Staates ansieht, zudem eine recht überflüssige, sich über den Anteil des Individuums und anderer geschichtlicher Kräfte an der Konstituierung der heutigen Staatsbestände herumzustreiten. – In der außerabendländischen Welt, vor allem der süd- und vorderasiatischen, können wir heute fortgesetzt das oft verworrene Ineinanderspielen der rein geschichtlichen und der Übereinkunftskräfte vor uns sehen. Man denke etwa an Indien und Pakistan. All dies Praktische sagt aber noch gar nichts aus über die *Wertakzente*, die in der Lebenswirklichkeit auf das Individuum oder die Gesamtheit gesetzt werden.

Für eine Soziologie, für die der Mensch als Ganzes ein wesentlicher Wert ist und die ihn deswegen als das Gegendatum den soziologischen Bedingungen gegenüberstellt, die für sie dann Gegenstand der Analyse werden, löst sich die Frage nach den Wertakzenten allerdings nicht ganz so einfach, wie sie das 18. Jahrhundert im Anschluß an seine Revolution zu lösen dachte. Damals war man von dem starken Erleben des Menschlichen her geneigt, bei der Wertverteilung die Bedeutung der Gesamtheit gegenüber der Wertbedeutung des freien Individuums gewissermaßen abzuwerten. Und das lag auch weiterhin nahe bei der verhältnismäßig einfachen Gestaltung des menschlichen Persönlichkeitsideals, das von dieser Zeit, in ihrem Übergang zum 19. Jahrhundert, vertreten wurde.

Auch für uns und gerade für uns heißt es nun gewiß und muß es wieder heißen: »Höchstes Glück der Erdenkinder ist doch die Persönlichkeit.« Aber wir sehen die Persönlichkeit und die Gesamtheit heute – wenn wir unsere inneren Gegebenheiten uns zum Bewußtsein bringen – in ihrem Wesen und in ihren Werten nicht mehr so einfach, gewissermaßen nur gegenpolig, wie es diese Zeit tat, die dann durch das 19. Jahrhundert und seine zum großen Teil sehr anderen Vorstellungen abgelöst wurde. Wir sehen die beiden Daten Persönlichkeit und Gesamt in ihrem Verhältnis heute vor allem deswegen anders, weil Mensch und Persönlichkeit uns nach den nicht auszuradierenden und sich noch täglich wieder erneuernden Gefährdungen, aus deren Fülle wir das Heute sehen, etwas anderes bedeuten als dem damaligen Ich- und Weltbild.

Zwar darf man hier nicht vereinfachen. Das 18. Jahrhundert hat den gewissermaßen »neu entdeckten Menschen« in seiner ersten Begeisterung trotz dieser in dem ganzen Umfang seiner Aura gesehen, ähnlich wie wir heute; so vor allem in dem damals geistig wesentlich werdenden Deutschland. Das will sagen, man sah ihn nicht als etwas individualistisch Isoliertes. Man kann Lessing, man kann Goethe, Herder, ja trotz seiner Philosophie auch Schiller nicht verstehen, wenn man nicht weiß und sieht, daß sie den Menschen zugleich mit seinem »Wir« erfuhren und daß der ganze Reichtum ihrer Produktion überhaupt nur aus der damit gegebenen genuinen Tiefe und Breite ihrer Erfahrungen erwuchs. Das dann daraus destillierte »Humanitätsideal« des beginnenden 19. Jahrhunderts vergaß das. Und so wurde es hineingerissen in den Streit zwischen Individualismus und »Ganzheitserfahrung«.

Über allen geistigen Streit hinweg, der mit der Romantik, dem Legitimismus, dem Historismus, Nationalismus und so fort im Rahmen und gegenüber diesen Sichten erwuchs, haben wir den Menschen nach den Erfahrungen, die wir machten und täglich weiter machen, aufs stärkste wieder als eine in jeder Einzelerscheinung, jedem Individuum *wir-verbundene Person* zu verstehen, als eine Person, die die Möglichkeit der sowohl universalisierend guten wie auch der partikularisierend dämonischen Qualitäten in sich trägt, die ihn ohne weiteres mit einem Gesamt verbinden. Und wir haben dies aus dem Eingesenktsein jedes Einzelnen in die in ihm und um ihn vorhandene überpersönliche Mächtewelt zu begreifen. Das ist nur die andere Seite der von uns entwickelten Transzendenzverflochtenheit, in der wir stehen. Dieser Transzendenzverflochtenheit, die den Menschen in seinen ungeheuer vielfältigen Anlageschichten, mit denen sie in ihm vorhanden ist, mit möglichen reinen Höhen zugleich aber auch mit möglichen Abgrundhaftigkeiten bedenkt. Und zwar jeden Menschen, auch den anscheinend oberflächlichsten und banalsten.

Die positive Seite dieser in ihn eingelagerten Wir-Verbundenheit hat – wenn man es von der Motivationsreihe her analysiert – zusammen mit dem utilaristisch zu bewertenden Teil seiner egoistischen Antriebe die äußere Daseinsstruktur aufgebaut, in der er lebt, also das, was man fälschlich die ihm gegenüberstehende Gesamtheit nennt. Diese Gesamtheit ist in Wahrheit ursprünglich ein nach außen projizierter Teil seines Ichs, geschaffen von dessen Egoismus, aber auch von den überegoistischen Wir-Verbundenheiten dieses Ichs. Und es ist ganz klar, von dieser Sicht her gibt es keine *genuinen* Wertantinomien zwischen Individuum und Gesamtheit. Es gibt nur eine nach den jeweiligen historischen Konstellationen verschiedene Wertakzentuierung, die aus der verschiedenen Art und Höhe des Selbstverständnisses folgt und aus den Idealen, die diesem jeweiligen Selbstverständnis parallel gehen.

Für uns, die wir – in gewandelter Nachfolge der Menschheitserfahrung der großen Zeit des 18. Jahrhunderts – uns darüber klar sind, daß unsere Wertakzente auf dem in Freiheit und Menschlichkeit integrierten Menschentypus liegen, für uns, die wir also die in dieser Art gesehene wir-verbundene Persönlichkeit vertreten, ist die Gesamtheit insoweit wertvoll und zu bejahen, als sie die Entfaltung solcher Persönlichkeit zuläßt und fordert und in ihrer Wir-Verbundenheit, in ihren Wertakzenten und möglichst auch in ihrem Aufbau das Produkt solcher Persönlichkeiten ist.

Einen auszugleichenden Gegensatz zwischen Individuum und Gesamtheit kann es für uns geben, wenn und soweit die aus der Wir-Verbundenheit entstehende Gesamtheit sich in ihren strukturell dynamischen Tendenzen zu Eigenevolutionen entfaltet, über die man vom Menschlichen, vom Standpunkt der Erhaltung des Individuums als Ganzem, als gestaltender Potenz keine oder eine nur noch verschwindende Macht besitzt.

Es ist offenkundig: Ein Konflikt zwischen Individuum und Gesamtheit steigt also für uns in jener Eigenevolution des von Wissenschaft und Technik aus sich geschaffenen Daseins auf. Ein Konflikt steigt gleichfalls auf, falls die kapitalistisch technisch fundierte Eigenevolution der Wirtschaft den Menschen, der ihr Zweck sein sollte, als eines ihrer Mittel auffrißt.

Es ist Sache der soziologischen Untersuchung, zu klären, wie Maß und Art dieser Dinge heute stehen. Es gibt aber kein grundsätzliches, sondern nur dieses aufgezeigte historisch-konstellativ bedingte Entweder-Oder zwischen Individuum und Gesamtheit.

Masse und Elite

Masse: Von dieser historisch soziologischen Seite her sind nun auch die, und zwar mit Recht, viel behandelten Probleme der Masse und der Elite – und zugleich des Verhältnisses von beiden zueinander – einer neuen, für heute lebensmäßig nahen Behandlung zuzuführen.

Wir denken dabei nicht oder doch nicht in erster Linie an die durchaus wichtigen Probleme der Massenpsychologie und der daraus entstandenen Lehre der Affektivibilität der »Masse«. (Im Sinne etwa von Le Bons Theorie in seiner »Psychologie des foules«.)

Die Frage der Affektivibilität und Suggestibilität der Masse ist unzweifelhaft im heutigen Massenzeitalter mit seinen riesigen, gegebenenfalls der Massensuggestion dienenden Nachrichten- und Beeinflussungsapparaturen von sehr entscheidender Bedeutung. Alle Beobachtungen und alle Spezialuntersuchungen über Arten und Grade der Erregbarkeit und Beeinflußbarkeit sowie der Arten und der Grade der urteilsmäßigen Widerstandsfähigkeit irgendwelcher Massen in irgendwelcher Situation und die sorgfältige Analyse der gewonnenen Resultate sind ein wesentlicher Beitrag zur heutigen geistigen und vor allem auch politischen Situation. Die Arbeiten, die sich dabei bemühen, dem Begriff der Masse und die Arten des Phänomens der Masse nicht bloß als Gegenstand sichtbar zu machen, sondern das Phänomen auch begrifflich, soweit es geht, präzis zu klären, sind als ordnende und orientierende Beiträge zur heutigen Daseinslage und der in ihr möglicherweise wirksam werdenden dynamischen Kräfte wärmstens zu begrüßen.

Wobei nur anzumerken ist: Es erscheint kaum zweckmäßig, das Untersuchungsobjekt aus irgendwelchen Klassifikations-Gründen auf *unorganisierte* Massenaggregate zu beschränken. Wir haben erlebt, daß in einem ganz stark durchorganisierten Massenaggregat – und gerade in ihm – die geschichtlich bisher wohl wesentlichst gewordenen Massensuggestionen vor sich gegangen sind und von ihm ausgestrahlt wurden. Organisiert oder unorganisiert, ein in bestimmter Weise unifiziertes Aggregat von Menschen – gleichviel wo und wie –, das ist heute, wissenschaftlich betrachtet, das gegebene Objekt der Massensuggestion und auch der wissenschaftlichen Untersuchung einer solchen. Die Situationen aber und die ihnen entsprechenden Objekte der Massensuggestion, die eben heute unzweifelhaft eine gesteigerte Bedeutung haben, sind an sich, wie nicht ausgeführt zu werden braucht, durch die ganze, uns bekannte Geschichte anzutreffen. Der athenische Demos, der Sokrates verurteilte, unterlag nicht weniger einer Massensuggestion wie die Flagellanten, die im späten Mittelalter das Land durchzogen, oder wie die Pariser Menge, als sie die Bastille stürmte.

Uns interessiert hier eine ganz andere, nur in bestimmten Gebieten mit den genannten Daten in Verbindung stehende Seite des Massenphänomens: diejenige Seite, in der der Begriff Masse nicht im Sinne eines irgendwie zustande gekommenen losen Aggregats gebraucht wird, sondern in dem Sinne, in dem wir diesen Begriff unserer *Epoche* als Bezeichnung geben, wenn wir von ihr als von einem Massenzeitalter reden, dessen Strukturaufbau und dessen Dynamik das heutige Dasein charakterisieren.

In dieser Form gebraucht, besagt der Ausdruck Masse und ihr Zeitalter: Die Volksmenge, die früher geographisch und schichtenweise sehr stark in sich gegliedert war und vorwiegend unter dem Einfluß einer dieser Gliederung entsprechenden Dynamik stand (Dorf, Stadt und so weiter), ist heute über diese Gliederung (deren Dynamik bestehenbleiben kann) hinaus so verbunden, daß sie, ob örtlich zusammengeballt oder am alten Ort verblieben, der *Daseinsstruktur* nach in eine neue Aggregatform eingetreten ist. In ihr reagiert sie in einer früher nicht vorhandenen Dynamik als eine – für den Effekt, um den es sich hier handelt – im wesentlichen zahlenmäßig in Betracht kommende, im ganzen als gleichartig angesehene Masse. Ob diese so entstehende Masse dabei zugleich stärker suggestiv anfällig ist als in der alten Daseinsform, ist eine andere Frage.

Wesentlich ist: Diese moderne »Masse« zählt auf der politischen Ebene als Wähler nur als Nummer, auf der wirtschaftlichen Ebene als Arbeitselement in massenweiser Gliederung und auf der sozialen Ebene, wenn sie sich etwa als »Masse« in Gewerkschaften zusammenfügt. In gleicher Weise zählt sie in der Publizistik, wenn sie als Zeitungsleser angesprochen wird, und schließlich im Theater, im Film, Rundfunk, Fernsehen oder im Sport, wenn man sie als ein zu beeinflussendes Publikum behandelt.

Diese Massengestaltung ist in ihrer Vollentfaltung ihrem Wesen nach strukturell eine großorganisatorische, weil die Räume, welche die Verkehrs- und Nachrichtenapparatur schafft, eben große Räume sind. Sie ist durchflochten von mechanistischen Zusammenordnungen und steht unter zentralen Leitungen, die die Tendenz haben, das Gesamtdasein weitgehend mechanistisch apparatlich zu umspannen. Wobei man heute glaubt, in der Mechanisierung und Ausschaltung des Menschen sich an der Schwelle einer neuen Entwicklungsstufe zu befinden, einer Stufe, die man wohl am besten als die der Gesamtautomatisierung gewisser Daseinssparten anspricht. Sie wird mit einem etwas zweifelhaften Ausdruck als ein Schritt zur »zweiten industriellen Revolution« bezeichnet, an deren Beginn wir heute stünden. Und jedenfalls sind vollautomatisierte einzelne Fabrikationsstränge und sogenannte Elektronengehirne, die phantastische Rechen- und Ordnungsaufgaben in unglaublich kurzer Zeit erledigen und die heute an manchen Stellen schon unentbehrlich sind, Symptome eines technisch zivilisatorisch neuen Stadiums, das sich ankündigt.

Dieses Stadium kündigt sich an, ehe die bisher vorhandene technokratisch bedingte massenstrukturierte Stufe soziologisch überhaupt voll durchgearbeitet und auf die Probleme, die sie für den Menschen aufwirft, geistig und politisch voll durchgeprüft ist.

Es ist eine dringliche soziologische Aufgabe, in genügender Breite empirisch zu untersuchen, ob der Eindruck – den der bisherige Technisierungsstand macht, nämlich daß er die Tendenz zu haben scheint, das volle Menschsein aufzulösen oder anzugreifen – etwas Unentrinnbares bezeichnet, und wenn, in welchem Grade. Und ob etwa und weshalb die neueste Vollautomatisierungsepoche diese Auflösungstendenz wieder ausheilt, indem sie die verbleibende Arbeit zu einer unwesentlichen leitenden und kontrollierenden umgestaltet.

Gesehen von dem bisherigen Status und also unter dem Gesichtspunkt möglicher technischer Fortentwicklung, scheint sich – *vorläufig* gesprochen – folgendes zu ergeben:

Mit fast jeder bisher bekannten Art von Mechanisierung hat sich eine rationelle Zerstückelung von Arbeits- und Berufsprozeß sowie vom außerberuflichen Lebensprozeß des Daseins ergeben, für die das Wort »Entseelung« nicht zu scharf ist. Mit dieser Zerstückelung, beziehungsweise mit dieser Entseelung, hängt ursächlich die Sensationalisierung des außerberuflichen Lebensprozesses zusammen, die man durchaus angemessen als einen von Geschäftemachern betriebenen praktischen Nihilismus ansprechen kann. Beides zusammen enthält als eine der großen, den Menschen als Ganzes betreffenden Grundtendenzen des heutigen Massendaseins in der bisherigen Stufe seiner Technisierung die Gefahr einer Desintegrierung, anders ausgedrückt, einer Deshumanisierung. Die angedeutete große Aufgabe der heutigen empirischen Soziologie ist, festzustellen: Wie weit reicht diese Deshumanisierungstendenz, welche Bevölkerungsschichten betrifft sie strukturell, wie strahlt sie aus, wie sehen die entstehenden Gefahren konkret betrachtet näher aus und mit welchen Mitteln sind sie gegebenenfalls einzudämmen?

Deutlich ist: Diese gesamte technokratische Umformung mit den in ihr liegenden Gefahren ist ganz augenscheinlich Teil einer *Gesamtverfassung des Daseins.*

Elite: Von der Gefahr der Deshumanisierung sind dabei nicht nur die manuellen Arbeiter betroffen, die das erste Objekt der Technisierung waren, sondern auch die über ihnen durch die technokratische Gesamtverapparatung sich ausbreitende Schicht der Funktionäre. Es bleiben auch die modernen »Herren des Daseins«, die Manager, die Alt- und Neubourgeoisie sowie die Händler, Handwerker und Bauern nicht verschont. Vor allem aber bleibt die Intelligenz davon nicht unberührt, die als technische Intelligenz ja sachlich einer der Träger der im Gang befindlichen Umformung ist und die als freie Intelligenz in ihrer Arbeitsweise und vor allem dem Wirkungsfeld ihres Einflusses unaufhörlich davon mitbetroffen wird.

Das heißt nun: Auch die geistig und intellektuell führenden Schichten oder das, was man, ohne darin enthaltenes Werturteil, die soziale und geistige Elite der Daseinsstruktur nennen kann, ist mit hineingezogen in die technokratische Massenumformung des Daseins und spielt in ihr eine ganz bestimmte Rolle. Und so wirft diese technokratische heutige Vermassungstendenz des Daseins gleichzeitig die Fragen auf: Wie verhält es sich bei dieser Tendenz nicht nur mit den Entstehungsformen dieser geistigen und sozialen Elite – ein sehr schwieriges Thema, das einer Aufklärung bedarf –, nein, vor allem: Welches ist das diesem heutigen Zustand soziologisch adäquate dynamische Verhältnis zwischen Masse und Elite oder Führungsschicht jeder Art?

Fragen, die gleichfalls zu untersuchen sind und für die als vielleicht weiterführender Wegweiser hier noch gesagt sein mag: Im abendländischen Raum kannte man bis in die Mitte des 19. Jahrhunderts, obwohl man durch die Französische Revolution und ihre Nachwirkungen hindurchgegangen war und die alten Adelsprivilegien größtenteils beseitigt waren, doch noch eine Art von Kondominium der aristokratischen Führungskräfte mit der Bürokratie und der bürgerlich fundierten Intelligenz. Man kannte in dieser noch kleinräumigen Zeit noch kein *Eliteproblem*, sondern nur eben jene allerdings recht verschiedenartige Mischung der genannten Kreise mit verschiedenartiger Färbung, und einem Anhängsel von Bohème. Vereinfachend kann man sagen: Es bestand noch eine Angliederung der bürgerlichen Intelligenz an die Reste des aristokratischen Lebenskörpers wie eine Schattenwirkung des 18. Jahrhunderts. Man kannte jedenfalls noch keine Trennung von Geist und praktisch

Zuschauer im Lenin-Stadion in Moskau, 1957

Die Macht des Bildes. Vor einem Kino in New York

führenden Lebenskräften. Und trotz des Jakobinismus und seiner Folgen sowie der entsprechenden Theorien war die Emanzipation der »Masse« erst langsam im Entstehen.

Das Eliteproblem von heute, für das einerseits die vollzogene Trennung von Geist und Macht und andererseits diese Emanzipationstendenz der Masse Wesenszüge sind, ist praktisch und geistig in vollem Umfang erst aufgetaucht an der Schwelle des heutigen Massenzeitalters, also etwa seit den achtziger Jahren des 19. Jahrhunderts, in der Zeit, in der geistig und durch den europäischen Sozialismus auch sozial das Problem der Masse aktuell wurde.

Nietzsche mit seinem scharfen Instinkt gegenüber den geistigen Entleertheiten des damaligen fortschrittsgläubigen Bürgertums ward hier Epoche. Er ist zugleich in seinen späteren Schriften der schärfste Ankläger gegenüber dem optimistischen Mehrheitsglauben geworden, der in der Tat, nachdem die Heroenromantik Thomas Carlyles abgeklungen war, sich nicht allzuviel Gedanken über die Willensbildung durch Majorität und ihre geistige Problematik machte; jener Majorität, die nun anfing, sich in organisierten Massenwillen umzuformen.

Drei große Elitebewegungen und Antimasseströmungen, die im 20. Jahrhundert Geschichte machten, sind aus dieser Situation des um die Jahrhundertwende werdenden Massenzeitalters erwachsen.

Die erste der Bolschewismus. Dessen in eine Massenprophetie eingetauchter Avantgardismus ist von Lenin klar und nüchtern zusammen mit der Anschauung von der »Gewalt« als Handlungsweise, welche die Mehrheit beiseite schieben darf, ungefähr gleichzeitig konzipiert und vertreten worden mit den 1908 erschienenen »Reflexions sur la violence« von Georges Sorel, die mit einer leidenschaftlichen Absage an die parlamentarische Mehrheitsherrschaft als Verdummungs- und Düpierungsinstrument der »Masse« eine Apologie des von einer avantgardistischen Minderheit inspirierten Generalstreiks als Umwälzungsmittel enthielten. Es war eine Schrift, die sich heute wie ein idealistisch inspiriertes, harmloses Vorwort liest für die 1917 von Lenin mit äußerster Kühle und Überlegung durchgeführte Machtergreifung der russischen Proletariatselite; eine Machtergreifung, die sich als Wortführer und Sachwalter der Masse ansah und ansieht und mit dieser Programmatik ihre gewaltige Weltwirkung erzielt hat.

Der 1921 von Mussolini geschaffene Faschismus andererseits fand sein geistiges Arsenal vor in der 1917 von Vilfredo Pareto in seiner allgemeinen Soziologie begründeten Theorie von der »Zirkulation der Eliten«. Das ist eine Lehre, für welche die Masse (gleich *classe gouvernée*) bloßes Herrschaftsobjekt darstellt, während die so oder so gegliederte, für alle sozialen und politischen Systeme notwendige Elite (gleich *classe gouvernante*) der eigentliche, ja in Wahrheit der ausschließliche Interessengegenstand ist. Dessen Bestand und Wechsel sowie dessen Herrschaftsmittel (Gewalt, List oder Sentiment) werden in endlosen Paragraphen nach einer angeblich wertfreien »logico-experimentellen« Methode dargetan. Das geschieht in einer Weise, die das wohl geschichtlich wirksamste, aber zugleich unerfreulichste Beispiel von Wert-Versteckspielen darstellt; ein wirkliches »Wolf-im-Schafpelz«-Handeln, für welches die Erhebung des Autors zum faschistischen Senator durch Mussolini der durchaus adäquate Ausdruck war. Das ist die zweite Linie.

Für die dritte, auch um die Jahrhundertwende wirksam werdende Elite-Theorie, die der Rassenlehre, die neben Pareto in ihrer naiven Offenheit fast sympathisch wirkt, bedarf es nach den brutalen Verheerungen, die sie inzwischen angerichtet hat, hier wohl nur folgender Bemerkungen: Erstens: Sofern sie die Ungleichartigkeit der Menschenrassen konstatiert, hat sie natürlich recht. Zweitens: Soweit sie von der Konstanz von deren charakterlichem Typ spricht, wirft sie Probleme auf, die mit der biologischen Lehre von der angeblichen Nichtvererbbarkeit erworbener Eigenschaften (die sich ja nur auf die somatisch nachweisbaren Qualitäten erstrecken kann) nicht erledigt werden können. Es steht soziologisch historisch fest, daß seelisch und geistig in Betracht kommende Charakterqualitäten aus der überall anzutreffenden Fülle der vorhandenen Anlagen je nach den Umständen dominant und rezessiv, will sagen charakterprägend oder charakterlich unsichtbar werden, also als durchaus wechselnde Variationen da sind. Das Nötige darüber ist in meiner Schrift »Über den dritten und vierten Menschen« zu finden. Drittens: Die vom Grafen Gobineau in seiner Schrift »Sur l'inégalité des races« begründete, dann seit der Jahrhundertwende zu einem Eliteglauben für die nordische (arische) Rasse erhobene politische Vorstellungswelt ist faktisch ein Gemengsel von teils richtig, teils falsch gesehenen historischen Tatsachen. Die Generalisierungen, die gezogen werden, sind so gut wie sämtlich ohne Unterlagen. Vom Wertakzent her gesehen handelt es sich um eine ausgesprochene Idiosynkrasie, die (wenigstens in der politischen Verwendung) einem brutalen Machtdrang aufgepfropft worden ist.

Sie stellt deutlich ein Symptom verlorengegangener Menschlichkeitsempfindung dar. Was im übrigen auch für die faschistische Linie gilt und in der Praxis der bolschewistischen Linie wahrhaftig trotz aller Massenprophetie auch klar zutage liegt. Historisch soziologisch sind alle drei Linien, wie hier nicht näher analysiert werden kann, Resultate der in praktische Humanitätsabschwächungen oder Domestikationsängste eingetauchten Zeit des ausgehenden 19. Jahrhunderts.

*

Der Soziologe der nicht bolschewistisch gewordenen Welt, der diese drei Gewalttheorien der Elite, die das Massenzeitalter gewissermaßen bei seiner Geburt gezeitigt hat, vor Augen hat, und die Prägung, die das 20. Jahrhundert durch sie angenommen hat, wird sich darüber klarwerden müssen: geht er an das Problem Masse und Elite, das vielleicht schwierigste der heutigen Daseinsstruktur, heran mit gebrochenem oder auch nur angekränkeltem Menschlichkeitsempfinden, so ist er verloren. Er kann bei der Bewußtseinsstufe, auf die die Menschheit heute gelangt ist, dann nicht einmal aufrichtig bleiben. Er kommt unentrinnbar zu Gewaltgedanken. Er muß diese aber, genauso, wie es alle heutigen Gewaltlinien tun, »tarnen«, indem er, ebenso wie diese, einen verdeckenden Majoritätsvorhang vor den von ihm vertretenen Tatsachen niederläßt. Und es werden ihm auch deren allbekannte Hilfsmittel nicht erspart bleiben.

Es gibt nur eine Art der Fragestellung – hier zeigt sich wieder die unentrinnbare Verbindung von Wertakzent und soziologischer Arbeit –, mit der heute in aufrichtiger Weise an das Problem herangegangen werden kann, nämlich die, daß gefragt wird: Inwieweit ist eine »Personalisierung« der Masse in der Daseinsformation von heute möglich, eine solche, die der Masse zunehmend innere Kompetenz gibt? Und in welchem Verhältnis steht bei solcher Personalisierung und Kompetenzverbesserung die »Auslese« zur Masse, soll die Auslese zugleich der Qualität nach gut sein?

So zu fragen hat, soweit die *Masse* in Betracht kommt, nichts zu tun mit einem blinden Massenglauben. Sonst würde man ja wohl nicht fragen. Es hat nichts zu tun mit einem platten Optimismus. Wahrhaftig, man müßte vor allem als Deutscher für einen solchen imstande sein, alle Lehren zu vergessen, in deren Nachwirkung man noch steht. Es hat aber auch nichts zu tun mit jener gewissen sehr verbreiteten Instinkten entsprechenden Bereitschaft, die Personalisierung und Kompetenzverbesserung der Masse von vornherein für ausgeschlossen zu erklären. Es hat sehr viel zu tun mit der Frage nach der Wirkung eingepflanzter und fortgetragener Urteilstraditionen, mit der Frage nach Institutionen, die solche schaffen, stützen und verbreitern. Selbstverständlich mit Erziehung und all den anderen tausend Dingen, die einer Kompetenzerhöhung dienen können.

Was die *Elite* oder die Eliten angeht, so hat diese Art zu fragen es zu tun unter anderem damit, ob die Gesamtheit sich überhaupt darüber klar ist, was für Eliten sie will und braucht; und darüber, was sie, sofern es sich um die geistige und politische Führung handelt, nicht nur für die Auslese, sondern heute auch für deren materielle Fundierung tun muß. Es könnte sein, daß die Gesamtheit nichts tut gegen eine in Wahrheit auslesewidrige oligarchische Ergänzung in der Führung so gut wie aller ihrer Großorganisationen, während sie fortgesetzt von demokratischer Repräsentation spricht. Es könnte auch sein, daß der Gesamtheit noch nicht genügend klargeworden ist, daß sie nach den kriegerischen und finanziellen Umwälzungen des Massenzeitalters, in dem wir stehen, nicht mehr so gemächlich mit einer für die geistige und politische Elitebildung zur Verfügung stehenden *leisure class* rechnen kann wie früher, daß sie die Geistigen jeder Art ganz anders bezahlen muß als früher und daß sie vielleicht zur Schaffung einer wirklich freien Intelligenz, ja für die geistige und persönliche Freiheit überhaupt, daran denken muß, breiteren Schichten Eigentumsanteile zu verschaffen. Und so fort.

Die Gesamtheit muß sich künftig außerdem weiter fragen, wie bringt sie ihre Elite dazu, zu ersetzen, was früher vor dem Massenzeitalter einmal in den lokalen Verbundenheiten die Tradition besorgt hat – kurz gesagt, irgendeine Form der vorbildlichen Existenz.

Gabriel Tarde hat für das Entstehen der Massenzeitalter (in seinen »Lois Sociales« 1898) das »Gesetz der Nachahmung« entwickelt. Ich möchte dies gern die Tendenz der sozialen Induktion nennen, die auf dem Wege der sozialen Tuchfühlung den Gesellschaftskörper von oben nach unten durchläuft. Seit dem Siege der langen Hose für die Männer und der uniformen Mode für die Frauen gilt diese Tendenz ganz offensichtlich für die äußeren Lebensgewohnheiten, wie man nicht übersehen kann: ohne daß man andererseits diese Tatsache für die innere Formung überschätzen darf. Es hat etwas Naives, wenn man meint, die Klasseneinstellung der Arbeit werde aufgehoben, wenn die Arbeiter in Verfolg dieser Tendenz dazu übergehen, sich Motorräder, eventuell Automobile anzuschaffen oder einen Garten mit Haus zu besitzen. Dies ist ebensowenig »klassenauflösend«, wie etwa andererseits die Uniformierung der Lebensgewohnheiten die starke »bürgerliche« klassenbewußte

Haltung irgendwie tangiert, die bekanntlich vor allem in den Vereinigten Staaten in gewissen großbourgeoisen Kreisen bis zur beinahe völligen Exklusivität des persönlichen Verkehrs geht.

Die soziologisch wesentliche Frage ist: Angenommen, es existiert eine gewisse soziale Induktion von oben her durch den Gesellschaftskörper hindurch im heutigen Massenzeitalter, kann sie mehr sein als äußerlich, kann sie bis zu einem gewissen Grade auch charakterformend wirken? – Es gibt in der Wirkung des englischen Gentlemantyps, den auch das Massenzeitalter nicht aufzulösen vermochte, immerhin ein großes Beispiel dafür, daß in gewissen Grenzen solche Möglichkeiten da sind. Mit ganz offenbar umrissenen Voraussetzungen, die vielleicht aber auch nicht spezifisch englisch sind. – Aber man sieht von da immerhin den ungeheuren Abstand gegenüber einem Verhalten von sozial gesehen oberen, in der Auslese »arrivierten« Schichten, die sich selbst wahrscheinlich für »Eliteteile« halten, die aber in einer Zeit der rüden Sensationen und des marktschreierischen praktischen Nihilismus offenbar keine Ahnung davon haben, daß das Schicksal ihres Volkes, die »Masse« also, einmal die Frage an sie richten könnte, nicht nur was besitzt ihr? Sondern was *seid* ihr? Könnt ihr Vorbild sein? – Noblesse oblige.

Schlußwort

Die Soziologie ist eine Tochter der Krise, der größten Lebenskrise, die das Abendland bis dahin durchgemacht hatte. Es ist durchaus wahrscheinlich, daß zur Zeit ihrer Entstehung der abendländische Mensch erstmals innerlich erfahren hat, was eigentlich Geschichte ist; Geschichte, die in ihrer Vergangenheit und ihrer Zukunft ein unmittelbar wesentlicher Teil seines Heute und seines eigenen Selbst ist, in der so sein Selbstverständnis wie ein Nadelöhr ist (Sombart), durch welches mit der Geschichte sein Schicksal hindurchläuft.

Diese Krise ist noch heut nicht zu Ende. Im Gegenteil: sie hat nach einer Zwischenperiode, in der man inmitten weiterer Umwälzungen geistig nur halb wach blieb, noch viel größere Maße angenommen. Die Kräfte, die von damals her sich in Sozialreligionen umgesetzt haben, wirken fort. Da ist die eine von ihnen, der es geglückt ist, das gesamte Leben eines Drittels der Menschheit total umzuwälzen. Derart, daß der Mensch, der bisher der integrierende Mittelpunkt des Geschehens war, nicht bloß für die Theorie, sondern auch für einen gewaltigen Teil seines wirklichen Daseins aus diesem Mittelpunkt herausgeschleudert worden ist und in der Gefahr scheint, in seiner bisherigen seelisch-geistig integrierten Form zu verschwinden.

Aber es haben sich inzwischen ferner teils als Kinder, teils als Pfleglinge der Krise auch neue allgemeine Gewalten des Daseins erhoben, gewaltsam evolutionäre Gewalten, in denen der Mensch auch wiederum nur ein Teil ist, der der Tendenz der Auflösung unterworfen ist. Er ist in Gefahr, auch auf der übrigen Erde aufgebrochen zu werden und in Trümmer zu gehen.

Seine Intelligenzschicht empfindet, wenn nicht exakt diese Gefahr, doch deren Charakter und die Gewalt der Umwälzung, in der sie steht. Und sie hat, bisher im Positiven weitgehend versagend, darauf teils mit Nihilismus, teils mit dem Gefühl der Verlorenheit, teils mit der Klage über das Chaos reagiert, in dem sie sich befindet.

Was ist ihr und der Menschen Verhältnis zu den Zeiten? Was ist der reale Kern der Gefahren, in der der Mensch sich befindet? Das hat die Soziologie heute mit großer Radikalität zu fragen.

Sie soll das nüchtern tun. Sie darf nicht vergessen, daß sie nicht mehr als eine Orientierung bieten kann. Sie muß sich stets vor Augen halten, was alles für diese Orientierung bereits getan ist und was fortgesetzt in Spezialuntersuchungen und in theoretischer Bewältigung geleistet wird; wie stark hier bereits im Rahmen eines breiten Arbeitsstroms wissenschaftlich gehandelt wird, wenn auch zu einem erheblichen Teil nicht genügend unter Beleuchtung der gewaltigen Daseinsproblematik, die im Hintergrund steht, und der Ordnung, in die alles spezialistische Einzelhandeln einzustellen ist.

Das alles hat die Soziologie, wenn sie im neugeweckten Bewußtsein als große Krisenwissenschaft an ihre Aufgabe herantritt und die vorhandenen Einzelwissenschaften verwenden will, gewissermaßen in eine neuerkannte Zusammenordnung zu bringen und durch diese unter die Beleuchtung der wiedergesehenen Gesamtproblematik zu stellen.

Wir haben hier einen skizzenhaften Aufriß davon gegeben, nicht mehr. Vielleicht ist es möglich, von dieser Generalproblematik, also von dem Krisenbewußtsein her, endlich auch zu einer Auseinandersetzung und also auch Zusammenarbeit mit der so andersartig unterbauten und gegliederten amerikanischen Soziologie zu gelangen, die heute methodisch die am stärksten gefestigte ist. Auch sie kennt heute das Krisenbewußtsein, das sie als *cultural lag* in ihre so geschlossene Systematik und ihre beinahe verhärtete Nomenklatur einfügt. Die Schwierigkeit ist, daß sie trotz längst vollzogener Abkehr von allem Evolutionismus, obgleich sie den Menschen und sein problematisch werdendes Schicksal auch im Rahmen ihrer Betrachtungsart heute sieht, von einzelnen Ansätzen (etwa Ogburn, Mumford) abgesehen, doch nicht bereit ist, diesen Menschen als spontan formende Kraft den sozialen Bedingungen gegenüberzustellen. Sie läßt ihn im allgemeinen, auch wenn und wo sie ihn als Ganzes sieht, doch wieder innerhalb der Bewegungstendenzen der verschiedenen Teile des äußeren Daseinsdynamismus weitgehend verschwinden. So daß die Krise des heutigen Menschen für ein *cultural lag*, will sagen ein Nachhinken des Sozialkulturellen gegenüber dem Materialkulturellen, also ein Mißverhältnis nicht von Mensch zu soziologischer Konstellation, sondern von »Institutionen« untereinander, angesehen wird. Daher die Vorstellung des »Nachhinkens«, wo wir von einer konstellativ bedingten menschlichen Gefährdung sprechen würden. Erst bei dieser letztgenannten Sicht ist man ja aus dem in Wirklichkeit nicht ganz abgestreiften alten deterministischen Evolutionszirkel heraus.

Wird das drüben anders werden? Und wann wird man auch die wesensmäßige Verschiedenartigkeit des Sozialstrukturellen, Zivilisatorischen und Kulturellen erkennen, die so klar aus ihren verschiedenartigen geschichtlichen Bewegungsformen abzulesen ist? Das Zivilisatorische ist nicht umgriffen mit »materieller Kultur«. Denn es besteht im Innersten aus den Stufen der Bewußtseinsaufhellung und der Abfolge der Denkformen. Die systematische Wissenschaftsentwicklung und die Technik (gleich »materieller Kultur«) sind erst die späten Niederschläge davon.

Es steht leider kein anderes Wort für diese in ihrer Eigenart und Ausdehnung so scharf umrissene Sphäre zur Verfügung, obgleich die andersartige, im ganzen mit jedem irgendwie weiterentwickelten Gesamtdasein identische Verwendung des Wortes *civilization* im Englischen und dazu auch im Französischen die internationale Verständigung unendlich erschwert, vielleicht sogar verbarrikadiert. Aber die Soziologie ist eben eine Geisteswissenschaft und muß, wenn sie das Geistige ergreifen und ausdrücken will, den dort für die Kennzeichnung des Phänomens in einer bestimmten Sprache allein zur Verfügung stehenden Ausdruck verwenden. Mit dem Versuch eines nach naturwissenschaftlichem Muster geschaffenen Volapük würde sie vollends blutleer und nicht einmal in einer einzigen Sprache Lebendiges umgreifen.

Sieht sie aber die Zivilisationssphäre in der Besonderung ihres Stufenzuges gegenüber dem Sozialstrukturellen klar in ihrer Konstellationsinterpretation, und stellt sie endlich auch wieder den Menschen als Ganzes als einen spontaneitätsgeladenen Gegenpol in diese Konstellation, mit klarem Blick für die in dieser Arbeit überall erschlossenen, vor allem wissenschaftlichen und technischen, aber auch sozialstrukturellen Evolutivkräfte, denen er dabei gegenübersteht, so wird das Bild der heutigen Krise deutlicher als früher. Man weiß dann, in welches Gesamt man etwa das früher für das technische Partial ausgeführte einzustellen hat, was die totale und mit großer Geschwindigkeit vor sich gehende Umwälzung des Verhältnisses von Mensch und Umwelt im *Gesamtdasein* bedeutet. Man wird dann erkennen, daß die Frage entsteht: soll die Masse der Menschen, deren soziale Gliederung man jetzt sieht, künftig in den großen Gehäusen dieser Gliederung überhaupt noch als aktiv gestaltende Potenz, als welche sie einstmals ihre äußere Daseinsform gestaltete und zusammen mit den geistigen Führern ihre großen und erhabenen Objektivationen und Interpretationen geschaffen hat – der Anteil des Kollektivs daran war früher groß –, soll sie überhaupt noch schöpferisch und gestaltend dem Dasein gegenüberstehen, oder soll sie im wesentlichen bloßer Auffang der von zentralen Mechanismen und Mobilismen ihr zugeworfenen Daseinsfetzen werden; eine Situation, die sich in erschreckender Weise auch in der Auflösung der bisherigen gestalthaften Daseinsinterpretation, von der Philosophie angefangen bis zur Kunst, widerspiegelt und in jene innere Haltungslosigkeit des geistigen und praktischen Nihilismus mündet.

Kann die Menschheit dieser Entstellung und Entleerung ihres bisherigen Menschentums entrinnen? Wo sind die Ansätze, um sie in einer Besinnung zu sich selbst zu bringen? Und wo die Maßstäbe, die sie vor der Vergeudung der ihr durch das äußere Dasein in den Schoß geworfenen Möglichkeiten bewahren können? Die durch die Technik und Organisation ermöglichte Abkürzung der Arbeitszeit und die Vergrößerung der Muße würde ohne solche Maßstäbe Selbstverschwendung. Sie schaffte ohnedem nur Raum für den Hexenrausch der Sensationen.

Es ist offenbar nötig, bis zu diesem Punkt vorzudringen. Man sieht dann: rettend und zugleich möglich kann nur eine Selbsterfahrung des Menschen sein, welche die durch seine Transzendenzverflochtenheit *auch* in ihm liegenden Befreiungskräfte lebendig macht. Es ist nichts zu hoffen, ehe nicht eine solche neue Selbsterfassung den Großteil dessen, dem man heute versklavt nachrennt, als Plunder deutlich macht, ehe nicht aus innerem Zwang Kraft und Urteil gewonnen werden, von den zuströmenden Daseinsimpressionen das Platte und Überflüssige beiseite zu werfen und den ausgewählten Rest produktiv sich selbst erhöhend zu verwenden. Der Mensch wird dann ganz von selbst sich nicht mit dem »Man«, sondern mit dem »Wir« verbunden fühlen. Er wird versuchen, für dieses »Wir« von seiner neuen Selbsterfahrung soviel als möglich in das entfremdet gewordene, vielleicht sich heute technisch langsam bessernde Arbeits- und Berufsdasein, aber auch in die sonstige heute meist so stark entstellte Gesamtexistenz zu inferieren.

Er muß lernen, aus instinktgewordener unmittelbarer Reaktion die Selbstzerstörung, die er heut mit einer Binde um die Augen betreibt, zu beenden. Diese Binde um die Augen und die aus solcher Blindheit geborene Flucht ins Nichts macht ihn wahrhaftig zu einer Parodie des Sophokleischen »Nichts ist gewaltiger doch als der Mensch«.

Bis zu diesem Punkt, wo er das fühlt und sieht, hat ihn die Soziologie zu bringen. Aber es ist gut, wenn sie an diesem Punkt ihn nicht allein läßt, gut, wenn sie dabei nicht in Redensarten verbleibt, sondern auf Tatsachen hinweist, die keineswegs philanthropisch zu seiner Hilfe erdacht, in ihrer praktischen Daseinswirkung ihm vielleicht helfen.

Der Daseinskatarakt, in dem wir uns heute befinden, stellt uns gleichzeitig in das Zeitalter der sogenannten zweiten industriellen Revolution. Diese ist sicherlich sehr revolutionär, kann aber in ihrem vollen Effekt noch nicht übersehen werden und wird nach außen kaum kataraktartig werden. Schon das hohe technische Niveau, in dem sie sich vollziehen muß, schafft von der Kostenseite her wirksame und jedenfalls verlangsamende Schranken.

Aber das ändert nichts an dem, was das Prinzip, nach dem sie sich vollzieht, für den in ihren Bereich geratenen Menschen bedeutet: negativ ist sie die Ausfüllung aller bisher in großem Umfang bestehengebliebenen, aber an technischen Hilfsmitteln übertragbaren Handarbeitslücken im gesamten Arbeits- und Wirtschaftsprozeß. Positiv aber ist sie eine Umwandlung sehr entscheidender zentraler Prozesse in die Form der Leistung weitgehend sich selbst kontrollierender und regulierender Maschinen, neben denen sich aber als Bediener der Mensch als letztlich zuführende und regulierende Kraft befindet. Der quasi Ingenieur gewordene Mensch steht einem, wenn auch mechanisch gewordenen Prozeß gegenüber als Herr. In den Maschinenbau, den er regiert, werden alle denkbaren schriftlichen und sonstigen bürokratischen Anhängsel sich selbst erledigend durch Rechenmaschinen hineingezogen, wie eben auch der größte Teil der Kontrollen, ja Fehlernachweise durch elektronische Apparate in der Maschine abgenommen sind. Das Ganze ein gegen außen abgeschlossenes Etwas, das mit größter Exaktheit arbeitet und nur durch seine elektronischen Apparaturen innerlich beweglich und beherrschbar ist. Also auf der einen Seite der alte Werkmeister mit seinen Gehilfen, auf der anderen Seite diese in sich abgeschlossene, aber unter Kontrolle gestellte Maschine.

Es bedarf keiner großen Phantasie, um sich vorzustellen, welche Umwälzung diese Vorgänge für die Arbeitsweise der in ihnen stehenden Menschen bedeuten, auch wenn man sich vergegenwärtigt, daß die neuen Qualitätsarbeitsgänge sich nur wie dünne silberne Fäden durch eine in alltäglicher alter Art vor sich gehende Arbeitsmasse hinziehen werden.

Auch wenn die Dinge so liegen, wird dieser alte Arbeitsprozeß auf die Dauer beeinflußt, denn das neue Prinzip strahlt aus und ist der Vorbote eines generellen Stilwandels der Arbeit. Der Mensch, der bisher seine Arbeit im ganzen als ein innerlich unbeteiligtes Anhängsel eines Mechanismus vollzog, der ihm geistig nicht bloß die grobe, sondern auch die feine Arbeit entfremdend entzog, tritt wieder, wenn auch in veränderter Form, neben eine zwar mechanisierte Arbeit, die ihn aber nach Art und Ort seiner Stellung zu ihrem verantwortlichen Leiter und Herrn macht; ohne frei und willkürlich arbeiten zu können, wird er wieder, soweit diese Qualitätsumwandlung reicht, kritischer und leitender Herr seiner Arbeit.

Das muß ausstrahlen, auch wenn dieser Vorgang nur einen begrenzten Rayon einer Daseinswirklichkeit betrifft. Es ist klar, daß er dabei den ganzen Existenzraum von seiner dynamischen Potenz her für die Arbeit verwandelt.

Es mag sein, daß die Aufgabe der Soziologie grundsätzlich von Prophetie und ausgesprochener Phantasie Abstand zu nehmen hat. Trotzdem muß ausgesprochen werden, und das kann vielleicht ein versöhnlicher Schluß sein, daß sich hier für die ungeheure menschliche Gefahr, von der wir bei der Mechanisierung fortgesetzt sprechen mußten, eine Art Selbstheilungsprozeß anbahnt. Die gesamte technische Entwicklung mußte der Produktivität zuliebe bei ihrem Fortgang das Humane beiseite schieben, sie endet hier, indem sie den Menschen wieder an die Stelle setzt, an die er gehört, in ihrer letzten Instanz wie in einem künftige Gesundung andeutenden Fortschritt. Man ängstige sich nicht gegenüber diesem Fortschritt, als ob er zu weit gehen könnte und dem Menschen vielleicht gerade die ausführende Arbeit entwindet, ihn als Arbeitskraft in Wirtschaft und Arbeitsprozeß gewissermaßen ausschaltet. Die Stränge der geschilderten Qualitätsproduktion werden in der alltäglichen Arbeitsweise, die dauernd bevorzugt wird, immer begrenzt sein. Es genügt, daß sie wegen der neuen Prinzipien, die sie einführen, und wie diese auf Klima und Art der Gesamtarbeit einwirken, unzweifelhaft allgemein die Arbeit humanisieren.

Damit hat die Technik den Weg gefunden, mit der ursprünglich verletzenden Waffe nun zu heilen, und gibt dem phantasievollen Soziologen einen Anlaß, in dieser Möglichkeit den Beginn einer neuen bestimmten sozialtechnisch fundierten Sanierung zu sehen.

UNIVERSALGESCHICHTE
IN STICHWORTEN

NAMEN- UND SACHREGISTER

QUELLENVERZEICHNIS
DER ABBILDUNGEN

UNIVERSALGESCHICHTE IN STICHWORTEN

1901

POLITIK Königin *Viktoria* von Großbritannien (82) stirbt (12.1.), ihr ältester Sohn wird als *Eduard VII.* (60) König (regiert bis 1910). Ende der deutsch-britischen Bündnisverhandlungen, die sich mit Unterbrechungen schon seit 1898 hingezogen hatten. Der Präsident der USA *William McKinley* (48) wird ermordet (6.9.), Vizepräsident *Theodore Roosevelt* (43) wird sein Nachfolger. »Boxer«-Protokoll der Großmächte legt Chinas Sühneleistung nach dem Boxeraufstand fest (7.9.). Im zweiten »Hay-Pauncefote-Vertrag« mit Großbritannien sichern sich die USA das Alleinrecht auf Erbauung des Panamakanals (18.11.). Gründung des »Commonwealth of Australia«.

LITERATUR *Sigmund Freud* (45) »Zur Psychopathologie des Alltagslebens«. *Edmund Husserl* (42) »Logische Untersuchungen«.

KUNST *Henry van de Velde* (38) gründet Weimarer Kunstgewerbeschule.

NATURWISSENSCHAFT *Karl Landsteiner* (33) entdeckt menschliche Blutgruppen. *Iwan P. Pawlow* (52) beginnt tierpsychologische Experimente über bedingte Reflexe. *Robert Edwin Peary* (45) stellt Inselnatur Grönlands durch Umfahrung im Norden fest.

TECHNIK *Guglielmo Marconi* (27) gelingt drahtlose Telegraphie über den Atlantik.

WIRTSCHAFT *John Pierpont Morgan* (64) gründet United States Steel Corporation.

1902

POLITIK Bündnis zwischen Großbritannien und Japan (30.1.): Sicherung der chinesischen Unabhängigkeit, Anerkennung des japanischen Interesses in Korea, Zusicherung gegenseitiger Neutralität, im Fall eines Angriffes von mehr als 2 Mächten gegenseitigen Beistandes. Ende des Burenkrieges (Friede von Vereeniging, 31.5.): Burenrepubliken werden britische Kolonien, baldige Selbstverwaltung wird ihnen zugesichert, Großbritannien zahlt 3 Millionen Pfund als Entschädigung für die Verwüstungen des Landes. Italiens allmähliche Abkehr vom Dreibund setzt sich nach dem Abkommen über die Rechtsstellung der Italiener in Tunis (1896), dem Handelsvertrag (1898) und dem Geheimabkommen mit Frankreich über Marokko und Tunis mit einem Notenaustausch fort (1.11.), in dem Italien seine Neutralität für den Fall eines Angriffs Dritter und den eines französischen Angriffs zur Abwehr einer Provokation zusichert. *Alfons XIII.* (18) übernimmt die Regierung in Spanien. *Eduard VII.* (61) Schiedsrichter im chilenisch-argentinischen Grenzkonflikt in Patagonien. Ende des Aufstandes auf den Philippinen. Britisch-deutsch-italienische Blockade Venezuelas zwecks Eintreibung von Schulden führt zum Eingreifen der USA: die Monroedoktrin erlaubt kein europäisches Eingreifen gegen Schuldnerstaaten.

LITERATUR *John Atkinson Hobson* (44) »Imperialismus«. *Else Lasker-Schüler* (26) »Styx«.

MUSIK *Claude Debussy* (40) »Pelléas et Mélisande«.

NATURWISSENSCHAFT *Emil H. Fischer* (50) »Untersuchungen über Aminosäuren, Polypetide und Proteine«. *Charles Richet* (52) entdeckt Überempfindlichkeit des Organismus gegen artfremdes Eiweiß.

WIRTSCHAFT Verstärkte Schutzzolltendenz im neuen deutschen Zolltarif.

1903

POLITIK Ermordung *Alexanders I.* von Serbien (27, der letzte Obrenowitsch, 11.6.), sein Nachfolger wird *Peter I.* (59) Karageorgewitsch (bis 1918, dann König von Jugoslawien bis 1921). Zusammenkunft zwischen *Franz Joseph* von Österreich (73) und Zar *Nikolaus II.* (35) in Mürzsteg (29.9.): Erhaltung des Status quo auf dem Balkan, Einigung über Mazedonien (seit 1902 dort Erhebungen; die Pforte zu Verwaltungsreformen veranlaßt). Auf dem Londoner Parteitag der russischen Sozialisten Spaltung in Bolschewiki unter Führung von *W.I. Lenin* (33) und Menschewiki unter *G. W. Plechanow* (47); Parteitag der deutschen Sozialdemokraten in Dresden: Sieg des doktrinären Sozialismus über revisionistische Bestrebungen. Landgesetz in Irland (Pächter können Landeigentümer werden). Neue autonome Verfassung für Island. Baubeginn der Bagdadbahn. Gebiet von Panama erklärt sich mit Unterstützung der USA für unabhängig und tritt Kanalzone gegen einmalige Entschädigung und Pacht ab.

KULTUR *Giuseppe Sarto* (68) wird als *Pius X.* Papst. *Oskar von Miller* (48) gründet das Deutsche Museum in München.

LITERATUR *Benedetto Croce* (37) beginnt Herausgabe seiner Zeitschrift »La Critica«.

NATURWISSENSCHAFT *Ernest Rutherford* (32) und *Frederick Soddy* (26) deuten Radioaktivität als Zerfall von Atomkernen.

TECHNIK *Orville Wright* (32) und seinem Bruder *Wilbur* (36) gelingt der erste Flug mit dem Motorflugzeug.

1904

POLITIK Entente zwischen Großbritannien und Frankreich (8.4.): gegenseitige Anerkennung der britischen Interessen in Ägypten und der französischen in Marokko, Beseitigung auch anderer kolonialer Reibungsflächen. Französisch-spanische Einigung über Marokko (6.10.). Großbritannien verstärkt seinen Einfluß in Tibet, China anerkennt auf der Konferenz von Simla Autonomie West-Tibets. Russische Ablehnung des japanischen Anspruchs auf freie Hand in Korea führt zum Überfall japanischer Torpedoboote auf das russische Geschwader in Port Arthur (10.8.) und damit zum russisch-japanischen Krieg; japanische Erfolge in Dairen, Mukden und Port Arthur; Rußland setzt seine Ostseeflotte nach Fernost in Marsch, dabei Doggerbank-Zwischenfall (21.10.) (russische Schiffe beschießen britische Fischereifahrzeuge), der zeitweise zu scharfen russisch-britischen Spannungen führt. *Sun Yat-sen* (38) gründet die Kuo-min-tang. Unruhe in Rußland: Forderungen des Petersburger Semstwo-Kongresses unter Führung der »Kadettenpartei« zwingen den Zaren zu entgegenkommender Haltung.

LITERATUR *Hermann Hesse* (27) »Peter Camenzind«. *Romain Rolland* (38) beginnt die Veröffentlichung des Romans »Jean Christophe« (bis 1912).

SOZIALWESEN Erste aus öffentlichen Mitteln unterstützte Arbeitslosenversicherung der Welt in Gent.

NATURWISSENSCHAFT *Theodor Boveri* (42) erkennt in den Chromosomen des Zellkerns die stofflichen Träger der Erbanlagen.

TECHNIK *Arthur Korn* (34) gelingt Bildtelegrafie. Eröffnung der Transsibirischen Bahn. *Hermann Anschütz-Kaempfe* (32) erfindet den Kreiselkompaß.

1905

POLITIK Beginn der ersten Marokkokrise: *Wilhelm II.* (46) landet in Tanger (31.3.) und verlangt Wahrung der deutschen Interessen in Marokko; Frankreich kommt der deutschen Forderung nach Rücktritt des Außenministers *Theophile Delcassé* (53) nach; Deutschland lehnt direkte Verhandlungen mit Frankreich ab und fordert internationale Konferenz. In Großbritannien übernimmt der Liberale *Sir Henry Campbell-Bannerman* (69) die Regierung; in der Folgezeit Neuregelung des Arbeitsrechts. Frankreich trennt Kirche mit ihrem Erziehungswesen völlig vom Staat; Einziehung des Kirchenvermögens, das jedoch den Religionsgemeinschaften zur Nutzung verbleibt. Dies bildet den Abschluß einer Reihe von antiklerikalen Maßnahmen, die 1904 zum diplomatischen Bruch mit dem Vatikan geführt hatten. Einigung aller sozialistischen Parteien in Frankreich. Trennung Norwegens von Schweden (7.6.), der dänische Prinz *Carl* (33) wird als *Haakon VII.* König von Norwegen. Begegnung von Bjoerkoe zwischen *Wilhelm II.* (46) und Zar *Nikolaus II.* (37) (23.–24.7.); der dort geschlossene Vertrag zur gegenseitigen Unterstützung in Europa wird nicht verwirklicht (Einsprüche der Politiker in beiden Ländern). Mährischer Ausgleich: Regelung der Sprachen- und Nationalitätenfrage mit Anspruch der jeweiligen Minderheit auf öffentliche Unterstützung ihrer Schulen. Nach der russischen Niederlage in der Seeschlacht bei Tsushima (27.5.) wird der russisch-japanische Krieg beendet; im Frieden von Portsmouth (New Hampshire) (5.9.) tritt Rußland Süd-Sachalin und Port Arthur an Japan ab und verzichtet auf alle Rechte in Korea, sein Einfluß in der nördlichen Manchurei bleibt jedoch erhalten. Beginn der russischen Revolution: blutiger Zusammenstoß eines Demonstrationszuges zur Überreichung einer Petition an den Zaren mit der Polizei in Petersburg (22.1.), Bildung von Sowjets in Moskau und Petersburg, Meutereien auf der Flotte (Kreuzer Potemkin), Streiks im Baltikum und in Finnland; Zustimmung des Zaren zu einer von allen Bevölkerungsschichten gewählten Duma.

LITERATUR *Heinrich Mann* (34) »Professor Unrat«. *Albert Schweitzer* (30) »Johann Sebastian Bach«.

KUNST Erstes Auftreten der französischen Malergruppe »Les Fauves«, die sich um *Henri Matisse* (36) schart. *Paul Klee* (26) »Der Held mit dem Flügel«. *Aristide Maillol* (44) »La Méditerranée«. Gründung der »Brücke« (Künstlervereinigung der deutschen Expressionisten) in Dresden; erste Ausstellung 1906.

SOZIALWESEN Internationale Arbeiterschutzkonferenz in Bern.

NATURWISSENSCHAFT *Albert Einstein* (26) »Spezielle Relativitätstheorie«. *Otto Hahn* (26) entdeckt radioaktives Element Radiothor. *Sven Hedin* (40) beginnt Forschungsreise durch Persien und Nordwest-Tibet zum Indusgebiet, in deren Verlauf der Transhimalaja entdeckt wird.

TECHNIK Bau des Rhein-Weser-Kanals als erster Abschnitt des Mittellandkanals begonnen.

1906

POLITIK Im Verlaufe der Marokkokrise britisch-französisch-belgische Militärgespräche und allgemeine Festigung der Entente (entgegen den Erwartungen Deutschlands); Beilegung der Krise auf der Konferenz von Algeciras (16.1.–7.4.); mit der Algeciras-Akte erhält Frankreich freie Hand in Marokko, Einspruchsrecht für Deutschland theoretisch zugesichert. *George Clemenceau* (65) wird zum erstenmal französischer Ministerpräsident (bis 1909). Ende der Affäre *Dreyfus* in Frankreich. Beginn der Umgestaltung der deutschen Reichsfinanzen (Beteiligung des Reiches an den direkten Steuern), wird jedoch bis zum Weltkriege nicht abgeschlossen. Überwindung der russischen Revolution beginnt mit Niederwerfung des Moskauer Generalstreiks in blutigen Straßenschlachten; Rechte der Duma werden schon in den »Grundgesetzen«, in der Folgezeit noch mehr begrenzt. Gleichzeitig beginnen Agrarreformen des Innenministers *Petr Stolypin* (44). *G. J. Rasputin* (35) findet Eingang am Zarenhof. Wiedervereinigung der Bolschewiki und der Menschewiki auf dem Stockholmer Parteitag (April). Revolution in Persien wegen Aufhebung der gerade erst gewährten Verfassung (dauert bis 1909).

LITERATUR *Robert Musil* (26) »Die Verwirrungen des Zöglings Thörleß«. *Upton Sinclair* (28) »Der Dschungel«.

NATURWISSENSCHAFT *Ludolph Brauer* (41) wendet Pneumothorax zur Stillegung von Lungenflügeln an.

TECHNIK Vollendung des Simplontunnels. Stapellauf des britischen Schlachtschiffes »*Dreadnought*«, nach dem dann die ganze Schiffsklasse benannt wird.

1907

POLITIK Britisch-russisches Übereinkommen (31.8.): Persien wird in Einflußsphären aufgeteilt, Rußland verzichtet auf seinen Einfluß in Afghanistan, Großbritannien ruft seine Militärmission aus Tibet zurück; Rußland erhofft britische Unterstützung in der Meerengenfrage. Damit Bildung der Triple-Entente. Zweite Haager Konferenz: Frage der Rüstungsbeschränkung wird nicht behandelt (Deutschland ist dagegen); Neufassung der Völkerrechtsregeln für den Seekrieg; Verbesserung der Landkriegsordnung von 1899 (wegen Allbeteiligungsklausel nur de facto in Kraft). Sozialistenkongreß in Stuttgart; *W. I. Lenin* (37) bereitet die Spaltung auch der westeuropäischen sozialistischen Parteien vor. Integritätsabkommen von Christiania (Oslo): Deutschland, Frankreich, Großbritannien und Rußland anerkennen Integrität Norwegens. Konflikt zwischen der Regierung und den Cortes in Portugal. Einführung des allgemeinen Wahlrechts für Männer in Österreich (nicht in Ungarn). Neu-Seeland wird Dominion.

KULTUR Papst *Pius X.* (72) verurteilt Modernismus in der katholischen Kirche; ab 1910 müssen die katholischen Priester den »Antimodernisteneid« schwören.

LITERATUR *Henri Bergson* (48) »L'Evolution créatrice«. *Stefan George* (39) »Der siebente Ring«. *Maksim Gorkij* (39) »Die Mutter«.

KUNST Gründung des deutschen Werkbundes (zur Verbesserung der gewerblichen Arbeit). *Pablo Picasso* (26) »Les Demoiselles d'Avignon« (Beginn des Kubismus).

TECHNIK *Thomas Alva Edison* (60) Betongußverfahren. *Hugo Junkers* (48) Doppelkolbenmotor.

WIRTSCHAFT Neuordnung der Einkommensteuer in Frankreich (Einführung der Progression), wird bis zum Weltkrieg nicht vollendet.

1908

POLITIK Daily-Telegraph-Interview *Wilhelms II.* (49) (28. 10.) weckt in Presse und Reichstag stärkste Kritik an dessen persönlicher Politik. Vertrag zwischen Rußland, Deutschland, Dänemark und Schweden in Petersburg über die Erhaltung des Status quo an der Ostsee (23. 4.). Versuch einer Regelung der Flottenfrage zwischen Deutschland und Großbritannien scheitert; deutsche Flottenbaunovelle. *Karl I.* von Portugal (45) ermordet, *Manuel II.* (19) wird König (regiert bis 1910). Festigung der britisch-russischen Entente durch Revaler Treffen *Eduards VII.* (67) mit *Nikolaus II.* (40). Erhöhte Spannungen in Südosteuropa: Revolution der »Jungtürken«; im folgenden Jahr wird *Abdul Hamid II.* (67) abgesetzt; Kreta proklamiert seine Vereinigung mit Griechenland, Bulgarien erklärt seine Unabhängigkeit; Vereinbarung des österreichisch-ungarischen Außenministers *Graf Ährental* (54) mit dem russischen Außenminister *Iswolskij* (52) in Buchlau (16.9.) über die Meerengen, über Bosnien und die Herzegowina führt zur Annexion dieser beiden Länder durch Österreich-Ungarn (5. 10.); in der Meerengenfrage erreicht Rußland jedoch nichts (britischer Widerstand), so beginnt schwere europäische Krise (bosnische Annexionskrise). Der Kongostaat (seit 1885 unter der Herrschaft des Königs der Belgier) wird belgische Kolonie. »Gentlemen's agreement« zwischen Japan und den USA, japanische Einwanderung soll von Japan aus eingeschränkt werden.

LITERATUR *Hans Driesch* (41) »Philosophie des Organischen«. *Friedrich Meinecke* (46) »Weltbürgertum und Nationalstaat«. *Georges Sorel* (61) »Réflexions sur la violence«. *Jakob Wassermann* (35) »Caspar Hauser«.

KUNST *Marc Chagall* (21) »Nu rouge«.

NATURWISSENSCHAFT *Fritz Haber* (40) Ammoniaksynthese. *Hermann Minkowski* (44) »Raum und Zeit« (mathematische Grundlage der Relativitätstheorie).

1909

POLITIK Ende der bosnischen Annexionskrise: Deutschland veranlaßt Österreich-Ungarn zu finanziellen Zugeständnissen an die Türkei, Rußland zur Aufgabe seiner Unterstützung Serbiens, das nach einem österreichisch-ungarischen Ultimatum demobilisiert; in Rußland wird dieses Ende als Demütigung empfunden. Rücktritt des russischen Außenministers *Iswolskij* (53). Russisch-italienischer Geheimvertrag von Racconigi (24. 10.): Erhaltung der Status quo auf dem Balkan; im Falle seiner Veränderung sichern sich die Partner gegenseitige Kompensationen zu. *Bernhard von Bülow* (60) tritt von seinen Ämtern zurück, deutscher Reichskanzler wird *Theobald von*

Bethmann-Hollweg (53). Baubeginn von acht britischen Dreadnoughts. Einführung des allgemeinen Wahlrechts in Schweden. Die Jungtürken setzen *Mohammed V.* (65) als Sultan ein. Rußland und Großbritannien greifen in Persien ein und erzwingen Inkraftsetzen der Verfassung. Indian Councils Act verstärkt die Beteiligung der Inder an der Gesetzgebung. *William Howard Taft* (52) wird neuer Präsident der USA; unter seiner Regierung Anti-Trust-Gesetze.

Literatur *Thomas Stearns Eliot* (21) Gedichte. *Martin Grabmann* (34) »Geschichte der scholastischen Methode« (2 Bände, bis 1911). *Maurice Maeterlinck* (47) »L'Oiseau bleu«. *Filippo Tommaso Marinetti* (33) »Futuristisches Manifest«. *Ezra Pound* (24) »Personae«.

Musik *Richard Strauss* (45) »Elektra«.

Kunst *Peter Behrens* (41) Turbinenhalle der AEG, Berlin.

Naturwissenschaft *Paul Ehrlich* (55) entdeckt mit dem Japaner *Sahachiro Hata* (36) ein Heilmittel gegen die Syphilis (Salvarsan). *Robert Edwin Peary* (53) erreicht als erster den Nordpol. *Sir Ernest Shackleton* (35) entdeckt den magnetischen Südpol. *Jakob J. von Uexküll* (45) »Umwelt und Innenwelt der Tiere«.

Technik *Louis Blériot* (37) überfliegt den Ärmelkanal. *Fritz Hofmann* (43) erfindet synthetischen Kautschuk.

1910

Politik König *Eduard VII.* von Großbritannien (69) stirbt (6. 4.), sein Nachfolger wird *Georg V.* (45; regiert bis 1936). Besuch des Zaren *Nikolaus II.* (42) in Potsdam, russische Zustimmung zum Bau der Bagdadbahn, freie Hand für Rußland in Nordpersien (9. 11.). Sprachlicher Ausgleich in der Bukowina nach dem mährischen Muster. Revolution in Portugal, Sturz der Monarchie; Einführung des allgemeinen Wahlrechts für Männer. Aufstand in Mexiko gegen *Porfirio Diaz* (80), der im nächsten Jahr abdanken muß; steigender Einfluß der USA. Nicaragua wird Protektorat der USA. Errichtung der Südafrikanischen Union (31. 5.). Japan annektiert Korea (24. 8.), nachdem es ein Jahr zuvor mit Rußland den Verlauf der koreanisch-manchurischen Grenze vereinbart hatte.

Literatur *Paul Claudel* (42) »Cinq Grandes Odes«. *Ludwig Klages* (38) »Prinzipien und Charakterologie«. *Charles Péguy* (37) »Le Mystère de la charité de Jeanne d'Arc«. *Bertrand Russell* (38) und *Alfred North Whitehead* (49) »Principia mathematica« (3 Bände bis 1913). *Emile Verhaeren* (55) »Les Rythmes souverains«.

Musik *Igor Strawinsky* (28) »Feuervogel«.

Kunst *Giorgio de Chirico* (22) »Das Rätsel des Orakels«. *Wassily Kandinsky* (44) Abstraktes Aquarell. *Oskar Kokoschka* (24) Bildnis des Auguste Forel. *Fernand Léger* (29) »Nus dans la forêt«.

Technik Manhattan-Brücke über den East River in New York (448 m).

1911

Politik Zweite Marokkokrise: durch innere marokkanische Wirren verursachte Besetzung von Fes wird von Deutschland als Bruch der Algeciras-Akte (7.4. 1906) aufgefaßt; das deutsche Kanonenboot »Panther« vor Agadir (1. 7.); nach deutsch-französischen Verhandlungen das Marokko- und Kongoabkommen (4. 11.): Deutschland erhält Teile von Französisch-Kongo, die französische Herrschaft über Marokko (Protektorat) bleibt unbestritten. Parlamentsgesetz in Großbritannien beseitigt den Einfluß des Oberhauses in der Gesetzgebung (aufschiebendes Veto). *Winston Churchill* (31) erster Lord der Admiralität. Britisch-amerikanischer Schiedsgerichtsvertrag. Neue Verfassung für Elsaß-Lothringen (26. 5.). Ermordung des russischen Innenministers *Petr Stolypin* (49) (18. 9.). Italien beginnt wegen Tripolis Krieg gegen die Türkei (28. 9.), annektiert Tripolis (5. 11.). Trennung von Staat und Kirche in Portugal. Beginn der revolutionären Erhebung in China, in den folgenden Jahren Kämpfe zwischen den verschiedenen Richtungen, welche die Lösung der Außengebiete (Tibet und Mongolei) vom Reich erleichtern. *Sun Yat-sen* ruft in Nanking die Republik aus (30. 12.).

Kultur Carnegie Corporation zur Förderung von Kultur und Wissenschaft ins Leben gerufen.

Literatur *Hugo von Hofmannsthal* (37) »Jedermann«. *Hans Vaihinger* (59) »Die Philosophie des Als-Ob«.

Musik *Maurice Ravel* (36) »L'heure espagnole«. *Richard Strauss* (47) »Der Rosenkavalier«.

Kunst *Georges Braque* (30) »Le Portugais«. Gründung des »Blauen Reiters« in München.

Sozialwesen Streik der Hafen- und Eisenbahnarbeiter in Großbritannien. Invaliditäts-, Kranken- und Arbeitslosenversicherung in Großbritannien.

Naturwissenschaft *Roald Amundsen* (39) erreicht den Südpol (14. 12.) vor *Robert Falcon Scott* (43), der vier Wochen nach ihm eintrifft und auf dem Rückmarsch umkommt. *Ernest Rutherford* (40) stellt Atommodell auf. *Willem Einthoven* (51) erfindet Saitengalvanometer (zum Nachweis galvanischer Ströme).

Technik Transanden-Bahn verbindet Buenos Aires mit Valparaiso.

1912

Politik *Raymond Poincaré* (52) wird französischer Ministerpräsident und Außenminister (14. 1.). Festigung der französisch-britischen Entente: Großbritannien verstärkt Flotte in der Nordsee und übernimmt Deckung der französischen Nordküste, Frankreich konzentriert seine Flotte im Mittelmeer. Flottenverhandlungen zwischen Großbritannien und Deutschland (seit 1909) trotz abschließender Mission *Lord Haldanes* (52) (9. 2.) ergebnislos. Die drei nordischen Staaten vereinbaren Regeln für Neutralität. Friede von Lausanne (18. 10.) beendet Tripoliskrieg: Tripolis und die Cyrenaica werden vom Sultan für autonom erklärt und damit de facto italienisch; keine Einigung über die von Italien besetzten Inseln des Dodekanes. Marokko wird französisches Protektorat, General *Lyautey* (58) wird erster Generalresident. Bulgarien schließt mit Serbien (13. 3.) und Griechenland (29. 5.) Bündnisverträge (öffentlich Defensivbündnisse, im geheimen Offensivbündnisse gegen die Türkei für den Fall einer entscheidenden türkischen Schwächung). Als die Türkei ein Ultimatum der Verbündeten über Reformen in Mazedonien ablehnt, beginnt der erste Balkankrieg (17. 10.); die Londoner Botschafterkonferenz unter Vorsitz des britischen Außenministers *Sir Edward Grey* (50) bemüht sich um Beilegung des Kampfes. Endgültige Spaltung der russischen Sozialisten, da die Bolschewiki erklären, daß sie allein die echten Vertreter des russischen Sozialismus seien. Persien anerkennt britische und russische Interessensphäre. Geheimvertrag zwischen Rußland und Japan: Einigung über alle strittigen Fragen in der Mongolei und Manchurei. Tod des japanischen Kaisers *Meiji (Mutsuhito)* (60), sein Nachfolger wird *Taishô (Yoshihito)* (33).

Kultur *Rudolf Steiner* (51) gründet seine Anthroposophische Gesellschaft.

Literatur *Gottfried Benn* (26) »Morgue«. *Anatole France* (68) »Les Dieux ont soif«. *Wassily Kandinsky* (46) »Das Geistige in der Kunst« (theoretische Begründung der abstrakten Kunst). *Reinhard Johannes Sorge* (20) »Der Bettler« (bahnbrechend für das expressionistische Drama). *Ernst Troeltsch* (47) »Soziallehren der christlichen Kirchen«. *Franz Werfel* (22) »Der Weltfreund«.

Kunst *Franz Marc* (32) »Hund, Fuchs, Katze«. *Aristide Maillol* (51) »Le Printemps« und »L'Eté«. *Emil Nolde* (45) Tryptichon der Maria Aegyptiaca.

Naturwissenschaft *Johannes Fibiger* (45) erzeugt als erster Krebsgeschwulst aus gesunder Zelle. *Max von Laue* (33), *Walther Friedrich* und *Paul Knipping* beweisen Wellennatur der Röntgenstrahlen. *Charles T. R. Wilson* (43) fotografiert ionisierende Strahlen in der Nebelkammer.

Technik Untergang der »Titanic« (15. 4.).

1913

Politik Ende des ersten Balkankrieges im Londoner Vorfrieden (30. 5.): Türkei muß auf Gebiet westlich der Linie Enos-Midia sowie auf Kreta und die Inseln der Ägäis verzichten. Uneinigkeit über die Verteilung der Beute führt zu bulgarischem Angriff auf Serbien und damit zum zweiten Balkankrieg, in den Griechenland, Rumänien und die Türkei auf serbischer Seite eintreten; Bulgarien wird geschlagen und verliert im Bukarester Frieden (10. 8.) Adrianopel an die Türkei, Wardartal an Serbien und Saloniki an Griechenland, Albanien wird selbständiges Fürstentum. In Frankreich wird *Raymond Poincaré* (53) Präsident der Republik (17. 1.). Heeresverstärkung in Deutschland, Einführung der dreijährigen Dienstpflicht in Frankreich. Ermordung König *Georgs I.* von Griechenland (68), sein Nachfolger wird *Konstantin I.* (45). General *Otto Liman von Sanders* (58) wird Chef der deutschen Militärmission in der Türkei (8. 11.). *Woodrow Wilson* (57) wird Präsident der USA (bis 1921) (4. 3.); in der Folgezeit erfolgt Zentralisierung des Bundeskreditwesens in den Federal Reserve Banks, Einführung einer progressiven Bundeseinkommensteuer (4. 3.). In China macht sich der General *Yüan-Shih-k'ai* (54) zum Präsidenten der Republik (6. 10.) und gibt dem Reich im folgenden Jahr eine neue Verfassung (1. 5. 14). Rußland anerkennt chinesische Oberhoheit über die Mongolei, behält aber starken Einfluß.

Kultur Treffen der deutschen Jugendbewegung auf dem Hohen Meißner (11./12. 10.). Rockefeller Foundation gegründet.

Literatur *Edmund Husserl* (54) »Ideen zu einer reinen Phänomenologie und phänomenologischen Philosophie«. *Oskar Kokoschka* (27) »Dramen und Bilder«. *David Herbert Lawrence* (28) »Sons and Lowers«. *Marcel Proust* (42) beginnt »A la recherche du temps perdu« (7 Bde. bis 1922). *Miguel de Unamuno* (49) »Das tragische Lebensgefühl«.

Naturwissenschaft *Friedrich Bergius* (29) entwickelt Hochdruckverfahren zur Kohleverflüssigung. *Niels Bohr* (28) »Abhandlungen über den Atombau«.

Technik Beginn der technischen Darstellung von synthetischem Ammoniak nach dem von *Carl Bosch* (39) verbesserten Verfahren *Habers* (*Haber-Bosch-Verfahren*). *Alexander Behm* (33) erfindet Echolot.

Der erste Weltkrieg

1914

Internationale Politik Der Führer der Jungtürken *Enver Pascha* (33) zum Kriegsminister ernannt (Januar). Deutsch-britische Verständigung über die Bagdadbahn (15. 2.) (Deutschland verzichtet auf die Endstrecke). Deutsch-britische Verträge über Interessen in den portugiesischen Kolonien (15. 6.). Konflikt zwischen den USA und Mexiko wegen Verhaftung nordamerikanischer Seeleute in Tampico (9. 4.). Ermordung des österreichischen Thronfolgers und seiner Gattin durch einen bosnischen Studenten (28. 6.) führt zu internationaler Krise, da Teile der serbischen Regierung und Öffentlichkeit hinter dem Attentäter stehen. Österreich-Ungarn stellt, gedeckt durch deutsche Treueversprechen (6. 7.: »Blankovollmacht«), Ultimatum an Serbien (23.7.), in dem Bestrafung der Schuldigen und Beteiligung Österreich-Ungarns an den Untersuchungen gefordert wird. Die serbische Antwort (25.7.) ist nachgiebig, macht jedoch Vorbehalte hinsichtlich der eigenen Souveränitätsrechte. Österreich-Ungarn erklärt die Antwort für unbefriedigend, bricht diplomatische Beziehungen zu Serbien ab und ruft Teilmobilmachung aus (25.7.). Trotz britischer und deutscher Vermittlungsversuche erklärt Österreich-Ungarn Serbien den Krieg (28.7.). Rußland, nach dem Besuch des französischen Staatspräsidenten *Poincaré* (54) und des Ministerpräsidenten *Viviani* (51) (20.–23.7.) seines Verbündeten sicher, antwortet mit der Teilmobilmachung, die am folgenden Tag in eine Gesamtmobilmachung umgewandelt wird. Deutschland verkündet Zustand der drohenden Kriegsgefahr und stellt Ultimaten an Rußland (Einstellung der Mobilmachung) und Frankreich (Neutralitätserklärung für den Fall eines deutsch-russischen Konflikts gefordert) (31.7.). Da Rußland nicht antwortet, verkündet Deutschland die Mobilmachung und erklärt Rußland den Krieg (1.8.). Frankreich macht am selben Tag mobil, seine Antwort auf die deutsche Anfrage (Frankreich wird tun, was seine Interessen verlangen) wird für ungenügend erklärt und führt zur deutschen Kriegserklärung (3.8.). Deutschland fordert Durchmarschrecht durch Belgien (2.8.), das von der belgischen Regierung verweigert wird (3.8.); dennoch erfolgt der deutsche Einmarsch (3./4.8.). Großbritannien mobilisiert die Flotte (1.8.) und versichert Frankreich seiner Unterstützung (2.8.), beim deutschen Einmarsch in Belgien fordert es von Deutschland ultimativ die Respektierung der belgischen Neutralität, was einer Kriegserklärung gleichkommt (4.8.). Kanada erklärt sich für den Fall eines Krieges mit Großbritannien solidarisch (2.8.). Serbien erklärt an Deutschland, Österreich-Ungarn an Rußland den Krieg (6.8.). Französische und britische Kriegserklärung an Österreich-Ungarn (11. und 12.8.), japanische an Deutschland (23.8.). Deutsch-türkischer Vertrag (2.8.), führt zur Erklärung der bewaffneten Neutralität durch die Türkei (3.8.), die vom Kriegsminister *Enver Pascha* (33) veranlaßte Beschießung russischer Küstenstädte (29.10.) wird durch russische, britische und französische Kriegserklärung beantwortet (2.–5.11.). Die USA fragen an, ob die kriegführenden Mächte die Londoner Seekriegsrechtsdeklaration anerkennen wollen (6.8.), Deutschland antwortet zustimmend (22.8.), Großbritannien macht Vorbehalte hinsichtlich der Frage der Konterbande. Die Regierungen der skandinavischen Länder beschließen Wahrung der Neutralität.

Die Alliierten Londoner Vertrag (5.9.) sichert gemeinsame Kriegführung der Entente bis zu gemeinsamem Friedensschluß. Großbritannien annektiert Cypern (5.11.) und erklärt Ägypten zum britischen Protektorat (18.12.). 21 Forderungen Japans an China (3.12.): größter Einfluß in der Manchurei und in Nordchina gefordert.

Die Mittelmächte Der deutsche Reichstag billigt einstimmig die Kriegskredite (4.8.). *Falkenhayn* (53) löst *Moltke* (66) als Chef der Obersten Heeresleitung ab (14.9.). *Rathenau* (47) weist auf Notwendigkeit der Rohstoffbewirtschaftung hin (9.8.), wird später Leiter der Kriegsrohstoffabteilung.

Französischer Kriegsschauplatz Beginn der französischen Offensive gegen Elsaß-Lothringen (14.8.), die mit Schlacht bei Mülhausen (19.8.) zum Stehen kommt. Nach Beendigung des deutschen Aufmarsches (17.8.) beginnt die deutsche Offensive, Einmarsch in Brüssel (20.8.), anschließend rascher Vormarsch nach Frankreich, Bedrohung von Paris, die französische Regierung weicht nach Bordeaux aus (3.9.). Nach der Schlacht an der Marne (6.–9.9.) gehen die deutschen Truppen hinter die Aisne zurück (10.–12.9.). Es beginnt der »Wettlauf zum Meer« (bis 10.11.); die Front erstarrt; die im Rücken der deutschen Truppen liegende Festung Antwerpen wird genommen (9.10.).

Russische Front In den Schlachten bei Tannenberg (23.–31.8.) und an den Masurischen Seen (8.–10.9.) werden die in Ostpreußen eingedrungenen russischen Truppen wieder vertrieben. In Galizien führen die beiden Schlachten bei Lemberg (26.–30.8.; 8.–12.9.) zum Verlust der Stadt (3.9.) und Ostgaliziens; Entlastung durch deutschen Vormarsch gegen den Weichselbogen (ab 28.9.), der aber nach Anfangserfolgen abgebrochen werden muß, Rückzug auf die deutsche Grenze (ab 19.10.). Nach erneuter deutscher Offensive in Polen (11.11.; Schlacht bei Kutno, 13.–16.11.) Erstarren der Front, im Süden nach dem Sieg der Österreicher bei Limanowa (17.12.), wo die gegen Krakau vordringenden Russen zurückgeworfen werden.

Balkan Zwei österreichische Offensiven gegen Serbien schlagen fehl.

Seekrieg Erste Kreuzergefechte bei Helgoland (28.8.). Versenkung dreier britischer Kreuzer durch U 9 (22.9.) führt zu großen Erwartungen auf die U-Boot-Waffe. Großbritannien erklärt die Nordsee zum Kriegsgebiet (2.11.). Das deutsche Südseegeschwader wird nach anfänglichem Erfolg (bei Coronel, 31.10.) bei den Falklandinseln vernichtet (8.12.). Deutsche Kreuzerverluste im Atlantik und Indischen Ozean (»Karlsruhe« und »Emden«).

Krieg in Übersee Die deutsche Schutztruppe in Togo kapituliert (26.8.). Britische Truppen landen in Deutsch-Südwestafrika (19.9.). Das britische Expeditionskorps in Deutsch-Ostafrika wird bei Tanga geschlagen (2.–5.11.). Kapitulation von Tsingtao (7.11.). Besetzung der deutschen Kolonien im Pazifik durch japanische, australische und neuseeländische Truppen.

Kultur *Giacomo della Chiesa* (60) wird als *Benedikt XV.* Papst.

Literatur *Hermann Bahr* (51) »Expressionismus«. *Ricarda Huch* (50) »Der große Krieg in Deutschland«.

Georg Kaiser (36) »Die Bürger von Calais«. *Carl Sternheim* (36) »Der Snob«. *Georg Trakl* (27) Gedichte.

Kunst *Oskar Kokoschka* (28) »Die Windsbraut«. *Henri Matisse* (45) »Les poissons rouges«.

Technik Eröffnung des Panamakanals.

1915

Internationale Politik Verhandlungen des Obersten *House* (59) in Europa führen zu keinem Ergebnis. Mit der Erklärung des warnungslosen U-Boot-Krieges durch Deutschland (4.2.) beginnt Spannung mit den USA; die Versenkung der Passagierdampfer »Lusitania« (7.5.) und »Arabic« (19.8.) führt nach amerikanischen Protesten zu deutscher Versicherung, daß U-Boot-Krieg nach den Regeln des Kreuzerkrieges geführt werde. Verhandlungen zwischen Österreich-Ungarn und Italien wegen Kriegsteilnahme Italiens (Januar—März) scheitern, Italien werden im Londoner Geheimvertrag (26.4.) beträchtliche territoriale Zugeständnisse gemacht. Italienische Kriegserklärung an Österreich-Ungarn (24.5.). Nach Abschluß eines deutsch-bulgarischen Bündnisses (6.9.) erklärt Bulgarien den Krieg an Serbien (14.10.), was die Alliierten mit Kriegserklärungen beantworten (15. bis 20.10.). China muß die japanischen Forderungen nach größerem Einfluß im Norden des Landes erfüllen (Mai).

Die Alliierten Großbritannien und Frankreich sichern Rußland den Erwerb Konstantinopels und der Meerengen zu (18.3.). Auf einer interalliierten Konferenz werden in Chantilly (6.—8.12.) korrespondierende Offensiven und Räumung der Dardanellen beschlossen. *Briand* (53) französischer Ministerpräsident (29.10.). Erweiterung der liberalen britischen Regierung zu Koalitionskabinett (18.5.). Nach den Niederlagen der russischen Armeen wird Großfürst *Nikolai Nikolajewitsch* (59) als Oberbefehlshaber der Streitkräfte abberufen, Zar *Nikolaus II.* (47) übernimmt selbst die Führung.

Französischer Kriegsschauplatz Winterschlacht in der Champagne (16.—20.3.), französischer Durchbruchsversuch scheitert. Geringfügige Verbesserungen der deutschen Stellungen durch Ypernschlacht (22.4.—25.5.), erster Einsatz von Giftgas. Französisch-britische Durchbruchsversuche bei La Bassée und Arras scheitern (9.5.—23.7.). Erneute Durchbruchsversuche der Franzosen in der Champagne (22.9. bis 6.11.) und der Briten bei La Bassée und Arras (25.9. bis 13.10.) bleiben erfolglos.

Russische Front Winterschlacht in den Masuren (7.—15.2.). Kapitulation von Przemysl mit armeestarker österreichischer Besatzung (22.3.). Deutscher Vorstoß in Litauen und Kurland (26.4.—9.5.), Einnahme von Libau (7.5.). Deutsch-österreichischer Durchbruch bei Gorlice-Tarnow (2.5.) leitet Übergang zum Bewegungskrieg ein; die Russen verlieren Lemberg (22.6.); die große deutsch-österreichische Offensive (ab 1.7.) führt zur Eroberung von Warschau (5.8.), Nowo-Georgiewsk (Modlin) (20.8.), Brest-Litowsk (25.8.), Grodno (2.9.), Pinsk (16.9.) und Wilna (18.9.), kommt aber nach russischer Gegenoffensive bei Tarnopol (6.—19.9.) auch in den anderen Frontabschnitten zum Stehen.

Balkan Donauübergang deutscher und österreichisch-ungarischer Truppen (6.10.) führt zur Eroberung von Belgrad (9.10.) und völligen Niederwerfung Serbiens.

Italien Erste bis vierte Isonzoschlacht bleiben erfolglos (Juni—November).

Türkei Beginn der alliierten Unternehmungen gegen die Dardanellen; erster Flottenangriff (18.3.) scheitert, Landung auf Gallipoli (25.4.), die Alliierten vermögen jedoch in den Kämpfen des Sommers keine Erfolge zu erzielen, im Dezember beginnt daher die Räumung der Halbinsel. Türkisches Unternehmen gegen den Suezkanal scheitert (3.2.). Vereinzelte türkische Erfolge an der persisch-russischen Front (Januar—März).

Luftkrieg Nachtangriffe deutscher Luftschiffe auf London, Paris und Südengland beginnen.

Seekrieg Doggerbankgefecht (24.1.). Mit der Vernichtung des deutschen Kreuzers »Königsberg« in Ostafrika (11.7.) Ende des deutschen Kreuzerkrieges; nur noch Einsatz von Hilfskreuzern.

Krieg in Übersee Die deutsche Schutztruppe in Deutsch-Südwestafrika kapituliert (9.7.).

Literatur *Friedrich Naumann* (55) »Mitteleuropa«. *Franz Werfel* (25) »Nicht der Mörder, der Ermordete ist schuldig«.

Kunst *Amadeo Modigliani* (31) Bildnis des Malers Kisling.

Naturwissenschaft *Albert Einstein* (36) »Allgemeine Relativitätstheorie«. *Alfred Wegener* (35) »Die Entstehung der Kontinente und Ozeane« (Begründung der Kontinentalverschiebungstheorie).

Technik *Hugo Junkers* (56) erstes Ganzmetallflugzeug.

1916

Internationale Politik Nach Besuchen in Berlin (Januar) vereinbart Oberst *House* (60) mit dem britischen Außenminister *Grey* (54) (21.2.), daß der amerikanische Präsident *Wilson* eine allgemeine Friedenskonferenz vorschlagen soll. Weitere Fühlungnahmen in dieser Richtung scheitern. *Wilson* (60) proklamiert als Ziel seiner Politik die Schaffung eines Völkerbundes (27.5.); nach seiner Wiederwahl und dem deutschen Friedensangebot (12.12.) fordert er die kriegführenden Mächte zur Bekanntgabe ihrer Forderungen auf (20.12.), die deutsche Regierung lehnt dies ab, erklärt sich aber für die Nachkriegszeit zur Mitarbeit an der Verhütung künftiger Kriege im Sinne der Wilsonschen Forderungen bereit (26.12.). Deutschland verschärft den U-Boot-Krieg gegen bewaffnete Handelsschiffe (29.2.), weicht aber nach den durch die Versenkung des französischen Passagierdampfers »*Sussex*« (24.3.) ausgelösten amerikanischen Protesten erneut zurück (4.5.). Italien erklärt auch Deutschland den Krieg (28.8.). Nach einem Vertrag mit den Alliierten (17.8.) erklärt Rumänien den Krieg an Österreich-Ungarn (27.8.), was die anderen Mittelmächte mit eigenen Kriegserklärungen beantworten. Blokkade der griechischen Küste durch die Alliierten (6.–22.6.) erzwingt Regierungsumbildung in Griechenland, das in den nächsten Monaten zum Kriegseintritt veranlaßt werden soll; *Venizelos* (52) tritt an die Spitze einer »vorläufigen Regierung« in Saloniki und erklärt den Mittelmächten den Krieg, während die Athener Regierung und der König an der Neutralität festhalten. US-amerikanische Truppen besetzen vorübergehend Vera Cruz wegen Grenzverletzungen revolutionärer mexikanischer Banden. USA schließen mit Nicaragua einen Vertrag, der ihnen das Recht zum Bau eines zweiten Kanals zwischen Atlantik und Pazifik einräumt.

Die Alliierten Großbritannien und Frankreich vereinbaren im Sykes-Picot-Abkommen Aufteilung der Türkei (16.5.). *Lloyd George* (53) wird britischer Ministerpräsident (6.12.). *Aristide Briand* (54) bildet sein Kabinett um (13.12.); *Nivelle* (58) ersetzt *Joffre* (64) im Oberbefehl über die französische Armee (2.12.). Osteraufstand in Dublin (April), Ausrufung einer irischen Republik; Aufstand wird niedergeworfen. Unruhen in Rußland, Ermordung *Rasputins* (45) (29.12.).

Die Mittelmächte *Tirpitz* (67), Staatssekretär im Reichsmarineamt, tritt wegen der Ablehnung seiner Forderung auf Erklärung des uneingeschränkten U-Boot-Krieges zurück (17.3.). Abspaltung einer linken Gruppe der sozialdemokratischen Reichstagsfraktion (24.3.), im Verlauf des Jahres Gründung des Spartakusbundes. *Hindenburg* (69) und *Ludendorff* (51) an die Spitze der Obersten Heeresleitung (29.8.). Mittelmächte proklamieren Wiederherstellung Polens (5.11.). Ermordung des österreichischen Ministerpräsidenten *Graf Stürgkh* (57) (21.10.) und Tod Kaiser *Franz Josephs* (86) (21.11.), Nachfolger wird sein Großneffe als *Karl I.* (29), *Graf Czernin* (44) wird Außenminister (14.12.). Hilfsdienstpflichtgesetz in Deutschland (5.12.).

Französischer Kriegsschauplatz Die deutschen Angriffe auf Verdun (ab 21.2.) bringen nach Anfangserfolgen (Erstürmung des Forts Douaumont, 25.2.) keine wesentlichen Fortschritte und werden nach einem letzten erfolglosen Vorstoß (21.7.) eingestellt. Die britisch-französischen Durchbruchsversuche an der Somme (24.6.–26.11.) bleiben ebenfalls ohne wirklichen Erfolg, dagegen gewinnen die französischen Truppen die bei Verdun verlorengegangenen Festungswerke zurück (24.10.–16.12.).

Russische Front Vergebliche Durchbruchsversuche der Russen bei Postawy (Richtung Wilna, 19. bis 28.3.). In der ersten *Brussilow*-Offensive (4.6.–15.8.) gelingt den russischen Truppen die Einnahme von Luck (8.6.) und mit der von Czernowitz (16.6.) die Eroberung der Bukowina. Die zweite *Brussilow*-Offensive (16.9.–3.10) wird ebenso wie die dritte (14.10.–16.12.) abgewiesen.

Balkan In einem nur wenige Wochen dauernden Feldzug (ab 1.9.) wird Rumänien besetzt, nach der Schlacht am Argesfluß (1.–5.12.) nehmen die Truppen der Mittelmächte Bukarest (6.12.) und drängen die rumänischen Verbände au das linke Serethufer zurück.

Italien Fünfte Isonzoschlacht (März) erfolglos. Österreichisch-ungarischer Angriff aus Tirol, die Festungen Asiago und Arsiero werden genommen (14.5.), aber Ende Juni wieder geräumt. In der sechsten Isonzoschlacht (6.–9.8.) gewinnen die italienischen Truppen Görz und die Hochfläche von Doberdo. Die siebente, achte und neunte Isonzoschlacht (September bis November) bleiben erfolglos.

Türkei Die Alliierten räumen Gallipoli (9.1.). Eine russische Offensive in Armenien und Persien (Januar bis April) erfolgreich, doch gewinnen die Türken in einer Gegenoffensive (Juni–August) einen Teil des in Persien verlorenen Geländes zurück. Der Versuch britisch-indischer Truppen, auf Bagdad vorzustoßen, führt zu deren Einschließung und Kapitulation bei Kut-el-Amara (29.4.). Im Dezember gelingt es den Briten, auf dem Ostufer des Suezkanals Fuß zu fassen.

Luftkrieg Bildung der ersten deutschen Kampfgeschwader (Februar). Deutsches Luftkriegswesen unter eigenem Kommandierenden General der Luftstreitkräfte zusammengefaßt (Oktober).

Seekrieg Skagerrakschlacht (31.5.) bringt keine Entscheidung, Verluste der britischen Flotte höher als die der deutschen.

Krieg in Übersee Teil der deutschen Schutztruppe in Kamerun tritt auf spanisches Gebiet über (9.2.), der Rest kapituliert (18.2.). Beginn des großen Angriffs auf Deutsch-Ostafrika (Februar).

Literatur *John Dewey* (57) »Demokratie und Erziehung«. *Henri Barbusse* (42) »Das Feuer« (erster wirklicher Anti-Kriegsroman).

Naturwissenschaft *Lenard von Post* baut Pollenanalyse zur Bestimmung vorgeschichtlicher Pflanzenfolge aus.

1917

Internationale Politik Die britisch-französische Antwortnote an *Wilson* (61) proklamiert als alliierte Kriegsziele die Rückgabe von Elsaß-Lothringen, Wiederherstellung Serbiens und Belgiens sowie Durchführung des Nationalitätenprinzips in Südosteuropa (10.1.). *Wilson* fordert im Senat des nordamerikanischen Kongresses den »Frieden ohne Sieg« (22.1.); die deutschen Kriegsziele werden *Wilson* zur persönlichen Information vom deutschen Botschafter mitgeteilt (29.1.): Grenzberichtigungen und Sicherheitsgarantien im Westen, Einbeziehung Polens in den deutschen Einflußbereich und Neuverteilung der Kolonien. Der deutsche Versuch, Mexiko (»*Zimmermann*-Telegramm«, 19. 1.) in den Krieg hineinzuziehen, führt zu starker Verstimmung in den USA. Deutschland erklärt den uneingeschränkten U-Boot-Krieg (1.2.); daraufhin brechen die USA die diplomatischen Beziehungen ab (3.2.) und erklären den Krieg (6.4.). Papst *Benedikt XV.* (63) bietet der deutschen Regierung seine Vermittlung für Friedensverhandlungen an (26.6.), dann allen kriegführenden Mächten (1.8.), hat jedoch keinen Erfolg. Kriegserklärung der USA an Österreich-Ungarn (7.12.). Unter britisch-französischem Druck muß König *Konstantin* (49) von Griechenland abdanken (12.6.), Nachfolger wird sein Sohn *Alexander* (24); nach Bildung einer neuen Regierung unter *Venizelos* (53) Kriegseintritt Griechenlands an der Seite der Alliierten (27.6.). Nach der bolschewistischen Revolution erklärt sich die deutsche Regierung zu Verhandlungen mit Rußland bereit (27.11.), nach Abschluß eines Waffenstillstandes (15.12.) beginnen die Friedensverhandlungen in Brest-Litowsk (20.12.). Litauen proklamiert seine Unabhängigkeit (11.12.); Finnland proklamiert seine Unabhängigkeit (20.7.). China erklärt Deutschland und Österreich-Ungarn den Krieg (14.8.).

Die Alliierten Großbritannien sichert Japan in einem Geheimvertrag die Südseeinseln nördlich des Äquators und Tsingtao zu (16.2.). Französisch-russischer Geheimvertrag über die Kriegsziele (11.3.): Elsaß-Lothringen und Saargebiet sollen zu Frankreich, Gründung einer selbständigen Rheinrepublik, freie Hand für Rußland an seiner Westgrenze. Im Londoner Vertrag treten die USA der Entente als assoziierte Macht bei (September). USA stellen Japan ihre Unterstützung bei den japanischen Bemühungen um den Erwerb der deutschen Südseebesitzungen in Aussicht und anerkennen die japanischen Interessen in China, wollen jedoch die chinesische Integrität grundsätzlich gewahrt wissen (2.11.). Britisch-französisch-italienische Konferenz von St. Jean de Maurienne (19.–21.4.) fixiert italienische Ansprüche. Balfour-Deklaration (2.11.): Palästina wird als künftige Heimstätte jüdischer Siedler in Aussicht genommen. Krisen in Großbritannien und Frankreich (Streiks, Meutereien). *Pétain* (51) ersetzt *Nivelle* (59) im französischen Oberbefehl (15.5.). *Clemenceau* (77) wird französischer Ministerpräsident (17.11.), nachdem sich seit Rücktritt *Briands* (55) (17.3.) die Kabinette *Ribot* und *Painlevé* nicht halten konnten. Revolutionäre Unruhen in Rußland; als bei einem Demonstrationszug in Petersburg Truppen das Feuer eröffnen (60 Tote), bricht die Revolution aus (12.3.), (siehe auch Spezialzeittafel-Seite 150f.), *Nikolaus II.* (49) dankt ab (14.3.), am gleichen Tag Bildung einer provisorischen Regierung unter dem Fürsten *Lwow* (56). *Lenin* (47) fordert die sozialistische Weltrevolution (»Aprilthesen«) (17.4.). Der Sozialrevolutionär *Kerenskij* (36) wird Ministerpräsident (20.7.). *Lenin*, der nach dem gescheiterten Aufstand (16./17.7) flüchten mußte, kehrt heimlich nach Petersburg zurück (23.10.). Die bolschewistische Revolution beginnt (7.11.), das Winterpalais (Sitz der Provisorischen Regierung) wird gestürmt (8.11.); in Moskau kapituliert die Garnison, die rote Fahne weht über dem Kreml (15.11.), Proklamation der Rechte der Völker Rußlands (15.11.).

Die Mittelmächte Osterbotschaft. Kaiser *Wilhelm II.* (58) kündet Reform des preußischen Wahlrechts an (7.4.). Gründung der USPD (9.–11.4.), Munitionsarbeiterstreik (April). Bei dem Kampf um die Friedensresolution, die *Erzberger* (42, Zentrum) im Reichstag eingebracht hatte (6.7.), wird *Bethmann Hollweg* (61) gestürzt (12.7.), *Michaelis* (60) wird Reichskanzler, die Friedensresolution angenommen. *Michaelis* muß wenig später zurücktreten (26.10.), Nachfolger wird *Graf Hertling* (74). Gründung einer annexionistischen »Vaterlandspartei« (2.9.) unter *Kapp* (59) und *Tirpitz* (68). Wiederzusammentritt des österreichischen Parlaments (31.5.): tschechische und südslawische Autonomieforderungen. *Pilsudski* (50) tritt aus Protest gegen die unzureichende Erfüllung polnischer Wünsche aus dem Staatsrat aus (2.7.), Bildung eines Regentschaftsrates (12.9.).

Französischer Kriegsschauplatz Die deutschen Truppen gehen auf die vorbereitete »Siegfriedstellung« zurück (22.2.–18.3.); die britische Offensive im Artois (Beginn 9.4.) wird ebenso wie die französische in der Champagne (Beginn 16.4.) eingestellt (19.4.). Auch in den folgenden Monaten versuchen britische Truppen vergeblich, die deutsche Front in Flandern zu durchbrechen.

Russische Front Eine neue *Brussilow*-Offensive beginnt (24.6.), bleibt aber ebenso wie die *Kerenskij*-Offensive (ab 1.7.) erfolglos; eine deutsch-österreichische Gegenoffensive (ab 19.7.) führt zur Rückgewinnung Ostgaliziens und der Bukowina; im Norden wird Riga von den Deutschen genommen (3.9.), die Inseln Ösel, Dagö und Moon erobert (12. bis 20.10.).

Italien Auch die zehnte und elfte Isonzoschlacht (Mai und August) bringen den Italienern keine Erfolge, dagegen gelingt den Truppen der Mittelmächte der Durchbruch am Isonzo, die italienischen Verbände gehen bis hinter die Piave zurück (24.–27.10.).

Türkei Nach dem Fall von Bagdad (11.3.) stellen die britischen Truppen die Verbindung mit den Russen her; nach dem durch die Revolution veranlaßten Abzug der russischen Verbände besetzen die Briten Persien. Anfang November beginnt eine britische Offensive vom Suezkanal aus, die zum Fall von Jerusalem führt (8.12.).

Seekrieg Schiffsbauprogramm der Alliierten und Verbesserung der Abwehrmethoden (Geleitzüge) lassen den uneingeschränkten U-Boot-Krieg trotz hoher Versenkungsziffern nicht zu dem erhofften Erfolg werden.

Kultur *Max Reinhardt* (44), *Hugo von Hofmannsthal* (43) und *Richard Strauss* (53) begründen die Salzburger Musikfestspiele.

Literatur *Paul Valéry* (46) »La jeune Parque«. *Lion Feuchtwanger* (33) »Jud Süß« (Drama).

Kunst *George Grosz* (24) »Das Gesicht der herrschenden Klasse« (sozialkritische Lithographien).

Naturwissenschaft *Julius Wagner von Jauregg* (60) wendet erfolgreich Heilfieber gegen progressive Paralyse an. *Carl Gustav Jung* (42) »Das Unbewußte«.

Technik Normenausschuß der deutschen Industrie.

1918

Internationale Politik *Wilson* (62) verkündet seine 14 Punkte (8.1.). Schwierigkeiten bei den deutsch-russischen Friedensverhandlungen; Deutschland schließt den »Brotfrieden« mit der Ukraine (9.2.), daraufhin erklärt Rußland den Kriegszustand ohne Annahme der deutschen Bedingungen für beendet (10.2); durch die Wiederaufnahme der Kriegshandlungen erzwingt Deutschland (»Eisenbahnvormarsch«) den Abschluß des Friedensvertrages von Brest-Litowsk (3.3.): Rußland muß auf Livland, Kurland, Litauen, Estland und Polen verzichten, den Sonderfrieden mit der Ukraine anerkennen und sich zu wirtschaftlichen Leistungen verpflichten. Estland proklamiert seine Unabhängigkeit (24.2.). Im Frieden von Bukarest (7.5.) muß Rumänien die Dobrudscha an Bulgarien abtreten und Deutschland die Ausnutzung seiner Ölvorkommen überlassen. In Finnland breiten sich die Bolschewisten aus (Januar bis April). *Karl* von Österreich (31) und sein Außenminister *Graf Burián* (67) können sich nicht mit der deutschen Führung über die Bedingungen für einen Waffenstillstand einigen (14.8.). Österreichisch-ungarische Note an *Wilson* (14.9.) regt Friedenskonferenz an, wird aber negativ beantwortet. *Hindenburg* (71) und *Ludendorff* (53) verlangen Waffenstillstandsverhandlungen (29.9.); auf das deutsche Angebot (3./4.10.) werden in den amerikanischen Antwortnoten (8., 14. und 23.10.) das Ende des U-Boot-Krieges, Räumung der besetzten Gebiete und Bevollmächtigung demokratischer Vertreter verlangt. Inzwischen war *Prinz Max von Baden* (51) zum Reichskanzler ernannt worden (3.10.), Bulgarien hatte Waffenstillstand schließen müssen (30.9.), *Ferdinand I.* (57) von Bulgarien hatte zugunsten seines Sohnes *Boris* (24) abgedankt (4.10.); Kaiser *Karl* (31) verspricht die Umwandlung Österreich-Ungarns in einen Bundesstaat (17.10.), *Wilson* (62) fordert die Anerkennung der Selbständigkeitswünsche der Völker Österreich-Ungarns (20.10.), Auflösung der Donaumonarchie: Revolution in Wien, Eröffnung einer deutsch-österreichischen Nationalversammlung (21.10.), Proklamation der Tschechoslowakei (28.10.), die jugoslawischen Völker erklären ihre Lösung aus dem österreichisch-ungarischen Staatsverband (29.10.), Bildung einer selbständigen ungarischen Regierung (1.11.); Österreich schließt Waffenstillstand (3.11.). Inzwischen war auch die Türkei zum Waffenstillstand gezwungen worden (31.10.). *Lansings* (54) Note an Deutschland (5.11.): Waffenstillstand auf der Basis der 14 Punkte. Abschluß des Waffenstillstandes (11.11.): Internierung der deutschen Flotte, Auslieferung der U-Boote und des schweren Rüstungsmaterials, Rückzug der deutschen Truppen hinter den Rhein, Verzicht auf die Friedensschlüsse von Brest-Litowsk und Bukarest. Litauen hatte sich zum Freistaat erklärt (21.1.) und bildet erste selbständige Regierung unter *Voldemaras* (35) (11.11.). Lettland erklärt sich zur unabhängigen Republik (11.11.). Rußland annulliert den Frieden von Brest-Litowsk (13.11.).

Die Alliierten und Assoziierten Schaffung eines einheitlichen Oberbefehls bei der Entente (3.4.), Marschall *Foch* (67) wird Generalissimus (14.4.). *Lenin* läßt die Konstituante (Bolschewisten in der Minderheit) auflösen (19.1.); im Kampf gegen Konterrevolutionäre und ausländische Intervention (Tschechoslowakische Legion, britische und französische Truppen in Murmansk, Wladiwostok und Archangelsk) reorganisiert *Trotzkij* (39) die Rote Armee (Frühjahr); Verschärfung des Kampfes in Rußland (Erschießung der Zarenfamilie am 16.7.). Attentat auf *Lenin* am 30.8., Bolschewisten proklamieren Massenterror gegen Bourgeoisie und ihre Agenten (30.8.).

Die Mittelmächte *Graf Burian* (67) ersetzt *Graf Czernin* (46) als österreichisch-ungarischer Außenminister (April), *Groener* (51) ersetzt *Ludendorff* (53) in der Obersten Heeresleitung (26.10.). Meuterei der deutschen Hochseeflotte in Wilhelmshaven (29.10.), springt auf Brunsbüttel, Kiel, Lübeck und Hamburg über (bis 6.11.); Revolution in München (7.11.), dann in Berlin, *Scheidemann* (53) ruft die Republik aus, *Ebert* (47) führt die Regierungsgeschäfte (9.11.), *Wilhelm II.* (59) geht nach Holland (10.11.). Nach dem Zerfall der Donaumonarchie geht *Karl* (31) in die Schweiz (11.11.).

Französischer Kriegsschauplatz Fünf deutsche Offensiven (Beginn 21.3.) bringen nur geringen Geländegewinn, der entscheidende Durchbruch mißlingt, der letzte deutsche Angriff wird am 17.7. eingestellt, französische Gegenoffensive zwischen Marne und Aisne (18.7.) gewinnt das in den vorhergehenden Monaten verlorene Gelände zum größten Teil wieder. Nach dem britischen Tankangriff bei Amiens (8.8., der »schwarze Tag« des deutschen Heeres) müssen die deutschen Truppen auf die »Siegfriedlinie« zurück (bis Anfang September); weitere Angriffe der Alliierten erzwingen keinen Durchbruch, aber den weiteren Rückzug des deutschen Heeres.

Russische Front Nach der Unterzeichnung des Friedensvertrages von Brest-Litowsk vertreiben deutsche Truppen gemeinsam mit finnischen Verbänden die Bolschewisten aus Finnland (Landung in Hangö 3./4.4., Eroberung von Helsinki 11.–13.4.).

Balkan Ab Ende September erfolgreiche Kämpfe der alliierten Orientarmee, die zur Rückeroberung

Belgrads durch serbische Verbände (1. 11.) und zur Niederwerfung Bulgariens führen.

Italien Letzte österreichisch-ungarische Offensive an der Piavemündung (14.–24. 6.) scheitert, dagegen führt die italienische Offensive (Beginn 24. 10.) zur Auflösung der österreichisch-ungarischen Südfront.

Türkei Britische Truppen beginnen ihren Siegeszug durch Palästina und Syrien (19. 9.); Ende des türkischen Widerstandes (31. 10.).

Krieg in Übersee Die deutsche Schutztruppe in Deutsch-Ostafrika schließt Waffenstillstand (14. 11.).

Ländergeschichte Beginn der britischen Reformgesetzgebung (bis 1928) mit Einführung des allgemeinen Wahlrechts für die gesamte erwachsene Bevölkerung. Nationalversammlung in der Tschechoslowakei verkündet Republik (14. 11.), *Thomas Masaryk* (68) wird Staatsoberhaupt, *Eduard Beneš* (34) Außenminister. Die Sudetendeutschen erklären ihren Anschluß an das Deutsche Reich; die Bewegung wird jedoch durch tschechische militärische Besetzung unterdrückt. Bildung des Königreichs der Serben, Kroaten und Slowenen (1. 12.). Der polnische Regentschaftsrat überträgt *Pilsudski* (51) die Macht (14. 11.). *Carl Freiherr von Mannerheim* (51) wird Finnlands Staatsoberhaupt (11. 12.). Lettland proklamiert seine Unabhängigkeit. Aus dem Spartakusbund entwickelt sich in Deutschland die KPD (30. 11.). Island wird selbständig, bleibt aber in Personalunion mit Dänemark verbunden. Mexiko nationalisiert Ölfelder. Erstes Zusammentreten des Volksrates in Niederländisch-Indien mit beratender Funktion.

Kultur Einführung des Gregorianischen Kalenders in Rußland (1. 2.).

Literatur *Gerhart Hauptmann* (56) »Der Ketzer von Soana«. *Thomas Mann* (43) »Betrachtungen eines Unpolitischen«. *Oswald Spengler* (38) »Untergang des Abendlandes« (2. Band 1922).

Kunst *Tristan Tzara* (22) »Dada Manifest«

Technik Erster regelmäßiger Luftverkehr zwischen New York und Washington DC.

1919

Politik Eröffnung der Friedenskonferenz in Versailles ohne die deutschen Vertreter (18. 1.), allmählich Verlagerung der Hauptberatungen in die Sitzungen der »Großen Vier«; Übergabe der Friedensbedingungen an die deutsche Delegation (7. 5.), die nur geringe Änderungen erreichen kann; die Alliierten fordern ultimativ die Annahme der Friedensbedingungen (16. 6.), die deutsche Nationalversammlung gibt unter Protest ihre Zustimmung, so daß die Unterzeichnung am 28. 6. erfolgt: Deutschland tritt Elsaß-Lothringen, Posen und Westpreußen, das Memelgebiet und das Hultschiner Ländchen ab, Danzig wird Freie Stadt, in Eupen und Malmedy, Nordschleswig, Oberschlesien und Teilen von Ostpreußen sollen Abstimmungen stattfinden; das Saargebiet wird 15 Jahre unter Völkerbundsverwaltung gestellt, ebenso auf unbestimmte Zeit die deutschen Kolonien; der Anschluß Deutsch-Österreichs ans Reich wird verboten; Deutschlands Abrüstung (keine schweren Waffen, 100000-Mann-Berufsheer, Entmilitarisierung und zeitweilige alliierte Besetzung des Rheinlandes) wird von interalliierter Kommission überprüft; Auslieferung der Kriegsverbrecher; Sachlieferungen; Internationalisierung der großen Wasserstraßen; Reparationszahlungen, deren Höhe eine besondere Kommission feststellen soll. Die Unabhängigkeit Ägyptens soll von einer Delegation (ägyptisch = Wafd) unter *Saghlul Pascha* (59) in Versailles durchgesetzt werden; Anfänge der Wafd-Partei. China verweigert die Unterzeichnung des Versailler Vertrages, weil Japan nicht auf die ehemals deutschen Konzessionen in Shantung verzichtet. Defensivverträge zwischen Frankreich, Großbritannien und den USA gegen Angriff Deutschlands (28. 6.), von USA-Senat nicht ratifiziert. Annahme der Satzung des Völkerbundes (29. 4.), die neben der Vollversammlung den Rat und das ständige Sekretariat (Sitz Genf) vorsieht. Unterzeichnung des Friedensvertrages zwischen Österreich und der Entente in St.-Germain-en-Laye (10. 9.): Abtretung von Südtirol, Triest, Istrien sowie von einigen dalmatinischen, kärntnischen und krainischen Gebieten; Anerkennung der Selbständigkeit Ungarns, Jugoslawiens, Polens, der Tschechoslowakei; Verbot des Anschlusses an Deutschland sowie des Namens Deutsch-Österreich; Berufsheer von 30000 Mann. Unterzeichnung des Friedensvertrages zwischen Bulgarien und der Entente in Neuilly (27. 11.): Abtretung großer Teile Thraziens mit der Mittelmeerküste an Griechenland; Heeresstärke wird auf 20000 Mann festgesetzt. In Frankreich Wahlsieg des »Nationalen Blocks« unter *Clemenceau* (78) und *Poincaré* (59). Wahlen zur deutschen Nationalversammlung (19. 1.), Zusammentritt in Weimar (6. 2.), *Friedrich Ebert* (58) wird vorläufiger Reichspräsident; kommunistische Unruhen besonders in Bayern, dort vorübergehend Räteregierung; Reichsverfassung tritt durch Eberts Unterschrift in Kraft (11. 8.); politische Erregung im Reich dauert an. Beginn der militärisch-technischen Zusammenarbeit zwischen deutscher Reichswehr und Roter Armee (genauer Zeitpunkt ungeklärt). Gründung der »Revolutionären Kommunistischen Arbeiterpartei Deutschlands«. *W. I. Lenin* (49) und *Gregorij Sinowjew* (36) gründen die Dritte (kommunistische) Internationale. Die Bolschewisten setzen sich in der Ukraine durch, wo, wie in Weißrußland, eine Sowjetrepublik entsteht. Beginn des finnisch-russischen Krieges. Estland wird Republik (Verfassung am 15. 6.). *Benito Mussolini* (36) gründet in Mailand den ersten »Fascio di combattimento« (23.3.). Kommunistische Regierung in Ungarn unter *Bela Kun* (34) wird durch rumänisches Eingreifen endgültig beseitigt (zeitweilige Besetzung von Budapest). Die Griechen besetzen Smyrna (15.5.). Der türkische Nationalistenkongreß unter *Mustafa Kemal* (38) ruft zur nationalen Verteidigung auf. Nach der Ermordung *Habib Ullahs* (47) wird sein Sohn *Aman Ullah* (27) Emir in Afghanistan und beginnt Krieg gegen Großbritannien, in dessen Verlauf Freiheit und Besitzstand gewahrt bleiben. Blutbad von Amritsar (Indien), britische Truppen feuern in eine waffenlose Demonstration (400 Tote) (13.4.).

KULTUR »Staatliches Bauhaus« in Weimar.

LITERATUR *André Gide* (50) »La Symphonie pastorale«. *Johan Huizinga* (47) »Herbst des Mittelalters«. *Karl Jaspers* (36) »Psychologie der Weltanschauungen«. *John Maynard Keynes* (36) »The Economic Consequences of the Peace« (kritisiert die Friedensverträge). *Eugene O'Neill* (31) »The Moon of the Caribees«.

MUSIK *Manuel de Falla* (43) »Der Dreispitz«.

NATURWISSENSCHAFT *Ernest Rutherford* (48) Erste künstliche Elementumwandlung mit Hilfe radioaktiver Strahlung (Stickstoff- in Sauerstoffatom).

TECHNIK *John Alcock* (27) und *Arthur Whitten-Brown* (33) überfliegen den Atlantik in West-Ost-Richtung. *Joe Engl* (26), *Joseph Massolle* (30) und *Hans Vogt* (26) entwickeln in den folgenden Jahren ein Tonfilmsystem.

SOZIALWESEN Verbot von alkoholischen Getränken in den USA (Prohibition 29.1.).

1920

POLITIK Durch Unterzeichnung des Ratifikationsprotokolls in Paris (10.1.) tritt der Vertrag von Versailles in Kraft; die USA verwerfen Eintritt in den Völkerbund und ratifizieren darum den Versailler Vertrag nicht. Erstes Zusammentreten des Völkerbundes (November/Dezember). Spitzbergen wird vom Völkerbund Norwegen zugesprochen, darf aber nicht befestigt werden. Londoner Erklärung bestimmt Neutralitätsstatus der Schweiz: sie darf Mitglied des Völkerbundes sein, ohne sich an militärischen Sanktionen beteiligen zu müssen. Unterzeichnung des Vertrages von Trianon (4.6.) zwischen Ungarn und der Entente: Abtretung der Slowakei an die Tschechoslowakei, Kroatiens und Sloweniens an Jugoslawien, Siebenbürgens an Rumänien und des Banats an Jugoslawien bzw. Rumänien; Heeresstärke wird auf 35000 Mann festgelegt. Unterzeichnung des Vertrages von Sèvres (10.8.) zwischen der Türkei und der Entente: Internationale Verwaltung der Meerengen, internationale Kontrolle der Häfen, Flüsse und Eisenbahnen, Abtretung von Thrazien, Smyrna und der Ägäischen Inseln an Griechenland, von Rhodos und dem Dodekanes an Italien; Türkisch-Armenien wird selbständig; die arabischen Gebiete kommen unter britische oder französische Mandatsverwaltung; Cypern und Ägypten bleiben britisch, Tripolitanien italienisch. Government of Ireland Act: Teilung in zwei autonome Provinzen. Putsch des Generallandschaftsdirektors *Wolfgang Kapp* (62) und des Generals *Walther von Lüttwitz* (61) in Berlin (13.3.) bricht schnell zusammen (Generalstreik). Kommunistischer Aufstand im Ruhrgebiet durch Reichswehr niedergeschlagen (April bis Mai). Eupen und Malmedy werden ohne die vorgesehene Abstimmung (statt dessen öffentliche Eintragung in Listen) an Belgien abgetreten (20.9.). Memelgebiet erhält einen eigenen Staatsrat und einen französischen Präfekten. Auflösung der USPD in Deutschland, die Mehrheit tritt zur KPD, eine Minderheit zur SPD über. Niederlande verweigern Auslieferung *Wilhelms II.* (61). Neue Verfassung in Österreich, mit Hauptgewicht auf dem Parlament. Bevölkerung von Kärnten entscheidet sich für Österreich. Generalstreik in Italien im September. Der italienisch-jugoslawische Vertrag von Rapallo macht Fiume zur Freien Stadt. Italien sichert Griechenland die Rückgabe des Dodekanes zu. Ungarn wird Monarchie mit vakantem Thron, Admiral *Nikolaus von Horthy* (52) wird Staatsoberhaupt und Reichsverweser. Restaurationsversuche der Habsburger auch in den nächsten Jahren ohne Erfolg. Beginn der Bildung der »Kleinen Entente« zwischen der Tschechoslowakei, Rumänien und Jugoslawien (im Juni 1921 abgeschlossen). Albanien vertreibt die Italiener und erlangt Selbständigkeit zurück. Tod *Alexanders* von Griechenland (27), Rückkehr König *Konstantins* (52) und seine Wiedereinsetzung. Eröffnung der türkischen Nationalversammlung in Ankara. *Mustafa Kemals* (39) Partei herrscht. Beginn des türkisch-griechischen Krieges. Polen beginnt den Ausbau des Fischerdorfes Gdingen zum großen Hafen, dies führt in den folgenden Jahren zu ständigen Konflikten mit Danzig. Polnisch-russischer Krieg (April bis Oktober) endet im Friedensvertrag von Riga mit der Verschiebung der Grenze in östlicher Richtung; damit wird die vom britischen Außenminister *George Curzon* (61) vorgeschlagene Demarkationslinie (»Curzonlinie«) nicht beibehalten. Rußland anerkennt in Verträgen mit Litauen, Lettland und Estland die Unabhängigkeit dieser Staaten. Der Friedensvertrag von Dorpat (14.10.) beendet den finnisch-russischen Krieg: Ostkarelien bleibt russisch, Petsamo finnisch. *Mohandas Karamchand (Mahatma) Gandhi* (51) beginnt waffenlosen Kampf gegen die britische Herrschaft in Indien. Nach mehreren vergeblichen Versuchen Chinas, Tibet zu erobern, Abschluß eines Waffenstillstandes.

LITERATUR *Ernst Jünger* (24) »In Stahlgewittern«. *R. Kjellén* (56) »Grundriß zu einem System der Politik«. *Sinclair Lewis* (35) »Main Street«. *Sigrid Undset* (38) »Kristin Lavransdatter« (3 Bde. bis 1922). *Peter Wust* (36) »Die Auferstehung der Metaphysik«.

KUNST *Piet Mondrian* (48) geht zu geometrischer Malerei über. »Das Kabinett des Dr. Caligari« (expressionistischer Film).

SOZIALWESEN Betriebsrätegesetz in Deutschland (4.2.). Zentralausschuß deutscher Unternehmerverbände gegründet.

NATURWISSENSCHAFT *Walter Baade* (27) entdeckt sonnenfernsten Planetoiden »Hidalgo«. *Carl Gustav Jung* (45) »Psychologische Typen«. Erste Funde des Peking-Affenmenschen.

1921

POLITIK Irland wird Dominion (außer Ulster). *Aristide Briand* (59) neuer Ministerpräsident in Frankreich. Französisch-polnisches Militärbündnis (19.2.), dem ein Handelsvertrag folgt (Ausbau des französischen Bündnissystems). Volksabstimmung in Oberschlesien (20.3.), 60% für Deutschland, aber größter Teil des Industriegebietes an Polen. Kommunistische Aufstände in Mitteldeutschland und Hamburg. Die Alliierten erzwingen im Londoner Ultimatum (nach Besetzung einiger rheinischer Städte) die deutsche Zustimmung zur Höhe der Reparationen (132 Milliarden Goldmark) und zur unverzüglichen Entwaffnung (11.5.). Abstimmungen in Österreich sprechen sich für den Anschluß an Deutschland aus. Gründung der Kommunistischen Partei in Italien (20.1.). Volksabstimmung in Ödenburg (Burgenland) führt zum Anschluß an Ungarn. Zentralistische Verfassung in Jugoslawien (28.6.). Albaniens Grenzen von der Botschafterkonferenz festgelegt (9.11., gegenüber 1913 geringe Änderungen). Polnisch-rumänisches Bündnis (3.3.). Ålandsinseln neutralisiert durch Völkerbundsbeschluß. 10. Parteitag der KPdSU festigt die Einheit der Partei, setzt Übergang vom »Kriegskommunismus« zur »Neuen Ökonomischen Politik« (NEP) fest. Ablieferungspflicht durch Naturalsteuer ersetzt, freier Handel in gewissen Grenzen gestattet, um Produktion zu steigern. Aufstand in Kronstadt niedergeschlagen (18. März). *Warren Harding* (56) Präsident der USA. Da der amerikanische Senat die Friedensverträge und den Völkerbund verworfen hatte, schließen die USA jetzt Friedensverträge mit Österreich und Deutschland ab, in die die Satzung des Völkerbundes nicht als Bestandteil aufgenommen wird; auch der Artikel über die deutsche Kriegsschuld fehlt, auf Reparationen wird jedoch nicht verzichtet. Aufstand in Spanisch-Marokko. *Riza Khan* (43), persischer Kosakenkommandeur, übernimmt durch Staatsstreich das Kriegsministerium. Gründung des Irak (vorerst unter britischer Mandatsgewalt). Bildung einer provisorischen revolutionären mongolischen Volksregierung, die die Sowjetunion um Hilfe gegen Japan und die Weißrussen ersucht. Nach dem Sieg Freundschaftsvertrag mit der Sowjetunion.

LITERATUR *Nikolai Hartmann* (39) »Grundzüge einer Metaphysik der Erkenntnis«. *Max Weber* (postum) »Wirtschaft und Gesellschaft«. *Ludwig Wittgenstein* (32) »Tractatus logico-philosophicus«.

MUSIK *Sergej Prokofiew* (30) »Die Liebe zu den drei Orangen«.

NATURWISSENSCHAFT *Frederick G. Banting* (30) und *Charles H. Best* (22) entdecken Insulin als Heilmittel gegen die Zuckerkrankheit.

TECHNIK Erster Mittelwellenrundfunk in den USA.

WIRTSCHAFT Belgisch-luxemburgische Zoll- und Handelsunion.

1922

POLITIK Washingtoner Abrüstungskonferenz (seit November 1921) beschließt Flottenstärke der fünf Mächte USA, Großbritannien, Japan, Frankreich und Italien im Verhältnis 5:5:3:1,75:1,75; Viermächteabkommen (USA, Großbritannien, Japan, Frankreich) garantiert Besitzstand im Pazifik; Neunmächteabkommen über Unabhängigkeit Chinas, »offene Tür«. Shantungvertrag: Japan gibt Shantung und Kiaochou an China zurück und zieht seine Truppen aus Sibirien zurück. Neue konservative Regierung in Großbritannien unter *Stanley Baldwin* (55), die mit kurzer Unterbrechung im Jahre 1924 bis 1929 im Amt bleibt. Annahme der irischen Verfassung, Proklamation eines irischen Freistaats. Neues Kabinett *Poincaré* (62) in Frankreich (12.1.). Deutsch-russischer Vertrag von Rapallo (16.4.): Gleichberechtigung, Aufnahme diplomatischer Beziehungen, gegenseitiger Verzicht auf Reparationen, wechselseitiges Versprechen künftiger wirtschaftlicher Zusammenarbeit (bekräftigt im Wirtschaftsvertrag vom Oktober 1925). Schwierigkeiten Deutschlands bei den Reparationszahlungen; Frankreich fordert »produktive Pfänder«; keine Regelung auf zwei Londoner Konferenzen (August bis Dezember). Darauf Bildung einer deutschen Regierung von Fachleuten unter dem Generaldirektor der HAPAG, *Wilhelm Cuno* (46). Außenminister *Walter Rathenau* (55) ermordet (24.6.). Verordnung des Reichspräsidenten zum Schutz der Republik, vom Reichstag in ein Gesetz umgewandelt. Dadurch Verfassungskonflikt mit Bayern (Eingriff in die Hoheitsrechte der Länder). Genfer Protokolle garantieren Unabhängigkeit Österreichs und regeln Finanzhilfe unter Kontrolle des Völkerbundes. Marsch der Faschisten auf Rom (28.10.). *Benito Mussolini* (39) wird Ministerpräsident. *Stefan Graf Bethlen* (48) wird ungarischer Ministerpräsident. Ungarn wird zum Völkerbund zugelassen. Türkisch-griechischer Krieg führt zu ernsten Schwierigkeiten in Griechenland: Italien kündigt das Abkommen über die Rückgabe des Dodekanes; König *Konstantin* (54) dankt ab, Nachfolger wird *Georg II.* (32). Absetzung des türkischen Sultans durch die Nationalversammlung. Gründung des Staates Transjordanien unter britischem Mandat. Ägypten wird unabhängig und konstitutionelle Erbmonarchie, Großbritannien behält aber einen Hochkommissar im Lande und Truppenkontingente insbesondere in der Kanalzone. Volksabstimmung in Wilna (8.1.) für Polen nach Besetzung durch polnische Freischaren (9.10.1920). Nach schweren, seit 1918 andauernden Kämpfen Vereinigung Georgiens,

Armeniens und Aserbeidschans zur Transkaukasischen Sozialistischen Sowjet-Republik. UdSSR gegründet (Russische Sozialistische Föderative Sowjet-Republik, Transkaukasische Sozialistische Föderative Sowjet-Republik, Ukrainische Sozialistische Sowjet-Republik, Bjelorussische Sowjet-Republik; später Usbekische, Turkmenische und Tadschikische Sowjet-Republiken hinzu). Volksrat in Niederländisch-Indien wird Gesetzgebende Versammlung.

KULTUR Nach dem Tod *Benedikts XV.* (68) wird *Achille Ratti* (65) als *Pius XI.* Papst. Einführung der Gleichberechtigung der flämischen mit der französischen Sprache in Belgien (flämische Sprache an der Universität Gent).

LITERATUR *Bert Brecht* (24) »Trommeln in der Nacht«. *Thomas S. Eliot* (34) »The Waste Land«. *Etienne Gilson* (38) »La philosophie au moyen-âge«. *James Joyce* (40) »Ulysses«. *Karl Kraus* (48) »Die letzten Tage der Menschheit«. *Jacques Maritain* (40) »Antimoderne«. *Gabriela Mistral* (33) »Desolación«.

KUNST *Max Beckmann* (38) »Vor dem Maskenball«

WIRTSCHAFT Beschleunigung der Inflation in Deutschland (August). Der Fordney-McCumber Tariff Act führt in den USA scharfe Zollerhöhungen ein, die auch in den europäischen Staaten neue Schutzzollpolitik nach sich ziehen (zuletzt in Großbritannien 1932). Konferenz von Genua zur Lösung der Wirtschaftsfragen scheitert, da die Sowjetunion die Vorkriegsschulden nicht anerkennt.

1923

POLITIK Empire-Konferenz anerkennt das Recht der Dominions, mit fremden Staaten Verträge zu schließen. Die Reparationskommission stellt gegen die britische Stimme vorsätzliche Vernachlässigung der deutschen Lieferungen fest; französische und belgische Truppen besetzen das Ruhrgebiet (11.1.); USA ziehen aus Protest Besatzungstruppen aus dem Rheinland zurück; Deutschland proklamiert »passiven Widerstand«. Neue deutsche Regierung unter *Gustav Stresemann* (47) (August) bricht Ruhrkampf ab und leitet die Stabilisierung der deutschen Währung ein (Einführung der Rentenmark); Separatisten im Rheinland und Partikularisten in Bayern bleiben erfolglos; kommunistische Unruhen in Sachsen, Thüringen und Hamburg werden niedergeschlagen. *Stresemann* wird wegen innerpolitischer Schwierigkeiten gestürzt (November), bleibt jedoch bis zu seinem Tode (1929) Außenminister. Putsch *Adolf Hitlers* (34) in München von der bayrischen Regierung niedergeschlagen, die ihrerseits erneut mit dem Reich Verfassungsstreitigkeiten austrägt (beigelegt im Februar 1924). Gründung der Heimwehren und des Republikanischen Schutzbundes der Sozialisten in Österreich. Italien bombardiert und besetzt Korfu als Vergeltung für den Mord an italienischen Mitgliedern einer auf griechischem Boden weilenden Grenzkommission, muß die Insel jedoch wieder räumen (Eingreifen des Völkerbundes). *Primo de Rivera* (53) errichtet im Einverständnis mit König Alfons XIII. (37) ein autoritäres Regime in Spanien. Orientfrieden von Lausanne (24.7.) zwischen Großbritannien, Frankreich, Italien, Griechenland, Bulgarien, der Türkei und der Sowjetunion: Unabhängigkeit der Türkei wird anerkannt, ihr Territorium etwas vergrößert, die Meerengen bleiben türkisch, aber entmilitarisiert, Durchfahrt für Handelsschiffe ist frei, für Kriegsschiffe auch in Friedenszeiten untersagt. In den folgenden Jahren griechisch-türkischer Bevölkerungsaustausch. *Kemal Pascha* (42) wird zum ersten Präsidenten der türkischen Republik gewählt. Litauen besetzt das Memelgebiet (20.1.). Erste Verfassung der Sowjetunion tritt in Kraft (6.7.). Nach dem Tode *Warren Hardings* (58) wird *Calvin Coolidge* (51) neuer Präsident der USA. *Riza Khan* (45) wird persischer Ministerpräsident. »Verordnung zur Wahrung des Friedens« in Japan soll politische Gegner der Regierung mundtot machen (wird 1925 und 1928 verschärft).

LITERATUR *Arthur Moeller van den Bruck* (47) »Das Dritte Reich«. *Sigmund Freud* (67) »Das Ich und das Es«. *Rainer Maria Rilke* (47) »Duineser Elegien«, »Die Sonette an Orpheus«. *Max Scheler* (49) »Schriften zur Soziologie und Weltanschauungslehre« (4 Bände bis 1924). *George Bernard Shaw* (67) »Saint Joan«.

MUSIK *Darius Milhaud* (31) »La Création du monde« (Ballett).

KUNST *Sergej Eisenstein* (25) »Panzerkreuzer Potemkin« (Film).

TECHNIK *Hans Bredow* (44) veranstaltete erste unterhaltende Rundfunksendung in Berlin.

WIRTSCHAFT Höhepunkt und Beginn des Abbaus der Inflation in Deutschland.

1924

POLITIK Der Versuch des Völkerbundes, einen internationalen Beistandspakt zu schaffen, scheitert: das »Genfer Protokoll« wird nicht unterzeichnet (insbesondere Weigerung Großbritanniens). Großbritannien anerkennt die Sowjetunion, die meisten europäischen Mächte folgen. Ermordung des britischen Oberkommandierenden in Ägypten führt zu scharfen britisch-ägyptischen Spannungen. Abschluß eines französisch-tschechoslowakischen Bündnisses (25.1.). In Frankreich Wahlsieg des »Kartells der Linken«, *Edouard Herriot* (52) wird Ministerpräsident, *Aristide Briand* (62) Außenminister (15.6.). Der Dawes-Plan regelt deutsche Reparationszahlungen: bis 1928 soll Deutschland insgesamt 5,4 Milliarden Mark aufbringen, danach jährlich 2,5 Milliarden, Verpfändung eines Teils der Reichseinnahmen; keine Abmachungen über die Dauer der Zahlungen. Nach Annahme des Dawes-Planes im deutschen Reichstag allmähliche Beruhigung der innerpolitischen Lage Deutschlands. Pariser Botschafterkonferenz anerkennt Litauens Oberhoheit über das Memelgebiet, dem jedoch Autonomie zugesichert wird. Jugoslawisch-italienische Einigung: Fiume wird italienisch. Nach einer Volksabstimmung wird in Griechenland die Republik ausgerufen. Nach dem Tode *Lenins* (54) Beginn des Machtkampfes in der Sowjetunion. Proklamation der Mongolischen Volksrepublik. Großbritannien, Frankreich und Spanien unterzeichnen das Tanger-Statut: Tanger wird autonomes Gebiet unter der Oberhoheit des Sultans von Marokko, der den drei Mächten die Verwaltung überträgt. *Ibn Saud* von Nedschd (44) erobert Mekka, Medina und Dschidda. Volles Bürgerrecht für die Indianer in den USA. Nach Unterdrückung eines großen Aufstandes in São Paolo und Rio Grande do Sul (Brasilien) werden wirtschaftliche Reformen, die von einer britischen Sachverständigenkommission empfohlen worden waren, eingeleitet.

LITERATUR *Nikolai A. Berdjajew* (50) »Das neue Mittelalter«. *André Breton* (28) »Manifeste du Surréalisme«. *Max Dvořák* (50) »Kunstgeschichte als Geistesgeschichte«. *Thomas Mann* (49) »Der Zauberberg«.

MUSIK *Béla Bartók* (43) »Der wunderbare Mandarin«. *George Gershwin* (26) »Rhapsody in Blue«. *Arthur Honegger* (32) »Pacific 231«.

NATURWISSENSCHAFT *Walther Bauersfeld* (45), Zeiss-Planetarium in Jena.

TECHNIK Das deutsche Luftschiff ZR 3 wird (als Reparationsleistung) von *Hugo Eckener* (56) über den Atlantik nach den USA geflogen.

1925

POLITIK Im Vertrag von Locarno anerkennt Deutschland seine Westgrenzen, das Rheinland soll entmilitarisiert bleiben, die deutsche Westgrenze wird von Großbritannien und Italien garantiert; gleichzeitig Schiedsabkommen Deutschlands mit Frankreich, Belgien, Polen und der Tschechoslowakei: Anerkennung der französischen Verträge mit Polen und der Tschechoslowakei, keine Änderung der deutsch-polnischen Grenze mit Gewalt. Abschluß des Vertrages von Locarno führt zu Regierungskrise in Deutschland (die deutschnationalen Minister treten aus der Regierung aus). Tod des deutschen Reichspräsidenten *Friedrich Ebert* (64), Nachfolger wird im zweiten Wahlgang der Kandidat der Rechtsparteien *Paul von Hindenburg* (78). Räumung des Ruhrgebietes beginnt. Frankreich beendet Besetzung Luxemburgs. Grenzkonflikt zwischen Griechenland und Bulgarien vom Völkerbund friedlich beigelegt. Albanien wird Republik, *Ahmed Zogu* (30) Präsident. Sowjetisch-türkischer Neutralitäts- und Nichtangriffspakt. *Stalin* (46) beginnt seine These vom »Sozialismus in einem Land« durchzusetzen. Großbritannien und Italien einigen sich über Interessensphären in Abessinien, müssen aber auf Protest Abessiniens dessen alleiniges Recht auf Erteilung von Konzessionen an ausländische Mächte anerkennen. Cypern wird britische Kronkolonie. *Abd el Krim* (45) beginnt Aufstand in Marokko, wird 1926 besiegt und liefert sich aus. Beginn des Drusenaufstandes in Syrien (bis 1926). *Riza Khan* (47) wird als *Reza Schah Pahlewi* erblicher Schah von Persien. *Aman Ullah* (33) wird König von Afghanistan und leitet Modernisierung des Landes ein. Japan anerkennt die Sowjetunion und schließt mit ihr einen Neutralitätsvertrag ab; es gibt Nordsachalin gegen Erteilung von Kohle- und Ölkonzessionen ab. Japan führt das allgemeine Wahlrecht für Männer ein.

LITERATUR *Theodore Dreiser* (54) »An American Tragedy«. *Francis Scott Fitzgerald* (29) »The Great Gatsby«. *Franz Kafka* (postum) »Der Prozeß«. *François Mauriac* (40) »Le Désert de l'amour«. *Jacques Maritain* (43) »Trois Réformateurs: Luther, Descartes, Rousseau«. *John Dos Passos* (29) »Manhattan Transfer«. *Alfred North Whitehead* (64) »Science and the Modern World«.

KUNST *Charlie Chaplin* (36) »Goldrausch« (Film). *Joan Miró* (32) »Karneval des Harlekins«. *Walter Gropius* (42) errichtet in Dessau das Bauhaus in modernen architektonischen Formen.

NATURWISSENSCHAFT *Werner Heisenberg* (24), *Max Born* (43) und *Pascual Jordan* (23) entwickeln Quantenmechanik. *John B. Watson* (47) »Behaviorism«.

WIRTSCHAFT Stabilisierung des britischen Pfundes, Rückkehr zum Goldstandard.

1926

POLITIK Graf *Coudenhove-Kalergi* (32) gründet die Paneuropäische Bewegung (schon seit 1924 die Zeitschrift »Paneuropa«). Aufnahme Deutschlands in den Völkerbund; es erhält einen ständigen Ratssitz (Anerkennung als Großmacht). Empire-Konferenz definiert Status der Dominions (Balfourformel), Gleichstellung mit dem Mutterland. Nach Finanzkrise in Frankreich neue Regierung *Poincaré* (66), Außenminister *Briand* (64). Finanzkontrolle Österreichs durch den Völkerbund aufgehoben. Festigung der Diktatur in Italien (Beseitigung der parlamentarischen Verantwortlichkeit und der Gewerkschaften, *Mussolini* [43] verkörpert im Auftrag des Königs die staatliche Autorität). Italien schließt Freundschaftsverträge mit Spanien und Rumänien. Militärputsch in Portugal, in dessen Verlauf General *Fragoso Carmona* (57) die Macht an sich reißt, Auflösung des Parlaments, Beseitigung der Verfassung. Rumänien schließt Bündnis- und Freundschaftsverträge mit Frankreich und Polen. Türkei tritt das Ölgebiet von Mossul an den Irak ab. Sturz der parlamentarischen Regierung in Polen, autoritäre Regierung unter *Josef Pilsudski* (59), der unter wechselnden äußeren Formen bis zu seinem Tode (1935) die polnische Politik bestimmt. Beseitigung der parlamentarischen Regierungsform in Litauen durch Militärputsch, Einführung des Einparteiensystems. Die Sowjetunion schließt Neutralitätsverträge mit Litauen und

Afghanistan. Freundschafts- und Neutralitätsvertrag zwischen Deutschland und der Sowjetunion. Mexiko nationalisiert alle Bodenschätze. General *Chiang Kai-shek* (39) beginnt seinen Feldzug zur Einigung Chinas. Tod des japanischen Kaisers *Yoshihito* (47), Nachfolger wird *Hirohito* (25).

LITERATUR *Georges Bernanos* (38) »Sous le soleil de Satan«. *William Faulkner* (29) »Soldier's Pay«. *Ricardo Guiraldes* (40) »Don Segundo Sombra«. *George Macauley Trevelyan* (50) »History of England«. *Thornton Wilder* (29) »The Cabala«.

MUSIK *Alban Berg* (41) »Wozzeck«.

NATURWISSENSCHAFT *Roald Amundsen* (54) und *Umberto Nobile* (41) überfliegen den Nordpol im Luftschiff. *Erwin Schrödinger* (39) schafft Wellenmechanik.

WIRTSCHAFT Generalstreik in Großbritannien.

1927

POLITIK Drei-Mächte-Konferenz (USA, Großbritannien, Japan) in Genf über Seeabrüstung erfolglos. Die interalliierte Kontrollkommission zur Überwachung der deutschen Abrüstung stellt ihre Tätigkeit ein. Deutschland tritt dem »Ständigen Internationalen Schiedsgerichtshof« im Haag bei. Bildung einer spanischen Nationalversammlung (Abgeordnete werden von der Regierung ernannt). Ungarisch-italienischer Freundschafts- und Schiedsvertrag. Mehrere Verträge Albaniens mit Italien (seit 1926) machen es de facto zum italienischen Protektorat. Nach dem Tod *Ferdinands I.* von Rumänien (62) und dem Verzicht des Kronprinzen *Carol* (34) wird *Michael I.* (6) König, ein Regentschaftsrat wird eingesetzt. 15. Parteitag der Kommunistischen Partei der Sowjetunion (KPdSU): Mit dem Ausschluß *Trotzkijs* (48), *Sinowjews* (44), *Kamenews* (44) und deren Anhänger aus der Partei hat *Josef Stalin* (48) die Herrschaft an sich gerissen; die Kollektivierung der Landwirtschaft und verstärkte Industrialisierung (5-Jahr-Pläne) werden beschlossen. Sowjetisch-iranischer Neutralitätsvertrag. Großbritannien anerkennt den Irak als unabhängigen Staat unter Beibehaltung des britischen Mandats. Bildung der »Nanking-Regierung« unter *Chiang Kai-shek* (40), Bruch mit den Kommunisten.

LITERATUR *Martin Heidegger* (38) »Sein und Zeit«. *Gabriel Marcel* (38) »Journal métaphysique«. *Upton Sinclair* (49) »Oil«.

SOZIALWESEN Großbritannien schränkt Bewegungsfreiheit der Gewerkschaften gesetzlich ein. In Deutschland Arbeitslosenversicherung durch Gesetz (16. 7.).

NATURWISSENSCHAFT *Werner Heisenberg* (26) Quantenphysikalische Unbestimmtheitsrelation. *Hermann Joseph Muller* (37) ruft durch Röntgenbestrahlung künstliche Mutation bei der Taufliege hervor und begründet damit Strahlengenetik.

TECHNIK *Charles Lindbergh* (25) fliegt zum erstenmal die Strecke New York–Paris. Bau des Dnjepr-Kraftwerks beginnt (1932 fertiggestellt).

WIRTSCHAFT Weltwirtschaftskonferenz in Genf fordert Abbau der Schutzzölle.

1928

POLITIK Kellogg-Pakt ächtet den Krieg (27.8.). Großbritannien versucht mit Gewalt den neuen britisch-ägyptischen Vertrag durchzusetzen (Entsendung von Kriegsschiffen); Auflösung des ägyptischen Parlaments durch König *Fuad* (60), das den Vertrag abgelehnt hatte; Aufhebung der Presse- und Versammlungsfreiheit. Italienische Freundschaftsverträge mit der Türkei, Griechenland und Abessinien. General *Faragoso Carmona* (59) zum portugiesischen Präsidenten gewählt. Finanzminister wird *Antonio de Oliveira Salazar* (39). *Eleutherios Venizelos* (64) wird Ministerpräsident in Griechenland; in den folgenden Jahren Stabilisierung. Neues Tanger-Abkommen räumt Spanien größere Rechte in der Verwaltung der Zone von Tanger ein. Italien tritt dem Abkommen bei. Erster Fünfjahrplan der Sowjetunion tritt in Kraft (1.10.). Panamerikanische Konferenz in Havanna: das Prinzip der verbindlichen Schiedsgerichtsbarkeit wird angenommen. Konferenz aller indischen Parteien fordert Dominion-Status für Indien. *Chiang Kai-sheks* (41) Truppen erobern Peking.

LITERATUR *André Breton* (32) »Le Surréalisme et la Peinture«. *Ludwig Renn* (39) »Krieg«. *William Butler Yeats* (63) »The Tower« (Turm der Einsamkeit).

MUSIK *Maurice Ravel* (53) »Bolero«. *Igor Strawinsky* (46) »Apollon musagète«. *Kurt Weill* (28) und *Bert Brecht* (30) »Dreigroschenoper«.

NATURWISSENSCHAFT *Alexander Fleming* (47) entdeckt das Penicillin. *Hans Geiger* (46) und *Walter Müller* erfinden das Elektronenzählrohr.

TECHNIK Erste Ost-West-Überfliegung des Atlantik durch *Hermann Köhl* (40), *Günther von Hünefeld* (36) und *James C. Fitzmaurice* (29).

WIRTSCHAFT Zusammenbruch der brasilianischen Wirtschaft. Überproduktion an Kaffee.

1929

POLITIK *Briands* (67) Plan der »Vereinigten Staaten von Europa« (in der Völkerbundsversammlung vorgetragen). Verfassungsänderung in Österreich: Umwandlung in eine Präsidialrepublik. Lateranverträge zwischen Italien und dem Vatikan: die Vatikanstadt selbständiges neutrales Gebiet unter päpstlicher Oberhoheit. Auflösung des Parlaments und Errichtung einer Diktatur in Jugoslawien durch König *Alexander I.* (41) wegen kroatisch-serbischer Gegensätze. Ungarisch-polnischer Freundschafts- und Schiedsvertrag. Litwinow-Protokoll: System von Nichtangriffspakten zwischen der Sowjetunion, Rumänien, Polen, Lettland, Estland. *Leo Trotzkij* (50) aus der Sowjetunion ausgewiesen. Sowjetisch-chinesischer Konflikt um die Manchurei, ausgelöst durch chinesische Maßnahmen gegen sowjetische Agenten der manchurischen Eisenbahn, führt zum Einmarsch sowjetischer Truppen in die Manchurei; nach dem Eingreifen des Völkerbundes Wiederherstellung des Status quo ante im »Protokoll von Chabarowsk«. *Herbert Hoover* (55) wird Präsident der USA. Zeitweilige Schließung der Kirchen in Mexiko, die sich gegen die Reformgesetzgebung gewandt hatten. *Aman Ullah* (37) von Afghanistan muß abdanken, *Nadir Khan* (49) wird König. Der japanische Ministerpräsident General *Tanaka* (66) muß wegen mißglückter Aktion einiger Armee-Offiziere in der Manchurei zurücktreten; mit *Hamaguchi Osachi* (59) wird ein liberaler Politiker sein Nachfolger.

KULTUR Gründung des »Museum of Modern Art« in New York.

LITERATUR *Rudolf Carnap* (38) »Abriß der Logistik«. *Ernest Hemingway* (31) »A Farewell to Arms«. *Ludwig Klages* (57) »Der Geist als Widersacher der Seele«. *Erich Maria Remarque* (31) »Im Westen nichts Neues«. *Thomas Wolfe* (29) »Look Homeward, Angel«.

NATURWISSENSCHAFT *Adolf Butenandt* (26) stellt das Follikel-Hormon rein dar. *Albert Einstein* (50) »Versuch einer allgemeinen Feldtheorie«. *Werner Forssmann* (25) unternimmt im Selbstversuch erste Herzkatheterisierung.

WIRTSCHAFT Bankkrach in New York (24. 10.) löst die Weltwirtschaftskrise aus.

1930

POLITIK Flottenkonferenz in London führt zu neuen Abmachungen über das Stärkeverhältnis zur See zwischen den USA, Großbritannien, Frankreich, Japan, Italien. Britisch-ägyptische Konferenz in London ergebnislos abgebrochen, keine Einigung in der Sudanfrage. Autoritäre Regierung durch König *Fuad I.* (62). Regierung *Müller* (54) in Deutschland wegen der Beitragserhöhung für Arbeitslosenversicherung gestürzt. Der Zentrumsabgeordnete *Heinrich Brüning* (45) übernimmt die Regierung; er versucht mit Hilfe von Notverordnungen, das Reich durch die Weltwirtschaftskrise hindurchzusteuern (auf Grund des Artikels 48 der Verfassung, der dem Reichspräsidenten für Notzeiten besondere Vollmachten zugesteht). Bei der Reichstagswahl erhöht die NSDAP ihren Stimmenanteil von 2,5% auf 18,3% (von 12 auf 107 Mandate) (damit zweitstärkste Partei nach der SPD). Die Toleranzpolitik des Reichstags gegenüber dem Minderheitenkabinett Brüning beginnt. Ende der Rheinlandbesetzung. Fast völlige Aufhebung der Reparationsverpflichtung für Österreich. Abschluß eines österreichisch-italienischen Freundschaftsvertrages (6. 2.). Trotz seines Thronverzichts von 1927 wird *Carol II.* (37) König von Rumänien. Der spanische Diktator *Primo de Rivera* (60) wird von seinem Amt abberufen. Vertrag von Ankara beendigt alle türkisch-griechischen Differenzen (30. 10.). Mit der Thronbesteigung *Haile Selassies I.* (38) nach der Niederwerfung seiner Gegner beginnen politische, militärische und wirtschaftliche Reformen in Abessinien. *Getulio Vargas* (47) errichtet nach dem Aufstand in Brasilien ein autoritäres Regiment (bis 1945 im Amt). Errichtung der Diktatur in der Dominikanischen Republik durch *Rafael Leonidas Trujillo* (39). *Mahatma Gandhis* (61) Feldzug zur Verweigerung des bürgerlichen Gehorsams führt zu Massenverhaftungen. Bericht einer Regierungskommission unter *Sir John Simon* (57) mit Vorschlägen für die indische Verfassung. Erste Round-Table-Konferenz in London; der indische Nationalkongreß lehnt Teilnahme ab.

LITERATUR *Sigmund Freud* (74) »Das Unbehagen in der Kultur«. *José Ortega y Gasset* (47) »Der Aufstand der Massen«. *Joseph Roth* (36) »Hiob« (1930). *Salvatore Quasimodo* (29) »Acque e terre«. *Alfred Rosenberg* (37) »Der Mythos des 20. Jahrhunderts«.

NATURWISSENSCHAFT *Walter Reppe* (38) beginnt Kunststoffe auf Acetylenbasis zu entwickeln.

TECHNIK Eröffnung der turkestanisch-sibirischen Eisenbahn.

WIRTSCHAFT Annahme des Youngplanes auf der 2. Haager Konferenz (Haager Schlußakte): Deutschland zahlt bis 1988 34,5 Milliarden, die Jahresbeträge können zum Teil aufgeschoben werden.

1931

POLITIK Norwegen besetzt Ostgrönland; durch Entscheidung des Haager Gerichtshofes fällt es jedoch Dänemark zu. Das Statut von Westminster beschließt die Umbildung des Britischen Empire in das Commonwealth. Nationale Koalitionsregierung in Großbritannien (bis 1935). Bildung der Harzburger Front (NSDAP, DNVP, Stahlhelm) (11. 10.). Österreichisch-ungarischer Freundschaftsvertrag. Abschaffung der Monarchie durch einen großen Wahlsieg der Republikaner in Spanien; *Alfons XIII.* (45) emigriert. *Niceto Alcalá Zamora* (54) bildet eine provisorische Regierung und wird Präsident der spanischen Republik. Katalonien erklärt seine Autonomie. Einführung einer Verfassung in Abessinien. Diktatur des chilenischen Präsidenten *Carlos Ibañez* (54) wegen wirtschaftlicher Schwierigkeiten zusammengebrochen. Die zweite Round-Table-Konferenz (unter Teilnahme *Gandhis*, 62) scheitert; *Gandhi* beginnt neuen Feldzug des Ungehorsams und wird zusammen mit anderen Führern erneut verhaftet. Chinesische Verfassung in der »Periode der erziehenden Regierung« eingeführt. Der japanische Ministerpräsident *Hamaguchi Osachi* (61) muß nach einem im November 1930 auf ihn verübten Attentat nationalistischer Kreise aus Gesundheitsrücksichten zurücktreten (stirbt wenig später). Die Japaner benutzen eine Explosion auf dem Bahngelände von Mukden als Vorwand für die

Besetzung der Manchurei (18. 9.) und beginnen von dort den Krieg gegen China; Bildung eines Völkerbunds-Ausschusses zur Untersuchung des Konfliktes.

KULTUR Enzyklika »Quadragesimo anno« führt die Stellung der Kurie zur sozialen Frage unter Würdigung der Enzyklika *Leos XIII.* (1891) weiter fort.

LITERATUR *André Gide* (62) »Oedipe«. *Hermann Broch* (45) »Die Schlafwandler« (3 Bde. bis 1932). *Pearl S. Buck* (39) »Die gute Erde«. *Antoine de Saint-Exupéry* (31) »Vol de nuit«. *Carl Zuckmayer* (35) »Der Hauptmann von Köpenick«.

NATURWISSENSCHAFT Luftschiff-Arktisfahrt. *Edwin P. Hubble* (42) und *M. L. Humason* (40) leiten aus Nebelflucht Expansionsalter der Welt ab.

WIRTSCHAFT Großbritannien gibt den Goldstandard auf (21.9.). Deutsch-österreichischer Zollunionsplan scheitert in erster Linie am französischen Widerstand. Zusammenbruch der Darmstädter und National-Bank (13.7.). Zusammenbruch der österreichischen Kreditanstalt (11.5.). Hoover-Moratorium auf ein Jahr für alle internationalen Zahlungsverpflichtungen.

1932

POLITIK Eröffnung der Genfer Abrüstungskonferenz (2.2.), Anerkennung der deutschen militärischen Gleichberechtigung. *Eamon de Valera* (50) wird irischer Ministerpräsident, in der Folge Auseinandersetzungen mit Großbritannien (Abschaffung der Stellung des britischen Generalgouverneurs; Zollkrieg). Neuwahl des deutschen Reichspräsidenten; *Paul von Hindenburg* (85) als Kandidat der gemäßigten Parteien wiedergewählt; *Adolf Hitler* (43) erhält im zweiten Wahlgang 13,4 Millionen Stimmen. *Heinrich Brüning* (47) wird vom Reichspräsidenten zum Rücktritt veranlaßt (30.5.). *Franz von Papen* (53) bildet das »Kabinett der nationalen Konzentration«. In den Reichstagsneuwahlen erhalten die Nationalsozialisten 37,4% der Stimmen (31.7.), damit hat die links- und rechtsradikale Opposition (KPD und NSDAP) zusammen 319 von 608 Mandaten. Nach dem vergeblichen Versuch, *Hitler* als Vizekanzler ins Kabinett aufzunehmen, erneute Wahl. Leichter Rückgang der Stimmen für die NSDAP auf 33,1%, Zunahme der KPD auf 16,9%. KPD und NSDAP haben zusammen 296 von 584 Mandaten. *Papen* muß zurücktreten, General *Kurt von Schleicher* (50) wird Reichskanzler (2.12.). Neue österreichische Regierung unter *Engelbert Dollfuß* (40). *Antonio de Oliveira Salazar* (43) wird portugie ischer Ministerpräsident. In Ungarn rechtsradikalse Regierung unter *Gyula Gömbös* (46), der in den nächsten Jahren Anschluß an Deutschland sucht. *Nicolae Titulescu* (49) wird rumänischer Außenminister (bis 1936 im Amt). Beginn des Krieges um den Gran Chaco zwischen Bolivien und Paraguay. Bericht des Völkerbundskommissars stellt die Unrechtmäßigkeit des japanischen Vorgehens fest, schlägt aber vor, die Manchurei als autonomes Gebiet unter japanische Kontrolle zu stellen. Ermordung des japanischen Ministerpräsidenten *Inukai Ki* (77) bringt Ende der Parteienkabinette und fast unumschränkte Herrschaft des Militärs. Unter japanischem Protektorat wird der unabhängige manchurische Staat Manchukuo ausgerufen; japanische Truppen landen im Gebiet von Shanghai, um China zur Beendigung seines Boykotts japanischer Waren zu zwingen.

LITERATUR *Karl Jaspers* (49) »Philosophie« (3 Bde.) *Salvador Dali* (28) »Perspektiven«.

NATURWISSENSCHAFT *Carl David Anderson* (27) weist das Positron nach. *Gerhard Domagk* (37) entwickelt Sulfonamide. *Karl G. Jansky* beobachtet Radiokurzwellenstrahlung aus der Milchstraße, Beginn der Radioastronomie. *Hermann Staudinger* (51) »Die hochmolekularen organischen Verbindungen Kautschuk und Cellulose«. *Harold C. Urey* (39) entdeckt den schweren Wasserstoff.

WIRTSCHAFT Konferenz in Lausanne beschließt die Beendigung der deutschen Reparationszahlungen gegen eine einmalige Zahlung von 3 Milliarden Reichsmark (9.7.). Im Lausanner Protokoll wird Österreich eine Völkerbundsanleihe gegen die Verpflichtung zugesagt, bis 1952 keine wirtschaftliche und politische Union mit Deutschland einzugehen. Empire-Konferenz von Ottawa beschließt Vorzugszollsystem. Belgien, Luxemburg und die Niederlande beschließen schrittweisen Abbau der Zollschranken. Über 6 Millionen Arbeitslose in Deutschland. Japan gibt Goldstandard auf. Britisch-persische Streitigkeiten wegen Zurücknahme der Ölkonzessionen durch Persien. Zusammenbruch des schwedischen Kreuger-Konzerns.

1933

POLITIK *Adolf Hitler* (44) wird deutscher Reichskanzler (30.1.) in der »Regierung der nationalen Erneuerung«, der außer ihm nur zwei Nationalsozialisten angehören, *Wilhelm Frick* (56) als Innenminister und *Hermann Göring* (50) als Minister ohne Geschäftsbereich. Der Brand des deutschen Reichstagsgebäudes (27.2.) wird als Zeichen für einen beginnenden kommunistischen Aufstand ausgelegt und so der Reichspräsident *von Hindenburg* (86) zur »Verordnung zum Schutz von Volk und Staat« veranlaßt, in der die Grundrechte »bis auf weiteres« außer Kraft gesetzt werden (Grundlage der Einrichtung von Konzentrationslagern, Beginn des Unrechtsstaates, Verhängung des permanenten Ausnahmezustandes). In den Reichstagswahlen (5. 3.) erhalten die Nationalsozialisten trotz massivster Propaganda nur 43,9% der Stimmen, zusammen mit der Deutsch-Nationalen Volkspartei 52%. *Josef Goebbels* (36) tritt als Reichsminister für Volksaufklärung und Propaganda in das Kabinett ein. Im »Ermächtigungsgesetz« (24.3.) übergibt der Reichstag der Regierung die gesetzgebende Gewalt für vier Jahre (nur die Sozialdemokraten stimmten dagegen, nachdem die Kommunistische Partei schon verboten war). Beginn der »Gleichschaltung«: Länderparlamente werden nach

Ergebnissen der Reichstagswahl umgebildet, in den Ländern Reichskommissare eingesetzt (April); die Gewerkschaften werden aufgelöst und die »Deutsche Arbeitsfront« gebildet; die Parteien werden aufgelöst oder zur Selbstauflösung veranlaßt und die NSDAP gesetzlich zur einzigen Partei erklärt (14.7.); Reichskulturkammer- und Schriftleitergesetz ordnen alle Bereiche des kulturellen Lebens der nationalsozialistischen Ideologie unter. Beginn der antijüdischen Maßnahmen (erste Boykotte, Ausschluß aller Juden aus der Beamtenschaft, Verbot der kulturellen Betätigung). Reichserbhofgesetz regelt Erbfolge auf den »Erbhöfen«, soll Verschuldung und Aufteilung dieser Höfe verhindern. Beginn des Kirchenkampfes in der deutschen evangelischen Kirche zwischen den offiziell geförderten »Deutschen Christen« und der »Bekennenden Kirche«. Erneuerung des schon 1931 abgelaufenen Berliner Vertrages zwischen Deutschland und der Sowjetunion (erster internationaler Vertrag des »Dritten Reiches«). Konkordat zwischen Deutschland und dem Vatikan (20.7.). Genfer Abrüstungsgespräche ohne Erfolg. Der von *Mussolini* (50) propagierte Viererpakt zwischen Großbritannien, Frankreich, Italien und Deutschland wird am 15.7. abgeschlossen. Deutschland verläßt die Abrüstungskonferenz (14.10.) und tritt aus dem Völkerbund aus (19.10.). Diese außenpolitischen Maßnahmen läßt sich *Hitler* in einer Reichstagswahl bestätigen, in der 92% der Stimmen für die Einheitsliste abgegeben werden (12.12.). *Konrad Henlein* (35) gründet in der Tschechoslowakei die Sudetendeutsche Heimatfront (aus ihr wird 1935 die Sudetendeutsche Partei). *Engelbert Dollfuß* (41) hebt durch Staatsstreich die parlamentarische Verfassung Österreichs auf (15.3.) und regiert mit dem »Kriegswirtschaftlichen Ermächtigungsgesetz« von 1917; er gründet die »Vaterländische Front«. Polnische Truppen besetzen die Westerplatte, müssen sie aber nach Einspruch der Großmächte wieder räumen. Die Wahlen zum Danziger Volkstag ergeben absolute Mehrheit für die NSDAP. Nichtangriffs- und Freundschaftsvertrag zwischen der Sowjetunion und Italien. Kollektivierung der sowjetischen Landwirtschaft im wesentlichen abgeschlossen, nach Jahren schwerer Kämpfe und häufiger Hungersnöte setzt allmähliche wirtschaftliche Beruhigung ein; in der Folgezeit jedoch wiederholte »Säuberungen« in Partei und Staat. Volksabstimmung bestätigt neue portugiesische Verfassung (Ständestaat nach faschistischem Vorbild). *Franklin D. Roosevelt* (51) wird neuer Präsident der USA, er erklärt den nationalen Notstand und setzt großes Arbeitsbeschaffungsprogramm durch (Verkündung des »New Deal«). *Nadir Khan* (53) von Afghanistan wird ermordet, sein Sohn *Mohammed Sahir Schah* (19) folgt ihm auf dem Thron. Japan tritt aus dem Völkerbund aus (27.3.).

Literatur *Karl Barth* (47) »Theologische Existenz heute«.

Kunst *Aristide Maillol* (72) La Guerre (La Consolation — L'Immolation — La Commémoration).

Kultur USA heben Prohibition auf. In Berlin öffentliche Verbrennung von Büchern unerwünschter Autoren (10.5.).

Wirtschaft Kohlenbahn von Oberschlesien nach Gdingen wird eröffnet.

1934

Politik Krise des französischen parlamentarischen Systems, Angriffe von autoritär-antidemokratischen Gruppen, von den halbfaschistischen »Feuerkreuzlern« inszenierte Unruhen in Paris; Bildung eines »Kabinetts der nationalen Einigung« unter *Gaston Doumergue* (71). *Alexander* von Jugoslawien (46) und der französische Außenminister *Jean Louis Barthou* (72) in Marseille von der kroatischen Untergrundbewegung »Ustaschi« ermordet. *Albert I.* von Belgien (59) tödlich verunglückt, Nachfolger wird *Leopold III.* (33). In Deutschland Fortsetzung der »Gleichschaltung«: Länderparlamente und Reichsrat werden aufgelöst; in der Wirtschaft wird das Führerprinzip eingeführt (Gesetz zur Ordnung der nationalen Arbeit). *Adolf Hitler* (45) entledigt sich vieler ihm unbequem erscheinender Personen unter dem Vorwand, sie seien an einer Verschwörung unter Führung des Stabschefs der SA, *Ernst Röhm* (47), beteiligt gewesen (30.6.). Tod des Reichspräsidenten *Paul von Hindenburg* (87) (2.8.); seine Befugnisse gehen auf den »Führer und Reichskanzler« *Adolf Hitler* über, auf den auch die Reichswehr vereidigt wird. Deutsch-polnischer Nichtangriffs- und Freundschaftsvertrag. *Hitler* (45) trifft *Mussolini* (51) zum ersten Mal (keine sachlichen Ergebnisse). Verbot aller österreichischen Parteien außer der »Vaterländischen Front«, Neuordnung des österreichischen Staates auf autoritärer und ständischer Grundlage in der Verfassung vom 1.5.; stärkere Anlehnung an Italien; italienische Truppenzusammenziehungen helfen einen Erfolg des nationalsozialistischen Putschversuches, bei dem *Engelbert Dollfuß* (42) ermordet wird, zu verhindern; neuer Bundeskanzler wird *Kurt von Schuschnigg* (37). Eine Deklaration Großbritanniens, Frankreichs und Italiens bekräftigt die Unabhängigkeit und Integrität Österreichs. Balkanpakt zwischen der Türkei, Griechenland, Rumänien und Jugoslawien (Beistand im Fall eines Angriffes Dritter zugesichert). Beseitigung der parlamentarischen Demokratie in Lettland und Estland. Die Sowjetunion wird in den Völkerbund aufgenommen. USA verzichten auf alle Rechte in Kuba, geben Schutzherrschaft über Haiti auf und sichern den Philippinen gesetzlich die volle Unabhängigkeit nach Ablauf von zehn Jahren zu. Abschluß eines allgemeinen südamerikanischen Nichtangriffspaktes. *Chiang Kai-shek* (47) vertreibt die Kommunisten aus den Südprovinzen; in dem »Großen Marsch« nach Nordwesten ziehen die Kommunisten nach Yen-an und errichten dort ihre Herrschaft. Japan kündigt das Washingtoner Flottenabkommen.

Literatur *Arnold J. Toynbee* (45) »A Study of History« (10 Bände bis 1954).

KUNST *Otto Bartning* (51), Gustav-Adolf-Kirche, Berlin-Charlottenburg.

MUSIK *Paul Hindemith* (39) »Mathis der Maler«.

NATURWISSENSCHAFT *Irène Joliot-Curie* (37) und *Frédéric Joliot* (34) stellen die ersten künstlich-radioaktiven Elemente her.

WIRTSCHAFT Dollarabwertung auf 59,6% seines bisherigen Wertes, in den folgenden Jahren gehen auch die »Goldblockländer« (Frankreich, Belgien, Schweiz und Niederlande) von der Goldwährung ab; überall wird die Devisenbewirtschaftung eingeführt. In den »Römischen Protokollen« wird wirtschaftliche Zusammenarbeit zwischen Italien, Österreich und Ungarn vereinbart.

1935

POLITIK Konferenz in Stresa (14.4.): Großbritannien, Frankreich und Italien protestieren gegen einseitige deutsche Aktionen. Bildung einer konservativen Regierung in Großbritannien (7.6.) unter *Stanley Baldwin* (68), *Anthony Eden* (38) wird nach einiger Zeit Außenminister. Frankreich führt die zweijährige Dienstpflicht ein und erneuert Militärabkommen mit Belgien. Abschluß eines französisch-sowjetischen Beistandspaktes. Besuch des französischen Außenministers *Pierre Laval* (52) in Rom führt zu Annäherung an Italien. Bildung der »Volksfront« in Frankreich. Kabinett der nationalen Konzentration unter *Paul van Zeeland* (42) in Belgien. Die Bevölkerung des Saargebietes entscheidet sich in einer Abstimmung für die Rückkehr zum Reich (13.1.). Deutschland führt die allgemeine Wehrpflicht ein (16.3.) und beginnt den Aufbau einer Luftwaffe. Die »Nürnberger Gesetze« (15.9.) stempeln Juden zu Menschen ohne Bürgerrecht und verbieten Mischehen zwischen Juden und Nichtjuden (»Ariern«). Deutsch-britisches Flottenabkommen (18.6.) gestattet Deutschland den Besitz einer Kriegsflotte, deren Gesamttonnage 35% der britischen betragen kann. Italien beginnt Krieg gegen Abessinien; die vom Völkerbund beschlossenen Sanktionen (18.11.) werden nicht durchgeführt oder sind unwirksam. Rücktritt des tschechoslowakischen Präsidenten *Thomas Masaryk* (85), sein Nachfolger wird *Eduard Beneš* (51) (18.12.). Abschluß eines sowjetisch-tschechoslowakischen Militärbündnisses. Wiedereinführung der Monarchie in Griechenland, Rückkehr *Georgs II.* (45). Nach dem Tod *Pilsudskis* (68) geht dessen Macht auf den Oberbefehlshaber der polnischen Armee, General *Edward Rydź-Śmigły* (49), über. Liquidierung der »trotzkistischen« Opposition in der Sowjetunion (Schauprozesse bis 1938). Der Bergarbeiter *Alexej G. Stachanow* (30) leitet mit seiner ersten Normübererfüllung die Stachanow-Bewegung zur allgemeinen Leistungssteigerung ein. Weltkongreß der Dritten Internationale beschließt den Kampf gegen den Faschismus durch Zusammengehen mit den demokratischen Kräften (»Volksfront«). *Fuad I.* (67) von Ägypten muß die parlamentarische Verfassung von 1923 wiederherstellen. Ende des Chacokrieges zwischen Bolivien und Paraguay; im Schiedsgerichtsverfahren wird der größere Teil des Gebietes Paraguay zugesprochen. Aus Persien wird Iran. Neue indische Verfassung trennt Burma von Indien, teilt Indien in elf Provinzen unter je einem ernannten Gouverneur mit einem Generalgouverneur an der Spitze. Durch die Opposition der indischen Kongreßpartei, die bei den Wahlen die Mehrheit erlangt, wird jede Arbeit der vorgesehenen legislativen Körperschaften unmöglich. Militärputsch in Japan wird niedergeschlagen; die japanischen Militärs legen sich auf eine gemäßigtere Form des Imperialismus fest, der nicht durch Annexionen, sondern durch Machtkontrolle in den abhängigen Staaten zum Ziel gelangen will. Japan schlägt den Weg zu einem faschistischen Regime ein.

LITERATUR *Jean Giraudoux* (53) »La guerre de Troie n'aura pas lieu«. *Alfred Weber* (67) »Kulturgeschichte als Kultursoziologie«.

MUSIK *George Gershwin* (37) »Porgy and Bess«. *Arthur Honegger* (37) »Johanna auf dem Scheiterhaufen«.

TECHNIK Regelmäßiges Fernsehprogramm in Berlin.

WIRTSCHAFT USA führen Altersrente ein und forcieren Arbeitsbeschaffungsprogramm, dabei Ansätze zur Planwirtschaft.

1936

POLITIK Neue Verhandlungen über das Verhältnis der Flottenstärke zwischen USA, Großbritannien und Japan scheitern, Japan verläßt die Konferenz von London. Londoner Protokoll (6.11.) legt Seekriegsrecht für die U-Boot-Waffe fest. Tod *Georgs V.* von England (71), sein Nachfolger *Eduard VIII.* (42) dankt bald ab. Sein Bruder *Georg VI.* (41) wird König. Fortdauer der Krise der Demokratie in Frankreich. Regierungsantritt des Sozialistenführers *Léon Blum* (64) an der Spitze einer Linkskoalition, der Volksfront, aus Sozialisten, Radikalen, Kommunisten. Sozialpolitische Gesetzgebung (40-Stunden-Woche, Nationalisierung der Bank von Frankreich, Auflösung der Wehrverbände). Deutschland besetzt die entmilitarisierte Zone des Rheinlandes (7.3.), kündigt den Locarno-Vertrag, verlängert Militärdienstzeit auf zwei Jahre (24.8.), verkündet zweiten Vierjahresplan, der das Land autark machen soll. Deutsch-österreichisches Abkommen legt Spannungen bei (11.7.). Antikominternpakt zwischen Deutschland und Japan (25.11.). Nach Regierungsantritt der linksgerichteten Volksfront unter *Manuel Azaña* (56) und dann unter *Francesco Caballero* (77) (*Azaña* Präsident) Beginn des Bürgerkrieges in Spanien. Aufstand der Armee unter General *Francisco Franco* (44) von Marokko aus (18.7.) mit italienischer und deutscher Hilfe. Errichtung einer nationalen Gegenregierung in Burgos (30.7.). Deutschland und Italien vereinbaren Anerkennung *Francos* und gemeinsames Vorgehen in Spanien (Achse Berlin–

Rom, 25. 10.). Errichtung der Diktatur in Griechenland unter General *Joannis Metaxas* (65). Konferenz von Montreux: neue Meerengenkonvention stellt volle Souveränität der Türkei wieder her, freie Durchfahrt für Handelsschiffe, für Kriegsschiffe erschwert; Remilitarisierung der Dardanellen (26. 7.). Neue Verfassung in der UdSSR, allgemeines gleiches Wahlrecht, direkte Wahlen zu allen Sowjets (oberster Sowjet aus dem Sowjet der Union und der Nationalitäten), elf Sowjetrepubliken; bei scheinbarer Wahrung der persönlichen und politischen Freiheitsrechte doch völlig ungenügender Schutz des Staatsbürgers vor behördlicher, vor allem polizeilicher Willkür (Fehlen jeder Verfassungs- und Verwaltungsgerichtsbarkeit; große Befugnis des Generalstaatsanwalts; Einsetzung von Sondergerichten ohne feste Bestimmung ihrer Kompetenz). Tod *Fuads I.* (68), Nachfolger wird *Faruk I.* (16). Bündnis- und Militärvertrag zwischen Großbritannien und Ägypten, britische Besatzung stark beschränkt (im wesentlichen auf die Kanalzone); britisch-ägyptisches Kondominion im Sudan verlängert (seit 1899). Vertrag zwischen Frankreich und Syrien (9. 9.) und dem Libanon (13. 11.) schränkt die französische Besatzung ein (Völkerbundszutritt für Syrien und Libanon). Ende des Abessinienkrieges; der italienische König wird Kaiser von Äthiopien, Vizekönig wird Marschall *Pietro Badoglio* (65) und dann Marschall *Rodolfo Graziani* (54); der Völkerbund stellt Sanktionen ein (4. 7.). Interamerikanische Friedenskonferenz von Buenos Aires. Die USA sichern sich durch neuen Vertrag mit Panama volle Verfügungsgewalt und Verteidigungsmöglichkeit des Panamakanals. Neue Verfassung mit sozialistischen Zügen in Venezuela (staatliche Kontrolle der Wirtschaft). Innere Unruhen in Argentinien (Volksfront gegen nationale Front).

KULTUR Begründung der Ford Foundation zur Förderung von Wissenschaft und Kultur.

LITERATUR *Jean Anouilh* (26) »Le Voyageur sans bagage«. *Graham Greene* (32) »A Gun for Sale« (Das Attentat). *Lin Yu-tang* (51) »Mein Land und mein Volk«. *Margaret Mitchell* (36) »Gone with the Wind«.

MUSIK *Werner Egk* (35) »Die Zaubergeige«. *Carl Orff* (41) »Carmina burana«.

KUNST *Frank Lloyd Wright* (67) Haus über dem Wasserfall.

TECHNIK Britischer Ozeandampfer »Queen Mary« überquert Atlantik in vier Tagen.

1937

POLITIK Britisch-italienisches Abkommen zur Erhaltung des Status quo im Mittelmeer (Gentlemen's Agreement). *Neville Chamberlain* (68) wird Premierminister (28. 5.). Neue Verfassung für Irland, aus dem »Irischen Freistaat« wird Eire mit voller Souveränität (14. 6.). Rücktritt *Léon Blums* (65) (21. 6.), neue Volksfrontregierung unter *Camille Chautemps* (52). Deutschland anerkennt die Unverletzlichkeit Belgiens (13. 10.). *Hitler* ist entschlossen, in nächster Zukunft einen Eroberungskrieg zu entfesseln (Hossbach-Protokoll vom 5. 11.). Staatsbesuch *Benito Mussolinis* (54) in Deutschland (September). Italien tritt dem Antikominternpakt bei (6. 11.) und aus dem Völkerbund aus (11. 12.). Falange wird Staatspartei in Franco-Spanien; im republikanischen Teil neues Volksfrontkabinett unter *Juan Negrin* (45). Freundschaftsvertrag zwischen Jugoslawien und Bulgarien (24. 1.). Nichtangriffspakt zwischen Jugoslawien und Italien (25. 3., auf fünf Jahre). Versuche des französischen Außenministers *Yvon Delbos* (52) ergebnislos, die Annäherung Polens und Jugoslawiens an die Achse rückgängig zu machen. Säuberungsaktion erfaßt die Rote Armee; Marschall *Tuchatschewskij* (44) hingerichtet. Plan zur Teilung Palästinas, von einer britischen Regierungskommission ausgearbeitet, wird von arabischer Seite abgelehnt. Ostpakt zwischen Türkei, Iran, Irak und Afghanistan. Quarantäne-Rede *Roosevelts* (55) gegen die aggressiven Mächte (5. 10.). Die Indische Kongreßpartei nimmt an der parlamentarischen Arbeit teil und setzt dadurch praktisch die Verfassung von 1935 in Kraft, ohne ihren Widerstand grundsätzlich aufzugeben. Der Volksrat in Niederländisch-Indien fordert den Dominion-Status innerhalb von zehn Jahren. Beginn der kriegerischen Aktionen zwischen Japan und der Sowjetunion. *Chiang Kai-shek* (50) verlegt den Sitz der chinesischen Regierung nach Chungking. Chinesisch-sowjetischer Nichtangriffspakt (21. 8.). Wiedereröffnung des chinesisch-japanischen Krieges nach dem Zwischenfall an der Marco-Polo-Brücke in Peking (7. 7.). Japan erobert Nanking (Dezember). Konferenz von Brüssel stellt fest, daß Japan den Neunmächtevertrag von 1922 verletzt hat (3. 11.).

KULTUR Rätoromanisch in der Schweiz als vierte Nationalsprache anerkannt. Päpstliche Enzyklika »Mit brennender Sorge« weist den nationalsozialistischen Totalitätsanspruch zurück.

NATURWISSENSCHAFT Funde von Knochen des früheiszeitlichen Pithecanthropus auf Java.

1938

POLITIK Rücktritt *Anthony Edens* (41) vom Posten des britischen Außenministers, Lord *Edward Halifax* (57) wird sein Nachfolger (25. 2.). Britisch-italienisches Abkommen: Großbritannien anerkennt den italienischen Besitz von Abessinien, Italien verpflichtet sich zur Zurücknahme seiner Freiwilligenverbände aus Spanien nach Beendigung des spanischen Bürgerkrieges (16. 4.). *Edouard Daladier* (54) wird Ministerpräsident (10. 4.), Bruch mit der Volksfront nach der Münchener Konferenz; Ermächtigungsgesetz zur Wiederherstellung der Wirtschaft. *Hitler* (49) übernimmt selbst die Führung der Wehrmacht (4. 2.); Reichskriegsminister *Werner von Blomberg* (60) und der Oberbefehlshaber des Heeres, *Werner von Fritsch* (58), werden unter fadenscheinigen Begründungen entlassen.

Bildung eines Oberkommandos der Wehrmacht unter *Wilhelm Keitel* (56), neuer Oberbefehlshaber des Heeres *Walther von Brauchitsch* (47); Reichsaußenminister *Konstantin von Neurath* (65) durch *Joachim von Ribbentrop* (45) ersetzt. Der Chef des Generalstabs des Heeres, *Ludwig Beck* (58), warnt vor der nationalsozialistischen Politik und tritt schließlich von seinem Posten zurück (27.8.). Der österreichische Bundeskanzler *Kurt von Schuschnigg* (46) bei *Hitler* (49) in Berchtesgaden, er muß Amnestie für inhaftierte österreichische Nationalsozialisten und Aufnahme eines Nationalsozialisten in die Regierung zusagen. *Arthur Seyss-Inquart* (36) wird Innenminister. In der Folgezeit Unruhen in Österreich. *Schuschnigg* will durch eine kurzfristig anberaumte Volksabstimmung Unabhängigkeit Österreichs sichern. Deutsches Ultimatum fordert darauf den Rücktritt *Schuschniggs* zugunsten *Seyss-Inquarts*, andernfalls würden deutsche Truppen einmarschieren. *Schuschnigg* tritt zurück; auf Weisungen aus Berlin hin übernimmt *Seyss-Inquart* das Bundeskanzleramt (11.3.) und ermöglicht den Einmarsch deutscher Truppen; die Regierung *Seyss-Inquart* entscheidet sich für den Anschluß an das Deutsche Reich (13.3.), am 14.3. als Reichsgesetz verkündet und am 10.4. durch Volksabstimmung bekräftigt. Karlsbader Programm der Sudetendeutschen Partei (24.4.): Autonomie und Entschädigung für die wirtschaftliche Benachteiligung seit 1919. Mobilmachung der Tschechoslowakei wegen deutscher Truppenkonzentration (20.5.). *Hitlers* (49) Besuch in Italien erreicht kein Bündnis; er verzichtet auf Südtirol (3.–9.5.). *Neville Chamberlain* (69) in Berchtesgaden (15.9.), er will der Tschechoslowakei Abtretung der sudetendeutschen Gebiete vorschlagen. Neben Großbritannien wirkt auch Frankreich auf die Abtretung dieses Gebietes hin; Ministerpräsident *Daladier* (54) und Außenminister *Bonnet* (49) in London (19.9.). *Chamberlain* in Godesberg: *Hitler* bezieht nun die polnischen und ungarischen Forderungen mit ein (22.–24.9.). Deutschland fordert Räumung der sudetendeutschen Gebiete für den 1.10. (24.9.), was die Tschechoslowakei ablehnt (25.9.). Erfolglose britische Vermittlungsversuche in Berlin, Großbritannien bittet *Mussolini* (55) um Vermittlung (28.9.). Es kommt zur Konferenz von München (29.9.): die sudetendeutschen Gebiete sind vom 1.–10.10. zu räumen, die ungarischen und polnischen Ansprüche später zu klären. Die Großmächte garantieren den staatlichen Bestand der Rest-Tschechoslowakei. Der tschechische Präsident *Eduard Beneš* (54) tritt zurück und emigriert nach den USA. Polen besetzt eigenmächtig das Olsagebiet (2.10.). Erster Wiener Schiedsspruch (2.11.): Deutschland und Italien regeln die ungarischen Revisionswünsche gegenüber der Tschechoslowakei ohne Befragen der Westmächte; ungarischer Einmarsch in tschechoslowakisches Gebiet. Zerstörung jüdischer Kultstätten und Geschäfte in Deutschland, Inhaftierung und Mißhandlung jüdischer Bürger (»Kristallnacht«, 9.11.). Deutsch-französische Nichtangriffserklärung (6.12.). Deutsch-britische Nichtangriffserklärung. Polnisches Ultimatum an Litauen mit der Forderung nach Anerkennung der Wilnagrenze und der Aufnahme diplomatischer Beziehungen wird angenommen (19.3.). Polen erneuert den Nichtangriffspakt mit der Sowjetunion (26.11.). Beseitigung des parlamentarisch-demokratischen Regierungssystems in Rumänien; Kabinett der Konzentration unter *Miron Christea* (70), stärkere Anlehnung an Deutschland. Nachfolger des verstorbenen *Kamal Attatürk* (57) wird *Ismet Inönü* (54). Panamerikanische Konferenz in Lima erklärt Unverletzlichkeit der amerikanischen Staaten und ihre Solidarität gegen jede Bedrohung von außen (24.12.). Marschall *Pibul Songgram* (41) übernimmt Regierung in Siam (ab 1939 Thailand). Der japanische Ministerpräsident Fürst *Konoe* (47) gibt Japans Ziele bekannt (wirtschaftliche Führung in einem großasiatischen Wirtschaftsraum).

LITERATUR *Johan Huizinga* (66) »Homo ludens«. *Thornton Wilder* (41) »Our Town«.

NATURWISSENSCHAFT *Otto Hahn* (59) und *Fritz Straßmann* (36) weisen Spaltbarkeit des Urankerns nach.

TECHNIK Erfindung der Kunststoffe »Perlon« und »Nylon«.

1939

POLITIK Großbritannien führt die allgemeine Wehrpflicht ein (27.4.). *Chamberlain* (70) gibt eine britisch-französische Garantieerklärung für Polen ab (31.3.). Britisch-französische Garantie auf Rumänien und Griechenland ausgedehnt (13.4.). *Roosevelt* (57) fordert Deutschland und Italien auf, die Aggressionspolitik zu beenden, und schlägt eine internationale Konferenz vor (15.4,). Britisch-türkische Beistandserklärung (12. 5.), der sich Frankreich anschließt. Britisch-polnischer Beistandspakt mit gegenseitiger Verpflichtung (25. 8.). Die Slowakei und Karpato-Ukraine erklären ihre Unabhängigkeit (14. 3.); der tschechoslowakische Staatspräsident *Emil Hacha* (67) erklärt nach nächtlichen »Verhandlungen«, daß er das Schicksal des tschechischen Volkes vertrauensvoll in die Hände *Adolf Hitlers* (50) lege (15.3.). Am selben Tage beginnt der Einmarsch deutscher Truppen. Gleichzeitig Einmarsch ungarischer Truppen in die Karpato-Ukraine. Schaffung des Protektorates Böhmen und Mähren (16.3.); beschränkte Autonomie. Durch Vertrag von Berlin wird die Slowakei als äußerlich selbständiger Staat militärisch und außenpolitisch ins Reich einbezogen (23.3.). Nach Ultimatum an Litauen Einmarsch deutscher Truppen in das Memelgebiet (23.3.). Deutschland fordert wiederholt von Polen Rückgabe Danzigs und eine exterritoriale Autostraße und Eisenbahn durch den Korridor (zuletzt 27.3.). Deutschland kündigt das deutsch-britische Flottenabkommen und den deutsch-polnischen Nichtangriffspakt (*Hitlers* Reichstagsrede 28. 4.). »Stahlpakt« zwischen Deutschland und Italien (22.5.). Deutschland schließt Nichtangriffspakte mit Estland, Lettland und Dänemark (31.5. bis 7.6.). Schweden, Norwegen und Finnland lehnen das deutsche Angebot ab. Beistandsvertrag zwischen Großbritannien, Frankreich und der Sowjetunion, der nach Abschluß eines ergänzenden Militärabkommens in Kraft treten soll. Das scheitert an der sowjetischen Forderung des Durchmarschrechtes durch Polen und Rumänien (24.7.). Der sowjetische Außenminister *Maksim Litwinow* (63) wird entlassen, sein Nachfolger wird *Wjatscheslaw Molotow* (49). Deutsch-sowjetischer Nichtangriffspakt, im geheimen Zusatzprotokoll Festlegung der beiderseitigen Interessensphären in Osteuropa (23.8.). Deutschland wiederholt sein Versprechen, die belgische Integrität zu achten (26.8.). In Briefen *Daladiers* und *Chamberlains* an *Hitler* wird deutlich erklärt, daß Großbritannien und Frankreich ihre Verpflichtungen gegenüber Polen erfüllen werden. Letzte britische Vermittlungsversuche scheitern, da Deutschland ultimativ die Entsendung eines bevollmächtigten polnischen Unterhändlers fordert und Polen dies nicht annimmt. So beginnt mit dem deutschen Angriff auf Polen der zweite Weltkrieg (1.9.). Italien besetzt Albanien (7.4.), König *Viktor Emanuel III.* (70) wird König von Albanien; König *Zogu* (44) flieht nach Griechenland. Die albanische Nationalversammlung beschließt die Personalunion mit Italien. Der spanische Bürgerkrieg beendet; Großbritannien, Frankreich und die USA anerkennen die Regierung *Franco*. Spanien tritt dem Antikominternpakt bei (7.4.). Spanisch-portugiesischer Freundschafts- und Nichtangriffspakt. Portugal erneuert Bündnis mit Großbritannien. Ungarn tritt aus dem Völkerbund aus und führt antijüdische Gesetze ein. Föderative Reform in Jugoslawien in Aussicht genommen; Errichtung eines weitgehend autonomen Kroatien im Rahmen des jugoslawischen Staates im »Sporazum« beschlossen (26.8.). Rücktritt des Kabinetts *Konoe*, der ultranationalistische Baron *Hiranuma Kiichirô* (71) wird japanischer Ministerpräsident. Nach schweren japanischen Verlusten bei dem Zusammenstoß mit sowjetischen Truppen bei Nomonhan schließen Japan und die Sowjetunion Frieden.

KULTUR Nach dem Tode *Pius' XI.* (82) wird *Eugenio Pacelli* (63) als *Pius XII.* Papst.

LITERATUR *Edmund Husserl* (postum) »Erfahrung und Urteil«. *John Steinbeck* (37) »Grapes of Wrath«.

KUNST *Ludwig Mies van der Rohe* (53) Illinois Institute of Technology, Chicago, Baubeginn.

WIRTSCHAFT *Hjalmar Schacht* (62) aus seinem Amt als Reichsbankpräsident entlassen, nachdem schon 1937 seine Entlassung aus dem Amt des Wirtschaftsministers erfolgt war. Deutsch-rumänisches Handelsabkommen (23.3.).

Der zweite Weltkrieg

1939

DER FELDZUG IN POLEN Ohne Kriegserklärung Einfall deutscher Heeresgruppen von Pommern und Westpreußen sowie von Oberschlesien aus. Das polnische Eisenbahnsystem durch die deutsche Luftwaffe sofort lahmgelegt. Das polnische Heer zieht sich vor der Zangenoffensive auf die rumänische Grenze zurück (ab 10.9.). Vorstoß beider deutscher Heeresgruppen auf Warschau (20.–28.9.). Nach schweren Kämpfen (Luftangriffe) Kapitulation von Warschau (27.9.) und Modlin (28.9.). Danziger Bucht von deutschen Seestreitkräften abgeriegelt und fast die gesamte polnische Marine außer Gefecht gesetzt. Die polnischen Truppen auf Hela stellen den Kampf ein (6.10.). Letzter polnischer Widerstand am 6.10. Entscheidende Durchschlagskraft von Panzer- und Luftwaffe erwiesen.

INTERNATIONALE POLITIK Entsprechend dem deutsch-sowjetischen Abkommen Einmarsch der Roten Armee in Polen (17.9.). Zweiter deutsch-sowjetischer Grenz- und Freundschaftsvertrag über Abgrenzung der beiderseitigen Interessensphären in Moskau (28.9.): Die Sowjetunion erhält gegen Gebietskonzessionen in Polen (Buglinie) Verfügungsgewalt über Litauen. Völlige Zerschlagung des polnischen Staates (*Hitlers* Rede in Danzig am 19.9.); Rückgliederung der 1919 Polen zugesprochenen Gebiete, die übrigen von deutschen Truppen besetzten Gebiete werden einem deutschen Generalgouverneur (*Hans Frank*, 39) unterstellt (Amtssitz Krakau). Aussiedlung von Juden aus Deutschland und dem Protektorat in den Raum von Lublin beginnt. Ziel der deutschen Politik im General-Gouvernement: das polnische Volk soll seiner Intelligenz beraubt werden, höhere Schulen und Universitäten werden geschlossen, viele Professoren ermordet. Friedensangebot *Hitlers* an die Westmächte (Reichstagsrede, 6.10.) bei Anerkennung der vollzogenen Tatsachen. Belgisch-holländische und rumänische Vermittlungsversuche (7.11. und 13.11.) scheitern. Attentat auf *Hitler* im Bürgerbräukeller (8.11.). Die Sowjetunion zwingt den baltischen Staaten Beistandspakte und sowjetische Stützpunkte auf (Estland 28.9., Lettland 5.10., Litauen 10.10.). Eine ähnliche Forderung von Finnland abgelehnt. Angriff der Sowjetunion auf Finnland (30.11.); auf finnischen Antrag Ausschluß der Sowjetunion aus dem Völkerbund (14.12.); Plan einer Hilfe der Westmächte für Finnland scheitert am Problem des Durchmarschrechts durch die skandinavischen Länder. Deutschland schließt mit den baltischen Staaten, der Sowjetunion und Italien Abkommen über die Umsiedlung der Volksdeutschen ins Reichsgebiet (Oktober bis Dezember). Vergebliche italienische Vermittlungsversuche (2.9.), darauf erklärt sich Italien für »nicht-kriegführend«.

Grossbritannien und Frankreich Ultimative Forderung der Westmächte an Deutschland, seine Truppen hinter die Reichsgrenze zurückzuziehen (3.9.). Nach Ablauf der gestellten Frist erfolgen die Kriegserklärungen, die britischen Dominions schließen sich an. *Neville Chamberlain* (70) und *Edouard Daladier* (55) weisen Hitlers Friedensangebot öffentlich zurück (12. und 10.10.). Bündnisvertrag der Türkei mit Großbritannien und Frankreich (19.10.).

Die USA Neutralitätserklärung der USA (5.9.), nach dem deutschen Sieg in Polen durch die »Cash-and-Carry«-Klausel ergänzt (Möglichkeit, gegen Barzahlung amerikanisches Kriegsmaterial zu erwerben und auf eigenen Schiffen zu transportieren). Panamerikanische Konferenz in Panama: Allgemeine Neutralitätserklärung der amerikanischen Republiken, eine 300-Meilen-Zone längs der Atlantikküste wird zur »Sea-safety-zone« erklärt (2.10.).

Stellungskrieg im Westen und Handelskrieg Stellungskrieg mit defensiver Strategie der französischen Führung. Nur eine britische Expeditionstruppe unter General Lord *Gort* (53) beteiligt. Das französische Heer unter General *Gamelin* (67) verläßt sich auf die Maginotlinie. Ein »Nervenkrieg« mit gegenseitiger Propaganda zur Schwächung der Verteidigungskraft. Nach Ablehnung des Friedensangebotes plant Hitler die Westoffensive für den Herbst; sie muß jedoch wegen schlechten Wetters immer wieder verschoben werden.
Deutschland beantwortet die britische Blockade mit dem Handelskrieg gegen feindliche und im Dienste der Gegner fahrende neutrale Schiffe (Einsatz von U-Booten); erhebliche deutsche Verluste (Selbstversenkung des Panzerschiffs »Admiral Graf Spee« nach einem Gefecht mit britischen Kreuzern [17.12.]. Bis Ende 1940 31 U-Boote verloren, ersetzt durch 60 neue). Versenkung des britischen Flugzeugträgers »Courageous« (17.9.) und des Schlachtschiffes »Royal Oak« (14.10.) durch deutsche U-Boote.

1940

Die Feldzüge im Norden und Westen Europas
Dänemark und Norwegen: Als Auftakt der Westoffensive, besonders gefordert von der deutschen Seekriegsleitung, überfallartige Besetzung Dänemarks, das sich kampflos ergibt, und Norwegens (Beginn 9.4.), um die nordschwedische Erzzufuhr zu sichern und eine breite Angriffsbasis gegen Großbritannien zu gewinnen. Deutsche Landungen bei Kristiansand, Stavanger, Bergen, Drontheim und im Oslofjord; Landung eines Gebirgsjägerregiments unter Generalmajor *Dietl* (50) bei Narvik (9.4.); Widerstand der norwegischen Truppen, unterstützt von schwachen britisch-französischen Kräften, in Namsos und Andalsnes bei Drontheim. Schwere Verluste der deutschen Flotte bei der Sicherung der Landung (Kreuzer »Blücher«, »Königsberg« und »Karlsruhe«). Rückzug der britisch-französischen Truppen, da die Errichtung einer genügenden Luftbasis scheitert (Ende April); erbitterte Kämpfe nur noch bei Narvik, das die deutschen Truppen vorübergehend räumen müssen (27.5.); Nachschub nur auf dem Luftweg möglich; Abzug der britischen und französischen Truppen (8.6.). – Gleichzeitig mit der deutschen Aktion Verminung der norwegischen Gewässer durch britische Schiffe (8.4.).
Frankreich: Beginn der Westoffensive gegen Frankreich, Belgien und die Niederlande (10.5.), Grundidee des Schlieffenplanes (Überflügelung der feindlichen Front im Norden) beibehalten, ergänzt aber durch den Plan eines Durchbruches am Nordende der Maginotlinie mit Zielrichtung auf die Maas und die Kanalküste (Entwurf des Generals *Erich von Manstein*, 53). Kräfteverhältnis an Heeresstreitkräften ungefähr gleich, deutsche Überlegenheit aber in Panzer- und Luftstreitkräften; erneuter Erfolg der deutschen Blitzkriegstaktik mit Zusammenarbeit aller Waffengattungen und Motorisierung der Angriffsverbände. Der holländische Widerstand vor der »Festung Holland« mit Amsterdam, Rotterdam und Den Haag nach dem deutschen Luftangriff auf Rotterdam (13.5.) zusammengebrochen (14.5.); niederländische Kapitulation (15.5.), Flucht der königlichen Familie und der Regierung nach London. Deutscher Angriff auf Belgien unter Bruch des gegebenen Integritätsversprechens; die vereinigten britisch-französisch-belgischen Truppen können gegen die deutschen Angriffe die Dyle-Stellung nicht halten, nachdem das belgische Heer seine ursprüngliche Stellung am Albert-Kanal zwischen Lüttich und Antwerpen aufgeben mußte; deutsche Besetzung von Brüssel und Antwerpen (17. und 18.5.); inzwischen war der Maasübergang zwischen Dinant und Sedan geglückt (14.5.), ebenso der weitere Vorstoß über St. Quentin (17.5.) zur Kanalküste (20.5.), Einnahme von Calais (26.5.); Nordarmee damit umfaßt. Kapitulation des auf kleinem Raum um Brügge zusammengedrängten belgischen Heeres durch König *Leopold III.* (39) gegen den Willen der belgischen Regierung (27./28.5.); Leopold wird interniert, Belgien erhält Militärverwaltung. Das britische Expeditionsheer mit französischen Restkräften wird um Dünkirchen zusammengedrängt; die Rettung von 225000 britischen und 112000 französischen Soldaten nach England hinüber glückt, wenn auch unter Verlust aller schweren Waffen; Fall von Dünkirchen (4.6.), 1,2 Millionen Gefangene.
Der zweite deutsche Offensivstoß durchbricht die neue französische Front an der Somme; Fall von Reims (11.6.), Chalons (12.6.) und Verdun (15.6.); kampflose Besetzung von Paris (14.6.), von hier aus Vormarsch an die Loire (Besetzung von Orléans,

16.6.) und die Atlantikküste (Le Mans und Cherbourg 18.6., Nantes und Brest 19.6.) und über die Loire hinweg bis zur Schweizer Grenze, Lyon besetzt (20.6.); gleichzeitig doppelseitiger Einbruch in die Maginotlinie südlich Saarbrücken (14.6.); Übergang über den Rhein bei Kolmar (16.6.); die französischen Kräfte werden aus Elsaß-Lothringen über die Vogesen zurückgeworfen und kapitulieren (22.6.). Nach Unterzeichnung des Waffenstillstandes Waffenruhe: Compiègne (22. 6.), Rom (24.6.).
Die Schlacht um England: Deutsche Vorbereitung der Landung in England (Unternehmen »Seelöwe«, 16.7.), bei den Beratungen keine Übereinstimmung zwischen Heer und Marine; wegen Unterlegenheit der deutschen Flotte gegenüber der britischen ist Deckung und Vorbereitung der Invasion durch die deutsche Luftwaffe nötig; daher Beginn des Luftkrieges gegen Großbritannien (ab 10.7.), der Anfang August verschärft wird (»Battle of Britain«), Angriffe auf London (ab 7.9.), auf Coventry und Birmingham (14.–19.11.); starke deutsche Verluste (bis Ende Oktober 1733 Flugzeuge), Luftherrschaft über England dennoch nicht erreicht; schrittweise Einstellung der Luftschlacht (bis Juni 1941); der auf den 21.9. festgesetzte Landungstermin auf unbestimmte Zeit verschoben (17.9.), dann auf das Frühjahr 1941 (12.10.). Ein geplanter Angriff auf Gibraltar bleibt unausgeführt (Herbst–Winter). Verschärfung des Handels- und Seekrieges, bis Ende Juli 1940 waren 2 Millionen BRT versenkt, von August 1940 bis Juni 1941 5,1 Millionen (hauptsächlich durch deutsche U-Boote).

ITALIEN Nach der Kriegserklärung an die Westmächte (10. 6.) Eintritt Italiens in den Krieg (11.6.); Beginn des italienischen Angriffs an der Alpenfront; italienisch-französischer Waffenstillstand (24.6.), Italiens territoriale Wünsche (Savoyen, Korsika, Tunis, Algier und die Riviera) bleiben unerfüllt. Italienische Truppen besetzen Britisch-Somaliland und Djibuti (Französisch-Somaliland) (August) und stoßen über die libysch-ägyptische Grenze bis Sidi Barani vor (ab 13.9. unter Marschall *Rodolfo Graziani*, 58); erfolgreicher britischer Gegenangriff (seit 9.12.) führt zu italienischem Hilfegesuch an Deutschland; auch der italienische Vorstoß von Albanien aus nach Griechenland erfolglos (28.10.), griechische Gegenangriffe (November/Dezember). Unterlegenheit der italienischen Flotte gegenüber der britischen (italienische Niederlage von Tarent, 11./12.11.).

POLITIK DER LÄNDER Großbritannien: In Großbritannien wird *Winston Churchill* (66, seit dem Vorjahr Leiter des Marineministeriums) Ministerpräsident (10.5.) in einem Koalitionskabinett; er wird der feste Rückhalt des sich neu bildenden Widerstandswillens; als Zeichen dieser bedingungslosen Kampfentschlossenheit Ausbau der englischen Küstenbefestigungen, Ausdehnung des Dienstalters, Organisation einer »Home Guard« zur lokalen Verteidigung; nach Frankreichs Niederlage bleibt Großbritannien der einzige Gegner Deutschlands bis Juni 1941.
Frankreich: Sturz des Kabinetts *Daladier* (56) (19.3.), Neubildung des Kabinetts durch den früheren Finanz- und neuen Außenminister *Paul Reynaud* (62). Als Oberbefehlshaber des Heeres löst *Louis Weygand* (73) *Maurice Gustave Gamelin* (68) ab (19.5.). Nach dem Zusammenbruch der neuaufgebauten Abwehrfront an der Somme und der Maginotlinie Flucht der Regierung *Reynaud* nach Bordeaux, dringender Hilferuf an die USA (10.6. und 14.6.) bringt keine effektive Hilfe; erfolgloser Besuch *Churchills* in Bordeaux (15.6.) mit dem Angebot einer britisch-französischen Union. Demission *Reynauds* (16. 6.) Kabinett *Pétain* (84) bittet um Waffenstillstand (17.6.), der im Walde von Compiègne geschlossen wird (22.6.): Kriegsgefangenschaft der französischen Armee, deutsche Besetzung und Militärverwaltung im größten Teil Frankreichs, Linie Genf–Bourges–Atlantik (breiter Küstenstreifen am Atlantik), wo nur die französische Lokalverwaltung erhalten bleibt, Auslieferung von Waffen und Kriegsmaterial außer der französischen Flotte, die zu entwaffnen ist. Widerstand französischer Kreise gegen den harten Waffenstillstand; General *Charles de Gaulle* (50), zuletzt Chef des Militärkabinetts, bildet in Großbritannien das provisorische »Nationalkomitee der Freien Franzosen« (18.6., am 28.6. von Großbritannien anerkannt). Sitz der französischen Regierung *Pétain* in Vichy im unbesetzten Teil Frankreichs (seit 1.7.), Ernennung *Pierre Lavals* (57) zum Vizepräsidenten und Außenminister, *Weygands* zum Verteidigungsminister. Nach Vernichtung des französischen Seegeschwaders vor Oran durch britische Seestreitkräfte (3.7.), die einem deutschen Zugriff auf die französische Flotte zuvorkommen soll, bricht die Vichy-Regierung die diplomatischen Beziehungen zu Großbritannien ab (4.7.). *Pétain* als »Chef des französischen Staates« Staatsoberhaupt, Selbstausschaltung des Parlaments zugunsten eines autoritären Regimes mit korporativ-ständischem Einschlag (10.7.). Verhaftung und Prozesse gegen bisher leitende Staatsmänner, Ausbürgerung der seit dem 10.5. ins Ausland geflüchteten Franzosen. Anerkennung der Vichy-Regierung durch die USA.
Die Niederlande, Belgien und Luxemburg: Niederländische, belgische und luxemburgische Exilregierungen in Großbritannien. — *Arthur Seyss-Inquart* (48) wird Reichskommissar der Niederlande (18.5.) und stützt sich auf holländische Staatssekretäre; eine niederländische nationalsozialistische Splitterpartei unter *Anton A. Mussert* (46) schließt sich an die Deutschen an. Belgien bleibt unter deutscher Militärverwaltung; auch hier eine faschistisch gerichtete Gruppe unter *Léon Degrelle* (34); Belgien muß die 1920 erworbenen Gebiete von Eupen-Malmedy und Moresnet wieder an Deutschland zurückgeben (18.5.). Luxemburg wird vom Gau Koblenz-Trier aus verwaltet.

Deutschland: Weiterhin deutsch-sowjetisches Einvernehmen (Wirtschaftsabkommen am 11.2.). Friedensangebot *Hitlers* (51) an Großbritannien (Reichstagsrede, 19.7.). Begegnung *Hitlers* mit *Laval* (22.10.) und General *Franco* (48) in Hendaye (23.10.); für die Durchführung des geplanten Angriffs auf Gibraltar ist *Francos* Unterstützung besonders erwünscht, doch hält sich dieser aus dem Krieg heraus und wahrt wohlwollende Neutralität. Ebenso wird keine engere Zusammenarbeit mit dem Frankreich *Pétains* erreicht (Zusammenkunft *Hitler–Pétain* in Montoire, 24.10.). Vertreibung von 70000 französischen Lothringern aus dem an das Reich angegliederten Lothringen. Abschluß des Dreimächtepaktes zwischen Deutschland, Italien und Japan (27.9.) auf 10 Jahre mit dem Ziel einer Neuordnung in Europa und Ostasien und der Verpflichtung zu wirtschaftlicher und militärischer Hilfeleistung im Falle des Kriegseintritts einer neuen Großmacht (die Sowjetunion ausgenommen); Beitritt Ungarns, Rumäniens und der Slowakei (20., 23. und 24.11.); deutsch-sowjetische Verhandlungen über den Beitritt der Sowjetunion ergebnislos (November); beginnende Spannung zwischen Deutschland und der Sowjetunion (deutsche Vorbereitungen für den Überfall auf die Sowjetunion seit dem Sommer 1940, Fall »Barbarossa«).

Vernichtung der unheilbar Geisteskranken beginnt mit Hilfe eines auf den 1.9.1939 zurückdatierten Euthanasiegesetzes.

Der Balkan: Erzwungener Anschluß des rumänischen Bessarabiens und der nördlichen Bukowina an die Sowjetunion (28.6.). Ungarn und Bulgarien fordern ihre 1919 an Rumänien verlorengegangenen Gebiete zurück; durch den zweiten Wiener Schiedsspruch der Achsenmächte (30.8., *Ribbentrop* und *Ciano*) muß Rumänien Nordsiebenbürgen an Ungarn, die südliche Dobrudscha an Bulgarien (7.9.) abtreten; Garantieerklärung der Achsenmächte für das übrige rumänische Staatsgebiet. Der rumänische König *Carol II.* (47) ernennt *Jon Antonescu* (58) zum Staatsführer; *Antonescu* zwingt *Carol* zur Abdankung zugunsten seines Sohnes *Michael* (19) (6.9.); enger Anschluß *Antonescus* an die Achsenmächte. Deutsch-sowjetisches Abkommen über die Rücksiedlung der Volksdeutschen aus Bessarabien und der Nordbukowina (5.9.); entsprechendes Abkommen mit Rumänien, die Volksdeutschen in der Südbukowina und der Norddobrudscha betreffend (22.11.), bis 1944 insgesamt 770000 deutschstämmige Umsiedler, die zum Teil im Warthegebiet, in Danzig-Westpreußen und in den neuen Teilen Ostpreußens angesiedelt werden. Ungarisch-jugoslawischer Freundschaftsvertrag (12.12.).

Skandinavien, Finnland und das Baltikum: Die dänische Regierung bleibt nach der deutschen Besetzung weiter im Amt. Norwegen wird durch einen deutschen Reichskommissar verwaltet (seit 24.4.), der von dem früheren norwegischen Minister *Vidkun Quisling* (53) unterstützt wird; dieser bildet 1942 eine neue Regierung; in London norwegische Exilregierung (5.5.). Friedensdiktat der Sowjetunion nach hartnäckigem finnischem Widerstand (12.3.): Erwerb neuer Marinebasen und Landgewinn für die Sowjetunion (Karelische Landenge mit Wyborg, Teile von Ostkarelien, sowjetische Transitrechte im Gebiet von Petsamo, Verpachtung der Halbinsel Hangö an die Sowjetunion).

Über die Einsetzung kommunistischer Regierungen (Mitte Juni) erreicht die Sowjetunion die Einverleibung der baltischen Staaten (Juli/August).

Durch die Erwerbungen des Jahres 1940 hat das sowjetische Staatsgebiet fast die Ausdehnung des Zarenreiches von 1914 erreicht und 23 Millionen neue Bürger gewonnen.

Die USA: Bildung des »Nationalen Verteidigungsrates« zur Beschleunigung der Aufrüstung. *Churchill* und *Roosevelt* (im November zum drittenmal zum Präsidenten gewählt, 58) bemühen sich um engere Zusammenarbeit (Tausch von westindischen Stützpunkten gegen 50 amerikanische Zerstörer, 18.11.). *Churchills* Lagebericht über das Kriegsjahr 1940 an *Roosevelt* (8.12.). *Roosevelts* Rede: USA das Arsenal der Demokratie (29.12.).

Japan: Nach dem Erstarren der Fronten im japanisch-chinesischen Krieg setzt Japan eine separatistische Regierung in Nanking unter *Wan Ching-wei* (57) ein (30.3.). *Chiang Kai-sheks* Regierungssitz seit 1937 in Chungking im westlichen China. Japan fordert Recht zur Besetzung des nördlichen Teils von Französisch-Indochina, um Chungking-China von einer seiner Nachschubstraßen abzuschneiden (Juni); Besetzung erfolgt (26.9.), von der Vichy-Regierung später zugestanden. Japan erreicht von Großbritannien die Sperrung der Burmastraße für drei Monate (18.7.–18.10.) trotz chinesischen und amerikanischen Protesten. Japanisch-amerikanische Handelsverträge von den USA gekündigt.

Literatur *Graham Greene* (36) »The Power and the Glory«. *Michail A. Scholochow* (35) »Der stille Don«, 4 Bände seit 1928.

Musik *Sergei Prokofiew* (49) »Romeo und Julia«. *Béla Bartók* (59) »Mikrokosmos« (153 Klavierstücke).

Naturwissenschaft *Karl Landsteiner* (72) und *Alexander S. Wiener* (33) entdecken Rhesusfaktor des menschlichen Blutes.

1941

Der Krieg im Mittelmeerraum, Nordafrika Nach Verlust der italienischen Cyrenaica (Tobruk 22.1., Benghasi 7.2.) durch den britischen Gegenangriff deutsche Hilfe für den Verbündeten: Einsatz eines Fliegerkorps auf Sizilien gegen Malta und die britische Mittelmeerflotte (Anfang Januar); Gegenangriff des aus motorisierten und Panzertruppen bestehenden deutschen Afrikakorps unter *Erwin Rommel* (50) führt zur Rückeroberung der Cyrenaica (vom 24.3. ab) – außer Tobruk, das lange erfolglos belagert wird. Erneuter britischer Gegenstoß (im November) führt zur Entsetzung Tobruks (10.12.).

Briten nehmen Benghasi erneut (26.12.); Rückzug *Rommels* an den Westrand der Cyrenaica. Deutsch-italienischer Unter- und Überwasserangriff auf das britische Alexandria-Geschwader (Ende 1941). Entsendung britischer Truppen aus Ägypten nach Griechenland (seit 4.3.).

ITALIENISCH-OSTAFRIKA Nach der Eroberung Italienisch- und Britisch-Somalilandes und der italienischen Kolonie Eritrea durch britische Offensive beginnt der britische Angriff auf Abessinien; Addis Abeba besetzt (5.4.), Kapitulation der italienischen Hauptkräfte (16. 5.), Rückkehr des Kaisers *Haile Selassie I.* (50) nach Addis Abeba.

FELDZUG AUF DEM BALKAN Beginn des deutschen Balkanfeldzuges mit Angriff und rascher Eroberung von Jugoslawien, deutscher Luftangriff auf Belgrad (6. 4.), Besetzung von Zagreb (10. 4.) und Belgrad (12.—13.4.), Kapitulation der jugoslawischen Armee (17.4.); Beteiligung ungarischer und italienischer Truppen an den Operationen; bulgarische Truppen marschieren in Thrazien und Mazedonien ein. Gleichzeitig von der bulgarischen Grenze aus deutscher Angriff auf Griechenland zur Unterstützung der festgelaufenen italienischen Frühjahrsoffensive: nach Durchbruch durch die griechische Metaxaslinie Einnahme von Saloniki (9.4.) und Vorstoß über das Pindosgebirge, griechische Kapitulation (21.4.), Durchbruch durch die britischen Auffangstellungen am Thermopylenpaß (24.4.); die Einschiffung der britischen Hilfstruppen gelingt (am 30.4. abgeschlossen), Besetzung Athens durch deutsche Truppen (27.4.), bis zum 11.5. werden auch der Peloponnes und die griechischen Inseln besetzt. Unter starken Verlusten erfolgreiche Luftlandung auf Kreta (20.5.—1.6.).

DIE BRITISCHEN AKTIONEN IM NAHEN OSTEN Ausbruch von Kämpfen zwischen Großbritannien und dem Irak (2.5.—30.5.), als dessen britenfreundliche Regierung von April bis Oktober durch eine achsenfreundliche abgelöst wird; Waffenstillstand am 30.5. Einmarsch britisch-freifranzösischer Truppen in das französische Mandatsgebiet Syrien (8.6.), Kämpfe bis zum 12.7., Verlust Syriens für die Vichy-Regierung (Waffenstillstand 14.7.). Einmarsch sowjetischer und britischer Truppen in den Iran (25.8.), Besetzung und Ausbau einer Nachschubstraße quer durch den Iran nach der Sowjetunion; Schah *Reza Pahlewi* (63) dankt ab, Nachfolger *Mohammed Reza Pahlewi* (22).

DER KRIEGSSCHAUPLATZ IM OSTEN Beginn der deutschen Offensive gegen die Sowjetunion ohne Kriegserklärung (22.6.). Heeresgruppe Nord schließt die sowjetischen Truppen im Baltikum ab und vernichtet sie; Riga wird besetzt (1.7.), der Finnische Meerbusen östlich Reval erreicht (6.8.), Nowgorod und Narwa (17.8.), Reval (28.8.), Ilmensee erreicht (31.7.); Durchbruch durch die sowjetischen Stellungen zwischen Ilmen- und Peipussee; Vorstoß auf Leningrad, seine Umzingelung (8.9.). Unterstützung durch finnische Truppen unter Marschall *Carl von Mannerheim* (74), die das 1940 verlorene Wyborg (29.8.) und die Karelische Landenge zurückerobern; finnisches Vordringen bis zum Onegasee und von Mittelfinnland aus zusammen mit deutschen Truppen gegen die Murmansk-Bahn; deutscher Angriff auf Murmansk.

Heeresgruppe Mitte vernichtet im Zangenangriff große sowjetische Streitkräfte im Raum Bialystok—Nowogrodek (bis 9.7.) und erreicht mit der Panzergruppe Mitte Smolensk (Mitte Juli); siegreiche deutsche Umfassungsschlacht zwischen Orscha und Witebsk (Anfang August), sowjetischer Gegenangriff bei Gomel erfolgreich abgewehrt (9.—19.8.).

Heeresgruppe Süd stößt zusammen mit einer deutsch-rumänischen Armee auf Kiew—Winniza und an den Dnjepr vor (2.—25.7.) und besetzt den ganzen Dnjepr-Bogen von der Mündung bis Kiew (25.8.); in einer großen Umfassungsoperation vernichten Teile der Heeresgruppen Mitte und Süd große sowjetische Kräfte am Dnjepr-Desna-Bogen bei Kiew (21.8.—27.9.), Kiew am 19.9. besetzt; Vorstoß der Heeresgruppe Süd weit über den Dnjepr hinaus in das Donez-Becken, Fall Charkows (25.10.), außerdem am Asowschen Meer entlang auf Rostow (21.11.); die Krim erobert (Anfang November), Sewastopol eingeschlossen; Odessa von den Rumänen eingenommen (16.10.).

Ziel der Heeresgruppe Mitte: Moskau (seit Ende September); Beginn des Kampfes um Moskau mit der Doppelschlacht von Wjasma—Brjansk gegen die den Raum von Moskau deckenden Armeen Marschall *Semjon Timoschenkos* (46), über eine halbe Million sowjetische Gefangene (2.—20. 10.); Belagerungszustand über Moskau (19.10.); Vordringen der deutschen Armeen bis kurz vor Moskau, das umzingelt werden soll, bis Tula und Kursk (2.11.), bis Kalinin (14.11.) und Klin (23.11.), Übergang über den Wolga-Kanal bei Dmitrow (50 km nördlich Moskau, 28.11.); durch den Einbruch des Winters wird die deutsche Offensive gestoppt, die deutsche Angriffskraft erschöpft; erfolgreicher Gegenangriff der Roten Armee gegen die Heeresgruppe Mitte beginnt (5.12.), die deutschen Armeen auf die Linie Orel—Rschew zurückgedrängt. Auch die beiden anderen Heeresgruppen weichen vor der sowjetischen Winteroffensive zurück (Rostow am 28.11. von den Sowjets wiedergewonnen); Umbesetzung der deutschen Heeresführung.

DER SEEKRIEG Das vom »Prinz Eugen« begleitete Schlachtschiff »Bismarck« versenkt bei Grönland das britische Schlachtschiff »Hood« (24.5.), wird dann aber selbst 400 Seemeilen westlich von Brest durch Torpedos versenkt (27.5.). Beginn des U-Boot-Krieges im Mittelmeer (November/Dezember), gestützt auf Pola, Salamis, La Spezia, um den deutschen Nachschub nach Nordafrika zu sichern. Versenkt werden das britische Schlachtschiff »Barham«, die Flugzeugträger »Ark Royal« und »Audacity« sowie zwei Kreuzer. Angriff italienischer Sturmkampfboote auf die Reede von Alexandria (18. 12., britische Schlachtschiffe »Queen Elizabeth« und »Valiant« außer Gefecht gesetzt).

DER KRIEG IM FERNEN OSTEN Japanischer Luft- und Seeangriff auf die amerikanische Pazifikflotte in Pearl Harbour auf den Hawaii-Inseln (7. 12.), schwere amerikanische Verluste: 5 Schlachtschiffe, 3 Kreuzer, viele kleinere Schiffe versenkt, 177 Flugzeuge zerstört, etwa 3000 Tote und 650 Verwundete. Zwei britische Schlachtschiffe in malaiischen Gewässern versenkt (10. 12.). Japanisches Vorrücken auf der Halbinsel Malaya mit gleichzeitigem Einmarsch in Thailand (Thailand wird Japans Verbündeter, 14. 12.). Landung auf den Philippinen (seit 8. 12., Mindanao und Luzon). Besetzung der amerikanischen Stützpunkte Guam und Wake (10. und 20. 12.). Einnahme Hongkongs (25. 12.). Beginn der Luftangriffe auf Manila (27. 12.).

POLITIK DER LÄNDER USA und Großbritannien: *Roosevelt* (59) verkündet die vier Freiheiten vor dem Kongreß: territoriale Veränderungen nur auf Grund des Selbstbestimmungsrechts, freie Bestimmung eines jeden Volkes über seine Regierungsform, freier und gleicher Zugang zu allen Rohstoffen der Erde, dauernder Friede. Pacht- und Leihgesetz (Lend- and Lease-Act) als Grundlage für die Unterstützung Großbritanniens mit Kriegs- und Versorgungsgütern (11. 3. in Kraft getreten), dann auch für die amerikanischen Materiallieferungen an die Sowjetunion (ab August). Geheime britisch-amerikanische Generalstabsbesprechungen beginnen in Washington (24. 1.). Beschlagnahme der deutschen und italienischen Schiffe in nordamerikanischen Häfen (30. 3.), Schließung der Konsulate der Achsenmächte (Juni). Errichtung eines Militärstützpunktes auf Grönland durch die USA (10. 4.), Landung von US-Streitkräften auf Island (7. 7.), Errichtung von 134 US-Luftstützpunkten in Panama. *Roosevelt* (59) und *Churchill* (67) verkünden die Atlantik-Charta (14. 8.), der sich 15 Regierungen einschließlich der Sowjetunion (24. 9.) anschließen (Einigkeit über die Kriegsziele: kein Gebietszuwachs, Achtung des Selbstbestimmungsrechtes der Völker, wirtschaftliche Zusammenarbeit der Nationen, Freiheit der Meere, Verzicht auf Waffengewalt bei der Regelung internationaler Beziehungen). *Roosevelts* Schießbefehl: US-Kriegsmarine soll auf deutsche und italienische Kriegsschiffe zuerst schießen (11. 9.); Bewaffnung der US-Handelsschiffe. Scharfer wirtschaftlicher Interessengegensatz zu Japan; Sperre der japanischen Guthaben in den USA und Verhängung eines Öl- und Schrottembargos über Japan (Juli) durch die USA, Großbritannien und Niederländisch-Indien; Aufnahme von Verhandlungen zur Regelung der wirtschaftlichen Fragen zwischen den USA und Japan (August). Nach ihrem Scheitern japanischer Angriff auf Pearl Harbour (7. 12.), Kriegserklärung der USA und Großbritanniens an Japan (8. 12.), Kriegserklärung Deutschlands und Italiens an die USA (11. 12.); Zusammentritt des Vereinigten Kriegsrates; erste Washingtoner Konferenz zwischen *Roosevelt* und *Churchill* (22. 12.).

Nach dem deutschen Überfall auf die Sowjetunion britisch-sowjetischer Vertrag über gemeinsames Vorgehen gegen Deutschland (12. 7.).

Die Sowjetunion: *Stalin* (62) übernimmt Vorsitz im Rat der Volkskommissare (6. 5.). Das Parteikomitee erklärt den Abwehrkampf gegen Deutschland zum »Vaterländischen Krieg« (29. 6.); Bildung eines Obersten Verteidigungsrates aus *Stalin*, *Molotow* (51) und *Woroschilow* (60), dem die gesamte Regierungsgewalt übertragen wird (30. 6.), *Stalin* wird sein Vorsitzender (1. 7.), zugleich Leiter des Volkskommissariats für Verteidigung (19. 7.). Wiedereinführung der seit 7. 5. 1940 abgeschafften politischen Kommissare in der Roten Armee (16. 7.); Organisation der Partisanenbewegung (seit 10. 7.); sofortige Neugliederung der sowjetischen Westfront nach den ersten Niederlagen (22. 7.); *Stalin* Oberster Befehlshaber der Sowjet-Streitkräfte (7. 8.); Sitz der Regierung nach Kuibyschew (Wolga) verlegt (16. 10.), *Stalin* bleibt in Moskau. Abschluß eines Freundschafts- und Beistandspaktes zwischen der Sowjetunion und der polnischen Exilregierung unter *Ladislaus Sikorski* (60) und Wiederherstellung diplomatischer Beziehungen (4. 12.), nachdem schon zuvor ein Militärabkommen zwischen beiden Regierungen abgeschlossen worden war (14. 8.); Aufstellung polnischer Verbände aus Kriegsgefangenen der Sowjetunion und Widerruf der deutsch-sowjetischen Teilung von 1939.

Deutschland: Verschiebung der seit Juli 1940 geplanten und vorbereiteten Rußland-Offensive durch den Balkanfeldzug von Mitte Mai um etwa einen Monat. Erlaß über die Verwaltung der neubesetzten Ostgebiete (17. 7.): Eine Aufteilung der Sowjetunion wird vorgesehen, *Alfred Rosenberg* (48) wird Reichsminister für die besetzten Ostgebiete; ihm unterstehen zwei Gauleiter als Reichskommissare für die Ukraine und das »Ostland« (Weißrußland und die drei baltischen Länder). Beispiellose Härte der Kriegführung im Osten: *Hitler*-Befehl, alle gefangenen politischen Kommissare zu erschießen (Kommissarerlaß).

Einführung des Judensterns im Reichsgebiet (1. 9.); Einrichtung von Vergasungsanlagen in Auschwitz begonnen (Juni), dann auch in Chelmno, Belcec, Sobibor, Treblinka und Maidanek (ab Dezember). Vorhaben »Peenemünde«, Entwicklung von Raketenwaffen seit 15. 9. *Hitler* übernimmt den Oberbefehl über das deutsche Heer (19. 12.).

Der Balkan: Abschluß eines Nichtangriffsabkommens zwischen Bulgarien und der Türkei (17. 2.). Beitritt Bulgariens zum Dreimächtepakt, Öffnung seiner Grenzen für deutsche Truppen (1. 3.). Beitritt Jugoslawiens zum Dreimächtepakt (25. 3.) wird unwirksam durch achsenfeindlichen Militärputsch (27. 3.); nach dem Sturz des Prinzregenten *Paul* (48) und seines Ministerpräsidenten *Dragiša Cvetković* (48) Abschluß eines jugoslawisch-sowjetischen Freundschaftspaktes (5. 4.); der Staatsstreich Anlaß zum deutschen Angriff (6. 4.). Griechenland nimmt nach anfäng-

licher Weigerung das britische Angebot zur militärischen Unterstützung an (Verhandlungen wiederaufgenommen seit 8.2., britische Truppen landen seit 7.3.); Unterzeichnung der Kapitulation (21.4.), wiederholt unter Einbeziehung der Italiener (23.4.). »Neuordnung« des Balkans nach seiner kriegerischen Eroberung: Aufteilung des jugoslawischen Staatsgebietes, Untersteiermark und Teile Krains an Deutschland, Laibach, Dalmatien und Montenegro an Italien, Teile von Mazedonien an Bulgarien, andere Gebiete an Ungarn; Kroatien wird selbständiger Staat mit autoritärem Regime unter *Ante Pavelić* (52), Errichtung einer deutschen Militärverwaltung in Serbien, eine von ihr abhängige Regierung unter General *Milan Nedić* zugelassen (30.8.); *König Peter II.* und seiner Regierung war die Flucht nach London ebenso gelungen wie *König Georg II.* von Griechenland (51). In Griechenland Errichtung einer deutschen Militärverwaltung, die bald an die Italiener abgetreten wird (außer deutschen Reservatbereichen). Entstehung einer in sich uneinheitlichen Partisanenbewegung im ehemaligen Jugoslawien und in Griechenland; in Jugoslawien Differenzen zwischen dem monarchisch gesinnten General *Draža Mihajlović* (48) und seiner Bewegung und dem Führer der kommunistischen Bewegung *Josip Broz*, genannt *Tito* (49). Abschluß eines deutsch-türkischen Freundschaftsvertrages auf 10 Jahre (18.6.). Beitritt Bulgariens, Kroatiens, Rumäniens, der Slowakei, Dänemarks und Finnlands zum Antikominternpakt (25.11.).
Japan: Besuch des japanischen Außenministers *Jôsuke Matsuoka* (61) in Berlin (27.–29.3.), Japan hält sich aus dem bevorstehenden deutsch-sowjetischen Zusammenstoß heraus, Abschluß eines japanisch-sowjetischen Nichtangriffsabkommens (13.4.). Vichy-Regierung erklärt sich mit der Besetzung von Südindochina durch die Japaner einverstanden (23.6.).
Japanisch-amerikanische Verhandlungen (seit August) über die pazifischen Fragen scheitern an der amerikanischen Forderung auf Rückzug Japans aus China und Indochina vor jeder weiteren wirtschaftlichen Regelung. Persönlicher Friedensappell *Roosevelts* (60) an Kaiser *Hirohito* (40; 6.12.).
Deutsch-italienisch-japanisches Abkommen über die gemeinsame Kriegführung (11.12.) nach dem Angriff auf die USA.

LITERATUR *Aleksej N. Tolstoj* (58) »Der Leidensweg«, 3 Bände seit 1920.

1942

DER KRIEGSSCHAUPLATZ IM OSTEN Vorschläge leitender Offiziere, die erste Krise des Ostheeres durch eine Begradigung der Front zu überwinden, von *Hitler* abgelehnt. Nach der Winterschlacht von Rschew und einem sowjetischen Einbruch bei Issjum Stabilisierung der Ostfront (Januar bis April). Bedrohung der rückwärtigen Verbindungen (Eisenbahnen) durch die wachsende, von der sowjetischen Heeresleitung gesteuerte Partisanenbewegung. Deutsche Sommeroffensive der Heeresgruppe Süd mit dem Ziel Don–Stalingrad–kaukasisches Erdölgebiet; zuvor zum zweitenmal Kertsch (8.–15.5.), die Krim mit dem Kriegshafen Sewastopol (7.6.–4.7.) erobert; Schlacht bei Charkow (17.–28.5.) erfolgreich; die eigentliche Offensive (seit 28.6.) erreicht den Don sowohl bei Woronesch (5.7., Brückenkopf über den Don 7.7.) als auch bei Rostow (zum zweitenmal genommen, 24.7.) und westlich Stalingrad; Vorstoß über den unteren Don in die Ölfelder von Maikop und Pjatigorsk (9.8.) bis zum Elbrus (28.8.) trifft im Kaukasus auf hartnäckigen Widerstand, Kampf um Noworossijsk (22.8.–6.9.). Die sechste Armee unter Generaloberst *Friedrich Paulus* (52) und die vierte Panzerarmee kämpfen erbittert um Stalingrad, dringen in die Vororte ein (1.–15.9.), in Stalingrad seit 25.8. Belagerungszustand, um jede einzelne Fabrikanlage in der Stadt wird gekämpft (16.9.–18.11.), schließlich sind 90 Prozent der Stadt in deutscher Hand; beiderseits der sechsten Armee zwei rumänische Armeen eingesetzt, gegen sie richtet sich die große sowjetische Gegenoffensive (19.11.), deren beide Stoßkeile sich westlich Stalingrad am Don vereinigen und so die deutschen Truppen im Raum um Stalingrad einschließen (22.11.); der deutsche Entsatzversuch schlägt fehl (12.12.), der Ausbruch aus dem Kessel wird von *Hitler* untersagt; fortschreitende Offensive gegen die am Don und Tschir stehenden deutschen Truppen (16.–25.12.).

DER KRIEG IM MITTELMEERRAUM Erneuter Vorstoß des deutschen Afrikakorps in die Cyrenaica (21.1.), in wenigen Tagen bis westlich Tobruk; Kampfbeginn um Tobruk nach Sicherung des Nachschubs, Kapitulation der Besatzung (21.6.); Verfolgung der nach Ägypten zurückweichenden britischen Truppen bis El Alamein (30.6.), die dortigen starken britischen Stellungen versucht das deutsche Afrikakorps vergeblich zu durchbrechen (Ende August). Plan der Eroberung Maltas (Frühjahr); starke deutsche Luftangriffe auf die Insel, wiederaufgenommen im Oktober. Britische Offensive gegen *Rommels* (51) Afrikakorps unter Generalleutnant *Bernard L. Montgomery* (55) mit großer britischer Panzer- und Luftüberlegenheit führt zur Räumung der ganzen Cyrenaica durch *Rommel* (Tobruk 13.11., Benghasi 20.11.); Fortsetzung der Offensive drängt die deutschen Truppen langsam auf die tunesische Mareth-Stellung zurück.
Zugleich entsteht eine zweite Front in Nordafrika durch die Landung amerikanisch-britischer Truppen unter General *Dwight D. Eisenhower* (52) in Marokko und Algerien (7./8.11. bei Oran und Algier); die französischen Truppen der Vichy-Regierung gehen zu den Alliierten über, nur bei Casablanca stärkerer französischer Widerstand (bis 11.11.); Vorstoß der alliierten Kräfte über die algerische Grenze (Mitte November) trifft auf einen von einer deutsch-italienischen Panzerarmee gebildeten Brückenkopf in Tunesien (zweite Front). Als Reaktion auf die alliierte Landung in den französischen Kolonien sofortige Be-

setzung Rest-Frankreichs (11.11.) außer Toulon, Landung italienischer Truppen auf Korsika und Besetzung der französischen Riviera; Selbstversenkung der im Hafen von Toulon liegenden französischen Flotte, um sich dem drohenden deutschen Zugriff zu entziehen, als Toulon auch besetzt wird (27.11.).

Der See- und Luftkrieg Anfangs große Erfolge der deutschen U-Boote gegen die amerikanische Schiffahrt im Westatlantik (1942 insgesamt 7,7 Millionen BRT alliierten Schiffsraumes versenkt bei fast ebensoviel Neubauten). Angriffe auf die stark geschützten alliierten Geleitzüge bald nur noch von ganzen U-Boot-Rudeln zu führen; durch die Entwicklung des Radargerätes, das vom Flugzeug aus auch getauchte U-Boote auffindet, droht der U-Boot-Krieg völlig lahmgelegt zu werden (Ende des Jahres).
Die deutschen Hochseestreitkräfte werden aus dem Atlantik in das Heimatgebiet abgezogen (17.–19.2.), da sie ständig durch Luftangriffe bedroht sind (»Scharnhorst«, »Gneisenau«, »Prinz Eugen«). Britisches Landeunternehmen bei Dieppe (französische Kanalküste) von deutschen Truppen abgewehrt (19.8.). Im Mittelmeer werden der britische Flugzeugträger »Eagle« und zwei Kreuzer versenkt (August); jedoch zunehmende britische Wasser- und Luftüberlegenheit, die besonders den deutschen Nachschub nach Nordafrika bedroht.
Deutsche Luftwaffe an der Ostfront gebunden. Britische Luftoffensive gegen die deutschen Rüstungsbetriebe und Großstädte (seit März), US-Luftstreitkräfte seit dem Sommer beteiligt; im Jahr 1942 41440 t Bombenlast auf das Reichsgebiet abgeworfen; erste Angriffe auf Lübeck, Rostock, Köln, Essen (erster Großangriff auf Köln am 30.11.). Verminung der deutschen Gewässer aus der Luft.

Pazifischer Kriegsschauplatz Japanische Aktionen auf dem Festland: zusammen mit dem thailändischen Verbündeten Eroberung Malayas (Februar) und Singapores (15.2.); Briten räumen Rangoon (7.3.); japanische Luftoffensive gegen Burma und Britisch-Indien (seit April), Eroberung Burmas (Mandalay 2.5.), damit Indien bedroht und Nachschub für das China *Chiang Kai-sheks* (55) abgeschnitten.
Vorstoß gegen Niederländisch-Indien und die Philippinen: Einnahme Manilas (2.1.); Kapitulation der US-Streitkräfte auf Luzon (10.4.); Fall der Inselfestung Corregidor vor Manila (6.5.); Angriff auf Niederländisch-Indien seit 11.1., Celebes und Borneo besetzt (23.1.), Seeschlacht in der Makassar-Straße (24.–27.1.) und in der Java-See (27.2.–1.3.); Landung auf Java (28.2.), Kapitulation der niederländischen Truppen (8.3.); Besetzung der Molukkeninseln Amboina und Ceram (30.1.) und von Portugiesisch-Timor (20.2.); Luftbasen gegen Australien; schwerer japanischer Luftangriff auf Port Darwin (9.2.); Luftangriffe auf australische Häfen und Städte (März/April). Kämpfe um Ozeanien: Angriff auf den Bismarck-Archipel, Neu-Guinea und die Salomoninseln (Bougainville und Buka, Januar bis März); japanisches Vordringen nach Süden erst in der Seeschlacht im Korallenmeer gestoppt (7./8.5.); die Wende des Krieges ist die für die Japaner verlustreiche Schlacht bei den Midwayinseln (4.–7.6.); im Norden japanische Besetzung der Aleuteninseln Kiska und Attu (Juni); letzter japanischer Vorstoß die Landung bei Buna und Gona auf Neu-Guinea (21.7.); Beginn der amerikanisch-australischen Gegenoffensive unter Leitung des Generals *Douglas MacArthur* (62): Landung auf der Salomoneninsel Guadalcanar (7.8.), die monatelang Brennpunkt des pazifischen Krieges bleibt; schwere japanische Seeniederlage bei den Salomonen (12.–14.11.).

Politik der Länder USA, Großbritannien und die Sowjetunion: Washington-Pakt: Erklärung von 26 mit den Achsenmächten kriegführenden Nationen, keinen Sonderwaffenstillstand zu schließen (1.1.); Beitritt weiterer Staaten, Keimzelle der Vereinten Nationen; interamerikanische Konferenz von Rio: Eintritt der amerikanischen Republiken in den Krieg (außer Argentinien und Chile). »Arcadia«-Konferenz in Washington (22.12.1941–14.1.1942): erste Planung einer Operation gegen Nordafrika, besonders von *Roosevelt* (60) und *Churchill* (68) gefördert; Plan einer Landung in Nordfrankreich taucht auf (1.4.), nach kurzem Schwanken fällt die Entscheidung für den Nordafrikaplan (Juli); Japan soll nur defensiv begegnet werden. Ständig engste Zusammenarbeit zwischen *Roosevelt* und *Churchill* und ihren Stäben, auch die Sowjetunion hinzugezogen. Abschluß eines sowjetisch-britischen Paktes auf 20 Jahre (26.5.) bei Besuch *Molotows* (52) in London, der sich anschließend in Washington um Errichtung der »Zweiten Front« und Wirtschaftshilfe bemüht (29.5. bis 1.6.). Zweite Washingtoner Konferenz erörtert Fragen der »Zweiten Front« und Atomforschung (18.–26.6.). Besprechungen zwischen *Stalin* (63), *Churchill* und *Roosevelts* Vertreter *William Harriman* (51) über gemeinsame Maßnahmen gegen Deutschland in Moskau (12.–15.8.).
Zionistische Konferenz in New York fordert Errichtung eines jüdischen Staates in Palästina.
Deutschland: Militärbündnis zwischen Deutschland, Japan und Italien (18.1.). Empfang des Führers der antibritischen indischen Bewegung *Subhas Chandra Bose* (45) durch *Hitler* (29.5.), nach seiner Rückkehr stellt *Bose* im japanisch besetzten Hinterindien eine indische Nationalarmee auf und proklamiert eine vorläufige Regierung des »Freien Indien«. – *Hitlers* neue Richtlinien für die deutsche Rüstung (10.1.), Steigerung der Wehrwirtschaft zu Lasten der übrigen Industrie, die Konzentrationslager in den Dienst der Wehrwirtschaft gestellt (Februar), Aufbau von Fabriken in und bei den Lagern, Einlieferung von Fremdarbeitern und Gefängnisinsassen aus den besetzten Ländern, um die Produktionsleistung zu heben; Gauleiter *Fritz Sauckel* (48) zum Generalbevollmächtigten für den deutschen Arbeitseinsatz ernannt (23.3.), Eingliederung von Fremdarbeitern in die deutsche Wirtschaft, später ins-

gesamt 7,5 Millionen (von freiwilliger Meldung bis zur Zwangsverschleppung). »Wannseekonferenz« (20.1.): Lösung der Judenfrage durch Aussiedlung in den Osten und »andere Maßnahmen«, planmäßige Vernichtung der Juden aller eroberten Länder; die abtransportierten Juden werden in Fabriken gesteckt, in polnische Gettos und eine Auslese in das Lager Theresienstadt (Böhmen); in den Vernichtungslagern von Auschwitz, Maidanek, Sabibor und anderen werden Tausende in Gaskammern umgebracht; im ganzen etwa fünf bis sechs Millionen Juden getötet.
Attentat auf den stellvertretenden Reichsprotektor von Böhmen und Mähren *Reinhard Heydrich* (38) (26.5.), als Racheakt Vernichtung des tschechischen Dorfes Lidice (10.6.). *Hitler* verlangt vom Reichstag Vollmacht, nach eigenem Gutdünken als oberster Gerichtsherr entscheiden zu können, wenn es das Wohl des Volkes verlange (26.4.); endgültige Auslieferung des Justizwesens an Parteiwillkür, als *Otto Thierack* (53) Justizminister wird (20.8.). Der Kreis der »Roten Kapelle« entdeckt (August), Kriegsgerichtsprozeß führt zu zahlreichen Hinrichtungen. Eingliederung Luxemburgs in das Deutsche Reich (30.8.). Gründung des »Smolensker Komitees« unter General *Andrej Wlassow* (41) und Aufbau einer »Russischen Befreiungsarmee« gegen den Bolschewismus (27.12.).
Frankreich: Rückkehr des im Dezember 1940 entlassenen *Laval* (59) in das Kabinett als Innen- und Außenminister (18.4.); er fördert die Bereitstellung französischer Arbeitskräfte für Deutschland gegen Freilassung der französischen Kriegsgefangenen. Verschärfung des deutschen Besatzungskurses aktiviert den innerfranzösischen Widerstand; Besetzung Restfrankreichs lähmt Regierung Pétain.

Literatur *Jean Anouilh* (32) »Antigone«. *Nicola Hartmann* (60) »Neue Wege der Ontologie«. *José Ortega y Gasset* (59) »Das Wesen geschichtlicher Krisen«.

Naturwissenschaft Erster Atomreaktor in Chikago in Gang gesetzt (2.12.).

Wirtschaft 7-Punkte-Programm *Roosevelts* gegen die Inflation.

1943

Der Kriegsschauplatz im Osten Sowjetische Aufforderung zur Übergabe an die 6. Armee in Stalingrad (8.1.), Beginn der »Liquidation« des Kessels (10.1.), seine Spaltung in Nord- und Südfront (25.1.), Kapitulation des Südkessels unter *Paulus* (53) (31.1.) und des Nordkessels (2.2.): 90000 Gefangene, nach sowjetischen Angaben 130000 Mann.
Der sowjetische Durchbruch beiderseits Stalingrad erschütterte die gesamte deutsche Südfront; Abwehrschlachten am Don (Januar bis März), Räumung von Rostow (14.2.) und Charkow (17.2.); die Heeresgruppe Süd stellt in zwei Angriffsschlachten noch einmal die Front wieder her (Februar/März), Rückeroberung von Charkow (14.3.) und Bjelgorod (21.3.). Erstarrung der Front in der Frühjahrsschlammperiode. Letzte deutsche Offensive im Osten im Kursk-Bogen (5.7.–13.7.) erfolglos abgebrochen, da es den sowjetischen Einbruch im Mittelabschnitt abzuwehren gilt; sowjetische Truppen erobern Orel (4.8.). Die deutsche Kaukasusarmee hält zunächst einen von der Krim aus versorgten Brückenkopf am Kuban, Befehl zu seiner Räumung (4.9., abgeschlossen am 7.10.). Mit der Aufgabe von Stalino (7.9.) Verlust des Donezbeckens. Sowjetischer Durchbruch zum unteren Dnjepr (23.10.) schneidet die Krim ab (1.11.). Verlust von Kiew (6.11.); es gelingt den deutschen Truppen nicht mehr, am Dnjepr eine haltbare Abwehrfront aufzurichten. Deutsche Rückzugsbewegung auch im Mittelabschnitt, Räumung von Brjansk (20.9.), Smolensk (25.9.) und Gomel (25.11.); deutsche Stellung in der Linie Dnjepr–Orscha–Witebsk–nordwestlich Welikije Luki. Im Norden erringen die sowjetischen Truppen in schweren Kämpfen den Landzugang nach Leningrad (18.1.); Abwehrkämpfe der deutschen Truppen im Raum Newel (6.10. bis zum Jahresende).

Der Krieg im Mittelmeerraum Das deutsche Afrikakorps wird bis auf die Mareth-Stellung südlich Gabes (Januar) von den britischen Truppen zurückgedrängt, die Tripolis besetzen (23.1.); *Rommels* (52) Verbände zugleich im Rücken von amerikanischen Truppen bedroht, die über die algerische Grenze vorrücken. Ein starker britischer Angriff vertreibt die deutsch-italienischen Truppen aus der Mareth-Stellung (zweite Märzhälfte), die sich mit der Panzerarmee, die den Brückenkopf in Tunis gebildet hatte, vereinigen; *Rommel* nach der Normandie abberufen, wo eine alliierte Invasion erwartet wird (9.3.). Einnahme von Tunis durch die Briten (7.5.), von Biserta durch die Amerikaner. Der Zweifrontenkrieg in Tunis wird durch die Kapitulation der deutsch-italienischen Truppen vor den britisch-amerikanischen Kräften beendet (13.5., 252000 Gefangene).
Nach schweren Luftangriffen und Angriff kapitulieren die Sizilien vorgelagerten Inseln Pantelleria und Lampedusa (11./12.6.). Luftangriffe auf sizilianische und süditalienische Häfen und Flugplätze; alliierte Landung auf Sizilien stößt auf geringen Widerstand (10.7.), Eroberung von Syrakus und Augusta (12.7.); deutscher Widerstand bei Catania; die Amerikaner erobern Palermo (22.7.); mit dem deutschen Rückzug über die Straße von Messina sind die Kämpfe auf Sizilien zu Ende (17.8.). Landung britischer Truppen bei Tarent (3.9.). amerikanischer bei Salerno (9.9.); die deutschen Truppen unter Generalfeldmarschall *Albert Kesselring* (58) errichten gegen die Invasion eine Front quer durch die Halbinsel südlich Neapel (September). Nach *Mussolinis* (60) Sturz Entwaffnung und Gefangennahme vieler italienischer Verbände (seit 9.9.) und Besetzung Roms durch deutsche Truppen (10.9.); deutsche Einheiten übernehmen die von den Italienern besetzten Gebiete in Südfrankreich und Griechenland.

Die italienische Flotte entkommt mit Ausnahme des von deutschen Fliegern versenkten Schlachtschiffes »Roma« und liefert sich vor Malta den Briten aus (15.9.). Zurückweichen der deutschen Truppen aus der Stellung südlich Neapel; Räumung von Neapel nach Zerstörung des Hafens (30.9.). Die neue deutsche Stellung hinter dem Volturno wird Ende Oktober eingedrückt, Widerstand erst wieder zwischen Rom und Neapel auf der Höhe von Monte Cassino im mittleren Apennin (November). Kampflose Besetzung Sardiniens durch die Alliierten (20.9.); deutsche Truppen räumen nach Kämpfen mit freifranzösischen Truppen Korsika (5.10.).

Der See- und Luftkrieg Zur Abwehr der Radarortung entwickeln deutsche Wissenschaftler ein Gerät, das anzeigt, wann ein U-Boot mit Radar angestrahlt wird. Die Zahl der U-Boot-Verluste verdreifacht sich gegenüber 1942 (84:237), dagegen sinken die Versenkungsziffern (nur noch 3,2 Millionen BRT, 1944 weiteres Absinken auf 1,04 Millionen BRT); dennoch bemüht sich Deutschland um weitere technische Verbesserung der U-Boote (1944: Schnorchelgerät); bis zum Kriegsende insgesamt 726 Boote von 1172 untergegangen. Schlachtschiff »Scharnhorst« bei einem Angriff auf einen Murmansk-Geleitzug britischen Streitkräften erlegen (26.12.). Erste amerikanische Tagesangriffe mit Großverbänden von Großbritannien aus (Wilhelmshaven, 27.1.); auf das Reich und die besetzten Westgebiete werden in diesem Jahr 206000 t Bomben abgeworfen (1944: 1202000 t). Angriff auf Peenemünde (17.8.) verzögert Fertigstellung der V-2-Waffe.

Der pazifische Kriegsschauplatz Einnahme von Guadalcanar durch US-Streitkräfte (8.2.); japanische Niederlage in der Geleitzugschlacht in der Bismarcksee (2.–5.3.); Beginn der alliierten Großoffensive im Südpazifik (Juni–Juli); Landung amerikanischer Truppen auf der Insel Neu-Georgia (1.7.); Beginn des amerikanischen Feldzugs in Neu-Guinea (Juli); große Landung auf Neu-Guinea (4.9.) bei Lae, Schlacht bei Lae (6.–7.9.). US-Landung auf der Salomoneninsel Vella-Lavella (15.8.), auf Bougainville (1.–2.11., Dauer der Kämpfe bis 1945) und auf den Gilbert-Inseln (20. bis 25.11.). Australisch-amerikanische Landung auf Neu-Britannien, um den starken japanischen Stützpunkt Rabaul auszuschalten; Wiederbesetzung der Aleuten durch US-Streitkräfte (Mai–August). Starke amerikanische Luftüberlegenheit.

Politik der Länder USA, Großbritannien und die Sowjetunion: Konferenz von Casablanca (14. bis 24.1.): *Churchills* (69) und *Roosevelts* (61) Entschluß, den Angriff auf die »Festung Europa« mit der Landung in Sizilien zu eröffnen (Invasion in Frankreich erst für 1944 geplant); Einigung auf die Forderung bedingungsloser Kapitulation; Grundsätze für den Bombenkrieg gegen Deutschland; die Alliierten führen einen Ausgleich zwischen den französischen Generälen *de Gaulle* (53) und *Henri-Honoré Giraud* (64) herbei. Washington-Konferenz (12. bis 25.5.): Beratungen über die Invasion in Frankreich, die Rückeroberung Burmas, den Schiffsbau und den Atomwaffeneinsatz, Übereinkommen der Westmächte, die Annexionen der baltischen Staaten, Bessarabiens und des östlichen Polens durch die Sowjetunion anzuerkennen. Konferenz von Quebec (14.–24.8.) zwischen *Roosevelt* und *Churchill* über Italien, Burma und die Invasion in Frankreich, Gedanke eines verbesserten Völkerbundes wird erörtert. Konferenz von Moskau (19.–30.10.) zwischen den drei alliierten Außenministern über die Zusammenarbeit bis zum Endsieg, die Begründung einer neuen internationalen Organisation, die allgemeine Entwaffnung nach dem Kriege, den Eintritt der Sowjetunion in den Krieg gegen Japan, die Wiedererrichtung der Demokratie in Österreich und Italien, die Anklage gegen die deutschen Kriegsverbrecher. Erste Konferenz von Kairo zwischen *Roosevelt*, *Churchill* und *Chiang Kai-shek* (56) (22. bis 26.11.) über die Strategie im Fernen Osten; nach dem Krieg soll Japan alle seit 1894 und 1914 okkupierten Gebiete verlieren, Formosa und die Pescadores-Inseln in der Straße von Formosa an China zurückgeben, Korea soll unabhängig werden. Zweite Konferenz von Kairo (2.–6.12.) zwischen *Roosevelt*, *Churchill* und dem türkischen Staatspräsidenten *Inönü* (59): die Türkei lehnt ebenso wie in den Verhandlungen vom Januar die Teilnahme am Krieg ab. Konferenz von Teheran (28.11.–1.12.): *Roosevelt*, *Churchill* und *Stalin* (64) erörtern Problem der Invasion; *Stalin* gegen *Churchills* Plan, vor einem Angriff auf die Normandie in der Po-Ebene zu landen, um auf den Balkanraum einzuwirken und deutsche Kräfte in Südeuropa zu fesseln; *Stalin* gewinnt *Roosevelt* für seine Meinung, so bleibt Südosteuropa außerhalb der britisch-amerikanischen strategischen Planung, und der Weg ist frei für eine sowjetische Einflußnahme; endgültige Wahl der französischen Nordküste für die Invasion; erste Gedanken über die Zerschlagung Deutschlands und Ausdehnung Polens bis an die Oder; *Roosevelt* und *Stalin* für eine Aufteilung Deutschlands in 5 autonome Staaten, *Churchill* für eine Zweiteilung; diese Frage wird aber der seit der Moskauer Außenministerkonferenz bestehenden »Beratenden Europäischen Kommission« aus Vertretern der drei Großmächte überwiesen; vorläufige Einigung über die Curzon-Linie als zukünftiger polnischer Ostgrenze; Deutschland erfährt von diesen geheimen Abmachungen. Die Alliierten einig in der Unterstützung *Titos* (Gründung des »Nationalkomitees zur Befreiung Jugoslawiens«, einer Art provisorischer Regierung, in der *Tito* [51] die oberste politische und militärische Gewalt innehat, November).

Abberufung *Eisenhowers* (53) vom italienischen Kriegsschauplatz nach Großbritannien zur Vorbereitung der Invasion, als Oberbefehlshaber der britischen und amerikanischen Land-, See- und Luftstreitkräfte.

Staatsbesuch *Roosevelts* in Mexiko soll die Beziehungen zwischen beiden Staaten verbessern.
Auflösung der 1919 gegründeten Kommunistischen Internationale, um den Vorwurf zu entkräften, die Sowjetunion unterhöhle die Macht ihrer Bundesgenossen; weitere Maßnahmen zur äußeren Angleichung an den Westen (z.B. Wahl eines Patriarchen von Moskau, 9.9.). Gründung des »Nationalkomitees Freies Deutschland« in Krasnogorsk (12./13.7.). Die Sowjetunion bricht diplomatische Beziehungen zur polnischen Exilregierung ab (Spannung über Katyn und Konflikt über die zukünftige sowjetisch-polnische Grenze; 26.4.); Bildung der »Union polnischer Patrioten in der Sowjetunion« (Mai). Freundschafts- und Beistandspakt zwischen der Sowjetunion und der tschechischen Exilregierung unter *Beneš* (59) über die Zusammenarbeit nach dem Kriege (12.12.).
Frankreich: Bildung einer freifranzösischen Gegenregierung wird durch Meinungsverschiedenheiten zwischen *de Gaulle* (53) und General *Giraud* (64), dem Hohen Kommissar für Französisch-Nordafrika, verzögert; *de Gaulle* als Führer der Vichy-feindlichen Franzosen setzt sich durch; Gründung des »Komitees für die nationale Befreiung« in Algier (Mai); Errichtung eines Kabinetts durch *de Gaulle* (30.7.).
Italien: Umbildung des Kabinetts durch *Mussolini* (60), der an Stelle des Grafen *Ciano* (40) das Außenministerium übernimmt (6.2.). Begegnung *Mussolini*–*Hitler* (54; 19.7.). Zusammentreten des Großen Faschistischen Rates, Bitte an den König *Viktor Emanuel III.* (74), an Stelle *Mussolinis* den Oberbefehl zu übernehmen. *Mussolini* erklärt darauf dem König seinen Rücktritt, er wird verhaftet (25.7.); neue Regierung unter Marschall *Badoglio* (72) ohne faschistische Mitglieder (26.7.); Auflösung der Faschistischen Partei (28.7.); Doppelspiel *Badoglios*: Versicherung der Loyalität an Deutschland, Geheimverhandlungen mit den Alliierten; italienische Kapitulation (3.9.), Verkündung des Waffenstillstandes mit den Alliierten (8.9.); Flucht der Badoglio-Regierung und der königlichen Familie in das alliierte Lager; Kriegserklärung Italiens an Deutschland (13.10.), Truppen der Badoglio-Regierung kämpfen an der Seite der Alliierten; Einsetzung einer alliierten Kommission für Italien (11.11.). *Mussolini* tritt nach seiner Befreiung aus der Haft durch einen deutschen Handstreich (12.9.) an die Spitze der am 9.9. gebildeten Gegenregierung (15.9.) mit republikanisch-sozialistischem Kurs; Todesurteile gegen *Mussolinis* Gegner; Aufstellung von italienischen Freiwilligenverbänden.
Deutschland: Vorbereitung eines Attentats auf *Hitler* durch militärische Kreise; alle Pläne scheitern. *Goebbels'* (46) »Totaler-Krieg«-Rede im Berliner Sportpalast (18.2.); erneute Konzentration aller wirtschaftlichen Kräfte; *Albert Speer* (38) als Reichsminister für Bewaffnung und Munition kontrolliert auch den zivilen Sektor der Wirtschaft (trotz Bomben Erzeugung von Kriegsmaterial gegenüber 1942 um 56% gestiegen); Verordnung über die Heranziehung der deutschen Jugend zur Erfüllung von Kriegsaufgaben (2.12.); Einführung des NS-Führungsoffiziers in der Wehrmacht auf Befehl *Hitlers* (22.12.). Entdeckung von Massengräbern bei Katyn (13.4.) mit Leichen erschossener polnischer Offiziere (etwa 4000), die, wie sich herausstellte, von den Sowjets umgebracht worden waren; furchtbare Vernichtung des Warschauer Gettos durch eine Polizeiaktion (17.4. bis 16.6.).
Deutsches Ultimatum wegen der Aburteilung von Sabotagefällen durch Schnellgerichte von der dänischen Regierung abgelehnt, die daraufhin ihre Tätigkeit einstellt; der deutsche Wehrmachtsbefehlshaber verhängt den Ausnahmezustand; Internierung der dänischen Garnisonen, Selbstversenkung der dänischen Flotte; der König übt seine Funktionen nicht mehr aus (28.8.).
Japan: Die Japaner fördern in den von ihnen besetzten Ländern die Volksbewegungen gegen die europäischen Kolonialmächte: Indonesische Unabhängigkeitserklärung (März); Unabhängigkeitserklärung (1.8.), Gründung einer nationalen Einheitspartei und Bildung eines Zentralrates in Burma. Japan erklärt totale wirtschaftliche Mobilmachung.

KULTUR Hotsprings-Konferenz (Virginia, USA) bereitet eine Organisation für Lebensmittel und Landwirtschaft vor (FAO) zur Verwirklichung der in der Atlantik-Charta verkündeten Freiheit von Hunger.

LITERATUR *Jean Paul Sartre* (38) »L'Être et le Néant«, »Les Mouches«. *Else Lasker-Schüler* (67) »Mein blaues Klavier«. *Hermann Hesse* (66) »Glasperlenspiel«. *Robert Musil* (postum) »Der Mann ohne Eigenschaften«.

SOZIALWESEN Bergarbeiterstreik in den USA; Anti-Streik-Gesetz (Smith-Connally) in den USA; Besetzung der amerikanischen Eisenbahnen gegen drohenden Streik.

NATURWISSENSCHAFT *Otto H. Warburg* (60) klärt Grundprozesse der Photosynthese.

1944

DER KRIEGSSCHAUPLATZ IM OSTEN Die deutschen Kräfte bei Uman werden durch eine sowjetische Offensive hinter den Bug zurückgedrängt (ab 4.3.), Tarnopol wird eingeschlossen (fällt am 15.4.), Winniza genommen (20.3.); nach Übergang über den Dnjestr nördlich Kischinew dringen die sowjetischen Truppen auf den Pruth vor und erreichen ihn nördlich Jassy (28.3.); der obere Sereth wird überschritten (10.4.). Gleichzeitiger Verlust der Südukraine für die Deutschen (Nikolajew fällt am 28.3., Odessa am 10.4.). Sowjetischer Vormarsch in rumänisches Gebiet (August), Auflösung der rumänischen Truppen, sowjetische Truppen besetzen das Erdölgebiet von Ploesti (30.8.) und Bukarest (31.8.) und stoßen auf die jugoslawische Grenze (6.9.) sowie nach Ungarn vor (Kronstadt 4.9., Klausenburg Mitte

Oktober, am 25.10. ganz Siebenbürgen besetzt), Einschließung von Budapest (24.12.); starker deutscher Widerstand an der Theiss.

Gleichzeitig mit dem Beginn der Frühjahrsoffensive gegen den deutschen Südflügel dringt die Rote Armee in Galizien ein (27.3.) und erreicht die ehemalige tschechoslowakische Grenze (8.4.); bei Beginn der Schlammperiode kommt der sowjetische Angriff zum Stehen. Neue Offensive (ab 14.7.) gegen die Heeresgruppe Nordukraine in Südpolen und Galizien führt zum Durchbruch durch die schwach besetzte Front, zur Einnahme von Lemberg (27.7.) und Brest-Litowsk (28. 7.); sowjetische Verbände erreichen San und Weichsel und mit der Einnahme von Praga (Anfang September) den Raum von Warschau.

Die auf der Krim stehenden abgeschlossenen Truppen räumen zunächst die Halbinsel Kertsch; Verteidigung der deutschen Truppen bei Sewastopol (ab 11.4.), ihr Abtransport über den Seeweg (Mai). Der rechte Flügel der Heeresgruppe Mitte wird durch das Zurückweichen der ukrainischen Front gefährdet; deshalb allmählicher Rückzug von der Desna nach Westen. Nach Stellungskämpfen im Frühjahr richtet sich der Hauptstoß der großen sowjetischen Sommeroffensive gegen die nun zwischen den Pripjet-Sümpfen und der Düna stehenden Heeresgruppe Mitte (22.6.), deren Hauptteil eingekesselt, aufgespalten und vernichtet wird (25 deutsche Divisionen vernichtet oder gefangen); schnelles Vordringen der Roten Armee nach Westen: Fall von Minsk (2.7.), Wilna (13.7.), Grodno (16.7.), Bialystok (18.7.), Dünaburg (27.7.), Kowno (1.8.); sowjetischer Durchstoß auf Riga gelingt hier noch nicht.

Abwehrschlachten in Nordrußland und vor den baltischen Ländern (14.1.–23.4.), die Sowjets erobern Nowgorod (20.1.); ihre Sommeroffensive ist auch gegen die Heeresgruppe Nord (seit 13.7.) erfolgreich: Durchbruch bei Narwa (15.9.), Besetzung von Reval (21.9.), Erreichen der Ostsee südlich Riga (5.10.), Einnahme der Stadt selbst (14.10.); damit sind große Teile der Heeresgruppe Nord (Kurland) eingeschlossen; erster sowjetischer Einbruch in Ostpreußen (11.10.).

Nördlich Leningrad sowjetischer Durchbruch durch die karelische Front (9.6.), Besetzung Wyborgs (20.6.) und Petrosawodsks (29.6.); Deutschland kann seinem finnischen Verbündeten nicht zu Hilfe kommen, die finnischen Truppen halten zwar an der Landesgrenze stand, wo sie eine Front in Höhe des Lyngenfjords beziehen; dennoch Entschluß der finnischen Regierung zum Abschluß eines Sonderfriedens mit der Sowjetunion; Unterzeichnung des Waffenstillstandes in Moskau (19.9.); die deutsche Lapplandarmee weicht nach Nordnorwegen aus. Die sowjetischen Erfolge ermutigen die Polen in Warschau zum Aufstand (1.8.), der nach 2 Monaten erbitterter Kämpfe von den Deutschen niedergeworfen wird (Kapitulation der Aufständischen 2.10.); die Rote Armee unterstützte die Aufständischen nicht. Auch ein slowakischer Aufstand im Industriegebiet von Neusohl wird von den Deutschen niedergerungen (September).

Der Krieg im Mittelmeerraum Italien: Landung von US-Streitkräften im Rücken der deutschen Front bei Anzio und Nettuno (22.1.); die deutschen Truppen sind gezwungen, eine neue Abwehrstellung an Rom vorbei und über Florenz hinweg im nördlichen Apenningebirge aufzubauen; zäher deutscher Widerstand bei Monte Cassino bis Mai, völlige Zerstörung des Klosters und der Stadt durch alliierte Luftangriffe und Artilleriefeuer (Februar bis März). Die Alliierten besetzen Rom (4.6.), Pisa (26.7.) und Florenz (4.8.). Die neue deutsche Stellung (die »Gotenlinie« südöstlich La Spezia–Apennin–nördlich Rimini) wird bis 1945 gehalten, alliierter Einbruch in die Po-Ebene verhindert; Ravenna von den Deutschen aufgegeben (5.12.). Alliierte Luftangriffe nun von Italien aus auf Deutschland, außerdem wird Verbindung aufgenommen mit den Partisanen Marschall *Titos* (52).

Balkan: Räumung der Ägäischen Inseln und Griechenlands befohlen (25./26.8.), Abtransport der deutschen Truppen von den meisten ägäischen Inseln (September bis Oktober), Räumung von Athen (3.10.) und Saloniki (31.10.), Abschluß der Räumung Griechenlands (2.11.). Sowjetische Truppen und Tito-Partisanen besetzen Belgrad (20.10.). Räumung Albaniens von deutschen Truppen beginnt, deutscher Rückzug unter ständigen Kämpfen mit den Partisanen (Ende Oktober); eine neue Stellung auf der Linie Mostar–Višegrad–Drina wird errichtet (13.1.1945) und bis in die letzten Kriegswochen hinein gehalten. Vorstoß der sowjetischen Truppen von Belgrad aus nach Ungarn auf Budapest zu, am 10.12. Plattensee, Ende Dezember die slowakische Südgrenze erreicht; sowjetische Truppen in den Vorstädten von Budapest (29.12.).

Der Kriegsschauplatz im Westen Nordfrankreich: Beginn der alliierten Invasion zwischen Cherbourg und Caen (6.6.); seit April schwere alliierte Luftangriffe auf das Verkehrsnetz und die Bodenorganisation der deutschen Luftwaffe im Westen, die Landung selbst wird vorbereitet durch Angriffe auf die Küstenbefestigungen zwischen der Seine-Mündung und der Halbinsel Cotentin (6.6.); Landung britisch-kanadischer Truppen bei Caen, amerikanischer nördlich St. Lô, beide Brückenköpfe können sich behaupten und schließlich vereinigen; deutscher Widerstand durch die alliierte Luftüberlegenheit behindert; amerikanischer Durchbruch auf Cotentin (14.6.), Einnahme des Hafens und der Stadt Cherbourg (26.6.) und von St. Lô (18.7.), die Briten nehmen Caen (9.7.); amerikanischer Einbruch über Avranches (31.7.) in die Bretagne, Einnahme von Nantes (3.8.), die Loire erreicht; Einschließung von Brest (am 18.9. genommen), Lorient und St. Nazaire. Bis 29.7. 1,5 Mill. Mann gelandet. Deutscher Gegenstoß auf Mortain, der die Amerikaner von ihren Verbindungslinien abschneiden soll, wird abgewehrt und endet in allseitiger Umfassung (»Höl-

le von Falaise«) und Vernichtung der deutschen Divisionen; nur ein Teil kann durch einen schmalen Schlauch entkommen; der Feldzug ist damit für die Deutschen schon verloren. In der Verfolgung der deutschen Truppen erreichen die US-Streitkräfte die Seine beiderseits Paris (20.8.), Aufstand der Widerstandsbewegung in Paris (19.8.), die deutsche Besatzung ergibt sich den eindringenden französischen Truppen (25.8.), Einzug *de Gaulles* (54) und *Eisenhowers* (54) in Paris. Britisch-amerikanische Truppen erkämpfen den Seine-Übergang (30.8.) und überfluten Nordfrankreich und Belgien, Einnahme von Brüssel (3.9., belgische Exilregierung in der Stadt 8.9.), Antwerpen (4.9.) und Lüttich (8.9.). Die deutsche Reichsgrenze von Trier bis Aachen (von den Amerikanern am 21.10. genommen) und die niederländische Südgrenze am 11.9. erreicht.
Südfrankreich: Inzwischen alliierte Landung von Neapel aus südwestlich Cannes (15.8.); amerikanischer Vorstoß über Grenoble (23.8.) zur Schweizer Grenze; französische Truppen nehmen Toulon und Marseille (29.8.); französisch-amerikanisches Vordringen über Lyon (3.9.) auf Belfort und Epinal westlich der Vogesen. Beiderseits Metz an der Mosel kommen die von der unteren Loire bis Châlons-sur-Marne (30.8.), Verdun (1.9.) und Nancy (15.9.) vorgestoßenen US-Streitkräfte zum Stehen. Seit 14.11. amerikanisch-französische Offensive beiderseits der Vogesen, Einnahme von Metz, Belfort, Mülhausen und Straßburg (23.11.) Amerikanischer Einbruch in den Westwall bei Saarlautern (3.12.).
Kämpfe in Holland: Alliierte Luftlandung bei Arnheim und Nijmegen (17.9.) nur teilweise erfolgreich; Kapitulation der bei Arnheim gelandeten Kräfte (25.9.).
Ardennenoffensive: Vorstoß gegen den Abschnitt Echternach–Monschau durch die Ardennen über die Maasstrecke Lüttich–Namur auf Antwerpen zu geplant; Offensive am 16.12. begonnen, tief in die Ardennen eingedrungen, aber 30 km östlich und südlich der Maas zum Stehen gebracht durch starke alliierte Gegenangriffe (18. und 24.12.). Ein Stoß gegen das Elsaß bleibt ebenfalls stecken; die deutschen Reserven verbraucht.

DER LUFTKRIEG Beginn des V-Waffen-Beschusses auf London (13./14.6.); schwere Schäden in Süd-England (die letzten V-2-Geschosse gegen England am 27.3.1945; insgesamt 1050 Einschläge in England). Fortdauer und Steigerung der alliierten Luftangriffe auf das Reichsgebiet.

DER PAZIFISCHE KRIEGSSCHAUPLATZ Offensive britischer, amerikanischer und chinesischer Truppen zur Rückeroberung Burmas beginnt (bis April 1945). US-Landungen auf den Admiralitätsinseln und dem Bismarck-Archipel (Februar–März). Gesamte Küste Neu-Guineas in amerikanischer Hand (April). Starke US-Landungen auf Guam (21.7.) nach täglichen Luftangriffen und Beschießungen (seit 16.6.), Eroberung von Saipan und Guam. Beginn der Offensive zur Wiedereroberung der Philippinen (19.10. bis April 1945); Landung auf Leyte (20.10.), Seeschlacht um den Leyte-Golf (23.–26.10.); US-Landung auf Mindoro (Philippinen, 15.12.). Seit November von den Marianen (Saipan) aus Luftoffensive gegen die japanischen Inseln.

POLITIK DER LÄNDER USA, Großbritannien und die Sowjetunion: Konferenz von Dumbarton Oaks (USA) zwischen den USA, Großbritannien, der Sowjetunion und China (21.8.–9.10.): Vorschläge über die internationale Organisation nach dem Kriege ausgearbeitet, die »Vereinten Nationen« sollen den Völkerbund ablösen. *Roosevelt* (62) unterzeichnet den *Morgenthau*-Plan nicht (22.9.). *Roosevelt* zum viertenmal zum Präsidenten der USA gewählt (7.11.). Die »Beratende Europäische Kommission« legt die zukünftigen Besatzungszonen in Deutschland für die drei Großmächte fest, das erste Zonenprotokoll (12.9.) legt die Grenze zwischen West- und Ostzone fest, das zweite Zonenprotokoll (14.11.) die Grenze zwischen der britischen und der amerikanischen Zone; kurz danach Aufnahme Frankreichs in die Kommission. Besprechung zwischen *Churchill* (70), *Eden* (47) und *Stalin* (65) in Moskau (9.–18.10.), Festlegung von Einflußsphären auf dem Balkan: Rumänien, Bulgarien und Ungarn sollen zum größten Teil dem sowjetischen Einfluß offenstehen, Griechenland zum größten Teil dem britischen, Jugoslawien soll gleichmäßig sowjetisches und britisches Interessengebiet sein. Außerdem Besprechung der polnischen Frage zusammen mit dem polnischen Exilministerpräsidenten *Stanislaw Mikolajczyk* (43).
Frankreich: Entführung Marschall *Pétains* (88) nach Deutschland (Aug.). Steigerung des Terrors und Gegenterrors von Maquis und der deutschen Besatzungsmacht. Das Dorf Oradour mit seinen Einwohnern als Vergeltungsmaßnahme für einen französischen Widerstandsakt von einer SS-Einheit vernichtet (10.6.). – Nach *de Gaulles* Einzug in Paris Bildung einer provisorischen französischen Regierung in Zusammenarbeit mit der innerfranzösischen Widerstandsbewegung. Anerkennung der Regierung durch die Alliierten (23.10.). Beharrliche Forderung *de Gaulles* (54), Frankreich in seine Rechte als alliierte Großmacht wieder einzusetzen und an der Vorbereitung des Friedens zu beteiligen. Besuch *de Gaulles* und des Außenministers *Georges Bidault* (47) in Moskau zum Abschluß eines französisch-sowjetischen Bündnisses auf 20 Jahre (10.12.).
Italien: Zusammenschluß der verschiedenen italienischen Widerstandsgruppen zum Komitee der nationalen Befreiung. Ihre Tagung richtet sich gegen den König und die Regierung *Badoglio*. Durch Zurückstellen der innerpolitischen Gegensätze ein neues Kabinett *Badoglio* (73) ermöglicht mit dem Kommunisten *Palmiro Togliatti* (51), *Benedetto Croce* (78) und Graf *Carlo Sforza* (71). Der König ernennt seinen Sohn *Umberto* (40) zum Generalstatthalter des Königreiches (9.6.). Gleichzeitig Rücktritt *Badoglios*. Erneute Regierungsumbildung durch Austritt der Sozialisten aus der Regierung (Dezember).

Deutschland: Bombenattentat des Obersten *Claus Graf Schenk von Stauffenberg* (37) auf *Hitler* im Führerhauptquartier »Wolfsschanze« mißglückt (20.7.); *Hitler* rächt sich blutig, bis Kriegsende etwa 5000 Opfer im Zusammenhang mit dem 20. Juli; zahlreiche Schauprozesse im Volksgerichtshof unter Vorsitz von *Roland Freisler* (51); *Hitlers* Verfügung über Sippenhaftung (1.8.). Nach dem Attentat wird *Himmler* (44) zum Befehlshaber des Ersatzheeres ernannt. *Hitler* befiehlt Aufstellung des deutschen Volkssturms aus Männern zwischen 16 und 60 Jahren (25.9.). *Himmler-Wlassow*-Abkommen: *Wlassows* »Russische Befreiungsarmee« zum Kampf gegen den Bolschewismus aufgerufen (16.9.); in Prag ein großrussisch orientiertes »Komitee zur Befreiung der Völker Rußlands« begründet.

Der Balkan: Staatsstreich in Rumänien (23.8.): der rumänische König läßt Marschall *Antonescu* (62) verhaften, Bildung eines neuen Kabinetts; nach einem deutschen Luftangriff auf Bukarest rumänische Kriegserklärung an Deutschland (25.8.). Rumänisch-sowjetischer Waffenstillstand in Moskau (12.9.). Die rumänische Verfassung von 1923 wird wieder in Kraft gesetzt (2.9.). Rumänische Truppen kämpfen an der Seite der sowjetischen gegen Deutschland.

Sowjetische Kriegserklärung an Bulgarien (5.9.), das sich der Sowjetunion gegenüber neutral verhalten hatte; zugleich Einmarsch sowjetischer Truppen in das Land, Einzug in Sofia (19.9.). Staatsstreich einer prosowjetischen bulgarischen Gruppe (9.9.) erfolgreich, tags zuvor bulgarische Kriegserklärung an Deutschland; bulgarischer Waffenstillstand mit der Sowjetunion, Großbritannien und den USA in Moskau (28.10.); Einsatz der bulgarischen Armee gegen die sich aus Griechenland zurückziehenden deutschen Truppen.

Deutsche Truppen besetzen strategisch wichtige Punkte in Ungarn (19.3.); ungarisches Waffenstillstandsangebot an die Sowjetunion (15.10.), das *Nikolaus von Horthy* (76), der nach Deutschland gebracht wird, unter Druck zurücknehmen muß. Neue Regierung der mit dem Nationalsozialismus sympathisierenden Pfeilkreuzler unter *Ferenc Szálasi* (47); Errichtung einer Gegenregierung in den inzwischen von den Sowjets eroberten Gebieten Ungarns in Debreczin (23.12.); Kriegserklärung an Deutschland (31.12.).

Rückkehr der griechischen Exilregierung nach Athen (Oktober). Die Uneinigkeit der verschiedenen Parteien, die schon die Partisanenbewegung zerrissen hatte (Monarchisten und Kommunisten), führt nun zum Bürgerkrieg; nur mit britischer militärischer Unterstützung kann sich die Regierung gegen die Kommunisten behaupten. *Churchill* und *Eden* bemühen sich in Athen vergeblich um einen Ausgleich der Parteien (25.–27.12.). König *Georg* (54) ist noch in London, er überträgt die Regentschaft dem Erzbischof *Damaskinos* von Athen (53; 31.12.).

Polen: Gründung des kommunistischen Landesnationalrates in Warschau unter *Boleslaw Bierut* (52) (1.1.), der das »Polnische Komitee für die nationale Befreiung« einsetzt (21.7.), dieses sogenannte Lubliner Komitee von der Sowjetunion anerkannt (2.8.).

Dänemark und Island: Nach Volksbefragung (22.5.) Loslösung Islands von Dänemark und Proklamierung der Republik Island (17.6.).

Anwachsen der dänischen Sabotageaktionen gegen die deutsche Besatzung mit alliierter Unterstützung; Generalstreik in Kopenhagen (Ende Juni/Anfang Juli); Streik im ganzen Land (16.–21.9.); Entwaffnung der dänischen Polizei.

Argentinien: Staatsstreich in Argentinien, Absetzung des Präsidenten *Ramirez* (64), General *Farrell* (57) übernimmt die Macht; Vizepräsident *Juan Péron* (49).

Literatur *Jacques Maritain* (62) »De Bergson à Thomas d'Aquin«.

Musik *Richard Strauss* (80) »Die Liebe der Danae« (Generalprobe; Uraufführung 1952).

Kultur Die Ziele des »Internationalen Arbeitsamtes« in Philadelphia ausgedehnt (Erklärung vom 10.5.): allgemeine Förderung des materiellen Wohlstandes und der geistigen Entwicklung.

Wirtschaft Bretton-Woods-Konferenz (USA, 1.7. bis 22.7.) über Währungs-, Zahlungs- und Handelsfragen zwischen Vertretern von 44 Regierungen: Einrichtung des Internationalen Währungsfonds (10 Milliarden Dollar) mit einem Exekutivrat und der Internationalen Bank für Wiederaufbau und Entwicklung empfohlen (diese Vorschläge Ende 1945 verwirklicht, die Sowjetunion hält sich abseits).

1945

Kriegsschauplatz Deutschland Die Ostfront: Sowjetische Großoffensive aus dem Baranow-Brükkenkopf südlich Warschau zerreißt die deutsche Front (12.1.), Ostpreußen abgeschnitten, Oberschlesien verloren. Harter Kampf um das zur Festung erklärte Breslau. Sowjets erreichen die Oder in Niederschlesien (23.1.). Überall Flucht der deutschen Bevölkerung vor den sowjetischen Truppen. Sowjetischer Durchbruch in Hinterpommern zur Ostsee (26.2.). Danzig besetzt (30.3.), Königsberg kapituliert (9.4.). Sowjetische Großoffensive an der Oder und Neiße zur Einschließung von Berlin beginnt (16.4.). Berlin umzingelt (24.4.), sowjetische Angriffsspitzen treffen sich bei Nauen. Sowjetische Truppen treffen bei Torgau mit amerikanischen Verbänden zusammen (25.4.). »Armee« *Wenck* vergebens zum Entsatz von Berlin befohlen (29.4.). Kapitulation Berlins (2.5.). Die Südostfront: Offensive der jugoslawischen *Tito*-Partisanen gegen die auf der Linie Mostar–Višegrad–Drina stehenden deutschen Truppen (20.3.). Die Partisanen besetzen Sarajewo (6.4.).

Abschluß der Kämpfe um Budapest (13.2.). Sowjets besetzen Wien (13.4.). An der Enns und in der Steiermark treffen Anfang Mai die sowjetischen mit amerikanischen Truppen zusammen.

Sowjetisches Vordringen von Preßburg über Brünn auf Prag. Tschechischer Aufstand gegen die deutsche Besatzung in Prag (5.5.).
Die Südfront: Alliierte Offensive in Italien (9.4. und 14.4.) führt zum Durchbruch der Amerikaner nach Bologna (19.4.); Zusammenbruch der Apennin-Verteidigung. Abschluß eines Sonderwaffenstillstandes (28.4.). Kämpfe in Italien eingestellt (1.5.). *Mussolini* (62) auf der Flucht in die Schweiz von italienischen Partisanen erschossen (28.4.).
Die Westfront: Erfolgreiche alliierte Offensive in den Ardennen (3. 1.), britisch-kanadische Offensive am Unterrhein beiderseits Köln. Britisch-amerikanische Rheinübergänge an mehreren Stellen. Ein britischer Vorstoß von Wesel (24.3.) aus ins Emsland schneidet die deutschen Truppen in der Festung Holland ab. Briten erreichen bei Lauenburg die Elbe (19.4.), Bremen genommen (26.4.), Lübeck und Wismar (2.5.), Hamburg (3.5.). Britischer Vorstoß nach Holstein. Die Kämpfe in Norddeutschland eingestellt (4.5.). Kapitulation der deutschen Streitkräfte in Holland, Nordwestdeutschland und Dänemark.
Amerikanischer Brückenkopf bei Remagen gebildet (7.3.). Britisch-amerikanische Truppen schließen gemeinsam die deutschen Truppen im Ruhrgebiet ein; Kapitulation des Ruhrkessels (18.4.). Schneller amerikanischer Vorstoß von Remagen aus über Hameln, Braunschweig an die Elbe bei Magdeburg (12.4., Magdeburg am 18.4. genommen). Die Elbe von den Amerikanern auch bei Dessau erreicht (14.4.), Einnahme von Leipzig (19.4.). Bei Torgau Begegnung mit sowjetischen Truppen (25.4.). Ein weiterer Vorstoß über Trier, Koblenz, Mainz (bis 22.3.), den Thüringer Wald bis zum Erzgebirge und bis zu der mit den Sowjets vereinbarten Linie Karlsbad–Budweis–Linz (Anfang Mai). Vordringen einer weiteren amerikanischen Armee von der Saar durch die Pfalz auf Worms zu und weiter nach Würzburg (11. 4.). Kampf um Nürnberg (16.–20.4.), München am 30.4. erreicht. Besetzung des Salzkammerguts. Einnahme von Mannheim (29.3.) und Heidelberg (1.4.), über Neckar und obere Donau in die Alpen vorgedrungen bis zum Brenner, wo amerikanische Truppen aus Süddeutschland und Italien zusammentreffen (4.5.).
Neben den Amerikanern in Süddeutschland auch französische Truppen eingedrungen. Rheinübergang der Franzosen nördlich Karlsruhe (1.4.) und bei Straßburg (15.4.). Schwarzwald, Stuttgart, Konstanz, Vorarlberg von französischen Truppen besetzt. Gesamtkapitulation der deutschen Wehrmacht durch Generaloberst *Alfred Jodl* (55) vollzogen (7.5.). Einstellung der Kampfhandlungen in Europa (8.–9.5.). Heeresgruppe Kurland übergibt sich den Sowjets (10.5.). Geordnete Waffenniederlegung.

Pazifischer Kriegsschauplatz Manila besetzt (4.2.), Eroberung von Luzon abgeschlossen (24.2.). US-Landung auf der japanischen Volcano-Insel Iwojima (19.2.) und auf Okinawa (Ryukyu-Inseln) als Luftbasen gegen die japanischen Hauptinseln (1.4.); damit Beginn der vernichtenden Luftoffensive gegen Japan. Landungen bei Tarakan (Borneo, 1.5.), südlich Rangoon (2.5.) und bei Davao (Mindanao) (3.5.). Rückeroberung Burmas abgeschlossen. Atombomben auf Hiroshima (6.8.) und Nagasaki (8.8.); in Hiroshima 160000 Tote. Darauf Kapitulation des japanischen Oberbefehlshabers in der Manchurei (21.8.). Amerikanische Truppen rücken in Tôkyô ein (8.9.). Kapitulation aller japanischen Truppen am 24.10. abgeschlossen.

Internationale Politik Konferenz von Jalta (4.2. bis 11.2.) zwischen *Stalin* (66), *Roosevelt* (63) und *Churchill* (71). In der »Erklärung über das befreite Europa« die Grundsätze der Atlantik-Charta aufgenommen entsprechend den Wünschen der Westmächte, freie Wahl seiner Regierungsform für jedes Volk; Forderung nach demokratischen Regierungsformen durch freie Wahlen. Kompromiß über das Problem der polnischen Regierung: in das kommunistische Lubliner Komitee sind Vertreter der polnischen Exilregierung aufzunehmen. Polnische Grenzfrage: Westmächte für eine Oderlinie gegen die sowjetische Forderung nach Oder und Neiße; endgültige Festlegung der polnischen Westgrenze einer Friedenskonferenz vorbehalten. Die Ostteile Polens bis zur Curzon-Linie der Sowjetunion zugesprochen. – Beseitigung des deutschen Nationalsozialismus als Ziel des Krieges. Gedanke der Zerstückelung Deutschlands beibehalten, ohne konkrete Feststellungen zu treffen. Oberste Regierungsgewalt in Deutschland von den Alliierten auszuüben. *Churchill* setzt Beteiligung Frankreichs an der künftigen Besatzung und am Kontrollrat durch. Demontage der Fabriken und Verwendung von deutschen Arbeitskräften als Reparationsleistung vereinbart. Höhe der Reparationen bleibt offen. – Bildung einer jugoslawischen Koalitionsregierung mit *Tito* (53) und Vertretern aus der Exilregierung *Subašić* vereinbart. – Eintritt der Sowjetunion in den Krieg gegen Japan festgelegt gegen Zugeständnisse der Westmächte an die Sowjetunion in Ostasien (Status quo in der Äußeren Mongolei, Anrechte in der Inneren Mongolei und an den pazifischen Häfen, der Besitz der Kurilen und Südsachalins).
Vereinte Nationen als entscheidendes Element der künftigen Friedensordnung; Einigung über den Abstimmungsmodus im Sicherheitsrat, Sitze für Weißrußland und die Ukraine als sowjetische Teilstaaten zugestanden (Sowjetunion insgesamt drei Stimmen).
Plötzlicher Tod *Roosevelts*, *Harry S. Truman* (61) sein Nachfolger (12.4.).
Konferenz von San Francisco über die Organisation der Vereinten Nationen (UN) (25.4.–26.6.). Gründung der UNO (26.6.).
Konferenz von Potsdam (17.7.–2.8.); unter Ausschluß Frankreichs treffen die Regierungschefs *Stalin*, *Truman*, *Churchill* (nach dem Wahlsieg der Labour Party *Clement Attlee* [62]; 29.7.) und ihre Außenminister *Molotow* (55), *James F. Byrnes* (66) und *Eden* (48) (bzw. *Ernest Bevin*, 64) zusammen. Als Ergebnis

das Potsdamer Abkommen: Für die Verwaltung Deutschlands Errichtung eines Alliierten Kontrollrates in Berlin, dem auch Frankreich beitreten soll. Für Königsberg und das nördliche Ostpreußen erkennen die Westmächte die sowjetische Verwaltung an und sagen ihre Unterstützung für eine endgültige Abtretung im Friedensvertrag zu. Für das übrige Gebiet östlich der Oder–(Lausitzer)Neiße wird bis zu einer endgültigen Friedensregelung die polnische Verwaltung anerkannt; dies Gebiet soll nicht als Besatzungszone gelten. Ausweisung der deutschen Bevölkerung unter der Voraussetzung humaner Durchführung gebilligt (betrifft die Gebiete Polen, Ungarn, Tschechoslowakei; tatsächlich oft rücksichtslos durchgeführt). Die Herstellung der wirtschaftlichen Einheit Deutschlands und die Einsetzung zentraler deutscher Verwaltungsinstanzen vereinbart. Jedoch vorläufig Aufteilung Deutschlands in zwei Reparationszonen, die Sowjetunion einerseits und die drei Westmächte anderseits sollen ihre Reparationsansprüche aus ihren Besatzungszonen befriedigen; Beteiligung der Sowjetunion an den westlichen Demontagen. Demontagen zur Reduktion der deutschen Industriekapazität, Dezentralisierung der deutschen Wirtschaft durch Auflösung der Kartelle, Trusts und Syndikate. – Frankreich und China aufgefordert, einem Fünfmächterat der Außenminister mit Sitz in London beizutreten, der die Friedensverträge vorbereiten soll, zuerst den Friedensvertrag mit Italien. Der Abschluß eines Friedensvertrages mit Deutschland ist zu vertagen bis zur Einsetzung einer deutschen Zentralinstanz.

Politik der Länder Deutschland: Errichtung von Standgerichten vom Reichsminister der Justiz befohlen (15.2.). *Himmler* (Innenminister, 45) ersucht den schwedischen Diplomaten Graf *Folke Bernadotte* (50) um Vermittlung eines Separatfriedens mit den Westmächten (23.–24.4.). Jahrgang 1929 wird eingezogen (5.3.). *Hitlers* (56) Befehl »Verbrannte Erde«, alle nutzbaren Anlagen beim Zurückweichen zu zerstören; *Göring* (52) aller Ämter enthoben (23.4.). Selbstmord *Hitlers* (30.4.); Großadmiral *Karl Dönitz* (54) von *Hitler* zum Reichspräsidenten und Oberbefehlshaber bestimmt. *Dönitz* läßt durch Finanzminister *Lutz Graf Schwerin-Krosigk* (58) eine geschäftsführende Regierung bilden mit dem Sitz in Plön (2.5., ab 3.5. bei Flensburg); *Himmler* aus allen Ämtern entlassen (5.5.; Selbstmord 23.5.).
Bedingungslose Kapitulation der deutschen Wehrmacht in *Eisenhowers* Hauptquartier in Reims (7.5.), wiederholt im sowjetischen Hauptquartier in Berlin (8.5.), am 9.5. in Kraft getreten.
Absetzung und Verhaftung der Regierung *Dönitz* (23.5.). Übernahme der Regierungsgewalt bis hinab zu den Gemeinden durch die Siegermächte (einschließlich Frankreich). Auflösung der NSDAP und Haftbefehl gegen ihre Funktionäre erlassen (Berliner Deklarationen vom 5.6.). Gleichzeitig Aufteilung Deutschlands in vier Besatzungszonen (ausgehend von den Grenzen von 1937), die britischen und amerikanischen Truppen ziehen sich von der militärischen Demarkationslinie (Wismar–Magdeburg–Leipzig–Pilsen–Linz) auf die westlich von ihr liegenden Besatzungszonen zurück (1.–4.6.) und ziehen mit französischen Truppen in Berlin ein. Sonderstatut für Berlin als geschlossene Verwaltungseinheit unter Viermächtebesatzung.

Österreich: Österreich proklamiert seine Eigenstaatlichkeit; gleichzeitig Einsetzung einer provisorischen Regierung unter *Karl Renner* (75) als Bundeskanzler (27.4.) mit Gesetzgebungs- und Vollzugsgewalt unter Kontrolle der vier Besatzungsmächte (Einteilung Österreichs in vier Besatzungszonen im Juli und Vierteilung Wiens, das Sitz eines Alliierten Rates wird); Anerkennung Österreichs durch die Alliierten (4.7., Grenzen von 1937). Amtsdauer der provisorischen Staatsregierung bis zu den ersten Wahlen im November.

Polen: Das kommunistische Lubliner Komitee erklärt sich zur provisorischen Regierung Polens trotz vergeblichem Protest der polnischen Exilregierung (1.1.). Übersiedlung der provisorischen Regierung nach Warschau (18.1.). Polen übernimmt die Zivilverwaltung in den Gebieten ostwärts der Oder-Neiße-Linie (Februar). Fünf neue polnische Wojewodschaften Masuren, Oberschlesien, Niederschlesien, Pommern und Danzig geschaffen (März). Vertreibung der deutschen Bewohner aus diesem Gebiet (etwa 9,3 Millionen). Sowjetisch-polnischer Freundschafts- und Beistandspakt auf 30 Jahre in Moskau (21.4.). Die »Regierung der nationalen Einheit« (mit Vertretern der Londoner Exilregierung) auf der Potsdamer Konferenz von den Großmächten anerkannt (5.7.). Polen billigt die Abtretung der polnischen Ostprovinzen an die Sowjetunion (August).

Tschechoslowakei: Abbruch der diplomatischen Beziehungen der tschechoslowakischen Exilregierung zur polnischen Exilregierung und Anerkennung der provisorischen polnischen Regierung in Lublin als erster Staat nach der Sowjetunion (30.1.). *Beneš* (61) in Moskau, um die Wiedererrichtung der Tschechoslowakei zu besprechen (18.–20.3.). Beginn der Austreibung der sudetendeutschen Bevölkerung (etwa 2,3 Millionen) im Mai. Zusammentritt des Exilkabinetts in Prag (11.5.). Rückkehr von *Beneš* (25.5.). Rückgabe der Slowakei an die Prager Regierung; Abtretung der Karpato-Ukraine an die Sowjetunion.

Ungarn: Die ungarische Gegenregierung unterzeichnet in Moskau den Waffenstillstandsvertrag mit der Sowjetunion (20.2.); Ungarn verspricht Reparationen und verzichtet auf die Erwerbungen der letzten Jahre.

Rumänien: Der rumänische König wird zur Einsetzung einer kommunistischen Regierung von Moskau gezwungen (27.2.).

Jugoslawien: Dem im Exil lebenden König *Peter II.* (22) wird bis zum Volksentscheid die Rückkehr versagt. Seit 8.3. eine Koalitionsregierung mit *Tito* (53) als Ministerpräsidenten und *Ivan Subašić* als Außenminister im Amt. Abzug der sowjetischen

Truppen im März. Jugoslawisch-sowjetischer Freundschafts- und Beistandsvertrag (11.4.). Die jugoslawische Partisanenarmee besetzt Triest (1.5.).

Albanien: Bildung einer kommunistisch orientierten Volksfrontregierung unter *Enver Hodscha* (34), am 10. 11. von der Sowjetunion, Großbritannien und den USA anerkannt.

Griechenland: Waffenstillstand zwischen den britischen Truppen (auf seiten der griechischen Regierung) und kommunistischen griechischen Verbänden (11. 1.) und zwischen der griechischen Regierung und den Kommunisten (12. 1.).

Italien: Allmählicher Abbau der Funktionen der Alliierten Kommission. Italien gilt nicht als alliiertes, sondern als mitkriegführendes Land (Anfang August).

Die Niederlande, Belgien und Luxemburg: Zusammentritt des niederländischen Exilkabinetts im Haag (23.5.). Rückkehr der Königin (28.5.). Forderung der sozialistischen Partei Belgiens nach Abdankung des Königs *Leopold III.* (44) (29.5.). Vorwürfe gegen ihn wegen der Kapitulation von 1940. Regent seit 20.9.1944 sein Bruder Graf *Karl von Flandern.* Rückkehr der Großherzogin von Luxemburg und der Exilregierung. Wahlen im Oktober.

Dänemark: Bildung einer provisorischen Regierung (4.5.).

Norwegen: Rückkehr der norwegischen Exilregierung nach Oslo (31.5.) und des Königs (7.6.).

Japan: Japan erkennt die Unabhängigkeit Indonesiens unter den Führern der Nationalpartei *Soekarno* (44) und *Hatta* (43) an, ebenso die Unabhängigkeit des Staates Vietnam (Tongking, Annam, Kambodscha) unter *Bao Dai* (32), Kaiser von Annam (nach der japanischen Kapitulation Abdankung *Bao Dais* als Kaiser). Die Sowjetunion kündigt den Nichtangriffspakt mit Japan (5.4.). Kriegserklärung der Sowjetunion an Japan (8.8.). Japans Kapitulationsangebot (10.8.). Unterzeichnung der bedingungslosen Kapitulation (2.9.); das Kaisertum bleibt erhalten, verbunden mit dem Übergang zur Demokratie.

LITERATUR *Albrecht Haushofer* (42) »Moabiter Sonette« (1944/45, erschienen 1946).

WIRTSCHAFT Interamerikanische Konferenz in Mexico-City; Wirtschaftscharta von den USA angeboten.

NAMEN- UND SACHREGISTER

A

B

C

D

E

F

I

J

K

N

O

P

S

T

U

V

W

QUELLENVERZEICHNIS DER ABBILDUNGEN

Die Aufnahmen stammen von: Horst H. Baumann, Neuß (624) – Bettmann Archive, New York (288, 289, 301 u.) – British Official Photograph über Shell Briefing Service, London (516 o.) – Bundesarchiv, Koblenz (425) – Byron/Museum of the City of New York (33) – Conzett & Huber, Zürich (152, 435) – Department of the Navy, Washington (277) – dpa-Bild (450) – Deutsches Museum, München (72 o., u. r., 565, 477, 484) – Dr. I. Eibl-Eibesfeldt, Seewiesen/Obb., nach seinem Buch »Galapagos«, München, 1960 (572) – Ford-Werke A.G., Köln-Niehl (384) – Haeckel-Mankowski, Berlin (125 u.) – Historia-Photo, Berlin (356) – Historisches Bildarchiv Handke, Bad Berneck i. Fi. (164, 165, 208 u., 536 u., 608 o.) – Imperial War Museum, London (89 u., 451 u.) – Kyodo Photo Service, Tôkyô (272, 276) – Library of Congress, Washington (300) – Lichtbildarchiv Wallisfurth, Aachen (153, 225, 485) – Märkisches Museum, Berlin (365) – Dr. Ernst Meyer, Berlin (536 o.) – Museum of the City of New York (301 o.) – National Archives, Washington (455 u.) – Official U.S. Navy Photo, Washington, über Conzett & Huber, Zürich (496) – André Neiger, Genf (328 innen) – Parker, New York Public Library (308) – Photo Bathyscaphe Français FNRS III, Toulon (573) – Presse-Photo Röhnert, Berlin (454) – Royal Astronomical Society, London (516 u.) – Sandoz AG., Basel (581 o.) – Siemens & Halske AG., Wernerwerk für Meßtechnik, Berlin (537) – Soichi Sunami, New York (412 innen) – W. Suschitzky, London (625) – Walter Steinkopf, Berlin (580) – Tennessee Valley Authority, Knoxville/Tenn. (385) – Ullstein Bilderdienst, Berlin (40, 41, 48, 49, 72 u. l., 89 o., 117, 124, 125 o., 132, 133, 172, 173, 208 o., 209, 245, 252, 253, 273, 316, 328, 329, 329 innen, 348, 349, 357, 364, 396, 397, 412, 413, 424, 434, 446, 455 o.) – O. Vaering, Oslo, über Nasjonalgalleriet, Oslo (73) – Vandamm Studio, New York (309) – Marc Vaux, Paris, über Bibliothèque Nationale, Paris, mit Genehmigung von S.P.A.D.E.M., Paris, und Cosmopress, Genf (32) – Wiener Library, London (451 o.). – Die Reproduktion des Guernica-Bildes von Picasso (412 innen) erfolgt mit Erlaubnis von S.P.A.D.E.M., Paris, und Cosmopress, Genf. – Alle anderen Fotos verdanken wir den in den Bildunterschriften genannten Museen und Archiven.